Frank

Neues Exemplar an die Schule zurückgegeben.

Friedrich-Schiller-Gymnasium

Der Schüler ist verpflichtet, das Buch schonend zu behandeln und es vor dem Austritt aus der Schule an den Klassenlehrer zurückzugeben. Bei vorsätzlicher oder fahrlässiger Beschädigung oder bei Verlust des Buches muß Ersatz geleistet werden. Das An- und Unterstreichen von Wörtern sowie das Einschreiben von Bemerkungen usw. ist nicht erlaubt.

Zur Benützung überlassen

Schuljahr	Name	Klasse
		7a

Kursbuch Geschichte

Oberstufe Baden-Württemberg

Didaktische Beratung:
Dr. Peter Kunze, Weil am Rhein
Dr. Ulrich Maneval, Freiburg/B.
Claudia Tatsch, Karlsruhe
Dr. Hans-Wolfgang Wetzel, Nürtingen
Hans Woidt, Tübingen
Prof. Norbert Zwölfer, Freiburg/B.

Kursbuch Geschichte
Oberstufe Baden-Württemberg

Das Lehrwerk wurde erarbeitet von:
Rudolf Berg M. A., München
Prof. Dr. Gerhard Brunn, Köln
Andreas Dilger, Freiburg/B.
Prof. Dr. Ute Frevert, Bielefeld
Prof. Dr. Hilke Günther-Arndt, Oldenburg
Dr. Hans-Georg Hofacker, Stuttgart
Dr. Dirk Hoffmann, Stadthagen
Dr. Wolfgang Jäger, Berlin
Dr. Ulrich Maneval, Freiburg/B.
Dr. Waltraud Müller-Ruch, München
Hermann Ruch, München
Prof. Dr. Wolfgang Wippermann
Prof. Norbert Zwölfer, Freiburg/B.
unter Mitarbeit der Verlagsredaktion

Redaktion: Dr. Wolfgang Jäger, Dr. Christine Keitz
Karten: Klaus Becker, Frankfurt/M.; Carlos Borrell, Berlin;
Skip G. Langkafel, Berlin
Technische Umsetzung: Reinhild Hafner

 http://www.cornelsen.de

1. Auflage   Druck 5 4 3 2   Jahr 06 05 04 03

Alle Drucke dieser Auflage sind inhaltlich unverändert
und können im Unterricht nebeneinander verwendet werden.

© 2002 Cornelsen Verlag, Berlin
Das Werk und seine Teile sind urheberrechtlich geschützt.
Jede Verwertung in anderen als den gesetzlich zugelassenen Fällen
bedarf deshalb der vorherigen schriftlichen Einwilligung des Verlages.

Druck: CS-Druck CornelsenStürtz, Berlin

ISBN 3-464-64296-8

Bestellnummer 642968

Gedruckt auf säurefreiem Papier,
umweltschonend hergestellt aus chlorfrei gebleichten Faserstoffen.

Inhaltsverzeichnis

Lernen und arbeiten mit dem
Kursbuch Geschichte 7

**Einführung in das Thema
Die Gesellschaft seit dem 18. Jahrhundert und der Prozess der Modernisierung** 8

I Die politischen Revolutionen Ende des 18. Jahrhunderts

Auftaktseiten 14
1 Die Amerikanische Revolution und die Entfaltung der demokratischen Gesellschaft 16
1.1 Grundlagen – Ursachen – Anfänge 16
1.2 Unabhängigkeitserklärung, Menschenrechte und demokratische Verfassung 21
1.3 Demokratie und territoriale Erschließung des Westens 27
1.4 Zerreißprobe der amerikanischen Demokratie: Der Bürgerkrieg 1861–1866 31
1.5 Aufstieg der USA zur wirtschaftlichen und politischen Großmacht um 1900 35
■ Methodenseiten Karikaturen: Die Figur des „Uncle Sam" 38
1.6 Amerika: Vorbild oder Gegenwelt? – Die Diskussion in Europa 40
2 Die Französische Revolution: Menschenrechte und Modernisierung – ein Rückblick 42
■ Zusammenhänge und Perspektiven 48
■ Zeittafel 48

II Die Industrielle Revolution: Europas Aufbruch in die moderne Wirtschaft und Gesellschaft

Auftaktseiten 50
1 Voraussetzungen der Industrialisierung 52
2 Die Anfänge der Industrialisierung in England 55
3 Die Industrielle Revolution in Deutschland 59
4 Die „zweite" Industrielle Revolution: Deutschland im internationalen Vergleich 64
5 Folgen der Industrialisierung für die Umwelt: die Beispiele Urbanisierung und Umweltgefährdung 72
6 Die „soziale Frage" 79
■ Methodenseiten Schriftliche Quellen I: Quellenkritik: Bevölkerungswachstum im 19. Jahrhundert 84
7 Frauenrollen – Männerrollen – Familie 88
■ Methodenseiten Umgang mit Sekundärliteratur 94
Die Bedeutung technischer Innovationen für die Industrialisierung 94
8 Industrieller Wandel und Migration 96
8.1 Binnenwanderung: Die Zuwanderung ins Ruhrgebiet 96
8.2 Auswanderung: Die deutsche Emigration nach Amerika 100
■ Methodenseiten Das Internet und die Arbeit des Historikers
Ferdinand Porsche: Eine Unternehmerbiografie aus der Zeit der „zweiten" Industriellen Revolution 104
■ Zusammenhänge und Perspektiven 106
■ Zeittafel 106

III Individuum und Gesellschaft im Wandel – Vorschläge für Projekte

Auftaktseiten *108*
- Projektvorschlag 1: Familiengeschichte *110*
- Projektvorschlag 2: Geschichte der Menschenrechte *114*
- Projektvorschlag 3: Migration in der Geschichte *118*
- Projektvorschlag 4: Frauenrechte *122*

Einführung in das Thema
Politische Partizipation und Demokratie in Deutschland: Vom Beginn des 19. Jahrhunderts bis 1945 *126*

IV Deutschland 1848/49 – 1870/71 – demokratische und nationale Bewegungen

Auftaktseiten *132*
1 Liberalismus, Nationalismus und die bürgerliche Öffentlichkeit – zur Vorgeschichte der Revolution 1848/49 *134*
2 Die Revolution von 1848/49 *140*
3 Der Weg zur Gründung des Deutschen Reiches *151*
- Methodenseiten Malerei: Allegorie auf die Revolution von 1848/49 *156*
4 Bismarcks Reichsverfassung *158*
- Zusammenhänge und Perspektiven *162*
- Zeittafel *162*

V Politische Kultur im Kaiserreich

Auftaktseiten *164*
1 Die Parteien im Obrigkeitsstaat *166*
2 Probleme der gesellschaftlichen Integration *171*
3 Die Anfänge der deutschen Frauenbewegung *176*
4 Europäisches Mächtesystem und deutsche Außenpolitik *178*
5 Entstehung und Ausbruch des Ersten Weltkrieges *182*
6 Der Erste Weltkrieg: Die europäische Moderne in der Krise *187*
- Zusammenhänge und Perspektiven *191*
- Zeittafel *191*

VI Die Weimarer Republik: Die erste deutsche Demokratie

Auftaktseiten *192*
1 Novemberrevolution *194*
2 Rätesystem oder Parlamentarismus *200*
3 Die Weimarer Reichsverfassung *204*
4 Auswirkungen des Versailler Vertrages auf Deutschland *208*
5 Verfassung und Verfassungswirklichkeit I: Krisenjahre 1919–1923 *213*
6 Verfassung und Verfassungswirklichkeit II: Gesellschaftliche Konsolidierung in den „Goldenen Zwanzigern" und die Rolle der Justiz im Staat *219*
7 Das Scheitern der Demokratie I: Weltwirtschaftskrise und antidemokratische Kräfte *225*
- Methodenseiten Diagramme: Wahlergebnisse *230*
8 Das Scheitern der Demokratie II: Die Präsidialkabinette und die Hitlerbewegung *232*
- Zusammenhänge und Perspektiven *236*
- Zeittafel *236*

VII Die Zerstörung der Demokratie durch den Nationalsozialismus

Auftaktseiten *238*
1 Ideologische Grundlagen *240*
2 Die Errichtung der Diktatur 1933/34 *245*
3 Die Organisation der NS-Herrschaft *252*
4 Die Herrschaftsmethoden des NS-Staates *258*
5 Alltag und Frauen *264*
- Methodenseiten Archivarbeit: NS-Konzentrationslager in der deutschen Presse *272*

6 Die Ausgrenzung und Entrechtung der deutschen Juden 1933–1939 *274*
7 Vorbereitung und Entfesselung des Zweiten Weltkrieges *279*
8 Der Zweite Weltkrieg im Überblick *286*
9 Die Vernichtung der deutschen und europäischen Juden *291*
■ Methodenseiten Schriftliche Quellen im Abitur – Probeklausur *298*
10 Widerstand gegen den Nationalsozialismus *300*
11 Der Nationalsozialismus in der historischen Diskussion *307*
■ Zusammenhänge und Perspektiven *312*
■ Zeittafel *312*

Einführung in das Thema
Historische Zäsuren im 20. Jahrhundert: 1917/18 – 1945 – 1989/90 *314*

VIII Der Weg zum Ost-West-Konflikt und die Teilung Deutschlands

Auftaktseiten *320*
1 Die USA und die Sowjetunion als Weltmächte – ein Rückblick *322*
1.1 Die USA im Zeitalter der Weltkriege *322*
1.2 Die UdSSR seit 1917: Zwischen Oktoberrevolution und Stalinismus *330*
2 Von der Kriegsallianz zum Kalten Krieg *338*
3 Der Weg zur Teilung Deutschlands im Zeichen des Ost-West-Gegensatzes 1945–1949 *343*
3.1 Das Kriegsende und seine gesellschaftlichen Folgen *343*
3.2 Die Konferenz von Potsdam und die Entnazifizierung *348*
3.3 Politischer Neuaufbau *352*
■ Methodenseiten Filme: „Schindlers Liste" – Vergangenheitsbewältigung im Spielfilm *358*

3.4 Der Weg zur Gründung zweier deutscher Staaten *360*
■ Zusammenhänge und Perspektiven *367*
■ Zeittafel *367*

IX Geteilt – vereint: Deutschland nach 1945 und die internationale Politik

Auftaktseiten *368*
1 Konfrontation und Kooperation: Internationale Politik im Zeichen des Ost-West-Konflikts *370*
2 Die Integration der beiden deutschen Staaten in die Blocksysteme und die Erlangung der vollen Souveränität *377*
3 Die innere Entwicklung der Bundesrepublik Deutschland *381*
3.1 Soziale Marktwirtschaft und „Wirtschaftswunder" *381*
3.2 Krise und Protest: Die Bundesrepublik 1961–1969 *389*
■ Methodenseiten Das historische Interview: „Reisefieber" im Nachkriegsdeutschland *394*
3.3 Aufbruch und Wandel: Die Bundesrepublik 1969–1982 *396*
3.4 „Wende" und Kontinuität: Die Bundesrepublik 1982–1989 *403*
4 Die „Volksdemokratie" in der DDR *407*
4.1 Aufbau des Sozialismus im SED-Staat, Arbeiteraufstand und Mauerbau *407*
4.2 Abschottung und Resignation: Die DDR 1961–1982 *415*
4.3 Niedergang und Verfall: Die DDR 1983–1988 *419*
■ Methodenseiten Fotografien: Der 13. August 1961 im Bild *424*
5 Frauen und Frauenbewegung in Ost und West *426*
6 Zerfall des Sowjetimperiums und Umbrüche in der internationalen Politik *432*
7 Die staatliche Einheit *439*
7.1 Die friedliche Revolution in der DDR und das Ringen um die Einheit 1989/90 *439*

7.2 Chancen und Probleme des vereinigten Deutschlands an der Wende zum 21. Jahrhundert *446*
8 Deutschland und seine Nachbarn *450*
8.1 Das deutsch-französische Verhältnis *450*
8.2 Die deutsch-polnischen Beziehungen *456*
■ Zusammenhänge und Perspektiven *461*
■ Zeittafel *461*

X Brennpunkte und Entwicklungen der Gegenwart in historischer Perspektive

Auftaktseiten *464*
1 Nahostkonflikt *466*
1.1 Grundzüge der Entwicklung bis zum Ersten Weltkrieg *466*
1.2 Vom Ausgang des Ersten Weltkriegs bis zur Gründung des Staates Israel 1948 *469*
1.3 Der Nahe Osten im Zeichen des Ost-West-Konflikts *475*
1.4 Der Friedensprozess der 1990er-Jahre *485*
■ Zusammenhänge und Perspektiven *489*
■ Zeittafel *489*
2 Jugoslawien – alter und neuer Krisenherd in Europa *491*
2.1 Die Kriege in Jugoslawien 1991–1999 *491*
2.2 Entstehung und Scheitern des jugoslawischen Vielvölkerstaates 1918–1991 *499*
2.3 Die Friedensbemühungen der internationalen Gemeinschaft im Jugoslawienkonflikt *508*
■ Zusammenhänge und Perspektiven *514*
■ Zeittafel *514*
3 Der Europa-Gedanke und der Prozess der europäischen Einigung *516*
■ Zusammenhänge und Perspektiven *533*
■ Zeittafel *533*
4 Die Entstehung neuer Machtzentren in Asien: China und Japan *534*
4.1 China – die kommende Groß- und Weltmacht *534*
4.2 Weltwirtschaftsmacht Japan *546*
■ Zusammenhänge und Perspektiven *557*
■ Zeittafel *557*
■ Projektvorschlag 5: Die islamische Welt und ihr Platz in der Moderne *558*

Anhang

1 ■ Informationen recherchieren *562*
2 ■ Historische Materialien auswerten – ein Überblick *564*
3 ■ Informationen präsentieren *568*
4 ■ Arbeiten im Projekt *570*
5 ■ Hilfen für Klausuren und Hausaufgaben *572*
Literaturhinweise *573*
Internet-Adressen *576*
Lexikon *579*
Register *592*
Bildquellen *600*

Lernen und arbeiten mit dem *Kursbuch Geschichte*

Das *Kursbuch Geschichte* ist ein Lern- und Arbeitsbuch für die *Oberstufe Baden-Württemberg*, das sich an historischen Problemen und Leitfragen orientiert. Es deckt alle Lehrplanthemen seit Ende des 18. Jahrhunderts ab. Drei übergreifende Kapitel führen in den Prozess der Modernisierung, in die Entwicklung der politischen Partizipation in Deutschland und in die deutsche und internationale Geschichte nach 1945 im Kontext der großen Zäsuren des 20. Jahrhunderts ein. Jedes Kapitel beginnt mit einer *Auftaktdoppelseite*. Anschließend folgen kleine *thematische Einheiten* mit Darstellungen, Materialien, Arbeitsaufträgen, fachspezifischen gelb unterlegten *Methodenseiten* sowie ebenfalls gelb unterlegten *Zusammenfassungsseiten*.

Zu den Wahlmodulen bietet das *Kursbuch* projektorientierte Unterrichtseinheiten an.

Eine zusammenfassende Einführung in Techniken der Informationsbeschaffung, -verarbeitung und -präsentation bieten die gelben *Methodenseiten* im Anhang. Dort finden sich auch *Hilfen zum Umgang mit den Arbeitsaufträgen*, *Literatur- und Internethinweise*, *Glossar* und *Register*.

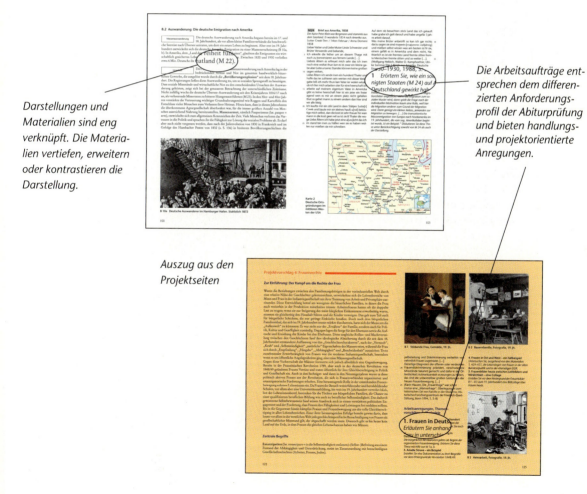

Darstellungen und Materialien sind eng verknüpft. Die Materialien vertiefen, erweitern oder kontrastieren die Darstellung.

Die Arbeitsaufträge entsprechen dem differenzierten Anforderungsprofil der Abiturprüfung und bieten handlungs- und projektorientierte Anregungen.

Auszug aus den Projektseiten

Die Gesellschaft seit dem 18. Jahrhundert und der Prozess der Modernisierung

Französische Erklärung der Menschen- und Bürgerrechte von 1789. Kolorierter Kupferstich von einem unbekannten Künstler.

Was ist Modernisierung? Die Jahrzehnte zwischen 1750 und 1850 waren in den USA und Westeuropa eine Zeit tief greifenden gesamtgesellschaftlichen Wandels. Einige Historiker bezeichnen das ausgehende 18. und beginnende 19. Jahrhundert als **„Achsen"**- oder **„Sattelzeit"**. Denn durch die Gleichzeitigkeit von bürgerlich-politischen Revolutionen und Industrialisierung haben sich ihrer Meinung nach moderne Lebensformen und -verhältnisse durchgesetzt, die bis heute unsere Welt prägen. Hauptmerkmal der damals eingeleiteten Entwicklungen sei die Schnelligkeit gewesen, mit der althergebrachte Zustände abgeschafft und neue Sozialbeziehungen erprobt wurden. Auch orientierte sich politisch-gesellschaftliches Handeln seither an ideologischen Begriffen wie „Revolution", „Emanzipation", „Liberalismus" oder „Sozialismus", die auf Veränderung in eine völlig unbekannte Zukunft wiesen.

Tatsächlich bedeuteten vor allem die **Amerikanische Revolution**, die 1776 zur Unabhängigkeit der Vereinigten Staaten von Amerika führte, und die **Französische Revolution** von 1789 einen tiefen Bruch in der neuzeitlichen Geschichte. Diese Revolutionen beschleunigten nicht nur die Abschaffung des absolutistischen Staates und die Auflösung der feudal-ständischen Gesellschaftsordnung, sondern verhalfen auch dem Bürgertum und der **Idee der bürgerlichen Gesellschaft** (M 1) zum Durchbruch. Darüber hinaus veränderte, ja revolutionierte die **Industrialisierung** auf kapitalistischer, marktwirtschaftlicher Grundlage das Leben, Arbeiten und Wirtschaften der Menschen. Die Geschichte der industriellen Zivilisation nahm ihren Anfang gegen Ende des 18. Jahrhunderts in England, von dort ausgehend breitete sie sich im 19. Jahrhundert nach Kontinentaleuropa aus und erfasste schließlich die ganze Welt.

Die Historiker bezeichnen diesen Wandel der Gesellschaft in Richtung auf eine entwickeltere bzw. fortschrittlichere Stufe als **Modernisierung**. Wesentliche Kennzeichen der Modernisierung sind: Verstädterung, Säkularisierung, Rationalisierung, Erhöhung des technischen Standards (Produktion von Gütern mit Maschinen), andauerndes wirtschaftliches Wachstum, Ausbau und Verbesserung der technischen Infrastruktur (Verkehrswege, Massenkommunikationsmittel), Verbesserung des Bildungsstandes der Bevölkerung (Alphabetisierung, allgemeine Schulpflicht, Wissenschaft), räumliche und soziale Mobilität, Parlamentarisierung, Nationalstaatsbildung. Wegen seiner engen Verbindung mit dem Fortschrittsbegriff war der Begriff der Modernisierung allerdings lange Zeit umstritten, weil als Maßstab der jeweilige Entwicklungsstand der westlichen Zivilisation galt und weil die „Kosten", vor allem ökologische Probleme, bisher wenig berücksichtigt wurden. Außerdem warnen die Modernisierungshistoriker davor, Modernisierung als geradlinigen, flächendeckenden und zeitgleichen Prozess zu verstehen. Im Gegenteil waren manche Staaten schneller als andere, wodurch krasse Unterschiede und Ungleichzeitigkeiten zwischen Staaten oder Regionen entstanden. Und es gab bei der Modernisierung nicht nur Fortschritte, sondern immer wieder auch Phasen des Stillstandes oder sogar Rückschritte. Diese Einsicht zwingt dazu, jeweils die konkreten Mischungsverhältnisse von Altem und Neuem in bestimmten Entwicklungsstufen genau zu analysieren.

Amerikanische Revolution Europäische Historiker haben bisher oft die Französische Revolution in den Vordergrund gerückt, während die Amerikanische Revolution eher beiläufig erwähnt wurde. Diese Vernachlässigung des amerikanischen Unabhängigkeitskampfes entspricht jedoch nicht der Wirklichkeit. Bereits in der Amerikanischen Revolution wurden wesentliche Errungenschaften der modernen Gesellschaft formuliert und durchgesetzt. Hierzu gehören die Menschen- und Bürgerrechte, die Volkssouveränität, der Parlamentarismus und die Demokratie.

Moderne Demokratien beruhen auf dem Prinzip der **Volkssouveränität**, nach dem alle Staatsgewalt vom Volke ausgeht. Die Ausübung von Herrschaft ist an die Zustimmung des Volkes durch direkte Mitwirkung (Plebiszite) oder durch Wahlen zu einer Volksvertretung gebunden. Bereits im 17. Jahrhundert hatte England zwar die absolute in eine parlamentarische Monarchie umgewandelt. Obwohl sich dort das mittelalterliche und das frühneuzeitliche Parlament mit seinen beiden Kammern „House of Lords" und House of Commons" (Ober- und Unterhaus) grundlegend vom Parlament des 19. Jahrhunderts unterschieden, spielt für das Bewusstsein der Briten die historische Kontinuität der Institutionen eine prägende Rolle. Denn das Parlament hatte schon relativ früh beansprucht, nicht nur für sich selbst, sondern im Interesse der Allgemeinheit zu sprechen. Aber erst in der Amerikanischen Revolution setzte sich der Grundsatz der Volkssouveränität zum ersten Mal als revolutionäres Prinzip gegen die absolute Monarchie durch. Die Gesellschaft organisierte sich selbst, alle Herrschaft sollte vom Volk ausgehen.

Die Amerikanische Revolution brachte darüber hinaus mit der **Virginia Bill of Rights** von 1776 die erste Erklärung der **Bürger- und Menschenrechte** hervor. Sie blieben in der Verfassung zwar auf die freien männlichen Bürger beschränkt, doch in den Gemeinden und Einzelstaaten wurde das Ausschließen von Frauen und Sklaven sehr ernsthaft erörtert. Die im Vergleich zu anderen Staaten frühe politische Gleichberechtigung der Frauen in einigen Bundesstaaten hat hier eine ihrer Wurzeln. Die Verbindung der **Freiheitsforderung** mit dem **Gleichheitsgrundsatz** war ein zentrales Kennzeichen der Amerikanischen Revolution und eines Landes, in dem es im ausgehenden 18. Jahrhundert viel weniger soziale Ungleichheit gab als in Europa.

In Europa erhielt die Debatte über die Neugestaltung von Politik und Gesellschaft durch die Amerikanische Revolution neuen Auftrieb. Die Ereignisse in Amerika hatten den Europäern eine grundsätzliche Alternative zur feudalständischen Sozialordnung und zur absoluten Monarchie denkbar und erfahrbar gemacht. Besonders in Frankreich stärkte das amerikanische Beispiel die Hoffnungen vieler aufgeklärter Bürger auf tief greifenden Wandel der als ungerecht empfundenen Verhältnisse. Die welthistorische Bedeutung der **Französischen Revolution** lag jedoch vor allem darin, dass sie die Prinzipien der Amerikanischen Revolution universalisierte und radikalisierte. Der Sieg der Revolution in Frankreich, dem damals mächtigsten Staat auf dem Kontinent, leitete das Ende der traditionalen Gesellschaft in Europa ein.

Industrialisierung

Die Industrialisierung markierte einen tiefen Einschnitt in der Geschichte der Menschheit. Der englische Historiker Eric J. Hobsbawm hat die Industrielle Revolution einmal als „die gründlichste Umwälzung menschlicher Existenz in der Weltgeschichte" bezeichnet, „die jemals in schriftlichen Dokumenten festgehalten wurde". Andere Forscher haben den Beginn des Industriezeitalters sogar mit dem epochalen Einschnitt im Neolithikum verglichen, als die Menschen zu Ackerbau, Sesshaftigkeit und Großsiedlung übergingen. Tatsächlich lässt sich die Industrialisierung nicht nur auf ökonomische Faktoren reduzieren: auf ein deutliches, sich selbst tragendes Wirtschaftswachstum sowie die damit verbundenen tief greifenden Veränderungen im Marktgeschehen und in den Produktionsweisen. Der Übergang von der traditionalen Stände- zur modernen Industriegesellschaft führte darüber hinaus zu einem einschneidenden Wandel der überkommenen Lebensverhältnisse und Lebensformen. Der einzelne Mensch wurde aus Bindungen entlassen, die ihm jahrhundertelang Abhängigkeit, aber auch soziale Sicherheit bedeutet hatten. Die stärkere Individualisierung menschlicher Lebensschicksale brachte wiederum eine Vielfalt von Lebensstilen hervor, die in unterschiedlichen Lebensgewohnheiten sozialer Gruppen und Schichten zum Ausdruck kam.

Bis heute werden die Auswirkungen von Industrialisierung und Marktwirtschaft kontrovers diskutiert. Die Anhänger dieses Wirtschafts- und Gesellschaftssystem argumentieren, der Industriekapitalismus habe den Menschen grundsätzlich mehr Wohlstand und Freiheit gebracht als alle anderen Produktionsformen. Dagegen sagen die Kritiker, die kapitalistische Wirtschaft habe einigen wenigen Menschen zu großem Reichtum verholfen, während die Masse der Bevölkerung arm geblieben sei. Zum einen wird man sicherlich die beeindruckenden **Erfolge der Industrialisierung** anerkennen müssen. Sie trug dazu bei, dass die Masse der Bevölkerung materiell immer besser leben konnte, dass ihre räumliche und soziale Mobilität wuchs, dass individuelle Wahlmöglichkeiten und Emanzipationschancen zunahmen. Krisen, hervorgerufen durch Krankheit, Alter oder Arbeitslosigkeit, konnten durch Leistungen des Sozialstaats abgemildert werden. Zu den Stärken der modernen Industriegesellschaft zählt auch das, was man als Vereinheitlichung von Lebensverhältnissen bezeichnen kann. Gegensätze zwischen Stadt und Land, zwischen Zentrum und Peripherie, aber auch zwischen sozialen Klassen bzw. Ständen schliffen sich ab. Eisenbahn, Glühlampen und Telefon brachten den „Fortschritt" allmählich in jedes Dorf, in jeden Haushalt. Sie eröffneten auch Menschen, die in abgelegenen, industriell wenig erschlossenen Regionen lebten, neue Erfahrungsräume und Traumwelten. Nach und nach überwand die neue Mobilität von Menschen, Waren und Informationen zudem nicht nur inner-, sondern auch zwischenstaatliche Grenzen. Die Internationalisierung der Wirtschaft ging einher mit der Internationalisierung von Kultur, Recht und Lebensformen.

Zum anderen wurde die Geschichte der Industrialisierung von **neuartigen, schwierigen Problemen** begleitet. Die Verbesserung des Lebensstandards fand im Rahmen einer durch den Kapitalismus teils hervorgerufenen, teils verfestigten Klassengesellschaft statt. Unterschiede in Besitz, Bildung, Gesundheit haben zwar ihr Gesicht und Gewicht verändert, sind aber nicht verschwunden. Mehr und mehr rücken heute neben den sozialen auch die kulturellen und ökologischen Folgekosten der industriekapitalistischen Erfolgsgeschichte ins Bewusstsein: die Zerstörung natürlicher Lebensressourcen, die Auflösung traditionaler, nichtmaterieller Bindungsverhältnisse, die Verflüssigung verbindlicher Werthaltungen. Die Vereinheitlichung von Lebensverhältnissen bedeutet auch Monotonie, Verlust an Differenz- und Fremdheitserfahrung. Diesen Verlust gleichen moderner Massentourismus und moderne Massenunterhaltung längst nicht mehr aus. Gegentendenzen in Form aggressiver regionaler und nationaler Egoismen treten auf und erfreuen sich europaweiter Beliebtheit.

| Individuum und Gesellschaft | Die Entwicklung der bürgerlichen und der Industriegesellschaft war und ist keine geradlinige Fortschrittsgeschichte, sondern kennt auch Phasen des Stillstandes und Rückschritte. Am ehesten zeigen dies die Lebensverhältnisse des Einzelnen sowie der Wandel der Verhaltensformen und Einstellungen der Menschen in unterschiedlichen Epochen. Seit der Erklärung der **Menschen- und Bürgerrechte** im ausgehenden 18. und beginnenden 19. Jahrhundert besaß das Individuum das Recht auf Leben, Freiheit, Eigentum, wurde ihm die Gleichheit vor dem Gesetz garantiert und durfte es eigene Gedanken und Meinungen äußern. Dabei sollte jedoch nicht in Vergessenheit geraten, dass die totalitären Staaten im 20. Jahrhundert, Faschismus, Nationalsozialismus und Kommunismus, genau diese Rechte mit Füßen getreten haben. An diesen Regimes wird deutlich, dass Rechte auch wieder verloren gehen und in Misskredit geraten können.

Wie stark das Leben des Einzelnen durch gesellschaftliche Strukturen mit geprägt wurde und wird, kann darüber hinaus am Beispiel der Familie und Geschlechterverhältnisse aufgezeigt werden. Die Industrialisierung hat nicht die **Familie** zerstört, wie einige – konservative, aber auch sozialistische – Kritiker des Industriekapitalismus im 19. Jahrhundert vermuteten. Die Zahl der Familiengründungen nahm vielmehr zu, weil viele Menschen, die vorher auf Grund der Heiratsbeschränkungen nicht heiraten durften, nunmehr eine Ehe eingehen und einen eigenen Hausstand gründen konnten. In der bäuerlichen Bevölkerung blieb die Familie zwar weit gehend eine wirtschaftliche und soziale Einheit. Für alle anderen Schichten änderte sich das jedoch mit

B 1 Darstellung bürgerlichen Familienlebens Ende des 19. Jahrhunderts

— Erarbeiten Sie anhand von B 1 die Grundsätze bürgerlicher Mädchen- und Jungenerziehung.
— Vergleichen Sie Ihre Ergebnisse mit dem heutigen Erziehungs- und Rollenverständnis und stellen Sie Unterschiede und Gemeinsamkeiten fest. Worauf führen Sie diese zurück?

dem Vordringen der kapitalistisch-industriellen Wirtschaftsweise sowie bürgerlicher Normen und Werte: Erwerbstätigkeit und Familie, Öffentliches und Privates entwickelten sich immer stärker zu völlig voneinander getrennten Bereichen. Außerdem setzte sich im 19. Jahrhundert ein neues Leitbild von Ehe und Familie durch, zuerst im Bürgertum und von da ausgehend in allen anderen Schichten (B 1). Danach sollte die Familie ein Zufluchtsort und Gegengewicht gegen die Versachlichung der zwischenmenschlichen Beziehungen und die Zwänge der kapitalistischen Wirtschaft sein, die durch Leistung und Konkurrenz geprägt war.

Waren die Beziehungen zwischen den Familienangehörigen in der vorindustriellen Welt durch eine relative Nähe der Geschlechter gekennzeichnet, entwickelten sich die Lebensbereiche von Mann und Frau in der Industriegesellschaft mit ihrer Trennung von Arbeit und Privatsphäre auseinander. Der Mann hatte sich nach dem bürgerlichen Familienideal um die „Außenwelt" zu kümmern: Er war nicht nur der „Ernährer" der Familie, sondern auch für Politik, Kultur und Geselligkeit zuständig. Dagegen lagen die Sorge für den Ehemann sowie die Aufzucht und Erziehung der Kinder bei den Ehefrauen. Diese ungleiche Rollen- und Machtverteilung zwischen den Geschlechtern fand ihre ideologische Absicherung durch die seit dem 18. Jahrhundert entstandene Auffassung von den „Geschlechtercharakteren", nach der „Vernunft", „Kraft" oder „Selbstständigkeit" „natürliche" Eigenschaften des Mannes seien, während die Frau sich durch „Empfindung", „Hingabe", „Abhängigkeit" und „Bescheidenheit" auszeichne. Trotz zunehmender Erwerbstätigkeit von Frauen war die moderne Industriegesellschaft, besonders wenn es um öffentliche Angelegenheiten ging, eine reine Männergesellschaft. Gegen diese Vorherrschaft der Männer formierte sich jedoch allmählich eine **Frauenbewegung**. Bereits in der Revolution von 1848/49 gründeten Frauen Vereine und traten öffentlich für ihre Gleichberechtigung in Politik und Gesellschaft ein. Auch in den Sechziger- und dann in den Neunzigerjahren waren es diese politisch aktiven Frauen aus der Revolution, die sich in Frauenverbänden organisierten und emanzipatorische Forderungen erhoben.

Die komplexen Wechselwirkungen von allgemeinem politischem, wirtschaftlichem und gesellschaftlichem Wandel einerseits und dem Schicksal des Einzelnen andererseits werden überdies an den **Wanderungsbewegungen (Migration)** deutlich. Was wir heute aus der Dritten Welt kennen – Bevölkerungswachstum, Flucht vor Hunger und Armut in die reichen westlichen Industrienationen –, solche Wanderungsbewegungen gab es auch in Europa zu Beginn der Industrialisierung. In Deutschland versuchten seit Beginn der Dreißigerjahre zahlreiche Menschen durch die

Auswanderung in die Vereinigten Staaten von Amerika, aber auch nach Brasilien, Kanada, Argentinien oder Australien ihre soziale Lage zu verbessern. Die Regierungen ließen diese Auswanderung zu, um so sozialen Sprengstoff zu entschärfen. Stärker noch als die Auswanderung hat die mit der Industrialisierung einsetzende Binnenwanderung die europäischen Gesellschaften geprägt und verändert. Diese Binnenwanderungen im Deutschland des 19. Jahrhunderts durch Veränderung des Wohn- und Arbeitsortes verbesserten nicht so sehr den eigenen sozialen Status („Chancenwanderung"), sondern waren das Ergebnis von Schwankungen des Arbeitsmarktes. Da im Gegensatz zu heute sowohl wirksame soziale Sicherungssysteme als auch funktionierende Formen organisierter Arbeitsvermittlung fehlten, suchten viele Menschen in anderen Regionen nach Arbeit. Wer auf dem Lande keine Arbeit fand, zog in die nächstgelegene Stadt, und wenn an diesem gewerblichen oder industriellen Standort keine Beschäftigung zu finden war, wanderte man weiter von Ort zu Ort.

M1 Der Historiker Jürgen Kocka über die Idee der bürgerlichen Gesellschaft, 1995

So bildete sich im späten 18. und frühen 19. Jahrhundert eine neue, zunächst sehr schmale Sozialformation heraus, die eine aufsteigende wirtschaftliche Oberschicht und eine neue Schicht von Gebildeten umfasste und für die das Wort „bürgerlich" in neuer Weise in Gebrauch kam. Die Basis dieses Bürgertums war zwar überstädtisch, doch fehlte es ihm nicht an Gemeinsamkeiten mit den wohlhabenderen und gebildeteren Teilen des herkömmlichen Stadtbürgertums, mit denen es verknüpft blieb oder verschmolz. Die kritische Distanz zum Geburtsadel und seiner Welt, die sich auf Leistung und Bildung berufende Kritik am Gottesgnadentum und an absolutistischer Willkür, zugleich die Absetzung vom niederen Volk, die städtische Lebensweise und die damit zusammenhängende Kultur – das verband dieses neue Bürgertum und grenzte es nach außen, wenngleich unscharf, ab. Man saß auch politisch im selben Boot, auf derselben Bank. Denn in den landständischen Vertretungen der Zeit gehörten die neuen wie die alten Bürger zum dritten Stand, nicht zum Adel und nicht zur Geistlichkeit. […]

Es war vor allem im Milieu dieses sich um- und neu bildenden Bürgertums, in dem moderne, aufklärungsgeprägte Ideen Wurzeln schlugen, Ideen von einer neuen Gesellschaft, Kultur und Politik: der Entwurf einer „bürgerlichen Gesellschaft". Er wurde in den bürgerlich dominierten Logen und Lesegesellschaften, Vereinen und Zeitschriften des späten 18. und frühen 19. Jahrhunderts diskutiert, bald auf den öffentlichen Versammlungen, Festen und in den Programmen der sich ausbreitenden frühliberalen Bewegung vertreten. Es war ein zukunftsgerichteter Entwurf, zu dem sehr verschiedene Autoren beigetragen hatten – von John Locke und Adam Smith über Montesquieu und die Enzyklopädisten bis zu Immanuel Kant und den Frühliberalen des deutschen Vormärz. Im Zentrum stand das Ziel einer modernen, säkularisierten Gesellschaft freier, mündiger Bürger *(citoyens)*, die ihre Verhältnisse friedlich, vernünftig und selbstständig regelten, ohne allzu viel soziale Ungleichheit, ohne obrigkeitsstaatliche Gängelung, individuell und gemeinsam zugleich. Dazu bedurfte es bestimmter institutioneller Vorkehrungen: des Marktes, einer kritischen Öffentlichkeit, des Rechts- und Verfassungsstaates sowie der parlamentarischen Repräsentation. In dieser gesellschaftlich-politischen Zielsetzung steckte ein neuer Daseinsentwurf, der auf Arbeit, Leistung und Bildung (nicht auf Geburt), auf Vernunft und ihren öffentlichen Gebrauch (statt auf Tradition), auf individuelle Konkurrenz wie auf genossenschaftliche Gemeinsamkeit setzte und sich kritisch gegen zentrale Elemente des Ancien Régime wandte: gegen Absolutismus, Geburtsprivilegien und ständische Ungleichheit, auch gegen kirchlich-religiöse Orthodoxie.

(Jürgen Kocka, „… und wünschte ein Bürger zu sein". Von der bürgerlichen Gesellschaft zur Bürgergesellschaft, in: Geschichtsbuch Oberstufe, Bd. 1: Von der Antike bis zum Ende des 19. Jahrhunderts, hg. v. Hilke Günther-Arndt, Dirk Hoffmann, Norbert Zwölfer, Cornelsen, Berlin 1995, S. 259 f.)

1 *Erläutern Sie die Konzeption der bürgerlichen Gesellschaft und ihre Bedeutung für das politisch-soziale Denken im ausgehenden 18. und beginnenden 19. Jahrhundert, wie sie in M1 dargelegt wird.*

I Die politischen Revolutionen Ende des 18. Jahrhunderts

Die Freiheitsstatue am Hafeneingang von New York von F. A. Batholdi – ein Geschenk Frankreichs an die USA (errichtet 1886). Am Sockel ist folgende Inschrift angebracht: Lasst zu mir kommen/ eure müden, armen,/ bedrängten Massen,/ die danach lechzen,/ in Freiheit zu atmen./ Den unglücklichen Haufen/ eurer überfüllten Küste./ Schickt sie mir, die Obdachlosen,/ vom Sturm Gepeitschten:/ Ich erhebe mein Licht/ neben der goldenen Pforte./

„In Amerika", schrieb 1833 der französische Staatsdenker und Politiker Alexis de Tocqueville, wirke die Gesellschaft „durch sich selbst und auf sich selbst. Nur in ihr gibt es Macht ... Das Volk nimmt an der Abfassung der Gesetze teil durch die Wahl der Gesetzgeber, an ihrer Anwendung durch die Wahl der Mitglieder der ausübenden Gewalt ... Das Volk beherrscht die amerikanische politische Welt wie Gott das All. Es ist Ursprung und Ziel aller Dinge; aus ihm geht alles hervor und zu ihm kehrt alles zurück."

Tatsächlich setzte die Amerikanische Revolution den Begriff der Volkssouveränität in die Praxis um und erklärte die Menschen- und Bürgerrechte zur Grundlage ihrer Politik. Die Trennung vom Mutterland und die Staatsbildung prägten das nationale Selbstverständnis. Von Anfang an glaubten die Amerikaner, dass es ihre Bestimmung sei, ein für die ganze zivilisierte Welt vorbildliches politisches und soziales System aufzubauen. Freiheit, gegründet auf persönlicher Initiative, Fleiß und Experimentierfreudigkeit, galt als Grundlage des „American way of life" und zog Millionen Einwanderer an.

Aber die Geschichte der USA steckt auch voller Widersprüche. Auf der einen Seite steht die Geschichte einer Pioniergesellschaft, die, nachdem sie ihre Unabhängigkeit von Großbritannien erkämpft hatte, im Laufe eines Jahrhunderts einen Kontinent erschloss und eine neue Gesellschaft aufbaute. Aus einem kolonialen Ableger der Alten Welt wurden die jungen USA zu einer modernen Demokratie und Industriegesellschaft, die später, im 20. Jahrhundert, als Großmacht die Weltpolitik bestimmte.

Auf der anderen Seite blieben in der amerikanischen Demokratie die Indianer von den Bürgerrechten ausgeschlossen. Ähnlich bedrückend ist die Geschichte der Sklaverei und der Kampf um die Bürgerrechte der Schwarzen. Und die ungezügelte Marktwirtschaft förderte zwar Leistungswillen und Erfolgsstreben. Gegen die Schattenseiten von Industrie und „Big business" organisierten sich jedoch die Arbeitnehmer, um jedem Freiheit und Chancengleichheit zu garantieren. Allerdings strebten die Gewerkschaften trotz schlechter Arbeitsbedingungen und der rücksichtslosen Ausbeutung derer, die erst vor kurzem eingewandert waren, keine radikalen gesellschaftlichen Veränderungen an.

Auch in Europa beschleunigte sich im ausgehenden 18. Jahrhundert der politisch-soziale Wandel, wobei der Französischen Revolution eine herausragende Rolle zukam. Sie leitete eine grundlegende Modernisierung der politischen und gesellschaftlichen Verhältnisse ein, die den gesamten Kontinent erfasste. Im Verlauf der Französischen Revolution ging die Staatsführung von der alten Aristokratie auf die neue, immer selbstbewusster auftretende Schicht des Bürgertums über. Das bedeutete gleichzeitig das Ende des monarchischen Absolutismus und die Entstehung der modernen parlamentarischen Demokratie, die ihren Staatsbürgern das Recht zur politischen Mitsprache sowie die Bürger- und Menschenrechte gewährleistete. Aber auch die Gesellschaft wandelte sich von Grund auf. Bestimmten in der vorrevolutionären feudal-ständischen Gesellschaft Geburt und rechtliche Ungleichheit die Stellung des Einzelnen, ersetzte die sich herausbildende bürgerliche Ordnung diese Kriterien durch Besitz und Bildung, Leistung und Beruf.

1 Die Amerikanische Revolution und die Entfaltung der demokratischen Gesellschaft

1.1 Grundlagen – Ursachen – Anfänge

Staat und Gesellschaft in den Kolonien – Die Frontier

An der Ostküste der USA entstanden bis zur Mitte des 18. Jahrhunderts 13 **englische Kolonien** (Karte 1). Wahlrecht und Repräsentativversammlungen bildeten die Grundlagen demokratischer Regierungsformen. Die Wirtschaft der von den Puritanern (M 1) geprägten nördlichen Kolonien beruhte auf Fischerei, Schiffbau und Überseehandel. In ihren Hafenstädten entwickelte sich ein kapitalkräftiges Bürgertum. Die mittleren Kolonien um Pennsylvania galten als Kornkammer Nordamerikas. Im Süden dominierte der Plantagenanbau von Tabak, Reis, Baumwolle und Indigo, für den seit dem 17. Jahrhundert Sklaven aus Westafrika importiert wurden. Politisch bestimmend waren hier meist anglikanische oder katholische Großgrundbesitzer. Zwischen den früh erschlossenen Küstenregionen und dem Indianerland im Westen entstand eine Grenzzone, die **Frontier**, die durch den Zuzug von Siedlern ständig nach Westen vorrückte.

Wie für die Engländer des Mutterlandes galten auch für die freien Einwohner der Kolonien die Rechtsgarantien der **Magna Charta** (1215) und der **Bill of Rights** (1689). Sie hatten Anspruch auf eine unabhängige Rechtsprechung und die Unverletzlichkeit des Eigentums. Die Volksvertretungen („assemblies") der Kolonien wirkten an der Gesetzgebung und der Steuerbewilligung mit. Der Machtausgleich zwischen Monarch und Parlament, den die **Glorious Revolution** (1688) im Mutterland herbeigeführt hatte, stärkte auch in den Kolonien die Stellung der Volksvertretungen gegenüber den vom König berufenen Gouverneuren.

Wirtschaftskonflikte

Seit Beginn der Besiedlung Ende des 16. Jahrhunderts waren die wirtschaftlichen Ziele des Mutterlandes klar formuliert: Die Kolonien mussten Gewerbe und Handel Englands mit Rohstoffen versorgen und Fertigprodukte abnehmen. Zudem waren sie Siedlungsraum für die wachsende Bevölkerung des Mutterlandes. Um die englische Wirtschaft vor Konkurrenz zu schützen, verbot die Londoner Regierung 1699 den Kolonien den Export von Wolle und Wollerzeugnissen. 1750 unterband der so genannte „Iron Act" ihre Stahlproduktion. Aus amerikanischer Sicht behinderte dies die wirtschaftliche Entwicklung, weil die dirigistischen Eingriffe den Kolonien eine negative Handelsbilanz aufzwangen und Kapital ins Mutterland abfloss. Ein Ausweg war der Tausch amerikanischer Agrarprodukte gegen Rum und Zucker in der Karibik. Diese Kolonialwaren wurden dann nach Großbritannien exportiert. Mit dem Erlös kaufte man Fertigwaren für den amerikanischen Markt. Die bekannteste Art dieser Geschäfte war der **Sklavenhandel**, von dem sowohl die Plantagenwirtschaft in den südlichen Kolonien als auch das Mutterland profitierten.

Eskalation des Konflikts

Zur **Entfremdung zwischen den Kolonien und Großbritannien** (M 2) trugen auch die Auseinandersetzungen mit Frankreich bei. Nach dem Siebenjährigen Krieg (1756–1763) musste Frankreich Kanada an Großbritannien abtreten. Damit entfiel die Bedrohung der Kolonien durch die Franzosen und die mit ihnen verbündeten Indianerstämme. Das durch den Krieg finanziell erschöpfte Mutterland wollte die Kolonien jetzt an der Tilgung der Schuldenlast beteiligen und deren Wirtschaft noch mehr als bisher den eigenen Interessen nutzbar machen. Zudem verbot die britische Regierung jede weitere Erschließung von Indianerland und stationierte Truppen an der Siedlungsgrenze, um Konflikte zu verhindern.

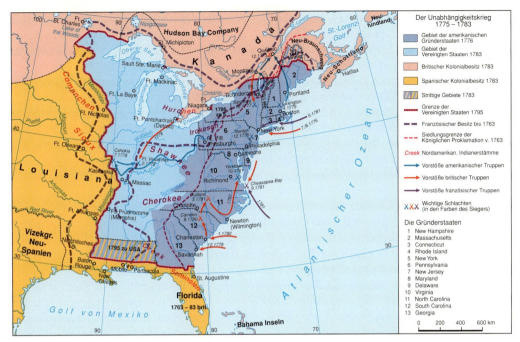

Karte 1 Entstehung der USA 1763–1795

— Beschreiben Sie die politische und geografische Ausgangssituation der englischen Kolonien in Nordamerika 1763.
— Erläutern Sie mit Hilfe der Karte und der Darstellung die Erschließung des Kontinents bis zum Mississippi.

Gegen die Proteste der amerikanischen Kolonien führte Großbritannien 1764 neue Ein- und Ausfuhrzölle ein. Zur Finanzierung der Stationierungskosten wurde 1765 die im Mutterland schon seit langem erhobene Stempelsteuer – eine Abgabe auf amtliche Schriftstücke und Druckschriften – auch in den Kolonien eingeführt. Der Widerstand gegen diese Versuche, erstmals eine direkt nach London fließende Steuer zu erheben, war aber so groß, dass das Londoner Parlament das Gesetz wieder zurückzog. Obwohl das Parlament seine legislative Oberhoheit über die Kolonien betonte, scheiterte auch 1768 der Versuch, neue Importzölle einzuführen. Die Amerikaner machten geltend, dass diese Steuerpolitik gegen den Grundsatz des „Common Law" verstoße, nach dem Steuern nur mit Zustimmung der Betroffenen auferlegt werden könnten. Sie waren ja von jeder Mitbestimmung im Londoner Parlament ausgeschlossen und betrachteten daher die britischen Steuerpläne als Bedrohung ihrer traditionellen Selbstverwaltung.

| Formen des Widerstands | Besonders in den Neuenglandkolonien entstanden seit 1770 **„Committees of Correspondence"**, die den Widerstand gegen das englische |

Mutterland organisierten. Einen Boykott britischer Waren beantwortete London mit der Verstärkung der militärischen Präsenz und der Kompetenzerweiterung der britischen Zollverwaltung. 1770 gab es bei Demonstrationen in Boston die ersten Toten. Als das englische Parlament der in finanziellen Schwierigkeiten steckenden Ostindien-Kompanie das Monopol für den Teeimport in die Kolonien erteilte, betrachtete man das als neuen Versuch, die Wirtschaft der Kolonien dem britischen Diktat zu unterwerfen. Mitglieder der radikalen „Sons of Liberty"

enterten aus diesem Anlass am 16. Dezember 1773 Schiffe der Ostindien-Kompanie im Hafen von Boston und vernichteten Teile der Teeladung („Boston Tea Party"). Die britische Regierung schloss daraufhin den Hafen und hob die Verfassung und Selbstverwaltung von Massachusetts auf, das die britische Wirtschafts- und Steuerpolitik am radikalsten bekämpfte.
Im September 1774 traten Delegierte aller Kolonien außer Georgia zum **ersten Kontinentalkongress in Philadelphia** zusammen. Sie erklärten, dass die Eingriffe Großbritanniens in die Verfassungen der Kolonien ebenso rechtswidrig seien wie die Steuergesetze und die Stationierung von Soldaten in Friedenszeiten. Der Kongress beschloss, den Handel mit dem Mutterland einzustellen und britische Waren zu boykottieren. Zugleich bat man aber König George III. (1760–1820) um Schutz gegen die Gesetzesbrüche von Parlament und Regierung. Noch wollte die Mehrheit der Amerikaner keine Trennung vom Mutterland, sondern lediglich die Autonomie.

| Bruch mit dem Mutterland | Zum offenen Konflikt kam es, als die Volksvertretung von Massachusetts das Auflösungsdekret nicht anerkannte und sich neu konstituierte. Im Februar 1775 befahl das Londoner Parlament dem Gouverneur, diese Rebellion zu beenden. Im April gab es erste Gefechte zwischen amerikanischen Milizen und der britischen Armee. Der **zweite Kontinentalkongress** übernahm im Mai 1775 die Regierungsfunktionen für die Kolonien und ernannte **George Washington** (1732–1799, Präsident 1789–1797) zum Oberbefehlshaber der Streitkräfte. Aus einem Konflikt um Wirtschafts- und Steuerfragen war ein Kampf um Grundsatzfragen von Recht und Verfassung geworden. Die führenden amerikanischen Politiker – ob Großgrundbesitzer aus dem Süden oder Angehörige des Wirtschaftsbürgertums des Nordostens – standen in der Tradition englischen Verfassungs- und Rechtsdenkens und nahmen das in ihm verankerte **Widerstandsrecht** gegen illegale Akte der Obrigkeit für sich in Anspruch. Sie sahen in ihrem Kampf gegen Parlament und Regierung in London eine Parallele zur Glorious Revolution, die die Freiheitsrechte der Engländer gesichert hatte: Gleichberechtigte Untertanen der britischen Krone wollten die Amerikaner sein (M 3). Erst die im Januar 1776 erschienene Streitschrift „Common Sense" des britisch-amerikanischen Publizisten **Thomas Paine** (1737–1809) mit ihrer Polemik gegen die britische Obrigkeit bewirkte, dass sich der Gedanke einer völligen Trennung vom Mutterland bei der Mehrheit durchsetzte. Der Konflikt geriet jetzt zu einer kolonialen Befreiungsrevolution mit scharf antimonarchischen Zügen.

M1 Der Soziologe Max Weber über die Bedeutung der puritanischen Lebensauffassung für den wirtschaftlichen Aufstieg Amerikas, 1905

Das sittlich wirklich Verwerfliche ist nämlich das Ausruhen auf dem Besitz, der Genuss des Reichtums mit seiner Konsequenz von Müßiggang und Fleischeslust, vor allem von Ablenkung von dem
5 Streben nach „heiligem" Leben. Und nur weil der Besitz die Gefahr dieses Ausruhens mit sich bringt, ist er bedenklich. […] Nicht Muße und Genuss, sondern nur Handeln dient nach dem unzweideutig geoffenbarten Willen Gottes zur Mehrung
10 seines Ruhmes. Zeitvergeudung ist also die erste und prinzipiell schwerste aller Sünden. […] Es heißt noch nicht wie bei Benjamin Franklin: „Zeit ist Geld", aber der Satz gilt gewissermaßen im spirituellen Sinn: Sie ist unendlich wertvoll, weil jede verlorene Stunde der Arbeit im Dienst des Ruhmes 15 Gottes entzogen ist. […]
Wir suchen uns nun noch speziell die Punkte zu verdeutlichen, in welchen die puritanische Auffassung des Berufs und die Forderung asketischer Lebensführung direkt die Entwicklung des kapitalistischen 20 Lebensstils beeinflussen musste. Mit voller Gewalt wendet sich die Askese […] vor allem gegen eins: Das unbefangene Genießen des Daseins und dessen, was es an Freuden zu bieten hat. […]
Die innerweltliche protestantische Askese […] 25 wirkte also mit voller Wucht gegen den unbefangenen Genuss des Besitzes, sie schnürte die Konsumtion, speziell die Luxuskonsumtion, ein. Dagegen entlastete sie im psychologischen Effekt den Gütererwerb von den Hemmungen der tradi- 30 tionalistischen Ethik, sie sprengte die Fesseln des Gewinnstrebens, indem sie es nicht nur legalisier-

te, sondern (in dem dargestellten Sinn) direkt als gottgewollt ansah. […]
35 Denn der Besitz als solcher war Versuchung. Aber hier war nun die Askese die Kraft, „die stets das Gute will und stets das Böse" – das in ihrem Sinn Böse: den Besitz und seine Versuchungen – „schafft". Denn nicht nur sah sie, mit dem Alten
40 Testament und in voller Analogie zu der ethischen Wertung der „guten Werke", zwar in dem Streben nach Reichtum als Zweck den Gipfel des Verwerflichen, in der Erlangung des Reichtums als Frucht der Berufsarbeit aber den Segen Gottes. Sondern,
45 was noch wichtiger war: Die religiöse Wertung der rastlosen, stetigen, systematischen, weltlichen Berufsarbeit als schlechthin höchsten asketischen Mittels und zugleich sicherster und sichtbarster Bewährung des wieder geborenen Menschen und
50 seiner Glaubensechtheit musste ja der denkbar mächtigste Hebel der Expansion jener Lebensauffassung sein, die wir hier als „Geist des Kapitalismus" bezeichnen. Und halten wir jetzt noch jene Einschnürung der Konsumtion mit dieser Entfesse-
55 lung des Erwerbsstrebens zusammen, so ist das äußere Ergebnis nahe liegend: Kapitalbildung durch asketischen Sparzwang. Die Hemmungen, welche dem konsumtiven Verbrauch des Erworbenen entgegenstanden, mussten ja seiner produkti-
60 ven Verwendung: als Anlagekapital, zugute kommen. […] In Neuengland tritt der Zusammenhang […] greifbar hervor.
(Max Weber, Die protestantische Ethik und der „Geist" des Kapitalismus, in: ders., Soziologie. Universalgeschichtliche Analysen. Politik, Beltz Athenaeum, Stuttgart 1973, S. 357ff.)
1 Stellen Sie die wichtigsten Merkmale der puritanischen Lebensauffassung zusammen.
2 Entwerfen Sie eine Gesellschafts- und Wirtschaftsordnung, in der die puritanische Lebensauffassung verwirklicht ist, und diskutieren Sie Leistungen und Grenzen.

M2 Der Historiker Willi Paul Adams über koloniale Kultur und amerikanische Identität, 1990

Die regionalen Unterschiede zwischen den Kolonien wurden gemildert durch Gemeinsamkeiten, die ihre Einbindung in das Empire nicht nur auf wirtschaftlichem Gebiet bewirkte. „Der dominante
5 kulturelle Impuls der Kolonisten", so hat der Kolonialzeithistoriker Jack P. Greene seine langjährigen Einzeluntersuchungen zusammengefasst, „war es nicht, spezifisch Amerikanisches über sich herauszufinden und herauszustellen; ihr Bestreben war es

B 1 „Einwohner Bostons bezahlen ihre Steuern", Karikatur, 1774

— *Erläutern Sie, ausgehend von der Karikatur, den Konflikt zwischen Mutterland und Kolonien. Ziehen Sie auch die Darstellung hinzu.*

vielmehr, diese Unterschiede so weit wie möglich 10 zu beseitigen, damit sie umso glaubwürdiger vor sich selbst und in Britannien als offenkundig britisch dastanden."
Eine spannungsgeladene Mischung aus Minderwertigkeitsgefühl und Überlegenheitskomplex 15 kennzeichnete um 1750 das kulturelle Selbstverständnis der Provinzengländer in Nordamerika, die ihre Situation als Engländer am Rande der amerikanischen Wildnis bedachten. Einerseits wussten sie, dass sie in London als Untertanen zweiter Klasse 20 galten, deren Interessen denen des Mutterlandes selbstverständlich und systematisch untergeordnet wurden und deren kulturelle Leistung, von London aus betrachtet, darin bestand, nicht dem Vorbild der sich mit den Indianern vermischenden 25 französischen Waldläufer zu folgen. Andererseits erinnerte jede orthodox-calvinistische und jede unorthodoxe Erweckungspredigt die selbstzufrieden gewordenen Protestanten daran, dass ihre Besiedlung Amerikas der bislang letzte Akt im Drama der 30 christlichen Heilsgeschichte sei und dass alle Welt auf sie blickte, weil sie ein gottgefälliges „neues Je-

rusalem" aufbauten; ihr Erfolg oder ihr Scheitern würde [...] aller Welt die Rechtschaffenheit und Überlegenheit oder Sündhaftigkeit und Verworfenheit des neuen auserwählten Volkes demonstrieren. [...]
Erst nachdem diese Glaubensvielfalt auf Grund der wirtschaftlichen und strategisch motivierten Besiedlungspolitik der englischen Krone entstanden war [...], nahm seit den 1780er-Jahren in den unabhängig gewordenen Staaten die Art von religiöser Toleranz und Trennung von Staat und Kirchen Gestalt an, die heute für typisch amerikanisch gehalten wird. [...]
Zur regionalen Differenzierung des kulturellen Lebens der Kolonialländer kam von Anfang an die brutale Abgrenzung der Europäer von den Afrikanern hinzu (auch in den Hafenstädten der Mittel- und Neuenglandkolonien); auch von ihnen selbst gezeugte Kinder von Afrikanerinnen diskriminierten die Europäer als *colored* und damit minderwertig. Ebenso wie die regionalen Rivalitäten existierte auch die Rassendiskriminierung bereits, bevor ab 1765 der aktive Widerstand gegen die Kolonialmacht die Ähnlichkeiten und geteilten Interessen von dreizehn der Festlandkolonien dominant erscheinen ließ.
(Willi Paul Adams, in: Länderbericht USA I, hg. v. der Bundeszentrale für politische Bildung, Bonn 1999, S. 60 ff.)

1 *Arbeiten Sie heraus, wodurch das Verhältnis der Kolonien a) zu England, b) untereinander geprägt war.*
2 *Diskutieren Sie die Frage, ob es vor der Amerikanischen Revolution eine amerikanische Identität gab. Begründen Sie Ihre Auffassung.*

M3 Rede des Oppositionsführers Edmund Burke vor dem englischen Unterhaus über die Freiheitsliebe der Amerikaner, 1775

Die Freiheitsliebe ist das dominierende Charaktermerkmal der Amerikaner. [...] Dieser entschlossene Geist der Freiheit ist in den englischen Kolonien wahrscheinlich stärker als bei jedem anderen Volk der Erde. Dafür gibt es eine Reihe triftiger Gründe. [...]
Erstens: Die Bevölkerung der Kolonien stammt von Engländern ab. [...] Daher hängen sie [die Kolonisten] nicht nur der Idee der Freiheit an, sondern der Idee der englischen Freiheit, nach englischen Prinzipien [...].
Ihre Regierungen werden weitgehend vom Volk kontrolliert, einige völlig. In allen Kolonien sind die Abgeordneten des Volkes der einflussreichste Teil der Regierung. Die Teilhabe des Volkes am täglichen Regieren erfüllt sie immer wieder mit Stolz. [...] Ihre Art der Religionsausübung ist einer der Hauptgründe für ihre freiheitliche Gesinnung. Sie sind ein Volk von Protestanten, und zwar von der Art, die jede auch nur angedeutete Unterwerfung von Gedanken und Meinungen entschieden ablehnt. Ihr Glaube ist der Freiheit nicht nur günstig, sondern beruht auf ihr. Ich glaube, Sir, dass der Grund für die Abneigung der Dissenters[1] gegen alles, was nach absolutistischer Herrschaft aussieht, sich weniger aus ihren Glaubensgrundsätzen als aus ihrer Geschichte ergibt. [...]
Gestatten Sie mir, Sir, auf einen weiteren Umstand hinzuweisen, der nicht wenig zur Entstehung und Ausprägung dieses aufsässigen Geistes beigetragen hat. Ich meine ihre Bildung. [...] Die Berufsjuristen sind zahlreich und mächtig und spielen in den meisten Provinzen die führende Rolle. Die Mehrzahl der zum [ersten Kontinental-]Kongress entsandten Delegierten waren Juristen. [...] Diese Studien schärfen den Verstand, machen wissbegierig und gründlich, geschickt im Angriff, schnell und listenreich in der Verteidigung. In anderen Ländern beurteilt das einfache, träge Volk ein schlechtes Prinzip im Regierungssystem erst nach einem tatsächlichen Missstand. Hier jedoch sehen sie den Schaden voraus und beurteilen die Schwere des Missstandes nach der Verwerflichkeit des Prinzips. Sie erspähen Misswirtschaft aus der Ferne und riechen nahe Tyrannei in jeder würzigen Brise. [...]
Diese sechs Hauptursachen, Sir, führten also zur Entstehung eines ungestümen Freiheitswillens: die Herkunft, die Regierungsform, die Religion in den Nordprovinzen, der Lebensstil im Süden, die Bildung und die Entfernung vom Ausgangspunkt der Herrschaft. Der Freiheitswille ist mit der Bevölkerung gewachsen und hat mit dem Wohlstand zugenommen. Der Zusammenprall dieses Geistes mit einer Art der Machtausübung in England, die legal sein mag, mit freiheitlichen Ideen – schon gar mit denen der Amerikaner – aber unvereinbar ist, hat einen Konflikt entfacht, der uns zu verschlingen droht.
(Willi Paul u. A. Adams [Hg.], Die amerikanische Revolution in Augenzeugenberichten, dtv, München 1987, S. 132 ff.)

1 Dissenters: Gegner der anglikanischen Staatskirche, vor allem Puritaner

1 *Nennen Sie die Gründe für die Freiheitsliebe der amerikanischen Kolonisten.*
2 *Rekonstruieren Sie den Interessenkonflikt zwischen Mutterland und Kolonien.*

1.2 Unabhängigkeitserklärung, Menschenrechte und demokratische Verfassung

Staatsgründung

Die **Unabhängigkeitserklärung** (M 4), die der Kontinentalkongress am **4. Juli 1776** verkündete, begründete die Trennung vom Mutterland mit dem Widerstandsrecht und der Naturrechtsphilosophie der europäischen Aufklärung. Die Ideale der Freiheit, Gleichheit und des Strebens nach Glück wurden zur Grundlage des „**American Dream**". Zwischen 1776 und 1780 gaben sich die Einzelstaaten republikanische Grundordnungen und 1781 verabschiedete der Kongress die erste Verfassung der USA. Die „**Articles of Confederation**" betonten die Souveränität der Einzelstaaten und verzichteten auf eine starke zentrale Exekutive. Aus den britischen Kolonien war ein lockerer Staatenbund geworden. Der Kongress entschied Streitigkeiten zwischen den Einzelstaaten und war für die Außenpolitik, die Handelsgesetzgebung und für Indianerfragen zuständig.

Nach schweren Rückschlägen errangen die zunächst schlecht bewaffneten und ausgebildeten amerikanischen Soldaten die Oberhand über die britischen Truppen. Entscheidend für ihren Sieg war, dass sie das Hinterland der von den Briten besetzten Hafenstädte beherrschten. Hinzu kam, dass sich Frankreich und Spanien auf ihre Seite stellten und sie wirtschaftlich und militärisch unterstützten. 1781 konnten die Amerikaner die durch die französische Flotte vom Nachschub abgeschnittenen Briten bei Yorktown zur Kapitulation zwingen. 1783 erkannte das kriegsmüde Großbritannien im **Frieden von Paris** die Unabhängigkeit der USA an.

Verfassungsprobleme

Nach dem Sieg Amerikas über Großbritannien zeigte es sich, dass die **Verfassung von 1781** (M 5), die den Kongress als einzige Klammer zwischen den Einzelstaaten vorsah, nicht ausreichte um die durch den Krieg verursachten sozialen und wirtschaftlichen Probleme zu lösen. Vor allem Unruhen unter den armen und hoch

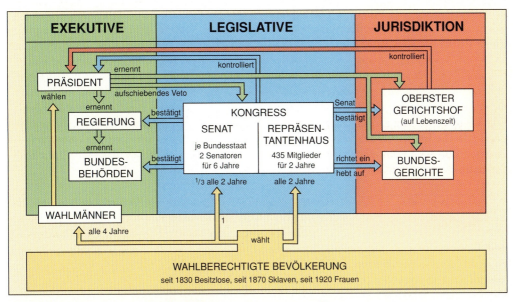

Schema 1 Die Verfassung der Vereinigten Staaten von Amerika

1 bis 1913 indirekte Wahl durch Parlamente der Bundesstaaten

— *Erläutern Sie das Prinzip der Gewaltenteilung und der „checks and balances".*

B 2 Das Vertrauen in die Verfassung, Ende 18. Jh., kolorierter Stich

— Interpretieren Sie B 2 im Hinblick auf das nationale Selbstverständnis der jungen USA.

verschuldeten Farmern in Massachusetts – nach ihrem Anführer „Shays' Rebellion" genannt – machten es aus der Sicht des wirtschaftlich führenden Bürgertums der Hafenstädte notwendig eine starke gesamtstaatliche Exekutive zu schaffen. Sie sollte in den Einzelstaaten eingreifen, wenn Recht und soziale Ordnung gefährdet waren.

Ein von den Parlamenten der Einzelstaaten beschickter Delegiertenkonvent arbeitete einen neuen Verfassungsentwurf aus, der im September 1787 verabschiedet und den Einzelstaaten vorgelegt wurde. Während der Beratungen kam es zu heftigen Auseinandersetzungen zwischen den **Föderalisten** um Alexander Hamilton (1755–1804, M 6), James Madison (1751–1836, Präsident 1809–1817) und John Adams sowie den **Antiföderalisten bzw. Republikanern** um Thomas Jefferson (1743–1826, Präsident 1801–1809). Während die Föderalisten eine starke Bundesgewalt mit weitreichenden Kompetenzen in der Wirtschafts- und Finanzpolitik befürworteten, traten die Antiföderalisten für die Rechte der Einzelstaaten ein. Ein lockerer Bund agrarisch und demokratisch strukturierter Einzelstaaten kam ihren Vorstellungen am nächsten. Die Föderalisten hingegen, die die Interessen des Wirtschaftsbürgertums vertraten, wollten über die Verfassung die direkten Einwirkungsmöglichkeiten des Volkes möglichst verringern – welche Gefahren drohten, hatte die Rebellion Shays' ja deutlich gezeigt.

| Verfassung von 1787 – „Checks and balances" | Die Verfassung von 1787 (B 2) stellte auf Grund der Auseinandersetzungen zwischen Föderalisten und Antiföderalisten einen Kompromiss dar. Neu und revolutionär waren die konsequente Verwirklichung der **Gewaltenteilung** und die Aufteilung der Kompetenzen zwischen Bund und Einzelstaaten. Um Machtmissbrauch zu verhindern kontrollierten sich Exekutive, Legislative und Judikative gegenseitig in einem komplizierten System der **„checks and balances"** (Schema 1, M 7).

Die Verfassung fand auch einen Ausgleich für die an Größe und Bevölkerungszahl so ungleichen Bundesstaaten. Jeder Staat entsandte zwei Vertreter in den Senat. Die Senatoren wurden von den Parlamenten der Einzelstaaten gewählt. Im Repräsentantenhaus waren die Einzelstaaten entsprechend ihrer Bevölkerungszahl vertreten. Der Präsident wurde von Wahlmännern gewählt, die – je nach einzelstaatlicher Verfassung – von der Volksvertretung oder direkt vom Volk gewählt wurden. Das Frauenwahlrecht wurde nicht in die Verfassung aufgenommen.

Die Bundesverfassung kannte keine Elemente direkter Demokratie mehr. Das Volk wählte seine Vertreter in das Repräsentantenhaus, blieb dann aber vom politischen Entscheidungsprozess ausgeschlossen. Das entsprach den Vorstellungen des Ostküstenestablishments, wonach eine tugendhafte männliche Elite das Staatswesen zu lenken habe. Ein Erfolg der Antiföderalisten war es aber, dass die Verfassung durch eine Bill of Rights ergänzt wurde, welche die Freiheitsrechte des Einzelnen garantierte. Zu den weiteren Grundsatzentscheidungen des Jahres 1787 gehörte die Bestimmung, dass nur noch bis zum Jahre 1808 Sklaven importiert werden durften. Geregelt wurde auch die Organisation des Siedlungslandes nördlich von Ohio: Die North-West-Ordinance setzte fest, dass neu besiedelte Gebiete nach einer Zwischenphase als Bundesterritorien zu gleichberechtigten Staaten werden konnten, wenn sie mindestens 60 000 Einwohner zählten.

| Politische Gruppierungen | Die „Verfassungsväter" des Jahres 1787 hatten von politischen Parteien nichts wissen wollen. Die Verfassungsstruktur machte es aber notwendig die politischen Interessen zu organisieren. Diese richteten sich an den Zielsetzungen der Föderalisten und Antiföderalisten aus. Die Föderalisten vertraten die Handels- und Kapitalinteressen der Wirtschaftseliten in den großen Handelsstädten. Ihr Ziel war es, die Bundeskompetenzen zu stärken und die wirtschaftliche Entwicklung zu fördern, damit die USA ein gleichberechtigter Partner der europäischen Staaten werden konnten. Bei den Präsidentschaftswahlen des Jahres 1800 unterlagen sie den Antiföderalisten bzw. den „Republican Democrats". Diese verstanden sich als Vertreter der breiten gewerblichen und agrarischen Mittelschichten und idealisierten die republikanischen Tugenden individueller Freiheit und Gleichheit, die es auch gegen den Staat zu verteidigen galt. Auf die Republican Democrats führt die **heutige Demokratische Partei** ihre Tradition zurück, während sich die **Republikaner** als Erben der Föderalisten betrachten.

Allgemein wurde der Grundsatz akzeptiert, dass Demokratie auf der Konkurrenz politischer Gruppierungen beruht. Der Wettstreit der beiden politischen Strömungen trug in den Jahrzehnten nach der Unabhängigkeit entscheidend zur Konsolidierung des politischen Systems bei, denn die Wähler mussten neben regionalen auch Probleme der Unionspolitik wahrnehmen und über sie entscheiden. Jeffersons populärer Forderung nach Demokratie und Selbstbestimmung für den „common man" setzte das Oberste Bundesgericht aber eine Verfassungsinterpretation entgegen, die den Zielen der Föderalisten entsprach. Seine Urteile stärkten die Unionskompetenzen; Rechtsprechung und Gesetzgebung in den Einzelstaaten mussten den Grundsätzen der Unionsverfassung entsprechen.

| Jacksonian democracy | Unter Präsident **Andrew Jackson** (1829–1837), der als Vertreter der neuen Staaten im Westen galt, erreichte die Demokratisierung des politischen Systems einen ersten Höhepunkt. Nicht die Parlamente der Einzelstaaten, sondern die Bürger wählten jetzt die Wahlmänner bei den Präsidentenwahlen; außerdem stellten nicht mehr die Mitglieder des Kongresses, sondern Parteitage („party conventions") die Kandidaten für das höchste Staatsamt auf. Während der Amtszeit Jacksons bildete sich auch das **Beutesystem („spoils system")** heraus, das es den Wahlsiegern in Gemeinden, Staaten und in der Union erlaubte fast alle wichtigen Ämter mit ihren Anhängern zu besetzen.

M4 Aus der Unabhängigkeitserklärung vom 4. Juli 1776

Wenn im Gange menschlicher Ereignisse es für ein Volk notwendig wird die politischen Bande zu lösen, die sie mit einem anderen Volk verknüpft haben, und unter den Mächten der Erde den selbständigen und gleichen Rang einzunehmen, zu dem die Gesetze der Natur und ihres Schöpfers es berechtigen, so erfordert eine geziemende Rücksicht auf die Meinung der Menschheit, dass es die Gründe darlegt, die es zu der Trennung veranlassen.

Folgende Wahrheiten erachten wir als selbstverständlich: Dass alle Menschen gleich geschaffen sind; dass sie von ihrem Schöpfer mit gewissen unveräußerlichen Rechten ausgestattet sind; dass dazu Leben, Freiheit und das Streben nach Glück gehören; dass zur Sicherung dieser Rechte Regierungen unter den Menschen eingerichtet werden, die ihre rechtmäßige Macht aus der Zustimmung der Regierten herleiten; dass, wenn irgendeine Regierungsform sich für diese Zwecke als schädlich erweist, es das Recht des Volkes ist sie zu ändern oder abzuschaffen und eine neue Regierung einzusetzen und sie auf solchen Grundsätzen aufzubauen und ihre Gewalten in der Form zu organisieren, wie es zur Gewährleistung ihrer Sicherheit und ihres Glücks geboten zu sein scheint. Gewiss gebietet die Vorsicht, dass seit langem bestehende Regierungen nicht um unbedeutender und flüchtiger Ursachen willen geändert werden sollten, und demgemäß hat noch jede Erfahrung gezeigt, dass die Menschen eher geneigt sind zu dulden, solange die Übel noch erträglich sind, als sich unter Abschaffung der Formen, die sie gewöhnt sind, Recht zu verschaffen. Aber wenn eine lange Reihe von Missbräuchen und Übergriffen, die stets das gleiche Ziel verfolgen, die Absicht erkennen lässt sie absolutem Despotismus zu unterwerfen, so ist es ihr Recht, ist es ihre Pflicht eine solche Regierung zu beseitigen und sich um neue Bürgen für ihre zukünftige Sicherheit umzutun. Solchermaßen ist das geduldige Ausharren dieser Kolonien gewesen und solchermaßen ist jetzt die Notwendigkeit, welche sie treibt ihre früheren Regierungssysteme zu ändern. Die Geschichte des gegenwärtigen Königs von Großbritannien ist die Geschichte wiederholten Unrechts und wiederholter Übergriffe, die alle auf die Errichtung einer absoluten Tyrannei über die Staaten zielen.

[Es folgt eine Aufzählung von 18 Hauptvorwürfen gegen den britischen König.]

In jenem Stadium dieser Bedrückungen haben wir in den untertänigsten Ausdrücken um Abhilfe ersucht; unser wiederholtes Ersuchen ist lediglich durch wiederholtes Unrecht beantwortet worden. Ein Fürst, dessen Charakter durch jede Handlung in solcher Weise gekennzeichnet ist, kann als ein Tyrann bezeichnet werden, der als Herrscher über ein freies Volk ungeeignet ist.

Auch haben wir es nicht unterlassen unserer britischen Brüder hinlänglich eingedenk zu sein. Wir haben sie von Zeit zu Zeit von den Versuchen ihrer gesetzgeberischen Gewalt in Kenntnis gesetzt eine gesetzwidrige Rechtsprechung über uns zu errichten. Wir haben sie an die näheren Umstände unserer Auswanderung und unserer Siedlung hier erinnert. Wir haben an ihr natürliches Gerechtigkeitsgefühl und ihre natürliche Hochherzigkeit appelliert und sie bei den Banden unserer gemeinsamen Herkunft beschworen diese Übergriffe zu missbilligen, die unvermeidlich zum Abbruch unserer Verbindungen und Beziehungen führen müssten. Auch sie sind der Stimme der Gerechtigkeit und der Blutsverwandtschaft gegenüber taub geblieben. Wir müssen uns daher mit der Notwendigkeit abfinden, welche unsere Trennung gebietet, und sie, wie die übrige Menschheit, für Feinde im Krieg, für Freunde im Frieden halten.

Daher tun wir, die Vertreter der Vereinigten Staaten von Amerika, versammelt in einem allgemeinen Kongress, an den Obersten Richter der Welt betreffs der Rechtlichkeit unserer Absichten appellierend, im Namen und kraft der Autorität des rechtlichen Volkes dieser Kolonien, feierlich kund und erklären, dass diese Vereinigten Kolonien freie und unabhängige Staaten sind und es von Rechts wegen sein sollen; dass sie von jeglicher Treuepflicht gegen die britische Krone entbunden sind, und dass jegliche politische Verbindung zwischen ihnen und dem Staate Großbritannien vollständig gelöst ist, […] und dass sie als freie und unabhängige Staaten Vollmacht haben Kriege zu führen, Frieden zu schließen, Bündnisse einzugehen, Handel zu treiben und alle anderen Akte und Dinge zu tun, welche unabhängige Staaten von Rechts wegen tun können. Und zur Stütze dieser Erklärung verpfänden wir alle untereinander in festem Vertrauen auf den Schutz der göttlichen Vorsehung unser Leben, unser Gut und unsere heilige Ehre.

(A. Rock, Dokumente der amerikanischen Demokratie, Wiesbaden ²1953, S. 102 ff.)

1 Stellen Sie die wichtigsten Argumente zusammen, mit denen die amerikanischen Kolonien ihre Trennung vom englischen Mutterland begründet haben.

2 Charakterisieren Sie das Staatswesen, das den Verfassern der Erklärung vorschwebte.

M5 Die wichtigsten Artikel der Konföderation vom 1. März 1781

Artikel 1: Die Form dieser Konföderation soll sein „Die Vereinigten Staaten von Amerika".
Artikel 2: Jeder Staat behält seine Souveränität, Freiheit und Unabhängigkeit und jede Gewalt. Rechtsprechung und Recht, die nicht durch diese Konföderation ausdrücklich delegiert worden sind, sind auf die Vereinigten Staaten im Kongress versammelt.
Artikel 3: Die genannten Staaten treten hiermit einzeln und gemeinsam in eine feste Gemeinschaft (league) der Freundschaft untereinander ein. Zu ihrer gemeinsamen Verteidigung, zur Sicherung ihrer Freiheiten und zu ihrer gegenseitigen und allgemeinen Wohlfahrt. Sie verpflichten sich einander beizustehen gegen alle angedrohte Gewalt oder Angriffe auf sie [...].
(R. B. Morris [Hg.], Basic Documents in American History, Princeton ²1965, S. 32. Übers. d. Verf.)

1 Erklären Sie den Unterschied zwischen einem Bundesstaat und einem Staatenbund.
2 Formulieren Sie die Probleme, die sich aufgrund der Artikel 1 bis 3 zwischen den Staaten ergeben könnten.

M6 Alexander Hamilton über die amerikanische Verfassung, 1787

Verzichten wir auf alle Pläne für eine Bundesregierung, so würde uns das zu einer einfachen offensiven und defensiven Allianz führen und uns in eine Lage bringen, in der wir uns abwechselnd als Freunde oder Feinde gegenüber ständen, je nach dem, was uns unsere gegenseitige Rivalität – von den Intrigen fremder Mächte geschürt – gerade vorschriebe.
Wenn wir jedoch nicht gewillt sind in diese gefährliche Lage zu geraten; wenn wir weiterhin dem Plan einer nationalen Regierung anhängen oder, was dasselbe ist, einer übergeordneten Macht unter der Leitung eines gemeinsamen Rates, so müssen wir [...] die Autorität der Union auf den einzelnen Bürger selbst erstrecken, der das einzige wahre Objekt einer Regierung darstellt. [...]
Eine Macht, die kontrolliert und einschränkt, ist fast immer die Rivalin und Feindin jener Macht, von der sie kontrolliert und eingeschränkt wird. Diese einfache Feststellung lehrt uns, wie wenig Grund besteht zu erwarten, dass die Personen, die mit der Verwaltung der Angelegenheiten der einzelnen Mitglieder einer Föderation betraut sind, zu jeder Zeit bereit sein werden die Beschlüsse oder Erlässe einer Zentralregierung völlig gutwillig und ausschließlich im Hinblick auf das Gemeinwohl durchzuführen. Wie die menschliche Natur nun einmal beschaffen ist, wird das Gegenteil der Fall sein. Wenn daher die Maßnahmen der Föderation nicht ohne Mitwirkung der Regierungen der Einzelstaaten durchgeführt werden können, besteht wenig Aussicht, dass sie überhaupt durchgeführt werden. Die leitenden Männer der verschiedenen Mitgliedstaaten werden, ob sie dazu ein verfassungsmäßiges Recht haben oder nicht, selbst über die Richtigkeit der Maßnahmen zu entscheiden trachten. Sie werden Erwägungen anstellen, ob die Beschlüsse oder Erlässe ihrem Interesse oder ihren unmittelbaren Zielen entsprechen, und ob deren Annahme ihnen im Augenblick gelegen oder ungelegen erscheint. All das wird getan werden, und zwar im Geiste einer eigennützigen und argwöhnischen Prüfung und ohne jene Kenntnis der gesamtnationalen Umstände und Gründe, die für ein richtiges Urteil nötig sind. [...]
In unserem Falle, also unter der Föderation, bedarf es zur völligen Durchführung jeder wichtigen Maßnahme, die von der Föderation ausgeht, der Übereinstimmung des souveränen Willens von dreizehn Staaten. Es ist geschehen, was vorzusehen war: Die Maßnahmen der Union sind nicht durchgeführt worden; die Pflichtverletzungen der Staaten haben Schritt für Schritt ein solches Ausmaß erreicht, dass schließlich alle Räder der nationalen Regierung zu einem betrüblichen Stillstand gekommen sind. Der Kongress besitzt derzeit kaum die Möglichkeit, die Formen der Verwaltung so lange aufrecht zu erhalten, bis die Staaten Zeit haben werden sich über einen leistungsfähigen Ersatz für den gegenwärtigen Schatten der Bundesregierung zu einigen.
(H. Schambeck u. a. [Hg.], Dokumente zur Geschichte der Vereinigten Staaten von Amerika, Duncker u. Humblot, Berlin 1993, S. 201 ff.)

1 Mit welchen Argumenten plädiert Hamilton für eine Stärkung des Bundes?
2 Erörtern Sie, mit welchen Argumenten die Gegner Hamiltons eine starke Zentralgewalt abgelehnt haben könnten.
3 Nehmen Sie Stellung zu der These, die Amerikanische Revolution sei die Geburtsstunde der amerikanischen Nation.

M7 James Madison: Das republikanische Prinzip der Gewaltenteilung („checks and balances")

Zu den Haupteinwänden, welche die achtenswerten Gegner der Verfassung vorbringen, gehört die ihr angelastete Verletzung jenes politischen Grundsatzes, der besagt, dass die gesetzgebende, die vollziehende und richterliche Gewalt deutlich voneinander getrennt sein müssen. Es wird behauptet, dass diese für die Freiheit wesentliche Vorsichtsmaßregel beim Aufbau der Zentralregierung nicht berücksichtigt worden sei. Die verschiedenen Machtbefugnisse seien in einer Weise verteilt und miteinander vermischt, die nicht nur jede Symmetrie und Schönheit der Form zerstöre, sondern auch die Gefahr heraufbeschwöre, dass wichtige Teile des Gebäudes unter dem Übergewicht anderer Teile zusammenbrechen können. […]

Schon bei oberflächlicher Betrachtung der britischen Verfassung werden wir bemerken, dass gesetzgebende, vollziehende und richterliche Gewalt keineswegs gänzlich voneinander getrennt und unterschieden sind. Der Träger der vollziehenden Gewalt bildet einen integrierenden Bestandteil der gesetzgebenden Autorität. Er allein hat das Recht mit fremden Souveränen Verträge abzuschließen, die nach ihrem Abschluss mit gewissen Einschränkungen Gesetzeskraft erlangen. Alle Mitglieder des richterlichen Zweiges der Regierung werden von ihm ernannt, können auf Antrag der beiden Häuser des Parlaments von ihm abgesetzt werden und bilden, wenn es ihm beliebt sie zu konsultieren, ein ihm verfassungsmäßig zustehendes Ratskollegium. Ein Zweig der gesetzgebenden Körperschaft stellt aufgrund der Verfassung ein zweites größeres Ratskollegium für den Träger der vollziehenden Gewalt dar. Der gleiche Zweig ist jedoch andrerseits in Fällen von Hochverrat der einzige Träger der richterlichen Gewalt, während er in allen übrigen Fällen die höchste Berufungsinstanz darstellt. Die Richter sind wieder so eng mit der gesetzgebenden Körperschaft verbunden, dass sie häufig an deren Beratungen teilnehmen, wenn ihnen auch keine gesetzgebende Stimme zusteht.

Aus diesen Tatsachen, von denen Montesquieu ausging, kann mit voller Klarheit Folgendes geschlossen werden: Wenn Montesquieu sagt, „es kann keine Freiheit geben, wo gesetzgebende und vollziehende Gewalt in ein und derselben Person oder in ein und derselben Körperschaft vereinigt sind oder wo die richterliche Gewalt von der gesetzgebenden und von der vollziehenden Gewalt getrennt ist", so meint er damit keineswegs, dass die drei Zweige der Regierung untereinander auf ihre spezifische Tätigkeit nicht ein gewisses Maß von Einfluss ausüben oder einander nicht wechselseitig kontrollieren sollten. […] Wenn wir die Verfassungen unserer Einzelstaaten betrachten, so finden wir, dass – ungeachtet der pathetischen und in manchen Fällen kompromisslosen Art, in der jenes Axiom[1] ausgedrückt ist – in keiner einzigen von ihnen die drei Zweige der Regierung absolut getrennt sind. New Hampshire, dessen Verfassung zuletzt entworfen wurde, scheint sich völlig bewusst gewesen zu sein, dass es unmöglich und unzweckmäßig ist, jede Vermischung zwischen den drei Zweigen zu vermeiden: Daher wurde dort die in Frage stehende Doktrin durch die Erklärung ergänzt, dass gesetzgebende, vollziehende und richterliche Gewalt so weit voneinander unabhängig sein sollten, als das Wesen einer freien Regierung dies zulässt: Und soweit dabei die zahllosen Fäden intakt bleiben, die sich zu einem das Gefüge der Verfassung zusammenhaltenden Band der Einigkeit und des guten Einvernehmens verweben.
(A. Hamilton/J. Madison/J. Jay, Der Föderalist. Artikel 47, hg. v. F. Ermacora, Duncker u. Humblot, Berlin 1958, S. 277 ff.)

1 Axiom: als gültig erachteter Grundsatz, der keines Beweises bedarf

1 *Erklären Sie, was mit dem Prinzip der „checks and balances" gemeint ist. Überprüfen Sie seine Verwirklichung anhand des Verfassungsschemas.*
2 *Erläutern Sie, inwiefern nach Madison das Prinzip der Gewaltenteilung in der amerikanischen Verfassungswirklichkeit völlig verwirklicht wird.*

1.3 Demokratisierung und territoriale Erschließung des Westens

Frontierbewegung und Demokratieverständnis

Um 1815 waren die USA kein dem Atlantik und Europa zugewandter Küstenstaat mehr. Die Wirtschaft florierte. Durch den **Kauf von Louisiana** (1803), d.h. des gesamten Gebiets zwischen dem Mississippi und den Rocky Mountains, richtete sich der Blick nach Westen – hier lag die Zukunft des Landes. Jetzt entstand das Ideal einer sich selbst genügenden Nation, die wirtschaftlich nicht auf Europa angewiesen war. Vordringlichste Aufgabe der Amerikaner war es, ein einheitliches Wirtschaftssystem und eine die riesigen Räume organisierende Infrastruktur aufzubauen.

Zwischen 1790 und 1821 traten neun Staaten zwischen Appalachen und Mississippi der Union bei (Karte 2). Hier waren **egalitäre und demokratische Anschauungen** stärker als in den alten Staaten, denn in den neuen Staaten gab es keine Oberschicht wirtschaftlich und politisch maßgebender Bankiers, Großkaufleute oder Großgrundbesitzer. Im Westen galten soziale Unterschiede wenig. Man schätzte individuelle Freiheit, Selbstbehauptung und Durchsetzungsvermögen.

Der Pioniergeist, der die **Frontierbewegung** auszeichnete, gilt bis heute als wesentliches Merkmal des amerikanischen Selbstverständnisses (M 6, B 3, B 4). In den neuen Bundesstaaten mit ihrem Überfluss an Land machte es wenig Sinn, politische Mitwirkungsrechte an Eigentum zu binden. Alle männlichen weißen Siedler besaßen daher das aktive und passive Wahlrecht. Seit 1824 hoben auch die meisten der alten Staaten die Zensusbestimmungen auf.

„Manifest destiny"

Demokratisierung und wirtschaftlicher Aufschwung schufen die Überzeugung, dass die USA ein Land seien, das jedem die Chance sozialen Aufstiegs und materieller Sicherheit bot. Weit verbreitet war der Glaube, dass durch die Glaubens- und Religionsfreiheit, durch die wirtschaftliche und politische Freiheit und durch das Prinzip demokratischer Gleichheit das amerikanische System den alten Gesellschaften Europas

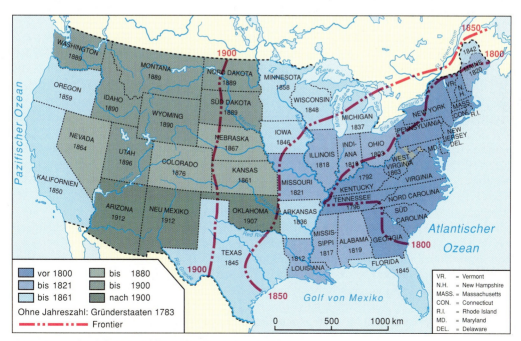

Karte 2 Territoriale Entwicklung der Vereinigten Staaten

B 3 John Gast, Amerikanischer Fortschritt, 1872, Öl auf Leinwand

— Beschreiben Sie die Personen und den Bildaufbau in B 3 und interpretieren Sie das Bild unter Berücksichtigung des Titels.

weit überlegen sei. Ganz in der Tradition des **puritanischen Auserwähltheitsglaubens** und **Sendungsbewusstseins** sah man die **nationale Bestimmung („Manifest destiny") Amerikas** darin, den Kontinent bis zur Küste des Pazifiks zu erschließen und zu besiedeln (M 7a, b). Amerikanische Außenpolitik bestand darin, die Expansion abzusichern. 1845/48 annektierten die USA Texas und zwangen Mexiko, alle Gebiete nördlich des Rio Grande aufzugeben. 1848 setzten die USA gegen Großbritannien ihren Anspruch auf das Oregon-Territorium durch.

| Opfer der Frontierbewegung: die Indianer | Opfer der Erschließung des Landes wurde die indianische Urbevölkerung. In den 1790er-Jahren hatte der Kongress die Indianerstämme westlich der Appalachen noch als selbstständige Nation betrachtet, deren Beziehungen zu den USA vertraglich geregelt werden sollten. Viel Geld und Energie wurden verwendet, um die oft halbnomadischen Stämme zu christianisieren und als Bauern in die weiße Gesellschaft einzugliedern. Diese Versuche scheiterten am Zustrom weißer Siedler. 1830 zwang man die christianisierten Cherokees, die als Bauern in die Wirtschaft des Südens integriert waren und eine effektive Selbstverwaltung aufgebaut hatten, ihre Wohnsitze in Georgia aufzugeben und in das damals noch „freie" Indianerland westlich des Mississippi umzusiedeln, wohin nach 1830 alle Indianerstämme aus dem Osten abgeschoben wurden.

Neue agrartechnische Verfahren ermöglichten es, seit der Jahrhundertmitte die regenarmen Präriegebiete zwischen dem Mississippi und den Rocky Mountains zu erschließen. Die von der Unionsregierung geförderte **Besiedelung** und der **Bau transkontinentaler Eisenbahnen** bedeuteten das **Ende der Prärieindianer**, deren Existenz und Kultur auf den Büffelherden beruhte. Diese Jägerstämme galten als nicht integrierbare, kulturlose „Wilde". Die Weißen dezimierten systematisch die Büffel. Gegen die Vernichtungsfeldzüge der Armee hatten die Indianer keine Chance. Die Überlebenden fristeten ein ärmliches, ganz von den Zuwendungen der Unionsregierung abhängiges Leben in Reservaten.

M6 Herman Melville über Amerikas Bestimmung, Mitte des 19. Jahrhunderts

Dem Hause der Knechtschaft entronnen, folgte Israel vor Zeiten nicht den Wegen der Ägypter. Ihm wurde eine besondere Offenbarung zuteil; ihm wurden neue Dinge unter der Sonne anvertraut.
5 Und wir Amerikaner sind das einzige auserwählte Volk, das Israel der Gegenwart; wir tragen die Bundeslade mit den Freiheiten der Welt. Vor siebzig Jahren entrannen wir der Knechtschaft und außer unserem Erstgeburtsrecht – ein ganzer Erdteil ist ja
10 unser – hat uns Gott als künftiges Erbe die weiten Reiche der politischen Heiden gegeben, die erst noch kommen und im Schatten unserer Bundeslade Ruhe finden sollen und keine blutbefleckten Hände erheben werden. Gott hat vorherbestimmt,
15 die Menschheit erwartet große Dinge von unserer Rasse und große Dinge keimen in unserer Seele. Die übrigen Nationen müssen bald hinter uns zurückbleiben. Wir sind die Pioniere der Welt, die Vorhut, die durch die Wildnis unversuchter Dinge
20 geschickt wurde, um in der Neuen Welt, der unsrigen, einen neuen Pfad zu bahnen. In unserer Jugend liegt unsere Kraft, in unserer Unerfahrenheit unsere Weisheit. [...] Lang genug haben wir an uns selbst gezweifelt und uns gefragt, ob der politische
25 Messias wirklich erschienen sei. Doch er ist da, in uns, und wir müssen nur seine Eingebungen zu Wort kommen lassen. Und wir wollen nie vergessen, dass mit uns zum ersten Mal beinah in der Geschichte der Erde nationale Selbstsucht zur schran-
30 kenlosen Menschenliebe wird; denn wir können Amerika selber nichts Gutes tun, ohne zugleich der Welt eine Wohltat zu erweisen.
(Herman Melville, Weißjacke, Winkler, Zürich 1948, S. 263 ff.)

1 *Stellen Sie zusammen, wie der amerikanische Führungsanspruch legitimiert wird.*
2 *Vergleichen Sie die Ausführungen Melvilles (M 6) mit denen in M 1 und M 2 (s. S. 18 ff.) und erläutern Sie die Unterschiede in den Lebens- und Gesellschaftsauffassungen.*
3 *Vergleichen Sie diese Gedanken mit dem puritanischen Sendungsbewusstsein. Geht Melville Ihrer Ansicht nach über den religiös motivierten Auserwähltheitsgedanken hinaus?*

M7 Frederick Jackson Turner (1861–1932), Historiker, über die Bedeutung der Frontierbewegung für das Verständnis von Demokratie, Freiheit und Nation in Nordamerika

a) Aus einem Buch vom Ende des 19. Jahrhunderts

Die Eigentümlichkeit amerikanischer Einrichtungen besteht darin, dass sie gezwungen waren, sich den Veränderungen anzupassen, die eine Durchquerung des Kontinents durch eine sich ausbrei-
5 tende Bevölkerung, eine Erschließung der Wildnis und eine Entwicklung auf jeder Stufe des Fortschritts aus den primitiven wirtschaftlichen und politischen Bedingungen der Grenze zur Kompliziertheit städtischen Lebens bewirkten. [...] So
10 zeigt die amerikanische Entwicklung nicht nur den Fortschritt längs einer einzelnen Grenze, sondern eine Rückkehr zu primitiven Bedingungen an einer sich laufend vorschiebenden Grenzlinie, worauf eine neue Entwicklung in dieser Zone einsetzt. Die
15 amerikanische soziale Entwicklung hat an der Grenze fortlaufend neu begonnen. Diese dauernde Wiedergeburt, dieser fließende Zustand amerikanischen Lebens, diese Ausbreitung westwärts mit ihren neuen Gelegenheiten, ihre fortwährende
20 Berührung mit der Einfachheit primitiver Gesellschaften liefern die den amerikanischen Charakter beherrschenden Kräfte. Den wahren Angelpunkt in der Geschichte dieser Nation bildet nicht die Atlantikküste, sondern der Große Westen. [...] Bei
25 diesem Vordringen bildet die Grenze den äußeren Rand der Ausdehnungswelle, den Punkt, wo Wildnis und Zivilisation aufeinander stoßen. [...] Die Grenze war die Linie, auf der sich die Amerikanisierung am schnellsten und wirksamsten vollzog. Die
30 Wildnis meistert den Kolonisten. [...]
An der Grenze ist der Einfluss der Umgebung zunächst überstark für den Menschen. [...] So bedeutet das Vordringen der Grenze ein stetiges Entfernen vom europäischen Einfluss, ein ständiges
35 Wachsen der Unabhängigkeit im amerikanischen Sinne. Dieses Fortschreiten zu erforschen, die Menschen zu studieren, die unter diesen Bedingungen aufwuchsen, und die politischen, wirtschaftlichen und gesellschaftlichen Ergebnisse dieser Entwick-

B 4 Haus einer Siedlerfamilie in Custer County/Nebraska, Fotografie, 1886

lung zu untersuchen heißt: den wirklichen amerikanischen Teil unserer Geschichte zu erforschen. Wenn man begreifen will, warum wir Amerikaner heute eine Nation an Stelle einer Ansammlung von Staaten sind, so muss man diese wirtschaftliche und gesellschaftliche Struktur des Landes studieren. In diesem Vorwärtsschreiten aus den Bedingungen der Wildnis heraus liegen die Grundzüge für den Anhänger der Entwicklungstheorie.

Aus den Bedingungen des Grenzlebens formten sich geistige Charakterzüge von größter Wichtigkeit. [...] Es ist eine Tatsache, dass der amerikanische Geist seine auffallenden Eigenschaften der Grenze verdankt. Jene Derbheit und Kraft, verbunden mit Scharfsinn und Wissbegier, jene praktische, erfinderische Geistesrichtung, die sich schnell mit Notbehelfen abfindet, jenes meisterhafte Erfassen materieller Dinge, dem zwar das Künstlerische fehlt, das aber zu großen Endzielen führt, jene ruhelose, nervöse Tatkraft, jener ausgesprochene Individualismus, der das Gute und das Böse schafft, und vor allem jene Spannkraft und Lebensfülle, die aus der Freiheit strömt – dies sind die Charakterzüge der Grenze.

(Frederick J. Turner, Die Grenze. Ihre Bedeutung in der amerikanischen Geschichte, Bremen/Horn 1947, S. 11–42)

b) Aus einem Aufsatz von 1903

Die Wildnis im Westen, von den Alleghenies bis zum Pazifik, stellte das größte Geschenk dar, das je vor dem zivilisierten Menschen ausgebreitet wurde. Dem Bauern und Handwerker der Alten Welt, der in die Zwänge seiner gesellschaftlichen Klasse eingebunden war, aus alter Gewohnheit und so unabänderlich wie das Schicksal, bot der Westen einen Ausweg in ein freies Leben und in ein größeres Wohlergehen inmitten der Freigebigkeit der Natur und all der Schätze, die nach menschlichem Bemühen verlangten und als Gegenleistung die Chance zum unbegrenzten Aufstieg auf der Leiter des gesellschaftlichen Erfolges boten. [...]

Die amerikanische Demokratie ist im Grunde das Ergebnis der Erfahrungen des amerikanischen Volkes in der Auseinandersetzung mit dem Westen. Die westliche Demokratie förderte während der ganzen früheren Zeit die Entstehung einer Gesellschaft, deren wichtigster Zug die Freiheit des Individuums zum Aufstieg im Rahmen sozialer Mobilität und deren Ziel die Freiheit und das Wohlergehen der Massen waren. Diese Vorstellungen haben die gesamte amerikanische Demokratie mit Lebenskraft erfüllt und sie in scharfen Gegensatz zu den Demokratien der Geschichte gebracht und zu den modernen Bemühungen in Europa, ein künstliches demokratisches Ordnungssystem mit Hilfe von Gesetzen zu errichten.

(G. Moltmann, Die Vereinigten Staaten von Amerika von der Kolonialzeit bis 1917, Schöningh, Paderborn 1980, S. 41 f.)

1 Fassen Sie die Turner-These mit eigenen Worten zusammen.

2 Stellen Sie zusammen, welche „nationalen Charaktereigenschaften" Turner auf die territoriale Erschließung des Westens zurückführt.

3 Turner wurde vorgeworfen, er überschätze die Bedeutung der Grenze und unterschätze die europäischen Einflüsse auf die Ausbildung der Demokratie in Amerika. Setzen sie sich kritisch mit dieser Auffassung auseinander.

1.4 Zerreißprobe der amerikanischen Demokratie: Der Bürgerkrieg 1861–1866

| Wirtschaftliche und gesellschaftliche Konflikte | Die USA besaßen eine vielfältige **Wirtschaftsstruktur**. Im Süden konzentrierte sich die Baumwollerzeugung, die an der Wende vom 18. zum

19. Jahrhundert einen großen Aufschwung erlebte. Dagegen standen in den neuen Staaten des Westens die Ausbeutung von Bodenschätzen, Landwirtschaft und Viehzucht im Vordergund. Und im Nordosten entstand seit 1820 eine leistungsfähige und schnell wachsende Industrie, die ihre Güter und Waren vor ausländischer Konkurrenz durch hohe Schutzzölle abschirmen ließ. Dank dieser Schutzzölle und weil im Süden Verbrauchsgüter fehlten, konnte der Norden seine Produkte in den Südstaaten zu Preisen absetzen, die über dem Weltmarktniveau lagen. Der Süden musste aber seinen Tabak und seine Baumwolle zu Weltmarktpreisen anbieten, die stark schwankten, was als ungerechtfertigte Benachteiligung empfunden wurde.

Die **Schutzzollfrage** entwickelte sich daher rasch zum politischen Sprengsatz, sodass der alte Verfassungskonflikt zwischen der Union und den Einzelstaaten wieder aufbrach. Die Föderalisten des Nordens betonten die Souveränität der Union. Aus dieser Sicht mussten die Einzelstaaten des Südens die Schutzzollgesetzgebung beachten. Als Südkarolina 1832 drohte, die Union zu verlassen, konnte nur ein Kongressbeschluss über niedrigere Zollsätze die Krise abwenden. Wegen seiner vorindustriellen Wirtschafts- und Gesellschaftsstruktur geriet der Süden aber immer stärker ins Hintertreffen. Während der Norden und der Westen vom Zustrom der Einwanderer aus Europa profitierten, sank der Anteil des Südens an der Gesamtbevölkerung der USA bis 1850 auf 35 %.

Im Gegensatz zu den puritanischen „Yankees" des Nordens und Westens pflegten die reichen Plantagenbesitzer des Südens einen aristokratischen Lebensstil. Ihren Reichtum verdankten sie zu großen Teilen der Sklavenarbeit, die wegen der steigenden Nachfrage auf den Baumwollplantagen immer wichtiger geworden war. Die Zahl der Sklaven stieg von knapp 700 000 im Jahr 1790 auf fast 1,2 Mio. im Jahr 1810. Die mittelständischen weißen Farmer und Gewerbetreibenden, die kaum Aufstiegschancen hatten, unterstützten die Oberschichten in der **Sklavenfrage** (B 5), denn sie fürchteten sich vor einer sozialen Nivellierung zu ihren Ungunsten, sollte die Sklaverei gelockert oder aufgehoben werden. Seit neue Staaten aufgenommen wurden, entwickelte sich das Sklavenproblem jedoch zu einem entscheidenden Streitpunkt zwischen dem Norden und dem Süden. Jeder Beitritt störte das innenpolitische Gleichgewicht und zwang die Politiker zur Aushandlung von Kompromissen.

In den 50er-Jahren lähmte die Sklavenfrage sogar die Innenpolitik (M 8a, b) und führte zur Spaltung der Demokraten. Die „neuen" Republikaner, die als Vertreter der Wirtschaftsinteressen des Nordens galten, forderten das Ende der Sklavenhaltung, mindestens aber ihr Verbot in den neuen Territorien. Der Bruch wurde unvermeidbar, als der Republikaner **Abraham Lincoln** (1809–1865, Präsident 1861–1865) die Präsidentschaftswahl des Jahres 1860 für sich entschied. Er war zwar kein grundsätzlicher Gegner der Sklaverei in den „alten" Südstaaten, wollte jedoch auf jeden Fall die Union retten (M 9).

| Sezessionskrieg | Im Dezember 1860 trat Südkarolina aus der Union aus und im folgenden Jahr schlossen sich die Südstaaten zu den **Konföderierten Staaten von Amerika** zusammen. Sie argumentierten, die Staaten hätten sich in der Revolution von 1776 freiwillig in der Union vereint, deswegen besäßen sie auch das Recht zum Austritt. Die Republikaner und der Norden brachten dagegen vor, dass die Union älter als die Einzelstaaten und diesen übergeordnet sei. Erst durch die Unabhängigkeitserklärung und die Gründung der USA seien aus unabhängigen Kolonien vollberechtigte Bundesstaaten geworden. Die Sezession sei daher ein

Verfassungsbruch und der Versuch des Südens, sich der demokratischen Willensbildung zu entziehen. Diese scharfe Auseinandersetzung über die Grundlagen des nationalen Selbstverständnisses mündete schließlich in einen Krieg. Aus einem kurzen Feldzug, mit dem der Norden den Süden in die Union zurückzwingen wollte, wurde ein langer Abnützungskrieg. Erst 1863 proklamierte Lincoln die Befreiung der Sklaven als Kriegsziel. Im April 1865 kapitulierte der Süden. Obwohl sich der Präsident für eine Politik des Ausgleichs und der Versöhnung einsetzte, wurde er wenige Tage nach der Kapitulation von einem fanatischen Anhänger der Sklaverei ermordet.

Entstehung des Rassenproblems

Nach dem Bürgerkrieg schaffte die republikanische Mehrheit im Kongress durch Verfassungszusätze die Sklaverei ab und verlieh den Schwarzen alle Bürgerrechte. Doch diese waren kaum in der Lage, ihre neuen Rechte wahrzunehmen. Als Landarbeiter oder Pachtbauern waren viele abhängig von den Großgrundbesitzern, die ihnen Land, Geräte und Saatgut stellten. Dafür mussten sie einen Teil ihrer Ernte abgeben. Die Stellung dieser „**share-croppers**" unterschied sich kaum von der eines Leibeigenen. Nicht vergessen werden darf, dass viele Schwarze und weiße Anhänger des Nordens dem Terror der Geheimgesellschaft **Ku-Klux-Klan** zum Opfer fielen, den ehemalige Südstaatensoldaten und entrechtete Plantagenbesitzer gegründet hatten.

In der zweiten Hälfte der 1870er-Jahre wurden die Demokraten wieder zur bestimmenden politischen Kraft im Süden. Sie kämpften gegen den sozialen Aufstieg der Schwarzen und auch der weißen Unterschichten. Segregation (**Rassentrennung**) wurde zum Kennzeichen der alten Südstaaten. Auch das Bundesgericht stützte dieses System, um die Einheit der Nation nicht von neuem zu gefährden. 1883 urteilte es, dass das in die Verfassung aufgenommene Diskriminierungsverbot nur für Staat und Kommunen, nicht aber für Wirtschaftsunternehmen bindend sei. Deshalb konnte Schwarzen der Zugang zu höher entlohnten Arbeitsplätzen verwehrt werden. Die Einführung von Wahlsteuern in vielen Staaten des Südens beschnitt das Wahlrecht armer Schwarzer. 1886 legalisierte das Oberste Bundesgericht die Rassentrennung in Schulen, Theatern, Eisenbahnen und anderen öffentlichen Verkehrsmitteln, in Hotels und Restaurants. Voraussetzung war jedoch, dass die Einrichtung Weißen und Schwarzen gleiche Bedingungen bieten würden, also z. B. gleichen Fahrpreis und die gleiche Ausstattung. Weil die Schwarzen aber in der Praxis immer schlechter gestellt waren, verfestigte dieser Grundsatz des „**separate but equal**" die Ungleichheit (M 10).

Den Schwarzen blieb nur der Weg zur Selbsthilfe. Ihre Kirchengemeinden versuchten die schlimmste Not zu lindern, „schwarze" Schulen und Colleges bauten den Bildungsrückstand ab. Seit der Jahrhundertwende wanderten viele Schwarze in die Industriezentren des Nordens ab, aber auch dort waren sie unterprivilegiert. Die meisten von ihnen lebten in den Slums der Industriestädte. Ihr Einkommen lag weit unter dem Durchschnittsverdienst weißer Arbeiter und ihre Bildungs- und Aufstiegschancen waren gering. Aus der Sklavenfrage wurde das moderne Rassenproblem.

M8 Die Auseinandersetzung über die Sklavenfrage

a) Der Publizist und Gegner der Sklaverei, William Lloyd Garrison, über die amerikanische Verfassung und das System der Sklaverei, 1852

Wir werfen dem gegenwärtigen nationalen System vor, dass es auf Kosten menschlicher Freiheit und unter sträflicher Vernachlässigung von Prinzipien errichtet worden ist und bis zu dieser Stunde mit
5 Blut von Menschen zusammengehalten wird. [...] Drei Millionen Amerikaner werden in der Union unterdrückt! Sie werden als Sklaven gehalten, als Ware gehandelt, wie Gut und Vermögen registriert! [...] Die Union, die sie zu Staub zermalmt, lastet
10 auch auf uns und gemeinsam mit ihnen werden wir kämpfen, um sie zu zerbrechen. Auf die Verfassung, die diese Menschen in hoffnungsloser Abhängigkeit hält, könnten wir keinen Eid mehr leisten. Unser Wahlspruch lautet: „Keine Union mit Sklaven-
15 haltern", weder im religiösen noch im politischen Bereich. Sie sind die grimmigsten Feinde der Mensch-heit und die schlimmsten Widersacher Gottes! Wir trennen uns von ihnen, nicht aus Zorn, nicht aus Bösartigkeit, nicht aus Eigensucht, auch
20 nicht um sie zu verletzen oder um mit Warnungen, Ermahnungen und Vorwürfen ob ihrer Verbrechen aufzuhören und nicht, um den dahinsiechenden Sklaven seinem Schicksal zu überlassen – o nein! Wir tun dies, um unsere Hände vom Blut Unschuldiger
25 zu reinigen, um dem Unterdrücker keine Unterstützung zu geben und um den Niedergang der Sklaverei in Amerika und in der ganzen Welt zu beschleunigen.
(G. Osofsky [Hg.], The Burden of Race, New York 1967, S. 94ff. Übers. d. Verf.)

1 *Geben Sie wieder, mit welchen Argumenten Garrison die Sklaverei ablehnt.*
2 *Erklären Sie, warum die Abschaffung der Sklaverei die Union bedrohte.*

b) Der Rechtsanwalt George Fitzhugh über die Notwendigkeit der Sklaverei, 1857

Was man fälschlich eine „freie" Gesellschaft nennt, ist eine ganz neue Erfindung. In ihr sollen die Schwachen, Unwissenden und Armen frei werden. Sie sollen in einer Welt freigelassen werden, die nur
5 wenigen Menschen gehört (denen Natur und Erziehung Stärke verliehen haben und die durch Besitz stärker geworden sind). Hier sollen diese Befreiten ihren Lebensunterhalt verdienen. Im eingebildeten Naturzustand, wo kein Eigentum zu-
10 geteilt ist, haben die Starken außer überlegenen körperlichen und geistigen Kräften keine Waffen, um die Schwachen zu unterdrücken. Ihre Fähigkeit zur Unterdrückung verstärkt sich tausendfach, sobald sie allein die Herren der Erde und aller Dinge
15 darauf werden. Sie werden zu Herren, ohne die Verpflichtungen dieser Stellung zu haben, und die Armen werden zu Sklaven, ohne die Rechte von Sklaven zu haben.
(George Fitzhugh, Cannibals All!, Richmond 1857, neu hg. v. C. V. Woodward, The Belknapp Press of Harvard University Press, Cambridge/ Mass. 1960, S. 72f. Übers. d. Verf.)

1 *Mit welchen Argumenten legitimiert Fitzhugh die Sklaverei?*
2 *Nehmen Sie Stellung zu seiner Auffassung.*

M9 Die politische Position Lincolns, 1862

Ich möchte die Union retten. Ich möchte sie auf dem kürzesten verfassungsmäßigen Wege retten. Je früher die nationale Autorität wiederhergestellt werden kann, desto näher wird die Union sein der
5 Union, wie sie war. [...] Mein höchstes Ziel in diesem Kampf ist die Rettung der Union, nicht der Schutz oder die Vernichtung der Sklaverei. Wenn ich die Union erretten könnte, ohne einen einzigen Sklaven zu befreien, würde ich es tun; und wenn
10 ich sie retten könnte durch die Befreiung aller Sklaven, würde ich es tun; und wenn ich sie retten könnte, indem ich die einen befreite und die anderen nicht, so würde ich auch dies tun. Was ich wegen der Sklaverei und der farbigen Rasse tue,
15 das tue ich, weil ich glaube, dass es beiträgt, die Union zu retten, und was ich unterlasse, das unterlasse ich, weil ich glaube, dass es zur Rettung der Union beitragen kann.
(R. Hofstadter [Hg.], Great Issues in American History, Bd. 1, Knopf, New York 1959. Übers. d. Verf.)

1 *Arbeiten Sie die Motive heraus, die Lincoln veranlassten, die Sklaverei in den USA abzuschaffen.*

M10 Der Gerichtsentscheid von 1896 – „Separate but equal"

Richter Brown: Dieser Fall bezieht sich auf die Verfassungsmäßigkeit eines Gesetzes des Parlaments von Louisiana vom Jahr 1890, das getrennte Eisenbahnwaggons für Weiße und Farbige vorsieht. [...]
5 Das Ziel des [14.] Verfassungszusatzes war ohne Zweifel, die absolute Gleichheit beider Rassen vor dem Gesetz zu erzwingen, aber der Natur der Sache nach konnte damit nicht beabsichtigt sein,

B 5 Rückseite einer Medaille, die 1834 von den Gegnern der Sklaverei verbreitet wurde

Unterschiede, die auf der Hautfarbe beruhen, auszumerzen oder soziale Gleichheit, die von der politischen zu unterscheiden ist, durchzusetzen oder gar eine Vermengung der Rassen unter für beide Seiten unbefriedigenden Bedingungen. Gesetze, die die Rassentrennung dort erlauben oder sogar verlangen, wo beide Seiten in Kontakt kommen müssen, besagen nicht notwendigerweise auch, dass eine Rasse der anderen unterlegen sei. Solche Gesetze sind im Allgemeinen, wenn auch nicht überall, anerkannt als in die Kompetenz der Staatenlegislativen und in den Bereich der Polizeigewalt gehörend. Das bekannteste Beispiel hierfür sieht man bei der Errichtung von getrennten Schulen für weiße und farbige Kinder. Dies ist immer als rechtmäßige Ausübung der Gesetzgebungsbefugnis gewertet worden, selbst von den Gerichten jener Einzelstaaten, die die politischen Rechte der farbigen Rasse am längsten und nachdrücklichsten verwirklicht haben. [...]
Die Beweisführung unterstellt ferner als zwingend, dass dann, wenn die Farbigen die Vormacht in der Staatslegislative erhielten – was mehr als einmal der Fall gewesen ist[1] und was wieder so kommen könnte – und ein entsprechendes Gesetz beschlössen, die weiße Rasse dadurch auf eine untergeordnete Position verwiesen wäre. Wir könnten uns vorstellen, dass die weiße Rasse sich, gelinde gesagt, mit dieser Annahme nicht abfinden würde. Die Beweisführung unterstellt auch, dass man soziale Vorurteile mit Hilfe der Gesetzgebung überwinden könne und dass die Gleichberechtigung des Negers nur hergestellt werden könne durch eine Vermengung der zwei Rassen. Wir können dieser Auffassung nicht zustimmen. Wenn sich die zwei Rassen auf der Basis gesellschaftlicher Gleichheit treffen sollen, dann muss dies das Resultat natürlicher Affinität, gegenseitiger Wertschätzung der Verdienste des jeweils anderen und freiwilliger Übereinstimmung von Einzelnen sein. [...] Diese Gesetzgebung kann nicht rassische Instinkte auslöschen oder Unterschiede auf Grund physischer Merkmale aufheben; jeder Versuch, dies zu tun, kann nur die Schwierigkeiten der gegenwärtigen Situation unterstreichen. Wenn bürgerliche und politische Gleichberechtigung für beide Rassen besteht, kann die eine gegenüber der anderen weder bürgerlich noch politisch niedriger gestellt sein. Wenn die eine Rasse gegenüber der anderen Rasse jedoch sozial niedriger steht, kann die Verfassung der Vereinigten Staaten sie auch nicht auf eine gemeinsame Ebene heben.
Richter Harlan, abweichend: [...] Wenn aus der Vermengung der zwei Rassen auf öffentlichen Straßen, die zum Nutzen aller gebaut sind, Übles entstände, wäre dies unendlich geringer als jenes, das mit Sicherheit aus einer staatlichen Gesetzgebung resultiert, die den Genuss der Bürgerrechte auf rassischer Grundlage regelt. Wir rühmen uns der Freiheit, die unser Volk im Unterschied zu allen anderen Völkern genießt. Aber man kann dies Rühmen schwerlich mit dem Stand einer Gesetzgebung in Einklang bringen, die in der Praxis einem großen Teil unserer Mitbürger, unseren Gleichberechtigten vor dem Gesetz, den Stempel der Knechtschaft und der Erniedrigung aufdrückt. Die fadenscheinige These, dass Fahrgästen in Eisenbahnwaggons „gleiche" Transportbedingungen gewährt werden, wird keinen täuschen oder etwa aussöhnen mit dem Unrecht, das dieser Tag gebracht hat.
(Nach H. S. Commager [Hg.], The Struggle for Racial Equality. A Documentary Record, New York 1967, S. 29 ff. Übers. d. Verf.)

1 In der Zeit der radikalen „Reconstruction" (vom Norden bestimmte Wiederaufbaupolitik im Süden) 1867–1877 gab es schwarze Mehrheiten in den Parlamenten der Südstaaten.

1 Erläutern Sie, was mit „separate but equal" gemeint ist.
2 Vergleichen Sie die Argumente der beiden Richter und nehmen Sie kritisch Stellung.
3 Untersuchen Sie, auf welchen Prinzipien die Kritik in B 5 beruht.

1.5 Aufstieg der USA zur wirtschaftlichen und politischen Großmacht um 1900

Aufstieg zur Wirtschaftsmacht Der Sieg des industriell weit entwickelten Nordens über den agrarischen Süden und die Erschließung des Landes durch Eisenbahnen leiteten den Aufschwung der USA zur Wirtschaftsgroßmacht ein (s. S. 66, 69). Die Hafenstädte des Ostens blieben die bedeutendsten Zentren der Nation, doch entstanden nach 1865 neue Städte und Industriezentren an den transkontinentalen Bahnlinien. Chicago, das verkehrsgünstig an der Schnittstelle zwischen dem Westen und dem Osten lag, war jahrzehntelang die am schnellsten wachsende Metropole des Landes.

Ungezügeltes **Wachstums- und Wettbewerbsdenken** war typisch für die Unternehmer und Bankiers nach 1865. Der schnelle Aufbau des kontinentalen Binnenmarktes und der riesige Kapitalbedarf beschleunigten die Entstehung neuer Unternehmensformen wie der Aktiengesellschaften. Unternehmen gleicher Produktionszweige schlossen sich zu Kartellen zusammen und versuchten ihre Marktanteile durch Preisabsprachen zu verteidigen. Andere Unternehmen wurden in Trusts zusammengeschlossen, die ganze Produktionszweige beherrschten und Zulieferern und Abnehmern die Preise diktierten. John D. Rockefellers Standard Oil Company errang eine Monopolstellung in der Erdölindustrie, Andrew Carnegies Stahlimperium fasste alle Produktionsstufen vom Bergbau bis zur Vermarktung zusammen; Großbanken erwarben durch ihren Aktienbesitz großen Einfluss auf die Entwicklung der Industrie. Entgegen ihrem Bekenntnis zum Wirtschaftsliberalismus schirmte die Regierung die Industrie durch hohe Schutzzölle vor ausländischer Konkurrenz ab.

In den großen Industriezentren waren die Arbeits- und Lebensbedingungen nicht besser als in Europa. Rationalisierungsmaßnahmen und die Rezessionen von 1873 und 1893 verursachten eine hohe Arbeitslosigkeit. Aus der Sicht der Unternehmer war Arbeit eine Ware, deren Preis von Angebot und Nachfrage bestimmt war. Die Politik vertraute darauf, dass das freie Spiel der Kräfte zu einem Ausgleich zwischen Kapital und Arbeit führen werde. Wenn es aber zu gewalttätigen Arbeiterdemonstrationen wie 1886 in Chicago kam, griffen Polizei und Armee mit aller Härte durch. Trotzdem konnten sozialistische und marxistische Theorien in den USA nie richtig Fuß fassen. Frühe gewerkschaftliche Organisationen wie die „National Labor Union" und der „Holy Order of the Knights of Labor" sahen in den 1860er-Jahren ihr Ziel nicht in der Umgestaltung des sozialen und politischen Systems, sondern in der genossenschaftlichen **Selbstorganisation der Arbeiter** und in der Verbesserung ihrer Lebensverhältnisse.

Eintritt in die Weltpolitik Im Jahre 1823 betonte Präsident James Monroe (1817–1823) in der nach ihm benannten **Monroe-Doktrin**, die bis zum Ende des 19. Jahrhunderts Richtschnur amerikanischer Außenpolitik blieb, dass sich die USA nicht in die europäischen Konflikte einmischen würden (M 11). Gleichzeitig warnte er die Europäer davor, den amerikanischen Kontinent zum Ziel europäischer Großmachtpolitik zu machen. Die USA wollten so eine Intervention Europas in den Ländern Lateinamerikas verhindern, die sich von der spanischen Kolonialherrschaft befreit hatten. Aber auch Versuche Russlands sollten unterbunden werden, die Kette seiner pazifischen Stützpunkte von Alaska aus nach Süden auszubauen. Die USA hatten sich ihre Unabhängigkeit gegen die Kolonialmacht Großbritannien erstritten und besaßen daher eine antikoloniale Tradition. Dennoch setzte sich in den 1880er- und 1890er-Jahren die Überzeugung durch, dass die USA im Kampf der europäischen Mächte um Einflusssphären nicht zurückstehen durften. Nach der Wirtschaftskrise von 1893 warben die Anhänger einer **imperialistischen Politik** mit dem Argument, die USA benötigten neue Märkte und Investitionsmöglichkeiten in Übersee, damit die Wirtschaft neue Wachstumsimpulse erhielt. Getragen wurde der amerikanische Imperialismus aber auch durch ein spezifisches Sendungsbewusstsein, nach dem sich die USA weltweit für Fortschritt, Zivilisation und für die in der eigenen Unabhängigkeitserklärung verkündeten Freiheitsrechte einsetzen müssten.

| Expansionsräume |

Die **Hauptexpansionsräume** der USA wurden der Pazifik, Ostasien und Zentralamerika. 1898 annektierten sie Hawaii und zwangen Spanien, die Philippinen, Puerto Rico und Guam abzutreten; 1899 übernahmen sie das Protektorat über Samoa. Der entscheidende Schritt zur Weltpolitik war jedoch die Intervention in Kuba 1898, wo große amerikanische Investitionen in der Zuckerindustrie auf dem Spiel standen. Offiziell begründet wurde die Intervention damit, dass die USA den Unabhängigkeitskampf der Kubaner gegen Spanien unterstützen wollten.

Nachdem auf den Philippinen ein Guerillakrieg gegen die neuen Herren ausgebrochen war, setzte sich in den USA die Meinung durch, dass direkte Kolonialherrschaft einen zu großen Einsatz militärischer und finanzieller Mittel forderte. Weit effektiver war es, die überlegene Wirtschaftskraft der USA für den Ausbau eines „**Informal Empire**" einzusetzen, das sich auf die wirtschaftliche Durchdringung und die aus ihr resultierende politische Abhängigkeit stützte.

Als unerschöpflicher Absatzmarkt für billige amerikanische Konsumgüter galt **China**, das die europäischen Großmächte in riesige Einflusszonen unter sich aufteilen wollten. Die USA schlugen daraufhin den Europäern und Japan 1899/1900 vor, den chinesischen Markt gemeinsam zu erschließen. Kern der amerikanischen „**Open door policy**" war der gleichberechtigte Zugang aller Mächte nach China (M 12). Die Europäer reagierten auf den amerikanischen Vorschlag zurückhaltend, weil sie Nachteile im Wettbewerb mit der leistungsfähigen US-Wirtschaft fürchteten.

Zum wichtigsten Aktionsfeld des „**Dollarimperialismus**" entwickelten sich Zentralamerika und die Karibik, wo amerikanische Banken und Konzerne viel Geld investierten oder wie in Mexiko neue Technologien einführten. Da die Gewinne aus dem Abbau von Bodenschätzen und der Plantagenkultur von Zucker, Kaffee und Südfrüchten in die USA flossen, konnten diese Länder keinen eigenen Kapitalstock aufbauen. Die meisten der zentralamerikanischen Staaten, deren Eliten in den USA ausgebildet wurden, waren daher wenig mehr als nordamerikanische Protektorate, deren Regierungen sich den Wirtschaftsinteressen der USA unterwarfen.

1904 rechtfertigte Präsident Theodore Roosevelt diese Abhängigkeit mit der Monroe-Doktrin. Sie diente jetzt dazu, US-Interventionen in den mittelamerikanischen Staaten zu legitimieren und europäischen Einfluss und europäisches Kapital aus der Region zu verdrängen. Waren die Kapitalinteressen bedroht, griffen die USA auch militärisch ein und übernahmen die Kontrolle über Banken, Staatshaushalt und Schuldendienst. Das geschah nicht nur der Dominikanischen Republik, in Nicaragua, Haiti und Kuba, sondern 1914 auch in dem vom Bürgerkrieg zerrissenen Mexiko. 1903 löste sich Panama in einer von den USA inszenierten Revolution von Kolumbien. Das ermöglichte den Bau des **Panamakanals**, der für die USA von größter wirtschaftlicher und strategischer Bedeutung war, verkürzte er doch den Weg vom Atlantik in den Pazifik.

| Die USA und der Erste Weltkrieg |

Im Ersten Weltkrieg blieben die USA zunächst neutral, obwohl die Sympathien der meinungsbildenden Ostküstenelite von Anfang an Großbritannien und Frankreich galten. Dabei spielten intensive wirtschaftliche Verflechtungen besonders mit den Briten eine große Rolle. Da ein Sieg der Mittelmächte amerikanische Kapital- und Wirtschaftsinteressen empfindlich getroffen hätte, gewährten US-Banken Frankreich und Großbritannien großzügig Kredite. Amerikaner zeichneten Kriegsanleihen zu Gunsten der Westmächte und die amerikanische Regierung lieferte ihnen Nahrungsmittel und Industriegüter. Die USA lehnten Blockbildungen in Europa ab, weil sie ihre wirtschaftlichen Interessen gefährdeten. Gegenüber den Europäern vertraten sie die Ideen des **Freihandels**, der **nationalen Selbstbestimmung** und der **friedlichen Konfliktregelung**. Diese Vorstellungen wurden aus amerikanischer Sicht besonders durch das Hegemonialstreben des Deutschen Reiches bedroht. Als Beweis führte man den deutschen Einmarsch in das neutrale Belgien an. Die öffentliche Meinung in den USA schlug aber erst um, als Berlin die – völkerrechtswidrige – Blockade Deutschlands durch die britische Flotte mit dem U-Boot-Krieg gegen die Nachschublinien Frankreichs und Großbritanniens beantwortete. Bei der Torpedierung des britischen Schiffes Lusitania 1915 fanden auch Amerikaner den Tod.

Aus amerikanischer Sicht war es aber ein unverzeihlicher Fehler, dass Deutschland Mexiko auf die Seite der Mittelmächte ziehen wollte und ihm versprach, seine Ansprüche auf die 1848 verlorenen Gebiete, also auf den ganzen Südwesten der USA, zu unterstützen. Anfang 1917 wollte die Reichsregierung eine schnelle Kriegsentscheidung erzwingen und erklärte den uneingeschränkten U-Boot-Krieg. Das führte Anfang April 1917 zur **Kriegserklärung der USA** (s. S. 322f.).

M11 Aus der Botschaft des Präsidenten Monroe an den Kongress (Dezember 1823), später „Monroe-Doktrin" genannt

An den Kriegen der europäischen Mächte in nur sie selbst angehenden Angelegenheiten haben wir nie irgendwelchen Anteil genommen, noch verträgt es sich mit unserer Politik, so etwas zu tun. Es ist nur, wenn unsere Rechte geschmälert oder ernstlich bedroht werden, dass wir Schädigungen übel nehmen oder Verteidigungsmaßnahmen treffen. Mit den Bewegungen auf dieser Halbkugel sind wir notwendig unmittelbar verbunden, und das aus Gründen, die allen aufgeklärten und unparteiischen Beobachtern offenkundig sein müssen. [...] Wir sind es deshalb der Aufrichtigkeit und den freundschaftlichen Beziehungen, die zwischen den Vereinigten Staaten und jenen Mächten bestehen, schuldig, zu erklären, dass wir jeden Versuch ihrerseits, ihr System auf irgendeinen Teil dieser Hemisphäre auszudehnen, als gefährlich für unseren Frieden und unsere Sicherheit betrachten würden. In den vorhandenen Kolonien und Besitzungen irgendeiner europäischen Macht haben wir uns nicht eingemischt und werden uns nicht einmischen. Aber bei den Regierungen, die ihre Unabhängigkeit erklärt und aufrechterhalten haben und deren Unabhängigkeit wir nach reiflicher Erwägung und auf Grund gerechter Prinzipien anerkannt haben, könnten wir irgendein Eingreifen einer europäischen Macht mit dem Zweck sie zu unterdrücken oder auf andere Weise ihr Schicksal zu bestimmen, in keinem anderen Licht sehen denn als Manifestation einer unfreundlichen Gesinnung gegen die Vereinigten Staaten.
(Quellen zur neueren Geschichte, hg. v. Historischen Seminar der Univ. Bern, Bern 1957, S. 26 ff.)
1 *Erläutern Sie die Ziele der US-Außenpolitik.*

M12 Der Finanzexperte Charles A. Conant zur „Open door policy", 1900

Die Vereinigten Staaten können es sich nicht leisten, weiterhin eine Politik des Isolationismus zu betreiben, während sich andere Staaten der neuen überseeischen Märkte bemächtigen. Die Vereinigten Staaten sind immer noch ein wichtiger Anlagemarkt für Auslandskapital, doch die amerikanischen Investoren sind nicht bereit, die Erträge ihrer Kapitalanlagen auf das europäische Niveau absinken zu lassen. Während der vergangenen fünf Jahre sind die Zinssätze hier stark gesunken. Deshalb müssen neue Märkte und neue Investitionsmöglichkeiten gefunden werden, wenn überschüssiges Kapital Gewinn bringend angelegt werden soll.
[...] Der Autor dieser Zeilen ist kein Befürworter des „Imperialismus" aus Überzeugung, doch er scheut den Terminus nicht, wenn er lediglich meint, die Vereinigten Staaten sollten ihr Recht auf freie Märkte in allen Ländern wahren, die sich den überschüssigen Hilfsquellen der kapitalistischen Länder und damit den Wohltaten der modernen Zivilisation öffnen. [...] Entweder wir beteiligen uns in irgendeiner Weise an dem Wettbewerb zur Schaffung neuer Betätigungsfelder für unser Kapital und unseren Unternehmungsgeist in diesen Ländern oder wir fahren fort mit der sinnlosen Verdoppelung vorhandener Produktionsmittel, mit der Flut überflüssiger Produkte, mit den Erschütterungen als Folge wirtschaftlicher Stagnation und dem ständig sinkenden Zins für Investitionen als Folge einer passiven Politik.
(Ch. A. Conant, The United States in the Orient, Boston/ New York 1900, S. 29ff. Übers. d. Verf.)
1 *Erläutern Sie, mit welchen Argumenten Conant für die Abkehr vom Isolationismus plädiert.*

Karikaturen: Die Figur des „Uncle Sam"

Louis Dalrymple, Das Geschrei der Industrie nach staatlichem Schutz, Karikatur, 1896. – Die Karikatur stammt aus dem Jahre 1896. Uncle Sam ist in der Rolle einer Amme dargestellt, die ein schreiendes Kind zu versorgen hat. Auf dem Kleid des Babys ist zu lesen: „Infant Industries" (Industriezweige in den Kinderschuhen). Auf der Flasche im Hintergrund steht: 41 % Protection (41 % Schutzzoll).

In den Händen seiner selbstlosen Freunde, Karikatur aus dem „Puck", 1897. – Diese Karikatur ist der Titelseite des Magazins „Puck" entnommen. Uncle Sam trägt eine Tasche, die mit den Buchstaben „U. S." bedruckt ist. Er befindet sich in Begleitung zweier korpulenter Herren, die ihm in die Taschen greifen. Auf ihren Zylindern ist „Monopolies" und „Trusts" zu lesen.

— Interpretieren Sie die beiden Karikaturen. Woran erkennt der Betrachter Uncle Sam? Wen verkörpert er, wen das Baby und die beiden Herren? Formulieren Sie die Kritik der beiden Karikaturisten.
— Diskutieren Sie, inwieweit Karikaturen von Figuren, die wie Uncle Sam, die französische Marianne oder der deutsche Michel die Nation symbolisieren, sich als historische Quellen zur Rekonstruktion nationaler Identitäten eignen. Suchen, analysieren und vergleichen Sie entsprechende Karikaturen in Gruppenarbeit.

Das Wort „Karikatur" stammt aus dem Italienischen. „Caricare" bedeutet „übertreiben, verzerren". Der Historiker Joachim Rohlfes hat die folgende umfassende Definition einer Karikatur vorgeschlagen: „Karikaturen sind Denkanstöße. Sie leben nicht allein von der zeichnerischen Ausdruckskraft, sondern mindestens so sehr von dem zündenden Einfall, der witzigen Pointe. Karikaturen sind gezeichnete Witze und wie diese haben sie auch etwas von einem Rätsel. Die Anspielung, der chiffrierte Hinweis, die Verfremdung sind ihre typischen Stilmittel und das Vergnügen des Betrachters hängt entscheidend davon ab, dass er die Anspielungen und Parallelisierungen vollständig versteht. Das Verständnis von Karikaturen setzt Sachverstand voraus; wer die Sachverhalte, die der Zeichner karikiert, nicht kennt, kann mit der Karikatur wenig anfangen. Historische Karikaturen sind kommentierte und gedeutete Geschichte. Durch bissige Übertreibung will der Karikaturist Missstände anprangern, Verfehlungen aufspießen, Verhaltensweisen der Lächerlichkeit preisgeben [...]. Der Hauptzweck ist das Nachdenken über die Aussage, die der Künstler vermitteln will. Die gelungene Karikatur rührt an den Nerv der Dinge, macht betroffen, verkündet eine wirkliche Wahrheit."

Satirische und verzerrende Darstellungen von Personen und Vorgängen gab es schon in der Antike und im Mittelalter. Die Karikatur als Form der Gesellschaftskritik setzt die Entstehung einer bürgerlichen Öffentlichkeit in der Frühen Neuzeit voraus. Während der Reformation und im Bauernkrieg kam es zu einer ersten Blüte, als überall in Deutschland Holzschnitte mit politischen Karikaturen verbreitet wurden. Die Erfindung der Lithografie Ende des 18. Jahrhunderts trug wesentlich zur Verbesserung der Verbreitung von Drucken bei. In den politischen und sozialen Auseinandersetzungen im 18. und 19. Jahrhundert spielte die Karikatur vor allem in England, Frankreich, den Vereinigten Staaten und Deutschland eine große Rolle.

Mit der Figur des „Uncle Sam" schuf die amerikanische Karikatur eine Gestalt, die zunächst die Bundesregierung, dann aber auch die amerikanische Nation symbolisierte. In der Regel wird er als hagerer weißhaariger Herr in Frack und Zylinder dargestellt. Seine Kleidung weist die Farben der amerikanischen Flagge auf.

Der Name „Uncle Sam" ist erstmals 1813 belegt. Vermutlich entstand er aus der Umdeutung der Initialen U. S. auf amerikanischem Bundeseigentum. „Uncle Sam" war zunächst eine literarische Figur. 1816 veröffentlichte Fredrick Fidfaddy ein Buch mit dem Titel „The Adventures of Uncle Sam". Seine typische Kleidung erhielt er wohl von Jack Downing, einer von dem Journalisten Seba Smith in den 1830er-Jahren erfundenen Figur, die zunächst den Down East Yankee verkörperte, den typischen Vertreter der Ostküste. Die zunehmende Popularität seiner Gestalt veranlasste Smith, Jack Downing auch als Vertrauensmann des Präsidenten darzustellen. Vermutlich erst nach dem Bürgerkrieg symbolisierte Uncle Sam dann auch die amerikanische Nation.

Fragen zur Entschlüsselung von Karikaturen

1 *Beschreiben Sie die Karikatur. Was ist dargestellt?*
2 *Wann ist die Karikatur entstanden? Wie lauten ggf. die kommentierenden Worte?*
3 *Können Sie die dargestellten Personen identifizieren?*
  Entschlüsseln Sie die in der Karikatur verwendeten Symbole.
4 *Auf welche konkrete historisch-politische Situation bezieht sich die Karikatur?*
5 *Interpretieren Sie die Aussage der Karikatur. Auf welche Konflikte und Widersprüche spielt sie an?*
  Was kritisiert der Karikaturist? Erklären Sie die Pointe.
6 *Welche Absicht verfolgt der Zeichner mit der Karikatur? Für wen ergreift er Partei?*

1.6 Amerika: Vorbild oder Gegenwelt? – Die Diskussion in Europa

Europa und die Amerikanische Revolution

Bereits vor der Amerikanischen Revolution ist in Europa ausführlich über Freiheit und Gleichheit, über die Anerkennung von Menschen- und Bürgerrechten diskutiert und sind politisch-soziale Reformen gefordert worden. Der Unabhängigkeitskampf der britischen Kolonien in Nordamerika und ihre Erfolge bei der Gründung eines republikanischen Staates haben viele Europäer zutiefst beeindruckt. Das gilt für **Deutschland**, wo besonders das amerikanische Freiheitsideal aufmerksam analysiert und erläutert wurde. Die Debatte blieb jedoch sehr philosophisch und theoretisch ausgerichtet, praktische Schlussfolgerungen für Veränderungen in den deutschen Staaten wollte niemand ziehen. Dagegen erörterten Schriftsteller und Politiker in **Frankreich** sehr wohl, ob und inwieweit das republikanische Verfassungsmodell Amerikas als Vorbild für eigene Veränderungen tauglich sei. Die Erklärung der Menschen- und Bürgerrechte, mit der die Französische Revolution am 26. August 1789 die alte Ständeordnung beseitigte und die bürgerliche Gesellschaft auf eine unanfechtbare Gesetzesgrundlage stellte, entsprach den Forderungen des aufgeklärt-liberalen französischen Bürgertums. Aber die Amerikanische Revolution hat zweifellos diese Debatte mit geprägt. Von 1776 bis 1785 schickten die Amerikaner den in Europa bekannten und beliebten Aufklärer und Staatsmann **Benjamin Franklin** (1706–1790) als Gesandten und Propagandisten ihrer Werte nach Frankreich (B 6). Und der französische Politiker und Staatstheoretiker **Condorcet** (1743–1794) veröffentlichte bereits vor 1789, ausgehend vom amerikanischen Beispiel, vier grundlegende Prinzipien der Menschenrechte. Hierzu zählte er 1. Sicherheit der Person, 2. Sicherheit und Freiheit des Eigentums, 3. allgemein verbindliche Regeln für das gesellschaftliche Zusammenleben der Menschen und 4. das Recht der Gesellschaft, unmittelbar oder durch eine Volksvertretung an der Gesetzgebung mitzuwirken. Insofern kann man durchaus davon sprechen, dass die Amerikanische Revolution eine revolutionär aktivierende Wirkung auf die Ereignisse in Frankreich im Jahre 1789 besaß.

Europa und die amerikanische Industriegesellschaft

Amerika war und ist für Europa nicht nur Vorbild, sondern es gab vom 19. Jahrhundert bis in die Gegenwart hinein auch viele Kritiker des „American way of life", die vor einer Übernahme amerikanischer Strukturen und Leitbilder warnten. Welche Argumente dabei für oder gegen Amerika ins Feld geführt wurden, lässt sich eindrucksvoll an der Diskussion in Deutschland nach dem Ersten Weltkrieg verfolgen. Dieser Krieg, in den die USA 1917 auf Seiten Frankreichs und Englands eingetreten waren, hatte die wirtschaftliche und technische Überlegenheit der Vereinigten Staaten gezeigt und dadurch die Aufmerksamkeit für deren Gesellschaft aufs stärkste angeregt. Im Mittelpunkt der Debatte stand die Frage, ob die amerikanischen Vorstellungen von der modernen Welt auf Europa übertragen werden sollten. Die Antworten reichten von der Verklärung bis hin zur Verteufelung Amerikas (M 12 a, b).

M13 Deutsche Amerikabilder in der Zwischenkriegszeit, 1925 und 1930

a) Der Schriftsteller Stefan Zweig über das moderne Amerika, 1925

Die Geschichtsschreiber der Zukunft werden auf dem nächsten Blatt nach dem großen europäischen Krieg einmal einzeichnen für unsere Zeit, dass in ihr die Eroberung Europas durch Amerika begonnen hat. Oder mehr noch, sie ist schon in vollem reißenden Zuge, und wir merken es nur nicht. [...] Noch jubelt bei uns jedes Land mit allen seinen Zeitungen und Staatsmännern, wenn es einen Dollarkredit bekommt. Noch schmeicheln wir uns Illusionen vor über philanthropische[1] und wirtschaftliche Ziele Amerikas: in Wirklichkeit werden

wir Kolonien ihres Lebens, ihrer Lebensführung, Knechte einer der europäischen im tiefsten fremden Idee, der maschinellen. Im Kino, im Tanz, in all diesen neuen Mechanisierungsmitteln der Menschheit liegt eine ungeheure Kraft, die nicht zu überwältigen ist: Vergnügen zu bieten, ohne Anstrengung zu fordern. Und ihre nicht zu besiegende Stärke liegt darin, dass sie unerhört bequem sind. Der neue Tanz ist von dem plumpsten Dienstmädchen in drei Stunden zu erlernen, das Kino ergötzt Analphabeten und erfordert von ihm nicht einen Gran Bildung. [...] Wer nur das Minimum an geistiger und körperlicher Kraftaufbietung fordert, muss notwendigerweise in der Masse siegen, denn die Mehrzahl steht leidenschaftlich zu ihm, und wer heute noch Selbstständigkeit, Eigenwahl, Persönlichkeit selbst ins Vergnügen forderte, wäre lächerlich gegen so ungeheure Übermacht.
(Zit. nach Anselm Doering-Manteuffel, Wie westlich sind die Deutschen? Amerikanisierung und Westernisierung im 20. Jahrhundert, Vandenhoeck & Ruprecht, Göttingen 1999, S. 24)

1 Philanthrop = Menschenfreund

b) Der Essayist und Literaturkritiker Heinz A. Joachim über seine Erwartungen an Amerika, 1930
Am Anfang unserer Welt war der Weltkrieg. Und als der Ausnahmezustand des Friedens verhängt wurde, sah man uns in die außerordentliche Lage versetzt, die Welt aufs Neue anzufangen. Es ist zu verstehen, dass wir dabei mit der Sympathie den Anfang machten, die wir der „Neuen Welt" dedizierten¹. [...] [Amerika] war in seinem Jahrhundert zu Hause. Wir waren zu jung, um es zu kennen; unterdessen liebten wir es. Lang genug war bei uns die glorreiche Disziplin der Technik nur in Form von Tank², Mine, Blaukreuz³ zum Vorschein gekommen und zwecks Vernichtung von Menschenleben. In Amerika stand sie im Dienst des Menschenlebens. Die Sympathie, die man für Lift, Funkturm, Jazz äußerte, war demonstrativ. Sie war ein Bekenntnis. Sie war eine Art, das Schwert zur Pflugschar umzuschmieden. Sie war gegen Kavallerie; sie war für Pferdekräfte. Ihre Meinung ging dahin, den Flammenwerfer zum Staubsauger umzuschmieden und die Pflugschar noch zum Dampfpflug. Sie hielt es an der Zeit, dass die Zivilisation zu einer Sache der Zivilisten werde. Wie wir zu Amerika standen, zeigte, wo wir standen.
(Zit. nach Anselm Doering-Manteuffel, Wie westlich sind die Deutschen? Amerikanisierung und Westernisierung im 20. Jahrhundert, Vandenhoeck & Ruprecht, Göttingen 1999, S. 25)

B 6 Jean Baptiste Claude Richard de Saint-Non (1727–1791), Franklin wird von der Freiheit gekrönt, 1788, Aquatinta-Radierung, Paris, Bibliothèque Nationale

1 dedizieren = zusprechen
2 Tank = Panzer
3 Blaukreuz = chemischer Kampfstoff, im Ersten Weltkrieg eingesetzt

1 Diskutieren Sie in Ihrer Klasse/ Ihrem Kurs, welche Vorstellungen Sie vom modernen Amerika besitzen.
2 Vergleichen Sie die beiden Texte (M 13a, b) miteinander. Untersuchen Sie dabei, welche Aspekte der amerikanischen Wirklichkeit beschrieben werden, welche positiv bzw. negativ bewertet werden.
3 Vergleichen Sie Ihre Amerikabilder (Frage 1) mit denen aus der Zwischenkriegszeit. Erörtern Sie dabei Gemeinsamkeiten und Unterschiede.
4 Der Historiker Anselm Doering-Manteuffel kommentiert die beiden Stellungnahmen (M 13 a, b) zur amerikanischen Gesellschaft mit den folgenden Worten: „Gegner und Befürworter des Amerikanismus kämpften mit ihren Argumenten um eine Vorstellung von dem, was ‚Moderne' sei oder sein solle." Erläutern sie diese These anhand von M 13 a, b.

2 Die Französische Revolution: Menschenrechte und Modernisierung – ein Rückblick

| Erklärung der Menschen- und Bürgerrechte |

Mit der Erklärung der Menschen- und Bürgerrechte am 26. August 1789 (M 13) beseitigte die Französische Revolution die alte Ständeordnung und stellte die bürgerliche Gesellschaft auf eine unangreifbare Gesetzesgrundlage. Um den gesellschaftlichen Neubeginn zu dokumentieren, konnte sich die Nationalversammlung nicht auf die Geschichte bzw. auf das alte Recht berufen, mit dem der Adel bisher seine Privilegien begründet hatte. Das rechtliche Fundament für die neue Sozialordnung bildete dagegen ein rational verstandenes **Naturrecht**. Nach diesem Rechtsverständnis besaßen die Menschen natürliche, d. h. ihnen angeborene und damit unveräußerliche Rechte. Weil diese Rechte den Menschen von Natur aus gegeben waren und ihnen nicht von Staat und Gesellschaft verliehen wurden, standen sie grundsätzlich allen Menschen zu, unabhängig von Hautfarbe oder Geschlecht, von Beruf, Stand oder Konfession.

Die Erklärung der Menschen- und Bürgerrechte war ein Markstein auf dem Weg zur modernen bürgerlichen Gesellschaft. Der Absolutismus wurde abgeschafft, der König blieb nicht länger Eigentümer des Staates. Als Ursprung der staatlichen Souveränität galt nun die Nation; die Gesetze sollten den allgemeinen Willen (volonté générale) zum Ausdruck bringen. Mit der Einführung der Gewaltenteilung wollte die Nationalversammlung jede Rückkehr zur absoluten Monarchie verhindern. Auch die adelige Privilegiengesellschaft gehörte der Vergangenheit an, die adeligen Sonderrechte wurden beseitigt. Die Menschenrechtserklärung garantierte die zivile Gleichberechtigung der Bürger, Steuergleichheit, die Meinungs-, Presse- und Glaubensfreiheit sowie das Privateigentum. Sie bestätigte den Zugang für alle zu den staatlichen Ämtern und schützte die Bürger vor Willkürjustiz und geheimen Haftbefehlen.

Dass jedoch manchmal Anspruch und Wirklichkeit auseinander klafften, lässt sich eindrucksvoll am Beispiel der Frauenemanzipation verdeutlichen. Zwar garantierte die Erklärung der Menschen- und Bürgerrechte allen Menschen Freiheit und rechtliche Gleichheit, doch konnten zunächst nur die Männer diese Rechte für sich in Anspruch nehmen. Vor den **Frauen** machte die bürgerliche Befreiung durch die Revolution noch Halt. Sie brachte den Frauen vorübergehend einige rechtliche Verbesserungen, besonders durch die Einführung der Ehescheidung oder bei der Verfügung über das Familieneigentum. Aber die Forderungen nach voller ziviler Gleichstellung, vor allem nach politischer Beteiligung (M 14), wurden abgewehrt.

| Die Verfassung von 1791 |

Die Verfassung von 1791 (Schema 2) sprach die **gesetzgebende Gewalt** einer einzigen Kammer zu, der Nationalversammlung als Vertreterin des souveränen Volkes. Die Kammer sollte aus 745 Mitgliedern bestehen und von den Departements für zwei Jahre gewählt werden. Der König verlor das Recht zur Einberufung der Nationalversammlung, zu deren Aufgabe das Einbringen und die Abstimmung über die Gesetze, die Festsetzung der Steuern sowie die Regelung und Überwachung der Verwendung öffentlicher Gelder gehörte. Die Exekutivgewalt lag beim König, der aber schon seit dem 10. Oktober 1789 kein absoluter Herrscher von Gottes Gnaden mehr war, sondern sich seitdem „Ludwig von Gnaden Gottes und der Staatsverfassung König der Franzosen" nennen musste. Der König war an die von der Nationalversammlung verabschiedeten Gesetze gebunden, die er lediglich durch ein suspensives, d. h. aufschiebendes Veto für zwei aufeinander folgende Legislaturperioden blockieren konnte. Beschloss eine dritte Nationalversammlung das strittige Gesetz, dann trat es ohne seine Zustimmung in Kraft.

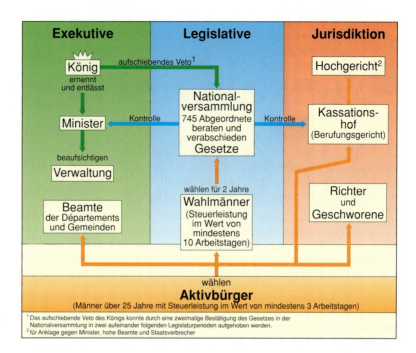

Schema 2 Die französische Verfassung von 1791

Beim König lag die Auswahl und Entlassung der Minister. Sie waren der Nationalversammlung verantwortlich, durften jedoch nicht aus deren Reihen kommen. Die Verfügungsgewalt über die öffentlichen Finanzen wurde dem König entzogen, stattdessen erhielt er einen jährlichen Betrag zur Bestreitung seiner privaten Ausgaben, die so genannte Zivilliste. Auf die Außenpolitik hatte der konstitutionelle Monarch ebenfalls keinen Einfluss mehr; sie wurde von der Nationalversammlung kontrolliert, die allein auch über Krieg und Frieden entscheiden durfte.

Die Verfassung legte die gesamte politische Macht in die Hände der Nationalversammlung. Da das **Wahlrecht** die Begüterten bevorzugte, sicherte sich besonders das besitzende Bürgertum ein politisches Übergewicht. Zwar waren alle Franzosen vor dem Gesetz gleich, das Recht auf politische Partizipation stand aber nur den so genannten Aktivbürgern zu. Hierzu zählten etwa 4 von insgesamt 7 Mio. Männern. Um in Frankreich wählen zu dürfen, musste der Einzelne nämlich über ein bestimmtes Vermögen verfügen bzw. eine bestimmte Steuerleistung erbringen. Fast ein Drittel der französischen Bevölkerung über 25 Jahre war daher von der Wahl ausgeschlossen und gehörten als „Passivbürger" nicht zu den vollgültigen Staatsbürgern. Ein indirektes Wahlsystem sorgte überdies dafür, dass nur ein begrenzter Kreis der Aktivbürger die Abgeordneten der Nationalversammlung bestimmte: Diejenigen „Aktivbürger", die direkte Steuern im Wert von mindestens drei Arbeitstagen zahlten, wählten zunächst Wahlmänner, welche direkte Steuern im Werte von mindestens 10 Arbeitstagen entrichteten. Und diese nur noch 50 000 Wahlmänner wählten schließlich die Abgeordneten, die entweder direkte Steuern im Werte von ungefähr 100 Arbeitstagen leisteten oder Grundbesitzer waren.

Nationalstaatsgedanken

Mit der Verfassung von 1791 entstand zum ersten Mal ein **demokratisch legitimierter Nationalstaat** auf dem europäischen Kontinent. Bis zur Französischen Revolution definierte sich der Einzelne durch seine Zugehörigkeit zu einem bestimmten Stand, zu seiner Konfession bzw. zu einer Region oder zu einem Stamm. Nun

B 7 „Menschenrechte", Karikatur von Brigitte Schneider, 1986

aber fand er seine überindividuelle Identität durch die Identifikation mit der Nation und deren kulturellem Erbe und politischer Existenz. Der Einzelne verstand sich als Mitglied einer politisch-sozialen Großgruppe, die in einem Nationalstaat organisiert war. Nicht mehr dem König oder einer Dynastie galt seine Loyalität, sondern der Nation. Der hohe Stellenwert von Nation und Nationalstaat kam am deutlichsten in der Aufnahme des Bürgereides in die Verfassung zum Ausdruck, der lautete: „Ich schwöre, der Nation, dem Gesetz und dem König treu zu sein." Das neue Nationalgefühl entstand als Ideologie des Dritten Standes, der sich selbst zur Nation erklärte und damit seinen Anspruch auf politische Selbstbestimmung durchsetzte. Die Verfassung markiert insofern den endgültigen Bruch mit der alten Ständegesellschaft und den Übergang zu einer staatsbürgerlichen Gesellschaft.

Ein wesentlicher Schritt zur Modernisierung von Politik und Gesellschaft war auch die gesetzliche Festlegung der Herrschafts- und Regierungsform in einer Verfassung. Sie setzte für alle am politischen Entscheidungsprozess Beteiligten verbindliche Regeln und Normen fest und wollte so willkürliche Machtentscheidungen vermeiden. Die Verfassung sollte das gesamte politische Leben, also nicht nur einzelne Teilbereiche, normieren. Durch diese konsequente Verrechtlichung des politischen Lebens trug die Verfassung zur Durchsetzung legitimer politischer Herrschaft bei. Sie schrieb in einem Rechtsdokument vor, wie die Staatsgewalt eingerichtet und ausgeübt werden musste, damit politische Entscheidungen als legitim gelten konnten. Gleichzeitig sicherte die Verfassung den Staatsbürgern Mitspracherechte in politischen Dingen zu. Unter diesem Gesichtspunkt leitete die Französische Revolution die Entwicklung zur modernen parlamentarischen Demokratie ein.

| Jakobinerdiktatur und Menschenrechte |

Die erste, die liberale Phase der Französischen Revolution dauerte von 1789 bis 1792 und endete mit dem Sturz der Monarchie. Danach radikalisierte sich die Revolution und nahm einen gewalttätigen Charakter an. Höhepunkt dieser Entwicklung war die Schreckensherrschaft der Jakobiner von Juni 1793 bis Ende Juli 1794, die als ein „Despotismus der Freiheit gegen die Tyrannei" gerechtfertigt wurde. Die Jakobiner waren ursprünglich Mitglieder von politischen Klubs in Frankreich, die nach ihrem Versammlungsort benannt wurden, dem Kloster Saint Jacques in Paris. Zu ihnen gehörten zunächst alle Reformkräfte, auch die später als Girondisten bezeichneten, von denen sich 1792/93 eine radikalere Gruppierung unter **Maximilien de Robespierre** (1758–1794) abspaltete (Bergpartei), aber den Namen Jakobiner beibehielt. Die Jakobiner kämpften für die Verwirklichung der politischen und sozialen Gleichheit. Überzeugt von der praktischen und heilsamen Wirkung der Gewaltanwendung, neigten sie im Unterschied zu anderen Gruppen zu extremen Maßnahmen. Außerdem hegten sie ein besonders ausgeprägtes Misstrauen, das sich z. B. in dem Gesetz über Verdächtigungen vom 17. September 1793 niederschlug. Dieses Gesetz bildete die rechtliche Grundlage der Herrschaft des Terrors, dem insgesamt etwa 40 000 Menschen zum Opfer fielen.

Die Jakobiner übten ihre Herrschaft vor allem über zwei Ausschüsse des Konvents aus, wie die französische Nationalversammlung zwischen 1792 und 1795 genannt wurde. Der **Sicherheitsausschuss** (comité de sureté générale) war bereits am 2. Oktober 1792 gebildet worden und diente der inneren Sicherheit des revolutionären Staates. Der **Wohlfahrtsausschuss** (comité de salut public) wurde am 6. April des Jahres 1793 gegründet und war eine Art von Kriegskabinett, eine konzentrierte Revolutionsregierung. Ihm ist es vor allem zu verdanken, dass sich Frankreich mit einer beispiellosen Kraftanstrengung militärisch zu behaupten vermochte.

Obwohl die revolutionäre Diktatur durch die militärische Selbstbehauptung ihre wichtigste Rechtfertigung verloren hatte, wurde die Schreckensherrschaft durch eine sprunghaft wachsende Zahl von Hinrichtungen im Juni/Juli 1794 sowie durch ein Gesetz vom 10. Juni 1794 noch gesteigert. Dieses Gesetz machte im Fall einer Verurteilung durch das Revolutionstribunal die Todesstrafe verpflichtend. Es führte das Delikt der Sittenverderbnis ein und definierte Wirtschaftsverbrechen sowie politische Verbrechen so vage, dass niemand mehr vor einer Anklage sicher sein konnte.

| Das Problem von Individuum und Gesellschaft | Bei dieser letzten Steigerung der Schreckensherrschaft, die als **la grande terreur** bezeichnet wird, scheint die ideologische Komponente als radikalisierende Triebkraft die entscheidende Rolle gespielt zu haben. Die Verschärfung der Unterdrückung nach der Entspannung der militärischen Situation macht deutlich, dass Diktatur und Terror nicht allein das Resultat einer Krise darstellten. Für radikale Jakobiner wie **Robespierre** und **Louis Antoine de Saint-Just** (1767–1794) war der Terror zur Durchsetzung ihrer Vision einer gesellschaftlichen Erneuerung und einer wahren Republik ein generelles Erfordernis (M 15). Der Terror sollte den angeblichen Mangel an öffentlicher bzw. demokratischer Tugend ausgleichen, Volksfeinde töten und eine sozial nicht gegebene republikanische Gleichheit erzwingen. Der Terror musste einen zentralen Widerspruch überbrücken: Auf der einen Seite standen die **individuellen Rechte**, die die **Menschenrechtserklärung** jedem Einzelnen zubilligte, und auf der anderen Seite die Gemeinschaftsorientierung, die auf der **Losung von der „Brüderlichkeit"** und dem antiken Ideal einer Republik basierte. Tugend und Terror gehörten für Robespierre zusammen. Beide waren die Triebfedern der Volksregierung. Schließlich wurde jedoch, indem Robespierre die Tugend nur noch in seiner eigenen Person verkörpert sah und fast allen Kollegen im Wohlfahrtsausschuss misstraute, das Ideologische krankhaft übersteigert. Am 9. Thermidor des Jahres II nach revolutionärer Zeitrechnung, d.h. am 27. Juli 1794, wurde Robespierre im Konvent verhaftet und am darauf folgenden Tag hingerichtet. Damit endete die Jakobinerherrschaft.

M13 Erklärung der Menschen- und Bürgerrechte durch die französische Nationalversammlung vom 26. August 1789
So erkennt und verkündet die Nationalversammlung angesichts des Höchsten Wesens und unter seinen Auspizien die Rechte des Menschen und des Bürgers wie folgt:
Art. 1. Frei und gleich an Rechten werden die Menschen geboren und bleiben es. Die sozialen Unterschiede können sich nur auf das gemeine Wohl gründen.
Art. 2. Der Zweck jedes politischen Zusammenschlusses ist die Bewahrung der natürlichen und unverlierbaren Menschenrechte. Diese Rechte sind Freiheit, Eigentum, Sicherheit und Widerstand gegen Bedrückung.

Art. 3. Jegliche Souveränität liegt im Prinzip und ihrem Wesen nach in der Nation; keine Körperschaft und kein Einzelner kann eine Autorität ausüben, die sich nicht ausdrücklich von ihr herleitet.
Art. 4. Die Freiheit besteht darin, alles tun zu können, was anderen nicht schadet. Also hat die Ausübung der natürlichen Rechte bei jedem Menschen keine anderen Grenzen als die, den anderen Mitgliedern der Gesellschaft den Genuss der gleichen Rechte zu sichern. Diese Grenzen können nur durch das Gesetz bestimmt werden.
Art. 5. Das Gesetz hat nur das Recht, Handlungen zu verbieten, die der Gesellschaft schädlich sind. Was nicht durch das Gesetz verboten ist, darf nicht verhindert werden, und niemand kann gezwungen werden, etwas zu tun, was das Gesetz nicht befiehlt.
Art. 6. Das Gesetz ist der Ausdruck des Gemeinwillens. Alle Bürger haben das Recht, persönlich oder durch ihre Vertreter an seiner Schaffung mitzuwirken. Es muss für alle das gleiche sein, mag es nun beschützen oder bestrafen. Alle Bürger sind vor seinen Augen gleich. Sie sind in der gleichen Weise zu allen Würden, Stellungen und öffentlichen Ämtern zugelassen, je nach ihrer Fähigkeit und ohne andere Unterschiede als ihre Tüchtigkeit und Begabung.
Art. 7. Niemand kann angeklagt, verhaftet oder gefangen gehalten werden in anderen als den vom Gesetz festgelegten Fällen und in den Formen, die es vorschreibt. Wer Willkürakte anstrebt, befördert, ausführt oder ausführen lässt, ist zu bestrafen; aber jeder Bürger, der durch ein Gesetz gerufen oder erfasst wird, muss augenblicklich gehorchen; durch Widerstand macht er sich schuldig.
Art. 8 Das Gesetz darf nur unbedingt und offensichtlich notwendige Strafen festsetzen und niemand darf bestraft werden, es sei denn kraft eines bereits vor seinem Delikt erlassenen, veröffentlichten und legal angewandten Gesetzes.
Art. 9. Jeder wird so lange als unschuldig angesehen, bis er als schuldig erklärt worden ist; daher ist, wenn seine Verhaftung als unerlässlich gilt, jede Härte, die nicht dazu dient, sich seiner Person zu versichern, auf dem Gesetzeswege streng zu unterdrücken.
Art. 10. Niemand darf wegen seiner Überzeugungen behelligt werden, vorausgesetzt, dass ihre Betätigung die durch das Gesetz gewährleistete öffentliche Ordnung nicht stört.
Art. 11. Die freie Mitteilung seiner Gedanken und Meinungen ist eines der kostbarsten Rechte des Menschen. Jeder Bürger darf sich also durch Wort, Schrift und Druck frei äußern; für den Missbrauch dieser Freiheit hat er sich in allen durch das Gesetz bestimmten Fällen zu verantworten.
Art. 12. Die Sicherung der Menschen- und Bürgerrechte macht eine öffentliche Gewalt notwendig; diese Gewalt wird demnach zum Nutzen aller eingesetzt, nicht aber zum Sondervorteil derjenigen, denen sie anvertraut ist.
Art. 13. Für den Unterhalt der öffentlichen Gewalt und für die Ausgaben der Verwaltung ist eine allgemeine Steuer vonnöten; sie ist gleichmäßig auf alle Bürger zu verteilen nach Maßgaben ihres Vermögens.
Art. 14. Die Bürger haben das Recht, selbst oder durch ihre Vertreter die Notwendigkeit einer öffentlichen Auflage zu prüfen, sie zu bewilligen, ihren Gebrauch zu überwachen und ihre Teilbeträge, Anlage, Eintreibung und Dauer zu bestimmen.
Art. 15. Die Gesellschaft hat das Recht, von jedem öffentlichen Beauftragten ihrer Verwaltung Rechenschaft zu fordern.
Art. 16. Eine Gesellschaft, deren Rechte nicht sicher verbürgt sind und bei der die Teilung der Gewalten nicht durchgeführt ist, hat keine Verfassung.
Art. 17. Da das Eigentum ein unverletzliches und heiliges Recht ist, darf es niemandem genommen werden, es sei denn, dass die gesetzlich festgestellte öffentliche Notwendigkeit es augenscheinlich verlangt, und nur unter der Bedingung einer gerechten und im Voraus zu entrichtenden Entschädigung.
(Walter Markov u. a. [Hg.], Die Französische Revolution. Bilder und Berichte 1789–1799, Institut für marxistische Studien, Berlin 1989, S. 566 ff.)

1 *Erarbeiten Sie, in welchen Aussagen der „Erklärung der Rechte des Menschen und Bürgers" von 1789 sich besonders deutlich der Wille spiegelt, Missstände in Staat und Gesellschaft zu beseitigen (M 13).*
2 *Welche Rechte lassen sich als Menschen-, welche als Bürgerrechte bezeichnen?*
3 *Welche Prinzipien der Staatsverfassung werden festgelegt?*
4 *Welche Gruppeninteressen lassen sich entdecken?*

M14 Aus der „Erklärung der Rechte der Frau und Bürgerin" von Marie Olympe de Gouges (1748–1793) von 1791
Die Rechte der Frau
Mann, bist du fähig, gerecht zu sein? Eine Frau stellt dir diese Frage. Dieses Recht wirst du ihr zumindest nicht nehmen können. Sag mir, wer hat dir die selbstherrliche Macht verliehen, mein Geschlecht

zu unterdrücken? Deine Kraft? Deine Talente? Betrachte den Schöpfer in seiner Weisheit. Durchlaufe die Natur in all ihrer Majestät, die Natur, der du dich nähern zu wollen scheinst, und leite daraus, wenn du es wagst, ein Beispiel für diese tyrannische Herrschaft ab. Geh zu den Tieren, befrage die Elemente, studiere die Pflanzen, ja wirf einen Blick auf den Kreislauf der Natur und füge dich dem Beweis, wenn ich dir die Mittel dazu in die Hand gebe. Suche, untersuche und unterscheide, wenn du es kannst, die Geschlechter in der Ordnung der Natur, überall findest du sie ohne Unterschied zusammen, überall arbeiten sie in einer harmonischen Gemeinschaft an diesem unsterblichen Meisterwerk.

Nur der Mann hat sich aus der Ausnahme ein Prinzip zurechtgeschnitten. Extravagant, blind, von den Wissenschaften aufgeblasen und degeneriert, will er in diesem Jahrhundert der Aufklärung und des Scharfsinns, doch in krasser Unwissenheit, despotisch über ein Geschlecht befinden, das alle intellektuellen Fähigkeiten besitzt. Er behauptet, von der Revolution zu profitieren, er verlangt sein Anrecht auf Gleichheit, um nicht noch mehr zu sagen.

Erklärung der Rechte der Frau und Bürgerin
Von der Nationalversammlung am Ende dieser oder bei der nächsten Legislaturperiode zu verabschieden.
Präambel:
Wir, die Mütter, Töchter, Schwestern, Vertreterinnen der Nation, verlangen, in die Nationalversammlung aufgenommen zu werden. In Anbetracht dessen, dass Unkenntnis, Vergessen oder Missachtung der Rechte der Frauen die alleinigen Ursachen öffentlichen Elends und der Korruptheit der Regierungen sind, haben wir uns entschlossen, in einer feierlichen Erklärung die natürlichen, unveräußerlichen und heiligen Rechte der Frau darzulegen, damit diese Erklärung allen Mitgliedern der Gesellschaft vor Augen ist und sie unablässig an ihre Rechte und Pflichten erinnert; damit die Machtausübung von Frauen ebenso wie jene von Männern jederzeit am Zweck der politischen Einrichtungen gemessen und somit auch mehr geachtet werden kann; damit die Beschwerden von Bürgerinnen, nunmehr gestützt auf einfache und unangreifbare Grundsätze, sich immer zur Erhaltung der Verfassung, der guten Sitten und zum Wohl aller auswirken mögen.
(Nach: Ute Gerhard, Menschenrechte – Frauenrechte 1789, in: Viktoria Schmidt-Linsenhoff [Hg.], Sklavin oder Bürgerin? Französische Revolution und Neue Weiblichkeit 1760–1830, Jonas, Marburg 1989, S. 68f.)

1 Untersuchen Sie M 14 unter den folgenden Gesichtspunkten: Welche Rechte werden für Frauen gefordert und wie werden sie begründet? Welches Männer- und Frauenbild wird hier entworfen? Diskutieren Sie beide Perspektiven.
2 Formulieren Sie die „Erklärung der Menschen- und Bürgerrechte" vom 26. August 1789 (s. M 13, S. 45f.) so um, dass sie den Vorstellungen von Marie Olympe de Gouges (M 14) entsprechen würde.

M15 Maximilien de Robespierre (1758–1794) vor dem Nationalkonvent über die Grundsätze der politischen Moral, 5. Februar 1794

Was ist also das grundlegende Prinzip der demokratischen Regierung oder der Volksregierung, das heißt, was ist die wichtigste Kraft, die sie unterstützen und antreiben soll? Es ist die Tugend! Und ich meine damit die öffentliche Tugend […]. Ich meine jene Tugend, die nichts anderes ist als die Liebe zum Vaterland und zu seinen Gesetzen. […]
Hierauf würde sich die Darlegung unserer Theorie beschränken, wenn ihr das Schiff der Republik nur bei Windstille zu steuern hättet. Aber der Sturm wütet und im Augenblick stellt euch die Revolution eine andere Aufgabe. […] Wenn in friedlichen Zeiten der Kraftquell der Volksregierung die Tugend ist, so sind es in Zeiten der Revolution Tugend und Terror zusammen. Ohne die Tugend ist der Terror verhängnisvoll, ohne den Terror ist die Tugend machtlos. Der Terror ist nichts anderes als die unmittelbare, strenge und unbeugsame Gerechtigkeit; er ist also eine Emanation[1] der Tugend; er ist nicht so sehr ein besonderer Grundsatz als vielmehr die Folge des allgemeinen Grundsatzes der Demokratie, angewandt auf die dringendsten Bedürfnisse des Vaterlandes. […] Bezwingt ihr die Feinde der Freiheit durch den Terror, so werdet ihr in eurer Eigenschaft als Gründer der Republik das Recht dazu haben. Die Revolutionsregierung ist der Despotismus der Freiheit gegen die Tyrannei.
(Maximilien de Robespierre, Ausgewählte Texte, übers. M. Unruh, Merlin, Hamburg 1971, S. 587)

1 Emanation: Ausfluss

1 Analysieren Sie Robespierres Rechtsauffassung (M 15). In welchem Verhältnis stehen Individuum und Gesellschaft zueinander? Beziehen Sie dafür auch die Darstellung (S. 45) heran.
2 Erläutern Sie, was Robespierre unter Tugend und Terror versteht (M 15).

I Die politischen Revolutionen Ende des 18. Jahrhunderts

Zusammenhänge und Perspektiven

1 Skizzieren Sie den Verlauf des Konfliktes zwischen England und den 13 nordamerikanischen Kolonien und erklären Sie dessen politische Bedeutung.
2 Erläutern Sie die Bedeutung der Frontierbewegung, des Sezessionskrieges und des politischen Systems der USA für die Herausbildung des amerikanischen Nationalbewusstseins.
3 Zeigen Sie an Beispielen, inwieweit in der Geschichte der USA ein Spannungsverhältnis zwischen den Ansprüchen der Menschen- und Bürgerrechte und der gesellschaftlichen Realität festzustellen ist.
4 Vergleichen Sie die Verfassung der Vereinigten Staaten von Amerika aus dem Jahre 1787 mit der französischen Verfassung von 1791. Stellen Sie dabei Unterschiede und Gemeinsamkeiten heraus.
5 Diskutieren Sie die These, dass der jakobinische Terror den Widerspruch überbrücken musste, der zwischen der in der Menschenrechtserklärung enthaltenen individualistischen Zielsetzung und der in der Brüderlichkeitslosung sowie dem antik-republikanischen Modell enthaltenen Gemeinschaftsorientierung der Revolution bestand.

Zeittafel

1776	Die **Unabhängigkeitserklärung** bringt die vollständige Loslösung der englischen Kolonien vom Mutterland; die Präambel beinhaltet eine naturrechtliche Argumentation: Freiheit und Gleichheit der Menschen, Einsetzung der Regierung durch die Regierten, Recht zum Widerruf der Regierung durch das Volk; König Georg III. wird des Herrschaftsmissbrauchs bezichtigt.
1783	Mit der Anerkennung der Souveränität der USA durch Großbritannien endet der nordamerikanische Unabhängigkeitskrieg.
1787	Die USA erhalten eine bundesstaatliche Verfassung. 1791 wird die Bill of Rights Bestandteil der Verfassung.
1789	**Französische Revolution:** Der Dritte Stand der Generalstände erklärt sich zur Nation (17. Juni); Sturm auf die Bastille (14. Juli); Abschaffung der feudalen Privilegien (4. August); Erklärung der Menschen- und Bürgerrechte (26. August).
1791	Frankreich erhält eine liberale **Verfassung** und wird zur konstitutionellen Monarchie.
1793	Der französische König Ludwig XVI. wird hingerichtet. Terrorherrschaft des Sicherheits- und Wohlfahrtsausschusses.
1794	Der Sturz Robespierres beendet in Frankreich die Phase des Terrors.
1823	Die **Monroe-Doktrin** entstammt der jährlichen Botschaft des amerikanischen Präsidenten James Monroe an den Kongress und legt die Außenpolitik der USA fest: 1. Der amerikanische Doppelkontinent darf nicht mehr Ziel europäischer Expansion sein. 2. Das politische System der Alten Welt ist von dem der USA wesensverschieden. 3. Bestehender Kolonialbesitz in Amerika bleibt unangetastet. 4. Die USA mischen sich nicht in europäische Kriege ein.
seit ca. 1840	Einsetzen der **Industriellen Revolution** in den USA (vor allem in den Nordstaaten); Beginn der ersten Einwanderungswelle.

1861–65	Sezession der Südstaaten löst den Bürgerkrieg zwischen der Konföderation der Südstaaten und der Union aus; Sieg der Union.
1863	Abschaffung der Sklaverei. Nach 1890 Wirtschaftskrisen und Wende zum Imperialismus.
1896	Der Entscheid „separate but equal" des Obersten Gerichtshofes schreibt die Ungleichbehandlung der Schwarzen fest.
1917	**Eintritt der USA in den Ersten Weltkrieg** (1914–18). Die USA werden stärkste Wirtschaftsmacht und lösen Großbritannien in dieser Position ab. Die USA werden zum wichtigsten Geldgeber auf der Welt.

II Die Industrielle Revolution: Europas Aufbruch in die moderne Wirtschaft und Gesellschaft

Franz Weinköppel (1863–1908), Schmuckblatt zur Vollendung der 3000. Lokomotive in der Lokomotivfabrik Krauss & Comp., München, 1894, Deckfarben, Aquarell

Mit Beginn der Industrialisierung auf kapitalistischer, marktwirtschaftlicher Grundlage hat sich das Leben, Arbeiten und Wirtschaften der Menschen nachhaltig verändert, ja revolutioniert. Hauptmerkmal der modernen Industriegesellschaft ist ein bis dahin unvorstellbar dauerhaftes und sich selbst tragendes Wirtschaftswachstum. Dieses wurde erstens durch Fortschritte im naturwissenschaftlichen Denken ermöglicht, die in technische Innovationen umgesetzt werden konnten und eine immer größere Beherrschung der Natur durch den Menschen mit sich brachten. Neue Antriebs- und Arbeitsmaschinen, wie die Dampfmaschine, ersetzten zunehmend menschliche und tierische Arbeitskraft, die Erkenntnis chemischer Prozesse erleichterte die massenweise Ausbeutung natürlicher Rohstoffe. Die ständige Ausdehnung der Produktion wäre zweitens ohne die Durchsetzung des Fabriksystems nicht denkbar gewesen, das besser als alle anderen Produktionsformen die Chance zur maschinellen und arbeitsteiligen Herstellung von Gütern und Waren bot. Zur Steigerung der Produktion trugen aber auch spezialisierte und geregelte Lohnarbeit sowie rationaler Kapitaleinsatz durch marktwirtschaftlich kalkulierende Unternehmer bei. Drittens beschleunigten neuartige Kommunikationsmöglichkeiten sowie die Modernisierung der Verkehrswege und -mittel, allen voran die Eisenbahn und später das Automobil, die Entstehung nationaler und übernationaler Märkte, die immer stärker das wirtschaftliche Denken und Handeln bestimmten. Nur wer seine Marktchancen richtig beurteilte, konnte seine Gewinne maximieren und im Konkurrenzkampf bestehen. Mit der Industrialisierung verloren viertens althergebrachte Bindungen und Lebensweisen der traditionalen Agrargesellschaft an Bedeutung. Die Entfesselung der modernen Wirtschaftsgesellschaft, die heute längst keine Klassengesellschaft mehr ist, sondern eine mobile Berufs- und Leistungsgesellschaft, verlangte von den Menschen Flexibilität und Innovationsbereitschaft in einem bisher unbekannten Ausmaße.

Die Herausbildung der modernen Industriewirtschaft vollzog sich weder flächendeckend noch zeitgleich. Sie begann im 18. Jahrhundert in England, von dort ausgehend breitete sie sich im 19. Jahrhundert nach Kontinentaleuropa aus und erfasste schließlich die ganze Welt. Zudem nahm die Industrialisierung keinen gradlinigen Verlauf, sondern durchlief unterschiedliche Phasen. Als in England in den Siebzigerjahren des 18. Jahrhunderts die Industrielle Revolution einsetzte, war Deutschland noch im Stadium der Frühindustrialisierung. So bezeichnen die Historiker die zögerlich-verhaltene Anlauf- und Vorbereitungsphase, die der entscheidenden Beschleunigung des Wirtschaftswachstums und dem Durchbruch industrieller Produktionsweisen voranging. Diese neue Entwicklungsstufe der Industriellen Revolution dauerte in Deutschland von den späten 1840er-Jahren bis 1873. Obwohl es auch danach immer wieder Wachstumsstörungen und Konjunkturkrisen gab, gelten die folgenden dreieinhalb Jahrzehnte bis zum Ersten Weltkrieg als Periode der Hochindustrialisierung, in der Deutschland endgültig zum Industriestaat wurde.

Industrialisierung war nicht nur wirtschaftlicher, sondern auch gesellschaftlicher Wandel. Immer weniger Menschen arbeiteten und lebten von und in der Landwirtschaft, immer mehr Menschen fanden ihr Auskommen in Gewerbe und Industrie oder im Dienstleistungssektor. Begleitet wurden diese Veränderungen durch zunehmende räumliche Mobilität der Bevölkerung, die die Verstädterung beschleunigte. Obwohl die erfolgreiche Industrialisierung langfristig den Wohlstand breiter Schichten der Gesellschaft verbesserte, gab es in ihrer Geschichte auch Schattenseiten. An erster Stelle ist dabei die „soziale Frage" zu nennen, die sich in unsicheren Arbeitsplätzen, häufiger Arbeitslosigkeit, niedrigen Löhnen bei langen Arbeitszeiten oder Wohnungselend niederschlug und im 19. Jahrhundert zu intensiven Reformdiskussionen wie auch vielfältigen Reformbemühungen führte. Dass die Industrialisierung das gesamte Leben der Menschen prägte, zeigte sich nicht zuletzt im Verhältnis der Geschlechter zueinander. Die moderne Industriegesellschaft emanzipierte weder automatisch die Frau noch zerstörte sie die Familie, wie manche zeitgenössische Kritiker der Industriegesellschaft vermutet hatten.

1 Voraussetzungen der Industrialisierung

Warum Europa?

Die Geschichte der Industrialisierung begann in Europa. Ein Grund dafür liegt sicherlich in den **natürlichen Lebensbedingungen** dieses Kontinents, die die Herausbildung industrieller Wirtschaftsweisen begünstigten. Die Vielgestaltigkeit der Landschaft, aber auch die Zersplitterung der politischen Landkarte in der frühen Neuzeit in Königreiche, Fürstentümer, Grafschaften oder Stadtzusammenschlüsse förderten die Konkurrenz und das Wachstum. Ein großes Angebot an unterschiedlichen Bodenschätzen, die Verschiedenartigkeit der Bodenbeschaffenheit und ein günstiges Klima ermöglichten die Herstellung zahlreicher Güter bzw. den Anbau einer reichhaltigen Palette an Produkten, die sich zum Austausch eigneten (Holz, Getreide, Wein, Wolle, Meeresfrüchte usw.). Ein sich ausdehnender Handel vermehrte den Wohlstand der Bevölkerung und führte zur Entstehung reicher Zentren wie der Hansestädte oder der italienischen Stadtstaaten. Mit dem Ausbau der Handelsbeziehungen innerhalb Europas und nach Übersee bildeten sich seit dem Spätmittelalter allmählich ein funktionstüchtiges Kreditsystem und ein Bankwesen auf internationaler Ebene heraus, die für den Aufstieg des Industriekapitalismus unentbehrlich waren.

Doch allein auf solchen naturgegebenen Voraussetzungen beruhte die Industrialisierung nicht. Sie war weder Zufall noch ein Wunder, sondern wesentlich das Werk von Menschen: Wissenschaftler förderten neue Erkenntnisse zu Tage, Ingenieure und Techniker entwickelten vorher unbekannte Werkzeuge, Maschinen und Materialien, Unternehmer griffen die Neuerungen auf und kalkulierten den Einsatz von Arbeitskräften und Kapital in der Wirtschaft, Arbeiter stellten dem Markt ihre Arbeitskraft zur Verfügung und produzierten Waren und Dienstleistungen, Bauern erwirtschafteten Überschüsse zur Ernährung einer ständig wachsenden Bevölkerung. Ohne die Anstrengungen und Kreativität vieler Menschen hätten die Maßnahmen der Staatsregierungen, die ebenfalls zum wirtschaftlich-technischen Fortschritt beitrugen, kaum Wirkung gezeigt, wäre die Geschichte der Industrialisierung nicht zu einer Erfolgsgeschichte geworden.

Entstehung der Marktwirtschaft

Grundvoraussetzung kapitalistischen Wirtschaftens ist der Markt, der Angebot und Nachfrage vermittelt. Auf dem Markt treten Produzenten und Konsumenten in Kontakt und handeln die Bedingungen aus, unter denen die Ware den Besitzer wechselt. Der Theorie nach basiert der Tausch auf Freiwilligkeit und offener Konkurrenz; Zwang – privat oder staatlich – gilt als ausgeschlossen (M 1). Während die absolutistischen Herrscher in Frankreich oder Deutschland im 18. Jahrhundert die ökonomische Entwicklung ihrer Länder durch Eingriffe und Beschränkungen zu steuern versuchten, konnten sich in Großbritannien bereits staatsfreie Märkte für Kapital, Arbeit, Boden oder Waren entfalten. Dass gerade **England** zum Schrittmacher industriekapitalistischer Marktwirtschaft wurde, lag nicht zuletzt an seiner Agrarverfassung. In weiten Teilen der Insel gab es bereits um 1750 keine Land besitzende Bauernschaft mehr; die damit eng verbundene agrarische Subsistenzwirtschaft war längst zerfallen. Stattdessen konzentrierte sich der Landbesitz in den Händen einer kleinen Gruppe von Grundeigentümern, die ihre Ländereien verpachtet hatten. Die Pächter wiederum bewirtschafteten sie mit Hilfe von Landarbeitern, Knechten und Kleinstbauern, die sich auf Zeit verdingten und vorwiegend bar bezahlt wurden. Eine solche Agrarverfassung bot der Herausbildung industriekapitalistischer Produktionsverhältnisse hervorragende Startbedingungen. Da war zum einen die Kommerzialisierung der Landwirtschaft selbst, die zunehmend für den (groß-)städtischen Markt produzierte und trotz zeitweiliger Engpässe eine schnell wachsende Bevölkerung zu ernähren verstand. Mindestens ebenso wichtig war jedoch die soziale Komponente jener Verfassung: die Tatsache nämlich, dass sie die Landbewohner lediglich vertragsmäßig (d. h. z. B. nicht als Leibeigene) an die Scholle band und ihre Mobilität nicht behinderte. In Preußen, vor allem in seinen ostelbischen Gebieten, waren dagegen der Mobilität der Landbevölkerung noch im 18. und frühen 19. Jahrhundert enge Grenzen gezogen. Zwar hatte sich auch hier eine leistungsfähige, exportorientierte Agrarproduktion entwickeln können, die der junkerlichen Herrenschicht große Einnahmen sicherte. Anders als in England steckte sie jedoch in einem feudalen Korsett, das nur langsam aufgeschnürt wurde. Die ostelbische Gutswirtschaft beruhte eben nicht auf frei vereinbarter Lohnarbeit, sondern auf einem System persönlicher Abhängigkeiten, die von Generation zu Generation weitervererbt wurden. Die gutsuntertänigen Bauern, Knechte, Mägde und Häusler waren nicht nur verpflichtet, dem Gutsherrn einen Großteil ihrer Arbeitskraft zu überlassen. Es stand auch im Belieben des Junkers, ob und wann sie heiraten durften, ob sie den Hof verlassen und einen anderen Dienst aufnehmen konnten. Solche Beschränkungen individueller Mobilität waren der Herausbildung freier Arbeitsmärkte – als unerlässlicher Bedingung industriekapitalistischer Entwicklung – alles andere als förderlich. Von der deutschen Landwirtschaft gingen denn auch nur wenige Impulse für eine erfolgreiche Industrialisierung aus. Weder erwirtschaftete die Landwirtschaft maßgebliche Investitionsmittel für den Gewerbesektor noch stellte sie frühzeitig einen aufnahmefähigen Absatzmarkt für industrielle Produkte (z. B. Landwirtschaftsmaschinen) dar. Was ihr hingegen gelang, war die Versorgung der wachsenden Konsumentenzahl – zumindest bis in die 1890er-Jahre, als immer mehr Nahrungsmittel eingeführt werden mussten und der Export um das Drei- und Vierfache hinter dem Import zurückblieb.

Diese Versorgungsleistung erbrachte sie – auf einem niedrigen technologischen Niveau – im Wesentlichen dank einer extensiven Nutzung der Arbeitskraft. Anstatt wie in England Arbeitskräfte freizusetzen und sie der gewerblichen Wirtschaft zur Verfügung zu stellen, hielt sie sie bis in die 1850er-Jahre hinein fest. Daran änderten auch die preußischen Agrarreformen wenig. Obwohl beispielsweise die Gutsuntertänigkeit in Preußen 1807/10 abgeschafft wurde und die Junker statt auf Fron- nunmehr auf Lohnarbeit angewiesen waren, setzten sich alte Abhängigkeiten oft nahezu unverändert fort. An die Stelle erbuntertäniger Kleinbauern traten vertraglich gebundene Dienstleute, die als Tagelöhner mitsamt ihren Familien auf den Gütern Arbeit, Wohnung und Kost fanden. Erst seit den 1860er-Jahren ging man verstärkt zu einem System freier, saisonal einsetzbarer Tagelöhner über, mit denen das Gut langfristig billiger zu wirtschaften vermochte.

| Protoindustrialisierung | Es waren aber keineswegs nur das abwandernde ländliche Gesinde oder die Nachkommen der überflüssig gewordenen Dienstleute, die die aufblühende Industrie mit Arbeitskräften versorgten. Auch das in die Krise geratene vorindustrielle Verlagswesen setzte Arbeitskräfte frei: Abseits der großen Städte hatten sich seit dem Ausgang des Mittelalters in vielen Teilen Europas florierende Gewerbelandschaften entwickelt. Sie basierten auf der Heimarbeit ländlicher Unterschichten, die von städtischen Verlegerkaufleuten gesteuert und marktmäßig angeschlossen wurde. Besonders erfolgreich war das ländliche Heimgewerbe auf dem Gebiet der Textilherstellung, z. B. bei den Webern in Schlesien. Gehörte es traditionell zu den Aufgaben bäuerlicher Subsistenzwirtschaft, textile Rohstoffe und Gewebe für den Eigenbedarf zu bearbeiten und herzustellen, entwickelte sich daraus mit steigender Nachfrage vielerorts eine lebhafte Marktproduktion. Ganze Familien arbeiteten nunmehr auf Rechnung eines Verlegers, der ihnen Material zur Verfügung stellte und die fertige Ware abnahm.

Auf diese Weise geriet ein großer Teil der ländlichen Bevölkerung zwar in den Sog konjunktureller Nachfragekrisen und Absatzflauten. Zugleich aber löste er sich aus den engen Fesseln des agrarischen Nahrungsspielraums. Viele Menschen, die als Knechte oder Mägde kaum jemals die

Möglichkeit gehabt hätten, zu heiraten und eine Familie zu gründen, konnten das als heimgewerbliche Spinner oder Weber tun. Der von der Landwirtschaft unabhängige Verdienst eröffnete ihnen die Chance, auf einer eigenen „Stelle" zu wirtschaften. Als Mieter kleiner Anwesen waren sie wohl noch mit ländlichen Lebensformen verbunden, scherten jedoch aus den ökonomischen Bezügen und Beschränkungen bäuerlicher Nahrungssicherung aus. Hatte auf nicht erbende Bauernsöhne und -töchter vormals nur ein unselbstständiges Gesindedasein gewartet, bot ihnen die protoindustrielle Entwicklung einer Region mehr Möglichkeiten. Vor allem legte sie ihnen nahe, eine Ehe einzugehen und einen eigenen Hausstand zu gründen. Schließlich bildete die Arbeitskraft einer ganzen Familie – Frau, Mann und Kinder – die Grundlage heimgewerblicher Existenz.

M1 Gedanken des schottischen Moralphilosophen und Volkswirtschaftlers Adam Smith (1723–1790) über das Wesen und die Ursachen des Wohlstandes der Nationen, 1776

Der Einzelne ist stets darauf bedacht, herauszufinden, wo er sein Kapital, über das er verfügen kann, so vorteilhaft wie nur irgend möglich anlegen kann. Und tatsächlich hat er dabei den eigenen
5 Vorteil im Auge und nicht etwa den der Volkswirtschaft. Aber gerade das Streben nach seinem eigenen Vorteil ist es, das ihn ganz von selbst oder vielmehr notwendigerweise dazu führt, sein Kapital einzusetzen, wo es auch dem ganzen Lande den
10 größten Nutzen bringt.
Wernn er es vorzieht, die nationale Wirtschaft anstatt die ausländische zu unterstützen, denkt er eigentlich nur an die eigene Sicherheit, und wenn er dadurch die Erwerbstätigkeit so fördert, dass ihr
15 Ertrag den höchsten Wert erzielen kann, strebt er lediglich nach eigenem Gewinn. Und er wird in diesem wie auch in vielen anderen Fällen von einer unsichtbaren Hand geleitet, um einen Zweck zu fördern, den zu erfüllen er in keiner Weise beab-
20 sichtigt hat. Auch für das Land selbst ist es keineswegs immer das Schlechteste, dass der Einzelne ein solches Ziel nicht bewusst anstrebt, ja gerade dadurch, dass er das eigene Interesse verfolgt, fördert er häufig das der Gesellschaft nachhaltiger, als
25 wenn er wirklich beabsichtigt, es zu tun. Alle, die jemals vorgaben, ihre Geschäfte dienten dem Wohl der Allgemeinheit, haben meines Wissens niemals etwas Gutes getan. […]
Der Einzelne vermag ganz offensichtlich aus seiner
30 Kenntnis der örtlichen Verhältnisse weit besser zu beurteilen, als es irgendein Staatsmann oder Gesetzgeber für ihn tun kann, welcher Erwerbszweig im Lande für den Einsatz seines Kapitals geeignet ist und welcher einen Ertrag abwirft, der den höchs-
35 ten Wertzuwachs verspricht. Ein Staatsmann, der es versuchen sollte, Privatleuten vorzuschreiben, auf welche Weise sie ihr Kapital investieren sollten, würde sich damit nicht nur, höchst unnötig, eine Last aufbürden, sondern sich auch gleichzeitig eine Autorität anmaßen, die man nicht einmal einem Staatsrat oder Senat, geschweige denn einer ein-
40 zelnen Person anvertrauen könnte.
(Adam Smith, Der Wohlstand der Nationen, dtv, München 1978, S. 369 ff.)

1 Erörtern Sie das Verhältnis von Staat und Privatwirtschaft, wie es in M 1 beschrieben wird.
2 Diskutieren Sie die These in M 1, dass gleichsam „eine unsichtbare Hand" im Wirtschaftsprozess das „allgemeine Wohl" am besten garantiere.

B 1 Julius Caesar Ibbetson, George Biggins Aufstieg in Lunardis Ballon, 1785, Ölgemälde (Ausschnitt)

2 Die Anfänge der Industrialisierung in England

| Ursachen der Industrialisierung | Die Industrialisierung in England war das Ergebnis mehrerer begünstigender Umstände und Vorgänge, die unabhängig voneinander das Wirtschaftswachstum beschleunigt haben. Zu den wichtigsten gehörten die schnellen Fortschritte in der **Landwirtschaft**. Seit 1660 konzentrierte sich das Land in den Händen von Großgrundbesitzern. Durch Einhegungen („enclosures") wurde Gemeindeland in Privateigentum überführt, verstreut liegende Felder wurden zu einem geschlossenen, eingehegten Besitz geformt. Die Zunahme des bebauten Landes und die Möglichkeit extensiver Weidewirtschaft führten zu einem Ansteigen der landwirtschaftlichen Produktivität, sodass die stark wachsende Bevölkerung ernährt werden konnte. Die Bevölkerungszunahme und die Tatsache, dass die Landbevölkerung nicht an die Scholle gebunden war, sondern in den Städten nach neuen Betätigungsfeldern suchte, sorgte sowohl für ein großes Angebot an Arbeitskräften als auch für eine steigende Güternachfrage auf dem englischen Binnenmarkt. Ein ausgedehnter **Handel**, der sich auf eine mächtige Kriegs- und Handelsflotte stützte, garantierte den Briten einen relativen Wohlstand. Aber auch der Binnenhandel florierte, weil er nicht durch Zölle oder andere Handelsbeschränkungen behindert wurde. England besaß außerdem große und leicht abzubauende Kohlevorkommen, kurze und kostengünstige Verkehrswege sowie ausreichendes und breit gestreutes Kapital zum Investieren. |

Hinzu kam, dass der Staat seine **Politik** nach wirtschaftlichen Interessen ausrichtete und früher als in den übrigen kontinentaleuropäischen Ländern eine liberale Wirtschaftsordnung schuf mit freiem Unternehmertum, privatem Kapital und freien Lohnvereinbarungen. Nicht vergessen werden darf die relativ offene **Gesellschaftsstruktur** des Königreiches, die flexible Reaktionen auf die unterschiedlichsten wirtschaftlichen Herausforderungen erlaubte. Im Laufe des 17. Jahrhunderts verband sich der kleine Landadel, die „gentry", vielfach durch Heirat mit den Kapital besitzenden städtischen Händlern oder Bürgerliche erwarben Landgüter und wurden in den Adelsstand erhoben. Unterhalb der „gentry" entfaltete sich ein wohlhabendes Bürgertum von Fabrikanten und Händlern, das sich sozial bewusst von den in den Adelsstand erhobenen absetzte. Arbeitend tätig zu sein bedeutete keine Minderung des sozialen Status, sondern gottgewollten Lebensinhalt. Englische Grundbesitzer förderten die Industrialisierung durch Ausbeutung der Bodenschätze, besonders von Kohle und Eisen. Dadurch kam es nicht zu einem Gegensatz zwischen Agrar- und Industriegesellschaft wie in den meisten Ländern auf dem europäischen Kontinent.

| Technische Erfindungen | Aufsehen erregende Erfindungen wie die Dampfmaschine von Watt (1765/69; B 3) oder die Spinnmaschinen von Hargreaves (1764) und Arkwright (1769) beschleunigten das englische Wirtschaftswachstum. Mit der Mechanisierung der Baumwollspinnerei, die zum ersten Führungssektor in der englischen Industriegeschichte aufstieg, begann das Zeitalter der Massenproduktion im **Textilgewerbe** (M 2a–c). Von 1764 bis 1794 verdreißigfachte sich die Garnherstellung; bis 1844 hatte sie sich verachtzigfacht. Die Produktivität des Webverfahrens war 1850 dreizehnmal höher als 1760. Die Qualität der Stoffe übertraf erstmals die bis dahin einzigartigen indischen Gewebe. Die technische Revolution im Textilgewerbe ging mit einer Revolution der Produktionsorganisation einher, wobei sich beide Prozesse gegenseitig bedingten und förderten. Erst das Zusammenwirken von Maschinenarbeit und Fabrikproduktion machte aus der Erfindung einzelner Arbeitsmittel die Revolution der gesamten Produktion: Entwicklung von Spinnmanufakturen, Spinnmaschinen und -fabriken, |

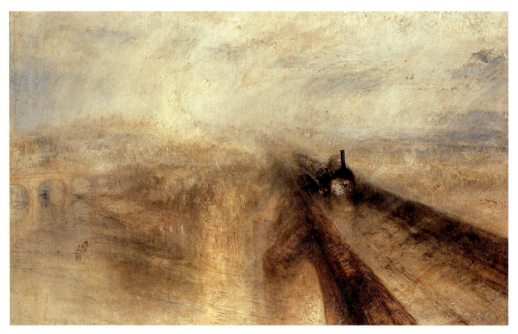

B 2 Joseph Mallord William Turner (1775–1851), Rain, Steam and Speed. The Great-Western-Union, 1844, Öl auf Leinwand, London, National Gallery

— Beschreiben Sie die Wirkung der Eisenbahn, wie sie B 2 zum Ausdruck bringt.
— Stellen Sie sich vor, Sie säßen in dem Zug. Welchen Eindruck von der Umgebung hätten Sie dann wohl? Welchen Einfluss hätte das auf Ihr Sehverhalten?

Verbesserung von Spinnmaschinen, Anwendung von Wasserrädern, Entwicklung und Einsatz von Dampfmaschinen, Entwicklung des mechanischen Webstuhls, der Werkzeugmaschinen und der Maschinenindustrie, Bau riesiger Fabriken in den Städten, Durchsetzung neuer Berufe (z. B. Ingenieure) und neuer Arbeitsverhältnisse (z. B. Lohnarbeit). Technik und Produktion des Textilgewerbes und anderer Produktionsbereiche wurden so nach und nach grundlegend umgestaltet.
Für die Entfesselung der Wirtschaftskräfte noch bedeutsamer wurde jedoch das Vordringen des Energieträgers Kohle und der damit einhergehende Ausbau der Eisenindustrie. Mit der Industrialisierung und der Verstädterung stieg der Kohleverbrauch. Der Einsatz der Dampfmaschine in den Kohlerevieren verbesserte die Verfahren der Kohleförderung und wirkte sich auf die Eisenindustrie aus, die sich in den Kohlegebieten ansiedelte. Die Verbilligung und Verbesserung des Eisens sowie die Modernisierung der Produktionsverfahren schufen die Voraussetzungen für die Entstehung einer leistungsfähigen Maschinenindustrie und später für den Eisenbahnbau (B 2). Damit wirkte die Eisenindustrie in viele andere Wirtschaftszweige hinein und veränderte vom Verkehrswesen bis zum individuellen Reisen alle Bereiche des gesellschaftlichen Lebens (M 3). Dabei darf nicht übersehen werden, dass die „wirkliche Industrielle Revolution" der Eisenindustrie, wie bei der Kohle, erst in den mittleren Jahrzehnten des 19. Jahrhunderts stattfand, also fünfzig Jahre später als in der Baumwollherstellung. Denn während Konsumgüterindustrien selbst in vorindustriellen Wirtschaftsverhältnissen massenhaft Absatz fanden, war für die Produktionsgüterindustrien ein solcher Markt erst während oder nach der Industrialisierung vorhanden (M 4).

| Ausbreitung der Industrialisierung | Von England ausgehend erfasste die Industrialisierung während des 19. Jahrhunderts den europäischen Kontinent. Französische, belgische oder deutsche Unternehmer wurden auf neue Waren aus dem britischen Königreich, der bewunderten „Werkstätte der Welt", aufmerksam und erkannten bisher unbekannte Absatzchancen. Sie holten englische Arbeiter und Unternehmer ins Land, importierten englische Technologien, Produktionsverfahren und Kapital, um die eigenen Betriebe zu modernisieren. Gleichzeitig bemühte man sich, englische Waren durch eigene Entwicklungen zu ersetzen und dadurch den englischen Entwicklungsvorsprung wettzumachen.

M2 Das Wachstum der Baumwollindustrie

a) Import von Rohbaumwolle in Großbritannien im Jahresdurchschnitt (in t)

1701–1715	585
1716–1720	1 086
1764	1 935
1780	8 000
1801	25 000
1815	50 000
1825–1830	100 000
1849	346 000

(Amtlicher Bericht über die Industrie-Ausstellung aller Völker in London im Jahre 1852, 2. Teil, Berlin 1857, S. 11, zit. nach: Michael Sauer, Die Industrialisierung. Die Entstehung der modernen Welt, Klett, Leipzig 1999, S. 15)

b) Ausführ von Baumwolltextilien (in 1000 £)

1740–49	11
1750–59	88
1760–69	227
1770–79	248
1780–89	756
1790–99	2 631
1800–09	9 995
1810–19	18 712
1820–29	28 000

c) Prozentanteil der Baumwolltextilien am Gesamtexportwert

1740–49	0
1750–59	1
1760–69	2
1770–79	3
1780–89	7
1790–99	15
1800–09	39
1810–19	53
1820–29	62

(C. Cook/J. Stevenson, Atlas of Modern British History, London 1978, S. 43, zit. nach: Hermann de Buhr/Michael Regenbrecht, Industrielle Revolution und Industriegesellschaft, Cornelsen, Frankfurt/Main, ²1988, S. 22)

1 Erläutern Sie anhand dieser Statistiken (M 2a–c) die Bedeutung der Textilindustrie in Großbritannien. Untersuchen Sie dafür besonders das Verhältnis von Textilproduktion aus Baumwolle und Export. Zur Veranschaulichung der statistischen Daten können Sie für jede Statistik mit Hilfe eines geeigneten Maßstabes eine Grafik erstellen. Bei der Wahl des Ausgangsjahres (Indexwert 100) sollten Sie beachten, dass Sie nur von einer ungefähren Übereinstimmung ausgehen können.

M3 Die Historikerin Elisabeth Fehrenbach über die Funktion der Eisenindustrie in der britischen Industrialisierungsgeschichte, 1986

Die Kohleförderung regte die Entwicklung der Dampfmaschine an und ermöglichte die Verbesserung der Eisenproduktion. Watts Dampfmaschine entstand zunächst aus der Absicht, die Pumpmaschinen zur Entwässerung von Bergwerken zu 5 verbessern. Das Verfahren, Eisen mit Kohle und Koks anstatt mit Holzkohle einzuschmelzen, baute die Schwierigkeit ab, die aus der Reduzierung des Wald- und Holzbestandes erwuchs. 1784 gelang Henry Cort das sog. Puddelverfahren, die Über- 10 führung von Roh- in Schmiedeeisen im Flammofen. Dampfmaschine und Puddelprozess trugen dazu bei, dass die Roheisenproduktion sich zwischen 1788 und 1796 verdoppelte und bis 1806 vervierfachte. Anders als die Baumwollindustrie 15 wirkte die Eisenindustrie in viele Produktionsprozesse hinein. Insbesondere schuf sie die Voraussetzungen für die Maschinenindustrie und für die spätere Entwicklung des Eisenbahnwesens. Ohne die Verbilligung und Verbesserung des Eisens wäre 20 die fortschreitende Industrialisierung im 19. Jahrhundert kaum vorstellbar. Allerdings brachte erst das Eisenbahnzeitalter den Massenabsatz von

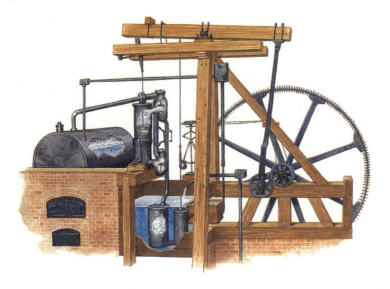

B 3 Die von James Watt 1769 konstruierte Dampfmaschine (Rekonstruktionszeichnung)

Eisen und das steile Ansteigen der Wachstumsraten. Die Aufwärtsentwicklung in der napoleonischen Zeit hing noch eng mit der Kriegsnachfrage zusammen, so dass bald wieder Verzögerungen und Absatzstockungen eintraten.
(Elisabeth Fehrenbach, Vom Ancien Régime zum Wiener Kongreß, Oldenbourg, München ²1986, S. 9)

1 Beschreiben Sie anhand von M 3 die Auswirkungen technischer Erfindungen in der Kohle- und Eisenindustrie auf die wirtschaftliche Entwicklung Großbritanniens. Ziehen Sie dafür auch die Darstellung heran.

M4 Beschäftigtenanteile in Großbritannien 1801–1951 (in % aller Beschäftigten)

Jahr	Landwirtschaft Forstwirtschaft Fischerei	Bergbau u. Gewerbe	Handel u. Transport	Häusliche Dienstleistungen	Öffentliche Dienstleistungen u. Ä.
1801	35,9	29,7	11,2	11,4	11,8
1821	28,4	38,4	12,1	12,7	8,5
1841	22,2	40,5	14,2	14,5	8,5
1861	18,7	43,6	16,6	14,3	6,9
1881	12,6	43,5	21,3	15,4	7,3
1901	8,7	46,3	21,4	14,1	9,6
1911	8,3	46,4	21,5	13,9	9,9
1931	6,0	45,3	22,7	7,7	18,3
1951	5,0	49,1	21,8	2,2	21,9

(Toni Pierenkemper, Umstrittene Revolutionen. Die Industrialisierung im 19. Jahrhundert, Fischer Taschenbuch Verlag, Frankfurt/Main 1996, S. 13)

1 Vergleichen Sie anhand von M 4 die Entwicklung der Beschäftigtenanteile in den verschiedenen Wirtschaftssektoren miteinander. Untersuchen Sie dabei, wo Zuwächse bzw. Abnahmen zu verzeichnen sind.

2 Der Historiker Toni Pierenkemper hat den Begriff „Industrialisierung" einmal auf die folgende kurze Formel gebracht: „Industrialisierung bedeutet so nichts anderes als überproportionales Wachstum des gewerblichen, des ‚sekundären' Sektors, oder – bei genauerem Hinsehen – des industriellen Sektors im Vergleich zu anderen Sektoren und zur Gesamtwirtschaft." Überprüfen Sie diese These mit Hilfe der Statistik in M 4.

3 Die Industrielle Revolution in Deutschland

Ausgangssituation

Deutschland besaß im späten 18. und beginnenden 19. Jahrhundert wesentlich ungünstigere Startbedingungen für seine industrielle Entwicklung als Großbritannien. Bis zum Ende des Heiligen Römischen Reiches Deutscher Nation im Jahre 1806 war Deutschland in 300 zum Teil ausgesprochen kleine Territorialstaaten zersplittert. Eine Vielfalt von Zollschranken, abweichende Maß-, Münz- und Gewichtssysteme, Handelsmonopole sowie schlechte Verkehrsverbindungen hemmten die wirtschaftliche Expansion. Trotz mancher Fortschritte bei der Agrarproduktion blieb die deutsche Landwirtschaft weit hinter den Leistungen der englischen zurück. Es überwogen ertragsschwache Kleinbetriebe (ca. 70–80 % aller Höfe), deren Betreiber oft einem Nebenerwerb nachgehen mussten, um ihre Existenz zu sichern. Die Abhängigkeit der bäuerlichen Bevölkerung von ihren Gutsherren war häufig noch so stark, dass dadurch die zur Bildung freier Arbeitsmärkte notwendige individuelle Mobilität eingeschränkt war. Feudale Abgaben, staatliche Steuern und große Unterschiede bei der Verteilung des Wohlstandes behinderten die Entstehung von Massenkaufkraft, die der gewerblichen Wirtschaft hätte zu Gute kommen können. Auch war die deutsche Gesellschaftsstruktur nicht so offen wie in England. Schroffe Standesschranken und konservative Grundeinstellungen engten den Spielraum für innovatorisches Denken und Handeln ein. Und im Handwerk bildete das Festhalten an der überkommenen Zunftverfassung ein zentrales Hindernis für individuelles Erfolgsstreben und wirtschaftliche Neuerungen. Im Gegensatz zu England gängelten die absolutistischen deutschen Fürsten mit ihren merkantilistischen Konzepten die wirtschaftliche Entwicklung durch massive Eingriffe und Beschränkungen; staatsfreie Märkte für Kapital, Boden und Waren konnten sich daher nur schwer entfalten.

Staatliche Modernisierungspolitik

Erst im Verlauf des 19. Jahrhunderts wurden diese Hemmnisse für eine dynamische Industriewirtschaft allmählich beseitigt. Dabei nahm der Staat eine herausragende Rolle ein. Durch die Liberalisierung der Agrar- und Gewerbeverfassung, den Abbau von Zollschranken oder die Vereinheitlichung des Rechts- und Finanzwesens schuf er entscheidende Voraussetzungen für die Überwindung vormoderner Wirtschaftsverhältnisse bzw. die Entfesselung einer modernen Wirtschaftsgesellschaft.

In den deutschen Staaten war zu Beginn des 19. Jahrhunderts vielen Staatsmännern bewusst, dass sie über kurz oder lang auf das englische Modell zurückgreifen mussten, um wettbewerbsfähig zu werden. Das galt besonders für Preußen. In diesem Staat war der Problemdruck am größten, die Notwendigkeit radikaler Problemlösungen am sinnfälligsten. Nicht nur das starke Bevölkerungswachstum weckte Befürchtungen eines drohenden sozialen Kollapses; auch der politisch-militärische Zusammenbruch im Gefolge napoleonischer Eroberungspolitik hatte gezeigt, dass grundlegende Reformen der Wirtschafts- und Sozialverfassung nicht auf die lange Bank geschoben werden durften.

Den Reformbeamten, die sich seit 1807 an die Modernisierung des preußischen Staats begaben, war das englische Modell industriekapitalistischer Entwicklung theoretisch geläufig. Die „Bibel des Kapitalismus", Adam Smiths Buch „Wohlstand der Nationen" (s. S. 54), hatte auch in Deutschland begeisterte Aufnahme gefunden. Die Leitbegriffe dieses Werks – Besitzindividualismus, Leistungsprinzip, Arbeitsteilung, freie Märkte, Konkurrenz – weckten Hoffnungen auch auf dem Kontinent.

Wegweisend für Reformen zur Entfesselung einer modernen Wirtschaftsgesellschaft wurde das preußische Oktoberedikt von 1807, das eine Mischung aus politischem Manifest und nationalökonomischem Programm (M 5) darstellte. An die Stelle einer gebundenen Ständegesellschaft, die jedem Menschen eine feste, durch Geburt erworbene soziale Position zuwies, konnte nun nach und nach eine mobile Marktgesellschaft treten. Dazu passten auch die Ablösung sozialer Abhängigkeitsverhältnisse auf dem Land und der Erlass der **Gewerbefreiheit** im Jahre 1810. Die Reformbürokratie wollte vor allem durch die Einführung der allgemeinen Gewerbefreiheit die Wirtschaftskraft des Landes stärken und damit zugleich die Steuereinnahmen des Staates erhöhen. Indem die Macht der Zünfte gebrochen und die traditionellen Begrenzungen gewerblicher Produktion aufgehoben wurden, näherte man sich rein rechtlich gesehen dem Ideal einer von freien Wirtschaftssubjekten bevölkerten Gesellschaft. Ebendiese Freiheit sollte die Entfesselung aller wirtschaftlich kreativen Kräfte einleiten und eine dynamische Konkurrenzwirtschaft aus der Taufe heben, die den Wohlstand der Einwohner und die Macht des Staates garantierte.

Der Staat räumte aber nicht nur die rechtlichen Hindernisse beiseite, die der freien Entfaltung wirtschaftlicher Energien entgegenstanden. Er sorgte nicht nur dafür, dass freie Arbeits-, Kapital- und Bodenmärkte entstehen konnten; er schuf auch die infrastrukturellen Voraussetzungen, dass sich die einzelnen Wirtschaftsfaktoren miteinander verbinden konnten. Dazu gehörte es zum Beispiel, mit staatlichen Investitionen das Verkehrsnetz zu erweitern und leistungsfähiger zu gestalten. Auch zählte der Ausbau des Binnenmarktes durch die Abschaffung von Zollschranken dazu – ein Prozess, der mit dem 1834 gegründeten **Zollverein** seinen vorläufigen Höhepunkt erreichte. Ebenfalls zu vermerken ist die Errichtung staatlicher Gewerbeschulen und -akademien, die helfen sollten, den technologischen Vorsprung der englischen Industriekonkurrenz aufzuholen.

| Industrielle Revolution |

Die deutschen Staaten erlebten im späten 18. und beginnenden 19. Jahrhundert durchaus einen deutlichen Wachstumsschub. Allerdings blieb die Aufwärtsentwicklung in dieser Phase der Frühindustrialisierung noch hinter den englischen Wachstumsraten zurück (M 6). Erst seit den 1840er-Jahren trat Deutschland in die Phase der Industriellen Revolution ein, die bis 1873 andauerte und zu einem sich selbst tragenden industriellen Wirtschaftswachstum führte. „Die Industrie ist zu einer selbstständigen Macht inmitten des deutschen Lebens erstarkt", schrieb der rheinische Wirtschaftsbürger Gustav Mevissen Anfang der Vierzigerjahre, „und nicht eine vergängliche Handelsindustrie, sondern eine weit bleibendere, dem Inland zugekehrte Fabrikindustrie. Deutschland geht durch die Schaffung dieser neuen sozialen Macht in seinem Inneren unleugbar einer neuen Ära entgegen."

Die größten Wachstumsraten wies in dieser Periode das produzierende Gewerbe auf, wobei nicht alle Branchen im gleichen Tempo expandierten (M 7): Stieg das Produktionsvolumen der Baumwollweberei zwischen 1835 und 1870 um gut 500 %, erhöhte sich die Roheisenerzeugung um fast 900, die Braunkohleförderung um 950 und die Eisenerzförderung gar um 1242 %. Noch größer war der Anstieg bei der Erzeugung von Kupferfarben: Zwischen 1848 und 1870 betrug er 1342 %! Die Textilindustrie blieb demnach in ihrem Wachstum weit hinter Bergbau-, Metall- und Chemieindustrie zurück – ein wichtiger **Unterschied zu England**, wo sie den Führungssektor der Industrialisierung gestellt hatte. Anders als in England wurden in Deutschland die Eisenbahnen zum entscheidenden Antrieb der Industrialisierung. Das zeigt sich z. B. daran, dass 1851 nur etwas mehr als 4 % aller im Maschinenbau Beschäftigten für das Textil- und Bekleidungsgewerbe arbeiteten, aber fast 20 % für den Eisenbahnbau. Sein Bedarf an Schienen, Zugmaschinen und Waggons setzte eine beispiellose Produktionssteigerung in Gang. Die Zahl der preußischen Maschinenfabriken etwa versiebenfachte sich zwischen 1852 und 1875 beinahe, die Zahl der dort beschäftigten Arbeiter stieg um das Sechzehnfache. Besonders eindrucksvoll war die Entwicklung der Kruppschen Gussstahlfabrik. 1822 gegründet, beschäftigte sie im Jahre 1835 nur 67 Personen, 1873 dagegen knapp 12 000.

B 4 Maschinen in der Eisenindustrie
a) Stielhämmer im Eisenwerk Maffei bei München (die 1837 erworbenen Hämmer waren bis zu ihrem Abriss um 1900 in Betrieb). Fotografie, um 1900

b) Hammerschmiede im Eisenwerk Maffei Mitte der 1920er-Jahre. Fotografie, um 1925

— Diskutieren Sie anhand dieser beiden Bilder (B 4a, b) die These des Statistikers Ernst Engel aus dem Jahre 1875, dass Maschinen überall „Glück und Segen" gebracht hätten.

Wirtschaftliches Wachstum und seine Indikatoren

Ökonomen benutzen verschiedene Indikatoren, um wirtschaftliches Wachstum zu messen. Da ist zum einen die statistische Größe des **Sozialprodukts**, der Summe aller Einkommen aus unselbstständiger Arbeit, Unternehmertätigkeit und Vermögen. Lag es in Deutschland um 1800 noch bei schätzungsweise 250 Mark pro Kopf, stieg es bis 1870 auf 347 Mark und erreichte im Jahre 1913 pro Kopf 726 Mark. Schaut man genauer hin und unterscheidet nach den einzelnen Wirtschaftsbereichen, stellt sich heraus, dass dieses Wachstum keineswegs überall gleich verlief. So verbuchte die in der Landwirtschaft erzielte Wertschöpfung in Deutschland zwischen 1850 und 1913 einen Zuwachs von 250 %. Die Wertschöpfung des sekundären Sektors (Bergbau, Industrie und Handwerk) dagegen erhöhte sich im gleichen Zeitraum um 1116 %, die des tertiären Sektors (Handel, Verkehr, Banken und andere Dienstleistungen) um 500 %.
Überhaupt nahm die Zahl der **Beschäftigten** im produzierenden Gewerbe rasant zu: von etwa 2,2 Mio. im Jahre 1800 auf 9,5 Mio. hundert Jahre später. Noch viel beachtlicher als diese Steigerungsrate war jedoch der Produktivitätsanstieg, der in dieser Zeit zu verbuchen war. Nicht allein produzierten immer mehr Menschen immer mehr Waren, sondern jeder Einzelne arbeitete immer effektiver. So erhöhte sich etwa die **Produktivität** im Textil- und Bekleidungsgewerbe zwischen 1800 und 1913 um mehr als das Fünffache. Ursache war vor allem der vermehrte Einsatz von Maschinen, jener „wohlerzogensten, fleißigsten und willigsten Geschöpfe", die nach Auskunft des Statistikers Ernst Engel 1875 überall, wo sie standen, „Glück und Segen" brächten (B 4). Maschinen erleichterten die Arbeit und verkürzten die Zeit, die zur Herstellung eines Produkts notwendig war. Damit verbilligten sie es auch – ohne dass die Einsparung aber in gleicher Höhe an die Verbraucher weitergegeben wurde. So lagen die **Preise** für Textilerzeugnisse im Jahre 1913 ungefähr auf demselben Niveau wie 1830, obwohl die Produktivität inzwischen immens gestiegen war. Da die **Löhne** der Beschäftigten hinter dem Anstieg der Produktivität weit zurückblieben, die Preise für Textilrohstoffe sogar gesunken waren, kann man daraus schließen, dass Textilunternehmer (und nicht nur sie) im 19. Jahrhundert enorme Gewinne realisierten.

Ein weiteres Kennzeichen des industriekapitalistischen Wachstumsprozesses ist es, dass ein erheblicher Teil jener **Gewinne** wieder investiert wurde und damit zu erneuten Produktionserweiterungen, Produktivitätszuwächsen und Gewinnsteigerungen führte. Dieser expansive Kreislauf ist gemeint, wenn man vom Industriekapitalismus als einem System „selbst geregelten industriellen Wachstums" spricht. Im Großen und Ganzen war der Aufwärtstrend ungebrochen und er war sowohl in seiner Stetigkeit als auch in seinem Ausmaß historisch ohne Beispiel.

M5 Die Reformen in Preußen: Auszug aus dem „Oktoberedikt" von 1807

Nach eingetretenem Frieden hat Uns die Vorsorge für den gesunkenen Wohlstand Unserer getreuen Unterthanen, dessen baldigste Wiederherstellung und möglichste Erhöhung vor Allem beschäftigt. Wir haben hierbei erwogen, dass es, bei der allgemeinen Noth, die Uns zu Gebot stehenden Mittel übersteige, jedem Einzelnen Hülfe zu verschaffen, ohne den Zweck erfüllen zu können, und dass es eben sowohl den unerlässlichen Forderungen der Gerechtigkeit als den Grundsätzen einer wohlgeordneten Staatswirthschaft gemäß sey, Alles zu entfernen, was den Einzelnen bisher hinderte, den Wohlstand zu erlangen, den er nach dem Maaß seiner Kräfte zu erreichen fähig war; Wir haben ferner erwogen, dass die vorhandenen Beschränkungen theils in Besitz und Genuss des Grund-Eigenthums, theils in den persönlichen Verhältnissen des Land-Arbeiters Unserer wohlwollenden Absicht vorzüglich entgegen wirken und der Wiederherstellung der Kultur eine große Kraft seiner Tätigkeit entziehen, jene, indem sie auf den Werth des Grund-Eigenthums und den Kredit des Grundbesitzes einen höchst schädlichen Einfluss haben, diese, indem sie den Werth der Arbeit verringern. Wir wollen daher beides auf diejenigen Schranken zurückführen, welche das gemeinsame Wohl nöthig macht, und verordnen daher Folgendes:

Freiheit des Güter-Verkehrs

§ 1. Jeder Einwohner Unsrer Staaten ist, ohne alle Einschränkung in Beziehung auf den Staat, zum eigenthümlichen und Pfandbesitz unbeweglicher Grundstücke aller Art berechtigt; der Edelmann also zum Besitz nicht blos adelicher, sondern auch unadelicher, bürgerlicher und bäuerlicher Güter aller Art, und der Bürger und Bauer zum Besitz nicht blos bürgerlicher, bäuerlicher und anderer unadelicher, sondern auch adelicher Grundstücke, ohne dass der eine oder der andere zu irgend einem Güter-Erwerb einer besonderen Erlaubnis bedarf, wenn gleich, nach wie vor, jede Besitzveränderung den Behörden angezeigt werden muss. Alle Vorzüge, welche bei Güter-Erbschaften der adeliche vor dem bürgerlichen Erben hatte, und die bisher durch den persönlichen Stand des Besitzers begründete Einschränkung und Suspension[1] gewisser gutsherrlichen Rechte, fallen gänzlich weg. In Absicht der Erwerbsfähigkeit solcher Einwohner, welche den ganzen Umfang ihrer Bürgerpflichten zu erfüllen, durch Religions-Begriffe verhindert werden, hat es bei den besonderen Gesetzen sein Verbleiben.

Freie Wahl des Gewerbes

§ 2. Jeder Edelmann ist, ohne allen Nachtheil seines Standes, befugt, bürgerliche Gewerbe zu treiben; und jeder Bürger oder Bauer ist berechtigt, aus dem Bauer- in den Bürger- und aus dem Bürger- in den Bauer-Stand zu treten. [...]

Auflösung der Guts-Unterthänigkeit[2]

§ 10. Nach dem Datum dieser Verordnung entsteht fernerhin kein Unterthänigkeits-Verhältnis, weder durch Geburt noch durch Heirath noch durch Uebernehmung einer unterthänigen Stelle noch durch Vertrag.

§ 11. Mit der Publikation der gegenwärtigen Verordnung hört das bisherige Unterthänigkeits-Verhältnis derjenigen Unterthanen und ihrer Weiber und Kinder, welche ihre Bauerngüter erblich oder eigenthümlich, oder erbzinsweise, oder erbpächtlich besitzen, wechselseitig gänzlich auf.

(Zit. nach: Sammlung der für die Königlich-preußischen Staaten erschienenen Gesetze und Verordnungen von 1806 bis zum 27ten Oktober 1810, Berlin 1822, S.170–173)

1 Außerkraftsetzung
2 Die Gutsuntertänigkeit oder Erbuntertänigkeit war eine besondere Form der Leibeigenschaft in den östlichen Provinzen.

1 Stellen Sie fest, welche Maßnahmen zur Neuordnung des Wirtschaftssystems durchgesetzt werden sollten (M 5).

2 Vergleichen Sie die Bestimmungen des Oktoberedikts (M 5) mit der Wirtschaftstheorie von Adam Smith (M 1, S. 54).

M6 Der Historiker Hans-Werner Hahn über die großgewerbliche Produktion während der Frühindustrialisierung, 1998

Die deutsche Wirtschaft litt zwischen 1815 und 1835 nicht an Stagnationstendenzen[1], sondern zeichnete sich durch eine allmähliche Aufwärtsentwicklung aus. Diese fiel freilich noch nicht so aus, dass der industrielle Fortschritt eine Dynamik erreichte, die schon mit der englischen Entwicklung zu vergleichen gewesen wäre. Gerade im Hinblick auf die moderne großgewerbliche Produktion trat der Rückstand Deutschlands noch immer deutlich zu Tage. Gewiss gab es auch auf diesem Felde trotz der Übergangskrise nach 1815 keinen Stillstand oder gar einen Deindustrialisierungsprozess[2]. Selbst die 1815 von der britischen Exportoffensive hart getroffene deutsche Baumwollspinnerei konnte ihre Produktion zwischen 1815 und 1834 von 1963 Tonnen auf 4462 Tonnen steigern. Auch die Zahl der mechanischen Wollspinnereien nahm zu und mit den Fortschritten in der Textilindustrie begann sich meist aus handwerklichen Anfängen auch der Maschinenbau zu entwickeln. In Preußen, das mit dem Ruhrgebiet, Oberschlesien und dem Saargebiet die wichtigsten Steinkohlenreviere Deutschlands besaß, wies die Steinkohleförderung im gleichen Zeitraum Steigerungsraten um 70 % auf. Die preußische Roheisen- und Stahlproduktion stieg zwischen 1800 und 1835 um 135 %, beziehungsweise 100 %. Aber all dies waren Wachstumsraten, die von einem relativ niedrigen Niveau ausgingen und nicht vergleichbar waren mit späteren Wachstumsprozessen. Weder die deutsche Textilindustrie noch die vorallem auf Preußen konzentrierte Schwerindustrie waren um 1830 in der Lage, die Rolle eines industriellen Führungssektors zu übernehmen. Noch 1834 wurden in Deutschland erst 5 % des Roheisens mit Koks erschmolzen, während im Pionierland der Industriellen Revolution die Koksverhüttung die Holzkohle inzwischen nahezu völlig verdrängt hatte. Auch das Puddelverfahren[3] zur Stahlherstellung setzte sich in Deutschland bis 1840 nur zögernd durch.

Die gesamte Entwicklung der modernen großgewerblichen Produktion verlief also bis in die Dreißigerjahre hinein eher schleppend. [...] Fabriken, die mehrere hundert Arbeiter beschäftigten, waren bis zu Beginn der Vierzigerjahre in Deutschland noch ausgesprochen selten. Die Kruppsche Gussstahlfabrik beschäftigte um 1835 gerade 67 Arbeiter und galt für die deutschen Verhältnisse doch schon als größerer Betrieb. Insgesamt wiesen Manufakturen, Fabriken und Bergbau Mitte der Dreißigerjahre erst 300 000 Beschäftigte auf.

(Hans-Werner Hahn, Die Industrielle Revolution in Deutschland, Oldenbourg, München 1998, S. 21 f.)

1 Stagnation: Stillstand
2 Deindustrialisierung: Entindustrialisierung, Rückentwicklung von Industrie
3 Puddelverfahren: Durch Rühren wird dem Eisen Sauerstoff zugeführt und damit Kohlenstoff entzogen, was zu härterem Stahl führt.

1 Beschreiben Sie anhand von M 6 die Grundzüge der Frühindustrialisierung in Deutschland.

M7 Beschäftigte in Deutschland im gewerblich-industriellen Sektor nach Branchen 1800–1913

Gewerbezweig	1800 In Tsd.	%	1835 In Tsd.	%	1875 In Tsd.	%	1913 In Tsd.	%
Bergbau	40	1,8	80	2,5	268	5,3	863	7,4
Metall	170	7,6	250	7,7	751	13,9	2330	20,1
Bau	240	10,4	325	10,0	530	9,8	1630	14,0
Steine, Erden	70	3,1	150	4,6	398	7,3	1042	8,9
Feinmechanik	20	0,9	30	0,9	83	1,5	217	1,9
Textil, Leder	1170	52,5	1585	48,7	2048	37,7	2705	23,3
Holz, Druck, Papier	230	10,3	360	11,1	652	12,0	1430	12,2
Nahrung	300	13,4	470	14,5	676	12,5	1427	12,2
Insgesamt	2240	100,0	3250	100,0	5424	100,0	11644	100,0

(Friedrich –Wilhelm Henning, Die Industrialisierung in Deutschland 1800 bis 1914, Schöningh, Paderborn ⁴1984, S. 137)

1 Skizzieren Sie anhand von M 7 die strukturellen Veränderungen in der gewerblichen Wirtschaft zwischen 1800 und 1913 (s. auch Darstellung S. 60 f.). Unterscheiden Sie dabei sowohl nach Gewerbezweigen als auch nach Entwicklungsphasen.

4 Die „zweite" Industrielle Revolution: Deutschland im internationalen Vergleich

Grundlegende Begriffe

Die Begriffe „Kapitalismus", „Industrialisierung" und „Industrielle Revolution" werden in der Wissenschaft wie in der alltäglichen Sprache oft gebraucht, obwohl sie zu den umstrittensten Wörtern gehören. Das Wort **„Kapitalismus"** galt lange Zeit als politischer Kampfbegriff, weil es von den marxistischen Historikern der Sowjetunion oder der DDR benutzt wurde, um die westlichen Industriegesellschaften zu kritisieren. Die neuere westliche Forschung hat den Kapitalismusbegriff von dieser Inanspruchnahme befreit und für seine undogmatische Verwendung plädiert. Aus dieser Sicht erschöpft sich Industrialisierung nicht in Warenströmen oder Markterweiterungen, sondern schließt auch Herrschaftsbeziehungen und soziale Konflikte mit ein.

Gleichwohl bevorzugen nichtmarxistische Forscher nach wie vor die Begriffe **„Industrialisierung"** und „Industrielle Revolution", um die Modernisierungsprozesse in Wirtschaft und Gesellschaft der letzten zwei Jahrhunderte zu kennzeichnen. Das Wort „Industrialisierung" wird dabei zur Kennzeichnung des wirtschaftlichen Wachstums herangezogen, das die Industriegesellschaften prägt und sich vor allem niederschlug in der Steigerung des Sozialprodukts, der Warenproduktion, des Einsatzes von Maschinen, des Ausbaus der Verkehrswege und des Binnen- und Außenhandels oder des Finanzwesens. Einigen Historikern erscheint dieser Begriff jedoch zu schwach: Sie heben hervor, dass die Industrialisierung revolutionären Charakter besessen und das menschliche Leben von Grund auf verändert habe – vergleichbar dem Übergang zu Ackerbau, Sesshaftigkeit und Großsiedlung in der Jungsteinzeit (Neolithische Revolution). Der radikale Bruch mit allen bisherigen Lebensformen sollte mit dem Begriff der **„Industriellen Revolution"** zum Ausdruck gebracht werden. Darüber hinaus wird in der Wissenschaft von unterschiedlichen Revolutionen im Industrialisierungsprozess gesprochen: Bestimmten mechanische Webstühle, Dampfschiffe, Kohle- und Eisentechnologie im Wesentlichen die „erste" Industrielle Revolution des 18./19. Jahrhunderts, werden der Aufschwung der Chemie- und Elektroindustrie sowie die Entwicklung des Verbrennungsmotors um 1900 auch als „zweite" Industrielle Revolution, der Durchbruch der Raumfahrt und Computertechnologie nach 1945 zudem als „dritte" Industrielle Revolution bezeichnet.

Industrielle Wachstumskrise

Bevor die deutsche Volkswirtschaft im ausgehenden 19. Jahrhundert den Übergang von der „ersten" zur „zweiten" Industriellen Revolution schaffte, durchlebte sie in den Jahren 1874 bis 1879 eine schwere Wirtschaftskrise, der bis in die Neunzigerjahre hinein weitere Störungen und Einbrüche des Wirtschaftswachstums folgten. Historiker haben daher die Jahre 1874 bis 1895 insgesamt als **„Große Depression"** bezeichnet. Die Wurzeln für diese Krise lagen im Wesentlichen in der Überhitzung der Konjunktur während der „Gründerjahre" zwischen Reichsgründung und 1873, als zahlreiche Firmen entstanden. Der rasche Aufschwung wurde sowohl durch die Liberalisierung des Marktes (ab Juni 1870 konnten z.B. Aktiengesellschaften frei gegründet werden) als auch durch den deutsch-französischen Friedensvertrag beeinflusst, in dem sich Frankreich 1871 zur Zahlung einer Kriegsentschädigung von 5 Mrd. Francs (= 4 Mrd. Mark) verpflichtete. Die Summe entsprach der doppelten Höhe eines Reichshaushaltes. Sie führte wegen ihrer Höhe und vorzeitigen Bezahlung zunächst zu einem „Gründungsfieber". Nach der Überhitzung der Konjunktur 1872 erfolgte ein Jahr darauf der „große Krach": Die Aktienkurse fielen und bis 1876 brachen 61 Banken, 115 Industrieunternehmen und vier Eisenbahngesellschaften zusammen.

Die Politik reagierte auf diese Krise mit regulierenden Eingriffen des Staates in das Wirtschaftsleben. Gegen die überwiegende Mehrheit der Nationalliberalen setzte Bismarck 1879 **Schutzzölle** durch, die von den Landwirtschafts- und Industrieverbänden zur Förderung der nationalen Produktion gefordert worden waren (M 8a, b). Die Einfuhrzölle auf Getreide und Vieh erhöhten die Lebenshaltungskosten, bis die Handelsverträge der 1890er-Jahre Erleichterung brachten. Weil andere europäische Länder dem Schutzzollbeispiel folgten, war mit Ausnahme der Schwerindustrie die Exportwirtschaft allgemein beeinträchtigt. Aber insgesamt nutzte der staatliche Protektionismus der deutschen Volkswirtschaft.

Die „Große Depression" war allerdings keine Zeit ununterbrochenen Produktionsrückganges. Auch während dieser Phase stieg die Produktion insgesamt weiter an, nur eben wegen sinkender Preise nicht mehr so stark wie in den Vorjahren und mit zeitweiligen Einbrüchen.

Ab 1896 setzte dann ein neuer Wachstumsschub ein, der dem Deutschen Reich bis kurz vor Ausbruch des Ersten Weltkrieges eine fast ununterbrochene Hochkonjunktur bescherte:

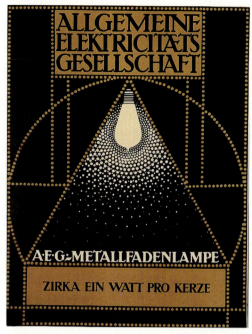

B 5 Peter Behrens, Allgemeine Elektrizitätsgesellschaft, 1907, Plakat. – Um 1900 löste das elektrische Licht die Gasbeleuchtung ab. Bis etwa 1930 war die Elektrifizierung der deutschen Haushalte abgeschlossen.

Die Produktionsraten zogen kräftig an, neue Technologien kamen zum Einsatz und das Schwergewicht der wirtschaftlichen Aktivitäten verlagerte sich endgültig von der Landwirtschaft zu Bergbau, Industrie und Handwerk und erstmals auch zu den Dienstleistungen. Von dem Wachstum profitierten auch Arbeiter und Angestellte, deren reale Verdienste langsam, aber kontinuierlich stiegen.

| Von der „ersten" zur „zweiten" Industriellen Revolution | Das stetige Wirtschaftswachstum im Deutschen Reich nach der Gründerkrise hatte seinen Grund zum einen im verstärkten Kapitaleinsatz |

und in der Zunahme der Arbeitskräfte in der Industrie, zum anderen in den neu entwickelten Technologien (M 10) einzelner Industriezweige. In d**er Montan- und Schwerindustrie** konnten durch Verbesserungen der Bergbautechnik große Zuwächse erzielt werden. Das bisher zur Stahlerzeugung untaugliche phosphorhaltige Eisenerz Lothringens wurde 1879 durch ein neues Verfahren (Thomas-Verfahren) verwertbar. Die Stabeisen- und Stabstahlproduktion fand in der neuen Stahlbetonbauweise ab 1885 in Hoch- und Tiefbau Absatz. Die Stahlqualität wurde durch die Erfindung des rostfreien Stahls bei Krupp 1912 verbessert.

Der technologische Wandel kam aber nicht nur den Industriezweigen der „ersten" Industriellen Revolution zugute, sondern bewirkte auch den Durchbruch Deutschlands zur „zweiten" Industriellen Revolution. Wegweisend waren dabei Entwicklungen in der **Elektrotechnik** (B 5). Elektrisches Licht, Telefon und Elektromotor hielten Einzug in das Alltagsleben. Außerdem profitierte die chemische Industrie vom wissenschaftlich-technischen Fortschritt. Die Farbwerke

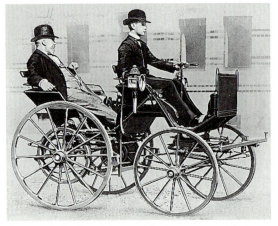

B 6 Daimlers erstes Automobil, Fotografie, 1886. – Im Fond Gottlieb Daimler, am Steuer sein Sohn Adolf.
— *Beschreiben Sie die Konstruktion des ersten Autos. Beachten Sie Bauprinzip, Antriebssystem, Lenkung, Baumaterial.*
— *Vergleichen Sie Daimlers Erstling mit heutigen Autos.*

entwickelten nun Kunststoffe (Bakelit, Zellophan, Kunstseide), Explosivstoffe (Sicherheitssprengstoffe seit 1885), Kunstdünger und Arzneimittel. Vor dem Ersten Weltkrieg erbrachte die deutsche **Chemieindustrie** 80 % der Weltproduktion. Nicht vergessen werden darf, dass die Entwicklung von Verbrennungsmotoren (Viertaktbenzin- und Dieselmotor) nicht allein das Zeitalter des Individualverkehrs (B 6, M 11) einleitete, sondern auch eine neue Ära der Schifffahrt und der Flugzeuge.

> Deutschlands Position unter den Industriestaaten

Durch die Technisierung und Maschinisierung der Produktion stieg die gewerbliche Produktion auf 40 % des Sozialprodukts im Jahre 1900 (45 % 1913) an. Noch 1870 hatte die Landwirtschaft diese Position inne; während der 1880er-Jahre aber überflügelte die Industrie- und Handwerksproduktion den Wert der landwirtschaftlichen. Die Ausweitung der gewerblichen Produktion auf Kosten der landwirtschaftlichen zeigte sich auch am Anteil der Erwerbstätigen am primären (Landwirtschaft) und sekundären (Industrie und Handwerk) Sektor. Waren um 1800 zwei Drittel der Erwerbstätigen im primären Sektor beschäftigt, sind es um 1900 nur noch 40 %. Das bedeutete, dass für den Hauptteil der Bevölkerung nicht mehr der Bauernhof, sondern die Fabrik der bestimmende Ort der Arbeit wurde, dass nicht mehr das Dorf, sondern die Stadt den Lebensraum der meisten Menschen bildete, und dass nicht mehr der Bauer, sondern der Arbeiter die Masse der Bevölkerung repräsentierte (M 9a, b).

Mit dem Aufstieg Deutschlands zur Industrienation bis zum Vorabend des Ersten Weltkrieges verbesserte das Deutsche Reich auch seine Stellung unter den Industriestaaten. Durch seine enormen industriellen Produktionssteigerungen holte es gegenüber England, das im Industrialisierungsprozess einen jahrzehntelangen Vorsprung hatte, auf. In diesem Wettlauf konnte Frankreich, dessen Industrieproduktion im Vergleich zu England und Deutschland stagnierte, nicht mithalten. Trotz hoher Wachstumsraten blieb auch Russland eine führende Position unter den Industrienationen versagt, weil andere Volkswirtschaften viel schneller wuchsen. Bis zur Jahrhundertwende gelang es vor allem der deutschen Elektroindustrie, mit den USA den Spitzenplatz zu erringen; der Aufstieg der USA zur führenden Wirtschaftsmacht (s. S. 35 ff.) war jedoch nicht aufzuhalten. Der Siegeszug der Industrialisierung führte überdies dazu, dass Europa und die USA die Weltwirtschaft dominierten, während andere Kontinente ins Hintertreffen gerieten (M 12a–d).

M8 Abkehr vom Wirtschaftsliberalismus 1878/79

a) Aus Bismarcks Schreiben an den Bundesrat vom 12. November 1878

Die finanzielle Lage des Reichs wie der einzelnen Bundesstaaten erheischt eine Vermehrung der Reichseinnahmen durch stärkere Heranziehung der vom Reiche zur Verfügung stehenden Einnahmequellen. […] Außerdem erfordert die derzeitige Lage der deutschen Industrie sowie das mit Ablauf der Handelsverträge in den großen Nachbarstaaten und in Amerika zu Tage getretene Bestreben nach Erhöhung des Schutzes der einheimischen Produktion gegen die Mitbewerbung des Auslandes eine eingehende Untersuchung der Frage, ob nicht auch den vaterländischen Erzeugnissen in erhöhtem Maße die Versorgung des deutschen Marktes vorzubehalten […] sei […].
Die Ergebnisse der […] Enqueten über die Lage der Eisenindustrie sowie der Baumwoll- und Leinenindustrie werden nützliche Grundlagen schaffen für die Beantwortung der Frage der Zweckmäßigkeit einer Erhöhung oder Wiedereinführung von Zöllen auf die Erzeugnisse der in Frage stehenden Industrien.
(J. Hohlfeld [Hg.], Dokumente der deutschen Politik und Geschichte von 1848 bis zur Gegenwart, Bd. 1, Wendler, Berlin 1951, S. 376)

b) Aus dem Kommentar zum Abschluss der Reichstagssession vom Sommer 1879

Selten ist eine Session des Reichstages ereignisreicher […] gewesen […]. Und zwar liegt ihre Bedeutung nach zwei Seiten hin: Einmal auf der gänzlichen Umwandlung der Wirtschafts- und Finanzpolitik des Reiches, dann in dem ebenso gänzlichen Umschwung der Parteien, indem auf einmal die Zentrumspartei im Bunde mit den Konservativen alle Vorschläge des Reichskanzlers unterstützt und der Finanzreform die Mehrheit sichert, während die national-liberale Partei, in die Opposition gedrängt, mit der Minorität stimmt und außerdem einem inneren Zersetzungs- und Ausscheidungsprozess preisgegeben wird.
(Unsere Zeit. Deutsche Revue der Gegenwart. Monatsschrift zum Conversations-Lexikon, Brockhaus, Leipzig 1879, II, S. 236)

1 Untersuchen Sie Bismarcks Begründung der Notwendigkeit einer neuen Politik.
2 Erklären Sie, wie Bismarck die unpopulären Schutzzölle durchzusetzen beabsichtigt.

M9 Übergang der Agrar- in die Industriegesellschaft

a) Wertschöpfung nach Wirtschaftssektoren in Deutschland 1870–1913 (absolut)[1]

Jahr	Primärer Sektor[2]	Sekundärer Sektor[3]	Tertiärer Sektor[4]	Insgesamt
1870	5 738	3 997	4 434	14 169
1880	6 427	5 649	5 603	17 679
1890	7 732	8 615	7 242	23 589
1900	9 924	13 269	9 976	33 169
1910	10 625	18 546	13 730	42 981
1913	11 270	21 805	15 405	48 480

(Gerd Hohorst u. a., Sozialgeschichtliches Arbeitsbuch, Bd. 2, C. H. Beck, München ³1978, S. 88f.)

[1] Nettoinlandsprodukt zu Faktorkosten in Mio. Mark
[2] Landwirtschaft, Forstwirtschaft, Fischerei
[3] Industrie, Handwerk, Bergbau
[4] Verkehr, Handel, Banken, Versicherungen, Dienstleistungen

1 Untersuchen Sie die Entwicklung der Wertschöpfung in den drei Wirtschaftssektoren (M 9a). Welche Tendenz sehen Sie?
2 Bestimmen Sie den Zeitpunkt, in dem der sekundäre Sektor den primären übertrifft.

b) Entwicklung der Beschäftigtenzahlen in den einzelnen Wirtschaftssektoren

	Sektoren aller Beschäftigten (in Prozent)			Beschäftigte insgesamt (in Mio.)
	primärer	sekundärer	tertiärer	
1780	65	19	16	10,0
1800	62	21	17	10,5
1825	59	22	19	12,6
1850	55	24	21	15,8
1875	49	30	21	18,6
1900	38	37	25	25,5
1914	34	38	28	31,3
1935	30	38	32	29,9
1970[1]	5	48	47	30,1

(Friedrich-Wilhelm Henning, Die Industrialisierung in Deutschland 1800 bis 1914, Schöningh, Paderborn ⁶1984, S. 20)

[1] Bundesrepublik Deutschland

1 Bestimmen Sie, in welchen Jahrzehnten der Wandel in der Wirtschaftsstruktur am tiefgreifendsten war (M 9b).
2 Erklären Sie die Ausweitung der Beschäftigtenzahlen im sekundären Sektor 1850–1875.

M10 Technische Erfindungen 1850–1910

1850–1860
Petroleumlampe, Drucktelegraf, Bessemerverfahren zur Stahlerzeugung, Stahlformguss, Ozeanschiff aus Stahl, Kathodenstrahlen, Akkumulator, Dampfpflug.

1860–1870
Gasmotor, Rotationsdruckmaschine, Telefon, Milchzentrifuge, Eisenbeton, Dynamo, Ammoniak-Soda-Verfahren, Siemens-Martin-Verfahren, Dynamit, Schreibmaschine, Zellulose, künstliches Indigo.

1870–1880
Otto-Motor, Phonograph, Pressglas, Edisons Glühbirne, Edison-Sprechmaschine, Luftdruckbremse, Kältemaschine, elektrische Eisenbahn.

1880–1890
Dampfturbine, elektrische Straßenbahn, Daimler-Verbrennungsmotor, Kunstseide, Gasglühlicht, nahtlose Röhren, elektrischer Schmelzofen, Motorrad, Benz-Automobil, Trockenbatterie.

1890–1900
Farbfotografie, Dieselmotor, Filmaufnahmegerät, drahtlose Telegrafie, erster Kunststoff, Radium, lenkbares Luftschiff, Stickstoff aus der Luft, Luftreifen.

1900–1910
Rasierklinge, Staubsauger, Ultramikroskop, erster Motorflug, autogenes Schweißen, Turbo-Transformation, Neonlicht, Farbfilm, Betonguss, synthetischer Kautschuk.

1 *Teilen Sie die Erfindungen ihren Anwendungsbereichen zu (z. B. Verkehrs-, Nachrichten-, Unterhaltungs-, Gesundheits-, Verhüttungswesen).*

2 *Welche Bereiche erfahren die größte Neuerung?*

M11 Aus der Biografie Gottlieb Daimlers und der Entstehungsgeschichte der Firma Daimler-Benz, 1950

Im Jahre 1883 schuf Gottlieb Daimler den ersten leichten und schnelllaufenden Benzinmotor der Welt. […]

Mit nie erlahmender Umsicht hatte Gottlieb Daimler jahrzehntelang die Erschließung einer Kraftquelle für gleislosen Fahrzeugverkehr angestrebt und als am 15. August 1883 in der bescheidenen Cannstatter Werkstätte sein erster schnelllaufender Benzinmotor lief, war ihm sofort klar, dass er das gesteckte Ziel erreicht habe. „Die mit meiner Schöpfung gegebene äußerst kompendiöse Form, die ungemeine Vereinfachung der Konstruktion und Verminderung der bewegten Teile hat den neuen Motor infolge seines dadurch ermöglichten geringen Eigengewichts zu dem gemacht, wozu er sich nach meiner Ansicht in einzig hervorragender Weise ganz vorzugsweise eignet, nämlich zur Ausrüstung kleiner und kleinster Fahrbetriebe jeder Art mit bequemem, billigem Kraftbetrieb." Daimler wusste, dass seinem Werke eine „universale Bedeutung" zukam, weil er mit seinen Motoren „die Grundlage zu einer ganz neuen Industrie geschaffen habe". […]

Die von Daimlers Cannstatter Werkstätte ausgegangene Revolutionierung des Verkehrs ergriff unaufhaltsam Land um Land, Kontinent um Kontinent, und der Kreis von Kraftfahrzeug-Industrie, Handwerks- und Handelsbetrieben weitete sich von Jahr zu Jahr. Aus der kleinen Gruppe von 23 Arbeitern, mit der Gottlieb Daimler im Jahre 1887 in Cannstatt die erste Benzinmotoren-Fabrik der Welt eröffnet hatte, waren zehn Jahre nach seinem Tode allein in Deutschland schon 59 Betriebe mit über 20 000 Arbeitern herausgewachsen, die Automobile bauten, und die Verzweigungen ihrer Zubringer-Fabriken waren kaum mehr zu übersehen. Vor dem Zweiten Weltkrieg war die Autoindustrie bereits eine der ersten Schlüsselindustrien der Volkswirtschaft. Wenn wir in Deutschland auch nicht so rechnen konnten wie in den Vereinigten Staaten – wo damals schon jeder zehnte Beschäftigte mittelbar oder unmittelbar von Kraftverkehrsbetrieben abhängig war –, so durften doch auch wir sagen, „dass die Auto-Industrie nicht nur in zahlreichen anderen Industrien verankert war, sondern dass darüber hinaus die von ihr ausstrahlenden Einflüsse in hundertfältigen Verästelungen den gesammten Wirtschaftskörper durchzogen".

(Paul Siebertz, Gottlieb Daimlers weltwirtschaftliche Bedeutung, in: Schorndorf und Gottlieb Daimler, hg. v. d. Stadt Schorndorf anlässlich der 700-Jahrfeier 1250–1950, Canz, Stuttgart-Bad Cannstatt 1950, S. 79–83)

1 *Die Industrialisierung war, heißt es im Darstellungstext S. 52, „weder Zufall noch ein Wunder, sondern wesentlich das Werk von Menschen: […] Ingenieure und Techniker entwickelten vorher unbekannte Werkzeuge, Maschinen und Materialien, Unternehmer griffen die Neuerungen auf". Diskutieren Sie diese These am Beispiel der Biografie Gottlieb Daimlers und der Entstehung der Firma Daimler-Benz. Erweitern Sie die Diskussionsgrundlage, indem Sie sich in der Schulbibliothek anhand von Lexika zusätzliche Daten über den Lebensweg Gottlieb Daimlers beschaffen.*

M12 Die Industriestaaten im internationalen Vergleich

a) Anteile verschiedener Länder an der Weltindustrieproduktion 1860–1913 (ohne Bergbau)

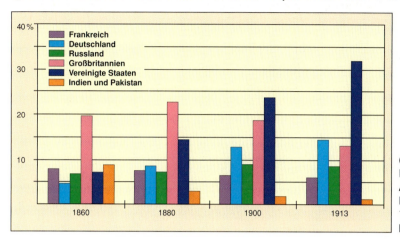

(Nach Gerhard A. Ritter/Klaus Tenfelde, Arbeiter im Deutschen Kaiserreich 1871 bis 1914, J. H. Dietz, Bonn, S. 13)

b) Pro-Kopf-Bruttosozialprodukt der europäischen Großmächte 1830–1890 (in US-$ von 1960)

	1830	1840	1850	1860	1870	1880	1890
Großbritannien	346	394	458	558	628	680	785
Italien	265	270	277	301	312	311	311
Frankreich	264	302	333	365	437	464	515
Deutschland	245	267	308	354	426	443	537
Habsburger Reich	250	266	283	288	305	315	361
Russland	170	170	175	178	250	224	182

(Paul Kennedy, Aufstieg und Fall der großen Mächte. Ökonomischer Wandel und militärischer Konflikt von 1500 bis 2000, S. Fischer, Frankfurt/Main 1989, S. 268)

c) **Der Historiker Toni Pierenkemper über die Ursachen der zögerlichen Wirtschaftsentwicklung Frankreichs im 19. Jahrhundert, 1996**

Natürlich entwickelte sich im 19. Jahrhundert auch in Frankreich das Gewerbe zu einem bedeutenden Sektor der Volkswirtschaft, doch es gelang ihm erst relativ spät, am Ende des Jahrhunderts, die Landwirtschaft in ihrer Bedeutung für Wertschöpfung und Beschäftigung zu überrunden […]. Erst zu Beginn des 20. Jahrhunderts überstieg die gewerbliche Produktion die der Landwirtschaft. Bis dahin prägte ein ungefährer Gleichstand zwischen Landwirtschaft und Gewerbe das Bild, in gänzlicher Übereinstimmung also mit dem eingangs skizzierten Bild einer nur zögerlichen Industrialisierung Frankreichs im 19. Jahrhundert. […]

Demnach hat es am Ende des 18. Jahrhunderts in Frankreich eine Reihe von institutionellen Regelungen gegeben, die eine unmittelbare Übernahme des britischen Entwicklungsmodells verhindert haben. Die Agrarverfassung mit dem zersplitterten Bodeneigentum erlaubte nur eine begrenzte Steigerung der landwirtschaftlichen Produktivität, die zur Förderung des industriellen Wachstums hätte verwandt werden können. Das mit der besonderen Agrarverfassung verbundene geringe Bevölkerungswachstum begrenzte die positiven Effekte einer Nachfragesteigerung und einer Ausdehnung des Arbeitspotenzials. Die traditionelle Orientierung des französischen Kapitalmarktes auf die Finanzierung von Staatskredit, Verkehrsinvestitionen und Auslandsanleihen bedingte Unvollkommenheiten hinsichtlich der Bedürfnisse der Industriefinanzierung. Die große Bedeutung des Staates für die Wirtschaft, seine protektionistische[1] Außenwirtschaftspolitik und die Ineffizienz[2] seiner großen

B 7 Verkehrsaufkommen an einem Sonntagnachmittag in St. Louis/Missouri, Fotografie, um 1914

Bürokratie wirkte sich ebenfalls nachteilig aus und trug zur Entstehung einer weniger dynamischen, traditionalistisch orientierten Unternehmerschaft bei.
Diese genannten institutionellen Hemmnisse für eine der britischen Entwicklung vergleichbare dynamische Industrialisierung Frankreichs im 19. Jahrhundert wurden noch ergänzt durch eine Reihe von Nachteilen in der Ausstattung mit natürlichen Ressourcen: die schlechte Qualität der französischen Steinkohle, die weite regionale Streuung der Kohle- und Erzlagerstätten sowie der Mangel an günstigen natürlichen Verkehrswegen. Zusätzliche hemmende Faktoren ließen sich leicht ergänzen oder aus den institutionellen Hemmnissen herleiten, wie z. B. eine dualistische Gewerbestruktur oder stagnierende Märkte.
Dennoch darf man die Wirkungen all dieser Faktoren nicht überschätzen […]
Die hemmende Wirkung der geschilderten Faktoren war daher von begrenzter Bedeutung und natürlich lassen sich ebenso der Industrialisierung förderliche Faktoren anführen, wie eine geordnete Staatsverwaltung, ein großer Inlandsmarkt, eine reiche Gewerbetradition, Wohlstand und Sparfähigkeit, zahlreiche Rohstoffe und nicht zuletzt eine alles in allem bürgerlich-liberale Wirtschaftsverfassung.
Doch zweifellos wurde im 19. Jahrhundert der ökonomische Abstand zum Vorreiter Großbritannien größer: War das nun ein Misserfolg, oder muss man das zögerliche Nachfolgen als einen Erfolg bewerten? Großbritannien erlangte seinen Vorsprung vor allem durch die Entwicklung neuer Investitionsgüter und Zwischenprodukte, während Frankreich sich auf die Verbrauchsgüterproduktion konzentrierte, bei der es wegen der höheren Arbeitsintensität und geringerer Löhne vergleichsweise Kostenvorteile gehabt haben mag. Die englische Bevölkerung hatte zudem den Industrialisierungsvorsprung des Landes mit hohen sozialen Kosten zu bezahlen. Man muss also die Erfolge der unterschiedlichen Entwicklungswege gegeneinander abwägen und kann so zu einer Neubewertung der französischen Industrialisierungsgeschichte gelangen […]. Wichtiger als die Frage nach Erfolg oder Misserfolg ist die Feststellung, dass die abweichenden Wege institutionell begründbar sind.
(Toni Pierenkemper, Umstrittene Revolutionen. Die Industrialisierung im 19. Jahrhundert, Fischer Taschenbuch, Frankfurt/Main 1996, S. 70, 87–89)

1 Protektionismus = wirtschaftliche Abschottung der Industrie eines Staates gegenüber ausländischer Konkurrenz
2 Ineffizienz = Unwirksamkeit, Unwirtschaftlichkeit

d) Der Historiker Willi Paul Adams über das wirtschaftliche Aufholen der USA gegenüber Europa im 19. Jahrhundert, 2000
In den fünf Jahrzehnten zwischen dem Sezessionskrieg und dem Ersten Weltkrieg überflügelten die Vereinigten Staaten England als führende Industrienation. 1895 hatte die Industrieproduktion der USA etwa den doppelten Wert von der des Deut-

schen Reiches, der zweitgrößten Industriemacht. England war nach diesem Indikator bereits auf Platz drei der Industrieländer zurückgefallen. Die Amerikaner verbanden die Vorteile der Größe ihres Marktes mit der unaufhörlichen Suche nach technischer Innovation. Mit 26,4 Millionen Tonnen produzierten die amerikanischen Stahlwerke 1910 mehr als ihre britischen und deutschen Konkurrenten zusammen. Die amerikanische Kohleförderung übertraf 1913 die gesamte europäische. Die ertragreichste wirtschaftliche Tätigkeit der Amerikaner blieb jedoch bis in die 1880er Jahre die Landwirtschaft. Der Wert der Agrarerzeugnisse wurde erst 1890 vom Wert der Industrieproduktion überholt. Die amerikanische Landwirtschaft konnte in der zweiten Jahrhunderthälfte zur produktivsten der Welt werden, weil von den drei entscheidenden Produktionsfaktoren Boden, Arbeit und Kapital der Boden in Amerika auch weiterhin billig blieb, die Mechanisierung fortschritt und die Einwanderung die Binnenwanderung ergänzte. Industrie und Landwirtschaft waren stärker denn je auf den Export angewiesen. Insbesondere Europa war der Absatzmarkt für einen beträchtlichen Teil der amerikanischen Industrieprodukte und Landwirtschaftserzeugnisse. Das 1903 von Präsident Theodore Roosevelt eingerichtete Handels- und Arbeitsministerium (Department of Commerce and Labor) sollte die verzweigten Handelsinteressen von Wirtschaft und Bundesregierung besser koordinieren. Ein eigenständiges Department of Labor wurde 1913 geschaffen. Umgekehrt betrachteten Millionen Europäer die USA als Teil eines nordatlantischen Arbeitsmarktes und nach 1880 kam es zu einer erneuten Einwanderungswelle, insbesondere aus Ost- und Südeuropa [...].

Die auch Zweite Industrielle Revolution genannte Phase der Hochindustrialisierung in den USA nach dem Sezessionskrieg wurde zwar anfänglich durch den Wiederaufbaubedarf nach den Kriegszerstörungen verstärkt, baute aber im wesentlichen auf den Ergebnissen der Frühindustrialisierung vor 1860 auf und führte durch den Krieg unterbrochene Entwicklungen fort. Der schnellen Industrialisierung weiterhin günstig waren die reichen natürlichen Rohstoffvorkommen; die seit etwa 1815 kontinuierlich verbesserten Transportwege zu Wasser und zu Lande; Arbeitskräfte, die in der zunehmend mechanisierten Landwirtschaft nicht gebraucht wurden und zusätzlich aus Europa und Asien einwanderten; eigene und aus Europa übernommene technisch-wissenschaftliche Innovationen; und die Investitionsbereitschaft auch europäischer Kapitaleigner. Der Sieg des Nordens im Sezessionskrieg schuf ein staatlich garantiertes stabiles Rechts- und Finanzwesen, das Bundes- und Einzelstaatsgesetze und Gerichtsurteile laufend ergänzten. Militärstrategisch und politisch wünschenswerte Projekte subventionierte die Bundesregierung. So erhielten z. B. die privaten Eisenbahngesellschaften als Anreiz zur Vollendung der transkontinentalen Verbindung (1869) von 1862 bis 1872 über 30 Millionen acres Land entlang ihrer Strecke zwischen dem Mississippi und dem Pazifik geschenkt. Einer besonders entscheidungs- und risikofreudigen und nötigenfalls auch rücksichtslosen Gründergeneration von Großunternehmern blieb es überlassen, unter günstigen Rahmenbedingungen all diese Faktoren in profitabler Weise zusammenzuführen. Immer größer werdende Unternehmen produzierten in nie dagewesenem Umfang für einen durch keine Zollgrenzen gehemmten stets wachsenden Binnenmarkt und für den Export.

(Willi Paul Adams, Die USA vor 1900, Oldenbourg, München 2000, S. 100 f.)

1 *Beschreiben Sie anhand von M 12 a, b die Rangfolge in der wirtschaftlichen Entwicklung der genannten Staaten für die Jahre 1850, 1860, 1870, 1880, 1890 und 1900. Stellen Sie die wichtigsten Veränderungen heraus: Welche Staaten haben im Vergleich zu anderen aufgeholt, welche sind zurückgeblieben?*

2 *Erläutern Sie die Bedingungen, unter denen sich die Industrialisierung Frankreichs im 19. Jahrhundert vollzog (M 12c) und stellen Sie die Folgen für die wirtschaftliche Entwicklung dar.*

3 *Untersuchen Sie den Weg der USA zu einer der führenden Industriestaaten (M 12d). Nennen Sie die wichtigsten Faktoren, die den großen Aufschwung der US-Wirtschaft begünstigt haben (siehe auch B 7).*

5 Folgen der Industrialisierung für die Umwelt: die Beispiele Urbanisierung und Umweltgefährdung

Städtewachstum

Modernisierung und Industrialisierung bedeuteten außer der Umwälzung von Wirtschaft und Staat vor allem auch Urbanisierung, d. h. Verstädterung und die Ausbildung städtischer Lebensweisen (B 9a, b). Von dem Bevölkerungsanstieg profitierten in erster Linie die Städte. Nicht weil sie einen besonders hohen Geburtenüberschuss aufwiesen, sondern weil Millionen von Menschen vom Lande in die Stadt zogen. Die Landwirtschaft konnte der wachsenden Bevölkerung nicht genügend auskömmliche Arbeitsplätze bieten. Diese entstanden in den Städten mit ihren expandierenden wirtschaftlichen Aktivitäten in Industrie, Gewerbe, Handel und Verkehr. Um 1860 hatten die meisten Menschen in Westeuropa ihr Zuhause noch in Dörfern und auf Bauernhöfen; beim Ausbruch des Ersten Weltkrieges lebte die Mehrheit in Städten. Nirgendwo war bis zum Weltkrieg der Wandel so fortgeschritten wie in England, wo die ländliche Bevölkerung im Laufe des 19. Jahrhunderts auf 10 % gesunken war. Ähnlich dramatisch verlief später innerhalb einer Generation die Umwälzung in Deutschland. Vor der Reichsgründung im Jahre 1871 war die deutsche Landschaft noch von Dörfern und verträumten kleinen Städtchen geprägt, und es gab lediglich eine Hand voll von Großstädten mit mehr als 100 000 Einwohnern. Kurz vor dem Ersten Weltkrieg zählte man 48 Großstädte, davon sechs mit mehr als 500 000 Einwohnern, und eine Mehrmillionenstadt:

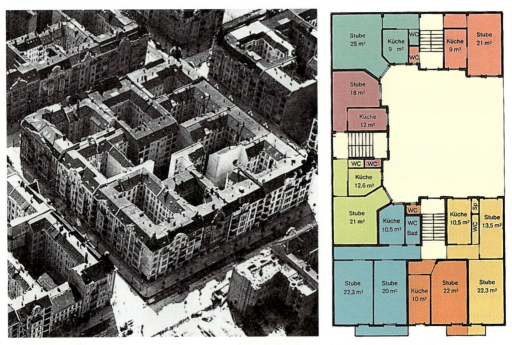

B 8 Mietskaserne in einer deutschen Großstadt, Fotografie und Grundriss, um 1900

— *Beschreiben Sie die Konstruktionsprinzipien dieser Wohnanlage. Erklären Sie den Begriff „Mietskaserne".*
— *Erschließen Sie die Motive für die Anlage solcher Gebäude.*

Berlin. Berlin allerdings reichte bei weitem nicht an die größte Stadt Europas, Groß-London, mit ihren mehr als 7 Mio. Einwohnern heran.

Der Wachstumsprozess berührte zwar viele kleine und mittlere Städte nur wenig, doch wuchsen in der Regel alle traditionellen regionalen Metropolen und „zentralen Orte" schnell und unaufhaltsam. Nur wenige neue, gänzlich von der Industrie geschaffene Städte traten z. B. im Ruhrgebiet hinzu. Allerdings entstand hier die ganz neuartige Form einer weit ausgreifenden verdichteten Stadtregion, ein Konglomerat nebeneinander liegender, voneinander unabhängiger, Städte, wie man es heute unter der Bezeichnung „Konurbation" in vielen Teilen der Welt findet.

Wohnen in der Stadt Innerhalb weniger Jahre war das jahrhundertelang ausreichende Gebiet der Städte hoffnungslos überfüllt. Ringsherum wuchsen unabhängige Städte und auf die Kernstadt ausgerichtete Vorortsiedlungen empor, die in mehreren Schüben eingemeindet wurden, sodass die Städte nicht nur nach der Einwohnerzahl, sondern auch nach der Fläche enorm anschwollen.

Die kinderreichen Familien der Arbeiter drängten sich in Kleinstwohnungen von ein bis zwei Räumen unter unwürdigen Bedingungen zusammen. Sowohl in den alten Stadtzentren als auch in den von privaten Unternehmern hastig emporgezogenen billigen Häusern oder Mietskasernenblöcken (B 8) der Neubauviertel entstanden regelrechte Elendsquartiere. Die wohlhabenden Bürger dagegen errichteten sich an neuen repräsentativen Straßen oder in durchgrünten Vorortvierteln großzügige Wohnhäuser und Villen. Nicht nur sozial, sondern auch räumlich verstärkte sich die traditionelle Trennung der sozialen Schichten. Es bildeten sich gänzlich verschiedene städtische Lebenswelten heraus. Die soziale Spaltung führte zur räumlichen **Trennung in „vornehme" und stärker proletarisch geprägte, fabriknahe Stadtviertel.**

Städtische Infrastruktur Bis in die zweite Hälfte des 19. Jahrhunderts hinein wuchsen die Städte regellos. Die Behörden bemühten sich nur darum, die schlimmsten Auswüchse im Nachhinein zu ordnen. Dies änderte sich in den letzten Jahrzehnten des Jahrhunderts. Eine neue Leistungselite städtischer Beamter, die Gruppe der Oberbürgermeister und führender städtischer Verwaltungsfachleute, erkannte den Urbanisierungsprozess als Herausforderung. Sie versuchte den Wandel durch gezielte Eingriffe und Lenkung durch die Verwaltung schöpferisch zu beeinflussen. Ihr Ziel war vor allem, die Lebensqualität in den Städten zu verbessern und den Menschenmassen die notwendigen Leistungen und Güter zur Verfügung zu stellen, die diese selbst nicht mehr erbringen konnten.

Die „Stadttechnik" stellte das Instrumentarium bereit, mit dem die Städte von Grund auf modernisiert und für die Bewältigung der ungeheuren physischen und sozialen Probleme gewappnet wurden, die mit der Zusammenballung so großer Menschenmassen verbunden sind. Es entstanden die Systeme der Gas- und später Elektrizitätsversorgung, der Abwasserkanäle und Wasserleitungen, der Straßenbahnen. Man schuf öffentliche Parks, Schlachthöfe und Markthallen, Krankenhäuser und Sanatorien, Hallen- und Freibäder, Schulen und Waisenhäuser, Gefängnisse, Büchereien, Theater und Museen. Choleraepidemien und die Erkenntnisse der Mediziner, dass diese auf den Dreck, auf die durch Fäkalien verseuchten Straßen und Brunnen zurückzuführen seien, gaben den Anstoß zur Städtesanierung und für eine geregelte Kanalisation und Reinigung der Abwässer, zuerst in England. Stadthygienische Überlegungen standen auch am Beginn der Einrichtung zentraler Schlachthöfe und Markthallen sowie der Wasserversorgung über geschlossene Wasserleitungssysteme, die Brunnen und Pumpen in Straßen und Höfen ersetzten. Wassertürme sind noch heute sichtbare, architektonische Zeugnisse jener Frühphase der hygienischen Modernisierung der Städte.

B 9 Städtewachstum

a) Der Plärrer in Nürnberg, Fotografie, 1865

b) Der Plärrer in Nürnberg, Fotografie, 1905

— Untersuchen Sie die Fotografien (B 9a, b) von 1865 und 1905.
— Verfertigen Sie eine Gegenüberstellung, in der Sie festhalten, was 1865 die Begriffe Straße, Platz und Haus prägte und was man 1905 mit diesen Begriffen verband.
— Untersuchen Sie den Horizont 1865 und 1905. Wodurch wurde das jeweilige Weichbild der Stadt charakterisiert? Erklären Sie die Unterschiede.
— Stellen Sie die neuen Elemente der Bebauung bis 1905 zusammen.
— Erläutern Sie anhand der Fotografien (B 9a, b) den Begriff der Urbanisierung. Charakterisieren Sie dabei sowohl den Begriff der Verstädterung als auch den des städtischen Lebensstils.

Städtische Verkehrssysteme

Mit dem Wachstum der Städte bildeten sich allmählich **abgegrenzte Funktionsbereiche** heraus: Industriestandorte, Wohn-, Einkaufs-, Verwaltungsviertel. Diese entfernten sich räumlich immer weiter voneinander. Zwischen Arbeiten, Einkaufen, Wohnen mussten immer größere Entfernungen überwunden werden. Deswegen wurden **Massenverkehrssysteme** notwendig.

Um die Mitte des 19. Jahrhunderts verkehrten als Erstes Pferdebahnen; 1879 stellte Werner von Siemens auf einer Berliner Industrieausstellung die erste elektrische Straßenbahn vor. Sie wurde *das* städtische Nahverkehrsmittel. Die Pferdebahnen waren von privaten Gesellschaften unterhalten worden. Die Notwendigkeit, ein verzahntes, preisgünstiges Verkehrsnetz zu errichten, überzeugte die städtischen Verwaltungen davon, öffentliche Verkehrsbetriebe einzurichten. Über die Streckenführung und Fahrpreisgestaltung versuchte man die Fahrgastströme zu lenken und damit die Innenstadt- und Vorortentwicklung zu beeinflussen. In den großen Metropolen entstanden um die Jahrhundertwende nach dem Londoner Vorbild elektrisch betriebene Untergrundbahnen und Hochbahnen, mit denen jeden Tag gewaltige Pendlermassen in der Stadt befördert werden konnten.

Waren- und Konsumwelt der Stadt

Unter den Bedingungen der städtischen Lebens-, Arbeits- und Wohnverhältnisse war es nur noch sehr eingeschränkt möglich, Verbrauchsgüter, Kleidung und Einrichtungsgegenstände im Haushalt herzustellen oder für Nahrungsmittel durch Konservierung und Lagerung von Gartenfrüchten zu sorgen. Industriell hergestellte Produkte traten an ihre Stelle. Darüber hinaus sahen die in den Städten lebenden Menschen einfach viel mehr Dinge, die zum Kauf reizten, weil sie allerorten durch **Werbung** angeboten wurden. Industrie und Geschäftswelt erkannten die entscheidende Bedeutung des Kundenpotenzials und richteten einen großen Teil der Produktionserweiterung auf Verbrauchsgüter. Hatte sich der Massengütermarkt bis zur zweiten Industriellen Revolution mehr oder weniger auf Nahrungsmittel und Kleidung und damit auf Güter zur Befriedigung des Grundbedarfs beschränkt, begannen seitdem die Zuwächse beim Verbrauch alle Industrien zu beherrschen. Das allmähliche Ansteigen der Massenkaufkraft, die revolutionäre Technik mit ihren Möglichkeiten der Massenproduktion und die weltweite Vernetzung der Wirtschaft trugen dazu bei, bisherige Luxusgüter zu Massenwaren zu verbilligen bzw. eine Palette neuartiger Güter auf den Markt und an den Mann oder die Frau zu bringen: vom Gasherd über das Bügeleisen, den Staubsauger, das Fahrrad bis zur unscheinbaren Banane, deren Verzehr bis zur Jahrhundertwende in den Industrieländern so gut wie unbekannt war.

Die Verkaufstechniken änderten sich. Zum Symbol der schönen neuen Waren- und Konsumwelt stiegen neuartige Betriebe, die Warenhäuser, auf. **Warenhäuser** – in Frankreich die *Grands Magasins* – entstanden in den Sechzigerjahren des vorigen Jahrhunderts in Paris. Sie wandten sich unter der Devise „großer Umsatz, kleine Gewinnspannen" mit völlig neuen Verkaufsstrategien an das großstädtische Publikum. Bis dahin waren die Läden auf einzelne Artikel spezialisiert gewesen. Die Warenhäuser hingegen vereinigten als riesige Gemischtwarenläden verschiedene Warengruppen – Hemden, Hosen, Jacken, Hüte usw. – unter einem Dach. Artikel wurden mit Festpreisen ausgezeichnet und mussten bar bezahlt werden. Die Warenhäuser veränderten das Verbraucherverhalten, förderten den Massenabsatz von Industrieprodukten und trugen so zur Verbreitung des Lebensstils der modernen Konsumgesellschaft bei. Die Widerstände der Tradition und des tief verwurzelten Sparverhaltens wurden mit Hilfe einer raffinierten Verkaufspsychologie durchbrochen: mit aufwändigen Reklamemaßnahmen, mit Prospekten, mit der Umwandlung der Häuserwände in Werbeflächen, mit Katalogen, Zeitungsinseraten und mit der Verwandlung großer Lieferwagen in Werbeträger.

„Tempo" als Merkmal der Großstadt

Der neuartige überwältigende Lebensraum, das „Dickicht der Städte" (Bertolt Brecht), bescherte elementar widersprüchliche Erfahrungen. Die Stadt war äußerlich von einer hektischen, undurchschaubaren, chaotisch erscheinenden Vielfalt, andererseits aber über komplizierte Regelungen ganz und gar durchorganisiert. Mentalitäten, Denkmuster und Verhaltensweisen mussten sich der beschleunigten, verwirrenden, nervenbelastenden Umwelt anpassen. Die Überflutung mit Reizen und ständig wechselnden Informationen und Anforderungen erzogen den Großstädter zu ständiger Wachheit und Reaktionsbereitschaft. Einen weiten, aufmerksamen Blick benötigte man, um gleichzeitig volle Schaufenster, die Menschen auf den Bürgersteigen und die Gefahr des heransausenden Autos zu erfassen. Ein neuer Zeitrhythmus, eine **Ökonomie der Zeit** entstand. Das sprichwörtliche Berliner „Tempo" etwa war das Mittel, Zeit zu gewinnen, nicht zuletzt für die Befriedigung neuer Bedürfnisse. Das schnelle Lebenstempo wiederum bedingte die „Schlagfertigkeit, die Fähigkeit, schnell und auf bloße Andeutungen, Fragmente einer Erscheinung hin, sich vorteilhaft zu verhalten".

Die Großstadt mit ihrem massiven Einbruch der Moderne in die traditionellen Lebenswelten wurde für die **Kulturkritik** der Hauptschauplatz, auf dem die Auseinandersetzung zwischen begeisterter Bejahung der neuen Welt und apokalyptischen Ängsten vor dem Untergang aller Religiosität, Sittlichkeit und Kultur ausgetragen wurde. Sosehr sich bei den Stadtkritikern in ihrer Sehnsucht nach der angeblich gesunden, ländlichen Welt im Gegensatz zu der verderbten Stadt Abwehrängste gegen die Moderne niederschlugen, so ist nicht zu übersehen, dass sie auch hellsichtig auf Gefahren und Probleme hinwiesen und die Verantwortlichen anstachelten, Rechenschaft abzulegen und Missstände zu beseitigen.

Die „ökologische Revolution"

Seit der Industrialisierung veränderte sich der Umgang des Menschen mit Wald, Boden, Luft und Wasser grundlegend. Zwar waren die Menschen in allen früheren Epochen bestrebt gewesen, die Natur optimal zu nutzen. Im 19. Jahrhundert beschritten die Menschen dabei jedoch völlig neue Wege: Die „ökologische Revolution" trieb die **Ausbeutung der Natur** mit wissenschaftlichen Methoden voran und wollte die Naturaneignung ökonomisch berechenbar machen. Allerdings wurde schon recht früh sichtbar, dass eine intensive Nutzung der natürlichen Ressourcen auch zu **Raubbau** führen konnte, der Mensch und Natur schadete. Diese Veränderungen zeigten sich zuerst beim Wald.

Wald

In der vorindustriellen Zeit war der Wald von so überragender Bedeutung für den Menschen, dass der Historiker Werner Sombart sogar vom **„hölzernen Zeitalter"** sprach. Der Wald diente als Weide für das bäuerliche Vieh, als Humuslieferant für die Äcker und als Vorratslager sowohl für den Baustoff als auch für das Brennmaterial Holz. Mit dem starken Bevölkerungswachstum im ausgehenden 18. Jahrhundert nahm der Holzverbrauch derart zu, dass sich die Klagen über Holzmangel häuften – ein Zeichen dafür, dass bereits den Zeitgenossen die Umweltabhängigkeit des Wirtschaftslebens bewusst war. Politik und Forstwissenschaftler wie -praktiker reagierten darauf mit der wissenschaftlichen Erfassung des Waldbestandes. Die Einsicht, dass ein verantwortungsvoller Umgang mit dem Wald nicht länger nur auf Erfahrung und Augenmaß, sondern auf genauer wissenschaftlicher Kalkulation beruhen müsse, führte zur Formulierung des **Prinzips der Nachhaltigkeit**. Danach sollte aus den vorhandenen Waldbeständen nicht mehr Holz entnommen werden, als bei guter Bewirtschaftung nachwuchs. Dieser aus der Forstwirtschaft stammende Grundsatz der Nachhaltigkeit bestimmt immer stärker auch die gegenwärtige Umweltdiskussion. Bei der Suche nach moralisch-ethischen und zugleich wirtschaftlich sinnvollen Normen und Werten für eine verantwor-

B 10 „The Silent Highway-Man", Karikatur aus der englischen Zeitschrift Punch, 1858

— *Stellen Sie die ökologischen Probleme und Gefährdungen dar, die in B 10 thematisiert werden.*

tungsbewusste Umweltpolitik, die den zukünfigen Generationen eine lebenswerte Umwelt hinterlassen will, fordern Politiker und politisch-gesellschaftliche Gruppen zunehmend eine nachhaltige Nutzung der natürlichen Ressourcen. Naturaneignung und Regeneration sollen in einem dauerhaften Gleichgewicht gehalten werden.

| Boden |

Die Bevölkerungsexplosion erzwang auch bei der Bewirtschaftung des Bodens ein Umdenken. Da nach der traditionalen Landwirtschaft bestellte und abgeerntete Böden sich erst eine Zeitlang erholen mussten, bevor sie wieder genutzt werden konnten, wurden schon sehr bald Wachstumsgrenzen und drohende Erschöpfung des Produktionsfaktors Boden deutlich. Die Gefahr einer Auslaugung der Böden konnte nur durch neue Bewirtschaftungsmethoden gebannt werden. Einer der bekanntesten Reformer der Landwirtschaft, der der wissenschaftlichen Bodenkunde und einer betriebswirtschaftlich orientierten Landwirtschaft zum Durchbruch verhalf, war **Albrecht Daniel Thaer**. Auf seinen Versuchsgütern erforschte er effektivere Methoden für eine intensive und wettbewerbsfähige Landwirtschaft. Eine der zentralen Lehren Thaers, dass Mineralstoffe besser als Humus zur Düngung der Böden geeignet seien, wurde von dem Chemiker **Justus Liebig** aufgegriffen, weiterentwickelt und verbreitet. Die **Verwissenschaftlichung der Landwirtschaft** und nicht zuletzt die Einführung neuer landwirtschaftlicher Maschinen und Werkzeuge bewirkten nicht nur das Ende von Hungerkrisen und Unterernährung, sondern auch einen grundlegenden Mentalitätswandel in der bäuerlichen Bevölkerung: Sie erlebte die Natur nicht länger als mystischen Bestandteil des Lebens; der Landwirt gewann vielmehr zunehmend die Herrschaft über den Boden und entwickelte sich zu einer Art Fabrikanten, der mit seinem chemischen Wissen und moderner Technologie die entzauberte Natur kontrollierte. Zwar wussten schon die Zeitgenossen, dass Eingriffe in die Natur unvorhergesehene Risiken mit sich brachten, aber erst im 20. Jahrhundert setzte sich allmählich die Erkenntnis durch, dass der Boden ein kompliziertes ökologisches System ist, das erforscht und gepflegt werden muss, um Raubbau zu vermeiden. Die Landwirte des 19. Jahrhunderts und ihre wissenschaftlichen Berater betrachteten dagegen den Boden eher wie eine Retorte in einem Labor, mit der experimentiert werden darf und muss. So ist es nicht verwunderlich, dass manche Neuerungen Schaden anrichteten.

Wasser und Luft

Die bisher beschriebenen Umweltprobleme bei der Bewirtschaftung des Waldes und des Bodens entstanden hauptsächlich durch den großen Bevölkerungsanstieg, weniger durch die Industrialisierung. Erst seit der Mitte des Jahrhunderts nahmen die von der Industrie ausgehenden Umweltbelastungen zu, z.B. das bedrohliche Anwachsen des Abfalls, da die althergebrachte Form des privaten, unorganisierten Recyclings längst nicht mehr ausreichte. Haushalte und Industriebetriebe wussten sich oft nicht besser zu helfen, als den Müll auf wilde Kippen vor die Tore der Stadt zu werfen, wodurch die hygienischen Probleme zusätzlich verschärft wurden. Staat und kommunale Verwaltungen suchten daher nach neuen menschen- und umweltgerechten Wegen der Müllentsorgung, die auch heute noch praktiziert und kontrovers diskutiert werden: Verbrennung, Trennung und Verwertung.

Eine Folge der Industrialisierung war auch die zunehmende Wasserverschmutzung durch industrielle Abwässer, die von den Zeitgenossen wahrgenommen und diskutiert wurden. Ein eindrucksvolles Beispiel dafür ist das 1884 erschienene Buch von Wilhelm Raabe „Pfisters Mühle", das als erster deutscher Umweltroman gelten darf. Raabe beschreibt den Kampf des Lehrers Ebert Pfister gegen eine Zuckerrübenfabrik, die das bis dahin klare Wasser seiner ererbten Mühle verschmutzt.

Die Wasserverschmutzung betraf zwar auch ländliche Regionen, war aber vor allem in den rasch wachsenden Städten ein zentrales Thema. Die durch tierische und menschliche Exkremente, durch Abfälle aus Haushalten und Schlachthöfen sowie durch industrielle Abwässern verunreinigten Flüsse, Bäche und Brunnen stellten eine kaum zu unterschätzende Gefahr für die Gesundheit dar. Hinzu kamen die starke Verschmutzung der Straßen und Gassen sowie den damit verbundenen Gestank und die katastrophalen hygienischen Zuständen. Bei einer Choleraepidemie in Hamburg in den 1890er-Jahren gab es in nur zwei Monaten 18 000 Kranke und 7 600 Tote. Die Kanalisation der Städte, die um 1900 weitgehend realisiert war, sowie eine verbesserte Stadtplanung gehörten zu den ersten und wichtigsten Maßnahmen zur Verminderung der Umweltbelastungen.

Bis 1914 war Deutschland ein weitgehend autofreies Land, so dass Klagen über den Gestank der Auspuffgase und deren Auswirkungen auf die Atmossphäre erst im 20. Jahrhundert die Umweltdiskussion beherrschten. Umso mehr beschäftigten sich Medizin und Naturwissenschaft während der Industriellen Revolution mit der Luftverschmutzung durch Rauchschäden, die durch den Einsatz der Kohle zunahmen. Filter sollten verhindern, dass Schadstoffe in die Luft gelangten, möglichst hohe Schornsteine den Rauch weitflächig verteilen und die Schadstoffe verdünnen. Dadurch wurde das Problem nicht gelöst, sondern allenfalls auf andere Regionen verteilt.

Politik und Umwelt

Bei Konflikten um den Vorrang von Naturschutz oder industriellem Wachstum trug oft die Industrie den Sieg davon. Denn qualmende Schornsteine galten im 19. Jahrhundert auch als Zeichen für wirtschaftlichen Fortschritt und Wohlstand. Heute dient das Argument der Arbeitsplatzsicherung vielfach dazu, wirtschaftliche gegen ökologische Interessen auszuspielen. Dass in der öffentlichen Debatte bis weit in das 20. Jahrhundert hinein der Naturschutz geringeres Ansehen genoss, sagt aber auch viel über die Ziele der mächtigsten Oppositionsbewegungen in der Industriegesellschaft aus: Die Arbeiterbewegung war alles andere als industriefeindlich eingestellt. Sie wollte die Unterschiede zwischen Arm und Reich beseitigen und die Arbeiter und ihre Organisationen an der Herrschaft in Staat und Gesellschaft beteiligen. Der Raubbau an der Natur war für sie nur ein Nebenthema. Das lässt sich besonders an der um 1900 gegründeten sozialistischen Naturfreunde-Bewegung verdeutlichen, die in erster Linie gegen die private Verfügungsgewalt über Produktionsmittel protestierte; die Zerstörung der Natur störte sie weniger.

6 Die „soziale Frage"

> „Soziale Frage"

Mit dem Übergang von der Agrar- zur Industriegesellschaft wuchs nicht nur die Bevölkerung insgesamt, sondern stieg auch der Anteil der Lohnarbeiter an der Erwerbsbevölkerung von einem Viertel 1849 auf über zwei Drittel 1885 und drei Viertel 1907. Das Wirtschaftswachstum der Industrialisierung reichte nicht aus, um die Arbeiter von materieller Not zu befreien. Elend und Rechtlosigkeit der Arbeiter wurden als „soziale Frage" zum brennenden Problem der Gesellschaft.

Wegen ihrer **Eigentumslosigkeit**, d. h. wegen des Mangels eines existenzsichernden Vermögens, wurden die Industriearbeiter (wie die landwirtschaftlichen Lohnarbeiter) **Proletariat** genannt. (Proletarier waren in der Antike diejenigen römischen Bürger, deren einziger Besitz ihre Nachkommenschaft, lat. proles, war.) Das Industrieproletariat war darauf angewiesen, seine **Arbeitskraft** zu einem frei zu vereinbarenden Preis zu verkaufen.

Das Überangebot an Arbeitskräften seit 1830 erlaubte es den Unternehmern, die Masse der Arbeiter **elenden Arbeitsbedingungen** auszusetzen. Die Hungerlöhne erzwangen die Arbeit von Frauen und Kindern auch bei schlechtesten Bedingungen und bei Arbeitszeiten von 16–18 Stunden. Gesundheitsgefährdung am Arbeitsplatz, Unfallgefahren und **menschenunwürdige Wohnverhältnisse** erhöhten das Lebensrisiko und hielten die Lebenserwartung der Arbeiter bei 40 Jahren. Sie verbesserte sich zwar mit der Industrialisierung, aber im Vergleich zu anderen Bevölkerungsgruppen blieb sie erschreckend zurück. Massenstreiks, z. B. der Bergarbeiter 1889, führten vor Augen, dass die soziale Frage gelöst werden musste, und sei es nur, um Hungeraufstände und Revolutionen zu vermeiden.

> Unternehmerische Fürsorge

Mit der Industrialisierung ergriffen einige Unternehmer Initiativen zur Beseitigung der Not ihrer Arbeiter. Die Fürsorge erstreckte sich zunächst auf betriebliche **Unterstützungskassen** für den Krankheitsfall, die Altersversorgung und die Vorsorge bei Unfällen und Invalidität. Daneben sorgten betriebliche **Konsumvereine** und Betriebswohnungen für die Verringerung von Lebenshaltungskosten; Kindergärten linderten das Problem der Betreuung der Arbeiterkinder. Allerdings trug diese unternehmerische Fürsorglichkeit Züge des patriarchalischen Hausvaters, der für seine Hilfe von seinen Kindern absoluten Gehorsam verlangte. Die Arbeiterbewegung kritisierte deshalb diese Aktivitäten. Insgesamt bereitete aber das soziale Verhalten einzelner Unternehmer die staatlichen Sozialgesetze der 1880er-Jahre vor, die eine materielle Sicherung für alle Arbeiter zum Ziel hatten.

> Christliche Bemühungen

Während sich die Amtskirchen als Vertreter des Bürgertums lange nicht um die Arbeiterfrage kümmerten, ergriffen einzelne Geistliche die Initiative zur Rückgewinnung des sozialen Engagements der Kirchen. In der evangelischen Kirche regte **Johann Heinrich Wichern** die Gründung des „Central-Ausschusses für die Innere Mission" an, die überall in Deutschland Einrichtungen für eine evangelische Sozialarbeit schuf. In der katholischen Kirche gründete **Adolph Kolping** 1849 den ersten „katholischen Gesellenverein". Dieses Kolpingwerk umfasste 1864 als Heimstätte familienloser Männer bereits 420 Vereine und 60 000 Mitglieder. Der Mainzer Erzbischof **Freiherr von Ketteler** trat öffentlich für Sozialreform, Koalitions- und Streikrecht ein und prägte das Sozialprogramm des Zentrums von 1870 genauso wie die Sozialenzyklika „Rerum Novarum" von Papst Leo XIII. (1891), in der eine gerechte Eigentumsordnung im Rahmen christlicher Prinzipien gefordert, der Staat zum Arbeitsschutz aufgefordert und den Arbeitern Streik- und Koalitionsrecht zugesprochen wurde.

Freilich blieb die Masse der Arbeiterschaft von den kirchlichen Beiträgen zur Lösung der sozialen Frage unbeeindruckt. Eine breite Aussöhnung zwischen Arbeiterbewegung und Kirche fand nicht statt, weil die Kirche die Gleichheitsforderungen der Arbeiterbewegung nicht übernahm.

Liberale Sozialreform — Für den politischen Liberalismus hieß die Antwort auf die „soziale Frage" Sozialreform. Darunter verstanden Politiker wie **Friedrich Harkort** und **Hermann Schulze-Delitzsch** vor allem bessere Bildungschancen für die Unterschichten und wirtschaftliche Selbsthilfevereine wie Versicherungs- oder Konsumvereine. Solche Vorschläge fanden im liberalen Bürgertum großen Anklang und wurden von vielen ihrer Organisationen verbreitet. Einer der bedeutendsten war der 1844 von Staatsbeamten in Preußen gegründete „Verein für das Wohl der arbeitenden Klassen".

Führende Wirtschaftswissenschaftler wie Gustav Schmoller gründeten 1872/73 zusammen mit hohen Beamten und einzelnen Unternehmern den „Verein für Sozialpolitik". Nach ihren Vorstellungen sollte der Staat als Schiedsrichter im Konflikt zwischen den Klassen auftreten. Allerdings traten nur einzelne dieser „Kathedersozialisten" (lat. = Pult, Kanzel) auch für erweiterte politische Rechte der Arbeiter ein.

Marxismus/Kommunismus — Karl Marx hat mit dem **„Kommunistischen Manifest"** (1848) und seinem Buch **„Das Kapital"** (1867) den Sozialismus als umfassende Alternative zur bürgerlichen Gesellschaft und ihren kapitalistischen Produktionsbedingungen entworfen und damit den modernen Kommunismus propagiert.

Für Marx produziert der Kapitalismus mit Notwendigkeit das soziale Elend der Arbeiterschaft. Die Lösung der sozialen Frage erblickt Marx in der Abschaffung des Kapitalismus, der auf dem Privateigentum an den Produktionsmitteln beruht. Sein Ziel ist die **Abschaffung des Privateigentums an den Produktionsmitteln** und deren Vergesellschaftung, also die sozialistische Revolution (M 13). Nach der Enteignung von Fabriken, Bergwerken und Banken soll im Sozialismus durch die Diktatur des Proletariats die Arbeit ihrer unmenschlichen Qualitäten entkleidet und eine wahrhaft menschliche Produktionsweise geschaffen werden. Der Sozialismus soll nicht nur die Klassenunterschiede beseitigen und gleiche Eigentumsverhältnisse für alle bieten, sondern er soll auch den **neuen Menschen** schaffen, der als kulturelles Leitbild die klassenlose Gesellschaft des Kommunismus bestimmt.

Die marxistische Idee von einer kommunistischen Gesellschaft siegte zuerst in einem rückständigen Land mit überwiegend bäuerlicher Bevölkerung, nämlich 1917 in Russland (s. S. 330). Zwar beeinflusste der Marxismus zeitweilig die Politik der deutschen Arbeiterbewegung im 19. Jahrhundert, aber in anderen Industriestaaten wie England oder den USA stießen die Vorstellungen von Max und Engels zur Lösung der „sozialen Frage" auf geringe Resonanz (M 14 a–c).

Sozialdemokratie — Die Sozialdemokratische Arbeiterpartei (SdAP) von Bebel und Liebknecht (die so genannten Eisenacher) war 1874 der ersten Internationalen Arbeiterassoziation (IAA) von Marx und Engels beigetreten. Als sie sich 1875 mit dem Allgemeinen Deutschen Arbeiterverein (ADAV) Lassalles zur „Sozialistischen Arbeiterpartei" (SAP) zusammenschloss, verzichtete sie im „Gothaer Programm" auf einen revolutionären marxistischen Weg. Unter Bismarcks Verbot der Sozialdemokratie 1878–1890 radikalisierten sich aber die deutschen Sozialisten: In ihrem **„Erfurter Programm"** (1891) forderte die neue **„Sozialdemokratische Partei Deutschlands"** (SPD) die Vergesellschaftung der Produktionsmittel nach Marx. Bald allerdings stellte der Revisionismus innerhalb der Partei die revolutionäre Tendenz der SPD in Frage. Eduard Bernstein bezweifelte Marx' Geschichtsprognosen und forderte ein revidiertes

Parteiprogramm. Dagegen verfolgte die Richtung des **Aktionismus** innerhalb der SPD weiter Marx' Revolutionsweg: Rosa Luxemburg wollte durch Generalstreiks die sofortige Revolution fördern. Der SPD-Theoretiker Karl Kautsky schlichtete den Konflikt durch die Kompromissformel, die SPD sei eine revolutionäre, aber keine Revolutionen machende Partei. Der **Reformismus** war fortan das Kennzeichen der deutschen Sozialdemokratie. In den Gewerkschaften fand er seine kräftigste Unterstützung.

| Sozialgesetzgebung (1883–1889) |

Der Staat verhielt sich der sozialen Frage gegenüber zunächst weitgehend gleichgültig. Gemäß liberaler Theorie galt das Ideal des „**Nachtwächterstaates**", d. h., der Staat greift nicht in Wirtschaftsprozesse ein, sondern stellt nur den erforderlichen Ordnungsrahmen bereit. So gab es im Kaiserreich weder gesetzliche Mindestlöhne noch Höchstarbeitszeiten. Bei der Frauen- und Kinderarbeit, die wegen der niedrigen Löhne eine Lebensnotwendigkeit darstellten, drängte der Staat immerhin Auswüchse zurück. Er schränkte die Kinderarbeit ein, ließ seit 1878 staatliche Fabrikinspektoren das Verbot der Nacht- und Sonntagsarbeit für Jugendliche unter 16 Jahren ebenso kontrollieren wie das Verbot der Kinderarbeit bis zum zwölften Lebensjahr. Die Arbeitsschutzgesetzgebung wurde ausgebaut.

Im Gegensatz zum Sozialistengesetz (s. S. 167 f.) geriet Bismarcks Sozialgesetzgebung zum Vorbild für die Entwicklung eines modernen **Sozialstaats**. Ursprünglich zielte Bismarck darauf ab, auf Kosten von Unternehmern und Staat für die Arbeiter eine kostenlose Absicherung gegen Risiken des Arbeiterlebens zu schaffen. Mit diesem Konzept eines Staatssozialismus konnte er sich aber nicht durchsetzen. Daher stellte die von Wilhelm I. 1881 angekündigte **Sozialversicherung** als Pflichtversicherung für Arbeitnehmer unter einer bestimmten Einkommensgrenze einen Kompromiss dar. Die Kosten der **Krankenversicherung** (1883) übernahmen Arbeitnehmer und Arbeitgeber im Verhältnis zwei Drittel zu einem Drittel, die **Unfallversicherung** (1884) trug der Arbeitgeber allein, wogegen die Kosten der **Alters- und Invalidenversicherung** (1889) zwischen Arbeitgeber, Arbeitnehmer und Staat aufgeteilt wurden (M 15).

M13 Karl Marx und Friedrich Engels über das Programm der Kommunisten, 1848
1. Expropriation[1] des Grundeigentums und Verwendung der Grundrente zu Staatsausgaben. 2. Starke Progressivsteuern[2]. 3. Abschaffung des Erbrechts. 4. Konfiskation[3] des Eigentums aller Emigranten und Rebellen. 5. Zentralisation des Kredits in den Händen des Staats durch eine Nationalbank und ausschließlichem Monopol. 6. Zentralisation des Transportwesens in den Händen des Staats. 7. Vermehrung der Nationalfabriken, Produktionsinstrumente, Urbarmachung und Verbesserung der Ländereien nach einem gemeinschaftlichen Plan. 8. Gleicher Arbeitszwang für alle, Errichtung industrieller Armeen, besonders für den Ackerbau. 9. Vereinigung des Betriebs von Ackerbau und Industrie. Hinwirken auf die allmähliche Beseitigung des Unterschieds von Stadt und Land. 10. Öffentliche und unentgeltliche Erziehung aller Kinder. Beseitigung der Fabrikarbeit der Kinder in ihrer heutigen Form.

(Karl Marx u. Friedrich Engels, Manifest der Kommunistischen Partei, in: Karl Marx/Friedrich Engels, Ausgewählte Werke in sechs Bänden, Bd. 1, Dietz Verlag, Berlin 1972, S. 438)

1 Exproration = Enteignung
2 Progressivsteuern = Steuern, die sich mit zunehmenden Einkommen erhöhen
3 Konfiskation = Einziehung, Beschlagnahme

M14 Ansätze zur Lösung der „sozialen Frage" in den USA und England

a) Der Historiker Rhodri Jeffreys-Jones über das Scheitern des Sozialismus in den USA, 1977
Eine [...] Erklärung für das Versagen des Sozialismus in Amerika besagt, dass die verbreitete Überzeugung, jeder Tüchtige könne es in Amerika zu etwas bringen, schließlich eine faktische Grundlage gehabt habe; es seien die ungewöhnlich günstigen sozialen Aufstiegsmöglichkeiten in den Vereinigten

Staaten, die die Entwicklung von Protestbewegungen auf der Basis des Klassenkampfes behindert hätten. Gegen diese Erklärung lässt sich einwenden, dass ein hohes Maß sozialer Mobilität in Industriegesellschaften im Allgemeinen beobachtet wird und nicht nur in den Vereinigten Staaten [...] Wichtiger als die soziale Mobilität innerhalb der Vereinigten Staaten war die geografische Mobilität der Einwanderer, denn bereits die Einwanderung war für die Betroffenen ein deutlicher Schritt nach oben auf der wirtschaftlichen Stufenleiter. Das Bewusstsein von den europäischen Verhältnissen – und die Einwanderergettos hielten es wach – hielt die Amerikaner davon ab, ihr Wirtschaftssystem in Frage zu stellen. Und von dieser Einstellung aus war es nur ein kleiner Schritt dahin, den amerikanischen Wohlstand auf amerikanische Tugenden zurückzuführen und gegen den Sozialismus zu schimpfen, auch wenn die wirtschaftliche Praxis kein reines Laissez-faire mehr war.
(Rhodri Jeffreys-Jones, Soziale Folgen der Industrialisierung, Imperialismus und der Erste Weltkrieg, 1890–1920, in: Willi Paul Adams [Hg.], Die Vereinigten Staaten von Amerika [Fischer Weltgeschichte, Bd. 30], Fischer Taschenbuch, Frankfurt/Main 1977, S. 266 f.)

b) Der Historiker Willi Paul Adams über Sozialreformen in den USA im 19. Jahrhundert, 2000
Die sozialen Probleme der wild gewordenen Großstädte haben im 19. Jahrhundert mehr private Wohltätigkeit als staatlich organisierte Sozialfürsorge ausgelöst. Christlicher Missionsdrang, christliche Nächstenliebe und Fortschrittsgläubigkeit motivierten Geistliche und Sozialarbeiter, sich nicht nur um das Seelenheil, sondern auch um das leibliche Wohl der oft am Existenzminimum lebenden und wegen der in den Armutsvierteln begangenen Verbrechen und ausbrechenden Krankheiten bedrohlich wirkenden urban masses zu sorgen. [...] Teil der häufig auf Privatinitiative beruhenden Sozialreformbewegungen zwischen 1890 und 1930 war auch der Schutz von Einwanderern vor Betrug und Ausbeutung und Hilfe bei Inanspruchnahme staatlicher Institutionen wie der Gerichte. [...]
Auch in den privaten philanthropischen Sozialhilfestationen oder Nachbarschaftsheimen (settlement houses) in den Elendsvierteln der Großstädte engagierten sich besonders Frauen der oberen Mittelklasse [...]. Die modernen Sozialreformer gaben sich nicht mehr mit der traditionellen, mit christlicher Nächstenliebe und persönlichem Mitleid begründeten Philanthropie zufrieden, sondern verlangten von den Regierungen auf allen Ebenen geforderte Bestandsaufnahmen mit sozialwissenschaftlichen Mitteln und daraus abgeleitete aktive Sozialarbeit. Symbolischen Ausdruck fand die neue Grundhaltung z. B. 1909 in der Umbenennung der seit 1897 in New York veröffentlichten Sozialarbeiterzeitschrift Charities in Survey, und die 1874 gegründete National Conference of Charities and Correction nannte sich ab 1917 National Conference of Social Work [...].
(Willi Paul Adams, Die USA vor 1900, Oldenbourg, München 2000, S. 209 f.)

c) Der Historiker Michael Maurer über Arbeiterbewegung und Sozialreform in England im 19. Jahrhundert, 1997
Trotz der langjährigen Tätigkeit von Karl Marx und Friedrich Engels in England hatte der Sozialismus auf die englische Arbeiterbewegung des viktorianischen Zeitalters wenig Einfluss. Nach dem Scheitern der Chartistenbewegung[1] gewannen vor allem die Gewerkschaften Auftrieb. Doch diese waren auch noch nach der Mitte des 19. Jahrhunderts wesentlich erstens lokale Vereinigungen, zweitens an ein bestimmtes Handwerk gebunden, drittens nur die Elite der Arbeiterschaft zusammenschließende, nämlich jene 10 %, welche die langjährige Lehrzeit absolviert hatten. Ihre Hauptanliegen waren Verkürzung der Arbeitszeit, Verbesserung der Arbeitsbedingungen und Lohnerhöhungen. Nur in Ausnahmefällen betrafen ihre Forderungen nationsweit verallgemeinerbare Anliegen; im Regelfall ging es um eine Auseinandersetzung zwischen bestimmten Arbeitern und bestimmten einzelnen Unternehmern. Streiks kamen zwar vor, doch wurden sie nicht als reguläres Kampfmittel angesehen, sondern als ultima ratio. [...] Da es keine Gesetze gab, in denen Gewerkschaften als Rechtskörperschaften vorgesehen waren, blieben Arbeiterführer immer persönlich von Regressansprüchen der Unternehmer sowie von Kriminalisierung bedroht (Rädelsführerschaft, Anstiftung zum Aufruhr). [...]
Die Gewerkschaften selbst durchliefen um 1890 einen tiefgreifenden Veränderungsprozess, als sich nämlich Vereinigungen auch von ungelernten Arbeitern bildeten und binnen kurzem hohe Mitgliederzahlen aufzuweisen hatten. Die Gewerkschaften, die im Dachverband Trade Union Congress (TUC) zusammengeschlossen waren, wurden durch das Hinzutreten dieser „neuen Gewerkschaften" ohne Zweifel radikaler. [...] Nun [...] drängte [man] auf eigene Kandidaten der Arbeiterschaft. Einzelne wurden als Unabhängige ins Parlament gewählt. Von dieser Bühne aus konnten

James Keir Hardie und andere 1893 die Independent Labour Party ins Leben rufen – eine Partei der Arbeiterschaft, die sich aber nicht auf die Doktrin des Sozialismus festlegte. Doch anfangs brachte die neue Partei keinen einzigen ihrer Kandidaten ins Unterhaus. Bittere Erfahrungen aller Art (einschließlich erfolgloser Streiks, Aussperrungen und einer rechtlichen Ausdehnung der Regressmöglichkeit auf ganze Gewerkschaften) führten schließlich 1900 dazu, dass sich im Dachverband der Gewerkschaften diejenigen Kräfte durchsetzten, die auf eine Partei der Gewerkschaften hinarbeiteten (zunächst Labour Representation Committee, seit 1906 Labour Party genannt). Zwischen 1901 und 1903 entwickelte sich diese zu einer Massenpartei; sie konnte hoffen, durch ihre künftige Mitwirkung an der Gesetzgebung die Lebensbedingungen der Arbeiterschaft in ihrem Sinne zu verbessern.
(Michael Maurer, Kleine Geschichte Englands, Reclam, Stuttgart 1997, S. 398–400)

1 Chartisten = frühe englische Arbeiterbewegung, die das allgemeine Wahlrecht, Diäten für Abgeordnete, jährliche Wahlen und Sozialreformen forderte. Die Chartisten organisierten Ende der 30er- und in den 40er-Jahren Demonstrationen, Streiks und lokale Aufstände.

1 Beschreiben Sie die wichtigsten Ziele des Kommunismus, wie er Marx und Engels vorschwebte (M 13).
2 Erörtern Sie, warum die sozialistische Arbeiterbewegung in den USA eine Randerscheinung blieb und welche Formen der Sozialreform sich dort durchsetzen konnten (M 14a, b).
3 Charakterisieren Sie die Entwicklung der Arbeiterbewegung in England im 19. Jahrhundert (M 14c).
4 „Ein Gespenst geht um in Europa – das Gespenst des Kommunismus", schrieben Karl Marx und Friedrich Engels 1848 im „Manifest der Kommunistischen Partei". Diskutieren Sie, ob und inwieweit kommunistische Bewegungen in den Industrieländern während des 19. Jahrhunderts das Denken und Handeln über Sozialreform entscheidend prägten. Beziehen Sie in ihre Überlegungen auch die USA mit ein. Berücksichtigen Sie außer dem Darstellungstext die Quellen M 13 und M 14a–c.

M15 Die Sozialversicherungsgesetze 1883/84/89

	Krankenversicherung (1883)	Unfallversicherung (1884)	Invaliditäts- und Altersversicherung (1889)
Betroffene	Arbeiter (ohne Familienangehörige; seit 1900 einbezogen), ausgenommen Land- und Forstarbeiter	Arbeiter	Arbeiter Angestellte bis 2 000 Mark Verdienst jährlich, Familienangehörige nicht mit einbezogen
Leistungen	freie ärztliche Behandlung: Krankengeld in Höhe der Hälfte des ortsüblichen Tageslohnes bei Erwerbsunfähigkeit	Kosten für ein Heilverfahren Rente für Dauer einer Erwerbsunfähigkeit Rente in Höhe von 2/3 des Verdienstes bei völliger Erwerbsunfähigkeit	Invalidenrente bei dauernder oder länger als 1 Jahr während Erwerbsunfähigkeit Altersrente ab 70. Lebensjahr Lohnklasse 1: 106 Mark jährl. Lohnklasse 4: 191 Mark jährl.
Dauer	Krankengeld für 13 Wochen	Heilverfahren und Rente ab 14. Woche	Wartezeit: Invalidenrente: 5 Beitragsjahre Altersrente: 30 Beitragsjahre
Beitragszahler	2/3 Versicherter 1/3 Arbeitgeber	Arbeitgeber	1/2 Arbeitnehmer 1/2 Arbeitgeber staatlicher Zuschuss von 50 Mark jährlich pro Rente
Träger	Ortskrankenkassen	Berufsgenossenschaften, gegliedert nach Gewerbegruppen	Landesversicherungsanstalten

(Jost Cramer/G. Zollmann, Der Staat und die soziale Frage, in: Wirtschaft und Gesellschaft, Bd. 2, Klett, Stuttgart o. J., M 102)
1 Untersuchen Sie die Lösung der Finanzierungsfrage in Bismarcks Sozialgesetzgebung (M 15).
2 Informieren Sie sich darüber, welche Veränderungen Bismarcks Sozialgesetzgebung bis heute erfahren hat.

Schriftliche Quellen I: Quellenkritik

Bevölkerungswachstum im 19. Jahrhundert

Quellenkritik

Unerlässliche Voraussetzung für den Historiker bei der Arbeit mit schriftlichen Quellen ist die Korrektheit des Textes, die Sicherheit seiner Herkunft sowie die Zuverlässigkeit seines Inhaltes, kurz die Frage der Quellenkritik.

Die Beschäftigung mit der Zuverlässigkeit der Überlieferung und die Beseitigung aller Zweifel über die Autorenschaft eines Textes nennt man **äußere Quellenkritik**. Dabei sollten auf jeden Fall Entstehungszeit und -anlass, Autorenschaft, Vorarbeiten und Informanten geklärt werden. Unter **innerer Quellenkritik** verstehen die Historiker die Analyse der inhaltlichen Zuverlässigkeit, des Aussagewertes einer Quelle. Hier ist die Vertrautheit mit den allgemeinen Verhältnissen einer Zeit und dem Autor unabdingbar. Der Aussagewert einer Quelle lässt sich ermitteln sowohl durch den Vergleich mit anderen Quellen, Institutionen, Vorgängen der Zeit, aus der sie stammt, als auch durch Kenntnisse der Biografie, der sozialen Position, des politischen Standorts und des Verhältnisses zu den wichtigsten Bezugspersonen des Autors. Nur so können Fehleinschätzungen und Irrtümer vermieden, Auslassungen und Zusätze erkannt werden.

Gerade für die Erforschung der Neuzeit steht dem Historiker eine **Vielzahl schriftlicher Zeugnisse** zur Verfügung. Hierzu zählen Urkunden und Akten, Gesetzestexte, Lebensbeschreibungen, Grabinschriften, Annalen, Briefe und Memoiren, philosophische oder andere wissenschaftliche bzw. literarische Werke.

Gewiss gehört die Arbeit mit Quellen zu den zentralen Aufgaben des Historikers. Da er jedoch nicht alles selbst erforschen kann, stützt er sich in vielem auf das, was andere Historiker vor ihm zu bestimmten Detailfragen erforscht haben. Er verwendet Ergebnisse, indem er sie teilweise übernimmt, korrigiert, zurückweist oder weiterführt. Insofern tritt neben die Arbeit mit Quellen die Arbeit mit Darstellungen, in denen Historiker und Historikerinnen ihre Quellenforschungen sowie ihre Ergebnisse und Deutungen der Vergangenheit veröffentlichen oder in denen sie den fachlichen Kenntnis- und Problemstand ergebnisorientiert zusammenfassen. Nicht nur zusätzliche Quellen, sondern auch diese **Sekundärliteratur** (s. Methodenseiten 94 f.) bietet ebenfalls wichtiges Material zur Überprüfung von schriftlichen Zeugnissen. Dabei sollte jedoch stets darauf geachtet werden, dass sie den neuesten Stand der historischen Forschung wiedergibt.

Die Bevölkerungsentwicklung im 19. Jahrhundert

a) Aus der Bevölkerungslehre des englischen Geistlichen und Nationalökonomen Robert Malthus (1766–1834), 1798

Die natürliche Ungleichheit, die zwischen den beiden Kräften – der Bevölkerungsvermehrung und der Nahrungserzeugung der Erde – besteht, und das große Gesetz unserer Natur, das die Auswirkungen dieser beiden Kräfte im Gleichgewicht halten muss, bilden die gewaltige, mir unüberwindlich erscheinende Schwierigkeit auf dem Weg zur Vervollkommnungsfähigkeit der Gesellschaft. [...] Ich sehe keine Möglichkeit, dem Gewicht dieses Gesetzes, das die gesamte belebte Natur durchdringt, auszuweichen. Weder eine erträumte Gleichheit noch landwirtschaftliche Maßnahmen von äußerster Reichweite könnten seinen Druck auch nur für ein einziges Jahrhundert zurückdrängen. Deshalb scheint dieses Gesetz auch entschieden gegen die mögliche Existenz einer Gesellschaft zu sprechen, deren sämtliche Mitglieder in Wohlstand, Glück und verhältnismäßiger Muße leben und sich nicht um die Beschaffung von Unterhaltsmitteln für sich und ihre Familien zu sorgen brauchen. [...]

Nehmen wir für die Bevölkerung der Welt eine bestimmte Zahl an, zum Beispiel 1000 Millionen, so würde die Vermehrung der Menschheit in der Reihe 1, 2, 4, 8, 16, 32, 64, 128, 256, 512 etc. vor sich gehen, die der Unterhaltsmittel in der Reihe 1, 2, 3, 4, 5, 6, 7, 8, 9, 10 etc. Nach 225 Jahren würde die Bevölkerung zu den Nahrungsmitteln in einem Verhältnis von 512 zu 10 stehen, nach 300 Jahren wie 4096 zu 13 und nach 2000 Jahren wäre es beinahe unmöglich, den Unterschied zu berechnen, obschon der Ernteertrag zu jenem Zeitpunkt zu einer ungeheuren Größe angewachsen wäre. [...]
Die Armen müssen zwangsläufig noch schlechter leben und viele von ihnen werden in äußerste Not geraten. Da auch die Zahl der Arbeiter die Nachfrage auf dem Arbeitsmarkt übersteigt, wird der Arbeitslohn eine fallende Tendenz zeigen, während gleichzeitig der Preis der Lebensmittel eine steigende Tendenz aufweisen wird. Der Arbeiter muss daher mehr Arbeit leisten, um dasselbe zu verdienen wie zuvor. Während dieser Zeit der Not sind die Bedenken gegenüber einer Heirat und die Schwierigkeit, eine Familie zu erhalten, so groß, dass die Bevölkerungszahl auf demselben Stand bleibt. Unterdessen ermutigt der niedrige Wert der Arbeit, der Überfluss an Arbeitskräften und die Notwendigkeit verstärkten Fleißes die Landbesitzer, mehr Arbeit auf ihren Boden zu verwenden, neues Land urbar zu machen und das bereits bebaute zu düngen und gründlicher zu bestellen, bis schließlich die Unterhaltsmittel wieder im gleichen Verhältnis zur Bevölkerung stehen, wie zu der Zeit, von der wir ausgegangen sind. Ist dann die Lage der Arbeiter wieder einigermaßen erträglich geworden, werden die Hemmnisse der Bevölkerungsvermehrung[1] mehr und mehr unwirksam; es wiederholen sich – im Hinblick auf den Wohlstand – dieselben rückläufigen und fortschrittlichen Bewegungen. (Thomas Robert Malthus, Das Bevölkerungsgesetz, dtv München 1977, S. 17–19, 22–25)

1 Als Hemmnisse des Bevölkerungswachstums bezeichnete Malthus: 1. Nachwirkende Hemmnisse (positive checks). Sie wirken in Form von Kriegen, Seuchen, Hungersnöten und ähnlichem Unheil in Richtung auf eine Erhöhung der Sterberate. 2. Vorbeugende Hemmnisse (preventive checks). Sie wirken auf eine Senkung der Geburtenrate durch Spätheirat, Ehelosigkeit, Reduzierung der Kinderzahl bei fehlenden Unterhaltsmitteln und ähnliches. 3. Moralische Hemmnisse (moral restraint). Sie senken die Kinderzahl durch geschlechtliche Enthaltsamkeit.

b) Der Kaufmann Friedrich Engels (1820–1895), Mitbegründer des Marxismus, über die Bevölkerungslehre von Malthus, 1844

Malthus [...] behauptet, dass die Bevölkerung stets auf die Subsistenzmittel[1] drückt, dass, sowie die Produktion gesteigert wird, die Bevölkerung sich in demselben Verhältnis vermehrt und dass die der Bevölkerung inhärente[2] Tendenz, sich über die disponiblen[3] Subsistenzmittel hinaus zu vermehren, die Ursache alles Elends, alles Lasters ist. Denn wenn zu viel Menschen da sind, so müssen sie auf die eine oder die andre Weise aus dem Wege geschafft, entweder gewaltsam getötet werden oder verhungern. Wenn dies aber geschehen ist, so ist wieder eine Lücke da, die sogleich wieder durch andre Vermehrer der Bevölkerung ausgefüllt wird, und so fängt das alte Elend wieder an. Ja, dies ist unter allen Verhältnissen so, nicht nur im zivilisierten, sondern auch im Naturzustande; die Wilden Neuhollands, deren einer auf die Quadratmeile kommt, laborieren ebenso sehr an Übervölkerung wie England. Kurz, wenn wir konsequent sein wollen, so müssen wir gestehen, dass die Erde schon übervölkert war, als nur ein Mensch existierte. Die Folgen dieser Entwicklung sind nun, dass, da die Armen gerade die Überzähligen sind, man nichts für sie tun soll, als ihnen das Verhungern so leicht als möglich zu machen, sie zu überzeugen, dass es sich nicht ändern lässt und dass für ihre ganze Klasse keine Rettung da ist als in einer möglichst geringen Fortpflanzung, oder wenn dies nicht geht, so ist es noch immer besser, dass eine Staatsanstalt zur schmerzlosen Tötung der Kinder der Armen, wie sie „Marcus"[4] vorgeschlagen hat, eingerichtet wird – wonach auf jede Arbeiterfamilie zweiundeinhalbes Kind kommen dürfen; was aber mehr kommt, schmerzlos getötet wird. Almosengeben wäre ein Verbrechen, da es den Zuwuchs der überzähligen Bevölkerung unterstützt; aber sehr vorteilhaft wird es sein, wenn man die Armut zu einem Verbrechen und die Armenhäuser zu Strafanstalten macht, wie dies bereits in England durch das „liberale" neue Armengesetz geschehen ist. Es ist zwar wahr, diese Theorie stimmt sehr schlecht mit der Lehre der Bibel von der Vollkommenheit Gottes und seiner Schöpfung, aber „es ist eine schlechte Widerlegung, wenn man die Bibel gegen Tatsachen ins Feld führt".
Soll ich diese infame, niederträchtige Doktrin, diese scheußliche Blasphemie gegen die Natur und Menschheit noch mehr ausführen, noch weiter in

Schriftliche Quellen I: Quellenkritik

ihre Konsequenzen verfolgen? Hier haben wir endlich die Unsittlichkeit des Ökonomen auf ihre höchste Spitze gebracht. Was sind alle Kriege und Schrecken des Monopolsystems gegen diese Theorie? Und gerade sie ist der Schlussstein des liberalen Systems der Handelsfreiheit, dessen Sturz den des ganzen Gebäudes nach sich zieht. Denn ist die Konkurrenz hier als die Ursache des Elends, der Armut, des Verbrechens nachgewiesen, wer will ihr dann noch das Wort zu reden wagen?
(Friedrich Engels, Umrisse zu einer Kritik der Nationalökonomie, in: Karl Marx/Friedrich Engels, Werke, Bd. 1, Dietz Verlag, Berlin 1972, S. 518)

1 Subsistenz = Lebensunterhalt, Existenzgrundlage
2 inhälrent = innewohnend, anhaftend
3 disponibel = verfügbar
4 Marcus = Pseudonym des Verfassers einer Flugschrift, die 1838 in London erschien

c) Aus einem Trierer Zeitungsbericht über bettelnde Landarme, 2. Juni 1846

Die Not auf dem platten Lande muss überhaupt groß, sehr groß sein. Unsere Stadt war noch nie von auswärtigen Bettlern, in der Regel ganzen Familien, so überschwemmt wie jetzt, die zum großen Teil den Beweis ihrer Hülfsbedürftigkeit unwiderlegbar in ihrem Äußeren tragen. Ihr könnt keinen Spaziergang machen, ohne nicht Dutzenden von diesen Unglücklichen zu begegnen. Charakteristisch ist das Urteil der Armen über ihren Zustand, ihr Bewusstsein des praktischen Bestehens einer großen Not. Wir hörten kürzlich eine Bettlerin einer andern klagen: Oh, die Leute geben einem nichts mehr. Nicht anders möglich, war die Antwort. Es sind der Leute zu viel, die was verlangen.
(Wilhelm Abel, Massenarmut und Hungerkrisen im vorindustriellen Europa. Versuch einer Synopsis, Hamburg 1974, S. 419 f., zit. nach Helmut Berding, Die deutsche Revolution von 1848/49, Ernst Klett, Stuttgart 1985, S. 22)

d) Der Historiker Hagen Schulze über das Bevölkerungswachstum seit dem 18. Jahrhundert, 1998

1750 zählt der Kontinent ungefähr 130 Millionen Einwohner; um 1800 sind es bereits etwa 180 Millionen, fünfzig Jahre darauf 266 Millionen, 1900 dann 401 Millionen und am Vorabend des Ersten Weltkriegs 468 Millionen. [...]
Diese beispiellose Bevölkerungsexplosion hat viele Ursachen, die noch keineswegs hinreichend geklärt sind. Da ist der steile Anstieg der landwirtschaftlichen Produktivität. Die alte Dreifelderwirtschaft, bei der stets ein Drittel des Bodens brach lag, weicht der modernen Fruchtwechselwirtschaft, und der Bodenertrag steigt allenthalben an. Mit dem Brabanter Pflug, der bis 1800 in West- und Mitteleuropa weithin eingeführt ist, kann der Boden tiefer umgebrochen werden als bisher; die Sense verdrängt die Sichel, neue Methoden verbessern die Aussaat, das Düngen und die Ernte. [...] Allenthalben in Europa werden weite Gebiete landwirtschaftlich urbar gemacht; in Preußen, in Hannover, in den von aufgeklärten Herrschern regierten norditalienischen Fürstentümern, selbst im zurückgebliebenen Kirchenstaat werden Moore trockengelegt, Heideflächen umgebrochen, Wälder gerodet und Weiden in Ackerflächen verwandelt. [...] Die großen Schwankungen zwischen den jährlichen Ernteerträgen werden immer geringer, Hungerkatastrophen werden seltener und bleiben schließlich aus. Besser genährte Menschen sind widerstandsfähiger gegen Krankheiten. Neue Mittel zur Krankheits- und Seuchenbekämpfung tun ein Übriges, um Epidemien einzudämmen; dank der fortgeschrittenen Verwaltungstechniken in den absolutistischen Staaten lassen sich Städte und ganze Landschaften militärisch abriegeln, sobald eine Seuche auftritt, und seit dem Ende des 18. Jahrhunderts zeigt auch die Pockenimpfung ihre Wirkung. Wenn auch die Cholera bis in die zweite Hälfte des 19. Jahrhunderts hinein Europa immer wieder heimsucht und hohe Opfer fordert, bleiben doch Pocken und Pest aus, die apokalyptischen Reiter der letzten tausend Jahre. Fortschritte in der Hygiene führen dazu, dass die Kindersterblichkeit sinkt, und auch der Tod der Frauen im Kindbett wird seltener. Nicht nur die Medizin ist daran beteiligt, sondern auch eine veränderte Einstellung der Menschen zu Kind und Familie. Zünftisches und ständisches Recht, vor allem auch die rechtliche Stellung der mittel- und osteuropäischen Bauern haben bisher viele Eheschließungen behindert. Jetzt heiratet man häufiger und früher und die Ehepartner leben länger miteinander. Zwar wächst die Zahl der Geburten nicht erheblich, geht seit der zweiten Hälfte des 19. Jahrhunderts sogar zurück, aber die Sterblichkeitsziffern sinken dramatisch, während das durchschnittliche Lebensalter der Menschen erheblich zunimmt.
(Hagen Schulze, Phoenix Europa, Siedler Verlag, Berlin 1998, S. 52 f.)

e) **Der Historiker Friedrich Pohlmann über den Wandel der Ernährung in der Frühindustrialisierung, 1997**

Im Gesamtverlauf des neunzehnten Jahrhunderts […] kam [es] wieder zu einer Zunahme fleischlicher und einer Abnahme pflanzlicher Nahrungsmittel. Die Tatsache, dass es vor allem in der ersten Hälfte des neunzehnten Jahrhunderts noch Hungersnöte gab, widerspricht nicht der These von der Verbesserung der Nahrungssituation, denn diese Hungersnöte hatten nicht mehr das Ausmaß von Hungersnöten früherer Jahrhunderte. Am stärksten war die positive Veränderung der Ernährungssituation gerade auch der unteren Schichten im letzten Drittel des neunzehnten Jahrhunderts, also in der Phase der deutschen Hochindustrialisierung, und diese Kongruenz zwischen Expansion des Industriesystems und Verbesserung der Nahrungsgrundlage war keineswegs zufällig. […]
1. Besonders wichtig ist die mit der Industrialisierung zusammenhängende „Agrarrevolution", die eine in der Geschichte der Landwirtschaft einmalige Produktivitätssteigerung durch Verbesserung der Bodenanbaumethoden, künstliche Düngung und Mechanisierung bewirkte.
2. Wichtig war auch die Mechanisierung der Transportmittel, die man auch als „Transportrevolution" bezeichnet hat. Diese „Revolution" ermöglichte, Nahrungslücken durch schnelle Einfuhr ausländischer Nahrungsmittelüberschüsse zu füllen.
3. Bedeutsam waren natürlich auch die durch die Industrialisierung ermöglichten Verfahren zu einer langfristigen Konservierung von Nahrungsmitteln. Dadurch war man erstmals in der Geschichte in der Lage, wichtige Nahrungsmittel länger transport- und lagerfähig zu halten, ohne dass sie wesentlich an Geschmack und Verdaulichkeit verloren.
(Friedrich Pohlmann, Die europäische Industriegesellschaft. Voraussetzungen und Grundstrukturen, UTB, Opladen 1997, S. 133 f.)

Arbeitshinweise

1 Informieren Sie sich in der Schulbibliothek anhand von Lexika über den persönlichen Werdegang und die politische Position von Robert Malthus und Friedrich Engels.
2 Fassen Sie die Bevölkerungslehre von Robert Malthus thesenartig zusammen und ordnen Sie diesen Thesen die entsprechenden Kritikpunkte des Zeitgenossen Friedrich Engels zu. Erörtern Sie, inwieweit es sich jeweils um Sach- oder Werturteile handelt.
3 Erklären Sie die unterschiedlichen Positionen aus der politischen Haltung von Robert Malthus und Friedrich Engels.
4 Beschreiben Sie anhand des Trierer Zeitungsartikels vom Juni 1846 die sozialen Folgen der „Bevölkerungsexplosion" in der ersten Hälfte des 19. Jahrhunderts.
5 Überprüfen Sie mit Hilfe der Sekundärliteratur die Bevölkerungstheorie von Robert Malthus für das 19. Jahrhundert. Ziehen Sie dafür die Texte der Historiker Hagen Schulze und Friedrich Pohlmann heran.
6 Außerordentlich starkes Bevölkerungswachstum und Massenarmut sind heute vor allem Probleme der so genannten Dritten Welt. Informieren Sie sich in der Schulbibliothek über Bevölkerungsentwicklung und Ernährungssituation in diesen Ländern. Diskutieren Sie dann, ob und inwieweit die Bevölkerungstheorie von Robert Malthus auf die Gegenwart angewendet werden kann.

7 Frauenrollen – Männerrollen – Familie

Zerfall der Familie? Vielen Zeitgenossen des 19. Jahrhunderts stand es klar vor Augen: Der Kapitalismus, das Industriesystem hatten nicht nur überkommene soziale Ordnungen zertrümmert, sondern sich darüber hinaus an einem lebenswichtigen Unterpfand sozialer und politischer Stabilität vergangen: an der Familie. Die „große Industrie", hieß es im „Kommunistischen Manifest", habe „alle Familienbande für den Proletarier zerrissen". Auch auf konservativer Seite übte man scharfe Kritik an den Familien zerstörenden Wirkungen des Industriekapitalismus. Er habe, schrieb der Volkskundler Wilhelm Heinrich Riehl 1852, dem „vierten Stand" entweder die „Familienlosigkeit" oder die „social entfesselte Familie" – „freie Liebe, wilde Ehe" – aufgezwungen.

Heute weiß man: Die Entfaltung des Industriekapitalismus als sozioökonomisches System ging keineswegs mit „Familienlosigkeit", mit der „Auflösung von Ehe und Familie" oder mit ihrer „sozialen Entfesselung" einher. Im Gegenteil: In dem Maße, wie sich das kapitalistische Lohnarbeiterverhältnis durchzusetzen begann, gewann auch die Familie an Bedeutung. Immer mehr Arbeiter und Arbeiterinnen gründeten eine Familie und der Anteil der Ledigen an der Gesamtbevölkerung sank. Solange dagegen handwerklich-kleingewerbliche Strukturen vorherrschten, waren die Chancen, als abhängig Beschäftigter zu heiraten und eine Familie zu versorgen, weitaus geringer. Für Gesellen des Bäcker-, Fleischer- oder Friseurgewerbes lag das Risiko, lebenslang ledig zu bleiben, bei eins zu drei. Die Arbeiterschaft der expandierenden Schwerindustrie und des Maschinenbaus dagegen war 1882 bereits zu über 60 % verheiratet. Ehe- und Familienlosigkeit gehörten daher eher zu einer vorindustriellen, handwerklich-bäuerlich geprägten Gesellschaft.

Statistisch gesehen, hatten die familienbewussten Kritiker des Industriesystems also Unrecht. Waren große Gruppen der vorindustriellen Gesellschaft von der Familiengründung ausgeschlossen gewesen – man denke an Handwerksgesellen, Knechte und Mägde –, schuf die Industrialisierung Arbeitsplätze ohne strukturelle Heiratsbarrieren. Die Familie verschwand folglich nicht, sondern setzte sich als Lebensform auch in den Unterschichten jetzt erst durch.

Allerdings sagt die Häufigkeit von Eheschließungen noch nichts aus über den Charakter und die Qualität der geschlossenen Ehe. Dennoch gibt es keine verlässlichen Hinweise, dass sich diese im Verlauf des 19. Jahrhunderts zum Schlechteren verändert hätten. Unsicheres Einkommen, beengte Wohnverhältnisse und knappe Einkommen waren kein Merkmal des Industrieproletariats; die Unterschichten der vorindustriellen Gesellschaft hatten materiell kaum besser gelebt.

Diesen Vergleichsmaßstab legten Kritiker nicht an. Sie verglichen das Familienleben der Arbeiter stattdessen mit einem idyllisierten Bild bäuerlich-handwerklicher bzw. bürgerlicher Familien. Gekennzeichnet durch patriarchalische Strukturen, klare Arbeits- und Rollenzuweisungen und ein hohes Maß an Stabilität und Kontinuität über die Generationen hinweg, schienen solche Familientypen das genaue Gegenstück zu den instabilen, konfliktgeschüttelten und chronischen Mangel verwaltenden Fabrikarbeiterfamilien darzustellen.

Form- und Funktionswandel der Familie Mit der Industrialisierung haben sich die Formen und Funktionen der Familie grundlegend verändert. In der vorindustriellen Zeit verstand man unter **„familia"** weder die Kernfamilie noch das komplizierte Geflecht der Verwandschaftsbeziehungen, sondern die Gesamtheit der in einem Haus lebenden Personen einschließlich des Gesindes. Dieses „Haus" bildete die Grundlage des gesellschaftlichen Lebens und war eine wirtschaftliche, soziale und rechtliche Einheit. Allein der „Hausvater" war Bürger einer Gemeinde oder Stadt bzw. Mitglied einer Zunft, alle anderen Familienangehörigen waren Teil des „Hauses". Bis heute hält sich das Vorurteil, die Menschen der vorindustriellen Zeit hätten überwiegend in Großfamilien zusamengelebt, die ihnen ein hohes Maß an sozialer Sicherheit und Geborgenheit vermittelt habe. Diese Großfamilie, die durch die Industrialisierung zerstört worden sei, hat es so jedoch nicht gegeben. Vielmehr bestanden ganz unterschiedliche **Familienformen** nebeneinander. Im Adel und in einem Teil der bäuerlichen Bevölkerung war die „Drei-Generationen-Familie" verbreitet, in der Großeltern, Eltern und Kinder in einem Haushalt zusammenlebten. Daneben gab es bei den Bauern, Handwerkern und Händlern die „erweiterte Familie", zu der außer den unverheirateten Verwandten auch alle im Haushalt Beschäftigten gehörten. Diese Familienform setzte allerdings eine bestimmte Mindestgröße des Betriebes voraus. Familien von Kleinhändlern, ländlichen Handwerkern oder ärmeren städtischen Meistern, die sich die Einstellung von zusätzlichen Arbeitskräften nicht leisten konnten, bestanden in der Regel aus Eltern mit ihren Kindern. Das galt auch für viele Heimarbeiterfamilien und die neu entstehenden Fabrikarbeiterfamilien.

Mit der Industrialisierung (M 16a) nahm die Zahl der **Familiengründungen** zu, weil viele Menschen, die vorher aufgrund der Heiratsbeschränkungen nicht heiraten durften, nunmehr eine Ehe eingehen und einen eigenen Hausstand gründen konnten. In der bäuerlichen Bevölkerung blieb die Familie zwar weitgehend eine wirtschaftliche und soziale Einheit. Für alle anderen Schichten änderte sich das jedoch mit dem Vordringen der kapitalistisch-industriellen Wirtschaftsweise: Erwerbstätigkeit und Familie, Öffentliches und Privates entwickelten sich immer stärker zu völlig voneinander getrennten Bereichen. Außerdem setzte sich im 19. Jahrhundert ein **neues Leitbild** von Ehe und Familie durch, zuerst im Bürgertum und von da ausgehend in allen anderen Schichten (M 16b, c). Danach sollte die Familie ein Zufluchtsort und Gegengewicht gegen die Versachlichung der zwischenmenschlichen Beziehungen und die Zwänge der kapitalistischen Wirtschaft sein, die durch Leistung und Konkurrenz geprägt war.

| Frauenerwerbsarbeit und hausväterliches Regiment | Das zeitgenössische, die politischen Lager übergreifende Unbehagen an den proletarischen Familienverhältnissen bündelte sich in der Figur der erwerbstätigen Ehefrau. Dass eine verheiratete Frau fern von Haus und Familie in der Fabrik Geld verdiente, galt vor allem in der bürgerlichen Öffentlichkeit als Wurzel allen Übels. Hier fand man den eigentlichen Grund für die vermeintliche Zerrüttung der Arbeiterfamilie. Wie konnte eine Familie funktionieren, deren Mittelpunkt, die Frau, nicht ständig anwesend war? Dieser Frage gesellte sich eine andere hinzu: Was passiert mit dem Regiment des Hausvaters, wenn seine ökonomisch und sozial bedingte Macht durch die außerhäusliche Erwerbstätigkeit der Ehefrau untergraben wird? Ganz offensichtlich veränderte das Industriesystem nicht nur die Familienverhältnisse, sondern auch die **Geschlechterverhältnisse**, die Beziehungen zwischen Frauen und Männern. Frauen, so schien es, emanzipierten sich von Untergebenen zu Konkurrentinnen; sie machten Männern nicht nur Arbeitsplätze streitig, sondern auch, in logischer Konsequenz, die Macht im Haus. Das Fabriksystem, notierte Friedrich Engels 1845, stelle die Familie „auf den Kopf", rufe „die Herrschaft der Frau über den Mann" hervor, „entmanne" den Mann und raube „dem Weibe seine Weiblichkeit".

Wiederum zeigt ein Blick in die Statistik, dass sich eine solche Entwicklung allenfalls der Tendenz nach, keineswegs aber als allgemein gültige Regel abzeichnete. Zwar nahmen marktvermittelte Beschäftigungsverhältnisse von Frauen seit der zweiten Hälfte des 19. Jahrhunderts stark zu; verheiratete Frauen sind jedoch schwach vertreten. 1875 war nur ein Fünftel der Fabrikarbeiterinnen verheiratet, 1907 etwas mehr als ein Viertel. Die weitaus meisten Ehefrauen von Arbeitern gingen keiner regelmäßigen außerhäuslichen Erwerbsarbeit nach, sondern trugen mit Heimarbeit,

Zugehdiensten oder Untervermietung zum Familieneinkommen bei. Vor allem in den Kreisen besser verdienender Facharbeiter behauptete der Mann seine Rolle als hauptsächlicher oder alleiniger Familienernährer. Hier waren Frauen vornehmlich für Haushalt, Kindererziehung, Nachbarschafts- und Verwandtenpflege zuständig (M 17a, b).

Lohnarbeit gegen Hausarbeit Von dem befürchteten Rollenwechsel, der Umkehr männlich-weiblicher Machtverhältnisse, konnte in diesen Familien keine Rede sein. Vielmehr erhielten sich auch hier Autoritätsstrukturen, die Männer begünstigten und Frauen auf nach- und untergeordnete Plätze verwiesen. Je mehr sich zudem die Vorstellung vom Mann als Familienernährer verallgemeinerte und zur Leitlinie gewerkschaftlicher Tarif- und Arbeitsmarktpolitik entwickelte, desto geringer wurde der ökonomische „Wert" der Frau veranschlagt. War das Familieneinkommen in einer Zeit, die Lohnarbeit noch nicht oder kaum kannte, eine komplexe, schwer auseinander zu dividierende Größe gewesen, wurde es nun mit dem Verdienst des außerhäuslich erwerbstätigen Mannes gleichgesetzt. Die wirtschaftlichen Leistungen der Hausfrau – als Konsumentin, aber auch bei der Weiterverarbeitung von Nahrungsmitteln und Bekleidung – tauchten in der Rechnung nicht mehr auf. Indem der Industriekapitalismus die Lohnarbeit für Männer verallgemeinerte, bewirkte er folglich mittelbar, die Arbeit von Frauen ökonomisch unsichtbar zu machen. In einer Gesellschaft, die zunehmend dem Prinzip der Nützlichkeit, der maximalen und messbaren Ausnutzung aller Ressourcen huldigte, kam dies einer sozialen Entwertung der Frauen und einer Aufwertung der Männer gleich.

Geschlechterverhältnisse und Arbeitsmarkt Aber auch auf direkte Weise trug das Industriesystem dazu bei, die soziale Ungleichheit der Geschlechter zu verschärfen und zu verfestigen. Selbst dann, wenn es Frauen als Lohnarbeiterinnen in seinen Dienst nahm, legte es dabei andere Maßstäbe an als bei Männern. Frauen bekamen in der Regel schlechter bezahlte und ausgestattete Arbeitsplätze als ihre männlichen Kollegen. Ihnen wurden minder bewertete Qualifikationen und Fertigkeiten abverlangt. Ihre Aufstiegsmöglichkeiten waren noch beschränkter als die von Männern. Die Fabrik reduzierte Männer und Frauen eben nicht auf geschlechtslose Arbeitsinstrumente, sondern verteilte die Arbeit durchaus unterschiedlich nach Maßgabe des Geschlechts. Das Schreckbild des 19. Jahrhunderts – die Industrie zerstört die Familie und emanzipiert die Frauen – erweist sich folglich als leerer Wahn. Zwar setzte die kapitalistische Industrialisierung in der Tat Veränderungen in Gang, die die Familien- und Geschlechterbeziehungen nicht unangetastet ließen. Keineswegs aber wirkten jene Veränderungen auf den Abbau patriarchalischer Herrschaftsverhältnisse innerhalb und außerhalb der Familie hin. Vielmehr stellte sich auch in den neuen Familien der Lohnarbeiter die hierarchische Ordnung wieder her.
Manches spricht sogar dafür, dass die Geschlechterordnung eher ungleicher als gleicher wurde. Schließlich war die messerscharfe Trennung männlicher und weiblicher Funktionsbereiche im Wesentlichen ein Produkt des 19. Jahrhunderts. Auch vorher gab es soziale Unterschiede zwischen Frauen und Männern. Die bürgerlich-kapitalistische Gesellschaft hat diese in besonderer Weise zugespitzt, normiert und verallgemeinert.

M16 Formen, Funktionen und Ideale der Familie im Wandel der Zeiten

a) Der Historiker Michael Mitterauer über die Auswirkungen der Industrialisierung auf die Familienstruktur, 1977

In vorindustrieller Zeit war die fast ausschließliche Produktionsgemeinschaft die Familie selbst. Das gilt in gleicher Weise für die Landwirtschaft wie für das Handwerk. Großbetriebliche Formen der Arbeitsorganisation gab es im wesentlichen nur im Montanwesen und im Baugewerbe. Als Familien ohne Produktionsfunktion sind freilich bis weit zurück in vorindustrielle Zeit die vielen ländlichen und städtischen Taglöhner zu bedenken. Durch die Entstehung industrieller Großbetriebe wurden Familien ohne Produktionsfunktion eine Massenerscheinung. In die gleiche Richtung wirkte auch die zunehmende Bürokratisierung. Die Familie als Produktionsgemeinschaft wurde von der Regel zur Ausnahme. Für ihre Zusammensetzung war diese Entwicklung von entscheidender Bedeutung. Die durch die Rollenverteilung in der gemeinsam geleisteten Arbeit gegebenen Bindungen fielen nun weg. Das betraf vor allem die Notwendigkeit der Heirat bei Übernahme des Haushalts bzw. der Wiederverehelichung nach dem Tod des Partners. Besonders im Bauernhaus, weitgehend aber auch im Handwerkerhaus, mussten die beiden zentralen Positionen des Hausherrn und der Hausfrau stets besetzt sein. Witwer und Witwen als Haupt der Familie waren selten. Witwenhaushalte finden sich hauptsächlich in Städten. Beachtenswert ist in diesem Zusammenhang der Unterschied zwischen den Inhabern des Hauses und den bei ihnen als Mieter oder in einem sonstigen Abhängigkeitsverhältnis lebenden Inwohnern, deren Zahl vor allem in den Städten hoch war. Solange man die Position des Hausherrn oder der Hausfrau innehatte, musste man in der vorindustriellen Gesellschaft in der Regel verheiratet sein. Der Anteil von Zweit- und Drittehen in dieser Zeit erklärt sich daraus. Das verheiratete Paar als Kernstück – und damit ein Grundbestand von zwei Personen – war in den hausbesitzenden Familien der vorindustriellen Epoche im Allgemeinen gegeben. Die heute so verbreiteten Einzelhaushalte fehlten weitgehend. Das dahinterstehende Phänomen des „Familienrests" war genauso wie die „unvollständige Familie" wenig verbreitet. Solche Formen beschränkten sich im Wesentlichen auf die Gruppe der Inwohner. Nicht die Kernfamilie ist das Ergebnis der Industrialisierung bzw. parallel verlaufender Modernisierungsprozesse, sondern die zunehmende Möglichkeit der „unvollständigen Familie", in der keine zwingende Notwendigkeit mehr besteht, die beiden zentralen Rollenträger immer wieder zu ersetzen. Die Entlastung der überwiegenden Mehrzahl der Familien von Produktionsfunktionen ist als Hintergrund dieser Entwicklung zu sehen.

Für familienwirtschaftliche Ordnungen – vor allem der Agrargesellschaft, zum Teil aber auch im städtischen Milieu – ist es charakteristisch, dass zumindest ein Kind als Erbe im Haus bleibt. Eltern-Kind-Gruppen erscheinen bei solchen Produktionsverhältnissen als die vorherrschende Familienkonstellation. Individuelle außerhäusliche Erwerbstätigkeit hat hingegen zur Folge, dass alle Kinder das Elternhaus verlassen – insbesondere dann, wenn entsprechende Möglichkeiten zu neolokaler Ansiedlung gegeben sind. Mit steigender Lebenserwartung verlängert sich für die Eltern die Phase des Zusammenlebens ohne Kinder. Auch die quantitative Zunahme solcher Ehepaare als „Restfamilien" ist ein bezeichnendes Charakteristikum der Familienentwicklung in neuerer Zeit, das u. a. auch mit dem Prozess der Industrialisierung zusammenhängt.

Ein anderer Aspekt des Verlusts der Produktionsfunktionen ist der Rückgang bzw. Wegfall des Gesindes. Solange die Familie als Gemeinschaft bestimmte Arbeitsleistungen zu bewältigen hatte, war eine gewisse Konstanz der eingesetzten Arbeitskräfte erforderlich, die durch die Kinder des Hauses einerseits, die Knechte und Mägde andererseits sichergestellt wurde.

(Michael Mitterauer, Der Mythos der vorindustriellen Großfamilie, in: Heidi Rosenbaum [Hg.], Seminar: Familie und Gesellschaftstruktur. Materialien zu den sozioökonomischen Bedingungen von Familienformen, Suhrkamp, Frankfurt/Main 1978, S. 146 f.)

b) Der sozialdemokratische Fabrikarbeiter Moritz Th. W. Bromme aus Sachsen über sein Familienleben, um 1900

Meiner Verheiratung stand [nach der umgangenen Einziehung zum Militärdienst] also nichts mehr im Wege, doch soviel steht fest: Hätte ich meine Braut nicht geschwängert gehabt, ich hätte noch lange nicht geheiratet und wäre vielleicht Soldat geworden. [...]

Zum Ball des Arbeitervereins am 20. Oktober machte ich Kindstaufe. [...] Auch diese erste Taufe war noch ein fröhliches echtes Familienfest. Wir hatten Freude, was bei späteren Gelegenheiten nicht der Fall war. Übrigens habe ich nur drei Taufen ausgerichtet, bei den andern dreien ist die Hebamme allein mit dem Kind zur Kirche gegangen und die Namen der Paten sind nur eingeschrieben worden.

Meine Frau ging dann wieder mit auf Arbeit und das Kind behielt die Schwiegermutter, wenn ich nicht irre, für 4 Mark wöchentlich. […]

Im März schenkte [meine Frau] einem zweiten Töchterchen das Leben. Erna wurde diese genannt. Jetzt hieß es schon die „Ohren steif halten": Sollten wir nun 7 oder 8 Mark für die Pflege der beiden Kinder ausgeben? Das wäre doch Unsinn gewesen. Meine Frau musste also nun zu Hause bleiben. Sie nähte nun zu Hause weiter aus. In der ersten Zeit ging es dabei noch mit dem Verdienst. Dann aber kam ein neuer Putzmeister, der von ihrer früheren Tätigkeit in der Fabrik nichts wusste. Sie bekam schlechtere Stücke und der Verdienst ging zurück. Jetzt hieß es noch mehr aufpassen, denn die Kinder kosteten immer mehr Geld. Meine Frau ward manches Mal ärgerlich! In solcher Laune schlug sie auch öfters mittags die Kleine auf die Hände, weil sie nach den Tassen griff und eine derselben umwarf. Schließlich schlug sie gleich mit dem Löffel auf die kleinen Finger. Das erste Mal hatte ich es ruhig angesehen und ihr's verboten; denn ich wusste ja, warum sie es tat: nur der Ärger über den elenden Mammon, der nicht ausreichen wollte.

(Zit. nach Moritz Th. W. Bromme, Lebensgeschichte eines modernen Fabrikarbeiters. Nachdruck der Ausgabe von 1905. Mit einem Nachwort hg. v. Bernd Neumann, Frankfurt/Main 1971, S. 219–225)

1 *Diskutieren Sie die These, dass die Menschen in vorindustrieller Zeit vorwiegend in Großfamilien gelebt hätten anhand der Darstellung S. 88 f.*
2 *Erläutern Sie anhand von M 16 a die Auswirkungen der Industrialisierung auf die Entwicklung der Familie.*
3 *Charakterisieren Sie am Beispiel der Familie Bromme (M 16b) Aufgaben und Wesen der Arbeiterfamilie um 1900.*
4 *Häufig wird die These vertreten, dass das bürgerliche Ideal der binnenorientierten Familie auch Leitbild der Arbeiterfamilie gewesen sei. Überprüfen Sie diese These mit Hilfe von M 16b.*
5 *Untersuchen Sie die Bedeutung der Erwerbstätigkeit der Ehefrau für die Arbeiterfamilie (M 16b). Beschäftigen Sie sich dabei auch mit der Frage, was die Erwerbstätigkeit für das Familienleben bedeutete.*

c) Der Dichter Friedrich Schiller über das bürgerliche Ideal der Geschlechterrollen, 1799/1800

Der Mann muss hinaus
Ins feindliche Leben,
Muss wirken und streben
Und pflanzen und schaffen,
Erlisten, erraffen,
Muss wetten und wagen,
Das Glück zu erjagen.
Da strömet herbei die unendliche Gabe,
Es füllt sich der Speicher mit köstlicher Habe,
Die Räume wachsen, es dehnt sich das Haus.

Und drinnen waltet
Die züchtige Hausfrau,
Die Mutter der Kinder,
Und herrschet weise
Im häuslichen Kreise,
Und lehret die Mädchen
Und wehret den Knaben,
Und reget ohn Ende
Die fleißigen Hände,
Und mehrt den Gewinn
Mit ordnendem Sinn.
Und füllet mit Schätzen die duftenden Laden,
Und dreht um die schnurrende Spindel den Faden,
Und sammelt im reinlich geglätteten Schrein
Die schimmernde Wolle, den schneeigten Lein,
Und füget zum Guten den Glanz und den Schimmer,
Und ruhet nimmer.

(Friedrich Schiller, Das Lied von der Glocke, in: Karl Otto Conrady [Hg], Das große deutsche Gedichtbuch, Athenäum, Königstein/Ts. 1978, S. 319 f.)

1 *Beschreiben Sie anhand von M 16c das Leitbild der bürgerlichen Familie. Beziehen Sie auch das Bild B 1, S. 125 mit ein.*

M17   Männerarbeit – Frauenarbeit

a) Erwerbstätige in Deutschland in ausgewählten Gewerben nach Geschlecht und Stellung im Beruf 1895–1907 (in Prozent):

Branche	Stellung im Beruf in % der männl./weibl. Erwerbstätigen				Frauen in % aller Erwerbst. in der berufl. Stellung	
	Männer		Frauen			
	1895	1907	1895	1907	1895	1907
Maschinenbau / Elektrotechnik						
Selbstständige	21,4	8,8	12,3	3,3	1,7	1,8
Heimarbeiter	0,5	0,4	1,9	2,0	10,2	19,8
Aufsichtspersonal	2,2	3,5	0,1	0,3	0,1	0,4
Technische Angestellte	3,2	4,6	0,0	0,1	0,0	0,1
Gelernte Angestellte	3,2	5,5	3,4	16,7	3,0	13,1
Gelernte Arbeiter	46,8	49,6	12,6	11,7	0,8	1,1
Ungelernte Arbeiter	22,7	27,5	69,7	65,8	8,3	10,6
Lederindustrie						
Selbstständige	26,8	22,2	9,1	5,2	2,2	2,4
Heimarbeiter	1,2	1,2	1,8	2,7	8,9	18,9
Aufsichtspersonal	1,0	2,2	0,2	0,5	1,5	2,2
Technische Angestellte	0,1	0,2	0,0	0,0	0,0	1,8
Kaufm. Angestellte	1,7	3,4	1,3	6,0	4,7	15,5
Gelernte Arbeiter	50,5	45,5	20,3	11,7	2,5	2,6
Ungelernte Arbeiter	18,6	25,3	67,2	74,0	19,0	23,4
Textilindustrie						
Selbstständige	9,8	5,3	3,9	2,0	24,2	27,5
Heimarbeiter	14,9	7,2	13,3	8,4	14,9	53,4
Aufsichtspersonal	2,4	5,6	0,2	0,5	5,6	7,5
Technische Angestellte	0,2	0,4	0,0	0,0	2,0	5,3
Kaufm. Angestellte	4,2	7,8	0,2	1,0	3,4	11,6
Gelernte Arbeiter	40,0	37,2	41,5	36,6	45,7	49,2
Ungelernte Arbeiter	28,4	36,5	40,0	51,5	53,9	58,1

Lesebeispiel: Von 1000 männlichen Beschäftigten in Maschinenbau/Elektrotechnik (1895) sind 214 Selbstständige, 5 Heimarbeiter, 22 Aufsichtspersonal etc.; von 1000 Selbstständigen in dieser Branche (1895) sind 17 Frauen, von 1000 Heimarbeitern sind 102 Frauen etc.
(Gerhard A. Ritter/Klaus Tenfelde, Arbeiter im Deutschen Kaiserreich 1871 bis 1914, J. H. Dietz, Bonn 1992, S. 215)

1 *Wie lassen sich die Unterschiede erklären? Was zeichnete die Berufe aus, in denen vorwiegend Frauen bzw. Männer beschäftigt waren?*

b) **Die Bedeutung von Frauenarbeit**
In der 1877 veröffentlichten Enquete über Frauen- und Kinderarbeit in Fabriken wurde die Frage gestellt, ob eine Einschränkung der Frauenarbeit zu befürworten sei. Die Mehrzahl der Befragten (Unternehmer, Handelskammern usw.) sprach sich mit folgender Begründung dagegen aus:
[1.] Die den Frauen entzogenen Arbeiten würden für Männer in vielen Fällen nicht geeignet und ausführbar sein, bei gewissen Verrichtungen erlangten die Frauen eine größere Geschwindigkeit und Fertigkeit als die Männer; so namentlich in den Spinnereien (Anknüpfen der Fäden), Kunstwollfabriken (Garnieren der Hüte), Papierfabriken (Sortieren der Lumpen, Anfertigung von Kuverts, Eisenbahnbillets und ähnlichen Manipulationen), in der Band- und Eisengarnindustrie.
[2.] Der Mehrbedarf an Arbeitern würde nur schwer sich decken lassen und auch nur mit Nachtheil für andere Erwerbszweige, insbesondere für die Landwirtschaft.
[3.] Schon eine Einschränkung in der täglichen Arbeitszeit der Frauen würde den Betrieb empfindlich stören […]. Eine solche Maßregel würde für viele Zweige der Fabrikthätigkeit die weiblichen Arbeiter unverwendbar machen, da sie mit den Männern an einem Stücke, einer Maschine zusammen arbeiten und deshalb die Arbeit nicht früher als diese verlassen können.
(Ergebnisse der über die Frauen- und Kinderarbeit in den Fabriken auf Beschluss des Bundesraths angestellten Erhebungen, hg. vom Reichskanzler-Amt, Berlin 1877, S. 75)

1 *Untersuchen Sie anhand von M 17b die Gründe, die Unternehmer zur Einstellung bzw. Nichteinstellung von Frauen veranlassten.*

ang mit Sekundärliteratur

Die Bedeutung technischer Innovationen für die Industrialisierung

Historikerinnen und Historiker versuchen nicht nur aus Quellen zu erforschen, was in der Vergangenheit geschehen ist, sondern auch zu erklären, warum sich etwas zugetragen oder verändert hat und welche Bedeutung Geschehnisse für bestimmte Entwicklungen hatten. Dabei stützen sie sich auch auf die Forschungsergebnisse, die andere vor ihnen veröffentlicht haben. Sie verwenden sie für ihre Arbeit, indem sie sie ergänzen, weiterführen oder anders bewerten. Darstellungen, in denen Historikerinnen und Historiker ihre Quellenbefunde, Analysen und Beurteilungen der Vergangenheit veröffentlichen oder in denen sie selbst den fachlichen Kenntnisstand ergebnisorientiert zusammenfassen, werden als Sekundärliteratur bezeichnet.
Jede historische Darstellung ist bei allem Bemühen um Objektivität jedoch eine perspektivisch gebundene Bewertung eines Sachverhaltes. Das hängt mit der Fragestellung und mit dem Erkenntnisinteresse zusammen, das die Verfasser verfolgen. Hinzu kommt, dass niemand frei von Weltanschauungen ist und erkenntnisleitenden Interessen verhaftet bleibt – egal, ob diese explizit erwähnt werden oder nicht. Mit Sekundärtexten muss man sich ebenso kritisch auseinander setzen wie mit Quellen. Zunächst sollte man sich klar machen, womit sich die Darstellung beschäftigt (Thema), welcher Fragestellung der Autor oder die Autorin nachgeht (Leitfrage, Zusammenhang) und zu welchem zentralen Ergebnis er oder sie gelangt (zentrale Aussage, These). Auf diese Weise kann man den Text überprüfen und kritisch würdigen. Die einzelnen Arbeitsschritte sind im unten aufgeführten Fragenkatalog zusammengefasst.
Ein Tipp: Markieren Sie bei der Lektüre Argumente, Begriffe und Thesen in drei verschiedenen Formen (z. B. Linie, Schlangenlinie, doppelte Unterstreichung) und notieren Sie sich den Gedankengang des Autors durch Schlagwörter am Rand (These, Argument 1, 2, 3 usw., Gegenthese, Behauptung, weiterführender/abschweifender Gedanke, Begriffserläuterung, Schlussfolgerung, Bewertung). So können Sie den Gedankengang des Autors/der Autorin besser erfassen.

Fragen zur Analyse von Sekundärliteratur

1   *Mit welchem Thema und welcher Fragestellung beschäftigt sich die Verfasserin/der Verfasser?*
2   *Was will der Autor/die Autorin erklären?*
3   *Welche zentralen Aussagen werden getroffen bzw. welche Thesen werden aufgestellt?*
4   *Mit welchen Argumenten belegt die Verfasserin/der Verfasser die Aussagen und Thesen?*
5   *Will sich der Autor/die Autorin möglicherweise gegen eine andere Position absetzen? Wenn ja, gegen welche und warum?*
6   *Von welchen (Wert-)Maßstäben aus werden Ereignisse, Entwicklungen und das Handeln von Personen beurteilt (= erkenntnisleitende Interessen)?*

a) Der englische Historiker David S. Landes über die Rolle der Naturwissenschaft und Technik für die Industrialisierung, 1983

Wenn ein Autor es mit mehrdeutigen Begriffen zu tun hat, muss er zunächst eine Begriffsbestimmung vornehmen. Der Ausdruck „industrielle Revolution" bezeichnet normalerweise den Komplex technologischer Neuerungen, die dadurch, dass sie die menschliche Geschicklichkeit durch Maschinen und die menschliche und tierische durch die mechanische Kraft ersetzen, den Übergang vom Handwerk zum Fabriksystem bewirken und somit die Geburtsstunde der modernen Wirtschaft einleiten. In diesem Sinne hat die industrielle Revolution, wenn auch in unterschiedlicher Weise, eine Anzahl von Ländern bereits verändert; andere Gesellschaften sind mitten im Wandel begriffen und bei wieder anderen kündigt er sich an. [...]

Das Kernstück der industriellen Revolution war eine miteinander verzahnte Folge technologischer Umwandlungen. Die materiellen Fortschritte fanden auf drei Gebieten statt. Erstens traten mechanische Anlagen an die Stelle der menschlichen Fertigkeiten; zweitens ersetzte die unbeseelte Kraft – insbesondere der Dampf – die menschliche und tierische Kraft; und drittens wurden, speziell im Bereich der metallurgischen und chemischen Industrie, die Verfahren der Erzeugung und der Verarbeitung der Rohstoffe wesentlich verbessert.

(David S. Landes, Der entfesselte Prometheus. Technologischer Wandel und industrielle Entwicklung in Westeuropa von 1750 bis zur Gegenwart, dtv, München 1983, S. 15)

b) Der englische Historiker Eric J. Hobsbawm über soziale Bedingungen technisch-naturwissenschaftlicher Innovationen, 1980

Das Neue lag nicht in den Neuerungen selbst, sondern in der Entschlossenheit praktisch begabter Männer, die vorhandene und verfügbare Naturwissenschaft und Technologie anzuwenden, und in dem ausgedehnten Markt, der für Waren offen war, während Preise und Kosten rapide sanken. Kurz: Das Neue war in der konkreten Situation begründet, die das Denken der Menschen dazu veranlasste, praktische Probleme zu lösen.

Und von dieser Situation ging der entscheidende Impuls zur ersten, bahnbrechenden Industriellen Revolution aus. Sie macht es einer unternehmenden, nicht besonders gebildeten oder feinsinnigen und nicht besonders reichen Gruppe von Geschäftsleuten und Fachhandwerkern möglich, in einer prosperierenden Wirtschaft die Chancen der technischen Innovation zu nutzen. Mit anderen Worten: Diese besondere Situation reduzierte die Grundvoraussetzungen an fachlichem Können, an Kapital, an umfangreichen Geschäften oder Regierungsorganisationen und Planungen, ohne die eine Industrialisierung nicht auskommt, auf das Minimum.

(Eric J. Hobsbawm, Industrie und Empire I: Britische Wirtschaftsgeschichte seit 1750, Suhrkamp, Frankfurt/Main ⁹1980, S. 60)

1 *Analysieren Sie die Texte von David S. Landes und Eric J. Habsbawm mit Hilfe des Fragenkatalogs auf S. 564.*

2 *Erläutern Sie die Unterschiede zwischen beiden Autoren. Fassen Sie in einem ersten Arbeitsschritt die Definition der Industriellen Revolution von Landes zusammen. Erläutern Sie im zweiten Arbeitsschritt die Kritik, die Hobsbawm an der Definition von Landes übt.*

3 *Diskutieren Sie die Vorzüge und Nachteile der beiden Definitionen der Industriellen Revolution.*

8 Industrieller Wandel und Migration

8.1 Binnenwanderung: Die Zuwanderung ins Ruhrgebiet

Industrieraum Ruhrgebiet — Das Gebiet nördlich der Ruhr, das so genannte Ruhrgebiet, entwickelte sich in der zweiten Hälfte des 19. Jahrhunderts zu einer der bedeutendsten Industrieregionen Deutschlands und Europas (Karte 1). Die wirtschaftliche Grundlage dafür bildeten vor allem **Steinkohle und Eisenerz**.
Zwar wurde im äußersten Süden des Ruhrgebietes seit dem 18. Jahrhundert Bergbau betrieben, doch im Unterschied zu anderen Schwerpunkten der Montanindustrie wie dem Saargebiet und Oberschlesien besaß die Region bis ins 19. Jahrhundert hinein keine industrielle Tradition. Vom Anschluss an Preußen im Jahr 1815 und den dadurch entstandenen größeren Absatzmärkten wie der preußischen Wirtschaftspolitik profitierte zunächst der Bergbau an der Ruhr. Mit dem Eisenbahnbau Mitte des Jahrhunderts entstand auch eine expandierende Eisenindustrie, die nach 1852 einen regelrechten Gründerboom erlebte. In den folgenden Jahrzehnten vervielfachte sich die Zahl der Bergwerks- und Hüttenunternehmen; darüber hinaus wurden zahlreiche Großunternehmen als Aktiengesellschaften ins Leben gerufen, die neue Technologien nutzten.

Einwanderungsgesellschaft Ruhrgebiet — Mit dem beschleunigten Ausbau des Berg- und Hüttenwesens nahm der Bedarf an Arbeitskräften sprunghaft zu, der jedoch nicht mehr auf dem einheimischen Markt befriedigt werden konnte. Bereits zur Zeit der Reichsgründung 1870/71 war der **Arbeitsmarkt im Ruhrgebiet** selbst wie auch in den angrenzenden Regionen leer gefegt, sodass die Unternehmer damit begannen, Arbeiter aus weit entfernten Gebieten anzuwerben. Die überwiegende Zahl der **Zuwanderer** kam **aus Ost- und Westpreußen** sowie aus dem von Preußen annektierten Teil **Polens** und gehörten in der Regel zu den ärmsten Bauern und den schlecht bezahlten Tagelöhnern, denen das Geld für eine Auswanderung nach Amerika fehlte. Die Agenten der Montanunternehmer versprachen ihnen nicht nur besser bezahlte und dauerhafte Beschäftigung, sondern lockten auch mit preiswerten Wohnungen und einem angenehmeren Leben (M 18). Allerdings sah die Wirklichkeit oft ganz anders aus: Die Neuankömmlinge mussten häufig die schwersten und am schlechtesten entlohnten Arbeiten verrichten; der Aufstieg in höherwertige Positionen mit besserer Bezahlung gelang erst in der zweiten oder dritten Generation. Außerdem waren die Zuwanderer anfangs gesellschaftlich isoliert und hatten mit Vorurteilen der einheimischen Bevölkerung zu kämpfen (M 19 a, b). Obwohl viele Zuwanderer ursprünglich nur vorübergehend im Ruhrgebiet arbeiten wollten, um genügend Geld für ein Stück Land im Osten zu verdienen, blieben doch die meisten von ihnen. Die Folge davon war eine Verdoppelung der Bevölkerung in den Kernkreisen des Ruhrgebietes – Duisburg, Essen, Dortmund und Bochum – zwischen 1871 und 1890 auf fast 1,1 Mio. Menschen; bis 1914 hat sich die Bevölkerung nahezu verdreifacht. Dieser Bevölkerungszuwachs schlug sich in einer raschen **Verstädterung** nieder: Gab es in den 1880er-Jahren im Ruhrgebiet noch keine Großstadt, waren es 1910 im Revier schon sieben (M 20). Hinzu kam, dass die Zuwanderer allmählich ihre anfängliche Bindungs- und Beziehungslosigkeit aufgeben und sich in die Einwanderungsgesellschaft des Ruhrgebietes integrieren konnten. Diese Integration der östlichen Zuwanderer vollzog sich vorrangig am Arbeitsplatz (M 21). Die einheimischen Bergleute erkannten schon bald, dass sich ihre neuen Arbeitskollegen schnell mit der bergmännischen Tätigkeit vertraut machten. Auch in ihrem Arbeitseifer und ihrer Produktivität standen sie den deutschen Kumpels nicht nach.

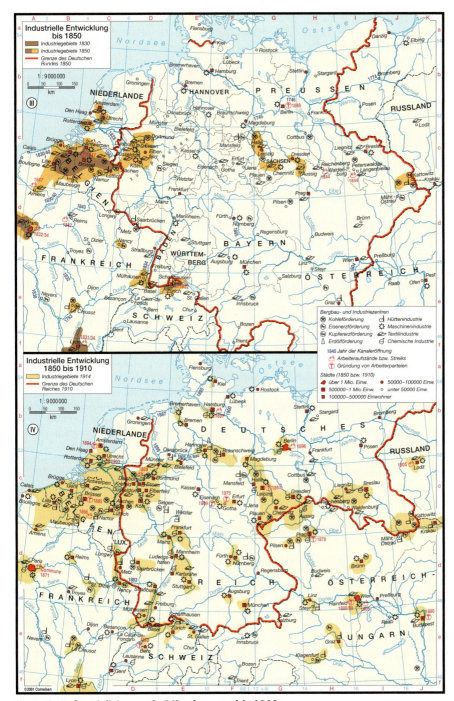

Karte 1 Industrialisierung in Mitteleuropa bis 1910

— Untersuchen Sie die beiden Geschichtskarten mit Blick auf die regionalen Schwerpunkte der Industrialisierung. Achten Sie vor allem darauf, bei welchen Einzelerscheinungen Sie Entwicklungen ablesen können und bei welchen lediglich Zustände.

M18 Aus einem Aufruf eines Agenten zur Anwerbung von Bergarbeitern, 1887

Masuren! In rheinländischer Gegend, umgeben von Feldern, Wiesen und Wäldern, den Vorbedingungen guter Luft, liegt, ganz wie ein masurisches Dorf, abseits vom großen Getriebe des westfälischen Industriegebiets, eine reizende, ganz neu erbaute Kolonie der Zeche Viktoria bei Rauxel. Diese Kolonie besteht vorläufig aus über 40 Häusern und wird später auf etwa 65 Häuser erweitert werden. In jedem Haus sind nur vier Wohnungen, zwei oben, zwei unten. Zu jeder Wohnung gehören etwa drei bis vier Zimmer. Die Decken sind drei Meter hoch, die Länge bzw. die Breite des Fußbodens beträgt drei Meter. Jedes Zimmer, sowohl oben als auch unten, ist also schön groß, hoch und luftig, wie man sie in den Städten des Industriebezirks kaum findet. Zu jeder Wohnung gehört ein sehr guter und trockener Keller, sodass sich die eingelagerten Früchte, Kartoffeln usw. dort sehr gut halten werden. Ferner gehört dazu ein geräumiger Stall, wo sich jeder sein Schwein, seine Ziege oder seine Hühner halten kann.

Endlich gehört zu jeder Wohnung auch ein Garten von 23 bis 24 Ruten (eine Rute = 14 qm). So kann sich jeder sein Gemüse, sein Kumst[1] und seine Kartoffeln, die er für den Sommer braucht, selbst ziehen. Wer noch mehr Land braucht, kann es sich in der Nähe von Bauern billig pachten. Außerdem liefert die Zeche für den Winter Kartoffeln zu billigen Preisen. Dabei beträgt die Miete für ein Zimmer (mit Stall und Garten) nur vier Mark monatlich, für die westfälischen Verhältnisse jedenfalls ein sehr billiger Preis. Außerdem vergütet die Zeche für jeden Kostgänger monatlich eine Mark. Da in einem Zimmer vier Kostgänger gehalten werden können, wird die Miete also in jedem Monat um vier Mark billiger, ganz abgesehen davon, was die Familie an den Kostgängern selbst verdient. Die ganze Kolonie ist von schönen, breiten Straßen durchzogen, Wasserleitung und Kanalisation sind vorhanden. Abends werden die Straßen elektrisch beleuchtet. Vor jedem zweiten Haus liegt auch ein Vorgärtchen, in dem man Blumen oder noch Gemüse ziehen kann. Der schönste Garten wird prämiiert. [...] Masuren, es kommt der Zeche vor allem darauf an, ordentliche Familien in diese ganz neue Kolonie hineinzubekommen. Jede Familie erhält vollständig freien Umzug, ebenso jeder Ledige freie Fahrt. Sobald eine genügende Zahl vorhanden ist, wird ein Beamter der Zeche sie abholen. Die Zeche verlangt für den freien Umzug keine Bindung, eine bestimmte Zeit dort zu bleiben, wie andere Zechen. [...]

Überlege sich also jeder die ernste Sache reiflich. Die Zeche will keinen aus der Heimat weglocken, auch keinen seinen jetzigen Verhältnissen entreißen, sie will nur solchen ordentlichen Menschen, die in der Heimat keine Arbeit oder nur ganz geringen Verdienst haben, helfen, mehr zu verdienen und noch extra zu sparen, damit sie im Alter nicht zu hungern brauchen.

(Horst Mönnich, Aufbruch ins Revier. Aufbruch nach Europa. Hoesch 1871–1971, Bruckmann, München 1971, S. 162)

1 Kumst = landschaftlicher Ausdruck für (Sauer-)Kohl

M19 Die Probleme der Einwanderer

a) Der Historiker Ulrich Herbert über die polnischen Einwanderer, 1986

[...] Zu den Problemen, die alle Einwanderer hatten, die als besitzlose Landarbeiter oder Kleinbauern angelockt von den oft volltönenden Versprechen der Werbeagenten der Zechenbesitzer, [...] kamen für die Polen zusätzlich erschwerende Sprachprobleme sowie die zumindest virulent spürbare Abneigung ihnen gegenüber bei Behörden, Betrieben und Teilen der einheimischen Bevölkerung. Dieser schwierigen Situation versuchten die polnischen Arbeiter durch enge und nach außen hin abgeschlossene Kontakte untereinander zu begegnen; ein Phänomen, wie wir es auch von Einwanderungsgruppen in anderen Ländern kennen.

(Ulrich Herbert, Geschichte der Ausländerbeschäftigung in Deutschland 1880 bis 1980, J. H. W. Dietz Nachf., Berlin 1986, S. 72)

b) Der Historiker Klaus J. Bade über das Verhältnis zwischen Einheimischen und Zuwanderern, 2000

Die Rede von „Polenkolonien" und „Polenzechen" im Ruhrgebiet des späten 19. und frühen 20. Jahrhunderts entsprach [...] mehr der groben Einschätzung der eingesessenen Bevölkerung von außen als der tatsächlichen Binnenstruktur von Kolonien und Zechenbelegschaften. Während „die Neuen" aus „dem Osten" in skeptischer Reserve nicht selten schlichtweg als „Polen" eingestuft, als solche in Siedlungsgebieten und am Arbeitsplatz zunächst weitgehend gemieden wurden, reagierten etwa aus dem preußischen Osten zugewanderte Masuren auf das historisch wie sprachlich deplatzierte polemische Kennwort „Polack" ebenso allergisch wie Deutsche aus den preußischen Ostprovinzen, die in den Jahren der aufsteigenden ost-

und südosteuropäischen „New immigration" in den USA im überseeischen Haupteinwanderungsland mit „East European" verwechselt wurden, denen sie nach Lebensformen, Mentalität und schwerem Akzent verwandt erscheinen mochten, ohne es zu sein. Was den auf Organisation, Kontrolle und schließlich auf scharfe Einwanderungsrestriktionen drängenden amerikanischen Gewerkschaften die vorwiegend ländlichen „unskilled immigrants" der Hochindustrialisierungsperiode waren, waren deutschen Industriegewerkschaften die ungelernten „Wulacker", „Lohndrücker" oder gar „Streikbrecher" aus den preußischen Ostprovinzen.
(Klaus J. Bade, Europa in Bewegung. Migration vom späten 18. Jahrhundert bis zur Gegenwart, C. H. Beck, München 2000, S. 82)

1 *Untersuchen Sie die Versprechungen der Agenten zur Anwerbung von Bergarbeitern (M 18). Erörtern Sie dabei, auf welche Bevölkerungsgruppen diese Werbung zielte bzw. welche Bevölkerungsgruppen sich davon angesprochen fühlen mussten.*
2 *Beschreiben Sie die wichtigsten Probleme der Neuankömmlinge im Ruhrgebiet (M 19a, b).*

M20 Der Historiker Ulrich Herbert über die Integration der Zuwanderer ins Ruhrgebiet, 1986

Viele preußisch-polnische Zuwanderer verstanden ihren Aufenthalt im Westen zunächst als Zwischenstadium, um danach mit dem hier verdienten Geld in ihre Heimatgebiete zurückzukehren und dort ein besseres Leben führen zu können [...]; je länger sie jedoch im Ruhrgebiet blieben, desto stärker lockerte sich die Bindung an zu Hause und der Rückkehrwunsch verblasste allmählich – aus Wanderarbeitern wurden Einwanderer [...]. Mit längerer Anwesenheitsdauer [...] aber lehnten sich die ruhrpolnischen Bergleute stärker an die Haltung der deutschen Kollegen an, versuchten durch Anlernung in besser bezahlte Tätigkeiten unter Tage aufzurücken. [...] Von Bedeutung war dafür auch das Gedingesystem, jene bergbauspezifische Form der Lohnfestsetzung im Gruppenakkord, durch die die Solidarität unter den Bergarbeitern stark gefördert wurde. Dieses Solidaritätsgefühl unter den Bergleuten, unabhängig von ihrer Nationalität, aber ist ebenso als Faktor der allmählichen Integration der Ruhrpolen zu bewerten. [...] So war es insbesondere der Arbeitsbereich, der eine schrittweise Integration der Ruhrpolen in die Einwanderungsgesellschaft des Ruhrgebietes beförderte.
(Ulrich Herbert, Geschichte der Ausländerbeschäftigung in Deutschland 1880 bis 1980, J. H. W. Dietz Nachf., Berlin 1986, S. 73 f.)

1 *Der Historiker Ulrich Herbert spricht in seinem Text von der „Einwanderungsgesellschaft des Ruhrgebietes". Beschreiben Sie anhand von M 20 und der Darstellung die Motive der Zuwanderer für das Verlassen der alten und für ihr Bleiben in der neuen Heimat.*

M21 Eingesessene und Zuwanderer in Ruhrgebietsstädten 1907

	Duisburg	Essen	Bochum	Dortmund	Gelsenkirchen
Gesamtbevölkerung	204 283	242 165	125 926	188 817	154 585
Davon Zuwanderer	104 887	129 170	79 945	109 590	94 973
Je 100 Einwohner:					
Eingesessene	48,6	46,6	36,5	41,9	38,6
Zuwanderer	51,4	53,4	63,5	58,1	61,4
Davon: Nahwanderer	31,1	30,8	39,8	30,7	28,5
Fernwanderer	20,3	22,6	23,7	27,4	32,9

(Gerhard A. Ritter/Klaus Tenfelde, Arbeiter im Deutschen Kaiserreich 1871 bis 1914, J. H. W. Dietz Nachf., Bonn 1992, S. 190)

1 *Charakterisieren Sie das Verhältnis von Zuwanderern gegenüber den Eingesessenen in den Ruhrgebietsstädten für das Jahr 1907 (M 21).*
2 *Bestimmen Sie bei den Zuwanderern das Verhältnis von Fern- und Nahwanderern (M 21).*

8.2 Auswanderung: Die deutsche Emigration nach Amerika

Massenauswanderung — Die deutsche Auswanderung nach Amerika begann bereits im 17. und 18. Jahrhundert, als vor allem kleine Familienverbände die beschwerliche Seereise nach Übersee antraten, um dort ein neues Leben zu beginnen. Aber erst im 19. Jahrhundert entwickelte sich die deutsche Amerika-Emigration zu einer Massenerscheinung (B 10a, b). In Amerika, dem „Land der unbegrenzten Möglichkeiten", glaubten die Emigranten ein wirtschaftlich gesichertes Leben in Freiheit führen zu können. Zwischen 1820 und 1930 verließen etwa 6 Mio. Deutsche ihr Heimatland (M 22).

Ursachen — Der Hauptgrund für die Massenauswanderung nach Amerika lag in der bedrückenden Armut und Not im gesamten handwerklich-bäuerlichen Gewerbe, die ausgelöst wurde durch die **„Bevölkerungsexplosion"** seit dem 18. Jahrhundert. Die Regierungen ließen diese Auswanderung zu, um so sozialen Sprengstoff zu beseitigen. Dass soziale Missstände und wirtschaftliche Not zu den entscheidenden Ursachen der Auswanderung gehörten, zeigt sich bei der genaueren Betrachtung der unterschiedlichen Zeiträume. Nicht zufällig wuchs die deutsche Übersee-Auswanderung seit den Krisenjahren 1816/17 rasch an, als verheerende Missernten zu bitterer Hungersnot führten (M 23). In den 30er- und 40er-Jahren verstärkte die Verteuerung wichtiger Grundnahrungsmittel wie Roggen und Kartoffeln den Entschluss vieler Menschen zum Verlassen ihrer Heimat. Hinzu kam, dass in diesen Jahrzehnten die überkommene Agrargesellschaft überfordert war, für die immer größere Anzahl von Menschen ausreichend Nahrung bereitzustellen. **Massenarmut**, nämlich Pauperismus (lat. pauper = arm), entwickelte sich zum allgemeinen Kennzeichen der Zeit. Viele Menschen verloren das Vertrauen in die Politik und sprachen ihr die Fähigkeit zur Lösung der sozialen Probleme ab. Es darf aber auch nicht vergessen werden, dass nach der Julirevolution von 1830 in Frankreich und im Gefolge des Hambacher Festes von 1832 (s. S. 136) in breiteren Bevölkerungsschichten die

B 10a Deutsche Auswanderer im Hamburger Hafen. Stahlstich 1872

B 10b Abfertigungsraum in den Auswandererhallen der Hamburg-Amerika-Linie in Hamburg. Foto 1909

— Vergleichen Sie die Abbildungen B 10a und 10b miteinander. Stellen Sie Unterschiede und Gemeinsamkeiten zwischen der Situation 1872 und 1909 heraus. Erörtern Sie die Anstrengungen und Gefahren, die es bei der Auswanderung nach Amerika gegeben haben könnte.

Unzufriedenheit mit den bestehenden politischen Verhältnissen im Deutschen Bund zunahm. Auch diese politische **Erregung** dürfte die Emigration beschleunigt haben.

Eine Mischung aus wirtschaftlicher Unzufriedenheit und enttäuschten politischen Hoffnungen über das Scheitern der Revolution 1848/49 löste um die Mitte des 19. Jahrhunderts die zweite Auswanderungswelle aus. Vor allem Klein- und Kleinstbauern, Tagelöhner, Dienstknechte und -mägde sowie Kaufleute und Handwerker, deren Gewerbe überfüllt war, allen voran Schuster, Schneider und Tischler, verließen das Land.

Der Strom in die „Neue Welt" wurde vorübergehend abgebremst durch die so genannte Weltwirtschaftskrise von 1857/58 und den Amerikanischen Bürgerkrieg zwischen 1861 und 1865. Doch seit Mitte der 60er- und dann noch einmal in den 1880er-Jahren folgten weitere Auswanderungswellen. Sie kamen nun jedoch nicht mehr aus Baden, Württemberg, der bayerischen Pfalz und den hessischen Staaten, sondern aus den bevölkerungsreichen preußischen Ostprovinzen, wo sich seit der Jahrhundertmitte die Arbeits- und Lebensbedingungen dramatisch verschlechtert hatten. Damit verschob sich auch die **berufliche Struktur der Emigranten:** Waren es vorher überwiegend selbstständige Kleinlandwirte und Kleingewerbetreibende, fassten nun immer mehr Angehörige der besitzlosen ländlichen Unterschichten und der landwirtschaftlichen, zunehmend auch der industriellen Arbeiterschaft den Entschluss zum Verlassen der Heimat.

| Organisation | Voraussetzung für die Massenauswanderung aus Deutschland war die Verbesserung der Infrastruktur. Die Verbesserung des **Transportwesens,** also neue Straßen und Häfen, der Eisenbahnbau seit 1835 sowie modernere und größere Schiffe verringerten die geografischen Entfernungen minderten die Angst vor dem Risiko der Migration und erleichterten dadurch den Auswanderungsentschluss. Außerdem entstanden seit Mitte des 19. Jahrhunderts **Auswanderungsvereine** oder -gesellschaften und Beratungsbüros, die durch spezielle Zeitungen und Bücher über das Leben jenseits des Ozeans informierten. Als besonders glaubwürdig galten dabei Auswandererbriefe (M 24), die in der lokalen Presse erschienen. Zwar ließ mancher ehemalige arme Schlucker aus Deutschland in seinen Briefen Amerika als

Schlaraffenland erscheinen, doch erfüllte sich nicht für alle der Traum vom Aufstieg. Der ersehnte Erfolg hing oft davon ab, ob die Einwanderer die englische Sprache beherrschten und ob sie ihre beruflichen Fertigkeiten (z. B. als Handwerker oder Facharbeiter) nutzen konnten. Vielen Deutschen gelang der Aufbau einer gesicherten Existenz jedoch nicht. Sie entschieden sich zur Rückwanderung nach Deutschland. Schätzungen über ihre Zahl schwanken zwischen 10 und 25 %.

Um die Risiken beim Neuanfang in Amerika zu mindern, zogen viele Einwanderer oft dorthin, wo bereits andere Deutsche lebten. Aus dem gleichen Ort zu kommen, die gleiche Konfession zu teilen oder den gleichen Dialekt zu sprechen – das alles konnte das Leben zunächst sehr erleichtern. So entstanden bald „little Germanies" in der „Neuen Welt" – vor allem im amerikanischen Mittelwesten. Zahlreiche deutsche Ortsnamen zeugen davon (Karte 2).

M22 Überseeische Auswanderung aus Deutschland 1816–1939

	Auswanderer (in Tausend)	Durchschnittlich jährlich (in Tausend)	Im Jahr	Maximum Auswanderer
1816–1844	303,2	10,5		
1845–1858 (1. Welle)	1 361,1	97,2	1854	239,2
1859–1863	212,6	42,5		
1864–1873 (2. Welle)	1 040,4	104,0	1867	138,4
1874–1879	190,9	31,8		
1880–1893 (3. Welle)	1 783,7	127,4	1881	220,9
1894–1922	638,3	23,6		
1923–1928 (4. Welle)	420,4	70,1	1923	115,4
1929–1939	227,0	20,6		
1816–1914	5 456,1			
1915–1939	721,5			

(Peter Marschalk, Bevölkerungsgeschichte Deutschlands im 19. und 20. Jahrhundert, Suhrkamp, Frankfurt/Main 1984, S. 177)

M23 Aus einer Befragung von Auswanderern aus Südwestdeutschland im Auftrag des württembergischen Königs, 1817

Michael Munz, [...] verheiratet und hat 6 Kinder, ist ohne alles Vermögen:
Ich weiß weiter keine Ursache anzugeben, weswegen ich auswandere, als dass ich bei dem gegenwärtigen schlechten Verdienst und bei der großen Teuerung meine Familie nicht erhalten kann. Ich habe Nachricht von Verwandten in Amerika, welche es dort gut haben. Ein Vetter, der mit mir zieht, versorgt mich mit Geld.
[...] Carl Minner, Schneider, [...] 34 Jahre alt, hat 1 Kind und ungefähr 1 000 Gulden Vermögen:
Man kann sich eben nicht mehr nähren, weil das Handwerk nicht mehr geht, und die Teuerung zu groß ist.
[...] Johannes Schäufele, [...]:
[...] Wenn in Schorndorf nicht bald eine Änderung gemacht wird, so wandert die halbe Stadt aus. Vom Oberamtmann an bis auf den Bettelvogt drückt alles auf den Bürger, und der Bürger darf nicht sprechen. Wenn man vor den Beamten kommt, so gibt es ein Donnerwetter über das andere.
(Günter Moltmann [Hg.], Aufbruch nach Amerika. Friedrich List und die Auswanderung aus Baden und Württemberg 1816/17. Dokumentation einer sozialen Bewegung, Rainer Wunderlich Verlag Hermann Leins, Tübingen 1979, S. 134–135, 162, 137)

1 Untersuchen Sie mit Hilfe von M 22 und 23 die zeitlichen Schwerpunkte der deutschen Überseewanderung und erklären Sie diese vor dem Hintergrund der wirtschaftlichen und gesellschaftlichen Entwicklung. Beziehen Sie dafür auch die Darstellung mit ein.

M24 Brief aus Amerika, 1858

Der Autor Peter Klein war Bergmann und stammte aus dem Saarland. Er wanderte 1854 nach Amerika aus.

Sutter Creek Den / 14ten Februar / Anna Domeni 1858

Lieber Vatter und Liebe Muter Lieste Schwester und Brüter Verwande und bekande,

Ich erkreife die fether um an diesem Thage mit euch zu konversieren aus fernem Lande [...].

Liebste Ältern es erfreuet mich sehr das ich inen noch eine woltat thun kan es ist zwar ein kleine gabe aber Leite unseres Standes können keine großen sagen wirken,

Liebe Ältern ich sende inen ein hunderd Thaler und hoffe das ier zufriren sein werten mit dieser kleine gabe biß ich mehr thun kan Vater ier wolen wissen ob ich fier mich arbeiten oter für eine heerschaft ich arbeite auf meinem eigentum Vater in Americka gibt es keine heerschaft hier ist ein jeter ein freier agend wen es mir an einem platz nicht gefallen thut so gehet mann zu einem andern dan hier sind wir alle kleig

Ich kaufte mir ein stik Land in dem Stätjen Sutte[r] Creek und baute mir ein kleines hauß u[nd] beköstige mich selbst, dan die kost ist sehr theuer hir wan mann in die kost geen wil so ist sie 8 Thaler die woge Liebe Ältern ich habe jetzt eine a[uss]icht das ich im stand bin inen zu hälfen wen sie es haben wollen nur mießen sie mir schreiben

Auf dem ob besachten stick Land das ich gekauft habe grabe ich golt darauf und habe ungefär 3 jahre arbeit darauf,

Was meine Brüter anbetrift so kan ich gar nichts darzu sagen sie sind mayerin [majorenn: volljährig] und mießen selbst wissen was am besten ist fir sie, einem gefält es in Americka und dem nicht, Nathierlich es ist ein fremtes Land fremte sitten fremte Mentschen fremte sitten und so weiter [...].

(Wolfgang Helbich, Walter D. Kamphoefner, Ulrike Sommer [Hg.]: Briefe aus Amerika. Deutsche Einwanderer schreiben aus der Neuen Welt 1830–1930, 1988, S. 372 f.)

1 Erörtern Sie, wie ein solcher Brief aus den Vereinigten Staaten (M 24) auf Auswanderungswillige in Deutschland gewirkt haben könnte.

2 In seinem 2000 erschienenen Buch „Soziologie der Migration" schreibt der Sozialwissenschaftler Petrus Han: Die Massenmigration „wird vom Migrationsfieber angesteckt. Wenn die Migration zum sozialen Muster wird, dann spielt die Frage nach der individuellen Motivation kaum eine Rolle, weil hier die Migration anderer zum Grund der Migration wird. Dann genügt ein kleiner Anlass, jemanden zur Migration zu bewegen. [...] Die transatlantische Massenmigration von Europa nach Nordamerika im 19. Jahrhundert, die vom sog. Amerikafieber begleitet wurde, ist ein Beispiel." Diskutieren Sie diese These unter Berücksichtigung sowohl von M 24 als auch der Darstellung.

Karte 2
Deutsche Ortsgründungen im mittleren Westen der USA

Das Internet und die Arbeit des Historikers

Ferdinand Porsche: Eine Unternehmerbiografie aus der Zeit der „zweiten" Industriellen Revolution

Das Internet ist ein weltweit verbreitetes digitales Datenübertragungsnetzwerk, mit dem jeder, der über einen Computer und einen Telefonanschluss oder ein anderes Gerät Zugang hat, Informationen eingeben und abrufen kann, mit anderen kommunizieren, sich multimedialer und interaktiver Unterhaltung hingeben oder kommerziell Waren und Dienstleistungen anbieten und erwerben kann. Das Internet verarbeitet Schrift, Bild und Ton und ist daher multimedial, und es scheint nahezu problemlos zu wachsen, immer neue Teilnehmer anzusprechen und neue Anwendungsmöglichkeiten zu erschließen.

Eine Möglichkeit besteht darin, sich über das Internet zusätzliche Informationen zu beschaffen, wobei allerdings vor überzogenen Hoffnungen zu warnen ist: Computer und Internet nehmen niemandem das „Denken" ab. Im Gegenteil, die vielfältigen technischen Möglichkeiten und das sich ständig erweiternde Programmangebot setzen für den Einsatz im Geschichtsunterricht Kompetenz und Fantasie voraus. Schlüsselqualifikationen wie z. B. Erkenntnisinteresse, Lust zu eigenständigem Lernen, Kommunikations- und Teamfähigkeit sind unabdingbare Voraussetzungen. Vor allem aber gilt für Informationen aus dem Internet, was für andere historische Materialien und die Sekundärliteratur auch zu beachten ist: Sie müssen mit den üblichen Methoden der Quellenkritik (s. S. 84 f.) überprüft werden. Nur so lässt sich die Übernahme falscher oder tendenziöser Informationen vermeiden.

Allgemeine Arbeitshinweise:

1 *Ist die Quelle bekannt, z. B. eine renommierte Tageszeitung oder die offizielle Website einer Regierung?*
2 *Ist die Quelle überhaupt herauszufinden? Wer ist zuständig?*
3 *Wird auf der Website auf andere Quellen verwiesen?*
4 *Sind die Aussagen plausibel?*
5 *Lassen sich die Aussagen durch Gegenchecken überprüfen?*
6 *Wird die Website gepflegt? Wann war das letzte Update?*
7 *Eignet sich der Text inhaltlich/thematisch? Gibt es bessere?*
8 *Enthält er wichtige oder unwichtige Informationen im Hinblick auf die Fragestellung?*
9 *Ist die Art des Materials geeignet für das Vorhaben?*
10 *Wie ist die Sprache? Gibt es Tippfehler, sprachliche Ungeschicklichkeiten, offensichtliche logische Fehler?*

Spezielle Arbeitshinweise:

1 *Fassen Sie die wichtigsten Informationen zur Biografie Ferdinand Porsches zusammen. (http://www.schwab-kolb.com/porpr17.htm)*
2 *Untersuchen Sie die Schwerpunkte des Textes. Welche Aspekte der Biografie werden herausgehoben, welche vernachlässigt oder verschwiegen?*
3 *Informieren Sie sich mit Hilfe anderer Quellen, z. B. von Lexika aus der Schulbibliothek oder anderer Internetadressen, über den persönlichen und beruflichen Werdegang Porsches und vergleichen Sie diese Informationen mit den Aussagen des Textes aus dem Internet.*
4 *Beschreiben Sie den möglichen Zweck des Textes aus dem Internet.*
5 *Vergleichen Sie die Unternehmerbiografie Ferdinand Porsches mit der von Gottlieb Daimler (S. 68). Gibt es Unterschiede oder Gemeinsamkeiten?*
6 *Diskutieren Sie, ob und inwieweit die Biografien von Porsche und Daimler allgemeine Informationen über Entstehung und Verlauf der „zweiten" Industriellen Revolution enthalten.*

Aus der Biografie des Erfinders und Unternehmers Ferdinand Porsche

Professor Ferdinand Porsche Stuttgart. Ferdinand Porsches Geburtstag liegt 125 Jahre zurück. Am 3. September 1875 wurde der vielseitige Konstrukteur in Maffersdorf (heute Vratislavice/Tschechien) bei Reichenberg (heute: Liberec) in Nordböhmen geboren. 1931 gründete er in Stuttgart ein Konstruktionsbüro, dessen große technische Bandbreite ein wenig vergleichbar ist mit dem, was die Dr. Ing. h.c. F. Porsche AG, Stuttgart, auch heute vielen Auftraggebern bietet. Weltweit bekannt wurden viele der Konstruktionen Ferdinand Porsches. Dazu gehörten das Lohner-Porsche-Elektromobil, der Mercedes SSK, der Auto-Union-Rennwagen oder der Volkswagen-Käfer. Ferdinand Porsche trat im Alter von 18 Jahren in die Elektrofirma Bela Egger & Co. in Wien ein. Sein reichliches Talent und technisches Verständnis führten ihn in wenigen Jahren vom Arbeiter zum Leiter des Prüfraumes. Wegweisende Konstruktionen prägten Porsches Berufsweg. So konstruierte er 1897 den Radnabenmotor und 1898 wechselte er zur k. und k. Hofwagenfabrik Jacob Lohner & Co. in Wien. Kennern der Automobilgeschichte ist das Lohner-Porsche-Elektromobil ein Begriff, das 1900 auf der Pariser Weltausstellung großes Aufsehen erregte. Schon damals wurde deutlich, wie sehr Porsche auf die Ästhetik der Konstruktionen achtete. Auch die äußere Form musste harmonieren, die reine Technik auch im Detail entsprechend wirken. Nach acht Jahren bei Lohner wechselte Porsche 1906 zu Austro-Daimler nach Wiener Neustadt. Am Steuer eines von ihm entworfenen Austro-Daimlers gewann Porsche 1910 die „Prinz-Heinrich-Fahrt". Zu den zahlreichen Konstruktionen Ferdinand Porsches gehörten schon damals Flugmotoren, Feuerwehrfahrzeuge, Oberleitungsbusse und Transportsysteme mit benzin-elektrischem Antrieb. Die Konstruktionspalette erweiterte sich um Traktoren und Windkraftanlagen. Bereits bei Austro-Daimler dachte Porsche erstmals über die Konstruktion eines preisgünstigen Kleinwagens nach. Damit war er dem Zeitgeist voraus, der Automobilität damals als Privileg betrachtete. 1923 wurde Ferdinand Porsche zum Technischen Direktor und Vorstandsmitglied der Daimler-Motoren-Gesellschaft in Stuttgart berufen. Bekannte Sportwagen wie der Mercedes SSK entstanden unter seiner Leitung. Im Jahr 1924 würdigte die Technische Hochschule Stuttgart seine Entwicklungen

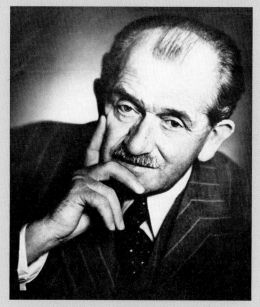

Ferdinand Porsche, 1875–1951

und verlieh ihm die Würde eines Dr. Ing. ehrenhalber. Um in dem Rahmen arbeiten zu können, wie Porsche es anstrebte, gründete er 1931 die Firma „Dr. Ing. h.c. F. Porsche GmbH, Konstruktionen und Beratungen für Motoren- und Fahrzeugbau". In diese Zeit fielen die großen Konstruktionen des Auto-Union-Rennwagens und des Volkswagens. Am 10. August 1931 wurde die Drehstabfederung zum Patent angemeldet. 1940 wurde er zum Honorarprofessor ernannt. Zum Ende des Zweiten Weltkriegs lebte Ferdinand Porsche in Gmünd/Kärnten und in Zell am See (Österreich). Von den Franzosen wurde er Ende 1945 verhaftet und 22 Monate in Gefängnissen festgehalten. Nach seiner Rückkehr konnte er die ersten Fahrzeuge beurteilen, die unter der Leitung seines Sohnes „Ferry" Porsche entstanden waren und die erstmals den Namen „Porsche" trugen. Nach genauer Betrachtung des „Porsche 956" kam Professor Porsche zu dem Schluss: „Keine Schraube hätte ich anders gemacht".

Kurze Zeit nach seinem 75. Geburtstag starb Ferdinand Porsche am 30. Januar 1951 in Stuttgart.
Porsche Presse Information, im August 2000
(http://www.schwab-kolb.com/porpr17.htm)

II Die Industrielle Revolution:
Europas Aufbruch in die moderne Wirtschaft und Gesellschaft

Zusammenhänge und Perspektiven

1 Erläutern Sie die zentralen Merkmale der Industrialisierung und entwerfen Sie ein Phasenmodell für die Industrialisierung in Deutschland.

2 Erörtern Sie, inwiefern die Industrialisierung im besonderen Maß das Problem von „Gleichzeitigkeit" und „Ungleichzeitigkeit" in der historischen Entwicklung aufwirft. Untersuchen Sie dabei besonders die Position Deutschlands unter den Industriestaaten vom ausgehenden 18. bis zum beginnenden 20. Jahrhundert.

3 Bestimmen Sie am Beispiel Englands und Deutschlands die Rolle des Staates im Industrialisierungsprozess.

4 Analysieren Sie den Begriff der „sozialen Frage". Vergleichen Sie dabei die Situation der Arbeiter im 19. Jahrhundert mit den Lebensbedingungen heutiger Arbeiter. Gibt es heute noch eine „soziale Frage"?

5 Vergleichen Sie die Geschichte der Arbeiterbewegung in Deutschland mit der in den USA und England. Untersuchen Sie dabei besonders Unterschiede und Gemeinsamkeiten bei der Lösung der „sozialen" Frage zwischen diesen Ländern.

6 Erarbeiten Sie die Entwicklung der Geschlechterbeziehungen im 19. Jahrhundert unter dem Aspekt von Gleichberechtigung und Gleichstellung. Welche Probleme von damals sind heute gelöst bzw. dauern noch an?

7 Beschreiben Sie den Form- und Funktionswandel der Familie im Zeitalter der Industrialisierung.

Zeittafel

um 1700 Bei der Verarbeitung von Eisenerz geht man in England von Holzkohle zu Koks über.

um 1760 Die **Agrarrevolution in England** schafft wichtige Voraussetzungen für die Industrialisierung; sie ist gleichzeitig eine zentrale Begleiterscheinung der Industrialisierung.

1763–84 Die **Dampfmaschinentechnik wird** entscheidend **verbessert**.

1767 Die **erste industrielle Spinnmaschine** („Spinning jenny") wird erfunden.

um 1770 In England beginnt die **Industrielle Revolution**.

1776 Das Buch von Adam Smith über „The Wealth of Nations" („Der Wohlstand der Nationen") erscheint.

1785 Der **mechanische Webstuhl** wird erfunden.

1789 Die Französische Revolution beschleunigt den Übergang von der adeligen Privilegien- zur bürgerlichen Klassengesellschaft, von einer agrarisch-frühkapitalistischen zur kapitalistisch-industriellen Wirtschaft.

Seit 1806 Die **preußisch-rheinbündischen Reformen** leiten in Deutschland einen tief greifenden Wandel ein, der zur Verbürgerlichung wie zur Entfesselung der modernen Wirtschaftsgesellschaft führt (Code Napoleon in den Rheinbundstaaten; Reformgesetze in Preußen, z. B. Rechtsgleichheit, Bauernbefreiung, Gewerbefreiheit).

1820 In Berlin wird das Gewerbeinstitut als technische Schule durch Peter Christian Wilhelm Beuth gegründet.

1834	Der **Deutsche Zollverein** schafft die Voraussetzungen für die Entstehung eines Binnenmarktes in Deutschland.
1837	In England konstituiert sich die Chartistenbewegung. Sie war die erste politische Arbeiterbewegung.
Um 1840	In Deutschland beginnt die Industrielle Revolution.
1847/48	Das „**Kommunistische Manifest**" von Karl Marx und Friedrich Engels erscheint.
1851	In London wird die erste Weltausstellung eröffnet.
1855/56	Der Engländer Henry Bessemer entwickelt ein Verfahren zur Massenerzeugung von Stahl („Bessemer-Verfahren").
1869	Die „Sozialdemokratische Arbeiterpartei" wird von August Bebel und Wilhelm Liebknecht in Deutschland gegründet.
1869/70	In Deutschland entsteht der erste gewerkschaftliche Zentralverband.
Um 1870	Die Nutzung des Erdöls als Energieträger beginnt.
1871	Das **Deutsche Reich** wird gegründet.
1873–95	Die „**Große Depression**" markiert die erste moderne weltwirtschaftliche Krise.
1875	Die deutschen Arbeiterparteien vereinigen sich zur „Sozialistischen Arbeiterpartei" (ab 1891: SPD).
1878–90	In Deutschland werden die Sozialdemokraten auf der Grundlage des Sozialistengesetzes unterdrückt und verfolgt.
1886	In der American Federation of Labour organisieren sich die Facharbeiter.
1889	Die Sozialarbeiterin Jane Addams gründet in Chicago die Sozialstation „Hull House".
Um 1890	Mit dem Durchbruch der industriellen Nutzung der Elektrizität als Energiequelle beginnt die „zweite" Industrielle Revolution.
1900	In England wird das Labour Representation Commitee gegründet; 1906 wird es in Labour Party umbenannt.
1913	Henry Ford führt in den USA das Fließband zur Massenproduktion von Autos ein.
1917	Mit der Oktoberrevolution in Russland beginnt der Versuch einer planwirtschaftlichen Industrialisierung.

III Individuum und Gesellschaft im Wandel – Vorschläge für Projekte

Karikatur über das Studium von Frauen aus den „Fliegenden Blättern", 1908.
Bildunterschrift: „Wie, gnädiges Fräulein wollen sich dem ärztlichen Beruf widmen? Aber ich bitt' Sie, mit so einem lieben G'sichterl studiert man doch nicht!"

| Individuum und Gesellschaft | Mit dem Übergang von der feudal-ständischen zur bürgerlichen Sozialordnung vom 18. zum 19. Jahrhundert veränderte sich auch die Stellung des einzelnen Menschen. War seine Position vorher durch Geburt und rechtliche Ungleichheit bestimmt, ersetzte die sich herausbildende bürgerlich-demokratische Moderne diese Kriterien durch Besitz und Bildung, Leistung und Beruf. Allen Staatsbürgern sollten nunmehr die gleichen Rechte und Pflichten zustehen.

Marksteine auf dem Weg zur modernen bürgerlichen Gesellschaft bildeten die Garantie der **Menschenrechte** in der amerikanischen Unabhängigkeitserklärung 1776 und die Erklärung der Menschen- und Bürgerrechte durch die französische Nationalversammlung 1789. Grundlage für die neue gesellschaftliche Ordnung war das Naturrecht, nach dem die Menschen natürliche, d. h. ihnen angeborene und damit unveräußerliche Rechte besaßen. Zwar gibt es in der Gegenwart zahlreiche Staaten, die ihren Bürgern die Menschenrechte vorenthalten bzw. diese missachten. Dennoch sollte man es als positives Zeichen für eine schrittweise Annäherung des politischen Bewusstseins über alle Nationen und Entwicklungsstufen des Menschen hinweg werten, dass die Erklärung der Menschenrechte 1948 Aufnahme in die Satzung der Vereinten Nationen fand.

Allerdings klafften und klaffen selbst in den Staaten, die ihren Staatsbürgern die Menschen- und Bürgerrechte gewährleisten, manchmal Anspruch und Wirklichkeit auseinander. Das zeigt vor allem der Emanzipationskampf der **Frauen.** Gegen ihre Diskriminierung regte sich seit den bürgerlich-demokratischen Revolutionen in Amerika und Frankreich Ende des 18. Jahrhunderts Widerstand. Dieser zielte zunächst auf die eigenständige Existenzsicherung der Frau durch Bildung und Beruf. Beim Kampf um die Frauenemanzipation leisteten eine vergleichsweise geringe Zahl engagierter Frauenrechtlerinnen und die organisierte Frauenbewegung im 19. Jahrhundert Pionierarbeit. Aber auch die Sozialdemokratische Partei nahm bereits vor der Wende zum 20. Jahrhundert die volle Gleichberechtigung der Frauen in ihr Programm auf.

Die Stellung des Einzelnen in der Gesellschaft wurde außerdem durch den modernen Industriekapitalismus nachhaltig verändert. Das zeigte sich nicht zuletzt im Verhältnis der Geschlechter in der **Familie.** Zwar hat die moderne Industriegesellschaft nicht die Familie zerstört, wie einige zeitgenössische Kritiker behauptet hatten. Im Gegenteil: Die Bedeutung der Familie nahm eher zu, weil Heiratsbeschränkungen aus vorindustrieller Zeit wegfielen. Aber die Industrialisierung bewirkte besonders in bürgerlichen und Arbeiterfamilien – nicht jedoch im bäuerlichen Milieu – eine immer stärkere Trennung zwischen beruflichem und privatem Leben.

Mit der Industriegesellschaft bestimmte der Markt zunehmend das Leben des Einzelnen. Wer in seiner Region keine Arbeit fand, musste häufig in anderen Gegenden oder Ländern nach einem gesicherten Auskommen suchen. So entstanden **Wanderungsbewegungen,** die bis heute die Geschichte der Industriegesellschaften prägen. Nach wie vor lösen auch Kriege, die Unterdrückung nationaler und religiöser Minderheiten oder ökologische Katastrophen Migrationsströme aus. Sie stellen nicht nur die jeweiligen Einwanderungsländer vor schwierige Integrationsprobleme, sondern verlangen von denjenigen Menschen und Sozialgruppen große Anpassungsleistungen, die sich zum Verlassen ihrer Heimat entschlossen haben.

| Einführung in die Projektarbeit | Darstellungstexte, Materialien und Arbeitsfragen dieses Kapitels dienen der Planung und Durchführung von Projekten. Weiterführende Quellen und Darstellungen zur Familiengeschichte finden sich auf den S. 11–13, 88–93, zur Geschichte der Menschenrechte auf den S. 9f., 21–26, 31–34, 42–47, 147, 176f., 245f., 250, zur Migration auf S. 96–103, 343–347, 413, 472f. und zu den Frauenrechten auf S. 46f., 147, 176f., 265–267, 426–431. Darüber hinaus bietet der Anhang dieses Buches (S. 562–572) wichtige Hilfen für die Informationsrecherche, -verarbeitung und -präsentation.

Projektvorschlag 1: Familiengeschichte

Zur Einführung: Familien in der Neuzeit

Was ist eine Familie? Diese Frage klingt sehr einfach, doch bei näherem Hinsehen werden die Schwierigkeiten einer genauen Definition sichtbar. Bereits die Alltagssprache kennt zwei Bedeutungen: Wer heute von seiner Familie redet, spricht zum einen von dem engeren Kreis der ständig zusammenlebenden Haushaltsfamilie, die aus den Eltern und ihren Kindern (**„vollständige Familie"**) oder einem Elternteil mit Kindern (**„unvollständige Familie"**) bestehen kann. Zum anderen versteht man unter Familie den weiteren Kreis nicht zusammenlebender Verwandter; deren Zusammenkünfte nennt man **Familientreffen**. Aber auch wissenschaftliche Begriffsbestimmungen haben ihre Schwächen. In einem neueren Wörterbuch der Soziologie heißt es: Familie ist die „bedeutsamste u[nd] verbreitetste Form der soz[ialen] Gruppe; das Zus[ammen]leben von mindestens 2 Generationen in einer (Primär-)Gruppe charakterisiert F[amilie] als eine soz[iale] Lebenswelt besonderer Art." Diese Definition erweist sich bei der historischen Betrachtung der neuzeitlichen Familie als zu eng. Vielmehr gab es eine Vielfalt von Familienformen. Kennzeichnend für die vorindustrielle Zeit war das Zusammenleben mit nicht verwandten Mitbewohnern (z. B. Gesinde, Gesellen) im so genannten Ganzen Haus, wobei Gemeinsamkeiten des Arbeitens und Wirtschaftens das familiale Leben bestimmten. In der bürgerlichen Familie des 19. Jahrhunderts traten Arbeit und Familienleben sowie die Rollen der Geschlechter immer stärker auseinander. Der Mann musste in der Regel mit seiner Berufstätigkeit außerhalb des Hauses den Lebensunterhalt verdienen, während die Frau für Haushalt und Kindererziehung zuständig war. Diese Arbeitsteilung galt nicht für bäuerliche Familien und seit der Industrialisierung auch nicht für Arbeiter. In der Landwirtschaft blieb die Familie eine enge Produktionsgemeinschaft. Bei den Arbeitern entwickelten sich Arbeit und Privatleben zu streng getrennten Bereichen, aber häufig waren auch die Frauen aus finanziellen Gründen zu einer Berufstätigkeit gezwungen. Wie stark die Familie historischem Wandel unterworfen war, zeigt sich überdies an den rechtlichen Formen der Eheschließung. Bis ins 18. Jahrhundert wurden Ehen von der Kirche geschlossen. Das änderte sich mit der Aufklärung, die die Ehe als privatrechtlichen Vertrag verstand. Mit der Einführung der Zivilehe im 19. Jahrhundert setzte sich die Eheschließung vor einem staatlichen Standesbeamten durch. Aber auch die Formen des familialen Zusammenlebens und die Motive zur Eheschließung haben sich in den letzten beiden Jahrhunderten stark verändert. Seit der Romantik gilt die Liebe als entscheidender Grund für Heirat und Familiengründung, wirtschaftliche Erwägungen traten in den Hintergrund. Zunehmend gewann der Gedanke der Partnerschaft an Bedeutung.

Zentrale Begriffe

Familie: In der vorindustriellen Zeit Haus-, Schutz- und Herrschaftsverband, der neben den Blutsverwandten auch alle übrigen Arbeitenden des Hauses und der dazugehörigen Wirtschaft umfasste (Ganzes Haus). Dieser Familienverband wandelte sich zuerst bei Beamten und Gebildeten im 18. Jahrhundert, dann beschleunigt in fast allen Gruppen der Gesellschaft unter dem Einfluss der Industrialisierung. Das Ergebnis dieses Prozesses war die Familie als Verwandtschaftsfamilie und heute überwiegend die Kern- oder Kleinfamilie.

Ganzes Haus: Bezeichnung für die typische Wohn- und Lebensweise in den vorindustriellen Zeiten. Der Familienverband umfasste neben der Kernfamilie (Vater, Mutter, Kinder) die im Hause

B 1 Arbeiterfamilie in Deutschland, Fotografie um 1900

wohnenden Blutsverwandten (z. B. Großeltern, Tanten, Neffen) und die im Haus Arbeitenden (z. B. Mägde, Kutscher, Hauspersonal, Gesellen, Gehilfen). Das alle Verbindende war die Arbeit im Haus, sei sie landwirtschaftlich, handwerklich oder kaufmännisch. Da Arbeits- und Wohnstätte räumlich noch nicht getrennt waren, war die geschlechtliche Arbeitsteilung im Vergleich zum 19./20. Jahrhundert weniger stark ausgeprägt und trotz der dominierenden rechtlichen Stellung des Paterfamilias weniger hierarchisiert.

Zeittafel

1563 Das Dekret „Tametsi" des Tridentinischen Konzils führt die für alle Katholiken verbindliche Form der kirchlichen Eheschließung ein.
1794 Im preußischen Allgemeinen Landrecht wird die Ehe zum privatrechtlichen Vertrag erklärt, der durch freiwillige Einwilligung beider Teile zu Stande kommt.
1875 Der Deutsche Reichstag verabschiedet das Gesetz zur Zivilehe. Seitdem kann eine Ehe nur von einem Standesbeamten geschlossen werden.
1900 Das bürgerliche Gesetzbuch legt fest, dass die Frau den Haushalt für den Mann zu führen habe.
1919 Die Weimarer Verfassung verankert den Grundsatz der staatsbürgerlichen Gleichheit und der Gleichheit der beiden Geschlechter. Die Gesetzgebung der Weimarer Republik erkennt die volle Rechtsfähigkeit und politische Mündigkeit der Frau an.
1957 Das Familienanpassungsgesetz der Bundesrepublik Deutschland erklärt die Haushaltstätigkeit der Frau als Normalzustand; Erwerbsarbeit muss damit vereinbar sein.
1977 Im Familienrecht der Bundesrepublik Deutschland wird der Gleichheitsgrundsatz des Artikel 3 des Grundgesetzes durchgesetzt und festgelegt, dass die Ehegatten die Haushaltsführung im gegenseitigen Einvernehmen regeln.

Einführende Materialien

M1 Familienzuwachsziffern, Deutsches Reich und Bundesrepublik Deutschland, 1899–1977

Eheschließungs-jahr	Auf 100 Eheschließungen kommen				
	1. Kinder	2. Kinder	3. Kinder	4. und weitere Kinder	Kinder insgesamt
1899 und früher	91	82	70	58	490
1900–04	91	79	63	48	393
1905–09	90	75	55	38	335
1910–12	88	71	49	32	294
1913–18	86	66	42	25	252
1919–21	84	61	37	22	234
1922–25	82	58	34	19	222
1926–30	83	60	35	20	223
1931–35	84	62	35	18	218
1936–40	86	61	30	13	205
1941–45	87	62	31	14	205
1946–50	87	61	31	14	207
1951–56	87	62	31	14	205
1956–61	87	65	30	11	200
1962–66	87	61	21	6	178
1967–71[a]	85	58	15	5	164
1972–77[a]	85	51	12	4	153

(Peter Marschalck, Bevölkerungsgeschichte Deutschlands im 19. und 20. Jahrhundert, Suhrkamp, Frankfurt/Main 1984, S. 158)

a Die Daten beruhen weit gehend auf Schätzungen.

M2 Wandel der Geschlechterrollen: Das Beispiel des Ehe- und Familienrechts der Bundesrepublik Deutschland, 1957 und 1977

a) Auszug aus dem Ehegesetz von 1957 (BGB)
§ 1356. (1) Die Frau führt den Haushalt in eigener Verantwortung. Sie ist berechtigt, erwerbstätig zu sein, soweit dies mit ihren Pflichten in Ehe und Familie vereinbar ist. [...]
§ 1360. Die Ehegatten sind einander verpflichtet, durch ihre Arbeit und mit ihrem Vermögen die Familie angemessen zu unterhalten. Die Frau erfüllt ihre Verpflichtung, durch Arbeit zum Unterhalt der Familie beizutragen, in der Regel durch die Führung des Haushalts; zu einer Erwerbsarbeit ist sie nur verpflichtet, soweit die Arbeitskraft des Mannes und die Einkünfte der Ehegatten zum Unterhalt der Familie nicht ausreichen.

b) Auszug aus dem Ehegesetz von 1977 (BGB)
§ 1356. Die Ehegatten regeln die Haushaltsführung in gegenseitigem Einvernehmen. Ist die Haushaltsführung einem der Ehegatten überlassen, so leitet dieser den Haushalt in eigener Verantwortung. Beide Ehegatten sind berechtigt, erwerbstätig zu sein. Bei der Wahl und Ausübung einer Erwerbstätigkeit haben sie auf die Belange des anderen Ehegatten und der Familie die gebotene Rücksicht zu nehmen. [...]
§ 1360. Die Ehegatten sind einander verpflichtet, durch ihre Arbeit und mit ihrem Vermögen die Familie angemessen zu unterhalten. Ist einem Ehegatten die Haushaltsführung überlassen, so erfüllt er seine Verpflichtung [...] in der Regel durch die Führung des Haushaltes.
(Susanne Asche/Anne Huschens, Frauen – Gleichberechtigung, Gleichstellung, Emanzipation?, Frankfurt/Main 1990, S. 125)

M3 Der Historiker Andreas Gestrich über Familienmodelle in der Neuzeit, 1999
Dieses Verständnis von Familie als einem unter der Leitung eines Hausvaters stehenden Rechtsverband, der über die eigentliche aus Eltern und Kindern bestehende Kernfamilie hinaus auch noch alle anderen Mitglieder des Haushalts umfasste, dominierte die Familientheorie und auch die staatliche und kirchliche Familienpolitik der Frühen Neuzeit. [...]
An der Wende zum 19. Jahrhundert kam es im

Zeichen von Aufklärung und Romantik jedoch auch zu deutlich neuen Ansätzen im Denken über Ehe und Familie. [...] Analog dem Staat wurde die Familie als ein Vertragswerk aufgefasst. Jedes Mitglied hatte den daraus entstehenden Verpflichtungen, vor allem aber der Unterordnung unter die Befehlsgewalt des Hausherren, zuzustimmen und konnte den Vertrag auch wieder aufkündigen. Diese Auffassung stand im Gegensatz besonders zur katholischen Ehelehre, die die Ehe als Sakrament definiert und damit für unauflösbar hält. [...]
Die aufklärungskritische Strömung der Romantik entwarf zu Beginn des 19. Jahrhunderts nochmals ein neues, gerade nicht an der Rationalität der Vertragstheorie orientiertes Leitbild für Ehe und Familie. Die Romantiker lehnten jeden äußeren rechtlichen oder religiösen Rahmen für die Begründung und Stabilisierung des Zusammenseins von Mann und Frau, Eltern und Kindern ab. Ehe und Familie sollten ausschließlich auf Liebe gründen. [...]
Die Privatisierung und Emotionalisierung der Familie im Bürgertum ging einher mit einer verschärften Betonung der unterschiedlichen Geschlechtscharaktere von Mann und Frau. Passivität, Emotionalität und Mütterlichkeit galten als typisch weibliche Merkmale, während für Männer Aktivität, Rationalität und Berufsorientierung kennzeichnend sein sollten. Diese unterschiedlichen sozialen Qualitäten von Mann und Frau versuchte man im 19. und 20. Jahrhundert über wissenschaftliche Untersuchungen als biologisch verankerte Geschlechtsmerkmale nachzuweisen. [...]
Vor besondere Herausforderungen wurde die bürgerliche Familientheorie und Gesellschaftspolitik durch die Auswirkungen von Fabrikindustrialisierung und Urbanisierung auf die Arbeiterschaft gestellt. In dieser meist land- und besitzlosen Bevölkerungsschicht verlor die Familie ihre Funktion der primären Produktion sowie der Erhaltung und Weitergabe von Vermögen; durch häufig offene Wohnformen mit vielen Untermietern hatte sie nicht den Charakter des Privatraumes; wegen der oft notwendigen Erwerbstätigkeit beider Eltern entsprach sie auch nicht dem Ideal einer auf die Erziehung der Kinder konzentrierten emotionalen Gemeinschaft; auf Grund erhöhter Mobilität fehlte den Arbeiterfamilien schließlich häufig der intergenerationelle Zusammenhang. [...]
Erst im Lauf der 1920er- Jahre kam es innerhalb der Sozialdemokratie, vor dem Hintergrund veränderter Positionen in USPD und KPD, zu einer Ehereformdiskussion, die im Namen der Gleichheit der Geschlechter die alten patriarchalischen Strukturen deutlich angriff und einen Übergang von der Zwangsehe zur Kameradschaftsehe forderte. In dieser ausgedehnten Diskussion wurde die ökonomische Selbstständigkeit der Frau als Voraussetzung für ihre persönliche und gesellschaftliche Befreiung bezeichnet. [...]
So nahmen sowohl die bürgerliche Reformpädagogik als auch die familienpolitischen Programmschriften der Arbeiterbewegung nach dem Ersten Weltkrieg jene Traditionen wieder auf, die von den Philosophen und Pädagogen der Aufklärung bereits thematisiert [...] worden waren: Die Familie sollte zu einem Ort der gleichberechtigten Entfaltung und nicht der Unterordnung werden. Vieles davon blieb allerdings auch jetzt nur Programm. Dennoch: Die Familienleitbilder, die von bürgerlichen und sozialistischen Theoretikern während des 19. Jahrhunderts in Abwehr des Anspruchs auf Gleichheit und Emanzipation formuliert worden waren, wurden nun nachhaltig in Frage gestellt.
(Andreas Gestrich, Geschichte der Familie im 19. und 20. Jahrhundert, Oldenbourg, München 1999, S. 4–8)

Arbeitsanregungen, Themenvorschläge, Fallbeispiele

1. Von der Groß- zur Kleinfamilie?
Diskutieren Sie mit Hilfe von M 16, S. 91, und M 1 die These, dass die Industrialisierung die Großfamilie zerstört bzw. die moderne Kleinfamilie hervorgebracht hat. Formulieren Sie, wenn nötig, eine Gegenthese.

2. Vom Patriarchat zur Partnerschaft
lautet der Titel eines Buches zum Strukturwandel der Familie. Überprüfen Sie diese These anhand der Materialien S. 12 sowie von M 2, M 3.

3. Wer macht die Hausarbeit?
Organisieren Sie eine entsprechende Umfrage. Gibt es dabei Unterschiede zwischen Jungen und Mädchen? Diskutieren Sie, ob und inwieweit die Organisation der Hausarbeit zu einem neuen Rollenverständnis beitragen kann.

4. Familien „vor Ort" im Wandel – eine Zeitzeugenbefragung
Untersuchen Sie anhand Ihrer eigenen Familie oder einer befreundeten Familie, wie sich das Leben dort in den letzten Jahrzehnten verändert hat.

5. Familien in außereuropäischen Gesellschaften. Geschichte und Gegenwart
Untersuchen Sie historische und gegenwärtige Lebensverhältnisse von Familien in einem außereuropäischen Kulturbereich.

Projektvorschlag 2: Geschichte der Menschenrechte

Menschenrechte – eine Einführung

Gewiss ist der Kampf um die Durchsetzung und Einhaltung von Menschenrechten so alt wie die Geschichte der menschlichen Kultur. Doch sind umfassende Menschenrechtskataloge als zentrale Bestandteile des Staats- und Verfassungsrechts eine Errungenschaft der Neuzeit. Die Einsicht, dass es Rechte gibt, die dem Menschen angeboren sind, zu seinem Wesen von Natur aus gehören und daher unveräußerlich und unabdingbar, gibt es zwar schon in der Antike. Sie prägte von Anfang an auch das christliche Denken. Aber erst die aufklärerischen Naturrechtsdenker des 18. Jahrhunderts verhalfen der Forderung zum Durchbruch, dass sich alle Herrschaftsverhältnisse an der „natürlichen Vernunft" und damit an den Menschenrechten auszurichten haben. Die Verankerung der Menschenrechte in der Unabhängigkeitserklärung der Vereinigten Staaten im Jahre 1776 und die Erklärung der Menschen- und Bürgerrechte in der Französischen Revolution von 1789 bilden Marksteine bei der Bindung staatlich-politischen Handels an die Menschenrechte. Dabei ging es zunächst um den Schutz der Menschen vor willkürlicher politischer Gewalt bzw. um die Beschränkung staatlicher Macht. Man denke dabei nur an die Forderung nach Meinungsfreiheit, Versammlungs- und Vereinigungsfreiheit oder auch Glaubens-, Gewissens- und Bekenntnisfreiheit. Alle diese Rechte sichern dem Individuum einen persönlichen Freiheitsraum und schützen ihn vor staatlicher Bevormundung. Seit dem 19. Jahrhundert nimmt bei der Festlegung und Interpretation der Menschenrechte der Schutz gegen nicht-staatliche Bedrohungen einen immer breiteren Raum ein. Das zeigt sich nirgends deutlicher als an dem Anspruch der Menschen in der modernen Gesellschaft auf die wachsende Sicherung eines Lebens, das mit der Menschenwürde und der Achtung der Person vereinbar ist. Die bitteren Erfahrungen mit den totalitären Diktaturen im 20. Jahrhundert, die Millionen von Menschen auf Grund ihrer politischen, religiösen und moralischen Überzeugungen oder ihrer „Rasse" ermordet haben, verdeutlicht, wie wichtig der Kampf um die Einhaltung der Menschenrechte für ein menschenwürdiges Leben in Freiheit und Selbstbestimmung ist. Diese Erkenntnis liegt auch dem Grundgesetz für die Bundesrepublik Deutschland zu Grunde, das nicht nur mit einem umfangreichen Menschenrechtskatalog beginnt, sondern auch in Artikel 79 dessen Abschaffung oder Veränderung ein für alle Mal verbietet.

Zentrale Begriffe

Naturrecht: Das in der „Natur" des Menschen begründete, ihr „entspringende" Recht, das dem positiven oder „gesetzten" Recht gegenübersteht und ihm übergeordnet ist. Historisch wurde das Naturrecht zur Begründung entgegengesetzter Positionen benutzt, und zwar abhängig vom jeweiligen Menschenbild: Entweder ging man davon aus, dass alle Menschen von Natur aus gleich sind, oder umgekehrt, dass alle Menschen von Natur aus verschieden sind. In der Neuzeit wurde es sowohl zur Legitimation des absoluten Fürstenstaates (Recht des Stärkeren) benutzt wie, über die Begründung des Widerstandsrechts, zu dessen Bekämpfung (Gleichheit der Menschen). Für die politische Theorie der Neuzeit zentral sind die aus dem Naturrecht entwickelten Begriffe Souveränität und Gleichheit.

Menschen- und Bürgerrechte: Der durch die Aufklärung verbreitete und in der Amerikanischen und Französischen Revolution mit Verfassungsrang ausgestattete Begriff besagt, dass jeder Mensch unantastbare Rechte besitzt, die der Staat achten muss: so vor allem das Recht auf Leben,

Glaubens- und Meinungsfreiheit, Versammlungs- und Vertragsfreiheit, Freizügigkeit, persönliche Sicherheit, Eigentum und Widerstand im Fall der Verletzung von Menschenrechten. Im 19. und 20. Jahrhundert wurden auch soziale Menschenrechte, besonders von sozialdemokratisch-sozialistischer Seite, formuliert, so das Recht auf Arbeit, soziale Sicherheit und Bildung.

Freiheitliches System/Demokratie: Demokratie (griech. demokratia = Herrschaft des Volkes) ist eine Regierungsform, in der der Wille des Volkes ausschlaggebend ist. Die direkte Demokratie beruht auf der unmittelbaren Teilhabe der Bürger an den politischen Entscheidungen; sie setzt damit Überschaubarkeit der Bevölkerungszahl, des Staatsgebietes und der politischen Probleme voraus. Ein Beispiel für einen Staat mit starken Elementen direkter Demokratie ist die Schweiz. In der repräsentativen Demokratie wird dagegen Herrschaft mittelbar, durch vom Volk gewählte Repräsentanten, die Abgeordneten, ausgeübt. Kennzeichen der modernen freiheitlichen Demokratie sind: Garantie der Menschenrechte, allgemeines, gleiches, geheimes und freies Wahlrecht, Gewaltenteilung, Parlamente, Mehrparteiensystem, Minderheitenschutz. Der Großteil der westlichen Staaten, auch die Bundesrepublik Deutschland, sind repräsentative Demokratien.

Totalitäres System/Diktatur: Unter einer Diktatur versteht man ein auf Gewalt beruhendes, uneingeschränktes Herrschaftssystem eines Einzelnen, einer Gruppe oder Partei. Wenn wie im Nationalsozialismus oder den kommunistischen Staaten alle Lebensbereiche staatlich überwacht und geregelt werden, sprechen Historiker und Sozialwissenschaftler von einem totalitären (totalitär = die Gesamtheit umfassend, sich alles unterwerfend) System. In den totalitären Diktaturen des 20. Jahrhunderts ist außerdem die Gewaltenteilung aufgehoben, jegliche Opposition wird unterdrückt. Es gibt keine Meinungs- und Pressefreiheit, die staatliche Propaganda arbeitet mit Feindbildern. Eines der wesentlichen Machtmittel ist die Androhung und/oder Ausübung von Terror und Gewalt.

Zeittafel

- 1215 In England bindet die Magna Charta libertatum den König an das „alte Recht", das dem Adel das Recht auf Widerstand einräumt, den König zur Wahrung der Rechte der Kirche und zur Achtung der Gesetze verpflichtet.
- 1679 Die Habeas-Corpus-Akte in England schützt vor willkürlicher Verhaftung und sichert die persönliche Freiheit.
- 1689 Bill of Rights in England garantieren die persönliche Freiheit und das Eigentum der Bürger.
- 1776 Die Unabhängigkeitserklärung der Vereinigten Staaten von Amerika enthält die erste Formulierung der Menschenrechte („Life, liberty and the pursuit of happiness") und des von ihnen abgeleiteten Widerstandsrechtes.
- 1789 Erklärung der Menschen- und Bürgerrechte (Freiheit, Gleichheit, Brüderlichkeit) in der Französischen Revolution.
- 1848 Die Nationalversammlung in der Paulskirche verabschiedet vorab die Grundrechte, die Grundlage der zukünftigen Verfassung sein sollen.
- 1919 Die Weimarer Reichsverfassung verankert in Deutschland die Menschen- und Grundrechte.
- 1933 In der „Verordnung zum Schutz von Volk und Staat" (Reichstagsbrandverordnung) schränkt das NS-Regime wichtige Grundrechte ein (z. B. persönliche Freiheit, freie Meinungsäußerung, Presse-, Vereins- und Versammlungsfreiheit, Eigentum).
- 1948 Die Generalversammlung der UNO verabschiedet die Allgemeine Erklärung der Menschenrechte.
- 1949 Das Grundgesetz für die Bundesrepublik Deutschland stellt nicht nur die Grund- und Menschenrechte an den Anfang der Verfassung, sondern erklärt auch deren Änderung für unzulässig.

Einführende Materialien

M1 Der Rechtswissenschaftler Wolfgang Heidelmeyer über einige philosophische Ursprünge der Menschenrechte, 1997

Die christliche Lehre [...] von menschlicher Gleichheit [...] entschied sich eindeutig zu Gunsten der natürlichen Rechte des Menschen, wenn sie das Spannungsverhältnis von Freiheit und Autorität, das jede menschliche Gemeinschaft bestimmt, zu Gunsten der Freiheit löste. Thomas von Aquin setzte bereits im 13. Jahrhundert des Naturrecht, das er als Abglanz des ewigen Rechts der göttlichen Vernunft versteht, in Widerspruch zum positiven Recht der menschlichen Gesetze. Diese sind nur gültig, wenn sie dem natürlichen und ewigen Recht genügen. [...]

Die Lehren vom natürlichen Recht sind auch im Zeitalter der Reformation lebendig, als Martin Luther „Von der Freiheit eines Christenmenschen" schrieb. Manche neigen dazu, wegen solcher Zeugnisse den Gedanken der Menschenrechte als eine späte Frucht der Reformation zu begreifen. Zwar hatte der Westfälische Friede einen Durchbruch für die Religions- und Gewissensfreiheit gebracht, indem zwar die Befugnis der Fürsten, entsprechend dem Augsburger Religionsfrieden von 1555 über die Konfession ihrer Untertanen zu entscheiden, erhalten blieb, zugleich aber Andersgläubigen Gewissensfreiheit und Schutz ihrer Rechte zugesichert war (Verosta). Die Wurzeln aber reichen weiter zurück, denn gerade das Recht zum Widerstand, welches die spätere Naturrechtslehre im Innersten bestimmt hat, ist keine europäische Erfindung allein. In einem sehr alten Werk Chinas, dem „Buch der Geschichte", heißt es: „Der Himmel liebt das Volk und der Herrscher muss dem Himmel gehorchen." Wenn der Herrscher nicht mehr zum Wohl seiner Untertanen regiert, können diese gegen ihn aufstehen und ihn vom Thron stoßen. Die chinesische Geschichte ist reich an Beispielen für die Beseitigung von Tyrannen. [...]

Die meisten großen Rechtsdenker des 16. und 17. Jahrhunderts (Grotius, Bellarmin, Pufendorf, Bodin, Suarez) waren darin einig, dass der Verstoß gegen das so genannte Naturrecht am Ende nichts anderes als Tyrannei bedeutete. Ihre Naturrechtslehre hatte zunächst aufklärerische, schließlich aber auch revolutionäre Züge. Dabei entdeckte sie durchaus kein neues Prinzip, sondern machte ein altes wirksam. Die Juristen hatten von alters her den Boden bereitet, indem sie das Gesetzesrecht (positives Recht) dem natürlichen Recht entgegenstellten. Alle Herschaftsverhältnisse hatten sich an der „natürlichen Vernunft" auszurichten. Sie unterstanden „als Einschränkungen der natürlichen Freiheit des Menschen" dem Erfordernis allgemeiner Gerechtigkeit (justa causa). „Ohne die Unerbittlichkeit, mit der das natürliche Recht in diesem System seine Ansprüche an das positive Gesetz vertrat, hätte das Wort Naturrecht nicht seine unheimlich faszinierende [...] Wirkung ausüben können" (Reibstein). Aber man wird dieses Naturrecht immer wieder missverstehen, wenn man es als Sammlung bestimmter Vorschriften zu verstehen sucht (die der Nachwelt oftmals nicht viel anders als eine Summe von Plattheiten erschienen sind). Dem lehensrechtlichen System der mittelalterlichen Gesellschaft und den Naturrechtslehren ging es mehr um die Rechtsidee, dass nämlich die herrschende Gewalt nicht selbstherrlich aufzutreten hätte. Erst der später aufkommende Absolutismus verdrängte diesen inneren Gehalt der tragenden Rechtsüberzeugung. [...]

Mit dieser letzten Bemerkung steht man vor den vielgestaltigen und ungelösten Problemen einer „natürlichen Begrenzung" der „natürlichen Rechte" bis hinein in das „Recht auf Widerstand", das sich bald im historischen Verlauf zum Recht auf Revolutionierung der gesamten Verhältnisse verdichten sollte. Sicher verletzt der Staat die Grenzen seiner Macht, wenn er die ihm ausgelieferten Menschen nicht als Bürger behandelt. Die Grenze gegenüber dem einzelnen Menschen ist völlig klar, wenn ein gegenwärtiger Angriff auf Leib oder Leben vorliegt (Notwehrrecht). Die gesellschaftlichen Bedingungen einer Revolution sind aber vielschichtiger. In der Geschichte der Menschenrechte dämmert im Gefolge des Zeitalters des Absolutismus eine neue Periode liberaler und demokratischer Gesinnung herauf. Die Stunde schlug für die Geburt der Revolution in der traditionsschwach beginnenden Gesellschaft Amerikas. Das Naturrecht wandelte sich in dieser Bewegung zu einer neuen Philosophie des Strebens nach Glück (Utilitarismus). Die explosive Kraft der „natürlichen, angeborenen Rechte der Menschheit" tritt deutlich zu Tage.

(Wolfgang Heidelmeyer [Hg.], Die Menschenrechte. Erklärungen, Verfassungsartikel, Internationale Abkommen, 4. Aufl., Schöningh, Paderborn 1997, S. 12–14)

M2 Die klassischen Kataloge der Menschenrechte – Aus der Bill of Rights, 1689

Die vorgebliche Befugnis, kraft königlicher Autorität Gesetze oder deren Ausführung ohne Zustimmung des Parlaments auszusetzen, ist unrechtmäßig.

Die vorgebliche Befugnis, kraft königlicher Autorität von Gesetzen oder deren Ausführung zu entbinden, wie erst kürzlich angenommen und geübt, ist ungesetzlich. [...]

Es ist das Recht der Untertanen, Eingaben an den König zu richten, und alle Inhaftierungen und Verfolgungen wegen solcher Ansuchen sind ungesetzlich. [...]

Die Wahl von Mitgliedern des Parlaments soll frei sein.

Die Freiheit der Rede und die Debatten und Verhandlungen im Parlament dürfen vor keinem Gericht oder an einem Ort außerhalb des Parlaments angefochten oder in Frage gestellt werden.

Übermäßige Bürgschaften sollen nicht gefordert und überhöhte Geldstrafen nicht auferlegt werden, noch grausame und unübliche Strafen.

(Zit. nach Wolfgang Heidelmeyer [Hg.], Die Menschenrechte. Erklärungen, Verfassungsartikel, Internationale Abkommen, 4. Aufl., Schöningh, Paderborn 1997, S. 55 f.)

M3 Die Menschenrechte in totalitären und freiheitlichen Systemen

a) Aus der nationalsozialistischen „Verordnung zur Ausschaltung der Juden aus dem deutschen Wirtschaftsleben", 12. November 1938

§ 1. (1) Juden [...] ist vom 1. Januar 1939 ab der Betrieb von Einzelhandelsverkaufsstellen, Versandgeschäften oder Bestellkontoren sowie der selbstständige Betrieb eines Handwerks untersagt.

(2) Ferner ist ihnen mit Wirkung vom gleichen Tage verboten, auf Märkten aller Art, Messen oder Ausstellungen Waren oder gewerbliche Leistungen anzubieten, dafür zu werben oder Bestellungen darauf anzunehmen.

(3) Jüdische Gewerbebetriebe [...], die entgegen diesem Verbot geführt werden, sind polizeilich zu schließen.

(Ingo v. Münch/Uwe Brodersen [Hg.], Gesetze des NS-Staates. Dokumente eines Unrechtssystems, 2. Aufl., Schöningh, Paderborn 1982, S. 132)

b) Aus der Erklärung der Vereinten Nationen über die Beseitigung jeder Form von Rassendiskriminierung – Entschließung 1904 (XVIII), 20. November 1963

Artikel 1 Die Diskriminierung von Menschen aus Gründen der Rasse, der Farbe oder der ethnischen Herkunft ist ein Angriff auf die Menschenwürde und muss als eine Missachtung der Grundsätze der Charta der Vereinten Nationen, als eine Verletzung der Menschenrechte und der durch Allgemeine Erklärung der Menschenrechte festgelegten Grundfreiheiten sowie als ein Hemmnis zur Errichtung freundschaftlicher und friedlicher Beziehungen zwischen den Nationen und als eine Handlung, die den Frieden und die Sicherheit der Völker gefährdet, verurteilt werden.

Artikel 2 Kein Staat darf, sei es durch Polizeimaßnahmen oder auf andere Art und Weise, von Gruppen, Institutionen oder Einzelpersonen auf Grund der Rasse, der Farbe oder der ethnischen Herkunft gemachte Diskriminierungen ermutigen, anpreisen oder unterstützen.

(Zit. nach Wolfgang Heidelmeyer [Hg.], Die Menschenrechte. Erklärungen, Verfassungsartikel, Internationale Abkommen, 4. Aufl., Schöningh, Paderborn 1997, S. 193)

Arbeitsanregungen, Themenvorschläge, Fallbeispiele

1. Menschenrechte – ein Begriff
Definieren Sie den Begriff der „Menschenrechte". Ziehen Sie dabei die Begriffsbestimmung auf S. 114 f. heran und vergleichen Sie diese mit Artikel 1 bis 3 des Grundgesetzes.

2. Die Grundlagen der Menschenrechtsentwicklung
Erläutern Sie am Beispiel der Bill of Rights (M 2), der amerikanischen Unabhängigkeitserklärung von 1776 (S. 24) und der Erklärung der Menschen- und Bürgerrechte von 1789 (S. 45 f.) die klassischen Grundrechtskataloge und ihre Funktion. Vergleichen Sie diese klassischen Grundrechtskataloge mit den im Grundgesetz für die Bundesrepublik Deutschland verankerten Grundrechten. Erörtern Sie Unterschiede und Gemeinsamkeiten.

3. Christentum und Menschenrechte
Diskutieren Sie den Beitrag des Christentums und des modernen naturrechtlichen Denkens zur Entstehung der Menschenrechtsentwicklung (M 1).

4. Menschenrechte in Misskredit?
Eine Reportage
Rechte können auch wieder verloren gehen und bei den Menschen in Misskredit geraten. Erörtern Sie diese These am Beispiel des Rassismus (M 3 a, b) und machen Sie eine Reportage zu einem (Lokal-)Beispiel.

Projektvorschlag 3: Migration in der Geschichte

Migration – eine Einführung

Obwohl das 20. Jahrhundert als das „Jahrhundert der Flüchtlinge" bezeichnet wurde, haben sich Öffentlichkeit und Politik lange Zeit vergleichsweise wenig mit dem Problem der Migration beschäftigt. Das änderte sich erst in den letzten beiden Jahrzehnten des vergangenen und im beginnenden 21. Jahrhundert. Die größten und häufigsten Flüchtlingsströme finden sich heute zwar in Afrika und Asien, aber ihre Ausläufer erreichen zunehmend die Industriestaaten. Dort werden die Einwanderer aus den ärmeren Regionen der Welt immer stärker als Bedrohung empfunden: nämlich als Fremde, die ihre Aufnahme in reichere Länder erbitten, erzwingen oder erschleichen und den Lebensstandard vieler Menschen gefährden könnten. Gleichzeitig setzt sich in den Industrieländern jedoch die Einsicht durch, dass die Überalterung ihrer Gesellschaften und schrumpfende Bevölkerungszahlen die Zuwanderung von jüngeren, hoch qualifizierten Experten und Fachkräften notwendig macht. Nur so scheint es möglich, die Volkswirtschaft in Gang zu halten und den erreichten Wohlstand aufrechtzuerhalten.

Menschen verlassen selten aus freien Stücken ihre Heimat. Viele Wanderungsbewegungen in Vergangenheit und Gegenwart sind die Folge unerträglicher Lebensbedingungen: Hungerkrisen und Armut, Wettrüsten und Krieg, Umweltzerstörung und ökologische Katastrophen sowie politische Verfolgung und die Unterdrückung religiöser Überzeugungen sind die wichtigsten Motive dafür, dass Menschen in andere Länder auswandern, obwohl sie dort oft eine ungewisse Zukunft erwartet. Sie wissen, dass sie ihre vertraute Umgebung verlieren und sich neuen Lebensbedingungen anpassen müssen. Nicht selten erschweren Vorurteile oder soziale wie ökonomische Ängste ihre Eingliederung. Das gilt selbst für solche Einwanderer, die von Regierungen aus wirtschaftlichen Gründen ins Land geholt werden, wie das Beispiel der Hugenotten im 17. Jahrhundert zeigt. Einige deutsche Fürsten holten diese protestantischen Christen, die in Frankreich auf Grund ihres Glaubens unterdrückt wurden, in ihr Land. Die deutschen Monarchen versprachen sich davon eine Ankurbelung ihrer Wirtschaft, da diese Glaubensflüchtlinge oft über ausgezeichnete handwerkliche Fähigkeiten verfügten. Aus Furcht vor unliebsamer Konkurrenz lehnten jedoch die einheimischen Handwerker die Anwerbung hugenottischer Arbeitskräfte anfangs ab; erst allmählich wurde aus Ablehnung Annäherung und gegenseitige Anerkennung.

Besonders in den modernen Industriegesellschaften gibt es aber auch freiwillige Migration, die häufig dem beruflich-wirtschaftlichen Aufstieg dient. Außerdem trägt die Globalisierung des wirtschaftlichen Lebens zur Migration bei, wenn z.B. führende Mitarbeiter einer Firma zum Auf- und Ausbau eines ausländischen Tochterunternehmens in ein fremdes Land gehen.

Zentrale Begriffe

Mobilität: Ausdruck der Bevölkerungsstatistik für Bevölkerungsbewegungen. Horizontale Mobilität meint die Wanderung aus einem Gebiet in ein anderes, wobei zwei Formen zu unterscheiden sind: Binnenwanderung innerhalb eines Landes und Auswanderung von einem Land in ein anderes Land. Voraussetzung für horizontale Mobilität ist in der Regel ein ausgebautes Verkehrssystem. Soziale Mobilität meint den Auf- oder Abstieg von einer sozialen Schicht in eine andere. Dabei sind die intergenerationelle Mobilität (der Sohn oder die Tochter erreichen eine höhere Schicht als die Eltern bzw. steigen ab) und die intragenerationelle Mobilität (Auf- oder Abstieg innerhalb eines Lebensschicksals) zu unterscheiden.

Migration (lat. migrare bzw. migratio = wandern, wegziehen bzw. Wanderung): Bezeichnung für die Verlegung des Aufenthaltsortes von einzelnen Personen oder Gruppen. Verändern Menschen ihren Wohnort oder ihre Arbeitsstätte innerhalb eines Landes, spricht man von Binnenwanderung. Von Aus- und Einwanderung ist die Rede, wenn Menschen ihr Geburtsland verlassen, um in einem anderen Land zu leben und zu arbeiten. Die Ursachen der Migration sind vielfältig: Sie reichen von der erzwungenen Auswanderung durch politische oder religiöse Verfolgung bis zur freiwilligen Migration, um den eigenen Wohlstand zu verbessern oder die eigene Karriere zu fördern. Darüber hinaus unterscheiden Historiker und Sozialwissenschaftler zwischen dauerhafter Wanderung, wenn Migranten für immer ihre Heimat verlassen, und zeitweiliger Migration, bei der diese nach einer gewissen Zeit wieder in ihr Heimatland zurückkehren.

Zeittafel

3.–6. Jh.	Während der Völkerwanderung ziehen ganze Völker durch Europa und tragen zum Zusammenbruch des Römischen Reiches ebenso bei wie zur Entstehung mittelalterlicher Herrschaften.
11.–14. Jh.	Deutsche Ostsiedlung: Durch die starke Bevölkerungszunahme seit dem 11. Jh. geraten zahlreiche bäuerliche Familien in Not und ziehen in dünn besiedelte Gebiete des Ostens.
17. Jh.	Die auf Grund ihres protestantischen Bekenntnisses in Frankreich verfolgten Hugenotten flüchten aus ihrer Heimat. Viele finden in einigen deutschen Ländern Aufnahme und tragen dort als fähige und geschickte Handwerker zum wirtschaftlichen Aufschwung bei.
19. Jh.	In drei großen Wellen (1846–1857, 1864–1873, 1880–1893) wandern Millionen von Deutschen nach Amerika aus. Seit der Mitte des Jh.s beginnen die Montanunternehmer des Ruhrgebietes mit der Anwerbung von Arbeitskräften aus Ost- und Westpreußen sowie dem von Preußen annektierten Teil Polens. Hunderttausende von Menschen kommen aus diesen Gebieten ins Ruhrgebiet, wo der größte Teil von ihnen dauerhaft bleibt.
1880–1914/18	Mit dem Zerfall des Osmanischen Reiches und der damit einhergehenden Kriege und blutigen Nationalitätenkämpfe werden Hunderttausende Menschen zu Flüchtlingen. Etwa 2,5 Mio. Juden fliehen aus Osteuropa.
1914–1945	Im Ersten Weltkrieg (1914–1918) und in der Zwischenkriegszeit (1918–1939) gibt es Flüchtlingsströme von bisher unbekanntem Ausmaße. Ihre Zahl verzehnfacht sich, als nach dem Zweiten Weltkrieg (1939–1945) geschätzte 60 Mio. europäischer Zivilisten auf der Flucht sind, unter ihnen zahlreiche Deutsche, die aus Osteuropa fliehen oder vertrieben werden. Diese Wanderungsbewegungen tragen Europa den Beinamen „Kontinent der Flüchtlinge" ein, der heute an Afrika und Asien weitergegeben wird.
1955–1973	Seit 1955 wirbt die Bundesrepublik Deutschland ausländische „Gastarbeiter" an, um den Arbeitskräftemangel auszugleichen und die Produktivität zu halten. Mit der Verschlechterung der wirtschaftlichen Situation verfügt die Bundesregierung 1973 einen Anwerbestopp.
1993	Die außerordentlich hohe Zuwanderung von Asylbewerbern führt nach langer, heftiger Debatte zur Neufassung des Grundrechtes auf Asyl (Art. 16a GG); die Anerkennung als politisch Verfolgter und damit das Recht auf Asyl wird erheblich eingeschränkt.
2000	Am 30. Mai verabschiedet die Bundesregierung die Verordnung über die Arbeitsgenehmigung für hoch qualifizierte ausländische Fachkräfte der Informations- und Kommunikationstechnik. Durch sie sollen maximal 20 000 Computerexperten eine befristete Arbeitserlaubnis (Green Card) erhalten. Diese Regelung verstärkt die öffentliche Diskussion über das „Einwanderungsland" Deutschland.

Einführende Materialien

M1 Der Politikwissenschaftler Peter J. Opitz über die Ursachen der Migration, 1998

Die Grundursache für Flucht und Migration ist eine zunehmende Entwurzelung der Menschen in vielen Regionen der Welt. Diese Entwurzelung [...] ist vornehmlich die Folge einer zunehmenden Unwirtlichkeit dieser Regionen. [...] Von besonderer Bedeutung sind vor allem fünf Prozesse:
– Der Zerfall jener multikulturellen und -nationalen Imperien, die seit dem 16. Jh. die zentralen Elemente des internationalen Systems bildeten, sowie die Entstehung zahlreicher neuer Nationalstaaten auf ihren Territorien im Gefolge mehrerer aufeinander folgender Entkolonisierungsprozesse [...]. Dabei handelte es sich zunächst um das Osmanische Reich und die Habsburger Donaumonarchie, später um die Kolonialreiche der Staaten Westeuropas und in jüngster Zeit um den Zerfall der Sowjetunion [...];
– die Entstehung eines – ebenfalls seit dem 16. Jh. sich entwickelnden – [...] Weltwirtschaftssystems auf der Grundlage der wissenschaftlich-technischen Revolution und einer sich aus ihr entwickelnden industriellen Produktionsweise;
– eine zunehmende Zerstörung großer Teile der Umwelt als Folge dieses Wirtschaftssystems [...]. Wichtige Faktoren sind dabei die Überforderung der natürlichen, nicht erneuerbarer Ressourcen durch ressourcenintensive Technologien, der steigende Lebensstandard in den entwickelten Ländern, hohe Rüstungsausgaben, eine hohe Umweltbelastung durch die Emission von Schadstoffen, die die labilen ökologischen Systeme stören oder sogar zerstören;
– eine rapide Zunahme der Weltbevölkerung [...] als Folge verbesserter hygienischer und medizinischer Rahmenbedingungen, die zu einer signifikanten Absenkung der Sterberate bei nur langsam sich verändernden Reproduktionsgewohnheiten führen. Nach Berechnungen der UN-Bevölkerungskommission wird die Weltbevölkerung bis zum Jahre 2050 auf 9,5 Mrd. Menschen anwachsen, von denen nur 1,4 Mrd. in den wohlhabenden Regionen [...] leben werden;
– die Erosion traditioneller Weltanschauungen, Werthaltungen und Lebensstile sowohl auf Grund der politischen und wirtschaftlichen Zerstörung der alten Lebensbedingungen wie auch infolge neuer emanzipations- und konsumorientierter Lebensstile und -standards, wie sie sich in den westlichen Industriestaaten entwickelten und über moderne Kommunikationsmittel global vermittelt wurden. In gewissem Sinne entspricht der „Unwirtlichkeit" großer Regionen der Welt der hohe Wohlstand und Lebensstandard anderer – vor allem in Nordamerika, Westeuropa und Japan.

(Peter J. Opitz, Migration/Weltflüchtlingsproblematik, in: Wichard Woyke [Hg.], Handwörterbuch Internationale Politik, 7. Auflage, UTB, Opladen 1998, S. 248 f.)

M2 Der Soziologe Petrus Han über die Arten der Migration, 2000

William Petersen beginnt seine Abhandlung über die allgemeine Typologie der Migration mit einer Kritik an der Typologie von Henry P. Fairchild, der die Migrationen in folgende vier Typen einteilt [...]:
a) „Invasion": die Überflutung eines höheren Kulturgebietes durch Krieger mit niedrigerer Kultur (z.B. der Einfall der Goten in Rom);
b) „Conquest": die gewaltsame Eroberung eines Gebietes durch Menschen mit höherer Kultur;
c) „Colonization": die Besiedlung eines neu entdeckten bzw. dünn besiedelten Gebietes durch ein etabliertes und fortschrittliches Staatswesen;
d) „Immigration": die individuell motivierte und friedliche Migrationsbewegung der Menschen zwischen den Staaten, die eine annähernd gleich hohe Stufe der Zivilisation erreicht haben.
Diese Typologie der Migration von Henry P. Fairchild basiert nach der Auffassung von William Petersen auf zwei Kriterien: auf dem der Niveauunterschiede der Kultur und auf dem der friedlichen bzw. kriegerischen Art der Bewegung. Petersen kritisiert, dass Fairchild mit seinem ersten Kriterium faktisch die Gefahr des Ethnozentrismus herbeiführt. Weiterhin kritisiert er seine undeutliche und missverständliche Begriffsverwendung „friedlich bzw. kriegerisch". Er ist entschieden gegen einseitige psychologische All-Aussagen [...], die entweder den Menschen „Wanderlust" oder Sesshaftigkeit unterstellen. Er will vielmehr unter Berücksichtigung der individuellen Wunschvorstellungen [...] den Unterschied klären, warum bestimmte Menschen wandern und bestimmte nicht. Zu diesem Zweck führt er zwei Charakterisierungen der Migrationsziele (innovative und konservative) ein, um auf deren Grundlage seine Typologie der Migration zu entwickeln [...]:
a) „Innovating": wenn Migration als Mittel zur Erlangung von etwas Neuem unternommen wird [...];
b) „Conservative": wenn Migration als Reaktion auf Veränderung benutzt wird, um den alten Zustand wiederherzustellen [...].

B 1 „Die Woche des ausländischen Mitbürgers". Karikatur von Marie Marcks um 1987.

Auf Grund dieser beiden Charakterisierungen entwickelt William Petersen 5 Migrationstypen […]:
1) „Primitive migration": Diese bedeutet nicht die Migration primitiver Menschen, sondern die Migration, die durch das Unvermögen der Menschen, die Mächte bzw. Gewalt der Natur unter Kontrolle zu bringen, d. h. unter dem Druck der Natur […] (ecological push), ausgelöst wird. […]
2) „Forced and impelled migration": Die Ursache primitiver Migration ist ökologischer Druck. Dagegen ist der Auslöser der Zwangsmigration der Staat bzw. die ihm funktional äquivalenten sozialen Institutionen. Dabei wird die Zwangsmigration als veranlasste Migration (impelled) bezeichnet, wenn die Migranten eine gewisse Entscheidungsmacht über ihre eigene Migration behalten konnten, während sie als erzwungene (forced) Migration bezeichnet wird, wenn die Migranten bezüglich ihrer Migration keine Entscheidungsmacht hatten. […]
3) „Free migration": Im Gegensatz zu den bisher beschriebenen Typen steht im Mittelpunkt der freien Migration die persönliche Entscheidung als zentrale Grundlage zur Migration. Die transatlantische Pioniermigration aus Europa nach Nordamerika im 18. und 19. Jahrhundert wird als ein historisches Beispiel für diesen Typus genannt.
4) „Mass migration": Diese Migrationsform beginnt in kleinem Umfang und entwickelt sich zu einer sozialen Bewegung. Die Masse wird vom Migrationsfieber angesteckt. Wenn die Migration zum sozialen Muster wird, dann spielt die Frage nach der individuellen Motivation kaum eine Rolle, weil hier die Migration anderer zum Grund der Migration wird. […]

(Petrus Han, Soziologie der Migration. Erklärungsmodelle. Fakten. Politische Konsequenzen. Perspektiven, UTB, Stuttgart 2000, S. 22–25)

Arbeitsanregungen, Themenvorschläge, Fallbeispiele

1. Migration heute – eine Erörterung
Erörtern Sie die These der Entwurzelung (M 1). Suchen Sie nach Beispielen oder Gegenbeispielen.
2. Vom Land in die Stadt
Untersuchen Sie, ausgehend von den Materialien S. 53 f., das Phänomen der „Landflucht" in der Industriegesellschaft.
3. Gelobtes Land Amerika?
Erarbeiten Sie, ausgehend von den Materialien S. 102 f. zum 19. Jahrhundert, Aspekte der europäischen Auswanderung in die USA.
4. Migranten im Ruhrgebiet
Erstellen Sie, ausgehend von den Materialien S. 98 f., eine Dokumentation zur Geschichte der osteuropäischen Arbeiter im Ruhrgebiet.
5. Flucht aus Nazi-Deutschland
Untersuchen Sie, ausgehend vom Kapitel „Nationalsozialismus" (S. 238 ff.), die Emigration von Juden und anderen Verfolgten aus Nazi-Deutschland.
6. Ein Lokalprojekt
Diskutieren Sie, ausgehend von der Karikatur (B 1), unterschiedliche Reaktionen auf Migranten. Vergegenwärtigen Sie sich dabei, wie in Ihrer Klasse/Schule bzw. ihrem Wohnort Migranten und deren Kinder aufgenommen wurden und werden.

Projektvorschlag 4: Frauenrechte

Zur Einführung: Der Kampf um die Rechte der Frau

Waren die Beziehungen zwischen den Familienangehörigen in der vorindustriellen Welt durch eine relative Nähe der Geschlechter gekennzeichnet, entwickelten sich die Lebensbereiche von Mann und Frau in der Industriegesellschaft mit ihrer Trennung von Arbeit und Privatsphäre auseinander. Diese Entwicklung betraf am wenigsten die bäuerlichen Familien, in denen die Frau auch weiterhin in der Produktion mitarbeiten musste. Arbeiterfrauen hatten oft die doppelte Last zu tragen; wenn sie zur Steigerung des meist kärglichen Einkommens erwerbstätig waren, mussten sie gleichzeitig den Haushalt führen und die Kinder versorgen. Das galt zum Teil auch für bürgerliche Schichten, die nur geringe Einkünfte besaßen. Doch nach dem bürgerlichen Familienideal, das sich im 19. Jahrhundert immer stärker durchsetzte, hatte sich der Mann um die „Außenwelt" zu kümmern: Er war nicht nur der „Ernährer" der Familie, sondern auch für Politik, Kultur und Geselligkeit zuständig. Dagegen lagen die Sorge für den Ehemann sowie die Aufzucht und Erziehung der Kinder bei den Ehefrauen. Diese ungleiche Rollen- und Machtverteilung zwischen den Geschlechtern fand ihre ideologische Absicherung durch die seit dem 18. Jahrhundert entstandene Auffassung von den „Geschlechtercharakteren", nach der „Vernunft", „Kraft" und „Selbstständigkeit" „natürliche" Eigenschaften des Mannes seien, während die Frau sich durch „Empfindung", „Hingabe", „Abhängigkeit" und „Bescheidenheit" auszeichne. Trotz zunehmender Erwerbstätigkeit von Frauen war die moderne Industriegesellschaft, besonders wenn es um öffentliche Angelegenheiten ging, eine reine Männergesellschaft.
Gegen diese Vorherrschaft der Männer formierte sich jedoch allmählich eine Gegenbewegung. Bereits in der Französischen Revolution 1789, aber auch in der deutschen Revolution von 1848/49 gründeten Frauen Vereine und traten öffentlich für ihre Gleichberechtigung in Politik und Gesellschaft ein. Auch in den Sechziger- und dann in den Neunzigerjahren waren es diese politisch aktiven Frauen aus der Revolution, die sich in Frauenverbänden organisierten und emanzipatorische Forderungen erhoben. Eine herausragende Rolle in der entstehenden Frauenbewegung nahmen Lehrerinnen ein. Da Frauen der Besuch weiterführender und berufsbildender Schulen, vor allem aber eine Universitätsausbildung, bis weit ins 19. Jahrhundert verwehrt blieb, bot der Lehrerinnenberuf, besonders für die Töchter aus bürgerlichen Familien, die Chance zu einer qualifizierten beruflichen Bildung wie auch zu beruflicher Selbstständigkeit. Das dadurch gewonnene Selbstbewusstsein fand seinen Ausdruck auch in einem verstärkten politischen Engagement und der Forderung, dass Frauen ihre Fähigkeiten und Leistungen frei entfalten sollten. Bis in die Gegenwart hinein kämpfen Frauen und Frauenbewegung um die volle Gleichberechtigung in allen Lebensbereichen. Einer ihrer herausragenden Erfolge besteht gewiss darin, dass heute vor allem in der westlichen Welt jede geschlechtsspezifische Benachteiligung von Frauen als gesellschaftlicher Missstand gilt, der abgeschafft werden muss. Dennoch gibt es bis heute kein Land auf der Erde, in dem Frauen die gleichen Lebenschancen haben wie Männer.

Zentrale Begriffe

Emanzipation (lat. emancipare = in die Selbstständigkeit entlassen): (Selbst-)Befreiung aus einem Zustand der Abhängigkeit und Unterdrückung, meist im Zusammenhang mit benachteiligten Gesellschaftsschichten (Arbeiter, Frauen, Juden).

Frauenbewegung: Politisch-soziale Bewegung, die in den bürgerlichen Revolutionen des ausgehenden 18. und beginnenden 19. Jahrhunderts in den USA und Westeuropa entstand. Den aufklärerischen und bürgerlichen Idealen (Freiheit und Selbstbestimmung des Individuums, Gleichheit und Gerechtigkeit) verpflichtet, kämpften Sozialisten, sozialkritisch engagierte Persönlichkeiten sowie Frauenrechtlerinnen seitdem für die volle rechtliche, politische und wirtschaftlich-soziale Gleichstellung der Frau. Setzte sich die bürgerliche Frauenbewegung vor allem für bessere Bildungschancen und eine verstärkte Integration von Frauen in das Erwerbsleben ein, forderte die proletarische Frauenbewegung darüber hinaus die allgemeine politische und gesellschaftliche Emanzipation der Frau, die allein in einer sozialistischen Gesellschaft gewährleistet sei. Seit den 60er-Jahren des 20. Jahrhunderts bildete sich zunächst in den USA und dann auch in Europa eine „Neue Frauenbewegung" heraus, die die vollständige Überwindung geschlechtsspezifischer Denk- und Verhaltensmuster anstrebt. Zur Erreichung dieses Zieles sollen Frauen unabhängig von Männern um ihre Befreiung kämpfen.

Zeittafel

1791	Olympes de Gouges formuliert die „Erklärung der Rechte der Frau und Bürgerin", in der sie die politische und soziale Gleichstellung von Frauen und Männern fordert. Während der Französischen Revolution debattieren Frauen in eigenen Klubs über aktuelle Ereignisse.
1848/49	Frauen gründen Vereine und treten öffentlich für die Gleichstellung von Frauen in Politik und Gesellschaft ein. Die Revolution gilt als Beginn der organisierten Frauenbewegung in Deutschland.
1865	Louise Otto-Peters gründet den „Allgemeinen Deutschen Frauenverein" (ADF), um die Bildungschancen von Frauen zu verbessern und deren Berufstätigkeit zu fördern.
1879	Der Sozialist August Bebel veröffentlicht sein Buch „Die Frau und der Sozialismus", das zu den meistgelesenen Büchern der Sozialdemokratie wird. Bebel fordert darin die Aufhebung der Unterdrückung der Frau im Privaten durch die Männer und im wirtschaftlichen Leben durch den Industriekapitalismus. Die Befreiung der Frau müsse durch die Umgestaltung der kapitalistischen in eine sozialistische Ordnung erfolgen.
1890	Der „Allgemeine Deutsche Lehrerinnenverein" entsteht und fordert außer besseren Bildungschancen für Mädchen die allgemeine Emanzipation der Frauen.
1894	Als Dachorganisation der verschiedenen Frauenvereine wird der „Bund Deutscher Frauenvereine" gegründet.
1918	In Deutschland erhalten Frauen das allgemeine Wahlrecht.
1933–45	Der NS-Mutterkult gerät bald in Widerspruch zur Wirklichkeit: Rüstungskonjunktur und Krieg benötigten weibliche Arbeitskräfte.
1945–1949	Ein Großteil des wirtschaftlichen Wiederaufbaus im Nachkriegsdeutschland lag in den Händen der Frauen (Trümmerfrauen).
Seit Ende der 60er-Jahre	Die Frauenbewegung trat in den frühen 70er-Jahren mit spektakulären Aktionen gegen den Paragrafen 218 hervor, der den Schwangerschaftabbruch unter Strafe stellte. In allen Parteien und Organisationen wird Chancengleichheit in Beruf und Politik, die Vereinbarkeit von Familie und Beruf gefordert. Der 1947 in der DDR gegründete „Demokratische Frauenbund Deutschlands" war vorwiegend eine Vermittlungsinstanz zwischen SED und Frauen.

Einführende Materialien

M1 Die Frau in den Revolutionen der Neuzeit

a) Der Historiker Rolf E. Reichhardt über Frauen in der Französischen Revolution, 1998

Den revolutionären Parlamenten waren die traditionellen Vorstellungen der Hausvätergesellschaft, dass der Mann der „natürliche Vertreter" seiner Ehefrau sei und dass diese in der politischen Öf-
5 fentlichkeit nichts zu suchen habe, noch weithin selbstverständlich. […] Allenfalls das Scheidungsgesetz vom 20. September 1792, in dessen Folge von 1793 bis 1795 allein in Paris an die 6 000 Ehen geschieden wurden – meistens auf Antrag der
10 Frau –, können als frauenpolitischer Erfolg gelten. Größere und vielfältigere Wirkungen hatte die revolutionäre Frauenbewegung jedoch vor allem in zwei Bereichen der politischen Kultur. Zum einen organisierte sie sich in eigenen Klubs. […] Sie hiel-
15 ten zunehmend reguläre Versammlungen ab und gingen dabei von Spendensammlungen und Handarbeiten nach der Tradition der religiösen Bruderschaften zur gemeinschaftlichen Lektüre und Diskussion der Menschenrechtserklärung, ver-
20 schiedener Zeitungen und der Gesetze der Nationalversammlung über. […]
Wenn nun Blumenhändlerinnen in der Pariser Sektion Beaurepaire das Stimmrecht in den Sektionsversammlungen forderten, wenn die citoyenne
25 Flagel in der Sektion „Amies de la Patrie" eine von ihr verfasste Hymne zu Ehren der Revolutionshelden in 3 000 Exemplaren drucken ließ, wenn die Buchdruckerwitwe Madame Ferrand ein eigenes revolutionäres Liederbuch herausbrachte oder
30 wenn die Frauenklubs von Le Mans, Clermont-Ferrand und Nancy ein „Frauenreferendum" der jakobinischen Verfassung durchführten, so kam hier ein in dieser Schärfe und Breite neuartiges Bewusstsein von der politischen Würde und Eigenständigkeit
35 der Frauen zum Ausdruck.
(Rolf E. Reichardt, Das Blut der Freiheit. Französische Revolution und demokratische Kultur, Fischer Taschenbuch, Frankfurt/Main 1998, S. 174–177)

b) Die Historikerin Ute Gerhard über die Entstehung der deutschen Frauenbewegung, 1999

Auch an der demokratischen Bewegung des Vormärz und der 1848er-Revolution waren Frauen beteiligt. Als sie in Deutschland nach der Verabschiedung eines Reichswahlgesetzes jedoch feststellen
5 mussten, dass das aktive und passive Wahlrecht selbstverständlich nur für die männlichen Deutschen vorgesehen war, entstand unter Führung von Louise Otto die erste politische Frauenbewegung, die für Staatsbürgerinnenrechte und die po-
10 litische Partizipation der Frauen in Deutschland eintrat. Die politische Bedeutung dieser ersten Frauenbewegung ist an den scharfen Repressionen abzulesen, mit denen Frauen nach dem Scheitern der Revolution jegliche politische Betätigung untersagt wurde – in Preußen bis 1908. […]
15 Im Jahr 1894, d. h. ein Jahr bevor der Sozialdemokrat August Bebel die Forderung nach dem Frauenstimmrecht erstmals vor den Deutschen Reichstag brachte, bildete in Deutschland eine viel beachtete Rede von Lily Braun zur „Bürgerpflicht der Frau"
20 den Auftakt zu einer neuen Agitationswelle in der bürgerlichen Frauenbewegung, aus der in der Folge eine radikale Richtung entstand. Denn die Gruppe der so genannten Gemäßigten hatte dafür plädiert, sich zunächst für näher liegende Ziele, für
25 typisch weibliche Aufgaben der Fürsorge und Kommunalarbeit, zu engagieren, um ihre Eignung und Befähigung als Staatsbürgerinnen unter Beweis zu stellen. Das Wahlrecht war für sie erst die „Krone" aller Frauenbestrebungen. Für die Radika-
30 len hingegen war der Kampf ums Stimmrecht nicht nur eine Frage der Gerechtigkeit, sondern die Voraussetzung, das „Fundament" […].
(Ute Gerhard, „Wo sie das Volk meinen, da zählen die Frauen nicht mit". Frauenwahlrecht und Demokratie, in: Geschichtsbuch Oberstufe, Bd. 1: Von der Antike bis zum Ende des 19. Jahrhunderts, hg. v. Hilke Günther-Arndt u. a., Cornelsen, Berlin 1999, S. 348 f.)

M2 Die Historikerin Karin Hausen über die Frauenbewegung, ihre Erfolge und Misserfolge, 1994

Frauen sind selbst bei formaler Gleichberechtigung nirgendwo in der Welt den Männern tatsächlich gesellschaftlich gleichrangig gestellt. Eine deutliche Sprache über ungleiche Chancen sprechen die
5 Statistiken der Einkommen und der Erwerbslosigkeit, die Zahlen über Frauen in Parlamenten, Regierungen und sonstigen Führungspositionen sowie die selbst in den reichen Ländern der Erde noch immer extreme Überrepräsentation von Frauen in
10 der Armutspopulation. Überall leben Frauen nach wie vor in Gesellschaften, die nach dem Maß des Mannes eingerichtet sind. Zur gesellschaftlichen Normalität gehört immer noch die speziell gegen Frauen gerichtete Gewalt. Ebenfalls selbstver-
15 ständlich wird das spannungsreiche Pendeln zwischen Erwerbsarbeit und Familie mit aller Dop-

B 1   Bürgerlicher Haushalt, Gemälde, 19. Jh.

B 2   Bauernfamilie, Fotografie, 19. Jh.

pelbelastung und Diskriminierung weiterhin vornehmlich Frauen zugemutet. […]
Derartige Diagnosen der offenen oder verdeckten
20 Frauendiskriminierung präzisiert, verschwiegene Missstände bekannt gemacht und dafür in der Öffentlichkeit Aufmerksamkeit erzwungen zu haben, das sind die unbestreitbar großen Leistungen der Neuen Frauenbewegung. […]
25 (Karin Hausen, Die „Frauenfrage" war schon immer eine „Männerfrage". Überlegungen zum historischen Ort von Familie in der Moderne, Historisches Forschungszentrum der Friedrich-Ebert-Stiftung, Bonn 1994, S. 5–8)

Arbeitsanregungen, Themenvorschläge, Fallbeispiele

1. Frauen in Deutschland im 19. Jahrhundert
Erläutern Sie anhand von B 1–3 die Situation der Frau in unterschiedlichen Schichten. Ziehen Sie auch die Materialien S. 91–93 heran.

2. Die bürgerliche Frauenbewegung in Deutschland
Die bürgerlichen Revolutionen gelten als Beginn der organisierten Frauenbewegung. Erörtern Sie diese These mit Hilfe von M 1a, b.

3. Amalie Struve – ein Beispiel
Erstellen Sie eine Dokumentation zu ihrer Biografie vor dem Hintergrund der Revolution 1848/49.

4. Frauen in Ost und West – ein Fallbeispiel
Untersuchen Sie, ausgehend von den Materialien S. 429–431, die Lebenslagen von Frauen in der alten Bundesrepublik und in der ehemaligen DDR.

5. Frauenbilder heute zwischen Leitbildern und Wirklichkeit – eine Collage
Erstellen Sie vor dem Hintergrund der Frauenbilder B 1 – B 3 zum 19. Jahrhundert eine Bildcollage über Frauen heute.

B 3   Heimarbeit, Fotografie, 19. Jh.

Politische Partizipation und Demokratie in Deutschland: Vom Beginn des 19. Jahrhunderts bis 1945

Demonstration vor dem preußischen Abgeordnetenhaus am 10. Januar 1908 anlässlich der Debatte über das preußische Dreiklassenwahlrecht. Zeitgenössische Fotografie

Modernisierung des Staates Seit dem Zeitalter der Aufklärung und der Französischen Revolution veränderten sich die Rahmenbedingungen und die institutionellen Formen politischen Handelns von Grund auf: Politik hörte auf, eine Sache von Fürsten und Regierungen, von ständischen und kirchlichen Einrichtungen zu sein, von der die meisten Menschen ausgeschlossen blieben. Die Bürger und Untertanen wurden selbst politisch; sie formulierten nun selbstbewusst ihre Interessen und versuchten die politischen Entscheidungen zu beeinflussen. Dieser Prozess der **Selbstorganisation der Gesellschaft** erhielt durch die Französische Revolution großen Auftrieb. Seitdem konnte Politik nicht mehr als blinde Gewalt aufgefasst werden, der die Menschen hilflos ausgeliefert waren. Geschichte erschien durch menschliches Handeln veränder- und gestaltbar.

Dieser Prozess ging einher mit der Entstehung politischer Strömungen und Interessenvertretungen. Es bildeten sich anfangs nur lose verbundene Gruppierungen heraus, die durch gemeinsame Grundüberzeugungen über die Gestaltung von Politik und Gesellschaft zusammengehalten wurden. Bis zur Revolution von 1848, die den Zusammenschluss solcher politischer Strömungen zu Landtagsfraktionen und politischen Parteien vorantrieb, hatten sich in Deutschland folgende voneinander unterscheidbare **politische Bewegungen** herausgebildet: Konservativismus, Liberalismus, politischer Katholizismus, Nationalismus, Sozialismus sowie, als Abspaltung von der liberalen Bewegung, die Demokraten.

Demokratie und politische Partizipation Seit dem ausgehenden 18. und während des 19. Jahrhunderts überwand auch Deutschland die absolutistische Herrschaft. Den Staatsbürgern wurde zunehmend die Möglichkeit zu **politischer Partizipation** (lat. participatio = Teilnahme), d. h. zur Mitsprache bei politischen Entscheidungen, eingeräumt. Dieser Wandel ging einher mit der Organisation staatlicher Macht im Sinne des liberalen Rechts- und Verfassungsstaates und der öffentlichen Legitimation politisch-staatlichen Handelns. Die Politik sollte auf die Interessen der mündigen Bürger abgestimmt werden.

Die Ausweitung der politischen Partizipation ist zwar eine wesentliche Voraussetzung für die Demokratisierung von Politik und Gesellschaft. Aber moderne Demokratien waren die Staaten des 1815 gegründeten **Deutschen Bundes** nicht, da die Abgeordneten der **Volksvertretungen** weder durch demokratische Wahlen bestimmt wurden noch die Regierungstätigkeit positiv beeinflussen konnten. Die Rahmenbedingungen für die Verfassungsentwicklung im Bereich des Deutschen Bundes bildeten die Bundesakte von 1815 und die Wiener „Bundes-Supplement-Akte" von 1820. Nach Artikel 13 der Bundesakte sollte in allen Bundesstaaten „eine landständische Verfassung stattfinden". Vor dem Hintergrund der **Restauration** durch die Karlsbader Beschlüsse schränkte die Wiener Akte dies jedoch wieder ein: „Der Souverän kann durch die landständische Verfassung nur in der Ausübung bestimmter Rechte an die Mitwirkung der Stände gebunden werden." Preußen und Österreich blieben so zunächst ohne Verfassung. Der deutsche Frühkonstitutionalismus entwickelte sich in den süddeutschen Staaten, wo z. B. Bayern, Baden und Württemberg Zwei-Kammer-Parlamente einführten.

Sicherlich hätte ein glücklicherer Verlauf der **Revolution von 1848/49** zur Parlamentarisierung geführt. Die am 28. März 1849 verkündete Reichsverfassung, die die parlamentarische Verantwortung der Minister vorsah, wurde freilich durch den Sieg der Gegenrevolution in den Einzelstaaten hinfällig. Immerhin: 1850 trat die preußische Verfassung in Kraft und in den Jahren 1860/61 gab sich auch Österreich eine Verfassung. Allgemein setzte sich in der zweiten Hälfte des 19. Jahrhunderts die Vorstellung einer allgemeinen Staatsbürgerschaft durch, die ohne ständische Abstufungen im Parlament repräsentiert war, wie begrenzt die Kompetenzen der Parlamente im Einzelnen auch sein mochten.

Ähnlich wie in den anderen europäischen Staaten war auch in den deutschen Bundesstaaten das **Zensuswahlrecht** der Normalfall. Es koppelte das Wahlrecht an bestimmte Besitzverhältnisse und schloss die unteren sozialen Schichten von der politischen Mitwirkung aus.

Obwohl das **Deutsche Kaiserreich** von 1870/71 bis 1918 das allgemeine, direkte und geheime Männerwahlrecht einführte, erfüllte es die Hoffnungen der liberalen Vorkämpfer für staatsbürgerliche Freiheit nicht. Die Macht im Staate lag nach wie vor beim Monarchen und seiner Regierung, nicht jedoch beim Parlament. Der **Reichstag** wirkte zwar bei der Gesetzgebung mit und ihm stand auch das Budgetrecht zu, d. h., er konnte über die Zustimmung oder die Ablehnung des Haushaltes die Politik mitgestalten. So wichtig sein Anteil an der Macht auch war: Er wirkte an der Regierung nicht mit; die Minister waren nur dem Kaiser verantwortlich.

Das fortschrittliche Wahlrecht im Deutschen Reich wurde nicht nur durch die schwache Stellung des Reichstags relativiert, sondern auch durch die **Wahlkreiseinteilung.** Die Reichstagswahlen erfolgten in Wahlkreisen, die nicht gleich groß waren und die wegen der zunehmenden Bevölkerungsdichte in den industriellen Ballungsgebieten immer ungleicher wurden. Der kleinste Wahlkreis in Deutschland hatte 1912 nur 50 000 Einwohner, während im größten über eine Million Menschen lebten. Die Arbeiterschaft blieb trotz allgemeinen Wahlrechts unterrepräsentiert und politisch ausgegrenzt. Nicht vergessen werden darf, dass die **Frauen** bis 1918 überhaupt nicht wählen durften.

In den **Einzelstaaten** des kaiserlichen Deutschlands galt allerdings durchgängig das Zensuswahlrecht weiter, in Preußen, dem mit Abstand größten deutschen Land, das so genannte Dreiklassenwahlrecht. Es war allgemein, aber nicht gleich, denn die Wähler wurden in drei Steuerklassen eingeteilt, die jede für sich gleich viele Abgeordnete wählte. In Sachsen gab es ein Fünfklassenwahlrecht. Das Zensuswahlrecht in den Ländern minderte vor allem den Einfluss der SPD. Im Reichstag gehörten 1906 von 23 sächsischen Abgeordneten 22 der SPD an. Im sächsischen Landtag dagegen saß nur ein sozialdemokratischer Abgeordneter.

| Demokratie in Deutschland – ein „Sonderweg" in Europa? |

Die **moderne Demokratie** entwickelte sich in den Vereinigten Staaten von Amerika und in den europäischen Staaten seit dem ausgehenden 18. und beginnenden 19. Jahrhundert als mittelbare oder **repräsentative Demokratie.** In dieser Demokratieform wird die Herrschaft nicht direkt vom Volk ausgeübt, sondern durch vom Volk gewählte Vertreter, die Abgeordneten. Kennzeichen der modernen freiheitlichen Demokratie sind: Garantie der Menschenrechte, allgemeines, gleiches, geheimes und freies Wahlrecht, Gewaltenteilung, Parlamente, Mehrparteiensystem, Minderheitenschutz. Im Unterschied zur repräsentativen beruht die **direkte Demokratie** auf der unmittelbaren Teilhabe der Bürger an politischen Entscheidungen durch Volksentscheide oder Volksbefragungen. Sie setzt damit Überschaubarkeit der Bevölkerungszahl, des Staatsgebietes und der politischen Probleme voraus. Daher gibt es keinen einzigen volkreichen Staat, der – in nennenswertem Ausmaß – unmittelbare Demokratie praktiziert. Ein Staat, in dem Elemente der direkten Demokratie tief verwurzelt und intensiv praktiziert werden, ist die Schweiz.

Die erste moderne Demokratie in Deutschland war die **Weimarer Republik.** Bei der Verabschiedung der Weimarer Verfassung im Jahre 1919 sagte der Zentrumsabgeordnete und Reichstagspräsident Konstantin Fehrenbach, nun seien die Deutschen das „freieste Volk der Erde" in der „demokratischsten Demokratie der Welt". Doch bereits nach knapp 14 Jahren war diese Demokratie gescheitert. Im Januar 1933 wurde Adolf Hitler Reichskanzler und binnen weniger Monate gelang es den **Nationalsozialisten,** Deutschland in eine totalitäre Diktatur zu verwandeln, die nach innen wie nach außen eine verbrecherische Gewalt- und Kriegspolitik entfesselte. Die Historiker haben sich intensiv mit der Entstehung und dem Scheitern der Weimarer Demokratie auseinander gesetzt. Dabei standen und stehen zwei Fragen im Vordergrund: Warum bildete sich in Deutschland, verglichen mit den anderen westlichen Staaten wie Frankreich und England, erst relativ spät ein demokratischer Nationalstaat heraus? Und warum besaß diese Demokratie nur eine so kurze Lebensdauer? Einige Geschichtswissenschaftler vertreten die Auffassung, dass die Deutschen einen „Sonderweg" in die Moderne beschritten haben. Die These, dass ihre politisch-soziale Geschichte vom „normalen" historischen Verlauf der westlichen Nationen abgewichen sei, geht bereits auf das 19. Jahrhundert zurück. Am Anfang steht die vornehmlich von konservativen Historikern und Publizisten untermauerte Vorstellung von einem **positiven deutschen Sonderweg** zwischen 1870/71 und 1945. Danach schien das Deutsche Reich mit seiner leistungsfähigen Bürokratie und durchsetzungsfähigen Militärmacht, seiner starken Monarchie und ab 1933 der Diktatur den „westlichen Demokratien" weit überlegen. Nach den Erfahrungen mit der Nazi-Barbarei bildete sich eine **negative Sonderwegs-These** (M 1a, b) heraus. Die Geschichtswissenschaft fragte jetzt, warum Deutschland als einziges westliches Industrie- und Kulturland auf die schiefe Bahn eines übersteigerten Militarismus, Nationalismus und Imperialismus gelangt sei, der unter der NS-Diktatur zu einer beispiellosen Vernichtungspolitik geführt habe. Eine Antwort lautete: Im

B 1 „Wie Adolf Hitler das Wort ‚legal' in den Mund nimmt". Karikatur aus „Der wahre Jakob", Berlin 1932

Gegensatz zu den anderen Nationen des Westens hätten die traditionalen Machteliten (Militär, Verwaltungsbeamte, Justiz und Großagrarier) in Deutschland die Parlamentarisierung und Demokratisierung des politischen Lebens verhindert. Dieses Bestreben zur Erhaltung der vormodernen Herrschaftsstrukturen habe angesichts der fortschreitenden industriellen und gesellschaftlichen Modernisierung immer stärkere Spannungen im politisch-sozialen Leben bewirkt. Nach der Niederlage im Ersten Weltkrieg und unter den Bedingungen der Weltwirtschaftskrise seit 1929 hätten die konservativen Eliten in Adel, Heer und Verwaltung den Weg zunächst gegen Ende der Weimarer Zeit in die autoritäre und dann unter Hitler in die diktatoriale Regierungsform als Möglichkeit gesehen, um ihre Vormachtstellung zu bewahren.

Die Historiker diskutieren bis heute darüber, ob es einen „normalen" und, davon abweichend, einen „Sonderweg" in die Moderne gegeben habe oder ob man nicht besser von vielen eigenständigen Formen der Modernisierung sprechen sollte. Ungeachtet der nach wie vor bestehenden Meinungsunterschiede hat die Debatte über den deutschen Sonderweg das historische Bewusstsein für die vielfältigen Kräfte und Gegenkräfte im Ringen um Verfassungsstaat und Demokratie in Deutschland geschärft. Darüber hinaus nahmen besonders Verfassungsrechtler und Politikwissenschaftler das Scheitern der ersten deutschen Demokratie zum Anlass, die Möglichkeiten und Grenzen der modernen Demokratie zu erörtern. Ihre Hauptfrage wie auch die der „Väter" und „Mütter" des Grundgesetzes der Bundesrepublik Deutschland, die der zweiten deutschen Demokratie das Schicksal Weimars auf jeden Fall ersparen wollten, lautete: Darf eine demokratische Verfassung wertneutral bzw. werterelativistisch sein, d. h., darf sie auch ihren erklärten Gegnern alle garantierten demokratischen Rechte gewähren und so die Möglichkeit geben, die Demokratie zu bekämpfen (M 2a–d, B 1)?

M1 Die deutsche Geschichte im 19. und 20. Jahrhundert – ein „Sonderweg" in Europa?

a) Der britische Historiker Geoffrey Eley (geb. 1904) über die Sonderwegsthese, 1980

Auf diese Weise wird also der gesamte Verlauf der deutschen Geschichte im 19. und 20. Jahrhundert auf einen historischen Mangel und seine Folgen, nämlich das Versagen der deutschen Bourgeoisie, einen kämpferischen, politischen Liberalismus ähnlich dem englischen auszubilden, reduziert. Als der deutsche Liberalismus aus dem Schatten der nationalistischen Reaktion gegen die Französische Revolution mit seinen verhängnisvollen romantischen und militaristischen Einfärbungen trat, wurde er durch eine Reihe politischer Niederlagen geprägt: 1848, 1864–1871 und 1878–1879. [...] [Aber:] der deutsche Verlauf der „Revolution von oben" in den Jahren 1864–1871 war ebenso in der Lage, die Vorherrschaft der Bourgeoisie sicherzustellen, wie die anderen Entwicklungen in England oder Frankreich und er wird der Bezeichnung „bürgerliche Revolution" ebenso gerecht. [...] Daher traten die führenden Fraktionen der Bourgeoisie nicht aus Mangel an „Selbstvertrauen" oder „politischer Reife" in die Allianz mit den Großgrundbesitzern ein, sondern weil dies das geeignete Mittel zur Wahrung bestimmter bürgerlicher Interessen war. [...] Denn in der deutschen Geschichtsschreibung hat man wenig Verständnis für die Auffassung, dass die Interessen der Bourgeoisie als Klasse auch in anderer Weise verwirklicht werden können als durch die fortgeschrittene liberale Demokratie oder dass die bürgerliche Revolution einen anderen Verlauf nehmen kann als den des französischen „Vorbilds" von 1789. Wenn man diese These konsequent zu Ende denkt, erscheint das Problem der Allianz mit dem Großgrundbesitz in der wilhelminischen Politik in einem ganz neuen Licht. Nicht das Fehlen oder das Scheitern der bürgerlichen Revolution war es, das eine träge und gleichgültige Bourgeoisie zum Juniorpartner einer „vorindustriellen Machtelite" werden ließ, sondern die Eigenart der bürgerlichen Revolution in Deutschland (einer Revolution von oben unter der Ägide des preußischen Staates durch die militärisch erzwungene Einigung), die sich mit der beschleunigten kapitalistischen Entwicklung in Deutschland verband, um eine spezifische Logik von Klassenbündnissen auszubilden. In der Praxis bedeutet das, sich einer nicht reformierten staatlichen Struktur auf verschiedene Weise anzupassen.
(Geoffrey Eley, Deutscher Sonderweg und englisches Vorbild, in: David Blackbourn/Geoffrey Eley, Mythen deutscher Geschichtsschreibung. Die gescheiterte bürgerliche Revolution von 1848, Ullstein, Frankfurt/Main 1980, S. 8, 16 f., 29 und 52 f.)

b) Der Historiker Heinrich August Winkler über die Kritik von Geoffrey Eley und dessen Kollegen David Blackbourn an der Sonderwegsthese, 1981

Die Ausgangsfrage jener Historiker und Soziologen, die in kritischer Absicht von einem deutschen Sonderweg sprachen, lautete und lautet heute noch: Warum war Deutschland das einzige hoch industrialisierte Land, das im Zuge der Weltwirtschaftskrise nach 1929 sein demokratisches System aufgab und durch eine totalitäre Diktatur von rechts ersetzte? Die Antworten gehen weit auseinander, aber sie haben doch einen gemeinsamen Nenner: Deutschland war zu spät eine Demokratie geworden. Ohne die Weltwirtschaftskrise hätte Weimar vermutlich noch lange überleben können, aber ohne das fortwirkende Erbe der obrigkeitsstaatlichen Vergangenheit hätte die erste deutsche Demokratie wohl auch die Weltwirtschaftskrise überstanden. Dass Deutschland vor 1918 nicht parlamentarisch, sondern autoritär regiert wurde, hat seine politische Entwicklung nach 1918 entscheidend bestimmt. Wer wie die neueren revisionistischen Autoren [d. h. Eley und Blackbourn] hinter diese Einsicht zurückfällt, hat bei aller Gelehrsamkeit im Detail von der deutschen Geschichte nicht viel begriffen. Deutschland unterschied sich von Frankreich und England viel weniger als etwa Russland. Es gab eine Fülle von gesellschaftlichen und kulturellen Gemeinsamkeiten zwischen Deutschland und Westeuropa. Im Gegensatz zum Zarenreich war Deutschland von den großen europäischen Emanzipationsbewegungen – von der Reformation über die Aufklärung bis hin zum bürgerlichen Liberalismus und zum demokratischen Sozialismus – tief erfasst worden. Und auch von den Ländern der Pyrenäenhalbinsel gilt, dass sie sich leichter von Europa abkapseln konnten als Deutschland. Aber gerade auf dem Hintergrund der Gemeinsamkeiten fallen die Unterschiede auf. Die Nähe zu Westeuropa berechtigt dazu, von einem deutschen Sonderweg zu sprechen. [...] Eine bürgerliche Revolution war es eben nicht, was Bismarck wollte und zuwege brachte. Das liberale Bürgertum Deutschlands erstrebte Einheit und Freiheit – und damit mehr als die französischen Revolutionäre von 1789. Denn die fanden den Nationalstaat schon vor, in dessen Rahmen sie dem „Dritten Stand" zu seinem Recht verhelfen wollten. Die doppelte Aufgabe, die sich die liberale Bewegung in Deutschland setzte, erwies sich als historische Überforderung. Die Einheit, wie sie die Paulskirche wollte, konnte Europa nicht verkraften; den liberalen Vorstellungen von Freiheit widersprach das Interesse der alten Führungsschichten. Deren Widerstand revolutionär zu brechen war 1848 misslungen – und einen zweiten Versuch gab es nicht.

(Heinrich August Winkler, Der deutsche Sonderweg: Eine Nachlese, in: Merkur, Klett-Cotta, Bd. 35, 1981, S. 80 ff.)

1 *Die Thesen von Eley und Blackbourn (M 1a) lösten 1981 eine heftige und kontroverse Debatte vor allem in der deutschen Geschichtswissenschaft aus. Arbeiten Sie aus M 1a, b wichtige Argumente der Kontrahenten heraus und stellen Sie sie in einem Streitgespräch zur Diskussion.*

M2 Die moderne Demokratie – eine wertrelativistische Staatsform?

a) Der sozialdemokratische Jurist und Politiker Gustav Radbruch über den Wertrelativismus der Demokratie, 1949

Die Demokratie hat zu ihrem Hintergrund den Relativismus. Sie ist bereit, jeder Auffassung die Führung im Staat zu überlassen, die die Mehrheit im Staate hinter sich zu bringen gewusst hat. Die Zahl der Anhänger, nicht der sachliche Gehalt einer politischen Auffassung entscheidet über die Führung im Staat, weil keine politische Anschauung beweisbar, keine widerlegbar ist.

(Gustav Radbruch, Kulturlehre des Sozialismus, Berlin 1949, zit. nach: Konrad Löw, Grundzüge der Demokratie. Die politische Ordnung der Bundesrepublik Deutschland, Cornelsen, Berlin 1998, S. 5)

b) Der sozialdemokratische Reichsinnenminister Eduard David über das wertrelativistische Demokratieverständnis, 1919

[Die Verfassung] gibt ihnen [den monarchistischen Parteien, die zum Kaiserreich zurückwollen] die Möglichkeit, auf legalem Wege die Umgestaltung in ihrem Sinne zu erreichen, vorausgesetzt, dass sie die erforderliche Mehrheit des Volkes für ihre Anschauungen gewinnen. Damit entfällt jede Notwendigkeit politischer Gewaltmethoden. [...] Die Bahn ist frei für jede gesetzlich-friedliche Entwicklung. Das ist der Hauptwert einer echten Demokratie.

(Zit. nach: Konrad Löw, Grundzüge der Demokratie. Die politische Ordnung der Bundesrepublik Deutschland, Cornelsen, Berlin 1998, S. 6)

c) Der Staatsrechtler Richard Thoma über die Rechtsauffassung Davids, 1920er-Jahre

[Der Fragesteller] verkennt die vielleicht gewagte, aber in ihrer Folgerichtigkeit großartige Verfassung der Idee der freien demokratischen Selbstbestimmung. Gewiss kann diese Freiheit demagogisch missbraucht werden – wäre sie sonst Freiheit? Unmöglich aber, vom Standpunkt des Demokratismus und des Liberalismus, von dem die Auslegung auszugehen hat, kann das, was die entschiedene und unzweifelhafte Mehrheit des Volkes auf legalem Wege will und beschließt – und stürzte es selbst die Grundsäulen der gegenwärtigen Verfassung um –, als Staatsstreich oder Rebellion gewertet werden.

(Zit. nach: Konrad Löw, Grundzüge der Demokratie. Die politische Ordnung der Bundesrepublik Deutschland, Cornelsen, Berlin 1998, S. 6)

1 *Für einige Wissenschaftler lag eine wesentliche Ursache für das Scheitern der Weimarer Demokratie in der Wertneutralität bzw. im Wertrelativismus ihrer Verfassung. Erläutern Sie anhand von M 2a-c den Begriff des Wertrelativismus einer Verfassungsordnung.*

2 *Erörtern Sie anhand von M 25, S. 235 die Strategie der Feinde der Weimarer Republik, hier der Nationalsozialisten, bei ihrem Kampf gegen die demokratische Ordnung. Beschreiben Sie mit Hilfe von B 1 die Haltung der Gegner der NSDAP zu deren Beteuerung, die Politik der Nationalsozialisten bewege sich im Rahmen der Weimarer Verfassungsordnung.*

IV Deutschland 1848/49 – 1870/71 – demokratische und nationale Bewegungen

Philipp Veit, Germania, 1848, Öl auf Leinwand. – Das Bild hing über dem Präsidentensitz der Frankfurter Paulskirche (s. S. 142); heute im Germanischen Nationalmuseum.

Die Geschichte des deutschen Nationalbewusstseins im 19. Jahrhundert wurde sehr stark von der Französischen Revolution beeinflusst. Mit ihr begann in Europa der Siegeszug der demokratischen Idee von der selbstbestimmten Nation. Indem das französische Volk unter Führung des aufstrebenden Bürgertums die Kontrolle der bisher vom König und dem Adel ausgeübten Macht im Staate beanspruchte, sah es sich als den allgemeinen Stand an und erklärte sich zur Nation, von der nun alle Macht auszugehen habe. Nach diesem Verständnis war die Nation eine politische und soziale Gemeinschaft rechtsgleicher Staatsbürger, die durch ihre Vertretungsorgane die Zukunft des Landes mitgestalteten. Diese modernen nationalpolitischen Vorstellungen strahlten auch auf Deutschland aus und bewirkten die allmähliche Umwandlung des kulturellen Nationalbewusstseins, das die Gemeinsamkeit von Sprache und Geschichte betonte, in einen politischen Nationalismus. Er sah sein Ziel zunächst noch nicht vorrangig in der Schaffung eines einheitlichen Nationalstaates, sondern forderte eine grundlegende Reform der Einzelstaaten des Deutschen Bundes. Die Herrschaft der Monarchen sollte eingeschränkt, die Vorrechte des Adels beschnitten und die Nation, also die Gemeinschaft der rechtsgleichen Staatsbürger, an den politischen Entscheidungen beteiligt werden.

Diese Idee gewann in der Bevölkerung immer breitere Unterstützung über das gebildete und besitzende Bürgertum hinaus, so dass im frühen 19. Jahrhundert eine organisierte Nationalbewegung entstand. Sänger und Turner, Studenten und Professoren, Landwirte und Industrielle knüpften ein immer dichteres Netz von Personen und Organisationen über die Einzelstaaten des Deutschen Bundes hinaus und erweiterten ihre politischen Forderungen nach nationaler Mitbestimmung und Freiheit zunehmend durch die nach nationaler Einheit bzw. einem einheitlichen deutschen Nationalstaat. Zwar scheiterte die deutsche Nationalbewegung in der Revolution 1848/49 bei dem Versuch, einen demokratisch-parlamentarischen Nationalstaat zu gründen. Die Revolution offenbarte jedoch, dass sich der Nationalismus mit seinem Bestreben, eine deutsche Nation und einen deutschen Nationalstaat zu schaffen, nicht mehr unterdrücken ließ.

Mit der Gründung des Deutschen Reiches 1870/71 schien die Nationalbewegung am Ziel ihrer Wünsche angelangt. Die Freude über den deutschen Nationalstaat wurde allerdings gedämpft: Zum einen konnte die nationale Einigung nur im Bündnis mit Preußen erreicht werden, während die österreichische Bevölkerung ausgeschlossen blieb. Zum anderen musste die Nationalbewegung auf die Durchsetzung ihres liberal-demokratischen gesellschaftspolitischen Programms verzichten. Der junge Nationalstaat war kein demokratisch-parlamentarischer Staat, sondern ein autoritärer Obrigkeits- und Machtstaat.

1 Liberalismus, Nationalismus und die bürgerliche Öffentlichkeit – zur Vorgeschichte der Revolution 1848/49

Entstehung der Öffentlichkeit

Seit Ende des 18. Jahrhunderts löste sich die Hochkultur immer mehr von Hof und Kirche und wurde vom Bürgertum geprägt und finanziert. Dabei entwickelten sich ganz neue Organisationsformen für kulturelle und künstlerische Zwecke. Statt der exklusiven adligen Gesellschaft oder der kirchlichen Räume bot nun die Öffentlichkeit des Cafés, des Theaters, des Museums, des Parks oder Platzes den Ort für das kulturelle Ereignis. Diskussion, Zeitung und Zeitschrift übernahmen die Aufgabe der öffentlichen Meinungsbildung. Wo diese Medien wie in der Restaurationszeit eingeschränkt waren, rückte an ihre Stelle der bereits im 18. Jahrhundert bekannte private Salon. Der Salon Rahel Varnhagens wurde zum wichtigsten kulturellen Zentrum der Restaurationszeit in Berlin.
In politischer Hinsicht stellte die Herausbildung einer bürgerlichen Öffentlichkeit einen Machtfaktor gegenüber der Herrschaft von Regierung, Verwaltung und Kirche dar. Infolge der allgemeinen Schulpflicht und der Ausweitung der Gymnasien und Universitäten vollzog sich Anfang des 19. Jahrhunderts in Deutschland eine **Leserevolution**, die immer mehr Menschen befähigte, an der öffentlichen Diskussion über die Gesellschafts- und Staatsverfassung teilzunehmen. **Tageszeitungen** und Zeitschriften erlebten eine ungeahnte Blütezeit (B 1). Parallel dazu entwickelte sich explosionsartig das **Vereinswesen**, wenn es auch auf Grund der Karlsbader Beschlüsse auf nach außen hin unpolitische Bereiche beschränkt blieb.

Deutscher Liberalismus der Restaurationszeit

Um 1800 war der Liberalismus des gebildeten Bürgertums und des Reformadels in Deutschland noch aus der Breite der Aufklärungsströmungen und den Anregungen aller Phasen der Französischen Revolution gespeist. Unter dem Einfluss der Nachstellungen in der Restaurationszeit verengten sich allerdings die Zielvorstellungen der meisten Liberalen. Nach 1820 orientierten sie sich hauptsächlich an den Grundsätzen der Französischen Revolution von 1789–91, wollten also vor allem den **Rechts- und Verfassungsstaat** verwirklichen. Der Staat sollte nur so viel Macht besitzen, dass er die Bürger vor äußeren Gefahren schützen und in Konfliktfällen als Schlichter auftreten könnte („Nachtwächterstaat"). Damit grenzte sich der Liberalismus gegen den starken Willkürstaat des Absolutismus wie der Restauration ab und stellte sich in die Verfassungstradition Englands seit 1688 (M 2). Dieser Liberalismus darf nicht mit den Zielen der demokratischen und republikanischen Bewegung verwechselt werden. Im Gegensatz zu den Demokraten, die sich auf Rousseau und die französische Verfassung von 1793 beriefen, hielten die Liberalen am Zensuswahlrecht nach Vermögenslage fest; ein Frauenwahlrecht war nicht vorgesehen. Ebenso wenig strebten sie nach einer generellen Abschaffung des monarchischen Prinzips (Republik). Ihr Ideal war ein Verfassungsstaat, in dem der Monarch die Exekutive, eine gewählte Volksvertretung, eventuell nach Ständen gebildet, die Gesetzgebung und unabhängige Richter die Rechtspflege innehaben. Im Unterschied zu den süddeutschen Staaten war dieser **Konstitutionalismus** in Norddeutschland (Preußen) ebenso wenig verwirklicht wie in Österreich – und das, obwohl die Deutsche Bundesakte die Bildung „landständischer Verfassungen" in allen deutschen Staaten vorgesehen und Preußen 1815 ausdrücklich eine Verfassung versprochen hatte.

Deutscher Nationalismus

Neben dem Liberalismus war während der napoleonischen Besatzung in Deutschland eine nationale Bewegung entstanden. Sie löste das Nationalbewusstsein des Bildungsbürgertums ab, das aus der Mitte des 18. Jahrhunderts stammte.

B 1 Johann Peter Hasenclever, Das Lesekabinett, 1843, Öl auf Leinwand. – Die Leserevolution stand am Beginn der Entwicklung bürgerlicher Öffentlichkeit. Tageszeitungen und Caféhäuser boten den Rahmen für das Gespräch über allgemeine Belange als Grundlage für den politischen Prozess.

Dieses hatte im staatlich zersplitterten Deutschland eine **Kulturnation** gesehen (Sprache, Geschichte). Nun forderten die meist jungen Patrioten der Befreiungskriege eine einheitliche deutsche **Staatsnation** nach französischem und englischem Vorbild. Das neue Gesamtdeutschland sollte erstmals seit 1648 wieder zu einem Machtfaktor europäischer Politik werden, wie England und Frankreich auch, wenn es diesen nicht gar überlegen sein sollte. Obwohl in der Franzosenfeindlichkeit der Befreiungskriege eine Tendenz zur Verabsolutierung der eigenen Nation angelegt war (M 1), behielt der deutsche Nationalismus bis zur Reichsgründung 1871 im Wesentlichen seine freiheitliche Grundtendenz. In dieser Zeit gehörte zu seinen wesentlichen Merkmalen seine enge Verbindung mit dem Liberalismus. Diese gemeinsame Zielsetzung lässt sich in der Formel **„Einheit und Freiheit"** für Deutschland fassen. Der Weg von der Befreiung von Fremdherrschaft führte die Nationalisten zur Forderung nach Mitbestimmung im Inneren.

Wie der revolutionäre französische Nationalismus, so schuf sich auch das deutsche Nationalbewusstsein Symbole. Aus dem alten Reichswappen und der Uniform des Freikorps Lützow der Befreiungskriege entnahmen Studenten die Farben Schwarz-Rot-Gold als Zeichen für die Einheit der Nation in politischer, wirtschaftlicher und kultureller Hinsicht.

Vormärz 1830–1848   Die französische Julirevolution 1830 schwächte die Kräfte der Restauration und stärkte die liberale und nationale Bewegung in Europa. In Deutschland erzwangen Unruhen **Verfassungen** in Braunschweig, Kurhessen, Hannover und im Königreich Sachsen. Die gestärkte nationalliberale Bewegung nutzte die Möglichkeiten, die die

B 2 Der Zug der 30 000 Oppositionellen zum Hambacher Schloss am 27. Mai 1832, anonymer kolorierter Kupferstich, 1830er-Jahre

— Erklären Sie Herkunft und Bedeutung der nationalen Symbole auf dem Bild.
— Erläutern Sie, weshalb diese Versammlung, ungeachtet der Repressionen aus der Restaurationszeit, in der bayerischen Pfalz möglich war.

bayerische Verfassung und der Code civil ihr boten, und versammelte im Mai 1832 etwa 30 000 Menschen auf einer Burgruine in der Pfalz zum **Hambacher Fest** (M 3, B 2). Stürmisch forderten die zahlreichen Redner nationale Einheit, Pressefreiheit und vereinzelt auch Demokratie für Deutschland.

Radikalen Studenten allerdings genügte das nicht. Sie versuchten 1833 in Frankfurt am Main mit der Erstürmung der Hauptwache den verhassten Deutschen Bund zu treffen. Dieser Putschversuch aber misslang ebenso wie die sozialrevolutionären Bestrebungen Georg Büchners, der als Mitglied der „Gesellschaft der Menschenrechte" 1834 in Hessen-Darmstadt mit einer Flugschrift („Der Hessische Landbote") die Bauern zur Erhebung gegen Adel und Landesherrn aufrief (M 4). Wie 1819 reagierte Metternich mit zahlreichen Maßnahmen des Deutschen Bundes zur Verschärfung der politischen Überwachung (60 Artikel von Wien 1834). Traurigen Ruhm erlangte das **Verbot des „Jungen Deutschland"** 1835, mit dem einer Gruppe politisch und sozial engagierter Schriftsteller die Möglichkeit genommen werden sollte, ihre Texte in Deutschland zu vertreiben. Betroffen waren u. a. Heinrich Heine, Ludwig Börne und Karl Gutzkow. Nicht alle deutschen Länder aber waren bereit, diesen Beschluss umzusetzen.

Als eine Erschütterung der Übermacht der Restauration zeigte sich auch der Fall der **„Göttinger Sieben"** in Hannover 1837. Dort hatte der neue Herrscher den Eid auf die Verfassung von 1830 verweigert und sie dann außer Kraft gesetzt. Sieben Göttinger Professoren, unter ihnen die

Gebrüder Grimm, erklärten sich weiter an ihren Eid auf diese Verfassung gebunden und wurden daraufhin wegen Ungehorsams aus dem Dienst entlassen. Die allgemeine Empörung über das Vorgehen des Hannoveraner Fürsten war groß und die widersetzlichen Professoren wurden als Nationalhelden gefeiert.

Nachdem sich die Hoffnungen der nationalliberalen Bewegung nicht erfüllten, die sie an die Thronbesteigung Friedrich Wilhelms IV. von Preußen 1840 geknüpft hatten, belebte Frankreichs Forderung nach dem linken Rheinufer im selben Jahr die nationalen Gefühle in Deutschland. In zahlreichen Liedern wurde in dieser so genannten **Rheinkrise** der Rhein als „Deutschlands Strom, nicht Deutschlands Grenze" beschworen (M 5 a, b).

M1 Johann Gottlieb Fichtes Nationalismus: Aus der 14. Rede an die deutsche Nation, 1807/08

Lasset vor euch vorübergehen die verschiedenen Zustände, zwischen denen ihr eine Wahl zu treffen habt. Gehet ihr ferner so hin in eurer Dumpfheit und Achtlosigkeit, so erwarten euch zunächst alle
5 Übel der Knechtschaft, Entbehrungen, Demütigungen, der Hohn und Übermut des Überwinders; ihr werdet herumgestoßen werden in allen Winkeln, weil ihr allenthalben nicht recht und im Wege seid, so lange, bis ihr, durch Aufopferung eurer Na-
10 tionalität und Sprache, euch irgendein untergeordnetes Plätzchen erkauft und bis auf diese Weise allmählich euer Volk auslöscht. Wenn ihr euch dagegen ermannt zum Aufmerken, so findet ihr zuvorderst eine erträgliche und ehrenvolle Fort-
15 dauer und sehet noch unter euch und um euch herum ein Geschlecht aufblühen, das euch und den Deutschen das rühmlichste Andenken verspricht. Ihr sehet im Geiste durch dieses Geschlecht den deutschen Namen zum glorreichsten unter
20 allen Völkern erheben, ihr sehet diese Nation als Wiedergebärerin und Wiederherstellerin der Welt.
(Fichtes Reden an die deutsche Nation, hg. v. R. Eucken, Leipzig 1915, S. 253f.)

1 *Definieren Sie Nationalismus nach Fichtes Appell (M 1).*
2 *Erklären Sie, was am Nationalismus im 19. Jahrhundert revolutionär war.*

M2 Paul Achatius Pfizer: Der Liberalismus, 1832 (Auszug)

Pfizer (1801–1867) war von 1831 bis 1838 Führer der liberalen Opposition in Württemberg

Der Liberalismus ist es, der den erwachsenen Geist der Freiheit auf vernünftige Prinzipien zurück- und seinem höheren Ziel entgegenführt oder, wo er noch schlummert, durch bildende Institutionen und durch Aufklärung des Volks über seine Rechte 5 und Interessen hin zu wecken sucht. Er will den trüb gewordenen Strom der Menschensatzungen von seinem Schlamme säubern und das verdorbene Recht aus seinem ewig frischen, immer reinen Urquell, der Vernunft, erneuern. Wenn an die Stel- 10 le des Gemeinwohles das egoistische Sonderinteresse eines einzelnen Gewalthabers, einer herrschenden Partei oder einer bevorrechteten Kaste sich gesetzt hat, so leitet der Liberalismus den Staatszweck wieder auf das zurück, was die Ge- 15 samtheit in ihrem vernünftigen Interesse will oder wollen muss, und diesen Staatszweck sucht er mit möglichst geringer und möglichst gleicher Beschränkung der Freiheit aller zu erreichen. Eben deshalb bleibt auch sein letztes Ziel, auf dem Wege 20 naturgemäßer Entwicklung des Volkslebens die Stufe zu erreichen, auf welcher die höchste und die gleichste Freiheit aller möglich ist. Welcher Grad von Freiheit und Gleichheit aber möglich sei, ohne die vernünftigen Zwecke des Staates und nament- 25 lich den, alle anderen Staatszwecke bedingenden der friedlichen Koexistenz der Staatsgenossen zu gefährden oder zu vereiteln, ist nach der Verschiedenheit des Nationalcharakters, der Kulturperiode und der übrigen Momente des Volkslebens sehr 30 verschieden. Dieselben Institutionen, welche bei einem gebildeten Volke die Schutzwehr aller Freiheit und die Lebensbedingungen des Fortschritts sind, Pressfreiheit, Volksvertretung, Schwurgericht, Nationalbewaffnung, können bei einem 35 ungebildeten, noch auf der Kindheitsstufe der Entwicklung stehenden Volke eine Quelle der Zerrüttung und Gesetzlosigkeit, ein Werkzeug der Gewalt und Unterdrückung werden, und von der bloß privatrechtlichen Freiheit und der rein passiven 40 Gleichheit eines von jeder Teilnahme an der Staatsgewalt ausgeschlossenen Volks bis zur demokratischen Selbstregierung liegt eine weite Stufenreihe liberaler Institutionen in der Mitte, von denen der

vernünftige Liberalismus keine weder unbedingt verwerfen noch für die absolut heilbringende erklären wird.
(P. A. Pfizer, Politische Aufsätze und Briefe. Nach: Dokumente zur deutschen Politik 1806–1870, hg. v. H. Pross, Frankfurt/Main 1961, S. 215 ff.)

1 Fassen Sie Pfizers Grundgedanken zusammen.
2 Ordnen Sie Pfizers Programm in den historischen Zusammenhang ein (M 2).

M3 Aus der Rede von Philipp Jakob Siebenpfeiffer auf dem Hambacher Fest 1832

Und es wird kommen der Tag, der Tag des edelsten Siegstolzes, wo der Deutsche vom Alpengebirg und der Nordsee, vom Rhein, der Donau und der Elbe den Bruder im Bruder umarmt, wo die Zollstöcke und die Schlagbäume, wo alle Hoheitszeichen der Trennung und Hemmung und Bedrückung verschwinden samt den Konstitutiönchen, die man etlichen mürrischen Kindern der großen Familie als Spielzeug verlieh; wo freie Straßen und freie Ströme den freien Umschwung aller Nationalkräfte und Säfte bezeugen; wo die Fürsten die bunten Hermeline feudalistischer Gottstatthalterschaft mit der männlichen Toga deutscher Nationalwürde vertauschen und der Beamte, der Krieger, statt mit der Bedientenjacke des Herrn und Meisters mit der Volksbinde sich schmückt.
[…] wo jeder Stamm, im Innern frei und selbstständig, zu bürgerlicher Freiheit sich entwickelt und ein starkes selbst gewobenes Bruderband alle umschließt zu politischer Einheit und Kraft; wo die deutsche Flagge, statt Tribut an Barbaren zu bringen, die Erzeugnisse unseres Gewerbefleißes in fremde Weltteile geleitet.
[…] wo das deutsche Weib, nicht mehr die dienstpflichtige Magd des herrschenden Mannes, sondern die freie Genossin des freien Bürgers, unsern Söhnen und Töchtern schon als stammelnden Säuglingen die Freiheit einflößt.
[…] wo der Bürger nicht in höriger Untertänigkeit den Launen des Herrschers, […] sondern dem Gesetze gehorcht und auf den Tafeln des Gesetzes den eigenen Willen liest und im Richter den frei erwählten Mann seines Vertrauens erblickt;
[…] es lebe das freie, das einige Deutschland!
Hoch leben die Polen, der Deutschen Verbündete! Hoch leben die Franken, der Deutschen Brüder, die unsere Nationalität und Selbstständigkeit achten!
Hoch lebe jedes Volk, das seine Ketten bricht und mit uns den Bund der Freiheit schwört!
Vaterland – Volkshoheit – Völkerbund hoch!

(Das Nationalfest der Deutschen zu Hambach, beschr. v. J. G. A. Wirth, Landau 1832, S. 34 ff.)

1 Stellen Sie Siebenpfeiffers nationale und liberale Ziele zusammen (M 3).
2 Grenzen Sie die politischen Programme von Siebenpfeiffer (M 3) und Pfizer (M 2) gegeneinander ab.

M4 Aus Georg Büchner: „Der hessische Landbote", 1834

Dieses Blatt soll dem hessischen Lande die Wahrheit melden, aber wer die Wahrheit sagt, wird gehängt, ja sogar der, welcher die Wahrheit liest, wird durch meineidige Richter vielleicht gestraft. Darum haben die, welchen dies Blatt zukommt, Folgendes zu beachten:
1. Sie müssen das Blatt sorgfältig außerhalb ihres Hauses vor der Polizei verwahren;
2. sie dürfen es nur an treue Freunde mitteilen;
3. denen, welchen sie nicht trauen wie sich selbst, dürfen sie es nur heimlich hinlegen;
4. würde das Blatt dennoch bei einem gefunden, der es gelesen hat, so muss er gestehen, dass er es eben dem Kreisrat habe bringen wollen;
5. wer das Blatt nicht gelesen hat, wenn man es bei ihm findet, der ist natürlich ohne Schuld.
FRIEDE DEN HÜTTEN!
KRIEG DEN PALÄSTEN!
Im Jahre 1834 siehet es aus, als würde die Bibel Lügen gestraft. Es sieht aus, als hätte Gott die Bauern und Handwerker am fünften Tage und die Fürsten und Vornehmen am sechsten gemacht und als hätte der Herr zu diesen gesagt: „Herrschet über alles Getier, das auf Erden kriecht" und hätte die Bauern und Bürger zum Gewürm gezählt.
Das Leben der Vornehmen ist ein langer Sonntag: Sie wohnen in schönen Häusern, sie tragen zierliche Kleider, sie haben feiste Gesichter und reden eine eigene Sprache; das Volk aber liegt vor ihnen wie Dünger auf dem Acker. Der Bauer geht hinter dem Pflug, der Vornehme aber geht hinter ihm und dem Pflug und treibt ihn mit den Ochsen am Pflug, er nimmt das Korn und lässt ihm die Stoppeln. Das Leben des Bauern ist ein langer Werktag: Fremde verzehren seine Äcker vor seinen Augen, sein Leib ist eine Schwiele, sein Schweiß ist das Salz auf dem Tische des Vornehmen.
(Georg Büchner, Werke und Briefe, Frankfurt/Main 1953, S. 171)

1 Charakterisieren Sie Büchners politisches Programm (M 4).
2 Bestimmen Sie seine Position innerhalb der liberalen Bewegung.

M5 Die Wirkung der Rheinkrise 1840

a) Max Schneckenburger,
Die Wacht am Rhein, 1840

Es braust ein Ruf wie Donnerhall,
Wie Schwertgeklirr und Wogenprall:
Zum Rhein, zum Rhein, zum deutschen Rhein,
Wer will des Stromes Hüter sein?
5 Lieb Vaterland, magst ruhig sein.
Fest steht und treu die Wacht am Rhein.

Durch hunderttausend zuckt es schnell,
Und aller Augen blitzen hell:
Der deutsche Jüngling, fromm und stark,
10 Beschirmt die heil'ge Landesmark.
Lieb Vaterland usw.

Auf blickt er, wo der Himmel blaut,
Wo Vater Hermann niederschaut,
Und schwört mit stolzer Kampfeslust:
15 „Du, Rhein, bleibst deutsch, wie meine Brust!"
Lieb Vaterland usw.

„Und ob mein Herz im Tode bricht,
Wirst du doch drum ein Welscher nicht,
Reich wie an Wasser deine Flut,
20 Ist Deutschland ja an Heldenblut."
Lieb Vaterland usw.

„Solang ein Tröpfchen Blut noch glüht,
Noch eine Faust den Degen zieht
Und noch ein Arm die Büchse spannt,
25 Betritt kein Welscher deinen Strand."
Lieb Vaterland usw.

Der Schwur erschallt, die Woge rinnt,
Die Fahnen flattern in dem Wind.
Am Rhein, am Rhein, am deutschen Rhein
30 Wir alle wollen Hüter sein!
Lieb Vaterland usw.

(Jost Hermand [Hg.], Der deutsche Vormärz. Texte und Dokumente, Stuttgart 1967, S. 130f.)

b) August Heinrich Hoffmann von Fallersleben, Lied der Deutschen, 1841
(geschrieben im Exil auf der damals englischen Insel Helgoland)

(Mel.: Gott erhalte Franz den Kaiser etc.)

Deutschland, Deutschland über alles,
Über alles in der Welt,
Wenn es stets zu Schutz und Trutze
Brüderlich zusammenhält.
5 Von der Maas bis zu der Memel,
Von der Etsch bis zu dem Belt,
Deutschland, Deutschland über alles,
Über alles in der Welt!

Deutsche Frauen, deutsche Treue,
10 Deutscher Wein und deutscher Sang
Sollen in der Welt behalten
Ihren alten, schönen Klang
Und zu edler Tat begeistern
Unser ganzes Leben lang –
15 Deutsche Frauen, deutsche Treue,
Deutscher Wein und deutscher Sang!

Einigkeit und Recht und Freiheit
Für das deutsche Vaterland!
Danach lasst uns alle streben
20 Brüderlich mit Herz und Hand.
Einigkeit und Recht und Freiheit
Sind des Glückes Unterpfand –
Blüh im Glanze dieses Glückes.
Blühe, deutsches Vaterland.

(August Heinrich Hoffmann von Fallersleben, Freiheitsklänge, Berlin ²1850, S. 117)

1 *Bestimmen Sie die Art des Nationalismus bei Schneckenburger (M 5a) und Hoffmann von Fallersleben (M 5b).*
2 *Stellen Sie Vermutungen an, warum Schneckenburgers Lied (M 5a) zur heimlichen Nationalhymne im Deutschen Kaiserreich nach 1871 wurde.*
3 *Berichten Sie in einem Referat über den Weg des „Liedes der Deutschen" zur Nationalhymne (erste Informationen finden Sie in einem Konversationslexikon).*
4 *Diskutieren Sie, ob die dritte Strophe des „Liedes der Deutschen" zu Recht die Nationalhymne des vereinten Deutschlands ist.*

2 Die Revolution von 1848/49

Ursachen der Revolution

Im Februar 1848 brach in Paris ein Aufstand von Kleinbürgern, Studenten und Arbeitern gegen den Bürgerkönig Louis Philippe aus. Die Franzosen stürzten diesen Repräsentanten des Besitzbürgertums und führten die Republik ein. Diese Februarrevolution ermunterte auch die mit den bestehenden Verhältnissen unzufriedenen politisch-sozialen Gruppen in Deutschland zur Revolution, wo sich viel politischer Zündstoff angesammelt hatte. Die Bauern erbitterte die Weigerung des Adels, die Agrarreformen und die Abschaffung der feudalen Privilegien durchzuführen. In der Heimindustrie zeigte der Weberaufstand in Schlesien 1844 die verzweifelte Lage der Handweber angesichts der industriellen Konkurrenz. Unter dieser litt auch das Handwerk, wodurch die Arbeitslosigkeit in dieser Branche wuchs. Das in den Fabriken arbeitende Proletariat wiederum hatte den Eindruck, der neue industrielle Reichtum werde auf seine Kosten erwirtschaftet. Hinzu kam, dass weder traditionelle Landwirtschaft, Heimindustrie oder Handwerk noch die neu entstehende Industrie der wachsenden Bevölkerung ausreichend Arbeitsplätze boten, was zur **Verarmung** breiterer Schichten (Pauperismus) führte. Zusätzlich verschärft wurde diese Situation durch zwei Missernten, die 1845 und 1846 die „goldenen Jahre der Landwirtschaft" unterbrachen und die 1847 die Verdoppelung der Getreidepreise bewirkten. Im krisengeschüttelten Handwerk, in der Heimindustrie und bei den Arbeitslosen brach der Hunger aus. Die Agrarkrise traf aber auch die Banken und die junge, noch im Entstehen begriffene Industrie: Kredite wurden gekündigt, die Zinsen stiegen, die Industrieproduktion stockte. Bei Eisenbahnen und Fabriken brachen Streiks aus. Hungernde aus den Elendsquartieren der Städte revoltierten. Bürgertum und Adel ergriff eine panische Angst vor den „Paupern" (Kommunistenfurcht); man fühlte sich am Vorabend einer Revolution.

Dieser Eindruck wurde durch eine politische **Radikalisierung** der oppositionellen Kräfte seit 1830 verstärkt. Die Demokraten traten hervor, die im Gegensatz zu den Liberalen Volkssouveränität durch gleiches Wahlrecht, Parlamentarismus und auch eine deutsche Republik forderten. Neben diesen verlangten die Sozialisten eine gerechte Eigentums- und Gesellschaftsordnung, um das Problem des Pauperismus zu beseitigen. Kommunisten wie Karl Marx und Friedrich Engels sahen die Lösung in der Abschaffung des Privateigentums an Produktionsmitteln (Kommunistisches Manifest 1848). Die Schärfe der politischen Auseinandersetzung nahm zu, weil die Konservativen auch die gemäßigten Bemühungen um Reformen als demokratischen und kommunistischen Radikalismus bekämpften.

Entstehung der Revolution

Die wirtschaftlichen und sozialen Spannungen in der Landbevölkerung entluden sich bereits wenige Tage nach Bekanntwerden der Revolution in Frankreich. Anfang März versammelten sich in den alten Bauernkriegsgebieten von Thüringen bis Baden, aber auch in Schlesien, die Bauern (M 6, B 3) mit der Forderung nach Aufhebung der Feudallasten, des adligen Jagdrechts und des beschränkten Holzeinschlags. Sie stürmten die Archive mit den Grundbüchern und Lastenverzeichnissen und zwangen Adlige zum schriftlichen Verzicht auf ihre grundherrlichen Rechte. Bis Mitte April waren ihre Forderungen in Baden, Württemberg und Bayern von den Konservativen akzeptiert und gesetzlich verankert, im November auch in Schlesien. Mit diesem **Ende des Feudalismus** entstand die revolutionsentscheidende Allianz zwischen frei gewordenen Bauern und adlig-konservativen Grundherren. Besonders die wohlhabenden Bauern bildeten von nun an eine tragende Säule des Konservatismus. Auch in den Städten kam es im März 1848 zu Massendemonstrationen, ohne dass die Demonstranten nach der Macht gegriffen hätten. Die Regierungen wichen einem Konflikt aus. Die so genannten **Märzforderungen** (M 7) nach einem gleichen Männerwahlrecht, nach Freiheitsrechten (Versammlungs-, Vereins-, Pressefreiheit), nach mehr Rechten für die Landtage, nach Volksbewaffnung, Schwurgerichten, kostenloser Schulbildung und Recht auf Arbeit stießen ebenso wenig auf Widerstand wie die nach Verfassung, gesamtdeutschem Parlament und deutschem Nationalstaat. In den meisten Ländern wurden Liberale in die Regierungen berufen. Selbst der reaktionäre Bundestag hob seine Repressionsgesetze auf, insbesondere die Zensur, und erklärte die revolutionären Farben Schwarz-Rot-Gold zur Bundesfahne. Die Liberalen und die Mehrheit der Demokraten sahen die Revolution als siegreich beendet an.

Entscheidend aber wurde die Entwicklung in der preußischen Hauptstadt. In **Berlin** (400 000 Einwohner) stieß die wachsende Volksbewegung am 13. März erstmals mit dem Militär zusammen. Nach Straßengefechten erlaubte die Regierung am 16. März eine unbewaffnete Bürgerwehr, versprach eine Verfassung für Preußen, eine Bundesreform, Aufhebung der Zensur und einen neuen Vereinigten Landtag. Als die dankbaren Berliner sich am 18. März vor dem Schloss versammelten, schoss die übernervöse Wache in die Menge. Gesellen und Arbeiter errichteten spontan Barrikaden und lieferten sich mit dem Militär erbitterte Kämpfe, sodass der preußische König Friedrich Wilhelm IV. den Rückzug der Truppen gebot und sich bei seinen „lieben Berlinern" entschuldigte. Er setzte eine liberale Regierung ein, berief eine preußische verfassunggebende Nationalversammlung und versprach die deutsche Einheit (M 8). Das Militär und der Landadel Preußens aber standen nicht hinter der Revolution und konnten im November 1848 nach einem Staatsstreich die preußischen Revolutionäre entmachten.

Demokratische Bewegung Nach der Aufhebung der Repressionsgesetze des Deutschen Bundes entstanden 1848 zahllose Vereine und Verbände, die eine interne Interessenklärung ihrer Mitglieder leisteten und eine außerparlamentarische politische Funktion erfüllten. In der **Vereinsbildung** bereitete sich die Parteienentwicklung der zweiten Jahrhunderthälfte vor. Liberale, Demokraten, Konservative, Katholiken und Arbeiter organisierten sich hier regional und gesamtdeutsch und trafen sich zu großen Kongressen. Ebenso schlossen sich Protestanten, Industrielle und Handwerker zusammen (Frauen s. S. 176).

Paulskirchenparlament Zwei revolutionäre Hauptziele konnten weder regionale Revolutionsbewegungen noch gesamtdeutsche Verbände verwirklichen: die Bildung eines deutschen Nationalstaats und die Ausarbeitung einer gesamtdeutschen Verfassung. Zu diesem Zweck hatten sich bereits am 5. März 1848 fünfzig Abgeordnete aus süddeutschen Landtagen in Heidelberg für die Einberufung einer Nationalversammlung entschieden und damit gegen die Fortsetzung der revolutionären Bewegung. Am 31. März kamen 574 Landtagsabgeordnete aus den deutschen Staaten (nur zwei aus Österreich) in Frankfurt am Main zum so genannten Vorparlament zusammen. Die liberale Mehrheit trat für eine Zusammenarbeit mit den Fürsten und eine schnelle Wahl der Nationalversammlung ein. Im April wurde dafür bereits das Wahlrecht ausgearbeitet, das gleiches Wahlrecht für alle Männer über 25 Jahren vorsah; nur Dienstboten und Gesinde blieben ausgeschlossen. Damit waren über 80 % der Männer wahlberechtigt. Ebenfalls etwa 80 % der Wahlberechtigten beteiligten sich an der Wahl.

Als am 18. Mai 1848 die Nationalversammlung in der Frankfurter Paulskirche (B 4) zusammentrat, gehörten ihr vor allem Bildungsbürger an (95 % mit Gymnasialabschluss). Sie war aber kein „Professorenparlament", wie häufig behauptet, sondern ein männliches „Beamten"- und „Juristenparlament" (je knapp 50 %), wenn man auch die Stellvertreter der ca. 600 Abgeordneten mit einrechnet. Unterrepräsentiert waren Großgrundbesitzer und Bauern sowie Unternehmer und Handwerker. Arbeiter, überhaupt Unterschichten, waren nicht vertreten.

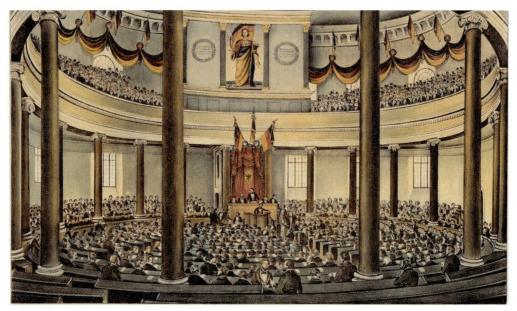

B 4 Die deutsche Nationalversammlung 1848/49 im Rund der Frankfurter Paulskirche, kolorierter zeitgenössischer Stich. – Blick auf den Präsidententisch, über dem das Gemälde „Germania" von Philipp Veit sich erhebt.

Im Paulskirchenparlament bildeten sich rasch Gruppen (M 9a–c) heraus, die sich in bestimmten Cafés und Gasthäusern Frankfurts trafen und gemeinsame Vorstellungen entwickelten, die z. T. die Programme der Parteien der 1860er-Jahre vorwegnahmen. Die konservativen Liberalen hatten wegen ihrer Stärke von 40 % eine Schlüsselstellung inne. Die linken Liberalen stellten 30 % der Parlamentarier. Die Demokraten besaßen 18 % der Sitze, wobei auf die gemäßigte Mehrheit 12 % und die radikale Minderheit 6 % entfielen. 12 % der Abgeordnetensitze hatten die Konservativen. Aber auch außerparlamentarische Gruppen versuchten, auf die Politik des Paulskirchenparlamentes Einfluss zu nehmen (M 10a, b).

Die Hauptaufgabe der Nationalversammlung bestand darin, einen deutschen Nationalstaat zu schaffen und ihm eine Verfassung zu geben. Zu den schwierigsten Fragen gehörte das Problem der **Staatsgrenzen**. Das deutschsprachige Schleswig hatte, obwohl verfassungsrechtlich zu Dänemark gehörig, stillschweigend an den Wahlen zur Paulskirchenversammlung teilgenommen. Dänemark wollte diesen faktischen Anschluss an Deutschland nicht hinnehmen, zumal der Norden Schleswigs von Dänen bewohnt war. Einen Teilungsvorschlag für Schleswig entlang der Sprachgrenze schlug das Paulskirchenparlament aber empört aus und befürwortete den Krieg, mit dessen Führung es Preußen beauftragte. Aber bereits im August 1848 musste Preußen einen Waffenstillstand eingehen. Dieser Vorgang zeigt, dass der Paulskirchennationalismus auch expansive Züge trug. Die erdrückende Mehrheit der Abgeordneten dachte **großdeutsch** und befürwortete ein mächtiges Reich unter Einschluss auch nicht deutscher Völker. Allerdings ergaben sich daraus gerade im Vielvölkerstaat Österreich unübersehbare Probleme für einen deutschen Nationalstaat. Die kleindeutsche Lösung ohne Österreich war für die Deutsch-Österreicher undenkbar. Der Kompromiss hätte in einer losen Föderation der deutschen Staaten mit Österreich bestehen können, etwa in einem Staatenbund. Einen solchen aber lehnte die Mehrheit, die Unitarier (lat. unitas: die Einheit), ab.

Die Frage, ob der deutsche Nationalstaat als **Monarchie oder Republik** verfasst sein sollte, war praktisch vorentschieden. Die Liberalen wollten keinen Nationalstaat ohne die Mitwirkung der Fürsten, und selbst die äußerste Linke dachte bei Republik an eine parlamentarische Monarchie, in der der Monarch als Präsident nur repräsentative Aufgaben besitzt. Offen war, ob das künftige Deutschland ein Erbkaisertum oder ein Wahlkaisertum wie im Mittelalter haben sollte.

Paulskirchenverfassung

Am 27./28. Oktober 1848 verabschiedete die Nationalversammlung vorab die Grundrechte (M 11). Deren Hauptinhalte waren die klassischen individuellen Freiheits- und Eigentumsrechte, die Gleichheit vor dem Gesetz und damit die Aufhebung der Sonderstellung des Adels wie aller Feudallasten, Sicherung vor willkürlicher Verhaftung, Abschaffung der Todesstrafe und die Unabhängigkeit der Justiz. Die Demokraten hatten auch sozialstaatliche Sicherungsrechte festschreiben wollen, die Liberalen aber lehnten dies ab.

Die Staatsorganisation im Verfassungswerk (Schema 1), das am 28. März 1849 verkündet wurde, stellte einen Kompromiss zwischen Monarchie und Republik, zwischen Unitariern und Föderalisten dar. Der deutsche Nationalstaat sollte einen Erbkaiser an der Spitze haben, dem nur ein aufschiebendes Veto zustand. Gegenüber der Regierung besaß damit das Parlament, also der **Reichstag**, das Übergewicht. Er bestand aus zwei Kammern und bildete die Klammer um den aus verschiedenen deutschen Ländern zusammengesetzten Einheitsstaat. Sein Volkshaus wurde nach gleichem Männerwahlrecht gebildet, sein Staatenhaus wurde je zur Hälfte aus Abgeordneten der Landtage wie der Länderregierungen besetzt.

In einer äußerst knappen Abstimmung (267:263) entschieden sich die Abgeordneten für die **kleindeutsche Lösung**. Folgerichtig wählte die Nationalversammlung den preußischen König Friedrich Wilhelm IV. zum Kaiser der Deutschen (290:248).

Scheitern der Revolution

Als der preußische König Anfang April 1849 die Annahme der Kaiserkrone ablehnte (M 12), war das Werk der Paulskirche gescheitert. Im Mai und Juni 1849 gab es ein letztes Aufbäumen zur Durchsetzung der Reichsverfassung in einzelnen Staaten. Die so genannte **Reichsverfassungskampagne** führte zu letzten Barrika-

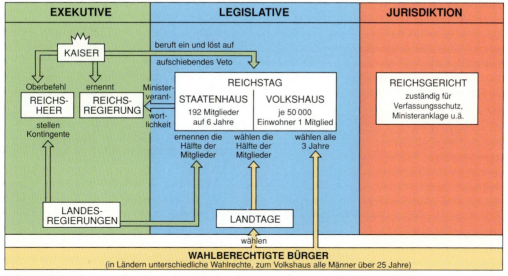

Schema 1 Verfassung der deutschen Nationalversammlung vom 28. März 1849

denkämpfen, vor allem in Südwestdeutschland, der bayerischen Pfalz und Baden. Preußisches Militär schlug die Aufstände nieder.

Die Reichsverfassungskampagne wurde vom Paulskirchenparlament abgelehnt. Die Mehrheit der Abgeordneten resignierte. Ein verbleibendes Rumpfparlament war Ende Mai nach Stuttgart gezogen. Als die konservativen Regierungen ihre Beamten unter den Parlamentariern abberiefen, war die Nationalversammlung am Ende. Die Vertreibung ihres Restes durch württembergische Truppen am 18. Juni 1849 setzte den äußerlichen Schlusspunkt. Nach dem Scheitern der Revolution wurde 1851 der Deutsche Bund wiederhergestellt, und zwar mit dem Ziel, den konservativen Obrigkeitsstaat zu restaurieren. In der nun beginnenden **Reaktionszeit** (M 13a–c) wurden überall Autorität, Polizei, Regierung und Verwaltung gestärkt, Beamtenschaft, Schule und Lehrerausbildung „gesäubert", Presse (B 5) und Vereine überwacht, um vor allem Sozialisten und Demokraten zu unterdrücken. Gleichwohl gab es keine vollständige Rückkehr zu den vorrevolutionären Verhältnissen. Der Nationalismus mit seinem Bestreben, eine deutsche Nation und einen deutschen Nationalstaat zu schaffen, ließ sich nicht mehr unterdrücken (M 14a, b).

M6 Märzrevolution der Bauern im Odenwald, Zeitungsbericht vom 10. März 1848

Aus dem Odenwald erhalten wir Nachrichten von bedeutenden Störungen der öffentlichen Ordnung, hervorgegangen aus der beharrlichen Opposition der Bauern gegen die Standesherren der
5 drei gräflichen Häuser Erbach, Fürstenau und Schönberg. Vorgestern tobte die Emeute¹ zu Erbach, wo gegen 2000 Bauern dem Grafen Eberhard vor das Schloss rückten und ihm durch eine Deputation ihre sehr ungestümen Forderungen
10 erkennen geben ließen, und zwar in Übereinstimmung mit der von derselben bei der zweiten Kammer letzthin übergebenen Petition, in welcher Abschaffung aller standesherrlichen Rechte ohne weiteres gefordert wird. Die drohende Haltung so
15 vieler, wie es schien, zum Äußersten entschlossenen Menschen war für den Grafen und sein Eigenthum eine sehr gefahrvolle, und im Drange des Augenblicks musste er der Gewalt weichen und einen Revers ausstellen, in welchem er förmlich ver-
20 zichtete auf das Präsentationsrecht bei Besetzung geistlicher und weltlicher Stellen in der Grafschaft Erbach-Erbach, auf alle Jagden, die schon in vier Wochen gänzlich freigegeben werden sollen, auf Zehnten, Grundrenten etc., sodass dem Grafen,
25 wenn diese ihm abgerungene Verzichtsleistung gerichtliche Gültigkeit haben könnte, von seinem Vermögen weiter nichts übrig bleiben würde als sein Immobilienbesitz an Feldern, Wäldern etc.
(Oberrheinische Zeitung vom 10. März 1848)

1 Aufruhr, Meuterei

1 Bestimmen Sie das Ziel der bäuerlichen Forderungen.
2 Informieren Sie sich über den Erfolg der Bauernrevolution.

B 3 „Wehe! Wehe! Steht der Bauer auf!" Karikatur, Schlesien 1848

— *Interpretieren Sie die Karikatur vor dem Hintergrund der Märzereignisse 1848.*

M7 Mannheimer Flugblatt von 1848 (Faksimile)

Forderungen des deutschen Volkes.

Allgemeine Volksbewaffnung mit freier Wahl der Offiziere.

Ein deutsches Parlament, frei gewählt durch das Volk. Jeder deutsche Mann, sobald er das 21ste Jahr erreicht hat, ist wahlfähig als Urwähler und wählbar zum Wahlmann. Auf 1000 Seelen wird ein Wahlmann ernannt, auf je 100,000 Seelen ein Abgeordneter zum Parlament. Jeder Deutsche, ohne Rücksicht auf Rang, Stand, Vermögen und Religion kann Mitglied dieses Parlaments werden, sobald er das 25ste Lebensjahr zurückgelegt hat. Das Parlament wird seinen Sitz in Frankfurt haben und seine Geschäfts-Ordnung selbst entwerfen.

Unbedingte Preßfreiheit.
Vollständige Religions-, Gewissens- und Lehrfreiheit.
Volkstümliche Rechtspflege mit Schwurgerichten.
Allgemeines deutsches Staatsbürger-Recht.
Gerechte Besteuerung nach dem Einkommen.
Wohlstand, Bildung und Unterricht für Alle.
Schutz und Gewährleistung der Arbeit.
Ausgleichung des Mißverhältnisses von Kapital und Arbeit.
Volkstümliche und billige Staats-Verwaltung.
Verantwortlichkeit aller Minister und Staatsbeamten.
Abschaffung aller Vorrechte.

1 Gliedern Sie diesen Katalog der Märzforderungen nach Sachgebieten.
2 Ordnen Sie dieses Flugblatt einer politischen Richtung zu und begründen Sie Ihre Zuordnung.

M8 Aus der Proklamation des preußischen Königs vom 21. März 1848

An Mein Volk und an die deutsche Nation!
[...] Ich habe heute die alten deutschen Farben angenommen und Mich und Mein Volk unter das ehrwürdige Banner des deutschen Reiches gestellt. Preußen geht fortan in Deutschland auf.
Als Mittel und gesetzliches Organ, um im Vereine mit Meinem Volke zur Rettung und Beruhigung Deutschlands voranzugehen, bietet sich der auf den 2. April einberufene Landtag dar. Ich beabsichtige, in einer unverzüglich näher zu erwägenden Form den Fürsten und Ständen Deutschlands die Gelegenheit zu eröffnen, mit Organen dieses Landtages zu einer gemeinschaftlichen Versammlung zusammenzukommen. Die auf diese Weise zeitweilig sich bildende deutsche Stände-Versammlung wird in gemeinsamer, freier Beratung das Erforderliche in der gemeinsamen inneren und äußeren Gefahr ohne Verzug vorkehren.

Was heute vor allem Not tut ist
1. Aufstellung eines allgemeinen deutschen, volkstümlichen Bundesheeres.
2. Bewaffnete Neutralitäts-Erklärung.

Solche vaterländische Rüstung und Erklärung werden Europa Achtung einflößen vor der Heiligkeit und Unverletzlichkeit des Gebietes deutscher Zunge und deutschen Namens. Nur Eintracht und Stärke vermögen heute den Frieden in unserem schönen, durch Handel und Gewerbe blühenden Gesamt-Vaterlande zu erhalten.

Gleichzeitig mit den Maßregeln zur Abwendung der augenblicklichen Gefahr wird die deutsche Stände-Versammlung über die Wiedergeburt und Gründung eines neuen Deutschlands beraten, eines einigen, nicht einförmigen Deutschlands, einer Einheit in der Verschiedenheit, einer Einheit mit Freiheit.

Allgemeine Einführung wahrer konstitutioneller Verfassungen, mit Verantwortlichkeit der Minister in allen Einzelstaaten, öffentliche und mündliche Rechtspflege, in Strafsachen auf Geschworenengerichte gestützt, gleiche politische und bürgerliche Rechte für alle religiösen Glaubensbekenntnisse und eine wahrhaft volkstümliche, freisinnige Verwaltung werden allein solche sichere und innere Einheit zu bewirken und zu befestigen im Stande sein.

(W. Grab [Hg.], Die Revolution von 1848. Eine Dokumentation, München 1980, S. 59f.)

1 Erstellen Sie eine Übersicht der Versprechungen des preußischen Königs (M 8). Wessen Forderungen beugt er sich?
2 Definieren Sie die verfassungsrechtliche Stellung des Monarchen in diesem Programm.
3 Ordnen Sie die Quelle mithilfe der Darstellung S. 140 f. in den historischen Zusammenhang ein.
4 Bewerten Sie die Zugeständnisse des preußischen Königs in M 8 vor dem Hintergrund der Märzforderungen (M 7).

M9 Politische Hauptrichtungen des Paulskirchenparlaments, Juni bis Oktober 1848

a) Das Programm der Rechten (Café Milani)
1. Zwek und Aufgabe der Nationalversammlung ist die Gründung der teutschen Verfassung.
2. Dieselbe kann nur durch Vereinbarung mit den Regierungen der teutschen Einzelstaaten für diese rechtsgiltig zustande kommen. Die Zustimmung der Einzelstaaten kann ausdrücklich oder stillschweigend ertheilt werden.
3. Mit Annahme der Verfassung und der einen integrirenden Bestandtheil derselben bildenden Geseze steht der Nationalversammlung der Erlass neuer Geseze für Teutschland nur insoweit zu, als dieselben die Geltendmachung der durch das Gesetz vom 28 Juny der Centralgewalt beigelegten Befugnisse betreffen.
4. Die Nationalversammlung übt nur die constitutionelle Controlle der Handlungen des Reichsministeriums und befasst sich nicht mit der Einmischung in exekutive Massregeln.

b) Das Programm des rechten Zentrums (Landsberg), Anfang September 1848
1. Der Verein der unterschriebenen Mitglieder der verfassunggebenden Reichsversammlung nimmt für diese das Recht in Anspruch: die Verfassung des teutschen Bundesstaats selbständig herzustellen und über alle in dieser Beziehung gemachten Vorschläge endgiltig zu beschließen. Dagegen ist derselbe der Ansicht, daß alle mit dem Verfassungswerk nicht in Verbindung stehenden Angelegenheiten in der Regel an die Reichsgewalt zu verweisen sind.
2. Der Verein verlangt von den einzelnen teutschen Staaten die Aufopferung ihrer Selbständigkeit nicht, wohl aber, daß sie sich eine Beschränkung derselben insoweit gefallen lassen, als solches zur Begründung eines eigenen, festen und kräftigen Bundesstaates erforderlich ist. Demnach hält derselbe dafür, daß namentlich die obere Leitung des Heereswesens, die völkerrechtliche und handelspolitische Vertretung Teutschlands in die Hände der Reichsgewalt gelegt werden müssen.
3. Der Verein macht es sich zur Aufgabe, die durch die jüngste Staatsumwälzung zur Geltung gekommenen Rechte des teutschen Volks weiter auszubilden und sicher zu stellen, aber auf Rückführung der früheren Zustände wie auf Zerrüttung der gesezlichen Ordnung hinzielenden Bestrebungen entgegen zu wirken und einen wahren Rechtsstaat zu gründen.
4. Der Verein erkennt in der auf demokratischen Grundlagen ruhenden constitutionellen Regierungsform diejenige, welche die Einrichtung jener Zweke am zuverlässigsten verbürgt.

c) Das Programm der Linken (Deutscher Hof), Ende Oktober 1848
Die Partey der Linken, welche ihre Vereinsversammlungen im Teutschen Hofe hält, erkennt als oberste Grundsäze für ihre Handlungsweise an: Volkssouveränität, demokratische Freyheit und Einheit des teutschen Vaterlandes, Humanität und Nationalität. Sie will die Volkssouveränität in ihrem vollen Umfange. Sie will daher die Feststellung der Reichsverfassung ausschliesslich durch die teutsche Nationalversammlung – sie will für alle Zukunft die Gesezgebung ausschliesslich und allein der Volksvertretung mit Ausschluß des Beystimmungsrechtes der vollziehenden Reichsgewalt überlassen wissen [...]. – Sie will eine Volksvertretung, aus der freyen Wahl aller volljährigen Teutschen hervorgegangen und will deren Würksamkeit nur auf das dauernde Vertrauen des Volkes gegründet wissen. – Sie will eine verantwortliche, nur auf Zeit gewählte vollziehende Reichsgewalt. – Sie will das Recht der einzelnen teutschen Staaten, ihre Verfassung festzustellen, sey es in Form der demokratischen Monarchie, sey es in Form des demokratischen Freystaates.
Sie will die vollkommene Freyheit. – Sie will daher die Freyheit nicht mehr beschränkt wissen, als das Zusammenleben der Staatsgenossen unumgänglich nothwendig macht – sie will die Grundrechte aller Teutschen in diesem Sinne festgestellt [...].
Nur in der Anerkennung und Ausführung dieser Grundsäze sieht sie die Bedingungen der Größe und Macht Teutschlands.
(F. Salomon, Die deutschen Parteiprogramme, Heft I: Von 1844–1871, Leipzig 1907, S. 25–30)

1 *Geben Sie eine Übersicht über Konsens und Differenzen der politischen Gruppen der Paulskirche.*
2 *Erklären Sie die Begrenztheit der Forderungen bei den Rechten (M 9a, b) bzw. das Weitgreifende der Forderungen der Linken (M 9c).*

M10 Außerparlamentarische revolutionäre Positionen

a) Antrag des Zentralkomitees für Arbeiter in Berlin an die Nationalversammlung in Berlin und Frankfurt vom 10. Juni 1848
1. Bestimmung des Minimums des Arbeitslohnes und der Arbeitszeit durch Kommissionen von Arbeitern und Meistern oder Arbeitgebern.

2. Verbindung der Arbeiter zur Aufrechterhaltung des festgesetzten Lohnes.
3. Aufhebung der indirekten Steuern, Einführung progressiver Einkommensteuer mit Steuerfreiheit derjenigen, die nur das Nötigste zum Leben haben.
4. Der Staat übernimmt den unentgeltlichen Unterricht und, wo es nötig ist, die unentgeltliche Erziehung der Jugend mit Berücksichtigung ihrer Fähigkeiten.
5. Unentgeltliche Volksbibliotheken.
6. Regelung der Zahl der Lehrlinge, welche ein Meister halten darf, durch Kommissionen von Meistern und Arbeitern.
7. Aufhebung aller für Reisen der Arbeiter gegebenen Ausnahmegesetze, namentlich der in den Wanderbüchern ausgesprochenen.
8. Herabsetzung der Wählbarkeit für die preußische Kammer auf das 24. Jahr.
9. Beschäftigung der Arbeitslosen in Staatsanstalten, und zwar sorgt der Staat für eine ihren menschlichen Bedürfnissen angemessene Existenz.
10. Errichtung von Musterwerkstätten durch den Staat und Erweiterung der schon bestehenden öffentlichen Kunstanstalten zur Heranbildung tüchtiger Arbeiter.
11. Der Staat versorgt alle Hilflosen und also auch alle Invaliden der Arbeit.
12. Allgemeine Heimatberechtigung und Freizügigkeit.
13. Schranken gegen Beamtenwillkür in Bezug auf die Arbeitsleute. Dieselben können nur durch das entscheidende Urteil einer Kommission von ihren Stellen entlassen werden.

(W. Mommsen [Hg.], Deutsche Parteiprogramme, München 1960, S. 293f.)

1 Fassen Sie die Erwartungen der Arbeiter an die Nationalversammlung(en) zusammen (M 10a).
2 Welche Gruppierung der Paulskirche vertritt auch Interessen der Arbeiter (M 9)?
3 Formulieren Sie Hypothesen über die Chancen der Realisierbarkeit dieser Forderungen (M 8).

b) Programm der ersten deutschen Frauenbewegung, April 1849[1]

Programm:
Wir wollen unser Theil fordern: das Recht, das Rein-Menschliche in uns in freier Entwickelung aller unserer Kräfte auszubilden, und das Recht der Mündigkeit und Selbständigkeit im Staat.
Wir wollen unser Theil verdienen: wir wollen unsere Kräfte aufbieten, das Werk der Welt-Erlösung zu fördern, zunächst dadurch, daß wir den großen Gedanken der Zukunft: Freiheit und Humanität (was im Grunde zwei gleichbedeutende Worte sind) auszubreiten suchen in allen Kreisen, welche uns zugänglich sind, in den weiteren des größeren Lebens durch die Presse, in den engeren der Familie durch Beispiel, Belehrung und Erziehung. Wir wollen unser Theil aber auch dadurch verdienen, daß wir nicht vereinzelt streben nur Jede für sich, sondern vielmehr Jede für Alle, und daß wir vor Allem Derer zumeist uns annehmen, welche in Armuth, Elend und Unwissenheit vergessen und vernachlässigt schmachten.
Wohlauf, meine Schwestern, helft mir zu diesem Werke! Helft mir für die hier angedeuteten Ideen zunächst durch diese Zeitung wirken! –
[…] Und nun laßt uns einmal fragen, wie viel Männer gibt es denn, welche, wenn sie durchdrungen sind von dem Gedanken, für die Freiheit zu leben und zu sterben, diese eben für *alles* Volk und *alle* Menschen erkämpfen wollen? Sie antworten gar leicht zu Tausenden mit *Ja!* aber sie denken bei all ihren endlichen Bestrebungen nur an *eine* Hälfte des Menschengeschlechts – nur an die *Männer.* Wo sie das Volk meinen, da zählen die Frauen nicht mit. Aber die Freiheit ist unteilbar! Also freie Männer dürfen keine Sklaven neben sich dulden – also auch keine Sklavinnen. Wir müssen den redlichen Willen oder die Geisteskräfte aller Freiheitskämpfer in Frage stellen, welche nur die Rechte der Männer, aber nicht zugleich auch die der Frauen vertreten. Wir können so wenig, wie sie uns selbst zu Bundesgenossinnen haben wollen, sie die Bundesgenossen der Fahnenträger der Freiheit nennen! Sie werden ewig zu dem „Halben" gehören, und wenn sie auch noch so stolz auf ihre entschiedene Gesinnung sein sollten.   L. O.

[1] Veröffentlicht in der „Frauen-Zeitung", die von Louise Otto herausgegeben wurde.

1 Erschließen Sie aus dem Programm Louise Ottos die rechtliche Stellung der Frau im Revolutionsprogramm.
2 Stellen Sie die Forderungen Louise Ottos zusammen und beurteilen Sie ihre Realisierungschancen.
3 Beurteilen Sie auf dem Hintergrund der Thesen Louise Ottos den Demokratiebegriff der Revolutionszeit.

M11 a) **Die Verfassung der deutschen Nationalversammlung vom 28. März 1849**
Aus den bereits am 27. Dezember 1848 in Kraft gesetzten Grundrechten des deutschen Volkes
§ 133 Jeder Deutsche hat das Recht, an jedem Orte des Reichsgebietes seinen Aufenthalt und Wohnsitz zu nehmen, Liegenschaften jeder Art zu erwerben und darüber zu verfügen, jeden Nahrungszweig zu betreiben, das Gemeindebürgerrecht zu gewinnen.
Artikel II.
§ 137 Vor dem Gesetz gilt kein Unterschied der Stände. Der Adel als Stand ist aufgehoben.
Alle Standesvorrechte sind abgeschafft.
Die Deutschen sind vor dem Gesetze gleich.
Alle Titel, insoweit sie nicht mit einem Amte verbunden sind, sind aufgehoben und dürfen nie wieder eingeführt werden.
Kein Staatsangehöriger darf von einem auswärtigen Staate einen Orden annehmen.
Die öffentlichen Ämter sind für alle Befähigten gleich zugänglich.
Die Wehrpflicht ist für alle gleich; Stellvertretung bei derselben findet nicht statt.
Artikel III.
§ 138 Die Freiheit der Person ist unverletzlich.
Die Verhaftung einer Person soll, außer im Falle der Ergreifung auf frischer Tat, nur geschehen in Kraft richterlichen, mit Gründen versehenen Befehls. Dieser Befehl muss im Augenblicke der Verhaftung oder innerhalb der nächsten vierundzwanzig Stunden dem Verhafteten zugestellt werden.
§ 139 Die Todesstrafe, ausgenommen, wo das Kriegsrecht sie vorschreibt oder das Seerecht im Fall von Meutereien sie zulässt sowie die Strafen des Prangers, der Brandmarkung und der körperlichen Züchtigung sind abgeschafft.
§ 140 Die Wohnung ist unverletzlich.
Eine Haussuchung ist nur zulässig:
1. in Kraft eines richterlichen, mit Gründen versehenen Befehls [...].
Artikel IV.
§ 144 Jeder Deutsche hat volle Glaubens- und Gewissensfreiheit. Niemand ist verpflichtet, seine religiöse Überzeugung zu offenbaren.
§ 145 Jeder Deutsche ist unbeschränkt in der gemeinsamen häuslichen und öffentlichen Übung seiner Religion [...].
§ 146 Durch das religiöse Bekenntnis wird der Genuß der bürgerlichen und staatsbürgerlichen Rechte weder bedingt noch beschränkt. Den staatsbürgerlichen Pflichten darf dasselbe keinen Abbruch tun. [...]

Artikel VI.
§ 152 Die Wissenschaft und ihre Lehre ist frei.
§ 153 Das Unterrichts- und Erziehungswesen steht unter der Oberaufsicht des Staats. [...]
Artikel VIII.
§ 161 Die Deutschen haben das Recht, sich friedlich und ohne Waffen zu versammeln. [...]
§ 162 Die Deutschen haben das Recht, Vereine zu bilden. [...]
Artikel IX.
§ 164 Das Eigentum ist unverletzlich.
Eine Enteignung kann nur aus Rücksichten des gemeinen Besten, nur aufgrund eines Gesetzes und gegen gerechte Entschädigung vorgenommen werden.
(E. R. Huber [Hg.], Dokumente zur deutschen Verfassungsgeschichte, Bd. 1, Stuttgart ³1978, S. 375 ff.)

1 *Fassen Sie den Grundrechtekatalog der Paulskirchenversammlung zusammen (M 11a).*
2 *Erklären Sie die Ausführlichkeit der Formulierungen vor dem Hintergrund der Situation in Deutschland.*
3 *Diese Grundrechte wurden 1851 außer Kraft gesetzt. Welche Bedeutung kam ihnen in der Folge zu?*

M12 **Die Einstellung des preußischen Königs Friedrich Wilhelm IV. zu seiner voraussichtlichen Wahl zum deutschen Kaiser durch die Nationalversammlung**
Aus einem Brief an den Gesandten Bunsen am 13. Dezember 1848
Ich will weder der Fürsten Zustimmung zu *der* Wahl noch *die* Krone. Verstehen Sie die markierten Worte? Ich will Ihnen das Licht darüber so kurz und hell als möglich schaffen. Die Krone ist erstlich keine Krone. Die Krone, die ein Hohenzoller nehmen dürfte, *wenn* die Umstände es möglich machen *könnten*, ist keine, die eine, wenn auch mit fürstlicher Zustimmung eingesetzte, aber in die revolutionäre Saat geschossene Versammlung macht (dans le genre de la couronne des pavés de Louis-Philippe¹), sondern eine, die den Stempel Gottes trägt, die den, dem sie aufgesetzt wird nach der heiligen Ölung, „von Gottes Gnaden" macht, weil und wie sie mehr denn 34 Fürsten zu Königen der Deutschen von Gottes Gnaden gemacht und den Letzten immer der alten Reihe gestellt. Die Krone, die die Ottonen, die Hohenstaufen, die Habsburger getragen, kann natürlich ein Hohenzoller tragen; sie ehrt ihn überschwenglich mit tausendjährigem Glanze. *Die* aber, die Sie – leider meinen, verunehrt überschwenglich mit ihrem Ludergeruch der

Revolution von 1848, der albernsten, dümmsten, schlechtesten –, wenn auch, gottlob, nicht bösesten dieses Jahrhunderts. Einen solchen imginären Reif, aus Dreck und Letten gebacken, soll ein legitimer König von Gottes Gnaden und nun gar der König von Preußen sich geben lassen, der den Segen hat, wenn auch nicht die älteste, doch die edelste Krone, die niemand gestohlen worden ist, zu tragen?
(L. v. Ranke, Aus dem Briefwechsel Friedrich Wilhelms IV. mit Bunsen, in: Ders., Sämtliche Werke, Bd. 50, Leipzig 1887, S. 493 f.)

1 In der Art der Krone von der Straße eines Louis-Philippe [des frz. Bürgerkönigs 1830–48]

1 *Stellen Sie Friedrich Wilhelms IV. Vorstellungen von Kaisertum den Vorstellungen der Paulskirchenversammlung gegenüber (s. S. 142). Benennen Sie die Wurzeln seiner Vorstellungen.*

M13 Beschlüsse des Deutschen Bundes aus der Reaktionszeit

a) Aus dem Bundesreaktionsbeschluss vom 23. August 1851
II. Die Bundesversammlung beauftragt ferner den am 10. Juli in Folge der in Dresden abgehaltenen Ministerialconferenzen niedergesetzten politischen Ausschuß, mit möglichster Beschleunigung allgemeine Bundesbestimmungen zur Verhinderung des Mißbrauchs der Preßfreiheit in Vorschlag zu bringen, und fordert die höchsten und hohen Bundesregierungen auf, auch vor Erlassung dieser Vorschriften durch alle gesetzlichen Mittel die Unterdrückung der Zeitungen und Zeitschriften unter Bestrafung der Schuldigen herbeizuführen, welche atheistische, socialistische oder communistische, oder auf den Umsturz der Monarchie gerichtete Zwecke verfolgen.

b) Aufhebung der Grundrechte vom 23. August 1851
Die in Frankfurt unter dem 27. December 1848 erlassenen, in dem Entwurfe einer Verfassung des deutschen Reichs vom 28. März 1849 wiederholten so genannten Grundrechte des deutschen Volks können weder als Reichsgesetz, noch, so weit sie nur auf Grund des Einführungsgesetzes vom 27. December 1848, oder als Theil der Reichsverfassung in den einzelnen Staaten für verbindlich erklärt sind, für rechtsgültig gehalten werden. Sie sind deßhalb in so weit in allen Bundesstaaten als aufgehoben zu erklären.

c) Über das Vereinswesen vom 13. Juli 1854
§ 1. In allen deutschen Bundesstaaten dürfen nur solche Vereine geduldet werden, die sich darüber genügend auszuweisen vermögen, daß ihre Zwecke mit der Bundes- und Landes-Gesetzgebung im Einklange stehen und die öffentliche Ordnung und Sicherheit nicht gefährden. [...]
§ 8. Im Interesse der gemeinsamen Sicherheit verpflichten sich sämtliche Bundesregierungen ferner, die in ihren Gebieten etwa noch bestehenden Arbeitervereine und Verbrüderungen, welche politische, socialistische oder communistische Zwecke verfolgen, binnen zwei Monaten aufzuheben und die Neubildung solcher Verbindungen bei Strafe zu verbieten.
(E. R. Huber [Hg.], Dokumente zur deutschen Verfassungsgeschichte, Bd. 2, Stuttgart ³1986, S. 1 ff.)

1 *Untersuchen Sie die Bestimmungen in M 13a bis c und ordnen Sie sie historisch ein.*
2 *Charakterisieren Sie auf der Basis Ihrer Ergebnisse aus Frage 1 das politische Klima in der Reaktionszeit. Benennen Sie Leitbegriffe und Vorbilder.*

M14 Der Historiker Hans-Ulrich Wehler zu den langfristigen Folgen der 1848er Revolution

Die Unternehmer-Bourgeoisie gewann an Selbstbewusstsein, als sie miterlebte, wie ihre Repräsentanten und Wünsche von beiden Seiten behandelt wurden. Dass sich ihre Klasseninteressen durch eine enge Zusammenarbeit mit dem autoritären Staat schneller verwirklichen ließen als durch die Macht des Liberalismus, prägte seither den mentalen Habitus einer Mehrheit ihrer Mitglieder. Das Erlebnis des Bürgerkriegs, die Angst vor der jakobinischen Diktatur und den liberal-demokratischen Neigungen im Bildungsbürgertum vertiefte die Außengrenzen und trieb außer der erhöhten Binnenhomogenität die Klassenformierung weiter voran. [...]
Die Faszination eines deutschen Nationalstaats, der vielen so greifbar nahe erschienen war, blieb trotz des Fiaskos der Paulskirche erhalten. Zwar musste die Verwirklichung dieses Ziels, [...] aufgeschoben werden, die Dynamik des Nationalismus als politischer Religion einer Massenbewegung blieb jedoch erhalten. [...].
Zu den strukturellen Folgen der Revolution gehörte auch die seither nicht mehr aufzuhaltende Politisierung der verschiedenen Schichten und Klassen. Die Arbeiter insbesondere der Gewerberegionen und

Oesterreich.   Preußen.   Bayern.

B 5 Wilhelm Scholz, Redefreiheit im Jahre 1851, Zeichnung aus der satirischen Zeitschrift „Kladderadatsch" von 1851

— *Beschreiben Sie das Verhalten der Personen in den drei Karikaturen und ordnen Sie es historisch ein.*

der städtischen Industrie machten eine Erfahrung von weit wirkender Bedeutung. Von der Mehrheit des Bürgertums war offenbar so bald keine durchgreifende Sozialreform und keine staatsbürgerliche Gleichberechtigung zu erwarten. Andererseits konnte der „Emanzipationskampf des Vierten Standes", wie es in zeitgenössischer Sprache hieß, offenbar auch nicht auf den Barrikaden gewonnen werden. Daraus ergab sich der Schluss, dass eine selbständige, effektive Gegenmacht des Proletariats nur auf lange Sicht in mühseliger Kärrnerarbeit organisiert werden konnte. […]
Die privilegierte Stellung der alten Eliten war gegen den Ansturm der Revolution behauptet worden. Bürokratische Herrschaft im Alltag veränderte sich genauso wenig wie das ländliche Leben in Ostelbien. Das Militär kultivierte das Bewusstsein, sich als wahrhaft staatserhaltende Macht bewährt zu haben. Die Parlamente hatten weiterhin um ihren Rang als Machtfaktor zu kämpfen. […]
Diese negativen Wirkungen zu konstatieren heißt jedoch nicht, auf ein positives Urteil über zwei grundlegend wichtige gesamtgesellschaftliche Konstellationen zu verzichten. Im Gegenteil: Aus der historischen Distanz muss mit allem Nachdruck eine zweifache fundamentale Zäsur noch einmal betont werden. Einmal spielt sich seither das politische Leben der Deutschen im konstitutionellen Staat ab: Mit einem funktionsfähigen Parlament und politischen Parteien, von einer grundgesetzlichen Verfassungsurkunde garantiert, von den Aktivwählern des entstehenden politischen Massenmarkts mitgetragen und bald zu demokratischen Veränderungen gedrängt. Dass Preußen als eines der beiden deutschen Großreiche 1848 Verfassungsstaat wurde und blieb, hat unstreitig die Revolution bewirkt; mit rund zehnjähriger Verspätung musste sich auch die Habsburgermonarchie dem politischen Modernisierungstrend beugen. Welche Schwächen und Grenzen dieses politische System vorerst noch besitzen mochte, im Grunde wurde jetzt von allen Staaten des späteren kleindeutschen Reiches der Weg in die moderne politische Welt eingeschlagen. Als wichtiger noch erwies sich, dass nunmehr dem endgültigen Durchbruch der deutschen Industriellen Revolution keine Barrieren mehr im Wege standen. Der erste, ihren Beginn repräsentierende zyklische Aufschwung seit 1845 hatte zwar 1847/48 mit seinen Wachstumskräften eine konjunkturelle Stockung nicht sogleich überwinden können; es folgten die turbulenten Revolutionsjahre und eine kurzlebige nachrevolutionäre Rezession. Danach aber trat der deutsche Industriekapitalismus mit beispielloser Dynamik seinen eigentlichen Siegeszug an.
Deshalb endete zwischen 1845 und 1850 das tausendjährige Feudalzeitalter auch auf deutschem Boden.
(Hans-Ulrich Wehler, Deutsche Gesellschaftsgeschichte, Bd. 2, C. H. Beck, München 1987, S. 780 ff.)

1 *Lesen Sie den Text von Wehler (M 14) aufmerksam durch und unterstreichen und erläutern Sie alle Ihnen unbekannten Begriffe (s. Lexikon).*
2 *Fassen Sie die langfristigen Folgen der 1848er Revolution, die Wehler (M 14) benennt, in Stichpunkten zusammen.*
3 *Wehler spricht von einer „zweifachen fundamentalen Zäsur" (Z. 51, M 14). Erläutern Sie diese und beziehen Sie kritisch Position.*

3 Der Weg zur Gründung des Deutschen Reiches

Wirtschaftliche Dynamik Verfassungsbewegung, Parlamentarisierungsforderungen, Grundrechtesicherung und Nationalstaatsbestrebungen – diese liberalen Programmpunkte bilden den politischen Teil des Modernisierungsprozesses im Deutschland des 19. Jahrhunderts, blieben aber in weiten Teilen politische Theorie. Im Gegensatz dazu kam die wirtschaftliche Modernisierung in der Praxis wesentlich schneller voran und brachte mit der Industriellen Revolution von den Vierzigerjahren bis 1873 den Übergang von der feudalen Agrargesellschaft in die kapitalistische Industriegesellschaft (s. S. 59ff.). Der Durchbruch der Industrialisierung wurde ermöglicht und beschleunigt durch den Ausbau des Binnenmarktes in Deutschland. Der 1834 gegründete Zollverein, der die Zollschranken zwischen den einzelnen Staaten des Deutschen Bundes abbaute, war ein wichtiger Schritt auf dem Weg zur wirtschaftlichen Integration Deutschlands. Die ökonomische Einheit führte jedoch nicht automatisch zur politischen Einheit, sondern hat diese allenfalls begünstigt.

Wandel des Liberalismus In der Reaktionszeit verstand sich der Konservativismus nach wie vor als Gralshüter der alten Ordnung, von Gottesgnadentum, Staatsmacht, Privilegienordnung und deutschem Partikularismus. Die Verlierer der Revolution, die **Altliberalen**, hielten ebenfalls an ihren Idealen (Parlament als Gegenpol zur Regierung, staatsfreier Raum für die Bürger durch Grundrechte, Einheit der deutschen Nation) fest. Dagegen gaben die durch die Industrialisierung gestärkten Wirtschaftsbürger (Bourgeoisie) ihre Distanz zum monarchischen Obrigkeitsstaat auf und suchten nach Kompromissen mit den Konservativen (**Realpolitiker**). Die Regentschaft von Kronprinz Wilhelm in Preußen seit 1858 (1861 König) eröffnete ihnen ganz neue Möglichkeiten: Die so genannte Neue Ära in Preußen begann mit der Berufung einer konservativ-liberalen Regierung. Die Altliberalen errangen 55% der Sitze in der Zweiten Kammer, die Konservativen verloren fast alle. Das vom Junkeradel beherrschte Herrenhaus aber blockierte alle künftigen Reformgesetze.
Bei der Auseinandersetzung um die Reform des Heeres kam es zu einem Konflikt zwischen Liberalen und Konservativen, dem so genannten **preußischen Verfassungskonflikt**. Das preußische Heer war nicht nur Garant der preußischen, sondern auch der deutschen Sicherheit. Mit der Regierung befürworteten auch die Liberalen der preußischen Volksvertretung eine Vermehrung der Rekruten um 50 % jährlich und entsprechend mehr Offiziersstellen. Aber die Verlängerung der Dienstzeit von zwei auf drei Jahre und die Verstärkung des vom Adel kommandierten Feldheeres auf Kosten der vorwiegend von Bürgerlichen geführten Landwehr nährte zu Recht ihren Verdacht, die konservativen Junker und Militärs wollten eine Verbürgerlichung der Armee verhindern, die bürgerliche Landwehr ausschalten und die Militarisierung der Gesellschaft zur Sicherung ihrer eigenen Vormachtstellung vorantreiben. Die liberalen Abgeordneten der Zweiten Kammer bewilligten deshalb nur einen provisorischen Haushalt für 1860 und 1861. Das nahmen die Konservativen zum Anlass, einen Regierungswechsel zu erzwingen. Sie lehnten eine Mitsprache des Parlaments in Militärangelegenheiten grundsätzlich ab; das Heer sollte nicht auf dem Gesetz, sondern allein auf dem Willen des Königs beruhen (Königsheer statt Parlamentsheer). Damit wurde das zentrale Recht des Parlaments, das Budgetrecht, ausgehebelt und ein Kernpunkt der preußischen Verfassung angegriffen.
Während dieses Konflikts spalteten sich die Linksliberalen von den Altliberalen ab und gründeten zusammen mit 1848er Demokraten im Juni 1861 die **Deutsche Fortschrittspartei**. In ihrem Programm forderte sie den liberalen Ausbau der Verfassung, eine Reform des Herrenhauses, Mi-

nisterverantwortlichkeit und den deutschen Nationalstaat. Als der König die Zweite Kammer auflöste und Neuwahlen ausschrieb, weil er auf eine konservative Mehrheit hoffte, erhielten die Fortschrittler auf Anhieb 29,5 % der Sitze (Altliberale 40 %). Eine erneute Auflösung der Kammer im März 1862 und die Berufung einer konservativen Regierung brachten keine Änderung: In der neu gewählten Kammer hatte nun der Fortschritt 38 % und das linke Zentrum 32 %; beide waren entschlossen, den neuen Haushalt abzulehnen.

Weil die neue Regierung weitere Wahlen für sinnlos hielt, wollte König Wilhelm abdanken. Da erbot sich der Konservative **Otto von Bismarck**, preußischer Gesandter in Paris und Gegner der dreijährigen Dienstpflicht, die Festigung der königlichen Macht gegen das Parlament durchzusetzen. Wilhelm ernannte ihn am 22. September 1862 zum preußischen Ministerpräsidenten.

Als die Zweite Kammer den Militärhaushalt ablehnte, erklärte Bismarck, notfalls auch ohne Budget regieren zu wollen, weil erstens die Verfassung für einen solchen Konflikt zwischen Regierung und Parlament keine Lösung vorsehe und damit der König als Verfassunggeber ein Notrecht zur letzten Entscheidung habe **(Lückentheorie)**; zweitens vertrat er die Auffassung, dass „die großen Fragen der Zeit nicht durch Reden und Mehrheitsbeschlüsse, sondern durch Blut und Eisen entschieden werden". Die Regierung arbeitete seitdem ohne gesetzlichen Haushalt, erklärte die Landtagsbeschlüsse für ungültig, löste 1863 erneut den Landtag auf und setzte einzelne Altliberale Schikanen und Prozessen aus. Die Liberalen erklärten das Regierungshandeln für verfassungswidrig und errangen bei den Neuwahlen zwei Drittel der Sitze. Im Übrigen kooperierten sie mit der Regierung in der Wirtschaftspolitik, suchten also nicht die Regierung auf revolutionärem Weg zu stürzen, weil ihnen dafür die Massenbasis fehlte.

Die Regierung Bismarck besaß nicht nur die entscheidenden Machtmittel im Staat, sondern konnte die Liberalen auch in der nationalen Frage ausbooten. Der militärische Sieg über Österreich 1866, die folgende Auflösung des Deutschen Bundes und die Weichenstellung zu einer Reichsgründung über den Norddeutschen Bund wurden von linken wie rechten Zeitgenossen als deutsche Revolution von oben verstanden. Die Konservativen wandten sich von Bismarck ab, weil er die nationale Politik der Liberalen betrieb. Die Liberalen wiederum, die in der nationalen Frage in Großdeutsche und Kleindeutsche gespalten waren und die Einigung nach der Erringung der Freiheit durch Verhandlung anstrebten, sahen ihre Politik als gescheitert an. Bismarck nutzte den militärischen Erfolg von 1866 zu einem Versöhnungsangebot an die Liberalen. Er unterbreitete dem Landtag ein Gesetz, das den Haushalt der vergangenen Jahre nachträglich legalisieren sollte. Diese **Indemnitätsvorlage** fand eine Mehrheit. Zwei Drittel der Abgeordneten des linken Zentrums und die Hälfte der Abgeordneten des Fortschritts nahmen die Zusammenarbeit mit der Regierung Bismarck auf; einige Liberale schlossen sich an.

Aus der Spaltung der Fortschrittspartei ging eine rechtsliberale Partei hervor: die **Nationalliberalen**, die die Priorität der nationalen Einheit betonten. Um ihretwillen waren sie bereit, auf eine Führungsposition im Parlament zu verzichten und Kompromisse mit der konservativen Regierung einzugehen. Sie wollten durch Regierungsbeteiligung einen schrittweisen Ausbau des Verfassungsstaates und der bürgerlichen Gesellschaft erreichen.

| Einigungskriege und Reichsgründung | Der Wiener Kongress hatte 1815 die Herrschaft der alten Mächte im Innern wieder errichtet und mit dem Staatensystem der Pentarchie (griech. pentas=fünf) außenpolitisch abgesichert: Ein Gleichgewicht der fünf Großmächte England, Frankreich, Österreich, Preußen und Russland garantierte bis zum **Krimkrieg** (1853–1856) Frieden und Stabilität. In diesem Krieg kämpfte Russland gegen eine Allianz aus Frankreich, England und Piemont-Sardinien, Preußen blieb neutral und Österreich trat in die antirussische Allianz ein, ohne sich jedoch aktiv am Krieg zu beteiligen. Weil einzelne Staaten im Interesse

außenpolitischer Machterhaltung die nationalen Einigungsbewegungen anderer Länder unterstützten, verbesserten sich die Chancen der Nationalbewegungen. So konnte die Koalition aus Franzosen und Engländern 1861 die Begründung des italienischen Nationalstaats im Krieg gegen Österreich durchsetzen. Die preußisch-russische Annäherung und die Gegensätze Österreichs zu den anderen Großmächten wiederum boten Preußen die Chance, eine deutsche Nationalstaatsgründung unter eigener Führung voranzutreiben.

Preußen hatte sich 1849/50 das Ziel gesetzt, die kleindeutsche Einheit durch eine Union von 28 norddeutschen Staaten zu verwirklichen. Doch Österreich drohte mit Krieg und Preußen kehrte daraufhin in den wieder belebten Deutschen Bund zurück, dessen Politik von nun an durch den Führungskampf der beiden Großmächte bestimmt wurde (Dualismus). Österreich wollte seine Stellung als Präsidialmacht gebrauchen, um durch die Aufnahme aller Völker der Donaumonarchie seine Führung im Bund zu sichern (Mitteleuropa- bzw. 70-Millionen-Plan). Preußen nutzte zur Blockierung der österreichischen Pläne sein Vetorecht und baute seine wirtschaftliche Vormacht aus. Seit 1859 erhielt Preußen Unterstützung vom **Deutschen Nationalverein**, der ein liberales kleindeutsches Reich anstrebte. Weil Österreich eine Kooperation der beiden Führungsmächte im Deutschen Bund ablehnte, wurde das preußische Militärkönigtum paradoxerweise auf eine kleindeutsche Politik im Sinne der Liberalen gedrängt, freilich ohne den liberalen Weg zu übernehmen, der über Freiheit und parlamentarische Mehrheitsbeschlüsse zur Einheit führen sollte.

Schleswig und Holstein hatten seit 1850/52 eine Sonderstellung in der dänischen Verfassung (Personalunion, aber unauflöslich mit Holstein verbunden). 1863 beseitigte eine Verfassungsänderung diese Sonderstellung, integrierte Schleswig in den dänischen Staat und trennte es von Holstein ab, das zum Deutschen Bund gehörte. Gegen diesen Vorgang wandten sich die deutsche Nationalbewegung und Bismarck, wenn auch aus unterschiedlichen Motiven. Die Nationalbewegung wollte ein unabhängiges Schleswig und Holstein, Bismarck aber suchte über diesen Konflikt die Bindung Österreichs an die preußische Politik zu erreichen, die insgeheim auf die Annexion Schleswigs und Holsteins durch Preußen hinauslief. Dank Bismarcks Diplomatie intervenierten England und Russland nicht, als Preußen und Österreich 1864 erfolgreich **Krieg gegen Dänemark** führten. Dänemark trat Schleswig und Holstein ab, Preußen besetzte Schleswig, Österreich okkupierte Holstein.

Bismarck suchte über Differenzen in der Besatzungspolitik den **Krieg mit Österreich**. Dazu erreichte er die Zusage der Neutralität Frankreichs und Russlands sowie ein Bündnis mit Italien. Österreich brachte Preußens Verstöße gegen die gemeinsamen Verwaltungsgrundsätze vor den Bundestag und verlangte Maßnahmen des Deutschen Bundes gegen Preußen. Preußen besetzte daraufhin Teile Holsteins, wogegen Österreich im Bundestag die Mobilmachung eines Teils der Bundesarmee durchsetzte. Nun sah Preußen den Deutschen Bund als beendet an und begann den Angriff auf einzelne Bundesstaaten. Die Entscheidung fiel in Böhmen. Der preußische Generalstabschef Helmuth von Moltke dirigierte seine Armee auf den neuen Eisenbahnen zur Schlacht bei Königgrätz. Dort errangen die gut geführten und durch die Heeresreform modernisierten preußischen Truppen den Sieg über Österreich.

Bismarck setzte bei König Wilhelm durch, gegenüber Österreich auf Gebietsforderungen zu verzichten, falls es Preußen bei einer Neugestaltung Deutschlands freie Hand lassen würde. Auf dieser Basis schritt Preußen nicht nur zur Annexion von Schleswig und Holstein, sondern auch von Hannover, Kurhessen, Nassau und der Stadt Frankfurt am Main. Mit den übrigen Staaten nördlich des Mains schloss Preußen den **Norddeutschen Bund**, den ersten deutschen Bundesstaat mit Reichstag, Reichskanzler, Bundesheer, Verfassung und einem erdrückenden Übergewicht Preußens. Die süddeutschen Staaten blieben zwar souverän, waren aber an Preußen

B 6 Anton von Werner, Kaiserproklamation in Versailles, 1885, Öl auf Leinwand (3. Fassung zu Bismarcks 70. Geburtstag).

— Der Historiker Volker Ullrich beginnt sein Buch zur Geschichte des deutschen Kaiserreiches mit den folgenden Sätzen: „Es war bitterkalt im Spiegelsaal des Schlosses von Versailles, an jenem 18. Januar 1871, als das deutsche Kaiserreich ausgerufen wurde. Das Ganze war eine militärische Veranstaltung. Wohin der Blick auch fiel – Uniformen, Säbel, Fahnen und Standarten; die wenigen Gestalten im Frack verloren sich inmitten dieser kriegerischen Gesellschaft. Das Volk war nicht vertreten, nicht einmal durch seine Abgeordneten des gewählten Parlaments, des norddeutschen Reichstags – ein getreues Abbild der Tatsache, dass der kleindeutsch-preußische Nationalstaat nicht durch demokratischen Willensentscheid, sondern durch Siege auf dem Schlachtfeld zu Stande gekommen war." Nehmen Sie zu diesem Urteil über die Reichsgründung Stellung. Berücksichtigen Sie dabei sowohl das Gemälde von Anton von Werner (B 6) als auch die Darstellung.

wirtschaftlich (Zollverein) und militärisch (Schutz-und-Trutz-Bündnisse) gebunden. Aus Deutschland verdrängt, orientierte sich Österreich in der Folgezeit zum Balkan hin. Obwohl die Entthronung der norddeutschen Fürsten durch Preußen die Legitimitätsprinzipien verletzte und das europäische Gleichgewicht veränderte, akzeptierten die Großmächte die neue Ordnung. Bismarck benutzte Frankreichs Versuch, den vakanten spanischen Königsthron 1870 mit einem ihm genehmen Kandidaten zu besetzen, um Napoleon III. zu einer Kriegserklärung zu provozieren. Die Hohenzollern verzichteten zwar angesichts einer französischen Kriegsdrohung darauf, dass ein katholisches Mitglied ihres Hauses spanischer König wurde. Als aber Napoleon III. Preußen durch eine Verzichtserklärung auf alle Zeit zu demütigen versuchte, erweckte Bismarck in der so genannten Emser Depesche den Eindruck, König Wilhelm habe den französischen Botschafter vor den Kopf gestoßen. Als Frankreich daraufhin Preußen den Krieg erklärte, entschlossen sich neben dem Norddeutschen Bund auch die süddeutschen Staaten zum Kriegsbündnis. Dieser **Deutsch-Französische Krieg** galt als nationale Aufgabe. Den weit überlegenen deutschen Truppen unterlag Frankreich in kürzester Zeit. Napoleon wurde gefangen genommen und kapitulierte. Im Frieden von Frankfurt (Mai 1871) musste Frankreich Elsass und Lothringen an Deutschland abtreten und eine hohe Kriegsentschädigung zahlen.

Mit Frankreich war der entschiedenste Gegner einer deutschen Einheit unter den europäischen Großmächten besiegt. Damit stand angesichts der allgemeinen Siegesfreude einem Beitritt der süddeutschen Staaten zum Norddeutschen Bund nichts mehr im Wege. Als der bayerische König Ludwig II. von Bismarck mit der Zahlung von jährlich 100 000 Goldmark dazu bewegt werden konnte, dem preußischen König Wilhelm die deutsche Kaiserkrone anzubieten, war der Weg frei für die Gründung eines kleindeutschen Reichs als Bundesstaat der deutschen Fürsten. Im Spiegelsaal Ludwigs XIV. im Schloss zu Versailles wurde am 18. Januar 1871 das Deutsche Reich (B 6) ausgerufen und der preußische König zum deutschen Kaiser Wilhelm I. proklamiert.

Malerei: Allegorie auf die Revolution von 1848/49

Die Revolution von 1848, anonym, um 1850, Öl auf Leinwand

Heute sind Bilder etwas Selbstverständliches. Noch im 19. Jahrhundert gab es z. B. Ölgemälde nur ein einziges Mal zu sehen, nämlich als Original, und nur in Ausnahmefällen war es vielen Menschen zugänglich, normalerweise aber nur dem Eigentümer. Nur von den berühmtesten Werken gab es Reproduktionen in Form von Stichen, die nur einen schattenhaften Eindruck vermitteln konnten. In ganz seltenen Fällen wurden kostspielige Kopien von Originalen angefertigt. Bilder waren also vor der Erfindung mechanischer Reproduktionstechniken etwas äußerst Kostbares, das ein hohes Maß an Aufmerksamkeit verdiente. Wollen wir heute historische Bilder als Quellen nutzen, müssen wir Bilder lesen lernen. Dazu gilt es nicht nur die Bildelemente zu erfassen, sondern auch den im Bild gestalteten Zusammenhang dieser Elemente. Allerdings erschließen sich die wenigsten Bilder allein aus sich selbst. Normalerweise bedarf es zusätzlicher Informationen über Entstehungszeit und -umstände, Auftraggeber und Maler.

Neben religiösen und Historienbildern stellen Allegorien eine häufige Form von Bildquellen in der Kunstgeschichte dar. Eine Allegorie (griech. allo agoreuein = etwas anderes sagen) ist eine Veranschaulichung eines abstrakten Begriffs oder komplexen Vorgangs durch konkrete Figuren (Personifikation), so z. B. der Gerechtigkeit als Frau mit verbundenen Augen. Zur Entschlüsselung einer Allegorie muss man also die Bedeutung bestimmter Gegenstände und Eigenschaften von personalen Figuren kennen, um ihren Bedeutungszusammenhang erschließen zu können.

In nebenstehendem Gemälde eines unbekannten Malers fällt eine Zweiteilung auf: der obere Teil ist hell, das untere Drittel dunkel gehalten. Im Hellen ist eine weibliche Personengruppe auf einer Wolke erkenntlich, von der eine dunkle Gestalt in die finstere Tiefe stürzt. Klauenhand und Fledermausflügel weisen diese Gestalt als satanisch und böse aus, die engelhaften Gewänder die weibliche Gruppe als etwas Positives. Zwei dieser Lichtgestalten sind geflügelt: Die eine ergießt gerade ihr Füllhorn (Glückssymbol) und streckt dem Betrachter einen Palmzweig (Friedenszeichen) entgegen, die andere schwingt ein Flammenschwert und hält einen goldenen Schild schützend vor die Gruppe und erinnert damit an St. Michael als Paradieswächter. Im Vordergrund umfängt, mit dem Rücken zum Betrachter, eine rot-weiß gewandete Gestalt mit einer Mauerkrone auf dem Haupt eine Gruppe Lebender und Toter (mit Schwert). Am Boden liegt außer dem Toten mit Schwert ein Bienenkorb (Zeichen des Fleißes).

Die Kenntnis der Entstehungszeit um 1850 ermöglicht es, den historischen Sinn des Bildes zu deuten. Unter Bezug auf die revolutionären Ereignisse 1848/49 erscheint die rote Fahne in der Hand der stürzenden satanischen Gestalt als die der Revolution, die Gestalt mit der Mauerkrone als das befreite Gemeinwesen, das Opfer von Kämpfen zu beklagen hat und in dem der Gewerbefleiß noch daniederliegt. Himmlische Mächte haben den bösen Geist der Revolution gestürzt, schützen die Überlebenden und spenden neues Glück. Der Regenbogen über der Szenerie wie deren optimistische Farbgebung deuten eine versöhnliche Zukunft an.

— *Beschreiben Sie den Aufbau und die Elemente des nebenstehenden Bildes möglichst genau. Achten Sie auf Hell und Dunkel.*
— *Ziehen Sie Informationen über die Entstehungszeit des Bildes heran.*
— *Schreiben Sie eine politisch-historische Deutung des Bildes ausgehend von seiner Entstehungszeit und unter Berücksichtigung von Bildaufbau und -elementen.*

4 Bismarcks Reichsverfassung

Kompromisscharakter der Verfassung

Bismarck legte die Reichsverfassung als Kompromiss zwischen revolutionär umgeformter konservativer Monarchie und nationalem bzw. liberalem Bürgertum an. Er wollte die Monarchie sichern, das demokratisch gewählte Parlament abblocken und den Großstaat der bürgerlichen Gesellschaft schaffen. Die Spannungen dieser Konstruktion schlugen sich in Konflikten zwischen Kanzler und Parteien nieder. Die Verfassung des Kaiserreiches entstand aus Ergänzungen und Änderungen der Verfassung des Norddeutschen Bundes. Nach der Reichsgründung wurden in ihr vom Reichstag die Begriffe „Bundespräsident" und „Deutscher Bund" in „Deutscher Kaiser" und „Deutsches Reich" geändert.

Balance von Unitarismus und Föderalismus

Das Deutsche Reich war ein **Bundesstaat** aus 25 Einzelstaaten (vier Königreiche, sechs Großherzogtümer, fünf Herzogtümer, sieben Fürstentümer, drei freie Städte; hinzu kam das Reichsland Elsass-Lothringen). In ihm hielten sich die Rechte des Bundes und der Einzelstaaten die Waage. Die Souveränität lag bei den 22 Monarchen und den drei Senaten der freien Städte. Der Kaiser war erblicher Präsident des Bundes, aber nur nach außen der Souverän; die Einzelstaaten besaßen weiterhin das Recht auf eigene Gesandtschaften. Das Reichsheer bestand aus Kontingenten der Bundesstaaten und der Kaiser führte nur im Kriegsfall über alle Truppen den Oberbefehl. Finanziell war das Reich „Kostgänger der Einzelstaaten" (Bismarck): Die Länder entrichteten so genannte **Matrikularbeiträge**, die durch Zölle und Verbrauchssteuern ergänzt wurden. Die Einzelstaaten waren ungleichgewichtig. Preußen umfasste zwei Drittel des Reichsgebietes und drei Fünftel seiner Einwohner. Zum Ausgleich verfügte es im **Bundesrat**, dem zentralen Entscheidungsorgan der Reichsverfassung, nur über 17 von 58 Stimmen der weisungsgebundenen Vertreter der Einzelstaaten. Allerdings konnte dort mit 14 Stimmen die Sperrminorität bei Verfassungsänderungen ausgeübt werden (Schema 2). Auch die so genannten **Reservatrechte** stellten ein Entgegenkommen an die mittleren und kleineren Staaten des Bundes dar: Baden und Württemberg z. B. behielten das Recht zur Bier- und Branntweinbesteuerung, Württemberg sicherte sich ein eigenes Postwesen.

Preußen schien durch sein Bestreben zur Entwicklung eines preußischen Bewusstseins ein Garant des Föderalismus zu sein. Aber wegen seines geografischen und politischen Gewichtes konnte Preußen die Praxis der Reichspolitik in einem Maße bestimmen, das sein allmähliches Aufgehen im Reich zur Folge hatte. Auch das Prinzip der Personalunion von preußischen und Reichsfunktionen trug dazu bei. Der preußische König war zugleich deutscher Kaiser und der **Reichskanzler** und Vorsitzende des Bundesrates in der Regel preußischer Ministerpräsident.

Probleme der Verfassung

Der **Kaiser** hatte sowohl die politische als auch die militärische Führung inne. Der Kanzler, sein oberster Beamter, musste zwar die kaiserlichen Anordnungen gegenzeichnen, war aber gänzlich vom Kaiser abhängig und leitete die Reichspolitik nur im zivilen Bereich. Seine Mitwirkung im Militärischen beschränkte sich auf die Militärverwaltung, kaiserliche Kommandoakte waren ausgenommen. Weil die Monarchen der Hohenzollern zwar eine militärische, aber keine Ausbildung in ziviler Verwaltung erhielten, wurde ihre Politik stark von den Vorstellungen des Militärs bestimmt. Die Chefs des Heeres und der Marine konnten sich als Nebenregierung etablieren, weil sie jederzeit Vortragsrecht beim Kaiser besaßen, dem sie unmittelbar unterstellt waren.

Der **Reichstag** wurde als Volksvertretung nach einem gleichen, geheimen, direkten **Mehrheitswahlrecht** für **Männer** über 25 Jahre gewählt, hatte in der Verfassung jedoch nur eine schwache

B 7 Anton von Werner, Die Eröffnung des Reichstages im Weißen Saal des Berliner Schlosses durch Wilhelm II., 1888, Öl auf Leinwand

— Vergleichen Sie die Reichstagseröffnung 1888 im Deutschen Kaiserreich mit einer Bundestagseröffnung.
— Interpretieren Sie, ausgehend von diesem Bild, die Stellung des Parlaments im Kaiserreich.

Stellung (B 7). Er konnte vom Bundesrat aufgelöst werden, wenn der Kaiser zustimmte. Er besaß zwar ein Gesetzesinitiativrecht, aber alle Gesetze bedurften auch der Zustimmung des Bundesrates. Der Reichstag musste jährlich den Haushalt bewilligen, ohne dabei allerdings über alle Einnahmen und Ausgaben, hier besonders den Militäretat, frei verfügen zu können. Der Kanzler war dem Reichstag lediglich theoretisch verantwortlich: In der Praxis musste er nur einer Auskunftspflicht genügen, der Reichstag konnte ihm kein Misstrauen aussprechen. Das Deutsche Reich war eine konstitutionelle Monarchie mit dem Monarchen als alleinigem Inhaber der Souveränität, es besaß **keine parlamentarische Regierung**. Das Parlament hatte bei auswärtigen Verträgen nur dann ein Mitwirkungsrecht, wenn es um Handel, Verkehr oder Zölle ging. Selbst Kriegserklärungen waren allein Sache des Kaisers und des Bundesrates. Diese Bestimmungen standen in der Tradition der Geheimdiplomatie. Der Schwäche der Volksvertretung gegenüber der Monarchie entsprach das Fehlen von Grundrechten in der Reichsverfassung (M 15a).

Arbeiterfrage und nationale Minderheiten Die Schwäche der Volksvertretung wirkte sich besonders nachteilig auf die Integration der Arbeiterschaft in das Kaiserreich aus. Bei der Reichsgründung stellten die Industriearbeiter erst 20 %, 1907 aber bereits über 30 % der Bevölkerung, ohne dass die Verfassung ihnen eine Interessenvertretung eingeräumt hätte, die ihrer Stärke entsprach. Im Gegensatz zu den Unternehmer- und Arbeitgeberverbänden beeinträchtigte die

Gewerbeordnung zusätzlich ihr Koalitions- und Streikrecht: Die Gewerkschaften wurden lediglich toleriert, konnten wohl angeklagt werden, besaßen aber selbst kein Klagerecht. So wurde die politische und soziale **Eingliederung der Arbeiter** in die Gesellschaft des Kaiserreiches **versäumt**.

Das Deutsche Reich als Nationalstaat veränderte die Lebensbedingungen der nationalen Minderheiten. In Preußen lebten 2,4 Mio. Polen und 60 000 Litauer, in Schleswig 80 000 Dänen. Durch die Annexion Elsass-Lothringens kamen 1,5 Mio. Bewohner zum Reich, die nur noch zum Teil deutsch sprachen. Eine Sprachpolitik, die das Deutsche für alle zur Schul-, Geschäfts- und Amtssprache erhob, missachtete die nationalen Eigenarten. Polen und Dänen wehrten sich gegen die **Germanisierungspolitik** und wollten das Reich verlassen, die Lothringer ihr französisch geprägtes Eigenleben bewahren (M 15b, c). Weil die Verfassung keinen Minderheitenschutz bot, verschärften sich unter dem aggressiven Nationalismus des imperialistischen Zeitalters die Nationalitätenprobleme im Kaiserreich.

In wirtschaftlicher und rechtlicher Hinsicht aber vereinheitlichte das Deutsche Reich den Verkehr zwischen seinen Bewohnern. Dazu trugen das **Handelsgesetzbuch** (1865), das **Strafgesetzbuch** (1872) und das **Bürgerliche Gesetzbuch** (1900) bei, die heute im Wesentlichen immer noch gültig sind. Die Juden wurden mit der Reichsverfassung des Deutschen Reiches erstmals rechtlich gleichgestellt.

M15 Probleme der Verfassung des Deutschen Reiches von 1871

a) August Bebel (SPD) im Reichstag über die Reichsverfassung, 8. November 1871

Meine Herren, das Volk ist nicht der Regierung wegen da, sondern die Regierung des Volkes wegen; die Regierung soll den Willen des Volkes ausführen, sie soll nichts weiter sein als die vollziehende Ge-
5 walt. Wie steht es aber in Wahrheit? Die Regierungen haben die Macht, die Regierungen haben den Willen und die Volksvertretung hat einfach Ja zu sagen und zu gehorchen, und wenn sie das nicht tut, so gibt man ihr moralische Fußtritte, wie sie diesel-
10 ben schon so oft bekommen hat. Wir haben das ja erlebt in der vorigen Session, beispielsweise bei der Beratung über die Annexion von Elsass, wo der Reichskanzler brüsk wie in der schönsten Konfliktszeit aufgetreten ist. Es fällt mir ein anderes Beispiel
15 für die Machtlosigkeit des Parlamentarismus da ein. Der Herr Reichskanzler äußerte in den letzten Tagen, er glaube nach jedem Kriege konstitutioneller geworden zu sein. Ja, meine Herren, auf den ersten Blick könnte das allerdings so scheinen, und
20 jedenfalls der Glaube an die Richtigkeit dieser Ansicht ist es, die den Abgeordneten Lasker neulich zu seinem berühmten Ausspruche veranlasst hat¹. Wie steht es in Wahrheit, meine Herren? Nicht der Reichskanzler ist seit dem Jahre 1866 konstitutio-
25 neller geworden, sondern die liberalen Parteien, die parlamentarischen Versammlungen sind nachgiebiger geworden, das ist des Pudels Kern. *(Große Unruhe.)*

Sie treten nicht mehr mit den Forderungen heraus, 30 welche sie noch vor dem Jahre 1866 aufgestellt haben. Sie haben dem Reichskanzler eine Verfassung gegeben, die deutsche Reichsverfassung, wie sie reaktionärer gar nicht gedacht werden kann. *(Gelächter.)* Meine Herren, mit einer solchen Ver- 35 fassung kann allerdings ein jeder Minister regieren, das ist keine Verfassung für das Volk, das ist weiter nichts als der Scheinkonstitutionalismus in rohester Form, das ist der nackte Cäsarismus. Das ist ein Cäsarismus, der die parlamentarische Form ge- 40 braucht, weil die öffentliche Meinung sie für notwendig hält, der auf Grund einer solchen Verfassung scheinbar konstitutionell regieren kann.

1 Der Liberale Lasker hatte gesagt, eine kräftige Regierung müsse der Freiheit nicht feindselig sein, unter einer starken Regierung könne die Freiheit am besten gedeihen.

1 Erklären Sie, was Bebel mit „Cäsarismus" und „Scheinkonstitutionalismus" meint (M 15a).
2 Erörtern Sie die Berechtigung von Bebels Urteil über die Reichsverfassung und über die Liberalen seit 1866.

b) Aus der Erklärung der polnischen Fraktion im Reichstag vom 1. April 1871

Meine Herren, in der Thronrede sind folgende Worte ausdrücklich aufgenommen: Die Achtung,

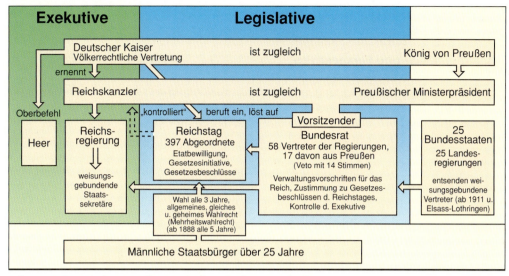

Schema 2   Die Verfassung des Deutschen Reiches von 1871

welche Deutschland für seine eigene Selbstständigkeit in Anspruch nimmt, zollt es bereitwillig der Unabhängigkeit aller anderen Staaten und Völker, der schwachen wie der starken.
In diesem erhabenen Worte erblicken wir nun, meine Herren, eine sichere Bürgschaft dafür, dass gleichzeitig mit der Neugestaltung des Deutschen Reiches auf nationalem Gebiete auch unsere gerechten nationalen Forderungen, namentlich die uns Deutschland gegenüber durch die Wiener Kongressakte feierlich gewährleistete nationale Sonderstellung, wieder zur Geltung gelangen werden. [...] Wir können uns daher unmöglich mit einem Verfassungsentwurf zufrieden erklären, welcher das Werk der nationalen Konstituierung Deutschlands damit beginnt, dass er den Polen die ihnen auf Grund internationaler Verträge unbestritten zustehenden Rechte verkennt.

1 *Untersuchen Sie, welche Rechte die Polen in Anspruch nehmen und welche Befürchtungen hier durchklingen (M 15b).*

c) Aus der Protesterklärung der Abgeordneten von Elsass-Lothringen im Reichstag, 18. Februar 1874

Abg. Teutsch: Den Antrag, von dem soeben die Rede war, habe ich nicht für meine eigene Person gemacht; ich machte ihn im Interesse einiger Lothringer Kollegen, welche die deutsche Sprache nicht sprechen und nicht verstehen.[1] Diese Kollegen und wir selbst, alle Abgeordneten von Elsass-Lothringen, glaubten, da Deutschland zum ersten Male sich ein französisches Volk, das nicht deutsch spricht, *(Oho, Oho!)* annektiert hat, dass der Reichstag zum wenigsten heute ausnahmsweise gestatten würde *(Glocke des Präsidenten [...])*. Es handelt sich, meine Herren, von dem Antrage, den am 16. dieses Monats 15 Abgeordnete von Elsass-Lothringen gestellt haben. Diesen Antrag[2] werde ich die Ehre haben jetzt zu begründen. Da die deutsche Sprache nicht meine Muttersprache ist, *(Oho! Gelächter. Ruf: Sie sprechen es ja!)* ich lese, spreche und schreibe deutsch, ich improvisiere es aber nicht – *(Unruhe)* – meine Herren, so erbitte ich mir einige Nachsicht.

(M 12a bis c: H. Fenske [Hg.], Im Bismarckschen Reich 1871–1890, Wissenschaftliche Buchgesellschaft, Darmstadt 1978, S. 64, 44 f., 119 f.)

1 Antrag auf Zulassung des Französischen für Abgeordnete aus Elsass-Lothringen
2 In Elsass-Lothringen eine Abstimmung über die Einverleibung durch Deutschland abzuhalten

1 *Erläutern Sie Anlass, Ziel und sachliche Grundlage dieser Erklärung (M 15c).*
2 *Diskutieren Sie, ausgehend von den nationalen Problemen der Reichsverfassung, noch einmal über das Problem von kulturellem und politischem Nationalismus in Deutschland (s. Darstellung S. 134 f.).*

Deutschland 1848/49 bis 1870/71 – demokratische und nationale Bewegungen

Zusammenhänge und Perspektiven

1 Erläutern Sie, warum und in welcher Weise sich in Deutschland Anfang des 19. Jahrhunderts eine nationale und liberale Öffentlichkeit herausbildete.

2 Setzen Sie sich mit den Ursachen und Ergebnissen der Revolution von 1848/49 in Deutschland auseinander und klären Sie, inwieweit die Revolution trotz ihres Scheiterns bis in die Gegenwart hinein nachwirkt.

3 Erläutern Sie, warum die Gründung des deutschen Kaiserreiches in Art und Weise der Verwirklichung eines autoritären Nationalstaats entspricht.

Zeittafel

1804	**Code civil** (= **Code Napoléon**): Bürgerliches Gesetzbuch in Frankreich. Es kodifiziert, ungeachtet der Rückkehr zur Monarchie, die sozialen Errungenschaften der Französischen Revolution (persönliche Freiheit, Rechtsgleichheit, privates Eigentum, Zivilehe, Ehescheidung).
1806	Gründung des Rheinbundes: Nachdem Napoleon weite Teile Europas erobert hat, treten 16 Reichsfürsten aus dem Reich aus. Kaiser Franz II. legt unter dem Druck Napoleons die Reichskrone nieder; dies bedeutet die Auflösung des Heiligen Römischen Reiches. Unter dem Eindruck der napoleonischen Besatzung formiert sich die deutsche Nationalbewegung und kämpft für „Einheit und Freiheit".
1807	Beginn der preußischen Reformen: Bauernbefreiung, Selbstverwaltung der Städte, Judenemanzipation, Einrichtung von Fachministerien, Heeresreform zur Entwicklung eines patriotischen Volksheeres, Bildungsreform, Freiheit der Wissenschaften. Die Reformen liberalisieren Wirtschaft und Gesellschaft und bedeuten eine „Revolution von oben".
1813–15	Befreiungskriege in Deutschland; Ende der Herrschaft Napoleons in Europa.
1815	Der Wiener Kongress beschließt die **Gründung des Deutschen Bundes** (Bundesverfassung ohne Volksvertretung), die Restauration der vorrevolutionären Herrschaftssysteme und erklärt unter dem Einfluss Metternichs Liberalismus und Nationalismus zu staatsgefährdenden Ideen. Gründung der Deutschen Burschenschaft in Reaktion auf das System Metternich; die Burschenschaften werden zu Vorreitern des Nationalismus in Deutschland.
1818/19	**Verfassungen in Baden und Württemberg**, zwischen 1814 und 1821 auch in anderen ehemaligen Rheinbundstaaten; Baden wird zum Vorreiter des so genannten süddeutschen Liberalismus.
1819	Karlsbader Beschlüsse: Verbot der Burschenschaften, Verfolgung der „Demagogen", Überwachung von Presse und Universitäten, Unterdrückung der nationalen Bewegung.
1830	Julirevolution in Frankreich gibt der nationalliberalen Bewegung Auftrieb (1830–48: „Vormärz").
1832	Hambacher Fest: Großdemonstration für liberale, nationale und demokratische Ziele.
1834	Gründung des Deutschen Zollvereins unter preußischer Führung. Er wird zur wirtschaftlichen Vorstufe der politischen Einigung.
1840	Belebung des deutschen Nationalismus durch die Rheinkrise.

ca. 1840–70	Industrielle Revolution in Deutschland.
1844–47	Agrarkrise und Hungeraufstände in Deutschland (1844: Weberaufstand in Schlesien)
1848/49	**Revolutionäre Vorgänge in Europa und Deutschland** Deutschland: März 1848: „Märzrevolution". Mai: Zusammentreten der Verfassunggebenden Nationalversammlung. Dez.: Verkündung der Grundrechte. Im März 1849 Verkündung der Verfassung: Der vorausgegangene Streit um die „großdeutsche" und „kleindeutsche" Lösung in der Territorialfrage, der das Parlament politisch schwächt, wird zu Gunsten der Kleindeutschen entschieden. April: Der preußische König Wilhelm IV. lehnt die ihm vom Parlament angetragene Kaiserwürde ab. Mai: Auflösung der Paulskirchenversammlung. Bis Juli 1849: letzte Aufstände und militärische Niederschlagung der Revolution (1851: Aufhebung der Grundrechte, aber Verfassunggebung in Preußen).
1864	Deutsch-Dänischer Krieg um Schleswig und Holstein.
1866	Deutscher Krieg zwischen Preußen und Österreich um Schleswig und Holstein; Ende des Deutschen Bundes und Gründung des Norddeutschen Bundes unter Preußens Führung: erster deutscher Bundesstaat.
1870–1914	Epoche der Hochindustrialisierung.
1870/71	Deutsch-Französischer Krieg endet mit Sieg Deutschlands.
1871	**Gründung des Deutschen Reiches:** Verfassung garantiert Grundrechte, schwache Stellung des Reichstags gegenüber der Regierung, Erbkaisertum, Alleingewalt des Kaisers über das Militär. Kaiser: Wilhelm I. (1871–1888); Reichskanzler: Bismarck (1871–1890).

V Politische Kultur im Kaiserreich

„Die Drahtseilkünstlerin Germania in ihren unübertroffenen Produktionen auf dem straff gespannten Seil", Karikatur von Theodor Thomas Heine aus dem „Simplicissimus", 1898

Wer sich mit der politischen Geschichte des Deutschen Kaiserreiches beschäftigt, wird sicherlich zunächst die Entstehung und Veränderung des ersten deutschen Nationalstaates und seine staatlich-administrativen Institutionen (Kaiser, Regierung, Parlament, Justiz) betrachten. Sodann muss das politische Handeln in der Innen- und Außenpolitik untersucht werden. Zentrale Themen sind dabei das Verhältnis Deutschlands zu anderen Mächten, die Formen, Einrichtungen und Träger politischer Entscheidungs- und Willensbildungsprozesse sowie die Ausbildung von politischen und gesellschaftlichen Zielvorstellungen. Bei der Analyse des politischen Handelns dürfen jedoch nicht nur der Staat und seine Institutionen in den Blick genommen werden, sondern auch die politischen und gesellschaftlichen Gruppen und Kräfte, die das politische Leben zwischen 1870/71 und 1918 mitgestaltet haben. Schließlich sollte die Aufmerksamkeit auf die politische Kultur des kaiserlichen Deutschlands gelenkt werden. Unter politischer Kultur verstehen die Historiker die weltanschaulichen und ideologischen Werte, Rechts- und Moralvorstellungen, Normen, Einstellungen und Meinungen, die das Denken und Handeln der Personen und politisch-sozialen Kräfte in einer Gesellschaft mitbestimmen.

Das Kaiserreich war in vielem sehr modern, z. B. in der Wirtschaft und im Schulwesen. Aber blockierte seine obrigkeitsstaatliche politische Kultur nicht notwendigen Wandel auf anderen Gebieten? Das Parlament und mit ihm die politischen Parteien blieben schwach, die „Parlamentarisierung" kam nicht zu Stande, Bürokratie, Offizierskorps und Adel besaßen sehr viel Macht. Sehr liberal war das gerade nicht und demokratisch auch nicht. Diese Schwäche des Parlaments und der Parteien gehörte mit zu den Belastungen, die u. a. erklären, warum es die freiheitlich-demokratische Weimarer Republik, die auf das Kaiserreich folgte, so schwer hatte und so bald den Kräften der Diktatur erlag.

Gewiss war das Kaiserreich keine Diktatur, sondern ein Verfassungs- und Rechtsstaat. Dennoch drängte die politische Führung unter Bismarck große Bevölkerungsgruppen wie die sozialdemokratische Arbeiterschaft, nationale Minderheiten, teilweise auch die Katholiken ins Abseits und erklärte sie sogar zu „Reichsfeinden". Viele Historiker vertreten die Auffassung, dass die politischen Führungsschichten die sozialen Spannungen verschärften, und diese Spannungen im Innern waren in ihren Augen dafür mitverantwortlich, dass sich die Reichspolitik nach 1890 nach außen so aggressiv verhielt und ihren Teil zum Ausbruch des Ersten Weltkrieges (1914–1918) beitrug.

Kennzeichnend für die politische Kultur des Kaiserreiches war zudem die Entstehung und Verbreitung eines neuen Reichsnationalismus. Dieser identifizierte die bestehende Gesellschaftsordnung mit der Nation und erklärte die Zustimmung zu Macht und Autorität sowie die Unterordnung des Einzelnen unter die größere und wichtigere Gemeinschaft des Reiches zur nationalpolitischen Tugend. In der wilhelminischen Zeit (1890–1918) wurde dieser neue Nationalismus radikalisiert und nach außen gewendet. Mit Unterstützung von Adel und Bürgertum forderte Kaiser Wilhelm II. für Deutschland eine führende Stellung unter den europäischen Groß- und Weltmächten. Ideologisch untermauert wurde der deutsche Kampf um den „Platz an der Sonne" mit dem Hinweis auf die nationale Größe und Überlegenheit des Reiches.

Trotz zunehmender Erwerbsarbeit von Frauen war das kaiserliche Deutschland, besonders wenn es um öffentliche Angelegenheiten ging, eine reine Männergesellschaft. Gegen diese Vorherrschaft der Männer formierte sich aber allmählich eine Gegenbewegung. Die Gründung von Frauenvereinen seit der 1848/49er-Revolution sowie danach in den 60er- und wieder in den 90er-Jahren veränderte die politische Kultur. Mit ihrem politischen Engagement und öffentlichen Eintreten für die Gleichberechtigung der Frauen in Politik und Gesellschaft verstärkte die Frauenbewegung das Selbstbewusstsein vieler Frauen und brachte neue Leitideen in das politische Leben ein.

1 Die Parteien im Obrigkeitsstaat

Die Parteien im Kaiserreich

Die **staatstragenden** Parteien im Kaiserreich waren die liberalen und konservativen (M 1). Unter den liberalen gaben die Nationalliberalen den Ton an. Sie repräsentierten das protestantische Bildungsbürgertum und das industrielle Großbürgertum und traten für die preußische Hegemonie im Reich ein. Die Linksliberalen waren bis 1910 in mehrere Parteien zersplittert (Fortschritt, Deutsche Volkspartei, Liberale Vereinigung) und gingen wechselnde Verbindungen ein. Die Deutsche Freisinnige Partei vertrat Freiberufler und Handwerker und wollte eine parlamentarische Monarchie. Gemeinsam war den Liberalen der Wunsch nach einem starken Zentralismus. Die Altkonservativen, die sich während der Reichsgründung gegen Bismarcks Bündnis mit der nationalen und liberalen Bewegung gestellt hatten, söhnten sich mit dem Kanzler aus und traten an die Seite der freikonservativen und preußisch-konservativen Bismarck-Anhänger. Die Christlich-Soziale Partei von 1878 führte den Antisemitismus in ein deutsches Parteiprogramm ein.

Im Gegensatz zu Konservativen und Liberalen wurden die Parteien der Katholiken und Sozialdemokraten als **Staatsfeinde** ausgegrenzt (M 2). Das Zentrum und die bayerische Patriotenpartei wurden zur Abwehr des protestantischen Übergewichts im kleindeutschen Fürstenstaat und des Liberalismus gegründet. Beide waren antipreußisch und partikularistisch. Die Sozialisten waren bis 1875 in großdeutsche Revolutionäre (Eisenacher) und kleindeutsche Reformer (Lassalleaner) gespalten. Nach ihrer Vereinigung überwogen die Lassalleaner (Gothaer Programm). Bismarck sah in ihnen eine revolutionäre Gefährdung von Staat und Gesellschaft.

Bismarck akzeptierte nur solche Parteien, die sich seiner Politik fügten (B 2). Andererseits brauchte der Kanzler die Parteien zur Mehrheitsbildung für seine Gesetzesvorlagen. Deshalb verfolgte er die Strategie des „divide et impera" (lat. = teile und herrsche) gegenüber den Reichstagsfraktionen, um sich mit wechselnden Partnern im Reichstag Mehrheiten zu verschaffen.

Kampf gegen den Katholizismus

Die italienische Einigung 1861 hatte zur Entmachtung des Papstes geführt. Dieser antwortete mit der dogmatischen Festigung der katholischen Kirche. Sein Unfehlbarkeitsdogma von 1870 löste aber eine ungeheure Erregung bei den deutschen Protestanten und Liberalen aus. Als die Altkatholiken sich vom Papst lossagten, verlangte der Papst vom preußischen Staat die Entlassung dieser Staatsbeamten. Bismarck lehnte dies ab und benutzte den Vorgang, um die **Autonomie des Staates** gegen jeden geistlichen Einfluss durchzusetzen, auch den protestantischen. Er konzentrierte sich zunächst auf Preußen und hob hier die geistliche Schulinspektion auf und unterstellte die Schulen staatlicher Aufsicht. Diese wurde später auf die Kirchen selbst ausgeweitet: Voraussetzung für ein geistliches Amt waren ein deutsches Abitur, ein Studium in Deutschland und ein Kulturexamen (M 3b).

Weil Bismarck beim Zentrum eine reichsfeindliche Haltung vermutete, weitete er den Konflikt mit den preußischen Kirchen bald zum reichsweiten Kampf mit der katholischen Kirche aus. Unterstützung fand er bei den Liberalen, die in der Zentrumspartei die Gegenaufklärung und den Sachwalter des Papstes erblickten: **Ultramontane**, von jenseits der Alpen gesteuert. Der alte preußische **Kanzelparagraf** wurde so auf das Reich ausgedehnt und das Behandeln staatlicher Angelegenheiten in aufwieglerischer Weise im geistlichen Amt (M 3a, 1) zum Straftatbestand erhoben. Im gleichen Jahr erfolgte das **Verbot des Jesuitenordens** in Deutschland (M 3a, 2), 1875 die Einführung der obligatorischen **Zivilehe**. Widersetzliche Geistliche konnten aus dem Reich verbannt werden (Expatriierungsgesetz 1874). In Preußen wurden alle staatlichen Gelder an die katholische Kirche gesperrt und alle Orden bis auf die der Krankenpflege aufgehoben.

B 1 Ernst Henseler, Sitzung des Deutschen Reichstages, 6. Februar 1888, 1901, Öl auf Leinwand

— Analysieren Sie das Erscheinungsbild von Kanzler und Abgeordneten im Reichstag der Kaiserzeit.
— Vergleichen Sie das Erscheinungsbild des Reichstages mit dem heutigen Bundestag. Arbeiten Sie das jeweilige Parlamentarismusverständnis heraus.

Obwohl damit der Staat alle Mittel ausschöpfte, geriet diese Machtprobe mit der katholischen Kirche – auch **Kulturkampf** genannt – zu einer schweren **Niederlage Bismarcks und der Liberalen**. Der Papst erklärte alle preußischen Kirchengesetze für ungültig und stärkte den Widerstand der Mehrzahl der Gläubigen. So waren zwar 1876 alle preußischen katholischen Bischöfe verhaftet oder ausgewiesen und ein Viertel der Pfarreien verwaist. Aber in den Landtags- und den Reichstagswahlen 1873/74 konnte das Zentrum seine Sitze verdoppeln und wurde 1881 sogar stärkste Partei im Reichstag. Nach der Trennung von den Liberalen und dem Tod Pius IX. legte Bismarck den Kulturkampf in Form eines Kompromisses bei: Die Kirchengesetze wurden gemildert (Abschaffung des Kulturexamens, Zulassung der Orden mit Ausnahme der Jesuiten); Kanzelparagraf und Zivilehe hingegen blieben erhalten.

| Sozialistengesetz | Hatte Bismarck das Zentrum mit Hilfe des Strafgesetzbuches vergeblich auszuschalten versucht, so schlug er im Falle der Sozialdemokratie eine Doppelstrategie ein: Verbote sollten die Handlungsmöglichkeiten der Partei beschränken und eine Sozialpolitik die Existenzgrundlage der Partei vernichten.

Nach der Vereinigung der Eisenacher mit den Lassalleanern 1875 erblickte Bismarck in den Sozialisten die stärkste Gefahr für das neue Reich. Wie im Falle des Zentrums erlag er hier einer **Überschätzung der Revolutionsgefahr**. Gerade das Gothaer Programm der neuen Sozialistischen Arbeiterpartei war reformorientiert, die Lassalleaner stellten die Mehrheit in der Partei. Die liberale Reichstagsmehrheit hatte deshalb Bismarcks Forderung nach Ausnahmegesetzen gegen

B 2 Bismarck-Karikatur aus der französischen Zeitung „Figaro" von 1870. – Die Bildunterschrift lautete: „Entschieden ist er – und ein gewaltiger Redner, das muss man ihm lassen."

— *Interpretieren Sie die Karikatur in ihrem historischen Kontext.*

die Sozialdemokratie abgelehnt. Nach zwei Attentaten auf den Kaiser im Juni 1878 herrschte indes eine große allgemeine Erregung, die Bismarck zum Schüren einer allgemeinen „Sozialistenfurcht" nutzte, obwohl diese mit den Attentaten nichts zu tun hatten (M 4). Er ließ den Reichstag auflösen. Bei den Neuwahlen errangen die Konservativen den Sieg auf Kosten der Liberalen und verabschiedeten zusammen mit den Nationalliberalen (und gegen die Stimmen von Zentrum, Fortschritt, Sozialisten und Polen) das **Sozialistengesetz**. Das Gesetz enthielt folgende Bestimmungen: 1. Verbot aller sozialistischen Vereine, Versammlungen und Druckschriften; 2. Ausweisungsmöglichkeit für alle sozialistischen Agitatoren aus Orten und Bezirken; 3. Möglichkeit verschärfter polizeilicher Kontrollen durch kleinen Belagerungszustand. Die SPD als Partei wurde nicht verboten und konnte daher weiterhin bei den Reichstagswahlen kandidieren. Das Gesetz war zunächst für zweieinhalb Jahre gültig und wurde bis 1890 verlängert.

Die Sozialistengesetze verfehlten ihren Sinn in jeder Hinsicht. Die Nationalliberalen zerfielen, weil sie mit diesen Gesetzen gegen ihre eigenen Prinzipien verstießen: Sie hatten eine Partei nicht wegen etwaiger Verbrechen, sondern wegen ihrer Überzeugungen unter Sonderstrafrecht gestellt. Die Sozialisten wählten ihre Reichstagsabgeordneten weiter und Arbeitersport- und -gesangvereine ersetzten Parteiversammlungen; die Parteipresse wurde im Ausland gedruckt. Bei ständig wachsender Arbeiterschaft nahm aber die Wählerschaft der Partei während der Verbotszeit sprunghaft zu (1887 über 700 000, 1890 dann 1,4 Mio.). Gleichzeitig führte das Verbot zur **Radikalisierung** der Partei; sie gab sich 1891 das marxistische Erfurter Programm. 1890 bereits hatte sie die meisten Stimmen errungen, wegen der Benachteiligung durch die Stimmkreiseinteilung aber erst 1912 auch die meisten Sitze erhalten (M 1).

M1 Wahlergebnisse der Reichstagswahlen seit 1871 (in Prozent und Anzahl der Mandate)

Wahljahr	Wahl-beteiligung	SPD	Linksliberale Parteien	Zentrum	Rechts-liberale	Konservative Parteien	Minderh., sonst., regional. Grupp.
1871	52,0	3,2	9,3	18,6	37,3	23,0	8,6
1874	61,2	6,8	9,0	27,9	30,7	14,1	11,4
1877	61,6	9,1	8,5	24,8	29,7	17,6	10,1
1878	63,4	7,6	7,8	23,1	25,8	26,6	9,0
1881	56,3	6,1	23,1	23,2	14,7	23,7	9,1
1884	60,5	9,7	19,3	22,6	17,6	22,1	8,7
1887	77,5	10,1	14,1	20,1	22,3	25,2	8,1
1890	71,5	19,8	18,0	18,6	16,3	19,8	7,6
1893	72,4	23,3	14,8	19,1	13,0	22,7	7,7
1898	68,1	27,2	11,1	18,8	12,5	18,8	11,5
1903	76,1	31,7	9,3	19,8	13,9	16,1	9,5
1907	84,7	28,9	10,9	19,4	14,5	17,5	8,8
1912	84,2	34,8	12,3	16,4	13,6	15,1	7,7

(G. A. Ritter [Hg.], Gesellschaft, Parlament und Regierung, Droste, Düsseldorf 1974, S. 220 f., und G. Hohorst u. a. [Hg.], Sozialgeschichtliches Arbeitsbuch, Bd. 2, München ²1978, S. 173 ff.)

	Mandatsverteilung							
	1871	1874	1877	1878	1881	1884	1887	1890
Konservative	57	22	40	59	50	78	80	73
Freikonservative	37	33	38	57	28	28	41	20
Zentrum	63	91	93	94	100	99	98	106
Liberale Reichspartei	30	3	13	10	–	–	–	–
Nationalliberale	125	155	128	99	47	51	99	42
Liberale Vereinigung	–	–	–	–	46	–	–	–
Fortschrittspartei	46	49	35	26	60	67	32	66
Minderheiten	14	30	30	30	35	32	29	27
Sozialisten	2	9	12	9	12	24	11	35
andere + DVP	8	5	8	13	19	18	7	28

(H. Fenske [Hg.], Im Bismarckschen Reich 1871–1890, Wissenschaftliche Buchgesellschaft, Darmstadt 1978, S. 30)

M2 Bismarck in einer Rede im preußischen Herrenhaus über seine Gegner im neuen Deutschen Reich, 24. April 1873

Ich verweise darauf, [...] dass der Staat in seinen Fundamenten bedroht und gefährdet ist von zwei Parteien, die beide das gemeinsam haben, dass sie ihre Gegnerschaft gegen die nationale Entwicklung in internationaler Weise betätigen, dass sie Nation und nationale Staatenbildung bekämpfen. Gegen diese beiden Parteien müssen meines Erachtens alle diejenigen, denen die Kräftigung des staatlichen Elements, die Wehrhaftigkeit des Staats am Herzen liegen, gegen die, die ihn angreifen und bedrohen, zusammenstehen, und deshalb müssen sich alle Elemente zusammenscharen, die ein Interesse haben an der Erhaltung des Staats und an seiner Verteidigung, teils gegen diejenigen, welche offen sagen, was sie an der Stelle des Staates wollen, teils gegen diejenigen, welche einstweilen den Staat untergraben, sich aber noch vorbehalten, was sie an seine Stelle setzen wollen – gegen diese Gegner müssen sich alle treuen Anhänger des Königs, müssen sich alle treuen Anhänger des preußischen Staates, in dem wir leben, zusammenscharen.

(Otto v. Bismarck, Die gesammelten Werke, Bd. 11, Berlin 1929, S. 298)

1 Bestimmen Sie die beiden „internationalen" Parteien, die Bismarck in M 2 nennt.

2 Untersuchen Sie, welche Gefahren Bismarck für das neue Reich sieht. Erörtern Sie die Berechtigung von Bismarcks Lagebeurteilung.

M3 Aus den Kulturkampfgesetzen

a) Kulturkampfgesetze für das Deutsche Reich
1) Ergänzung des Strafgesetzbuchs vom 10. Dezember 1871 (Kanzelparagraf) (Auszug).
Ein Geistlicher oder anderer Religionsdiener, welcher in Ausübung oder in Veranlassung der Ausübung seines Berufes öffentlich vor einer Menschenmenge oder welcher in einer Kirche oder an einem andern zu religiösen Versammlungen bestimmten Orte vor mehreren Angelegenheiten des Staates in einer den öffentlichen Frieden gefährdenden Weise zum Gegenstande einer Verkündigung oder Erörterung macht, wird mit Gefängnis oder Festungshaft bis zu zwei Jahren bestraft.

2) Gesetz, betreffend den Orden der Gesellschaft Jesu, vom 4. Juli 1872.
§ 1. Der Orden der Gesellschaft Jesu und die ihm verwandten Orden und ordensähnlichen Kongregationen sind vom Gebiete des Deutschen Reiches ausgeschlossen. […]
§ 2. Die Angehörigen des Ordens der Gesellschaft Jesu […] können, wenn sie Ausländer sind, aus dem Bundesgebiete ausgewiesen werden; wenn sie Inländer sind, kann ihnen der Aufenthalt in bestimmten Bezirken oder Orten versagt oder angewiesen werden.

b) Aus den Kulturkampfgesetzen für das Königreich Preußen
1) Gesetz, betreffend die Beaufsichtigung des Unterrichts- und Erziehungswesens, vom 11. März 1872 (preußisches Schulaufsichtsgesetz).
§ 1. Unter Aufhebung aller in einzelnen Landesteilen entgegenstehenden Bestimmungen steht die Aufsicht über alle öffentlichen und Privat-Unterrichts- und Erziehungsanstalten dem Staate zu. […]
§ 2. Die Ernennung der Lokal- und Kreisschulinspektoren und die Abgrenzung ihrer Aufsichtsbezirke gebührt dem Staate allein.

2) Gesetz über die Vorbildung und Anstellung der Geistlichen vom 11. Mai 1873.
§ 1. Ein geistliches Amt darf in einer der christlichen Kirchen nur einem Deutschen übertragen werden, welcher seine wissenschaftliche Vorbildung nach den Vorschriften dieses Gesetzes dargetan hat und gegen dessen Anstellung kein Einspruch von der Staatsregierung erhoben worden ist. […]
§ 4. Zur Bekleidung eines geistlichen Amts ist die Ablegung der Entlassungsprüfung auf einem deutschen Gymnasium, die Zurücklegung eines dreijährigen theologischen Studiums auf einer deutschen Staatsuniversität sowie die Ablegung einer wissenschaftlichen Staatsprüfung erforderlich. […]
§ 8. Die Staatsprüfung […] wird darauf gerichtet, ob der Kandidat sich die für seinen Beruf erforderliche allgemeine wissenschaftliche Bildung, insbesondere auf dem Gebiet der Philosophie, der Geschichte und der deutschen Literatur, erworben habe.
(J. B. Kißling, Geschichte des Kulturkampfes im Deutschen Reiche, Bd. 2, Freiburg 1911, S. 460 ff.)

1 Erklären Sie die Motive für die Gesetze in M 3. Berücksichtigen Sie die jeweiligen Konfessionen.
2 Bestimmen Sie, welche Bevölkerungsgruppe in Preußen von dem Gesetz über die Vorbildung von Geistlichen besonders getroffen werden sollte.

M4 Bismarck in einem Brief an Ludwig II. von Bayern über Reichstag und SPD vom 12. August 1878

Das Anwachsen der socialdemokratischen Gefahr, die jährliche Vermehrung der bedrohlichen Räuberbande, mit der wir gemeinsam unsere größeren Städte bewohnen, die Versagung der Unterstützung gegen diese Gefahr von Seiten der Mehrheit des Reichstags drängt schließlich den deutschen Fürsten, ihren Regirungen und allen Anhängern der staatlichen Ordnung eine Solidarität der Nothwehr auf, welcher die Demagogie der Redner und der Presse nicht gewachsen sein wird, so lange die Regirungen einig und entschlossen bleiben, wie sie es gegenwärtig sind. Der Zweck des Deutschen Reiches ist der Rechtsschutz; die parlamentarische Thätigkeit ist bei Stiftung des bestehenden Bundes der Fürsten und Städte als ein Mittel zur Erreichung des Bundeszweckes, aber nicht als Selbstzweck aufgefasst worden. Ich hoffe, dass das Verhalten des Reichstages die verbündeten Regirungen der Notwendigkeit überheben wird, die Consequenzen dieser Rechtslage jemals practisch zu ziehen. Aber ich bin nicht gewiss, dass die Mehrheit des jetzt gewählten Reichstages schon der richtige Ausdruck der zweifellos loyal und monarchisch gesinnten Mehrheit der deutschen Wähler sein werde. Sollte es nicht der Fall sein, so wird die Frage einer neuen Auflösung in die Tagesordnung treten.
(M. Stürmer [Hg.], Bismarck und die preußisch-deutsche Politik 1871–1890, München ³1978, S. 128 f.)

1 Untersuchen Sie die Haltung Bismarcks gegenüber dem Parlament und seinen Parteien (M 4).
2 Wie sieht Bismarck das Verhältnis von Parlament und Souverän?

2 Probleme der gesellschaftlichen Integration

| Das neue Reich als nationales Identifikationsangebot | Ungeachtet der politischen, gesellschaftlichen und wirtschaftlichen Spannungen entstand im Kaiserreich eine (klein-)deutsche Identität, die breite gesellschaftliche Schichten umfasste. Denn für viele stellte die Reichsgründung eine Erfüllung des jahrzehntelangen Strebens der deutschen Nationalbewegung nach staatlicher Einheit in einem Rechts- und Verfassungsstaat dar. Gleichwohl darf nicht übersehen werden, dass die Reichsgründung „von oben" noch keine innere Integration der Gesellschaft bedeutete.

Bismarck hatte mit dem kleindeutschen Nationalstaat einen Kompromiss zwischen Militärmonarchie und nationalliberaler Bewegung geschaffen. So war der deutsche Nationalstaat sowohl ein **Obrigkeitsstaat** (Macht- und Militärstaat) als auch ein **Verfassungsstaat** (Rechts- und Kulturstaat). Grundlage von Wirtschaft und Gesellschaft waren Marktwirtschaft und Machtstaat. In dieser Konstruktion stellte das neue Reich ein Identifikationsangebot an Nationale und Liberale, also an das Bürgertum, dar, durch die militärische Gründung und die Fürstenmacht aber auch an Militär und Adel. Die Volksmassen (Bauern und Kleinbürger) waren zunächst weniger politisch, ihr Patriotismus war regional begrenzt. Eine Integration der wachsenden Arbeiterschaft wurde erst durch die Sozialstaats- und Reallohnentwicklung der 1880er-/90er-Jahre angebahnt. 1878 hatte Bismarck die Arbeiter durch das Sozialistengesetz zunächst ausgegrenzt (s. S. 167 f.).

| Militarismus und Reichsnationalismus | Hervorgegangen aus siegreichen Kriegen und beeinflusst von den Traditionen der preußischen Militärmonarchie geriet, die Gesellschaft des Deutschen Reiches in den Sog des Militarismus. Dies führte nicht nur dazu, dass das Offizierskorps eine privilegierte Stellung in der Gesellschaft erhielt, ein ausgeprägtes Sonderbewusstsein entwickelte und sich zunehmend als Staat im Staate verstand, sondern der Militarismus begann auch das Alltagsbewusstsein der Bevölkerung zu bestimmen. Militärische Prachtentfaltung

B 3 Gruß von der Kaiserparade, Postkarte, 1909

durch Paraden und Uniformen, militärisches Gehabe in Schule und Verwaltung idealisierten den Offizier und die Armee als „Schule der Nation" (B 3). Schriftsteller wie Carl Zuckmayer („Der Hauptmann von Köpenick") und Heinrich Mann („Der Untertan") haben den Zeitgeist des Kaiserreiches in ihren Theaterstücken und Romanen treffend karikiert.

Die Grundlage für eine allgemeine Identifikation mit dem kleindeutschen Reich bei den kleinbürgerlichen und bäuerlichen Massen wurde erst durch einen veränderten Nationalismus geschaffen, den **Reichsnationalismus**. In ihm ging die alte Monarchieanhänglichkeit des Adels, der evangelischen Kirche und der Volksmassen auf. Im Reichsnationalismus wurden die nicht liberalen Züge des Nationalismus betont: Überordnung der Gemeinschaft, Zustimmung zu Macht und Autorität, Ablehnung von Internationalismus, Parlamentarismus und selektive Auswahl von Grundrechten. Obwohl auch die politische Linke des Kaiserreiches national gesinnt war, wurde Nationalismus zu einem Phänomen der politischen Rechten. Man identifizierte die bestehende Gesellschaftsordnung mit der Nation und Systemveränderer wurden als „Vaterlandslose" gebrandmarkt.

Nationaldenkmäler rückten den Reichsnationalismus ins allgemeine Bewusstsein (B 5). Eine Wendung des Reichsnationalismus nach außen, d.h. die Beanspruchung einer deutschen Machtstellung in Europa nach der Reichsgründung, wurde von Bismarck gebremst. Erst unter

B 4 Titelblatt des Prachtwerks „Deutsche Gedenkhalle", 1900

B 5 Plakatentwurf mit Spendenaufruf für das Bismarck-Nationaldenkmal „Auf der Elisenhöhe" bei Bingen-Bingerbrück, 1909

— Untersuchen Sie die Bildelemente in B 4. Was symbolisiert die Frauengestalt? Womit ist sie ausgestattet? Welchen Bezug hat sie zum Titel des Buches?
— Analysieren Sie B 5.
— Interpretieren Sie beide Abbildungen im Hinblick auf den neuen Nationalismus im Deutschen Reich.

B 6 Gruß aus dem „Kölner Hof", Postkarte, 1897. – Der handschriftliche Text lautet:
„22. Sept. 1897. Geehrter Herr Pfarrer! Da ich mich aus dem Judengewimmel der Stadt in obiges Lokal geflüchtet habe, um in Ruhe ein Pilsner zu schlürfen, gedenke ich Ihrer und sende die besten Grüße …"

Wilhelm II. bildete das deutsche Weltmachtstreben die Grundlage für das neue deutsche Selbstbewusstsein (B 4). Es wurde von mitgliederstarken Verbänden, wie dem Kolonialverein, Flottenverein und Alldeutschen Verband, propagiert und in die Öffentlichkeit getragen.

| Antisemitismus |

Im Laufe des 19. Jahrhunderts hatte sich die rechtliche Stellung der Juden in Deutschland zunächst verbessert und die neue Reichsverfassung 1871 deren völlige Gleichberechtigung festgeschrieben. Mit dem Aufkommen des Reichsnationalismus änderte sich dies. Unterstützt von der 1873 einsetzenden wirtschaftlichen Rezession, entwickelte sich eine neue Feindschaft gegen die Angehörigen der jüdischen Religion, von denen viele erfolgreich in der Industrie, in Banken, künstlerischen und freien Berufen tätig waren. Anders als die ältere, religiös, wirtschaftlich oder kulturell begründete Judenfeindschaft wurde die neue Judenfeindschaft „rassisch" abgeleitet und als **Antisemitismus zu einem Bestandteil des neuen, rechtskonservativen Reichsnationalismus**. Universelle ethische Prinzipien, die, wie z. B. die Würde des Menschen, lange Zeit unumstritten gewesen waren, konnten damit geleugnet werden. Indem konservative Kulturkritiker in der Öffentlichkeit das Judentum immer wieder mit Parlamentarismus und Liberalismus in Verbindung brachten, geriet der Antisemitismus auch zum Träger antidemokratischer Staatsvorstellungen. Nationale „Einheit" wurde jetzt, im Gegensatz zum Nationalismus des frühen 19. Jahrhunderts, auch ohne „Freiheit" gedacht.

Der Antisemitismus war weit verbreitet (B 6). Viele Vereine und Organisationen grenzten Juden direkt oder indirekt aus. Zwischen 1873 und 1894 bildeten sich antisemitische Parteien, die zeitweise bis zur Fraktionsstärke im Reichstag vertreten waren.

Ausgrenzung nationaler Minderheiten Im deutschen Nationalstaat von 1871 gab es auch nicht deutsche Bevölkerungsgruppen wie die dänischen, polnischen und französischen Minderheiten. Ebenso wie Bismarck den Katholizismus und die Sozialisten zu „Reichsfeinden" erklärte und damit aus der Gesellschaft ausgegrenzt hatte, enthielt er auch den nationalen Minderheiten die gesellschaftliche Integration vor: Er verweigerte ihnen politische Mitwirkung und gesellschaftliche Anerkennung und untersagte weitgehend die Pflege ihrer Kultur, Religion und Sprache (s. S. 159 f. und S. 166 ff.).

Fortschrittsbewusstsein Neben Militarismus, Reichsnationalismus und Fremdenfeindlichkeit bildete der Glaube an eine bessere, wenn nicht gar große Zukunft ein wichtiges Integrationsmoment des Kaiserreichs. Wurde dies beim Adel durch Vertrauen auf Militärkönigtum und militärische Kraft getragen, so beim Wirtschaftsbürgertum durch die expansive Entwicklung von Handel und Industrie. Für die Arbeiterschaft versprachen die Sozialgesetzgebung (B 7) und die Mitte der 1890er-Jahre einsetzende Verbesserung der Realeinkommen eine Perspektive für den Ausbruch aus einer unbefriedigenden Gegenwart.

Organisierung der Interessen: Verbände Politische und soziale Verbände und Interessengruppen hatte es bereits zur Zeit des Deutschen Bundes gegeben. Aber erst mit der Reichsgründung erhielten sie wesentlich größere Mitgliederzahlen und es kam zu einer **politischen Mobilisierung** breiter Volksschichten. Unter den Arbeitnehmerorganisationen waren die sozialistischen, die **Freien Gewerkschaften** die kämpferischsten und die bedeutendsten. Sie bildeten den Rückhalt für die Reformer in der SPD, konnten bis 1910 auf eine 100-prozentige Reallohnsteigerung zurückblicken und bildeten 1913 mit 2,5 Mio. Mitgliedern die größte Gewerkschaft Europas (M 5).

Auch Unternehmer und Landwirte organisierten sich. Sowohl der **„Centralverband Deutscher Industrieller"** als auch der **„Bund der Landwirte"** wussten eine Interessengemeinschaft mit dem neuen Reich einzugehen und das wirtschaftliche Gedeihen ihrer Mitglieder durch die Forderung nach einer Schutzzollpolitik abzusichern.

M5 Gewerkschaften

Aus der Resolution des Gewerkschaftskongresses in Hamburg zur sozialen Gesetzgebung in Deutschland (1908)

Insbesondere fordert der Kongress:
I. Zur Sicherung der Rechtsverhältnisse:
1. Arbeiterkammern;
2. volle Koalitionsfreiheit für alle gegen Lohn und Gehalt beschäftigten Personen;
3. zwingendes Recht für alle zum Schutze der Arbeiter erlassenen Gesetzesbestimmungen, damit sie nicht durch Verträge aufgehoben werden können;
4. eine gesetzliche Grundlage für kollektive Arbeitsverträge (Tarifverträge);
5. Verbot des Trucksystems¹ in allen Formen.
II. Zum Schutze von Leben und Gesundheit:
1. Festsetzung eines höchstens acht Stunden betragenden Normalarbeitstages;
2. Verbot der Erwerbsarbeit für Kinder unter vierzehn Jahren;
3. Verbot der Nachtarbeit, außer für solche Arbeiten, die ihrer Natur nach, aus technischen Gründen oder aus Gründen der öffentlichen Wohlfahrt des Nachts getan werden müssen;
4. eine ununterbrochene Ruhepause von mindestens sechsunddreißig Stunden in der Woche für jeden Arbeiter;
5. durchgreifende gewerbliche Hygiene; Erlass von wirksamen Krankheitsverhütungsvorschriften;
6. Unfallverhütung, unter Beteiligung der Arbeiter an der Kontrolle.
III. Zur Bewahrung vor Versinken in Pauperismus:
Vereinheitlichung und Ausdehnung der Arbeiterversicherung unter der Selbstverwaltung der Versicherten:
a) Entschädigungsbeträge bei den bestehenden Versicherungszweigen in der Höhe, dass die Kranken, Verunglückten und Invaliden vor Not geschützt sind;
b) Schaffung einer Mutterschaftsversicherung;
c) Schaffung einer Arbeitslosenversicherung;
d) Witwen- und Waisenversorgung.
(Handbuch der deutschen Gewerkschaftskongresse, bearb. v. P. Barthel, Dresden 1916, S. 28f.)

1 Bezahlung der Arbeiter mit Waren anstatt mit Geld

1 Worin erblicken Sie spezifisch sozialistische Zielsetzungen in der Resolution?
2 Welche dieser Forderungen sind bis heute erfüllt worden?

Krankenversicherung 1912 in	Deutschland	England	Frankreich
Beiträge in Millionen Mark	464	besitzt	41
Leistungen in Millionen Mark	426	ähnliche	24
Verhältnis von Leistung zu Beitrag	92%	Einrichtungen erst seit 1912	59%
Leistung pro Fall in Mark	65		40

B 7 Ausschnitt aus einem Plakat zur Sozialversicherung, 1914. – Das Plakat trägt die Überschrift: „Die deutsche Sozialversicherung steht in der ganzen Welt vorbildlich und unerreicht da."

— *Erläutern Sie, auf welche Weise in B 7 Nationalstolz ausgedrückt wird.*

3 Die Anfänge der deutschen Frauenbewegung

| Bürgerliche Frauenbewegung | Bereits in der Revolution 1848/49 hatten Frauen Vereine ins Leben gerufen und waren öffentlich für ihre Gleichberechtigung in Politik und Gesellschaft eingetreten. Als sich seit Mitte der 1860er-Jahre eine organisierte Frauenbewegung formierte, spielten ehemalige Achtundvierzigerinnen dabei eine herausragende Rolle. Hierzu gehörte Louise Otto-Peters, die 1865 den „Allgemeinen Deutschen Frauenverein" (ADF) gründete, um die Bildungschancen von Frauen zu verbessern und deren Berufstätigkeit zu fördern. Nicht die allgemeine politische und soziale Emanzipation, sondern eine verstärkte Integration von Frauen in das Erwerbsleben hatte der 1866 von Adolf Lette eingerichtete „Verein zur Förderung der Erwerbstätigkeit des weiblichen Geschlechts" zum Ziel, aus dem 1869 der „Verein Deutscher Frauenbildungs- und Erwerbsvereine" hervorging.

In den 1890er-Jahren waren es erneut politisch aktive Frauen aus der Revolution 1848/49, die sich in Frauenverbänden organisierten und außerdem die Beschränkung ihres Kampfes auf Bildung und Erwerbstätigkeit aufgaben zu Gunsten weiter gehender emanzipatorischer Forderungen. Das gilt sowohl für den 1890 entstandenen „Allgemeinen Deutschen Lehrerinnenverein", der um die Jahrhundertwende 16 000 Mitglieder besaß, als auch für die Vereinigung verschiedener Frauenorganisationen zum **„Bund Deutscher Frauenvereine"** (BDF) im Jahre 1894 (M 6a, b). Bis zum Ersten Weltkrieg konnte der BDF über 2000 Vereine mit fast 500 000 Mitgliedern unter seinem Dach zusammenfassen. Er entwickelte sich zum Mittelpunkt der bürgerlichen Frauenbewegung. Allerdings vereinigte er in sich unterschiedliche Strömungen. Die gemäßigte Mehrheit vertraute auf die wachsende Einsicht der Männer besonders aus dem liberalen Bürgertum und betonte die Mütterlichkeit als weibliche Eigenart. Die Frauen sollten nach dieser Sicht vor allem über den engeren Kreis der Familie hinaus das Denken in der Gesellschaft durch die Betonung des weiblichen Elementes zivilisieren. Dagegen klagte der kleinere radikale Flügel entschieden alle staatsbürgerlichen Rechte für die Frauen ein und verlangte eine Reform des Paragrafen 218. Diese Forderungen kamen in erster Linie aus dem „Verein Volkswohl" und später dem „Verband fortschrittlicher Frauenvereine".

| Proletarische Frauenbewegung | Im kaiserlichen Deutschland konstituierte sich neben der bürgerlichen auch eine sozialdemokratische bzw. proletarische Frauenbewegung. Die theoretischen Grundlagen hatte August Bebel in seinem Buch **„Die Frau und der Sozialismus"** aus dem Jahre 1879 gelegt, das zu den meist gelesenen Büchern in der deutschen Sozialdemokratie gehörte. Aus der Sicht Bebels war die Frau in der kapitalistischen Gesellschaft doppelt unterdrückt: zum einen durch ihre soziale Abhängigkeit von den Männern im Privaten, zum anderen durch ihre wirtschaftliche Abhängigkeit im Bereich des Arbeitslebens. Diese zweifache Unterdrückung könne nur durch die Umgestaltung der kapitalistischen in eine sozialistische Wirtschafts- und Gesellschaftsordnung beseitigt werden. Folgerichtig verstanden die sozialdemokratischen Frauen ihr frauenpolitisches Engagement gleichzeitig als antikapitalistischen Kampf. Selbstverständlich war es für sie, dass sie die im Erfurter Programm von 1891 verankerte Forderung nach einem Wahlrecht für alle Staatsbürger „ohne Unterschied des Geschlechts" unterstützten. Darüber hinaus machten sie sich für die Verankerung des Rechts auf Arbeit in der Verfassung und eine gesellschaftliche Verantwortung für die Kindererziehung stark (B 8).

M6 Frauenbewegung

a) Das Programm des „Bundes Deutscher Frauenvereine", 1905

I. Bildung […].
a) obligatorische Fortbildungsschulen für alle aus der Volksschule entlassenen Mädchen; […]
c) unbeschränkte Zulassung ordnungsmäßig vorgebildeter Frauen zu allen wissenschaftlichen, technischen und künstlerischen Hochschulen.
II. Berufstätigkeit: Die Frauenbewegung betrachtet für die verheiratete Frau den in der Ehe und Mutterschaft beschlossenen Pflichtenkreis als ersten und nächstliegenden Beruf. […] Die Arbeit der Frau in der Erfüllung dieses Berufs ist wirtschaftlich und rechtlich als vollgültige Kulturleistung zu bewerten. […] Die Berufsarbeit der Frau [ist] eine wirtschaftliche und sittliche Notwendigkeit. […] – In Bezug auf die wirtschaftliche Bewertung der beruflichen Frauenarbeit vertritt die Frauenbewegung den Grundsatz: Gleicher Lohn für gleiche Leistung […].
III. Ehe und Familie […].
b) Sie verlangt eine Reform der Ehegesetze, durch welche beiden Ehegatten das gleiche Verfügungsrecht in allen gemeinsamen Angelegenheiten, insbesondere der gleiche Anteil an der elterlichen Gewalt, gesichert wird.
c) Sie verlangt gesetzliche Reformen, betreffend die Rechte unehelicher Kinder, Reformen, durch welche dem unehelichen Vater größere Verpflichtungen gegen Mutter und Kind auferlegt werden.
IV. Öffentliches Leben, Gemeinde und Staat […].
a) Zulassung der Frauen zu verantwortlichen Ämtern in Gemeinde und Staat […].
c) Beseitigung der vereinsrechtlichen Beschränkungen der Frau.
d) Teilnahme der Frauen am kirchlichen Wahlrecht.
e) Teilnahme der Frauen am kommunalen Wahlrecht.
f) Teilnahme der Frauen am politischen Wahlrecht.
(H. Lange, Die Frauenbewegung in ihren gegenwärtigen Problemen, Leipzig ²1914, S. 134 ff.)

1 Charakterisieren Sie die Schwerpunkte des Programms (M 6a).
2 Inwiefern kennzeichnet das Programm (M 6a) die Interessen einer bestimmten Frauengruppe (s. Punkt IV. des Programms)?

b) Eduard Windthorst zur Frage der Gleichberechtigung der Frau 1912

Die Organisation ist eben beim Weibe anders geartet als beim Manne, und ihre Kräfte reichen nicht aus, die schweren Arbeiten zu verrichten, die dem Manne obliegen und von seiner kräftigeren Natur

B 8 Carl Koch, Sozialdemokratische Frauenversammlung in Berlin, Holzstich aus der Leipziger Illustrierten Zeitung vom 8. März 1890 (Ausschnitt)

leicht zu bewältigen sind […]. Und wie gewaltig zeigt sich Ungleichheit in der inneren Veranlagung, in der intellektuellen und moralischen Begabung! Die Männer sind die Vertreter der Kraft und zeichnen sich aus durch die darauf beruhenden aktiven Tugenden des Heldenmutes und der Standhaftigkeit, der Vaterlandsliebe und der Gerechtigkeit. Die Frauen sind die Vertreterinnen der Schönheit und der Liebe und ragen in unerreichbarer Überlegenheit über die Männer hinaus in den mehr passiven Tugenden der Demut und der Milde, der aufopfernden Hingebung und Barmherzigkeit. Die fast ausschließliche männliche Schöpfungskraft in Wissenschaft und Kunst wird ausgeglichen durch die unglaublich steigerungsfähige Empfänglichkeit der Frauen für die höchsten Ideale des Lebens. Der Mann wird in seinem Denken und Handeln bestimmt von seinem scharfen, alles durchdringenden Verstande, das Weib lässt sich leiten von den Regungen des bei ihm stärker entwickelten Gefühls.
(E. Windthorst, Lebenserfahrungen eines Idealisten, Bonn 1912, S. 464 ff.)

1 Analysieren Sie das Bild der Frau bei Windthorst (M 6b).
2 Klären Sie die historische Bedingtheit dieses Frauenbilds und seine Langzeitwirkung.

4 Europäisches Mächtesystem und deutsche Außenpolitik

Bismarcks Außenpolitik Das 1870/71 gegründete Deutsche Reich nahm eine „**halbhegemoniale Stellung**" in der Mitte Europas ein. Die militärischen Siege von 1864, 1866 und 1871 hatten bei den europäischen Großmächten Befürchtungen geweckt vor einem preußisch-deutschen Militarismus, dem es nach Gebietserweiterungen gelüsten könnte. Für Bismarck jedoch war die Sicherung von Ruhe und Frieden in Europa die Lebens- und Überlebensbedingung des Deutschen Reiches schlechthin. Die Erhaltung des Erreichten im Konzert der Großmächte war das oberste Ziel seiner Außenpolitik. Er suchte es auf dreierlei Wegen zu verwirklichen: Erstens demonstrierte er immer wieder **Deutschlands Saturiertheit**, d. h. dass Deutschland keine expansiven Wünsche mehr habe. Zweitens schloss er konsequent **defensive Bündnisse** mit möglichen Gegnern, um einen Kriegsfall auszuschließen, und drittens betrieb er so erfolgreich **Frankreichs Isolierung**, dass dieses keine Angriffsbündnisse gegen Deutschland schließen konnte (Schema 1).

Um den „herrschenden Friedenszustand zu befestigen", arrangierte sich das Deutsche Reich 1872/73 mit Österreich-Ungarn und Russland im **Dreikaiserabkommen.** Es war ein Konsultativabkommen, das für den Konfliktfall zwar keinen militärischen Beistand, wohl aber Beratungen vorsah. Der Vertrag verhinderte, dass sich Deutschland einen von beiden zum Feind machte, was bei einem bloß zweiseitigen Abkommen eine notwendige Folge gewesen wäre. Gegenüber Frankreich, das seine Macht- und Gebietsverluste rückgängig machen wollte, demonstrierte Bismarck während der so genannten Krieg-in-Sicht-Krise im Jahre 1875, dass Deutschland angesichts von Frankreichs Aufrüstung auch zu einem Präventivkrieg bereit sei, in Wahrheit aber keinerlei Interesse an Krieg oder gar Expansion habe. Zur Entspannung des deutsch-französischen Verhältnisses war Bismarck jedoch bereit, Frankreichs Kolonialpolitik in Afrika zu unterstützen.

Zwischen 1875 und 1879 erlebte Europa eine Periode der „Hochspannung". Ausgangspunkt war der Interessenkonflikt zwischen Russland, der Türkei und Österreich-Ungarn auf dem Balkan. Der russische Erfolg im Russisch-Türkischen Krieg 1877/78 alarmierte Österreich. Auf dem **Berliner Kongress 1878** vermittelte Bismarck als „ehrlicher Makler" einen Kompromiss zur Friedenserhaltung: Rumänien, Serbien, Montenegro und Bulgarien wurden selbstständig. Bulgarien aber verlor Makedonien, und Russland strebte vergeblich nach Anerkennung als Bulgariens Schutzmacht. Bismarcks Kompromisslösung verstimmte Russland, stärkte den Panslawismus und belastete die zukünftige deutsche Außenpolitik.

Gegen einen nun denkbaren russischen Angriff schloss das Deutsche Reich 1879 den **Zweibund** mit Österreich-Ungarn, dem 1882 der **Dreibund** mit Italien folgte. Der Zweibund wurde 1883 um Rumänien erweitert (Italien schloss sich 1888 an). Es handelte sich um Defensivbündnisse, d.h., die Beistandspflicht galt nur für den Fall eines feindlichen Angriffs auf die Bündnispartner. Mit Russland suchte Bismarck im **Dreikaiservertrag** 1881 die Entspannung. Deutschland, Russland und Österreich-Ungarn verpflichteten sich hierin zur Neutralität, falls einer der drei Bündnispartner einen Krieg mit einer vierten Macht führe.

Als im Krieg zwischen Bulgarien und Serbien 1885 der Dreikaiservertrag an Österreich zerbrach, führte Bismarck 1887 gegen die allgemeine russlandfeindliche Stimmung einen geheimen **Rückversicherungsvertrag** zwischen Deutschland und Russland herbei. In ihm wurde wechselseitige Neutralität für einen Verteidigungskrieg vereinbart und Deutschland anerkannte Russlands Interesse an Bosporus und Bulgarien. Damit verhinderte Bismarck ein von vielen Russen gewünschtes Bündnis mit Frankreich. Gleichzeitig unterstützte Bismarck das Mittelmeerabkom-

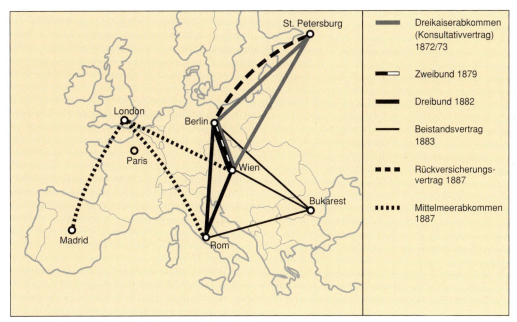

Schema 1 Bismarcks Bündnissystem 1879–1890

men zwischen England, Italien und Österreich-Ungarn, in dem diese sich gegen Russlands Expansion im Bereich des Schwarzen und des Mittelmeers absicherten. Das angestrebte Defensivbündnis mit England gelang Bismarck nicht.

Eine neue Gefahr erwuchs für Bismarcks Politik der Friedenssicherung aus der **Kolonialpolitik nach 1880**. Im Gegensatz zu anderen europäischen Nationen besaß Deutschland als „verspätete Nation" keine Kolonien. Deutsche Kolonialpolitik trug die Gefahr von Konflikten in sich, weil sie die Konkurrenz unter den europäischen Groß- bzw. Kolonialmächten verschärft hätte. Deshalb lehnte Bismarck den Erwerb von Kolonien durch das Deutsche Reich ab. Dennoch kam es, unterstützt vom Deutschen Kolonialverein und deutschen Kaufleuten, zur Errichtung von Handelsniederlassungen und zum Erwerb von Kolonien. Auf der Kongo-Konferenz 1884 in Berlin legten die europäischen Großmächte die wesentlichen Grenzen Afrikas fest, Deutschlands Erwerbungen wurden anerkannt und unter Reichsschutz gestellt. So kamen 1884 Togo, Kamerun, Südwestafrika (heute Namibia) und 1885 Ostafrika (heute Tansania), Kaiser-Wilhelm-Land in Neuguinea und der nördlich davon gelegene Bismarck-Archipel in deutschen Besitz.

| Imperialismus und Weltpolitik unter Wilhelm II. | Anders als Wilhelm I. wollte Wilhelm II., der 1888 den deutschen Kaiserthron bestieg, selbst regieren sowie eine Aussöhnung mit der Arbeiterschaft und ein Bündnis mit England statt mit Russland herbeiführen. Insgesamt sollte also eine **Abkehr von Bismarcks Politik** im Äußeren wie im Inneren eingeleitet werden. Um eine Beschneidung seiner Handlungsfreiheit oder eine Entlassung zu vermeiden und auf die Differenzen zu den Plänen des Kaisers hinzuweisen, reichte Bismarck im März 1890 seinen Abschied ein. Wilhelm II. war ein Monarch, der mit seinem Zeitalter Stärken und Schwächen teilte. Sein Fortschrittsoptimismus, seine Technik- und Industriebegeisterung waren vom Bürgertum geprägt, seine **Überschätzung militärischen Denkens** entsprach ganz seinem Haus und der Adelstradition. Auf derselben Linie lagen seine Verachtung des Parlaments und seine Neigung zur Selbst-

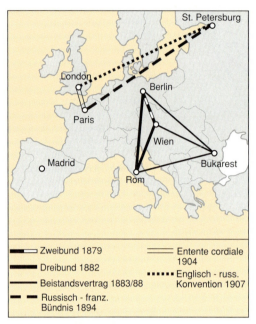

Schema 2 Europäisches Bündnissystem vor dem Ersten Weltkrieg

herrschaft, die im Ausland den Anschein des Absolutismus erweckte. Vorübergehend trug er sich mit Plänen, die Reichskanzlerschaft in mehrere Ämter aufzulösen. Wilhelms Selbstbewusstsein war allerdings gepaart mit einer fundamentalen Unsicherheit und Unreife, die sich in Sprunghaftigkeit und Beeinflussbarkeit niederschlugen. Hatte Bismarcks Außenpolitik Frankreichs und Englands Empfindlichkeiten durch Zurückhaltung und Bagatellisierung der deutschen Machtposition besänftigt, so beunruhigte Wilhelm II. die Großmächte durch vollmundige Sprüche, säbelrasselnde Reden und lautstarke Machtansprüche (B 9). Dieser Wandel machte Deutschland zum Unruhestifter in Europa.

Der Amtsantritt Wilhelms II. fiel in die Zeit des beginnenden Hochimperialismus. Hatte bis zum Krimkrieg (1853–56) das europäische Gleichgewicht als Orientierungsrahmen der Außenpolitik gegolten, so bestimmte nun die sich verschärfende Konkurrenz der Weltmächte um die Kolonien die internationale Politik. Davon versprachen sich die Industriestaaten neue Absatzmärkte für ihre Überproduktion, billige Rohstoffe für die Weiterverarbeitung und Siedlungsgebiete für den Bevölkerungsüberschuss. Der Imperialismus gründete damit in der wirtschaftlichen Überlegenheit der Industriestaaten, war aber auch durch nationale und rassistische Überlegenheitsgefühle motiviert.

Wilhelm II. trat im Gegensatz zu Bismarck mit Entschiedenheit für eine deutsche Weltmachtpolitik ein, beanspruchte die Gleichstellung mit imperialistischen Nationen wie England, Frankreich, Russland und den USA und forderte für Deutschland „einen Platz an der Sonne". Er fand darin die Unterstützung des Bürgertums und imperialistischer Vereine wie der Deutschen Kolonialgesellschaft von 1887 (vorher Kolonialverein), des Alldeutschen Verbandes von 1891 oder des Flottenvereins von 1898. Genau diese Weltmachtpolitik verhinderte aber ein Gelingen der neuen Außenpolitik, die ein Bündnis mit England gegen Frankreich und Russland zum Ziel hatte.

Wilhelm II. verlängerte den Rückversicherungsvertrag mit Russland nicht, obwohl Russland sein lebhaftes Interesse an der Vertragserneuerung bekundete und zu allen Zugeständnissen bereit war. Da Deutschland sich gleichzeitig beeilte, mit England das ostafrikanische Sansibar gegen Helgoland zu tauschen, entstand in Russland der Eindruck, Deutschland habe sich gegen Russland und für England entschieden. Deshalb näherte sich die russische Regierung Frankreich an, mit dem es 1892 eine Militärkonvention und 1894 ein Bündnis zur Waffenhilfe bei einem deutschen Angriff schloss. Das französisch-russische Verteidigungsbündnis befreite Frankreich nach zwei Jahrzehnten aus seiner Isolierung und führte für Deutschland jene Zweifrontenlage herbei, welche Bismarck hatte vermeiden wollen.

Ein von Wilhelm II. gewünschtes Bündnis mit England kam indes nicht zu Stande, weil sich Kräfte in der deutschen Regierung durchsetzten, die in der Kolonialpolitik 1894 den Konflikt mit England suchten (Samoa, Kap-Kairo-Bahn, Transvaalbahn). Auch in den Folgejahren verhinderten diplomatische Ungeschicklichkeiten (Krüger-Depesche 1896) und Konflikte aus Wirtschaftsinteressen (Bagdadbahn 1898, 1902) Bündnisverhandlungen. England zeigte kein Interesse, in den Dreibund einzutreten; es erneuerte 1897 auch das Mittelmeerabkommen nicht mehr. Um England zu einem Beitritt zum Dreibund zu zwingen und damit zu einem Verteidigungsbündnis gegen Frankreich und Russland, legte Großadmiral von Tirpitz 1898 den Plan vor, eine deutsche Kriegsflotte von solcher Stärke aufzubauen, dass sie für England zu einem Kriegsrisiko werde. Die deutsche **„Risikoflotte"** sollte zwei Drittel der englischen Stärke erreichen. Kaiser, Großindustrie, imperialistische Vereine und Reichstagsmehrheit unterstützten den Plan, der zu den Vorstellungen von einer deutschen Weltmacht passte. England freilich erblickte im energischen deutschen Flottenbau einen Angriff auf seine Seeherrschaft. Als sein Angebot eines begrenzten Abkommens mit Deutschland auf das Misstrauen des Kaisers stieß, änderte England seine Außenpolitik grundlegend.

Nachdem England 1902 mit Japan ein Bündnis gegen Russlands Marsch zum Stillen Ozean eingegangen war, näherte es sich Frankreich an. Es stellte seine Interessen in Nordafrika hintan und erklärte 1904 sein herzliches Einvernehmen mit Frankreich. Im Rahmen dieser **Entente cordiale**, die kein Bündnis, aber eine diplomatisch bedeutsame Plattform war, anerkannte England Frankreichs Zugriff auf Marokko. Als nach Russlands Niederlage gegen Japan (Seeschlacht bei Tsushima 1905) 1907 ein englisch-russischer Interessenausgleich zu Stande kam, war Bismarcks Albtraum der feindlichen Koalitionen Wirklichkeit geworden. Der Dreibund Deutschland–Österreich/Ungarn–Italien stand gegen das Bündnis Frankreich–Russland–England (Schema 2).

B 9 Karikatur zum Machtwechsel in Deutschland aus der englischen satirischen Zeitschrift „Punch": Dädalus warnt Ikarus, Oktober 1888

— *Interpretieren Sie, wie man in England die Thronbesteigung Wilhelms II. aufgenommen hat.*

5 Entstehung und Ausbruch des Ersten Weltkrieges

Marokkokrisen 1906/11 — Die Veränderung im europäischen Kräftespiel durch die Entente cordiale (s. S. 180) zeigte sich erstmals in der Marokkofrage. Auf Grund der Einigung mit England begann Frankreich mit der Okkupation Marokkos. Dagegen beharrte Deutschland auf der Einhaltung eines Abkommens von 1880, das die Unabhängigkeit Marokkos zusicherte. Auf der Konferenz über die Marokko-Verträge, die 1906 in Algeciras stattfand, zeigte sich **Deutschlands Isolierung**: Nur Österreich-Ungarn und Marokko unterstützten die deutsche Position. England und Frankreich schlossen ein Militärbündnis. Als Deutschland sich 1911 bereit zeigte, gegen Abtretung des französischen Kongo die Erwerbung Marokkos durch Frankreich anzuerkennen, festigte es durch seine Drohung mit einem Kanonenboot vor Marokkos Küste („Panthersprung nach Agadir") das englisch-französische Bündnis.

Spannungen in der Donaumonarchie — Neben dem imperialen Expansionsdrang der Großmächte und den polarisierenden Bündnissystemen bildeten die **nationalstaatlichen Bewegungen** vor allem auf dem Balkan die Hauptursachen für den Ersten Weltkrieg. Von den nationalen Spannungen war vor allem die Donaumonarchie betroffen.
Mit dem Wiener Kongress war die habsburgische Monarchie 1815 aus Deutschland hinausgewachsen. In diesem **Vielvölkerstaat** (Karte 1) hielt die deutsche Minderheit die politische Führung, sah sich aber seit 1848 den Selbstständigkeitsbestrebungen der Polen, Tschechen, Ungarn und Italiener gegenüber. Mit dem Zerbrechen des Deutschen Bundes 1866 mussten die Deutschösterreicher Konsequenzen aus ihrer Minderheitenposition ziehen. Mit der Reichsreform von 1867 wurde die **Doppelmonarchie** begründet. Eine deutsche und eine ungarische Reichshälfte wurden von der Personalunion des österreichischen Kaisers und des ungarischen Königs zusammengehalten (kaiserliche und königliche Monarchie: k. u. k.). Nach der Jahrhundertwende bahnte sich eine Dreiteilung der Monarchie an, als 1905 die Tschechen als dritte dominierende Gruppe im Reich anerkannt wurden.
Andererseits entwickelte sich nun der offene Konflikt mit den südslawischen Völkern. Serbien war seit 1903 das Zentrum der großserbischen Bewegung. Mit Russlands Hilfe verfolgte es das Ziel, einen südslawischen Staat (ohne Bulgarien) außerhalb der Donaumonarchie zu bilden. Gegen diese Absichten hegte der österreichische Thronfolger Franz Ferdinand die Absicht, die Monarchie in einen deutschen, ungarischen und slawischen Teil zu gliedern. Dieser **Trialismus** hätte das Ende der großserbischen Pläne bedeutet.

Balkankriege 1912/13 — Wie die meisten Krisen seit dem Krimkrieg hatte auch der Erste Weltkrieg mit der **Expansionspolitik** Österreich-Ungarns und Russlands auf dem **Balkan** zu tun, wo der Einfluss des Osmanischen Reiches, des „kranken Mannes am Bosporus", Stück für Stück demontiert wurde.
Obwohl der Dreibund (s. S. 180) mit der Türkei verbündet war, machten sich Österreich-Ungarn, Italien und Bulgarien die Schwäche der Türkei zu Nutze. Als die Türkei 1908 durch die **jungtürkische Revolution** erschüttert wurde, annektierte Österreich-Ungarn Bosnien und Herzegowina, die unter türkischer Oberhoheit standen. Angesichts von Deutschlands „Nibelungentreue" zu Österreich hatte Serbien mit seinen Einsprüchen hiergegen keine Chance. Italien eroberte 1911 die libysche Küste und besetzte Inseln vor der türkischen Küste (Dodekanes 1912). Bulgarien verbündete sich 1912 mit Serbien, Montenegro und Griechenland gegen die Türkei und warf die türkischen Streitkräfte bis Konstantinopel zurück.

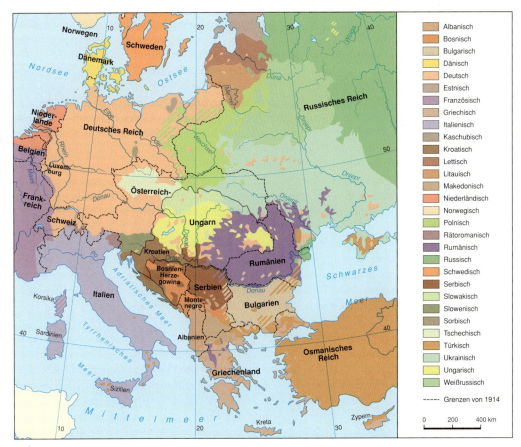

Karte 1 Verteilung der Sprachen und Staaten in Europa 1914

Bei den Friedensverhandlungen verhinderte Österreich-Ungarn durch die Gründung Albaniens, dass Serbien Zugang zum Mittelmeer erhielt. So ging Serbien als Feind Österreich-Ungarns aus dem ersten Balkankrieg hervor. Im zweiten Balkankrieg 1913 versuchte Bulgarien, Serbien einen Teil der Siegesbeute abzujagen, wurde aber auch von Rumänien, Griechenland, Montenegro und der Türkei angegriffen und besiegt. Es verlor mehr, als es gewonnen hatte. Serbien hingegen konnte sein Gebiet verdoppeln. Insgesamt gingen **Serbien und Russland gestärkt** aus diesen Konflikten hervor, denn Serbien war Russlands Stellvertreter auf dem Balkan.

| Julikrise 1914 und Kriegserklärungen |

Zu den Ursachen des Ersten Weltkrieges gehören nicht nur imperialistische Machtinteressen, Wettrüsten, feindliche Bündnissysteme und aggressive Nationalbewegungen, sondern auch eine allgemeine **Kriegsbereitschaft** und schwere Fehler verantwortlicher Politiker. Der **Mord am österreichischen Thronfolger Franz Ferdinand** am 28. Juni 1914 im bosnischen Sarajewo durch den Angehörigen einer großserbischen Geheimorganisation hätte nicht mit Notwendigkeit den Krieg zur Folge haben müssen.
Österreich-Ungarn wollte den Mord an seinem Thronfolger zum Anlass nehmen, Serbien, das die verantwortliche Geheimorganisation geduldet hatte, mit kriegerischen Mitteln auszuschalten. Weil aber hinter Serbien die Schutzmacht Russland stand, musste es ein russisches Eingreifen zu

verhindern suchen. Das schien nur durch ein gemeinsames Vorgehen mit Deutschland möglich. Eine entsprechende Anfrage beantwortete das Deutsche Reich am 5. Juli mit dem so genannten **Blankoscheck**, einer Zusicherung eines gemeinsamen Vorgehens auch für den Angriffsfall, der vom Zweibund (s. S. 180) nicht gedeckt war: Das Defensivbündnis wurde ohne Not zum Offensivbündnis erweitert (M 7). Ermutigt durch die deutsche Zusage, stellte Österreich-Ungarn Serbien ein **Ultimatum** zur Bestrafung der Mörder Franz Ferdinands. Unter dem Eindruck der Zusicherung der französischen Bündnistreue (Frankreichs Blankoscheck) beschloss nun Russland, Serbien zu unterstützen. Obwohl Serbien das Ultimatum bis auf eine Nebensache akzeptierte, erklärte Österreich-Ungarn ihm am 28. Juli den Krieg. Tags darauf ordnete Russland die Mobilmachung gegen Österreich-Ungarn an. Weil Kaiser Wilhelm die russische Mobilmachung als Bedrohung Deutschlands empfand, stellte er Russland das Ultimatum, diese zurückzunehmen, und an Frankreich das Ultimatum, in einem deutsch-russischen Konflikt neutral zu bleiben. Als beide erfolglos blieben, **erklärte Deutschland am 1. August Russland und am 3. August Frankreich den Krieg.**

In diesem Zweifrontenkrieg galt für die deutsche Oberste Heeresleitung (OHL) der **Schlieffenplan**, der eine rasche Niederwerfung Frankreichs durch einen Vormarsch über Belgien vorsah, ehe ein russischer Angriff abgewehrt werden sollte. Als England erfolglos die Wahrung der **belgischen Neutralität** forderte, war Deutschland am 4. August auch mit England im Kriegszustand. Die Bündnisverpflichtungen weiteten diesen Konflikt zum Weltkrieg aus.

| Kriegsziele |

Die heute kaum nachvollziehbare Kriegsbereitschaft der Regierungen, die sich in einer allgemeinen Kriegsbegeisterung der Massen in Europa spiegelte, hing damit zusammen, dass nun zum Teil lang gehegte Pläne realisierbar schienen. Für Frankreich bot der Krieg die Gelegenheit, Elsass-Lothringen zurückzubekommen, das Saarland hinzuzugewinnen und Einfluss auf das linke Rheinufer zu erhalten. Russland ließ sich von der Entente (s. S. 180) seinen seit Jahrzehnten gewünschten Einfluss auf dem Balkan und die Meerengen zusichern. England wollte seine Seeherrschaft wiederherstellen und die deutschen Kolonien übernehmen, während Österreich-Ungarn den Krieg zur Befriedung seiner Nationalitätenkonflikte und zur Annexion Serbiens, Montenegros und Rumäniens zu nutzen gedachte.

Nachdem die Reichsregierung unter von Bethmann Hollweg sich angesichts des angeschlagenen Zweibunds entschlossen hatte, zur Sicherung der deutschen Großmachtstellung auch einen Krieg in Kauf zu nehmen, tat das Reich den Schritt vom kalkulierten Risiko der Konfliktverschärfung zum Präventivkrieg, um sich in der Zweifrontenlage militärische Vorteile vor allem gegenüber Russland zu verschaffen. Begonnen ohne Gebietserweiterungsabsichten, führten die Anfangserfolge bald zur Ausweitung der Kriegsziele. Die deutsche Halbhegemonie in der Mitte Europas sollte nach den Vorstellungen der Militärs im Septemberprogramm (M 8a–c) durch einen Vasallenstatus von Belgien und Polen für immer gesichert und die Kolonien vermehrt werden.

Alle Krieg führenden Mächte sahen in ihren Kriegszielen die Bedingungen für einen dauerhaften Frieden, sodass die Absichten, die die einzelnen Staaten mit dem Krieg verbanden, sich als die eigentlichen Hindernisse auf einem Weg zu Waffenstillstand und Frieden erwiesen.

M7 Das Problem des deutschen „Blankoschecks" für Österreich-Ungarn

a) Aus dem Handschreiben Kaiser Franz Josephs an Kaiser Wilhelm vom 2. Juli 1914, in Berlin überreicht am 5. Juli 1914

Das gegen meinen Neffen verübte Attentat ist die direkte Folge der von den russischen und serbischen Panslawisten betriebenen Agitation, deren einziges Ziel die Schwächung des Dreibundes und die Zertrümmerung meines Reiches ist.
Nach allen bisherigen Erhebungen hat es sich in Sarajewo nicht um die Bluttat eines Einzelnen, sondern um ein wohlorganisiertes Komplott gehandelt, dessen Fäden nach Belgrad reichen, und wenn es auch vermutlich unmöglich sein wird, die Komplizität der serbischen Regierung nachzuweisen, so kann man wohl nicht im Zweifel darüber sein, dass ihre auf die Vereinigung aller Südslawen unter serbischer Flagge gerichtete Politik solche Verbrechen fördert und dass die Andauer dieses Zustandes eine dauernde Gefahr für mein Haus und für meine Länder bildet.
(J. Hohlfeld [Hg.], Dokumente der Deutschen Politik und Geschichte von 1848 bis zur Gegenwart, Bd. 2, Wendler, Berlin 1952, S. 276 ff.)

1 *Fassen Sie die Ansicht des österreichischen Kaisers (M 7a) von den Hintergründen des Attentats von Sarajewo zusammen.*

b) Aus dem Handschreiben Kaiser Wilhelms an Kaiser Franz Joseph vom 14. Juli 1914 („Blankoscheck")

Durch Deinen […] Botschafter wird Dir meine Versicherung übermittelt worden sein, dass Du auch in den Stunden des Ernstes mich und mein Reich in vollem Einklang mit unserer altbewährten Freundschaft und unseren Bundespflichten treu an Euerer Seite finden wirst. Dir dies an dieser Stelle zu wiederholen ist mir eine freudige Pflicht.
Die Grauen erregende Freveltat von Sarajewo hat ein grelles Schlaglicht auf das unheilvolle Treiben wahnwitziger Fanatiker und die den staatlichen Bau bedrohende panslawistische Hetzarbeit geworfen. […] Ich erachte es […] nicht nur für eine moralische Pflicht aller Kulturstaaten, sondern als ein Gebot für ihre Selbsterhaltung, der Propaganda der Tat, die sich vornehmlich das feste Gefüge der Monarchien als Angriffsobjekt aussieht, mit allen Machtmitteln entgegenzutreten. Ich verschließe mich auch nicht der ernsten Gefahr, die Deinen Ländern und in der Folgewirkung dem Dreibund aus der von russischen und serbischen Panslawisten betriebenen Agitation droht, und erkenne die Notwendigkeit, die südlichen Grenzen Deiner Staaten von diesem schweren Druck zu befreien.
(J. Hohlfeld [Hg.], Dokumente der deutschen Politik und Geschichte von 1848 bis zur Gegenwart, Bd. 2, Wendler, Berlin 1952, S. 278 ff.)

1 *Benennen Sie die Kernaussage dieses Briefes.*
2 *Erläutern Sie den Sinn der Vorgehensweise des deutschen Kaisers und die möglichen Folgen seiner Zusagen.*
3 *Inwiefern kann man bei diesem Brief (M 7b) von einem „Blankoscheck" sprechen?*

c) Aus dem Bericht des deutschen Botschafters in Wien an den Reichskanzler vom 14. Juli 1914

Graf Tisza suchte mich heute nach seiner Besprechung mit Graf Berchtold[1] auf. Der Graf sagte, er sei bisher stets derjenige gewesen, der zur Vorsicht ermahnt habe, aber jeder Tag habe ihn nach der Richtung hin mehr bestärkt, dass die Monarchie zu einem energischen Entschlusse kommen müsse[2], um ihre Lebenskraft zu beweisen und den unhaltbaren Zuständen im Südosten ein Ende zu machen. Die Sprache der serbischen Presse und der serbischen Diplomaten sei in ihrer Anmaßung geradezu unerträglich. […]
Glücklicherweise herrsche jetzt unter den hier maßgebenden Persönlichkeiten volles Einvernehmen und Entschlossenheit. S. M. Kaiser Franz Joseph beurteile […] die Lage sehr ruhig und werde sicher bis zum letzten Ende durchhalten. Graf Tisza fügte hinzu, die bedingungslose Stellungnahme Deutschlands an der Seite der Monarchie sei entschieden für die feste Haltung des Kaisers von großem Einfluss gewesen.
(G. Schönbrunn [Hg.], Weltkriege und Revolutionen 1914–1945, bsv, München ³1979, S. 16)

1 österreichisch-ungarischer Diplomat und Außenminister
2 Randbemerkung des Kaisers: unbedingt!

1 *Charakterisieren Sie die Stimmung in der österreichischen Regierung und die Wirkung des deutschen „Blankoschecks" (M 7c). Welches Vorgehen Österreichs ist auf Grund dieses Berichtes zu erwarten gewesen?*

M8 Zum Problem deutscher Kriegsziele

a) Aus dem so genannten Septemberprogramm

Die „vorläufige Aufzeichnung über die Richtlinien unserer Politik beim Friedensschluss" von Reichskanzler von Bethmann Hollweg vom 9. September 1914 (Auszug):

Sicherung des Deutschen Reiches nach West und Ost auf erdenkliche Zeit. Zu diesem Zweck muss Frankreich so geschwächt werden, dass es als Großmacht nicht neu erstehen kann, Russland von der deutschen Grenze nach Möglichkeit abgedrängt und seine Herrschaft über die nicht russischen Vasallenvölker gebrochen werden. […]
1. Frankreich. […] In jedem Falle abzutreten, weil für die Erzgewinnung unserer Industrie nötig, das Erzbecken von Briey.
Ferner eine in Raten zahlbare Kriegsentschädigung; sie muss so hoch sein, dass Frankreich nicht im Stande ist, in den nächsten fünfzehn bis zwanzig Jahren erhebliche Mittel für Rüstung anzuwenden. Des Weiteren ein Handelsvertrag, der Frankreich in wirtschaftliche Abhängigkeit von Deutschland bringt […].
2. Belgien. Angliederung von Lüttich und Verviers an Preußen, eines Grenzstriches der Provinz Luxemburg an Luxemburg.[…]
Gleichviel, jedenfalls muss Belgien, wenn es auch als Staat äußerlich bestehen bleibt, zu einem Vasallenstaat herabsinken […].
3. Luxemburg. Wird deutscher Bundesstaat und erhält einen Streifen aus der jetzt belgischen Provinz Luxemburg und eventuell die Ecke von Longwy.
4. Es ist zu erreichen die Gründung eines mitteleuropäischen Wirtschaftsverbandes durch gemeinsame Zollabmachungen, unter Einschluss von Frankreich, Belgien, Holland, Dänemark, Österreich-Ungarn, Polen (!) und eventuell Italien, Schweden und Norwegen. Dieser Verband, wohl ohne gemeinsame konstitutionelle Spitze, unter äußerlicher Gleichberechtigung seiner Mitglieder, aber tatsächlich unter deutscher Führung, muss die wirtschaftliche Vorherrschaft Deutschlands über Mitteleuropa stabilisieren.
5. Die Frage der kolonialen Erwerbungen, unter denen in erster Linie die Schaffung eines zusammenhängenden mittelafrikanischen Kolonialreichs anzustreben ist, desgleichen die Russland gegenüber zu erreichenden Ziele werden später geprüft.
(F. Fischer, Der Griff nach der Weltmacht. Die Kriegszielpolitik des kaiserlichen Deutschland 1914/18, Droste, Düsseldorf 1961, S. 93 f.)

b) Der Historiker Fritz Fischer 1961 zum Septemberprogramm

Der rückschauende Betrachter erkennt in dem Kriegszielprogramm des Kanzlers unschwer Objekte deutscher Wirtschaftsbestrebungen der Vorkriegszeit, wie z. B. die in Belgien, Luxemburg und Lothringen, die aber nunmehr durch die Mitteleuropakonzeption und eine antienglische Spitze gekennzeichnet waren. […]
Die Durchsetzung dieses Programms hätte eine vollständige Umwälzung der staatlichen und wirtschaftlichen Machtverhältnisse in Europa herbeigeführt. Die besondere Bedeutung des Septemberprogramms […] lag in zwei Punkten. Einmal stellte das Programm keine isolierten Forderungen des Kanzlers dar, sondern repräsentierte Ideen führender Köpfe der Wirtschaft, Politik und des Militärs. Zum anderen waren […] die in dem Programm niedergelegten Richtlinien im Prinzip Grundlage der gesamten deutschen Kriegszielpolitik bis zum Ende des Krieges, wenn sich auch je nach der Gesamtlage einzelne Modifikationen ergaben.
(Ebd., S. 94f.)

c) Der Historiker Karl Dietrich Erdmann 1986 zum Septemberprogramm

Es ist das Sammelbecken aller möglichen, nicht miteinander ausgeglichenen Vorstellungen über das bei einem plötzlichen Zusammenbruch Frankreichs vielleicht Erreichbare, wie es die verschiedensten Männer in der Umgebung des Kanzlers in Eile als ihren Beitrag zum Friedensprogramm hinwarfen, eine Wunschzettelliste gleichsam. […]
Dieses Programm ist keineswegs Ausdruck eines Siegesbewusstseins. […]
Solche Gedanken, die auf einen Ausbau der Machtstellung Deutschlands zielen, tauchen bei Bethmann Hollweg […] erst im Kriege auf […]. Sie sind ein Produkt des Krieges, aber sie gehören nicht zu seiner Verursachung. Der defensive Akzent ist der ursprüngliche: Als Garantie dagegen, dass sich in Zukunft nicht noch einmal Ost und West mit Aussicht auf Erfolg verbünden, ist es wünschenswert, dass das Reich mit seinen politischen, wirtschaftlichen und militärischen Sicherungen über die eigenen Grenzen hinausgreift.
(K. D. Erdmann, Geschichte, Politik und Pädagogik, Bd. 2, Klett, Stuttgart 1986, S. 109)

1 *Charakterisieren Sie Tendenz und Gesamtziel dieses Programms in Quelle M 8a.*
2 *Diskutieren Sie Sinn und Verbindlichkeitsgrad eines solchen Programms.*
3 *Vergleichen Sie Ihre Ergebnisse mit den Interpretationen in b und c.*

6 Der Erste Weltkrieg: Die europäische Moderne in der Krise

Der Fortschrittsoptimismus des 19. Jahrhunderts

1886 hielt der Unternehmer Werner von Siemens vor 2700 Teilnehmern der Naturforscherversammlung eine Rede, die er mit den Worten beendete: „Und so, meine Herren, wollen wir uns nicht irremachen lassen in unserem Glauben, dass unsere Forschungs- und Erfindungstätigkeit die Menschheit höheren Kulturstufen zuführt, sie veredelt und idealen Bestrebungen zugänglicher macht, dass das hereinbrechende naturwissenschaftliche Zeitalter ihre Lebensnot, ihr Siechtum mindern, ihren Lebensgenuss erhöhen, sie besser, glücklicher und mit ihrem Geschick zufriedener machen wird. Und wenn wir auch nicht immer den Weg klar erkennen können, der zu diesen besseren Zuständen führt, so wollen wir doch an unserer Überzeugung festhalten, dass das Licht der Wahrheit, die wir erforschen, nicht auf Irrwege führen und dass die Machtfülle, die es der Menschheit zuführt, sie nicht erniedrigen kann, sondern sie auf eine höhere Stufe des Daseins erheben muss!"

Dieser Glaube an den unaufhaltsamen Fortschritt der Menschheit entstand im ausgehenden 18. Jahrhundert und prägte das bürgerlich-liberale Denken während des gesamten 19. Jahrhunderts. Seine Wurzeln hatte dieser **Fortschrittsoptimismus** einerseits in der Philosophie der Aufklärung mit ihren universalen Ideen der individuellen Freiheit, der Gleichheit und der Rationalität. Andererseits speiste er sich aus den wachsenden wissenschaftlichen Erkenntnissen, der technischen Beherrschung der Natur und einer zunehmenden Produktion von Gütern. Diese Erfahrungen ließen ein Bewusstsein entstehen, das den Glauben an die **unbegrenzte Gestaltbarkeit der Natur** sowie an die **Veränderbarkeit** der bis dahin als unumstößlich geltenden **gesellschaftlichen Ordnungen** förderte (B 10).

Die Katastrophe des Ersten Weltkrieges

Im Ersten Weltkrieg wurde dieser Fortschrittsoptimismus nachhaltig erschüttert. Noch im Sommer 1914 hatten die Menschen in St. Petersburg, Wien und Berlin, in Paris und London den Ausbruch des „Großen Krieges" jubelnd und mit den unterschiedlichsten Hoffnungen begrüßt. Aber bereits nach wenigen Wochen mussten sie erkennen, dass dieser Krieg ein bis dahin ungeahntes Ausmaß an Grausamkeit entfaltete. Die Erfahrung dieser Katastrophe zerstörte nicht nur die Hoffnungen, die in die Wissenschaft und die Industriezivilisation als Träger einer besseren, modernen Welt gesetzt worden waren, sondern stellte auch den Glauben an die Humanität des Menschen überhaupt in Frage (M 9). Die **Neuartigkeit des Krieges** zeigte sich vor allem in vier Bereichen:
– Beide Kriegsparteien mobilisierten eine bis dahin unbekannte Anzahl von Soldaten für ihren Kampf und verwendeten dabei **modernste Waffentechnik**. Im Jahre 1914 gab es auf beiden Seiten etwa 10 Mio., später etwa 74 Mio. Soldaten, die eine gigantische „Kriegsmaschine" bedienten. Artillerie und Maschi-

B 10 Louis Schmidt, Allgemeine Elektrizitäts-Gesellschaft Berlin, 1888, Plakat

B 11 Christopher R. W. Nevison, Das Maschinengewehr, 1915, Öl auf Leinwand

— *Interpretieren Sie die Abbildungen B 10 und B 11 im Hinblick auf die These vom Ende des Fortschrittsoptimismus (s. S. 187).*

nengewehre (B 11), Schlachtkreuzer und Unterseeboote sowie die ersten Panzer und Bombenflugzeuge führten zu einer Vernichtung von Menschen und Material, die alle bisherigen Vorstellungen überstieg. Zu den besonders grausamen Kampfmitteln gehörte das erstmals 1915 eingesetzte Giftgas. Im Bewusstsein der Zeitgenossen machte es den tiefen Fall zivilisatorischer Werte deutlich.

— Der Erste Weltkrieg trug von Anfang an Züge eines **totalen Krieges**. Die Krieg führenden Nationen aktivierten jedes Mitglied ihrer Gesellschaften für den Kampf an Front und „Heimatfront", wodurch die Trennung von Militär- und Zivilbereich ins Wanken geriet. Im Verlaufe des Krieges wurde praktisch die gesamte männliche und weibliche Zivilbevölkerung in den Krieg einbezogen, sei es in den Rüstungsfabriken, sei es an den „normalen" Arbeitsplätzen, an denen Frauen die Männer ersetzten, die zum Militär einberufen wurden.

— „Der jetzige Krieg", notierte der französische Botschafter in St. Petersburg am 20. August 1914, „gehört nicht zu denjenigen, die durch einen politischen Vertrag beendet werden [...]; es ist ein Krieg auf Leben und Tod, in welchem jeder Kämpfende seine nationale Existenz aufs Spiel setzt." Der Erste Weltkrieg bedeutete den **Zusammenbruch des Staatensystems** nicht nur deshalb, weil an ihm, wie hundert Jahre zuvor in den napoleonischen Kriegen, alle Großmächte beteiligt waren. Vielmehr empfanden und erlebten ihn alle beteiligten Staaten und Völker als einen **existenziellen Überlebenskampf**. Die Kriegsziele, wie unterschiedlich sie im Detail auch waren, liefen auf beiden Seiten auf eine Zerstörung der bisherigen internationalen Ordnung hinaus: Dem Deutschen Reich ging es nicht bloß um territoriale Gewinne, sondern um eine unangefochtene Hegemonie in Europa als Ausgangsstellung für die Erringung einer Weltmachtposition; die gegnerische Koalition wollte die europäische Großmachtstellung des Deutschen Reiches für immer zerstören, da es sich in ihren Augen als notorischer Friedensstörer erwiesen hatte. Das einzige Kriegsziel, das zählte, war also die vollständige Unterwerfung der feindlichen Nation.

— Zu Beginn des Krieges gab es in allen Ländern eine große Kriegsbegeisterung. Als sich jedoch der ursprünglich erwartete kurze Krieg in einen langen Krieg mit unabsehbarem Ende verwandelte, setzte auf allen Krieg führenden Seiten eine gezielte **Kriegspropaganda** ein. Sie versuchte der Bevölkerung einzuhämmern, dass es nicht bloß um politische Interessen gehe, sondern um kollektive nationale Wertesysteme: um das „Wesen" der eigenen Nation gegen das als bedrohlich empfundene Fremde, um Zivilisation gegen Barbarei, um Germanen gegen Slawen. Auf diese Weise hoffte man den „Durchhaltewillen" des eigenen Volkes zu stärken und den Kampfwillen der feindlichen Truppen und Zivilbevölkerung zu lähmen. Tatsächlich entwickelte dieser Kriegspatriotismus eine ungeheure Integrationskraft, der die Spannungen innerhalb der Völker verdeckte und gerade dadurch die Gräben zwischen den Nationen vertiefte. Seit den Religionskriegen des 16./17. Jahrhunderts war die Bevölkerung nicht mehr in solchem Maße in das Kriegsgeschehen als Kämpfende und Leidende einbezogen worden – und das bedeutete **Mobilisierung, Nationalisierung, Fanatisierung** in völlig neuen Dimensionen.

> Der gefährdete Friede

„Wie alles Gute ist der Krieg am Anfang halt schwer zu machen. Wenn er dann erst floriert, ist er auch zäh; dann schrecken die Leut' zurück vorm Frieden wie die Würfler vorm Aufhören, weil dann müssens zählen, was sie verloren haben." Der Schriftsteller Bertolt Brecht (1898–1956) legte diese Worte in einem seiner Theaterstücke einem Landsknecht aus dem Dreißigjährigen Krieg in den Mund. Aber sie beschreiben ebenso treffend den Ersten Weltkrieg und die anschließenden Bemühungen um einen stabilen Frieden zwischen den Völkern.

Zunächst gab es große Hoffnung auf eine friedlichere und bessere Welt, die noch während der Kriegshandlungen durch zwei Ereignisse genährt wurde: 1917 traten die Vereinigten Staaten von Amerika in den Krieg ein, und zwar auf Seiten der Entente, die Frankreich und Großbritannien (neben anderen) gegen die Mittelmächte Deutschland, Österreich-Ungarn und Bulgarien vereint hatte; die USA entschieden den Krieg auf diese Weise zu Gunsten der Franzosen und Briten. In diesem Zusammenhang formulierte der amerikanische Präsident **Woodrow T. Wilson** (1856–1924, Präsident 1913–1921) in einem **14-Punkte-Programm für den Weltfrieden** Ziele für die internationale Politik. Sie waren aus heutiger Sicht wegweisend, bedeuteten aber seinerzeit eine radikale Abkehr von den alten Prinzipien europäischer Großmachtpolitik. Er forderte nämlich die allgemeine Durchsetzung der liberalen Demokratie, die Achtung des Selbstbestimmungsrechts der Völker, die Schaffung eines Völkerbundes als Schiedsrichter zwischen den Nationen sowie Gerechtigkeit auch für die Kolonialvölker. Das zweite, für die internationale Politik bedeutsame Ereignis des Jahres 1917 war die **Revolution in Russland**, aus der die Kommunisten als Sieger hervorgingen. Zum ersten Mal gab es in der Welt einen sozialistischen Staat. Die neue Sowjetmacht unter **Wladimir I. Lenin** (1870–1924) verkündete den sofortigen Rückzug aus dem Krieg, trat für einen Frieden aller Seiten ohne Gebietsabtretungen und Kriegsentschädigungen ein sowie für die Befreiung aller Kolonialvölker.

Die hoch gesteckten Ziele von Präsident Wilson gerieten auf den **Friedensverhandlungen**, die die Siegermächte **1919** in Schloss **Versailles** bei Paris ohne Beteiligung Russlands aufgenommen hatten, rasch in den Hintergrund und dämpften die Hoffnungen. Denn die europäischen Siegerstaaten hielten an ihren nationalen und machtpolitischen Vorstellungen aus der Vorkriegszeit fest, wollten sich militärisch vor Deutschland schützen und drängten auf Reparationszahlungen. Mit den besiegten Mächten wurde nicht verhandelt; ihnen wurden die Beschlüsse der Friedenskonferenz verkündet. Dieses Verfahren sowie die Höhe der Reparationen lösten besonders in Deutschland eine große Empörung aus, die innenpolitisch immer wieder mobilisiert werden konnte. Der Ruf nach Revision des Versailler „Schmach- und Diktatfriedens" entwickelte sich zur massenwirksamen Kampfparole und geriet zur schweren Hypothek für die junge Demokratie von Weimar.

Der **Völkerbund**, gegründet auf Anregung von Präsident Wilson, konnte die Praxis der internationalen Politik kaum beeinflussen. Sowohl den besiegten Mächten als auch dem kommunistischen Russland wurde der Zutritt zunächst verwehrt. Aus Enttäuschung über den ihrer Meinung nach falschen Friedensvertrag blieben ihm dann die USA fern – gegen den Willen Wilsons. Und der Zwang zur Einstimmigkeit machte den Bund praktisch hilflos und zu nichts mehr als einem Forum internationaler Diskussion.

Der **Nationalitätenstreit** war eine der Ursachen für den Ausbruch des Ersten Weltkrieges gewesen, hatten doch schon lange zuvor europäische Völker wie die Polen, Tschechen, Slowaken,

Serben und Kroaten sowie die arabischen Völker im Osmanischen Reich nach **nationaler Selbstbestimmung** gestrebt. Um dem Nationalstaatsprinzip nun auch in diesen Teilen der Welt zum Durchbruch zu verhelfen, lösten die Siegermächte Österreich-Ungarn und das Osmanische Reich auf bzw. gliederten Teile aus dem alten russischen Reich aus und schufen völlig neue Staaten. Gleichwohl stieß der Grundsatz der Selbstbestimmung der Völker, der als neues Staaten bildendes und Frieden verbürgendes Ordnungsprinzip verkündet worden war, schnell an seine Grenzen. Denn in der Realität gab es überall nationale Gemengelagen. Zudem betrachteten viele Menschen in den neuen und alten Staaten die gesellschaftspolitischen Verfassungen und Grenzziehungen nicht als die ihren. Zum Beispiel fanden sich viele Deutsche nicht mit den neuen Grenzen zu Polen, zur Tschechoslowakei und zu Österreich ab. Die arabischen Völker wiederum erhielten das in Aussicht gestellte Selbstbestimmungsrecht dann doch wieder nicht und wurden unter britische und französische Verwaltung gestellt; im östlichen Mittelmeerraum entstanden auf diese Weise Konfliktherde, die bis in die Gegenwart hinein Anlass zu kriegerischen Auseinandersetzungen sind.

Wirtschaftlich betrachtet hatten alle europäischen Staaten – ganz im Gegensatz zu den USA – den Ersten Weltkrieg verloren. Und auch die **politische Vorherrschaft der Europäer in der Welt war gebrochen**. Hatten doch die europäischen Großmächte die Menschen in den Kolonien für ihren Krieg in Anspruch genommen und ihnen dafür das Versprechen größerer Selbstständigkeit gegeben. Da die Einlösung ausblieb, begann sich in den Kolonien Widerstand zu regen, der den langen Prozess der **Dekolonisierung** in Gang setzte.

Die **Führungsrolle in der Weltpolitik** übernahmen nach dem Ersten Weltkrieg die so genannten **Flügelmächte USA und Sowjetunion**, die das gesamte 20. Jahrhundert hindurch die internationale Politik bestimmen sollten, bis zu den politischen Umbrüchen der Jahre 1989/91.

M9 Über den Ersten Weltkrieg

Der Schriftsteller und Kriegsfreiwillige des Ersten Weltkrieges, Erich Maria Remarque (1898–1970), in seinem Roman „Im Westen nichts Neues", 1929

Ich bin jung, ich bin zwanzig Jahre alt; aber ich kenne vom Leben nichts anderes als die Verzweiflung, den Tod, die Angst und die Verkettung sinnlosester Oberflächlichkeit mit einem Abgrund des
5 Leidens. Ich sehe, dass Völker gegeneinander getrieben werden und sich schweigend, unwissend, töricht, gehorsam, unschuldig töten. Ich sehe, dass die klügsten Gehirne der Welt Waffen und Worte erfinden, um das alles noch raffinierter und länger
10 dauernd zu machen. Und mit mir sehen das alle Menschen meines Alters hier und drüben, in der ganzen Welt, mit mir erlebt das meine Generation. Was werden unsere Väter tun, wenn wir einmal aufstehen und vor sie hintreten und Rechenschaft fordern? Was erwarten sie von uns, wenn eine Zeit 15 kommt, wo kein Krieg ist? Jahre hindurch war unsere Beschäftigung Töten – es war unser erster Beruf im Dasein. Unser Wissen vom Leben beschränkt sich auf den Tod. Was soll danach noch geschehen? Und was soll aus uns werden?
(Erich M. Remarque, Im Westen nichts Neues, Kiepenheuer & Witsch, Köln 1976, S. 184)

1 *Erörtern Sie anhand der Biografie von Erich Maria Remarque die grundsätzlichen Folgen, die der Erste Weltkrieg in den Einstellungen und Haltungen vieler Menschen auslöste.*

Politische Kultur im Kaiserreich

Zusammenhänge und Perspektiven

1 Fassen Sie die Defizite der inneren Integration des Kaiserreiches zusammen und setzen Sie sich mit den Mitteln und Folgen der auf Integration ausgerichteten Politik Bismarcks auseinander.
2 Erörtern Sie den Zusammenhang zwischen der gesellschaftlichen Einbindung breiter Bevölkerungsschichten einerseits und der wirtschaftlichen Modernisierung und der außenpolitischen Aufwertung des deutschen Kaiserreiches andererseits. Ziehen Sie dafür auch die Darstellung zur Industrialisierung (S. 59 ff.) heran.
3 Erläutern Sie die Unterschiede zwischen der Außenpolitik Bismarcks und der unter Wilhelm II.

Zeittafel

seit ca. 1870	Aufkommen des Antisemitismus; der freiheitlich-liberale Nationalismus des Vormärz geht in einen rechtskonservativen Reichsnationalismus über; Militarisierung der Gesellschaft.
1871–1873	Gründerjahre: zahlreiche Unternehmensgründungen, rasantes Wirtschaftswachstum.
1871–1877	Zeitweise Zusammenarbeit Bismarcks mit den Liberalen.
1871–1880	Kulturkampf Bismarcks gegen den Einfluss der Kirchen, insbesondere der katholischen Kirche, auf den Staat.
1874	Gründerkrach; Beginn einer Phase niedrigen Wirtschaftswachstums (1874–1895: Große Depression).
1878–1890	Sozialistengesetz.
1883–1889	**Sozialgesetzgebung** durch Bismarck: staatliche Kranken-, Unfall-, Alters- und Invalidenversicherung. Ziel: die Arbeiter durch soziale Absicherung gesellschaftlich integrieren.
nach 1890	**Weltmachtpolitik unter Wilhelm II.** (1888–1918): Nachdem Bismarck die deutsche Außenpolitik auf die Wahrung des Erreichten ausgerichtet hat, beginnt mit Wilhelm II. eine impulsive, imperiale Machtpolitik („Neuer Kurs"; Flottenbauprogramm).
Mitte 1890er	Beginn der Hochkonjunkturphase.
1914–1918	**Erster Weltkrieg:** Juni 1914: Ermordung des österreichischen Thronfolgers in Sarajewo. Juli 1914: Österreich-Ungarn erklärt Serbien den Krieg; **1./3. Aug. 1914: Deutschland erklärt Russland und Frankreich den Krieg.**

VI Die Weimarer Republik: Die erste deutsche Demokratie

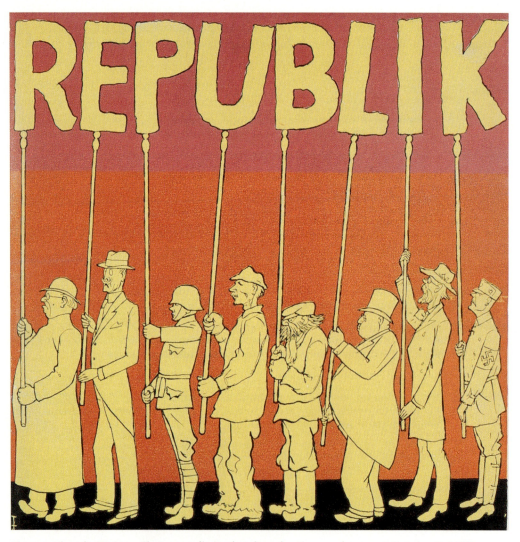

Thomas Theodor Heine, „Sie tragen die Buchstaben der Firma – aber wer trägt den Geist?", Karikatur aus dem „Simplicissimus" von 1927

Als am 11. November 1918 die Unterzeichnung des Waffenstillstands den Ersten Weltkrieg beendete, war das Deutsche Reich auf Druck der Alliierten nicht nur erstmals mit einer parlamentarischen Regierung ausgestattet, es war auch durch den Rücktritt des Kaisers und aller Fürsten eine Republik geworden. Wer aber in Deutschland gehofft hatte, dass sich die demokratische Republik stabilisieren würde, sah sich getäuscht.
Zwar wurden die französischen Pläne zur Auflösung des Deutschen Reiches auf den Pariser Friedenskonferenzen von den USA und von England durchkreuzt. Doch die Bestimmungen des Versailler Vertrages bedeuteten eine schwere Hypothek für die regierenden Demokraten, die sich in der Nationalversammlung in Weimar 1919 auf einen Grundkonsens verständigt hatten. Dieser Konsens war für Sozialdemokraten, Katholiken und Liberale gleichermaßen tragbar, vereinte drei Viertel der Wählerstimmen auf sich und basierte auf der parlamentarischen Demokratie, dem Sozialstaat und der Republik. Der Versailler Vertrag belastete die junge Demokratie nicht so sehr durch die Reparationsbestimmungen; nicht einmal der Verlust von 90 Prozent der Handelsflotte beeinträchtigte auf Dauer die Industrieentwicklung in Deutschland. Aber der Umstand, dass die Alliierten im Zusammenhang mit den Reparationsforderungen Deutschland zum Kriegsverursacher erklärten, belastete die junge Demokratie ebenso wie die Tatsache, dass die Republik alle Konsequenzen des Krieges zu bewältigen hatte. Auch dass die Ursachen von Krieg und Niederlage nicht offen gelegt wurden, machte es den Republikfeinden leicht, die neue Staatsform für alle Probleme verantwortlich zu machen.
Es bestand die paradoxe Situation, dass die Weimarer Republik gerade in ihren schwersten Jahren 1919 bis 1923 noch den meisten Rückhalt in der Wählerschaft hatte und alle wirtschaftlichen und politischen Krisen, Arbeitslosigkeit und Inflation, Separatismus und Putschversuche bewältigen konnte. Die Wahl Paul von Hindenburgs 1925 zum Reichspräsidenten, d. h. eines Repräsentanten des kaiserlichen Deutschlands, der erklärtermaßen Monarchist war, zeigte aber, dass in den so genannten Stabilisierungsjahren der Republik nach 1923/24 der Kredit der Demokraten bei der Wählermehrheit erschöpft war. Die wirtschaftliche Erholung bis 1928 kam der Weimarer Koalition aus SPD, Zentrum und DDP kaum zugute. Danach absorbierte die Hitlerbewegung, die noch 1928 relativ bedeutungslos war, die durch die Wirtschaftskrise mobilisierten bisherigen Nicht- und die Neuwähler und konnte letztlich aus allen Schichten Wähler gewinnen.
So konnte in einer Republik, der ein Repräsentant der Kaiserzeit vorstand, die Frage aufkommen, wo denn in dieser Republik die Republikaner seien. Hindenburgs Wahl war symptomatisch für das Erstarken der republikfeindlichen alten Eliten in Verwaltung, Militär, Justiz, Universität, Großindustrie und Adel seit der Revolution. Was fehlte, war eine Akzeptanz aus der Mitte heraus, von der aus gegen rechte und linke Radikalisierungen hätte vorgegangen werden können. Zudem waren die Jahre der relativen wirtschaftlichen Stabilisierung 1924 bis 1929 zu kurz, um die Spannungen aufzufangen, die aus der Auflösung der alten Klassengesellschaft, der Rationalisierung der Wirtschaft und den kulturellen Konflikten zwischen Moderne und Tradition resultierten.
Die Wirtschaftskrise, die Ende 1929 begann, zerbrach das Fundament der Epoche der „relativen Stabilisierung". Die Aufkündigung des Grundkonsenses zwischen SPD, Zentrum, DDP und DVP anlässlich der Finanzierung der Arbeitslosenversicherung 1930 stellte die parlamentarische Regierungsform zur Disposition und gab den Weg frei in eine Diktatur. Dass diese Entwicklung zur NS-Diktatur führte, lag zum einen an den ungeheuren Wahlerfolgen der Hitlerbewegung 1930 bis 1932, zum anderen aber an dem entschiedenen Versuch der alten Eliten, die NSDAP als Mehrheitsbeschaffer zur Beseitigung der demokratischen Republik zu benutzen. Reichspräsident Hindenburg machte sich dabei zum Erfüllungsgehilfen: Mit seiner „Machtübergabe" an Adolf Hitler am 30. Januar 1933 ebnete er den Weg für die „Machtergreifung" der NSDAP.

1 Novemberrevolution

Krieg und innere Entwicklung 1914–1917

Die deutsche Kriegserklärung hatte 1914 zum Zweifrontenkrieg mit Frankreich und Russland, der deutsche Durchmarsch durch das neutrale Belgien zur englischen Kriegserklärung geführt. Während im Westen der Schlieffen-Plan scheiterte und sich der Krieg vom Stellungskrieg zur blutigsten Materialschlacht der Geschichte ausweitete, konnte der russische Angriff abgewehrt und die Front nach Osten verschoben werden. Infolge der englischen Seeblockade wurden bald nicht nur Rohstoffe, sondern auch Nahrungsmittel knapp; im **„Hungerwinter" 1916/17** litt der Kampfeswille der deutschen Bevölkerung erheblich. Der Versuch der Obersten Heeresleitung (OHL), durch den uneingeschränkten U-Boot-Krieg im Februar 1917 die englische Umklammerung zu sprengen, führte zum **Kriegseintritt der USA** im März.

Hatte die Kriegserklärung 1914 den Reichstag und seine Parteien zu einem Burgfrieden veranlasst, in dessen Rahmen alljährlich alle Parteien die Kriegskredite genehmigten, so spaltete die neue Kriegslage die SPD: Die im April 1917 neu gegründete **Unabhängige Sozialdemokratische Partei Deutschlands (USPD)** lehnte weitere Kriegsanleihen ab und forderte einen sofortigen Friedensschluss ohne Annexionen und ein Ende der faktischen Militärdiktatur der OHL unter Hindenburg und Ludendorff.

Die alte SPD, nun MSPD genannt, trug zwar die kaiserliche Kriegspolitik auch weiterhin mit, schloss sich aber im Juli 1917 mit dem Zentrum, den Freisinnigen und Nationalliberalen zum **Interfraktionellen Ausschuss** zusammen, um eine Parlamentarisierung der Reichsverfassung zu erreichen; er verhalf einer Friedensresolution im Reichstag zur Mehrheit, die einen Frieden ohne Eroberung forderte.

Wilsons „14 Punkte" und die Kriegslage 1918

Auf den Kriegsverlauf hatte die Friedensresolution keinen Einfluss, sie löste aber eine Debatte über „Verständigungsfrieden" und „Siegfrieden" aus. Jene Kräfte, die einen Frieden nur bei Gebietsgewinnen akzeptieren wollten, gründeten die **Deutsche Vaterlandspartei**. Ihren schärfsten Gegner fand diese in der Arbeiterschaft, die – kriegsmüde und beeinflusst von der russischen Revolution 1917 – ihre Proteste in der Welle der **Januarstreiks 1918** münden ließ und neben Frieden Vereins- und Versammlungsfreiheit sowie Demokratie forderte. Die Verhaftung der meist SPD-unabhängigen Wortführer beendete die Streiks.

Die Friedensdebatte erhielt im Januar 1918 neue Nahrung, als der amerikanische Präsident Woodrow Wilson „14 Punkte" veröffentlichte, die für ihn die **Friedensbedingungen** darstellten. Demnach sollte – ohne Sieger oder Besiegte festzustellen – eine demokratische Nachkriegsordnung auf der Grundlage eines freien Welthandels und auf dem Selbstbestimmungsrecht der Völker ruhen und von einem Völkerbund gesichert werden (M 1).

Entgegen diesen Prinzipien schloss das Reich im März 1918 mit Russland den (Sieg-)**Frieden von Brest-Litowsk**, der Finnland und die Ukraine unabhängig und ein besetztes Polen und das Baltikum zum deutschen Interessengebiet machte. Jetzt hoffte die OHL, die im Osten frei gewordenen Kräfte im Westen zur Entscheidungsschlacht einsetzen zu können. Diese Hoffnung zerplatzte am 8. August 1918, als die deutsche Großoffensive angesichts der stetig aus den USA verstärkten alliierten Truppen zusammenbrach und mit einer katastrophalen Lage Österreich-Ungarns zusammenfiel, das kurz vor der Kapitulation stand.

B 1 Der Kaiser verlässt Berlin, Fotografie, 1918. – Wilhelm II. verließ bereits Ende Oktober 1918 Berlin und hielt sich in seinem Hauptquartier im belgischen Spa auf. Seine Abdankung wurde am 9. November ohne seine Zustimmung verkündet.

Angesichts der bedrückenden Lage seit August 1918 zweifelte auch die OHL am Sieg und forderte im September einen Waffenstillstand auf der Grundlage von Wilsons „14 Punkten". Da diese eine Demokratisierung der Reichsverfassung einschlossen, sollte eine Verfassungsreform den Weg zum Frieden öffnen. Der liberale **Prinz Max von Baden** wurde deshalb am 3. Oktober 1918 von Kaiser Wilhelm II. zum neuen Reichskanzler ernannt. Er berief umgehend Abgeordnete der MSPD, des Zentrums und der Fortschrittlichen Volkspartei in Regierungsämter und bildete damit die **erste parlamentarische Regierung** des Kaiserreiches.

Der Übergang von der konstitutionellen zur parlamentarischen Monarchie war hierdurch vollzogen und wurde durch die so genannten **Oktoberreformen** verfassungsrechtlich verankert: Reichskanzler und Reichsregierung bedurften fortan des Vertrauens des Parlaments und nicht mehr des Kaisers (M 2). Dessen Kommandogewalt über das Militär wurde einem parlamentarisch verantwortlichen Minister übertragen. Kriegserklärungen und Friedensschlüsse erforderten von nun an die Zustimmung von Reichstag und Bundesrat. Parallel zu diesen Beschlüssen des Reichstags schaffte das Preußische Herrenhaus das seit langem überkommene Dreiklassenwahlrecht ab.

November 1918: Revolution „von unten"

Nicht die Oktoberreform, sondern das Eingeständnis der Niederlage setzte nun eine Revolutionsbewegung in Gang: Tag für Tag vergrößerten sich die Hunger- und Friedensrebellionen. Am 25. Oktober musste Ludendorff entlassen werden. Wilhelm II. floh vor Rufen nach seiner Abdankung ins Kriegshauptquartier nach Spa (B 1). Als am 29. Oktober die Admiralität das Auslaufen ihrer seit 1916 nicht mehr eingesetzten Hochseeflotte befahl, um in einem zur Entscheidungsschlacht hochstilisierten Kampf mit England ihre militärische Ehre zu retten, kam es zur **Meuterei der Matrosen**. Die daraufhin angeordneten Verhaftungen lösten Solidarisierungskampagnen in Kiel und an anderen Orten des nordwestdeutschen Küstengebiets aus. Binnen weniger Tage führten sie zu spontanen Aufständen, die Soldaten, Arbeiter und große Teile der kriegsmüden Bevölkerung zusammenführten und in der ersten Novemberwoche das gesamte Reichsgebiet erfassten. Der zur Niederschlagung der Rebellion eingesetzte Militär- und Polizeiapparat kapitulierte weitgehend widerstandslos oder lief zu den Aufständischen über. Die deutschen Fürsten wurden vertrieben oder dankten ab. In den meisten Städten übernahmen **Arbeiter- und Soldatenräte** die Macht (Karte 1). Massenkundgebungen forderten eindringlicher denn je den sofortigen Frieden und die Abdankung des Kaisers.

B 2 Aufständische vor dem Brandenburger Tor in Berlin am 9. November 1918, zeitgenössische Fotografie. – Ausgehend vom Kieler Matrosenaufstand erfasste die Revolutionsbewegung die Reichshauptstadt am 9. November 1918.

— *Untersuchen Sie die Zusammensetzung der Demonstranten. Welche Symbole führen sie mit sich?*

| Das Ende der Monarchie |

Am 9. November erreichte die Aufstandsbewegung Berlin, wo sich die Ereignisse innerhalb weniger Stunden überstürzten: Zur Beruhigung der Demonstrationszüge, die sich auf das Regierungsviertel zubewegten (B 2, M 3), gab Max von Baden gegen Mittag eigenmächtig den Thronverzicht des Kaisers bekannt. Zahlreiche Versuche des Reichskanzlers, hierfür das Einverständnis des Monarchen zu erhalten, waren bis zuletzt ohne Antwort geblieben.

Wenig später wurde Max von Baden von einer Abordnung der Mehrheitssozialdemokratie bedrängt, die Regierungsgewalt in die Hände der MSPD zu legen, die als stärkste Partei des Reichstages das Vertrauen des Volkes besitze (M 4). Daraufhin übergab Prinz Max sein **Kanzleramt an den MSPD-Vorsitzenden Friedrich Ebert**, der seine Skrupel ob dieses verfassungswidrigen Machtwechsels hintanstellte, da er den Einfluss seiner Partei auf die radikalisierten Massen nicht verlieren wollte.

In der Zwischenzeit hatten die Demonstranten den Reichstag erreicht und drohten die politische Initiative an sich zu reißen. Dies zwang **Philipp Scheidemann** vom Vorstand der MSPD zur **Ausrufung der Republik**. Ebert missbilligte diesen Schritt, doch die Dramatik der Situation erlaubte keine langwierigen innerparteilichen Abstimmungen. Kurz nach Scheidemann verkündete der Spartakistenführer **Karl Liebknecht** vor dem Berliner Schloss die **Sozialistische Republik Deutschland** und versprach: „Alle Macht den Arbeiter- und Soldatenräten!"

Das Ende des Krieges

Unter dem Druck der Ereignisse begab sich Wilhelm II. am Morgen des 10. November ins holländische Exil. Das Ergebnis der Kriegspolitik von Kaiser und OHL musste indes der Zentrumspolitiker Matthias Erzberger besiegeln, der am 11. November als Führer der deutschen Verhandlungskommission den von der Entente vorgelegten **Waffenstillstandsvertrag** unterzeichnete: Binnen weniger Wochen waren die besetzten Gebiete in Frankreich, Belgien und Luxemburg einschließlich Elsass-Lothringens zu räumen. Die Armee musste sich hinter den Rhein zurückziehen, das linke Rheinufer würde von den Alliierten besetzt werden. Der Friedensvertrag von Brest-Litowsk wurde aufgehoben.

M1 Aus der Botschaft des amerikanischen Präsidenten Woodrow Wilson an den Kongress vom 8. Januar 1918 („14 Punkte")

I. Öffentliche Friedensverträge, öffentlich beschlossen, nach denen es keine privaten internationalen Abmachungen irgendwelcher Art geben darf. Vielmehr soll die Diplomatie stets frei und vor aller Öffentlichkeit sich abspielen.
II. Absolute Freiheit der Schifffahrt auf der See […].
III. So weit wie möglich die Aufhebung sämtlicher wirtschaftlicher Schranken […].
IV. Angemessene Garantien, gegeben und genommen, dass die nationalen Rüstungen auf den niedrigsten Grad, der mit der inneren Sicherheit vereinbar ist, herabgesetzt werden.
V. Eine freie, offenherzige und absolut unparteiische Ordnung aller kolonialen Ansprüche. […]
VI. Die Räumung des gesamten russischen Gebietes und eine derartige Erledigung aller Russland berührenden Fragen, um die beste und freieste Zusammenarbeit der übrigen Nationen der Welt zu sichern. […]
VII. Belgien, dem wird die ganze Welt zustimmen, muss ohne jeden Versuch, die Souveränität, deren es sich gleich allen anderen freien Nationen erfreut, zu beschränken, geräumt und wiederhergestellt werden. […]
VIII. Das gesamte französische Gebiet muss befreit und die verwüsteten Teile wiederhergestellt werden. Ebenso müsste das Frankreich durch Preußen 1871 in Sachen Elsass-Lothringen angetane Unrecht, das den Weltfrieden nahezu fünfzig Jahre bedroht hat, berichtigt werden, um dem Frieden im Interesse aller wieder Sicherheit zu verleihen.
IX. Eine Berichtigung der Grenzen Italiens sollte gemäß den klar erkennbaren Nationalitätenlinien bewirkt werden.
X. Den Völkern Österreich-Ungarns, deren Platz unter den Nationen wir gefestigt und gesichert zu sehen wünschen, sollte die freieste Möglichkeit autonomer Entwicklung gewährt werden.
XI. Rumänien, Serbien und Montenegro sollten geräumt werden, besetzte Gebiete wiederhergestellt, Serbien freier und gesicherter Zugang zum Meere gewährt werden. […]
XII. Dem türkischen Teil des gegenwärtigen Ottomanischen Reiches sollte eine gesicherte Souveränität gewährleistet werden, aber den anderen Nationalitäten, die sich jetzt unter türkischer Herrschaft befinden, sollte eine unzweifelhafte Sicherung des Lebens und eine absolute und ungestörte Möglichkeit der autonomen Entwicklung verbürgt und die Dardanellen sollten dauernd als freier Durchgang für die Schiffe und den Handel aller Nationen unter internationalen Garantien geöffnet werden.
XIII. Ein unabhängiger polnischer Staat sollte errichtet werden, der die von unbestreitbar polnischer Bevölkerung bewohnten Gebiete umfassen soll, denen ein freier und sicherer Zugang zum Meere gewährleistet und dessen politische und ökonomische Unabhängigkeit sowie dessen territoriale Integrität durch internationalen Vertrag garantiert werden sollen.
XIV. Eine allgemeine Gesellschaft der Nationen muss auf Grund eines besonderen Bundesvertrages gebildet werden zum Zweck der Gewährung gegenseitiger Garantien für politische Unabhängigkeit und territoriale Integrität in gleicher Weise für die großen und kleinen Staaten. In Bezug auf diese notwendige Berichtigung von Unrecht und Sicherung des Rechtes betrachten wir uns als intime Genossen sämtlicher Regierungen und Völker, die sich gegen die Imperialisten zusammengeschlossen haben. Es gibt für uns keine Sonderinteressen oder andersartige Ziele. Bis zum Ende stehen wir zusammen.

(J. Hohlfeld [Hg.], Dokumente der Deutschen Politik und Geschichte von 1848 bis zur Gegenwart, Bd. 2, Wendler, Berlin 1951, S. 393 ff.)

1 Erstellen Sie eine Übersicht über Wilsons Friedensbedingungen: a) allgemeine Prinzipien und b) Bestimmungen für einzelne Länder.
2 Erörtern Sie die Folgen der „14 Punkte" für Deutschland, Österreich-Ungarn und das Osmanische Reich.

Karte 1 Die revolutionären Ereignisse in Deutschland 1918

— Untersuchen Sie anhand der Karte, wo sich Arbeiter- und Soldatenräte bildeten.
— Welche Dynastien wurden gestürzt? Wo gab es revolutionäre Vorgänge?

M2 Aus dem Gesetz zur Abänderung der Reichsverfassung vom 28. Oktober 1918 (Oktoberverfassung)

Die Reichsverfassung wird wie folgt abgeändert:
1. Im Artikel 11 werden die Absätze 2 und 3 durch folgende Bestimmungen ersetzt: Zur Erklärung des Krieges im Namen des Reichs ist die Zustimmung des Bundesrats und des Reichstags erforderlich. Friedensverträge sowie diejenigen Verträge mit fremden Staaten, welche sich auf Gegenstände der Reichsgesetzgebung beziehen, bedürfen der Zustimmung des Bundesrats und des Reichstags.
2. Im Artikel 15 werden folgende Absätze hinzugefügt: Der Reichskanzler bedarf zu seiner Amtsführung des Vertrauens des Reichstags. Der Reichskanzler trägt die Verantwortung für alle Handlungen von politischer Bedeutung, die der Kaiser in Ausübung der ihm nach der Reichsverfassung zustehenden Befugnisse vornimmt.
Der Reichskanzler und seine Stellvertreter sind für ihre Amtsführung dem Bundesrat und dem Reichstag verantwortlich.
(J. Hohlfeld [Hg.], Dokumente der Deutschen Politik und Geschichte von 1848 bis zur Gegenwart, Bd. 2, Wendler, Berlin 1951, S. 385)

1 *Untersuchen Sie, welche Veränderung die Bismarcksche Reichsverfassung (s. S. 161) hier erfährt. Wie nennt man die hier eingeführte Regierungsform?*
2 *Erörtern Sie die Gründe für diese Verfassungsreform.*

B 3 Mitglieder des Rats der Volksbeauftragten, Postkarte, 1918. – USPD: Wilhelm Dittmann, Hugo Haase, Emil Barth; SPD: Otto Landsberg, Friedrich Ebert, Philipp Scheidemann.

— Erläutern Sie, ausgehend von B 3, Konstituierung und Funktion des Rats der Volksbeauftragten.

M3 Das „Berliner Tageblatt" am 10. November 1918 über die revolutionären Ereignisse vom Vortag

Die größte aller Revolutionen hat wie ein plötzlich losbrechender Sturmwind das kaiserliche Regime mit allem, was oben und unten dazugehörte, gestürzt. Man kann sie die größte aller Revolutionen nennen, weil niemals eine so fest gebaute, mit so soliden Mauern umgebene Bastille so in einem Anlauf genommen worden ist. Es gab noch vor einer Woche einen militärischen und zivilen Verwaltungsapparat, der so verzweigt, so ineinander verfädelt, so tief eingewurzelt war, dass er über den Wechsel der Zeiten hinaus seine Herrschaft gesichert zu haben schien. Durch die Straßen von Berlin jagten die grauen Autos der Offiziere, auf den Plätzen standen wie Säulen der Macht die Schutzleute, eine riesige Militärorganisation schien alles zu umfassen, in den Ämtern und Ministerien thronte eine scheinbar unbesiegbare Bürokratie. Gestern früh war das alles noch da, gestern Nachmittag existierte nichts mehr davon.

Wer gestern in den Nachmittagsstunden Berlin gesehen hat, trägt Eindrücke und Bilder in sich, die unauslöschbar sind. Dort, wo bisher noch das Leben nach preußischem Zuschnitt sich abspielte, feierte die Revolution ihren Triumph. Endlos lange Züge von Arbeitern, Soldaten und Frauen marschierten vorbei. Rote Fahnen wurden vorangetragen. Ordner gingen neben den Reihen. Die Soldaten und auch viele Zivilisten hatten die Gewehre über die Schulter gehängt. Die schweren Lastautos der Militärdepots und die grauen Autos, in denen eben noch die Offiziere gesessen hatten, jagten herum, bis zum letzten Stehplatz mit bewaffneten Soldaten, Zivilpersonen, Trägern großer roter Fahnen gefüllt. Vieles erinnerte an Zeichnungen der alten französischen Revolutionsmaler, ein Schauspiel für Nervenschwache war es mitunter nicht.

(Berliner Tageblatt Nr. 579 vom 10. November 1918)

1 Wer ist Träger der Revolution?
2 Wo sind die Parteien? Erklären Sie ihre Abwesenheit.

M4 Reichskanzler Prinz Max von Baden in seinen in den 1920er-Jahren geschriebenen Memoiren über den 9. November 1918

Ich sagte mir: Die Revolution ist im Begriff, siegreich zu sein; wir können sie nicht niederschlagen, vielleicht aber ersticken. Jetzt heraus mit der Abdankung, mit der Berufung Eberts, mit dem Appell an das Volk, durch die Verfassunggebende Nationalversammlung seine eigene Staatsform zu bestimmen; wird Ebert mir als Volkstribun von der Straße präsentiert, dann kommt die Republik, ist es Liebknecht, auch der Bolschewismus. Aber wenn der abdankende Kaiser Ebert zum Reichskanzler ernennt, dann besteht noch eine schmale Hoffnung für die Monarchie. Vielleicht gelingt es, die revolutionären Energien in die legalen Bahnen des Wahlkampfes zu lenken.

(Prinz Max von Baden, Erinnerungen und Dokumente, Stuttgart 1968, S. 597)

1 Von welchen Motiven lässt sich der Reichskanzler bei seinem Rücktritt leiten?

2 Rätesystem oder Parlamentarismus

Das Neuordnungskonzept der MSPD
Die MSPD hatte sich mit den Oktoberreformen am Ziel ihrer Wünsche gesehen und sich nur widerwillig am Sturz der Monarchie beteiligt. Arbeiter- und Soldatenräte lehnte sie ab. Zum einen schienen sie ihr nur unzureichend legitimiert, zum anderen als Hindernis für die Lösung der durch die militärische Niederlage entstandenen Probleme: Innerhalb kürzester Fristen war ein Millionenheer in die Heimat zurückzuführen und zu demobilisieren. Die Kriegswirtschaft musste hierzu so schnell wie möglich in eine Friedenswirtschaft umgestellt werden. Angesichts der fortdauernden Seeblockade drohte ein weiterer Hungerwinter. Gegenüber separatistischen Strömungen galt es die Reichseinheit zu bewahren. Schließlich mussten Friedensverhandlungen vorbereitet werden, die für die Errichtung einer bürgerlich-liberalen Republik Voraussetzung waren.

Die MSPD-Führung glaubte diese Aufgaben nur mit Hilfe der traditionellen Eliten in Militär, Wirtschaft und Verwaltung meistern zu können. Sie betrieb deshalb die **Eindämmung der Revolutionsbewegung**. Alle Entscheidungen über die gesellschaftliche und politische Neuordnung sollten von einer möglichst rasch zu wählenden **Nationalversammlung** getroffen werden. Bis dahin führte sie die Regierungsgeschäfte in dem Bewusstsein einer Notverwaltung (M 5a).

Das Neuordnungskonzept der Linkssozialisten
Der Spartakusbund und der ihm nahe stehende linke Flügel der USPD sowie die Revolutionären Obleute der Berliner Großbetriebe sahen in den Novemberereignissen eine Chance zur Errichtung einer sozialistischen Räterepublik nach sowjetischem Vorbild. Sie agitierten deshalb für die **Fortsetzung der Revolution** und forderten die Herrschaft der Arbeiter in Betrieb und Kaserne durch ein Rätesystem, durch die Volksbewaffnung und die Sozialisierung von Industrie und Boden (M 5b). Das Rätemodell beruhte auf dem Prinzip der direkten Demokratie. Parteien, Verbände und Parlament würden dadurch als Institutionen der öffentlichen Willensbildung überflüssig. Den stufenförmig aufeinander aufbauenden Räten in Betrieb, Land und Reich wurden dabei legislative, exekutive und judikative Kompetenzen zugesprochen. Die Möglichkeit zur Abberufung durch das imperative Mandat der Delegierten und die Öffentlichkeit aller Beratungen sollten die größtmögliche Kontrolle durch die Urwählerschaft sichern.

Der Weg in die soziale Demokratie
Angesichts des wachsenden Einflusses des linkssozialistischen Lagers gab die Führung der MSPD ihren Plan eines sozialdemokratisch-bürgerlichen Koalitionskabinetts umgehend auf. Stattdessen bildete sie bereits am frühen Nachmittag des 10. November mit dem gemäßigten Flügel der USPD den so genannten **Rat der Volksbeauftragten**, der aus je drei Vertretern der beiden Parteien bestand.

Nur wenige Stunden später bestätigten die am Morgen des Tages gewählten Vertreter der Berliner Arbeiter und Soldaten im Zirkus Busch mehrheitlich die neue Regierung. Gleichzeitig wurde ihr jedoch auf Drängen der Linkssozialisten ein so genannter **Vollzugsrat** zur Seite gestellt, dem die Aufgabe zukam, den „Rat der Volksbeauftragten" zu kontrollieren. Da jedoch auch dieses Gremium zu gleichen Teilen mit Vertretern von MSPD und USPD besetzt wurde, hatte die MSPD in der Folgezeit ein leichtes Spiel, diese Gegenregierung in Schach zu halten.

Zur Entspannung der innenpolitischen Situation veröffentlichte der „Rat der Volksbeauftragten" bereits am 12. November ein **Neunpunkteprogramm**: Durch Aufhebung des Belagerungszustandes und des Gesetzes über den vaterländischen Hilfsdienst wurden die Freiheitsrechte wiederhergestellt, der Achtstundentag und das Verhältniswahlrecht eingeführt und das Frauen-

B 4 Tagung des Soldatenrates von Groß-Berlin Anfang November 1918 im Reichstag, zeitgenössische Fotografie. – Am Rednerpult der Stadtkommandant von Berlin, Otto Wels (MSPD).

wahlrecht versprochen. Denselben Zweck erfüllte die am 15. November vereinbarte **Zentralarbeitsgemeinschaft** von Gewerkschaften und Unternehmerverbänden. Dieses „**Stinnes-Legien-Abkommen**" erkannte erstmalig die Gewerkschaften als legitime Partner für den Abschluss kollektiver Tarifverträge an und gestand den Achtstundentag bei vollem Lohnausgleich zu. Des Weiteren sollte in allen Betrieben mit mindestens 50 Beschäftigten ein Arbeiterausschuss eingerichtet werden. Die Arbeitgeber sahen in dieser Sozialpartnerschaft ein Mittel, die drohende Sozialisierung ihrer Betriebe abzuwenden.

| Die Haltung der Arbeiter- und Soldatenräte | Ausschlaggebend für die Neuordnung Deutschlands wurden schließlich die **Ergebnisse des ersten Rätekongresses**, der vom 16. bis 20. Dezember 1918 in Berlin tagte und von 514 Delegierten aller deutschen Arbeiter- und Soldatenräte besucht wurde. Rund zwei Drittel der Teilnehmer waren wider Erwarten in der MSPD organisiert, dem Spartakusbund gehörten weniger als ein Dutzend an. Seine Führer, Rosa Luxemburg und Karl Liebknecht, hatten kein Mandat erhalten.

Der Kongress bestätigte nach erbitterten Wortgefechten die MSPD-Linie: Ein Rätesystem als Grundlage einer zukünftigen Verfassung wurde abgelehnt. Nicht ein Nationalkongress der Arbeiter- und Soldatenräte sollte über die Neuordnung Deutschlands entscheiden, sondern eine aus allgemeinen Wahlen hervorgegangene Nationalversammlung. Als Wahltermin setzten die Delegierten den 19. Januar 1919 fest. Bis dahin wurde der „Rat der Volksbeauftragten" als provisorische Revolutionsregierung im Amt bestätigt.

| Der Aufstand der Linkssozialisten | Am 28. Dezember erfolgte der **Austritt der USPD-Vertreter aus dem Rat der Volksbeauftragten**. Jetzt agitierten die linksrevolutionären Kräfte vehementer denn je und erhielten großen Zulauf. Innerhalb der USPD übernahmen die Radikalen die Führung und aus dem Zusammenschluss von Spartakusbund und den „Bremer Linksradikalen" ging am 1. Januar 1919 die **Kommunistische Partei Deutschlands** (KPD) hervor. Die angestauten Spannungen entluden sich im so genannten **Januar- oder Spartakusaufstand** (5.–12. Januar 1919). Zu dessen Niederschlagung mobilisierte die Reichsregierung Reichswehr-

truppen, zu denen Ebert bereits seit dem 10. November engen Kontakt hielt (Ebert-Groener-Bündnis). Reichswehr und so genannte **Freikorps** schlugen den Januaraufstand nieder. Die Freikorps rekrutierten sich aus entlassenen Soldaten und unterstanden ausschließlich ihren Offizieren; sie wurden aus konservativen Kreisen von Industrie und Großagrariern bezahlt. Sie kämpften bedingungslos gegen Bolschewismus, Separatismus und später gegen die Republik. Die mit Härte betriebene Niederschlagung des Berliner Januaraufstands sowie die heimtückische Ermordung der Kommunistenführer Rosa Luxemburg und Karl Liebknecht (15. Januar) zogen in allen Teilen des Reichs **Streikaktionen und Putschversuche der radikalen Linken** („Erhaltet die Räte!") nach sich, die jedoch die Wahlen zur Nationalversammlung nicht verhindern konnten. Von Februar bis Mai 1919 tobte in Deutschland vielerorts ein mit großer Brutalität geführter Bürgerkrieg, aus dem die Regierungstruppen und Freikorps als Sieger hervorgingen.

| Die Folgen | Dieses Ende der deutschen Revolution von 1918/19 belastete die Weimarer Republik mit schwer wiegenden Hypotheken: Durch ihren Pakt mit dem Militär verlor die MSPD große Teile ihrer Anhängerschaft. Erbittert über den Verlauf des sozialistischen Bruderkampfs flüchteten sich viele Arbeiter in die politische Apathie, andere schlossen sich den Linksradikalen an. Diese standen der Weimarer Republik mit entschiedener Ablehnung gegenüber. Zwischen den Parteien der deutschen Arbeiterschaft herrschte fortan eine unüberbrückbare Feindschaft. In den Freikorps, deren sich die MSPD zur Verhinderung einer sozialistischen Revolution bedient hatte, erwuchs der jungen Republik eine unübersehbare Gegnerschaft von rechts.

B 5 MSPD-Plakat zur Wahl der Nationalversammlung vom Januar 1919

— *An wen appelliert dieses Plakat?*
— *Interpretieren Sie die Botschaft des Plakates.*

M5 **MSPD gegen Spartakus**

a) Aufruf der neuen Reichsregierung vom 9. November 1918
Volksgenossen!
Der heutige Tag hat die Befreiung des Volkes vollendet. Der Kaiser hat abgedankt, sein ältester Sohn auf den Thron verzichtet. Die sozialdemokratische Partei hat die Regierung übernommen und der unabhängigen sozialdemokratischen Partei den Eintritt in die Regierung auf dem Boden voller Gleichberechtigung angeboten. Die neue Regierung wird sich für die Wahlen zu einer konstituierenden Nationalversammlung organisieren, an denen alle über 20 Jahre alten Bürger beider Geschlechter mit vollkommen gleichen Rechten teilnehmen werden. Sie wird sodann ihre Machtbefugnisse in die Hände der neuen Vertretung des Volkes zurücklegen. Bis dahin hat sie die Aufgabe, Waffenstillstand zu schließen und Friedensverhandlungen zu führen, die Volksernährung zu sichern, den Volksgenossen in Waffen den raschesten geordneten Weg zu ihrer Familie und zu lohnendem Erwerb zu sichern. Dazu muss die demokratische Verwaltung sofort glatt zu arbeiten beginnen. Nur durch ihr tadelloses Funktionieren kann schwerstes Unheil vermieden werden. Sei sich darum jeder seiner Verantwortung am Ganzen bewusst.

Menschenleben sind heilig. Das Eigentum ist vor willkürlichen Eingriffen zu schützen. Wer diese herrliche Bewegung durch gemeine Verbrechen entehrt, ist ein Feind des Volkes und muss als solcher behandelt werden. Wer aber in ehrlicher Hingabe an unserem Werke mitschafft, von dem alle Zukunft abhängt, der darf von sich sagen, dass er im größten Augenblick der Weltgeschichte als

Schaffender zu des Volkes Heil mit dabei gewesen ist. Wir stehen vor ungeheuren Aufgaben. Werktätige Männer und Frauen in Stadt und Land, Männer in Waffenrock und Arbeitsblusen, helft alle mit!

Ebert, Scheidemann, Landsberg.

b) Aus dem Aufruf der Spartakusgruppe an die Arbeiter und Soldaten Berlins vom 10. November 1918

Sorget, dass die Macht, die ihr jetzt errungen habt, nicht euren Händen entgleite und dass ihr sie gebraucht für euer Ziel. Denn euer Ziel ist die sofortige Herbeiführung eines proletarisch-sozialistischen Friedens, der sich gegen den Imperialismus aller Länder wendet, und die Umwandlung der Gesellschaft in eine sozialistische.

Zur Erlangung dieses Zieles ist es vor allem notwendig, dass das Berliner Proletariat in Bluse und Feldgrau erklärt, folgende Forderungen mit aller Entschlossenheit und unbezähmbarem Kampfwillen zu verfolgen:

1. Entwaffnung der gesamten Polizei, sämtlicher Offiziere sowie der Soldaten, die nicht auf dem Boden der neuen Ordnung stehen; Bewaffnung des Volkes; alle Soldaten und Proletarier, die bewaffnet sind, behalten ihre Waffen.
2. Übernahme sämtlicher militärischer und ziviler Behörden und Kommandostellen durch Vertrauensmänner des Arbeiter- und Soldatenrates.
3. Übergabe aller Waffen- und Munitionsbestände sowie aller Rüstungsbetriebe an den Arbeiter- und Soldatenrat.
4. Kontrolle über alle Verkehrsmittel durch den Arbeiter- und Soldatenrat.
5. Abschaffung der Militärgerichtsbarkeit; Ersetzung des militärischen Kadavergehorsams durch freiwillige Disziplin der Soldaten unter Kontrolle des Arbeiter- und Soldatenrates.
6. Beseitigung des Reichstages und aller Parlamente sowie der bestehenden Reichsregierung; Übernahme der Regierung durch den Berliner Arbeiter- und Soldatenrat bis zur Errichtung eines Reichs-Arbeiter- und Soldatenrates.
7. Wahl von Arbeiter- und Soldatenräten in ganz Deutschland, in deren Hand ausschließlich Gesetzgebung und Verwaltung liegen. Zur Wahl der Arbeiter- und Soldatenräte schreitet das gesamte erwachsene werktätige Volk in Stadt und Land und ohne Unterschied der Geschlechter.
8. Abschaffung aller Dynastien und Einzelstaaten; unsere Parole lautet: einheitliche sozialistische Republik Deutschland.
9. Sofortige Aufnahme der Verbindung mit allen in Deutschland bestehenden Arbeiter- und Soldatenräten und den sozialistischen Bruderparteien des Auslandes.

(Gerhard A. Ritter/Susanne Miller, Die deutsche Revolution 1918–1919. Dokumente, Hamburg 1975, S. 80 ff.)

1 Stellen Sie die Hauptprogrammpunkte der Reichsregierung und der Spartakusgruppe in einer Übersicht gegenüber. Suchen Sie dazu geeignete Vergleichsgesichtspunkte.

2 An welchem politischen Ideal orientiert sich die neue Regierung, an welchem die Spartakusgruppe?

B 6 KPD-Plakat zum Boykott der Wahlen zur Nationalversammlung vom Januar 1919

— Analysieren Sie den grafischen Aufbau des Plakates.
— Fassen Sie die Begründung des Wahlboykotts zusammen.

3 Die Weimarer Reichsverfassung

Parteienspektrum der Weimarer Republik

Im Gefolge des Zusammenbruchs des Kaiserreichs veränderte sich die deutsche Parteienlandschaft merklich: Die Fortschrittliche Volkspartei und Teile der Nationalliberalen fanden im Dezember 1918 zur linksliberalen, die Republik tragenden **Deutschen Demokratischen Partei** (DDP) zusammen. Vertreter des Bankkapitals und der Exportindustrie gaben ihr das Profil. Die **Deutsche Volkspartei** (DVP) vereinigte rechte Gruppierungen der Nationalliberalen Partei. Als Vertreterin der Monarchie und der Großindustrie stand sie der neuen Staatsform ablehnend gegenüber. Im **Zentrum** gewannen die sozialpolitisch und demokratisch orientierten Kräfte mit Matthias Erzberger die Oberhand. Allerdings erfuhr die Partei durch die Abspaltung des bayerischen Flügels der **BVP** unter Georg Heim eine deutliche Schwächung. Aus verschiedenen konservativen und monarchistischen Kreisen entstand die **Deutschnationale Volkspartei** (DNVP), die unter ihrem Parteiführer Alfred Hugenberg eine antirepublikanische und antidemokratische Hetze betrieb. Die Linke war Ende 1918 durch **SPD** und **USPD** repräsentiert.

Das **Wahlergebnis** vom 19. Januar 1919 zeigt auf den ersten Blick keine Radikalisierung der Bevölkerung (M 6). Aber in vielen Fällen gab wohl mehr die Angst vor einem revolutionären Umsturz den Ausschlag bei der Wahlentscheidung als eine grundsätzlich positive Einstellung zu einem neuen demokratischen Staat.

Die Sozialdemokraten blieben mit knapp 38 % die stärkste Partei. Ein Zusammengehen mit der USPD, die lediglich 7,6 % der Stimmen gewann, war angesichts ihrer Radikalisierung unmöglich. Die bürgerlichen Parteien besaßen zusammen die Mehrheit, wobei das Zentrum mit knapp 20 % die stärkste Gruppe bildete, dicht gefolgt von der DDP mit 18,5 %. Der neu entstehende Staat konnte sich demnach nur aus einem Kompromiss zwischen den Linken und der bürgerlichen Mitte konstituieren.

Nationalversammlung in Weimar

Die neu gewählte Nationalversammlung sah sich vor drei große Aufgaben gestellt. Sie sollte zunächst eine provisorische Zentralregierung bilden, die bis zur Wahl einer ordentlichen Regierung die **Friedensverhandlungen** mit den Alliierten zu führen hatte. Zuvorderst galt es jedoch, eine **demokratische Verfassung** auszuarbeiten. Wegen der unruhigen Verhältnisse in Berlin hatte man sich in der Abgeschiedenheit des thüringischen Weimar versammelt, da die Verfassung nicht unter dem Druck der Straße beraten werden sollte. Überdies wollte man sich durch die Wahl des Tagungsortes von den machtstaatlichen Traditionen Preußens absetzen und in die geistige Tradition der Weimarer Klassiker Schiller und Goethe stellen. Am 11. Februar 1919 wählte die Nationalversammlung **Friedrich Ebert** mit ca. 73 % der Stimmen zum **Reichspräsidenten**. Aus MSPD, DDP und Zentrum bildete Ebert die so genannte **Weimarer Koalition**, die unter der Leitung Philipp Scheidemanns (MSPD) stand.

Repräsentative Demokratie, Föderalismus, Verhältniswahl

Die am 31. Juli 1919 verabschiedete und am 11. August vom Reichspräsidenten unterzeichnete **Weimarer Reichsverfassung** zeigte das Ringen der Abgeordneten um eine möglichst freiheitliche Verfassungsstruktur (M 7): Das **Volk** galt als **Souverän**. Repräsentiert im Reichstag, wirkte es durch Volksbegehren und Volksentscheid selbst an der Legislative mit. Ebenso legitimierte es den Reichspräsidenten durch eine direkte Wahl, das Gleiche galt für die Abgeordneten des Reichstages.

Das Verhältnis von **Reich und Ländern** wurde lange kontrovers diskutiert und endlich zu Gunsten der Zentralmacht entschieden. Damit verloren die einzelnen Staaten ihre Souveränität und

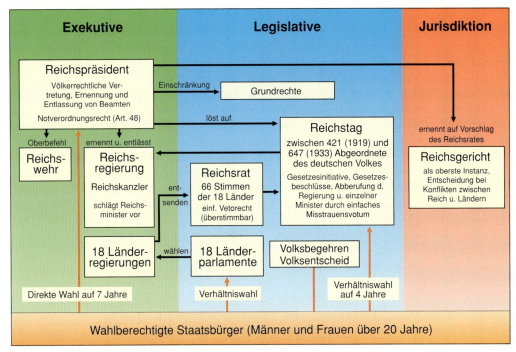

Schema 1 Die Weimarer Reichsverfassung von 1919

- Untersuchen Sie die horizontale Gewaltenteilung, die Rechte des Reichstages und des Reichspräsidenten.
- Vergleichen Sie die Grundzüge der Weimarer Reichsverfassung mit Bismarcks Reichsverfassung (s. S. 161).

wurden zu „Ländern", die zwar Landesregierung und Landtag beibehielten, aber vor allem die Steuerhoheit verloren und von nun an dem Reichsrecht unterworfen waren. Auch durch den Reichsrat war kaum eine Beteiligung an der Legislative möglich; er besaß lediglich ein aufschiebendes Vetorecht. Im Konfliktfall konnte das Reich sogar durch ein Reichsexekutionsorgan mit Gewalt eingreifen.

Die Funktion der Parteien wurde in der Verfassung nicht definiert – im Gegensatz zur Verfassung der Bundesrepublik, die ihnen die Mitarbeit bei der politischen Willensbildung zuweist. Das Fehlen einer solchen Funktionszuweisung war ein deutliches Zeichen dafür, dass man sie nicht besonders schätzte. Ihnen oblag die Organisation von Wahlen.

Das **Wahlrecht** sah im Vergleich zur Verfassung von 1871 das Frauenwahlrecht vor. Das Wahlalter wurde von 25 auf 20 Jahre herabgesetzt. Die Wahlen waren allgemein, geheim, direkt und gleich. Um eine weitgehende Repräsentation des Volkes im Reichstag zu sichern, einigte man sich auf ein reines **Verhältniswahlrecht** ohne Sperrklausel. Wie die politische Praxis in der Weimarer Republik zeigte, begünstigte es kleine und kleinste Parteien, sodass sich der Reichstag aus einer großen Anzahl von Parteien zusammensetzte. Deren weltanschauliche und klassenmäßige Bindung war in der praktischen politischen Arbeit so eng, dass im Reichstag Koalitionsfähigkeit, Konsensfindung und demokratischer Kompromiss kaum zu erreichen waren.

Die Weimarer Verfassung war dem Grundsatz der Wertneutralität verpflichtet. Das bedeutete, dass Verfassungsrechte keinen höheren Rang besaßen als einfache Gesetze. Die Verfassung war daher gegen Aushöhlung und Verfassungsfeinde wenig geschützt.

Reichspräsident und Reichsregierung

Vor allem die mächtige Position des Reichspräsidenten zeugt von dem Misstrauen, das die Verfassungsberater gegen Parlament, Parteien und Demokratie hegten. Deshalb stattete man den Reichspräsidenten mit einer Fülle von Kompetenzen aus, die ihn zu einem **Gegengewicht zum Parlament** und zu einer Art „Ersatzkaiser" werden ließen. Durch einen Aufruf zum Volksentscheid konnte er die vom Reichstag bereits verabschiedeten Gesetze aufheben. Er besaß die Befugnis, den Reichstag aufzulösen. Auch die Reichsregierung blieb unter seiner Kontrolle: Er ernannte und entließ Reichskanzler und Reichsminister. Neben dem Oberbefehl der Streitkräfte konnte er sich durch den **Artikel 48** der Weimarer Verfassung zum „Diktator auf Zeit" ernennen. Mit diesem „Notverordnungsrecht" wurden bei Gefährdung der „öffentlichen Sicherheit und Ordnung" Grundrechte außer Kraft gesetzt und der Ausnahmezustand ausgerufen. Es gestattete dem Reichspräsidenten, „Präsidialkabinette" zu bilden, die ohne Mehrheit des Reichstages regieren. Die Gefahr für die Demokratie durch diesen Artikel erkannte die Nationalversammlung nicht, obwohl die USPD eindringlich vor diesem „Blankoscheck" warnte.

Die schwächste Position unter den Verfassungsorganen nahm die **Reichsregierung** ein, die doppelt abhängig war. Neben der Kontrolle durch den Reichspräsidenten konnte ihr Kanzler durch ein einfaches Misstrauensvotum des Reichstages gestürzt werden.

Grundrechte

Die **Grundrechte** besaßen einen geringen Stellenwert. Anders als im Grundgesetz der Bundesrepublik galten sie nicht als vorstaatlich, d. h., sie waren nicht als unmittelbar geltendes Recht einklagbar. Neben den liberalen Freiheitsrechten umfasste der Grundrechtekatalog auch soziale Rechte, in denen der Einfluss der Arbeiter- und Rätebewegung deutlich wird. Die Gleichberechtigung der Frau, der Schutz der Jugend und der Achtstundentag wurden ebenfalls aufgenommen. Organisationen der Arbeitnehmer und der Unternehmer fanden zur Regelung der Lohn- und Arbeitsbedingungen staatliche Anerkennung. Artikel 153 beschränkte das Eigentumsrecht: Zum Wohle der Allgemeinheit bestand die Möglichkeit, Privatunternehmen zu sozialisieren und betriebliche Mitbestimmung einzuführen. Die Verfassung zeigt in sich kein gesellschaftspolitisch stimmiges Bild. Sie stellt einen Kompromiss aus sozialdemokratischer Arbeiterbewegung und demokratisch gesinntem Bürgertum dar.

M6 Ergebnisse der Reichstagswahlen 1919–1933 (in % der abgeg. gültigen Wählerstimmen)

	Jan. 1919	Juni 1920	Mai 1924	Dez. 1924	Mai 1928	Sept. 1930	Juli 1932	Nov. 1932	März 1933
KPD	–	2,1	12,6	9,0	10,6	13,1	14,3	16,9	12,3
USPD	7,6	17,9	0,8	0,3	–	–	–	–	–
SPD	37,9	21,7	20,5	26,0	29,8	24,5	21,6	20,4	18,3
Zentrum/BVP	19,7	18,2	16,6	17,3	15,2	14,8	15,7	15,0	13,9
DDP	18,5	8,3	5,7	6,3	4,9	3,8	1,0	1,0	0,9
DVP	4,4	13,9	9,2	10,1	8,7	4,5	1,2	1,9	1,1
DNVP	10,3	15,1	19,5	20,5	14,2	7,0	5,9	8,3	8,0
NSDAP	–	–	6,5	3,0	2,6	18,3	37,3	33,1	43,9
Sonstige	1,6	2,8	8,6	6,5	14,0	14,0	3,0	3,4	1,6

(Statistisches Jahrbuch für das Deutsche Reich, 52. Jg., 1933, S. 599)

1 Untersuchen Sie die Ergebnisse der Wahlen zur Nationalversammlung im Januar 1919. Welche Koalitionen boten sich an?
2 Verfolgen Sie die Stärke von KPD/USPD und NSDAP einerseits und SPD/Zentrum/DDP andererseits im Verlauf der Weimarer Republik.

M7 Aus der Weimarer Reichsverfassung (WRV) von 1919

Art. 1. Das Deutsche Reich ist eine Republik. Die Staatsgewalt geht vom Volke aus. […]

Art. 20. Der Reichstag besteht aus den Abgeordneten des deutschen Volkes.

Art. 21. Die Abgeordneten sind Vertreter des ganzen Volkes. Sie sind nur ihrem Gewissen unterworfen und an Aufträge nicht gebunden.

Art. 22. Die Abgeordneten werden in allgemeiner, gleicher, unmittelbarer und geheimer Wahl von den über zwanzig Jahre alten Männern und Frauen nach den Grundsätzen der Verhältniswahl gewählt. […]

Art. 25. Der Reichspräsident kann den Reichstag auflösen, jedoch nur einmal aus dem gleichen Anlass. Die Neuwahl findet spätestens am sechzigsten Tag nach der Auflösung statt. […]

Art. 41. Der Reichspräsident wird vom ganzen deutschen Volke gewählt. […]

Art. 48. Wenn ein Land die ihm nach der Reichsverfassung oder den Reichsgesetzen obliegenden Pflichten nicht erfüllt, kann der Reichspräsident es dazu mit Hilfe der bewaffneten Macht anhalten. Der Reichspräsident kann, wenn im Deutschen Reiche die öffentliche Sicherheit und Ordnung erheblich gestört oder gefährdet wird, die zur Wiederherstellung der öffentlichen Sicherheit und Ordnung nötigen Maßnahmen treffen, erforderlichenfalls mit Hilfe der bewaffneten Macht einschreiten. Zu diesem Zwecke darf er vorübergehend die in den Artikeln 114, 115, 117, 118, 123, 124 und 153 festgesetzten Grundrechte ganz oder zum Teil außer Kraft setzen. Von allen gemäß Abs. 1 oder Abs. 2 dieses Artikels getroffenen Maßnahmen hat der Reichspräsident unverzüglich dem Reichstag Kenntnis zu geben. Die Maßnahmen sind auf Verlangen des Reichstags außer Kraft zu setzen. […] Das Nähere bestimmt ein Reichsgesetz[1]. […]

Art. 50. Alle Anordnungen und Verfügungen des Reichspräsidenten, auch solche auf dem Gebiet der Wehrmacht, bedürfen zu ihrer Gültigkeit der Gegenzeichnung durch den Reichskanzler oder den zuständigen Reichsminister. […]

Art. 53. Der Reichskanzler und auf seinen Vorschlag die Reichsminister werden vom Reichspräsidenten ernannt und entlassen.

Art. 54. Der Reichskanzler und die Reichsminister bedürfen zu ihrer Amtsführung des Vertrauens des Reichstags. Jeder von ihnen muss zurücktreten, wenn ihm der Reichstag durch ausdrücklichen Beschluss sein Vertrauen entzieht. […]

Art. 73. Ein vom Reichstag beschlossenes Gesetz ist vor seiner Verkündung zum Volksentscheid zu bringen, wenn der Reichspräsident binnen eines Monats es bestimmt. Ein Gesetz, dessen Verkündung auf Antrag von mindestens einem Drittel des Reichstags ausgesetzt ist, ist dem Volksentscheid zu unterbreiten, wenn ein Zwanzigstel der Stimmberechtigten es beantragt. Ein Volksentscheid ist ferner herbeizuführen, wenn ein Zehntel der Stimmberechtigten das Begehren nach Vorlegung eines Gesetzentwurfs stellt. […]

Art. 109. Alle Deutschen sind vor dem Gesetze gleich. Männer und Frauen haben grundsätzlich dieselben staatsbürgerlichen Rechte und Pflichten. Öffentlich-rechtliche Vorrechte oder Nachteile der Geburt oder des Standes sind aufzuheben. […]

Art. 114. Die Freiheit der Person ist unverletzlich. Eine Beeinträchtigung oder Entziehung der persönlichen Freiheit durch die öffentliche Gewalt ist nur auf Grund von Gesetzen zulässig. […]

Art. 151. Die Ordnung des Wirtschaftslebens muss den Grundsätzen der Gerechtigkeit mit dem Ziele der Gewährleistung eines menschenwürdigen Daseins für alle entsprechen. In diesen Grenzen ist die wirtschaftliche Freiheit des Einzelnen zu sichern. Gesetzlicher Zwang ist nur zulässig zur Verwirklichung bedrohter Rechte oder im Dienst überragender Forderungen des Gemeinwohls. […]

Art. 165. Die Arbeiter und Angestellten sind dazu berufen, gleichberechtigt in Gemeinschaft mit den Unternehmern an der Regelung der Lohn- und Arbeitsbedingungen sowie an der gesamten wirtschaftlichen Entwicklung der produktiven Kräfte mitzuwirken. Die beiderseitigen Organisationen und ihre Vereinbarungen werden anerkannt. Die Arbeiter und Angestellten erhalten zur Wahrnehmung ihrer sozialen und wirtschaftlichen Interessen gesetzliche Vertretungen in Betriebsarbeiterräten sowie in nach Wirtschaftsgebieten gegliederten Bezirksarbeiterräten und in einem Reichsarbeiterrat.[2]

(E. R. Huber [Hg.], Dokumente der Novemberrevolution und der Weimarer Republik 1918–1932, Stuttgart ²1966, S. 129ff.)

1 Das hier vorgesehene Reichsgesetz ist nie ergangen.
2 Die hier vorgesehenen Bezirksarbeiterräte und der Reichsarbeiterrat wurden nicht gebildet. Es entstanden lediglich die Betriebsarbeiterräte nach Maßgabe des Betriebsratsgesetzes vom 4.2.1920 (RGBl. S. 147).

1 *Bestimmen Sie das Verhältnis von Reichstag, Reichsregierung und Reichspräsident.*
2 *Erläutern Sie die Funktion des Reichspräsidenten.*
3 *Vergleichen Sie die Stellung der Frauen in der WRV mit derjenigen im Grundgesetz.*

4 Auswirkungen des Versailler Vertrages auf Deutschland

Pariser Friedenskonferenz | Während in Deutschland die Nationalversammlung mit der Arbeit an der Verfassung einer parlamentarisch-demokratischen Staatsordnung begann, tagte in Paris die Friedenskonferenz der Siegermächte, um eine internationale Nachkriegsordnung zu schaffen.

Anders als bei früheren Friedenskonferenzen, etwa dem Wiener Kongress 1814/15, waren in Paris die besiegten Staaten von den Verhandlungen ausgeschlossen und konnten nur schriftlich zu den Vertragsentwürfen Stellung nehmen. Die Plenarversammlung der 32 auf der Konferenz vertretenen Staaten hatte dabei nur geringe Bedeutung. Die Entscheidungen fielen im **Obersten Rat der Großmächte**, bestehend aus den Regierungschefs und Außenministern der USA, Großbritanniens, Frankreichs, Italiens und Japans. Japan schied bald nach Beginn der Konferenz aus und auch Italien nahm zeitweise aus Protest gegen ihm ungenügend erscheinende Regelungen nicht teil. Die Bestimmungen der Nachkriegsordnung waren deshalb geprägt von den Interessen der drei Hauptmächte: USA, Großbritannien und Frankreich.

Interessenlage der Hauptsiegermächte | Obwohl Wilson in seinen „14 Punkten" ein Programm für den Weltfrieden entworfen hatte, konnte sich die amerikanische Perspektive einer globalen Friedensordnung in Paris nicht oder doch nur in Bruchstücken durchsetzen. Frankreich vertrat unter **Präsident Clemenceau** eine Politik, die auf größtmögliche Sicherheit gegenüber Deutschland abzielte, was territoriale Abtretungen, wirtschaftliche Sanktionen und militärische Schwächung beinhaltete. Der britische **Premierminister Lloyd George** unterstützte zwar die französische Sicherheitspolitik, wandte sich aber in der Tendenz gegen eine kontinentale Hegemonialstellung Frankreichs. Mit den USA war er sich darin einig, den Kontinent gegen die russische Revolution abschirmen zu wollen. Dafür war Deutschland als Mittelmacht-Bollwerk unabdingbar. Lloyd George warnte deshalb vor einem für Deutschland unannehmbaren Frieden (M 9). In der britischen Perspektive stellte sich die Sicherheitsfrage zuerst gegenüber Russland und an zweiter Stelle gegenüber Deutschland. Am Ende erhielt das französische Interesse an einer deutlichen Schwächung Deutschlands gegenüber seiner Einbindung in eine neue europäische Ordnung den Vorzug.

Kernpunkte des Versailler Vertrages | Die territorialen Bestimmungen des Versailler Vertrages vom 28. Juni 1919 in Bezug auf Deutschland waren teilweise an **Volksabstimmungen** in den betroffenen Gebieten gebunden, die erst nach der Unterzeichnung des Versailler Vertrages durchgeführt wurden. Bezieht man die Entscheidungen der Alliierten nach den Abstimmungen in die territoriale Bilanz mit ein, so verlor Deutschland 13 % seines Staatsgebietes. Neben Elsass-Lothringen, das an Frankreich zurückgegeben werden musste, machten die Gebietsabtretungen an Polen den Hauptanteil aus. Der Verlust von Industriegebieten und Rohstofflagern bedeutete eine erhebliche Beeinträchtigung der Wirtschaftskraft: 15 % der Anbaufläche, 17 % der Kartoffel- und 13 % der Weizenernte, 75 % der Eisenerze, 68 % der Zinkvorkommen, 26 % der Steinkohleförderung und das Kalimonopol gingen verloren.

Im **Artikel 231**, dem so genannten **Kriegsschuldartikel**, wurde Deutschland als Urheber für alle Kriegsverluste und -schäden der Alliierten verantwortlich gemacht. Artikel 231 bildete somit die Grundlage für die wirtschaftlichen Entschädigungsleistungen (**Reparationen**), deren endgültigen Umfang – neben sofort zu entrichtenden Leistungen – eine Reparationskommission noch festlegen sollte.

B 7 Zeitgenössische Übersichtskarte über die Folgen des Versailler Vertrages. – Die Karte wurde in vielen Lehrbüchern der Weimarer Republik abgedruckt.

— Untersuchen Sie die Intention des Versailler Vertrags anhand dieser Karte.
— Analysieren Sie den politischen Standort des Kartenautors.

Deutschland musste seine schweren Waffen, Panzer, Luftwaffe, U-Boote und seine Kriegsflotte, aber auch 90 % seiner Handelsflotte abtreten. Die Armee wurde auf ein Freiwilligenheer von 100 000 Mann eingeschränkt, die westliche Rheinseite Deutschlands entmilitarisiert und besetzt.

| Deutsche Kritik am Versailler Vertrag | Im Versailler Vertrag gelang es nicht, eine dauerhafte, stabile Ordnung für Europa zu schaffen. In Deutschland führten die Umstände der Vertragsverhandlungen, bei denen Deutschland ausgeschlossen blieb, und die Unterzeichnung unter dem Druck der Drohung einer Kriegsfortsetzung zur **einhelligen Ablehnung des Vertrages** als „Diktatfrieden" oder – in der Sprache der Rechten – zum „Schanddiktat" von Versailles.

Die Vertragsinhalte selbst riefen eine nicht enden wollende Diskussion hervor. Dabei waren es nicht Entschädigungszahlungen und Gebietsverluste überhaupt, die die Öffentlichkeit erregten;

dazu hatte Deutschland sich bereits im Waffenstillstand verpflichtet. Es war vor allem die **Missachtung Wilsonscher Prinzipien** gegenüber Deutschland, die den Vertrag als bekämpfenswert erscheinen ließen. Vor allem Frankreich hatte durch eine kurzsichtige Politik, die ihm die Hegemonie in Europa um jeden Preis sichern sollte, eine jahrzehntelange Empörung im deutschsprachigen Raum geschürt, und zwar seit der Wehrlosmachung Deutschlands durch die Entwaffnungsbestimmungen und der erheblichen Beeinträchtigung der deutschen Exportmöglichkeiten durch die Wegnahme von 90 % der Handelsflotte. Als besonders skandalös empfand man die **Missachtung des Selbstbestimmungsrechts** der Deutschen im Memelland, in Oberschlesien, im Sudentenland und in Deutsch-Österreich, waren doch alle neuen Nationalstaaten der Pariser Verträge im Namen des Selbstbestimmungsrechts der Völker gebildet worden (B 7, B 8).

Kriegsschuldfrage

„Welche Hand müsste nicht verdorren, die sich und uns in solche Fesseln legte?" Diese Formulierung in der Rede von Ministerpräsident Scheidemann in der Nationalversammlung am 12. Mai 1919 spiegelt die Stimmungslage im Reich beim Bekanntwerden des Versailler Vertragsentwurfs wider (M 8). Gegen den Versailler Vertrag gab es praktisch eine Allparteienkoalition, wenn auch das Engagement in den Reihen der Parteien für die Revisionspolitik unterschiedlich ausgeprägt war. Kritische Stimmen in der SPD konnten sich nicht durchsetzen. Selbst die Kommunisten, für die der Kapitalismus bzw. Imperialismus insgesamt die Verantwortung für den Weltkrieg trug, sprachen im Zusammenhang mit den Reparationen vom „räuberischen Friedensvertrag". Die Feindschaft gegen „Versailles" wurde so zum wirksamsten negativen Integrationsmittel der Weimarer Republik.

Reparationen

Für die materiellen Schadensersatzleistungen hatte der Versailler Vertrag nur einen Rahmen geschaffen, der durch spätere Abkommen ausgefüllt werden sollte. Bei der Festlegung der Reparationen kamen zwar inneralliierte Interessengegensätze wieder zum Ausdruck, aber ohne dass damit die Reparationen generell in Frage gestellt wurden. Eine grundsätzliche Erwägung der ökonomischen Folgen, wie sie der amerikanische Wissenschaftler Keynes kritisch erörterte (M 10), blieb aus.
Frankreich erschienen die Reparationen ein wirksames Instrument, um ein Wiedererstarken Deutschlands auf Dauer zu verhindern. Zudem waren Reparationszahlungen für die Alliierten eine willkommene Quelle zur **Rückzahlung der Kriegsanleihen an die USA**. Jedoch musste angesichts der inneren ökonomischen Probleme Deutschlands jede Durchsetzung hoher Zahlungsverpflichtungen krisenverschärfend wirken. Da erst mit dem Dawes-Plan 1924 die Höhe der Reparationen von der Leistungsfähigkeit der deutschen Wirtschaft abhängig gemacht wurde, konnten die wirtschaftlichen und sozialen Probleme der Weimarer Zeit leicht allein auf die Reparationsverpflichtungen abgeschoben werden.

M8 Aus der Rede des Reichskanzlers Philipp Scheidemann (SPD) in der Nationalversammlung vom 12. Mai 1919

Die deutsche Nationalversammlung ist heute zusammengetreten, um am Wendepunkte im Dasein unseres Volkes gemeinsam mit der Reichsregierung Stellung zu nehmen zu dem, was unsere Gegner Friedensbedingungen nennen [...].
Heute, wo jeder die erdrosselnde Hand an der Gurgel fühlt, lassen Sie mich ganz ohne taktisches Erwägen reden: Was unseren Beratungen zu Grunde liegt, ist dies dicke Buch, in dem 100 Absätze beginnen: Deutschland verzichtet, verzichtet, verzichtet! Dieser schauerliche und mörderische Hexenhammer, mit dem einem großen Volke das Bekenntnis der eigenen Unwürdigkeit, die Zustimmung zur erbarmungslosen Zerstückelung abgepresst werden soll, dies Buch darf nicht zum Gesetzbuch der Zukunft werden. Seit ich die Forderungen in ihrer Gesamtheit kenne, käme es mir wie eine Lästerung vor, das Wilson-Programm, diese Grundlagen des ersten Waffenstillstandsvertrages, mit ihnen auch nur vergleichen zu wollen! Aber eine Bemerkung kann ich nicht unterdrücken: Die Welt ist wieder einmal um eine Illusion ärmer geworden. Die Völker haben in dieser an Idealen armen Zeit wieder einmal den Glauben verloren [...]. Ich frage Sie: Wer kann als ehrlicher Mann – ich will gar nicht sagen als Deutscher – nur als ehrlicher, vertragstreuer Mann solche Bedingungen eingehen? Welche Hand müsste nicht verdorren, die sich und uns in solche Fesseln legte?
(J. Hohlfeld [Hg.], Dokumente der deutschen Politik und Geschichte von 1848 bis zur Gegenwart, Bd. 3, Wendler, Berlin o. J., S. 35)

1 *Erklären Sie Scheidemanns Erbitterung beim Vergleich des Versailler Vertrages mit Wilsons „14 Punkten" von 1918.*
2 *Erörtern Sie die möglichen Folgen einer deutschen Ablehnung des Friedensvertrages.*

M9 Aus der Versailler Denkschrift von David Lloyd George an Georges Clemenceau und Woodrow Wilson vom 26. März 1919

Sie mögen Deutschland seiner Kolonien berauben, seine Rüstungen zu einer bloßen Polizeimacht und seine Flotte zu einer Macht fünften Grades herabsetzen. Es ist schließlich alles gleich; wenn es sich im Frieden von 1919 ungerecht behandelt fühlt, wird es Mittel finden, um an seinen Besiegern Rache zu nehmen [...]. Unsere Bedingungen dürfen hart, sogar erbarmungslos sein, aber gleichzeitig können sie so gerecht sein, dass das Land, dem sie auferlegt werden, in seinem Herzen fühlen wird, dass es kein Recht zur Klage hat. Aber Ungerechtigkeit und Anmaßung, ausgespielt in der Stunde des Triumphes, werden nie vergessen und vergeben werden.
Aus diesem Grunde bin ich auf das Schärfste dagegen, mehr Deutsche, als unerlässlich nötig ist, der deutschen Herrschaft zu entziehen, um sie einer anderen Nation zu unterstellen. Ich kann kaum eine stärkere Ursache für einen künftigen Krieg erblicken, als dass das deutsche Volk, das sich zweifellos als eine der kraftvollsten und mächtigsten Rassen der Welt erwiesen hat, rings von einer Anzahl kleiner Staaten umgeben werden soll, von denen viele aus Völkern bestehen, die noch nie vorher eine selbstständige Regierung aufgestellt haben, aber jedes breite Massen von Deutschen umschließen, die die Vereinigung mit ihrem

B 8 Die Folgen des Versailler Vertrages, Schulbuch-Illustration, 1933

Heimatland fordern. Der Vorschlag der polnischen Kommission, 2 100 000 Deutsche der Aufsicht eines Volkes von anderer Religion zu unterstellen, das noch nie im Laufe seiner Geschichte die Fähigkeit zur Selbstregierung bewiesen hat, muss meiner Beurteilung nach früher oder später zu einem neuen Kriege in Osteuropa führen.
[...] Von jedem Standpunkt aus, will mir daher erscheinen, müssen wir uns bemühen, eine Ordnung des Friedens zu entwerfen, als wären wir unparteiische Schiedsrichter, die die Leidenschaften des Krieges vergessen haben.
(G. Soldan, Zeitgeschichte in Wort und Bild, Bd. 1, München 1931, S. 312 ff.)

1 *Vergleichen Sie die Vorschläge Lloyd Georges mit den Ergebnissen des Versailler Vertrages (s. S. 208 ff.).*
2 *In welchen Befürchtungen nimmt die Denkschrift spätere Entwicklungen vorweg? Führen Sie diese Entwicklungen genauer aus.*
3 *Definieren Sie Lloyd Georges Position in der Kriegsschuldfrage.*

M10 Die Kritik des Wirtschaftswissenschaftlers John Maynard Keynes am Versailler Vertrag, 1920

Der Friedensvertrag enthält keine Bestimmungen zur wirtschaftlichen Wiederherstellung Europas, nichts, um die geschlagenen Mittelmächte wieder zu guten Nachbarn zu machen, nichts, um die neuen Staaten Europas zu festigen, nichts, um Russland zu retten. Auch fördert er in keiner Weise die wirtschaftliche Interessengemeinschaft unter den Verbündeten selbst. Über die Ordnung der zerrütteten Finanzen Frankreichs und Italiens oder den Ausgleich zwischen den Systemen der Alten und der Neuen Welt konnte man sich in Paris nicht verständigen. Der Rat der Vier[1] schenkte diesen Fragen keine Aufmerksamkeit, da er mit anderem beschäftigt war – Clemenceau, das Wirtschaftsleben seiner Feinde zu vernichten, Lloyd George, ein Geschäft zu machen und etwas nach Hause zu bringen, was wenigstens eine Woche lang sich sehen lassen konnte, der Präsident [Wilson], nur das Gerechte und Rechte zu tun. Es ist eine bemerkenswerte Tatsache, dass das wirtschaftliche Grundproblem eines vor ihren Augen verhungernden und verfallenden Europas die einzige Frage war, für die es nicht möglich war, die Teilnahme der Vier zu erwecken.
[...] Vor uns steht ein leistungsfähiges, arbeitsloses, desorganisiertes Europa, zerrissen vom Hass der Völker und von innerem Aufruhr, kämpfend, hungernd, plündernd und schwindelnd, wo soll man weniger düstere Farben hernehmen?
(John M. Keynes, Die wirtschaftlichen Folgen des Friedensvertrages, München u. a. 1920, S. 184 ff.)

[1] neben den „Großen Drei" noch der italienische Ministerpräsident Vittorio Emmanuele Orlando (1860–1952)

1 *Worin erblickt Keynes das Hauptproblem im Nachkriegseuropa?*
2 *Von welchen Motiven ließen sich nach Keynes die Siegermächte beim Versailler Vertrag leiten?*
3 *Erschließen Sie Keynes' Prognose und überprüfen Sie sie anhand Ihrer augenblicklichen Kenntnisse.*

5 Verfassung und Verfassungswirklichkeit I: Krisenjahre 1919–1923

Die militärische Niederlage, der Sturz der Monarchien, die Friedensbedingungen der Alliierten und die Arbeitslosigkeit der heimkehrenden Soldaten leiteten eine fünfjährige Krisenperiode der ersten deutschen Republik ein, die erst mit der Bewältigung der Inflation und der Regulierung des Reparationsproblems 1923/24 ein Ende fand.

Morde von rechts

Obwohl der Anfang des Jahres 1919 vor allem durch die Kämpfe zwischen MSPD und Linkssozialisten geprägt war, griffen nun auch rechts gerichtete Kreise gewaltsam in die politischen Auseinandersetzungen ein. Der Rechtsradikalismus suchte sich zunächst einzelne Opfer unter Repräsentanten der **Räteanhänger**, später dann auch unter Vertretern der Regierungspolitik. Im Januar 1919 ermordeten Freikorpsoffiziere die Vorsitzenden der neu gegründeten KPD, Karl Liebknecht und Rosa Luxemburg; der bayerische Ministerpräsident Kurt Eisner wurde ihr nächstes Opfer (Karte 2). Im Juni 1921 wurde auch der Vorsitzende der USPD in Bayern, Karl Gareis, von rechts gerichteten Tätern ermordet, die im Räteanhänger und „Bolschewisten" ihren Hauptfeind erblickten. Ein ähnliches Feindbild lieferten die **„Erfüllungspolitiker"**. Als Repräsentanten einer flexiblen Politik zur Erfüllung des Versailler Vertrages wurden 1921 der ehemalige Reichsfinanzminister Matthias Erzberger und 1922 Reichsaußenminister Walter Rathenau von Attentätern getötet (M 13).

Kapp-Putsch 1920

Als 1920 die Bestimmungen des Versailler Vertrages in Kraft traten und auch die aus dem Baltikum heimkehrenden Truppen entwaffnet werden sollten, versuchten rechtskonservative Kreise zusammen mit Truppen der Marinebrigade Ehrhardt einen Putsch. Freikorpseinheiten rückten am 13. März 1920 in Berlin ein (B 9), die Reichsregierung floh und der deutschnationale, alldeutsche Wolfgang Kapp ernannte sich zum Reichskanzler. Doch die Reichswehr und die Beamtenschaft erkannten ihn nicht an, obwohl die Reichswehr sich weigerte, die Putschisten zu bekämpfen. Der Chef der Heeresleitung, von Seeckt, vertrat den Standpunkt: „Reichswehr schießt nicht auf Reichswehr." Deshalb riefen Reichsregierung und Gewerkschaften erfolgreich zum **Generalstreik** auf und der Kapp-Putsch brach am 17. März zusammen. Eine Strafverfolgung der Putschisten unterblieb.

Ruhr- und mitteldeutscher Aufstand „Deutscher Oktober"

Die KPD-Leitung versuchte den Widerstand gegen Kapp für ihre Ziele zu nutzen, rief zur Wahl von Räten im ganzen Reichsgebiet auf und organisierte im Ruhrgebiet eine **„Rote Ruhr-Armee"** von 50 000 Mann, die als Keimzelle einer deutschen Räterepublik wirken sollte (M 11). Dieser Versuch wurde mit Hilfe von Reichswehr und Freikorps, welche eben noch für Kapp marschiert waren, blutig niedergeschlagen.

Die **Märzkämpfe in Mitteldeutschland** 1921 bildeten den nächsten Anlauf der KPD zu einer deutschen Räterepublik. Die Entwaffnung der Arbeiterschaft im Industriedreieck Eisleben–Leuna–Bitterfeld durch preußische Sicherheitspolizei machte aber der vorübergehenden Arbeiterautonomie dort ein Ende. Im **Krisenjahr 1923** unternahm die KPD ihren letzten Versuch zur Errichtung einer Räteherrschaft. Im Oktober 1923 hatten in Thüringen und Sachsen **SPD und KPD** in einer **Volksfront** Koalitionsregierungen gebildet. In ihrem Schutz formierte die KPD bewaffnete Einheiten zur Machtübernahme in einem reichsweiten „Deutschen Oktober". Weil der SPD-Ministerpräsident von Thüringen sich weigerte, die KPD aus der Regierung zu entlassen, wurde er vom Reichskanzler abgesetzt. Jetzt nahm die KPD von ihrem Aufstandsplan Abstand.

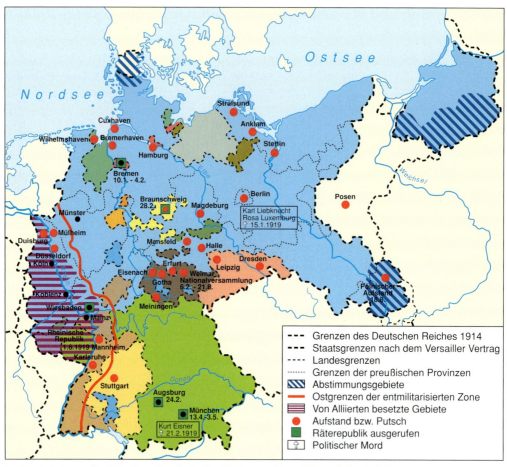

Karte 2 Aufstände, Putsche, Morde in der Weimarer Republik im Jahre 1919

| Hitler-Putsch 1923 | Bayern war nach der Niederschlagung der Räterepublik im Mai 1919 zum Zentrum des Rechtsradikalismus geworden, in das sich die politischen Attentäter vor einer Verfolgung durch das Reich flüchten konnten. Reichsexekutionen gegen solche Rechtsbrüche waren wirkungslos. Der bayerische Ministerpräsident Gustav Ritter von Kahr steuerte seit 1920/21 einen Kurs gegen das Reich. Im Herbst 1923 wurde er zum Generalstaatskommissar mit diktatorischen Vollmachten ernannt. **Erich Ludendorff**, Reichswehrgeneral, und **Adolf Hitler**, Führer der bereits 150 000 Mann starken NSDAP, versuchten, von Kahr zu einem „**Marsch auf Berlin**" zu bewegen (B 10). Weil von Kahr sich im letzten Moment gegen diese „nationale Revolution" stellte, brach der Hitler-Putsch am 9. November 1923 vor der Münchener **Feldherrnhalle** unter den Schüssen der Landespolizei (M 12) zusammen. |

| Separatismus | Die Putsch- und Aufstandsversuche der Linken wie der Rechten richteten sich gleichermaßen gegen Kernpunkte der Weimarer Reichsverfassung. Parlamentarische Demokratie und Grundrechte bildeten die Hauptangriffspunkte. Die Kommunisten wollten den Parlamentarismus durch die Rätediktatur und die Eigentumsgarantie |

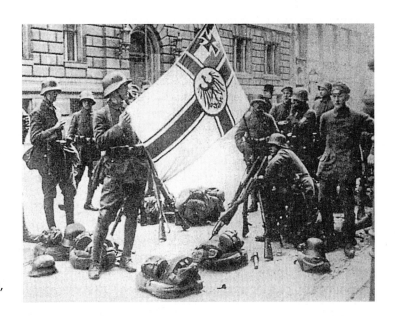

B 9 Kapp-Putschisten in Berlin unter der kaiserlichen Kriegsfahne, Fotografie, März 1920

durch die Sozialisierung ersetzen. Kapp und Hitler versuchten indes eine Militär- bzw. Führerdiktatur und Ständeprinzipien zu verwirklichen.

Gegen die Ordnung des Verhältnisses von Reich und Ländern in der Reichsverfassung richtete sich der Separatismus. Dieser trat in mehr oder weniger erfolgreicher Form auf. Erfolglos blieben die Autonomieversuche in Ostpreußen und Oberschlesien, aber auch die Bestrebungen zur Bildung einer Alpenrepublik mit Österreich und Bayern. Anders lagen die Dinge im **Rheinland**. Bereits am 4. Dezember 1918 hatten rheinische Katholiken in Köln die Ausrufung einer rheinischen Republik ins Auge gefasst, um das katholische Rheinland vom protestantischen Preußen zu trennen. Weil sie damit den französischen Bestrebungen zur Auflösung des Deutschen Reiches in die Hände arbeiteten, riefen sie den Widerstand beim Rat der Volksbeauftragten und beim Reichsrätekongress in Berlin hervor. Daraufhin suchten die Separatisten die Zusammenarbeit mit der französischen Besatzungsmacht auf dem linksrheinischen Gebiet und den Brückenköpfen.

1923 hatten Frankreich und Belgien neben dem linksrheinischen auch das Ruhrgebiet besetzt und hofften mit Hilfe der Separatisten diese Gebiete endgültig kontrollieren zu können. Am 21. Oktober 1923 proklamierten letztere in Aachen die **Rheinische Republik** und am 24. Oktober betrachtete der Speyerer Kreistag die **Pfalz** als autonom. Alle pfälzischen öffentlichen Gebäude wurden besetzt. Der Widerstand Englands gegen den Separatismus und das englische Engagement für eine Lösung des Reparations- und Inflationsproblems in Deutschland machten die rheinischen Separationsversuche zunichte. Belgien und später Frankreich entzogen ihnen ihre Hilfe.

| Inflation | Mit der Niederschlagung der Putschversuche und der separatistischen Bewegungen hatte das Reich den Gipfel seiner politischen, nicht aber den seiner wirtschaftlichen Krise überwunden. Die Kriegsfolgelasten und die Umstellung von Kriegs- auf Friedensproduktion brachten Inflation und Arbeitslosigkeit mit sich, d. h. schwere soziale Belastungen. Die „galoppierende Inflation" 1920 bis 1923 war ohne Vorbild.

Zur Finanzierung des Krieges hatte das Deutsche Reich nicht nur zwischen 1914 und 1918 **Kriegsanleihen** aufgenommen, sondern auch die Geldmenge verzehnfacht und die Golddeckung der Mark aufgegeben. Die Folge war die Halbierung des internationalen Kurses der Mark. Nach Abschluss des Waffenstillstandes mussten die Kriegswirtschaft auf Friedensproduktion umgestellt und die dafür notwendigen Investitionen über Kreditaufnahme finanziert werden. Dies führte zu einer weiteren **Geldmengenvermehrung**. Auch die innenpolitischen Kämpfe bewirkten einen Vertrauens- und Kursverlust der Mark, sodass im Januar 1923 für den Dollar bereits weit über 10 000 Mark bezahlt werden mussten. Als in diesem Moment Frankreich infolge verzögerter Reparationslieferungen das Ruhrgebiet besetzte, reagierte die Reichsregierung mit der Proklamation des **passiven Widerstandes**, sodass nicht nur die Reparationsleistungen, sondern überhaupt alle Arbeit im Ruhrgebiet eingestellt wurde. Die Einkommensausfälle zahlte die Reichsregierung und finanzierte die Kosten über die Notenpresse. Dies kostete das Reich täglich 60 Mio. Goldmark und ruinierte die deutsche Währung (M 14).

Obrigkeitsstaatliche Traditionen

Im Gegensatz zu den kurzzeitigen Krisen der Anfangsjahre erwies sich das Fortleben der obrigkeitsstaatlichen Traditionen aus der Kaiserzeit als eine langfristige Belastung für die erste deutsche Demokratie. Zum einen wirkte die monarchisch-autoritäre Staatsordnung der Kaiserzeit im Selbstverständnis der Parteien nach. Weil sie bis zu den Oktoberreformen 1918 von der Regierungsverantwortung ausgeschlossen blieben – der Kanzler also nur dem Kaiser und nicht dem Parlament verantwortlich war –, standen die Parteien nie unter dem Zwang, Kompromisse schließen zu müssen oder Koalitionen zu bilden. Als **Weltanschauungs- und Interessenparteien** (im Gegensatz zur Volkspartei) konnten sie sich daher damit begnügen, die Interessen der hinter ihnen stehenden Gruppen herauszustellen. Durch eine solche Ausrichtung verfestigten die Weimarer Parteien, zum Zweiten, die **Aufspaltung der Gesellschaft in Milieus**, die sich relativ fest voneinander abschotteten: das sozialdemokratische, das katholische, diverse bürgerliche, das mittelständische und das ländliche Milieu, die ihre Weltanschauungen häufig höher bewerteten als demokratische Grundwerte. Eine weitere belastende Tradition war das verfassungsmäßig abgesicherte Berufsbeamtentum: Die Beamten fühlten sich als „Staatsdiener" mehr den überzeitlichen Werten des Staates als den Geboten einer demokratischen Verfassung verpflichtet. Der **autoritäre Charakter der politischen Kultur** im Allgemeinen schlug sich auch im Bildungssystem nieder, das von einer modernen Erziehung der Kinder zu mündigen, demokratischen Staatsbürgern weit entfernt war. Und der selbstherrliche Militärapparat entzog sich weiterhin der demokratischen Kontrolle und konnte Züge des aggressiven Reichsnationalismus (s. S. 171 ff.) in die Republik weitertragen.

M11 Rundschreiben der kommunistischen Parteileitung zum Kapp-Putsch 1920
Werte Genossen!
Wie ihr wisst, ist die Regierung gestürzt. [...]
Genossen! Was ist zu tun? Zunächst eins: Heraus aus den Betrieben! Auf zum Generalstreik über
5 ganz Deutschland! Damit aber nicht genug. Das Proletariat muss sich seine Organe schaffen, mit denen es die volle Herrschaft übernehmen, halten und sichern kann. Darum gilt es als Zweites: Sofortige Versammlung in den Betrieben. Wahl revolu-
10 tionärer Arbeiterräte, wobei unbedingt erzielt werden muss, dass sich in ihnen, in den Räten, nicht ein Verräter befindet. Kein Anhänger der so genannten Mehrheitspartei, kein Vertreter der bürgerlichen Demokratie darf gewählt werden! Nur von neuem würden diese Verräter ihr schurkisches 15 Spiel aufnehmen. Gewählt darf nur werden, wer sich voll und ganz zur Diktatur des Proletariats bekennt und bereit ist, unter Opferung seiner ganzen Person diese Diktatur durchzuführen. Es kommen also nur in Frage Mitglieder der Kommunistischen 20 Partei und, falls sie sich verpflichten, den Losungen und Parolen des Kommunismus zu folgen, die An-

hänger des linken Flügels der U.S.P. Die so gewählten Arbeiterräte treten sofort zur Volksversammlung zusammen und bestimmen ihre Exekutive. Falls es gelingt, diese Maßnahmen einheitlich und möglichst über ganz Deutschland durchzuführen, werden die exekutiven Organe zur Landes- und Reichsexekutive zusammengefasst. Genossen! In allen größeren Orten Deutschlands sind die Arbeiter im Begriff, diese Maßnahmen durchzuführen.
(H. Spethmann, Zwölf Jahre Ruhrbergbau, Bd. 2, Berlin 1928, S. 80f.)

1 Untersuchen Sie Anlass und Ziel dieser KPD-Initiative.
2 Vergleichen Sie die KPD-Strategie hier mit der vom Januar 1919.

M12 Amtlicher bayerischer Bericht vom 9. November 1923 über den Hitler-Putsch im Bürgerbräukeller

Am 8. November nachmittags von 4 Uhr bis 5.30 Uhr fand eine Besprechung zwischen v. Kahr, General Ludendorff, General v. Lossow und Oberst v. Seißer im Generalstaatskommissariat statt. Bei dieser Besprechung wurde Einheitlichkeit in Bezug auf die erstrebenswerten Ziele festgestellt, wenn auch General Ludendorff in Bezug auf das Tempo drängte, angesichts der großen Notlage, in der sich weite Kreise des deutschen Volkes befänden. Wenige Stunden später gegen 1/2 9 Uhr abends erfolgte in der überfüllten Versammlung im Bürgerbräukeller, während Kahr seine angekündigte Rede hielt, ein verbrecherischer Überfall durch Hitler mit einem stark bewaffneten Anhang, wobei Kahr, Lossow und Seißer mit vorgehaltener Pistole gezwungen wurden, an der Verwirklichung der von Hitler schon lange gehegten Pläne, namentlich der Aufstellung einer Reichsdiktatur Hitler-Ludendorff, mitzutun. […] Wenn Kahr, Lossow und Seißer unter dem Zwang der Verhältnisse die von ihnen erpresste Erklärung abgaben, so geschah dies, weil die Herren von der Überzeugung erfüllt waren, dass nur in einem einheitlichen Zusammengehen und Vorgehen dieser drei Personen noch die Möglichkeit gelegen war, die Staatsautorität innerhalb Bayerns aufrechtzuerhalten und das Auseinanderfallen aller Machtmittel zu verhindern. […] Von Hitler wurde im Saal verkündet, das Kabinett Knilling sei abgesetzt, als Landesverweser werde Exzellenz v. Kahr fungieren. Bayerischer Ministerpräsident solle Poehner werden; die Reichsregierung und Präsident Ebert seien abgesetzt, eine deutsche Nationalarmee werde gebildet und General Ludendorff unterstellt. Reichswehrminister und militärischer Diktator werde General v. Lossow, während Oberst v. Seißer Reichspolizeiminister sein solle. Die Leitung der Politik übernehme ich, sagte Hitler. Es werde nun der Kampf gegen Berlin aufgenommen werden. Kahr gab darauf die folgende Erklärung ab: In des Vaterlandes höchster Not übernehme ich die Leitung der Staatsgeschäfte als Statthalter der Monarchie (stürmisches Bravo), der Monarchie, die heute vor fünf Jahren so schmählich zerschlagen wurde. Ich tue dies schweren Herzens und, wie ich hoffe, zum Segen unserer bayerischen Heimat und unseres lieben deutschen Vaterlandes. (Brausende Zustimmung der Versammlung.) Auch die übrigen auf dem Podium Stehenden gaben Erklärungen ab, die bei den Herren von Lossow und v. Seißer sichtlich dem Bestreben entsprangen, aus der Situation herauszukommen. […] Auf diese Weise gelang es dem Generalstaatskommissar, dem Wehrkommandanten und dem Polizeiobersten, die Bewegungsfreiheit wieder zu gewinnen, die im ersten günstigen Augenblick dazu benutzt wurde, um in der Kaserne des 19. Infanterieregiments in Oberwiesenfeld die Regierungsgewalt wieder in die Hand zu nehmen, sofort die Truppen und die Polizeiwehr zu mobilisieren und Verstärkungen aus den Standorten der Umgebung heranzuziehen. Es wurde auch sofort für Aufklärung nach außen gesorgt und ein Funktelegramm folgenden Inhalts aufgegeben:
An alle deutschen Funkstationen: Generalstaatskommissar v. Kahr, General v. Lossow und Oberst v. Seißer lehnen den Hitler-Putsch ab. Die mit Waffengewalt erpresste Stellungnahme im Bürgerbräuhaus ungültig. Vorsicht gegen den Missbrauch obiger Namen geboten. gez. v. Kahr, gez. v. Lossow, gez. v. Seißer. Dies geschah noch in den ersten Nachtstunden des 9. November.
(Günter Schönbrunn [Hg.], Geschichte in Quellen. Weltkriege und Revolutionen, bsv, München ³1979, S. 197f.)

1 Stellen Sie Hitlers Ziele zusammen. Erklären Sie den Putschversuch aus den Zeitumständen.
2 Welche Gründe könnten die Machthaber in München veranlasst haben, Hitlers Putsch nicht mitzumachen, wo sie ihn doch zunächst unterstützten?

M13 Aus Kurt Tucholsky: Das Buch von der deutschen Schande, 1921

E. J. Gumbel hat die politischen Mordtaten der Jahre 1918 bis 1920 kühl und sachlich gesammelt, alle, die von rechts und die von links, und er hat gleichzeitig ihre gerichtliche Aburteilung aufgezeichnet. […] Das aktenmäßige Material Gumbels

Proklamation an das deutsche Volk!

Die Regierung der Novemberverbrecher in Berlin ist heute für **abgesetzt erklärt worden.** Eine **provisorische deutsche Nationalregierung ist gebildet worden, diese besteht aus**

**Gen. Ludendorff
Ad. Hitler, Gen. v. Lossow
Obst. v. Seisser**

B 10 Plakat zum Hitler-Putsch vom 9. November 1923

— Untersuchen Sie die Absicht der Hitler-Putschisten. Wer sind die „Novemberverbrecher"?
— Klären Sie, um wen es sich bei den Unterzeichnenden handelt (s. M 12).

versetzt uns in die Lage, klipp und klar festzustellen: Wie da – in den Jahren 1913 bis 1921 – politische Morde von deutschen Richtern beurteilt worden sind, das hat mit Justiz überhaupt nichts zu tun. Das ist gar keine.
Verschwendet ist jede differenzierte Kritik an einer Rechtsprechung, die Folgendes ausgesprochen hat: Für 314 Morde von rechts 31 Jahre 3 Monate Freiheitsstrafe sowie eine lebenslängliche Festungshaft. Für 13 Morde von links 8 Todesurteile, 176 Jahre 10 Monate Freiheitsstrafe.
Das ist alles Mögliche. Justiz ist das nicht.
Ganz klar wird das, wenn wir das Schicksal der beiden Umsturzversuche, Kapps und der Münchner Kommunisten, vergleichen, zweier Versuche, die sich juristisch in nichts unterscheiden:
Die Kommunisten haben für ihren Hochverrat 519 Jahre 9 Monate Freiheitsstrafe erhalten. Eine Todesstrafe hat man vollstreckt.
Die Kapp-Leute sind frei ausgegangen.

Hier kann ich nicht kritisch folgen. Ich weise es von mir, mich mit Männern – Staatsanwälten und Richtern – ernsthaft auseinander zu setzen, die das fertig bekommen haben. Sie haben nicht gerichtet. Sie sind es. Sie sind es leider nicht.
(Kurt Tucholsky, Gesammelte Werke, Bd. 1, Rowohlt, Reinbek 1960, S. 818)
1 Arbeiten Sie heraus, von welcher Position aus Tucholsky die deutsche Justiz kritisiert.
2 Wie erklärt sich die Parteilichkeit der Justiz?

M14 Der Wertverfall der Mark

a) Dollarnotierungen 1914–1923

Juli 1914	4,20 Mark
Januar 1919	8,90 Mark
Juli 1919	14,– Mark
Januar 1920	64,80 Mark
Juli 1920	39,50 Mark
Januar 1921	64,90 Mark
Juli 1921	76,70 Mark
Januar 1922	191,80 Mark
Juli 1922	493,20 Mark
Januar 1923	17 972,– Mark
Juli 1923	353 412,– Mark
August 1923	4 620 455,– Mark
September 1923	98 860 000,– Mark
Oktober 1923	25 260 208 000,– Mark
15. November 1923	4 200 000 000 000,– Mark

b) Die Entwicklung des Preises für 1 kg Brot

Dezember 1919	–,80 Mark
Dezember 1920	2,37 Mark
Dezember 1921	3,90 Mark
Dezember 1922	163,15 Mark
Januar 1923	250,– Mark
April 1923	474,– Mark
Juli 1923	3 465,– Mark
August 1923	69 000,– Mark
September 1923	1 512 000,– Mark
Oktober 1923	1 743 000 000,– Mark
November 1923	201 000 000 000,– Mark
Dezember 1923	399 000 000 000,– Mark
Januar 1924	–,30 Mark

(G. Stolper u. a., Deutsche Wirtschaft seit 1870, Mohr, Tübingen ²1966, S. 98)
1 Untersuchen Sie in beiden Tabellen die Zeiträume der Halbierung des Markwertes. Ab wann kann von einer „galoppierenden" Inflation gesprochen werden?
2 Erklären Sie den Funktionszusammenhang einer Inflation. Welche Gründe führten 1914 bis 1923 zur unkontrollierten Geldmengenvermehrung?

6 Verfassung und Verfassungswirklichkeit II: Gesellschaftliche Konsolidierung in den „Goldenen Zwanzigern" und die Rolle der Justiz im Staat

Bewältigung des Währungs- und Reparationsproblems

Im September 1923 wurde der Ruhrkampf abgebrochen, weil er neben der Währung die deutsche Wirtschaft zerstörte und weil England eine Neuregelung des Reparationsproblems von der Währungsstabilisierung abhängig machte. Zur Wiederherstellung des Vertrauens in die Währung schuf die Reichsbank im November 1923 die **Rentenmark**, deren Parität zum Dollar 4,2 Mark betrug. Sie war gedeckt durch Rentenbriefe in Form von Hypotheken auf Land und Industrieanlagen. Die Geldumlaufmenge wurde fixiert und weiteren Spekulationen vorgebeugt.

Inflationsgewinner war in erster Linie der Staat. Die staatlichen Kriegsschulden von 154 Mrd. Mark betrugen am 15. November 1923 nur noch 15,4 Pfennige von 1914. Bezahlt wurden diese Schulden mit der **Verarmung des Mittelstandes**, der bisher den deutschen Nationalstaat getragen hatte: Er verlor all sein Vermögen, das er in festen Geldwerten angelegt hatte. Das trug zu seinem Misstrauen gegen den neuen Staat bei. Zweiter Gewinner der Inflation und Währungsreform waren Sachwertbesitzer, vor allem solche, die mit Krediten während der Inflationszeit Sachwerte kaufen konnten und mit wertlosem Papier bezahlten.

Neuregelung der Reparationen

Die Bewältigung des Währungsproblems eröffnete die Möglichkeit, die Reparationen neu zu regeln. Im **Dawesplan** von 1924 wurden jährliche Zahlungen von zunächst 1,6 Mrd. RM festgelegt (ab 1928 dann 2,4 Mrd.), was für die deutsche Volkswirtschaft tragbar war und einen kalkulierbaren Faktor darstellte. Die spätere Festlegung der deutschen Gesamtschuld im **Youngplan** von 1929/30, wonach das Reich bis 1987/88 jährlich 2 Mrd. RM hätte zahlen sollen, blieb wirtschaftlich bedeutungslos, weil infolge der Weltwirtschaftskrise 1931 zunächst ein einjähriger Zahlungsaufschub gewährt und 1932 auf der Konferenz von Lausanne die Reparationen vollständig eingestellt wurden.

Währungsreform und Dawes-Plan beendeten ein Jahrfünft der Krisen in der deutschen Innenpolitik. Dadurch eröffneten sich in der Außenpolitik neue Perspektiven (s. S. 208 ff.). Die innenpolitische Stabilisierung brachte allerdings eine konservative Wende (Wahl Hindenburgs zum Reichspräsidenten 1925). Wirtschaftspolitisch schuf die Neuordnung der Reparationen die Grundlage für eine Erholung, die durch amerikanische Kredite beschleunigt wurde.

„Relative Stabilisierung" der Wirtschaft

Ab 1924 begann sich die Wirtschaft zu konsolidieren, obwohl die Verschuldung durch ausländische Kredite volkswirtschaftlich problematisch war. Die Industrieproduktion überschritt infolge intensiver Modernisierungsprozesse 1927–1929 das Vorkriegsniveau (M 15). Die Handelsflotte wurde wieder aufgebaut, die Energieversorgung ausgeweitet und das Verkehrsnetz durch Bau und Einsatz von Omnibussen um mehr als das Doppelte verdichtet. Ebenso wuchsen die **sozialen Investitionen**. Vor allem die Kommunen gaben im Vergleich zur Vorkriegszeit hohe Summen für den Bau von Wohnungen, Schulen, Krankenhäusern, Sport- und Grünanlagen aus, oft aber zum Preis einer hohen Verschuldung. Elektrotechnische, chemische und optische Industrie erlangten wieder eine führende Stellung auf dem Weltmarkt. Gleichwohl darf auch hier nicht übersehen werden, dass der deutsche Anteil am Weltexport insgesamt zwischen 1913 und 1929 um ein Drittel zurückgegangen war. Das Gleiche galt für die Investitionen: Zwar wandte die deutsche Wirtschaft zwischen 1924 und 1929 rund 70 Mrd. Mark für Neu- und Ersatzinvestitionen auf, blieb jedoch mit der jährlichen Nettoinvestitionsquote um mehr als ein Drittel hinter den Vorkriegsjahren zurück. Historiker haben daher die Phase 1924–1929 auch als eine Phase der „relativen Stabilisierung" bezeichnet.

In diese Jahre fällt auch ein tief greifender Strukturwandel, der sich vor allem in der **Rationalisierung** zeigte. Wurden beispielsweise 1913 nur 5 % der Ruhrkohle maschinell abgebaut, lag der Anteil 1926 bei rund 67 %. Amerikanische Massenproduktionstechniken, insbesondere die Fließbandarbeit, organisierten den Arbeitsplatz neu und intensivierten die Arbeitsvorgänge. Frauen, an- und ungelernte Arbeitskräfte traten im Produktionsprozess vermehrt an die Stelle handwerklich ausgebildeter Facharbeiter. Die Ausweitung der Wirtschaftsbereiche Handel, Verkehr und öffentliche Dienste hatte zur Folge, dass sich der Anteil der Beamten und Angestellten an der erwerbstätigen Bevölkerung im Vergleich zur Vorkriegszeit fast verdoppelte.

| Sozialpolitische Entwicklungen in den 1920er-Jahren | Die Weimarer Republik hatte ein erhöhtes Maß an sozialer Sicherheit gebracht und Umrisse einer umfassenden sozialstaatlichen Absicherung gezeigt. Die Leistungen der bereits in die 1880er-Jahre zurückreichenden Sozialversicherung wurden verbessert und im Juli 1927 die gesetzliche **Arbeitslosenversicherung** eingeführt. Erstmals gab es auch für Arbeiter einen, wenn auch nur drei- bis sechstägigen, **Mindestjahresurlaub**. Die Reallöhne erreichten 1928 wieder Vorkriegsniveau. Aber auch in ihren „besten" Jahren erlebte die Republik eine bis dahin unbekannte **Arbeitslosigkeit**, die wenig geeignet war, Identifikation mit einer jungen Demokratie herzustellen, in der der Sozialstaat erstmals Verfassungsrang erhalten hatte. Auch die soziale Stabilisierung hatte ihre trügerischen Seiten.

| Gesellschaft im Umbruch | Die Gesellschaft der Weimarer Republik war eine Gesellschaft im Umbruch. Einerseits blieben die alten Milieus prägend für alltägliche Wahrnehmungen und Einstellungen. Andererseits wurden sie ansatzweise aufgebrochen, und zwar durch die aufkommende **Massenkultur**. Insbesondere Kino und Rundfunk wurden zu Massenvergnügen, die Teilhabe am „American way of life" versprachen und potenziell jedem offen standen: Im Dunkel des Zuschauerraums war der eine wie der andere nur ein Zuschauer (M 17). Ihre Grenzen hatte diese Entwicklung im ökonomischen Bereich: Viele Angebote der Moderne, Haushaltsgeräte, Auto oder gar eine Urlaubsreise, waren für viele unerschwinglich.

Neben dem modernen Leben der Großstadt gab es weiterhin das nicht moderne Leben: vor allem im alten Mittelstand der Handwerker und Kleinhändler, bei Studenten und Akademikern und nicht zuletzt auf dem Lande. Hier bestimmten weiterhin die alten Gesangs- und Kriegervereine das Alltagsleben, in dem sich Nationalismus, Antiamerikanismus und Antisemitismus als **Abwehrhaltungen gegenüber der Moderne** kräftig entfalteten.

Kontrovers waren auch die **Frauenbilder** (B 11, 12): einmal das „moderne" Frauenbild der konsumorientierten, unpolitischen Angestellten mit Bubikopf und Zigarette; daneben die „Frau als Mutter"; ferner das Bild der „rationalen Hausfrau", das in der bürgerlichen Frauenbewegung ebenso wie bei SPD-Kulturpolitikern verbreitet war; und schließlich die erwerbstätige Arbeiterin mit ihrer Dreifachbelastung durch Beruf und häusliche Versorgung von Mann und Kindern.

Im **Konflikt zwischen Moderne und Tradition** fiel den **Jugendlichen** eine besondere Rolle zu. Typisch für Jugendliche der Weimarer Republik waren schwere Konflikte um persönliche Normen und Lebensperspektiven. Viele wandten sich der städtischen Massenkultur zu, aber ebenso viele flüchteten in die Reihen der Modernitätsgegner oder der paramilitärischen Kampfbünde.

| Justiz und politische Morde | Die Justiz (M 19a–c) hatte in der Mehrzahl ihrer Vertreter ihre kaisertreue, deutschnationale oder gar völkische Gesinnung ungebrochen in die Weimarer Republik hinübergerettet. Darin lag eine der wichtigsten Ursachen dafür, dass die

politischen Morde der Weimarer Zeit, wenn sie von rechtsradikalen Tätern verübt wurden, selten aufgeklärt oder gar bestraft wurden. Zahllose Querverbindungen zwischen Justiz, Polizei und Verwaltung behinderten die Aufklärung politischer Straftaten und stießen sogar auf die Zustimmung weiter Kreise des nationalen Bürgertums.
In den ersten Jahren der Republik fielen vor allem die Wortführer der Revolution politischen Morden zum Opfer (M 18 und S. 213). Seit 1920 arbeitete die „Organisation Consul" aus dem rechtsradikalen Untergrund mit so genannten „Feme"-Morden, d. h., in geheimen „Gerichtsverfahren" wurden angebliche Vaterlandsverräter „verurteilt" und „hingerichtet". Aber erst die Morde an prominenten bürgerlichen Politikern wie Erzberger und Rathenau (s. S. 213) riefen den Abscheu weiter Kreise hervor. Als die Reichsregierung nunmehr erkannte, wo die gefährlichsten Gegner der Republik zu suchen waren („Der Feind steht rechts!"), wurde zwar ein Staatsgerichtshof errichtet und ein **Gesetz zum Schutz der Republik** verabschiedet. Doch blieb die Mehrheit der politischen Verbrechen unverfolgt und ungesühnt.

M15 Wirtschaftsdaten zur Weimarer Republik

a) Industriegüterproduktion 1913–1933 (Index 1928 = 100)

	Insgesamt	Verbrauchsgüter	Produktionsgüter insgesamt	Bergbau
1913	98	97	99	120
1918	56	–	–	100
1919	37	–	32	73
1921	65	69	65	86
1923	46	57	43	48
1925	81	85	80	86
1927	98	103	97	99
1929	100	97	102	108
1930	87	91	84	94
1931	70	82	62	79
1932	58	74	47	70
1933	66	80	56	74

(Dietmar Petzina u. a., Sozialgeschichtliches Arbeitsbuch, Bd. 3, C. H. Beck, München 1978, S. 61)
1 *Bestimmen Sie die Jahre der Prosperität und der Depression.*
2 *Versuchen Sie eine kurze Bestimmung der Ursachen für die Konjunkturbeschränkung der 1920er-Jahre.*

b) Welthandel 1913–1933 (in Mrd. RM)

	1913	1925	1928	1930	1932	1933
Welthandel						
Einfuhr	83,4	138,3	144,2	120,0	57,8	52,1
Ausfuhr	76,8	129,9	135,0	108,7	52,0	48,8
Deutschland						
Einfuhr	10,8	12,4	14,0	10,4	4,7	4,2
Ausfuhr	10,1	9,3	12,3	12,0	5,7	4,9
Frankreich						
Einfuhr	6,8	8,9	8,8	8,6	4,9	4,7
Ausfuhr	5,6	9,4	8,6	7,1	3,3	3,0
Großbritannien						
Einfuhr	13,5	23,6	21,9	19,5	10,4	9,4
Ausfuhr	10,7	15,7	14,8	11,6	5,4	5,1
USA						
Einfuhr	7,5	17,6	17,7	12,6	5,6	5,0
Ausfuhr	10,3	20,2	21,1	15,8	6,8	5,7

(Statistisches Jahrbuch für das Deutsche Reich. Internationale Übersichten, Jg. 1932 und 1934)
1 *Vergleichen Sie die Handelsentwicklungen in Deutschland, Frankreich, England und den USA.*
2 *Bestimmen Sie die Stellung Deutschlands im Welthandel 1913 bis 1933.*

B 11 Jeanne Mammen, Langweilige Puppen, um 1927/30, Aquarell und Bleistift auf Papier

B 12 Hans Baluschek, Berlin – 13 Uhr, 1931, Pastell und Kreide auf Karton

— Erläutern Sie anhand von B 11 und 12 die Spannung zwischen Tradition und Moderne in der Gesellschaft der Weimarer Republik.

M17 Der Journalist und Soziologe Siegfried Kracauer über den Autokult, 1931

Wenn ich es noch nicht gewusst hätte, so wäre ich jetzt, nach dem Besuch der Internationalen Auto-Schau am Kaiserdamm [in Berlin], endgültig davon überzeugt, dass das Auto einer der wenigen Gegenstände ist, die heute allgemeine Verehrung genießen. Ich kenne kaum ein anderes Objekt, das so in der Volksgunst steht. Taxichauffeure und Herrenfahrer, junge Burschen proletarischen Aussehens und Schupomannschaften, elegante Schnösel und Motorradanwärter: Sie alle, die sich sonst gar nicht miteinander vertragen, pilgern gemeinschaftlich durch die Hallen und verrichten ihre Andacht vor Kühlern, Zündungen und Karosserien. Es ist, als seien angesichts des Fertigprodukts die sozialen Klassenunterschiede aufgehoben, die […] bei seiner Fabrikation eine beträchtliche Rolle spielen. Eine Wallfahrt wie die zu Lourdes, die sich langsam von Station zu Station bewegt und immer neue Offenbarungen erlebt. Vermutlich werden viele die Ausstellung in erleuchtetem Zustand verlassen.

Auf ihn vorbereitet sind jedenfalls die meisten Besucher. Noch niemals bin ich in eine Menge verschlagen worden, die so viel von den Dingen verstünde, um derentwillen sie sich angeschart hat. Mag man in Volksversammlungen ihr alles Mögliche aufschwatzen können: Hier lässt sie sich nicht betrügen, hier dringt sie bis ins Innere der Motoren vor. […]

Vor den billigen Volkswagen staut sich die Menschenmenge besonders dicht. Sie erwecken die Begehrlichkeit und werden mit einem Wohlgefallen angestaunt, das keineswegs interesselos ist. Man erklärt sich gegenseitig ihre Bestandteile, zwängt sich in sie hinein und findet sie so komfortabel, als hätte man sie bereits erworben.

(Siegfried Kracauer, Autokult, in: Frankfurter Zeitung vom 24. Februar 1931)

1 Interpretieren Sie M 17 im Kontext des gesellschaftlichen Modernisierungsprozesses der 1920er-Jahre.

M18 Aus einer statistischen Übersicht der politischen Morde, 1921

1921 veröffentlichte Professor Emil Julius Gumbel (1891–1966) eine Broschüre mit dem Titel „Zwei Jahre politischer Mord", die bereits 1922 in ihrer 5. Auflage unter dem fortgeschriebenen Titel „Vier Jahre Mord" erschien und in ihren Ergebnissen vom Reichsjustizministerium als korrekt bestätigt wurde.

Die Formen der politischen Morde

„Tödlich verunglückt"	184	Als Repressalie erschossen	10
Willkürlich erschossen	73	Willkürlich erschossen	8
„Auf der Flucht erschossen"	45		
Angebliches Standrecht	37	Angebliches Standrecht	3
Angebliche Notwehr	9	Angebliche Notwehr	1
Im Gefängnis oder auf Transport gelyncht	5		
Angeblicher Selbstmord	1		
Summe der von Rechtsstehenden Ermordeten	354	Summe der von Linksstehenden Ermordeten	22

Die Sühne der politischen Morde

	Politische Morde begangen	
	von Linksstehenden	von Rechtsstehenden
Gesamtzahl der Morde	22	354
davon ungesühnt	4	326
teilweise gesühnt	1	27
gesühnt	17	1
Zahl der Verurteilungen	38	24
Geständige Täter freigesprochen	–	23
Geständige Täter befördert	–	3
Dauer der Einsperrung je Mord	15 Jahre	4 Monate
Zahl der Hinrichtungen	10	–
Geldstrafe je Mord	–	2 Papiermark

(Harry Pross [Hg.], Die Zerstörung der deutschen Politik. Dokumente 1871–1933, Frankfurt/Main 1959, S. 139)

M19 Die Weimarer Justiz

a) Aus einem Vortrag des Bundesgerichtshofspräsidenten Professor Dr. Gerd Pfeiffer (geb. 1919) anlässlich der „Gedenkstunde zum hundertsten Gründungstag des Reichsgerichts", 1979

Das Reichsgericht war, vor allem gegen Ende der Weimarer Republik, Angriffen von nahezu allen Seiten ausgesetzt gewesen. Seine Richter, so können wir getrost vermuten, sehnten sich nach der unangefochtenen Autorität des Rechts und des höchsten Gerichts. Die Parteiengegensätze, die durch den Kampf der Extremisten ins Unerträgliche gesteigert waren, wurden nur als Übel angesehen. Das Bewusstsein von der demokratischen Legitimität des Interessenkampfes, aber auch von der Notwendigkeit des Kompromisses war unterentwickelt. Das wahre Recht sollte aus der Volksgemeinschaft als solcher wachsen, wie es in Bumkes[1] Rede zur Fünfzigjahrfeier des Reichsgerichts angeklungen war. Das Reichsgericht hat die Weimarer Verfassung loyal angewandt. Aber mit dem Herzen, auch das können wir wohl sagen, waren die Richter nicht der Republik und der Demokratie verschworen. Der starke Staat, der mit der so genannten nationalen Erneuerung zu kommen versprach, war daher eine Versuchung. Die Rechtsverachtung Hitlers, die jeder hätte nachlesen können, haben die Richter in der Anfangszeit nach 1933 wohl ebenso wenig gesehen wie viele berühmte Zeitgenossen, denen erst später die Augen aufgingen.

[1] Erwin Bumke (1874–1945), Reichsgerichtspräsident; Schlusswort seiner Rede im Jahre 1929: „Ein Reich – ein Recht, ein Volk – ein Geist."

(Deutsche Richterzeitung 57, 1979, S. 329)

b) Der Historiker Gotthard Jasper (geb. 1934) über die Justiz in der Weimarer Republik, 1992

Dieser unverhohlene Antiparlamentarismus und Antipluralismus brachte die Richter der Republik trotz ihres Eides auf die Verfassung nicht in Schwierigkeiten, weil sie zwischen dem Wesen des Staates an sich, dem ihre ganze Treue galt, und der zufälligen, auswechselbaren konkreten Staatsform zu unterscheiden sich angewöhnt hatten. Die Staatsform war umstritten, blieb Sache der Parteien. Diese „Zweiseelentheorie" (Richard Thoma) trennte die Richter und Beamten von den Parteien, ermöglichte ihnen, sich von der Republik zwar besolden zu lassen, gleichwohl aber sich nur dem Staat als solchem verpflichtet zu fühlen. Der Staat über den Parteien, der die gesellschaftliche Dynamik von oben her begrenzen und ordnen sollte, war ihnen nach ihrem Selbstverständnis anvertraut, sie waren seine Sachwalter. Dieser Führungsanspruch auf ihren Sachverstand pochender obrigkeitlicher Beamter und ihrem Rechtsbewusstsein vertrauender unpolitischer Richter wurde durch Parlamentarismus und Parteienstaat massiv bedroht, insbesondere dann, wenn sich linke Mehrheiten bildeten. Im Konflikt wurde dann überdeutlich, dass „Überparteilichkeit ... die Lebenslüge des Obrigkeitsstaates war", wie Gustav Radbruch[1] schon 1930 formulierte.

[1] Gustav Radbruch (1878–1949), Rechtswissenschaftler und Reichsjustizminister (SPD) 1921/22 und 1923

(Gotthard Jasper, Justiz und Politik in der Weimarer Republik, in: Vierteljahrshefte für Zeitgeschichte 30, 1992, S. 196)

1 *Ermitteln Sie aus der Statistik (M 18) die Tendenz der Rechtsprechung in politischen Fällen zu Beginn der Weimarer Republik und erörtern Sie den rechtlichen und politischen Hintergrund dieser Tendenz. Berücksichtigen Sie dabei auch M 13.*

2 *Untersuchen Sie M 19a und b unter den Gesichtspunkten: a) Abweichungen und Übereinstimmungen, b) Beurteilungsmaßstab und nehmen Sie anschließend zu diesen Positionen Stellung.*

3 *Setzen Sie sich mit einer These von Robert Kuhn (Die Vertrauenskrise der Justiz 1926–1928. Köln 1983, S. 275) auseinander: „Die Vertrauenskrise der Justiz beruhte auf einem Geburtsfehler der Weimarer Republik: auf der Übernahme der alten, monarchischen Richter und Staatsanwälte in den Dienst des neuen, republikanischen Staates."*

c) Im April 1931 wurde die NS-Wochenzeitschrift „Der Stürmer" von der Polizeidirektion Nürnberg-Fürth wegen einer Bildveröffentlichung verboten

[Das Bild trägt die] Überschrift „Karfreitag" und den Spruch „Herr, sie wollen mein Volk verraten, wie sie Dich verraten haben". Das Bild stellt Jesus Christus am Kreuz dar. Links von der Darstellung des Gekreuzigten steht ein Nationalsozialist mit gefalteten Händen, der offensichtlich im Gebete die oben angeführten Worte spricht. Rechts unten sieht man in kleineren Figuren einen katholischen Geistlichen, Arm in Arm mit einer Gestalt mit Ballonmütze. Auf der anderen Seite des Geistlichen erblickt man eine kleinere Gestalt mit slawischem Typus und verbrecherischem Gesichtsausdruck, dahinter einen jüdisch aussehenden Mann, der in der Hand ein Blatt mit verzerrtem Kruzifix und dem Namen „Groß" hält. [...] Die Darstellung des gekreuzigten Jesus Christus und des Nationalsozialisten tragen unverkennbar edle Züge, während die anderen Gestalten alle ausgesprochen als Karikaturen gezeichnet sind.

Das Reichsgericht hob das Verbot unter anderem mit folgender Begründung auf:

Die Auffassung der Verbotsverfügung, „das Bild des Gekreuzigten" sei „in der widerlichsten Weise in den Parteikampf hineingezogen und dadurch beschimpft" worden, wird ... dem wirklichen Sachverhalt nicht gerecht ... Die Figur des katholischen Geistlichen unter den „Volksverrätern" soll die Zentrumspartei und nicht die katholische Kirche darstellen.

(Zit. nach Theo Rasehorn, Justizkritik in der Weimarer Republik. Das Beispiel der Zeitschrift „Die Justiz", Frankfurt/Main, u. a. 1985, S. 199 f.)

1 *Vergleichen Sie die Begründungen der Polizeidirektion Nürnberg-Fürth mit derjenigen des Reichsgerichts. Zeigen sie die Unterschiede auf. Erläutern Sie die politischen Folgen der abweichenden Urteile.*

2 *„Wenn gerichtsförmige Verfahren politischen Zwecken dienstbar bemacht werden, sprechen wir von politischer Justiz. Der politische Zweck kann revolutionär oder staatserhaltend sein, er kann eindringliches Interesse der gegenwärtigen Machthaber wahrnehmen oder dem frivolen Übermut der Machtfülle entspringen." Diese Sätze formulierte der Jurist und Politikwissenschaftler Otto Kirchheimer in seinem erstmals 1955 erschienenen Aufsatz „Politische Justiz". Diskutieren Sie die These am Beispiel der Weimarer Justiz. Ziehen Sie dafür M 19a–c und M 13 heran.*

7 Das Scheitern der Demokratie I: Weltwirtschaftskrise und antidemokratische Kräfte

Ausbruch der Weltwirtschaftskrise

Die wirtschaftliche Erholung in der zweiten Hälfte der 1920er-Jahre war eine **Erholung „auf Pump"**. Denn die insbesondere aus den USA nach Europa geflossenen Kredite hatten Auslandsverschuldung und Einfuhrüberschüsse in die Höhe getrieben, während sich die USA selbst durch Schutzzölle gegen Importe abschotteten. In Deutschland waren darüber hinaus Unternehmen und Kommunen immer häufiger dazu übergegangen, kurzfristige Kredite zur Finanzierung langfristiger Projekte einzusetzen, sodass sich Störungen im internationalen Finanzkreislauf hier besonders nachhaltig auswirken mussten. Am 25. Oktober 1929 brachen an der New Yorker Börse die Kurse zusammen. Da New York seit Ende des Ersten Weltkriegs das Weltfinanzzentrum bildete und das internationale Finanzsystem von den amerikanischen Krediten abhing, war der später so genannte **Schwarze Freitag** mit tief greifenden Folgen verbunden. In den Vereinigten Staaten wurden zahlreiche Banken zahlungsunfähig und forderten, dass das Ausland seine kurzfristigen Anleihen und Kredite sofort zurückzahle. Unter den in Amerika stark verschuldeten Industrienationen Europas wurde Deutschland hiervon am schwersten getroffen. Die Geldverknappung führte zu einer Konkurswelle. Vor allem im Produktionsgüterbereich sank der Produktionsindex bis 1932 auf 47 Punkte. Im Mai 1931 brach die österreichische Kreditanstalt zusammen, im Juli folgte die Darmstädter Nationalbank.

Massenarbeitslosigkeit – soziale und politische Folgen

Am drängendsten auf die alltägliche Lebensweise wirkte sich in Deutschland die **Arbeitslosigkeit** aus. Bereits in der Phase der Stabilisierung hatte sie zeitweise ein relativ hohes Niveau erreicht. Nach einem dramatischen Anstieg im Winter 1929/30 erreichte die Arbeitslosigkeit der Erwerbstätigen insgesamt im Jahresdurchschnitt 1932 schließlich 29,9 % (5,6 Mio. Personen; M 20). Vor allem die Folgen der Dauerarbeitslosigkeit konnten von der Arbeitslosenversicherung, die noch keine größeren Reserven gebildet hatte, kaum aufgefangen werden. Gerade die von Arbeitslosigkeit überdurchschnittlich betroffene Jugend erfuhr die Wirtschaftskrise als Lebenskatastrophe. Paramilitärische Männerbünde der rechten wie der linken Parteien, die mit dem Anspruch auftraten, neue persönliche und politische Perspektiven zu bieten, erhielten daher großen Zulauf. Die KPD wurde so bis 1932 zu einer Arbeitslosenpartei, während es der NSDAP gelang, in besonderem Maß auch orientierungslos gewordene Gruppen aus dem „neuen Mittelstand" der Angestellten und Beamten, dem „alten Mittelstand" der Einzelhändler und selbstständigen Handwerker sowie der Bauern und Landarbeiter als Wähler zu gewinnen. Wenn auch der **„Zangengriff" der radikalen Parteien**, in den die Weimarer Republik durch die Radikalisierung der Wählermassen geraten war, nicht mit Zwangsläufigkeit zu ihrem Untergang führen musste, so schraubte er doch den Handlungsspielraum der Mittelparteien zusammen.

1930: Scheitern der Großen Koalition

Ein relativ unbedeutender Anlass genügte jetzt, um am 27. März 1930 das **Ende der „Großen Koalition"** herbeizuführen: Bei der Frage, welchen Prozentsatz Arbeitgeber bzw. Arbeitnehmer zur Arbeitslosenversicherung zu leisten hätten, lagen die widerstreitenden Parteien nur um ein halbes Prozent auseinander. Ein Kompromiss des Zentrumsführers Heinrich Brüning fand nicht die Zustimmung der SPD, bei der sich der Einfluss des Gewerkschaftsflügels durchgesetzt hatte. Infolgedessen trat das letzte parlamentarisch funktionierende Kabinett der Weimarer Republik zurück (M 21).

Republik ohne Republikaner? – Parteien und Wähler

Immer schon war die Mehrheit der Republikaner in der ersten deutschen Demokratie gefährdet gewesen. Nie mehr erreichte die Weimarer Koalition ihr Ergebnis von 1919. Bereits **1925** wählte die Mehrheit der Deutschen einen Repräsentanten der Kaiserzeit, den politisch zunächst desinteressierten ehemaligen Generalfeldmarschall **Hindenburg, zum Reichspräsidenten** und damit zum Nachfolger des verstorbenen Sozialdemokraten Friedrich Ebert.

Betrachtet man die Wahlergebnisse der Reichstagswahlen seit 1924, so waren hierbei drei Entwicklungen von besonderer Bedeutung (s. Methodenseiten 230 f.).

Erstens verschwanden die liberalen Parteien allmählich aus dem politischen Spektrum. Zweitens konnte daher, ungeachtet des Anstiegs der SPD von rund 21 auf 30 % zwischen 1924 und 1928, die verfassunggebende Weimarer Koalition von 1919 auch in der Phase der relativen Stabilisierung die Mehrheit nicht wiedererlangen und war mit DVP und DNVP auf Mehrheitsbeschaffer von „rechts" angewiesen. Und drittens avancierte nach dem Bruch der „Großen Koalition" bei der Reichstagswahl im September 1930 Hitlers **Nationalsozialistische Deutsche Arbeiterpartei (NSDAP)** neben der nun arg verkleinerten DNVP zum parteipolitischen Hauptträger des Rechtsradikalismus. Auf linksradikaler Seite entsprach dieser Entwicklung ein starker Anstieg der KPD-Stimmen.

Gleichwohl hatte die Republik in SPD, Zentrum und DDP ihre Stützen, 1930 noch 44 % und 1932 39 bzw. 36 % der Reichstagssitze. Dass die Republikaner dies nicht zu nutzen wussten, liegt z. T. an den obrigkeitsstaatlichen Traditionen (s. S. 216). Auch der Artikel 48 der Reichsverfassung erleichterte es den Parteien, sich ihrer Verantwortung zu entziehen.

Republikfeindschaft der alten Eliten

Eine der stärksten Belastungen für die Demokratie resultierte aus der Republikfeindschaft der alten Eliten: Adel, Beamtenschaft, Justiz, Universität, Militär, Großindustrie und Großagrarier. Die **Schwerindustrie** versuchte im Ruhreisenstreit von 1928 und damit schon einige Jahre vor den Präsidialkabinetten ihre autoritären Staatsvorstellungen durchzudrücken und sich von der „Last des Sozialstaates" und den „Fesseln des Gewerkschaftsstaates" zu befreien. Und die **ostelbischen Junker** bestärkten den ostpreußischen Gutsbesitzer Hindenburg bereits nach seiner Wahl zum Reichspräsidenten 1925 in seinem Kurs gegen den Parlamentarismus und befürworteten gemeinsam mit der **Reichswehr** (General Kurt von Schleicher) die Errichtung einer Präsidialdiktatur.

Das innenpolitische Klima der Weimarer Republik war also nicht von Konsens und Kompromiss, sondern von Polarisierung und Abgrenzung bestimmt. Bekräftigt wurde diese Entwicklung auch durch die Tätigkeit von **Straßenkampforganisationen** der Parteien oder auch von Politikern wie Alfred Hugenberg, der – Besitzer eines Presse- und Filmkonzerns – 1928 den Vorsitz der DNVP übernommen und mit der **„Harzburger Front"** 1931 eine antirepublikanische Sammlung der rechten Parteien und Verbände erreicht hatte (M 22).

Krisenreaktionen im internationalen Vergleich

Auch die westlichen Demokratien, USA, Frankreich und Großbritannien, sahen sich durch die gesellschaftlichen Umbrüche und die Weltwirtschaftskrise einer Bewährungs-, wenn nicht gar Zerreißprobe ausgesetzt. Großbritannien hatte bereits seit Anfang der Zwanzigerjahre mit einer Arbeitslosenquote von rund zehn Prozent und mehr zu kämpfen. In der gesamten Zwischenkriegszeit bewältigte es aber seine politischen und wirtschaftlichen Konflikte, ohne dass „ein einziges Menschenleben" dabei verloren ging, wie der Historiker R. A. C. Parker hervorhebt. In den USA fand das New-Deal-Programm von Franklin D. Roosevelt Ende 1932 eine breite Mehrheit (s. S. 326). Und Frankreich begegnete 1936 dem politischen Extremismus, insbesondere auf der extremen Rechten, mit der Bildung der

B 13 a) SPD-Plakat von 1930 b) Zentrumsplakat von 1932

c) KPD-Plakat von 1932 d) NSDAP-Plakat von 1932

— Vergleichen Sie die Plakate hinsichtlich der Stellung der Parteien zur Weimarer Republik. Welche darstellerischen Mittel werden benutzt, um die Wähler anzusprechen?

Volksfrontregierung: Diese trat zur „Verteidigung der Demokratie" an und wurde von Sozialisten, Liberalen und Kommunisten getragen. In diesen Ländern gab es offensichtlich einen tief verwurzelten Konsens über die Werte und Grundprinzipien der Demokratie, die auch in der Krise nicht aufgegeben wurden: Menschen- und Bürgerrechte, Teilung der Gewalten, Rechtsstaatlichkeit, Pluralismus und Mehrheitsprinzip, Volkssouveränität und Repräsentation.

Anders in Deutschland: Kriegsniederlage, Revolution und Putschversuche, Rheinlandbesetzung, Reparationen und Inflation, Wirtschaftskrisen, Arbeitslosigkeit und häufiger Regierungswechsel stellten in den Zwanzigerjahren eine rasche Folge sozialer Katastrophen dar. In ihrer Summe bewirkten sie, dass das republikanische Experiment „Weimar" bereits bei Ausbruch der Weltwirtschaftskrise in Misskredit geriet – bei der Masse der Wähler ebenso wie bei den Eliten. Damit fiel in Deutschland die 1929 einsetzende Weltwirtschaftskrise mit einer Legitimationskrise des politischen Systems der Demokratie zusammen. Darin lag ihre Einzigartigkeit.

M20 Arbeitslosigkeit in Deutschland 1926–1933 im internationalen Vergleich

Jahr	Deutschland			Großbritannien	USA
	Abhängige Erwerbspersonen (in 1 000)	Arbeitslose (in 1 000)	Arbeitslosigkeit (in % der abhängigen Erwerbspersonen)	(in % der Erwerbslosenversicherten)	(in % der zivilen Erwerbspersonen über 16 J.)
1926	20 287	2 025	10,0	12,5	1,8
1927	21 207	1 312	6,2	9,7	3,3
1928	21 995	1 291	6,3	10,8	4,2
1929	22 418	1 899	8,5	10,4	3,2
1930	21 916	3 076	14,0	16,1	8,7
1931	20 616	4 520	21,9	21,3	15,9
1932	18 711	5 603	29,9	22,1	23,6
1933	18 540	4 804	25,9	19,9	24,9

(Dietmar Petzina u. a., Sozialgeschichtliches Arbeitsbuch, Bd. 3, C. H. Beck, München 1978, S. 119; ders., Arbeitslosigkeit in der Weimarer Republik, in: Werner Abelshauser [Hg.], Die Weimarer Republik als Wohlfahrtsstaat, Wiesbaden 1987, S. 242; Willi Paul Adams [Hg.], Die Vereinigten Staaten von Amerika, Fischer, Frankfurt/Main 1977, S. 505)

1 Skizzieren Sie die Entwicklung der Arbeitslosigkeit in Deutschland 1926 bis 1933.
2 Erörtern Sie die Folgen von Arbeitslosigkeit 1929 bis 1933 und heute.
3 Bewerten Sie die Entwicklung der Arbeitslosigkeit in Deutschland während der Weltwirtschaftskrise im Vergleich zu anderen Ländern und im Hinblick auf die Machtübertragung an die Nationalsozialisten 1933.

M21 Aus dem Bericht des sozialdemokratischen Journalisten Friedrich Stampfer zum Scheitern der Großen Koalition vom 27. März 1930

Im März 1930 hatte die Regierung Hermann Müller eine Vorlage eingebracht, die den Vorstand der Reichsanstalt ermächtigte, die Beiträge von 3 1/2 auf 4 Prozent des Lohnes zu erhöhen. Eine Änderung der gesetzlich festgelegten Leistungen sollte nur im Wege der Gesetzgebung möglich sein. Die sozialdemokratische Reichstagsfraktion stimmte dieser Vorlage zu, obwohl die Erhöhung der Beiträge auf zwei Prozent – die anderen zwei Prozent zahlten die Arbeitgeber – auch für die Arbeiter kein geringes Opfer bedeutete. Die Volkspartei lehnte ab. Es gab also neue Verhandlungen, die in großer Erregung geführt wurden, und schließlich kam unter entscheidender Mitwirkung des Vorsitzenden der Zentrumsfraktion, Brüning, ein Kompromissvorschlag zu Stande. Danach sollte der Beitrag zur Arbeitslosenversicherung wie bisher nur 3 1/2 Prozent betragen und das Reich sollte 150 Millionen zuschießen. [...]
Im Kabinett saßen vier Sozialdemokraten: neben

dem Reichskanzler Hermann Müller der Innenminister Severing, der Wirtschaftsminister Robert Schmidt und der Arbeitsminister Wissell. Die ersten drei waren der Meinung, dass der Kompromiss nicht tragisch zu nehmen sei. Der Arbeitsminister Wissell widersetzte sich auf das leidenschaftlichste. Er tat das aus sehr anerkennenswerten Motiven. Er sah als Ressortminister die große Bedeutung des Problems, er wollte dem Teufel auch nicht den kleinen Finger reichen. Wissell fand die volle Unterstützung der Gewerkschaften. Auch sie sahen in der Arbeitslosenversicherung nicht bloß eine mühsam erkämpfte wichtige Position, sondern auch den Schutzwall für das ganze Lohntarifsystem. Sie waren darum entschlossen, jeden Fußbreit Boden zu halten. Aber in der Feuerlinie standen nicht sie, sondern die Partei.

Da es nicht um eine sozialpolitische Einzelfrage ging, sondern um eine politische Entscheidung von höchster Bedeutung, hätte die Partei die Führung haben müssen. Es wäre ihre Aufgabe gewesen, zwischen den nur gewerkschaftlichen und den allgemein politischen Gesichtspunkten den notwendigen Ausgleich zu schaffen und daraus die entsprechenden Konsequenzen für die Taktik zu ziehen. Die Partei war aber dazu nicht im Stande, denn eine Minderheit bekämpfte die Koalitionspolitik Hermann Müllers heftig und wünschte ihr ein baldiges Ende. Die Parteiführung sah sich, zwischen dem linken Parteiflügel und den Gewerkschaften eingeklemmt, jeder Bewegungsfreiheit beraubt. Ein Eingehen auf den Kompromiss hätte den Ausbruch eines offenen Konflikts zur Folge gehabt, in dem Wissell gegen seine drei Ministerkollegen, Gewerkschaften und Parteilinke vereint gegen die Parteirechte gestanden hätten. Ein solcher Konflikt konnte in einer Zeit schwerster wirtschaftlicher und politischer Krise umso weniger riskiert werden, als die Partei von Feinden rings umgeben war, denn die bürgerliche Mitte ging immer weiter nach rechts, im Rücken der Partei aber standen die Kommunisten. In dieser Zwangslage, die durch die intransigente¹ Haltung der Gewerkschaft entstanden war, blieb nichts anderes übrig, als den Kompromiss ohne Rücksicht auf die sich daraus ergebenden Konsequenzen abzulehnen.
(Friedrich Stampfer, Die vierzehn Jahre der ersten deutschen Republik, Hamburg 1953, S. 560ff.)

1 intransigent: starr, unnachgiebig

1 *Was fürchtet der Gewerkschaftsflügel der SPD beim Kompromissvorschlag?*
2 *Warum lehnt die DVP die Erhöhung in Vorschlag 1 ab?*
3 *Erläutern Sie, warum das Ende der „Großen Koalition" zugleich das Ende der parlamentarischen Demokratie bedeutete.*

M22 **Aus der Rede Alfred Hugenbergs auf der Kundgebung der „Harzburger Front" vom 11. Oktober 1931**

Hier ist die Mehrheit des deutschen Volkes. Sie ruft den Pächtern der Ämter und Pfründen, den Machtgenießern und politischen Bonzen, den Inhabern und Ausbeutern absterbender Organisationen, sie ruft den regierenden Parteien zu: Es ist eine neue Welt im Aufstieg – wir wollen euch nicht mehr!
In dem Volke, das in hellen Scharen hinter dieser Versammlung steht und durch sie verkörpert wird, stehen die tragenden Kräfte der Zukunft. Aus ihnen heraus wird ein neues, wahres und jüngeres Deutschland wachsen. […]
Die bisherigen Machthaber hinterlassen Berge von Sünden und Scherben. Es ist die bittere und doch erhebende Aufgabe eines notgestählten Volkes, die Scherbenberge abzuarbeiten und die überkommenen Sünden zu büßen. Aber dieses Volk betet nicht zu einem Gott des Schreckens und der Knechtschaft. Es betet nur zu dem wahren Gott des Friedens und der Freiheit. Ernst Moritz Arndt nannte ihn den „Gott, der Eisen wachsen ließ". Dies Volk front noch als Sklavenvolk. Aber es sehnt sich nach Arbeit – sehnt sich danach, als adliges Volk vollen Rechtes im Stolz auf seine Väter für Heim und Herd des freien Mannes zu schaffen. […]
Niemand möge sich täuschen: Wir wissen, dass eine unerbittliche geschichtliche und moralische Logik auf unserer Seite ficht. Aus dem Neuen, das Technik und Industrie für die Welt bedeutete, hatte sich ein Wahn mit doppeltem Gesichte entwickelt – der so genannte internationale Marxismus und der eigentlich erst aus den marxistischen Konstruktionen heraus Wirklichkeit gewordene internationale Kapitalismus. Dieser Wahn bricht jetzt in der Weltwirtschaftskrise und in der davon scharf zu unterscheidenden deutschen Krise zusammen. Die Frage ist nur, ob daraus Zerstörung und Elend nach russischem Muster oder neuer Aufstieg nach unseren Plänen und unter unserer Führung hervorgehen soll. […]
Da gibt es keinen Mittelweg und keine Konzentration widerstrebender Kräfte. Da gibt es nur ein Entweder-oder.
(Herbert Michaelis/Ernst Schraepler [Hg.], Ursachen und Folgen, Bd. 8, Berlin 1958ff., S. 364)

1 *Klären Sie, wer zur „Harzburger Front" gehört.*
2 *Welche Ziele proklamiert Hugenberg, für wen spricht er, worin erblickt er den Feind?*

Diagramme: Wahlergebnisse

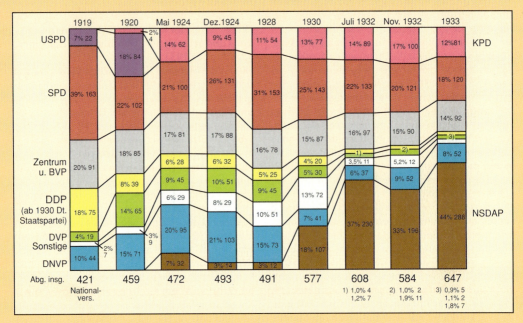

Diagramm 1   Ergebnisse der Reichstagswahlen 1919–1933

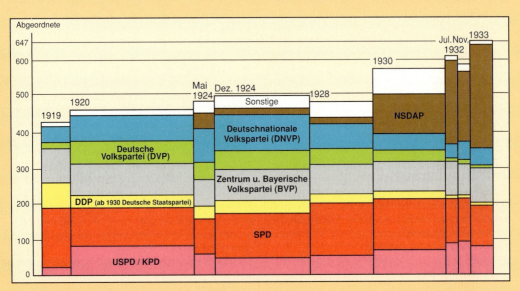

Diagramm 2   Parteien im Deutschen Reichstag 1919–1933

Historiker verwenden gerne Statistiken zur Beschreibung von Wahlvorgängen und -ergebnissen. Statistiken bieten eine geordnete Menge von Informationen in Form empirischer Daten. Bei Wahlergebnissen kann es sich dabei zum Beispiel um die absoluten Zahlen aller abgegebenen Stimmen oder auch die für jede einzelne Partei handeln. Da hierbei aber in der Regel mehr als sechsstellige Ziffern zu bewältigen sind, ist eine solche Information nur schwer handhabbar. Das gilt vor allem dann, wenn nicht nur der Wahlsieger, sondern auch das Verhältnis der abgegebenen Stimmen zur Zahl der Wahlberechtigten oder das der gewählten Parteien untereinander interessiert. Deshalb haben wir uns angewöhnt, Wahlergebnisse in Prozenträngen von der Wahlstatistik zu erwarten. Die Statistiker bieten uns heute bereits am Wahlabend die Ergebnisse in Prozenten bezüglich der abgegebenen Stimmen pro Partei und die dazugehörende Sitzverteilung, und zwar üblicherweise in der Form von Diagrammen.

Diagramme sind grafische Darstellungsweisen zur Veranschaulichung statistischer Daten. Zur Verdeutlichung der Parteienanteile einer Wahl wird häufig ein Kreisdiagramm verwendet (rund oder halbrund), wobei die Größe des Segmentes den Anteil der einzelnen Partei widerspiegelt. Sollen mehrere Wahlen über einen bestimmten Zeitraum abgebildet werden, macht man sich üblicherweise die Möglichkeiten von **Flächen- oder Säulendiagrammen** (Diagramm 2 auf der gegenüberliegenden Seite) oder des **Kurvendiagramms** zu Nutze. Hier werden die Bezüge zwischen zwei Gesichtspunkten durch ein Koordinatensystem optisch erfasst: die Häufigkeit der abgegebenen Stimmen pro Partei (hier auf der vertikalen oder y-Achse) im Verhältnis zur Zeit (hier auf der horizontalen oder x-Achse). Bei Diagramm 1 handelt es sich um eine Kombination aus Säulen- und Kurvendiagramm, weil hier die Säulen durch Geraden verbunden sind, um die Entwicklung der Trends leichter optisch erfassen zu können.

Diagramme erleichtern den Umgang mit empirischen Daten, können aber auch eine problematische Verführungskraft besitzen. Es ist üblich geworden, Wahlergebnisse stets auf die Summe der abgegebenen Stimmen zu beziehen. Man übersieht aber damit leicht den Anteil der Nichtwähler, was nur bei sehr hohen Wahlbeteiligungen unproblematisch ist. Eine andere Tücke entsteht bei der Umrechnung der Wahlergebnisse auf die zur Verfügung stehenden Sitze in Prozent. Hierbei wird stets angenommen, dass die Anzahl der zu verteilenden Sitze konstant sei. Im Deutschen Bundestag ist dies auch zwischen 1949 und 1990 der Fall gewesen. Aber in der Weimarer Republik änderte sich die Zahl der Reichstagssitze infolge des reinen Verhältniswahlrechts bei jeder Wahl. Jeweils auf 40 000 abgegebene Stimmen entfiel ein Sitz. Bei hohen Wahlbeteiligungen gab es viele Reichstagssitze, bei schwachen eben weniger. Dieser Umstand fällt bei Diagrammen, die alle Wahlergebnisse auf 100 % der Sitze beziehen, unter den Tisch. Damit scheinen Parteien, die ihre Stimmenzahl bei steigender Wahlbeteiligung lediglich konstant halten, an Wählern zu verlieren. Sie verlieren aber nur relativ, nämlich bezogen auf die Gesamtzahl der Sitze. Für die Interpretation der Entwicklung der Weimarer Koalition ist dies ein nicht unerheblicher Faktor.

— Betrachten Sie Diagramm 1. Interpretieren Sie seine Botschaft hinsichtlich der Entwicklung der staatstragenden Parteien der Weimarer Koalition.
— Untersuchen Sie Diagramm 2. Interpretieren Sie die Entwicklung der Weimarer Koalition.
Vergleichen Sie Ihr Ergebnis hier mit dem von Diagramm 1.
— Erörtern Sie die Gründe für die unterschiedlichen Aussagen der beiden Diagramme.
— Woher kommen die Stimmen der bisherigen Nichtwähler nach 1928?

8 Das Scheitern der Demokratie II: Die Präsidialkabinette und die Hitlerbewegung

Brünings Präsidialkabinett – Notverordnungen

Nach dem Auseinanderbrechen der „Großen Koalition" im März 1930 beauftragte Reichspräsident Hindenburg den Zentrumspolitiker Heinrich Brüning mit der Bildung einer Regierung. Diesem **Kabinett Brüning** gehörte die SPD nicht mehr an, sie besaß auch keine Reichstagsmehrheit. Sollten sich für Gesetze keine Mehrheiten mehr finden, so hatte Brüning von Hindenburg die Vollmacht erhalten, gegebenenfalls mit dem **Notverordnungsartikel 48** zu regieren und den Reichstag aufzulösen.

Die Vorgehensweise des Reichspräsidenten war durchaus von der Verfassung gedeckt. Sie hatte Präsidialkabinette von vornherein als **Notprogramm** zugelassen: Artikel 25 legte fest, dass der Reichspräsident den Reichstag auflösen konnte. Artikel 48 bot die Möglichkeit, zur Wiederherstellung der öffentlichen Ordnung Militär einzusetzen und Grundrechte aufzuheben. Aber der Reichstag hatte auch das Recht, Notverordnungen durch Mehrheitsbeschluss aufzuheben. Eine generelle Ausschaltung des Reichstages war daher nicht möglich. Wollte also Brüning ausschließlich mit Hilfe von **Notverordnungen** regieren, musste die Reichstagsmehrheit dieses Verfahren dulden. Erst nach der Reichstagswahl 1930, mit dem erdrutschartigen Sieg der NSDAP, ließ sich die **SPD** auf diese **Tolerierungspolitik** ein, um eine nochmalige Wahl zu verhindern (M 23).

Die Ziele von Brüning, Papen, Schleicher

Die Weimarer Demokratie zu retten war nicht das Ziel der republikfeindlichen alten Eliten um Hindenburg, welche die „**autoritäre Wende**" eingeleitet hatten. Durch eine Konzentration der Entscheidungen im Kanzleramt sollte die SPD an den Rand gedrängt und eine generelle Senkung der Einkommen durchgesetzt werden. Brüning verfolgte dieses Ziel über einen Sparkurs bei Löhnen, Gehältern und Sozialleistungen (Deflationspolitik) und schwächte damit die gesamte Volkswirtschaft. Ihm schwebte eine Restauration der Hohenzollern-Monarchie vor. Er leitete sein politisches Ende mit dem Verbot der nationalsozialistischen Kampfverbände SA und SS ein.

Franz von Papens „Kabinett der Barone" wollte eine modernisierte Form der Ständeregierung verwirklichen (M 24) und begegnete der Arbeitslosigkeit mit einem Arbeitsbeschaffungsprogramm. Die sozialdemokratisch geführte Regierung Preußens beseitigte Papen im Juli 1932 durch einen Staatsstreich („Preußenschlag"). Als Papen nach fünfmonatiger Regierungszeit im November 1932 von Hindenburg die Militärdiktatur forderte, entließ ihn dieser und ernannte den **Reichswehrgeneral Kurt von Schleicher** zum Reichskanzler. Dieser setzte die Arbeitsbeschaffungsprogramme fort, scheiterte aber bei dem Versuch, durch ein Bündnis mit dem linken NSDAP-Flügel die Hitlerbewegung zu spalten. Weil damit auch Schleicher keine Alternative mehr zur Militärdiktatur sah, entließ ihn der Reichspräsident im Januar 1933.

Die alten Eliten und Hitler

Bis zu diesem Zeitpunkt hatten die alten Eliten Hitler von der Macht fern gehalten. Gleichwohl nahmen sie durch die häufigen Neuwahlen 1928 bis 1932 in Kauf, dass die NSDAP ihre Stimmen vermehren konnte. Ihre straff organisierte Propaganda war geschickt auf soziale Not und politische Orientierungslosigkeit der Massen abgestimmt und präsentierte sich unter dem schillernden Begriff der „Volksgemeinschaft" erfolgreich als politischer Hoffnungsträger „jenseits von Weimar". Hatte die alte konservative Elite auch Vorbehalte gegen die junge, sich revolutionär gebende NSDAP, so kam diese doch als Mehrheitsbeschaffer in Betracht. Jetzt musste sich entscheiden, ob Hitler als Nachfolger Schleichers in Frage kam, auch wenn es gelten sollte, „den Tiger zu reiten".

B 14 Elk Eber, So war die SA, 1936, Öl auf Leinwand

— Untersuchen Sie Erscheinungsbild und Haltung der SA-Männer. Vergleichen Sie diese mit den Zuschauern und interpretieren Sie dieses Gemälde.

| Hitlerbewegung | Der Erste Weltkrieg bedeutete das Ende der alten Welt der Fürsten und Höfe, der Donaumonarchie und der europäischen Gleichgewichtspolitik. Mit der traditionellen politischen Ordnung verschwanden auch ihre Werte. Ein Krisenbewusstsein erfasste ganz Europa. Ihm entsprangen überall rechts gerichtete autoritäre und totalitäre Massenbewegungen wie der Faschismus in Italien oder die „Heimwehr" in Österreich. Der Nationalsozialismus der Hitlerbewegung war solch ein **Krisenphänomen der Nachkriegszeit** in Deutschland. Er versuchte alle Unzufriedenen und Entwurzelten von den Konservativen bis zu den Sozialisten in einer autoritär geführten Massenpartei zu versammeln, um ohne Parlament und Demokratie den Weg aus der wirtschaftlichen, politischen und moralischen Krise zu nationaler Größe zu weisen. Der Antisemitismus sollte durch die Schaffung eines jüdischen Sündenbocks das nationale Zusammengehörigkeitsgefühl stärken und die Masse der wirtschaftlich Unzufriedenen mit populären Versprechungen gewinnen. Trotz dieser populären Zielsetzung blieb die NSDAP zunächst relativ bedeutungslos. Nach dem missglückten Hitlerputsch 1923 verschwand die Partei auf Jahre, sodass es schien, als würde sie dasselbe Schicksal wie die meisten ihrer europäischen Schwesterparteien ereilen (1924–1928: 3 %). Mit der Wirtschaftskrise allerdings explodierten die **Wählerstimmen** für die NSDAP (s. S. 230).

NSDAP-Wähler und Grundlage des Massenerfolgs

Die Wählerschaft der NSDAP zeigte vor 1929 kein deutliches Profil, sie wandelte sich ständig. Ab 1929 gelang es der NSDAP aber, vor allem den **alten und neuen Mittelstand** anzusprechen, also Händler, Kaufleute und Handwerker ebenso wie die wachsende Zahl der Angestellten. Neben diesen erreichte die Parteipropaganda auch nicht organisierte Arbeiter und Bauern. Sie alle fürchteten in der Wirtschaftskrise den sozialen Abstieg und sahen in der NSDAP den dritten Weg zwischen Kapitalismus und Sozialismus. Ab 1930 machte der Antimarxismus die Partei auch für die obere Mittelschicht und den Adel interessant. 1933 traten in der NSDAP-Wählerschaft die Frauen hervor.

Der NSDAP-Wähler unterschied sich deutlich vom NSDAP-Mitglied. Typisch für die NSDAP-Mitgliedschaft ist nicht die Suche nach materiellem oder sozialem Vorteil, sondern die traumatische Erfahrung des Verlustes der nationalen Größe, von Niederlage und Revolution bei der Generation der **Frontsoldaten** des Ersten Weltkrieges. Niederlage, Friedensvertrag und Revolution schienen für diese Männer die Opfer des Krieges sinnlos zu machen. Deshalb bekämpften sie den Versailler Vertrag und ihre demokratischen Unterzeichner und nährten die **„Dolchstoßlegende"**. Die NSDAP war die Partei, die die Erfahrungen dieser Männergeneration in Ideologie und Aktion umsetzte. Männerkameradschaft und gewalttätige Aktion prägten deshalb den Parteistil (B 14). Bei **Jugendlichen** befriedigte die NSDAP das Verlangen nach heroischen Taten. Marschkolonne und politische Gewalt befriedigten die Wunschvorstellungen einer Generation, die unter der Vorbildwirkung der Frontsoldaten stand. Die Partei bot ihnen die Plattform zur Entfaltung der Mission, das deutsche Volk mit mehr Gleichheit zu erneuern als in der Welt der Alten.

M23 SPD-Abgeordneter Wilhelm Keil zum Deflationsprogramm Brünings am 15. Juli 1930

Eine Sparpolitik, die das große Heer jener Menschen, die gegen ihren Willen aus dem Produktionsprozess ausgeschlossen oder in diesem Prozess krank, siech und verstümmelt worden sind, dem Hunger und dem Untergang preisgeben würde, machen wir nicht mit. Da wir aber wissen, dass mit Etatabstrichen allein der Ausgleich nicht zu erreichen ist, schlagen wir steuerliche Maßnahmen vor, die dem Grundsatz der steuerlichen Gerechtigkeit Rechnung tragen. Wir fordern in erster Linie einen zehnprozentigen Zuschlag zur Einkommensteuer für alle Einkommen mit einer angemessenen Freigrenze. [...] Der Reichskanzler Dr. Brüning [hat] „mit allen verfassungsmäßigen Mitteln" gedroht. Er hat nicht klar gesagt, was er damit meint. Ein verfassungsmäßiges Mittel wäre der Rücktritt der Regierung, ein anderes wäre die Auflösung des Reichstags. Sollte der Reichskanzler aber keines dieser Mittel im Auge haben, sondern etwa den viel zitierten Artikel 48 der Reichsverfassung im Auge haben, so müssen wir noch einmal laut unsere warnende Stimme erheben [...]. Der Artikel 48 ist nach seiner Entstehungsgeschichte, seinem Sinn und Wortlaut kein Instrument zur Rettung einer Regierung, die sich verrechnet hat. Artikel 48 kann unmöglich Anwendung finden zur Durchsetzung von Gesetzen, die der Reichstag nicht genehmigen will. Eine solche Anwendung wäre ein Missbrauch des Artikels 48 und dieser Missbrauch würde heißen: die Verfassung außer Kraft setzen. Das aber, Herr Reichskanzler, wäre ein Vabanquespiel, von dem niemand sagen kann, wo und wie es enden wird.

(Wilhelm Keil, Erlebnisse eines Sozialdemokraten, Bd. 2, Stuttgart 1948, S. 390)

1 *Erschließen Sie Ziel und Vorgehensweise der Regierung Brüning in der Wirtschaftskrise.*
2 *Welche Krisenpolitik verfolgt die SPD?*

M24 Franz von Papen berichtet über seine Ernennung zum Reichskanzler 1932

Wie immer empfing er [Reichspräsident Hindenburg] mich mit väterlicher Güte. „Nun, mein lieber Papen, werden Sie mir in dieser schwierigen Lage helfen?", fragte er mit seiner sonoren Stimme. „Ich fürchte, ich kann es nicht, Herr Reichspräsident." [...]
Die Szene, die sich nun abspielte, habe ich oft geschildert.
Schwerfällig erhebt sich der alte Marschall aus seinem Sessel und ergreift meine beiden Hände. „Wie können Sie einen alten Mann, der trotz der Bürde seiner Jahre die Verantwortung für das Reich noch einmal übernommen hat, jetzt im Stiche lassen wollen, wo er Sie berufen will, eine für die Zukunft des Reiches entscheidende Frage zu lösen? Ich erwarte von Ihrem vaterländischen Pflichtgefühl, dass Sie sich meinem Rufe nicht versagen."
Schwer atmend und fast stockend, aber wie beschwörend, höre ich diese tiefe Stimme, die so viel Wärme ausstrahlt: „Mir ist es völlig gleich, ob Sie die Missbilligung oder gar die Feindschaft Ihrer Partei ernten. Ich will endlich von den Parteien unabhängige Männer um mich sehen, die nach bestem Wissen und Gewissen versuchen, das Land aus der entsetzlichen Krise zu befreien, in der es sich befindet." Und mit erhobener Stimme: „Sie waren Soldat und haben im Kriege Ihre Pflicht getan. In Preußen kennen wir nur Gehorsam, wenn das Vaterland ruft!"
Vor dieser Berufung auf Gehorsam und Loyalität strich ich die Segel. Gab es nicht höhere Interessen als Parteidisziplin? Ich schlug in die mir dargebotene Hand des Marschalls.

(Franz v. Papen, Der Wahrheit eine Gasse, München o. J., S. 189 ff.)

1 *Welche Motive leiteten Hindenburg bei seinem Weg der Bildung von Präsidialkabinetten?*
2 *Definieren Sie „Präsidialkabinett".*
3 *Wie verhält sich dieser Weg Hindenburgs zu Geist und Buchstaben der Weimarer Verfassung?*

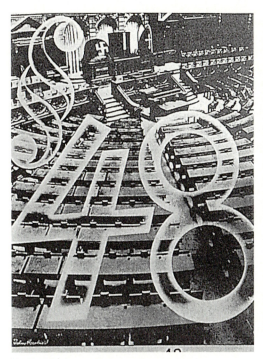

B 15 John Heartfield, Das tote Parlament, 1929, Plakat

— *Deuten Sie die Elemente des Bildes.*

B 16 E. Schilling, Ein neuer Rütlischwur der Parteien, Karikatur aus dem „Simplicissimus" vom 16. Oktober 1932. – Die Bildunterschrift lautet: „Wir wollen einig kämpfen gegen Papen – doch trotzdem treu uns hassen allezeit!"

— *Identifizieren Sie die Parteienvertreter nach ihren Emblemen und interpretieren Sie die Karikatur im Zusammenhang mit der politischen Krise der Republik.*

M25 Joseph Goebbels über „Legalität" im „Angriff" vom April/Mai 1928

Wir gehen in den Reichstag hinein, um uns im Waffenarsenal der Demokratie mit deren eigenen Waffen zu versorgen. Wir werden Reichstagsabgeordnete, um die Weimarer Gesinnung mit ihrer ei-
5 genen Unterstützung lahm zu legen. Wenn die Demokratie so dumm ist, uns für diesen Bärendienst Freifahrkarten und Diäten zu geben, so ist das ihre eigene Sache. […] Uns ist jedes gesetzliche Mittel recht, den Zustand von heute zu revolutionieren.
10 Wenn es uns gelingt, bei diesen Wahlen [1928] sechzig bis siebzig Agitatoren unserer Parteien in die verschiedenen Parlamente hineinzustecken, so wird der Staat selbst in Zukunft unseren Kampfapparat ausstatten und besolden. […]
15 Auch Mussolini ging ins Parlament. Trotzdem marschierte er nicht lange darauf mit seinen Schwarzhemden nach Rom. […]
Man soll nicht glauben, der Parlamentarismus sei unser Damaskus. […] Wir kommen als Feinde! Wie
20 der Wolf in die Schafherde einbricht, so kommen wir. Jetzt seid ihr nicht mehr unter euch!

Ich bin kein Mitglied des Reichstags. Ich bin ein IdI, ein IdF. Ein Inhaber der Immunität, ein Inhaber der Freifahrkarte. […] Wir sind gegen den Reichstag
25 gewählt worden und wir werden auch unser Mandat im Sinne unserer Auftraggeber ausüben. […] Ein IdI hat freien Eintritt zum Reichstag, ohne Vergnügungssteuer zahlen zu müssen. Er kann, wenn Herr Stresemann von Genf erzählt, unsachgemäße
30 Zwischenfragen stellen, zum Beispiel, ob es den Tatsachen entspricht, dass besagter Stresemann Freimaurer und mit einer Jüdin verheiratet ist.
(Karl D. Bracher, Die Auflösung der Weimarer Republik, Villingen ³1960, S. 375, Anm. 39f.)

1 *Erklären Sie, weshalb Goebbels in den Reichstag kommen konnte; skizzieren Sie seine Haltung zur Weimarer Republik.*
2 *Wie regelt das Grundgesetz der Bundesrepublik den Umgang mit Verfassungsfeinden?*

Die Weimarer Republik: Die erste deutsche Demokratie

Zusammenhänge und Perspektiven

1 Analysieren Sie, inwieweit Traditionen des Kaiserreiches und Folgen des verlorenen Ersten Weltkriegs den Aufbau der ersten deutschen Demokratie erschwerten.
2 Erläutern Sie, warum die Weimarer Republik trotz äußerer und innerer Stabilisierung nach 1923 durch antidemokratisches Denken, soziale Gegensätze und wirtschaftliche Unsicherheit gefährdet blieb.
3 Diskutieren Sie die These, dass weder das demokratische System noch die politische Öffentlichkeit zur Bewältigung der Grundkrise der Republik in der Lage waren.
4 Benennen Sie die Hauptgründe, die zum Untergang der Weimarer Demokratie führten, und gewichten Sie den Anteil der politischen, der wirtschaftlichen und der gesellschaftlichen Gründe.
5 Vergleichen Sie das Scheitern der deutschen Bemühungen, mit den Auswirkungen der weltweiten Krise nach 1929 fertig zu werden, mit dem Vorgehen in anderen Ländern.

Zeittafel

1914–18 Erster Weltkrieg; Kriegsfinanzierung durch Anleihen leitet Geldentwertung ein.

1917 Gründung der Unabhängigen Sozialdemokratischen Partei Deutschlands (USPD) als linksradikale Absplitterung der SPD.

1918 Oktoberreform: bedeutet den Übergang von der konstitutionellen zur parlamentarischen Monarchie.
Novemberrevolution: Ausrufung der Republik bedeutet das Ende der Monarchie in Deutschland (9. Nov.); Friedrich Ebert (SPD) wird von Max von Baden mit der Wahrnehmung der Geschäfte des Reichskanzlers beauftragt; Bildung eines „Rates der Volksbeauftragten" aus SPD- und USPD-Mitgliedern; Einführung des Frauenwahlrechts; Unterzeichnung des Waffenstillstands in Compiègne (11. Nov.).
Gründung der Zentralarbeitsgemeinschaft zwischen Arbeitgebern und Gewerkschaften im Sinne einer Tarifpartnerschaft („Stinnes-Legien-Abkommen"); Gründung der Bayerischen Volkspartei (BVP), der Deutschen Demokratischen Partei (DDP), der Deutschnationalen Volkspartei (DNVP), der Deutschen Volkspartei (DVP; Nov.).

1919 Gründung der Revolutionären Kommunistischen Arbeiterpartei (Jan.; später KPD), Gründung der Deutschen Arbeiterpartei (DAP; 1920 in NSDAP umbenannt).
Spartakusaufstand: unter Oberbefehl des Volksbeauftragten Gustav Noske (SPD) niedergeschlagen; Freikorpsoffiziere ermorden Rosa Luxemburg und Karl Liebknecht (Jan.).
Wahlen zur Nationalversammlung im Jan. enden mit einer Dreiviertelmehrheit der Parteien, die eine repräsentative Demokratie anstreben (SPD, DDP, Zentrum = „Weimarer Koalition").
Kurt Eisner, Führer der bayerischen Revolutionsregierung, wird ermordet (Febr.).
Niederschlagung der Münchner Räterepublik (Mai).
Versailler Vertrag (Juni).
Weimarer Reichsverfassung (Aug.)

1920 Kapp-Putsch; Generalstreik der Gewerkschaften (März).
Kommunistische Aufstände in Thüringen, Sachsen und im Ruhrgebiet (März–Mai).
Festsetzung der deutschen Reparationen.

1921 Rechtsextremisten ermorden Finanzminister Matthias Erzberger (Zentrum).

1922 Vertrag von Rapallo zwischen dem Deutschen Reich und Sowjetrussland.
Rechtsextremisten ermorden Außenminister Walter Rathenau (DDP).
Beginn der schnellen Geldentwertung (Aug.).

1923	**Krisenjahr:** Höhepunkt der politischen und wirtschaftlichen Krisenjahre 1919–1923 mit der Besetzung des Ruhrgebietes durch Frankreich und Belgien (Jan.; passiver Widerstand bis Sept.), dem Ausnahmezustand in Bayern unter Generalstaatskommissar von Kahr (Sept.), der Reichsexekution gegen Sachsen und Thüringen (Okt.), dem Hitler-Putsch in München (Nov.), dem Separatismus im Rheinland und der galoppierenden Inflation (am 16. Nov. mit der Ausgabe der Rentenmark beendet).
1924–29	Phase der „relativen Stabilisierung" der Weimarer Republik.
1924	Annahme des Dawes-Plans (legt Höhe und Laufzeit der Reparationen fest).
1925	Generalfeldmarschall Paul von Hindenburg als Kandidat der Rechtsparteien zum Reichspräsidenten gewählt. Räumung des Ruhrgebietes durch die Alliierten. Vertrag von Locarno: bedeutet das Ende der deutschen Isolation in der internationalen Politik.
1926	Aufnahme Deutschlands in den Völkerbund.
1927	Gesetz zur Arbeitslosenversicherung.
1928–30	Große Koalition unter Hermann Müller (SPD).
1928	Briand-Kellogg-Pakt zur Kriegsächtung.
1929	Young-Plan zur Neuregelung der Reparationen (Juni). Börsenkrach in New York (Okt.): bedeutet den Beginn der Weltwirtschaftskrise mit Produktionseinbrüchen und Massenarbeitslosigkeit.
1930	**Scheitern der Großen Koalition** unter SPD-Kanzler Hermann Müller über die Frage einer Beitragserhöhung zur Arbeitslosenversicherung; Grund: angesichts der sich zuspitzenden Wirtschaftskrise sind SPD und DVP unter dem Druck der Gewerkschaften einerseits, der Arbeitgeber andererseits nicht mehr in einer Koalition zusammenzuhalten (März).
1930–33	**Präsidialkabinette** unter Heinrich Brüning (Zentrum; März 1930–Juni 1932), Franz von Papen (bis Juni Zentrumsmitglied; Juni–Nov. 1932) und General Kurt von Schleicher (parteilos; Dez. 1932–Jan. 1933) regieren mit der Autorität des Reichspräsidenten (Notverordnungsartikel 48 WRV) und unter parlamentarischer Duldung durch die nicht an der Regierung beteiligte SPD.
1930	Räumung des Rheinlandes durch die Alliierten (Juni). NSDAP wird bei der Reichstagswahl zweitstärkste Partei (Sept.).
1931	Hoover-Moratorium: bringt vorübergehende Aussetzung der Reparationen.
1932	Wiederwahl Hindenburgs zum Reichspräsidenten (April). Ende der deutschen Reparationen auf der Konferenz von Lausanne (Juli). NSDAP stärkste Partei bei der Reichstagswahl (Juli). Stimmenverluste der NSDAP bei der Reichstagswahl (Nov.).
1933	**Ernennung Adolf Hitlers zum Reichskanzler (30. Jan.)** durch Hindenburg auf Druck der rechts-konservativen „Kamarilla" um Hindenburg. „Brandverordnung" (28. Febr.). Ermächtigungsgesetz (24. März).

VII Die Zerstörung der Demokratie durch den Nationalsozialismus

Karl Hofer, Frau in Ruinen, 1945, Öl auf Leinwand

„Am 30. April 1945 war ich zufällig Soldat in jenem Teil der US-Army, der als erster in München eintraf", berichtete der amerikanische Historiker Raul Hilberg 1989 in einer Diskussion über den Nationalsozialismus. „Dort habe ich einen ganz besonderen Fund gemacht: die persönliche Bibliothek von Adolf Hitler. Darin fand ich viele Bücher über Friedrich den Großen und über Architektur; über Juden kaum etwas! Hitler war Architekt – natürlich nicht im engsten Wortsinne –, er dachte, dass er es war. Die Zerstörung war seine Kunst."
Die zerstörerischen Kräfte des NS-Regimes entfalteten sich nach innen und außen: Die Außenpolitik war von Anfang an auf Eroberung und Unterwerfung anderer Völker ausgerichtet, die Entfesselung des Zweiten Weltkrieges war ein bewusster und planmäßiger Akt der Politik. Konsequent verwirklichten die Nationalsozialisten ihre auf Ausgrenzung und Tötung von Menschen zielende Ideologie, deren Grundpfeiler ein fanatischer Rassismus und Antisemitismus waren. Der NS-Rassenkrieg begann mit der so genannten „Euthanasie" und gipfelte während des Weltkrieges in der Vernichtung der deutschen und europäischen Juden. Dieses Verbrechen ist einzigartig in der Geschichte. Noch nie zuvor hatte, so der Historiker Eberhard Jäckel, „ein Staat mit der Autorität seines verantwortlichen Führers beschlossen und angekündigt […], eine bestimmte Menschengruppe einschließlich der Alten, der Frauen, der Kinder und der Säuglinge möglichst restlos zu töten, und diesen Beschluss mit allen nur möglichen staatlichen Machtmitteln in die Tat" umgesetzt.
Immer wieder ist nach 1945 die Frage nach den Ursachen der NS-Verbrechen gestellt worden: Wie konnte ein zivilisiertes, an rechtsstaatliches Denken gewöhntes Volk den Völkermord an den Juden und anderen als „rassisch minderwertig" eingestuften Menschen „verwaltungsmäßig" mit vollziehen oder zumindest stillschweigend dulden? Warum haben sich die Deutschen nach der Katastrophe des Ersten Weltkrieges erneut zu einem Krieg verleiten lassen?
Auf diese Fragen gibt es keine einfachen Antworten. Aber man findet durchaus Erklärungen, wenn man das Gedankensystem analysiert, mit dem die Nationalsozialisten ihr Handeln begründeten, und dabei untersucht, auf welche Traditionen in der deutschen Geschichte die NS-Ideologie zurückgriff. Es ist ebenso wichtig zu verstehen, dass die nationalsozialistische Diktatur zwar auf Gewalt und Willkür beruhte. Aber der NS-Staat arbeitete auch mit den bereits bestehenden Gesetzen und Verwaltungseinrichtungen und hielt so den Schein legaler Herrschaft aufrecht. Bei der Beantwortung der Frage, warum der überwiegende Teil der Bevölkerung dem Regime folgte und diejenigen, die sich widersetzten, bis zum Schluss in der Minderheit blieben, muss überdies die öffentliche Wirkung Hitlers zur Sprache kommen. Seine Macht und Durchsetzungsfähigkeit beruhten sicherlich zum großen Teil auf seinem besonderen propagandistischen Geschick. Doch auch der langsame wirtschaftliche Aufstieg Deutschlands nach der Weltwirtschaftskrise wurde ihm zugeschrieben und sicherte seine Popularität. Und nicht zuletzt befriedigte die Wiedergewinnung militärischer und außenpolitischer Stärke weit verbreitete nationale Sehnsüchte.
Der Abscheu vor den Untaten des NS-Regimes erschwert eine nüchterne und sachliche Beschäftigung mit dem Nationalsozialismus, dem man sich nur mit innerer Abwehr und kritischer Distanz nähern kann. Und dennoch darf das lähmende Entsetzen nicht zur Verdrängung dieser Katastrophe führen. „Was geschah, ist eine Warnung", schrieb 1950 der deutsche Philosoph Karl Jaspers über die nationalsozialistische Vergangenheit. „Sie zu vergessen ist Schuld. Man soll ständig an sie erinnern. Es war möglich, dass dies geschah, und es bleibt jederzeit möglich. Nur im Wissen kann es verhindert werden."

1 Ideologische Grundlagen

Was ist Faschismus? Der Begriff „Faschismus" (von lat. fascis = Rutenbündel: Symbol der Macht römischer Beamter) bezeichnete ursprünglich die seit dem Ersten Weltkrieg in Italien aufkommende politische Bewegung unter Benito Mussolini, die für eine nationalistische, autoritäre und imperialistische Politik eintrat. Das Wort wurde bald auf andere **extrem nationalistische und totalitäre Parteien und Bewegungen** in Europa ausgedehnt (Deutschland: Nationalsozialismus; Spanien: Falange). Nach 1930 wurde der deutsche Faschismus immer mehr zum Vorbild für Faschismen in anderen Ländern. Gemeinsame Merkmale faschistischer Parteien und Regimes sind eine antidemokratische, antiparlamentarische, antiliberale und antimarxistische Ideologie, die Militarismus und Kampf verherrlicht. Außerdem werden Organisationen der Arbeiterbewegung ausgeschaltet und rassische, nationale oder religiöse Minderheiten aus der Gesellschaft ausgegrenzt. Ziel ist die Errichtung einer modernen Diktatur, in der alle individuellen und demokratischen Freiheiten aufgehoben sind, während die Entwicklung von industrieller Macht gefördert wird.

Faschistische Staaten beruhen auf dem **Führerprinzip**, das die bedingungslose Unterwerfung des Einzelnen unter die Ziele des Staates fordert. Opposition ist daher verboten. Der Führer, in Deutschland Adolf Hitler (1889–1945) und in Italien der „Duce" (ital. = Führer) Benito Mussolini (1883–1945), vereint in sich die oberste vollziehende, gesetzgebende und richterliche Gewalt und kennt somit keine Gewaltenteilung; er bedarf keiner Legitimation und verlangt unbedingten Gehorsam. Seine Person wird quasi-religiös verehrt (Führerkult; B 1). Im Führerstaat wird Autorität in der Staats- und Parteiorganisation von oben nach unten ausgeübt, Verantwortung von unten nach oben verlagert.

Besonderheiten des Nationalsozialismus Der Nationalsozialismus stellte die deutsche Spielart des Faschismus dar. Die politischen Ziele und Methoden der 1919/20 gegründeten NSDAP, deren Parteivorsitzender seit 1921 Hitler war, glichen denen der faschistischen Partei in Italien. Auch der Nationalsozialismus wollte alle individuellen und demokratischen Freiheiten beseitigen, die seit der Französischen Revolution erkämpft worden waren. Radikaler Nationalismus, Antiliberalismus und Antimarxismus, Führerstaat und Einparteienherrschaft gehörten zu den zentralen Forderungen der NSDAP. Die herausgehobene politisch-ideologische Bedeutung der **Rassenlehre** mit der Übersteigerung des „germanischen Herrenmenschen", der radikale **Antisemitismus** und der Aufbau eines umfassenden Terror- und Vernichtungsapparates sowie die aggressiv-expansionistische Forderung nach mehr „Lebensraum" für die Deutschen heben den Nationalsozialismus jedoch von anderen faschistischen Diktaturen ab. Nur der Nationalsozialismus bildete Rassenlehre und Antisemitismus zu einer umfassenden Weltanschauung aus; über Verfolgung und Entrechtung führte diese schließlich zur systematischen Vernichtung der jüdischen Bevölkerung. Nur der Nationalsozialismus steigerte die Politik der Revision der Versailler Friedensordnung bis zum Zweiten Weltkrieg.

Rassenlehre und Antisemitismus Der Rassismus war einer der Grundpfeiler der NS-Weltanschauung. Kennzeichnend für rassistisches Denken ist erstens die pseudowissenschaftliche Auffassung, dass biologische und damit erbliche Merkmale das gesamte menschliche, also auch das politisch-gesellschaftliche Verhalten bestimmen. Zweitens unterstellt der Rassismus die Höher- bzw. Minderwertigkeit unterschiedlicher „Rassen". Mit dieser Annahme untrennbar verbunden ist eine **sozialdarwinistische Interpretation der Geschichte**: Sie erscheint als ständiger Kampf der Individuen und Völker, der Staaten und „Rassen", wobei sich stets die Stärkeren gegenüber den Schwächeren durchsetzen.

Der Rassismus war keine „Erfindung" der Nationalsozialisten, sondern hatte sich im späten 19. Jahrhundert entwickelt. Damals entstand aus einer Verbindung von Wissenschaftsgläubigkeit, Erbbiologie und Medizin die Lehre von der **Rassenhygiene**. Ihr lag in der Regel der Glaube zu Grunde, dass biologische Erkenntnisse über das Wesen des Menschen gesellschaftliche Prozesse beeinflussen könnten. Die von der modernen Rassenlehre ausgehende Biologisierung des Sozialen hatte einschneidende Folgen: Unter Berufung auf die Naturwissenschaften konnten christliche oder humanistische bzw. auf dem bürgerlichen Gleichheitspostulat beruhende Forderungen nach besonderer Hilfe für die Schwachen und Bedürftigen abgewehrt werden. Die Anhänger der Rassenhygiene brauchten nur auf die „schlechten" Erbanlagen dieser Menschen zu verweisen, die angeblich die Weiter- und Höherentwicklung des Volkes oder sogar der Menschheit bedrohten. In letzter Konsequenz gab die Rassenlehre damit das Recht der Individuen auf Unversehrtheit und Leben preis, zu Gunsten des vermeintlich höheren Wertes der „Volksgemeinschaft". Die Rassenhygiene war in Teilen der Wissenschaft vor 1933 als Eliteideologie tief verwurzelt. Aus diesen Eliten – Biologen, Genetikern, Medizinern, Kriminologen, Hygienikern, Psychiatern, Pädagogen und Juristen – rekrutierten sich nach 1933 die Expertenstäbe für die nationalsozialistische Vernichtungspolitik.

Das rassistische Denken verband sich im ausgehenden 19. Jahrhundert mit dem Antisemitismus. Anders als in früheren Zeiten wurde die Ablehnung oder Bekämpfung der Juden nun nicht mehr allein mit religiösen oder sozialen Gründen gerechtfertigt, sondern mit dem Hinweis auf ihre „rassisch" bedingte Verderbtheit. Die Anhänger des modernen **Rassenantisemitismus** versuchten anhand äußerer Merkmale eine jüdische Rasse zu konstruieren, die gegenüber der „arischen" bzw. germanischen minderwertig und kulturzersetzend sei, keine eigenen Leistungen vollbringe und nur an den geistigen wie materiellen Gütern höher stehender Rassen und Völker schmarotze (M 1, B 2). Der Rassenantisemitismus betrachtete daher „den Juden" bzw. „das Judentum" als Feind der Menschheit.

Entstanden aus der Verunsicherung durch den raschen Wandel des industriellen Zeitalters, boten sich Rassismus und Antisemitismus als Erlöser aus den Krisen der Moderne an und prägten sich tief in das Bewusstsein großer Teile der Bevölkerung ein. Historisch neu und beispiellos am nationalsozialistischen Rassedenken und Antisemitismus aber war, dass diese Ideologie seit der NS-Machtübernahme zum Inhalt staatlicher Politik, zum Dreh- und Angelpunkt staatlichen Handelns wurde. Dem antisemitischen Rassenwahn standen nun die Machtmittel eines diktatorischen Regimes zur Verfügung. Die biologistische Utopie einer nach den Prinzipien der Rassen- und Sozialhygiene durchgeformten Gesellschaft führte in ihrer Konsequenz zum staatlichen Massenmord.

„Lebensraumpolitik" Die Niederlage des Deutschen Reiches im Ersten Weltkrieg bewirkte keine radikale Abwendung vom **Imperialismus**. Im Gegenteil: Die Vorstellungen des imperialistischen Zeitalters prägten auch noch in der Weimarer Zeit das Denken großer Teile des Bürgertums. Die Eroberung neuer Märkte, nationale Größe, Unterdrückung der wirtschaftlich Schwachen, Konkurrenz der Großmächte untereinander galten als zentrale Handlungsnormen der Außenpolitik, selbst wenn dies das Risiko eines Krieges einschloss.

Aus diesen Überzeugungen formte sich auch die Gedankenwelt Hitlers und seiner Anhänger: Kampf, nicht Verständigung erschien ihnen als das eigentliche Lebensprinzip der internationalen Staatenwelt. Alle Bemühungen der deutschen Außenpolitik sollten auf die Revision des Versailler Friedens bzw. die Wiederherstellung der deutschen **Groß- und Weltmachtposition** ausge-

B 1 „Ein Volk, ein Reich, ein Führer", Plakat für deutsche Amts- und Schulräume seit 1938/39

B 2 H. Stalüter, „Der ewige Jude", 1937, Plakat zur gleichnamigen Ausstellung

— Interpretieren Sie die Selbststilisierung Hitlers und die Plakatparole in B 1.
— Untersuchen Sie die Attribute des Juden auf dem Plakat in B 2 und erläutern Sie die Herkunft dieser Zuweisungen.
— Ordnen Sie B 1 und 2 historisch ein und interpretieren Sie sie im Kontext der NS-Ideologie.

richt werden. Dabei waren die Nationalsozialisten von Anfang an fest entschlossen, skrupelloser als die Weimarer Außenpolitiker vorzugehen. Die Notwendigkeit einer aggressiven Außen- und Kriegspolitik begründeten die Nationalsozialisten mit ihrer Rassenideologie. Dabei setzten sie die Auseinandersetzung der Staaten um Macht mit dem Überlebenskampf gleich, der sich unter den Tieren in der Natur abspiele. Wie die Tiere nach erblich festgelegten Arten eingeteilt seien, sah die NS-Propaganda die Menschen in erblich festgelegte Rassen unterteilt, deren Gaben von Natur aus unterschiedlich seien: Die besten Anlagen besaß aus nationalsozialistischer Sicht die „germanische Rasse" und damit rechtfertigten sie ihren Herrschaftsanspruch nach außen. Die Deutschen wurden zum „arischen" Herrenvolk stilisiert, das im Interesse der „Höherentwicklung" der Menschheit zur Herrschaft über andere berufen sei. Die Slawen hingegen stempelte man zu einer den „Ariern" untergeordneten Rasse, die in Gebieten lebten, die zum „natürlichen Lebensraum" der deutschen Bevölkerung gehörten. Das angeblich biologistische Prinzip des Lebenskampfes wurde so zur Legitimation einer **expansionistischen Kriegspolitik** herangezogen und mit dem Begriff „Lebensraumpolitik" verharmlost (M 2).

| Volksgemeinschafts-ideologie |

Der „nationale Sozialismus", den die NSDAP propagierte, zielte nicht auf die sozialistische Umgestaltung der wirtschaftlichen und sozialen Verhältnisse, wie sie von den Gewerkschaften und den Arbeiterparteien angestrebt wurde. Im Gegenteil: Die Nationalsozialisten lehnten Sozialismus und Kommunismus ab, weil diese Anschauungen nur Zwietracht ins deutsche Volk brächten. Die nationale Wiedergeburt des Deutschen Reiches konnte nach ihrer Auffassung nur gelingen, wenn Staat und Gesellschaft nicht länger von Klassengegensätzen oder Interessenkonflikten bestimmt würden. Als Alternative zu sozialistischen und demokratischen Ordnungsvorstellungen formulierte die NS-Propaganda das Ideal der Volksgemeinschaft, in der alle sozialen Gruppen, sofern sie nicht zu den Gegnern zählten, zu einem einheitlichen Ganzen verschmolzen seien. In der Volksgemeinschaft sollten alle Berufsstände zum gemeinsamen Nutzen beitragen. Der „Volkswille" werde dabei vom Führer formuliert und jeder Einzelne habe sich dem Führerwillen bedingungslos unterzuordnen (M 3). Volksgemeinschaftsideologie und Führerprinzip ergänzten sich gegenseitig und wurden vom NS-Regime benutzt, um das Verbot von Interessengruppen, besonders der Gewerkschaften, und aller Parteien außer der NSDAP zu rechtfertigen und die Verfolgung politischer und anderer Gegner zu legitimieren. Geschickt machten die Nationalsozialisten in ihrer Propaganda den Parteienpluralismus, vor allem aber die Gewerkschaften und Arbeiterparteien für die Schwäche Deutschlands im Ersten Weltkrieg sowie für die Wirtschaftskrise (seit 1929) verantwortlich.

M1 Antisemitismus – Adolf Hitler über Juden in „Mein Kampf", 1925

Nein, der Jude ist kein Nomade; denn auch der Nomade hatte schon eine bestimmte Stellung zum Begriff „Arbeit" [...]. Er ist und bleibt der ewige Parasit, ein Schmarotzer, der wie ein schädlicher Bazillus sich immer mehr ausbreitet, sowie nur ein günstiger Nährboden dazu einlädt. Die Wirkung seines Daseins aber gleicht ebenfalls der von Schmarotzern: Wo er auftritt, stirbt das Wirtsvolk nach kürzerer oder längerer Zeit ab. [...]
Das Judentum war immer ein Volk mit bestimmten rassischen Eigenarten und niemals eine Religion, nur sein Fortkommen ließ es schon frühzeitig nach einem Mittel suchen, das die unangenehme Aufmerksamkeit in Bezug auf seine Angehörigen zu zerstreuen vermochte. Welches Mittel aber wäre zweckmäßiger und zugleich harmloser gewesen als die Einschiebung des geborgten Begriffs der Religionsgemeinschaft? Denn auch hier ist alles entlehnt, besser gestohlen – aus dem ursprünglich eigenen Wesen kann der Jude eine religiöse Einrichtung schon deshalb nicht besitzen, da ihm der Idealismus in jeder Form fehlt und damit auch der Glaube an ein Jenseits vollkommen fremd ist. Man kann sich aber eine Religion nach arischer Auffassung nicht vorstellen, der die Überzeugung des Fortlebens nach dem Tode in irgendeiner Form mangelt. Tatsächlich ist auch der Talmud kein Buch der Vorbereitung für das Jenseits, sondern nur für ein praktisches und erträgliches Leben im Diesseits.

Die jüdische Religionslehre ist in erster Linie eine Anweisung zur Reinhaltung des Blutes des Judentums sowie zur Regelung des Verkehrs der Juden untereinander, mehr aber noch mit der übrigen Welt, mit den Nichtjuden also. Aber auch hier handelt es sich keineswegs um ethische Probleme, sondern um außerordentlich bescheidene wirtschaftliche.
(Adolf Hitler, Mein Kampf, München 1942, S. 333 ff.)

1 Fassen Sie Hitlers Definition von Jude zusammen. Wie begründet er sie?
2 Erläutern Sie die Konsequenzen seiner Definition für Juden in Deutschland und seine Politik.

M2 Adolf Hitler über „Lebensraumpolitik" in „Mein Kampf", 1925

Die Forderung nach Wiederherstellung der Grenzen des Jahres 1914 ist ein politischer Unsinn von Ausmaßen und Folgen, die ihn als Verbrechen erscheinen lassen. Ganz abgesehen davon, dass die Grenzen des Reiches im Jahre 1914 alles andere eher als logische waren. Denn sie waren in Wirklichkeit weder vollständig in Bezug auf die Zusammenfassung der Menschen deutscher Nationalität noch vernünftig in Hinsicht auf ihre militärgeografische Zweckmäßigkeit. Sie waren nicht das Ergebnis eines überlegten politischen Handelns, sondern Augenblicksgrenzen eines in keinerlei Weise abgeschlossenen Ringens, ja zum Teil Folgen eines Zufallsspieles. [...]

Was der König eroberte, der Fürst formte, der Feldmarschall verteidigte, rettete und einigte der Soldat

B 3 Postkarte, 1933

— *Interpretieren Sie die Propaganda-Postkarte mit Blick auf die NS-Ideologie.*

Das Recht auf Grund und Boden kann zur Pflicht werden, wenn ohne Bodenerweiterung ein großes Volk dem Untergang geweiht erscheint. Noch ganz besonders dann, wenn es sich dabei nicht um ein x-beliebiges Negervölkchen handelt, sondern um die germanische Mutter all des Lebens, das der heutigen Welt ihr kulturelles Bild gegeben hat. Deutschland wird entweder Weltmacht oder überhaupt nicht sein. Zur Weltmacht aber braucht es jene Größe, die ihm in der heutigen Zeit die notwendige Bedeutung und seinen Bürgern das Leben gibt. Damit ziehen wir Nationalsozialisten bewusst einen Strich unter die außenpolitische Richtung unserer Vorkriegszeit. Wir setzen dort an, wo man vor sechs Jahrhunderten endete. Wir stoppen den ewigen Germanenzug nach dem Süden und Westen Europas und weisen den Blick nach dem Land im Osten. Wir schließen endlich ab die Kolonial- und Handelspolitik der Vorkriegszeit und gehen über zur Bodenpolitik der Zukunft.

Wenn wir aber heute in Europa von neuem Grund und Boden reden, können wir in erster Linie nur an Russland und die ihm untertanen Randstaaten denken.

(Ebd., S. 736 und 742)

1 *Skizzieren Sie Hitlers Grundsätze zur Nation.*
2 *Entwickeln Sie die Konsequenzen von Hitlers Nationalismus für die Außen- und die Innenpolitik.*

M3 Das Führerprinzip in Partei und Staat nach Hitlers „Mein Kampf", 1925

Die junge Bewegung ist ihrem Wesen und ihrer inneren Organisation nach antiparlamentarisch, d. h., sie lehnt im Allgemeinen wie in ihrem eigenen inneren Aufbau ein Prinzip der Majoritätsbestimmung ab, in dem der Führer nur zum Vollstrecker des Willens und der Meinung anderer degradiert wird. Die Bewegung vertritt im Kleinsten wie im Größten den Grundsatz der unbedingten Führerautorität, gepaart mit höchster Verantwortung.

Die praktischen Folgen dieses Grundsatzes in der Bewegung sind nachstehende: Der erste Vorsitzende einer Ortsgruppe wird durch den nächsthöheren Führer eingesetzt, er ist der verantwortliche Leiter der Ortsgruppe. Sämtliche Ausschüsse unterstehen ihm und nicht er umgekehrt einem Ausschuss. Abstimmungs-Ausschüsse gibt es nicht, sondern nur Arbeits-Ausschüsse. Die Arbeit teilt der verantwortliche Leiter, der erste Vorsitzende, ein. Der gleiche Grundsatz gilt für die nächsthöhere Organisation, den Bezirk, den Kreis oder den Gau. Immer wird der Führer von oben eingesetzt und gleichzeitig mit unbeschränkter Vollmacht und Autorität bekleidet. Nur der Führer der Gesamtpartei wird aus vereinsgesetzlichen Gründen in der Generalmitgliederversammlung gewählt. Er ist aber der ausschließliche Führer der Bewegung. Sämtliche Ausschüsse unterstehen ihm und nicht er den Ausschüssen. Er bestimmt und trägt damit aber auch auf seinen Schultern die Verantwortung. Es steht den Anhängern der Bewegung frei, vor dem Forum einer neuen Wahl ihn zur Verantwortung zu ziehen, ihn seines Amtes zu entkleiden, insofern er gegen die Grundsätze der Bewegung verstoßen oder ihren Interessen schlecht gedient hat. An seine Stelle tritt dann der besser könnende neue Mann, jedoch mit gleicher Autorität und mit gleicher Verantwortlichkeit. Es ist eine der obersten Aufgaben der Bewegung, dieses Prinzip zum bestimmenden nicht nur innerhalb ihrer eigenen Reihe, sondern auch für den gesamten Staat zu machen.

(Ebd., S. 378 f.)

1 *Erläutern Sie die Unterschiede zwischen dem „Führerprinzip" und demokratischen Entscheidungsprozessen.*
2 *Erörtern Sie historische Wurzeln des Führerprinzips und bestimmen Sie seine grundlegende Bedeutung für die NS-Ideologie.*
3 *Diskutieren Sie folgende These: Der Aufbau von NS-Staat und NS-Partei nach dem Führerprinzip hat vielen die Möglichkeit eröffnet, ein Führer im Kleinen zu werden. Dies hat die Akzeptanz des NS-Regimes in weiten Teilen der Bevölkerung gefördert.*

2 Die Errichtung der Diktatur 1933/34

> Die gescheiterte Zähmung der Nationalsozialisten

Am 30. Januar 1933 ernannte Reichspräsident Paul von Hindenburg (1847–1934, Präsident 1925–1934) Adolf Hitler zum Reichskanzler. Dem Kabinett gehörten außer Hitler nur zwei nationalsozialistische Minister an, die allerdings über den Zugriff auf die Polizei verfügten. Neben Vertretern anderer rechter Gruppierungen traten Alfred Hugenberg (1865–1951) von der Deutschnationalen Volkspartei/DNVP und Franz Seldte (1882–1947) vom „Stahlhelm" in die Regierung ein. Ziel dieser **Regierung der „nationalen Konzentration"** schien zunächst die dauerhafte Errichtung eines autoritären Präsidialregimes und die „Befreiung Deutschlands vom Marxismus" zu sein: Die Kommunisten sollten völlig ausgeschaltet, die Sozialdemokratie und die Gewerkschaften an den Rand gedrängt werden. Die bürgerlichen Koalitionspartner Hitlers glaubten, dass sie die Nationalsozialisten zähmen könnten, und versicherten: „Wir rahmen Hitler ein."
Hitler und die NSDAP dachten jedoch nicht daran, sich kontrollieren zu lassen. Ihnen ging es um die ganze Macht, um einen neuen Staat. Bereis nach einem Jahr hatten sie Staat und Gesellschaft von einer föderalistischen Demokratie in eine zentralstaatliche Diktatur umgewandelt (M 4).

> Märzwahlen 1933

Eine der ersten Regierungsentscheidungen war die Festlegung von Neuwahlen auf den 5. März 1933. Hitler rechnete mit einem großen Wahlerfolg, da er als neuer Reichskanzler den Wahlkampf aus der Regierung heraus führen konnte. Ungeniert bedienten sich die Nationalsozialisten des staatlichen Machtapparates. Sie schränkten die Presse- und Versammlungsfreiheit ein und sicherten sich besonders den direkten Zugriff auf den Rundfunk. Mit der Notverordnung vom 4. Februar 1933 gelang es überdies, die kommunistische und sozialdemokratische Presse fast gänzlich zu verbieten. Die **staatliche Repression** wurde durch **Terror** ergänzt. Bereits Anfang Februar sicherte sich der Nationalsozialist Hermann Göring (1893–1946) als geschäftsführender preußischer Innenminister die Kontrolle über die dortige Polizei und verpflichtete deren Beamte auf den Schutz nationalistischer Verbände und Propaganda. Bei Überfällen von SA und SS griff die Polizei nun in der Regel nicht mehr ein. Auf Weisung Görings wurden sogar 50 000 Mann von SA, SS und „Stahlhelm" als Hilfspolizisten eingesetzt. Der Terror der „Braunhemden" eskalierte im Frühsommer derart, dass sogar Hitler zur Disziplin mahnte.
Die Wahlen am 5. März 1933 brachten den Regierungsparteien den erhofften Erfolg. Sie besaßen jetzt die absolute Mehrheit der Reichstagsstimmen. Das Erstaunliche am Wahlergebnis war jedoch nicht, dass die NSDAP ihren Stimmenanteil auf 43,9 % verbessern konnte, sondern dass sie nach wie vor auf ihre Bündnispartner angewiesen blieb. Besonders in den Industriezentren hatten die Arbeiterparteien zusammen mehr Stimmen als die NSDAP. Deren Hochburgen waren nach wie vor die protestantischen Agrargebiete in Nord- und Ostdeutschland. Entscheidend für den NSDAP-Wahlerfolg war die große Mobilisierung: Die NSDAP hatte Neu- und Nichtwähler erreicht und konnte letztlich in alle Schichten eindringen.

> Abschaffung der Grundrechte

Das Schicksal der Kommunisten war endgültig besiegelt, als ein Zufall den Nationalsozialisten in die Hände spielte. Vermutlich war es ein geistesgestörter Holländer, der ehemalige Kommunist Marinus van der Lubbe, der in der Nacht des 27. Februar 1933 den Reichstag in Berlin anzündete. Bis heute ist umstritten, ob dies tatsächlich das Werk eines Einzelnen war oder ob nicht gar die Nationalsozialisten selbst die Tat begangen hatten. Dessen ungeachtet nutzte Hitler den Reichstagsbrand zum Ausbau seiner Macht: Die

B 4 Reichskanzler Hitler, Wehrminister von Blomberg und Reichspräsident von Hindenburg am 21. März 1933 vor der Garnisonkirche in Potsdam, zeitgenössische Fotografie.
– Die Garnisonkirche war die Grablege der preußischen Könige, wo der am 5. März gewählte Reichstag feierlich eröffnet wurde.

— *Erklären Sie die Symbolkraft des Bildes für die Zeitgenossen. Beachten sie dabei den Ort.*

Nationalsozialisten erklärten, der Brand sei der Beginn eines lange gehegten Aufstands der KPD, und setzten am **28. Februar 1933 die „Verordnung zum Schutz von Volk und Staat" (Reichstagsbrandverordnung)** (M 5) durch. Diese Verordnung, die noch am gleichen Tag von Reichspräsident Hindenburg unterzeichnet wurde, setzte die Grundrechte der Weimarer Verfassung außer Kraft: die Freiheit der Person, die Meinungs-, Presse-, Vereins- und Versammlungsfreiheit, das Post- und Telefongeheimnis sowie die Unverletzlichkeit von Eigentum und Wohnung. Politische Gefangene durften ohne gerichtliche Überprüfung festgehalten werden. Überdies ermächtigte das Gesetz die Reichsregierung, in den Ländern vorübergehend die Befugnisse der oberen Behörden wahrzunehmen. Damit war die rechtliche Basis für die nationalsozialistische Machtübernahme in den Ländern gelegt. Dieser unerklärte Ausnahmezustand dauerte bis 1945.

| Gleichschaltung der Länder und Gemeinden |

Noch am Tag der Wahlen, am 5. März, begann die von Hitler geführte Reichsregierung damit, die Selbstverwaltungsrechte der Länder und Kommunen zu beseitigen. Dieser Prozess der Gleichschaltung, wie die Durchsetzung diktatorischer Herrschaft bis zur kleinsten Dorfgemeinde hinunter oft allzu verharmlosend bezeichnet wird, erfolgte überall nach dem gleichen Muster. Die NS-Gauleitungen ließen die SA aufmarschieren und so den angeblichen „Unwillen der Bevölkerung" wegen unhaltbarer Zustände kundtun. Zum Anlass dafür nahmen die Nationalsozialisten in der Regel das Fehlen der NS-Flagge auf dem Rathaus. Unter Berufung auf die „Verordnung zum Schutz von Volk und Staat" befahl Reichsinnenminister Wilhelm Frick (1877–1946) daraufhin zumeist telegrafisch die Einsetzung so genannter **Staatskommissare**. Am 31. März 1933 wurden die Länderparlamente entmachtet, indem die Reichsregierung die Anpassung der Mandatsverteilung an die Ergebnisse der Reichstagswahlen vom 5. März verfügte. Da die Sitze der Kommunisten nicht mehr berücksichtigt werden durften, fiel der Regierungskoalition oder der NSDAP automatisch die Mehrheit zu. Allerdings waren die Landtage ohnehin bereits politisch bedeutungslos geworden, da die

Länderregierungen jetzt ohne Beteiligung der Parlamente Gesetze erlassen durften. Eine Woche später schließlich wurden **„Reichsstatthalter"** in den Ländern eingesetzt. Sie waren dem Reichskanzler unterstellt und kontrollierten in dessen Auftrag die Länder. Das bedeutete das Ende des Föderalismus.

| Pseudolegale Machtsicherung | Schon während des Wahlkampfes und bei der Eroberung der Macht in den Kommunen und Ländern hatten die lokalen SA- und Parteiorganisationen eine wichtige Rolle gespielt. Aber auch danach blieben sie für das NS-Regime unentbehrlich. Nun übernahmen sie entscheidende Aufgaben bei der Zerschlagung der Opposition. In den Städten und Dörfern begann die Abrechnung mit den „Gegnern" des Regimes, vornehmlich mit den Führern der Arbeiterbewegung und jüdischen Bürgern. Viele von ihnen wurden verhaftet, zusammengeschlagen und in den Kellern der SA gequält.

Die NS-Führung wusste jedoch sehr genau, dass ihre Bewegung nur an der Macht bleiben konnte, wenn es gelang, sie mit den alten Eliten zu verschränken und in breiteren Schichten der Bevölkerung zumindest Akzeptanz herzustellen. Deswegen war sie immer auf eine **gesetzliche Absicherung der unrechtmäßigen SA-Aktionen** bedacht. Sogar die Einrichtung der ersten Konzentrationslager stützte sich auf die „Verordnung zum Schutz von Volk und Staat" und wurde öffentlich bekannt gegeben (s. S. 273). Zum anderen versuchte sie mit Hilfe propagandistischer Inszenierungen die Bevölkerung zu beeindrucken. Die Gestaltung des **„Tages von Potsdam"** am **21. März 1933** (B 4) unter der Regie des Reichspropagandaministers Joseph Goebbels ist dafür das klassische Beispiel. Das gemeinsame Auftreten Hindenburgs und Hitlers am Grabe Friedrichs des Großen mit dem Segen der protestantischen Kirche sollte die Verschmelzung von politischer Tradition und dynamischem Aufbruch symbolisieren und das „alte" mit dem „neuen" Deutschland vereinen.

| Ermächtigungsgesetz | Nur zwei Tage später, am **23. März 1933**, verabschiedete der Reichstag gegen die 94 Stimmen der SPD das von Hitler schon vor seiner Machtübernahme geforderte Ermächtigungsgesetz (M 6, 7) mit mehr als der nötigen Zweidrittelmehrheit. Die 81 KPD-Abgeordneten sowie 26 Abgeordnete der SPD konnten an der Abstimmung nicht teilnehmen, weil sie in „Schutzhaft" gehalten wurden oder vor der Verfolgung geflohen waren. Die bürgerlichen Parteien, besonders das Zentrum, stimmten auf Grund ungewisser Zusicherungen Hitlers für das Gesetz. Mit dem Ermächtigungsgesetz konnte die Reichsregierung Gesetze, auch verfassungsändernden Inhalts, unter Ausschluss des Reichstages und des Reichspräsidenten durch einfachen Beschluss der Regierung in Kraft setzen. Das Ermächtigungsgesetz bildete die scheinbar **rechtliche Grundlage für die systematische Zerstörung des Verfassungsstaates** von Weimar. Es wurde wiederholt verlängert und galt bis Kriegsende.

| Auflösung von Parteien | Im Sommer 1933 begann die Parteienauflösung. Als erste Partei war die SPD am 22. Juni zur volks- und staatsfeindlichen Organisation erklärt und verboten worden, nachdem bereits im Mai ihr Vermögen eingezogen worden war. Zu diesem Zeitpunkt bestand die Partei in vielen Städten kaum noch; ihre Funktionäre waren geflüchtet oder saßen in Konzentrationslagern. Die bürgerlichen Parteien mussten ihre Illusion von der Zähmbarkeit Hitlers erkennen und lösten sich Ende Juni/Anfang Juli selbst auf. Sie wichen dem Druck Hitlers, der trotz weitgehender Anpassungsbestrebungen auf der Ausschaltung aller konkurrierenden Parteien bestand. Ein Ende der Demokratie, das die Mehrzahl der bürgerlichen Parteien im Einverständnis mit Hitler gefordert hatten, war ohne die Beseitigung der viel gescholtenen Parteienzersplitterung der Weimarer Zeit eben nicht zu haben. Damit verblieb als einzige Partei

B 5 Der deutsche Reichstag nach Ermächtigungsgesetz und Auflösung der Parteien, Fotografie, zweite Hälfte 1930er-Jahre. – Seit dem Reichstagsbrand tagte das Plenum in der Kroll-Oper. In der NS-Zeit hatte der Reichstag seine Funktion als Legislative verloren.

— Erläutern Sie, ausgehend von B 5 und mit Hilfe der Darstellung, das Ende des Parlamentarismus in Deutschland.
— Vergleichen Sie die Aufgaben des Reichstages während der NS-Zeit mit der Funktion von Parlamenten in demokratischen Verfassungsstaaten.

die NSDAP. Sie wurde im „Gesetz zur Sicherung der Einheit von Partei und Staat" vom 1. Dezember 1933 als alles beherrschende Staatspartei bestätigt. Der Reichstag war nur mehr theatralische Kulisse für die Reden des Führers (B 5).

Auflösung der Gewerkschaften   Bis 1933 war es der NSDAP nicht gelungen, die freien Gewerkschaften nationalsozialistisch zu durchsetzen. Noch in den Betriebsratswahlen vom März 1933 hatten sie in Konkurrenz zu nationalsozialistischen Betriebsorganisationen mehr als drei Viertel der Stimmen erhalten. Anfangs schwankten die Nationalsozialisten zwischen Duldung einer entpolitisierten Gewerkschaft und einem Verbot. Die Gewerkschaften hofften ihrerseits, dass sie ihre Organisationen durch Anpassung an das NS-Regime vor der Zerschlagung retten könnten. Sie verkannten die Lage völlig. Während sich der Allgemeine Deutsche Gewerkschaftsbund und die Christlichen Gewerkschaften noch durch Loyalitätserklärungen das Wohlwollen der Nationalsozialisten sichern wollten, wurde die Auflösung der Arbeitnehmerorganisationen von der NSDAP bereits systematisch vorbereitet. Um Funktionäre wie Arbeiter zu täuschen, erklärte die Regierung durch ein Reichsgesetz den **1. Mai zum „Feiertag der nationalen Arbeit"** und erfüllte damit eine alte Forderung der Arbeiterbewegung. Aber schon am Tag nach den großen gemeinsamen Mai-Feiern von NS- und Arbeiterorganisationen wurden am **2. Mai 1933** alle **Gewerkschaftshäuser von SA und SS besetzt**, die Gewerkschaftsführer in „Schutzhaft" genommen und das Gewerkschaftsvermögen beschlagnahmt.

Gründung der DAF

Die Nationalsozialisten schufen keine neue Einheitsgewerkschaft, sondern gründeten am 6. Mai 1933 die **Deutsche Arbeitsfront/DAF**. Alle Arbeiter- und Angestelltenverbände wurden ihr eingegliedert, die Arbeitgebervereine aufgelöst und die Tarifautonomie beseitigt. Staatliche „Treuhänder der Arbeit" regelten nun Tarifverträge. Mit Hilfe der DAF wollte die NSDAP die Arbeiter für ihren Staat gewinnen; entsprechend entwickelte sie die DAF zu einer riesigen Propagandaorganisation. Gleichzeitig, und dies war die praktische Umsetzung ihrer ideologischen Funktion, trug die DAF durch Wahrnehmung von Aufgaben im betrieblich-sozialpolitischen Bereich dazu bei, den Arbeitsfrieden zu sichern. Eines ihrer Mittel waren preiswerte Urlaubsreisen mit der Organisation **„Kraft durch Freude/KdF"**, die zu Dumpingpreisen angeboten wurden. Das als „touristische Emanzipation des Arbeiters" inszenierte Propagandastück sollte Klassengegensätze und Unzufriedenheiten abmildern, ohne an den bestehenden Sozialverhältnissen etwas zu ändern. Tatsächlich lag die Zahl der Arbeiter weit unter dem Durchschnitt und vor allem Arbeiterinnen waren kaum vertreten.

M4 Die wichtigsten Gesetze zur Errichtung der NS-Diktatur 1933/34

Datum	Gesetz	Bestimmungen	Verfassungsmäßige Grundlagen
1933			
4.2.	Verordnung zum „Schutz des deutschen Volkes"	Die Regierung erhält das Recht, die Presse- und Versammlungsfreiheit einzuschränken (Auflösung und Verbot von politischen Versammlungen, Beschlagnahmung und Verbot von Presseerzeugnissen).	Art. 48 WRV
28.2.	„Verordnung zum Schutz von Volk und Staat" (Reichstagsbrandverordnung)	„Zur Abwehr kommunistischer, staatsgefährdender Gewaltakte": Einschränkung der Grundrechte (u. a. persönliche Freiheit, freie Meinungsäußerung, Pressefreiheit, Vereins- und Versammlungsfreiheit. Eingriffe in Brief- und Fernsprechgeheimnis, Haussuchungen und Beschränkung des Eigentums zulässig).	Art. 48 WRV
23.3.	„Gesetz zur Behebung der Not von Volk und Staat" (Ermächtigungsgesetz)	Reichsgesetze können von der Regierung beschlossen werden und dürfen von der Verfassung abweichen.	Art. 48 [u. 76] WRV
31.3.	Erstes Gesetz „zur Gleichschaltung der Länder mit dem Reich"	Alle Landtage und kommunalen Selbstverwaltungsorgane werden aufgelöst und entsprechend dem Reichstagswahlergebnis neu zusammengesetzt.	Regierungsbeschluss
7.4.	Zweites Gleichschaltungsgesetz	„Reichsstatthalter" sind für die Durchführung der Richtlinien des Reichskanzlers in den Ländern verantwortlich.	Regierungsbeschluss
7.4.	Gesetz „zur Wiederherstellung des Berufsbeamtentums"	Beamte können entlassen werden, wenn sie „nicht arischer Abstammung sind" und wenn sie „nach ihrer bisherigen politischen Betätigung nicht die Gewähr dafür bieten, dass sie jederzeit rückhaltlos für den nationalen Staat eintreten".	Regierungsbeschluss
14.7.	Gesetz „gegen die Neubildung von Parteien"	Als „einzige politische Partei in Deutschland" wird die NSDAP zugelassen.	Regierungsbeschluss
1.12.	Gesetz „zur Sicherung der Einheit von Partei und Staat"	Die NSDAP wird „nach dem Sieg der nationalsozialistischen Revolution" als „die Trägerin des deutschen Staatsgedankens und mit dem Staat unlöslich verbunden" anerkannt; „Stellvertreter des Führers" und SA-Chef werden Mitglieder der Reichsregierung.	Regierungsbeschluss
1934			
30.1.	Gesetz „über den Neuaufbau des Reiches"	Volksvertretungen der Länder werden aufgehoben, die Hoheitsrechte der Länder gehen auf das Reich über, die Landesregierungen unterstehen der Reichsregierung, die neues Verfassungsrecht setzen kann.	Regierungsbeschluss
14.2.	Gesetz „über die Aufhebung des Reichsrates"	Der Reichsrat als Verfassungsorgan wird aufgehoben.	Regierungsbeschluss
1.8.	Gesetz „über das Staatsoberhaupt des Deutschen Reiches"	„Das Amt des Reichspräsidenten wird mit dem des Reichskanzlers vereinigt." Die „bisherigen Befugnisse des Reichspräsidenten (gehen) auf den Führer und Reichskanzler Adolf Hitler über".	Regierungsbeschluss

1 Erklären Sie, warum die Nationalsozialisten ihrer Politik den Schein einer verfassungsmäßigen Grundlage geben wollten.

M5 Aus der Notverordnung zum „Schutz von Volk und Staat" vom 28. Februar 1933, erlassen anlässlich des Reichstagsbrandes vom Vortag („Brandverordnung")

Auf Grund des Artikels 48 Abs. 2 der Reichsverfassung wird zur Abwehr kommunistischer staatsgefährdender Gewaltakte Folgendes verordnet:

§ 1. Die Artikel 114, 115, 117, 118, 123, 124 und
5 153 der Verfassung des Deutschen Reiches werden bis auf weiteres außer Kraft gesetzt. Es sind daher Beschränkungen der persönlichen Freiheit, des Rechts der freien Meinungsäußerung einschließlich der Pressefreiheit, des Vereins- und Versamm-
10 lungsrechts, Eingriffe in das Brief-, Post-, Telegrafen- und Fernsprechgeheimnis, Anordnungen von Haussuchungen und von Beschlagnahmen sowie Beschränkungen des Eigentums auch außerhalb der sonst hierfür bestimmten gesetzlichen Grenzen
15 zulässig.

§ 2. Werden in einem Lande die zur Wiederherstellung der öffentlichen Sicherheit und Ordnung nötigen Maßnahmen nicht getroffen, so kann die Reichsregierung insoweit die Befugnisse der obers-
20 ten Landesbehörde vorübergehend wahrnehmen.

§ 3. Die Behörden der Länder und Gemeinden (Gemeindeverbände) haben den auf Grund des § 2 erlassenen Anordnungen der Reichsregierung im Rahmen ihrer Zuständigkeit Folge zu leisten. [...]

25 § 5. Mit dem Tode sind die Verbrechen zu bestrafen, die das Strafgesetzbuch in den §§ 81 (Hochverrat), 229 (Giftbeibringung), 307 (Brandstiftung), 311 (Explosion), 312 (Überschwemmung), 315 Abs. 2 (Beschädigung von Eisenbahnanlagen),
30 324 (gemeingefährliche Vergiftung) mit lebenslangem Zuchthaus bedroht.

Mit dem Tode oder, soweit nicht bisher eine schwerere Strafe angedroht ist, mit lebenslangem Zuchthaus oder mit Zuchthaus bis zu 15 Jahren wird be-
35 straft,

1. wer es unternimmt, den Reichspräsidenten oder ein Mitglied oder einen Kommissar der Reichsregierung oder einer Landesregierung zu töten oder wer zu einer solchen Tötung auffordert, sich erbie-
40 tet, ein solches Erbieten annimmt oder eine solche Tötung mit einem anderen verabredet;

2. wer in den Fällen des § 115 Abs. 2 des Strafgesetzbuchs (schwerer Aufruhr) oder des § 125 Abs. 2 des Strafgesetzbuchs (schwerer Landfrie-
45 densbruch) die Tat mit Waffen oder in bewusstem und gewolltem Zusammenwirken mit einem Bewaffneten begeht;

3. wer eine Freiheitsberaubung [...] in der Absicht begeht, sich des der Freiheit Beraubten als Geisel
50 im politischen Kampfe zu bedienen.

§ 6. Diese Verordnung tritt mit dem Tage der Verkündung in Kraft.

(Reichsgesetzblatt 1933, Teil I, Nr. 17, S. 83)

1 Nennen Sie die Rechte, die in der Reichstagsbrandverordnung außer Kraft gesetzt werden.
2 Welche Möglichkeiten hat nun der Staat?
3 Erörtern Sie die Verhältnismäßigkeit von angeblicher Zielsetzung der Notverordnung und den tatsächlichen Möglichkeiten, die sie eröffnet.

M6 Das Ermächtigungsgesetz im Reichstag am 23. März 1933

a) Aus der Rede Adolf Hitlers

Um die Regierung in die Lage zu versetzen, die Aufgaben zu erfüllen, die innerhalb dieses allgemein gekennzeichneten Rahmens liegen, hat sie im Reichstag durch die beiden Parteien der National-
5 sozialisten und der Deutschnationalen das Ermächtigungsgesetz einbringen lassen. Ein Teil der beabsichtigten Maßnahmen erfordert die verfassungsändernde Mehrheit. Die Durchführung dieser Aufgaben bzw. ihre Lösung ist notwendig. Es würde
10 dem Sinn der nationalen Erhebung widersprechen und dem beabsichtigten Zweck nicht genügen, wollte die Regierung sich für ihre Maßnahmen von Fall zu Fall die Genehmigung des Reichstags erhandeln und erbitten. Die Regierung wird dabei
15 nicht von der Absicht getrieben, den Reichstag als solchen aufzuheben; im Gegenteil, sie behält sich auch für die Zukunft, vor ihn von Zeit zu Zeit über ihre Maßnahmen zu unterrichten oder aus bestimmten Gründen, wenn zweckmäßig, auch seine
20 Zustimmung einzuholen. Die Autorität und damit die Erfüllung der Aufgaben der Regierung würden aber leiden, wenn im Volke Zweifel an der Stabilität des neuen Regiments entstehen könnten. Sie hält vor allem eine weitere Tagung des Reichstags im
25 heutigen Zustand der tief gehenden Erregung der Nation für unmöglich. Es ist kaum eine Revolution von so großem Ausmaß so diszipliniert und unblutig verlaufen wie diese Erhebung des deutschen Volkes in diesen Wochen. Es ist mein Wille und mei-
30 ne feste Absicht, für diese ruhige Entwicklung auch in Zukunft zu sorgen. Allein umso nötiger ist es, dass der nationalen Regierung jene souveräne Stellung gegeben wird, die in einer solchen Zeit allein geeignet ist, eine andere Entwicklung zu verhin-
35 dern. Die Regierung beabsichtigt dabei von diesem Gesetz nur insoweit Gebrauch zu machen, als es zur Durchführung der lebensnotwendigen Maßnahmen erforderlich ist. [...]

Sie bietet den Parteien des Reichstags die Möglichkeit einer ruhigen deutschen Entwicklung und einer sich daraus in der Zukunft anbahnenden Verständigung; sie ist aber ebenso entschlossen und bereit, die Bekundung der Ablehnung und damit die Ansage des Widerstandes entgegenzunehmen. Mögen Sie, meine Herren, nunmehr selbst die Entscheidung treffen über Frieden oder Krieg.

1 *Interpretieren Sie die Rede Hitlers in ihrem historischen Kontext.*

b) Aus der Rede des sozialdemokratischen Fraktionsvorsitzenden Otto Wels

Nach den Verfolgungen, die die Sozialdemokratische Partei in der letzten Zeit erfahren hat, wird billigerweise niemand von ihr verlangen oder erwarten können, dass sie für das hier eingebrachte Ermächtigungsgesetz stimmt. Die Wahlen vom 5. März haben den Regierungsparteien die Mehrheit gebracht und damit die Möglichkeit gegeben, streng nach Wortlaut und Sinn der Verfassung zu regieren. Wo diese Möglichkeit besteht, besteht auch die Pflicht. Kritik ist heilsam und notwendig. Noch niemals, seit es einen Deutschen Reichstag gibt, ist die Kontrolle der öffentlichen Angelegenheiten durch die gewählten Vertreter des Volkes in solchem Maße ausgeschaltet worden, wie es jetzt geschieht und wie es durch das neue Ermächtigungsgesetz noch mehr geschehen soll. Eine solche Allmacht der Regierung muss sich umso schwerer auswirken, als auch die Presse jeder Bewegungsfreiheit entbehrt. […]

Wir Sozialdemokraten wissen, dass man machtpolitische Tatsachen durch bloße Rechtsverwahrungen nicht beseitigen kann. Wir sehen die machtpolitische Tatsache Ihrer augenblicklichen Herrschaft, aber auch das Rechtsbewusstsein des Volkes ist eine politische Macht und wir werden nicht aufhören, an dieses Rechtsbewusstsein zu appellieren.

Die Verfassung von Weimar ist keine sozialistische Verfassung. Aber wir stehen zu den Grundsätzen des Rechtsstaates, der Gleichberechtigung, des sozialen Rechtes, die in ihr festgelegt sind. Wir deutschen Sozialdemokraten bekennen uns in dieser geschichtlichen Stunde feierlich zu den Grundsätzen der Menschlichkeit und der Gerechtigkeit, der Freiheit und des Sozialismus. Kein Ermächtigungsgesetz gibt Ihnen die Macht, Ideen, die ewig und unzerstörbar sind, zu vernichten. Sie selbst haben sich ja zum Sozialismus bekannt. Das Sozialistengesetz hat die Sozialdemokratie nicht vernichtet. Auch aus neuen Verfolgungen kann die deutsche Sozialdemokratie neue Kraft schöpfen.

(M 30a und b: J. u. K. Hohlfeld [Hg.], Dokumente der Deutschen Politik und Geschichte von 1848 bis zur Gegenwart, Bd. 4, Berlin o. J., S. 35 f. und 38 ff.)

1 *Skizzieren Sie die Argumente des SPD-Abgeordneten Wels.*

M8 „Gesetz zur Behebung der Not von Volk und Reich" vom 24. März 1933 (Ermächtigungsgesetz)

Artikel 1. Reichsgesetze können außer in dem in der Reichsverfassung vorgesehenen Verfahren auch durch die Reichsregierung beschlossen werden. Dies gilt auch für die in den Artikeln 85 Abs. 2 und 87 der Reichsverfassung bezeichneten Gesetze.[1]

Artikel 2. Die von der Reichsregierung beschlossenen Reichsgesetze können von der Reichsverfassung abweichen, soweit sie nicht die Einrichtung des Reichstags und des Reichsrats als solche zum Gegenstand haben. Die Rechte des Reichspräsidenten bleiben unberührt.

Artikel 3. Die von der Reichsregierung beschlossenen Reichsgesetze werden vom Reichskanzler ausgefertigt und im Reichsgesetzblatt verkündet. Sie treten, soweit nichts anderes bestimmt ist, mit dem auf die Verkündung folgenden Tage in Kraft. Die Artikel 68 und 77 der Reichsverfassung[2] finden auf die von der Reichsregierung beschlossenen Gesetze keine Anwendung.

Artikel 4. Verträge des Reiches mit fremden Staaten, die sich auf Gegenstände der Reichsgesetzgebung beziehen, bedürfen für die Dauer der Geltung dieser Gesetze nicht der Zustimmung der an der Gesetzgebung beteiligten Körperschaften. Die Reichsregierung erlässt die zur Durchführung dieser Verträge erforderlichen Vorschriften.

(Reichsgesetzblatt 1933, Teil I, Nr. 25, S. 141)

1 Art. 85 Abs. 2 und Art. 87 der Weimarer Reichsverfassung (WRV) banden Haushalt und Kreditaufnahme an die Gesetzesform.
2 Art. 68–77 WRV legten das Gesetzgebungsverfahren einschließlich Einspruchsrecht des Reichsrates, des Volksentscheids und der Verfassungsänderung fest.

1 *Fassen Sie die Bestimmungen des Ermächtigungsgesetzes zusammen.*
2 *Welche verfassungsrechtliche Bedeutung hat das Gesetz?*
3 *Diskutieren Sie, warum diese Bestimmungen nicht als Notverordnung des Reichspräsidenten eingeführt wurden.*

3 Die Organisation der NS-Herrschaft

Hitler, die NSDAP und der Staat

Schon vor der Machtübernahme im Jahr 1933 herrschte Hitler fast unumschränkt über die NSDAP. Sie verdankte den überragenden propagandistischen Fähigkeiten ihres Parteiführers den Aufstieg von einer lokalen Splitterpartei zur stärksten politischen Kraft und zur Regierungspartei. Auch nach der nationalsozialistischen „Machtergreifung" blieb Hitler für seine Partei ein unersetzlicher Magnet.

Zur Verwirklichung seiner politischen Ziele war Hitler aber auf die NSDAP angewiesen, die neben der staatlichen Verwaltung stand (Schema 1). Nur mit Hilfe seiner Partei konnte Hitler auf allen Ebenen in die Behörden „hineinregieren". Was sich über die Verwaltungen nicht durchsetzen ließ, wurde über die Partei in Gang gesetzt. Mit dem **„Gesetz zur Wiederherstellung des Berufsbeamtentums"** vom 7. April 1933 schufen die Nationalsozialisten die Voraussetzungen für eine effiziente Kontrolle der Staatsbürokratie. Alle jüdischen, sozialdemokratischen, kommunistischen oder betont christlichen Beamten wurden aus dem Staatsdienst entfernt und nahezu alle höheren Funktionen mit NSDAP-Mitgliedern besetzt. Eine der wirksamsten Methoden zur Ausrichtung der Exekutive auf die NSDAP-Linie war die Vereinigung von Partei- und Staatsämtern in einer Person. Reichspropagandaminister Joseph Goebbels (1897–1945) war z. B. Gauleiter von Berlin, d. h., er leitete die NSDAP in Berlin und war direkt Hitler unterstellt. Dem „Reichsführer SS", Heinrich Himmler (1900–1945), unterstand ab 1936 die gesamte Polizei. Nach Hindenburgs Tod am 2. August 1934 übernahm Hitler, Reichskanzler und NSDAP-Führer, auch das Amt des Reichspräsidenten und wurde damit zugleich Oberbefehlshaber der Reichswehr.

Diese konsequente Personalpolitik zeigt, dass Hitler von Anfang an fest entschlossen war, seine Politik mit diktatorischen Mitteln durchzusetzen und einen Staat aufzubauen, in dem Weisungen nur nach unten – an die „Gefolgschaft" – gegeben wurden. Praktisch konnte nach 1934 keine Instanz innerhalb des Reiches mehr kontrollierend die Entscheidungsfindung im Umkreis Hitlers beeinflussen. Dennoch ist die Vorstellung, dass Hitler und die obersten NSDAP-Instanzen „alles" entschieden hätten, nicht ganz zutreffend. Hitler war der unangefochtene Führer in Staat und Partei, aber Polizei, Armee, SS, Wirtschaft, Verwaltung und Partei bemühten sich, ihren Einfluss auf politische Entscheidungen auszubauen oder zumindest zu erhalten (M 8).

Die SA

Die wichtigste Organisation, mit der Hitler unmittelbar nach der Machtübernahme seinen Terror entfaltete, war die SA (Sturmabteilung). Sie war im Jahre 1920 als politische Kampftruppe der NSDAP gegründet worden und rekrutierte sich vor allem aus Angehörigen von Freikorps und Bürgerwehrverbänden. Nach 1921 wurde die SA konsequent zur paramilitärischen Organisation umgeformt und diente seitdem zur Terrorisierung von politischen Gegnern (B 6) und Juden. Für Teile der SA waren mit der von Hitler in den Jahren 1933/34 durchgesetzten Politik die Ziele der Nationalsozialisten noch lange nicht erreicht. Sie forderten die Erweiterung der „nationalen" durch eine **„soziale Revolution"**, die eine antikapitalistische Politik verwirklichen und die Wirtschaft unter direkte Kontrolle des NS-Staates stellen sollte. Das rief den Protest vieler Unternehmer hervor, die sich gegen einen zu großen Einfluss der SA im Staat wehrten.

Noch schärfer war der Gegensatz zwischen der Reichswehr und der SA. Da Hitler aufrüsten und die Wehrmacht vergrößern wollte, drängte die SA-Führung unter ihrem mächtigen Chef Ernst Röhm (1887–1934) darauf, die führende Rolle in diesem neu aufzubauenden „Volksheer" zu übernehmen. Dieses Konzept widersprach jedoch Hitlers Absicht, mit den bewährten Kräften der alten Reichswehr auf den geplanten Krieg hinzuarbeiten.

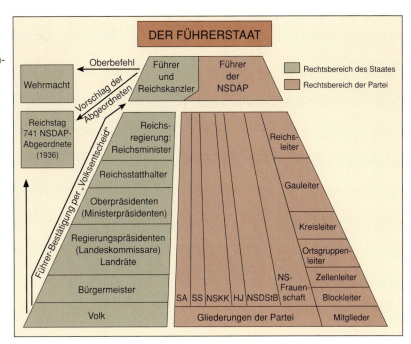

Schema 1 Staatsstruktur des NS-Staates. – NSKK: Nationalsozialistisches Kraftfahrerkorps, HJ: Hitlerjugend, NSDStB: Nationalsozialistischer Deutscher Studentenbund. Der Partei angeschlossene Organisationen: Deutsches Frauenwerk, Deutsche Arbeitsfront, NS-Volkswohlfahrt, NS-Kriegsopferversorgung, NSD-Ärztebund, NS-Lehrerbund, NS-Rechtwahrerbund, Reichsbund der Dt. Beamten.

Hitler suchte den Machtkampf innerhalb der eigenen Reihen und führte ihn mit der gleichen Brutalität, mit der er auch die oppositionellen Kräfte in Politik und Gesellschaft ausgeschaltet hatte. Am 30. Juni 1934 ließ er den Stabschef der SA, Röhm, weitere SA-Führer und einige konservative Gegner wie den ehemaligen Reichskanzler Kurt von Schleicher (1882–1934) durch SS-Kommandos ohne Gerichtsurteil erschießen. Wehrmachtseinheiten standen bereit, um die SS zu unterstützen, falls sich die SA erheben würde. Offiziell wurde die Ermordung der SA-Führer als Niederschlagung eines Umsturzversuches gerechtfertigt (M 9a, b). Damit war nicht nur Hitlers Autorität innerhalb der Partei wiederhergestellt, sondern auch der parteiinterne Machtkampf zwischen der eher „sozialrevolutionären" SA und der „elitären" SS entschieden worden.

| SS-Staat |

Keine Organisation verfügte zwischen 1933 und 1945 über einen derart gut organisierten Überwachungs- und Terrorapparat wie die SS. Weil diese NS-Organisation alle anderen staatlichen und militärischen Institutionen an Macht übertraf, wird die Nazi-Diktatur auch als SS-Staat bezeichnet. Und der SS wurden alle die Aufgaben übertragen, auf die es Hitler ankam: die Sicherung der Macht in Deutschland und während des Krieges in den besetzten Gebieten sowie die Verfolgung und Vernichtung der Gegner. Die SS war daher die eigentliche Exekutive des Führers. Die 1925 ins Leben gerufene SS (Schutzstaffel) war ursprünglich eine Art Parteipolizei, die Himmler seit 1929 befehligte. Im Januar 1933 umfasste sie 56 000 Mann. Eine Unterorganisation bildete der **„Sicherheitsdienst/SD"** unter Reinhard Heydrich (1904–1942), der geheime Nachrichten über politische Gegner sammelte und oppositionelle Parteimitglieder überwachte. Nach der Übernahme der Konzentrationslager von der entmachteten SA im Sommer 1934 konnte Himmler seine Macht weiter vergrößern: Seit Juni 1936 war er Chef der SS und der allgemeinen Polizei. Auf Grund der personellen und institutionellen Verschmelzung dieser Machtapparate besaß er damit die Möglichkeit, den Terror gegen die Regimegegner bürokratisch zu organisieren und außerhalb der Legalität durchzuführen.

B 6 SA-Truppen besetzen am 2. Mai 1933 das Gewerkschaftshaus am Engelufer in Berlin, Fotografie

— *Analysieren Sie B 6 mit Blick auf die Organisation der NS-Herrschaft.*
— *Beschreiben Sie das Verhalten der abgebildeten Personen. Beurteilen Sie das Verhalten der Passanten.*

Die sich als Elite verstehende SS baute ihre Organisation in zahlreichen Unterorganisationen ständig aus und stellte auch eigene bewaffnete Verbände auf (Schema 2). Die SS-Totenkopfverbände übernahmen die Bewachung der Konzentrationslager. Im Kriege dienten besonders die in Polen und Russland von der SS errichteten Konzentrationslager, wie z. B. Auschwitz, der bürokratisch organisierten Tötung von Juden und anderen Menschen. Aus den SS-Verfügungstruppen entstanden modern bewaffnete Divisionen, die im Krieg dann zur Waffen-SS ausgebaut wurden. 1944 umfasste die Waffen-SS rund 600 000 Mann, die allgemeine SS ungefähr 200 000 Mann. Die Wachmannschaften der Konzentrationslager hatten eine Stärke von 24 000 Mann.

Gestapo Die Nationalsozialisten unterstellten nach ihrer Machtübernahme die Länderpolizei dem Reich. Im April 1933 wurden die Einheiten der politischen Polizei der neu gebildeten **Geheimen Staatspolizei/Gestapo** untergeordnet. Seit April 1934 lag die Befehlsgewalt über die Gestapo in den Händen von Himmler. Im Jahre 1936 organisierte Hitler diese Behörde völlig um: Die regionalen Gestapo-Stellen erhielten nun ihre Weisungen direkt von der Berliner Leitung des „Reichsführers SS und Chefs der deutschen Polizei im Reichsministerium des Innern". Das bedeutete keine Kontrolle Himmlers durch den Reichsinnenminister. Im Gegenteil: Es brachte eine Erweiterung seines Machtbereiches durch Übernahme von Funktionen, die bis dahin dem Innenminister zugestanden hatten. Die Verzahnung von staatlicher Verwaltung und SS wurde mit der Einrichtung des **Reichssicherheitshauptamtes/**

RSHA am 17. September 1939, kurz nach Kriegsbeginn, weiter vorangetrieben. Das Reichssicherheitshauptamt nahm unter anderem die Aufgabe wahr, die so genannte „Gesamtlösung der Judenfrage" umzusetzen. Die konkrete Durchführung lag bei den lokalen Polizeibehörden.

| Denunziation | Lange Zeit erschien die Gestapo den Historikern, gestützt auf Aussagen von Zeitgenossen, als eine übermächtige Geheimorganisation, die alles und jeden bespitzeln ließ und die allmächtig und effizient gewesen sei. Tatsächlich war ihr unterster Arm, die **Blockwarte** (1939 rund 463 000 „Blocks" mit je 40–60 Haushalten) sowie andere NSDAP-Mitglieder, sehr umfangreich. Hinsichtlich ihrer Effizienz zeigen Untersuchungen einzelner Gestapo-Stellen aber ein anderes Bild. Die Erfolgsbilanzen der Gestapo beruhten, nach zuverlässigen Schätzungen, zu 80 % auf Anzeigen aus der Bevölkerung. Zwar etablierten die Nationalsozialisten einen formalen Mechanismus der Denunziation über die Block- und Zellenorganisation der Partei. Aber weder leisteten alle NSDAP-Mitglieder Spitzeldienste noch denunzierten nur Parteigenossen. Im Gegenteil: Jeder „Volksgenosse", der einen anderen verriet oder anzeigte, konnte sich in Übereinstimmung mit dem „Führerwillen" wähnen; das setzte die Hemmschwellen des Verrats deutlich herab. Innerhalb kurzer Zeit gelang es dem Regime, neben dem institutionalisierten Terror ein informelles Unterstützungssystem zu schaffen und die Kontrolle der Bürger effizienter zu gestalten. Außerdem erreichten die Nationalsozialisten auf diese Weise, dass ihre Vorstellungen von gefährlichen oder „minderwertigen" Gegnern sowie ihre politische und rassische Hierarchisierung von vielen Menschen übernommen wurden.

| Normen- und Maßnahmenstaat | Die von den Nationalsozialisten skrupellos und brutal durchgeführte Unterdrückung und Verfolgung all jener, die sie zu ihren Gegnern erklärt hatten, war mit rechtsstaatlichen Normen und Werten unvereinbar. Obwohl das Parteiprogramm der NSDAP 1920 davon sprach, dass das nationalsozialistische Deutschland ein neues „germanisches" Rechtssystem erhalten solle, verzichtete der NS-Staat auf die Verabschiedung einer nationalsozialistischen Rechtsordnung. Die von führenden NS-Juristen vorgelegten Entwürfe gingen dem NS-Regime nicht weit genug und hätten es bei der Durchführung seiner weit reichenden Pläne nur einengen können.

Stattdessen bevorzugte der NS-Staat einen opportunistischen und prinzipienlosen Umgang mit dem bisherigen Recht. Wenn einzelne Rechtsnormen den Nazis nutzten, wurden sie angewandt. Waren gesetzliche Bestimmungen jedoch hinderlich, wurden sie umgangen, ignoriert oder einfach fallen gelassen. Ernst Fraenkel (1898–1975), ein emigrierter Rechtsanwalt und Politikwissenschaftler, hat daher bereits 1941 von einem **Nebeneinander von Normen- und Maßnahmenstaat** gesprochen: In der NS-Diktatur wurde das bestehende Recht nicht abgeschafft, sondern zunehmend ausgehöhlt und überlagert von den diktatorischen Maßnahmen des Führers. Sein Wille war nach nationalsozialistischer Auffassung allgemein verbindliches Recht (M 10).

| Aushöhlung des Rechtsstaates | Die Aushöhlung des rechtsstaatlichen Legalitätsprinzips, das das gesamte staatliche Handeln an gesetzliche Normen bindet, zeigte sich am deutlichsten im Zuständigkeitsbereich von SA, SS und Polizei. Ihre Willkürmaßnahmen wurden stets mit dem Hinweis auf den „Führerwillen" begründet und dadurch „legalisiert". Aber auch der Strafjustiz konnten die Nationalsozialisten ihren Stempel aufdrücken. Ein eindrucksvolles Beispiel dafür ist die so genannte **„Heimtückeverordnung"** vom März 1933, die jede Kritik an der Regierung mit schweren Strafen belegte und die Aufgaben und Funktionen der bereits in der Weimarer Republik bestehenden Sondergerichte ausweitete. Nach 1933 wurden sie zuständig für alle „Verbrechen", die unter die „Verordnung zum Schutz von Volk und Staat" und die „Heim-

tückeverordnung" fielen. Während des Krieges erweiterte der NS-Staat die Zuständigkeit der Sondergerichte: Hinzu kamen jetzt Delikte wie das Abhören feindlicher Sender, Schwarzschlachten oder Plündern bei Verdunkelung (Kriegssonderstrafrechtsordnung). Alle diese Delikte konnten mit dem Tod bestraft werden. Zur „Aburteilung von Hoch- und Landesverratssachen" schufen die Nationalsozialisten im Jahre 1934 den **Volksgerichtshof**, dessen Richter von Hitler ernannt wurden und gegen dessen Entscheidungen keine Rechtsmittel zulässig waren. Gleichzeitig wurde der Begriff des „Hochverrats" neu gefasst: Schon der „Verdacht hochverräterischer Bestrebungen" reichte fortan für eine Verurteilung. Bereits im Juli 1933 waren **Erbgesundheitsgerichte** eingerichtet worden, die über die Zwangssterilisation von Behinderten zu urteilen hatten. Damit war die Justiz unmittelbar in den Maßnahmenstaat integriert und sie ließ sich in ihrer überwiegenden Mehrheit zum Handlanger des NS-Regimes machen. Die Mehrzahl der Richter war in einem erschreckenden Maße willfährig.

M8 Der Leipziger Oberbürgermeister Carl-Friedrich Goerdeler zur Konkurrenz zwischen unterschiedlichen Machtzentren im NS-Staat, 1937

Auf dem Gebiet der inneren Verwaltung herrscht ein heilloses Durcheinander. Außenstehende können sich davon überhaupt keine Vorstellung machen. […]
5 Neben dem Staat versucht die Partei das öffentliche Leben zu beherrschen. Der öffentliche Diener weiß nicht mehr, an welche klaren Gesetze er sich zu halten hat. Viel schlimmer aber ist, dass der Beamte nicht mehr weiß, an welche Anstandsregeln
10 er sich zu halten hat.
Die Zuständigkeiten, die früher klar geregelt waren, werden dauernd geändert. Hat man sich heute zum Grundsatz der Selbstverwaltung bekannt, so beraubt man morgen Provinzen und Gemein-
15 den wichtiger, organisch ihnen zufallender Funktionen. Die Folge ist, dass sich die Zahl der öffentlichen oder halb öffentlichen Beamten und Angestellten um einige Hunderttausend vermehrt hat, dass das Geld des deutschen Steuerzahlers benutzt
20 wird, um mit diesen Kräften irgendetwas zu tun, zumindest untereinander Krieg zu führen, und dass das moralische Bewusstsein sowie die Verantwortungsfreudigkeit ebenso schnell verblassen wie der Mannesmut. Der preußische Beamte war darauf
25 erzogen, seinem Vorgesetzten zu gehorchen; aber er war auch verpflichtet, ihm gegenüber seine eigene Meinung unerschrocken zu vertreten. Beamte, die das heute noch wagen, kann man in Deutschland allmählich mit der Laterne suchen.
30 Damit aber ist die öffentliche Verwaltung unterminiert, muss immer haltloser werden und wird eines Tages dem Volke nur noch als Last erscheinen.
Im Übrigen ist die Entwicklung zielbewusst darauf gerichtet, immer mehr Macht in den Händen der Polizei, einschließlich der Geheimen Staatspolizei, 35 zu vereinigen. Das ist logisch. Ein System, das es sich zur Aufgabe gesetzt hat, unter allen Umständen an der Macht zu bleiben, muss mehr und mehr auf das Mittel der Überzeugung verzichten und zu Mitteln des Zwanges greifen. 40
(Friedrich Krause [Hg.], Goerdelers politisches Testament. Dokumente des anderen Deutschland, F. Krause 1945, New York City, S. 19 ff.)

1 Untersuchen Sie die Auswirkungen des Parteieinflusses auf die innere Verwaltung Deutschlands aus der Perspektive des Leipziger Oberbürgermeisters.
2 Erörtern Sie anhand von M 8 die grundsätzlichen Probleme des „Führerstaates".

M9 Die Entmachtung der SA am 30. Juni 1934

a) Der offizielle Kommentar der Reichspressestelle

Seit vielen Monaten wurde von einzelnen Elementen versucht, zwischen SA und Partei sowohl wie zwischen SA und Staat Keile zu treiben und Gegensätze zu erzeugen. Der Verdacht, dass diese Versuche einer beschränkten, bestimmt eingestell- 5 ten Clique zuzuschreiben sind, wurde mehr und mehr bestätigt. Stabschef Röhm, der vom Führer mit seltenem Vertrauen ausgestattet worden war, trat diesen Erscheinungen nicht nur nicht entgegen, sondern förderte sie unzweifelhaft. Seine be- 10 kannte unglückliche Veranlagung führte allmählich zu so unerträglichen Belastungen, dass der Führer der Bewegung und Oberste Führer der SA selbst in schwerste Gewissenskonflikte getrieben wurde. Stabschef Röhm trat ohne Wissen des Füh- 15 rers mit General Schleicher in Beziehungen. Er be-

diente sich dabei neben einem anderen SA-Führer einer von Adolf Hitler schärfstens abgelehnten, in Berlin bekannten obskuren Persönlichkeit. Da diese Verhandlungen endlich – natürlich ebenfalls ohne Wissen des Führers – zu einer auswärtigen Macht bzw. zu deren Vertretung sich hin erstreckten, war sowohl vom Standpunkt der Partei als auch vom Standpunkt des Staates ein Einschreiten nicht mehr zu umgehen.
(Völkischer Beobachter [Berliner Ausgabe, A], 47. Jg., Nr. 182/83 vom 1./2. Juli 1934, S. 2)

b) Erinnerungen des Staatssekretärs Otto Meissner, 1950

Der Plan Hitlers, unangemeldet und überraschend in Wiessee anzukommen, gelingt. Der Mann des Flugplatzes Hangelar, der von Röhm gewonnen war, Flüge des Führers und deren Ziel sofort zu melden, war plötzlich erkrankt und konnte die verabredete Nachricht nicht – wie verabredet – an den Adjutanten Röhms durchsagen. So trifft Hitler mit seiner Begleitung und Sicherheitseskorte in den frühen Morgenstunden des 30. Juni völlig überraschend in München ein, wo er einige der Mitverschwörer Röhms verhaften und erschießen lässt, fährt mit seinem Führerbegleitkommando nach Wiessee weiter und verhaftet dort unter persönlichen Beschimpfungen Röhm und die um ihn versammelten SA-Führer; sie werden in die Strafanstalt Stadelheim bei München überführt und dort ohne Verfahren erschossen. Röhm hatte es abgelehnt, von der ihm gegebenen Möglichkeit, Selbstmord zu begehen, Gebrauch zu machen, und ein gerichtliches Verfahren gefordert.
(Otto Meissner, Staatssekretär unter Ebert – Hindenburg – Hitler, Hamburg ³1950, S. 366 ff.)

1 *Vergleichen Sie die offizielle Darstellung über das Vorgehen gegen die SA mit den Erinnerungen Meissners.*
2 *Diskutieren Sie die Bedeutung des 30. Juni 1934 für die Geschichte der NS-Diktatur.*

M10 Carl Schmitt, einer der führenden NS-Staatsrechtslehrer, über die Funktion des Rechts im NS-Staat anlässlich der Entmachtung der SA, Aug. 1934

Der Führer schützt das Recht vor dem schlimmsten Missbrauch, wenn er im Augenblick der Gefahr kraft seines Führertums als oberster Gerichtsherr unmittelbar Recht schafft. […] Der wahre Führer ist immer auch Richter. Aus dem Führertum fließt das Richtertum. Wer beides voneinander trennen oder gar entgegensetzen will, macht den Richter entweder zum Gegenführer oder zum Werkzeug eines Gegenführers und sucht den Staat mit Hilfe der Justiz aus den Angeln zu heben. […]
In Wahrheit war die Tat des Führers echte Gerichtsbarkeit. Sie untersteht nicht der Justiz, sondern war selbst höchste Justiz. […]
Das Richtertum des Führers entspringt derselben Rechtsquelle, der alles Recht jedes Volkes entspringt. In der höchsten Not bewährt sich das höchste Recht und erscheint der höchste Grad richterlich rächender Verwirklichung des Rechts. Alles Recht stammt aus dem Lebensrecht des Volkes.
(Carl Schmitt, Der Führer schützt das Recht, in: Deutsche Juristenzeitung vom 1. Aug. 1934, S. 945 ff.)

1 *Beschreiben Sie das nationalsozialistische Verständnis von Recht und Unrecht.*
2 *Analysieren Sie die Folgen, die dieses Rechtsverständnis für den einzelnen Menschen hat, und vergleichen Sie dieses mit der Praxis in demokratisch-liberalen Verfassungsstaaten.*

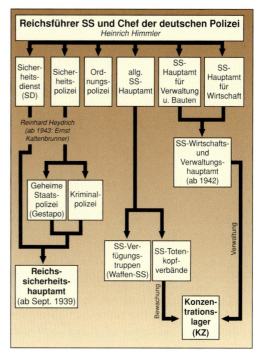

Schema 2 Die Organisation der SS

– *Erläutern und beurteilen Sie die Stellung der SS im NS-Herrschaftssystem.*

4 Die Herrschaftsmethoden des NS-Staates

Politische Gegner – der „innere Feind"

Die nationalsozialistische Ideologie kannte eigentlich keine Gegner, sondern nur Freund oder Feind. Mit den zu Feinden des Regimes erklärten Menschen gab es keine politische oder geistige Auseinandersetzung, sie mussten vernichtet werden (M 11a, b). So herrschte für den Nationalsozialismus auch im Frieden schon Krieg gegen den „inneren Feind". In diesem Krieg wurden die Regeln der modernen Zivilisation außer Kraft gesetzt.

Zu den „inneren Feinden" zählten die Nationalsozialisten Kommunisten und Sozialdemokraten. Aber auch Liberale, Christen und Konservative, die mit dem Regime nicht einverstanden waren, wurden verfolgt. Mit der Machtübernahme begannen Diskriminierung, Entrechtung und Verfolgung von Juden, von Sinti und Roma. Aus der nationalsozialistischen „Volksgemeinschaft" ausgeschlossen wurden überdies Straftäter, allen voran die so genannten „Berufs-" und „Gewohnheitsverbrecher", sowie später Homosexuelle, Geisteskranke, Behinderte und Gebrechliche.

Schutzhaft

Eine der ersten Maßnahmen bei der Verfolgung der „Reichsfeinde" war die Einführung der „Schutzhaft" durch die Reichstagsbrandverordnung (s. S. 246). Die politische Polizei bzw. die Gestapo konnte nun politische Gegner „zur vorbeugenden Bekämpfung" ohne gerichtliches Verfahren und gerichtliche Nachprüfung in Haft nehmen. Für diese illegale Freiheitsberaubung, die in der Regel eine zeitlich unbegrenzte Inhaftierung bedeutete, genügte in vielen Fällen schon der bloße Verdacht, Mitglied in einer von den Nazis als „feindlich" eingestuften Organisationen zu sein oder zu bestimmten „Feindgruppen" zu gehören. Oft wurden diese politischen Gefangenen nach Verbüßung einer von einem ordentlichen Gericht verhängten Strafe erneut von der Gestapo festgenommen und in ein Konzentrationslager gebracht. Diese Herrschaftspraxis führte zu einem sprunghaften Anstieg der Gefangenen: Bereits im März/April 1933 lag die Zahl der Festnahmen in Preußen bei 25 000 bis 30 000. Da die Haftanstalten rasch überfüllt waren, brachte man diese Gefangenen in alten Feldscheunen, Lagerhallen oder Hinterzimmern unter, die so zu den ersten „wilden" Konzentrationslagern wurden (M 12).

Konzentrationslager

Die bereits im Frühjahr 1933 errichteten Konzentrationslager (KZ) bildeten die eigentlichen Terror- und Zwangsinstrumente des NS-Regimes. Konzentrationslager waren Massenlager, in denen Menschen aus politischen, religiösen, rassischen oder anderen Gründen eingesperrt, misshandelt und ermordet wurden. Die Lager dienten den Nationalsozialisten zur Einschüchterung, Ausschaltung und Vernichtung ihrer „Feinde". Vom Jahre 1941 an wurden Vernichtungslager eingerichtet, in denen systematisch Menschen getötet wurden (s. Karte 2, S. 293).

Zunächst waren Kommunisten, Sozialdemokraten und andere Gegner für relativ kurze Zeit ohne jede rechtliche Grundlage in die schnell errichteten Barackenlager eingesperrt worden (B 7). Die Lebensverhältnisse der Häftlinge waren beträchtlich schlechter als in den normalen Gefängnissen und Zuchthäusern. Vor allem blieben die Gefangenen hilflos der Willkür der Wachmannschaften ausgeliefert.

Seit 1934 unterstanden die Konzentrationslager der SS, die die Lager nach einheitlichen bürokratischen Vorschriften organisierte (M 13). 1939 betrug die Zahl der Häftlinge etwa 25 000, 1944 waren es 397 000 Männer und 145 000 Frauen. Doch kann hinter diesen Zahlen weder das unsägliche

B 7 Verhaftete im Konzentrationslager Oranienburg bei Berlin, August 1933, Fotografie. – Die Verhafteten sind von links nach rechts: Ernst Heilmann, Vorsitzender der preußischen SPD-Landtagsfraktion, Fritz Ebert, Sohn des ehemaligen Reichspräsidenten, Adolf Braun, Sekretär des SPD-Vorstandes in Berlin und Rundfunkreporter, Ministerialrat Giesecke vom Reichsrundfunk, Dr. Magnus, Direktor der Reichsrundfunkgesellschaft, und Dr. Flesch, Intendant der Berliner Funkstunde. Die Königsberger „Hartungsche Zeitung" schrieb zu der Verhaftung eine Meldung unter der Überschrift: „Rundfunksünder ins Konzentrationslager".

— *Interpretieren Sie die in B 7 dargestellte Gefangennahme im Hinblick auf die Herrschaftsmethoden des NS-Staates.*
— *Informieren Sie sich über Persönlichkeiten der 1950er-/60er-Jahre und deren Leben während der NS-Zeit (z. B. Politiker wie Konrad Adenauer, Walter Ulbricht, Kurt Schumacher, Willy Brandt, Theodor Heuss oder auch Filmstars). Besorgen Sie sich in der Schul- oder Stadtbibliothek Biografien oder Autobiografien der entsprechenden Personen und bereiten Sie ein Referat über deren Erfahrungen während der Zeit des Nationalsozialismus vor.*

Leid sichtbar werden, das den Gefangenen angetan wurde, noch geben sie Auskunft, wie viele Menschen insgesamt die Konzentrationslager „durchliefen".
Die **Vernichtungslager** dienten der bürokratisch organisierten Tötung der Juden und anderer als „minderwertig" betrachteter Menschen. Arbeitsfähige KZ-Häftlinge mussten Zwangsarbeit leisten oder wurden zu Sklavenarbeiten verpflichtet. SS-Ärzte führten grausame medizinische und andere Menschenversuche an den todgeweihten Opfern durch. Die mit Güterwagen der Reichsbahn antransportierten Juden aus allen Teilen Europas wurden in den Vernichtungslagern kurz nach ihrer Ankunft durch Gas oder durch Massenerschießungen getötet oder, soweit sie noch gesund und kräftig waren, zur Zwangsarbeit befohlen. Auf Grund der mangelhaften Ernährung und Unterbringung starben viele von diesen Häftlingen an der körperlichen und physischen

Belastung. Die Nationalsozialisten nannten das zynisch „Vernichtung durch Arbeit". Bis Kriegsende wurden in den Vernichtungslagern etwa 6 Mio. Juden und 500 000 Polen, Sinti und Roma und andere Menschen ermordet.

Zwangsarbeit Der NS-Staat benötigte vor allem in der Rüstungsindustrie Arbeitskräfte, die wegen des Arbeitskräftemangels nicht auf dem normalen Arbeitsmarkt zur Verfügung standen. Seit 1938 machte die SS regelrecht Jagd auf die arbeitsfähigen KZ-Häftlinge, um sie als Arbeitssklaven in Rüstungsbetrieben und SS-eigenen Produktionsstätten für Baustoffe oder in Steinbrüchen einzusetzen. In unmittelbarer Nähe von Granitsteinbrüchen errichtete die SS neue Konzentrationslager (Flossenburg in der Oberpfalz, Mauthausen bei Linz, Groß-Rosen in Niederschlesien und Natzweiler im Elsass) und bei den Konzentrationslagern Sachsenhausen und Buchenwald entstanden Großziegelwerke. Die Zwangsarbeit besaß für das NS-Regime in der Regel eine doppelte Funktion: Man wollte die Arbeitskraft der Häftlinge nutzen und gleichzeitig „unproduktive" und „minderwertige" Menschen durch Arbeit töten.

Propaganda Die nationalsozialistische Herrschaft beruhte auf Gewalt, Terror und Unterdrückung, aber auch auf Verführung. Durch glanzvolle Feiern und Inszenierungen wie am „Tag von Potsdam" (s. S. 247) sollten die Mitglieder und Anhänger der NSDAP in ihrem Glauben an die siegreiche Mission der Partei und ihres Führers bestärkt werden; gleichzeitig wollte man diejenigen Teile der Bevölkerung, die dem Regime skeptisch oder gleichgültig gegenüberstanden, für sich gewinnen. Denn die Nationalsozialisten wussten, dass sie mit Zwang allein ihre Herrschaft nicht sichern konnten. Das wichtigste Mittel zur Mobilisierung der öffentlichen Meinung zu Gunsten der Nationalsozialisten war die Propaganda. Das Wort (lat. propagare = ausbreiten) war ursprünglich ein Synonym für Werbung und bezeichnete vor allem die schriftliche und mündliche Verbreitung politischer Lehren und Ideen. Mit diesem Begriff verband sich zudem die Vorstellung von werbender und einseitiger Beeinflussung der öffentlichen Meinung (M 14).

Die NSDAP hatte bereits für ihren Aufstieg neue Werbemedien zur Mobilisierung der Bevölkerung zu nutzen gewusst. Wirkungsvoll inszenierte Großkundgebungen mit großen Lautsprecheranlagen, spektakuläre Flugzeugeinsätze für Hitlers reichsweite Wahlkampfeinsätze, der Ausbau einer aufwändigen Parteipresse sowie der Einsatz der Plakatkunst kennzeichnen den Stil der nationalsozialistischen Propaganda vor 1933 – und diese zeigte Wirkung.

Mit der NSDAP zogen die Mittel der modernen Verkaufswerbung in die politische Propaganda ein. Hitler und Propagandaminister Goebbels, die wirkungsvollsten Redner der Partei, verstanden es, in der Schulung der Parteiredner durchschlagende Stilmittel der Werbesprache zu verbreiten. Unter Ausnutzung der Mechanismen der Massenpsychologie wurden Volkstümlichkeit und extreme Vereinfachung zur Grundlage der Parteisprache erhoben. Die Beschränkung auf wenige einprägsame Merksprüche, die reklamehafte Wiederholung, die Wahl eingängiger Symbole, die Benutzung grobschlächtiger Freund-Feind-Bilder sowie eine zwischen Einfühlsamkeit und Gewalttätigkeit pendelnde Rhetorik sollten zur Identifikation mit der anscheinend allmächtigen NSDAP und ihrem Führer beitragen.

Presse, Rundfunk, Film Nach Hitlers Machtübernahme wurde die Propaganda zur Unterstützung der nationalsozialistischen Politik in allen Bereichen des politisch-gesellschaftlichen Lebens eingesetzt. Das von Goebbels geleitete neu eingerichtete **„Reichsministerium für Volksaufklärung und Propaganda"** überwachte alle Nachrichtenbüros, hielt in den Redaktionen interne Besprechungen ab, gab allgemein verbindliche Sprachregelungen und Weisungen aus und veranstaltete täglich eine Reichspressekonferenz. Bereits im Sommer 1933 hatten die Nationalsozialisten auf diese Weise die organisatorische und inhaltliche Gleichschaltung der Presse durchgesetzt.

Der halbstaatliche **Rundfunk**, der eben erst als Massenmedium aufgebaut worden war, wurde ebenfalls sehr schnell personell und inhaltlich gleichgeschaltet und vom NS-Staat für seine Propaganda erstmals voll genutzt. Eine Werbekampagne für den preiswerten so genannten Volksempfänger verbreitete das Radio auch in den einfachen Haushalten – 1933 wurden über eine Million Geräte abgesetzt (B 8). Eine ähnlich große Bedeutung bei der Massenbeeinflussung kam der „Wochenschau" zu. Dieser filmische Nachrichtenüberblick im Vorprogramm der Kinos wurde eine eigene Kunstform und diente der Werbung für das NS-Regime.

Mit Hilfe aller dieser geschickt genutzten Medien versuchte die NS-Propaganda der Bevölkerung ihre Ideologie einzuhämmern. Bis zur totalen Niederlage des „Dritten Reiches" im Mai 1945 versuchten die Nationalsozialisten bei den Bürgern den „blinden" Glauben daran zu erwecken und zu erhalten, dass die Geschichte des NS-Staates eine beispiellose Erfolgsgeschichte sei.

M11 Der Umgang des NS-Regimes mit politischen Gegnern

a) Adolf Hitler in „Mein Kampf", 1925

Die Gewinnung der Seele des Volkes kann nur gelingen, wenn man neben der Führung des positiven Kampfes für die eigenen Ziele den Gegner dieser Ziele vernichtet.

Das Volk sieht zu allen Zeiten im rücksichtslosen Angriff auf einen Widersacher den Beweis des eigenen Rechtes und es empfindet den Verzicht auf die Vernichtung des anderen als Unsicherheit in Bezug auf das eigene Recht, wenn nicht als Zeichen des eigenen Unrechtes.

Die breite Masse ist nur ein Stück der Natur und ihr Empfinden versteht nicht den gegenseitigen Händedruck von Menschen, die behaupten, Gegensätzliches zu wollen. Was sie wünscht, ist der Sieg des Stärkeren und die Vernichtung des Schwachen oder seine bedingungslose Unterwerfung. Die Nationalisierung unserer Masse wird nur gelingen, wenn bei allem positiven Kampf um die Seele unseres Volkes ihre internationalen Vergifter ausgerottet werden.

(Adolf Hitler, Mein Kampf, München 1942, S. 371 f.)

b) Schießerlass Hermann Görings an alle Polizeibehörden vom 17. Februar 1933

[D]em Treiben staatsfeindlicher Organisationen [ist] mit den schärfsten Mitteln entgegenzutreten. Polizeibeamte, die in Ausübung dieser Pflichten von der Schusswaffe Gebrauch machen, werden ohne Rücksicht auf die Folgen des Schusswaffengebrauchs von mir gedeckt; wer hingegen in falscher Rücksichtnahme versagt, hat dienststrafrechtliche Folgen zu gewärtigen.

(Günter Schönbrunn [Hg.], Weltkriege und Revolutionen 1914–1945, bsv, München ²1970, S. 279)

1 Analysieren Sie das Gesellschaftsbild Hitlers anhand von M 11a.
2 Ordnen Sie M 11b in den historischen Kontext ein und interpretieren Sie die Quelle im Hinblick auf den Umgang der Nationalsozialisten mit ihren Gegnern.

M12 Rudolf Diels, der erste Chef der Gestapo, über das Columbiagefängnis der SS in Berlin im Jahr 1933, 1950

Nach den Berichten von Beamten und Freunden trat die SA mit eigenen „Vernehmungsstellen" in Berlin selbst in eine grauenvolle Tätigkeit ein. In den einzelnen Stadtteilen entstanden „Privatgefängnisse". Die „Bunker" in der Hedemann- und Voßstraße wurden zu infernalischen Stätten der Menschenquälerei. Es entstand das Columbiagefängnis der SS, die allerschlimmste Marterstätte. [...]

Ich konnte nun mit den Polizeimannschaften die Marterhöhle betreten. Dort waren die Fußböden einiger leerer Zimmer, in denen sich die Folterknechte betätigten, mit einer Strohschütte bedeckt worden. Die Opfer, die wir vorfanden, waren dem Hungertod nahe. Sie waren tagelang stehend in enge Schränke gesperrt worden, um ihnen „Geständnisse" zu erpressen. Die „Vernehmungen" hatten mit Prügeln begonnen und geendet; dabei

B 8 „Ganz Deutschland hört den Führer", 1936, Werbeplakat. – 1935/36 wurde in Firmenkooperation der erste preiswerte und leistungsfähige Rundfunkempfänger, der „Volksempfänger" VE 301, entwickelt. Er kostete 76 RM, was etwa dem Wochenlohn eines Facharbeiters entsprach.

— *Untersuchen Sie B 8 im Hinblick auf die Bedeutung der Propaganda im NS-Staat.*
— *Diskutieren Sie über das Thema: „Rundfunk – Fernsehen – Computer: Fluch oder Segen für unsere heutige Demokratie?"*

hatte ein Dutzend Kerle in Abständen von Stunden mit Eisenstäben, Gummiknüppeln und Peitschen auf die Opfer eingedroschen. Eingeschlagene Zähne und gebrochene Knochen legten von den Torturen Zeugnis ab. Als wir eintraten, lagen diese lebenden Skelette reihenweise mit eiternden Wunden auf dem faulenden Stroh. Es gab keinen, dessen Körper nicht vom Kopf bis zu den Füßen die blauen, gelben und grünen Male der unmenschlichen Prügel an sich trug. Bei vielen waren die Augen zugeschwollen und unter den Nasenlöchern klebten Krusten geronnenen Blutes. Es gab kein Stöhnen und Klagen mehr; nur starres Warten auf das Ende oder neue Prügel. Jeder Einzelne musste auf die bereitgestellten Einsatzwagen getragen werden; sie waren des Gehens nicht mehr fähig. Wie große Lehmklumpen, komische Puppen mit toten Augen und wackelnden Köpfen, hingen sie wie aneinander geklebt auf den Bänken der Polizeiwagen. Die Schutzpolizisten hatte der Anblick dieser Hölle stumm gemacht.
(Rudolf Diels, Lucifer ante portas. Es spricht der erste Chef der Gestapo, Deutsche Verlags-Anstalt, Stuttgart 1950, S. 220 und 254 ff.)

1 Arbeiten Sie aus M 12 das Vorgehen der Gestapo gegen die Gegner des NS-Regimes heraus.
2 Untersuchen Sie das Menschenbild und das Rechts- bzw. Unrechtsbewusstsein des Gestapo-Wachpersonals.

M13 Aus der „Disziplin- und Strafordnung des Konzentrationslagers Esterwegen", 1933/34
Paragraf 8
Mit 14 Tagen strengem Arrest und mit je 25 Stockhieben zu Beginn und am Ende der Strafe wird bestraft: […]
2. Wer in Briefen oder sonstigen Mitteilungen ab-

fällige Bemerkungen über nationalsozialistische Führer, über Staat und Regierung, Behörden und Einrichtungen zum Ausdruck bringt, marxistische ober liberalistische Führer oder Novemberparteien verherrlicht, Vorgänge im Konzentrationslager mitteilt. […]

Paragraf 11

Wer im Lager, an der Arbeitsstelle, in den Unterkünften, in Küchen und Werkstätten, Aborten und Ruheplätzen zum Zwecke der Aufwiegelung politisiert, aufreizende Reden hält, sich mit anderen zu diesem Zwecke zusammenfindet, Cliquen bildet oder umhertreibt, wahre oder unwahre Nachrichten zum Zwecke der gegnerischen Gräuelpropaganda über das Konzentrationslager oder dessen Einrichtungen sammelt, empfängt, vergräbt, weitererzählt, mittels Kassiber oder auf andere Weise aus dem Lager hinausschmuggelt, Entlassenen oder Überstellten schriftlich oder mündlich mitgibt, mittels Steinen usw. über die Lagermauer wirft oder Geheimschriften anfertigt, ferner, wer zum Zwecke der Aufwiegelung auf Barackendächer steigt, durch Lichtsignale oder auf andere Weise Zeichen gibt oder nach außen Verbindung sucht oder wer andere zur Flucht oder einem Verbrechen verleitet, hierzu Ratschläge erteilt oder durch andere Mittel unterstützt, wird kraft revolutionären Rechts als Aufwiegler gehängt!

(Kurt Richard Grossmann, Ossietzky, ein deutscher Patriot, Kindler, München 1963, S. 483f.)

1 *Diskutieren Sie über die Motive und Ziele dieser Vorschriften.*
2 *Erörtern Sie die Verhältnismäßigkeit von Strafen und Vergehen.*

M14 Adolf Hitler in „Mein Kampf" über Propaganda, 1925

Jede Propaganda hat volkstümlich zu sein und ihr geistiges Niveau einzustellen nach der Aufnahmefähigkeit des Beschränktesten unter denen, an die sie sich zu richten gedenkt. Damit wird ihre rein geistige Höhe umso tiefer zu stellen sein, je größer die zu erfassende Masse der Menschen sein soll. Handelt es sich aber, wie bei der Propaganda für die Durchhaltung eines Krieges, darum, ein ganzes Volk in ihren Wirkungsbereich zu ziehen, so kann die Vorsicht bei der Vermeidung zu hoher geistiger Voraussetzungen gar nicht groß genug sein.

Je bescheidener dann ihr wissenschaftlicher Ballast ist und je mehr sie ausschließlich auf das Fühlen der Masse Rücksicht nimmt, umso durchschlagender der Erfolg. Dieser aber ist der beste Beweis für die Richtigkeit oder Unrichtigkeit einer Propaganda und nicht die gelungene Befriedigung einiger Gelehrter oder ästhetischer Jünglinge.

Gerade darin liegt die Kunst der Propaganda, dass sie, die gefühlsmäßige Vorstellungswelt der großen Masse begreifend, in psychologisch richtiger Form den Weg zur Aufmerksamkeit und weiter zum Herzen der breiten Masse findet. Dass dies von unseren Neunmalklugen nicht begriffen wird, beweist nur deren Denkfaulheit oder Einbildung.

Versteht man aber die Notwendigkeit der Einstellung der Werbekunst der Propaganda auf die breite Masse, so ergibt sich weiter schon daraus folgende Lehre:

Es ist falsch, der Propaganda die Vielseitigkeit etwa des wissenschaftlichen Unterrichts geben zu wollen. Die Aufnahmefähigkeit der großen Masse ist nur sehr beschränkt, das Verständnis klein, dafür jedoch die Vergesslichkeit groß. Aus diesen Tatsachen heraus hat sich jede wirkungsvolle Propaganda auf nur sehr wenige Punkte zu beschränken und diese schlagwortartig so lange zu verwerten, bis auch bestimmt der Letzte unter einem solchen Worte das Gewollte sich vorzustellen vermag. Sowie man diesen Grundsatz opfert und vielseitig werden will, wird man die Wirkung zum Zerflattern bringen, da die Menge den gebotenen Stoff weder zu verdauen noch zu behalten vermag. Damit aber wird das Ergebnis wieder abgeschwächt und endlich aufgehoben.

Je größer so die Linie ihrer Darstellung zu sein hat, umso psychologisch richtiger muss die Feststellung ihrer Taktik sein.

(Adolf Hitler, Mein Kampf, München 1942, S. 197f.)

1 *Bestimmen Sie die Zielgruppe in Hitlers Konzept politischer Propaganda.*
2 *Erläutern Sie die Mittel, die zu diesem Zweck eingesetzt werden sollen.*

5 Alltag und Frauen

> **Widersprüchliche Erfahrungen**

Das alltägliche Leben der Menschen unter der nationalsozialistischen Herrschaft, ihr Denken, Fühlen und Handeln sind nicht auf eine einfache Formel zu bringen. Einerseits wurde der „schöne Schein" des „Dritten Reiches" von vielen Deutschen zur Wirklichkeit umgedeutet, etwa die Inszenierung der „Volksgemeinschaft" bei den Feiern zum 1. Mai oder des Völkerfriedens anlässlich der Olympischen Spiele 1936 in Berlin. Auch der Abbau der Arbeitslosigkeit durch die Rüstungskonjunktur und die außenpolitischen Erfolge wie die Angliederung des Saarlandes im Jahr 1935 beeindruckten die Zeitgenossen und ließen die Vorkriegsjahre als Jahre der „Normalisierung" oder gar des glanzvollen Aufbruches in eine bessere Zeit erscheinen.

Andererseits höhlte das Regime die traditionellen Milieus, die schon in der Weimarer Republik an Bedeutung verloren hatten, weiter aus. Zwar konnte eine intakte Familie im katholischen Raum ebenso Schutz vor den Zugriffen des NS-Staates bieten wie die Milieus in den Arbeitersiedlungen; hier entstand sogar gelegentlich eine gewisse Gegenöffentlichkeit, die der Propaganda der NSDAP eine andere, kritische Sicht der Wirklichkeit entgegensetzte. Aber der Rückzug in private Nischen bedeutete ein passives Hinnehmen der herrschenden Ordnung. Zugleich stellte sich für jeden im Alltag immer neu die Frage, in welcher Weise und in welchem Umfang er sich anpassen sollte oder nicht: Für das Winterhilfswerk seinen Beitrag geben oder nicht? Die Fahne heraushängen oder nicht, und wenn ja, in welcher Größe?

Der Kriegsalltag, das Leben in den Luftschutzbunkern, verstärkte die widerspruchsvollen Erfahrungen. Die einen hofften nur, dass bald alles vorbei sei, die anderen glaubten wie Kinder an die Allmacht Hitlers und den Endsieg.

> **Spaltung des Bewusstseins**

Das Bewusstsein vieler Menschen spaltete sich häufig auf, um die einander widersprechenden Erfahrungen zu verarbeiten. Zum einen galten die Vorkriegsjahre eher als Jahre der „Normalität", was durch die Angebote an Unterhaltung und durch die Rückzugsmöglichkeiten ins Privatleben begünstigt wurde. Zum anderen gab es immer auch die Öffentlichkeit des NS-Terrors und des Rassismus, zumal die Nationalsozialisten bewusst auf die Abschreckungswirkung ihrer Maßnahmen bzw. auf die Zustimmung zu ihrer rassistischen Diskriminierung und Verfolgung setzten. Viele wussten außerdem von den Arbeits- und Konzentrationslagern.

Dieses Nebeneinander von positiven und negativen Eindrücken führte in den Köpfen der Menschen dazu, dass Einzelerscheinungen immer weniger aufeinander bezogen wurden. „Politik" erschien zunehmend als etwas Bedrohliches und sollte möglichst vom „normalen" Leben ausgeschlossen bleiben.

> **Arbeiterschaft**

Innerhalb der Arbeiterschaft gab es große soziale Unterschiede. Die Arbeiter in den Rüstungsbetrieben erhielten sehr viel höhere Löhne als die Landarbeiter, die immer am unteren Ende der Lohnskala blieben. Bis 1936 war der Alltag eines Arbeiters in der Regel von Entbehrungen gekennzeichnet (M 16). Die kontinuierliche Abnahme der Arbeitslosenzahl und die Aussicht, überhaupt Arbeit zu finden (M 15c), weckte bei vielen Arbeitern jedoch die Bereitschaft, sich auf das Regime einzulassen. Ähnlich wirkten Modernisierungen im Alltag, wenn z. B. Vorortsiedlungen endlich an das Stromnetz angeschlossen wurden. Auch sozialpolitische Verbesserungen oder die Reise- und Wanderangebote von KdF sorgten für eine günstige Stimmung oder erleichterten zumindest den Rückzug ins „Unpolitische" (B 13,

M 19). Mit dem Einsatz von 7 Mio. ausländischer Zwangsarbeiter im Krieg verstärkte sich die Aufwertung des deutschen Arbeiters, der dadurch im Betrieb seinen Status erhöhen konnte. Dennoch war der Zugriff des Regimes auf die Arbeiterschaft längst nicht so total, wie es seine Führer proklamierten und wie es Zeitgenossen im Rückblick schilderten. Besonders die ehemals politisch Organisierten und die in den Gewerkschaften verwurzelten Arbeiter blieben trotz der nationalsozialistischen Sozialpolitik gegenüber dem NS-Staat auf Distanz.

Bürgertum und Mittelstand Auch große Teile des **Bürgertums** verhielten sich gegenüber den Nationalsozialisten durchaus reserviert, nicht selten aus einem ständischen Überlegenheitsgefühl gegenüber den „Massen" heraus. Allerdings arrangierten sich die alten Eliten mit dem Regime, zumal sich viele ihrer politischen und sozialen Ziele erfüllten. Nur wenige nahmen einen Karriereknick in Kauf, um nicht als Richter an einem Sondergericht oder als Arzt an Euthanasieaktionen mitzuwirken. Die Nationalsozialisten zwangen keinen Deutschen, am „Maßnahmenstaat" (s. S. 255) gerade auf höherer Ebene teilzunehmen.

Die Mittelschichten, die vor 1933 die Nationalsozialisten besonders unterstützt hatten, blieben ihnen auch nach 1933 weitgehend treu, wenngleich das NS-Regime die Forderungen des **alten Mittelstandes** der Handwerker und Einzelhändler auf Schutz vor der Konkurrenz von Industrie und Kaufhäusern nicht erfüllte. Lediglich im Handel zeigte sich größere Unzufriedenheit, da die versprochene Auflösung der „jüdischen" Warenhäuser zunächst ausblieb. Später entschädigten die „Arisierungen" (Übertragungen jüdischer Betriebe an Deutsche; M 17a; s. auch S. 276) für die negativen Auswirkungen des industriellen Booms auf den Mittelstand.

Die **Bauern** schwankten trotz der nationalsozialistischen Blut-und-Boden-Ideologie zwischen Zustimmung und Ablehnung. Viele Wünsche der Bauern wurden zwar im Reichserbhofgesetz vom September 1933 berücksichtigt, das nur deutschen Bauern mit „arischer" Abstammung die Führung eines Hofes erlaubte und zur Erzeugungssteigerung die Erbteilung untersagte. Doch führte besonders der zunehmende Arbeitskräftemangel in der Landwirtschaft als Folge der Rüstungskonjunktur zu gewissen bäuerlichen Unmutsäußerungen, die die Nationalsozialisten in Verlegenheit brachten.

Am ehesten profitierten die **neuen Mittelschichten** der Angestellten und Beamten vom NS-Staat (M 17b). Der Bedarf an Technikern nahm zu, ihr Berufsstand wurde aufgewertet. Die auf Leistung orientierten Unternehmen boten neue Chancen an individueller Mobilität. Zudem kam die Verdrängung der Juden aus dem Berufsleben auch hier den anderen zugute.

Frauen Lange Zeit prägte in der historischen Forschung die Männerideologie und die Männerbündelei des Nationalsozialismus mit seinem **Mutterkult** das Bild der Frauen im „Dritten Reich". Frauen wurden wegen ihres Geschlechts meist als Opfer der Männerherrschaft gesehen. In letzter Zeit zeichnet sich ein differenzierteres Bild ab (B 9 bis 12). Zwar erschwerte das Regime den Zugang der Frauen zur Universität und in die Beamtenlaufbahn. Generell wurden Frauen aus dem Erwerbsleben zu Gunsten der Männer zurückgedrängt – dies aber auch schon seit der Ende 1929 einsetzenden Wirtschaftskrise.

Die Krise bedrohte die Familie und die Frauen waren in einem besonderen Maße betroffen. Viele bürgerliche Frauen reagierten mit einer Flucht zurück in die vermeintliche Sicherheit der Rolle als Ehefrau und Mutter. Das NS-Regime förderte diesen Rückzug ins Private, eröffnete den Frauen jedoch gleichzeitig ein reiches Betätigungsfeld im karitativen Bereich (Winterhilfswerk, Nationalsozialistische Volkswohlfahrt). Von großer propagandistischer Bedeutung war anfangs das Ehestandsdarlehen, dessen Rückzahlung sich mit der Anzahl der Kinder verringerte. Weil die Gewährung der Darlehen außer der Nichtberufstätigkeit der Ehefrau eine Untersuchung beider

B 9   Ludwig Hohlwein, Bund Deutscher Mädel in der Hitlerjugend, um 1935, Plakat

B 10   Verleihung des Mutterkreuzes, 1939, Fotografie

B 11   „Hilf auch Du mit!", 1943, Plakat

B 12   Hans Toepper, Deutsche Symphonie, ca. 1938, Öl auf Leinwand

- Analysieren Sie die in B 9 bis B 12 dargestellten nationalsozialistischen Frauenbilder.
- Erörtern Sie anhand der Abbildungen und unter Zuhilfenahme des Darstellungstextes die Frage, ob bzw. inwieweit es unter emanzipatorischen Gesichtspunkten während der NS-Zeit zu Modernisierungstendenzen gekommen ist.

Ehepartner auf erbbiologische Unbedenklichkeit voraussetzte, nahmen es allerdings viel weniger junge Ehepaare in Anspruch als von den Nationalsozialisten erwartet.

Doch bald geriet das NS-Frauenbild in Widerspruch zur Wirklichkeit. Die Rüstungskonjunktur verlangte die Eingliederung von Frauen in die Industrie, wenn auch meist auf Arbeitsplätze, die wenig Qualifikation erforderten und schlechter bezahlt waren. Gleichwohl hielten die Nationalsozialisten an ihrem Frauenbild fest. Einer der beliebtesten Schlager jener Zeit, das Lied von der „lieben kleinen Schaffnerin", ist ein Zeugnis ihrer pseudoemanzipatorischen Ideologie. Aufstiegschancen eröffneten sich Frauen vor allem in den typischen „fürsorgenden" Frauenberufen. Frauen waren auch an der Durchsetzung von rassenhygienischen Maßnahmen beteiligt. Ihr Engagement unterschied sich nicht grundsätzlich von dem der Männer; sie waren häufig Opfer und Täterinnen zugleich. Weil sie nur in Ausnahmefällen in Entscheidungspositionen standen oder direkt als Aufseherinnen in den Konzentrationslagern an Gewalttaten beteiligt waren, bestand ihr Mittun aber in der Regel mehr in Anpassung und im Unterlassen als im aktiven Handeln.

| Jugend | Um keine Gruppe kümmerte sich das NS-Regime intensiver als um die Jugend – und zwar mit Erfolg. Es trug dadurch zur weiteren Auflösung der Familie und anderer Solidargemeinschaften bei. Der Eintritt in die **„Hitlerjugend/HJ"** bzw. den **„Bund Deutscher Mädel/BDM"** unterlag bis 1936 keinem Zwang; Jugendliche und Eltern konnten entscheiden. Für die meisten Jugendlichen waren die NS-Jugendorganisationen attraktiv (M 18a, b). Sie ermöglichten es ihnen, die Generations- und Autoritätskonflikte mit Billigung des Staates zu lösen. Das galt für Jungen und Mädchen (B 9). Manchem Mädchen bot der BDM eine verstärkte Chance zur Emanzipation, da es hier dem häuslichen Zugriff entfliehen konnte und als Funktionärin den männlichen HJ-Funktionären gleichgestellt war.

Mit der Verfestigung von bürokratischen Strukturen in HJ und BDM verflachte allerdings die Attraktivität für Jugendliche, zumal der militärische Drill in der HJ zunahm. So lässt sich seit Ende der Dreißigerjahre vermehrt eine Ablehnung der NS-Organisationen unter Jugendlichen feststellen, die wilde Cliquen gründeten und autonome Formen von Jugendkultur praktizierten.

| Identifizierung und Distanzierung | Der kurze Blick in das Alltagsleben (s. auch M 15a, b) der verschiedenen sozialen Gruppen zeigt, dass das Leben der Deutschen in der NS-Zeit nicht einfach „regimekonformer nationalsozialistischer Alltag" oder der Alltag einer vom Terror bedrohten ohnmächtigen Bevölkerung war. Vielmehr gab es, wie der Historiker Alf Lüdtke formuliert hat, „eine langfristig formierte Gemengelage von Hinnehmen und eigensinniger Distanzierung, von Zustimmung, aber auch Sich-Widersetzen". Es dominierten die vielen Grauzonen zwischen Mitmachen und Widerstand. Und nur allzu oft wird bis heute in unserem herkömmlichen „Alltags"-Verständnis das Leben all jener ausgeblendet, die die Nationalsozialisten nicht zur Volksgemeinschaft zählten und deren Leben bedroht war: Juden (s. S. 274 ff., 291 ff.), Homosexuelle, die Minderheit derer, die Widerstand (s. S. 300 ff.) leisteten, Behinderte, Kranke. Am 18. August 1939 wurden die Gesundheitsämter angewiesen, alle Geburtshelfer, Hebammen, Ärzte und Entbindungskliniken zur Meldung behinderter Neugeborener und Kleinkinder zu verpflichten. Diese Meldepflicht bildete die Basis für die sog. Kindereuthanasie, der ca. 5000 Kinder zum Opfer fielen. Im Oktober wurde die **„Euthanasie"** auf Erwachsene ausgedehnt. Die Tötungen, meist durch Gas, fanden in abseits gelegenen psychiatrischen Anstalten statt: in Bernburg, Brandenburg, Grafeneck, Hadamar, Hartheim und Sonnenstein bei Pirna. Die Tötungen, für die eine von Hitler unterzeichnete Anordnung vorlag, wurden zwar wegen der öffentlichen Proteste katholischer und evangelischer Bischöfe (siehe M 35, S. 304) nach 1941 reduziert, aber insgesamt wurden bis 1945 ca. 200 000 Menschen umgebracht.

M15 Soziale Verhältnisse im nationalsozialistischen Deutschland

a) Amtlicher Index der Lebenshaltungskosten 1929–1939 (Index 1913/14 = 100)

Amtlicher Index	1929	1932	1933	1935	1936	1939
Gesamt	154,0	120,6	118,0	123,0	124,5	126,2
Ernährung	155,7	115,5	113,3	120,4	122,4	122,8
Kleidung	172,0	112,2	106,7	117,8	120,3	133,3

(Eberhard Aleff [Hg.], Das Dritte Reich, Verlag für Literatur, Hannover 1973, S. 120)

b) Renten 1931–1939 (in RM)

Durchschnittliche Monatsrenten	1931	1933	1936	1938	1939
Sozialrentner-Fürsorge	18,47	16,22	16,37	17,05	16,96
Invaliden-Witwenrente	23,40	21,10	19,30	19,00	19,20
Invalidenrente	37,20	33,40	30,90	31,25	32,10
Angestelltenrente	65,51	56,98	54,69	54,01	68,46

(Ebd., S. 119)

c) Arbeitslosigkeit 1933–1938

Oktober	Beschäftigte	Arbeitslose (in Mio.)
1933 (Jan.)	*	6,0
1933 (Dez.)	15,5	3,7
1934	16,1	2,3
1935	17,0	1,8
1936	18,3	1,1
1937	19,7	0,5
1938	20,8	0,2

(Gustav Stolper, Deutsche Wirtschaft seit 1870, Mohr, Tübingen 1964, S. 155)

1 Erläutern Sie, welche Aussagen Sie anhand der Statistiken M 15a bis c über die sozialen Verhältnisse während der NS-Zeit treffen können.
2 Auf welche sozialen Aspekte geben die Statistiken keine Antwort?

M16 Zur sozialen Lage der Arbeiter

a) Arbeiter-Jahreseinkommen 1932 und 1940

| Lohn (in RM; brutto) | %-Anteil aller Arbeiter | |
	1932	1940
unter 1 500	31	35
1 500 bis 2 400	35	27
2 400 bis 4 800	28	34
über 4 800	6	4

(Eberhard Aleff [Hg.], Das Dritte Reich, Fackelträger-Verlag, Hannover ⁵1973, S. 120)

b) Der Historiker Timothy W. Mason zur Lebenslage der Arbeiter 1933–1936, 1975

Noch 1936 war der Alltag wohl der meisten deutschen Arbeiter von Armut und Entbehrung gezeichnet, ganz abgesehen von dem Druck des politischen Terrors. Einen ungefähren Eindruck von den damals noch vorherrschenden materiellen Lebensbedingungen mag der Versuch vermitteln, das Haushaltsbudget einer Arbeiterfamilie zu rekonstruieren. Nach einer etwas schematischen Kalkulation des Wirtschaftsreferenten in der Reichskanzlei hätte sich im Jahr 1934 der Lohn eines niedrig bezahlten städtischen Arbeiters (25 RM pro Woche) in einem Fünf-Personen-Haushalt (Ehefrau und drei schulpflichtige Kinder) auf folgende Posten verteilen müssen: Abzüge 11 %; Nahrungsmittel 54 %; Miete, Heizung und Beleuchtung 30 %; Bekleidung 2 %. Zur besonderen Verwendung blieben ganze 73 Pf. übrig. Auffallend daran ist, dass Ausgaben für Verkehrsmittel, Bildung, Erholung oder für die Rückzahlung von Darlehen in der Aufstellung gar nicht vorkommen. Die bei diesem Einkommen mögliche Ernährung war außerordentlich karg bemessen: So entfielen pro Woche auf fünf Personen nicht mehr als zwei Pfund Fett und zweieinhalb Pfund Fleisch. Eier, Käse, Obst und Gemüse werden in der Statistik gar nicht aufgeführt. Wie sich fünf Personen mit zwei RM im Monat bekleiden sollten, wagte der Referent nicht zu schildern. Mochte auch in dieser Aufstellung, bei der die Zahlenangaben nur geschätzt waren, das Preisniveau zu hoch angesetzt worden sein, so vermittelt für das Jahr 1936 eine exakte Untersuchung

der Haushaltsführung von Familien mit einem Durchschnittseinkommen von 32 RM pro Woche ein ähnliches Bild: Nur 1,5 % des Einkommens blieben für Getränke übrig, nur 3,1 % für Bildung, Unterhaltung und Erholung. Fast alle Familien dieser Einkommensgruppe waren hin und wieder auf öffentliche und private Unterstützungsquellen angewiesen. Es ist nicht möglich, die Zahl der Arbeiterhaushalte genau zu errechnen, die mit 32 RM pro Woche oder weniger auskommen mussten, sie war bestimmt nicht gering.
Zu dieser Schicht der Not Leidenden gehörten ohne Zweifel die Arbeitslosen, im Herbst 1936 noch immer über 1 Mill. Personen, zu denen im Winter weitere 800 000 beschäftigungslose Saisonarbeiter hinzukamen.
(Timothy W. Mason, Arbeiterklasse und Volksgemeinschaft, Westdeutscher Verlag, Wiesbaden 1975, S. 72)
1 *Untersuchen Sie mit Hilfe von M 16a und b die Entwicklung der wirtschaftlichen Lage der Arbeiter während der NS-Zeit (s. auch M 15b und c).*

M17 Mittelstand

a) Der Historiker B. Keller zur Bedeutung der „Arisierung" für den alten Mittelstand

Die „Arisierung" bot zunächst die Gelegenheit, mittellose Handwerker und Kleinhändler mit einem Betrieb zu „beschenken". In einem Erlass vom 2. 8. 1938 an alle Gauleiter erklärte Heß:
„Ich weise besonders darauf hin, dass die Überführung jüdischer Betriebe in deutsche Hände der Partei die Möglichkeit gibt, eine gesunde Mittelstandspolitik zu betreiben und Volksgenossen, die politisch und fachlich geeignet sind, zu einer selbstständigen Existenz zu verhelfen, auch wenn sie finanziell nicht über die entsprechenden Mittel verfügen."
Durch die Vergabe jüdischer Werkstätten und Geschäfte sowie durch die Beteiligung an jüdischem Haus- und Grundbesitz konnten die Nazis somit zahlreiche Kleingewerbetreibende korrumpieren und an das System binden. Mit Freuden eigneten sich die Betreffenden die Werte ihrer jüdischen Mitbürger an.
Die Mehrzahl der Handwerker und Einzelhändler war jedoch an der Auflösung der jüdischen Betriebe interessiert, weil die Zahl der Unternehmungen dadurch verringert und die eigenen Absatzchancen erhöht werden konnten. Die NS-Führung hat diesem Wunsch weitgehend entsprochen, zumal sie die Überbesetzung einiger Wirtschaftszweige beseitigen wollte. In Berlin z. B. wurden nur 700 der 3750 jüdischen Einzelhandelsgeschäfte in „arische" Hände übergeben. Von den jüdischen Handwerksbetrieben, die im Dezember 1938 noch bestanden, wurden lediglich 6 % „arisiert" und der Rest kurzerhand geschlossen.
(Bernhard Keller, Das Handwerk im faschistischen Deutschland. Zum Problem der Massenbasis, Pahl-Rugenstein, Köln 1980, S. 129)
1 *Beschreiben Sie die soziale Funktion der NS-„Arisierungspolitik".*
2 *Diskutieren Sie die Wirkungen der „Arisierung" auf den Mittelstand.*

b) Ein Marburger Gymnasiallehrer nach dem Zweiten Weltkrieg über seine soziale Stellung im „Dritten Reich"

Zum ersten Mal in meinem Leben stand ich wirklich auf gleichem Fuße mit Menschen, die in der Kaiserzeit und in der Weimarer Zeit immer höheren oder niedrigeren Klassen angehört hatten, Menschen, zu denen man hinaufgeschaut oder auf die man hinabgeschaut, denen man aber nie in die Augen gesehen hatte [...]. Der Nationalsozialismus löste diese Klassenunterschiede auf. Die Demokratie – soweit wir eine hatten – brachte das nicht zu Wege und bringt es auch heute nicht zu Wege.
(David Schoenbaum, Die braune Revolution. Eine Sozialgeschichte des Dritten Reiches, dtv, München 1980, S. 349)
1 *Diskutieren Sie diese Äußerung unter Berücksichtigung des Schicksals anderer sozialer Gruppen, z. B. der jüdischen Beamten und Schüler.*
2 *Bewerten Sie die These, dass der Nationalsozialismus die Klassenunterschiede aufgelöst hätte (s. auch M 16a).*

M18 Jugend

a) Die Hitlerjugend eines Abiturienten im historischen Rückblick, 1950

Diese Kameradschaft, das war es auch, was ich an der Hitlerjugend liebte. Als ich mit zehn Jahren in die Reihen des Jungvolks eintrat, war ich begeistert. Denn welcher Junge ist nicht entflammt, wenn ihm Ideale, hohe Ideale wie Kameradschaft, Treue und Ehre, entgegengehalten werden. Ich weiß noch, wie tief ergriffen ich dasaß, als wir die Schwertworte des Pimpfen lernten: „Jungvolkjungen sind hart, schweigsam und treu; Jungvolkjungen sind Kameraden; des Jungvolkjungen Höchstes ist die Ehre!" Sie schienen mir etwas Heiliges zu sein. – Und dann die Fahrten! Gibt es etwas Schöneres, als im Kreis

von Kameraden die Herrlichkeiten der Heimat zu genießen? Oft zogen wir am Wochenende in die nächste Umgebung von K. hinaus, um den Sonntag dort zu verleben. Welche Freude empfanden wir, wenn wir an irgendeinem blauen See Holz sammelten, Feuer machten und darauf dann eine Erbsensuppe kochten! […] Und es ist immer wieder ein tiefer Eindruck, abends in der freien Natur im Kreise um ein kleines Feuer zu sitzen und Lieder zu singen oder Erlebnisse zu erzählen! Diese Stunden waren wohl die schönsten, die uns die Hitlerjugend geboten hat. Hier saßen dann Lehrlinge und Schüler, Arbeitersöhne und Beamtensöhne zusammen und lernten sich gegenseitig verstehen und schätzen.
(Kurt Haß [Hg.], Jugend unterm Schicksal. Lebensberichte junger Deutscher 1946–1949, Hamburg 1950, S. 61 ff.)

1 Beschreiben Sie die Einstellung dieses Jugendlichen zur HJ.
2 Unterscheiden Sie die Ideale der HJ und erklären Sie deren Faszination für viele Jugendliche.
3 Informieren Sie sich über die demokratischen Jugendverbände der Weimarer Republik und arbeiten Sie in einem Referat insbesondere deren Schicksal seit der „Machtergreifung" heraus.

b) Aus einer Aufzeichnung zu einer Tagung des Bundes Deutscher Mädel von 1935

Die vielen Kameradinnen, die in den Fabriken arbeiten, müssen in ihren Ferien herausgeholt werden aus den Betrieben und in eines der Freizeitlager des BDM gebracht werden. Gemeinsame Arbeit und Spiel verbindet sie dort alle miteinander und lässt sie für einige Zeit ihre Arbeit vergessen. Dort erleben sie auch die Kameradschaft. Mit dem Guten und Schönen, das sie in einem solchen Lager aufgenommen haben, können sie mit neuer Kraft an ihre schwere Arbeit gehen.
Und dann sind da noch die Umschulungslager des BDM. Die Mädchen aus Fabrik und Büro lernen dort die Arbeiten des Haushalts oder der Landwirtschaft kennen. Die Lagerleitung sorgt für gute Unterbringung der Mädchen in geprüften Haushalten, wo sie sich dann nutzbringend in einer ihrer Art entsprechenden Arbeit betätigen können. Ihr alle, die ihr keine feste Beschäftigung habt, lasst eure Kraft nicht brach liegen, wendet euch an die Sozialreferentin des BDM, meldet euch zu einem Umschulungskurs in eines unserer Lager! Ihr werdet viel Freude an der neuen Arbeit haben!
(Margarete Hannsmann, Der helle Tag bricht an. Ein Kind wird Nazi, Knaus, München 1984, S. 74)

1 Definieren Sie die selbst gestellte Aufgabe des BDM gegenüber den jungen Arbeiterinnen.

2 Beschreiben Sie nach M 18b die Rolle der Frau in der NS-Weltanschauung; vergleichen Sie mit B 9 bis B 12.

c) Die NS-Freizeitorganisation „Kraft durch Freude" – aus einem Bericht an den Exilvorstand der SPD über „Kraft durch Freude", 1936

Einen Einblick in die Vielgestaltigkeit des KdF-Programms bieten die von den einzelnen Gauen herausgegebenen Prospekte und Monatshefte. So veranstaltet der Gau Sachsen vom Januar bis September 1936 46 Gaufahrten, darunter 4 Seefahrten, außerdem 104 Bezirksfahrten, darunter ebenfalls 4 Seefahrten. Der Gau München-Oberbayern, der allein in München 83 Geschäftsstellen unterhält, hat im Mai 1936 neben Urlaubs- und Wanderfahrten folgende Veranstaltungen durchgeführt: Theateraufführungen, Frauennachmittage, Kinderfeste, fröhliche Samstagsnachmittage, Gymnastikkurse, Leichtathletik (Reichssportabz.), Sportspiele (auch Tennis), Schwimmkurse, Reitunterricht, Segelsportfahren an d. Ostsee, Vorträge, Führungen d. Museen usw., Bildungs-Arbeitsgemeinschaften, Fachkurse (Stenografie, Deutsch, Rechnen, Musik usw.), Kochkurse.
Unseren Berichten entnehmen wir: Bayern. […] Die KdF hat jetzt ihre Wanderfahrten sehr ausgebaut. Es werden Tages- und Halbtagswanderungen, Radtouren usw. unternommen. Diese Wanderfahrten haben einen sehr großen Zuspruch, weil sie ausgezeichnet vorbereitet sind und glänzende Führer haben. […]
Die KdF wird bei fast allen Volksgenossen als eine wirklich anerkennenswerte Leistung des Nationalsozialismus gewertet. […]
Über Kraft durch Freude geht hier das geflügelte Wort um: „Die Bonzen fahren nach Madeira. Die Kleinen erhalten eine Straßenbahnrundfahrt in Dresden."
In Sachsen haben mehrere Korruptionsfälle bei der KdF viel Gemecker hervorgerufen. Die Art, wie die KdF Exkursionen durchführt, stößt viele Arbeiter ab. Man fährt aus wie eine Hammelherde und die alberne Erklärerei vor jedem Denkmal und jedem Bild, die der Vertiefung der nationalsozialistischen Weltanschauung dienen soll, widert manchen an. Für KdF hat man einige kräftige Namen gefunden: Bonzenbordell, Posten-Vermittlungs A. G., Ehevermittlung usw. […] Auf einem Schwimmkursus der „Kraft durch Freude", an dem über 50 Frauen teilnahmen, habe ich die Erfahrung machen müssen, dass es dort sehr wenig parteimäßig zugeht. Es handelt sich bei den Teilnehmerinnen durchweg um einfache Leute. Man hörte kaum ein „Heil Hit-

B 13 Axter Heudtlass, „Auch Du kannst jetzt reisen!", 1937, Plakat der NS-Organisation „Kraft durch Freude"

ler" und wir, die wir früher bei den Arbeitssportlern waren, fühlten uns sozusagen zu Hause. Ich hatte zunächst Bedenken, an einer KdF-Veranstaltung teilzunehmen, aber es bleibt einem ja nichts anderes mehr übrig. Umso mehr war ich angenehm überrascht, bei der Zusammensetzung und der Handhabung dieses Kurses gar nichts Nationalsozialistisches zu finden.

Die Tatsache, dass man um KdF kaum noch herumkommt, wenn man Sport treiben oder Reisen machen will, ist ziemlich allgemein. So nehmen z. B. viele unserer Genossen, die früher bei den Naturfreunden waren, heute die Gelegenheit wahr, die Reisen mit KdF zu machen. Es bleibt einfach keine andere Möglichkeit. [...] Kraft durch Freude hat viel Zuspruch. Man kann doch für billiges Geld allerhand haben. Im Central-Theater in Dresden erhält man einen Platz im I. Rang, Tribüne, für 1,25 Mk., regulär kostet er 2,50 Mk., im III. Rang einen Platz für 40 Pf. Auch die Ferienreisen sind preiswert. [...]

KdF arbeitet sehr ruhig. Die Ansichten über diese Organisation sind sehr geteilt. Es ist oft sehr schwer, den Leuten die demagogischen Absichten, die die Nazis damit verfolgen, klarzumachen. Benutzt wird KdF nur von Leuten mit mittleren Einkommen, da ja die schlecht bezahlten Arbeiter nicht einmal 20 Mk für eine Fahrt ins Erzgebirge sparen können.
(Deutschlandberichte der Sozialdemokratischen Partei Deutschlands 3/1936, Frankfurt/Main 1980, S. 880 ff.)

1 Arbeiten Sie aus M 18c und B 13 die sozialpolitische Funktion der KdF-Organisation heraus (s. auch Darstellung S. 249).
2 Nehmen Sie, ausgehend von M 18c, Stellung zu der These, KdF hätte einen großen Beitrag zur Akzeptanz des NS-Regimes in der Bevölkerung geleistet.

M19 Vernichtung „lebensunwerten Lebens"

a) Bericht eines Angestellten aus der psychiatrischen Anstalt Grafeneck (nach Mai 1945):
Das gesamte Personal von Grafeneck hatte strengste Anweisung, die Stadt Münsingen und die umliegenden Dörfer keineswegs zu betreten. [...] Später wurde uns eine Ausnahme gestattet mit der Gestütswirtschaft (Eisenschmied) in Marbach, mit der Maßgabe, dass wir dort ab und zu hingehen könnten. Als Erklärung hierzu muss ich noch hinzufügen, dass wir, d. h. das Pflegepersonal, sehr erstaunt waren, als beim Ausladen des Sonderzuges aus Bedburg-Hau, Herr und Frau Eisenschmid zugegen waren. Anschließend, vermutlich am gleichen Abend, erklärte uns Dr. Baumhardt, dass das Ehepaar Eisenschmid in die ganze Sache eingeweiht worden wäre, und wir deshalb ab und zu diese Wirtschaft betreten könnten.

b) Bericht eines Angestellten aus Hartheim:
Überhaupt wurden uns, um unser Gewissen zu beschwichtigen, häufig Vorträge gehalten, in denen man uns durch Statistiken, Beispiele usw. die Notwendigkeit dieser Aktion klarzumachen versuchte. Derartige Vorträge wurden auch verschiedentlich von Direktoren von Heilanstalten gehalten. Bei den Vorträgen spielten Statistiken wirtschaftlicher Art eine besondere Rolle. So wurde z. B. angeführt, wie viele Häuser erbaut werden könnten für die Kosten, die durch die Pflege der Geisteskranken entstehen, oder wie viel eltern- und mittellose Kinder ausgebildet werden könnten usw.
(Ernst Klee, Euthanasie im NS-Staat, Frankfurt/Main, Fischer, 1983, S. 159–163)

Archivarbeit: NS-Konzentrationslager in der deutschen Presse

Wer sich über die Geschichte des Nationalsozialismus oder andere Epochen der Geschichte informieren will, wird selbstverständlich in einem ersten Arbeitsschritt die Sekundärliteratur und gedruckte Quellen (Quellen- und Dokumentensammlungen) heranziehen. Bleiben dann noch Fragen offen, müssen in einem zweiten Schritt ungedruckte Materialien gesichtet und bearbeitet werden. Diese findet man in Archiven, in denen die unterschiedlichsten Zeugnisse (amtliche Akten, Gesetzestexte, Urkunden, Nachlässe, Zeitungen, Plakate, Fotos, Filme, Bilder etc.) aus der Vergangenheit systematisch aufbewahrt, verwaltet und ausgewertet werden. In modernen Staaten gibt es für alle Stufen der öffentlichen Verwaltung Archive: für die Behörden des gesamten Staates, die Provinzen, Länder oder andere regionale Einheiten. Diese heißen in der Bundesrepublik Deutschland **„Staatsarchive"**. Aber auch lokale Behörden besitzen **Kreis-, Stadt- oder Gemeindearchive**. Nicht vergessen sollte man darüber hinaus **Kirchen-, Firmen-, Presse- und Privatarchive** bedeutender Politiker, Wissenschaftler oder Künstler. Häufig besitzen öffentliche Bibliotheken ebenfalls Archivmaterial. Hinzu kommen **Bild-, Film- und Tonarchive**.

Über die gesamten Bestände eines Archivs informiert das häufig gedruckte, jedoch in der Regel nicht sehr detaillierte Inventar. Für die einzelnen Aktenbestände werden **Findbücher** (Repertorien) angelegt. Sie vermitteln ein genaues Bild von den Beständen eines Archivs und enthalten die **Signaturen**, unter denen bestimmte Dokumente abgelegt bzw. vom Benutzer bestellt werden können.

Für die Analyse ungedruckter Quellen gelten die gleichen Regeln der Quellenkritik (s. S. 84 ff.) wie für gedruckte Materialien.

Bis heute wird in der Geschichtswissenschaft wie in der Öffentlichkeit darüber kontrovers diskutiert, was die Zeitgenossen von den nationalsozialistischen Verbrechen wussten. War ihnen z. B. die Existenz von Konzentrationslagern bekannt? Gab es Informationen darüber, welche Personen in solchen Lagern festgehalten wurden und was mit den Häftlingen geschah? Eine Möglichkeit, diesen Fragen nachzugehen, besteht in der Untersuchung von Zeitungen aus der NS-Zeit. Dabei muss jedoch stets berücksichtigt werden, dass das NS-Regime bereits 1933 die Presse gleichgeschaltet (s. S. 245 f.) hatte. In den Zeitungen stand also nur das, was die Bevölkerung nach Auffassung des von Joseph Goebbels geleiteten Reichsministeriums für Volksaufklärung und Propaganda erfahren sollte. Dennoch bietet die Zeitungsanalyse durchaus einen wichtigen Ansatzpunkt, um ein genaueres Bild von der veröffentlichten und nicht zuletzt auch von der öffentlichen Meinung im Nationalsozialismus zu bekommen.

Hinweise zur Interpretation

1 *Fassen Sie den Inhalt des Artikels aus den „Münchner Neuesten Nachrichten" vom 21. März 1933 zusammen.*
2 *Erörtern Sie, welche Informationen in diesem Artikel veröffentlicht und welche verschwiegen wurden.*
3 *Diskutieren Sie über die Gründe, die zur Veröffentlichung dieser Meldung geführt haben könnten.*

Ein Konzentrationslager für politische Gefangene
In der Nähe von Dachau

In einer Pressebesprechung teilte der kommissarische Polizeipräsident von München Himmler mit:

Am Mittwoch wird in der Nähe von Dachau das erste Konzentrationslager eröffnet. Es hat ein Fassungsvermögen von 5000 Menschen. Hier werden die gesamten kommunistischen und — soweit notwendig — Reichsbanner- und marxistischen Funktionäre, die die Sicherheit des Staates gefährden, zusammengezogen, da es auf die Dauer nicht möglich ist, wenn der Staatsapparat nicht so sehr belastet werden soll, die einzelnen kommunistischen Funktionäre in den Gerichtsgefängnissen zu lassen, während es andererseits auch nicht angängig ist, diese Funktionäre wieder in die Freiheit zu lassen. Bei einzelnen Versuchen, die wir gemacht haben, war der Erfolg der, daß sie weiter hetzen und zu organisieren versuchen. Wir haben diese Maßnahme ohne jede Rücksicht auf kleinliche Bedenken getroffen in der Ueberzeugung, damit zur Beruhigung der nationalen Bevölkerung und in ihrem Sinn zu handeln.

Weiter versicherte Polizeipräsident Himmler, daß die Schutzhaft in den einzelnen Fällen nicht länger aufrechterhalten werde, als notwendig sei. Es sei aber selbstverständlich, daß das Material, das in ungeahnter Menge beschlagnahmt wurde, zur Sichtung längere Zeit benötigt. Die Polizei werde dabei nur aufgehalten, wenn dauernd angefragt werde, wann dieser oder jener Schutzhäftling freigelassen werde. Wie unrichtig die vielfach verbreiteten Gerüchte über die Behandlung von Schutzhäftlingen seien, gehe daraus hervor, daß einigen Schutzhäftlingen, die es wünschten, wie z. B. Dr. Gerlich und Frhr. v. Aretin, priesterlicher Zuspruch anstandslos genehmigt worden sei.

Weiterführende Arbeitshinweise

1 Erkundigen Sie sich in den in Ihrer Stadt bzw. Region vorhandenen Archiven, ob und welche Zeitungen aus der NS-Zeit vorhanden sind. Sichten Sie in Partner- oder Gruppenarbeit diese Zeitungen nach Meldungen zu Konzentrationslagern. Werten Sie diese nach den genannten Fragen aus und formulieren Sie Ihre Ergebnisse in einem Referat.

2 Für die Bearbeitung des Themas bieten sich folgende Schritte an:

a) Vorinformationen zum Thema studieren und Leitfragen stellen.

b) Klären, wo in der Stadt welche Quellen zu finden sind. Wie umfangreich sind die Quellenbestände? Welche Hilfen bieten die Mitarbeiter der Archive? Vorbesuche organisieren und grobe Sichtung der Materialien.

c) Überarbeiten des Fragen- und Themenkatalogs.

d) Auswahl jener Quellen, die untersucht werden sollen.

e) Zeit für Einzeldurchsicht, für Exzerpieren und Fotokopieren in den Archiven abschätzen.

f) Zeit planen, die für die Auswertung der Quellen notwendig ist.

g) Wie sollen die Ergebnisse dargestellt werden? Abschätzen der Zeit, die zur Erstellung des Referates notwendig ist. Lassen sich die Ergebnisse auf einer Wandzeitung oder mit anderen Mitteln verdeutlichen?

Artikel aus der Zeitung „Münchner Neueste Nachrichten" vom 21. März 1933

6 Die Ausgrenzung und Entrechtung der deutschen Juden 1933–1939

| Entwicklung der NS-Rassenpolitik | Fast alle Juden betrachteten die Machtübernahme durch die Nationalsozialisten mit großer Sorge (M 20). Doch ahnte im Januar 1933 wohl noch niemand, zu welch schrecklichen Konsequenzen der Judenhass in den nächsten Jahren führen sollte. Nur wenige jüdische Organisationen machten sich Illusionen über die Nationalsozialisten und zweifelten an deren Entschlossenheit, den Rassenantisemitismus tatsächlich in die politische Praxis umzusetzen.

Die nationalsozialistische Rassenpolitik entwickelte sich schrittweise, wobei sie sich Schritt für Schritt radikalisierte: Nach dem Boykott jüdischer Geschäfte und der Praxen von jüdischen Ärzten und Rechtsanwälten sowie der Entfernung jüdischer Beamter aus dem öffentlichen Dienst im April 1933 begann 1935 mit den „Nürnberger Gesetzen" die systematische **Ausgrenzung** aller Juden, die zu Staatsbürgern minderen Rechts herabgestuft wurden. In den folgenden Jahren wurden die Juden praktisch vollständig aus dem Berufs- und Kulturleben verdrängt, jüdische Schülerinnen und Schüler mussten die allgemein bildenden Schulen verlassen.

Die von der NSDAP und der SA initiierten und durchgeführten gewaltsamen Ausschreitungen gegen die Juden in der Nacht vom 9. auf den 10. November 1938, die so genannte „Reichskristallnacht", zeigte dreierlei: den unverhüllten Vernichtungswillen des NS-Regimes, die inzwischen vollständige **Rechtlosigkeit** der Juden in Deutschland und das „Wegsehen" der deutschen Bevölkerung. Seit 1939 wurde schließlich der Krieg zum Motor der Vernichtung für die deutschen und europäischen Juden, aber auch für viele andere Gruppen von Verfolgten.

| Judenboykott und antisemitische Gesetzgebung 1933 | Die Diskriminierung und Verfolgung der Juden begann bereits unmittelbar nach den Reichstagswahlen vom 5. März 1933. Örtliche Führer von NSDAP und SA sowie militante Funktionsträger des „Stahlhelm" verlangten die Umsetzung der antisemitischen Propaganda in konkrete politische Maßnahmen und organisierten Ausschreitungen gegen Juden.

Den NS-Machthabern kamen diese Unruhen ungelegen, weil sie den Prozess der Konsolidierung ihrer Herrschaft stören konnten. Noch musste Hitler Rücksicht nehmen auf seine bürgerlich-konservativen Koalitionspartner, den Reichspräsidenten, die Reichswehr, die staatliche Verwaltung und die Wirtschaft, deren Vertrauen er gewinnen wollte. Die antisemitischen Ausschreitungen belasteten außerdem die Beziehungen zum westlichen Ausland und schränkten die außenpolitischen Handlungsspielräume der neuen Regierung ein. Um den auf antijüdische Aktionen drängenden Gruppen entgegenzukommen, entschloss sich Hitler zu einem straff organisierten und vom 1. bis zum 3. April 1933 befristeten Boykott (M 21). Auf diese Weise sollte den Juden deutlich gemacht werden, dass sie in Deutschland unerwünscht seien (B 14).

Im April 1933 verabschiedete die Regierung verschiedene Gesetze und Verordnungen, die mit Hilfe des **„Arierparagrafen"** den Ausschluss der Juden aus bestimmten Berufen vorantrieben. Der NS-Staat schloss jüdische Ärzte von der Zulassung zu den Krankenkassen aus und verbot jüdischen Rechtsanwälten, Richtern und Staatsanwälten die Berufsausübung. Vor allem aber versperrte das Regime den Juden die Beamtenlaufbahn bzw. es ordnete ihre Versetzung in den Ruhestand an. Auf die Intervention Hindenburgs hin wurden jedoch ehemalige Frontsoldaten von dieser Regelung ausgenommen. Überdies schränkten die Nationalsozialisten die Ausbildungs- und Studienmöglichkeiten für Juden stark ein. Ihr Anteil durfte an den einzelnen Schulen und Universitäten nicht höher als 5 % und im gesamten Reichsgebiet nicht höher als 1,5 % betragen.

B 14, Öffentliche Diskriminierung eines Paares in Cuxhaven, Juli 1933, Fotografie

— Ordnen Sie B 14 in den historischen Kontext ein und interpretieren Sie die Abbildung unter dem Thema „Alltagsleben von Deutschen im Sommer 1933".

„Nürnberger Gesetze" 1935

Der Judenboykott und die Aprilgesetze von 1933 hatten darauf abgezielt, die Juden zu entrechten und sie aus der Gesellschaft auszugrenzen. Mit den Nürnberger Gesetzen aus dem Jahre 1935 ging das NS-Regime noch einen Schritt weiter: Durch sie wurden die Juden aus der Gemeinschaft der Staatsbürger ausgeschlossen und zu Menschen zweiter Klasse degradiert. Das „Reichsbürgergesetz" vom 15. September 1935 nahm den Juden alle politischen Bürgerrechte; sie waren nur noch „Staatsangehörige", nicht mehr „Reichsbürger". Gleichzeitig verbot das Regime im „Gesetz zum Schutz des deutschen Blutes und der deutschen Ehre", dem so genannten **„Blutschutzgesetz"**, die Mischehe und auch außereheliche Beziehungen zwischen „Ariern" und Juden. „Rassische" Mischehen konnten für nichtig erklärt werden. Die Beschäftigung „arischer" Dienstmädchen unter 45 Jahren in jüdischen Haushalten wurde für strafbar erklärt, ebenso das Hissen der Hakenkreuzfahne durch Juden (M 22).

In einer Vielzahl von Sondergesetzen und -verordnungen schränkte der NS-Staat in den nächsten Jahren die Lebensmöglichkeiten der jüdischen Bevölkerung ein. Die Juden wurden nun vollständig aus Beamtenpositionen entfernt und die bereits Entlassenen verloren ihre Pensionen. Jüdische Geschäftsleute und Industrielle bekamen keine Aufträge mehr oder wurden von Rohstofflieferungen abgeschnitten, sodass viele von ihnen ihre Unternehmen aufgeben mussten. Mit der Vernichtung der beruflichen Existenz ging die **Entrechtung der Juden und ihre völlige gesellschaftliche Isolierung** einher. Der NS-Staat entzog den Juden jeglichen Rechtsschutz. Verträge, die mit Juden abgeschlossen worden waren, wurden von Gerichten für ungültig erklärt. Juden durften nicht mehr in Hotels oder Pensionen übernachten, der Besuch von Theater-, Konzert- und Filmvorführungen, ja sogar das Betreten von Parkanlagen wurde ihnen vom NS-Regime verboten.

Als Reaktion auf diese Entwicklung beschlossen viele der Juden, die finanziell dazu in der Lage waren, auszuwandern. Die jüdischen Organisationen versuchten durch Information und Gegenpropaganda im Rahmen der noch vorhandenen Möglichkeiten auf das Unrecht hinzuweisen, das ihnen widerfuhr. Den Prozess der fortschreitenden Diskriminierung, Verfolgung und Entrechtung konnten sie dadurch jedoch nicht aufhalten.

| Novemberpogrom |
| 9./10. November 1938 |

Das Jahr 1938 bedeutete eine weitere Verschärfung der Judenverfolgungen in Deutschland. Schon seit Jahresbeginn hatte der NS-Staat einige Gesetze und Verordnungen erlassen, die auf eine Enteignung und Ausplünderung der noch in Deutschland lebenden jüdischen Bevölkerung zielten. Hauptzweck dieser Maßnahmen war die Aneignung jüdischer Vermögen und Wirtschaftsbetriebe. Diese planmäßige und praktisch entschädigungslose Enteignung der Juden wurde als **„Arisierungs"-Politik** deklariert.

In engem Zusammenhang mit dem „Arisierungs"-Programm standen auch die Abschiebung aller Juden mit polnischer Staatsangehörigkeit aus dem Deutschen Reich und die **Pogrome vom 9./10. November 1938.** Mit diesem Begriff wurden ursprünglich im zaristischen Russland die meist vom Staat ausgehenden Judenverfolgungen bezeichnet, die mit Plünderungen und Mord verbunden waren. Im 20. Jahrhundert versteht man unter Pogromen allgemein gewaltsame Ausschreitungen gegen Minderheiten, besonders aber gegen Juden. Zum Anlass für das Novemberpogrom (M 23) nahmen die Nationalsozialisten das Attentat des 17-jährigen Juden Herschel Grynszpan auf den Gesandtschaftsrat in der deutschen Botschaft in Paris am 7. November 1938. Aufgehetzt durch den Reichspropagandaminister Goebbels, der sein Vorgehen mit Hitler abgesprochen hatte, zerstörten nationalsozialistische Trupps 267 Synagogen durch Brandstiftung, 7500 Geschäfte, zahlreiche Wohnungen und jüdische Friedhöfe. Sie richteten einen Sachschaden von mindestens 25 Mio. Reichsmark an. Mehr als 20 000 vermögende Juden wurden verhaftet und in die KZs Buchenwald, Sachsenhausen und Dachau eingeliefert. Viele jüdische Mitbürger wurden misshandelt, manche gar ermordet: Die offizielle Statistik meldete 91 Tote. Nach diesen brutalen Pogromen bürdete das NS-Regime den Juden als „Sühneleistung" eine Sondersteuer von einer Milliarde Reichsmark sowie die Kosten für die entstandenen Schäden auf.

Nach den Novemberpogromen verschlechterten sich die Lebensbedingungen der Juden dramatisch (B 15). Der NS-Staat zwang sie, ihren Schmuck und alle Edelmetalle abzuliefern sowie „arische" Wohnhäuser zu räumen, Radios abzugeben und ihre Telefone zu kündigen. Ab 1. September 1941 mussten auch Juden in Deutschland öffentlich einen gelben Stern tragen. Im eroberten Polen, dem „Generalgouvernement", war dies schon seit dem 23. November 1939 Pflicht.

M20 Stellungnahme des „Centralvereins der Juden" zur Ernennung des Kabinetts Hitler am 30. Januar 1933

Wir stehen einem Ministerium, in dem Nationalsozialisten maßgebendste Stellungen einnehmen, selbstverständlich mit größtem Misstrauen gegenüber, wenn uns auch bei der gegebenen Lage
5 nichts anderes übrig bleibt, als seine Taten abzuwarten. Wir sehen als den ruhenden Pol [...] den Herrn Reichspräsidenten an, zu dessen Gerechtigkeitssinn und Verfassungstreue wir Vertrauen haben. Aber auch abgesehen davon sind wir über-
10 zeugt, dass niemand es wagen wird, unsere verfassungsmäßigen Rechte anzutasten. Jeder nachteilige Versuch wird uns in entschiedener Abwehr auf dem Posten finden.
Im Übrigen gilt heute ganz besonders die Parole:
15 Ruhig abwarten!
(Wieland Eschenhagen [Hg.], Die „Machtergreifung". Tagebuch einer Wende nach Presseberichten vom 1. 1.–6. 3. 1933, Darmstadt 1982, S. 151)

1 Charakterisieren Sie die Reaktion der Juden in M 20 auf die NS-Machtübernahme.

2 Diskutieren Sie die Möglichkeiten der jüdischen Bevölkerung, Widerstand zu leisten.

M21 Aus der Anordnung der Parteileitung der NSDAP über die Durchführung antisemitischer Maßnahmen vom 28. März 1933

1. In jeder Ortsgruppe und Organisationsgliederung der NSDAP sind sofort Aktionskomitees zu bilden zur praktischen, planmäßigen Durchführung des Boykotts jüdischer Waren, jüdischer Ärzte und jüdischer Rechtsanwälte. Die Aktionskomitees sind 5 verantwortlich dafür, dass der Boykott keinen Unschuldigen, umso härter aber die Schuldigen trifft. [...]
3. Die Aktionskomitees haben sofort durch Propaganda und Aufklärung den Boykott zu popularisie- 10 ren. Grundsatz: Kein Deutscher kauft noch bei einem Juden. [...]

8. Der Boykott setzt nicht verzettelt ein, sondern schlagartig; in dem Sinne sind augenblicklich alle Vorarbeiten zu treffen. Es ergehen Anordnungen an die SA und SS, um vom Augenblick des Boykotts ab durch Posten die Bevölkerung vor dem Betreten der jüdischen Geschäfte zu warnen. Der Boykottbeginn ist durch Plakatanschlag und durch die Presse, durch Flugblätter usw. bekannt zu geben. Der Boykott setzt schlagartig Samstag, den 1. April, Punkt 10 Uhr vormittags ein. […]
9. Die Aktionskomitees organisieren sofort in Zehntausenden von Massenversammlungen, die bis in das kleinste Dorf hineinzureichen haben, die Forderung nach Einführung einer relativen Zahl für die Beschäftigung der Juden in allen Berufen entsprechend ihrer Beteiligung an der deutschen Volkszahl. Um die Stoßkraft der Aktion zu erhöhen, ist diese Forderung zunächst auf drei Gebiete zu beschränken: a) auf den Besuch an den deutschen Mittel- und Hochschulen, b) für den Beruf der Ärzte, c) für den Beruf der Rechtsanwälte.
(Völkischer Beobachter vom 30. März 1933)

1 *Erklären Sie die Wirkung dieses Boykotts auf die nicht jüdische und jüdische Bevölkerung.*

M22 Aus den Rassengesetzen des „Reichsparteitages der Freiheit" in Nürnberg 1935 (die so genannten „Nürnberger Gesetze")

a) Das „Reichsbürgergesetz" vom 15. September 1935

§ 1 (1) Staatsangehöriger ist, wer dem Schutzverband des Deutschen Reiches angehört und ihm dafür besonders verpflichtet ist.
(2) Die Staatsangehörigkeit wird nach den Vorschriften des Reichs- und Staatsangehörigkeitsgesetzes erworben.
§ 2 (1) Reichsbürger ist nur der Staatsangehörige deutschen oder artverwandten Blutes, der durch sein Verhalten beweist, dass er gewillt und geeignet ist, in Treue dem deutschen Volk und Reich zu dienen.
(2) Das Reichsbürgerrecht wird durch Verleihung des Reichsbürgerbriefes erworben.
(3) Der Reichsbürger ist der alleinige Träger der vollen politischen Rechte nach Maßgabe der Gesetze.
§ 3 Der Reichsminister des Innern erlässt im Einvernehmen mit dem Stellvertreter des Führers die zur Durchführung und Ergänzung des Gesetzes erforderlichen Rechts- und Verwaltungsvorschriften.
(Reichsgesetzblatt, Jg. 1935, Teil 1, Nr. 100, S. 1146 f.)

b) Aus dem „Gesetz zum Schutze des deutschen Blutes und der deutschen Ehre" vom 15. September 1935

Durchdrungen von der Erkenntnis, dass die Reinheit des deutschen Blutes die Voraussetzung für den Fortbestand des deutschen Volkes ist, und beseelt von dem unbeugsamen Willen, die deutsche Nation für alle Zukunft zu sichern, hat der Reichstag einstimmig das folgende Gesetz beschlossen, das hiermit verkündet wird:
§ 1 (1) Eheschließungen zwischen Juden und Staatsangehörigen deutschen oder artverwandten Blutes sind verboten. Trotzdem geschlossene Ehen sind nichtig, auch wenn sie zur Umgehung dieses Gesetzes im Ausland geschlossen sind. […]
§ 2 Außerehelicher Verkehr zwischen Juden und Staatsangehörigen deutschen oder artverwandten Blutes ist verboten.
§ 3 Juden dürfen weibliche Staatsangehörige deutschen oder artverwandten Blutes unter 45 Jahren in ihrem Haushalt nicht beschäftigen.
§ 4 (1) Juden ist das Hissen der Reichs- und Nationalflagge und das Zeigen der Reichsfarben verboten.
(2) Dagegen ist ihnen das Zeigen der jüdischen Farben gestattet. Die Ausübung dieser Befugnis steht unter staatlichem Schutz.
§ 5 (1) Wer dem Verbot des § 1 zuwiderhandelt, wird mit Zuchthaus bestraft.
(2) Der Mann, der dem Verbot des § 2 zuwiderhandelt, wird mit Gefängnis oder mit Zuchthaus bestraft.
(3) Wer den Bestimmungen der §§ 3 oder 4 zuwiderhandelt, wird mit Gefängnis bis zu einem Jahr und mit Geldstrafe oder mit einer dieser Strafen bestraft.
(Reichsgesetzblatt, Jg. 1935, Teil 1, Nr. 100, S. 1146 f.)

1 *Erklären Sie die Auswirkungen des „Reichsbürgergesetzes" für Juden.*
2 *Untersuchen Sie die Folgen des „Gesetzes zum Schutz des deutschen Blutes" für das Zusammenleben der jüdischen und nicht jüdischen Bevölkerung.*

c) Juristischer Kommentar zu den Nürnberger Gesetzen von Staatssekretär Wilhelm Stuckart (1902–1953) und Ministerialrat Hans Globke (1898–1973), Auszug; 1935

Die nationalsozialistische Staatsführung hat den unerschütterlichen Glauben, im Sinne des allmächtigen Schöpfers zu handeln, wenn sie den Versuch macht, die ewigen ehernen Gesetze des Lebens und der Natur, die das Einzelschicksal wie das der Gesamtheit beherrschen und bestimmen,

B 15 Praxisschild eines jüdischen Arztes in Berlin, 1938

— Untersuchen Sie B 15 im Kontext der Entrechtung der Juden vor dem Zweiten Weltkrieg (s. auch die Chronologie in M 32, S. 296 f.).

in der staatlich-völkischen Ordnung des Dritten Reiches wieder zum Ausdruck zu bringen, soweit dies mit den unvollkommenen, Menschen zu Gebote stehenden Mitteln möglich ist. Die Rechts- und Staatsordnung des Dritten Reiches soll mit den Lebensgesetzen, den für Körper, Geist und Seele des deutschen Menschen ewig geltenden Naturgesetzen wieder in Einklang gebracht werden. Es geht also bei der völkischen und staatlichen Neuordnung unserer Tage um nicht mehr und nicht weniger als um die Wiederanerkennung der im tiefsten Sinne gottgewollten organischen Lebensordnung im deutschen Volks- und Staatsleben. […]

Das Blutschutzgesetz zieht die Trennung zwischen jüdischem und deutschem Blut in biologischer Hinsicht. Der in dem Jahrzehnt vor dem Umbruch um sich greifende Verfall des Gefühls für die Bedeutung der Reinheit des Blutes und die damit verbundene Auflösung aller völkischen Werte ließ ein gesetzliches Eingreifen besonders dringend erscheinen. Da hierfür dem deutschen Volk nur von Seiten des Judentums eine akute Gefahr drohte, bezweckt das Gesetz in erster Linie die Verhinderung weiterer Blutmischung mit Juden. […] Kein nach der nationalsozialistischen Revolution erlassenes Gesetz ist eine so vollkommene Abkehr von der Geisteshaltung und der Staatsauffassung des vergangenen Jahrhunderts wie das Reichsbürgergesetz. Den Lehren von der Gleichheit aller Menschen und von der grundsätzlich unbeschränkten Freiheit des Einzelnen gegenüber dem Staate setzt der Nationalsozialismus hier die harten, aber notwendigen Erkenntnisse von der naturgesetzlichen Ungleichheit und Verschiedenartigkeit der Menschen entgegen: Aus der Verschiedenartigkeit der Rassen, Völker und Menschen folgen zwangsläufig Unterscheidungen in den Rechten und Pflichten der Einzelnen. Diese auf dem Leben und den unabänderlichen Naturgesetzen beruhende Verschiedenheit führt das Reichsbürgergesetz in der politischen Grundordnung des deutschen Volkes durch.

(Gerhard Schoenberner, Der gelbe Stern. Judenverfolgung in Europa 1933–1945, Bertelsmann, München 1978, S. 11)

1 Untersuchen Sie die ideologischen Grundlagen der „Nürnberger Gesetze".
2 Erörtern Sie den Begriff von „Naturgesetz", der diesem Kommentar zu Grunde liegt.

M23 Die antijüdischen Ausschreitungen der so genannten „Reichskristallnacht" (9. November 1938) – aus einem geheimen Schreiben der Gestapo an alle Staatspolizeistellen vom 9. November 1938

1. Es werden in kürzester Frist in ganz Deutschland Aktionen gegen Juden, insbesondere gegen deren Synagogen, stattfinden. Sie sind nicht zu stören. Jedoch ist im Benehmen mit der Ordnungspolizei sicherzustellen, dass Plünderungen und sonstige besondere Ausschreitungen unterbunden werden können.
2. Sofern sich in Synagogen wichtiges Archivmaterial befindet, ist dieses durch sofortige Maßnahmen sicherzustellen.
3. Es ist vorzubereiten die Festnahme von etwa 20 000 bis 30 000 Juden im Reiche. Es sind auszuwählen vor allem vermögende Juden. Nähere Anordnungen ergehen noch im Laufe dieser Nacht.
4. Sollten bei den kommenden Aktionen Juden im Besitz von Waffen angetroffen werden, so sind die schärfsten Maßnahmen durchzuführen. Zu den Gesamtaktionen können herangezogen werden Verfügungstruppen der SS sowie Allgemeine SS. Durch entsprechende Maßnahmen ist die Führung der Aktionen durch die Stapo auf jeden Fall sicherzustellen.

(Ebd., S. 12)

1 Analysieren Sie Motive und Ziele des Novemberpogroms.
2 Bewerten Sie das Vorgehen der Nationalsozialisten bei der Vorbereitung der Novemberpogrome, besonders die Geheimhaltung der Planungen.

7 Vorbereitung und Entfesselung des Zweiten Weltkrieges

Aufrüstung und Risikopolitik

Schon lange vor der Machtübernahme im Jahr 1933 war Hitler für eine kompromisslose Aufrüstung und die außenpolitische Konfrontation eingetreten. Als neuer Reichskanzler umriss er bereits am 3. Februar 1933 die Nah- und Fernziele seiner Außenpolitik (M 24). Der Versailler Vertrag sollte nicht mehr revidiert, sondern bekämpft werden, und zwar mit Hilfe des Militärs. Gleichzeitig dachte Hitler über die Zeit nach der Abschüttelung der Einschränkungen des Versailler Vertrages nach und kündigte Eroberungen im Osten und eine rücksichtslose Germanisierung dieser Länder an. Über die Risiken seiner aggressiven Außenpolitik, vor allem über die möglichen Reaktionen Frankreichs, war er sich von Anfang an im Klaren und kalkulierte sie bewusst ein.

Um die Risiken dieser Politik zu begrenzen, folgte dem **Austritt aus dem Völkerbund** 1933 im Januar 1934 ein **Nichtangriffspakt mit Polen**. Damit war einer der stärksten französischen Verbündeten unter den osteuropäischen Staaten neutralisiert. Zugleich betonte Hitler nach außen in mehreren großen Reden den Friedenswillen der nationalsozialistischen Regierung (M 25). Dem aufmerksamen Beobachter blieb jedoch die starke militärische Ausrichtung der NS-Außenpolitik nicht verborgen (M 26a, b). Als 1935 die allgemeine Wehrpflicht wieder eingeführt wurde, hatte die Armee die vom Versailler Vertrag vorgeschriebene Höchstgrenze von 100000 Mann um mehr als das Dreifache überstiegen und Marine und Luftwaffe befanden sich in einem schnellen Neuaufbau. Hitler besaß keinerlei Skrupel, die durch die Aufrüstung gewonnene außenpolitische Beweglichkeit für seine Macht- und Gewaltpolitik zu nutzen. Das zeigte nicht nur der Einmarsch deutscher Truppen in die entmilitarisierte **Rheinlandzone** im März 1936, sondern auch die militärische Unterstützung, die Deutschland gemeinsam mit Italien der Falange Francos im spanischen Bürgerkrieg gewährte. Und im **März 1938** überschritten Wehrmachtseinheiten gar die Grenze zu **Österreich**. Unter Ausnutzung innerer Schwierigkeiten hatten die Nationalsozialisten mit dazu beigetragen, die österreichische Republik zu destabilisieren. Die demokratischen Kräfte, insbesondere die der Sozialdemokraten, waren zu schwach, um sich der deutschen „Schutzmacht" zu widersetzen; die Mehrheit der österreichischen Bevölkerung hatte das Vereinigungsverbot mit Deutschland aus dem Versailler Vertrag ohnehin nicht akzeptiert. Österreich wurde als „Ostmark" dem Deutschen Reich eingegliedert. Damit war der letzte Souveränitätsvorbehalt für das Deutsche Reich aus dem Versailler Vertrag beseitigt worden.

Kriegskurs und Reaktionen des Auslands

Anders als die von Außenminister Gustav Stresemann (1878–1929, Außenminister 1923–1929) bevorzugte Verhandlungsdiplomatie während der Weimarer Zeit, die Deutschland durch eine Ausgleichspolitik neue Bewegungsfreiheit verschafft hatte, spaltete die nationalsozialistische Machtpolitik die europäischen Mächte in zwei Lager: Deutschland und Italien auf der einen und Frankreich und England auf der anderen Seite. Für Frankreich war diese Politik angesichts der Rückgliederung des Saargebietes 1935 und der Aufhebung der entmilitarisierten Zone 1936 am gefährlichsten. Die englische Regierung aber, und sie konnte sich hier auf die Stimmung in der Bevölkerung berufen, versuchte jeden offenen Konflikt mit dem NS-Staat zu vermeiden. Im Grunde genommen akzeptierten die englischen Politiker seit der Weltwirtschaftskrise, dass Schritt für Schritt der Versailler Vertrag faktisch aufgehoben wurde; im deutsch-britischen Flottenabkommen von 1935 erklärte England, dass die Stärke der deutsche Kriegsmarine 35 Prozent der britischen betragen dürfe. Sie suchten nach einem neuen europäischen Ordnungssystem. Ein Gleichgewicht der Mächte auf dem Kontinent konnte aus britischer Sicht auf friedlichem Wege am besten dadurch erreicht werden, dass England der deutschen Revisionspolitik nachgab, allerdings in gegenseitigem Einverständnis und abgesichert durch entsprechende internationale Vereinbarungen: Diese englische „Appeasement"-Politik (engl. = Beschwichtigung) kehrte zurück zu den Methoden der Bündnispolitik vor dem Ersten Weltkrieg.

Selbst Repräsentanten der nationalsozialistischen Außenpolitik wie der deutsche Botschafter in London und spätere Außenminister Joachim von Ribbentrop (1893–1946) hofften auf einen diplomatischen Ausgleich mit England. In Hitlers Konzept allerdings passte eine solche Vorstellung nicht mehr. Nachdem es ihm gelungen war, „durch die Risikozone ungehindert hindurch" zu gehen, wie es Propagandaminister Joseph Goebbels formulierte, war er bereit, Friedenspropaganda und diplomatische Rücksichten fallen zu lassen.

| Vierjahresplan und offene Konfrontation | Im Vierjahresplan von 1936 hatte Hitler bereits deutlich zum Ausdruck gebracht, dass es ihm um eine militärische Entscheidung ging (M 27). Das bedeutete eine Kraftprobe nach innen und nach außen. Die wirtschaftlichen Folgen dieser planmäßigen und bewussten Kriegspolitik bestanden in der endgültigen Abkehr von Export- und Weltmarktorientierung sowie in der Beschränkung des privaten Konsums und der zunehmenden Lenkung von Produktion und Verteilung der Güter. Deutschland konnte seinen Bedarf an Agrarprodukten, vor allem an Fett und Fleisch, traditionell nicht decken. Um aus dieser wirtschaftlichen Abhängigkeit vom Ausland nicht eine politische Schwäche entstehen zu lassen, importierte die Regierung verstärkt Agrargüter aus den politisch schwachen, unter sich rivalisierenden südosteuropäischen Ländern. Im Gegenzug legte sie diese auf den Bezug von deutschen Industriegütern fest. Auf diese Weise schuf sie einen von deutschen Interessen abhängigen Wirtschaftsraum, der zunehmend englische und französische Interessen berührte.

Diplomatisch und militärisch trat seit 1937/38 die offene Konfrontation an die Stelle einer diplomatisch verbrämten „Gleichberechtigungspolitik". Gegen diesen wirtschaftlichen und militärischen Risikokurs sprachen sich Repräsentanten der konservativen Elite wie Reichsbankpräsident Hjalmar Schacht (1877–1970) und Generalstabschef Ludwig Beck (1880–1944) aus, die bisher die Aufrüstung unterstützt hatten. Wie andere auch, wurden sie durch Personen ausgewechselt, die weder moralische noch politische Bedenken gegen den Kriegskurs besaßen.

| Zerschlagung der Tschechoslowakei 1938/39 | Hitler nahm Konflikte um die Rechte der Sudetendeutschen in der Tschechoslowakei zum Anlass, auf diese Druck auszuüben. Nur vordergründig ging es darum, einen autonomen Status für die dortige deutsche Minderheit zu erreichen. Hitlers Ziel war es, die Tschechoslowakei zu „zerschlagen", wie er in einer Rede am 30. Mai 1938 äußerte. Die Drohung eines militärischen Eingreifens führte zu diplomatischen Initiativen Frankreichs und Englands, die der Tschechoslowakei bei einem Angriff Beistand hätten leisten müssen. Der italienische Diktator Benito Mussolini (1883–1945) unterstützte Frankreich und England, weil er für sein Regime keinen Sinn in einem europäischen Krieg um einen Teil der Tschechoslowakei sah. So ließ sich Hitler unter diplomatischem Druck auf eine Konferenz mit dem britischen Premierminister Chamberlain (1869–1940), dem französischen Ministerpräsidenten Daladier (1884–1970) und Mussolini ein, die 1938 in München stattfand.

Das **Münchener Abkommen** vom 29. September 1938 legte die Abtretung des Sudetenlandes an Deutschland fest. Unter dem Deckmantel des Selbstbestimmungsrechtes beschnitt es die territoriale Eigenständigkeit der Tschechoslowakei. Außerdem sollte der slowakische Landesteil gegenüber der Zentralregierung in Prag mehr Rechte erhalten; gleichzeitig wollte man das „Problem der ungarischen und polnischen Minderheit" „lösen", was zu weiteren Gebietsabtretungen führen musste. Die Regierung in Prag wurde von den Vertragsmächten gezwungen, dem Ab-

kommen zuzustimmen. Innenpolitische Konflikte waren unvermeidbar, insbesondere Spannungen zwischen Tschechen und den Slowaken; Letztere konnten sich nun deutscher Unterstützung sicher sein.
Als die Prager Regierung Militär einsetzte, um die Einheit des Landes zu erhalten, nahm Hitler dies zum Anlass, den militärischen Angriff auszuführen, den das Abkommen von München noch verhindert hatte. Am 15. März 1939 besetzten deutsche Truppen Tschechien, das als „Protektorat Böhmen und Mähren" dem Reich eingegliedert wurde. Die Slowakei wurde formal souverän, war politisch und wirtschaftlich aber völlig vom nationalsozialistischen Deutschland abhängig.

Vorbereitung des Krieges gegen Polen Der faktische Erfolg seiner Politik von Drohung und schnellem militärischen Eingreifen verleitete Hitler dazu, unmittelbar nach der Annexion Tschechiens das nächste Konfliktfeld auf ähnliche Weise zu behandeln. Jetzt richteten sich die deutschen Pressionen gegen Polen, das der Wiedereingliederung **Danzigs** ins Reich zustimmen sollte. Hitler beauftragte die Wehrmacht am 11. April 1939 mit der Vorbereitung eines „vernichtenden" Angriffs auf Polen.
Seit der Tschechoslowakei-Krise hatte sich das internationale Umfeld aber gewandelt. England und Frankreich waren nicht länger bereit, der immer skrupelloser vorgehenden Machtpolitik Hitlers tatenlos zuzusehen, und garantierten Polens Unabhängigkeit. Allerdings war dieses Versprechen nicht leicht einzulösen, da Polen für die Truppen beider Länder nicht unmittelbar erreichbar war. Deswegen nahmen Paris und London Verhandlungen mit der Sowjetunion auf. Ein militärisches Bündnis zwischen diesen drei Staaten schien jedoch nur möglich, wenn Polen der sowjetischen Armee ein Durchmarschrecht zugestand. Hiervor fürchtete sich Polen aber nicht weniger als vor einer deutschen Aggression. Die polnische Regierung versuchte daher ihre Unabhängigkeit zu wahren; die Verhandlungen der Westmächte mit der sowjetischen Führung zogen sich hin – von Stalin durchaus nicht ungewollt.

August 1939: Hitler-Stalin-Pakt Während Polen um seine Unabhängigkeit bangen musste, verhandelte die sowjetische Regierung mit dem deutschen Außenminister. Dieser schien Stalin mehr bieten zu können als die Westmächte. Der am 23. August 1939 abgeschlossene deutsch-sowjetische Nichtangriffspakt, der so genannte **Hitler-Stalin-Pakt** (B 16), schloss ein geheimes Zusatzabkommen ein, in dem beide Mächte ihre Interessensphären absteckten (M 28): Finnland, die baltischen Staaten sowie das rumänische Bessarabien wurden der sowjetischen Interessensphäre zuerkannt. Das Zusatzprotokoll stellte den Fortbestand Polens historisch erneut in Frage und sah eine Aufteilung zwischen Deutschland und der UdSSR vor.

Überfall auf Polen – Beginn des Weltkrieges Durch die deutsch-sowjetische Bündniskonstellation vom August 1939 sah Hitler die Bedingungen für den Überfall auf Polen als gegeben an. Am **1. September 1939** überschritten die deutschen Truppen die polnische Grenze. England und Frankreich ließen sich durch den deutsch-sowjetischen Pakt – vermutlich gegen Hitlers Erwartungen – nicht davon abhalten, ihre Garantieerklärung einzulösen. Am 3. September erklärten sie Deutschland den Krieg.

Deutsche Gesellschaft und Kriegskurs Im Gegensatz zur Kriegsschulddebatte 1914 gab und gibt es in der Geschichtswissenschaft keine Debatte über die deutsche Verantwortung für den Zweiten Weltkrieg, die von keinem ernsthaften Forscher angezweifelt wird. Wohl aber streiten Historiker darüber, wie konsequent der Weg in den Krieg von vornherein durch Hitlers „Lebensraum"- und Rassenideologie sowie durch seine außenpolitischen Auffassungen und

B 16 „Mal sehen, wie lange die Flitterwochen dauern werden!", englische Karikatur, September 1939

— Erörtern Sie, ausgehend von B 16 und der Darstellung, die Haltung des Auslands zum deutschen Kriegskurs.

seine Weltsicht vorgezeichnet war. Hitlers programmatische Schrift „Mein Kampf" lässt keinen Zweifel daran, dass sich nach seiner Überzeugung Nationen im Krieg zu bewähren hätten. Und die Rassenideologie zeichnete die „germanischen" Deutschen vor anderen Völkern aus und gab die Richtung von Expansion und Unterwerfungsanspruch vor: „Lebensraum im Osten".
Warum aber haben sich die Deutschen bereitwillig in den Krieg führen lassen, warum die anderen Mächte nicht frühzeitig ein Abwehrkonzept gegen eine deutsche Aggression entwickelt, die so offensichtlich festlag?
Die innere und äußere Machtentfaltung des nationalsozialistischen Staates beruhte vor allem darauf, dass die einzelnen Schritte von Machtsicherung und Expansion von der Masse der Bevölkerung und von einflussreichen Gruppen der Elite mitgetragen wurden, wie auch immer sie das Gesamtgebäude der nationalsozialistischen Ideologie beurteilten: Das Militär begrüßte die Aufrüstung, ohne dabei das Spiel mit dem großen Risiko gutzuheißen; aber es war bereit, den Erfolg zu honorieren, denn die Ehre, die der faktische Erfolg der Hitlerschen Politik mit sich brachte, kam auch ihm zugute. Ähnliches gilt für die Großindustrie, die an der Rüstungskonjunktur gut verdiente. Auch hier regte sich in den Jahren 1936 bis 1938 Widerstand gegen den direkten Weg in den Krieg und den Rückzug vom internationalen Warenaustausch. Doch es gab auch mächtige Firmen wie die IG Farben, die eine nach Osten gerichtete Expansionspolitik als Garantie für den Absatz ihrer Chemieprodukte begriffen.
Hitlers Außenpolitik war in Deutschland populär (B 17), selbst bei solchen Männern und Frauen, die in einer gewissen Distanz zum Nationalsozialismus standen. Die Abschüttelung der Versailler Vertragsauflagen, die Wiederherstellung „nationaler Größe" ließen viele den „Führer" auf den großen Kundgebungen mit feiern. Nicht, als Kommunisten und Sozialdemokraten verhaftet wurden, nicht, als die Synagogen brannten, verbreitete sich Angst unter den Deutschen, sondern erst, als in der Krise um die Tschechoslowakei der große Krieg bevorstand. Doch wie hätte sich damals Angst in politisches Handeln, in Protest gegen die Regierung umsetzen können? Und schließlich prägte der Erfolg wieder die Emotionen, wandelte Angst in Erleichterung oder gar Zustimmung. In den Tagen des Münchener Abkommens berichtete der „Sicherheitsdienst" der

SS Hitler, größere Teile der Bevölkerung seien politisch unsicher geworden. Auch hier ging Hitler zur Offensive über. Er verkündete vor der Presse, dass nun mit der aus taktischen Gründen offiziell betriebenen Friedenspropaganda Schluss sei. Den **außenpolitischen Aggressionskurs** begleitete so eine konsequente **Militarisierung der Gesellschaft**.

M24 Aus den Aufzeichnungen über eine Besprechung Adolf Hitlers mit den Befehlshabern von Heer und Marine („Liebmann-Aufzeichnung") vom 3. Februar 1933

Ziel der Gesamtpolitik allein: Wiedergewinnung der pol. Macht. Hierauf muss gesamte Staatsführung eingestellt werden (alle Ressorts!).
1. Im Innern. Völlige Umkehrung der gegenwärt. innenpol. Zustände in D. Keine Duldung der Betätigung irgendeiner Gesinnung, die dem Ziel entgegensteht (Pazifismus!). Wer sich nicht bekehren lässt, muss gebeugt werden. Ausrottung des Marxismus mit Stumpf und Stiel. Einstellung der Jugend u. des ganzen Volkes auf den Gedanken, dass nur d. Kampf uns retten kann u. diesem Gedanken gegenüber alles zurückzutreten hat. [...] Ertüchtigung der Jugend u. Stärkung des Wehrwillens mit allen Mitteln. Todesstrafe für Landes- u. Volksverrat. Straffste autoritäre Staatsführung. Beseitigung des Krebsschadens der Demokratie!
2. Nach außen. Kampf gegen Versailles. Gleichberechtigung in Genf; aber zwecklos, wenn Volk nicht auf Wehrwillen eingestellt. Sorge für Bundesgenossen.
3. Wirtschaft! Der Bauer muss gerettet werden! Siedlungspolitik! Künft. Steigerung d. Ausfuhr zwecklos. Aufnahmefähigkeit d. Welt ist begrenzt u. Produktion ist überall übersteigert. Im Siedeln liegt einzige Mögl. Arbeitslosenheer z. T. wieder einzuspannen. Aber braucht Zeit u. radikale Änderung nicht zu erwarten, da Lebensraum für d[eutsches] Volk zu klein.
4. Aufbau der Wehrmacht wichtigste Voraussetzung für Erreichung des Ziels: Wiedererringung der pol. Macht. Allg. Wehrpflicht muss wieder kommen. Zuvor aber muss Staatsführung dafür sorgen, dass die Wehrpflichtigen vor Eintritt nicht schon durch Pazif., Marxismus, Bolschewismus vergiftet werden oder nach Dienstzeit diesem Gifte verfallen.
Wie soll pol. Macht, wenn sie gewonnen ist, gebraucht werden? Jetzt noch nicht zu sagen. Vielleicht Erkämpfung neuer Export-Mögl., vielleicht – und wohl besser – Eroberung neuen Lebensraums im Osten u. dessen rücksichtslose Germanisierung. Sicher, dass erst mit pol. Macht u. Kampf jetzige wirtsch. Zustände geändert werden können. Alles, was jetzt geschehen kann – Siedlung – Aushilfsmittel.
Wehrmacht wichtigste u. sozialistischste Einrichtung d. Staates. Sie soll unpol. u. überparteilich bleiben. Der Kampf im Innern nicht ihre Sache, sondern der Nazi-Organisationen. Anders als in Italien keine Verquickung v. Heer u. SA beabsichtigt. – Gefährlichste Zeit ist die des Aufbaus der Wehrmacht. Da wird sich zeigen, ob Fr[ankreich] Staatsmänner hat; wenn ja, wird es uns Zeit nicht lassen, sondern über uns herfallen (vermutlich mit Ost-Trabanten).
(Vierteljahreshefte für Zeitgeschichte, Jg. 2, 1954, S. 434 ff.)

1 Nennen Sie Hitlers außenpolitische Ziele.
2 Skizzieren Sie die innenpolitischen Bedingungen dieses Programms.

M25 Öffentliche Friedensbeteuerungen – aus der Reichstagsrede Adolf Hitlers vom 17. Mai 1933

Die Generation dieses jungen Deutschlands, die in ihrem bisherigen Leben nur die Not, das Elend und den Jammer des eigenen Volkes kennen lernte, hat zu sehr unter dem Wahnsinn gelitten, als dass sie beabsichtigen könnte, das Gleiche anderen zuzufügen. Unser Nationalismus ist ein Prinzip, das uns als Weltanschauung grundsätzlich allgemein verpflichtet. Indem wir in grenzenloser Liebe und Treue an unserem eigenen Volkstum hängen, respektieren wir die nationalen Rechte auch der anderen Völker aus dieser selben Gesinnung heraus und möchten aus tief innerstem Herzen mit ihnen in Frieden und Freundschaft leben. Wir kennen daher auch nicht den Begriff des „Germanisierens". Die geistige Mentalität des vergangenen Jahrhunderts, aus der man glaubte vielleicht, aus Polen oder Franzosen Deutsche machen zu können, ist uns genauso fremd, wie wir uns leidenschaftlich gegen jeden umgekehrten Versuch wenden. Wir sehen die europäischen Nationen um uns als gegebene Tatsachen. Franzosen, Polen usw. sind unsere Nachbarvölker und wir wissen, dass kein geschichtlich denkbarer Vorgang diese Wirklichkeit ändern könnte. [...]

Deutschland ist nun jederzeit bereit, auf Angriffswaffen zu verzichten, wenn auch die übrige Welt ihrer entsagt. Deutschland ist bereit, jedem feierlichen Nichtangriffspakt beizutreten; denn Deutschland denkt nicht an einen Angriff, sondern an seine Sicherheit! [...]. Die deutsche Regierung wünscht sich über alle schwierigen Fragen politischer und wirtschaftlicher Natur mit den anderen Nationen friedlich und verträglich auseinander zu setzen. Sie weiß, dass jeder militärische Akt in Europa auch im Falle seines vollständigen Gelingens, gemessen an seinen Opfern, in keinem Verhältnis steht zum möglichen endgültigen Gewinn.
(Franz A. Six [Hg.], Dokumente der Deutschen Politik, Bd. 1, Junker Quennhaupt, Berlin ⁷1942, S. 102 ff.)

1 Erörtern Sie, inwiefern Hitler taktische und ernsthafte Argumente für eine Friedenspolitik vorbringt.
2 Vergleichen Sie die Ziele in M 24 und M 25.

M26 Die Aufrüstung Deutschlands

a) Rüstungsausgaben und Volkseinkommen im Deutschen Reich 1932–1938 (in Mrd. RM)

Haushaltsjahr	Rüstungsausgaben	Volkseinkommen	Rüstungsausg. in % des Volkseinkommens
1932	0,6	45,2	1,3
1933	0,7	46,5	1,5
1934	4,1	52,8	7,8
1935	5,5	59,1	9,3
1936	10,3	65,8	15,7
1937	11,0	73,8	15,0
1938	17,2	82,1	21,0

(Fritz Blaich, Wirtschaft und Rüstung im „Dritten Reich", Cornelsen, Düsseldorf 1987, S. 83)

b) Öffentliche Ausgaben im Deutschen Reich 1928–1938

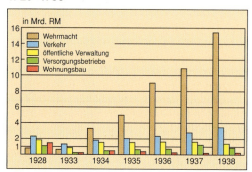

1 Klären Sie die Begriffe „Volkseinkommen" und „öffentliche Ausgaben".
2 Untersuchen Sie anhand von M 26a und b die Bedeutung militärischer Rüstung für die NS-Politik.
3 Erörtern Sie die grundsätzliche Ausrichtung der nationalsozialistischen Wirtschaftspolitik.

M27 Aus Adolf Hitlers geheimer Denkschrift zum Vierjahresplan 1936
Die wirtschaftliche Lage Deutschlands.
So wie die politische Bewegung in unserem Volk nur ein Ziel kennt, die Lebensbehauptung unseres Volkes und Reiches zu ermöglichen, d. h. alle geistigen und sonstigen Voraussetzungen für die Selbstbehauptung unseres Volkes sicherzustellen, so hat auch die Wirtschaft nur diesen einen Zweck. Das Volk lebt nicht für die Wirtschaft oder für die Wirtschaftsführer, Wirtschafts- oder Finanztheorien, sondern die Finanz und die Wirtschaft, die Wirtschaftsführer und alle Theorien haben ausschließlich diesem Selbstbehauptungskampf unseres Volkes zu dienen.
Die wirtschaftliche Lage Deutschlands ist aber, in kürzesten Umrissen gekennzeichnet, folgende:
1. Wir sind übervölkert und können uns auf der eigenen Grundlage nicht ernähren. [...] Zahlreiche Produktionen können ohne weiteres erhöht werden. Das Ergebnis unserer landwirtschaftlichen Produktion kann eine wesentliche Steigerung nicht mehr erfahren. Ebenso ist es uns unmöglich, einzelne Rohstoffe, die uns in Deutschland fehlen, zur Zeit auf einem künstlichen Wege herzustellen oder sonst zu ersetzen. [...]
5. Es ist aber gänzlich belanglos, diese Tatsachen immer wieder festzustellen, d. h. festzustellen, dass uns Lebensmittel oder Rohstoffe fehlen, sondern es ist entscheidend, jene Maßnahmen zu treffen, die für die Zukunft eine endgültige Lösung, für den Übergang eine vorübergehende Entlastung bringen können.
6. Die endgültige Lösung liegt in einer Erweiterung des Lebensraumes bzw. der Rohstoff- und Ernährungsbasis unseres Volkes. Es ist die Aufgabe der politischen Führung, diese Frage dereinst zu lösen. [...]
Und ich stelle daher zu einer endgültigen Lösung unserer Lebensnot folgendes Programm auf:
I. Ähnlich der militärischen und politischen Aufrüstung bzw. Mobilmachung unseres Volkes hat auch eine wirtschaftliche zu erfolgen, und zwar im selben Tempo, mit der gleichen Entschlossenheit und, wenn nötig, auch mit der gleichen Rücksichtslosigkeit. [...]

45 II. Zu diesem Zwecke sind auf all den Gebieten, auf denen eine eigene Befriedigung durch deutsche Produktionen zu erreichen ist, Devisen einzusparen, um sie jenen Erfordernissen zuzulenken, die unter allen Umständen ihre Deckung nur durch Import erfahren können.
III. In diesem Sinne ist die deutsche Brennstofferzeugung nunmehr im schnellsten Tempo vorwärtszutreiben und binnen 18 Monaten zum restlosen Abschluss zu bringen. Diese Aufgabe ist mit derselben Entschlossenheit wie die Rüstung eines Krieges anzufassen und durchzuführen; denn von ihrer Lösung hängt die kommende Kriegsführung ab und nicht von einer Bevorratung des Benzins. [...]
60 Ich stelle damit folgende Aufgabe:
I. Die deutsche Armee muss in 4 Jahren einsatzfähig sein.
II. Die deutsche Wirtschaft muss in 4 Jahren kriegsfähig sein.
(Vierteljahreshefte für Zeitgeschichte, Jg.3, 1955, S. 184 ff.)

1 Fassen Sie die wirtschaftliche Lagebeurteilung Hitlers zusammen.
2 Analysieren Sie die Ziele, die Hitler Wirtschaft und Militär setzte.

M28 Aus dem Geheimprotokoll zum Vertrag zwischen Deutschland und der UdSSR, dem so genannten Hitler-Stalin-Pakt, vom 23. August 1939

Aus Anlass der Unterzeichnung des Nichtangriffsvertrages zwischen dem Deutschen Reich und der Union der Sozialistischen Sowjetrepubliken haben die unterzeichneten Bevollmächtigten der beiden
5 Teile in streng vertraulicher Aussprache die Frage der Abgrenzung der beiderseitigen Interessensphären in Osteuropa erörtert. Diese Aussprache hat zu folgendem Ergebnis geführt:
1. Für den Fall einer territorial-politischen Umge10 staltung in den zu den baltischen Staaten (Finnland, Estland, Lettland, Litauen) gehörenden Gebieten bildet die nördliche Grenze Litauens zugleich die Grenze der Interessensphären Deutschlands und der UdSSR. Hierbei wird das Interesse
15 Litauens am Wilnaer Gebiet beiderseits anerkannt.
2. Für den Fall einer territorial-politischen Umgestaltung der zum polnischen Staate gehörenden Gebiete werden die Interessensphären Deutschlands und der UdSSR ungefähr durch die Linie der
20 Flüsse Narew, Weichsel und San abgegrenzt.
Die Frage, ob die beiderseitigen Interessen die Erhaltung eines unabhängigen polnischen Staates erwünscht erscheinen lassen und wie dieser Staat abzugrenzen wäre, kann endgültig erst im Laufe der weiteren politischen Entwicklung geklärt werden. 25
In jedem Falle werden beide Regierungen diese Frage im Wege einer freundschaftlichen Verständigung lösen.
3. Hinsichtlich des Südostens Europas wird von 30 sowjetischer Seite das Interesse an Bessarabien betont. Von deutscher Seite wird das völlige politische Desinteressement an diesen Gebieten erklärt.
(Eber Malcolm Carroll/Fritz Theodor Epstein [Hg.], Das nationalsozialistische Deutschland und die Sowjetunion 1939–1941, Berlin 1948, S. 84 ff.)

1 Nennen Sie die Vereinbarungen des Hitler-Stalin-Paktes. Wo stehen die entscheidenden Punkte?
2 Untersuchen Sie die Folgen, die der Vertrag für das Verhältnis von Kommunisten und Nationalsozialisten in Europa zwischen 1939 und 1941 hatte.

B 17 „1889–1939", Plakat zu Hitlers 50. Geburtstag

— Interpretieren Sie das Plakat vor dem Hintergrund der deutschen Kriegspolitik.

8 Der Zweite Weltkrieg im Überblick

Die „Blitzkriege" bis 1941

Die polnische Armee konnte den überlegenen deutschen Truppen nicht standhalten. Schon Mitte September 1939 standen deutsche Einheiten an der im „Hitler-Stalin-Pakt" markierten „Interessenlinie" zur UdSSR. Deren Truppen besetzten daraufhin den östlichen Teil Polens. Deutschland und die Sowjetunion teilten **Polen** vollständig unter sich auf. In London bildete sich eine polnische Exilregierung.

Im Westen beruhte die deutsche Strategie auf der in den 30er-Jahren im deutschen Generalstab entwickelten Konzeption der kurzen „Blitzkriege". Durch Überraschungsmomente und den massierten Einsatz von Panzern und Flugzeugen vor der eigentlichen kämpfenden Truppe sowie durch die Konzentration aller Kräfte für begrenzte Zeit auf jeweils ein strategisches Ziel sollte eine rasche Entscheidung erzwungen werden. Nach und nach galt es dann die Ressourcen zu erobern, die Deutschland für eine langfristige Kriegführung bisher fehlten. Auf diese Weise wollten nationalsozialistische Führung und Generalstab die im Vergleich zu ihren Gegnern strukturelle militärische und industrielle Unterlegenheit des Deutschen Reiches ausgleichen. Dagegen setzten die Westmächte auf einen Ermattungs- und Abwehrkrieg, der die deutschen Kräfte aufreiben und die eigenen stärken sollte, bevor eine direkte militärische Konfrontation mit Deutschland gewagt werden konnte.

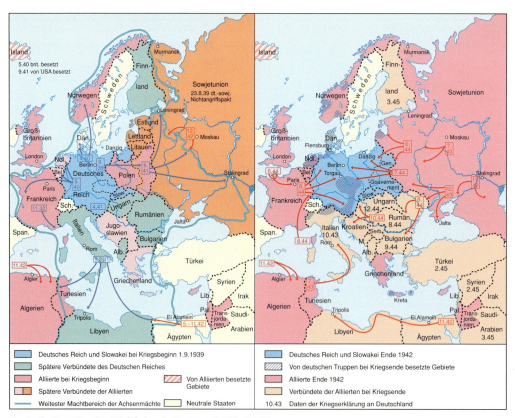

Karte 1 Der Zweite Weltkrieg in Europa 1939–1945

Im April 1940 besetzten deutsche Truppen **Dänemark** und **Norwegen,** um die Ost- und Nordseeschifffahrt und den Zugriff auf das schwedische Erz zu kontrollieren. Im Mai 1940 begann die Offensive gegen **Frankreich.** Um die starken französischen Grenzbefestigungen der „Maginotlinie" zu umgehen, stießen die deutschen Truppen über Holland und Belgien, deren Neutralität brechend, rasch nach Paris vor. Englisch-französische Truppeneinheiten konnten sich an der Kanalküste bei Dünkirchen nur knapp vor einer verheerenden Niederlage nach England absetzen. Angesichts der Aussichtslosigkeit der Lage zerbrachen Kampfbereitschaft und politische Einheit Frankreichs faktisch schon, bevor die nationalsozialistische Führung am 22. Juni 1940 die Teilung des Landes dekretierte: Mittel- und Südfrankreich blieben unter der Regierung des Marschalls Philippe Pétain (1856–1951) formal selbstständig; diese war zu einer Zusammenarbeit mit den siegreichen Deutschen bereit („Vichy"-Frankreich). Der Norden mit der Atlantikküste und Paris kam unter deutsche Militärverwaltung. Ähnlich wie im Falle Polens versuchte General Charles de Gaulle (1890–1970) in London den französischen Widerstand (frz. = résistance) gegen die deutschen Besatzer zu organisieren.

Am 10. Juni 1940 trat Italien auf Seiten Deutschlands in den Krieg ein. Um die italienischen Kriegsziele in Nordafrika und im Mittelmeer zu unterstützen, besetzten deutsche Truppen **Jugoslawien** und **Griechenland** und ein **„Afrikakorps"** setzte nach Tunesien und Libyen über.

| Krieg gegen England | Im Frühjahr 1941 kontrollierte das nationalsozialistische Deutschland praktisch den gesamten Kontinent (Karte 1). Wie aber würde sich dieses riesige Gebiet sichern lassen? Die Grenzen deutscher Militärmacht waren bereits sichtbar geworden. Gegenüber England hatte sich das Konzept der „Blitzkriege" als untauglich erwiesen, der Luftkampf musste ergebnislos abgebrochen werden. England wurde zu dieser Zeit schon durch bedeutende Rüstungslieferungen aus den USA unterstützt.

| Überfall auf die Sowjetunion 1941 | Es entsprach Hitlers Denken, mit der kommunistischen Sowjetunion nun das Land anzugreifen, das in der national-sozialistischen Ideologie ohnehin als der Hauptfeind und das eigentliche Ziel der „Lebensraumpolitik" galt. Trotz des deutsch-sowjetischen Nichtangriffspaktes hatten die militärischen Planungen dazu bereits im Sommer 1940 begonnen. Der sowjetische Diktator Josef W. Stalin (1879–1953) und die Armeeführung der UdSSR wurden, obgleich von den Alliierten vor einem bevorstehenden deutschen Angriff gewarnt, vom Beginn der Kampfhandlungen am 22. Juni 1941 überrascht. In den ersten Monaten erlitten die sowjetischen Armeen ungeheure Verluste; der größte Teil der westlichen Sowjetunion musste aufgegeben werden.

Doch im Winter 1941/42 zeigte sich das Scheitern der „Blitzkriegs"-Strategie: Die Sowjetunion besaß stärkere Panzer, Panzer abwehrende Waffen und zahlenmäßig überlegene Bodentruppen. Die Einkesselung und Kapitulation der 6. Armee in **Stalingrad** im Januar 1943 wurde zum Symbol der **Kriegswende:** der Erschöpfung der Soldaten, der Unmöglichkeit, hinreichend Nachschub zur Verfügung zu stellen, und eines sinnlosen Durchhaltewillens der NS-Führung.

| Kriegserklärung an die USA | 1942/43 spitzte sich die Konfrontation zwischen Japan und den Vereinigten Staaten von Amerika zu, nachdem Japan 1940 den nördlichen Teil von Französisch-Indochina besetzt hatte. Als die USA ein Ölembargo gegen Japan verhängten und den Rückzug aus China verlangten, griffen japanische Flugzeuge überraschend am 7. Dezember 1941 den amerikanischen Stützpunkt **Pearl Harbor** auf Hawaii an. Die japanische Militärführung glaubte offenbar, mit einem dem deutschen ähnlichen „Blitzkriegs"-Konzept ohne größeres Risiko die USA aus dem ostasiatischen Raum vertreiben zu können.

In den USA und in Deutschland begriff man jedoch den japanisch-amerikanischen Konflikt als Teil des Machtkampfes um eine neue Weltordnung. Der amerikanischen und britischen Kriegserklärung an Japan folgte die deutsche Kriegserklärung an die USA am 11. Dezember 1941. Das NS-Regime wollte die USA zwingen, seine Kräfte zwischen Europa und Asien aufzusplitten – vergebens. England und die USA befürworteten zunächst, eine Entscheidung auf dem europäischen Kriegsschauplatz zu suchen.

Nach der Niederlage der deutsch-italienischen Verbände in Afrika setzten die Alliierten im Sommer 1943 nach Italien über; Mussolini flüchtete in das von deutschen Truppen gehaltene Gebiet in Norditalien. 1943 eröffneten England und die USA den Luftkrieg, dem die deutschen Städte bald schutzlos ausgeliefert waren. Im Osten mussten sich die deutschen Truppen schrittweise unter großen Verlusten zurückziehen. Im Juni 1944 begann mit der Invasion der westlichen Alliierten in der Normandie die Rückeroberung des europäischen Kontinents.

| Besatzungspolitik | Der NS-Staat strebte die absolute Vormachtstellung zumindest in Europa und bis weit nach Asien an. Das Ziel der nationalsozialistischen Politik bestand darin, die Wirtschaft aller unterworfenen Gebiete auf die Konsumbedürfnisse der deutschen Bevölkerung und die Produktion der deutschen Industrie auszurichten. Das setzte eine effiziente Kontrolle der besetzten Gebiete voraus. Die rassenideologischen Annahmen spielten in der Ausprägung der jeweiligen Besatzungsherrschaft eine tragende Rolle. In Polen und der Sowjetunion wurden breite Bevölkerungsschichten regelrecht ausgehungert, in Razzien zusammengetrieben und erschossen oder zu Zehntausenden in Arbeits- und Konzentrationslager verschleppt. Die Dezimierung und Verschleppung der Bevölkerung war Teil des rassistischen Unterwerfungskonzeptes, nach dem „der Osten" vor allem Deutschen Siedlungsland zur Verfügung stellen sollte und der einheimischen Bevölkerung nur ein begrenztes Lebensrecht auf niedrigem Niveau zugestanden wurde. Auf ehemaligem polnischem und sowjetischem Gebiet übten deutsche Organe ihre Herrschaft unmittelbar aus. In den Ländern Nord- und Westeuropas dagegen versuchte man mit kollaborationswilligen Kräften zusammenzuarbeiten. Terrormaßnahmen wie Geiselerschießungen oder die gezielte Zerstörung von ganzen Ortschaften richteten sich hier gegen den wachsenden Widerstand.

| Mobilisierung von Wirtschaft und Gesellschaft | Die Einstellung der Angriffsoperationen gegen Moskau Ende 1941 (wegen des einbrechenden Winters und der völligen Erschöpfung der deutschen Truppen) sowie der Kriegseintritt der USA zerstörten die Aussichten des nationalsozialistischen Deutschlands auf den „Endsieg". Die NS-Regierung war jedoch trotz der enormen Rüstungsanstrengungen auf einen lang andauernden Zermürbungskrieg nicht vorbereitet. So begann man, alle gesellschaftlichen und wirtschaftlichen Kräfte für den totalen Krieg zu mobilisieren.

Ähnlich wie im Ersten Weltkrieg gab es eine **Tendenz zur Verstaatlichung** der Wirtschaft – allerdings nur bei der Herstellung und Produktion von Gütern. Ein staatliches Zuteilungssystem regelte die Lebensmittel- und Rohstofflieferungen. Frauen wurden als „Luftwaffenhelferinnen" bei der Flugabwehr eingesetzt, zur Arbeit in der Rüstungsindustrie oder in der Verwaltung dienstverpflichtet. Viele Schulklassen wurden in Gebiete des Reiches evakuiert, die als weniger bombengefährdet galten. Diese „Kinderlandverschickung" diente auch dazu, Erziehungsmaßnahmen für die Zeit nach dem „Endsieg" zu erproben. Zur Versorgung der eigenen Bevölkerung wurden Nahrungsmittel aus ganz Europa nach Deutschland geschafft. Im Reich selbst arbeiteten über 7 Mio. Zwangsarbeiterinnen und Zwangsarbeiter aus den besetzten Gebieten, die zusammen mit den Kriegsgefangenen bis zu 20 % aller Arbeitskräfte in Deutschland stellten. Der massive

Einsatz von **Zwangsarbeitern** in der Landwirtschaft ermöglichte für die gesamte Kriegsdauer eine ausreichende Grundversorgung der Bevölkerung mit Lebensmitteln. Anders als zwischen 1914 und 1918 führte die Kriegswirtschaft so nicht zu einer Massenverelendung, sodass die **Loyalität der Deutschen gegenüber dem Regime** fast bis zum Kriegsende gesichert werden konnte. Der Bombenkrieg der Alliierten gegen die Wohngebiete deutscher Städte und die Zentren der Rüstungsindustrie zerstörte diese Loyalität kaum. Der Wandel setzte erst ein, als Deutschland selbst zum Kampfgebiet wurde und Millionen vor der heranrückenden Roten Armee aus den östlichen Reichsgebieten flüchten mussten.

Im Gegensatz zum Ersten Weltkrieg war auch die deutsche Zivilbevölkerung von den Kriegshandlungen direkt betroffen. Spätestens seit 1943 konnte die deutsche Luftwaffe den britischen und amerikanischen Bomberverbänden nicht mehr wirksam begegnen. Noch am 13./14. Februar 1945 flogen alliierte Verbände auf die mit Flüchtlingen überfüllte Stadt Dresden einen Luftangriff, dem mindestens 40 000 Menschen zum Opfer fielen und der die gesamte Innenstadt verwüstete. Mit diesen Flächenbombardements gegen deutsche Städte sollte die Bevölkerung zermürbt werden, was allerdings nur zum Teil gelang. Denn in einem Sieg der Alliierten sahen viele nicht die Lebensrettung, sondern die Auslieferung an den Feind. Die alliierte Forderung nach der „bedingungslosen Kapitulation" Deutschlands unterstützte diese Einstellung.

Die NS-Regierung benutzte ihrerseits Propaganda und Terror, um den Kriegseinsatz der Bevölkerung zu steigern und das Vertrauen auf den Sieg zu erhalten. An der „inneren Front" wurden die Strafen gegen „Wehrkraftzersetzer" und Saboteure sowie gegen Kritik und Opposition verschärft. Die Zahl der vom Volksgerichtshof verhängten Todesurteile stieg von 1941 bis 1942 von 102 auf 1192. Auf einer Großkundgebung im Berliner Sportpalast im Februar 1943 – drei Wochen nach der Niederlage von Stalingrad – rief Goebbels zum totalen Krieg auf. Die Deutschen sollten in seinen Augen „den Krieg um das Leben unseres Volkes auch mit dem Leben des ganzen Volkes […] bestreiten."

| Die Politik der Alliierten | Der Überfall Deutschlands auf die Sowjetunion war im Juni 1941 auch für die gegnerischen Staaten ein tiefer Einschnitt. Die USA hoben die Beschränkungen für Waffenlieferungen an Krieg führende Staaten einschließlich der UdSSR auf. In der **Atlantikcharta** vom 14. August 1941 verständigten sich die USA und Großbritannien bereits auf die Prinzipien einer Nachkriegsordnung, die Grundsätze aus der Friedensordnung von Versailles übernahm, gleichzeitig jedoch deren Fehler vermeiden sollte. Die Alliierten wollten auf Gebietsgewinne verzichten, das Selbstbestimmungsrecht der Völker achten und einen freien Welthandel garantieren.

Nach dem Kriegseintritt der USA entstand aus dem Kern der englisch-amerikanischen Zusammenarbeit eine breite, politisch-wirtschaftliche Systemabgrenzungen übersteigende Kriegskoalition gegen Deutschland, Italien und deren Verbündete. Anfang 1942 umfassten diese so genannten **„Vereinten Nationen"** bereits 26 Staaten.

Von weltpolitischer Bedeutung sollte werden, dass die bis dahin außenpolitisch weitgehend isolierte Sowjetunion durch den Krieg gegen das nationalsozialistische Deutschland als eine der drei entscheidenden Großmächte unter den Alliierten bestimmenden Einfluss auf die Gestaltung der Machtverhältnisse in der Welt gewann. Schon früh machte Stalin deutlich, dass die in der Atlantikcharta niedergelegten Prinzipien in Osteuropa den sowjetischen Sicherheitsinteressen nachgeordnet seien und die Gebietsgewinne der Sowjetunion durch den Hitler-Stalin-Pakt im Baltikum und in Polen nicht rückgängig gemacht werden könnten. Auf der **Konferenz von Teheran im November/Dezember 1943** forderten Roosevelt und Churchill für die baltischen Staaten von Stalin korrekte Volksabstimmungen über ihre Zugehörigkeit zur Sowjetunion. Der Abtretung

Ostpolens an die UdSSR stimmten sie zu, wobei Polen mit Gebieten im Westen, also mit Ostpreußen und der Oder als Westgrenze, entschädigt werden sollte. Churchill wollte zwar eine sowjetische Vormachtstellung im Nachkriegseuropa vermeiden, wusste aber nur zu gut, dass die Westmächte die Unterstützung Stalins zum Sieg über Deutschland brauchten.

Seit der **Konferenz von Casablanca** im Januar 1943 waren sich Stalin, Roosevelt und Churchill über die vollständige Besetzung Deutschlands einig. Die Sieger wollten sich die Möglichkeit sichern, direkt wirtschaftliche und politische Bedingungen durchzusetzen, die eine erneute Gefährdung des Weltfriedens durch Deutschland ausräumen sollten. Dem entsprach die **Forderung nach der „bedingungslosen Kapitulation"**. Das bedeutete die vollständige Unterwerfung unter den Siegerwillen und schloss für Deutschland die Möglichkeit aus, sich auf die Atlantikcharta zu berufen. Zeitweilig bestanden sogar Pläne, Deutschland in verschiedene kleinere Staaten aufzuteilen oder, wie der US-Finanzminister Henry Morgenthau (1891–1967) forderte, es in Verbindung mit einer durchgreifenden Abrüstung zu deindustrialisieren. Angesichts der schwer berechenbaren politischen und wirtschaftlichen Rückwirkungen auf ganz Europa und der Konkurrenz der Großmächte untereinander wurden diese Vorstellungen aber niemals offizielles Programm.

Kurz vor Kriegsende einigten sich Stalin, Roosevelt und Churchill Anfang Februar 1945 auf der **Konferenz von Jalta** über die unmittelbar anstehenden Probleme: 1. Aufteilung Deutschlands in getrennte Besatzungszonen – womit faktisch die spätere Teilung Deutschlands in Ost und West vorgegeben wurde, ohne dass dies damals schon beabsichtigt worden wäre; 2. die Westverschiebung Polens auf Kosten Deutschlands als Ausgleich für die von der Sowjetunion einbehaltenen Gebiete. Bereits 1944 hatte Großbritannien der Sowjetunion Rumänien, Ungarn und Bulgarien als Einflussgebiete zugestanden. Damit war der Sowjetunion während und unter dem Druck des Krieges ein bedeutender Machtzuwachs in Europa gelungen. Freilich gingen Churchill und Roosevelt davon aus, dass sich die Zusammenarbeit mit der sowjetischen Führung nach dem Kriege würde fortsetzen lassen – ungeachtet der unterschiedlichen politischen Systeme. Diese Zusammenarbeit sollte im Rahmen einer übernationalen Organisation zur Sicherung des Friedens erfolgen, deren Gründung 1943 beschlossen worden war. Sie sollte aus der Kriegsallianz der „Vereinten Nationen" hervorgehen. Im Gegensatz zum Völkerbund sollten die USA und die UdSSR ihr von Anfang an angehören.

| Ende der NS-Diktatur | Zum Jahreswechsel 1944/45 standen die Truppen der Alliierten im Westen und Osten an den Reichsgrenzen. Aber noch fast weitere fünf Monate wurde erbittert gekämpft. Endlich trafen sich am 25. April 1945 amerikanische und sowjetische Verbände bei Torgau an der Elbe. Die deutsche Armeeführung kapitulierte erst vom 7. bis 9. Mai 1945, als Hitler bereits Selbstmord begangen hatte und die alliierten Truppen fast ganz Deutschland besetzt hielten. Auf Grund der **bedingungslosen Kapitulation** übernahmen die alliierten Militärbefehlshaber die Regierungsgewalt in Deutschland. Nach zwölf Jahren war damit die Diktatur der Nationalsozialisten zu Ende, nicht jedoch der Zweite Weltkrieg. Japan setzte den Kampf auch nach der deutschen Niederlage fort. US-Präsident Harry S. Truman (1884–1972, Präsident 1945–1953) gab daraufhin sein Einverständnis, die neu entwickelte Atombombe einzusetzen. Am 6. und 9. August 1945 wurden die ersten Bomben über Hiroshima und Nagasaki abgeworfen. Innerhalb von Minuten waren beide Städte fast völlig zerstört und über 100 000 Menschen sofort tot; viele weitere sollten den Langzeitwirkungen zum Opfer fallen. Am 2. September 1945 kapitulierte die japanische Regierung.

9 Die Vernichtung der deutschen und europäischen Juden

| „Lebensraumpolitik" und Rassenkrieg |

Zentrales Ziel des vom nationalsozialistischen Deutschland entfesselten Zweiten Weltkrieges war die Eroberung von „Lebensraum" im Osten. Diese „Lebensraumpolitik" verband sich bei Hitler eng mit der Rassenpolitik. Der rassenpolitische Charakter dieses Krieges macht seine Einzigartigkeit aus – nicht allein das bis dahin unvorstellbare Ausmaß der Zerstörung von Menschenleben sowie die globale Ausdehnung des Krieges.

Der Rassenkrieg war ein Krieg nach innen und außen. Zu seinen ersten Opfern gehörten die körperlich, seelisch und geistig Behinderten in Deutschland. Gleich nach Kriegsbeginn prüften Ärztekommissionen sie auf ihre „Arbeitstauglichkeit". Wer nicht als arbeitsfähig galt, wurde in als „Heil- und Pflegeheime" getarnten Vernichtungsanstalten ermordet – mitten in Deutschland (siehe S. 271). Die Vergasung der schwächsten und hilflosesten Mitglieder der Gesellschaft, die so genannte **„Euthanasie"**, war eine im nationalsozialistischen Sinne konsequente Folge der Rassenhygiene. Doch dagegen regte sich bei der deutschen Bevölkerung Widerstand, vor allem bei den Angehörigen der Ermordeten und bei den Kirchen. Die Vergasungsaktionen wurden deshalb offiziell eingestellt, doch starben weiterhin viele Behinderte an von Ärzten verabreichten Giftspritzen. Insgesamt wurden während des Krieges etwa 200 000 Behinderte getötet. Seit 1943 erfasste die systematische Vernichtung auch die als „rassisch minderwertig" eingestuften „Zigeuner", d. h. die **Sinti** und **Roma**. Mindestens 20 000, vielleicht sogar 40 000 von ihnen wurden nach Auschwitz transportiert und dort von der SS ermordet (B 15, M 33).

Die Systematisierung des Rassenkrieges erreichte mit der **Vernichtung der jüdischen Bevölkerung** ihren mörderischen Höhepunkt (M 29). Zuerst wurden die Juden in Gettos zusammengetrieben – später wurden sie planmäßig in die Vernichtungslager im Osten Europas deportiert. Etwa 6 Mio. Juden wurden umgebracht: durch Hungerrationen, durch Exekution, durch Gas – allein in Auschwitz etwa eine Million Menschen (B 14). An dieser Tötung haben in Deutschland und in Europa Hunderttausende mitgewirkt: als Ärzte, als Polizisten, als Eisenbahner, als Hersteller und Lieferanten von Giftgas, als Soldaten, als SS-Lagerpersonal. Nur wenige haben protestiert.

Die Vernichtung der deutschen und europäischen Juden war ein geplanter und systematisch durchgeführter Völkermord (M 31). Er schloss alle Juden vom Säugling bis zu den Alten ein. Und er richtete sich nicht nur gegen die Juden im eigenen Lande, sondern gegen alle in Europa lebenden Juden. Aus allen von deutschen Truppen eroberten und besetzten Gebieten wurden sie zusammengetrieben, deportiert und in die Konzentrations- und Vernichtungslager gebracht (M 32).

| „Territoriale Endlösung" |

Das Schicksal der deutschen und europäischen Juden war aufs engste mit dem Verlauf des Zweiten Weltkrieges verbunden. Vom Überfall auf Polen 1939 bis zum Stocken des deutschen Vormarsches an der russischen Front 1941 verfolgten die Nationalsozialisten verschiedene Pläne zur Deportation der Juden aus Deutschland und den eroberten Gebieten. Zunächst planten die NS-Machthaber die Zwangsumsiedlung der Juden nach Polen, wo sie in Gettos nach dem Muster von Warschau, Lodz und Lublin zusammengefasst und isoliert werden sollten. Nach dem Sieg über Frankreich 1940 schlug der Chef des Reichssicherheitshauptamtes, Heydrich, eine „territoriale Endlösung der Judenfrage", den so genannten **„Madagaskar-Plan"**, vor: Heydrich wollte die Juden auf die Insel Madagaskar im Indischen Ozean umsiedeln, die Frankreich an Deutschland abtreten und die der Reichsführer SS verwalten sollte. Das hätte die Schaffung eines Großgettos unter nationalsozialistischer Herrschaft bedeu-

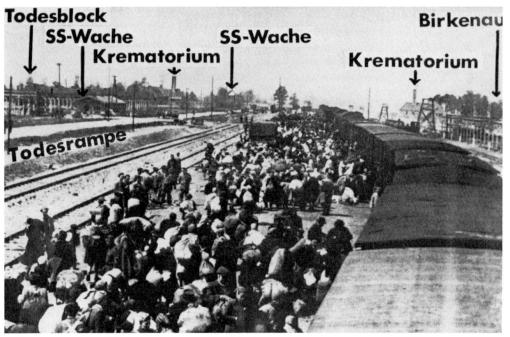

B 14 Ankunft eines Deportationszuges aus Ungarn in Auschwitz, Frühjahr 1944, Fotografie

tet. Doch dieses Vorhaben zerschlug sich mit dem Überfall auf die Sowjetunion 1941, der Millionen von Juden in die deutsche Machtsphäre brachte. Zwar überlegte der NS-Staat zeitweilig, die Juden nach Sibirien umzusiedeln. Aber die Ausweitung der deutschen Herrschaft in Europa machte schon allein wegen der völlig neuen quantitativen Dimension alle Umsiedlungsprojekte zunichte.

| Beginn des Völkermords | Am 30. Januar 1939 hatte Hitler in prophetischen Worten vor dem Reichstag davon gesprochen, dass ein künftiger Krieg die „Vernichtung der jüdischen Rasse in Europa" zur Folge haben werde. Tatsächlich war mit dem Übergang vom außenpolitischen Aggressionskurs zum Weltkrieg eine Eskalation von Gewalt und Terror verbunden, die dem Völkermord an den Juden den Weg ebnete. Schon während der Eroberung Polens hatten SS-Einsatzgruppen hinter den Linien Massenerschießungen mit dem Ziel der Ausrottung der Juden begonnen. Den Gräueltaten dieser „Truppe des Weltanschauungskrieges" fielen in den ersten sechs Kriegswochen etwa 5000 Juden zum Opfer. Diese Praxis der „möglichst restlosen Beseitigung des Judentums", wie es in einem mündlichen Befehl Heydrichs an die Einsatzgruppen hieß, wurde beim Krieg gegen die Sowjetunion wieder aufgenommen und verschärft. Die Tötungsaktionen wurden in der Hauptsache von der SS durchgeführt. Doch waren auch andere Institutionen am Massenmord beteiligt. Hierzu gehörten z. B. die so genannten „**Reserve-Polizeibataillone**". Sie rekrutierten sich aus Männern, die zu alt für den Dienst in der Wehrmacht waren und aus allen Bevölkerungsschichten kamen – also aus „ganz normalen Männern", die keineswegs immer zu den engagierten Anhängern des Nationalsozialismus zählten. Hinzu traten bei den Vernichtungsaktionen weitere zivile und militärische Stellen sowie verbündete Truppen, besonders aus Weißrussland und Rumänien, die entsetzliche Massaker

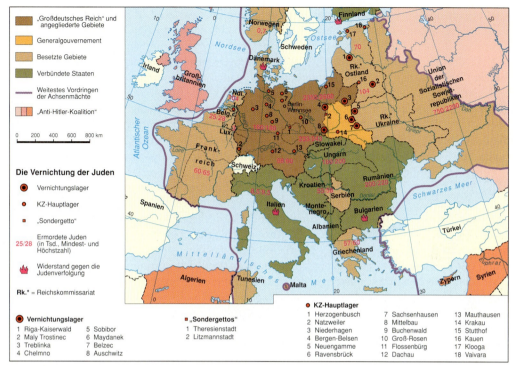

Karte 2 Die Vernichtung der europäischen Juden durch die Nationalsozialisten 1939–1945

— *Untersuchen Sie, welche Länder am stärksten von der Judenvernichtung betroffen waren.*
— *Erklären Sie den Umfang der Judenvernichtung in den einzelnen Ländern aus dem Kriegsverlauf und der Ideologie der Nationalsozialisten.*

anrichteten. Von den insgesamt 4,7 Mio. Juden, die im Sommer 1941 auf dem Territorium der Sowjetunion lebten, verloren bis zum Ende des Jahres 1942 2,2 Mio., also fast die Hälfte, bei diesen Terror- und Vernichtungsmaßnahmen ihr Leben.

Wannsee-Konferenz Januar 1942

Bis zum Sommer/Herbst 1941 kann man noch nicht von einem „planmäßigen" Vorgehen gegen die Juden sprechen. Die unterschiedlichsten Maßnahmen liefen unkoordiniert nebeneinander her: Deportationen, Umsiedlungen, Arbeitslager, Gettoisierung und Massenerschießungen. Zur besseren Organisation der Judenverfolgung beauftragte Göring am 31. Juli 1941 Heydrich im Namen des „Führers" mit den „Vorbereitungen für eine Gesamtlösung der Judenfrage im deutschen Einflussbereich in Europa". Auf Einladung Heydrichs trafen sich dann am 20. Januar 1942 die Staatssekretäre der betroffenen Stellen (Partei- und Reichskanzlei, Innen-, Justiz- und Ostministerium, Auswärtiges Amt, Organisation des Vierjahresplans und das Amt des Generalgouverneurs), um die weiteren Maßnahmen zu beraten. Die Besprechungen dieser „Wannsee-Konferenz" (M 30) führten zu dem Beschluss die Juden in ganz Europa zunächst als Arbeitskräfte optimal auszubeuten und sie anschließend zu ermorden. Der Völkermord an den Juden war bereits vor der Wannsee-Konferenz in vollem Gange. Im Juni 1941 hatte Himmler dem Kommandanten des Konzentrationslagers Auschwitz befohlen, große, im „Euthanasie"-Programm erprobte Vergasungsanlagen zu besorgen, und im Herbst

1941 begann dort die physische Vernichtung der Juden Europas (B 14, M 31a). Nach Auschwitz-Birkenau folgten im Frühjahr/Sommer 1942 die Vernichtungslager Belzec, Sobibor und Treblinka und im Oktober 1942 wurde das KZ Majdanek mit einer Vergasungsanlage ausgestattet (Karte 2). Zu den Lagern, in denen jüdisches Leben technisch-fabrikmäßig vernichtet wurde, gehörte zudem Chelmno. Die Wannsee-Konferenz schuf jedoch erst die organisatorischen Voraussetzungen für diesen unvorstellbaren Massenmord, indem sie die Bürokratie auf die bevorstehende „Endlösung" einschwor. Sie koordinierte die Maßnahmen der zuständigen Ministerien und der obersten Reichsbehörden und stellte so deren reibungsloses Zusammenspiel sicher. Da man bei diesem verbrecherischen Vorhaben das Licht der Öffentlichkeit scheute, wurden alle Vorbereitungs- und Vernichtungsaktionen unter striktem Stillschweigen durchgeführt (M 31b).

Ursachen des Völkermords Welche Bedeutung die NS-Führung ihrem rassenideologisch begründeten Mordprogramm beimaß, zeigt sich nicht zuletzt daran, dass sie durch den Abzug von Transportkapazitäten für die Vernichtungslager sogar militärische Nachteile in Kauf nahm. Die Verwirklichung der **Rassenideologie** besaß gegen Kriegsende oberste Priorität vor militärischen Notwendigkeiten. Ohne den antisemitischen Rassenwahn Hitlers und seiner Gefolgsleute wäre es nicht zum Völkermord an den Juden gekommen.
Aber auch andere Faktoren müssen bei der Erklärung dieses Verbrechens mit herangezogen werden: Die Nationalsozialisten hatten seit ihrer Machtübernahme systematisch den Rechtsstaat ausgehöhlt und einen wirkungsvollen Apparat aufgebaut, der zur Überwachung der Bevölkerung sowie zur Unterdrückung und Verfolgung ihrer politischen Gegner wie der „rassisch minderwertigen" Bevölkerungsteile diente. Polizei, Gestapo und SS bildeten die Grundpfeiler dieses Systems. Von Anfang an indoktrinierten die Nationalsozialisten die Menschen mit rassischen Feindbildern, die die Juden und andere Gruppen bewusst aus der „Volksgemeinschaft" ausgrenzten. Diese Propaganda sowie der **Terror** von SA, Gestapo und SS zerstörten immer stärker das soziale Gefühl des Füreinander und damit solidarisches Denken und Handeln. Auch die Konkurrenz zwischen den unterschiedlichen Staats- und Parteiorganen trug entscheidend zur Radikalisierung der Judenverfolgung bei. Keiner der **großen und kleinen Entscheidungsträger** in den verschiedenen Organisationen des NS-Staates wollte sich bei der Erfüllung des „Führerwillens" von anderen übertreffen lassen, weil dies Machtzuwachs oder andere Vorteile bedeuten konnte. Der Völkermord an den Juden endete erst mit dem Selbstmord Hitlers und der bedingungslosen Kapitulation des nationalsozialistischen Deutschlands im Mai 1945.

M29 Der Politikwissenschaftler Alfred Grosser über die unterschiedlichen Begriffe, mit denen der Völkermord an den Juden bezeichnet wird, 1993
Lange Zeit sprach man von der „Endlösung" und nahm dabei einen von den für die „Judenfrage" verantwortlichen Nationalsozialisten gebrauchten Terminus auf. Dann kam das Wort „Holocaust" in Mode, ein griechischer Begriff, der den Vorteil hatte, eine Einzigartigkeit zu suggerieren. Sein Gebrauch beruht auf einer Sinnentstellung. In der Bibel stellt der Holocaust ein vollkommenes Brandopfer dar; der Opfernde war allerdings ein Priester, das Opfer war Gott geweiht und es war vollkommen, weil das ganze Opfertier verbrannt und kein Teil für den Priester oder den Opfernden zurückbehalten wurde. Die Verwendung des Begriffs „Shoah" entspringt dem Bedürfnis, ein hebräisches Wort zu gebrauchen, das die Einzigartigkeit des Geschehens zum Ausdruck bringt. Die Wortwurzel bedeutet Nichtexistenz, das Nichts, und in der Bibel, namentlich im Buch Hiob (III, 1), entspricht es der Idee der Verheerung, absoluter Leere, totaler Zerstörung.
(Alfred Grosser, Verbrechen und Erinnerung. Der Genozid im Gedächtnis der Völker, bsv, München 1993, S. 45)

1 *Diskutieren Sie die Vorzüge und Nachteile der zur Kennzeichnung der Judenvernichtung verwendeten Begriffe.*

M30 Aus dem Protokoll der „Wannsee-Konferenz" zur „Endlösung der Judenfrage" vom 20. Januar 1942

An Stelle der Auswanderung ist nunmehr als weitere Lösungsmöglichkeit nach entsprechender vorheriger Genehmigung durch den Führer die Evakuierung der Juden nach dem Osten getreten. Diese Aktionen sind jedoch lediglich als Ausweichmöglichkeiten anzusprechen, doch werden hier bereits jene praktischen Erfahrungen gesammelt, die im Hinblick auf die kommende Endlösung der Judenfrage von wichtiger Bedeutung sind.
Im Zuge dieser Endlösung der europäischen Judenfrage kommen rund 11 Millionen Juden in Betracht. [...]
Unter entsprechender Leitung sollen im Zuge der Endlösung die Juden in geeigneter Weise im Osten zum Arbeitseinsatz kommen. In großen Arbeitskolonnen, unter Trennung der Geschlechter, werden die arbeitsfähigen Juden Straßen bauend in diese Gebiete geführt, wobei zweifellos ein Großteil durch natürliche Verminderung ausfallen wird. Der allfällig endlich verbleibende Restbestand wird, da es sich bei diesen zweifellos um den widerstandsfähigsten Teil handelt, entsprechend behandelt werden müssen, da dieser, eine natürliche Auslese darstellend, bei Freilassung als Keimzelle eines neuen jüdischen Aufbaues anzusprechen ist. (Siehe die Erfahrung der Geschichte.)
Im Zuge der praktischen Durchführung der Endlösung wird Europa von Westen nach Osten durchgekämmt. Das Reichsgebiet, einschließlich Protektorat Böhmen und Mähren, wird allein schon aus Gründen der Wohnungsfrage und sonstiger sozialpolitischer Notwendigkeiten vorweggenommen werden müssen.
(Léon Poliakov/Josef Wulf [Hg.], Das Dritte Reich und die Juden, Ullstein, Berlin 1955, S. 119 ff.)

1 *Arbeiten Sie die Kernaussagen des Dokuments heraus.*
2 *Analysieren Sie Sprache und Stil des Protokolls in M 30.*
3 *Beurteilen Sie den historischen Stellenwert des Protokolls.*

M31 Der Völkermord

a) Rudolf Höß, der Kommandant von Auschwitz, beschreibt nach 1945 seine Tätigkeit

4. Massenhinrichtungen durch Vergasung begannen im Laufe des Sommers 1941 und dauerten bis zum Herbst 1944. Ich beaufsichtigte persönlich die Hinrichtungen in Auschwitz bis zum 1. Dezember 1943 und weiß auf Grund meines laufenden Dienstes in der Überwachung der Konzentrationslager WVHA, dass diese Massenhinrichtungen wie vorerwähnt sich abwickelten. Alle Massenhinrichtungen durch Vergasung fanden unter dem direkten Befehl, unter der Aufsicht und Verantwortlichkeit der RSHA statt. Ich erhielt unmittelbar von der RSHA alle Befehle zur Ausführung dieser Massenhinrichtungen. [...]
6. Die „Endlösung" der jüdischen Frage bedeutete die vollständige Ausrottung aller Juden in Europa. Ich hatte den Befehl, Ausrottungserleichterungen in Auschwitz im Juni 1942 zu schaffen. Zu jener Zeit bestanden schon drei weitere Vernichtungslager im Generalgouvernement: Belzec, Treblinka und Wolzek. Diese Lager befanden sich unter dem Einsatzkommando der Sicherheitspolizei und des SD. Ich besuchte Treblinka, um festzustellen, wie die Vernichtungen ausgeführt wurden. Der Lagerkommandant von Treblinka sagte mir, dass er 80 000 im Laufe eines halben Jahres liquidiert hätte. Er hatte hauptsächlich mit der Liquidierung aller Juden aus dem Warschauer Getto zu tun. Er wandte Monoxid-Gas an und nach seiner Ansicht waren seine Methoden nicht sehr wirksam. Als ich das Vernichtungsgebäude in Auschwitz errichtete, gebrauchte ich also Zyclon B, eine kristallisierte Blausäure, die wir in die Todeskammer durch eine kleine Öffnung einwarfen. Es dauerte 3 bis 15 Minuten, je nach den klimatischen Verhältnissen, um die Menschen in der Todeskammer zu töten. Wir wussten, wann die Menschen tot waren, weil ihr Kreischen aufhörte. Wir warteten gewöhnlich eine halbe Stunde, bevor wir die Türen öffneten und die Leichen entfernten. Nachdem die Leichen fortgebracht waren, nahmen unsere Sonderkommandos die Ringe ab und zogen das Gold aus den Zähnen der Körper.
7. Eine andere Verbesserung gegenüber Treblinka war, dass wir Gaskammern bauten, die 2000 Menschen auf einmal fassen konnten, während die 10 Gaskammern in Treblinka nur je 200 Menschen fassten. Die Art und Weise, wie wir unsere Opfer auswählten, war folgendermaßen: Zwei SS-Ärzte waren in Auschwitz tätig, um die einlaufenden Gefangenentransporte zu untersuchen. Die Gefangenen mussten bei einem der Ärzte vorbeigehen, der bei ihrem Vorbeimarsch durch Zeichen die Entscheidung fällte. Diejenigen, die zur Arbeit taugten, wurden ins Lager geschickt. Andere wurden sofort in die Vernichtungsanlagen geschickt. Kinder im zarten Alter wurden unterschiedslos vernichtet, da auf Grund ihrer Jugend sie unfähig waren zu arbeiten. Noch eine andere Verbesserung, die wir gegenüber Treblinka machten, war diejeni-

ge, dass in Treblinka die Opfer fast immer wussten, dass sie vernichtet werden sollten, während in Auschwitz wir uns bemühten, die Opfer zum Narren zu halten, indem sie glaubten, dass sie ein Entlausungsverfahren durchzumachen hätten. Natürlich erkannten sie auch häufig unsere wahren Absichten und wir hatten deswegen manchmal Aufruhr und Schwierigkeiten. Sehr häufig wollten Frauen ihre Kinder unter den Kleidern verbergen, aber wenn wir sie fanden, wurden die Kinder natürlich zur Vernichtung hineingesandt. Wir sollten diese Vernichtungen im Geheimen ausführen, aber der faule und Übelkeit erregende Gestank, der von der ununterbrochenen Körperverbrennung ausging, durchdrang die ganze Gegend, und alle Leute, die in den umliegenden Gemeinden lebten, wussten, dass in Auschwitz Vernichtungen im Gange waren.
8. Von Zeit zu Zeit kamen Sondergefangene an aus dem örtlichen Gestapo-Büro. Die SS-Ärzte töteten solche Gefangene durch Benzin-Einspritzungen. Die Ärzte hatten Anweisung, gewöhnliche Sterbeurkunden auszustellen, und konnten irgendeine Todesursache ganz nach Belieben angeben.
9. Von Zeit zu Zeit führten wir medizinische Experimente an weiblichen Insassen aus, zu denen Sterilisierung und den Krebs betreffende Experimente gehörten. Die meisten dieser Menschen, die unter diesen Experimenten starben, waren schon durch die Gestapo zum Tode verurteilt worden.
(Léon Poliakov/Josef Wulf [Hg.], Das Dritte Reich und die Juden, Ullstein, Berlin 1955, S. 127 ff.)

1 *Untersuchen Sie Ziel und Verhalten des Kommandanten von Auschwitz.*
2 *Erörtern Sie die Methoden des Massenmords an den Juden.*
3 *Nehmen Sie Stellung zur Duldsamkeit der Opfer, wie sie in M 31 dargestellt wird.*

b) Heinrich Himmler zur Forderung „Die Juden müssen ausgerottet werden" vor Reichs- und Gauleitern in Posen am 6. Oktober 1943

Ich bitte Sie, das, was ich Ihnen in diesem Kreise sage, wirklich nur zu hören und nie darüber zu sprechen. Es trat an uns die Frage heran: Wie ist es mit den Frauen und Kindern? – Ich habe mich entschlossen, auch hier eine ganz klare Lösung zu finden. Ich hielt mich nämlich nicht für berechtigt, die Männer auszurotten – sprich also umzubringen oder umbringen zu lassen – und die Rächer in Gestalt der Kinder für unsere Söhne und Enkel groß werden zu lassen. Es musste der schwere Entschluss gefasst werden, dieses Volk von der Erde verschwinden zu lassen. Für die Organisation, die den Auftrag durchführen musste, war es der schwerste, den wir bisher hatten. Er ist durchgeführt worden, ohne dass – wie ich glaube sagen zu können – unsere Männer und unsere Führer einen Schaden an Geist und Seele erlitten hätten. […] Damit möchte ich die Judenfrage abschließen. Sie wissen nun Bescheid und Sie behalten es für sich. Man wird vielleicht in ganz später Zeit einmal überlegen können, ob man dem deutschen Volke etwas mehr darüber sagt. Ich glaube, es ist besser, wir – wir insgesamt – haben das für unser Volk getragen, haben die Verantwortung auf uns genommen (die Verantwortung für eine Tat, nicht nur für eine Idee) und nehmen dann das Geheimnis mit in unser Grab.
(Bradley F. Smith/Agnes F. Peterson [Hg.], Heinrich Himmler. Geheimreden 1933 bis 1945, Propyläen-Verlag, Frankfurt/Main u. a. 1974, S. 169 ff.)

1 *Erörtern Sie die Gründe dafür, dass Himmler das Vernichtungsprogramm einerseits als „Ruhmesblatt" bezeichnete, andererseits ewiges Stillschweigen darüber verhängte.*

M32 **Chronik der nationalsozialistischen Judenverfolgung und -vernichtung 1933–1945**

1933
Boykott jüdischer Geschäfte, Rechtsanwalts-, Arztpraxen (1. April);
Gesetz „zur Wiederherstellung des Berufsbeamtentums": jüdische Beamte (Ausnahme: Kriegsteilnehmer) in den Ruhestand versetzt (7. April);
Verbot des rituellen Schächtens (24. April).

1935
„Nürnberger Gesetze" (15. Sept.): Juden können keinen Reichsbürgerstatus erwerben, sie werden zu „Staatsangehörigen" herabgestuft; Verbot „rassischer Mischehen" und des „außerehelichen Verkehrs zwischen Juden und Staatsangehörigen deutschen oder ‚artverwandten' Blutes"; Entlassung aller Juden aus dem öffentlichen Dienst.

1938
Pflicht zur Angabe des jüdischen Vermögens über 5000 RM (26. April);
Kennzeichnung jüdischer Gewerbebetriebe (14. Juni);
Entzug der Zulassung für jüdische Ärzte und Rechtsanwälte (25. Juli bzw. 27. Sept.);
Zwangsvornamen „Sara" und „Israel" für weibliche bzw. männliche Juden (17. Aug.);
Ausweisung von mehr als 15 000 „staatenlosen" Juden nach Polen (Okt.);

Pogrom („Reichskristallnacht"): von NSDAP/SA initiiert und durchgeführt, den deutschen Juden wird eine „Sühneleistung" in Höhe von einer Milliarde RM auferlegt, Verhaftung von etwa 26 000 männlichen Juden und deren vorübergehende Einweisung in KZ (9./10./11. Nov.);
endgültige Verdrängung der Juden aus dem Wirtschaftsleben durch „Arisierung" ihrer Betriebe; Verbot des Besuchs „nicht jüdischer" Schulen für jüdische Schüler (Nov.);
Einschränkung der allgemeinen Bewegungsfreiheit für jüdische Deutsche, z. B. Ausgangssperre, Verbot des Theater- und Kinobesuchs, Führerscheinentzug (Dez.).

1939
Zwangsarbeit für Juden, vor allem in der Rüstungsindustrie (ab Sept. 1939).

1940
Beginn der Deportationen einzelner Juden aus Österreich und Deutschland nach Polen (Febr.); Gettoisierung polnischer Juden bzw. deren Verbringung in Arbeitslager.

1941
„Ermächtigung" des SS-Obergruppenführers Heydrich zur „Endlösung der Judenfrage" (31. Juli); Pflicht zum Tragen des „Judensterns" in Deutschland (1. Sept.);
Auswanderungsverbot für jüdische Deutsche (1. Okt.);
allgemeine Deportation der jüdischen Bevölkerung aus Deutschland (14. Okt.).

1942
„Wannsee-Konferenz" (20. Jan.): Festlegung des Vernichtungsplans;
Abtransport aller europäischen Juden nach Osten (Vernichtungslager Auschwitz, Chelmno, Belzec, Sobibor, Treblinka).

1942–1945
Systematische Vernichtung der meisten europäischen Juden: nach gesicherten Berechnungen zwischen 5,29 und knapp über 6 Mio.

1 *Erklären Sie die besondere Verantwortung, die der deutschen Bevölkerung aus dem Völkermord an den Juden erwächst.*

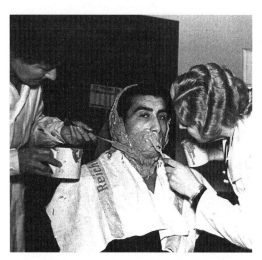

B 15 Um ihre pseudowissenschaftlichen Theorien zu veranschaulichen, stellten „Rasseforscher" Kopfmodelle von Sinti und Roma her, Fotografie um 1937

M33 Verfolgung der Sinti und Roma im von Deutschen besetzten Serbien
Aus einem Rundschreiben des Bevollmächtigten Kommandierenden Generals von Serbien, Dr. Harald Turner, vom 26. Oktober 1941:
Grundsätzlich ist festzustellen, dass Juden und Zigeuner ganz allgemein ein Element der Unsicherheit und damit der Gefährdung der öffentlichen Ordnung und Sicherheit darstellen. Es ist der jüdische Intellekt, der diesen Krieg heraufbeschworen hat und der vernichtet werden muss. Der Zigeuner kann aufgrund seiner inneren und äußeren Konstruktion kein brauchbares Mitglied einer Völkergemeinschaft sein. Es ist festgestellt worden, dass das jüdische Element an der Führung der Banden erheblich beteiligt und gerade Zigeuner für besondere Grausamkeiten und den Nachrichtendienst verantwortlich sind. Es sind deshalb grundsätzlich in jedem Fall alle jüdischen Männer und alle männlichen Zigeuner als Geisel der Truppe zur Verfügung zu stellen.
Turner meldete am 29. August 1942, dass „Serbien das einzige Land [ist], in dem die Judenfrage und Zigeunerfrage gelöst" sei.
(Nürnberger Dokumente, NOKW – 905)

1 *Untersuchen Sie am Beispiel der Sinti und Roma (B 15, M 33) Merkmale und Strukturen des nationalsozialistischen Rassismus.*

Schriftliche Quellen im Abitur – Probeklausur

Um Sie mit dem schriftlichen Abitur vertraut zu machen, drucken wir auf dieser Methodenseite eine Probeklausur ab, die den Anforderungen an eine Abiturklausur im Grundkurs Geschichte entspricht, und geben Ihnen auf der gegenüberliegenden Seite Hinweise zur Bearbeitung.

Am 14. April 1939 warnt der amerikanische Präsident Roosevelt öffentlich vor einem großen Krieg und fordert zu einer friedlichen Konfliktlösung auf. Am 28. April 1939 antwortet Adolf Hitler vor dem eigens einberufenen Reichstag in einer zweieinhalbstündigen Rede dem amerikanischen Präsidenten:

Ich darf noch einmal feststellen, dass ich erstens keinen Krieg geführt habe, dass ich zweitens seit Jahren meinem Abscheu vor einem Krieg und allerdings auch meinem Abscheu vor einer Kriegshetze
5 Ausdruck verleihe, und dass ich drittens nicht wüsste, für welchen Zweck ich überhaupt einen Krieg führen sollte. Ich wäre Herrn Roosevelt dankbar, wenn er mir darüber Auskunft geben wollte. [...]
Ich habe das Chaos in Deutschland überwunden,
10 die Ordnung wiederhergestellt, die Produktion auf allen Gebieten unserer nationalen Wirtschaft ungeheuer gehoben, durch äußerste Anstrengungen für die zahlreichen uns fehlenden Stoffe Ersatz geschaffen, neuen Erfindungen die Wege geebnet,
15 das Verkehrsleben entwickelt, gewaltige Straßen in Bau gegeben. Ich habe Kanäle graben lassen, riesenhafte neue Fabriken ins Leben gerufen und mich dabei bemüht, auch den Zwecken der sozialen Gemeinschaftsentwicklung, der Bildung und
20 der Kultur meines Volkes zu dienen.
Es ist mir gelungen, die uns alle so zu Herzen gehenden 7 Mio. Erwerbslosen restlos wieder in nützliche Produktionen einzubauen, [...] den deutschen Handel wieder zur Blüte zu bringen und den
25 Verkehr auf das Gewaltigste zu fördern. Um Bedrohungen durch eine andere Welt vorzubeugen, habe ich das deutsche Volk nicht nur politisch geeint, sondern auch militärisch aufgerüstet und ich habe weiter versucht, jenen Vertrag Blatt um Blatt zu be-
30 seitigen, der in seinen 448 Artikeln die gemeinste Vergewaltigung enthält, die jemals Völkern und Menschen zugemutet worden ist. Ich habe die uns 1919 geraubten Provinzen dem Reich wieder zurückgegeben, ich habe Millionen von uns weg-
35 gerissener tief unglücklicher Deutscher wieder in die Heimat geführt, ich habe die tausendjährige historische Einheit des deutschen Lebensraumes wiederhergestellt und ich habe, Herr Präsident, mich bemüht, dieses alles zu tun, ohne Blut zu vergießen und ohne meinem Volk oder anderen daher 40 das Leid des Krieges zuzufügen.
Ich habe dies, Herr Präsident, als ein noch vor 21 Jahren unbekannter Arbeiter und Soldat meines Volkes, aus meiner eigenen Kraft geschaffen und kann daher vor der Geschichte es in Anspruch neh- 45 men, zu jenen Menschen gerechnet zu werden, die das Höchste leisteten, was von einem Einzelnen billiger- und gerechterweise verlangt werden kann.
Sie, Herr Präsident, haben es demgegenüber unendlich leichter. [...] Sie haben das Glück, kaum 50 15 Menschen auf den Quadratkilometer Ihres Landes ernähren zu müssen. Ihnen stehen die unendlichsten Bodenreichtümer der Welt zur Verfügung. Sie können durch die Weite Ihres Raumes und die Fruchtbarkeit Ihrer Felder jedem einzelnen Ameri- 55 kaner das Zehnfache an Lebensgütern sichern, wie es in Deutschland möglich ist. Die Natur hat Ihnen dies jedenfalls gestattet. Obwohl die Zahl der Einwohner Ihres Landes kaum ein Drittel größer ist als die Zahl der Bewohner Großdeutschlands, steht Ih- 60 nen mehr als fünfzehnmal so viel Lebensfläche zur Verfügung.

1   Ordnen Sie die Rede in den außenpolitischen Zusammenhang der Jahre 1938/39 ein und zeigen Sie, welche Absicht Hitler mit seiner Rede verfolgt.
2   Nennen Sie rhetorisch-propagandistische Mittel, die Hitler in dieser Rede einsetzt. Belegen Sie diese aus dem Text.
3   Hitler spricht vor dem Reichstag. Erläutern Sie, wie sich die Bedeutung des Reichstags seit der Ernennung Hitlers zum Reichskanzler gewandelt hat.
4   a) Nehmen Sie zu den von Hitler behaupteten wirtschaftlichen Erfolgen Stellung.
   b) Zeigen Sie an zwei Beispielen, wie Hitler die Versailler Nachkriegsordnung „beseitigt" hat.
5   Erläutern Sie, was Hitler in dieser Rede unter „Lebensraum" versteht, und stellen Sie dar, welche Bedeutung diesem Begriff in Ideologie und Praxis des Nationalsozialismus zukommt.
6   Erklären Sie, warum das nationalsozialistische Regime in den Jahren nach 1933 bei der Mehrzahl der Deutschen auf Zustimmung stieß.

Vorbemerkung: Kopieren Sie die Quelle, bevor Sie mit der Arbeit beginnen. Sie können dann beim Lesen Wichtiges unterstreichen.

Zu Aufgabe 1: Bei dem Arbeitsauftrag „Ordnen Sie ein" sollen Sie aus Ihrem eigenen Wissen die Rede in den genannten zeitlichen Zusammenhang einbetten und dadurch verständlich machen. Grundlegend für den außenpolitischen Zusammenhang ist die thematische Einheit 7 zur Außenpolitik bis 1939, insbes. die Darstellung S. 279–283.

Zu Aufgabe 2: „Nennen Sie" ist ein einfacher Arbeitsauftrag, bei dem Sie einen Sachverhalt mit eigenen Worten, gedanklich zugespitzt und mit Zitatbelegen, vorstellen. Unterstreichen Sie die rhetorischen Mittel beim Lesen der Quelle mit Schlangenlinien; dann können Sie sie von normalen Unterstreichungen, die den Inhalt betreffen, auf den ersten Blick unterscheiden. Zur NS-Propaganda s. den Darstellungstext S. 260.

Zu Aufgabe 3: Der Auftrag „Erläutern Sie" verlangt von Ihnen, dass Sie einen Sachverhalt durch umfangreiche zusätzliche Informationen verständlich machen und mit Beispielen aus dem eigenen Wissen belegen. Um sich diese Informationen zu beschaffen, schauen Sie am besten im Register unter dem Stichwort „Reichstag" nach. Es wird Sie zu den folgenden Seiten führen: Die thematische Einheit 1 (S. 240 ff.) gibt im Darstellungstext einen Überblick über die Entmachtung des Reichstags im Zuge der Errichtung der Diktatur 1933/34; Material 4 und Bild 5 (S. 248) vertiefen die Darstellung.

Zu Aufgabe 4a: Bei dem Arbeitsauftrag „Nehmen Sie Stellung" sollen Behauptungen im Zusammenhang auf Richtigkeit und Stimmigkeit geprüft werden. Verschiedene Standpunkte sind aufzuführen und zu begründen, Argumente zu gewichten. Es sollen einmal die Maßstäbe der Epoche angelegt werden. Darüber hinaus – und vom „Beurteilen" abgesetzt – ist aber auch ein persönlicher Wertbezug herzustellen, bei dem Sie Toleranz und Pluralität wahren und ihre eigenen Wertmaßstäbe klarlegen und begründen müssen. – Für eine Stellungnahme zur NS-Wirtschaftspolitik finden Sie in den Einheiten 5 und 7 zahlreiche Materialien (S. 268 f., M 15 bis 17, zur wirtschaftlichen Lage verschiedener sozialer Gruppen; S. 284, M 26, zur Aufrüstung; ferner Darstellungen zum Vierjahresplan S. 280 und zur wirtschaftlichen Lage der deutschen Bevölkerung S. 264 f.).

Zu Aufgabe 4b: Der Auftrag „Zeigen Sie" entspricht ungefähr dem „Erläutern". Beispiele für die Beseitigung der Versailler Nachkriegsordnung finden sich in der für die gesamte Prüfungsaufgabe grundlegenden Einheit 7 (S. 279–285).

Zu Aufgabe 5: Im Zentrum dieser Aufgabe steht eine begriffsgeschichtliche Auseinandersetzung. Um die ideologische Bedeutung herauszuarbeiten, sollten Sie die Einheit 1, „Ideologische Grundlagen" (S. 240–244), durcharbeiten, insbesondere den Abschnitt „Lebensraumpolitik" mit M 2 (Hitler in „Mein Kampf" über Lebensraumpolitik). Zur praktischen Seite der so genannten Lebensraumpolitik gehören der Eroberungskrieg und die Besatzungspolitik in den eroberten Gebieten (Einheit 8, S. 286–290) sowie der Völkermord an den europäischen Juden (Einheit 9, S. 291–297).

Zu Aufgabe 6: „Erklären" bedeutet einen Sachverhalt durch eigenes Wissen in einen Zusammenhang (Theorie, Modell, Funktionszusammenhang, Regel usw.) einordnen und dadurch kausal (=begründend) herleiten. Warum so viele Gruppen der deutschen Bevölkerung das NS-Regime akzeptierten, hat mit der Zustimmung zu außenpolitischen Erfolgen zu tun, aber auch mit Erfahrungen im Alltag; s. Einheit 5 (Alltag und Frauen, S. 264–271) und 7 (Außenpolitik bis 1939, insbes. S. 279–283).

10 Widerstand gegen den Nationalsozialismus

Formen oppositionellen Verhaltens

Unter der Herrschaft des Nationalsozialismus gab es keinen einheitlichen und breiten politischen Widerstand gegen das Regime. Das lag vor allem daran, dass die Sicherheitsorgane des NS-Staates, besonders die Gestapo, durch frühzeitige Verhaftungswellen die Gegner des Nationalsozialismus ausschalten und so das Entstehen einer wirksamen Opposition verhindern konnten. Hinzu kam, dass dem Widerstand der Rückhalt in der Bevölkerung fehlte, weil die Politik Hitlers lange Zeit, bis zu den Niederlagen im Russlandfeldzug 1943, durchaus populär war. Der Widerstand gegen den Nationalsozialismus war daher ein **„Widerstand ohne Volk"**.

Der **politische Widerstand** war in viele unabhängige kleine Gruppen gespalten, die sich uneinig in ihrer Strategie waren, nicht voneinander wussten oder auf Grund tiefer weltanschaulicher Gegensätze nicht zu gemeinsamem Handeln finden konnten. Im Wesentlichen wurde die politische Opposition von Mitgliedern der verbotenen Linksparteien (KPD, SPD), aus den Gewerkschaften und aus den Kreisen der evangelischen und katholischen Kirche gebildet. Aber auch bürgerlich-konservative Kreise entschlossen sich zum Widerstand, als ihnen bewusst wurde, dass Hitler mit seiner Kriegspolitik Deutschland in die Katastrophe führte. Ab 1938 entwickelte sich überdies eine militärische Opposition. Angesichts der Verfolgung durch das NS-Regime und der immer länger dauernden Herrschaft der Nationalsozialisten kam es zwischen den verschiedenen Widerstandsgruppen zu Kontakten, bei denen Fragen der Zukunftsgestaltung nach dem Sturz des NS-Regimes eine zentrale Rolle spielten.

Unterhalb der Ebene des politischen Kampfes gab es noch bestimmte Formen der **gesellschaftlichen Verweigerung**, bei der einzelne Menschen oder Gruppen versuchten, das Eindringen von Nationalsozialisten in ihre beruflichen Bereiche (Militär, Kirche, Bürokratie) zu verhindern. Eine andere Möglichkeit der Verweigerung bestand im Festhalten an dem hergebrachten Brauchtum, um so ein Zeichen gegen die Nationalsozialisten zu setzen.

Die Ablehnung der nationalsozialistischen Ideologie konnte sich darüber hinaus in vielfältigen Formen **nonkonformistischen Verhaltens** ausdrücken. Das Spektrum reichte von der Verweigerung des Hitlergrußes bis zur Nichtteilnahme an offiziell angesetzten NS-Feiern und NS-Kundgebungen, vom Eintreten für christliche Prinzipien im Alltag bis zur Aufrechterhaltung des Kontaktes mit Juden. Auch die Hilfe für Verfolgte oder die Versorgung von ausländischen Zwangsarbeitern mit Lebensmitteln gehörte zu diesem Widerstand im Kleinen, der ebenso wie das Attentat auf Hitler manchmal mit dem Tode bestraft wurde (Schema 3).

Widerstand der Arbeiterbewegung

Aktiven politischen Widerstand leisteten die Kommunisten, Sozialdemokraten und Gewerkschaften durch den Aufbau von Untergrundorganisationen, die vor allem Gegeninformationen zur nationalsozialistischen Propaganda verbreiten sollten und Informationen über die NS-Herrschaft an das Ausland weiterleiteten. Solche Gruppen versuchten durch das Verteilen von heimlich hergestellten Flugblättern und durch den Aufbau von Betriebszellen in den Industriebetrieben den politischen Kampf zu organisieren. Sehr schnell wurden fast alle diese Gruppen von der Gestapo entdeckt und zerschlagen. Dieses Schicksal erlitten besonders die streng hierarchisch aufgebauten Untergrundgruppen der verbotenen KPD; es brachte deren Widerstand nach 1938 fast zum Erliegen. Die Arbeit dieser oppositionellen Zirkel musste sich, wie auch die Arbeit der Gewerkschaftsgruppen, immer stärker auf interne Schulung und die Weitergabe von Informationen beschränken. Der von Sozialdemokraten getragene Widerstand konzentrierte sich zunächst auf die Verbreitung von im Ausland gedruckten Flugblättern und Broschüren, mit denen die Leser über den Charakter des Regimes aufgeklärt werden sollten. Vertrauensleute sammelten Informationen für den Exilvorstand der SPD in Prag, der damit die Weltöffentlichkeit über das NS-Regime aufzuklären versuchte (M 34).

Kirchlicher Widerstand

Die Haltung der kirchlichen Amtsträger und – mehr noch – der aktiven Gemeindemitglieder zum Nationalsozialismus war uneinheitlich. Die evangelischen Landeskirchen spalteten sich bereits im Sommer 1933 in zwei Flügel. Die Mehrheit der Kirchenführer wünschte keinen dauerhaften Konflikt mit Staat und Partei. Sie öffneten die Kirche dem Einfluss der „Deutschen Christen", die Christentum und nationalsozialistische Weltanschauung zu verbinden suchten. Diejenigen Pfarrer und Gemeindemitglieder hingegen, die christliches Bekenntnis mit dem nationalsozialistischen Rassismus, mit kriegerischem Nationalismus und dem Führerkult als unvereinbar ansahen, fanden sich 1934 in der „Bekennenden Kirche" zusammen. Sie verteidigten die Autorität der Heiligen Schrift und den unverfälschten Glauben gegen den totalen Herrschaftsanspruch der Nationalsozialisten. Dabei traten besonders die Pfarrer Martin Niemöller (1892–1984) und Dietrich Bonhoeffer (1906–1945) hervor. Die Gestapo beobachtete häufig die Gottesdienste und verhaftete Pfarrer der „Bekennenden Kirche".

In den katholischen Kirchengemeinden entwickelte sich vor allem dann Opposition, wenn Staat oder Partei die Autonomie der Kirche bedrohten oder in das religiöse Leben eingriffen. So protestierte die katholische Kirche bei der erzwungenen Auflösung der katholischen Jugendverbände, die sich bis 1936 gegen die „Hitlerjugend" hatten behaupten können, oder anlässlich des Verbotes, Kreuze in Klassenräumen aufzuhängen. Grundlegenden politischen Widerstand, gegründet auf die Überzeugung, dass Nationalsozialismus und katholische Glaubenslehre unvereinbar seien, leisteten anfangs nur wenige. Erst der Massenmord an den Behinderten führte eine Wende herbei. Der **Widerspruch gegen die „Euthanasie"** durch den Münsteraner Bischof Clemens Graf von Galen (1878–1946) vom August 1941 auf katholischer und von evangelischer Seite durch Landesbischof Theophil Wurm (1868–1953) im Jahr 1940 bewirkte die Einstellung der Morde (M 35).

Bürgerlicher Widerstand

Der bürgerliche Widerstand gegen das NS-Regime rekrutierte sich aus zwei Gruppen. Im **„Kreisauer Kreis"**, benannt nach dem schlesischen Gut des Grafen Helmuth von Moltke (1907–1945), fanden sich hohe Offiziere, Diplomaten, Christen und Sozialdemokraten zusammen. Die Diskussionen dieses weltanschaulich breit gefächerten Gesprächskreises drehten sich um eine Staats- und Gesellschaftsordnung für Deutschland nach der erwarteten politisch-militärischen Niederlage des NS-Staates. Die nicht abgeschlossenen Debatten um die innenpolitische Neuordnung zielten auf eine eher ständisch orientierte Staatsordnung hin. Allerdings gab es auch Vertreter eines christlichen Sozialismus. Einig war man sich weitgehend im Bekenntnis zu rechtsstaatlichen Prinzipien und zur Einhaltung der Menschenwürde. Wenngleich einige „Kreisauer" glaubten, die von Hitler errungenen außenpolitischen Positionen (Österreich, Sudetengebiete) erhalten zu können, lehnte man doch Hegemonialstreben ab. Als Fernziel visierte man die Eingliederung Deutschlands in eine europäische Union an. Zum „Tyrannenmord", also zur Ermordung Hitlers, konnte sich der „Kreisauer Kreis" nicht durchringen.

Ähnlich wie Moltke in Kreisau sammelte der ehemalige Leipziger Oberbürgermeister Carl Goerdeler (1884–1945) Oppositionelle unterschiedlichster ideologischer und gesellschaftlicher Herkunft um sich. Ehemalige Führer der freien, der christlichen, der Angestelltengewerkschaften und der SPD waren in seinem Kreis ebenso vertreten wie Offiziere, Mitglieder der militärischen

B 16 Die Geschwister Hans und Sophie Scholl mit Christoph Probst aus der Münchener Widerstandsgruppe „Die weiße Rose", 1942, Fotografie. – Der Widerstand aus Studentenkreisen war gering. Die deutschen Studenten zählten größtenteils zu den Anhängern des NS-Staates.

Abwehr, der „Bekennenden Kirche" und der Polizei. Der **Goerdeler-Kreis** verfolgte das Ziel des Staatsstreiches mit Hilfe des Militärs und hielt daher engen Kontakt zum Widerstand im Auswärtigen Amt und zu hohen Militärs, wie dem 1938 von Hitler entlassenen General Ludwig Beck (1880–1944). Bei allen Meinungsverschiedenheiten gab es einen Minimalkonsens darüber, dass das zukünftige Deutschland ein Rechtsstaat sein müsse, in dem der Grundsatz der Sozialpflichtigkeit des Eigentums gelten sollte. Außenpolitisch strebte man ein großes und machtvolles Deutschland an, das unter den europäischen Mächten eine Führungsrolle spielen sollte.

| 20. Juli 1944: Attentat auf Hitler | Seit 1938 bildete sich innerhalb des Militärs ein Kreis von oppositionellen Offizieren, die den Kriegskurs Hitlers ablehnten. Diese Offiziere planten die Absetzung Hitlers, um dadurch Deutschlands Niederlage in einem kommenden Krieg zu verhindern. Angesichts der außenpolitischen und militärischen Erfolge Hitlers scheiterten die Pläne der militärischen Verschwörung mehrmals.

Unter dem Eindruck der drohenden militärischen Niederlage nach der Landung der Alliierten in Frankreich, den Einbrüchen an der Ostfront, den Verhaftungen im „Kreisauer Kreis" und der Fahndung nach Goerdeler entschloss sich **Claus Graf Schenk von Stauffenberg** (1907–1944) im Juli 1944 zum Attentat auf Hitler. Der Oberst hatte sich noch vor dem Krieg vom Nationalsozialismus abgewandt, dessen Politik mit seinem religiösen Humanismus nicht vereinbar war. Die Rettung Deutschlands vor Hitler betrachtete Stauffenberg als moralische Pflicht. Er hielt engen Kontakt zu Beck und Goerdeler, die nach erfolgreichem Attentat und Putsch eine deutsche Regierung bilden sollten (M 36).

Als Kommandeur des Ersatzheeres hatte Stauffenberg Zutritt zum Führerhauptquartier. Am 20. Juli 1944 wollte er im Führerbunker Hitler mit einer Zeitzünderbombe töten und dann in Berlin den Staatsstreich überwachen. Weil aber die Lagebesprechung vom Führerbunker in eine Baracke verlegt worden war, verpuffte die Wirkung der Bombe und Hitler überlebte den Anschlag. Als sich die Nachricht von Hitlers Überleben verbreitete, brach der wohl vorbereitete Staatsstreich in Berlin wie in allen Reichsteilen zusammen. Die an der Verschwörung beteiligten Personen wurden verhaftet und entweder standrechtlich oder nach Volksgerichtsurteilen hingerichtet. Im Zusammenhang mit dem Attentatsversuch wurden etwa 7000 Personen verhaftet, Tausende von Menschen hingerichtet, keiner der Hauptbeteiligten, kaum einer der Mitwisser überlebte.

| Andere Widerstandsaktionen | Mutigen Widerstand als Einzelner leistete der schwäbische Schreiner Georg Elser, der ohne Verbindung zu anderen Gruppen am 8. November 1939 versuchte, Hitler während der traditionellen Gedenkveranstaltung im Münchener Bürgerbräukeller durch eine Zeitbombe zu töten. Das Attentat misslang nur durch einen Zufall.
Auch – wenige – Studenten und Jugendliche leisteten Widerstand. Besonders im Rheinland bildeten sich spontan jugendliche Protestgruppen – ohne gemeinsames Programm, aber einig in der Gegnerschaft zum Nationalsozialismus. Aus diesen Gruppen fanden sich die **„Edelweißpiraten"** (B 17) zusammen, die als Erkennungszeichen ein Edelweiß trugen und sich zunächst nur durch ihr nonkonformistisches Verhalten von der „HJ" abgrenzen wollten. Einige der „Edelweißpiraten" schlossen sich in Köln Widerstandsgruppen an, verteilten Flugblätter oder beteiligten sich an Sabotageaktionen und Attentaten. An der Münchener Universität bildete sich um die Geschwister Hans (1918–1943) und Sophie Scholl (1921–1943) eine studentische Widerstandsgruppe, die sich **„Weiße Rose"** (B 16) nannte. Vom Sommer 1942 bis zum Februar 1943 verbreitete sie Flugblätter, in denen die Studenten zur Abkehr vom Nationalsozialismus aufgefordert wurden. Nach dem Abwurf ihrer letzten Flugschrift am 18. Februar 1943 wurde die Gruppe verhaftet und vom Volksgerichtshof zum Tode verurteilt.
In ihrem vorletzten Flugblatt hatte die „Weiße Rose" die Fundamente für das zukünftige Europa präzisiert: „Freiheit der Rede, Freiheit des Bekenntnisses, Schutz des einzelnen Bürgers vor der Willkür verbrecherischer Gewaltstaaten, das sind die Grundlagen des neuen Europa." Dieses kompromisslose Eintreten für Freiheit und Menschenrechte bildet das **Vermächtnis des Widerstandes** nicht nur der „Weißen Rose". Gleichzeitig machte der mutige Widerstand einzelner Menschen und Gruppen deutlich, dass es auch „das andere Deutschland" gab, das nicht bereit war, die NS-Diktatur einfach hinzunehmen. Unter Einsatz ihres Lebens kämpften diese Menschen für die moralischen und politischen Prinzipien der modernen bürgerlich-liberalen Zivilisation (M 37).

M34 Aus einem Gestapo-Bericht über kommunistischen und sozialdemokratischen Widerstand 1937

Im Jahre 1937 wurden wegen illegaler kommunistischer Betätigung 8068 Personen gegenüber 11687 Personen im Jahre 1936 festgenommen. Davon ist über ca. 50% im Jahre 1937 im Vergleich zu ca. 60% im Jahre 1936 Haftbefehl verhängt worden. Hierbei handelt es sich nicht in allen Fällen um Personen, die bis zu ihrer Festnahme illegal tätig waren, sondern ein großer Teil von ihnen ist erst neuerdings einer staatsfeindlichen Tätigkeit in früheren Jahren überführt worden.
Aufgetauchte kommunistische und marxistische Hetzschriften:
Es sind im Jahre 1937: 927 430 (1936: 1 643 200) Hetzschriften zur Verbreitung gelangt, wovon ca. 70% kommunistische Erzeugnisse sind.
Die Gesamtzahl setzt sich zusammen aus:
84 000 (1936: 222 000) getarnten Broschüren, 788 000 (1936: 1 234 000) anderen Schriften, die im Buchdruck, sowie aus 55 430 (1936: 187 200) Schriften, die im Abzugsverfahren hergestellt waren.
(Günther Weisenborn [Hg.], Der lautlose Aufstand, Rowohlt, Reinbek 1953, S. 135)

1 *Analysieren Sie diesen Bericht unter der Frage, welche Rückschlüsse er auf Umfang und Strategie der Widerstandsaktionen der beiden Parteien zulässt.*

M35 Landesbischof Theophil Wurm an Reichsinnenminister Wilhelm Frick in einem Brief vom 19. Juli 1940

Aber immerhin – bis heute steht der Führer und die Partei auf dem Boden des positiven Christentums, das die Barmherzigkeit gegen leidende Volksgenossen und ihre menschenwürdige Behandlung
5 als eine Selbstverständlichkeit betrachtet. Wird nun aber eine so ernste Sache wie die Fürsorge für hunderttausende leidende und pflegebedürftige Volksgenossen lediglich vom Gesichtspunkt des augenblicklichen Nutzens aus behandelt und im
10 Sinne einer brutalen Ausrottung dieser Volksgenossen entschieden, dann ist damit der Schlussstrich unter eine verhängnisvolle Entwicklung gezogen und dem Christentum als einer das individuelle und das Gemeinschaftsleben des deutschen Volkes
15 bestimmenden Lebensmacht endgültig der Abschied gegeben. Damit ist aber auch § 24 des Parteiprogrammes hinfällig geworden. Die Berufung darauf, dass nur das konfessionelle Christentum, nicht aber das Christentum als solches bekämpft
20 werde, verfängt hier nicht; denn alle Konfessionen sind darin einig, dass der Mensch oder das Volk die ihm durch das Vorhandensein pflegebedürftiger Menschen auferlegte Last als von Gott auferlegt und zu tragen hat und nicht durch Tötung dieser
25 Menschen beseitigen darf. Ich kann nur im Grausen daran denken, dass so, wie begonnen wurde, fortgefahren wird. Der etwaige Nutzen dieser Maßregel wird je länger je mehr aufgewogen werden durch den Schaden, den sie stiften werden.
30 Wenn die Jugend sieht, dass dem Staat das Leben nicht mehr heilig ist, welche Folgerungen wird sie daraus für das Privatleben ziehen? Kann nicht jedes Rohheitsverbrechen damit begründet werden, dass für den Betreffenden die Beseitigung eines an-
35 deren von Nutzen war? Auf dieser schiefen Ebene gibt es kein Halten mehr. Gott lässt sich nicht spotten, er kann das, was wir auf der einen Seite als Vorteil gewonnen zu haben glauben, auf anderen Seiten zum Schaden und Fluch werden lassen.
40 Entweder erkennt auch der nationalsozialistische Staat die Grenzen an, die ihm von Gott gesetzt sind, oder er begünstigt einen Sittenverfall, der auch den Verfall des Staates nach sich ziehen würde. Ich kann mir denken, Herr Minister, dass dieser
45 Einspruch als unbequem empfunden wird. Ich wage auch kaum die Hoffnung auszusprechen, dass meine Stimme gehört werden wird. Wenn ich trotzdem diese Darlegungen gemacht habe, so tat ich es in erster Linie deshalb, weil die Angehörigen
50 der betroffenen Volksgenossen von der Leitung einer Kirche einen solchen Schritt erwarten. Sodann bewegt mich allerdings auch der Gedanke, dass dieser Schritt vielleicht doch zu einer ernsten Nachprüfung und zum Verlassen dieses Weges Anlass geben könnte.
55 Dixi et salvavi animam meam!   Heil Hitler
                                                      Ihr ergebener
                                                      gez. Wurm

(Joachim Beckmann, Kirchliches Jahrbuch für die evang. Kirche in Deutschland 60–71, Bertelsmann, Gütersloh 1948, S. 414 f.)

1 *Untersuchen Sie die Begründung des Protestes gegen die Tötung von Behinderten.*
2 *Bestimmen Sie, ausgehend von M 35 und dem Darstellungstext, die Bedeutung des kirchlichen Widerstands gegen den Nationalsozialismus.*

B 17 „Einst wird kommen der Tag …", Flugblatt der „Edelweißpiraten", undatiert. – Das Blatt wurde vor allem im Ruhrgebiet und im Rheinland bis Herbst 1942 verbreitet.

— *Analysieren Sie Text und Symbolik des Flugblatts.*
— *Bereiten Sie, ausgehend von B 17 und dem Darstellungstext, ein Referat über den Widerstand der „Edelweißpiraten" vor.*

M36 Der Widerstand des „20. Juli 1944"

a) Aus einem Gestapo-Bericht über Stauffenbergs politische Pläne vom 2. August 1944
Verbindung zum Ausland
Die neuere Vernehmung des Hauptmanns Kaiser gibt eine Reihe von Hinweisen, dass Stauffenberg über Mittelsmänner zwei Verbindungen zur englischen Seite hatte. Den Zusammenhängen wird im Augenblick im Einzelnen nachgegangen. Bereits am 25. Mai hat Kaiser für Stauffenberg eine Notiz ausgearbeitet, worüber mit der Feindseite verhandelt werden sollte:
1. Sofortiges Einstellen des Luftkrieges
2. Aufgabe der Invasionspläne
3. Vermeiden weiterer Blutopfer
4. Dauernde Verteidigungsfähigkeit im Osten, Räumung aller besetzten Gebiete im Norden, Westen und Süden
5. Vermeiden jeder Besetzung
6. Freie Regierung, selbstständige, selbst gewählte Verfassung
7. Vollkommene Mitwirkung bei der Durchführung der Waffenstillstandsbedingungen, bei der Vorbereitung der Gestaltung des Friedens
8. Reichsgrenze von 1914 im Osten.
Erhaltung Österreichs und der Sudeten beim Reich.
Autonomie Elsass-Lothringens.
Gewinnung Tirols bis Bozen, Meran
9. Tatkräftiger Wiederaufbau mit Mitwirkung am Wiederaufbau Europas
10. Selbstabrechnung mit Verbrechern am Volk
11. Wiedergewinnung von Ehre, Selbstachtung und Achtung
(Gerhard Ritter, Carl Goerdeler und die deutsche Widerstandsbewegung, Deutsche Verlags-Anstalt, Stuttgart 1954, S. 609)

b) Der Historiker Ludolf Herbst zum deutschen Widerstand des 20. Juli 1944, 1996
[M]an darf ja nicht nur die Frage stellen, wogegen sich die Opposition wandte und wofür sie stritt, sondern muss umgekehrt auch fragen, wogegen sie sich nicht wandte und wofür sie nicht stritt. Dabei geht es nicht darum, die Vergangenheit in unhistorischer Weise an heutigen Normen und Vorstellungen zu messen, sondern darum, daran zu erinnern, dass Widerstand, der diesen Namen verdient, in einer abendländischen Tradition steht, die ohne die Rückbesinnung auf naturrechtliche Vorstellungen oder – wenn man noch weiter zurückgreifen will – auf göttliches Recht nicht auskommen kann. Zweifellos gab es im nationalsozialistischen Deutschland Widerstand im Sinne dieser Tradition, doch wird man skeptisch gegenüber allen Bemerkungen und Motivationen sein dürfen, die nicht deutlich erkennbar 1933 einsetzten, als gegenüber Kommunisten, Sozialdemokraten und Juden elementares Naturrecht verletzt wurde. Für große Teile des christlichen, sozialdemokratischen, gewerkschaftlichen und auch kommunistischen Widerstands trifft dieses Kriterium zweifellos zu. Bei jenen Kreisen, die den 20. Juli durchführten, bleibt Skepsis angebracht. Die Mehrzahl von ihnen begann als Parteigänger oder Sympathisant der Nationalsozialisten und nahm weder Anstoß an einem harten Durchgreifen gegen die Sozialdemokraten und Kommunisten noch gegen die Juden, auch wenn die Auswüchse keine Billigung fanden. [...]
Der 20. Juli 1944 schließlich war der Aufstand eines sehr privaten Gewissens; denn zu diesem Zeitpunkt hatte das nationalsozialistische Deutschland nahezu 10 Mio. Juden, Polen, Russen, Zigeuner, Behinderte und vermeintlich „Asoziale" getötet. Für sie wurde der Staatsstreich nicht geplant, auch wenn das Morden bei einem Gelingen beendet worden wäre und es als Motiv zum Handeln erhebliche Bedeutung besaß. Gewiss muss man bei der Beurteilung des Widerstandes die jeweils gegebenen Handlungsmöglichkeiten berücksichtigen. Das ethische Dilemma des Widerstandes, die Macht des Reiches zu bewahren und die Verbrechen zu beenden, mit denen sie erworben worden war, war durchaus auch ein objektives Dilemma. Die Erfolge lähmten nicht nur die Handlungsmöglichkeiten, sondern mussten auch bewahrt werden, sollte der Neuanfang nicht von vornherein mit dem Odium des Verzichts und der Niederlage belastet sein. Dieses Dilemma offenbart aber zugleich das Fehlen einer politischen Zielsetzung, die in der Lage gewesen wäre, den Gesichtspunkt der äußeren Macht zu kompensieren. Die im Widerstand engagierten „Honoratioren" besaßen sie nicht und politisch wäre sie – wie auch immer sie ausgesehen hätte –, auch kaum durchsetzbar gewesen, zu sehr hatte das nationalsozialistische Herrschaftssystem jede Alternative ad absurdum geführt. Daher war es nur konsequent, dass die ethische Orientierung der Träger des Widerstands erst zur Tat befähigte, als es nur noch darum gehen konnte, ein moralisches Zeichen zu setzen, und niemand mehr davon überzeugt war, dass die Machtstellung des Reichs noch zu bewahren war.
(Ludolf Herbst, Das nationalsozialistische Deutschland, Suhrkamp, Frankfurt/Main 1996, S. 447ff.)

1 *Analysieren Sie die Ziele Stauffenbergs (M 36a).*
2 *Erörtern Sie, ausgehend von den Zielen, die Motive Stauffenbergs für das Attentat auf Hitler.*

3 *Erläutern Sie die Position des Historikers Herbst (M 36b) zum Widerstand des 20. Juli 1944.*
4 *Arbeiten Sie aus M 36b die Wertmaßstäbe heraus, an denen der Autor sein Urteil über den NS-Widerstand misst.*
5 *Nehmen Sie Stellung zur Position von Herbst und diskutieren Sie sie im Kurs.*

M37 Der Historiker Richard Löwenthal über das Vermächtnis des Widerstands gegen den Nationalsozialismus, 1982

Es hat Widerstandsbewegungen gegen autoritäre Diktaturen gegeben, die zu ihrem revolutionären Sturz geführt haben, wie in einigen Ländern Lateinamerikas und in Griechenland – oder sogar zu ihrer
5 Abschaffung auf dem Wege der Reform, wie in Spanien nach Francos Tod. Während dies geschrieben wird, erleben wir, wie der von außen geschaffene polnische Einparteistaat, der schon seit langem unter dem Druck des Volkswiderstandes seinen tota-
10 litären Charakter verloren hatte, auf dem Wege der Reform auf sein Organisationsmonopol verzichtet und die Existenz autonomer gesellschaftlicher Organisationen anerkennt. Der deutsche Widerstand dagegen war immer die Leistung einer Viel-
15 zahl zersplitterter, wenn auch qualitativ und manchmal quantitativ bedeutender Minderheiten – niemals eine Massenbewegung mit umwälzender Wirkung. Die totalitäre Diktatur Hitlers, gleich der Mussolinis, hat sich so je länger, je mehr
20 verhärtet, bis die Niederlage im Weltkrieg ihrer Herrschaft ein Ende setzte. War der deutsche Widerstand also umsonst?

Natürlich nicht. Die Entschlossenheit der Träger des Widerstandes, dass sich die unkontrollierte
25 Herrschaft der aller moralischen Maßstäbe baren Führer einer fanatisierten Bewegung niemals auf deutschem Boden wiederholen dürfe, teilte sich unter dem Eindruck der schließlichen nationalen Katastrophe und des Bekanntwerdens des vollen
30 Umfangs der Verbrechen des Regimes der großen Mehrheit der Bevölkerung mit. Sie wurde die Grundlage für einen neuen demokratischen Konsens, der sich in den Westzonen und Berlin auch institutionell verwirklichen konnte. Die Menschen,
35 die aus den Gefängnissen und Lagern kamen, wie Kurt Schumacher und Fritz Erler, oder die aus der politischen Emigration heimkehrten, wie Ernst Reuter und Willy Brandt, leisteten einen entscheidenden Beitrag zum demokratischen Wiederauf-
40 bau – und das Gleiche gilt auch für jene, die ohne aktiven politischen Kampf in schweigender Verweigerung ihre Integrität bewahrt hatten, wie Konrad Adenauer, und für die Schriftsteller der „inneren Emigration", die nun ihre Schubladen öffnen
45 konnten. Sie alle haben auch wesentlich zur Glaubwürdigkeit des neuen, demokratischen Deutschland gegenüber den Siegermächten und der Außenwelt im Allgemeinen beigetragen.

Sie alle haben so mitgeholfen, über die Jahre der
50 Barbarei hinweg die moralischen und kulturellen Traditionen zu bewahren, die ein menschenwürdiges Deutschland braucht. Doch die meisten von uns Älteren, die sowohl die Schreckensjahre wie den Wiederaufbau erlebt haben, haben auch das
55 Bewusstsein davongetragen, dass in einer Welt rapiden Wandels diese Traditionen immer wieder gefährdet sein werden und immer wieder erneuert werden müssen.

(Richard Löwenthal, Widerstand im totalen Staat, in: ders./Patrik von zur Mühlen [Hg.], Widerstand und Verweigerung in Deutschland 1933 bis 1945, Dietz Verlag, Berlin 1982, S. 24)

1 *Fassen Sie die These Löwenthals über die bleibende Wirkung des Widerstands zusammen.*
2 *Vergleichen Sie die Urteile von Löwenthal (M 37) und Herbst (M 36b).*
3 *Art. 20 Abs. 4 des Grundgesetzes lautet: „Gegen jeden, der es unternimmt, diese Ordnung zu beseitigen, haben alle Deutschen das Recht zum Widerstand, wenn andere Abhilfe nicht möglich ist." Erläutern Sie diese Grundgesetzbestimmung und stellen Sie dar, in welchen Situationen das „Recht zum Widerstand" gegeben sein könnte. Erörtern Sie, ob eine solche Bestimmung a) den Übergang von der Weimarer Republik zum „Dritten Reich" verhindert hätte, b) den Widerstand im Dritten Reich gestärkt hätte.*

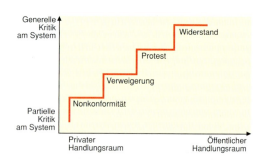

Schema 3 Stufen abweichenden Verhaltens 1933–1945 (entwickelt von dem Historiker Detlev Peukert)

— *Erläutern Sie das Schema.*
— *Diskutieren Sie über Leistungen und Grenzen solcher Darstellungsformen.*

11 Der Nationalsozialismus in der historischen Diskussion

> Theorien über den Nationalsozialismus

Seit dem Entstehen der ersten faschistischen Bewegung in Italien in den Zwanzigerjahren hat es Versuche gegeben, diese Erscheinung des politisch-gesellschaftlichen Lebens auch theoretisch zu verstehen und zu erklären (B 18). Das galt und gilt besonders für die deutsche Variante einer faschistischen Bewegung, den Nationalsozialismus. Die Versuche, den Faschismus, insbesondere den deutschen Nationalsozialismus, theoretisch zu erklären, waren in erster Linie von dem Ziel geleitet, die Wiederholung eines solchen Herrschaftssystems in Deutschland frühzeitig zu verhindern. Mit den Theoriemodellen sollte aber auch versucht werden zu erklären, warum so viele Menschen sich von der NSDAP angezogen fühlten und bereit waren, sich für deren Ziele zu engagieren.

> Totalitarismus und Faschismus

Marxistische Historiker begreifen den Nationalsozialismus als eine der radikalsten Formen bürgerlich-kapitalistischer Herrschaft. Sie richten ihr Augenmerk vor allem auf den Zusammenhang zwischen faschistischen Bewegungen und Kapital-/Industriegruppen. Sie verfolgen damit das Ziel, die gegenseitige Abhängigkeit bzw. die Vormachtstellung von politischer Bewegung oder Kapitalgruppen zu belegen (M 38a).

Nicht marxistische **westliche Forscher** untersuchen den Nationalsozialismus dagegen als Sonderfall und nicht als eine Form bürgerlicher Herrschaft. Einige Wissenschaftler bevorzugen den Begriff des Totalitarismus zur Charakterisierung nationalsozialistischer Herrschaft. Das NS-Regime wird von ihnen als totalitäre Herrschaftsform angesehen, in der Menschenwürde und Menschenrechte, liberales Gedankengut und demokratische Regierungsformen missachtet werden. Die Anhänger der Totalitarismustheorie betonen die Vorrangstellung der Politik, das heißt die relativ große Autonomie der NS-Bewegung gegenüber den Kapital- und Industriegruppen. Sie bezweifeln, dass Hitler und die NSDAP lediglich die Erfüllungsgehilfen der gesellschaftlich und wirtschaftlich mächtigen Gruppen im Bürgertum oder in der Industrie gewesen seien.

Gegen einen solchen Totalitarismusbegriff wenden andere westliche Forscher ein, dass er allzu einseitig die Herrschaftsorganisation und die Herrschaftsmethoden der Nationalsozialisten in den Blick nehme. Diese Historiker und Sozialwissenschaftler benutzen lieber den Begriff des Faschismus. Denn er sei besser als der Totalitarismusbegriff geeignet, die politisch-sozialen Grundlagen und Funktionen nationalsozialistischer Politik herauszustellen. Aus dieser Sicht erscheint der Nationalsozialismus als eine Krisenerscheinung des bürgerlich-kapitalistischen Systems, in dem die unter Druck geratenen Mittelschichten Zuflucht suchten bei einer rechtsradikalen Protestbewegung mit antikapitalistischen wie antisozialistischen Zielsetzungen. Auch die sich in ihrer Vormachtstellung bedroht fühlenden Oberschichten suchten nach dieser Interpretation Schutz bei der faschistischen Partei. Sie hätten sich von ihr eine Stabilisierung der bestehenden Herrschafts- und Machtverhältnisse versprochen (M 38b).

> Modernisierung oder rückwärts gewandte Utopie

Einer der Hauptstreitpunkte der Forschung kreist um die Frage, ob der Nationalsozialismus moderne Züge aufwies. Einige Historiker vertreten dabei die Auffassung, dass vom NS-Regime Modernisierungsschübe ausgegangen seien. Besonders der amerikanische Geschichtswissenschaftler David Schoenbaum hat in seinem Aufsehen erregenden Buch über „Die **braune Revolution**. Eine Sozialgeschichte des Dritten Reiches" aus dem Jahre 1968 die These zu untermauern versucht, dass in der Zeit zwischen 1933 und 1945 moderne wirtschaftliche und gesellschaftliche Entwicklungen beschleunigt wurden.

Hierzu zählt er die wachsende Industrialisierung Deutschlands, die zunehmende Kapitalkonzentration, die Erhöhung der sozialen Mobilität, verbunden mit Landflucht und Verstädterung, sowie beachtliche Fortschritte in der Technisierung. Bei diesen Modernisierungstendenzen handele es sich aber eher um unbeabsichtigte Folgen der NS-Politik, die nicht durch das NS-Parteiprogramm und den Willen Hitlers abgedeckt waren (M 39a).

Die Kritiker der Modernisierungsthese, die auch unter deutschen Historikern Zustimmung fand, erkennen die modernisierenden Wirkungen nationalsozialistischer Herrschaft durchaus an. Sie wenden jedoch ein, dass der Einsatz modernster Mittel, z. B. in der Propaganda, für die Nationalsozialisten von Anfang an im Dienst ihrer rückwärts gewandten Ideologie gestanden habe. Alles sei der reaktionären Agrarutopie sowie der rassistischen Volksgemeinschafts- und „Lebensraum"-Ideologie untergeordnet und zudem nur mit kriegerischen Methoden zu verwirklichen gewesen (M 39b).

Nationalsozialismus und Bolschewismus

Im so genannten **Historikerstreit** Mitte der Achtzigerjahre stand die Frage im Mittelpunkt, ob der Nationalsozialismus eine Folge der Furcht vor dem Bolschewismus gewesen sei. Ausgelöst wurde diese Kontroverse von dem Historiker **Ernst Nolte**, der den Erfolg der Nationalsozialisten und deren Politik auf die im deutschen Bürgertum tief verwurzelte Bolschewismusfurcht zurückführte. Ohne die Kenntnis dieses Motives könnten weder der Krieg gegen die Sowjetunion noch die nationalsozialistische Vernichtungspolitik erklärt werden. Dies dürfe jedoch nicht dazu führen, dass die nationalsozialistische Kriegs- und Vernichtungspolitik unter Hinweis auf die Taten und Absichten der Bolschewisten gerechtfertigt oder gar entschuldigt würden (M 40a).

Die Gegner Noltes warfen ihm aber gerade vor, dass er mit seiner Interpretation allzu einseitig den Bolschewismus zur Hauptursache des Nationalsozialismus erkläre; er trage auf diese Weise dazu bei, Deutschland von der historischen **Verantwortung für die Nazi-Barbarei** zu entlasten. Die deutsche Bevölkerung habe sich im Jahre 1933 nicht zwischen Bolschewismus und Nationalsozialismus, sondern zwischen Demokratie und Diktatur entscheiden müssen (M 40b).

M38 Totalitarismus und Faschismus

a) Wolfgang Ruge, ein führender Historiker der ehemaligen DDR, zur Deutung des Nationalsozialismus, 1983

Die Hauptaufmerksamkeit der marxistischen Forschung gilt [...] in erster Linie den sozialökonomischen Ursachen des Faschismus, den Bedingungen, die seinen Vormarsch ermöglichten, den pro- und antifaschistischen Haltungen und Aktivitäten der politischen Kräfte. Bei deren Analyse stützt sie sich auf Grunderkenntnisse der Klassiker des Marxismus und geht davon aus, dass – wie Engels hervorhob – die ökonomische Notwendigkeit wohl in letzter Instanz die historische Entwicklung bestimmt, aber in jenem Prozess der Wechselwirkung keineswegs allein aktiv ist, in dem politische, rechtliche, philosophische, religiöse, literarische, künstlerische etc. Faktoren aufeinander und auf die ökonomische Basis reagieren. [...]

Zu den Zufälligkeiten, die Engels als „Ergänzung und Erscheinungsform" der Notwendigkeit definiert, gehören nicht an letzter Stelle „die so genannten großen Männer" [...] mitsamt ihren persönlichen Eigenschaften. Indes können diese Männer nicht „an sich" interessieren, sondern nur im Kontext mit dem gesellschaftlichen Umfeld, aus dem sie hervorgehen und auf das sie tatsächlich einzuwirken im Stande sind. [...]

Diese Eigenschaften, die sich in zufälligen Konstellationen objektiv bedingter Auseinandersetzungen als Trümpfe erwiesen, ließen Hitler schließlich zur Galionsfigur der Oberschicht einer Klasse werden, die historisch abgewirtschaftet hatte und sich nur noch mit grenzenloser Brutalität und nicht mehr zu überbietender Unmenschlichkeit an der Macht halten konnte.

(Wolfgang Ruge, Das Ende von Weimar. Monopolkapital und Hitler, Deutscher Verlag der Wissenschaften, Berlin (Ost) ²1983, S. 13 ff.)

B 18 In der Gedenkstätte Bergen-Belsen, Fotografie, ca. 1996

— Bereiten Sie den Besuch einer NS-Gedenkstätte oder einer laufenden Ausstellung zur Geschichte des Nationalsozialismus vor. Beurteilen Sie nach dem Besuch die Konzeption der Ausstellung bzw. Gedenkstätte und diskutieren Sie über Ihre persönlichen Eindrücke.

b) Der Historiker Wolfgang Wippermann in seinen „Thesen zu einer Definition des Faschismus", 1981
1. Historisch-beschreibende Elemente einer Definition des Faschismus
Faschistische Parteien waren nach dem Führerprinzip organisiert und verfügten über uniformierte und bewaffnete Abteilungen. Sie vertraten eine Ideologie, die sowohl antisozialistische wie antikapitalistische Momente enthielt, von der die Moderne sowohl bejaht wie radikal verneint wurde und die schließlich extrem nationalistisch, antidemokratisch und Gewalt verherrlichend war.
2. Strukturelle Faktoren
Faschistische Parteien konnten eine Massenbasis erreichen, wenn es ihnen gelang, Menschen mit bestimmten psychischen Merkmalen („autoritärer Charakter") und Bedürfnissen (Angst und Aggression) sowie vor allem Angehörige des Mittelstandes für ihre Ziele zu gewinnen und schließlich finanzielle Zuwendungen von einigen Industriellen zu erhalten.
Zur Macht gelangten sie nur dort, wo einflussreiche Kreise in Industrie, Landwirtschaft, Militär und Bürokratie bereit waren, mit der jeweiligen faschistischen Partei ein Bündnis zu schließen. Gemeinsames Ziel dieser Bündnispartner war es, durch einen Lohnstopp die Zerschlagung der Organisationen der Arbeiterbewegung, durch Arbeitsbeschaffungsmaßnahmen und schließlich durch Aufrüstung und Raubkriege die Krise zu überwinden, die diese Länder getroffen hatte. […]
Im Unterschied zum italienischen „Normal"-Faschismus gelang es jedoch dem deutschen „Radikal"-Faschismus, sich von seinen Bündnispartnern in der Industrie, Landwirtschaft, Bürokratie und Wehrmacht zumindest partiell und partikular so weit zu verselbstständigen, dass er seine „dogmatisch" geprägte Rassenpolitik mit ihrer Rassen züchterischen wie Rassen vernichtenden Komponente auch dann noch verwirklichte, als dies mit den rationalen Zielen der Sicherung der politischen und ökonomischen Macht nicht mehr zu vereinbaren war.
3. Historisch-singuläre Züge
Die genannten strukturellen Faktoren reichten jedoch nicht aus, um zu erklären, weshalb der Faschismus in einigen Ländern erfolgreich war, während er in anderen, die vergleichbare Strukturen aufwiesen, nicht erfolgreich war. […] In Deutschland konnte der Nationalsozialismus bei seinem Aufstieg folgende Momente ausnützen:
a) den verlorenen Krieg, die Erbitterung über den Versailler Vertrag […];
b) die antidemokratische Tradition und Haltung in Heer, Verwaltung und Justiz […];
c) das Vorhandensein starker verfassungsfeindlicher Parteien […] und das Versagen der demokratischen Parteien;
d) die Weltwirtschaftskrise, durch welche die permanente politische, soziale und ökonomische Krise der Weimarer Republik noch verschärft wurde.
(Wolfgang Wippermann, Zur Analyse des Faschismus. Die sozialistischen und kommunistischen Faschismustheorien 1921–1945, Suhrkamp, Frankfurt/Main 1981, S. 146 f.)

1 Erarbeiten Sie aus M 38a, b
a) die jeweilige Definition der Begriffe,
b) Unterschiede und Übereinstimmungen mit Blick auf Hintergründe, Machterwerb und -ausübung,
c) die potenzielle Vergleichbarkeit verschiedener Systeme des 20. Jahrhunderts.
2 Setzen Sie sich mit den Positionen von Ruge (M 38a) und Wippermann (M 38b) auseinander.

M39   Modernisierungstendenzen im nationalsozialistischen Deutschland?

a) Der Historiker David Schoenbaum über die sozialen Folgen des Nationalsozialismus, 1968

Als konsequente Verlängerung der deutschen Geschichte setzte das Dritte Reich die historische Kluft zwischen der objektiven sozialen Wirklichkeit und ihrer Deutung fort. Die objektive soziale Wirklichkeit in den statistisch messbaren Folgen des Nationalsozialismus war gerade das Gegenteil von dem, was Hitler versprochen und die Mehrheit seiner Anhänger von ihm erwartet hatte. Im Jahre 1939 waren die Städte nicht kleiner, sondern größer als zuvor; die Kapitalkonzentration war größer; die Landbevölkerung hatte sich vermindert, nicht vermehrt; die Frauen standen nicht am häuslichen Herd, sondern im Büro und in der Fabrik; die ungleiche Verteilung von Einkommen und Vermögen war größer, nicht geringer geworden; der Anteil der Industrie am Bruttosozialprodukt war gestiegen, der Anteil der Landwirtschaft gesunken; der Industriearbeiterschaft ging es verhältnismäßig gut und den kleinen Geschäftsleuten immer schlechter. Auf den ostelbischen Gütern herrschte nach wie vor der Adel, im Beamtentum herrschten Doktoren, im Heer Generale mit Adelsnamen. So ist die Geschichte des Dritten Reiches eine Geschichte voller Enttäuschung, Zynismus und Resignation, die Geschichte einer scheinbar verratenen Revolution, deren einstige Anhänger, Otto Strasser, Rauschning, Feder und Rosenberg, sie einer nach dem anderen ebenso heftig brandmarken wie die Gegner der Bewegung.

Andererseits bot sich diese Gesellschaft dem, der ihre wirkliche Sozialstruktur zu deuten unternahm, so einheitlich wie keine andere in der neueren deutschen Geschichte dar; es war eine Gesellschaft voller Möglichkeiten für Jung und Alt, für Klassen und Massen, die New Deal und gute alte Zeit zugleich war. Wie keine andere seit 1914 war dies eine Welt der Berufsbeamten und eines autoritären Patriarchats, eine Welt der nationalen Ziele und Erfolge, in der die Armee wieder einmal „die Schule der Nation" war und Offiziere wie Soldaten das Gleiche aßen und sich „von Mensch zu Mensch" unterhielten.

(David Schoenbaum, Die braune Revolution. Eine Sozialgeschichte des Dritten Reiches, dtv, München 1980, S. 348)

1 Erläutern Sie die unterschiedlichen Erfahrungen im Dritten Reich nach M 39a.
2 Stellen Sie dar, welche Entwicklungen während der NS-Zeit modern waren.

b) Der Historiker Bernd-Jürgen Wendt über die These, der Nationalsozialismus sei modern gewesen, 1995

Etiketts wie „modern" und rational" werden gerade im Zusammenhang mit Hitler und seiner Politik sinnentleert und beliebig, wenn man sie nicht in den Gesamtkontext dieser Weltanschauung und der aus ihr abgeleiteten Weltanschauungspolitik zwischen 1933 und 1945 stellt und von hier aus genau bestimmt. Moderne Faszination und Lockung waren eben nur die eine Seite der Medaille. Im Mittelpunkt der nationalsozialistischen Ideologie und auch im Mittelpunkt der fanatischen Gedankenwelt ihres „Führers" stand ein zutiefst inhumanes und nach den Kriterien moderner Sittlichkeit und Rechtsstaatlichkeit, wie sie sich auch in Deutschland längst vor 1933 herausgebildet hatten, verbrecherisches Wollen. Das nationalsozialistische Menschenbild wurde definiert nach den Prinzipien rassenbiologischer Wertigkeit und rassenhygienischer Gesundheit resp. Krankheit. Es konnte unter der Aura scheinbarer moderner Wissenschaftlichkeit kaum seine mehr als dürftige intellektuelle und erkenntnismäßige Substanz verbergen. Dessen ungeachtet entfaltete aber gerade das Rassedenken nach 1933 im „Vollzug einer Weltanschauung" (E. Jäckel) jene mörderische Konsequenz, die alle Bereiche von Politik und Gesellschaft durchdringen und bestimmen sollte. Mit dem Rassendogma verband sich ein zusätzlich radikalisierendes sozialdarwinistisches Politikverständnis. In ihm wurden das Recht des Stärkeren (und das meinte stets des „rassisch Höherwertigen") und seine brutale Durchsetzung als Grundgesetz menschlichen Zusammenlebens und des Zusammenlebens der Völker proklamiert.

Wenn wir also nur einzelne Segmente der nationalsozialistischen Herrschaft unter die Lupe nehmen und sie als „modern", als „fortschrittlich" und „attraktiv" herausstellen, ohne ihre funktionale Zwecksetzung und ihren Stellenwert im gesamten Ideologiegebäude des Nationalsozialismus zu untersuchen, verfallen wir demselben Irrtum wie die

„Volksgenossen" von damals. Sie vermochten dem Regime doch immer eine „gute Seite" abzugewinnen und sahen darüber die negative Kehrseite entweder wirklich nicht oder wollten sie nach dem Motto „wo gehobelt wird, fallen Späne" nicht sehen bzw. sie bagatellisieren. Es gehörte zur Lebenswirklichkeit des nationalsozialistischen Diktaturstaates, dass sich die Menschen in der Regel mit einem Teil seiner Angebote und Leistungen, etwa in der Außen-, der Wirtschafts- und Sozialpolitik, identifizierten, vor allem wenn sie selbst deren Nutznießer waren, und andere Wesenszüge durchaus ablehnen konnten.
(Bernd-Jürgen Wendt, Deutschland 1933–1945. Das „Dritte Reich". Handbuch zur Geschichte, Fackelträger-Verlag, Hannover 1995, S. 695)

1 Stellen Sie dar, weshalb Wendt den Begriff „modern" zur Kennzeichnung des NS-Systems ablehnt.

M40 Der Nationalsozialismus – eine Folge des Bolschewismus? („Historikerstreit")

a) Der Historiker Ernst Nolte zum „Zusammenhang" der biologischen Vernichtungsaktionen" des Nationalsozialismus und der „sozialen" des Bolschewismus, 1986

Es ist ein auffallender Mangel der Literatur über den Nationalsozialismus, dass sie nicht weiß oder nicht wahrhaben will, in welchem Ausmaß all dasjenige, was die Nationalsozialisten später taten, mit alleiniger Ausnahme des technischen Vorgangs der Vergasung, in einer umfangreichen Literatur der frühen zwanziger Jahre bereits beschrieben war. [...]
Es ist wahrscheinlich, dass viele dieser Berichte übertrieben waren. Es ist sicher, dass auch der „weiße Terror" fürchterliche Taten vollbrachte, obwohl es in seinem Rahmen keine Analogie zu der postulierten „Ausrottung der Bourgeoisie" [durch die Bolschewiki in der Sowjetunion] geben konnte. Aber gleichwohl muss die folgende Frage als zulässig, ja unvermeidbar erscheinen: Vollbrachten die Nationalsozialisten, vollbrachte Hitler eine „asiatische" Tat vielleicht nur deshalb, weil sie sich und ihresgleichen als potenzielle oder wirkliche Opfer einer „asiatischen" Tat betrachteten? War nicht der „Archipel GULag" ursprünglicher als Auschwitz? War nicht der „Klassenmord" der Bolschewiki das logische und faktische Prius¹ des „Rassenmords" der Nationalsozialisten? [...]
Aber so wenig wie ein Mord, und gar ein Massenmord, durch einen anderen Mord „gerechtfertigt" werden kann, so gründlich führt doch eine Einstellung in die Irre, die nur auf den einen Mord und den einen Massenmord hinblickt und den anderen nicht zur Kenntnis nehmen will, obwohl ein kausaler Nexus wahrscheinlich ist.

1 Prius (lat.): das Erstere, Vorausgehende

(Ernst Nolte, Vergangenheit, die nicht vergehen will, in: Frankfurter Allgemeine Zeitung, 6. Juni 1986)

b) Der Historiker Jürgen Kocka zur Position von Ernst Nolte, 1993

Die nationalsozialistische Unterdrückungs-, Aggressions- und Ausrottungspolitik hat vorwiegend andere Gründe als die Furcht vor der sowjetischen Revolutionierung Europas. Extremer Nationalismus, Antisemitismus, Sozialdarwinismus sind da zu nennen, das Streben nach „Lebensraum", soziale Konflikte und Verwerfungen im Inneren, Eigenarten der politischen Verfassung und der politischen Kultur in Deutschland, kulturelle Desorientierung und anderes mehr, allgemein die Krise Europas, die besonderen Belastungen der deutschen Tradition und die Auswirkungen des Weltkriegs. Das sind fast durchweg Faktoren, die in die Zeit vor der Oktoberrevolution zurückreichen oder kausal mit ihr nichts zu tun haben. [...]
Die Ursachen der deutschen Katastrophe waren größtenteils hausgemacht. Die Verantwortung lässt sich beim östlichen Nachbarn nicht so abladen, wie Nolte das will. Aus dem Kampf zwischen den westlichen Demokratien und dem östlichen Bolschewismus lässt sich ein historischer Sinn des deutschen Faschismus nicht begründen.
Überhaupt greift zu kurz, wer das „Wesen" der Epoche im Kampf zwischen Faschismus und Bolschewismus sieht. Zu Recht blickt Nolte auf die ganze Epoche vom Ersten Weltkrieg bis 1989/91. Diese war aber weniger vom Kampf zwischen Bolschewismus und Faschismus als vielmehr vom Kampf der westlichen Verfassungsstaaten gegen die faschistischen und kommunistischen Diktaturen geprägt, in dem sie sich am Ende als die überlegenen erwiesen – wie immer ihre Zukunft ohne die Diktaturen auch aussehen mag.
(Jürgen Kocka, Durch und durch brüchig, in: Die Zeit, 12. November 1993)

1 Analysieren Sie M 40a und b und arbeiten Sie die Unterschiede in der Argumentation heraus.
2 Diskutieren Sie Jürgen Kockas Prämisse (M 40b), der Bezugspunkt eines historischen Urteils über Faschismus und Bolschewismus müsse die westliche Demokratie sein.

Die nationalsozialistische Diktatur in Europa

Zusammenhänge und Perspektiven

1 Erläutern Sie die zentralen Merkmale der NS-Ideologie und untersuchen Sie deren Verwirklichung während der nationalsozialistischen Diktatur.
2 Erörtern Sie die Rolle der Gewalt sowohl für die Innen- als auch für die Außenpolitik des NS-Regimes.
3 Benennen Sie die wichtigsten Methoden und Stationen der NS-Außenpolitik und erklären Sie das Vorgehen Hitlers aus seinen Zielen.
4 Diskutieren Sie über das historisch-politische Vermächtnis des Widerstandes gegen den Nationalsozialismus und berücksichtigen Sie dabei Motive, Organisationsformen und Wirkungsmöglichkeiten der unterschiedlichen Widerstandsgruppen.
5 Der deutsche Philosoph Karl Jaspers schrieb 1950: „Was geschah, ist eine Warnung. Sie zu vergessen ist Schuld. Man soll ständig an sie erinnern. Es war möglich, dass dies geschah, und es bleibt jederzeit möglich. Nur im Wissen kann es verhindert werden." – Diskutieren Sie, ausgehend von dieser Meinungsäußerung, über den Stellenwert des Nationalsozialismus in der deutschen Geschichte und erörtern Sie die historische Verantwortung, die sich aus der NS-Vergangenheit für die nachfolgenden Generationen ergibt.
6 Analysieren Sie die faschistische Herrschaftstechnik in Italien und vergleichen Sie diese mit jener des Nationalsozialismus.

Zeittafel

1922	Mussolinis **„Marsch auf Rom"**: In Italien errichtet Mussolini eine faschistische Diktatur.
1933/34	**Errichtung der NS-Diktatur:** Staat und Gesellschaft werden von einer föderalistischen Demokratie in eine zentralstaatliche Diktatur umgewandelt; Reichsländer, Gemeinden, politische Parteien, Gewerkschaften und andere Verbände sowie Rundfunk und Presse verlieren ihre Selbstständigkeit und müssen den Weisungen der nationalsozialistischen Regierung und Partei gehorchen.
30. Jan. 1933	Adolf Hitler wird von Reichspräsident Hindenburg zum Reichskanzler ernannt. Dem Kabinett gehören außer Hitler nur zwei nationalsozialistische Minister an, die allerdings über den Zugriff auf die Polizei verfügen.
28. Febr. 1933	Nach dem Brand des Reichstages am 27. Febr. wird die Verordnung zum „Schutz von Volk und Staat" („Reichstagsbrandverordnung") erlassen. Sie setzt die Grundrechte der Weimarer Verfassung außer Kraft.
5. März 1933	Wahlen zum Reichstag: Die NSDAP erhält 43,9 % der Stimmen und besitzt mit ihren Koalitionspartnern die absolute Mehrheit.
21. März 1933	„Tag von Potsdam": Der Reichstag wird feierlich eröffnet und Hitler vereidigt. Das gemeinsame Auftreten von Hindenburg und Hitler am Grabe Friedrichs des Großen soll die Verschmelzung von politischer Tradition und dynamischem Aufbruch symbolisieren.
23. März 1933	„Ermächtigungsgesetz": Die Reichsregierung kann Gesetze, auch verfassungsändernden Inhalts, unter Ausschluss des Reichstages und des Reichspräsidenten durch einfachen Beschluss in Kraft setzen.
31. März 1933	Gleichschaltung der Länder, Entmachtung der Länderparlamente.
1.–3. April 1933	Befristeter Boykott jüdischer Geschäfte und Waren sowie jüdischer Arztpraxen und Rechtsanwaltskanzleien auf Anordnung von Hitler.
7. April 1933	„Gesetz zur Wiederherstellung des Berufsbeamtentums": Beamte können entlassen werden, wenn sie „nicht arischer Abstammung" sind und wenn sie „nach ihrer bisherigen politischen Betätigung nicht die Gewähr dafür bieten, dass sie jederzeit rückhaltlos für den nationalen Staat eintreten".

2. Mai 1933	Auflösung der Gewerkschaften.
6. Mai 1933	Gründung der Deutschen Arbeitsfront (DAF). Alle Arbeiter- und Angestelltenverbände werden dieser NS-Organisation eingegliedert.
1. Dez. 1933	Im „Gesetz zur Sicherung der Einheit von Partei und Staat" wird die NSDAP als alles beherrschende Staatspartei bestätigt.
30. Juni 1934	Ermordung von SA-Stabschef Ernst Röhm. Die SS baut ihre Machtposition auf Kosten der SA aus.
1935	**„Nürnberger Gesetze"** zur Diskriminierung und Entrechtung der Juden. Diese Gesetze bilden den Auftakt zur Verdrängung der Juden aus dem öffentlichen Leben in Deutschland.
März 1938	Deutsche Truppen besetzen Österreich, das als „Ostmark" dem Deutschen Reich eingegliedert wird.
9./10. Nov. 1938	**Novemberpogrom:** Staatlich verordnete Ausschreitungen gegen Juden in der so genannten „Reichskristallnacht". Nationalsozialistische Trupps zerstören 267 Synagogen, 7500 jüdische Geschäfte sowie zahlreiche Wohnungen und jüdische Friedhöfe. Mehr als 20 000 Juden werden verhaftet und in Konzentrationslager gebracht. Mindestens 91 Juden werden ermordet, viele misshandelt.
15. März 1939	Deutsche Truppen besetzen Tschechien, das als „Protektorat Böhmen und Mähren" dem Deutschen Reich eingegliedert wird.
Aug. 1939	**Hitler-Stalin-Pakt:** In einem geheimen Zusatzprotokoll werden Finnland, die baltischen Staaten und das rumänische Bessarabien der russischen Einflusssphäre zugeschlagen. Deutschland und die UdSSR vereinbaren die Aufteilung Polens unter sich.
1. Sept. 1939	**Deutsche Truppen überfallen Polen: Beginn des Zweiten Weltkriegs.**
Jan. 1940	Beginn der Vernichtung „lebensunwerten Lebens" im so genannten „Euthanasie"-Programm. Insgesamt werden während des Krieges etwa 20 000 Behinderte getötet.
April 1940	Deutsche Truppen besetzen Dänemark und Norwegen.
Mai 1940	Beginn der militärischen Offensive gegen Frankreich, das am 22. Juni geteilt wird: Mittel- und Südfrankreich bleiben unter Marschall Pétain formal selbstständig („Vichy"-Frankreich), der Norden mit der Atlantikküste und Paris kommen unter deutsche Militärverwaltung.
22. Juni 1941	**Deutsche Truppen überfallen die Sowjetunion.**
14. Aug. 1941	Atlantik-Charta: Die USA und Großbritannien verständigen sich auf die Prinzipien der Nachkriegsordnung. Die Alliierten sollen auf Gebietsgewinne verzichten, das Selbstbestimmungsrecht der Völker achten und einen freien Welthandel garantieren.
1. Sept. 1941	Einführung des Judensterns im Deutschen Reich.
11. Dez. 1941	Das Deutsche Reich erklärt den USA den Krieg.
20. Jan. 1942	**Wannsee-Konferenz:** Die Besprechung zwischen Heydrich und den Staatssekretären der mit der Judenverfolgung betrauten Ministerien und obersten Reichsbehörden führt zu dem Beschluss, die Juden in ganz Europa zunächst als Arbeitskräfte auszubeuten und dann zu ermorden. Auf der Konferenz werden die Aktivitäten der Bürokratie für die Judenvernichtung koordiniert.
28. Nov.–1. Dez. 1943	Konferenz von Teheran: Stalin, Roosevelt und Churchill stimmen der Abtretung Ostpolens an die Sowjetunion zu.
20. Juli 1944	**Attentat auf Hitler:** Oberst Graf Schenk von Stauffenberg versucht Hitler mit einer Zeitzünderbombe zu töten. Das Attentat misslingt und führt zu zahlreichen Hinrichtungen der an der Widerstandsaktion Beteiligten.
4.–11. Febr. 1945	Konferenz von Jalta: Roosevelt, Churchill und Stalin beschließen die Aufteilung Deutschlands in Besatzungszonen.
7./9. Mai 1945	**Bedingungslose Kapitulation** der deutschen Wehrmacht; die alliierten Militärbefehlshaber übernehmen die Macht in Deutschland.

Historische Zäsuren im 20. Jahrhundert: 1917/18 – 1945 – 1989/90

Rudolf Schlichter, Blinde Macht, 1937, Öl auf Leinwand

Das „kurze" 20. Jahrhundert

In der Geschichtswissenschaft besteht weit gehend Einigkeit darin, dass das 20. Jahrhundert im Jahre **1914**, mit Beginn des Ersten Weltkrieges, begann. Wenn die Historiker diesen Krieg in Anlehnung an eine Formulierung des amerikanischen Diplomaten George F. Kennan als **„Urkatastrophe des 20. Jahrhunderts"** bezeichnen, dann meinen sie vor allem den Krieg als Ganzes und dessen Folgen. Er führte zum Untergang großer Reiche (Osmanisches Reich, Habsburger Monarchie), zur Entstehung des kommunistischen Machtsystems, zum Aufkommen faschistischer Bewegungen und zu einer bis dahin nicht gekannten Instabilität der bürgerlich-liberalen Ordnung. Der Untergang des alten Europa wurde zusätzlich unterstrichen durch den Machtverlust der europäischen Staaten zu Gunsten der USA und der Sowjetunion. Hinzu kam, dass der Erste Weltkrieg die Zweifel am bürgerlichen Fortschrittsglauben verstärkte. Das vergehende Jahrhundert wurde in Rückblicken und Kommentaren oft als ein Zeitalter der Wissenschaft und Technik, des Fortschritts und des Friedens gelobt. Die Grausamkeiten des Krieges zwischen 1914 und 1918 zerstörten jedoch bereits kurz nach dessen Ausbruch nicht nur das Zutrauen, das in die Wissenschaft und die Industriezivilisation als Träger einer besseren, moderneren Welt gesetzt worden war, sondern auch den Glauben an die Humanität des Menschen überhaupt.

Das 20. Jahrhundert endete in den Augen vieler Historiker mit den Jahren **1989/90**, als die kommunistischen Systeme zusammenbrachen. Damit scheiterte der Versuch, eine herrschaftsfreie, klassenlose Gesellschaft ohne privates Eigentum an Produktionsmitteln und ohne das Konkurrenzprinzip der Marktgesellschaft aufzubauen. Die westlichen Demokratien und Marktgesellschaften erwiesen sich gegenüber den kommunistischen Diktaturen und Planwirtschaften als überlegen. Gleichzeitig entstand ein neues internationales System: Nach der Überwindung des Ost-West-Gegensatzes entfaltete sich eine regionalisierte Welt, in der regionale Führungsmächte ihre Ansprüche anmelden und durchzusetzen suchen. Nicht mehr Bipolarität, sondern Multipolarität kennzeichnet die Politik im beginnenden 21. Jahrhundert.

1917/18

War das 20. Jahrhundert ein deutsches Jahrhundert? Oder haben doch eher die Vereinigten Staaten von Amerika und Russland dem Jahrhundert seinen Stempel aufgedrückt (M 1)? Betrachtet man die Geschichte aus dem Blickwinkel der Jahre 1917/18, die einen tiefen Einschnitt innerhalb des 20. Jahrhunderts markieren, lässt sich ein großer Bedeutungszuwachs für beide Länder feststellen. Die Vereinigten Staaten von Amerika, die sich seit Ende des 19. Jahrhunderts zur modernsten kapitalistischen Industrienation entwickelt hatten, gaben ihre Zurückhaltung gegenüber Europa auf und traten auf Seiten der Entente in den Ersten Weltkrieg ein; ihre Truppen entschieden 1918 den Krieg. Nach zwei aufeinander folgenden Revolutionen, der Februar- und der Oktoberrevolution, wurde 1917 in Russland der erste sozialistische Staat der Welt ausgerufen. Die neue Sowjetmacht schloss im März 1918 in Brest-Litowsk einen Sonderfrieden mit den Mittelmächten, der den Krieg im Osten beendete. Nach dem Kriegsende im November 1918 veränderte sich die Welt von Grund auf. Die Europäer verloren an internationalem Gewicht, die „Flügelmächte" USA und UdSSR entwickelten sich zu den entscheidenden weltpolitischen Führungsmächten. Beide Staaten waren nicht nur Groß-, sondern auch Weltmächte. Der „Brockhaus" aus dem Jahre 1995 definiert den **Begriff „Weltmacht"** als eine Großmacht, „die im internationalen Kräftefeld auf Grund ihrer politischen, militärischen und wirtschaftlichen Fähigkeiten eine bestimmende Rolle spielt und oft auch einen überragenden ideologischen Einfluss ausübt. Über ihren unmittelbaren Herrschafts- und Machtbereich hinaus strebt sie nach Einflusssphären im Weltmaßstab." Grundlage für die Weltmachtpolitik der **USA** war vor allem ihre politisch-militärische und ökonomische Stärke. Darüber hinaus galten sie vielen Nichtamerikanern aber auch als das Geburtsland demokratischer Freiheit, das durch Glaubens- und Religionsfreiheit, durch die wirtschaftliche und politische Freiheit und durch das Prinzip demokratischer Freiheit nachahmenswert schien. Wie alle anderen Staaten außer den USA ging die **Sowjetunion** dagegen wirtschaftlich geschwächt aus dem Weltkrieg hervor. Ihre Ausstrahlung beruhte besonders auf der illusionären ideologischen Verheißung des Marxismus-Leninismus, eine klassenlose Gesellschaft ohne Ausbeutung und Unterdrückung aufzubauen. Nach dem Zweiten Weltkrieg garantierten politischer Druck und Terror sowie militärische Machtmittel die sowjetische Herrschaft über den Ostblock. Und gegenüber den USA konnte die kommunistische Führung der UdSSR seit 1949 das „Gleichgewicht des Schreckens" mit der nuklearen Drohung sichern.

| 1945 |

Nach dem Zweiten Weltkrieg bauten die USA und die Sowjetunion ihre weltpolitische Stellung aus. Der Konflikt, der in der Zeit nach 1945 von der Kooperation zur Konfrontation zwischen den USA und der UdSSR führte, so dass beide Supermächte ihre Machtblöcke gegenseitig scharf abgrenzten, muss auf mehreren Ebenen analysiert werden:
– Machtpolitisch suchten beide Mächte ihren Einflussbereich weltweit auszudehnen, militärisch abzusichern und auf Kosten des Gegners auszuweiten.
– Ideologisch war der Gegensatz bestimmt von einer weltweiten Auseinandersetzung zwischen dem Kommunismus mit seinen staatssozialistischen Ordnungsvorstellungen auf der einen Seite und den Ideen der liberal-westlichen Demokratien mit ihrer kapitalistischen Wirtschaftsordnung auf der anderen Seite. Von beiden Seiten wurde der Konflikt mit propagandistischen Mitteln ausgetragen, wobei teilweise klischeehafte Feindbilder und Kampfbegriffe wie z. B. „Reich des Bösen", „kapitalistischer Imperialismus", kommunistische Zersetzung" zum Tragen kamen. Die politische und psychologische Kriegführung war eine Konstante in diesem „Kalten Krieg", in dem beide Seiten das Feindbild immer wieder neu aktivierten, um die Weltöffentlichkeit von der Notwendigkeit ihrer Politik zu überzeugen.
– Militärisch hat der Ost-West-Konflikt dazu geführt, dass beide Supermächte ein Arsenal an Kriegstechnik und neuartigen Waffensystemen produzierten, die immer noch ausreichen, um das gesamte Leben auf dem Planeten Erde mehrfach auszulöschen. Ungeheure Summen sind in Ost und West in immer gigantischere Rüstungsvorhaben hineingesteckt worden. Das „Neue" bei diesem weltweiten Konflikt war, dass die Angst vor der möglichen Selbstvernichtung der Menschheit durch Atomwaffen zu einem politisch einsetzbaren Faktor gemacht wurde.
Für **Deutschland** endete der Zweite Weltkrieg mit der vollständigen Niederlage, der Besetzung durch die Siegermächte in den Jahren 1945–1949 und von 1949 bis 1990 mit der **Teilung des Landes**. Am geteilten Deutschland zeigt sich am deutlichsten, dass der Ost-West-Konflikt auf einem gesellschaftspolitischen und wirtschaftlichem **Systemgegensatz** zwischen westlicher Demokratie und Industriekapitalismus auf der einen Seite und kommunistischer Diktatur und Planwirtschaft auf der anderen Seite beruhte. Die Gebiete östlich der Elbe gerieten unter sowjetische Herrschaft und die dort lebenden Deutschen erneut unter ein diktatorisches Regime. Die Bürger des östlichen deutschen Teilstaates, der 1949 gegründeten **Deutschen Demokratischen Republik**, mussten ihr politisches und gesellschaftliches Leben nach dem Muster der Sowjetunion ausrichten. Politische Herrschaft wurde hier nicht, wie in den westlichen Demokratien, nach dem Prinzip der Gewaltenteilung organisiert, das die gegenseitige Kontrolle von Regierung, Parlament und einer unabhängigen Justiz vorsieht und dadurch die Menschen vor staatlicher Willkür bewahren soll. Statt dessen entwickelte sich in der DDR die kommunistische Partei, die Sozialistische Einheitspartei Deutschlands (SED), zur allein bestimmenden Kraft. Sie besaß das Macht- und Meinungsmonopol im Staate und erhob den Anspruch auf den alleinigen Besitz der Wahr-

heit. Dieser Wahrheitsanspruch wurde aus der Theorie von Marx, Engels und Lenin abgeleitet und diente der Legitimierung aller Maßnahmen der Partei, auch von Gewalt und Terror. Zur Durchsetzung und Sicherung ihres Machtmonopols wandte die SED mehrere, sich ergänzende Methoden an: Terror oder die Androhung von Terror; „Gleichschaltung" aller politischen und gesellschaftlichen Organisationen außerhalb der SED und der Presse; Etablierung einer neuen auf den Kommunismus eingeschworenen Elite in Staat, Kultur und Wirtschaft. Die zentral vom Staat gelenkte Wirtschaft, in der Angebot, Preisfestsetzung und Verteilung der Güter nach gesamtwirtschaftlichen Plänen vorgenommen wurde, entwickelte sich in der Praxis zu einer Mangelwirtschaft.

Der westliche Teilstaat, die ebenfalls 1949 gegründete **Bundesrepublik Deutschland**, erhielt eine demokratische Ordnung und wurde in die westliche Staatengemeinschaft integriert. Die Verfassung dieses Staates, das Grundgesetz, knüpfte an die bürgerlich-liberalen Traditionen der deutschen Geschichte seit der Revolution von 1848/49 an und reflektierte die Erfahrungen der Weimarer Republik. Das Grundgesetz garantierte den Staatsbürgern die Gleichheit vor dem Gesetz, parlamentarisch-demokratische Formen der politischen Mitsprache sowie die unbedingte Einhaltung der Menschen- und Bürgerrechte. Indem diese die Würde des Einzelnen und umfangreiche Freiheitsrechte für die Bürger gewährleisteten, schufen sie die Voraussetzung für eine pluralistische Gesellschaft. Die soziale Marktwirtschaft, in der Produktion, Wirtschaftskreislauf, Preisbildung und Konsum über den freien Markt geregelt wurden und die den Bürgern bestimmte soziale Sicherheiten bot, war die Grundlage für die Entstehung einer erfolgreichen Wohlstandsgesellschaft.

1989/90 In den Jahren 1989/90 begann sie die Struktur des Ost-West-Konfliktes, der mit seiner bipolaren Weltordnung und den zwei machtpolitischen Zentren in Washington und Moskau seit 1945 weltweit bestimmend gewesen war, aufzulösen. Hervorgerufen wurde der tief greifende Wandel durch Umbrüche, die in der Sowjetunion und in den mittelost- und südosteuropäischen Ländern ihren Ausgang nahmen und die 1991 in die Auflösung des sowjetischen Imperiums mündeten.

Die Weltordnung nach dem Ende des Ost-West-Konflikts unterscheidet sich grundlegend von derjenigen, die sich nach 1945 unter den Bedingungen des Bilateralismus und der Blockkonfrontation entwickelt hatte. Diese Ordnung schrieb ein bestimmtes Verhalten vor – nämlich die Gefolgschaft gegenüber dem jeweiligen Block und seiner Vormacht – und belohnte dieses mit Schutz und positiven Sanktionen wie Auslandshilfen und Exportgarantien. Die neue **multipolare Welt-**

B 1 Rudolf Schöpper, „Mauer, Stein und Eisen bricht, aber unsere Liebe nicht", Karikatur, 14. November 1989

— *Diskutieren Sie die Karikatur vor dem Hintergrund der Geschichte Deutschlands nach 1945.*

ordnung dagegen beschränkt sich darauf, abweichendes Verhalten durch negative Sanktionen zu verhindern oder rückgängig zu machen, wie das Beispiel des Golfkrieges 1990/91 zeigt. Sie kann Gefolgschaft nicht mehr vorschreiben, sondern lediglich Kooperation anbieten und Aggressionen kollektiv zurückweisen.

Dass seit dem Wegfall der Bedrohung durch einen nuklearen Zusammenstoß bei regionalen Konflikten der **Krieg wieder als ein Mittel der Politik** eingesetzt wird, haben der Golfkrieg von 1990/91 sowie die Kriege im ehemaligen Jugoslawien (1991–1995) und der Kosovokrieg von 1999 eindringlich vor Augen geführt.

Seit 1989/90 melden verstärkt regionale Führungsmächte ihre Ansprüche an – das Beispiel Ostasiens zeigt es anschaulich. Wirtschaftliche Führungsmacht ist nach wie vor der Industriegigant Japan, dessen Exportoffensiven auf der ganzen Welt berühmt sind und der in scharfem und ungeregeltem Wettbewerb mit anderen ökonomischen Zentren wie den USA und Europa steht. In den letzten Jahrzehnten hat China große Anstrengungen unternommen, seine Wirtschaft zu modernisieren, um seine Rückständigkeit gegenüber anderen Industriestaaten zu überwinden. Zur Beschleunigung seines Wirtschaftswachstums knüpfte es zunehmend wirtschaftliche und politische Kontakte zum westlichen Ausland. Darüber hinaus bemüht sich China, seine außenpolitischen Handlungsspielräume zu erweitern, um seine regionale Großmachtposition zu einer Weltmachtstellung auszubauen.

Auch für **Deutschland** bedeuteten die Jahre 1989/90 eine tiefe Zäsur. Sie eröffneten die Chance zur **Wiedervereinigung** der beiden deutschen Teilstaaten (B 1). Seit dem Beitritt der in der DDR wieder gegründeten Länder am 3. Oktober 1990 zur Bundesrepublik Deutschland gibt es erneut einen deutschen Nationalstaat. Dieser unterscheidet sich jedoch grundlegend von dem 1870/71 entstandenen Deutschen Reich. Das Kaiserreich war ein autoritärer Obrigkeits- und Machtstaat, der 1989/90 gegründete Nationalstaat ist dagegen eine moderne parlamentarische Demokratie mit einer freiheitlich-liberalen Verfassung und fester Verankerung in der westlichen Staats- und Wertegemeinschaft. Damit endete nach Auffassung einiger Historiker der **deutsche „Sonderweg"** einer geteilten Nation. Aber ist Deutschland auf Grund seiner NS-Vergangenheit auch ein „normaler" Nationalstaat wie England, Frankreich oder die USA? Über solche Fragen des politischen Selbstverständnisses der Bundesrepublik Deutschland wird seither in der Öffentlichkeit heftig diskutiert (M 2, 3).

M1 Der Historiker Eberhard Jäckel über das 20. Jahrhundert, 1996

Es war das deutsche Jahrhundert. Kein anderes Land hat Europa und der Welt im 20. Jahrhundert so tief seinen Stempel eingebrannt wie Deutschland, schon im Ersten Weltkrieg, als es im Mittel-
5 punkt aller Leidenschaften stand, dann natürlich unter Hitler und im Zweiten Weltkrieg, zumal mit dem Verbrechen des Jahrhunderts, dem Mord an den europäischen Juden, und in mancher Hinsicht gilt es kaum weniger für die Zeit nach 1945. Die
10 zweite Hälfte des Jahrhunderts war von den Nachwirkungen beherrscht, und noch an seinem Ende nimmt Deutschland wegen dieser Ereignisse einen herausragenden Platz im Gedächtnis der Völker ein.
15 Gewiss könnte man das 20. Jahrhundert auch das amerikanische nennen, denn in ihm vollzog sich der Aufstieg der Vereinigten Staaten zur schließlich einzigen Weltmacht. Oder auch das russische, von Lenins Revolution im Jahre 1917 bis zum Zerfall der Sowjetunion. Aber beide Vorgänge waren, in Herausforderung und Erwiderung, auf eigentümliche Weise durch Deutschland bedingt. Wer anders rief die Vereinigten Staaten zweimal auf die europäische Bühne? Wer schickte Lenin nach Petrograd, wer verschaffte Stalin seinen Ruhm und seine höchste Macht? Natürlich wird kein vernünftiger Betrachter die eigenen Voraussetzungen verkennen, die in beiden Ländern gegeben waren, und doch fällt es schwer, sich das Jahrhundert ohne den maßgeblichen Einfluss Deutschlands vorzustellen. […]
Es versteht sich von selbst, dass dabei Überheblichkeit nicht im Spiele ist und nicht im Spiele sein kann. […] unsere Bezeichnung [rechtfertigt sich]

im Gegenteil allein aus dem, was Deutschland sich selbst und der Welt in diesem Jahrhundert angetan hat. Zweifellos ist es einen besonderen Weg gegangen. Die Herrschaft Hitlers war eine schreckliche Abweichung von den westlichen Traditionen der Demokratie und der Menschenrechte, und der Mord an den europäischen Juden im Zweiten Weltkrieg war sogar einzigartig in dem einfachen Sinne des Wortes, dass es etwas Derartiges zuvor nicht gegeben hatte.
(Eberhard Jäckel, Das deutsche Jahrhundert. Eine historische Bilanz, Deutsche Verlagsanstalt, Stuttgart 1996, S. 7–9)

1 *Diskutieren Sie auf der Grundlage von M 1 über die prägenden Merkmale und Staaten des 20. Jahrhunderts.*

M2 Der Historiker Heinrich August Winkler über Deutschlands Rolle nach 1989/90, 1997

Nach dem Ende aller deutschen Sonderwege […] ist ganz Deutschland erstmals ein demokratischer, fest in den Westen integrierter Nationalstaat. Die Konsequenzen, die sich daraus ergeben, werden den Deutschen erst allmählich bewusst. Solange es alliierte Vorbehaltsrechte in Bezug auf Deutschland als Ganzes gab, hatte sich die Bundesrepublik aus vielen Weltkonflikten heraushalten können. Der Souveränitätszuwachs, der mit der Vereinigung verbunden ist, hat dieser Sonderrolle den Boden entzogen. Das vereinte Deutschland muss als Mitglied der Vereinten Nationen auch auf militärischem Gebiet mehr Verantwortung übernehmen, als der alten Bundesrepublik je zugemutet wurde. Von Seiten seiner östlichen Nachbarn richten sich an das vereinte Deutschland Erwartungen, denen es, wenn überhaupt, nur in engem Zusammenspiel mit seinen Verbündeten gerecht werden kann. Innerhalb der Europäischen Union muss Deutschland gleichzeitig auf die Ausweitung der Gemeinschaft in Richtung der neuen Demokratien im östlichen Mitteleuropa und auf die Demokratisierung der Gemeinschaft drängen. Die Ausweitung der Gemeinschaft ist erforderlich, um die neuen Demokratien dauerhaft zu stabilisieren. Die Demokratisierung ist notwendig, um der Gemeinschaft mehr Rückhalt bei den Bürgern zu geben.
(Heinrich August Winkler, Abschied von den Sonderwegen. Die Deutschen vor und nach der Wiedervereinigung, in: ders., Streitfragen der deutschen Geschichte, C. H. Beck, München 1997, S. 146f.)

M3 Außenminister Joschka Fischer über die Aufgaben deutscher Außenpolitik nach 1989/90, 1998

Die für Europa noch offene und in der näheren Zukunft zu beantwortende „deutsche Frage" wird nunmehr sein, was Deutschland mit seiner wiedererlangten Macht anzustellen gedenkt. Wie verantwortlich und vernünftig wird dieses unter historischem Generalverdacht stehende Deutschland mit seiner Macht umgehen? Freilich ist die deutsche Lage kompliziert. Denn es sind nicht nur das strategische Potenzial des Landes und seine geopolitische Lage – also objektive Faktoren –, die dabei eine beherrschende Rolle spielen werden, sondern angesichts der furchtbaren deutschen Geschichte im 20. Jahrhundert ist im Inland wie im Ausland auch ein subjektiver Faktor von außerordentlicher Bedeutung, nämlich die Macht der kollektiven Erinnerung. Und diese beiden Faktoren, Deutschlands strategisches Potenzial und die Macht der kollektiven Erinnerung, stehen in einem Widerspruch zueinander, der das „deutsche Dilemma", ja die deutsche Zwangslage ausmacht. Deutschland, obwohl zur Hegemonie zu schwach und kulturell dazu absolut ungeeignet, wird dennoch kraft seines Potenzials mehr und mehr in eine Führungsrolle hineinwachsen, ja durch die politischen Verhältnisse Europas in diese Rolle hineingedrängt, während die anhaltende kollektive Erinnerung bei seinen Nachbarn und Partnern exakt jene Führungsrolle mit anhaltendem Misstrauen begleiten wird. […] Verweigert sich Deutschland einer Führungsrolle, gerät es in die Kritik. Nimmt es die Rolle aber wahr, schlagen ihm sehr schnell Misstrauen und die Angst vor einer drohenden „Germanisierung" entgegen.
(Joschka Fischer, Von der Macht der Verantwortung, in: Andrei S. Markovits u. Simon Reich, Das deutsche Dilemma. Die Berliner Republik zwischen Macht und Machtverzicht, Alexander Fest Verlag, Berlin 1998, S. 12f.)

1 *Vergleichen Sie die Argumente in M 2 und 3 über die zukünftigen Aufgaben deutscher Politik miteinander. Stellen Sie Gemeinsamkeiten und Unterschiede heraus.*

2 *Diskutieren Sie die Frage, ob Deutschland heute eine „normale" Nation ist wie England oder Frankreich.*

VIII Der Weg zum Ost-West-Konflikt und die Teilung Deutschlands

Die Luftbrücke nach Berlin während der Berlin-Blockade der Sowjetunion. Berliner Kinder jubeln einem „Rosinenbomber" zu, Foto 1948

Bei Kriegsende im Jahr 1945 bekundeten die beiden neuen Supermächte, die USA und die UdSSR, ihre Absicht, kooperativ eine neue Weltordnung zu schaffen. Aber es kam anders. Kaum zwei Jahre später begann der Ost-West-Konflikt, der eine weltweite Konfrontation nach sich zog. Fortan bestimmte die Bipolarität mit ihren machtpolitischen Zentren in Washington und Moskau das internationale Geschehen. Das politische Denken und Handeln war seitdem vor allem durch die Vorstellung geprägt, es ginge um eine Auseinandersetzung verschiedener Gesellschaftssysteme mit unterschiedlichen Lebensformen, die ständig in eine militärische Auseinandersetzung mit den katastrophalen Folgen eines Atomkrieges umzuschlagen drohte.

Die Konturen der neuen Ordnung wurden von den beiden „Flügelmächten" des internationalen Systems der Zwischenkriegszeit, den USA und der Sowjetunion, bestimmt. Das galt vor allem für die USA, die bei Kriegsende die stärkste machtpolitische Position besaßen. Ihre militärische Überlegenheit war unangefochten. Auch auf Grund ihres wirtschaftlichen Potenzials waren die USA, von keinerlei Kriegszerstörungen betroffen, eindeutig die Führungsmacht.

Die Sowjetunion ging dagegen geschwächt aus dem Krieg hervor. Der Verlust von Millionen Menschen, die verheerenden Kriegsschäden in weiten Teilen des Landes und die gewaltigen Rüstungsanstrengungen hatten die Wirtschaft um Jahre zurückgeworfen. Allein die siegreiche Rote Armee und die zunächst noch relativ schwachen kommunistischen Parteien in den Staaten, die von Russland erobert worden waren bzw. kontrolliert wurden, bildeten in der unmittelbaren Nachkriegszeit die Grundlage für Moskaus Weltmachtstellung. Die weltpolitischen Handlungsspielräume der UdSSR waren daher anfangs wesentlich kleiner als die der USA.

Der Übergang von der Kooperation zur Konfrontation zwischen den USA und der UdSSR wirkte sich unmittelbar auf Deutschland aus. In vielen Fragen der Nachkriegsordnung konnten sich die beiden Supermächte nicht zu einer gemeinsamen Position durchringen. Denn die Vorstellungen von Amerikanern und Sowjets über die zukünftige Organisation von Staat, Gesellschaft und Wirtschaft klafften weit auseinander. Zu groß waren die prinzipiellen Gegensätze zwischen parlamentarischer Demokratie und Einparteienstaat, zwischen pluralistisch-freiheitlicher und kommunistischer Gesellschaft, zwischen marktwirtschaftlich-kapitalistischer und planwirtschaftlich-sozialistischer Wirtschaftsordnung. Als zu stark erwies sich außerdem die Angst des Westens vor kommunistischer Expansion bzw. die Furcht der Sowjetunion vor kapitalistischer Einkreisung, sodass im Endeffekt das gegenseitige Misstrauen zwischen den beiden Weltmächten zunahm.

Da die Besatzungsmächte 1945 bis 1949 in ihren Zonen das politische Sagen hatten, trennten sich in der Deutschlandpolitik mit der Verschärfung des Ost-West-Gegensatzes die Wege. Aus den drei Westzonen wurde auf Veranlassung der Westmächte im Mai 1949 die Bundesrepublik Deutschland gegründet. Ein halbes Jahr später erklärte sich die Ostzone unter ihrer Führungsmacht Sowjetunion zum eigenständigen Staat, zur Deutschen Demokratischen Republik. Seitdem war Deutschland in zwei Staaten gespalten und wurde zu einem zentralen Schnittpunkt im weltweiten Ost-West-Konflikt.

1 Die USA und die Sowjetunion als Weltmächte – ein Rückblick

1.1 Die USA im Zeitalter der Weltkriege

USA und Westmächte zu Beginn des Ersten Weltkriegs

Als im August 1914 der **Erste Weltkrieg** zwischen den europäischen Großmächten ausbrach, blieben die USA zunächst **neutral.** Auch die Industrie und die Banken unterstützten diesen Kurs, doch die Sympathien der meinungsbildenden Ostküstenelite galten von Anfang an Großbritannien und Frankreich, mit denen man sich enger verbunden fühlte als mit den monarchisch-konservativen Mittelmächten Deutschland und Österreich-Ungarn. Überdies waren die wirtschaftlichen Beziehungen zwischen den USA und den Westmächten, vor allem zu Großbritannien, intensiver als zu den Mittelmächten.
Banken gewährten Frankreich und Großbritannien großzügig Kredite. Amerikaner zeichneten Kriegsanleihen zu Gunsten der Westmächte und die amerikanische Regierung lieferte ihnen Nahrungsmittel und Industriegüter. Ein Sieg der Mittelmächte hätte amerikanische Kapital- und Wirtschaftsinteressen empfindlich getroffen.

USA und Mittelmächte – der Kriegseintritt

Die außenpolitischen Konzeptionen der USA und des Deutschen Reiches waren schon lange vor Kriegsausbruch nicht mehr vereinbar. In Berlin stellte man seit den 1890er-Jahren Überlegungen an, ob man sich nicht durch die Bildung eines europäischen Kontinentalblocks unter deutscher Führung gegen Russland und die aufstrebende Weltmacht USA behaupten müsse. Die USA lehnten dagegen Blockbildungen in Europa ab, weil sie ihre wirtschaftlichen Interessen gefährdeten. Gegenüber den Europäern vertraten sie die Ideen des **Freihandels,** der **nationalen Selbstbestimmung** und der **friedlichen Konfliktregelung** durch Schiedsgerichte.

B 1 George Luks, Nacht des Waffenstillstands, 1918, Öl auf Leinwand

— *Beschreiben Sie, wie der Maler Luks das Ende des Ersten Weltkriegs darstellt.*

Aus amerikanischer Sicht war der deutsche Einmarsch in Belgien der Beweis für das Hegemonialstreben des Deutschen Reiches. Als die Reichsregierung die – völkerrechtswidrige – Blockade Deutschlands durch die britische Flotte mit dem U-Boot-Krieg gegen die Nachschublinien Frankreichs und Großbritanniens beantwortete, schlug die öffentliche Meinung in den USA um. Bei der Torpedierung des britischen Schiffes Lusitania 1915 fanden auch Amerikaner den Tod. Wegen der US-Proteste hielt sich das Reich im U-Boot-Krieg zunächst wieder zurück. Aus amerikanischer Sicht war es aber ein unverzeihlicher Fehler, dass Deutschland Mexiko auf die Seite der Mittelmächte ziehen wollte und ihm versprach, seine Ansprüche auf die 1848 verlorenen Gebiete, also auf den ganzen Südwesten der USA, zu unterstützen. Anfang 1917 wollte die Reichsregierung eine schnelle Kriegsentscheidung erzwingen und verkündete den uneingeschränkten U-Boot-Krieg. Dies führte Anfang April 1917 zur **Kriegserklärung der USA** (M 1).

| Weltwirtschaftsmacht USA |

Aus dem Ersten Weltkrieg sind die Vereinigten Staaten als **stärkste Wirtschaftsmacht** hervorgegangen und haben Großbritannien, das in den 50 Jahren zuvor Welthandel und Weltfinanzen beherrscht hatte, in dieser Rolle abgelöst. Die Vereinigten Staaten von Amerika waren erst 1917 in den „Großen Krieg" eingetreten und konnten deshalb ihre Wirtschaftsleistung durch die Auseinandersetzungen in Europa erheblich steigern. Vor allem die Kriegslieferungen an Großbritannien und Frankreich hatten das Land **vom Schuldner zum größten Kreditgeber der Welt** gemacht. Bei Kriegsende waren europäische Länder in den USA mit mehr als 10 Mrd. Dollar verschuldet. Und für die Umstellung der Kriegs- auf Friedenswirtschaft, die Versorgung der Kriegsversehrten, den Wiederaufbau der Städte und – im Falle Deutschlands – die Überweisung von Reparationszahlungen in völlig neuen Größenordnungen brauchte Europa Kapital, über das einzig die Vereinigten Staaten verfügten (Karte 1).

B 2 Verletzter US-Kriegsveteran bei einer Siegesparade nach dem Ersten Weltkrieg, zeitgenössische Fotografie

— *Vergleichen Sie die Fotografie mit dem Gemälde von Luks (B 1). Welche Sicht vom Kriegsende vermittelt B 1, welche Sicht der Fotograf in B 2?*

Die USA hatten den Krieg mit relativ wenig Verlusten überstanden und waren bis 1918 zum größten Agrar- und Industriestaat der Welt aufgestiegen. Sie konnten sowohl Industrieerzeugnisse als auch Lebensmittel billiger herstellen als Europa und obendrein Überschüsse für den Export produzieren. Befreit von der Notwendigkeit, Waren zu importieren, konnten die USA große Mengen Gold erwerben, die für die Vergabe von Krediten zur Verfügung standen.

| Außenpolitik: Rückkehr zum Isolationismus | Ungeachtet der Vorherrschaft der USA auf wirtschaftlichem Gebiet gab es bei den Amerikanern ein breites Bedürfnis, sich nach Ende des Krieges möglichst schnell aus Europa zurückzuziehen und sich auf die isolationistischen Mahnungen George Washingtons aus der Gründerzeit zu besinnen. Zwar hatte der republikanische Präsident **Woodrow Wilson** (1913–1921) als Kriegsziel der USA die weltweite Verbreitung von Frieden und Gerechtigkeit erklärt und in seinen im Januar 1918 verfassten „**14 Punkten**" allen Völkern das Recht auf nationale Selbstbestimmung zugesichert; auch sollte ein Völkerbund in Zukunft die internationale Sicherheit garantieren und Deutschland keine Reparationszahlungen leisten müssen. Aber Wilsons Haltung zur aktiven Rolle der USA in der internationalen Politik fand innenpolitisch keinen Rückhalt. Als er beispielsweise im Dezember 1918 zu den Friedensverhandlungen nach Frankreich fuhr, wurde er dort als erster US-Präsident auf europäischem Boden stürmisch begrüßt; als er hingegen im September 1919 eine Vortragsreise durch die USA unternahm, um die amerikanische Öffentlichkeit für den Friedensvertrag und den Völkerbund zu gewinnen, fand er keine Resonanz. Im Gegenteil: Nach zwei negativen Voten des Senats erklärte der amerikanische **Kongress** 1921 lediglich den Krieg gegen Deutschland für beendet und **lehnte**

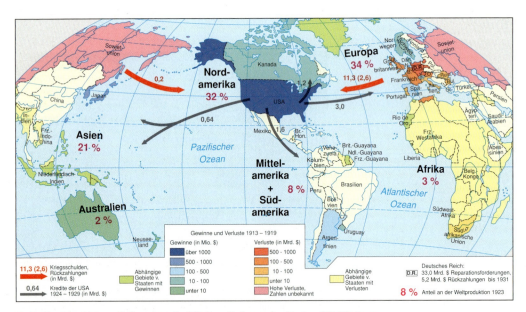

Karte 1 Die USA und die wirtschaftlichen Folgen des Ersten Weltkriegs

— Erarbeiten Sie aus der Karte die ökonomischen Beziehungen zwischen den Staaten und erläutern Sie die besondere Position der USA.
— Für diese Karte wurde eine andere Darstellung als die übliche europazentrische gewählt. Diskutieren Sie diese Darstellungsform.

den Beitritt der USA **zum Völkerbund** ab (M 2). Wilsons Konzept, eine neue Ära internationaler Kooperation und kollektiver Sicherheitswahrung einzuleiten, in der die USA ihre außenpolitische Entscheidungs- und Handlungsfreiheit möglicherweise hätten einschränken müssen, war nicht mehrheitsfähig. In den Präsidentschaftswahlen von 1920 siegte der Republikaner Warren Harding, der versprach, wieder „normale Zeiten" einkehren zu lassen.

| Rückkehr in die Weltpolitik | Das nationalsozialistische Deutschland, das faschistische Italien und das sich zur asiatischen Großmacht entwickelnde Japan haben mit ihrer expansiven Politik im Laufe der 1930er-Jahre in den USA ein **Abrücken vom Isolationismus** bewirkt. Japan wurde obendrein zur Herausforderung, weil damals der Textilmarkt in den USA von japanischen Produkten gleichsam überschwemmt wurde, etwa so wie heute die amerikanische Autoindustrie von der japanischen Konkurrenz überholt wird. Außerdem versuchten die USA im pazifischen Raum und in China, der eigenen Industrie gegenüber der japanischen den Vorrang zu verschaffen. Deutschland wiederum geriet wegen seines antidemokratischen Systems zunehmend zur Herausforderung. Mit der so genannten Quarantäne-Rede (M 3) signalisierte Präsident Roosevelt 1937, dass die USA bereit waren, zur Verteidigung der Demokratie von ihrer Zurückhaltung in der internationalen Politik abzurücken.

Nach dem japanischen Angriff auf China (1937) und der Konferenz von München (1938), auf der die westlichen Demokratien vor Hitler zurückgewichen waren und die Tschechoslowakei geopfert hatten, begannen die USA mit der Aufrüstung (M 5). Zwar verfügten die Vertreter des Isolationismus noch über starken Rückhalt in der öffentlichen Meinung und im Kongress und auch die Regierung wahrte bis zum Kriegseintritt im Dezember 1941 offiziell ihre Neutralität (B 5). Aber gleich nach Ausbruch des Krieges in Europa 1939 erhielt Großbritannien Rüstungs- und Wirtschaftshilfe (M 6) und die Atlantikcharta vom August 1941 war auch eine Erklärung britisch-amerikanischer Kriegsziele. Eine Umfrage unter der amerikanischen Bevölkerung vom Sommer 1941 ergab, dass die Amerikaner es nun für wichtiger hielten, Deutschland zu besiegen, als die Vereinigten Staaten aus dem europäischen Krieg herauszuhalten (M 4).

| Eintritt in den Weltkrieg | Die Amerikaner haben mit einem Kriegseintritt gerechnet, obwohl der Auslöser viele überraschte. Während im Atlantik die britische Flotte die Nachschublinien in die USA offen halten und dieses Weltmeer gemeinsam mit den USA kontrollieren konnte, war die Entwicklung für die USA in Ostasien bedrohlicher. Durch den Sieg Deutschlands über die Kolonialmächte Frankreich und Niederlande (1940) war nämlich in Ostasien, wo Franzosen und Niederländer Kolonien besaßen, ein Machtvakuum entstanden. Gegenüber der Sowjetunion mit einem Neutralitätspakt abgesichert, nutzte Japan diese strategisch günstige Lage, um in die rohstoffreichen Kolonien Südostasiens vorzudringen. Als die USA den Rückzug Japans aus China verlangten und ihre Öl- und Erzlieferungen einstellten, griffen japanische Flugzeuge am **7. Dezember 1941** den amerikanischen Flottenstützpunkt **Pearl Harbor** im Pazifik an. Drei Tage später erklärten Deutschland und auch Italien den USA den Krieg.

| Die US-Gesellschaft während des Krieges | Obwohl die Amerikaner während des Krieges **kaum militärischen Angriffen** ausgesetzt waren, hat der Krieg auch die amerikanische Gesellschaft verändert. Rund 14 Mio. Männer und Frauen dienten in den Streitkräften, weitere 10 Mio. kamen in neu geschaffenen zivilen Arbeitsplätzen unter. Durch die Mobilisierung der wirtschaftlichen und militärischen Kräfte des Landes (M 6) **wuchs die Industrieproduktion** auf das Zweieinhalbfache des Vorkriegsniveaus und bewirkte einen **Abbau der Arbeitslosigkeit**. Im Westen, vor allem in Kalifornien, entstanden durch Schiff- und Flugzeugbau neue Industriezent-

B 3 Plakat aus den USA, um 1942   B 4 Fotografie aus den USA, um 1942

— Analysieren Sie die Rolle der Frauen in der amerikanischen Gesellschaft während des Zweiten Weltkriegs.

ren, die Arbeitskräfte aus den ländlichen Regionen des Südens anzogen. Die Einkommen stiegen: Betrug der durchschnittliche Wochenlohn 1939 rund 24 Dollar, waren es 1945 rund 44 Dollar. Trotz der kriegsbedingten Knappheit von Konsumgütern stieg erstmals seit der Weltwirtschaftskrise wieder in breiten Bevölkerungskreisen der Lebensstandard.
Der Krieg unterbrach zwar den Ausbau des Sozialversicherungssystems, New-Deal-Behörden wurden teilweise aufgelöst und einige Historiker sprechen sogar vom „Ende des New Deal" (N. A. Wynn). Aber die Kombination von staatlicher Lenkung und privatkapitalistischem Wirtschaftssystem hatte ihre Effizienz zur Bewältigung der Kriegslasten bewiesen. Die scharfe, für die Kriegsfinanzierung 1942 eingeführte Steuerprogression führte sogar dazu, dass nun fast jeder Amerikaner Steuern zahlen musste und dass sich die Einkommen gleicher verteilten: Der Anteil der reichsten 5 % der Amerikaner am Volkseinkommen sank zwischen 1939 und 1945 von rund 24 auf 17 %. Auch wurden durch den Krieg mehr Frauen in den Erwerbsprozess integriert, und zwar im Gegensatz zum Ersten Weltkrieg nun dauerhaft (B 3, B 4). Der Grundsatz der gleichen Bezahlung für gleiche Arbeit konnte sich in der Praxis jedoch nicht durchsetzen.
Der Krieg hatte die **Spannungen zwischen den ethnischen Gruppen** erhöht. Zwar gab es im Unterschied zum Ersten Weltkrieg keine Übergriffe auf Amerikaner deutscher oder italienischer Herkunft, aber Amerikaner japanischer Herkunft mussten sich rassistischer Übergriffe erwehren und behördliche Internierung in Lagern erdulden. Amerikaner mexikanischer Herkunft und die 13 Mio. schwarzen Amerikaner litten weiterhin unter den Diskriminierungen und der Nichtberücksichtigung durch die Maßnahmen des „New Deal". 1940 forderten daher Bürgerrechtsorganisationen den Abbau aller Diskriminierungen in der Wirtschaft und in den Streitkräften. Tatsächlich ordnete die Bundesregierung im Juni 1941 an, Diskriminierungen in der Rüstungs-

industrie zu beenden; 1940 wurde der erste schwarze General in die Armee berufen. Auch verbesserte sich die wirtschaftliche Lage der Schwarzen vor dem Hintergrund des 1942 einsetzenden Arbeitskräftemangels. Aber immer noch verdiente 1945 eine schwarze Familie nur halb so viel wie eine weiße.

M1 Aus der Kriegsbotschaft Woodrow Wilsons vom 2. April 1917

Ein beständiges Zusammenspiel für den Frieden kann nicht anders erhalten werden als durch eine Partnerschaft demokratischer Nationen. Keiner autokratischen Regierung könnte man vertrauen, dass sie ihm die Treue hält und seine Abkommen beachtet. Es muss ein Bund der Ehre, eine Partnerschaft der Meinung sein. Die Intrige würde seine Lebenskraft verzehren; die Anschläge engerer Kreise, die planen könnten, was sie wollten, und niemandem Rechenschaft ablegten, wären eine Verderbnis, die ihm am innersten Herzen säße. Allein freie Völker können ihre Zwecke und ihre Ehre stetig auf ein gemeinsames Ziel richten und die Interessen der Menschheit jedem engeren Eigeninteresse verordnen.

[...] Die Welt muss sicher gemacht werden für die Demokratie. Ihr Friede muss auf den erprobten Grundlagen politischer Freiheit errichtet werden. Wir haben keine selbstischen Ziele, denen wir dienen. Wir verlangen nach keiner Eroberung, keiner Herrschaft. Wir suchen keinen Schadenersatz für uns selbst, keine materielle Entschädigung für die Opfer, die wir bereitwillig bringen werden. Wir sind lediglich einer der Vorkämpfer für die Rechte der Menschen. Wir werden befriedigt sein, wenn diese Rechte so gesichert sein werden, wie die Redlichkeit und die Freiheit der Nationen sie eben sichern können.

[...] Es ist eine fürchterliche Sache, dieses große friedfertige Volk in den Krieg zu führen, in den schrecklichsten und verheerendsten aller Kriege, in dem die Zivilisation selbst auf dem Spiele zu stehen scheint. Aber das Recht ist wertvoller als der Friede und wir werden für die Dinge kämpfen, die wir stets unserem Herzen zunächst getragen haben – für die Demokratie, für das Recht jener, die der Autokratie unterworfen sind, für ein Mitspracherecht bei ihrer Regierung, für die Rechte und Freiheiten kleiner Nationen, für eine allgemeine Herrschaft des Rechts durch ein Konzept der freien Völker, das allen Nationen Frieden und Sicherheit bringen und die Welt selbst endlich frei machen wird.
(Ch. A. Conant, The United States in the Orient, Boston/New York 1900, S. 92ff.)

1 *Nennen Sie die Gründe dafür, dass die USA ihre Neutralität im Ersten Weltkrieg aufgaben.*
2 *Erläutern Sie die Ziele Präsident Wilsons im Ersten Weltkrieg.*

M2 Kritik des amerikanischen Staatssekretärs des Auswärtigen, Robert Lansing, am Versailler Vertrag (8. Mai 1919)

Der durch den Vertrag geschaffene Völkerbund soll – darauf vertraut man – den künstlichen Aufbau am Leben erhalten, der auf dem Wege des Kompromisses der widerstreitenden Interessen der Großmächte errichtet wurde, und ein Keimen der Kriegssaat, die in so vielen Paragrafen ausgesät ist und unter normalen Bedingungen bald Früchte tragen würde, verhindern. Der Bund könnte ebenso gut das Wachstum der Pflanzenwelt in einem tropischen Dschungel verhindern. Kriege werden früher oder später entstehen.

Man muss von vornherein zugeben, dass der Bund ein Werkzeug der Mächtigen ist, um das normale Wachstum nationaler Macht und nationaler Bestrebungen bei jenen aufzuhalten, die durch die Niederlage machtlos geworden sind. Prüft den Vertrag, und ihr werdet finden, dass Völker gegen ihren Willen in die Macht jener gegeben sind, die sie hassen, während ihre wirtschaftlichen Quellen ihnen entrissen und anderen übergeben sind. Hass und Erbitterung, wenn nicht Verzweiflung, müssen die Folgen derartiger Bestimmungen sein. Es mag Jahre dauern, bis diese unterdrückten Völker im Stande sind, ihr Joch abzuschütteln, aber so gewiss, wie die Nacht auf den Tag folgt, wird die Zeit kommen, da sie den Versuch wagen.

Dieser Krieg wurde von den Vereinigten Staaten geführt, um für immer Zustände zu vernichten, die ihn hervorbrachten. Diese Zustände sind nicht zerstört worden. Andere Zustände, andere Bedingungen haben sie verdrängt, die nicht minder als jene den Hass, die Eifersucht, den Argwohn wecken. An Stelle des Dreibundes und der Entente hat sich der Fünfbund erhoben, der die Welt beherrschen soll. Die Sieger in diesem Kriege gedenken ihren vereinten Willen den Besiegten aufzuzwingen und alle Interessen ihren eigenen unterzuordnen.

B 5 Die USA am Scheideweg, Karikatur, USA, März 1939

— *Interpretieren Sie die Karikatur vor dem Hintergrund der weltpolitischen Lage Ende der 1930er-Jahre.*

Es ist wahr, dass sie, um die wach gewordene öffentliche Meinung der Menschheit zu befriedigen und dem Idealismus des Moralisten etwas zu bieten, die neue Allianz mit einem Heiligenschein umgeben und „Bund der Völker" genannt haben. Doch wie man ihn auch nennen oder sein Wesen verkleiden mag, er bleibt eine Allianz der fünf großen Militärmächte.
Wozu die Augen vor der Tatsache verschließen, dass die Macht, durch Anwendung vereinter Kraft der „Fünf" Gehorsam zu erzwingen, das Grundprinzip des Bundes ist. Gerechtigkeit kommt in zweiter Linie, die Macht geht vor.
Der Bund, wie er jetzt besteht, wird der Habgier und Intrige anheim fallen; und die Bestimmung der Einstimmigkeit im Rate, die eine Schranke hiergegen bieten könnte, wird durchbrochen werden oder die Organisation machtlos machen. Sie soll dem Unrecht den Stempel des Rechts aufdrücken. Wir haben einen Friedensvertrag, aber er wird keinen dauernden Frieden bringen, weil er auf dem Treibsand des Eigennutzes gegründet ist.
(Günter Schönbrunn [Hg.], Geschichte in Quellen, Bd. 6, bsv, München ³1979, S. 128f.)

1 *Mit welchen Argumenten begründet Lansing seine ablehnende Haltung gegenüber dem Völkerbund? Welche Tradition der amerikanischen Außenpolitik wird dadurch aufgegriffen?*
2 *Analysieren Sie M 2 mit Blick auf die Ziele der amerikanischen Außenpolitik nach dem I. Weltkrieg.*

M3 Franklin D. Roosevelt in einer Rede am 5. Oktober 1937 in Chicago („Quarantäne-Rede")

Ich bin gezwungen und Sie sind gezwungen, in die Zukunft zu blicken. Friede, Freiheit und Sicherheit von neunzig Prozent der Menschheit werden von den übrigen zehn Prozent gefährdet, durch die der Zusammenbruch aller Ordnung und allen Rechts im internationalen Leben droht.
Die Situation ist zweifellos für die ganze Welt von größter Bedeutung. Unglückseligerweise scheint die Epidemie der Gesetzlosigkeit sich auf der Welt auszubreiten.
Wenn eine Krankheit sich epidemisch ausbreitet, beschließt die Gemeinschaft, um sich vor Ansteckung zu schützen, die Patienten in Quarantäne zu legen. Der Krieg ist eine Seuche, ob er nun erklärt ist oder nicht. Er kann Staaten und Völker verschlingen, die vom ursprünglichen Schauplatz der Feindseligkeit weit entfernt sind.

Wenn die Zivilisation bestehen bleiben soll, müssen die Grundsätze des Friedensfürsten wieder hochgehalten werden. Das Vertrauen zwischen den Völkern muss wiederhergestellt werden. Am allerwichtigsten ist, dass der Wille zum Frieden von Seiten der friedliebenden Völker so deutlich zum Ausdruck kommt, dass Völker, die vielleicht in Versuchung geraten, ihre Verträge und die Rechte anderer Völker zu verletzen, davon Abstand nehmen. Es müssen positive Bestrebungen vorhanden sein, den Frieden zu bewahren.
(Franklin D. Roosevelt, Links von der Mitte. Briefe, Reden, Konferenzen, hg. v. D. Day, Fischer, Frankfurt/Main 1951)

1 Fassen Sie den Inhalt der Rede kurz zusammen.
2 Erklären Sie, ob und inwieweit sich in dieser Rede ein Wandel in der Außenpolitik der USA nach dem Ersten Weltkrieg zeigt.

M4 Franklin D. Roosevelt in einer Rede am 6. Januar 1941

Unsere Politik läuft auf Folgendes hinaus:
Erstens haben wir uns zu einer allumfassenden Landesverteidigung verpflichtet. – Zweitens haben wir uns zur vollen Unterstützung aller jener standhaften Völker verpflichtet, die überall den Angreifern entschlossenen Widerstand leisten und hierdurch den Krieg von unserem Erdteil fern halten. – Drittens haben wir uns aus Moralprinzipien und in der Sorge um unsere eigene Sicherheit dazu verpflichtet, niemals zu einem Frieden unser Einverständnis zu geben, der von den Angreifern diktiert und von Beschwichtigungspolitikern unterstützt wird. Wir wissen, dass ein dauernder Friede nicht um den Preis der Freiheit anderer Völker erkauft werden kann.
Für die Zukunft, die wir zu sichern versuchen, erhoffen wir eine Welt, die sich auf vier wesentliche menschliche Freiheitsrechte gründet.
Das erste ist die Freiheit der Rede und der Meinungsäußerung – überall in der Welt.
Das zweite ist die Freiheit für jeden, Gott auf seine Weise zu verehren – überall in der Welt.
Das dritte ist die Freiheit von Not – was, international gesehen, so viel heißt wie wirtschaftliche Abkommen, die der Bevölkerung jedes Landes gesunde Friedensverhältnisse sichern – überall in der Welt.
Das vierte ist die Freiheit von Furcht – was, international gesehen, so viel heißt wie eine die ganze Welt betreffende Abrüstung bis zu dem Grade und so gründlich, dass keine Nation in der Lage sein wird, einen Angriffsakt gegen ein Nachbarland zu begehen – überall in der Welt.
(Ebd.)

1 Beschreiben Sie die Ziele der US-Außenpolitik.
2 Vergleichen Sie die Rede Roosevelts mit M 1 und interpretieren Sie sie im Hinblick auf
a) Prinzipien der US-Außenpolitik und
b) deren Wandlungen angesichts der weltpolitischen Veränderungen zwischen 1937 und Januar 1941.

M5 Rüstungsausgaben der USA 1930–1938 (in Mio. Dollar zum Wert von 1990)

Jahr	Ausgaben	Jahr	Ausgaben
1930	699	1936	932
1933	570	1937	1 032
1934	803	1938	1 131
1935	806		

(Paul Kennedy, Aufstieg und Fall der großen Mächte, Fischer, Frankfurt/Main 1991, S. 451)

M6 Rüstungsausgaben der USA im Vergleich zu anderen Ländern 1940–1943 (in Mio. Dollar zum Wert von 1944)

Jahr	USA	Großbr.	UdSSR	Summe der Alliierten
1940	(1 500)	3 500	(5 000)	3 500
1941	4 500	6 500	8 500	19 500
1943	37 500	11 100	13 900	62 500

Jahr	Dtld.	Ital.	Japan	
1940	6 000	750	(1 000)	6 750
1941	6 000	1 000	2 000	9 000
1943	13 800	–	4 500	18 300

(Ebd., S. 530)

1 Erläutern Sie die Entwicklung der Rüstungsausgaben in den USA in den 1930er-/40er-Jahren (M 5, M 6).
2 Welche Auswirkungen hatten die Rüstungsanstrengungen auf Wirtschaft und Gesellschaft der USA?
3 Bewerten Sie, ausgehend von M 5, das politische Gewicht und Engagement der USA unter den Alliierten im Zweiten Weltkrieg.

1.2 Die UdSSR seit 1917: Zwischen Oktoberrevolution und Stalinismus

> Oktoberrevolution 1917

Die Oktoberrevolution 1917 bewirkte in Russland einen Systemwechsel: Allerdings entstand nach dem Ende der 400-jährigen Zarenherrschaft keine Demokratie. Vielmehr setzten sich die Bolschewiki durch, die eine **totalitäre Diktatur** (M 7) im russischen Reich errichteten, das 1922 in Sowjetunion umbenannt wurde. Kennzeichnend für den russischen Kommunismus war die Alleinherrschaft der Staatspartei und ihrer allmächtigen Bürokratie, die, gestützt auf den Personenkult (B 6), das gesamte gesellschaftliche Leben kontrollierte. Das planwirtschaftliche Vorantreiben der Industrialisierung und die Kollektivierung der Landwirtschaft bildeten die Eckpfeiler der wirtschaftlichen „Modernisierung von oben" mit enormen sozialen Kosten. Dem Terror der Zwangskollektivierung und den Säuberungen in Partei und Militär fielen Millionen Menschen zum Opfer. Um Kapital für die Industrialisierung freizusetzen, wurde der größte Teil der Bevölkerung auf einem niedrigen Lebensstandard gehalten und der Investitionsgüterindustrie absoluter Vorrang eingeräumt, vor allem dem Rüstungsgütersektor. Ein ausschließlich technizistisches Entwicklungskonzept und der skrupellose Machtbehauptungswille der Führungselite lähmten die Kräfte der Gesellschaft und beschnitten die Rechte des Einzelnen. Aber auch die Selbstständigkeitsbestrebungen der zahlreichen Nationalitäten in dem Vielvölkerstaat wurden nach wie vor radikal unterdrückt.

> Russland im Ersten Weltkrieg

Schon wenige Monate nach dem Eintritt Russlands in den Ersten Weltkrieg zeigte sich, dass sein **militärisches Potenzial dem der Mittelmächte deutlich unterlegen** war. Anfangserfolge in Ostpreußen und Galizien riefen entschlossene Gegenoffensiven hervor; ab 1915 verlief die Front im eigenen Land und erstarrte zu einem zermürbenden Stellungskrieg. Zunehmend machten sich Rohstoff- und Energiemangel, Transport- sowie Versorgungsprobleme bemerkbar. Die heimische Industrie konnte den Materialbedarf des modernen Krieges nur unzureichend befriedigen. Die neu eingezogenen Mannschaften kamen immer schlechter ausgerüstet und oft kaum ausgebildet an die Front. Kriegsopfer in Millionenhöhe führten zu einem Vertrauensverlust in die militärische Führung. Nach dem Scheitern der Brussilow-Offensive im Sommer 1916 glaubten nurmehr wenige an einen Sieg. Seitdem häuften sich die Befehlsverweigerungen, die Zahl der Fahnenflüchtigen nahm zu.

Auch hinter der Front führte der Verlauf des Krieges zu **Unmut und Kriegsmüdigkeit**. Die Landbevölkerung, aus der sich der weitaus größte Teil des russischen Heeres rekrutierte, musste die Einberufung von fast 50% aller männlichen Dorfbewohner im arbeitsfähigen Alter verkraften. Die Erträge ihrer Höfe gingen zurück, weil Pferde und oft auch Milchkühe an die Armee abgetreten werden mussten. Die Armut in den Dörfern verschlimmerte sich und führte zu einer steigenden Zahl bäuerlicher Unruhen.

Bedrohlicher noch für die Stabilität des russischen Reiches war die soziale Entwicklung in den Städten, wo zwar die Löhne stiegen, durch eine galoppierende Inflation jedoch entwertet wurden. Parallel dazu verschlechterte die Anspannung aller kriegswichtigen Bereiche die Arbeitsbedingungen drastisch. Die kriegsbedingt anhaltende Zuwanderung ländlicher Arbeiter und die Flüchtlingsströme aus den Kampfgebieten verschärften die Wohnungsnot, zumal in den Industrieorten. Die größten Probleme bereitete die sich zuspitzende Versorgungslage. Lebensmittel wurden zur Mangelware. Behördliche Maßnahmen, die Not zu lindern, schlugen fehl und führten ab Herbst 1916 zu einer schweren Krise. Die gesellschaftlichen Gegensätze verschärften sich dramatisch und riefen eine Welle von **Streiks und Demonstrationen** hervor.

Um die Bevölkerung für seine Ziele einzunehmen und Zeit für deren Umsetzung zu gewinnen, brauchte Lenin nach der Oktoberrevolution nichts dringender als den Frieden. Er befürwortete deshalb die Annahme der überaus harten Friedensbedingungen, die Mitte Dezember 1917 von der deutschen Heeresleitung übermittelt wurden. Der Widerstand im Zentralkomitee der Bolschewiki war groß und verzögerte die Verhandlungen. Angesichts des völligen Zusammenbruchs der russischen Armee, des Ausbleibens der erhofften Revolution in Deutschland und Österreich-Ungarn sowie der Fortsetzung des Vormarsches der Mittelmächte gab es jedoch keine andere Wahl. Um ein Ende der Kampfhandlungen und die Räumung der mittlerweile besetzten Gebiete zu erreichen, musste Russland im **Frieden von Brest-Litowsk** vom 3. März 1918 der Abtretung von Finnland, Polen, Litauen und der Ukraine zustimmen. Es verlor damit 32 % des anbaufähigen Landes, 26 % seines Eisenbahnnetzes, 54 % der Textilindustrie und 89 % seiner Eisenindustrie und Kohlebergwerke.

Der Brester Diktatfriede erschütterte die Machtposition der Partei Lenins, der angesichts der neuen Westgrenze seinen Regierungssitz nach Moskau verlegte. Der Protest der linken Sozialrevolutionäre führte zum Bruch der Koalitionsregierung und im Sommer 1918 zu mehreren Putschversuchen, hinter denen der einstige Koalitionspartner stand. Hohe Parteifunktionäre, am Ende auch Lenin, wurden das Ziel von Attentaten, die das Regime mit einer Verschärfung des Terrors beantwortete. Ende September etablierte sich in Ufa ein gemeinsames „Direktorium" aller nicht bolschewistischen Kräfte, die mit militärischen Mitteln den Sturz des Sowjetregimes betrieben. Sie verbanden sich dabei mit den nationalen Minderheiten des Landes, die seit Ende 1917 aus dem russischen Staat herausdrängten. Mit Blick auf die gelungene Loslösung des Baltikums, der Ukraine, Polens und Weißrusslands erklärten im April/Mai 1918 der Nordkaukasus und die transkaukasischen Völker (Georgien, Armenien, Aserbaidschan) ihre Unabhängigkeit. Wenig später erfasste das Streben nach Unabhängigkeit auch weite Gebiete Mittelasiens und Sibiriens.

Der Aufstand der Gegner Lenins wurde von Beginn an durch die Westalliierten gefördert. Sie wollten das kommunistische Experiment der Bolschewiki bereits im Keim ersticken, um seine befürchtete Ausbreitung von vornherein zu verhindern. Sie hofften in Russland erneut patriotische Politiker an die Macht zu bringen, die durch den Wiedereintritt in den Krieg eine Truppenverlegung der Mittelmächte nach Westen verhindern würden. Die Entente unterstützte das antibolschewistische Lager mit Geld, Waffen, Munition und militärtechnischem Wissen. Bereits im März 1918 begann daneben die direkte Intervention, an der sich England, Japan, Frankreich, die USA und zahlreiche andere Staaten beteiligten. Hinzu trat der erneute Vormarsch deutscher Truppen, der erst durch die Novemberrevolution 1918 in Deutschland sein Ende fand.

Der **russische Bürgerkrieg,** der von einer Vielzahl von Bauernaufständen begleitet wurde, dauerte vom Frühjahr 1918 bis Oktober 1920 und endete nach einem überaus wechselvollen Verlauf mit dem Sieg der Bolschewiki. Die Kämpfe stürzten das Land in die bislang größte Krise seiner Geschichte und wurden von allen Seiten mit höchster Grausamkeit geführt. Sie kosteten rund 11 Mio. Menschen das Leben, darunter etwa 6 Mio. Bauern, die durch die Nahrungskonfiskationen der Krieg führenden Parteien dem Hungertod preisgegeben oder durch Gewaltmaßnahmen getötet wurden. 3 Mio. Angehörige des Adels und des Bürgertums sahen sich gezwungen, ihre Heimat zu verlassen. Prominentestes Opfer war die Zarenfamilie, die im Juli 1918 von Mitgliedern der Tscheka, der politischen Polizei des bolschewistischen Russlands, exekutiert wurde.

| Herrschaft Stalins |

Nach dem Tod Lenins im Januar 1924 begann in der Parteispitze der KPdSU ein erbitterter Machtkampf um die Nachfolge. Josef W. Stalin (1879–1953), seit 1922 Generalsekretär der Partei, hielt sich in diesen Auseinandersetzungen zunächst im Hintergrund. An Lenins Grab empfahl er sich als Wahrer von dessen geistigem Erbe; Lenin hingegen forderte in seinem **„Testament",** das nach seinem Tod dem Parteitag vorgelegt werden sollte, die Ablösung Stalins, dem er stets mit Argwohn begegnet war. Für ihn stellte

B 7 Sympathiekundgebungen für die deutsche Wehrmacht, Fotografie, 1941. – Mancherorts, wie z. B. in der Ukraine, in Weißrussland, auf der Krim und im Kaukasus, begrüßte die russische Bevölkerung die deutschen Soldaten als Befreier vom Sozialismus.

Leo Trotzki (1879–1940) den fähigsten Mann der Partei dar. Der rechte Flügel des Zentralkomitees verhinderte jedoch im Mai 1924 die Vorlage des „Testaments". Sinowjew und Kamenew hatten sich mit Stalin gegen Trotzki zusammengeschlossen, weil sie dessen Vormacht fürchteten. Die Anhänger Trotzkis unterlagen. Dem Vorwurf der „Linksopposition" und „Parteischädigung" folgte der Ausschluss aus dem Politbüro, dem Zentralkomitee und schließlich 1927 aus der Partei. Trotzki und viele seiner Anhänger mussten Moskau verlassen. Trotzki selbst wurde nach Zentralasien verbannt, 1929 des Landes verwiesen und 1940 in Mexiko von einem Agenten Stalins ermordet.

Trotzkis bereits 1906 formulierte These von der **„permanenten Revolution"** ging davon aus, dass der Agrarstaat Russland unmöglich im Alleingang zum Sozialismus finden könne. Erforderlich hierzu sei die Unterstützung des internationalen Proletariats und der Weltrevolution. Dem stellte Stalin 1925 in seinen Thesen vom **„Aufbau des Sozialismus in einem Land"** eine nationale Antwort entgegen und betrieb damit eine entscheidende Weichenstellung für die sowjetische Entwicklung. Die Partei und ihre Anhänger motivierte Stalin durch diese Einengung für eine optimistische und zugleich konkret erreichbare Perspektive. Zwar blieb die Hoffnung auf die Weltrevolution lebendig, doch sollte die russische Entwicklung nicht mehr vom feindlichen Ausland abhängen. Nationale Autarkie zu erreichen, konnte nach Stalin in der rückständigen Sowjetunion nur auf zwei Wegen möglich sein: der Kollektivierung der Landwirtschaft und des massiven Ausbaus der Industrie.

Für die Herrschafts- und Gesellschaftsordnung, die sich in den 1920er- und 1930er-Jahren in der Sowjetunion herausbildete, hat sich in der Geschichtswissenschaft der Begriff **„Stalinismus"** eingebürgert. Gestützt auf den zentralistischen Staats- und Parteiapparat, war die Herrschaft Stalins durch diktatorische Unterdrückung, Terror und Personenkult gekennzeichnet. Nach 1945 wurde diese Herrschaftsform auf die osteuropäischen Staaten übertragen.

| Außenpolitik Stalins | Stalin betrieb eine doppelbödige Außenpolitik. Die radikalen Umbrüche in der Industrie und in der Landwirtschaft verlangten einerseits

Ruhe und **Sicherheit**. So war die sowjetische Außenpolitik bis zum Zweiten Weltkrieg gekennzeichnet von Nichtangriffspakten, vom Eintritt in den Völkerbund (1934) und von Bemühungen um bessere wirtschaftliche Beziehungen zum Westen. Ende der 30er-Jahre ließ Stalin sich auch von den Nationalsozialisten umwerben, gegen die er noch 1935/36 auf dem III. Weltkongress der Komintern eine antifaschistische Einheitsfront initiiert hatte (Kommunisten sollten darin zusammen mit Sozialdemokraten und bürgerlichen Parteien die Demokratie gegen den Faschismus verteidigen). Andererseits knüpfte die Sowjetführung mit dem Abschluss des Hitler-Stalin-Paktes (1939) an den **Imperialismus** des Zarenreiches an (Einmarsch in Polen und Bessarabien 1939, im Baltikum 1940).

Die Kriegserklärung des „Dritten Reiches" an die Sowjetunion und der Überfall deutscher Truppen im Juni 1941 trafen Stalin trotz vorausgegangener westlicher Warnungen unvorbereitet. Die Armee Hitlers drang tief in die Sowjetunion ein und überzog das Land mit den Schrecken eines grausamen Eroberungskrieges. Leningrad wurde vom September 1941 bis Januar 1943 eingeschlossen (M 8) und seine Bevölkerung dem Hungertod preisgegeben. Erst 50 km vor Moskau konnte der Vormarsch der deutschen Wehrmacht gestoppt werden.

Stalins erste Maßnahme bei Kriegsbeginn galt den Industriebetrieben. Etwa 1500 Fabriken wurden demontiert und unter höchstem Krafteinsatz hinter den Ural verlegt. Der Schwerpunkt der Industrie verlagerte sich in den Osten nach Westsibirien und Kasachstan. Mehr als 10 Mio. Menschen wurden aus den gefährdeten westlichen Gebieten evakuiert. Stalin rief dazu auf, den deutschen Soldaten „verbrannte Erde" zurückzulassen. Maschinen, Häuser, kurz, alles, was nicht mitgenommen werden konnte, sollte zerstört werden. Nicht überall jedoch wurde Stalins Losung befolgt. Mancherorts, wie etwa in der Ukraine, begrüßte die Bevölkerung die deutschen Besatzer als „Befreier" (B 7). Diese Einschätzung änderte sich aber meist im Laufe der Besatzung.

Während des weiteren Vordringens der deutschen Armee richtete Stalin einen Appell an die Bevölkerung, sich mit einer gewaltigen Anstrengung gegen Hitlers Truppen zu stellen. Der Aufruf zum **„Großen Vaterländischen Krieg"** (B 8) – ein Begriff aus der Zeit der Befreiungskriege gegen Napoleon – beschwor die militärischen Helden der Vergangenheit und wandte sich auch an die russisch-orthodoxe Kirche, die Stalin bisher verfolgt hatte. Er leitete dadurch die Normalisierung des Verhältnisses von Staat und Kirche ein, die das Kriegsende überdauern sollte. Kehrseite des Integrationsprozesses war die Ausgrenzung nicht-russischer Völkerschaften, die verdächtigt wurden, den nationalen Verteidigungskampf zu sabotieren. Vertrieben und nach Mittelasien deportiert wurden so die Wolgadeutschen, Tschetschenen, Inguschen, Kalmücken und Krimtartaren. Verfassungsrechtliches Resultat des Kampfes gegen Nazi-Deutschland war die Kriegsdiktatur. Das Gesetz über den Ausnahmezustand (Juni 1941) erlaubte dem Militär, die gesamte exekutive und judikative Gewalt auszuüben. Es konnte Razzien, Zwangseinquartierungen, Betriebsrequirierungen und Deportationen vornehmen. Die Staatsorgane mussten diese Maßnahmen „widerspruchslos" und „unverzüglich" ausführen. In der Armee bildete die Einführung von **„Kriegskommissaren"** – eines Instruments aus dem Bürgerkrieg – ein Überwachungs- und Kontrollorgan der Militärführung. Ein **„Staatskomitee zur Verteidigung"**, dem Stalin vorstand,

B 8　I. Toidse, „Mutter Heimat ruft!", 1941, Plakat zum „Großen Vaterländischen Krieg"

konzentrierte alle Macht auf sich. Zugleich weitete Stalin seine eigenen Kompetenzen aus: Im Juli 1941 wurde er „Volkskommissar für die Verteidigung", im August 1941 „Oberkommandierender der Armee", im März 1943 „Marschall der Sowjetunion". Im Juni 1945 ließ er sich zum „Generalissimus der UdSSR" proklamieren.

Nach der Wende des Krieges in der **Schlacht um Stalingrad** im Winter 1942/43 verringerte sich jedoch der innere Druck und die verschärfte Kontrolle. Unliebsame Institutionen wie die Kriegskommissare wurden wieder aufgelöst. Ab Herbst 1943 begann eine Phase der Liberalisierung in Wirtschaft, Kultur und Bildung.

| Sowjetunion nach 1945 | Der siegreiche Kampf gegen den Nationalsozialismus verlieh dem russischen Nationalismus großen Aufschwung (M 9). Aber die Sowjetunion hatte enorme Kriegsschäden zu tragen. Etwa 20 Mio. Menschen bezahlten den Kampf gegen Hitler-Deutschland mit ihrem Leben. Entsprechend schwierig gestaltete sich der Wiederaufbau des Landes nach 1945. Die Umstellung von Kriegs- auf Friedenswirtschaft bereitete große Mühe. Der kurzzeitige Vorrang der Konsumgüterindustrie wich im Fünfjahresplan von 1946 der gewohnten Förderung der Schwerindustrie, die dadurch schnell wieder das Vorkriegsniveau erreichte. Die äußerst prekäre Situation der im Krieg zerstörten Landwirtschaft sollte durch die Reorganisation der Kolchosen und eine straffere Parteiaufsicht verbessert werden. Die 1950 begonnene Zusammenlegung von Einzelkolchosen zu Großkollektiven aktivierte jedoch erneut den bäuerlichen Widerstand und führte zu einem weiteren Produktionsrückgang. Die Versorgung der Bevölkerung mit Bedarfsgütern und Lebensmitteln war dadurch aufs Neue gefährdet.

Es zeigte sich, dass die bisherigen Instrumente der Wirtschaftspolitik den Anforderungen nicht mehr gewachsen waren. Der bürokratische Apparat und sein unrealistisches Planungssystem vermochten die Konsumwünsche der Bevölkerung nur unzureichend zu befriedigen.
Trotz liberaler Tendenzen während des Krieges blieb der Terror auch nach 1945 Kennzeichen für Stalins Innenpolitik. Wieder begann er mit einer „Säuberung" der Parteieliten. Eine scharfe Abgrenzung gegen westliche Einflüsse wurde verlangt. Wer immer mit dem Ausland Kontakt hatte, musste mit Bestrafung rechnen. So wurden auch geflohene und heimkehrende Kriegsgefangene in Straflager verbracht. An erster Stelle jedoch stand die Bekämpfung des antirussischen Nationalismus der Ukrainer und Balten. Der XIX. Parteitag von 1952, nach einer 13-jährigen Pause erstmals wieder einberufen, bestätigte die Verschärfung des innenpolitischen Kurses. Wer sich den wirtschaftspolitischen Vorstellungen oder ideologischen Dogmen Stalins widersetzte, fiel erneuten „Säuberungen" zum Opfer. In der so genannten Ärzteverschwörung (1953) zeigte sich eine deutlich antisemitische Haltung. Den jüdischen Kremlärzten wurde vorgeworfen, in Verbindung mit dem Ausland die Ermordung der sowjetischen Führer geplant zu haben. In der Folge wurden jüdische Intellektuelle als „heimatlose Kosmopoliten" beschimpft, die mit der westlichen Wissenschaft paktierten und einem „bürgerlichen Objektivismus" anhingen. Eine Welle von Verfolgungen begann, neue Schauprozesse wurden vorbereitet. Die **Betonung des Nationalen** sollte von inneren Schwächen ablenken, zugleich jedoch einen starken Staat legitimieren. Sie bewirkte eine ideologische Erstarrung des Systems. Wie 1936/38 beabsichtigte Stalin auch bei diesen „Säuberungen" die Schaffung neuer Loyalitäten und die Brechung von Machtpositionen, die ihm hätten gefährlich werden können. Doch vor Beginn des Prozesses gegen die Kremlärzte starb Stalin am 5. März 1953.
Stalin, der die Sowjetunion in fast drei Jahrzehnten Alleinherrschaft in allen Bereichen radikaler verändert hatte als die Oktoberrevolution, hinterließ das Land in einem katastrophalen Zustand. Die Versorgungslage der Bevölkerung war dürftig, die Landwirtschaft drohte zusammenzubrechen. Die erneuten Säuberungen ließen, anders als 1936/38, Unmut und Protest in der Bevölkerung aufkommen. Seit Stalins Tod häuften sich die Beschwerden über eine erstarrte Bürokratie, über Arroganz und Unfähigkeit der Funktionäre. Insbesondere in den Gulags (Straflager in der UdSSR) kam es in Erwartung eines baldigen Endes der Gefangenschaft unter den Häftlingen zu Aufständen. Die Nachfolger Stalins mussten sich entscheiden zwischen der Einführung wirtschaftlicher und gesellschaftlicher Reformen oder der Fortsetzung eines totalitären Herrschaftssystems.

M7 Der Verfassungshistoriker K. Loewenstein zum Unterschied von „autokratischen" und „totalitären" Herrschaftssystemen

Das totalitäre Regime: Im Gegensatz zum Autoritarismus bezieht sich der Begriff „Totalitarismus" auf die gesamte politische, gesellschaftliche und moralische Ordnung der Staatsdynamik. Er ist eine Lebensgestaltung und nicht nur Regierungsapparatur. Die Regierungstechniken eines totalitären Regimes sind notwendigerweise autoritär. Aber das Regime erstrebt weit mehr als nur die Ausschaltung der Machtadressaten von ihrem legitimen Anteil an der Bildung des Staatswillens. Es versucht das Privatleben, die Seele, den Geist und die Sitten der Machtadressaten nach einer herrschenden Ideologie zu formen, einer Ideologie, die denen, die sich ihr nicht aus freien Stücken anpassen wollen, mit den verschiedenen Hilfsmitteln des Machtprozesses aufgezwungen wird. Die geltende Staatsideologie dringt in die letzten Winkel der Staatsgesellschaft ein; ihr Machtanspruch ist „total".

Es ist klar, dass ein totalitärer Staat nur mit den Mitteln des Befehlens und Gehorchens arbeiten kann. Das wichtigste Instrument zur Erzwingung der Gleichschaltung mit den ideologischen Grundsätzen ist der allgegenwärtige und allwissende Polizeiapparat, der die Sicherheit des Regimes zu garantieren und jeden potenziellen Widerstand auszumerzen hat. Nach innerer Notwendigkeit ist der

totalitäre Staat ein Polizeistaat; daher die übliche Gleichstellung der beiden Begriffe. Ein anderes unentbehrliches Instrument der Herrschaftsausübung ist die Einheitspartei. Sie fungiert nicht nur als freiwilliger Polizeiapparat auf denkbar breiter Basis, sondern stellt auch das vom Staat gelenkte Werkzeug für die ideologische Indoktrination, Koordination und Integration dar. In der Einheitspartei unterscheiden sich die modernen totalitären Staaten von den historischen Formen der Autokratie.
(Karl Loewenstein, Verfassungslehre, Mohr, Tübingen ²1969, S. 55)

1 Worin unterscheidet sich nach M 7 die „Autokratie" vom „Totalitarismus"?
2 Inwieweit kann man die Begriffe auf die UdSSR im 20. Jh. anwenden?

M8 Aus dem Tagebuch von Jura Rjabinkin, einem 16-jährigen Schüler, während der deutschen Belagerung von Leningrad 1941–1943
6. und 7. November [1941].
Über die Lage der Fronten ist mir nichts bekannt. Stalin soll eine Rede gehalten und darin die Ursachen unseres Rückzugs erläutert und die USA und England auffallend scharf angegriffen haben, weil ihre Unterstützung zum gegenwärtigen Zeitpunkt wenig effektiv sei und wir praktisch allein gegen Deutschland kämpften. Ich müsste mich eingehender mit dieser Rede befassen.
Der Schulunterricht geht weiter, gefällt mir aber gar nicht. Wir sitzen in Pelzmänteln auf den Bänken, viele Schüler erledigen ihre Aufgaben überhaupt nicht. In Literatur ist bezeichnend, dass manche nur die im Lehrbuch abgedruckten Ausschnitte aus den ‚Toten Seelen' nacherzählen. Einige haben das Buch überhaupt nicht gelesen.
Wir haben keinen Reis für Brei mehr. Demnach werde ich drei Tage hungern müssen. Da werde ich mich kaum vom Fleck bewegen können, falls ich überhaupt gesund bleibe. Ich habe wieder Wasser. Werde wieder anschwellen, na, und wenn. [...] Mutter ist krank geworden. Es muss ernst sein, da sie keinen Hehl daraus macht. Husten, Schnupfen mit Brechreiz, Heiserkeit, Fieber und Kopfschmerzen. [...]
Ich kann den Unterrichtsstoff jetzt einfach nicht mehr aufnehmen und habe gar keine Lust zum Lernen. Ich denke immer nur ans Essen, an die Bombenangriffe und Geschosse. Gestern habe ich den Abfallkorb in den Hof getragen und bin kaum wieder zurück in unseren ersten Stock gekommen. Ich war so schlapp, als hätte ich eine geschlagene halbe Stunde zwei Pud geschleppt, musste mich hinsetzen und kriegte kaum Luft. Jetzt ist Alarm. Die Flak schießt aus allen Rohren. Auch ein paar Bomben haben eingeschlagen. An unsrer Uhr ist es fünf Minuten vor fünf. Mutter kommt kurz nach sechs.
9. und 10. November.
Wenn ich einschlafe, träume ich jedes Mal von Brot, Butter, Piroggen und Kartoffeln. Außerdem denke ich vor dem Schlafen stets daran, dass die Nacht in zwölf Stunden vorüber ist und ich dann ein Stück Brot essen kann. Mutter erklärt mir jeden Tag, dass sie und Ira täglich nur zwei Glas heißen Tee mit Zucker und einen halben Teller Suppe bekommen. Nicht mehr. Und noch einen Teller Suppe abends. Dennoch scheint mir ... Ira lehnt zum Beispiel abends eine zweite Portion Suppe ab. Beide behaupten, ich bekäme so viel wie ein Arbeiter, und verweisen darauf, dass ich in den Gaststätten zwei Teller Suppe kriege und mehr Brot als sie. Mein Charakter hat sich stark verändert. [...]
In der letzten Dekade mussten wir 400 g Graupen, 615 g Butter, 100 g Mehl verfallen lassen. Diese

B 6 Lenin, umringt von Rotgardisten, auf einem Panzerwagen verkündet den Sieg der Revolution; Szenenbild aus dem russischen Propagandafilm „Oktober" (1927) des Regisseurs Sergej Eisenstein

— *Erläutern Sie anhand dieser Szene (B 6) den Begriff Personenkult.*

Dinge waren nirgends zu haben. Wo sie trotzdem verkauft wurden, bildeten sich sofort riesige Schlangen, Hunderte und Aberhunderte standen bei bitterer Kälte auf der Straße, dabei reichte die Lieferung allenfalls für 80 bis 100 Menschen. Die Leute aber blieben, froren und gingen mit leeren Händen weg. Um 4 Uhr morgens standen sie auf, warteten bis 21 Uhr vor den Verkaufsstellen und kriegten doch nichts. Das ist schlimm, aber nicht zu ändern. Jetzt ist Alarm. Er dauert schon an die zwei Stunden. Not und Hunger treiben die Leute zu den Läden, in die Kälte und in die langen Menschenschlangen, wo sie sich drängen und stoßen lassen. Und das wochenlang. Danach hat man keine Wünsche mehr. Es bleibt nur stumpfe, kalte Gleichgültigkeit gegenüber allem, was vor sich geht. Du isst dich nicht satt, schläfst nicht genug, frierst und sollst zu alledem noch lernen. Ich kann nicht. Soll Mutter entscheiden, wie's weitergeht. Ist sie außer Stande, das zu entscheiden, versuche ich es für sie. Und der Abend – was bringt er mir?
(H. Altrichter/H. Haumann [Hg.], Die Sowjetunion, Bd. 2, C. H. Beck, München 1987, S. 454 f.)

1 Erörtern Sie die Probleme, mit denen die Leningrader Bevölkerung während der deutschen Belagerung konfrontiert war.
2 Beschreiben Sie, wie die in M 8 geschilderte Familie versuchte, das Leben in einer extremen Situation „normal" zu gestalten.

M9 Stalin bringt nach dem Sieg über Deutschland einen Toast auf das russische Volk aus, 1945

Genossen, erlauben Sie mir, noch einen letzten Trinkspruch anzubringen. Ich möchte einen Toast ausbringen auf das Wohl unseres Sowjetvolkes und vor allem auf das des russischen Volkes.
(Stürmischer, lang anhaltender Beifall, Hurrarufe.)
Ich trinke vor allem auf das Wohl des russischen Volkes, weil es die hervorragendste Nation unter allen zur Sowjetunion gehörenden Nationen ist. Ich bringe einen Toast auf das Wohl des russischen Volkes aus, weil es sich in diesem Krieg die allgemeine Anerkennung als die führende Kraft der Sowjetunion unter allen Völkern unseres Landes verdient hat.
Ich bringe einen Toast auf das Wohl des russischen Volkes aus, nicht nur, weil es das führende Volk ist, sondern auch, weil es einen klaren Verstand, einen standhaften Charakter und Geduld besitzt.
Unsere Regierung hat nicht wenige Fehler gemacht. In den Jahren 1941 bis 1942 gab es Augenblicke, in denen unsere Lage verzweifelt war: als unsere Armee zurückging und unsere heimatlichen Dörfer und Städte der Ukraine, Weißrusslands, der Moldau, des Leningrader Gebiets, der baltischen Länder und der Karelisch-Finnischen Republik räumte, weil es keinen anderen Ausweg gab. Ein anderes Volk hätte zu seiner Regierung sagen können: Ihr habt unsere Erwartungen nicht gerechtfertigt, macht, dass ihr fortkommt, wir werden eine andere Regierung einsetzen, die mit Deutschland Frieden schließt und uns Ruhe sichert. Doch das russische Volk hat nicht so gehandelt, denn es glaubte daran, dass die Politik seiner Regierung richtig war, und brachte Opfer, um die Niederwerfung Deutschlands zu gewährleisten. Und dieses Vertrauen des russischen Volkes zur Sowjetregierung hat sich als der entscheidende Faktor erwiesen, der den historischen Sieg über den Feind der Menschheit, über den Faschismus, gewährleistet hat.
Dem russischen Volk sei für dieses Vertrauen gedankt!
Auf das Wohl des russischen Volkes!
(Stürmischer, nicht enden wollender Beifall.)
(Erwin Oberländer, Sowjetpatriotismus und Geschichte, Wiss. Politik, Köln 1967, S. 80)

1 Arbeiten Sie die Begründungen für die These Stalins heraus, die russische Nation sei die hervorragendste Kraft unter den Sowjetvölkern. Setzen Sie sich mit ihren Folgen auseinander.

2 Von der Kriegsallianz zum Kalten Krieg

| Das System von Jalta | Kurz vor Kriegsende, im Februar 1945, einigten sich der amerikanische Präsident Franklin D. Roosevelt, der britische Premierminister Winston Churchill und der sowjetische Staats- und Parteichef Josef W. Stalin in Jalta auf der Krim über die beiden drängendsten Probleme: zum einen die **Aufteilung Deutschlands in getrennte Besatzungszonen** – womit faktisch die spätere Teilung Deutschlands vorgegeben wurde, ohne dass dies damals schon beabsichtigt worden wäre; zum zweiten die **Westverschiebung Polens** auf Kosten Deutschlands und als Kompensation für die von der UdSSR einbehaltenen Gebiete.
Schon 1944 hatte Großbritannien der Sowjetunion Rumänien, Ungarn und Bulgarien als Einflussgebiete zugestanden. Damit war der Sowjetunion während und unter dem Druck des Krieges ein bedeutender Machtzuwachs in Europa gelungen. Freilich gingen Churchill und Roosevelt davon aus, dass sich die Zusammenarbeit mit der sowjetischen Führung nach dem Kriege würde fortsetzen lassen – ungeachtet der unterschiedlichen politischen Systeme. Diese Zusammenarbeit sollte im Rahmen einer **übernationalen Organisation zur Sicherung des Friedens** erfolgen, deren Ausgangspunkt die Kriegsallianz der „Vereinten Nationen" bildete. Im Gegensatz zum Völkerbund der Zwischenkriegszeit sollten ihr die USA und die UdSSR von Anfang an angehören. Die Frage, wie die inneren Verhältnisse in den von den Achsenmächten beherrschten Ländern nach dem Kriege ausgestaltet werden sollten und ob die Konkurrenz der Systeme eine allgemei-

B 9 Bruce Russel, Die Kluft zwischen Ost und West, 1945, Karikatur für die Zeitung „Los Angeles Times"

— Interpretieren Sie die Karikatur auf dem Hintergrund der Thesen des Darstellungstextes S. 338–342 zum Zerfall der Bündnisse und den Beginn des Kalten Krieges.

ne Demokratisierung und wirtschaftliche Öffnung behindern könnte, entwickelte sich erst nach der deutschen und japanischen Kapitulation 1945 zum beherrschenden Problem der internationalen Politik.

Zerfall der Bündnisse

Mit dem Ende des Zweiten Weltkriegs büßten die „alten" europäischen Großmächte Großbritannien und Frankreich ihre im 19. Jahrhundert überragende Rolle in der internationalen Politik endgültig ein. Bestimmende Kräfte der Weltpolitik wurden jetzt die Flügelmächte USA und UdSSR. Die von beiden Mächten bei Kriegsende vereinbarte Kooperation schlug allerdings spätestens 1947 in einen deutlich sichtbaren Konfrontationskurs um und begründete den **„Kalten Krieg"**. Wie bereits nach dem Ersten Weltkrieg war es nicht gelungen, ein dauerhaftes System kollektiver Sicherheit zu schaffen.

Die **USA** besaßen bei Kriegsende die stärkste machtpolitische Position. Amerikanische Truppen hielten nicht nur große Teile West-, Mittel- und Südeuropas besetzt, sondern standen auch in weiten Teilen Südostasiens und des pazifischen Raumes. Die militärische Überlegenheit der USA war unangefochten, nicht zuletzt weil die USA über ein Atomwaffenmonopol verfügten. Auch aufgrund ihres wirtschaftlichen Potenzials waren die USA eindeutig die Führungsmacht. Außerdem wollte der 1945 gewählte amerikanische Präsident Harry S. Truman (1884–1972) – anders als die amerikanischen Politiker nach 1918 – dem Einfluss der USA weltweit Geltung verschaffen und die Chancen nutzen um seine Vorstellungen von einer neuen Weltordnung nach den Prinzipien der liberalen Demokratie und des freien Welthandels durchzusetzen.

Demgegenüber sah die Ausgangslage der **Sowjetunion** keineswegs günstig aus. Die UdSSR ging geschwächt aus dem Krieg hervor: Schätzungsweise 20 Millionen Menschen hatten während des Krieges ihr Leben verloren, große Teile des Landes waren verwüstet, das Industrialisierungsprogramm war durch die Kriegswirren um Jahre zurückgeworfen, Kapital zum Wiederaufbau und zur Modernisierung fehlte. Die Weltmachtstellung Moskaus beschränkte sich deshalb zunächst auf die Stärke der Roten Armee sowie auf die von ihr eroberten Gebiete in Mittel-, Ost- und Südosteuropa und in Asien. Im Gegensatz zu den USA hatte die Sowjetunion nach Kriegsende daher weniger Möglichkeiten weltweit Machtpolitik zu betreiben.

Die unterschiedlichen wirtschaftlichen Ausgangspositionen sowie die ideologischen Interessengegensätze begründeten ein wachsendes **Misstrauen** (B 9). Die UdSSR wurde aus zwei Gründen von einem extremen Sicherheitsbedürfnis geleitet: einerseits durch die leidvolle Erfahrung des Hitler-Überfalls, andererseits durch die ökonomische Schwäche der Sowjetunion bei Kriegsende. Die USA dagegen sahen in der UdSSR nicht die geschwächte Macht, sondern die Militärmacht, hinter der eine Ideologie stand, die auf aggressiven Export ihres Systems angelegt war.

Blockbildung und Bipolarität

Der Prozess der Blockbildung ist an sieben zentralen Ereignissen ablesbar. 1. Die **Konferenz von Potsdam** vom 17. Juli bis 2. August 1945. An ihr nahmen für den verstorbenen Roosevelt der neue amerikanische Präsident Harry S. Truman teil, für Großbritannien zunächst Winston S. Churchill und – nach seiner Abwahl – der neue Premier Clement R. Attlee (1883–1967) sowie Stalin. Vereinbart wurde, dass Deutschland auf eine zeitlich nicht begrenzte Dauer besetzt bleiben, aber ungeachtet der Besatzungszonen, in denen die Militärkommandanten die oberste politische Instanz waren, als wirtschaftliche Einheit bestehen bleiben sollte. Weitere Punkte waren die Entnazifizierung, die Demokratisierung, die Entmilitarisierung, die Entflechtung der Großindustrie, die Demontage kriegswichtiger Industrien, die Reparationen und die Bestrafung von Kriegsverbrechern.

Als sich die drei in Potsdam trafen, war das Misstrauen zwischen den USA und Großbritannien auf der einen und der UdSSR auf der anderen Seite schon stark angewachsen und bei der Interpre-

B 10 Ausstellung preisgekrönter Marshall-Plan-Plakate, Dezember 1949, Fotografie

— *Erläutern Sie, was die Plakate dem Betrachter versprechen, und diskutieren Sie über die Frage, warum die Amerikaner eine solche Plakataktion begleitend zum Marshallplan durchgeführt haben.*

tation der Grundsätze des Abkommens zeigten sich bereits nicht zu überbrückende ideologische Gegensätze: Briten und Amerikaner hielten den Nationalsozialismus für eine Sonderentwicklung, die durch eine Irreleitung des Denkens entstanden war; ihr müsse man daher mit einer Umerziehung zur Demokratie begegnen. Aus kommunistischer Sicht hingegen war der Nationalsozialismus die höchste Stufe des Kapitalismus; um diesen zu bekämpfen müsse man die gesellschaftlichen und privatkapitalistischen Verhältnisse im sozialistischen Sinne verändern. So wurden die beiden unterschiedlichen Gesellschaftsmodelle zu unvereinbaren Systemgegensätzen, die sich auch in den Vereinbarungen über die Ostgebiete niederschlugen. Diese stimmten mit der Atlantik-Charta von 1941 nicht mehr überein, da sie das Selbstbestimmungsrecht der betroffenen Bevölkerung nicht berücksichtigten. Die deutsche Bevölkerung aus Polen, Ungarn und der Tschechoslowakei wurde „umgesiedelt" und vertrieben. Von zwölf Millionen Menschen starben zwei Millionen auf der Flucht. Polen brachte die Sowjetunion lange vor Kriegsende in ihren Einflussbereich; 1944/45 forcierte sie dort die Bildung der überwiegend kommunistischen „Provisorischen Regierung", wogegen die Londoner Exilregierung der Polen vergeblich demonstrierte. Nach der Potsdamer Konferenz schien nicht nur Deutschland, sondern der ganze europäische Kontinent durch einen **„eisernen Vorhang"** (Churchill) geteilt zu sein.

2. Die **Byrnes-Rede.** Im September 1946 kündigte der amerikanische Außenminister Byrnes den raschen wirtschaftlichen und politischen Wiederaufbeu Deutschlands an. Ob dies eine Wende in der amerikanischen Außenpolitik bedeutete, darüber ist die Forschung geteilter Meinung. In einem Memorandum des amerikanischen Außenministeriums vom 1. April 1946 hieß es bereits,

Moskau müsse „zunächst einmal mit diplomatischen Mitteln", letzten Endes jedoch, wenn notwendig, auch „mit militärischer Gewalt" davon überzeugt werden, dass „sein gegenwärtiger außenpolitischer Kurs die Sowjetunion in eine Katastrophe führen" könne.

3. Die **Truman-Doktrin**. Im März 1947 wurde der amerikanische Sicherheitsauftrag der Truman-Doktrin erstmals global in einen Auftrag gegenüber allen demokratischen Staaten umgemünzt, die von der UdSSR in irgendeiner Form bedroht oder gefährdet erschienen. Truman schrieb im historischen Rückblick: „Es gab nur zwei Großmächte auf der Welt: die USA und die Sowjetunion. Wir befanden uns in einer Situation, die es seit dem Altertum nicht mehr gegeben hatte. Seit Rom und Karthago hatte es auf der Erde keine derartige Polarisierung der Macht mehr gegeben ... Unternahmen die Vereinigten Staaten Schritte um von sowjetischer Aggression oder kommunistischer Unterwanderung bedrohte Staaten zu unterstützen, so geschah dies zum Schutze der Vereinigten Staaten, ja zum Schutze der Freiheit selbst." (M 10a, b)

4. Der „**Hungerwinter**". Bedeutsam für die amerikanische Europapolitik im Jahre 1947 wurde auch ein sozialpolitischer Faktor: 1946/47 hatte Deutschland einen extrem kalten Winter erlebt, der die ohnehin schwierige Ernährungslage dramatisch verschlimmerte. Dies forcierte bei den Amerikanern die Überzeugung, dass nur eine rasche und deutlich sichtbare Verbesserung der wirtschaftlichen Verhältnisse den Weg für eine soziale und politische Neuordnung ebnen könne. Wirtschaftlicher Wiederaufbau der Westzonen, auch um den Preis einer politischen Teilung und Konfrontation mit dem Osten, wurde zu einem wichtigen Ziel der US-Außenpolitik.

5. Der **Marshall-Plan**. Der amerikanische Marshall-Plan von 1948 folgte der ein Jahr zuvor gewonnenen sozialpolitischen Einsicht und funktionierte zugleich als wirtschaftspolitische Absicherung der Truman-Doktrin. Der von den USA jetzt offen angestrebte wirtschaftliche Wiederaufbau Europas sollte über das Europäische Wiederaufbauprogramm (European Recovery Program/ERP) durchgeführt werden. Allen kooperationswilligen Staaten Europas wurde amerikanische Finanz- und Wirtschaftshilfe angeboten, damit sie ihre Volkswirtschaften sanieren und sozial stabile Verhältnisse herstellen konnten (B 10). Die Sowjetunion lehnte für sich diese Hilfe ab und verbot auch den ursprünglich beitrittswilligen Ländern in Osteuropa am Marshall-Plan teilzunehmen. Denn aus ihrer Sicht war dieses Angebot Ausdruck eines amerikanischen Dominanzstrebens, das man mit einer Politik der Abschottung beantworten musste.

6. Der **kommunistische Staatsstreich in der ČSR**. Allerdings waren die Amerikaner keineswegs allein für die Verhärtung der Fronten in dem jetzt beginnenden Kalten Krieg verantwortlich. In Bulgarien, Ungarn und Rumänien errichtete die Sowjetunion als Besatzungsmacht 1946 bis 1948 rasch und rücksichtslos so genannte „**Volksdemokratien**" unter kommunistischer Führung; im Februar 1948 geschah dies in der Tschechoslowakei durch einen Staatsstreich. Bereits ein Jahr zuvor sah der sowjetische Chefdelegierte bei der Gründung der Kominform, Alexejew Shdanow, die Welt als in zwei feindliche Lager gespalten und nahm für die Sowjetunion die Führung des „antiimperialistischen Lagers" in Anspruch.

7. Die **Berlin-Blockade**. Im Juni 1948 überschritt die UdSSR erstmals die Grenzen der ihr von den Westmächten stillschweigend zuerkannten Einflusszone. Als Reaktion auf die westdeutsche Währungsreform vom Mai 1948 sperrte sie alle Zugangswege zu den drei Westsektoren Berlins. Mit der Berliner Blockade, die bis Mitte 1949 andauerte, griff die UdSSR indirekt auf die Rechte der westlichen Besatzungsmächte in Berlin über und riskierte einen militärischen Konflikt. Denn die Westmächte waren zunächst nicht bereit diesen Vertragsbruch hinzunehmen und erwogen eine gewaltsame Öffnung der Verkehrswege nach Berlin. Unter dem Einfluss des amerikanischen Militärgouverneurs Lucius D. Clay (1897–1978) entschied sich Amerika dann aber für eine nicht militärische Lösung und richtete eine Luftbrücke ein um die Bevölkerung Westberlins mit den nötigen Nahrungsmitteln zu versorgen.

M10 Auf dem Weg zur Blockbildung: USA und UdSSR 1947

a) Der amerikanische Präsident Harry S. Truman richtete am 12. März 1947 eine Botschaft an den amerikanischen Kongress (Auszug)
Eines der Ziele der Außenpolitik der Vereinigten Staaten ist es, Bedingungen zu schaffen, unter denen wir und andere Nationen uns ein Leben aufbauen können, das frei von Zwang ist. Das war ein
5 grundlegender Faktor im Krieg gegen Deutschland und Japan. Wir überwanden mit unserem Sieg Länder, die anderen Ländern ihren Willen und ihre Lebensweise aufzwingen wollten. [...]
In einer Anzahl von Ländern waren den Völkern
10 kürzlich gegen ihren Willen totalitäre Regime aufgezwungen worden. Die Regierung der USA hat mehrfach gegen Zwang und Einschüchterung bei der Verletzung des Jalta-Abkommens in Polen, Rumänien und Bulgarien protestiert. [...]
15 Im gegenwärtigen Abschnitt der Weltgeschichte muss fast jede Nation ihre Wahl in Bezug auf ihre Lebensweise treffen. Nur allzu oft ist es keine freie Wahl. Die eine Lebensweise gründet sich auf den Willen der Mehrheit und zeichnet sich durch freie
20 Einrichtungen, freie Wahlen, Garantie der individuellen Freiheit, Rede- und Religionsfreiheit und Freiheit vor politischer Unterdrückung aus.
Die zweite Lebensweise gründet sich auf den Willen einer Minderheit, der der Mehrheit aufgezwun-
25 gen wird. Terror und Unterdrückung, kontrollierte Presse und Rundfunk, fingierte Wahlen und Unterdrückung der persönlichen Freiheiten sind ihre Kennzeichen.
Ich bin der Ansicht, dass es die Politik der Vereinig-
30 ten Staaten sein muss, die freien Völker zu unterstützen, die sich der Unterwerfung durch bewaffnete Minderheiten oder durch Druck von außen widersetzen. Ich glaube, dass wir den freien Völkern helfen müssen sich ihr eigenes Geschick nach
35 ihrer eigenen Art zu gestalten.
(Europa-Archiv, 1947, S. 820)

b) Die im September 1947 gegründete Kominform gab im selben Monat eine Deklaration zur internationalen Lage bekannt (Auszug)
Infolge des Zweiten Weltkriegs und in der Nachkriegsperiode sind wesentliche Änderungen in der internationalen Lage eingetreten. Diese bestehen in einer neuen Aufstellung der in der Weltarena
5 tätigen hauptsächlichen Kräfte, in einer Änderung in den Beziehungen unter den Siegerstaaten des Zweiten Weltkriegs und in ihrer Neugruppierung. [...]
So sind zwei Lager entstanden: das imperialistische, antidemokratische Lager, dessen Hauptziel 10 darin besteht, die Weltvormachtstellung des amerikanischen Imperialismus zu erreichen und die Demokratie zu zerstören, und das antiimperialistische, demokratische, dessen Hauptziel es ist, den Imperialismus zu überwinden, die Demokratie zu 15 konsolidieren und die Überreste des Faschismus zu beseitigen. Der Kampf zwischen den beiden entgegengesetzten Lagern – dem imperialistischen und dem antiimperialistischen – vollzieht sich unter den Bedingungen einer weiteren Verschärfung 20 der allgemeinen Krise des Kapitalismus, des Niedergangs der Kräfte des Kapitalismus und der Festigung der Kräfte des Sozialismus und der Demokratie. Aus diesem Grunde entfalten das imperialistische Lager und seine leitenden Personen in den 25 Vereinigten Staaten eine besondere Aktivität. Diese wird gleichzeitig nach allen Richtungen entwickelt: in Richtung militärischer und strategischer Maßnahmen, der wirtschaftlichen Expansion und des ideologischen Kampfes. Der Truman-Marshall- 30 Plan ist nur ein Teil, das europäische Kapitel des allgemeinen Planes für eine die Welt umfassende expansionistische Politik, die von den Vereinigten Staaten in allen Teilen der Welt verfolgt wird. Der Plan für die wirtschaftliche und politische Verskla- 35 vung Europas durch den amerikanischen Imperialismus wird durch die Pläne einer wirtschaftlichen und politischen Versklavung Chinas, Indonesiens und der südafrikanischen Länder ergänzt. Die Aggressoren von gestern – die kapitalistischen Mag- 40 naten in Deutschland und Japan – werden durch die USA für ihre neue Rolle vorbereitet. Sie besteht darin, als Werkzeug der imperialistischen Politik der Vereinigten Staaten in Europa und Asien zu dienen. [...] Unter diesen Umständen muss sich das anti- 45 imperialistische, demokratische Lager konsolidieren, ein gemeinsames Aktionsprogramm ausarbeiten und seine Taktik gegen die Hauptkräfte des imperialistischen Lagers, gegen den amerikanischen Imperialismus, gegen seine britischen und 50 französischen Alliierten, gegen die rechtsgerichteten Sozialisten – vor allem in Großbritannien und Frankreich – wenden.
(Boris Meissner [Hg.], Das Ostpakt-System. Dokumentation, Frankfurt/Main 1955, S. 97)

1 *Vergleichen Sie, wie in M 10a und b die politische Lage analysiert und beurteilt wird.*
2 *Untersuchen Sie, welche Argumente Truman anführt und welche die Verfasser in M 10b.*
3 *Erläutern Sie die Folgen, die sich aus der Einschätzung des jeweiligen politischen Gegners für die internationale Lage ergaben.*

3 Der Weg zur Teilung Deutschlands im Zeichen des Ost-West-Gegensatzes 1945–1949

3.1 Das Kriegsende und seine gesellschaftlichen Folgen

> Bedingungslose Kapitulation und territoriale Veränderungen

Die Deutschen befreiten sich nicht aus eigener Kraft von der Herrschaft des Nationalsozialismus. Erst die von den alliierten Streitkräften erzwungene bedingungslose Kapitulation bewirkte den Zusammenbruch der NS-Diktatur. Am 7. Mai 1945 unterzeichnete Generaloberst Alfred Jodl (1890–1946) in Reims im Hauptquartier des Oberbefehlshabers der westalliierten Streitkräfte, General Dwight D. Eisenhower (1890–1969), die Kapitulationsurkunde. Am 8./9. Mai wurde dieser Rechtsakt auf ausdrücklichen Wunsch der Sowjetunion in Berlin-Karlshorst wiederholt. Wenige Tage später wurde die Regierung des Großadmirals Karl Dönitz (1891–1980), den Hitler zu seinem Nachfolger bestimmt hatte, bei Flensburg abgesetzt. Die Regierungsgewalt in Deutschland ging auf die **Oberkommandierenden der alliierten Streitkräfte** über.

Das Territorium des Reiches wurde vollständig erobert und in eine sowjetische, amerikanische, britische und – etwas später – französische **Besatzungszone** aufgeteilt (Karte 2). General Eisen-

Karte 2 Deutschland und Mitteleuropa 1945–1948

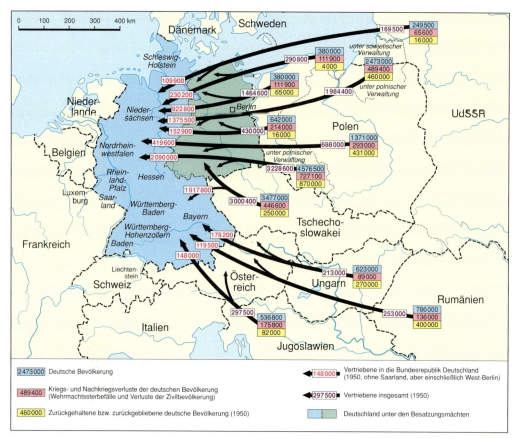

Karte 3 Umsiedlung, Flucht und Vertreibung der Deutschen aus Ost- und Südosteuropa 1939–1950

— Analysieren Sie die Karte im Hinblick auf die gesellschaftlichen Folgen, die die NS-Herrschaft für Deutschland nach 1945 hatte.

hower verbot jede Verbrüderung mit der deutschen Bevölkerung, da Deutschland nicht zum Zwecke seiner Befreiung, sondern als besiegter Feindstaat besetzt worden sei. Die Hauptstadt Berlin wurde ebenfalls viergeteilt. Die Gebiete östlich der Oder-Neiße-Linie waren von Stalin bereits im April eigenmächtig unter polnische und sowjetische Verwaltung gestellt worden.

Demographische Veränderungen und Zerstörungen

Die nationalsozialistische Herrschaft und der Zweite Weltkrieg veränderten Bevölkerung und Gesellschaft in Europa tief greifend: **55 Mio. Menschen waren gestorben,** 30 Mio. Menschen ohne Heimat und 35 Mio. verwundet. Mit schätzungsweise 20 Mio. Toten hatten die Bürger der Sowjetunion den größten Blutzoll gezahlt. Auf deutscher Seite mussten 4,3 Mio. Soldaten und 2,8 Mio. Zivilisten ihr Leben lassen.
Im Mai 1939 hatten in den Ostgebieten des Deutschen Reiches rund 9,6 Mio. Deutsche, in den anderen Staaten Ostmitteleuropas von der Ostsee bis nach Rumänien 7,4 Mio. gelebt. Mit dem Vorrücken der Roten Armee hatte im Herbst 1944 eine Flucht- und Vertreibungswelle dieser deutschen Bevölkerung nach Westen eingesetzt, die auch nach dem Ende des Krieges anhielt und

der mindestens 2,2 Mio. Deutsche zum Opfer fielen (Karte 3, M 11). Artikel 13 des Potsdamer Abkommens sah die Umsiedlung der Deutschen östlich von Oder und Neiße, aus Ungarn und der Tschechoslowakei vor. Schon vorher hatten Polen und Tschechen widerrechtlich und wahllos mit Ausweisungen und Vertreibungen begonnen. Die planmäßigen Vertreibungen setzten aber erst 1946 ein. Sie waren häufig von Repressalien und Verbrechen begleitet. Nach einem Kontrollratsbeschluss vom November 1945 wurden die angekommenen Vertriebenen und Flüchtlinge auf die vier Besatzungszonen verteilt. Infolge der Zerstörung der Städte wurden sie in den ländlichen Regionen untergebracht, in den Westzonen vor allem in Bayern, Niedersachsen und Schleswig-Holstein. Wegen mangelnden Wohnraums kam es häufig zu Konflikten mit der alteingesessenen ländlichen Bevölkerung. Die Integration der **Vertriebenen** wurde zu einer der größten sozialen Herausforderungen der deutschen Nachkriegsgeschichte und bewirkte längerfristig, dass die konfessionelle Geschlossenheit vieler Gemeinden in rein katholisch bzw. protestantisch geprägte Milieus aufbrach.

Am Ende des Krieges befanden sich außerdem 9 bis 10 Mio. Zwangsarbeiter, Kriegsgefangene und KZ-Häftlinge anderer Nationalitäten in Deutschland. Noch 1947 gab es eine Million solcher „displaced persons" in den vier Besatzungszonen. Nach Hause wollten auch die während des Krieges aus bombengefährdeten Städten evakuierten rund 10 Mio. Deutschen, überwiegend Frauen und Kinder, und die in Kriegsgefangenschaft geratenen Soldaten (B 11).

Die meisten Städte boten infolge der alliierten Luftangriffe ein Bild der Verwüstung. In Westdeutschland war ungefähr ein Viertel des Wohnraumes völlig zerstört, in der sowjetischen Besatzungszone ungefähr ein Zehntel. 40 % der Eisenbahnlinien und anderer Transportwege waren 1945 nicht mehr funktionsfähig, was die Verteilung von Nahrungs- und Versorgungsmitteln erheblich behinderte. Mit den seit April 1945 unter polnischer Verwaltung stehenden Ostgebieten verlor Deutschland ein Viertel seiner bisherigen landwirtschaftlichen Nutzfläche, 17 % der Steinkohlevorkommen und 6 % der Industrieanlagen.

| Versorgungskrisen und Schwarzmarkt | Die Wohnraumnot, der Hunger und die Kälte der Winter prägten das Alltagsleben der Menschen in der Nachkriegszeit. Viele lebten am Existenzminimum oder darunter. Mindestens 2000 Kalorien täglich für jeden wären notwendig gewesen, doch 1946 betrug die amtliche Zuweisung in der amerikanischen Zone lediglich 1330, in der russischen 1083, in der britischen 1056 und in der französischen 900 Kalorien. Die Unterernährung schwächte die körperlichen Widerstandskräfte und führte zu Mangelkrankheiten und einer erhöhten Sterblichkeit. Vor allem der harte Winter 1946/47 blieb als „**Hungerwinter**" in Erinnerung. Die Not förderte Kriminalität und Prostitution. Viele Bewohner der größeren Städte fuhren auf das Land, um sich dort mit dem Notwendigsten einzudecken. Die Rationierung der Lebensmittel und der Mangel vor allem an Brennstoffen ließen zudem einen Schwarzmarkt entstehen, auf dem knappe Güter gegen hohe Preise erworben werden konnten – häufig auch im Austausch von Naturalien, während Zigaretten allerorten zur „Währung" avancierten.

| Frauenrollen – Männerrollen | Obwohl die nationalsozialistische Propaganda die Frau auf die Rolle als Mutter und Hausfrau festlegen wollte, hatte die Kriegswirtschaft die zunehmende Integration der Frauen ins Erwerbsleben erzwungen. In der unmittelbaren Nachkriegszeit herrschte Arbeitskräftemangel, da die Zahl der Männer in den leistungsfähigsten Altersgruppen zwischen dem 25. und 40. Lebensjahr durch Tod oder Kriegsgefangenschaft zurückgegangen war (B 12). Ein Großteil des Wiederaufbaus lag daher zunächst in den Händen der Frauen, die bei der Beseitigung der Trümmer halfen (B 11) und ihre Kinder alleine durchbringen mussten. Dass die Frauen im Erwerbsleben und in der Familie über Jahre hinweg die Auf-

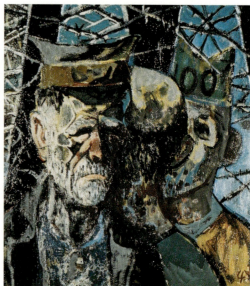

B 11 „Trümmerfrauen" bei Aufräumarbeiten in Dresden, 1945, Fotografie

B 12 Otto Dix, Selbstbildnis als Kriegsgefangener, 1947, Öl auf Hartfaserplatte

— *Arbeiten Sie aus B 11 und B 12 die dargestellten Erfahrungen aus der deutschen Nachkriegszeit heraus.*

gaben der Männer übernommen hatten, stärkte ihr Selbstbewusstsein, sodass viele nach der Rückkehr ihrer Männer nicht mehr bereit waren, sich wieder in die traditionelle Rollenverteilung zu fügen. Von 1939 bis 1948 stieg die Scheidungsrate von 9 auf 19 %. Aber auch das Gegenteil lässt sich beobachten: Angesichts materieller Not und einer ungewissen Zukunft suchten nicht wenige Frauen Schutz und Geborgenheit durch die Rückkehr zu alten Rollenbildern.

M11 Kriegsende in Deutschland

a) Bericht eines Bauern in Niederschlesien über den Einmarsch sowjetischer Truppen (berichtet am 26. September 1952)

Als die ersten russischen Panzer mit Infanterie ankamen, waren wir sofort Uhren, Ringe und andere Sachen los. Kurz darauf kam Infanterie an, und da war der Teufel los. Sofort wurden die ersten Frauen vergewaltigt, von Kindern von 12 Jahren bis zur Greisin über 80 Jahre, was ich selbst aus nächster Nähe gesehen habe. Mein zweites Dienstmädchen, Helene T., wurde von den Russen dreizehnmal hintereinander gebraucht. Es verging kein Tag, wo es ruhig war. Die jungen Mädchen und Frauen lagen meistens die Nächte im Garten unter den Sträuchern. Setzte sich ein Mann für sie ein, wurde er erschossen und oder erschlagen, wie Bauer Hermann Wende, erschossen mit Frau und Tochter, Kaufmann Theodor Ruscher und Max Leesch, Max Peisker erschossen. Rentner Scholz mit Frau mit dem Spaten erschlagen. Ein 12 Jahre altes Mädchen wurde von der Mutter geschützt, Mutter erschossen, Mädchen gebraucht. Es gab fast keine Frau, die nicht geschändet wurde. Eine Greisin, Frau Rahn, viermal gebraucht. Frau Schneidermeister Pfeifer aus Jeschen erhängte aus Verzweiflung ihre drei Kinder im Alter von acht bis dreizehn Jahren und sich dann selbst.

Aus dem Dorf Jeschen wurden fast restlos alle männlichen Personen verschleppt und sind verschollen, ebenso aus Lossen, die da waren. Die meisten sind verschollen. Ob Partei oder nicht.

b) Eine Frau berichtet über ihre Ausweisung aus Brandenburg durch die Polen im Juni 1945 (berichtet am 5. Juli 1952):

Am 23. Juni 1945 wurden wir nun vollkommen überraschend binnen zehn Minuten vom Polen ausgewiesen. Ich lebte damals wieder in meinem

Haus, das ging immer hin und her, mal wurde man herausgeschmissen, dann wagte man sich wieder hinein, schaffte den schlimmsten Schmutz heraus, um dann doch bald wieder herausgeworfen zu werden. Niemand von uns hatte mit einer Ausweisung gerechnet. Wohl kamen eine Woche vorher die Zivilpolen und uns wurde gesagt, dass wir nun polnisch verwaltet würden. Die Zivilpolen benahmen sich anständig, sie plünderten wohl auch noch, aber viel hatte der Russe ja nicht übrig gelassen. Aber Vergewaltigungen kamen da kaum vor. Bis dann am Morgen des 23. Juni 1945 die polnische Soldateska erschien, die so genannten Lubliner Polen, und die gesamte Bevölkerung Soraus, gegen 29000 Menschen, an diesem Tag auswies. Nur ganz wenige, die in den Fabriken für den Russen arbeiteten, durften bleiben. Mir ließen sie wie allen genau zehn Minuten Zeit. […]

Es war ein Elendszug, denn Züge gingen ja nicht, und so zogen, man kann wohl sagen drei Monate lang, die Ausgewiesenen Schlesiens und Ostbrandenburgs auf diesen Landstraßen entlang: Kinderwagen, Leiterwagen, Schiebkarren, Sportwagen.
(M 11a, b: Dokumentation der Vertreibung, Bd. I/1, 1954, S. 432 f., Bd I/2, Bonn 1955, S. 688 f.)

c) Richard von Weizsäcker, Bundespräsident, zum 40. Jahrestag des 8. Mai 1945 (1985)

Wir Deutsche begehen den Tag unter uns, und das ist notwendig. Wir müssen die Maßstäbe allein finden. Schonung unserer Gefühle durch uns selbst oder durch andere hilft nicht weiter. Wir brauchen und wir haben die Kraft, der Wahrheit, so gut wir es können, ins Auge zu sehen, ohne Beschönigung und ohne Einseitigkeit. Der 8. Mai ist für uns vor allem ein Tag der Erinnerung an das, was Menschen erleiden mußten. Er ist zugleich ein Tag des Nachdenkens über den Gang unserer Geschichte. Je ehrlicher wir ihn begehen, desto freier sind wir, uns seinen Folgen verantwortlich zu stellen.

Der 8. Mai ist für uns Deutsche kein Tag zum Feiern. Die Menschen, die ihn bewußt erlebt haben, denken an ganz persönliche und damit ganz unterschiedliche Erfahrungen zurück. Der eine kehrte heim, der andere wurde heimatlos. Dieser wurde befreit, für jenen begann die Gefangenschaft. Viele waren einfach nur dafür dankbar, daß Bombennächte und Angst vorüber waren und sie mit dem Leben davongekommen waren. Andere empfanden Schmerz über die vollständige Niederlage des eigenen Vaterlandes. Verbittert standen Deutsche vor zerrissenen Illusionen, dankbar andere Deutsche für den geschenkten neuen Anfang.

Es war schwer, sich alsbald klar zu orientieren. Ungewißheit erfüllte das Land. Die militärische Kapitulation war bedingungslos. Unser Schicksal lag in der Hand der Feinde. Die Vergangenheit war furchtbar gewesen, zumal auch für viele dieser Feinde. Würden sie uns nun nicht vielfach entgelten lassen, was wir ihnen angetan hatten?

Die meisten Deutschen hatten geglaubt, für die gute Sache des eigenen Landes zu kämpfen und zu leiden. Und nun sollte sich herausstellen: Das alles war nicht nur vergeblich und sinnlos, sondern es hatte den unmenschlichen Zielen einer verbrecherischen Führung gedient. Erschöpfung, Ratlosigkeit und neue Sorgen kennzeichneten die Gefühle der meisten. Würde man noch eigene Angehörige finden? Hatte ein Neuaufbau in diesen Ruinen überhaupt Sinn? Der Blick ging zurück in einen dunklen Abgrund der Vergangenheit und nach vorn in eine ungewisse dunkle Zukunft. Und dennoch wurde von Tag zu Tag klarer, was es heute für uns alle gemeinsam zu sagen gilt: Der 8. Mai war ein Tag der Befreiung. Er hat uns alle befreit von dem Menschen verachtenden System der nationalsozialistischen Gewaltherrschaft.

Niemand wird um dieser Befreiung willen vergessen, welche schweren Leiden für viele Menschen mit dem 8. Mai erst begannen und danach folgten. Aber wir dürfen nicht im Ende des Krieges die Ursache für Flucht, Vertreibung und Unfreiheit sehen. Sie liegt vielmehr in seinem Anfang und im Beginn jener Gewaltherrschaft, die zum Krieg führte. Wir dürfen den 8. Mai 1945 nicht vom 30. Januar 1933 trennen. Wir haben wahrlich keinen Grund, uns am heutigen Tag an Siegesfesten zu beteiligen. Aber wir haben allen Grund den 8. Mai 1945 als das Ende eines Irrweges deutscher Geschichte zu erkennen, das den Keim der Hoffnung auf eine bessere Zukunft barg.
(Richard von Weizsäcker, Von Deutschland aus, dtv, München o. J., S. 13–15)

1 *Woher rührte die in M 11a und b geschilderte Härte gegenüber den Deutschen?*

2 *Erklären Sie den Unterschied zwischen Flucht und Vertreibung (M 11a, b).*

3 *Referat- oder Projektvorschlag: „Die ‚Charta der Vertriebenen' von 1950 – Flucht und Vertreibung, Eingliederung und Integration in der Geschichte Deutschlands nach 1945". Die „Charta" sowie andere Dokumente und Links finden sich im Internet z. B. unter: www.bund-der-vertriebenen.de*

4 *Welche Schwerpunkte setzt Richard von Weizsäcker in seinem Rückblick auf das Kriegsende (M 11c)?*

5 *Nehmen Sie Stellung zu der These „Der 8. Mai war ein Tag der Befreiung" (M 11c).*

3.2 Die Konferenz von Potsdam und die Entnazifizierung

Die Deutschlandpläne der Alliierten während des Krieges

Während des Krieges wirkte der gemeinsame Kampf gegen das nationalsozialistische Deutschland integrierend auf das Bündnis der Alliierten. Die ideologischen und machtpolitischen Interessengegensätze zwischen der Sowjetunion einerseits und den westlichen Verbündeten andererseits traten in den Hintergrund. Bereits im Sommer 1941, d. h. noch vor Eintritt der USA in den Krieg, erklärten der englische Premierminister Winston Churchill und der US-Präsident Franklin D. Roosevelt in der Atlantik-Charta, dass die **„endgültige Vernichtung der Nazityrannei"** die Voraussetzung für eine neue, friedliche und freie Weltordnung sei. Aus diesem Grunde wollte man das Selbstbestimmungsrecht der Völker, das in der Atlantik-Charta auch festgelegt war, für Deutschland zunächst nicht gelten lassen. Bei Gesprächen Ende des Jahres in Moskau einigten sich Stalin und der britische Außenminister auf die Zerstückelung Deutschlands nach dem Krieg. Auf der Konferenz von Casablanca Anfang 1943 wiederum verständigten sich Roosevelt und Churchill auf die Forderung nach der **bedingungslosen Kapitulation** Deutschlands. Das erste gemeinsame Gipfeltreffen von Churchill, Roosevelt und Stalin fand Ende 1943 in Teheran statt, bei dem die Sowjetunion Anspruch auf Ostpolen erhob.

Im Oktober 1943 beschlossen die Außenminister der Alliierten die Grundsätze der Besatzungspolitik der Siegermächte nach 1945: Deutschland sollte in den Grenzen von 1937 in drei **Besatzungszonen** aufgeteilt werden, in der der jeweilige militärische Oberbefehlshaber die Regierungsgewalt innehatte; für **Berlin** hingegen war eine **gemeinsame Verwaltung** der Siegermächte vorgesehen. Für alle Angelegenheiten, die Deutschland als Ganzes betrafen, wurde ein **alliierter Kontrollrat** mit Sitz in Berlin eingerichtet, der sich aus den Oberkommandierenden der Besatzungsmächte zusammensetzte und in dem Beschlüsse einstimmig gefasst werden mussten. Damit besaß jede der drei Siegermächte ein Vetorecht im Kontrollrat, in den – gemäß den Beschlüssen der Konferenz von Jalta Anfang 1945 – später auch die französische Besatzungsmacht aufgenommen werden sollte.

Die Potsdamer Beschlüsse

Vom 17. Juli bis zum 2. August 1945 trafen sich die Siegermächte in Potsdam, um über die Nachkriegsordnung in Deutschland und Europa zu beraten, allerdings noch ohne Frankreich (M 12). Der amerikanische Präsident Harry S. Truman erstrebte in Fortsetzung der Politik seines Vorgängers Franklin D. Roosevelt, der im April gestorben war, die Errichtung einer stabilen internationalen Friedensordnung unter dem Dach der Vereinten Nationen, zunächst in Kooperation mit der Sowjetunion. Nach der Wahlniederlage der konservativen Partei wurde Winston S. Churchill als Premierminister und Leiter der englischen Delegation in Potsdam von Clement Attlee abgelöst, der jedoch seit Beginn an den Verhandlungen teilgenommen hatte.

Nach dem Ende des Zweiten Weltkrieges verband die Siegermächte das Interesse, dass von Deutschland nie wieder eine Bedrohung für den Frieden in der Welt ausgehen sollte. Daher mussten die für den Krieg Verantwortlichen bestraft und dem Militarismus und Nationalsozialismus für immer die Grundlagen entzogen werden. Einig waren sich die Siegermächte auch darüber, dass Europa und die Welt nur dann in Sicherheit vor den Deutschen leben würden, wenn das deutsche Rüstungspotenzial zerschlagen würde. Aus diesen Beweggründen wurden auf der Potsdamer Konferenz **Entnazifizierung, Entmilitarisierung und Dezentralisierung** zu den großen deutschlandpolitischen Zielen erklärt. Dies waren auch die Voraussetzungen, um einen Prozess der Demokratisierung in Gang zu setzen.

Jedoch wurden diese Ziele von jeder Besatzungsmacht im Lichte ihrer politischen Wertvorstel-

B 13 Anton Paul Weber, Zwischen Ost und West, 1946, Karikatur

— Ziehen Sie aus der Karikatur Rückschlüsse auf die Stimmungen und Erfahrungen der deutschen Bevölkerung 1945/46.

lung und politischen Machtinteressen interpretiert, was bereits auf der Konferenz zu ersten Spannungen führte: Zwar wurde rein rechtlich die Festlegung der deutsch-polnischen Grenze auf eine zukünftige Friedenskonferenz vertagt, aber Stalins Rote Armee hatte bereits vor der Konferenz im sowjetischen Einflussgebiet vollendete Tatsachen geschaffen. Gegen den Widerstand Churchills wurde in Potsdam die Abtrennung der deutschen Ostgebiete, die Vertreibung der Deutschen und die **Oder-Neiße-Linie** als deutsche Ostgrenze festgeschrieben.

Für Interessenkonflikte unter den Siegermächten sorgte auch die Frage der **Reparationen**, da ein großer Teil des deutschen Wirtschaftspotenzials in den westlichen Zonen lag. Stalin forderte für die durch den Krieg besonders geschwächte Sowjetunion 10 Mrd. Dollar Entschädigungsleistungen und eine Viermächtekontrolle des Ruhrgebietes. Dies wurde von Briten und Amerikanern abgelehnt, da sie ein wirtschaftliches Chaos befürchteten und letztlich auch verhindern wollten, dass sie für die Zahlung der Reparationen an die Sowjetunion aufzukommen hätten. Daher schlug der amerikanische Außenminister James F. Byrnes vor, dass jede Besatzungsmacht ihre Reparationsansprüche aus ihrer eigenen Zone befriedigen sollte; die Sowjetunion sollte zudem von den Reparationen, die die Westmächte entnehmen würden, 10 % gratis und 15 % im Austausch gegen Sachlieferungen erhalten. Damit wurde Deutschland ökonomisch in ein östliches und ein westliches Reparationsgebiet geteilt, auch wenn im Abschlusskommunikee der Konferenz formal an der wirtschaftlichen Einheit Deutschlands festgehalten wurde (B 13).

| Die Nürnberger Prozesse |

Zu den ersten Maßnahmen der Siegermächte gehörten die Auflösung der NSDAP und die Verhaftung und Internierung führender Parteifunktionäre, SS-Offiziere und leitender Beamter. Am 8. August 1945 wurde in Nürnberg der **Internationale Militärgerichtshof** gegründet, vor dem sich die Hauptkriegsverbrecher zu verantworten hatten. Den Angeklagten wurden Verbrechen gegen den Frieden, Kriegsverbrechen und **Verbrechen gegen die Menschlichkeit** zur Last gelegt. Juristisch war sowohl die Einrichtung dieses Tribunals als auch die Begründung der Anklagepunkte problematisch. Bisher gab es noch kein völkerrechtlich sanktioniertes Verbot von Angriffskriegen. Kriegsverbrechen und Verbrechen gegen die Menschlichkeit konnten auch den Siegermächten vorgeworfen werden. Vielen Deutschen erschienen daher die Nürnberger Prozesse nicht als gerechte Bestrafung der Hauptverantwortlichen des NS-Regimes, sondern als Justiz der Sieger über die Besiegten.

Hitler, Himmler und Goebbels hatten sich bereits vor Kriegsende durch Selbstmord der Verantwortung entzogen. Von den 22 Angeklagten wurden zwölf zum Tode durch den Strang verurteilt, darunter Hermann Göring, der vor der Hinrichtung Selbstmord beging. Sieben Angeklagte erhielten Haftstrafen, drei wurden freigesprochen. Allein von den Militärgerichten der drei Westmächte wurden 5006 Angeklagte verurteilt, davon 794 zum Tode (486 vollstreckt). Von den fast 13 000 Verurteilten in der SBZ wurden bis Anfang 1947 436 mit dem Tode bestraft.

Entnazifizierung und Umerziehung in den Westzonen In den Westzonen konzentrierte sich die Entnazifizierung zunächst auf staatliche Einrichtungen. Alle Beamten und Angestellten des öffentlichen Dienstes hatten in einem Fragebogen Auskunft über ihre Tätigkeit in der Zeit des Nationalsozialismus zu geben. Dieses Verfahren wurde dann auf andere Berufsgruppen und in der amerikanischen Zone auf die gesamte Bevölkerung ausgedehnt. Den Grad der **individuellen Verantwortung** drückten fünf Kategorien von I (Hauptschuldiger) bis V (Unbelasteter) aus. Verdächtige durften bis zur Entscheidung lediglich manuelle Arbeit ausüben.
Mit dem sich anbahnenden Politikwechsel der USA 1946/47 (s. S. 339) übertrugen die Militärbehörden in den westlichen Zonen die Entnazifizierung deutschen „Spruchkammern", die zahlreiche Entlassungen aus dem öffentlichen Dienst aufhoben. Noch ausstehende Verfahren endeten fast immer mit dem Spruch „Mitläufer" (Kategorie IV) oder „Unbelasteter". „Mitläuferfabriken" hat daher ein Historiker diese Spruchkammern genannt. Waren Wissenschaftler für die Sieger von Nutzen, fragten sie nicht nach deren Vergangenheit; und bei Fachleuten, die für den Fortgang der Wirtschaft, Verwaltung und Versorgung unentbehrlich waren, sahen die Prüfer nicht genau hin. Bis zum Februar 1950 wurden in den drei Westzonen insgesamt über 3,6 Mio. Fälle behandelt. Aber nur 5 % wurden in die ersten drei Kategorien eingestuft, hingegen über 60 % als Mitläufer oder Entlastete; die Übrigen kamen in den Genuss einer Amnestie oder einer Verfahrenseinstellung. Bis heute werden allerdings nationalsozialistische Gewaltverbrechen vor Gericht gebracht. Nach amerikanischer Vorstellung konnte allerdings dem Nationalsozialismus nur dann dauerhaft der Boden entzogen werden, wenn die deutsche Bevölkerung mit demokratischen Verhaltensstrukturen vertraut gemacht wurde. Dazu bedurfte es eines Lernprozesses, der nur auf dem Wege der **Umerziehung** zu erreichen war („reeducation"). Presse, Rundfunk und Film wurden daher anfangs kontrolliert. Die Reformen an Schulen und Universitäten waren nur bedingt erfolgreich. Eine Rückkehr zu Vorkriegstraditionen gab es vor allem an den Universitäten.

„Antifaschismus" und Entnazifizierung in der SBZ In der sowjetischen Besatzungszone wurde die Entnazifizierung insgesamt rascher und konsequenter durchgeführt als in den Westzonen. Von Anfang an bildete sie einen festen Bestandteil zur radikalen Umgestaltung der gesellschaftlichen und politischen Verhältnisse. Die **„Ausrottung der Überreste des Faschismus"** legitimierte die Entmachtung der traditionellen Eliten in Justiz, Verwaltung, Polizei und Wirtschaft, die man häufig durch Kommunisten ersetzte. Aber auch ca. 150 000 Menschen, die keine Nazis waren, wurden interniert, teilweise sogar in den ehemaligen Konzentrationslagern Buchenwald oder Sachsenhausen. Anders als in den Westzonen wurde von Anfang an eine klare Unterscheidung zwischen aktiven und nominellen Nazis getroffen. Die Entnazifizierung konzentrierte sich auf die ehemals führenden Nationalsozialisten, die man zum Großteil aus ihren Stellungen entfernte – bis 1948 insgesamt etwa 520 000 Personen. Bei der Justizreform im September 1945 wurden 85 % der Richter entlassen und durch „Volksrichter" ersetzt; in ähnlichem Umfang betraf dies auch die Lehrer an den Schulen. Im Februar 1948 wurde die Entnazifizierung in der SBZ für beendet erklärt. Für alle ehemaligen Parteigenossen blieben auch in Zukunft leitende Funktionen in Justiz, Polizei und Verwaltung verschlossen.

M12 Aus den Deutschland betreffenden Abschnitten des „Potsdamer Abkommens" vom 2. August 1945

Es ist nicht die Absicht der Alliierten, das deutsche Volk zu vernichten oder zu versklaven. Die Alliierten wollen dem deutschen Volke die Möglichkeit geben, sich darauf vorzubereiten, sein Leben auf einer demokratischen und friedlichen Grundlage von neuem wieder aufzubauen. Wenn die eigenen Anstrengungen des deutschen Volkes unablässig auf die Erreichung dieses Zieles gerichtet sein werden, wird es ihm möglich sein, zu gegebener Zeit seinen Platz unter den freien und friedlichen Völkern der Welt einzunehmen. [...]

A. Politische Grundsätze

1. Entsprechend der Übereinkunft über das Kontrollsystem in Deutschland wird die höchste Regierungsgewalt in Deutschland durch die Oberbefehlshaber der Streitkräfte der Vereinigten Staaten von Amerika, des Vereinigten Königreichs, der Union der Sozialistischen Sowjetrepubliken und der Französischen Republik nach den Weisungen ihrer entsprechenden Regierungen ausgeübt, und zwar von jedem in seiner Besatzungszone sowie gemeinsam in ihrer Eigenschaft als Mitglieder des Kontrollrates in den Deutschland als Ganzes betreffenden Fragen.

2. Soweit dieses praktisch durchführbar ist, muss die Behandlung der deutschen Bevölkerung in ganz Deutschland gleich sein.

3. Die Ziele der Besatzung Deutschlands, durch welche der Kontrollrat sich leiten lassen soll, sind:

(I.) Völlige Abrüstung und Entmilitarisierung Deutschlands und die Ausschaltung der gesamten deutschen Industrie, welche für eine Kriegsproduktion benutzt werden kann, oder deren Überwachung. [...]

(II.) Das deutsche Volk muss überzeugt werden, dass es eine totale militärische Niederlage erlitten hat und dass es sich nicht der Verantwortung entziehen kann für das, was es selbst dadurch auf sich geladen hat, dass seine eigene mitleidlose Kriegsführung und der fanatische Widerstand der Nazis die deutsche Wirtschaft zerstört und Chaos und Elend unvermeidlich gemacht haben.

(III.) Die Nationalsozialistische Partei mit ihren angeschlossenen Gliederungen und Unterorganisationen ist zu vernichten; [...] es sind Sicherheiten dafür zu schaffen, dass sie in keiner Form wieder auferstehen können, jeder nazistischen und militärischen Betätigung und Propaganda ist vorzubeugen.

(IV.) Die endgültige Umgestaltung des deutschen politischen Lebens auf demokratischer Grundlage und eine eventuelle friedliche Mitarbeit Deutschlands am internationalen Leben sind vorzubereiten. [...]

5. Kriegsverbrecher und alle diejenigen, die in der Planung oder Verwirklichung nazistischer Maßnahmen, die Greuel oder Kriegsverbrechen nach sich zogen oder als Ergebnis hatten, teilgenommen haben, sind zu verhaften und dem Gericht zu übergeben. Nazistische Parteiführer, einflussreiche Nazianhänger und die Leiter der nazistischen Ämter und Organisationen und alle anderen Personen, die für die Besetzung und ihre Ziele gefährlich sind, sind zu verhaften und zu internieren. [...]

9. Die Verwaltung Deutschlands muss in Richtung auf eine Dezentralisation der politischen Struktur und der Entwicklung einer örtlichen Selbstverwaltung durchgeführt werden. [...]

(II.) In ganz Deutschland sind alle demokratischen politischen Parteien zu erlauben und zu fördern, mit der Einräumung des Rechtes, Versammlungen einzuberufen und öffentliche Diskussionen durchzuführen. [...]

(IV.) Bis auf weiteres wird keine zentrale deutsche Regierung errichtet werden [...]

B. Wirtschaftliche Grundsätze

12. In praktisch kürzester Frist ist das deutsche Wirtschaftsleben zu dezentralisieren mit dem Ziel der Vernichtung der bestehenden übermäßigen Konzentration der Wirtschaftskraft, dargestellt insbesondere durch Kartelle, Syndikate, Trusts und andere Monopolvereinigungen. [...]

14. Während der Besatzungszeit ist Deutschland als eine wirtschaftliche Einheit zu betrachten [...].

(Ernst Deuerlein [Hg.], Potsdam 1945. Quellen zur Konferenz der „Großen Drei", München 1963, S. 354 ff.)

1 Fassen Sie die gemeinsamen Ziele der Alliierten in M 12 stichwortartig zusammen.

2 Erläutern Sie, wie es trotz unterschiedlicher politischer und gesellschaftlicher Ziele in Potsdam möglich wurde, sich auf eine gemeinsame Deutschlandpolitik zu einigen.

3.3 Politischer Neuaufbau

> Antifaschismus und Parteiengründungen in der SBZ

Der politische Neuanfang in der Sowjetischen Besatzungszone (SBZ) erfolgte unter dem Vorzeichen der **Integrationsideologie des Antifaschismus** (B 15). Anfang Mai 1945 wurde eine Gruppe deutscher Kommunisten aus dem Moskauer Exil nach Berlin geflogen, der unter anderem Walter Ulbricht (1893–1973), der spätere Staatsratsvorsitzender der DDR, und Wilhelm Pieck (1876–1960), der spätere Staatspräsident der DDR, angehörten. Sie sollten die Besatzungsmacht beim Umbau der politischen und administrativen Strukturen unterstützen. Von Anfang an fehlte den Kommunisten im Gegensatz zu den Sozialdemokraten eine breite Basis in der Bevölkerung der SBZ. Sie konnten sich daher nur mit Hilfe der sowjetischen Besatzungsmacht etablieren und behaupten.

In der SBZ erfolgte die Zulassung von Parteien **zentral**. Bereits am 10. Juni 1945 erlaubte die sowjetische Militärverwaltung (SMAD) die „Bildung und Tätigkeit antifaschistischer Parteien". Am nächsten Tag wurde die KPD gegründet, am 15. Juni die SPD, am 26. Juni die Christlich-Demokratische Union (CDU) und am 5. Juli die Liberal-Demokratische Partei Deutschlands (LDPD); die Demokratische Bauernpartei Deutschlands (DBD) folgte erst am 29. April 1948. In ihrem Gründungsaufruf erklärte die KPD, ihr Ziel sei die Errichtung einer parlamentarisch-demokratischen Republik mit allen demokratischen Rechten und Freiheiten für das Volk. Zur Begründung hieß es, Deutschland dürfe nicht das Sowjetsystem aufgezwungen werden, da dieser Weg nicht den gegenwärtigen Entwicklungsbedingungen entspreche. Die ersten Bürgermeister in der SBZ waren daher vielfach Sozialdemokraten oder Vertreter bürgerlicher Parteien.

Von einer freien Entfaltung der Parteien konnte jedoch von Anfang an keine Rede sein. Am 14. Juli 1945 schlossen sich die vier Parteien zu einem **„Block antifaschistisch-demokratischer Parteien"** zusammen. Da Beschlüsse nur einstimmig gefasst werden konnten, wurde die Aktionsfreiheit von SPD, CDU und Liberalen entscheidend eingeschränkt; eine Koalitionsbildung gegen oder ohne die KPD war nicht mehr möglich.

Im Juni 1945 hatte sich der Vorsitzende des Zentralausschusses der Sozialdemokraten in der SBZ, Otto Grotewohl (1894–1964), vor dem Hintergrund der Erfahrungen der Weimarer Republik für die Vereinigung der Arbeiterparteien ausgesprochen. Dieses Angebot war von der KPD jedoch abgelehnt worden. Nach der vernichtenden Wahlniederlage der Kommunisten in Österreich im Oktober 1945 stand zu erwarten, dass auch in der SBZ freie Wahlen die fehlende demokratische Legitimation der KPD sichtbar machen würden. Ende 1945 lehnte nun seinerseits der SPD-Vorstand in der SBZ eine Fusion mit der KPD ab.

Am 22. April 1946 vollzogen 548 Delegierte der SPD und 507 Delegierte der KPD in Ostberlin unter dem Druck der sowjetischen Besatzungsmacht die **Gründung der Sozialistischen Einheitspartei Deutschlands (SED)**. Eine demokratische Urabstimmung in den Ortsverbänden der SBZ wurde verboten. Bei einer Urabstimmung in den Westsektoren Berlins sprachen sich jedoch im März 1946 über 80 % der SPD-Mitglieder gegen eine Fusion der beiden Arbeiterparteien aus und bewerteten die Fusion als **Zwangsvereinigung** (M 13).

Die Führungsposten der SED wurden zunächst paritätisch besetzt. Bei den Landtagswahlen 1946 in der SBZ erhielt die SED nach offiziellen Angaben 47,5 %, CDU und LDPD zusammen 49 % der Stimmen. Es waren die letzten Wahlen in der SBZ, bei der sich die Wähler zwischen den Kandidaten verschiedener Parteien entscheiden konnten. 1946 setzten die SED und mit ihr gemeinsam LDPD und Ost-CDU die Bodenreform und die Verstaatlichung großer Industriebetriebe durch (B 15). Aber die SED hatte längst die Schlüsselpositionen der staatlichen Macht in ihrer Hand. Spätestens seit 1948 wandelte sich die SED zu einer „Partei neuen Typs" nach sowjetischem Vorbild (M 14).

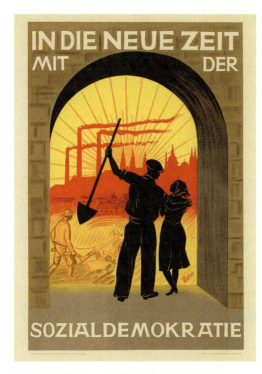 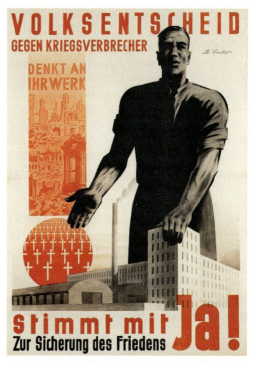

B 14 Carl Reiser, „In die Neue Zeit mit der Sozialdemokratie", um 1946, Plakat

B 15 D. Fischer, „Volksentscheid gegen Kriegsverbrecher", 1946, Plakat zum Volksentscheid über die Enteignung in Sachsen

— Untersuchen Sie anhand von B 14, für welche politischen Ziele die SPD 1946 warb und welche Eindrücke das Plakat erzeugen sollte.
— Analysieren Sie die Gestaltungsmittel, mit denen der Betrachter von B 15 für die Enteignungen in der sowjetischen Besatzungszone gewonnen werden sollte.
— Informieren Sie sich über den Begriff des „Antifaschismus" und arbeiten Sie in einem Kurzreferat heraus, inwieweit man das Plakat B 15 als eine bildnerische Umsetzung dieses Begriffs verstehen kann.
— Versetzen Sie sich in die Rolle einer Journalistin aus Großbritannien und schreiben Sie aus der Sicht des Jahres 1948 einen Zeitungsbericht über das Parteienspektrum in den Ost- und Westzonen. Bebildern Sie Ihren Bericht mit Parteiplakaten, die Ihrer Meinung nach typisch sind (s. Chroniken, historische Bildbände usw.), und begründen Sie die Auswahl gegenüber der Bildredaktion Ihrer Zeitung.

Die Anfänge der politischen Parteien in den Westzonen

In den westlichen Zonen begann der politische Wiederaufbau der Parteien später als in der SBZ: ab August 1945 in der amerikanischen, ab September in der britischen und ab November in der französischen Zone. Anders als in der SBZ erfolgte der Aufbau **dezentral** und demokratisch von „unten nach oben".

Lange bevor die Briten politische Parteien offiziell zuließen, trafen sich die **Sozialdemokraten** im April 1945 in Hannover auf Initiative von Kurt Schumacher (1895–1952), der kurze Zeit später zum Beauftragten der SPD für die Westzonen gewählt wurde. Sein Stellvertreter wurde im Mai 1946 Erich Ollenhauer (1901–1963). Mit der Berliner SPD unter Otto Grotewohl kam es zum

Konflikt in der Frage, ob sich SPD und KPD vereinigen sollten, denn Schumacher war ein radikaler Antikommunist und lehnte eine Fusion wegen der engen Bindung der KPD an die Sowjetunion ab. Damit zeichnete sich bereits 1945 innerhalb der SPD eine Spaltung in Ost und West ab. In ihren wirtschaftspolitischen Leitsätzen vom Oktober 1945 forderte die SPD die Sozialisierung der „Großindustrie, der Großfinanz und die Aufsiedlung des Großgrundbesitzes", um künftig die Konzentration ökonomischer und politischer Macht zu verhindern (B 14). Die Partei verfügte Ende 1947 zwar über rund 875 000 Mitglieder, aber bei den ersten Landtagswahlen gelang es ihr nur in Hessen, Württemberg-Baden, Bremen, Hamburg und Berlin, die CDU zu überflügeln. Bei den ersten Bundestagswahlen 1949 erreichte die SPD 29 % der Stimmen.

Die **Christlich-Demokratische Union (CDU)** entstand als überkonfessionelle bürgerliche Sammelpartei mit einem leichten Übergewicht der Katholiken. Der ehemalige Zentrumspolitiker und Kölner Oberbürgermeister Konrad Adenauer (1876–1967) wurde zum Vorsitzenden in der britischen Zone gewählt. Die Vereinigung der CDU zur Bundespartei erfolgte erst im Oktober 1950 in Goslar, da die alliierten Militärbehörden Zusammenschlüsse der Parteiorganisationen über die Zonengrenzen hinweg nicht zuließen. Von Anfang an gab es in dieser Partei zwei Richtungen: die Vertreter des „christlichen Sozialismus", die aus der christlichen Gewerkschaftsbewegung kamen, wie z. B. Jakob Kaiser (1888–1961); deren politische Zielvorstellungen fanden ihren Niederschlag im **Ahlener Programm** vom 3. Februar 1947, das noch sozialistische Züge trug. Und auf der anderen Seite der rechte Flügel von Konrad Adenauer, der die soziale Marktwirtschaft favorisierte und sich längerfristig in der Partei durchsetzte. In Bayern bildete sich als „Schwesterpartei" der CDU die Christlich-Soziale Union (CSU); bei den ersten Bundestagswahlen erreichten CDU und CSU zusammen 31 % der Stimmen.

Im Januar 1946 wurde in Württemberg-Baden die Demokratische Volkspartei (DVP) gegründet, aber erst im Dezember 1948 schlossen sich die verschiedenen liberalen Landesverbände der drei Westzonen zur **Freien Demokratischen Partei/FDP** zusammen, nachdem sie sich von der LDPD in der Sowjetzone getrennt hatten. Die Liberalen setzten sich für eine liberal-kapitalistische Wirtschaftsordnung ein. Zum Vorsitzenden wählten sie Theodor Heuss (1884–1963), den späteren ersten Präsidenten der Bundesrepublik. 12 % der Wähler stimmten bei den ersten Bundestagswahlen für die Liberalen.

Bei den ersten Landtagswahlen in den Westzonen erzielte die **Kommunistische Partei Deutschlands (KPD)** in keinem Land mehr als 15 % der Stimmen. In den ersten Bundestag wurden sie lediglich mit 6 % gewählt.

Die Neuanfänge der Gewerkschaften

In der SBZ vollzog sich der Aufbau der Gewerkschaften zentralistisch von oben nach unten. Bereits im Juni 1945 hatte sich in Berlin ein „Initiativausschuss zur Gründung antifaschistisch-demokratischer Gewerkschaften" gebildet. Im Februar 1946 folgte die offizielle Gründung des **Freien Deutschen Gewerkschaftsbundes (FDGB)**. Obwohl alle Parteien in der Leitung des FDGB vertreten waren, sicherten sich die Kommunisten mit ihren straff geführten Betriebsgruppen rasch die Vorherrschaft und schufen eine **Einheitsorganisation**.

Als es im Herbst 1947 wegen eines neuen Leistungslohnsystems zu Konflikten zwischen den Arbeitern in den Betrieben einerseits und der SED und der sowjetischen Militäradministration andererseits kam, trat die Umwandlung des FDGB in ein politisches Instrument der SED zur Massenbeeinflussung klar zu Tage. Die noch überwiegend sozialdemokratisch gesonnenen Betriebsräte opponierten mit den Arbeitern gegen das neue Lohnsystem und beharrten auf ihrer Selbstständigkeit gegenüber Anweisungen von außen. Daraufhin installierte die SED in den Betrieben von der Partei abhängige Betriebsgewerkschaftsleitungen.

Im August 1950 schließlich formulierte die SED öffentlich ihren Führungsanspruch im FDGB. Die Militärverwaltungen in den **Westzonen** verzögerten den politischen Neuaufbau der Gewerkschaften, weil sie einerseits den Deutschen misstrauten und andererseits den Ausbruch einer sozialen Revolution befürchteten, von der die Kommunisten profitieren könnten. Im August 1945 wurden in der britischen Zone zunächst Betriebsräte zugelassen, im September dann die Bildung von Gewerkschaften auf lokaler Ebene genehmigt. Der Streit um die Organisationsform der Gewerkschaften verzögerte zunächst den Neuaufbau. Die britische Militärregierung befürchtete, dass eine möglicherweise kommunistisch geführte Einheitsgewerkschaft zu mächtig werden könnte. Auf Wunsch der Militärregierung intervenierte der britische Gewerkschaftsverband. Ende 1945 fiel in Düsseldorf der Entschluss für das **Industrieverbandsprinzip**. Die einzelnen autonomen Industriegewerkschaften sollten in einem Dachverband zusammengefasst werden. Dieses Modell wurde im August 1946 auf der Gewerkschaftskonferenz in Bielefeld beschlossen. Dagegen bildeten die Gewerkschaften „Erziehung und Wissenschaft" und „Kunst" Berufsverbände. 1947 wurde in Bielefeld mit dem **Deutschen Gewerkschaftsbund (DGB)** der erste westzonale Dachverband gegründet. Im Oktober 1949 konstituierte er sich dann als bundesweite Organisation. Nachdem die Sozialisierung der Schlüsselindustrien in den westlichen Zonen am Widerstand der Besatzungsmächte gescheitert war, konzentrierten die Gewerkschaften ihre Tätigkeit auf die Tarifpolitik.

Reform der Länder und Aufbau der Verwaltungen Nach der bedingungslosen Kapitulation und der Übernahme der Regierungsgewalt in Deutschland sahen sich die Siegermächte zunächst vor die Aufgabe gestellt, in ihren Besatzungszonen eine funktionierende Verwaltung zu organisieren, um in Anbetracht der Flüchtlingsströme und der Nahrungsmittel- und Wohnraumknappheit die Versorgung der Bevölkerung zu sichern und soziale Unruhen zu vermeiden. Dazu benötigten sie die Mitarbeit der Deutschen.
Bereits im Juli 1945 setzte die SMAD in der **Ostzone** Regierungen in den Ländern Sachsen, Mecklenburg und Thüringen sowie in den Provinzen Brandenburg und Sachsen-Anhalt ein. Noch im gleichen Monat wurde die Errichtung von **elf deutschen Zentralverwaltungen** angeordnet. Fünf der von der SMAD eingesetzten Präsidenten dieser Verwaltungen gehörten der KPD, drei der SPD, je einer der CDU und der LDPD an, einer war parteilos.
Auch in den **Westzonen** waren die Weichenstellungen der Besatzungsmächte entscheidend. Am frühesten begann die US-Militärregierung mit dem Aufbau einer deutschen Zentralverwaltung. Im Oktober 1945 bildete sie in ihrer Zone einen **Länderrat**, der sich aus den drei von ihr ernannten Ministerpräsidenten der Länder Bayern, Württemberg-Baden und Hessen zusammensetzte. Bereits Anfang August waren Nord-Württemberg und Nord-Baden zum Land Württemberg-Baden mit Stuttgart als Regierungssitz zusammengefasst worden. Erster Ministerpräsident wurde der Vorsitzende der liberalen DDP, Reinhold Maier (1889–1971).
Im August 1946 löste die britische Militärregierung die bisherigen preußischen Provinzen auf und errichtete an ihrer Stelle die Länder Schleswig-Holstein, Hannover und Nordrhein-Westfalen und wenig später Niedersachsen. Eine dem Länderrat in der amerikanischen Zone vergleichbare Zentralverwaltung lehnte sie jedoch ab. Am 25. Februar 1947 wurde **Preußen** dann formal durch ein Kontrollratsgesetz **aufgelöst**. Mit der Errichtung des Landes Nordrhein-Westfalen wollte die britische Regierung vollendete Tatsachen schaffen, um eine von Frankreich und der Sowjetunion geforderte internationale Kontrolle des Ruhrgebietes zu verhindern.
Frankreich riegelte seine Besatzungszone sofort von den übrigen ab und förderte dort einen extremen **Föderalismus**. Das Land Rheinland-Pfalz wurde neu gegründet und ein durch Grenzkorrekturen vergrößertes Saarland politisch und wirtschaftlich von Deutschland abgetrennt,

kam aber 1955 nach einer Volksabstimmung zur Bundesrepublik. Bis Herbst 1947 entstanden die Länder Württemberg-Hohenzollern mit der Hauptstadt Tübingen, Baden mit der Hauptstadt Freiburg und separat der Kreis Lindau auf bayerischem Gebiet. Die Bildung des heutigen Landes **Baden-Württemberg** geht auf das Jahr 1952 zurück.

Bodenreform und Verstaatlichung in der SBZ — In der sowjetischen Besatzungszone, die einen beträchtlichen Anteil des ehemaligen ostelbischen Großgrundbesitzes umfasste, bildete die Bodenreform einen integralen Bestandteil der Entnazifizierungspolitik. Im September 1945 begann die sowjetische Militäradministration unter der Losung „Junkerland in Bauernhand" mit der entschädigungslosen Enteignung des Grundbesitzes über 100 Hektar. Betroffen waren von den Maßnahmen rund 35 Prozent der landwirtschaftlichen Nutzfläche. Ungefähr zwei Drittel des enteigneten Bodens wurden an 599 000 Bauern, Landarbeiter und Umsiedlerfamilien in Parzellen zu 5 bis 10 Hektar verteilt. Die Mehrzahl der kleinen Betriebe erwies sich jedoch längerfristig als unrentabel. Ab 1952 mussten sie sich in **Landwirtschaftlichen Produktionsgenossenschaften (LPG)** zusammenschließen. Damit begann die Kollektivierung der Landwirtschaft nach sowjetischem Vorbild.

Nachdem im Juli 1945 bereits Banken und Sparkassen entschädigungslos enteignet worden waren, setzte gegen Ende des Jahres die Verstaatlichung der Industrie ein, die wie alle Sozialisierungsmaßnahmen mit der Enteignung von Kriegs- und Naziverbrechern legitimiert wurde (B 15). Nach Anfängen in Sachsen erfolgte die Umwandlung der Unternehmen in **Volkseigene Betriebe (VEB)** auch in den anderen Gebieten der SBZ, allerdings nicht mehr, wie in Sachsen, per Volksabstimmung, sondern nur noch per Verordnung. Bis Mitte 1948 wurden mehr als 9000 Betriebe sozialisiert. 213 der wichtigsten Betriebe, die alleine fast 25–30 % der sowjetzonalen Gesamtproduktion erzeugten, gingen zunächst in das Eigentum der Sowjetunion über und wurden in 25 **Sowjetische Aktiengesellschaften (SAG)** umgewandelt. 1953 wurden sie für rund 2,5 Mrd. Mark von der DDR zurückgekauft.

Reparationen und Demontagen — In Potsdam hatten die Alliierten vereinbart, dass jede Besatzungsmacht ihre Reparationen durch Entnahme von Produktionsgütern aus ihrer eigenen Zone befriedigen sollte. Die USA interessierten sich vor allem für **industrielles Know-how**. Ungefähr 1000 Techniker, wie z. B. der Raketenbauer Wernher von Braun (1912–1977), wurden in die USA gebracht, um dort an ihren Projekten weiterzuarbeiten. Der Technologieraub dürfte einen Wert von 10 Mrd. Dollar gehabt haben, zu dem auch die Verfilmung der wichtigsten deutschen Patente gehörte.

Am längsten plünderte die UdSSR ihre Zone aus. Bis Frühjahr 1948 wurden nicht nur kriegswichtige Industrien, sondern auch für die Friedenswirtschaft unentbehrliche industrielle Betriebe demontiert. Hinzu kam die Entnahme von Reparationen aus der laufenden Produktion und die Demontage von Gleisanlagen. Auch die UdSSR nahm eine große Zahl deutscher Forscher in ihre Dienste, bemühte sich allerdings vergeblich, einen Zugriff auf das Industriepotenzial und die Rohstoffe im britisch besetzten Ruhrgebiet zu erhalten. Die **rücksichtslose Entnahmepolitik der sowjetischen Besatzungsmacht** hat das Wirtschaftspotenzial der Ostzone mehr zerstört als die unmittelbaren Kriegseinwirkungen. Die Belastung, die rein rechnerisch jeder Deutsche zu tragen hatte, war in der Ostzone dreimal so hoch wie in den Westzonen.

M13 Zwangsvereinigung von SPD und KPD
Bericht von Christopher Steel, dem Leiter der politischen Abteilung der britischen Militärregierung in Deutschland, an das britische Außenministerium über ein Treffen mit den Ost-SPD-Mitgliedern Otto Grotewohl und Gustav Dahrendorf am 4. Februar 1946 (Auszug):

Was sie sagten, war nicht ermutigend. Grotewohl, anfangs noch guter Laune, sah mitgenommen und besorgt aus. Nach dem Essen kamen wir zur Sache, und als ich ihn nach den Einheitslisten fragte, sagte er, das Ende stehe kurz bevor. Ich sagte, wir könnten ihn verstehen, dass die SPD wirklich mit den Kommunisten zusammengehen könnte, es gebe doch wahrlich noch einen Unterschied zwischen Freiheit und Totalitarismus. Grotewohl sagte, das sei keine Frage von Programmen, sondern nackter Tatsachen. […] Sie würden nicht nur persönlich unter stärksten Druck gesetzt […], ihre Organisation in den Ländern sei vollkommen unterwandert. Männer, die ihm noch vor vier Tagen versichert hätten, sie seien entschlossen, Widerstand zu leisten, flehten ihn nun an, die Sache hinter sich zu bringen. Auf diese Leute sei jede nur mögliche Art von Druck ausgeübt worden, von dem Versprechen, ihnen einen Arbeitsplatz zu besorgen, bis zur Entführung am helllichten Tag, und wenn er, Grotewohl, zusammen mit dem Zentralausschuss den Widerstand fortsetzen würde, dann würden sie ganz einfach abgesetzt und durch Provinzausschüsse ersetzt werden. Im Übrigen habe weiterer Widerstand auch keinen Sinn mehr, da sie sich von uns keine Hilfe mehr erhofften.

Auf meine Frage, was er damit meine, sagte Grotewohl, offensichtlich sei der „Eiserne Vorhang" […] unverrückbar. Die Franzosen würden jeden Ansatz zur Einheit Deutschlands abblocken und unter diesen Umständen sei jede Unterstützung wirkungslos. Ich fragte ihn, ob eine Einigung über die zentralen Verwaltungsstellen ihn ermutigen würde, an der Unabhängigkeit [der Partei] festzuhalten; darauf antwortete er mit großem Nachdruck, dass er das tun würde, selbst wenn die Behinderungen im Ost-West-Verkehr andauern würden. […]

Dahrendorf sprach davon, sie hätten bis zum Einsatz ihres Lebens Widerstand geleistet. […]

Dies alles hat mich sehr deprimiert; aber es sieht so aus, als würden die Russen jetzt ihre Glacéhandschuhe ausziehen.

(Rolf Steininger, Deutsche Geschichte seit 1945, Bd. 1, Fischer, Frankfurt/Main 1996, S. 191 f.)

1 Ordnen Sie M 13 historisch ein.
2 Diskutieren Sie die Handlungsspielräume, die der Ost-SPD bei der Fusion mit der KPD blieben.
3 Überlegen Sie, welche Gründe die Ost-SPD zur Zusammenarbeit bewogen haben könnten.

M14 Aus dem Beschluss der 1. Parteikonferenz der SED vom 28. Januar 1949

Die Kennzeichen einer Partei neuen Typs sind: Die marxistisch-leninistische Partei ist die bewusste Vorhut der Arbeiterklasse. Das heißt, sie muss eine Arbeiterpartei sein, die in erster Linie die besten Elemente der Arbeiterklasse in ihren Reihen zählt, die ständig ihr Klassenbewusstsein erhöhen. Die Partei kann ihre führende Rolle als Vorhut des Proletariats nur erfüllen, wenn sie die marxistisch-leninistische Theorie beherrscht, die ihr die Einsicht in die gesellschaftlichen Entwicklungsgesetze vermittelt. Daher ist die erste Aufgabe zur Entwicklung der SED zu einer Partei neuen Typus die ideologisch-politische Erziehung der Parteimitglieder und besonders der Funktionäre im Geiste des Marxismus-Leninismus.

Die Rolle der Partei als Vorhut der Arbeiterklasse wird in der täglichen operativen Leitung der Parteiarbeit verwirklicht. Sie ermöglicht es, die gesamte Parteiarbeit auf den Gebieten des Staates, der Wirtschaft und des Kulturlebens allseitig zu leiten. Um dies zu erreichen, ist die Schaffung einer kollektiven operativen Führung der Partei durch die Wahl eines Politischen Büros (Politbüro) notwendig. […]

Die marxistisch-leninistische Partei beruht auf dem Grundsatz des demokratischen Zentralismus. Dies bedeutet die strengste Einhaltung des Prinzips der Wählbarkeit der Leitungen und Funktionäre und der Rechnungslegung der Gewählten vor den Mitgliedern. Auf dieser innerparteilichen Demokratie beruht die straffe Parteidisziplin, die dem sozialistischen Bewusstsein der Mitglieder entspringt. Die Parteibeschlüsse haben ausnahmslos für alle Parteimitglieder Gültigkeit, insbesondere auch für die in Parlamenten, Regierung, Verwaltungsorganen und in den Leitungen der Massenorganisationen tätigen Parteimitglieder.

Demokratischer Zentralismus bedeutet die Entfaltung der Kritik und Selbstkritik in der Partei, die Kontrolle der konsequenten Durchführung der Beschlüsse durch die Leitungen und die Mitglieder. Die Duldung von Fraktionen und Gruppierungen innerhalb der Partei ist unvereinbar mit ihrem marxistisch-leninistischen Charakter.

(Hermann Weber [Hg.], DDR, Oldenbourg, München 1986, S. 134)

1 Beschreiben Sie die Merkmale der SED als einer Partei „neuen Typs". Prüfen Sie die These, die SED sei „stalinisiert" worden.

Filme: „Schindlers Liste" – Vergangenheitsbewältigung im Spielfilm

Die Verarbeitung von Geschichte im Film kann idealtypisch in zwei Arten unterteilt werden: zum einen in **Dokumentarfilme**, die kritische Fragen an ihr Material stellen und Zeitzeugen und Fachleute befragen; sie setzen einen historisch interessierten Zuschauer voraus und verfolgen den Anspruch, historische Aufklärungsarbeit zu leisten; zum anderen in **historische Spielfilme**, die Geschichte nur als ein Mittel einsetzen, um das Massenpublikum anzuziehen.

Bild 1a Szene aus dem KZ Krakau-Plaszów: Amon Goeth (Ralph Fiennes) bedroht einen Juden; eine Ladehemmung verhindert den Mord.

Bild 1b Oskar Schindler (Liam Neeson) stellt mit dem Schriftgelehrten und Buchhalter Itzak Stern (Ben Kingsley) die rettende „Liste" zusammen.

Bild 1c Schlussszene: Oskar Schindler (Liam Neeson) im Kreise der geretteten Juden.

Szenenfotos aus dem amerikanischen Spielfilm „Schindlers Liste" von 1993

— *Analysieren und interpretieren Sie die Kamera- und Lichteinstellung in B 1c.*
— *Der Historiker Wolfgang Benz schrieb 1994 über „Schindlers Liste": „Die Zerstörung von Menschen durch Todesangst, die Mordlust der Täter, die Ambivalenzen der Moral in chaotischer Zeit und unter existenzieller Bedrohung kann man nicht dokumentieren. Um begreiflich zu machen, was geschah, braucht es eben die literarische und dramatische Form. [...] Der Film ist über den Appell an die moralische Sensibilität des Betrachters hinaus ein dramatischer Beitrag zu Geschichtsschreibung und Aufklärung" (Die Zeit, 4. März 1994). Beziehen Sie Stellung.*

1994 kam in Deutschland ein historischer Spielfilm aus den USA auf den Markt (amerik. Erstaufführung 1993), der sein Massenpublikum nicht zuletzt dadurch erreichte, dass er beide Gattungen vermischte und in Deutschland eine breite Diskussion über die Vergangenheitsbewältigung auslöste: „Schindlers Liste" (Bilder 1a–c). Gedreht hatte den Spielfilm der Hollywood-Regisseur Steven Spielberg. Spielberg stützte sich erstmals auf Wirkliches und produzierte einen Film, der zwei tatsächliche Geschichten erzählt: die Geschichte des deutschen Unternehmers Oskar Schindler, der elfhundert Juden vor der Ermordung in den Gaskammern deutscher Konzentrationslager gerettet hat, und die Vernichtung der Juden durch die Nationalsozialisten. Ohne große dramaturgische und technische Effekte erzählt der Film in Schwarzweißbildern, wie der Unternehmer und Lebemann Schindler nach Krakau kommt, um Juden als billige Arbeitskräfte für seine Emailwarenfabrik zu bekommen. Seine Kontakte zu seinem Gegenspieler, dem SS-Lagerkommandanten Amon Goeth, nutzt er wohl kalkuliert und erhält „seine" Arbeitskräfte, die er – zunächst nur aus unternehmerischem Kalkül, später auch aus moralischem Verantwortungsgefühl – schließlich vor der Deportation bewahrt. Am Schluss des Films, in Farbe, legen die Schauspieler gemeinsam mit den Überlebenden Steine auf das Grab Schindlers.
Die Resonanz auf den Film war in Deutschland enorm – und gespalten. Während die einen fasziniert waren von der Authentizität der Geschichte, von dem Bemühen um genaue Rekonstruktion und nicht zuletzt von der Kameraführung, die immer in Augenhöhe dabei ist, mitten unter den Opfern, im Dreck der Hinterhöfe und am Straßenrand, wo die Leichen sich stapeln, lehnten andere diese Ästhetik ab, weil sie die Distanz zum Geschehen auflöse und zur „Erlösung vom Holocaust" führe (Wolfram Schütte); Trauer- und Erinnerungsarbeit könne nur durch Distanz schaffende Dokumentarfilme in Gang gesetzt werden, z. B. durch das Auschwitz-Dokument „Nacht und Nebel" von Alain Resnais und Jean Cayrols (1952) oder die großen dokumentarischen Filme „Shoa" von Claude Lanzmann (1986) und „Hotel Terminus" von Marcel Ophüls.

Bildsprache des Films

Der Film spricht in einer besonderen Sprache – über Gestaltungsmittel (Szene, Sequenz, Schnitt, Blende), über Einstellungsgrößen (Totale, Halbtotale, Halbnah, Nah, Groß, Detail), über Kameraperspektiven (Normalsicht, Froschperspektive, Vogelperspektive), über Kamerabewegungen (Stand, Schwenk, Fahrt, Zoom), über Personenstellungen und Personenbewegungen (im Profil, Halbprofil, im Vorder-, Mittel- oder Hintergrund) und über Töne und Beleuchtungen (von hinten oder unten auftreffendes Licht wirkt dramatisierend).
Ausgangspunkt einer Filmanalyse können die folgenden Beobachtungen sein:

Beobachtung des Bildes:
- Wann gibt es auffällige Großaufnahmen?
- Wann nimmt die Kamera auffällige Positionen ein?
- Wie bewegt sich die Kamera?
- Welche Einstellungen sind gestaltet?
- Wann gibt es auffällige „Schnittstellen"?
- Wie ist das Verhältnis von kurzen und langen Einstellungen?
- Wo gibt es auffällige Beleuchtungseffekte?

Analyse des Tons:
- Wann dominieren Geräusche? Wann dominiert Sprache?
- Wann setzt Musik ein?
- Wie sind die Dialoge ausgestaltet?
- Wie umfangreich sind Kommentare?
- Wie verhält sich die Sprache zum Bild? Welche Kernsätze aus Dialogen und Kommentaren erscheinen mit welchen Bildern?

3.4 Der Weg zur Gründung zweier deutscher Staaten

Der Zerfall der Kriegsallianz

Das Abschlusskommunikee der Konferenz von Potsdam ging noch von einem einvernehmlichen Handeln der Siegermächte gegenüber Deutschland aus. Die weltweit ausgetragenen machtpolitischen und ideologischen Gegensätze zwischen der Sowjetunion und den Westmächten führten jedoch zum Zerfall der Kriegsallianz und letztlich zur Spaltung Deutschlands. Die bedingungslose Kapitulation, durch die die Deutschen alle Souveränitätsrechte verloren hatten, erlaubte es den Besatzungsmächten, in ihren Zonen ihre unterschiedlichen Ordnungsvorstellungen durchzusetzen, was letztlich zur Ausbildung zweier verschiedener wirtschaftlicher, gesellschaftlicher und politischer Systeme und zur Gründung zweier deutscher Staaten führte.

Britische und amerikanische Außenpolitik

Bereits am 12. Mai 1945, wenige Tage nach Kriegsende, sprach der englische Premierminister Winston Churchill von einer sich abzeichnenden Spaltung Deutschlands und Europas, als er erklärte, entlang der russischen Front verlaufe ein **„Eiserner Vorhang"**. Aber konkrete Initiativen zur Errichtung eines deutschen Teilstaates begannen erst ein Jahr später und gingen von Briten und Amerikanern aus, die ein vereintes Deutschland unter kommunistischer Herrschaft befürchteten (M 15a).
Die Wende in der britischen Deutschlandpolitik wurde mit der Erklärung des Außenministers **Ernest Bevin** in der geheimen Kabinettssitzung vom Mai 1946 eingeleitet. Wenig später ging auch die amerikanische Regierung auf Konfrontationskurs mit der Sowjetunion. Im Mai 1946 stellte sie die in Potsdam vereinbarten Reparationslieferungen aus ihrer Zone auf Grund fehlender Gegenleistungen ein, nachdem der sowjetische Außenminister Wjatscheslaw Molotow (1890–1986) eine Entmilitarisierung Deutschlands unter gemeinsamer Kontrolle der Alliierten auf der Pariser Außenministerkonferenz im April 1946 abgelehnt hatte. Im September stellte der amerikanische Außenminister Byrnes in Stuttgart die Rückgabe von Kompetenzen an die Länderregierungen und die Wiederherstellung der wirtschaftlichen Einheit in Aussicht, gegebenenfalls auch ohne die Sowjetunion (M 15b, c). Um den ökonomischen Aufschwung in ihren Zonen zu beschleunigen, vollzogen die Briten und Amerikaner am 1. Januar 1947 den wirtschaftlichen Zusammenschluss ihrer beiden Besatzungszonen **(Bizone)**. Im März 1947 machte Präsident Truman deutlich, dass sich die USA einer weiteren Expansion der Sowjetunion widersetzen würden. Mit dem Scheitern der Londoner Außenministerkonferenz im Dezember 1947 zeichnete sich schließlich immer deutlicher die Errichtung zweier deutscher Teilstaaten ab. Im März 1948 stimmte Frankreich der Vereinigung der drei westlichen Zonen zur **Trizone** zu.

Marshallplan

Vertieft wurde die Spaltung zwischen Ost und West durch zwei entscheidende wirtschaftspolitische Maßnahmen: den **Marshallplan** und die **Währungsreform**. Die US-Regierung hatte bereits 1945 ein Nothilfeprogramm zur Bekämpfung von Hunger und Seuchen in den von amerikanischen Truppen besetzten Gebieten begonnen. An die Stelle dieses Hilfsprogramms trat seit Ende 1948 der Marshallplan, der den ökonomischen Aufschwung in ganz Europa beschleunigen sollte **(European Recovery Program/ ERP)**. Im April 1948 schlossen die daran beteiligten Länder einen Vertrag über die Gründung einer Organisation zur wirtschaftlichen Zusammenarbeit (OEEC).
Die westlichen Zonen erhielten insgesamt 1,56 Mrd. Dollar, wovon der größte Teil auf industrielle Rohstoffe entfiel, die die rohstoffabhängige westdeutsche Wirtschaft dringend benötigte. Die Lieferungen aus den USA wirkten als Anschub, der den Kreislauf zwischen Import und Export

belebte und der westdeutschen Wirtschaft erlaubte, ihre alte Rolle als größter Exporteur von Werkzeugmaschinen und Fertigprodukten und als größter Importeur von Rohstoffen und Nahrungsmitteln in Europa wieder zurückzugewinnen. Der Marshallplan verlieh dem Aufschwung, der bereits zuvor eingesetzt hatte, Dynamik und Dauer und konnte das westliche politische Modell gegenüber dem kommunistischen als die erfolgreichere Alternative präsentieren. Weil die Staaten im sowjetischen Machtbereich unter dem Druck der UdSSR die Finanzhilfe nicht annehmen konnten, vertieften sich die Unterschiede zur SBZ.

| Währungsreform und Berlinblockade | Die Entscheidung zur Errichtung eines deutschen Weststaates fiel 1948 auf der Londoner Sechsmächtekonferenz (März–Juni). Als am 20. März 1948 die Vertreter der Sowjetunion auf Weisung ihrer Regierung den Alliierten Kontrollrat in Berlin verließen, bedeutete dies den **endgültigen Zerfall der Kriegsallianz**.

Auf dem Weg zur Gründung zweier deutscher Staaten wurde die insbesondere von den Amerikanern forcierte und im Juni 1948 vollzogene **Währungsreform** zu einem weiteren entscheidenden Schritt. Um die Versorgung der Bevölkerung in den Westzonen zu sichern und den Wirtschaftsaufschwung zu konsolidieren, sollte und musste die Bevölkerung wieder Vertrauen in die Währung gewinnen.

Am **20. Juni 1948** brachten die Amerikaner 500 Tonnen neue Banknoten im Gesamtwert von 5,7 Milliarden DM (ca. 2,9 Mrd. Euro) über das deutsche Bankensystem in allen drei westlichen Zonen in Umlauf. Bereits am 1. März 1948 war die **Bank deutscher Länder** als Bank der Landeszentralbanken durch eine britisch-amerikanische Gemeinschaftsinitiative gegründet worden, der die Landeszentralbank der französischen Zone am 16. Juni 1948 beigetreten war. Auf diese Weise wurde das Notenbanksystem zur ersten Einrichtung, die alle drei Westzonen umfasste. Die Umtauschrelation zwischen alter RM und neuer DM wurde auf 10:1 festgelegt. Jede Person erhielt einen „Kopfgeld"-Betrag von 60 DM (ca. 30 Euro). Für Löhne, Gehälter, Miet- und Pachtzinsen, Pensionen und Renten galt eine Relation von 1:1. Während Bank- und Sparkassenguthaben im Verhältnis 10:1 abgewertet wurden, blieben Produktivvermögen, Haus- und Immobilienbesitz unangetastet. Dadurch wurden besonders Flüchtlinge und Vertriebene benachteiligt, was jedoch durch die bereits im August 1948 als „Soforthilfe" beginnende Lastenausgleichsgesetzgebung abgemildert wurde.

Der **psychologische Effekt der westlichen Währungsreform** war enorm. Die Lebensmittelkarten verschwanden und die Schaufenster füllten sich. Die Liberalisierung des Warenverkehrs bot einen Leistungsanreiz und steigerte die Arbeitsmoral. Im November 1948 wurde der Lohnstopp aufgehoben, 1950 der Außenhandel liberalisiert. In der Erinnerung vieler Westdeutscher wurde die Währungsreform zum „eigentlichen" Gründungsdatum der späteren Bundesrepublik; der zunächst rasche Anstieg der Arbeitslosigkeit und der Preise und das geringe Lohnniveau traten dabei in den Hintergrund, da die „Gründungskrise" mit dem 1950 ausbrechenden Koreakrieg relativ rasch überwunden werden konnte.

Mit der Währungsreform endete im Westen zugleich die Zwangswirtschaft. Zwar wurde drei Tage später auch in der SBZ eine Währungsreform durchgeführt und die Ost-DM eingeführt, aber weniger erfolgreich. Die Rationierung von Fleisch, Fett und Zucker endete erst 1958. Erst jetzt verschwanden die Lebensmittelkarten aus dem Leben der DDR-Bürger.

Stalin reagierte auf den wirtschaftlichen und politischen Zusammenschluss der Westzonen und die Währungsreform mit der **Blockade aller Zufahrtswege nach Berlin** (24. Juni 1948–12. Mai 1949). Die Berlinblockade scheiterte jedoch an der amerikanisch-britischen **„Luftbrücke"** und am Durchhaltewillen der Westberliner Bevölkerung. Im Westen bewirkte sie endgültig einen Stimmungsumschwung und verstärkte die antikommunistischen Ressentiments.

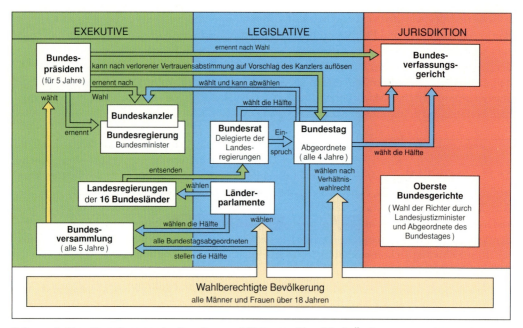

Schema 1 Das Grundgesetz der Bundesrepublik Deutschland (mit Änderungen auf Grund der Vereinigung 1990)

— Erläutern Sie mit Hilfe des Schemas, wie in der Verfassung der Bundesrepublik folgende Prinzipien verankert wurden: a) parlamentarische Demokratie, b) Rechtsstaatlichkeit, c) Föderalismus, d) Gleichheit von Frau und Mann.

— Informieren Sie sich (s. S. 204 ff.) über die Verfassungsgrundsätze der Weimarer Republik und schreiben Sie – mit Blick auf die Veränderungen in der Verfassungsgebung – eine Erörterung zu der These „Bonn ist nicht Weimar".

Währungsreform und Luftbrücke verstärkten bei den Westdeutschen den Wunsch nach Integration in den „erfolgreichen" Westen. Aus Siegern wurden Freunde, aus Besatzern die Schutzmacht gegen den Kommunismus.

Die „deutsche Frage": die Frage der Einheit

Die politische Initiative lag in der unmittelbaren Nachkriegszeit zunächst bei den Siegermächten. Aber auch unter den westdeutschen Politikern bestand Konsens, dass die Einheit nicht um den Preis einer Sowjetisierung ganz Deutschlands erkauft werden dürfe. Auf der **Konferenz der Ministerpräsidenten aller vier Zonen in München** im Juni 1947 sprachen die westdeutschen Regierungschefs, von denen die Mehrheit der SPD angehörten, den Vertretern der SBZ jede demokratische Legitimation ab. 1948 zogen 95 % der Westdeutschen einen Weststaat einem kommunistisch kontrollierten Gesamtdeutschland vor.

Im Mai 1947 hatte der SPD-Vorsitzende Kurt Schumacher die so genannte **„Magnettheorie"** begründet, die in den folgenden Jahren in der „deutschen Frage" auch die Politik der Regierung Adenauer bestimmen sollte: „Man muss soziale und ökonomische Tatsachen schaffen, die das Übergewicht der drei Westzonen über die Ostzone deklarieren ... Es ist realpolitisch vom deutschen Gesichtspunkt aus kein anderer Weg zur Erringung der deutschen Einheit möglich als diese ökonomische Magnetisierung des Westens, die ihre Anziehungskraft auf den Osten so stark ausüben muss, dass auf die Dauer die bloße Innehabung des Machtapparates dagegen kein sicheres Mittel ist. Es ist gewiss ein schwerer und vermutlich langer Weg."

Gründung der Bundesrepublik Im Juli 1948 überreichten die drei westlichen Militärgouverneure den Ministerpräsidenten der Länder die so genannten **Frankfurter Dokumente**. Sie enthielten das Angebot zur Errichtung eines westdeutschen Bundesstaates und Grundsätze für dessen Verfassung. Die Regierungschefs wurden ermächtigt, bis zum 1. September von den Landtagen eine verfassunggebende Versammlung wählen zu lassen. Im August 1948 erarbeitete eine Kommission aus Sachverständigen auf Herrenchiemsee einen Verfassungsentwurf, der dem ab 1. September 1948 in Bonn tagenden **„Parlamentarischen Rat"** als Beratungsgrundlage diente. Von den 65 Abgeordneten dieses Rates waren 61 Männer und vier Frauen. Jeweils 27 gehörten den Fraktionen der CDU/CSU und der SPD an, fünf der FDP, je zwei dem Zentrum, der Deutschen Partei und der KPD; die fünf Berliner Vertreter, darunter drei der SPD, waren nicht stimmberechtigt.

Der zu gründende **Staat** war **als Provisorium** gedacht. Dies fand seinen Ausdruck bereits in der Wahl der Begriffe: „Parlamentarischer Rat" an Stelle von „Verfassunggebender Nationalversammlung" und „Grundgesetz" an Stelle von „Verfassung". Der Entwurf nahm die demokratischen Traditionen der deutschen Verfassungsgeschichte seit 1848 auf und reflektierte die Erfahrungen der Weimarer Republik und der nationalsozialistischen Diktatur. Durch Kompromisse musste ein Konsens gefunden werden, der schließlich die Grundlage für die Stabilität der demokratisch-pluralistischen Ordnung der Bundesrepublik bildete. Die im Grundgesetz verbrieften Menschen- und Bürgerrechte (Art. 1–17) dürfen „in ihrem Wesensgehalt" nicht verändert werden (Art. 19); Artikel 1 (Menschenrechte) sowie Artikel 20 (Demokratie, Bundes-, Rechts- und Sozialstaatsprinzip) sind unaufhebbar. Allerdings wurden keine sozialen Grundrechte (z. B. Recht auf Arbeit) aufgenommen.

Auf plebiszitäre Elemente wurde nach den Erfahrungen der Weimarer Republik zu Gunsten indirekter Formen der politischen Willensbildung fast vollständig verzichtet. Die Ziele der Parteien müssen mit dem Grundgesetz vereinbar sein und ihre innere Ordnung demokratischen Prinzipien entsprechen. Das **konstruktive Misstrauensvotum** (Art. 67) sollte verhindern, dass bei schwierigen Mehrheitsverhältnissen eine regierungslose Zeit entstehen könnte. Danach kann ein Kanzler nur durch die Wahl eines neuen Kanzlers gestürzt werden. Eine allzu große Parteienvielfalt sollte durch das im Wahlgesetz festgelegte kombinierte Verhältnis- und Mehrheitswahlrecht verhindert werden. Die **Fünfprozentklausel** kam erst bei der zweiten Bundestagswahl 1953 hinzu. Um die Mitwirkung und Mitbestimmung der Länder bei der Gesetzgebung des Bundes zu stärken, erhielt der Bundesrat im Vergleich zur Weimarer Verfassung mehr Befugnisse. Erst nach massiver Mobilisierung der Öffentlichkeit konnte es den weiblichen Vertreterinnen, vor allem Elisabeth Selbert (1896–1986), gelingen, die **allgemeine rechtliche Gleichstellung von Mann und Frau** (im Gegensatz zur rein politischen wie in der Weimarer Verfassung) durchzusetzen. Weniger umstritten war die **soziale Marktwirtschaft**, d. h. ein kapitalistisch organisiertes Wirtschaftssystem mit sozialstaatlicher Bindung auf der Grundlage des Privateigentums an den Produktionsmitteln. Wie viel Kapitalismus und wie viel Sozialstaatlichkeit sie enthalten sollte, blieb aber umstritten.

Am 8. Mai 1949 wurde das Grundgesetz mit 53 zu elf Stimmen verabschiedet und trat am 23. Mai 1949 in Kraft, nachdem es von den Militärgouverneuren und zehn der insgesamt elf Landtage – mit Ausnahme Bayerns, dem die föderativen Elemente zu schwach erschienen – gebilligt worden war. Bonn wurde zum vorläufigen Sitz der Bundesorgane bestimmt (Schema 1).

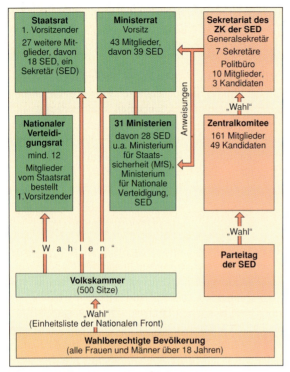

Schema 2 Partei und Staat in der DDR

— Arbeiten Sie das Verhältnis von Partei, Volk und Staat heraus.
— Erläutern Sie mit Hilfe des Schemas den Begriff „demokratischer Zentralismus".

Die Bundesrepublik erhielt mit der Staatsgründung keineswegs die volle Souveränität zurück. Am Tag nach der Regierungserklärung vom 20. September 1949 trat das **Besatzungsstatut** in Kraft. Es sicherte den Westmächten, vertreten durch zivile Hohe Kommissare, die an die Stelle der drei Militärgouverneure traten und die **Alliierte Hohe Kommission** bildeten, Vorbehaltsrechte. Wichtige Sektoren wie Abrüstung, Ruhrkontrolle und Außenhandel blieben der deutschen Zuständigkeit entzogen. Das Besatzungsstatut wurde erst durch den **Deutschlandvertrag** im Mai 1955 aufgehoben. Auch das **Ruhrstatut** schränkte die Handlungs- und Entscheidungsfreiheit der Bundesregierung ein; Förderung und Verteilung der Ruhrkohle unterstanden der Kontrolle einer internationalen Behörde. Die Westmächte garantierten durch ihre Streitkräfte die Sicherheit der Bundesrepublik, übten durch ihre Präsenz aber auch Kontrolle aus. Mit Verabschiedung des Grundgesetzes im Mai 1949 genehmigten die Westmächte seine Geltung für Westberlin, mit dem Vorbehalt, dass die Berliner Mitglieder des Bundestages und Bundesrates kein Stimmrecht erhielten. Am 14. August 1949 wählte die westdeutsche Bevölkerung die Abgeordneten des ersten Deutschen Bundestages, in dem die CDU/CSU und die SPD zwar fast gleich stark waren, insgesamt aber die bürgerlichen Parteien eine deutliche Mehrheit besaßen. Am 12. September wurde Theodor Heuss (FDP) zum ersten Bundespräsidenten gewählt, drei Tage später der damals 73-jährige Konrad Adenauer (CDU) zum ersten Bundeskanzler. Adenauer formulierte in seiner ersten Regierungserklärung den bereits in der Präambel des Grundgesetzes enthaltenen Alleinvertretungsanspruch der Bundesrepublik und begründete ihn mit der fehlenden demokratischen Willensbildung in der DDR. Dieser Anspruch, der einen überparteilichen Konsens artikulierte und von den Westmächten wiederholt vertraglich bestätigt wurde, bestimmte in den 1950er-/60er-Jahren die bundesdeutsche Position in der „deutschen Frage".

Gründung der DDR Die Gründung der DDR vollzog sich parallel zur Herausbildung der Bundesrepublik. Konkrete Überlegungen zur Bildung einer eigenen Regierung in der sowjetischen Besatzungszone hatte es auf Seiten der SED-Führung seit Mitte 1948 gegeben. Die deutschen Kommunisten wollten die Errichtung eines eigenen Staates volksdemokratischen Typs wie in anderen Ländern Osteuropas forcieren, um die Herrschaft der SED zu konsolidieren. Stalin mahnte dagegen zur Mäßigung. Ob er tatsächlich noch immer auf eine gesamtdeutsche Lösung setzte, ist in der Forschung umstritten. Der Mitte März 1948 zusammengetretene Zweite Deutsche Volkskongress setzte sich aus knapp 2000 Delegierten der verschiedenen Parteien und Massenorganisationen zusammen. Er wählte aus seiner Mitte einen „Deutschen Volksrat", der aus 400 Mitgliedern bestand und eine Verfassung für „eine unteilbare deutsche demokratische Republik" ausarbeiten sollte. Am 19. März 1949 verabschiedete der Volksrat seinen Verfassungsentwurf, der anschließend von der sowjetischen Besatzungsmacht genehmigt wurde.

Nachdem der Parlamentarische Rat in Bonn am 8. Mai 1949 das Grundgesetz gebilligt hatte und vier Tage später die Berlinblockade ihr Ende fand, wurde Mitte Mai der Dritte Deutsche Volkskongress von der Bevölkerung der sowjetischen Besatzungszone gewählt. Es gab eine Einheitsliste, die nur die Entscheidung zwischen Ja und Nein ließ. Der so „gewählte" 3. Volkskongress, in dem rund ein Drittel Nein-Stimmen gar nicht repräsentiert waren und auf dem keine westdeutschen Delegierten mehr vertreten waren, trat Ende Mai 1949 zusammen und wählte den Zweiten Deutschen Volksrat. Dieser erklärte sich am 7. Oktober 1949 zur „Provisorischen Volkskammer" und setzte die „Verfassung der Deutschen Demokratischen Republik" nach Bestätigung durch den Volkskongress in Kraft. Das Datum wurde offizieller Gründungstag der DDR. Die DDR-Regierung übernahm die Funktionen des sowjetischen Militärgouverneurs. Einige Tage später traten Volkskammer und Länderkammer zusammen. Letztere war provisorisch aus 34 Abgeordneten der fünf Länderparlamente gebildet worden. Sie wählten Wilhelm Pieck zum Präsidenten der DDR. Am folgenden Tag wählte die provisorische Volkskammer Otto Grotewohl zum Ministerpräsidenten und als einen der drei Stellvertreter Walter Ulbricht (SED). Berlin wurde zur Hauptstadt der DDR erklärt.

Wie das Grundgesetz erhob die Verfassung der Deutschen Demokratischen Republik den **Anspruch, für ganz Deutschland zu gelten**. Der Staatsaufbau sollte **zentralistisch** sein. Eine Trennung von Legislative, Exekutive und Judikative sollte es nicht geben. Grundsätzlich garantierte die DDR-Verfassung die bürgerlichen Grundrechte, freie Wahlen und das Streikrecht der Gewerkschaften (Schema 2). **Verfassungstext und -wirklichkeit** klafften jedoch weit auseinander. Artikel 6 stellte nicht nur Glaubens-, Rassen- und Völkerhass sowie Kriegshetze unter Strafe, sondern definierte auch „Boykotthetze gegen demokratische Einrichtungen und Organisationen" als „Verbrechen im Sinne des Strafgesetzbuches". Dies war die Rechtsgrundlage, um jede politische Opposition gegen die SED und die DDR zu verfolgen.

| **M15** | **Auf dem Weg zur deutschen Spaltung** |

a) Aus den Memoiren des amerikanischen Geschäftsträgers in Moskau, George F. Kennan, zur Lage Sommer 1945 (1968)

Die Idee, Deutschland gemeinsam mit den Russen regieren zu wollen, ist ein Wahn. Ein ebensolcher Wahn ist es, zu glauben, die Russen und wir könnten uns eines schönen Tages höflich zurückziehen und aus dem Vakuum werde ein gesundes und friedliches, stabiles und freundliches Deutschland steigen. Wir haben keine andere Wahl, als unseren Teil von Deutschland – den Teil, für den wir und die Briten die Verantwortung übernommen haben – zu einer Form von Unabhängigkeit zu führen, die so befriedigend, so gesichert, so überlegen ist, dass der Osten sie nicht gefährden kann […]. Zugegeben, dass das Zerstückelung bedeutet. […] Besser ein zerstückeltes Deutschland, von dem wenigstens der westliche Teil als Prellbock für die Kräfte des Totalitarismus wirkt, als ein geeintes Deutschland, das diese Kräfte wieder bis an die Nordsee vorlässt.
(George F. Kennan, Memoiren eines Diplomaten, Stuttgart 1968, S. 262f.)

1 *Vergleichen Sie Kennans Analyse der deutschen Frage (M 15a) mit den Beschlüssen von Potsdam (M 12).*
2 *Interpretieren Sie die Quelle im Hinblick auf die Spaltung Deutschlands.*

b) Aus der Rede des amerikanischen Außenministers James F. Byrnes in Stuttgart am 6. September 1946

Es liegt weder im Interesse des deutschen Volkes noch im Interesse des Weltfriedens, dass Deutschland eine Schachfigur oder ein Teilnehmer in einem militärischen Machtkampf zwischen dem Osten und dem Westen wird. […]
Die jetzigen Verhältnisse in Deutschland machen es unmöglich, den Stand der industriellen Erzeugung zu erreichen, auf den sich die Besatzungsmächte als absolutes Mindestmaß einer deutschen Friedenswirtschaft geeinigt hatten. Es ist klar, dass wir, wenn die Industrie auf den vereinbarten Stand gebracht werden soll, nicht weiterhin den freien Austausch von Waren, Personen und Ideen innerhalb Deutschlands einschränken können. Die Zeit ist gekommen, wo die Zonengrenzen nur als Kennzeichnung der Gebiete angesehen werden sollten, die aus Sicherheitsgründen von den Streitkräften der Besatzungsmächte besetzt gehalten werden, und nicht als eine Kennzeichnung für in sich abgeschlossene wirtschaftliche oder politische Einheiten. […]
Wir treten für die wirtschaftliche Vereinigung Deutschlands ein. Wenn eine völlige Vereinigung nicht erreicht werden kann, werden wir alles tun, was in unseren Kräften steht, um eine größtmögliche Vereinigung zu sichern.
Die amerikanische Regierung steht auf dem Standpunkt, dass jetzt dem deutschen Volk innerhalb ganz Deutschlands die Hauptverantwortung für die Behandlung seiner eigenen Angelegenheiten bei geeigneten Sicherungen übertragen werden sollte. […]
Die Vereinigten Staaten treten für die baldige Bildung einer vorläufigen deutschen Regierung ein. Fortschritte in der Entwicklung der öffentlichen Selbstverwaltung und der Landesselbstverwaltungen sind in der amerikanischen Zone Deutschlands erzielt worden und die amerikanische Regierung glaubt, dass ein ähnlicher Fortschritt in allen Zonen möglich ist. […]
Während wir darauf bestehen, dass Deutschland die Grundsätze des Friedens, der gutnachbarlichen Beziehungen und der Menschlichkeit befolgt, wollen wir nicht, dass es der Vasall irgendeiner Macht oder irgendwelcher Mächte wird oder unter einer in- oder ausländischen Diktatur lebt. Das amerikanische Volk hofft ein friedliches und demokratisches Deutschland zu sehen, das seine Freiheit und seine Unabhängigkeit erlangt und behält. […]

Die Vereinigten Staaten können Deutschland die Leiden nicht abnehmen, die ihm der von seinen Führern angefangene Krieg zugefügt hat. Aber die Vereinigten Staaten haben nicht den Wunsch, diese Leiden zu vermehren oder dem deutschen Volk die Gelegenheit zu verweigern, sich aus diesen Nöten herauszuarbeiten, solange es menschliche Freiheit achtet und vom Wege des Friedens nicht abweicht.
Das amerikanische Volk wünscht, dem deutschen Volk die Regierung Deutschlands zurückzugeben. Das amerikanische Volk will dem deutschen Volk helfen, zurückzufinden zu einem ehrenvollen Platz unter den freien und friedliebenden Nationen der Welt.
(Rolf Steininger, Deutsche Geschichte seit 1945, Bd. 1, Frankfurt/Main 1996, S. 264–266)

1 *Fassen Sie Byrnes' deutschlandpolitische Ziele zusammen. Erläutern Sie, inwiefern die Rede von Byrnes eine Wende in der amerikanischen Deutschlandpolitik darstellte.*

c) Beobachtungen des SED-Vorsitzenden Wilhelm Pieck im September 1946 (nach den Erinnerungen eines sowjetischen Offiziers)

Ich glaube, dass eine Teilung Deutschlands nicht vermeidbar ist. Praktisch ist das Land schon jetzt in zwei Teile gespalten. Die Westmächte fühlen schon heute, dass der östliche Teil Deutschlands für die Welt des Kapitalismus verloren ist. Deshalb werden sie alles versuchen, um wenigstens den westlichen Teil für ihre Gesellschaftsordnung zu retten […]. Sie werden so aus ihren westdeutschen Besatzungszonen wieder einen bürgerlichen, einen kapitalistischen Staat zimmern. Uns in der sowjetischen Besatzungszone wird nur die Alternative bleiben, darauf mit der Bildung eines eigenen deutschen Staates, eines Staates der Arbeiter und Bauern, zu antworten.
(Dietrich Staritz, Pieck 1946 in Ballenstedt: Spaltung perfekt, in: Deutschland-Archiv 17, 1984, S. 305 f.)

1 *Erklären Sie, warum Pieck die Teilung Deutschlands für unvermeidbar hält.*
2 *Erläutern Sie anhand dieser Quelle den Begriff der „Systemkonkurrenz".*

Der Weg zum Ost-West-Konflikt und die Teilung Deutschlands

Zusammenhänge und Perspektiven

1 Erläutern Sie die Weltpolitik der USA und der UdSSR im Zeitalter der Weltkriege. Analysieren Sie dabei sowohl die politischen Leitbilder als auch die konkrete Politik. Zeigen Sie Unterschiede und Gemeinsamkeiten auf.
2 Erörtern Sie, inwieweit die Teilung Deutschlands durch die ideologische und machtpolitische Blockbildung nach dem Zweiten Weltkrieg sowie durch die Weichenstellung der Besatzungsmächte bestimmt wurde.
3 Diskutieren Sie die These des ehemaligen Bundespräsidenten Richard von Weizsäcker, dass die Teilung Deutschlands nicht auf das Jahr 1945, sondern auf das Jahr 1933 zurückgehe.

Zeittafel

1917	Nach seiner Rückkehr aus dem Exil ruft Lenin während der **Oktoberrevolution** in Russland die Räte-(Sowjet-)Herrschaft aus. Die Bolschewiki schalten bürgerliche und andere Oppositionelle aus. **Eintritt der USA in den Ersten Weltkrieg** (1914–1918). Die USA werden stärkste Wirtschaftsmacht und zum wichtigsten Geldgeber auf der Welt.
1918	Der Friede von Brest-Litowsk bringt Russland den Frieden, aber auch Gebietsverluste. US-Präsident Woodrow Wilson verkündet die „14 Punkte", die die Einrichtung des Völkerbundes vorsehen und das Ende imperialistischer Politik fordern.
1921	Der US-Kongress lehnt den Vertrag von Versailles und den Beitritt der USA zum Völkerbund ab; die USA kehren zwischen 1920 und 1936 außenpolitisch zum Isolationismus zurück.
1929–53	Kennzeichen der **Alleinherrschaft Stalins** in der UdSSR sind eine verschärfte Industrialisierungspolitik, Zwangskollektivierung mit Millionen Opfern, Personenkult und politische Säuberungen.
1937	„Quarantäne-Rede" Roosevelts: Die USA rücken von der isolationistischen Außenpolitik wieder ab.
1941–45	Nach der Kriegserklärung Deutschlands an die UdSSR ruft Stalin zum **„Großen Vaterländischen Krieg"** auf.
1941	Dem japanischen Angriff auf Pearl Harbor/Hawaii folgt der kriegsentscheidende **Eintritt der USA in den Zweiten Weltkrieg** (Dez.).
1945	Abwurf der ersten Atombomben über den japanischen Städten Hiroshima und Nagasaki durch die USA (Aug.). **Bedingungslose Kapitulation** der deutschen Wehrmacht (7./8. Mai). Deutschland wird in vier Besatzungszonen aufgeteilt. Auf der **Potsdamer Konferenz** vom 17. Juli bis 2. Aug. einigen sich die USA, Großbritannien und die UdSSR auf zentrale Prinzipien zur Behandlung Deutschlands: Demokratisierung, Entmilitarisierung, Entnazifizierung, Dezentralisierung.
1947	„Containment"-Politik der USA (Eindämmung) gegenüber der UdSSR (Truman-Doktrin).
1949	**Gründung der beiden deutschen Staaten:** Mit der Verkündung des Grundgesetzes am 23. Mai wird die Bundesrepublik Deutschland gegründet. Die Verfassung war am 8. Mai vom Parlamentarischen Rat verabschiedet worden. Nach der Wahl zum 1. Deutschen Bundestag wird am 15. Sept. Konrad Adenauer (CDU) zum Bundeskanzler gewählt. Durch die Umbildung des Deutschen Volksrates in die Provisorische Volkskammer wird am 7. Okt. die DDR gegründet. Die am 18. März gebilligte Verfassung tritt am 7. Okt. in Kraft.

IX Geteilt – vereint: Deutschland nach 1949 und die internationale Politik

Rainer Fetting, Durchgang Südstern, 1988, Öl auf Leinwand

Auf die Frage, was auf dem linken Gemälde zu sehen sei, antwortete 1997 eine 15-jährige Schülerin spontan: „Eine gelbe Linie, eine Stadt." Was noch sieben Jahre zuvor sofort erkannt worden wäre, kam bei ihr erst auf Nachfrage in Erinnerung: die Berliner Mauer – Symbol der seit 1945 „geteilten Geschichte" Deutschlands, die 1989/90 durch die ostdeutsche Revolution und die Vereinigung zu Ende gegangen ist. Zwölf Jahre nach dem Fall der Mauer beginnen sich die Erfahrungen zu überschneiden. Während die Erinnerungen vieler Menschen an das Leben in zwei Staaten noch in die gemeinsame Gegenwart hineinwirken, verblassen im Bewusstsein der nachwachsenden Generation die unmittelbaren Erfahrungen mit der Teilung.
Die Geschichte Deutschlands nach 1945 kann in vier Phasen eingeteilt werden. Die unmittelbare Nachkriegszeit 1945–1949 war eine Zeit des Umbruchs. Gemäß den Zielen der Alliierten wurde Deutschland in vier Besatzungszonen aufgeteilt und der Beschluss gefasst, das Land zu demilitarisieren, zu denazifizieren und zu demokratisieren. Neben der Politik der jeweiligen Besatzungsmacht haben Flucht und Vertreibung aus den ehemaligen Ostgebieten und die Entwurzelung vieler Menschen die Gesellschaft in Ost und West verändert. Die Herausbildung von zwei getrennten Staaten, eines demokratisch verfassten Gemeinwesens im Westen und einer sozialistischen Diktatur im Osten, vollzog sich schließlich in engem Zusammenhang mit der Herausbildung des Kalten Krieges, den die UdSSR und die USA ideologisch und machtpolitisch ausfochten.
In den Fünfzigerjahren vertieften sich die Gegensätze. Die beiden neuen deutschen Staaten wurden in die beiden militärischen Blocksysteme integriert (1955). Die Bundesrepublik entwickelte sich zu einer westlich-modernen Gesellschaft, in der der Sozialstaat und die Bürgerrechte ausgebaut wurden und das „Wirtschaftswunder" für privaten Wohlstand sorgte. In der DDR wirkte die ökonomische Last des verlorenen Krieges durch die Reparationsleistungen an die UdSSR länger nach. Nur im Vergleich mit ihren östlichen „Bruderstaaten" konnte sich die DDR zu einer relativen Wohlstandsgesellschaft entwickeln und soziale Sicherheit bieten, was nach dem Mauerbau 1961, ungeachtet der Ablehnung der SED-Diktatur, zu einer Identifikation vieler DDR-Bürger mit ihrem Staat führte. Aber diese Identifikation blieb letztlich immer unsicher.
Mit der „neuen Ostpolitik" unter Bundeskanzler Willy Brandt begann eine Verbesserung des deutsch-deutschen Verhältnisses. Die Abschlüsse des Moskauer Vertrages und des Warschauer Vertrages (1970) führten schließlich 1971 zum Berlinabkommen und 1972 zum Grundlagenvertrag, in dem die Bundesrepublik erstmals den souveränen Status der DDR akzeptierte.
Die Sechziger- bis Achtzigerjahre konfrontierten beide Staaten mit neuen Herausforderungen. Im Westen brachten die Diskussion um die Notstandsgesetze und die Studentenunruhen in den Sechzigerjahren eine lang anhaltende Diskussion um politische und gesellschaftliche Reformen (vor allem im Bildungsbereich) in Gang, während es in den Siebziger- und Achtzigerjahren um ökologische Fragen und die gesellschaftliche Gleichstellung der Frau ging. Hatten sich in der DDR mit dem Antritt der Regierung Honecker 1972 Hoffnungen auf mehr Wohlstand und weniger Gängelung durch den SED-Staat verbreitet, kehrte gegen Ende der Siebzigerjahre die Mangelwirtschaft zurück und die ideologischen Auseinandersetzungen mit Regimekritikern verhärteten sich. Als sich die SED nach 1985 dem reformerischen „Perestroika"- und „Glasnost"-Programm von Michail Gorbatschow verschloss und Ende der Achtzigerjahre in unübersehbare wirtschaftliche Schwierigkeiten geriet, begann ihr Niedergang.
Das seit 1990 wieder vereinigte Deutschland ist ein stabiler demokratischer Verfassungsstaat sowie ein verlässlicher und berechenbarer Partner in der westlichen Staatengemeinschaft. Mit der Anerkennung der Oder-Neiße-Linie 1990 hat es seine Grenzen ein für alle Mal anerkannt und freundschaftliche Beziehungen zu Polen aufgebaut. Die Aussöhnung mit dem wichtigsten westlichen Nachbarn, Frankreich, war bereits seit den 50er-Jahren im Rahmen der europäischen Integration mit großem Erfolg betrieben worden.

1 Konfrontation und Kooperation: Internationale Politik im Zeichen des Ost-West-Konflikts

Bündnissysteme: NATO und Warschauer Pakt

Die sowjetische Nachkriegspolitik, insbesondere die **Umwandlung der ostmitteleuropäischen Staaten** in so genannte „Volksdemokratien" und „Volksrepubliken" nach sowjetischem Muster (Karte 1), wurde vom Westen als aggressiv und expansiv eingeschätzt. Tatsächlich suchten aber beide Seiten ihr „Lager" militärisch abzusichern. Während die Sowjetunion mit ihren Satellitenstaaten bilaterale **„Freundschafts- und Beistandsverträge"** abschloss, entstand im Westen mit dem zwischen Großbritannien, Frankreich und den drei Benelux-Staaten geschlossenen **Brüsseler Vertrag** (Mai 1948) das erste Verteidigungsbündnis in Europa, das sich gegen einen möglichen Angriff der UdSSR richtete. Die westeuropäischen Staaten mussten allerdings die amerikanische Nuklearmacht in ihr Sicherheitskonzept mit einschließen, da sie nur auf diese Weise die UdSSR wirksam abschrecken konnten. Mit dem **Nordatlantikvertrag** (North Atlantic Treaty Organization/**NATO**) vom April 1949 übernahmen die USA diese Sicherheitsgarantie für die westeuropäischen Staaten.

Als 1950 nordkoreanische Truppen mit Unterstützung Chinas und der UdSSR Südkorea angriffen und damit den **Koreakrieg** auslösten (1950–1953), sah der Westen darin eine kommunistische Bedrohung „der freien Welt". Der Westen rüstete enorm auf und drängte auf Lösung der Frage nach einem Verteidigungsbeitrag der Bundesrepublik. Nachdem die Pläne für eine **Europäische Verteidigungsgemeinschaft/EVG** unter deutscher Beteiligung am Veto Frankreichs **gescheitert** waren, trat die **Bundesrepublik Deutschland 1955 der NATO** bei.

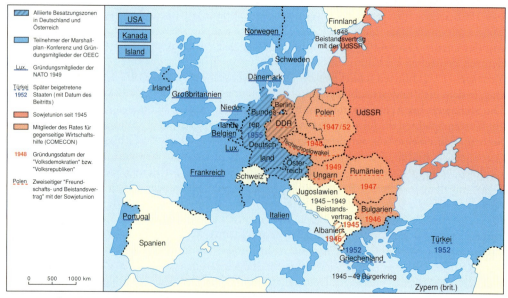

Karte 1 Blockbildung in Europa nach dem Zweiten Weltkrieg

— *Skizzieren Sie die Phasen der Blockbildung in Europa.*
— *Analysieren Sie, welche strategischen Vor- und Nachteile (Landmacht, Seemacht) sich für die UdSSR und die USA aus dieser Blockbildung ergaben.*

B 1 Amerikanische und sowjetische Panzer stehen sich in Berlin am „Checkpoint Charlie" an der Kreuzung Kochstraße/Friedrichstraße gegenüber, August 1961, Fotografie

— Diskutieren Sie über die Frage, warum die USA auf den Bau der Berliner Mauer nicht mit einem Krieg gegen die UdSSR antworteten.

Zuvor hatte die UdSSR noch versucht die Integration Westdeutschlands in die NATO zu verhindern. In einer **Note unterbreitete Stalin** 1952 das Angebot in ganz Deutschland freie Wahlen durchführen zu lassen und ein wieder vereinigtes Deutschland in die Neutralität zu entlassen. Die Westmächte gingen auf dieses Angebot allerdings nicht ein. Ob Stalin wirklich bereit war die DDR aus seinem Machtbereich zu entlassen, wenn dadurch die Wiederaufrüstung der Bundesrepublik hätte verhindert werden können, bleibt eine unter Zeitgenossen und in der Forschung kontrovers diskutierte Frage. In Reaktion auf die Festigung des westlichen Lagers und die Aufnahme der Bundesrepublik in die NATO gründete die UdSSR 1955 den **Warschauer Pakt**. Ihm gehörten die UdSSR, Polen, die Tschechoslowakei, Bulgarien, Rumänien, Ungarn und Albanien an; 1956, nach Aufstellung der Nationalen Volksarmee/NVA, trat auch die **DDR dem Pakt** bei.

| Gleichgewicht des Schreckens | Die Weltpolitik zwischen 1955/56 (Beitritt der BRD in die NATO bzw. der DDR in den Warschauer Pakt) und der Kuba-Krise im Jahr 1962 war von dem Ziel bestimmt die bestehenden Machtverhältnisse zwischen Ost und West zu erhalten. Die Supermächte visierten eine **Konsolidierung des Status quo** auf der Basis der bipolaren Grundstruktur an (M 1). Die **UdSSR** war bestrebt aus ihrem Machtbereich einen ideologisch monolithischen Block unter der alleinigen Führung der Kommunistischen Partei der Sowjetunion/KPdSU zu formen. Wer sich diesem Führungsanspruch widersetzte – wie etwa Jugoslawien 1948 unter Tito (s. S. 502) oder Mao Zedong in China –, geriet unter ideologischen und machtpolitischen Druck aus Moskau. Volksaufstände gegen die kommunistische Diktatur in der DDR 1953 und in Ungarn 1956 wurden gewaltsam niedergeschlagen.

Die **USA** verfolgten eine Doppelstrategie: Generell wollten sie die Ausdehnung des sowjetischen Machtbereichs aufhalten („**containment**"-Politik = Politik der Eindämmung), nach Möglichkeit aber auch zurückdrängen („**roll back**"). Die Amerikaner verstärkten seit 1953 ihren militärischen Druck auf die UdSSR durch Ausbau ihres Bündnissystems. 1954 gründeten die USA zu diesem Zweck im pazifischen Raum die **SEATO/South East Asia Treaty Organization**. Zur Sicherung des Nahen und Mittleren Ostens wurde 1955 der **Bagdad-Pakt** (Türkei, Irak, Großbritannien, Pakistan, Iran) geschlossen.

Die UdSSR verfügte seit 1949 ebenfalls über die Atombombe (die Amerikaner seit 1945), aber was ihr im Gegensatz zu den USA fehlte, waren Langstreckenraketen, mit denen das Gebiet der USA direkt bedroht werden konnte. Mit dem Bau und erfolgreichen Start des Satelliten **„Sputnik"**, der 1957 auf einer Langstreckenrakete ins All geschossen wurde, zogen die UdSSR nach. Dem amerikanischen Militärkonzept der **„massiven Vergeltung"** (d. h. auch auf einen mit konventionellen Waffen vorgetragenen Angriff massiv mit Nuklearwaffen zu antworten) konnte sie nun etwas entgegensetzen und eine Patt-Situation herbeiführen. Wie dieses „Gleichgewicht des Schreckens" funktionierte, zeigte der **Bau der Berliner Mauer 1961**: Die Amerikaner protestierten zwar durch Aufmarsch von Panzern (B 1), ohne jedoch militärisch einzugreifen. Der Frieden war immer gefährdet, aber beide Weltmächte respektierten ihre Einflusszonen.

| Kuba-Krise | Eine gefährliche Zuspitzung erfuhr die Situation **1962** in der **Kuba-Krise**. Durch die Stationierung sowjetischer Mittelstreckenraketen auf Kuba, das nur wenige Seemeilen vom amerikanischen Festland entfernt liegt und seit 1959 von dem sozialistischen Revolutionär Fidel Castro (geb. 1927) regiert wird, hatte Moskau den machtpolitischen Status quo zu seinen Gunsten verändert und war in den „Hinterhof" der USA eingedrungen. Das Staatsgebiet der USA war jetzt direkt bedroht. Kennedy reagierte scharf: Die Streitkräfte wurden mobilisiert und der sowjetische Staats- und Parteichef Nikita S. Chruschtschow (1894–1971) wurde ultimativ aufgefordert die Raketen wieder abzuziehen. Unter dem Druck eines drohenden atomaren Schlagabtausches gab die UdSSR nach. Die Raketen wurden von Kuba abgezogen. Die Amerikaner sicherten zu keine Interventionen auf Kuba durchzuführen und ihre Raketen in der Türkei abzubauen, da diese unmittelbar auf die UdSSR gerichtet waren.

| Entschärfung der Konfrontation | Die Kuba-Krise markierte den **Wendepunkt im Kalten Krieg**, denn beide Mächte erkannten, dass die Konfrontation in einen Atomkrieg eskalieren könnte. Wollten beide dieses Risiko ausschalten, waren sie zu militärpolitischen Absprachen und Verhandlungen gezwungen. Nach der Kuba-Krise unternahmen beide Weltmächte erste Anläufe um eine nukleare Kooperation und eine Politik der Friedenssicherung einzuleiten (Schema 1). Die Einsicht setzte sich durch, dass – wie es der amerikanische Präsident John F. Kennedy (1917–1963) in einer Rede 1963 formulierte – „in einem Zeitalter, in dem die bei einem Atomkrieg freigesetzten tödlichen Giftstoffe von Wind und Wasser, Boden und Saaten bis in die entferntesten Winkel des Erdballs getragen und sich selbst auf die noch ungeborenen Generationen auswirken würden", eine Fortsetzung der Konfrontation nicht zu verantworten sei (M 2). Ohne die Aufrüstung grundsätzlich zu stoppen ging man in kleinen Schritten aufeinander zu:
– 1963 trafen beide Weltmächte ein Abkommen über die Einrichtung einer direkten Nachrichtenverbindung zwischen Washington und Moskau (**„heißer Draht"**).
– Im selben Jahr einigten sich die USA, Großbritannien und die UdSSR in einem Vertrag über die Einstellung der Kernwaffenversuche in der Atmosphäre, im Weltraum und unter Wasser.
– Fünf Jahre später folgte der Atomwaffensperrvertrag, in dem sich die Mächte verpflichteten keine Kernwaffen weiterzugeben. Er trat 1970 in Kraft und steht allen Staaten zum Beitritt offen. Danach waren beide Weltmächte zu Verhandlungen über die strategischen Nuklearwaffen bereit. Im Zentrum stand dabei die Frage, wie man bei den strategischen Rüstungen zu einer Begrenzung kommen könne (Strategic Arms Limitation Talks/**SALT**). Das beiderseitige Interesse an einer festen Regulierung ihrer Sicherheitsbeziehungen war so stark, dass selbst politische Spannungen, wie sie 1968 durch den Einmarsch der Warschauer-Pakt-Staaten in die Tschechoslowakei oder durch den amerikanischen Kriegseinsatz in Vietnam auftraten, die begonnenen Verhandlungen nicht mehr abbrechen ließen, sondern nur hinauszögerten.
Von entscheidender Bedeutung war 1972 die Unterzeichnung einer **Grundsatzerklärung über die amerikanisch-sowjetischen Beziehungen**. In ihr bekannten sich beide Staaten zu ihrer be-

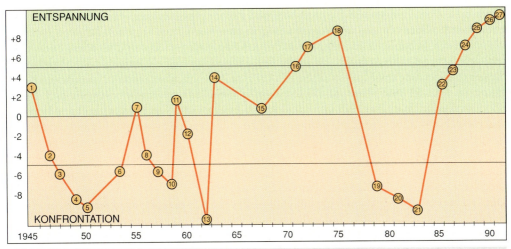

1 Ende des Zweiten Weltkriegs in Europa und Asien; Gründung der UNO (Mai–Sept. 1945)
2 Truman-Doktrin, Marshall-Plan; Zwei-Welten-Theorie (März–Sept. 1947)
3 Kommunistischer Umsturz in der ČSR; Beginn der sowjetischen Blockade Berlins (Febr./ Juni 1948)
4 Gründung der NATO; kommunistische Staatsgründungen in China und der DDR (April/Okt. 1949)
5 Ausbruch des Koreakrieges (Juni 1950)
6 Tod Stalins; Waffenstillstand in Korea (März/ Juli 1953)
7 Genfer Gipfelkonferenz der Siegermächte des Zweiten Weltkriegs (1955)
8 „Doppelkrise" von Ungarn und Suez (1956)
9 Sowjetischer Sputnik-Start (1957)
10 Berlin-Ultimatum der UdSSR (1958)
11 Gipfeltreffen Chruschtschow – Eisenhower in Camp David (1959)
12 Bau der Berliner Mauer (1961)
13 Kuba-Krise (1962)
14 Einrichtung des „heißen Drahts"; Teilstopp von Atomtests (Juni/Aug. 1963)
15 Kernwaffensperrvertrag; Ende des „Prager Frühlings" (Juli/Aug. 1968)
16 Viermächteabkommen über Berlin (1971
17 SALT-I-Vertrag (1972)
18 KSZE-Schlussakte in Helsinki (1975)
19 NATO-Doppelbeschluss; UdSSR marschiert in Afghanistan ein (1979)
20 Kriegsrecht in Polen; US-Handelssanktionen gegen die UdSSR (1981)
21 Abbruch aller Rüstungskontrollverhandlungen in Genf (1983)
22 Gipfeltreffen Reagan – Gorbatschow in Genf (1985)
23 Gipfeltreffen Reagan – Gorbatschow in Reykjavik (1986)
24 INF-Vertrag über Abbau der Mittelstreckenraketen beim Gipfeltreffen Reagan – Gorbatschow in Washington unterzeichnet (1987)
25 Gipfeltreffen Reagan – Gorbatschow in Moskau; Rückzug der UdSSR aus Afghanistan; Waffenstillstand Iran – Irak; Waffenstillstand Südafrika – Angola – Kuba; Generalstabschefs der USA und UdSSR besuchen sich gegenseitig; Abbau von Mittelstreckenraketen (Mai–Aug. 1988)
26 Pariser KSZE-Gipfel: NATO- und Warschauer-Pakt-Staaten erklären Aufbau von Partnerschaften; Ende des Kalten Krieges (1990)
27 Auflösung des Warschauer Paktes; Auflösung der UdSSR und Gründung der GUS (1991)

Schema 1 „Fieberkurve" der amerikanisch-sowjetischen Beziehungen 1945–1991

– Erläutern Sie den Verlauf der amerikanisch-sowjetischen Beziehungen bis 1991.
– Beziehen Sie Stellung zu der These: „Die Qualität der Konfrontation zwischen den Supermächten war nach der Kuba-Krise eine grundsätzlich andere."
– Führen Sie die Kurve nach 1991 weiter und begründen Sie den von Ihnen gewählten Verlauf.

sonderen Verantwortung in der Weltpolitik und bekundeten ihre Bereitschaft Konflikte mit friedlichen Mitteln beizulegen, auf den eigenen Vorteil zu verzichten und in gefährlichen Situationen Zurückhaltung zu üben. Die guten Vorsätze schlugen sich in zwei Abkommen nieder:
– 1972 einigten sich beide Mächte darauf, ihre land- und seegestützten Interkontinentalraketen und ihre Raketenabwehrsysteme zu beschränken (ABM-Vertrag),
– 1973 darauf, bei Gefahr eines Nuklearkrieges „sofortige Konsultationen" aufzunehmen.

Doch diese Bemühungen um Entspannung und Rüstungsbegrenzung waren von ständig **neu entstehenden Spannungen und regional begrenzten Konflikten** begleitet. Dazu gehörte z. B. die sowjetisch-kubanische Intervention im Bürgerkrieg in Angola. In den USA erhielten dadurch jene politischen Kräfte Auftrieb, die in der Entspannungspolitik ein untaugliches Mittel in der Auseinandersetzung mit Moskau sahen. Als 1979 im Zusammenhang mit der islamischen Revolution im Iran 52 amerikanische Diplomaten in Geiselhaft genommen wurden und als die Sowjetunion im Dezember 1979 in Afghanistan militärisch intervenierte und das Land besetzte, sahen sich die Skeptiker einer Aussöhnung bestätigt. Die amerikanische Politik ging wieder auf Konfrontationskurs, erhöhte die Militärausgaben, verhängte ein Weizenembargo gegen die UdSSR und demonstrierte der Weltöffentlichkeit eine neue Politik der Stärke: 1980 untersagte sie ihren Sportlern an den Olympischen Spielen in Moskau teilzunehmen und trat mit dieser Erwartungshaltung auch an die Bündnispartner in Europa heran.

Das Nachlassen der Entspannungbemühungen führte dazu, dass die bilaterale Entspannungspolitik der Supermächte 1980 vor dem Ende stand. Nach der sowjetischen Weigerung die in Osteuropa stationierten nuklearen Mittelstreckenraketen abzubauen, die die europäischen NATO-Staaten bedrohten, setzten die USA wieder auf eine **Remilitarisierung ihrer Außenpolitik**. Der Ende 1980 neu gewählte US-Präsident Ronald Reagan (geb. 1911) erhöhte 1981 die Militärausgaben und forcierte die Entwicklung eines weltraumgestützten Raketenabwehrsystems. Eine Rüstungskontrolle lag zunächst nicht in seinem vornehmlichen Interesse. Im Nahen Osten versuchten die USA, Israel und die arabischen Staaten in ihre Globalstrategie gegen die Sowjetunion einzubeziehen; für die Dritte Welt entwickelten die USA das Konzept einer „Kriegführung mit niedriger Intensität". Auch die Außenwirtschaftspolitik wurde für die Konfrontation mit der UdSSR genutzt: Der amerikanischen Exportindustrie wurden harte Beschränkungen im Osthandel auferlegt und die westeuropäischen Bündnispartner wurden aufgefordert ihre Geschäfte mit Moskau aufzuschieben.

M1 Nikita S. Chruschtschow, Erster Sekretär des Zentralkomitees der Kommunistischen Partei der Sowjetunion, hielt vor dem 20. Parteikongress am 14. Februar 1956 folgende Rede (Auszug)

Das leninsche Prinzip des friedlichen Nebeneinanderbestehens von Staaten mit verschiedenen sozialen Systemen war und bleibt die Generallinie der Außenpolitik unseres Landes. Man sagt, die Sow-
5 jetunion vertrete das Prinzip des friedlichen Nebeneinanderbestehens nur aus taktischen, konjunkturbedingten Erwägungen heraus. Es ist jedoch bekannt, dass wir uns auch früher, von den ersten Jahren der Sowjetmacht an, mit derselben
10 Beharrlichkeit für die friedliche Koexistenz einsetzten. Also ist dies kein taktischer Schachzug, sondern der Leitsatz der sowjetischen Außenpolitik.
Das bedeutet, dass eine Gefahr für die friedliche Koexistenz der Länder mit verschiedenen sozialen
15 und politischen Systemen, soweit sie tatsächlich besteht, keineswegs von der Sowjetunion, keineswegs vom sozialistischen Lager ausgeht. Hat ein sozialistischer Staat auch nur einen Beweggrund für die Entfesselung eines aggressiven Krieges? Haben wir etwa Klassen oder Gruppen, die am Krieg 20 als einem Bereicherungsmittel interessiert sind? Nein. [...] Haben wir vielleicht wenig Land und Naturschätze, mangelt es uns vielleicht an Rohstoffquellen oder an Absatzmärkten für unsere Waren? Nein, das haben wir alles im Überfluss. Wozu soll- 25 ten wir also einen Krieg brauchen? Wir brauchen ihn nicht, wir lehnen grundsätzlich eine Politik ab, die Millionen Menschen im eigennützigen Interesse einer Handvoll Milliardäre in den Krieg stürzt. [...] Die Ideologen der Bourgeoisie entstellen die 30 Tatsachen, indem sie vorsätzlich die Fragen des ideologischen Kampfes mit den Fragen der Beziehungen zwischen den Staaten in einen Topf werfen um die Kommunisten der Sowjetunion als aggressiv darzustellen. Wenn wir davon sprechen, dass im 35 Wettbewerb der beiden Systeme – des kapitalistischen und des sozialistischen – das sozialistische System siegen wird, so bedeutet das keineswegs, dass der Sieg durch eine bewaffnete Einmischung der sozialistischen Länder in die inneren Angele- 40 genheiten der kapitalistischen Länder erreicht

wird. Unsere Überzeugung vom Sieg des Kommunismus beruht darauf, dass die sozialistische Produktionsweise entscheidende Vorzüge gegenüber der kapitalistischen hat. […]

Das Prinzip der friedlichen Koexistenz findet immer breitere internationale Anerkennung. Das ist auch logisch, weil es unter den gegenwärtigen Verhältnissen keinen anderen Ausweg gibt. In der Tat, es gibt nur zwei Wege: entweder friedliche Koexistenz oder der verheerendste Krieg der Geschichte. Etwas Drittes gibt es nicht.

(Boris Meissner, Das Ende des Stalin-Mythos. Die Ergebnisse des 20. Parteikongresses der KPdSU, Frankfurt/Main 1956, S. 106 ff.)

1 Fassen Sie zusammen, wie Chruschtschow die Notwendigkeit der friedlichen Koexistenz begründet.
2 Erläutern Sie, warum nach Chruschtschow von der Sowjetunion keine Gefahr für den Frieden ausgeht. Beurteilen Sie diese Position auf dem Hintergrund des sowjetischen Verhaltens während der Kuba-Krise (s. S. 372).
3 Nehmen Sie Stellung zu der These: Die USA haben eine positive Umsetzung des Koexistenzangebotes verhindert.

M2 Vor der American University in Washington hielt Präsident John F. Kennedy am 10. Juni 1963 eine Rede über die Friedenssicherung als weltpolitisches Leitprinzip (Auszug)

Welche Art von Frieden meine ich? Nach welcher Art von Frieden streben wir? Nicht nach einer Pax Americana, die der Welt durch amerikanische Kriegswaffen aufgezwungen wird. Nicht nach dem Frieden des Grabes oder der Sicherheit der Sklaven. Ich spreche hier von dem echten Frieden – jenem Frieden, der das Leben auf Erden lebenswert macht, jenem Frieden, der Menschen und Nationen befähigt zu wachsen und zu hoffen und ein besseres Leben für ihre Kinder aufzubauen, nicht nur ein Friede für Amerikaner, sondern ein Friede für alle Menschen. Nicht nur Frieden in unserer Generation, sondern Frieden für alle Zeiten.

Ich spreche vom Frieden, weil der Krieg ein neues Gesicht bekommen hat. Ein totaler Krieg ist sinnlos in einem Zeitalter, in dem Großmächte umfassende und verhältnismäßig unverwundbare Atomstreitkräfte unterhalten können und sich weigern zu kapitulieren ohne vorher auf diese Streitkräfte zurückgegriffen zu haben. Es ist sinnlos in einem Zeitalter, in dem eine einzige Atomwaffe fast das Zehnfache an Sprengkraft aller Bomben aufweist, die von den gemeinsamen alliierten Luftstreitkräften während des Zweiten Weltkriegs abgeworfen wurden. Und er ist sinnlos in einem Zeitalter, in dem die bei einem Atomkrieg freigesetzten tödlichen Giftstoffe von Wind und Wasser, Boden und Saaten bis in die entferntesten Winkel des Erdballs getragen und sich auf die noch ungeborenen Generationen auswirken würden. […] Ich spreche daher vom Frieden als dem zwangsläufig vernünftigen Ziel vernünftiger Menschen. […]

Für diesen Frieden gibt es keinen einfachen Schlüssel, keine großartige oder magische Formel, die sich ein oder zwei Mächte aneignen können. Der echte Friede muss das Produkt vieler Nationen sein […].

Bei einem solchen Frieden wird es Streitigkeiten und entgegengesetzte Interessen geben, wie dies innerhalb von Familien und Nationen der Fall ist. Der Weltfriede wie auch der Friede in Stadt und Land erfordern nicht, dass jeder seinen Nachbarn liebt. Er erfordert lediglich, dass man in gegenseitiger Toleranz miteinander lebt, seine Streitfälle einer gerechten und friedlichen Lösung unterwirft. […]

Lassen Sie uns zweitens unsere Haltung gegenüber der Sowjetunion überprüfen. Der Gedanke ist entmutigend, dass die sowjetischen Führer wirklich glauben können, was ihre Propagandisten unablässig schreiben. Keine Regierung und kein Gesellschaftssystem sind so schlecht, dass man das unter ihm lebende Volk als bar jeder Tugend ansehen kann. Wir Amerikaner empfinden den Kommunismus als Verneinung der persönlichen Freiheit und Würde im Tiefsten abstoßend. Dennoch können wir das russische Volk wegen vieler seiner Leistungen – sei es in der Wissenschaft und Raumfahrt, in der wirtschaftlichen und industriellen Entwicklung, in der Kultur und seiner mutigen Haltung – rühmen. […]

Sollte heute – wie auch immer – ein totaler Krieg ausbrechen, dann würden unsere beiden Länder die Hauptziele darstellen. Es ist eine Ironie, aber auch eine harte Tatsache, dass die beiden stärksten Mächte zugleich auch die beiden Länder sind, die in der größten Gefahr einer Zerstörung schweben. Alles, was wir aufgebaut haben, alles, wofür wir gearbeitet haben, würde vernichtet werden. Und selbst im Kalten Kriege – der so vielen Ländern, unter ihnen den engsten Verbündeten der Vereinigten Staaten, Lasten und Gefahren bringt – tragen unsere beiden Länder die schwersten Lasten. Denn wir werfen beide für gigantische Waffen riesige Beträge aus – Beträge, die besser für den Kampf gegen Unwissenheit, Armut und Krankheit aufgewendet werden sollen. Wir sind beide in einem unheilvollen und gefährlichen Kreislauf gefangen,

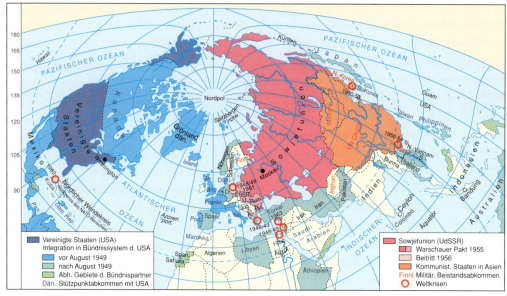

Karte 1 Die militärische Blockbildung im Kalten Krieg

— Erarbeiten Sie mithilfe dieses Lehrwerks sowie von Lexika und historischen Handbüchern Kurzreferate zu den in Karte 1 eingezeichneten Weltkonflikten und erörtern Sie jeweils die Rolle der Supermächte.

in dem Argwohn auf der einen Seite Argwohn auf der anderen auslöst und in dem neue Waffen zu wieder neuen Abwehrwaffen führen. […]
Lassen Sie uns drittens unsere Einstellung zum Kalten Krieg überprüfen. […] Wir müssen auf der Suche nach Frieden ausdauernd bleiben, in der Hoffnung, dass konstruktive Veränderungen innerhalb des kommunistischen Blocks Lösungen in Reichweite bringen können, die heute noch unerreichbar scheinen. Wir müssen unsere Politik so betreiben, dass es schließlich das eigene Interesse der Kommunisten wird einem echten Frieden zuzustimmen. Vor allem müssen die Atommächte, bei gleichzeitiger Wahrung ihrer eigenen Lebensinteressen, solche Konfrontationen vermeiden, die einem Gegner nur die Wahl zwischen einem demütigenden Rückzug oder einem Atomkrieg lassen.
(Europa-Archiv, 1963, S. 289 ff.)

1 Ordnen Sie die Rede John F. Kennedys in den historischen Zusammenhang ein (siehe Darstellung S. 372 ff.).

2 Erörtern Sie, inwiefern Kennedys Gedanken im Hinblick auf die Überwindung des Kalten Krieges einen Neuansatz für die amerikanische Außenpolitik darstellen.

3 Untersuchen Sie, bei welchen Aspekten der Friedenssicherung zwischen Chruschtschow (M 1) und Kennedy (M 2) Übereinstimmung erzielt werden kann und in welchen Punkten Gegensätze bestehen bleiben.

4 Untersuchen und diskutieren Sie anhand von Zeitungsartikeln und historisch-politischen Handbüchern die Entwicklung der Beziehungen zwischen den Vereinigten Staaten von Amerika und Kuba in den 1990er Jahren, d. h. nach dem Zusammenbruch der Sowjetunion und dem Ende des Kalten Krieges.

2 Die Integration der beiden deutschen Staaten in die Blocksysteme und die Erlangung der vollen Souveränität

| Systemkonkurrenz | Die Fünfzigerjahre waren für die Ausbildung der Identität der beiden deutschen Staaten und Gesellschaften von grundlegender Bedeutung. Die Westintegration der Bundesrepublik und die Ostintegration der DDR vertieften die Spaltung Deutschlands und führten zur Ausbildung zweier konkurrierender politischer, gesellschaftlicher und wirtschaftlicher Systeme, für die die Grundlagen durch die Besatzungsmächte 1945 bis 1949 gelegt worden waren. Ausdruck dieser Teilung wurde die 1961 auf Befehl der DDR-Regierung errichtete Mauer.

| „Ära Adenauer", Antikommunismus | Von 1949 bis 1963 wurde die Politik der Bundesrepublik entscheidend von Konrad Adenauer geprägt, sodass man im historischen Rückblick von einer „Ära Adenauer" spricht. Ein Gutteil der Außenpolitik und alle Kontakte der Alliierten liefen über den Kanzler. Außenpolitisch erstrebte er die Wiedererlangung der Souveränität durch die feste Einbindung der Bundesrepublik in den Westen. Er setzte auf eine Politik der militärischen Stärke gegenüber Moskau, da seiner Ansicht nach nur auf diese Weise vermieden werden konnte, dass ganz Deutschland unter kommunistischen Einfluss kam. Für Adenauer hatte die **Westintegration der Bundesrepublik Priorität vor der Einheit** Deutschlands. Die SPD-Opposition unter Kurt Schumacher und Erich Ollenhauer bekämpfte dagegen bis 1960 diese Politik der engen Anbindung an den Westen (M 3a), da sie ihrer Ansicht nach die Teilung des Landes zementierte.

| Westintegration der Bundesrepublik, Wiederbewaffnung | Das Besatzungsstatut vom September 1949 bedeutete zunächst das Ende der direkten alliierten Militärregierung. Im **Petersberger Abkommen** vom November 1949 wurde dann die Aufnahme der Bundesrepublik in die Internationale Ruhrbehörde, der Beitritt zum Europarat und die Einrichtung von Konsulats- und Handelsbeziehungen mit anderen westlichen Ländern vereinbart. Am 9. Juni 1951 beendeten die Westmächte den Kriegszustand mit Deutschland. Mit dem Beitritt zum Allgemeinen Zoll- und Handelsabkommen (**GATT**) einige Monate später gewann die Bundesrepublik größere Freiheit im Außenhandel. Im selben Jahr wurde sie in den Europarat aufgenommen. Mit dem Londoner Abkommen von 1953 gelang es, sowohl Vorkriegsschulden des Deutschen Reiches über 6,9 Mrd. Euro als auch Nachkriegsschulden über 8,2 Mrd. Euro zu regulieren und künftige Reparationszahlungen zu vermeiden.

Frankreich widersetzte sich zunächst einem erneuten Erstarken Deutschlands, konnte sich aber gegenüber Amerikanern und Engländern nicht durchsetzen, die an einem schnellen Wiederaufbau ganz Westeuropas unter Einbindung der Bundesrepublik als Bollwerk gegen eine befürchtete sowjetische Expansion nach Westen interessiert waren. Im Mai 1950 schlug der französische Außenminister Robert Schuman (1886–1963) die Bildung einer **westeuropäischen Montanunion** mit Einbindung der Bundesrepublik vor. Zwei Jahre später ratifizierte der Bundestag den Vertrag über die Gründung der **Europäischen Gemeinschaft für Kohle und Stahl/EGKS** (Montanunion), der das Ruhrstatut beendete.

Seit dem Ausbruch des Koreakrieges zeichnete sich die Mitgliedschaft der Bundesrepublik in einem westlichen Verteidigungsbündnis ab. Dies veranlasste **Stalin am 10. März 1952 zu einer Note** an die USA, Großbritannien und Frankreich, in der er einen Friedensvertrag mit Deutschland und die Wiedervereinigung in Aussicht stellte. Innerhalb eines Jahres sollten die Streitkräfte der

B 2 „Offene Türen in Bonn", Mai 1952, Karikatur

— Analysieren Sie die Position des Karikaturisten zur „deutschen Frage".

Besatzungsmächte abziehen. Das vereinigte Deutschland sollte zur bündnispolitischen Neutralität verpflichtet sein und eine demokratische Ordnung mit allen Grundrechten und politischer Freiheit erhalten. Hinzuweisen ist, dass Begriffe wie „demokratische Ordnung" aus marxistisch-leninistischer Sicht andere Inhalte besitzen als in westlich-bürgerlichen Gesellschaften. Das Territorium sollte in den Grenzen festgelegt werden, wie sie die Potsdamer Konferenz vorsah. Im Westen wurde die Stalin-Note als Versuch gedeutet, die Vertiefung der Westbindung der Bundesrepublik zu verhindern, um sie langfristig doch noch unter kommunistischen Einfluss zu bekommen. Weder die Westmächte noch die Regierung Adenauer waren daher bereit, die Chancen für eine Wiedervereinigung auszuloten (B 2).

Der Plan einer **Europäischen Verteidigungsgemeinschaft (EVG)** unter Einschluss Deutschlands scheiterte 1954 in der französischen Nationalversammlung. Im gleichen Jahr beschloss der Bundestag den Aufbau der Bundeswehr, im Jahr darauf wurde die Bundesrepublik in die NATO und die Westeuropäische Union (WEU) aufgenommen. Die **Pariser Verträge** vom **Mai 1955** hoben schließlich das Besatzungsstatut auf und die **Bundesrepublik** wurde zu einem **souveränen Staat**. Ein Jahr später folgte die Einführung der allgemeinen Wehrpflicht und Adenauer erreichte die Angliederung des Saarlandes an die Bundrepublik. Die Zustimmung zum Kurs der Regierung spiegeln die Wahlergebnisse wider. Bei den Bundestagswahlen 1954 erreichten CDU und CSU über 45 % der Stimmen, 1957 sogar die absolute Mehrheit, obwohl die Wiederbewaffnung heftig umstritten gewesen war.

1957 gehörte die Bundesrepublik zu den Gründungsmitgliedern der Europäischen Wirtschaftsgemeinschaft (EWG) und der Europäischen Atomgemeinschaft (EURATOM). Der Elysée-Vertrag von 1963 besiegelte schließlich die Aussöhnung mit Frankreich.

Die wirtschaftliche Einbindung war der politischen und militärischen Integration der Bundesrepublik in die westliche Staatengemeinschaft vorausgegangen. Erst nachdem sie fest in den westlichen Block integriert war, hatte sie 1955 ihre staatliche Souveränität erhalten.

Ostintegration der DDR, Antifaschismus

Auch die DDR-Führung hielt nach der Gründung zweier deutscher Staaten offiziell an der Wiedervereinigung fest, betrieb gleichzeitig aber die ökonomische, politische und militärische Einbindung in den Ostblock. Das vom anderen Staat entworfene Feindbild diente zur Legitimation des eigenen Handelns und hatte die Funktion einer Integrationsideologie, die auf dem Begriff des Antifaschismus basierte. Die Aufnahme der Bundesrepublik in die NATO und die Wiederbewaffnung verstärkten in der DDR und in der UdSSR die Furcht vor einer Aggression aus dem Westen. Die enge ökonomische Anbindung der Bundesrepublik an die USA, personelle Kontinuitäten zwischen Wehrmacht und Bundeswehr und die Aufrüstung wurden als Beweis für die imperialistischen Ziele des Westens betrachtet. Die DDR erkannte 1950 in einem Vertrag mit Polen die Oder-Neiße-Grenze an und wurde in den Rat für Gegenseitige Wirtschaftshilfe (RGW) – im Westen COMECON genannt – aufgenommen. Bereits 1954 entfielen fast 75 % des DDR-Außenhandels auf den Ostblock.
Der Kurswechsel der sowjetischen Deutschlandpolitik begann nach dem Scheitern der Berliner Außenministerkonferenz der Großmächte von 1954. Die DDR erhielt „erweiterte Souveränitätsrechte" und die Sowjetunion stellte ihre Demontagen in der DDR ein, um das Land nicht noch mehr zu destabilisieren. Schon im März 1954 hatte die sowjetische Regierung eine Erklärung über die Anerkennung der **Unabhängigkeit der DDR** veröffentlicht, die sie jedoch endgültig erst im **September 1955** bestätigte. Nachdem die Bundesrepublik Mitglied der NATO geworden war, trat die DDR im gleichen Jahr dem Warschauer Pakt bei. Nach der Aufstellung der Nationalen Volksarmee (NVA) 1956 integrierte sich die DDR auch militärisch in den Ostblock. Die allgemeine Wehrpflicht wurde aber erst im Jahr 1962, d. h. nach dem Bau der Mauer, eingeführt.
Nach der Genfer Gipfelkonferenz der Großmächte 1955 – an der erstmals, wenn auch nicht gleichberechtigt, die Außenminister der Bundesrepublik und der DDR teilnahmen –, entstand auf östlicher Seite die **„Zwei-Staaten-Theorie"**. Sie besagte, dass mit der Gründung von BRD und DDR zwei selbstständige deutsche Staaten entstanden seien. Der Alleinvertretungsanspruch der Bundesrepublik in internationalen Beziehungen wurde damit in Frage gestellt. Mit der Erklärung der Sowjetunion und der DDR, dass eine Vereinigung der beiden deutschen Staaten nur unter Wahrung der „sozialistischen Errungenschaften" in der DDR möglich sei, hörten die Wiedervereinigungsbestrebungen der DDR auf. Das außenpolitische Hauptziel war von nun an die völkerrechtliche Anerkennung als selbstständiger Staat. Die Bundesrepublik brach ihrerseits die diplomatischen Beziehungen zu allen Ländern ab, die die DDR anerkannten. Lediglich die UdSSR war von dieser „Hallstein-Doktrin" ausgenommen.

M3 Westintegration, Ostintegration und Wiedervereinigung

a) Aus einem Brief des SPD-Vorsitzenden Erich Ollenhauer zu den Pariser Verträgen (23. Januar 1955)
Die Annahme des Vertragswerkes führt nach unserer Überzeugung zu einer verhängnisvollen Verhärtung der Spaltung Deutschlands. Der Deutsche Bundestag dagegen hat wiederholt einstimmig beschlossen, die Wiederherstellung der Einheit Deutschlands als die vordringlichste Aufgabe der deutschen Politik zu behandeln. [...]
Die Haltung der Sowjetunion lässt erkennen, dass nach der Ratifizierung der Pariser Verträge Verhandlungen über die deutsche Einheit nicht mehr möglich sein werden.
Dies bedeutet: Die Bundesrepublik und die so genannte Deutsche Demokratische Republik bleiben gegen den Willen des deutschen Volkes nebeneinander bestehen. [...]
Diese Lage erfordert nach Auffassung weitester Kreise des deutschen Volkes jede mögliche Anstrengung der Bundesrepublik, eine solche Entwicklung um der Einheit, der Freiheit und des Friedens unseres Volkes willen zu verhindern. [...]
Die Sozialdemokratische Partei Deutschlands ist der Überzeugung, dass noch nicht alle Möglichkeiten erschöpft sind, um vor der Ratifizierung der Pariser Verträge endlich einen ernsthaften Versuch zu

unternehmen, auf dem Wege von Vier-Mächte-Verhandlungen die Einheit Deutschlands in Freiheit wiederherzustellen. Die Erklärung der Sowjetregierung vom 15. Januar 1955 enthält hinsichtlich der in allen vier Zonen Deutschlands und Berlin durchzuführenden Wahlen Vorschläge, die Verhandlungen über diesen Punkt aussichtsreicher machen als während der Berliner Konferenz im Januar 1954. Die Sowjetunion hat in ihrer Erklärung außerdem zum ersten Mal dem Gedanken einer internationalen Kontrolle der Wahlen zugestimmt.

b) Antwortbrief Adenauers vom 23. Jan. 1955

Es ist in dem Pariser Vertragswerk gelungen, die drei Westmächte für eine Form der Wiederherstellung der deutschen Einheit zu gewinnen, die unseren Auffassungen entspricht, nämlich für eine Wiedervereinigung in Frieden und Freiheit. Allerdings ist die Verpflichtung der Westmächte, gemeinsam mit uns die Wiedervereinigung in Frieden und Freiheit herbeizuführen, nicht bedingungslos eingegangen worden; sie ist an die Ratifizierung der Pariser Verträge geknüpft. Es kommt jetzt darauf an, die Sowjetunion zu einer Änderung ihrer bisher völlig negativen Haltung in der deutschen Frage zu bewegen. […]
Die Sowjetregierung hat in der nicht an die drei Westmächte gerichteten, sondern gegenüber der Presse abgegebenen Erklärung vom 15. Januar gesagt, dass sie unter gewissen Bedingungen zu Verhandlungen über freie Wahlen bereit sei. […]
Sie Sowjetunion hat bisher unserem Programm der Wiedervereinigung nicht zugestimmt. Im Gegenteil, sie hält offenbar, wie ihr Verlangen der Bündnislosigkeit des zukünftigen Deutschlands zeigt, an ihrer für uns unannehmbaren bisherigen Konzeption des zukünftigen Deutschlands fest. […]
Über alles, was die Sowjetunion in den letzten Tagen und Wochen zur deutschen Frage geäußert hat, lässt sich nach der Ratifizierung genau so gut verhandeln wie vorher.
(M 6a, b: Christoph Kleßmann, Die doppelte Staatsgründung. Deutsche Geschichte 1945–1955, Vandenhoeck, Göttingen ⁵1991, S. 479ff.)

1 Nennen Sie die Argumente, mit denen sich Ollenhauer gegen das Pariser Vertragswerk wendet, und skizzieren Sie seine Position zur Deutschland- und Außenpolitik (M 6a).
2 Vergleichen Sie die Positionen von Adenauer und Ollenhauer (M 6a, b).

c) Bundeskanzler Konrad Adenauer, CDU, 1955 zur Frage der Westintegration

Nach der Genfer Außenministerkonferenz im Oktober 1955 hatte der Unterstaatssekretär im britischen Außenministerium, Sir Ivone Kirkpatrick, dem deutschen Botschafter in London, Herwarth von Bittenfeld, in einem Gespräch eine mögliche Veränderung der britischen Politik angedeutet, um die festgefahrenen Vier-Mächte-Verhandlungen über Deutschland wieder in Gang zu bringen: Die Briten könnten sich vorstellen, mit der UdSSR einen Sicherheitsvertrag zu schließen, wenn diese ihrerseits einer Wiedervereinigung Deutschlands nach westlichen Vorstellungen (freie gesamtdeutsche Wahlen, völlige Handlungsfreiheit einer gesamtdeutschen Regierung nach innen und außen) zustimmte. Bittenfeld teilte Adenauer die britischen Pläne mit und übermittelte dessen Reaktion Kirkpatrick am 15. Dezember 1955. Kirkpatrick schrieb am 16. Dezember 1955 in einem „streng geheimen" Bericht (Auszug):

2. Der Botschafter sagte mir, er habe diese Möglichkeit sehr vertraulich mit dem Kanzler erörtert. Dr. Adenauer wünschte mich (Kirkpatrick) wissen zu lassen, dass er es missbilligen würde. Der entscheidende Grund ist, dass Dr. Adenauer kein Vertrauen in das deutsche Volk habe. Er sei äußerst besorgt, dass sich eine künftige deutsche Regierung zu Lasten Deutschlands mit Russland verständigen könnte, wenn er von der politischen Bühne abgetreten sei. Folglich sei er der Meinung, dass die Integration Westdeutschlands in den Westen wichtiger als die Wiedervereinigung Deutschlands sei. Wir (die Briten) sollten wissen, dass er in der ihm noch verbleibenden Zeit alle Energien darauf verwenden werde, dieses zu erreichen, und er hoffe, dass wir alles in unserer Macht Stehende tun würden, um ihn bei dieser Aufgabe zu unterstützen.
3. Bei dieser Nachricht an mich betonte der Botschafter nachdrücklich, dass der Kanzler wünsche, dass ich seine Meinung kenne, aber es würde natürlich katastrophale Folgen für seine politische Position haben, wenn seine Ansichten, die er mir (Kirkpatrick) in solcher Offenheit mitgeteilt habe, jemals in Deutschland bekannt würden.
Handschriftlicher Zusatz des britischen Außenministers Harold Macmillan zu dem Bericht am 19. Dezember: Ich denke, er (Adenauer) hat Recht.
(Josef Foschepoth [Hg.], Adenauer und die Deutsche Frage, Göttingen 1988, S. 55 und 289 f.)

1 Erörtern Sie – unter Zuhilfenahme von M 5a und b, M 6a bis c – die Möglichkeiten einer deutschen Wiedervereinigungspolitik in den Fünfzigerjahren.
2 Bewerten Sie die Positionen Ollenhauers und Adenauers.

3 Die innere Entwicklung der Bundesrepublik Deutschland

3.1 Soziale Marktwirtschaft und „Wirtschaftswunder"

Soziale Marktwirtschaft

Die Auseinandersetzung um die Wirtschaftsordnung beherrschte in der Bundesrepublik den Wahlkampf von 1949. Die Durchsetzung der von Ludwig Erhard (1897–1977) und seinem Mitarbeiter und späteren Staatssekretär im Wirtschaftsministerium, Alfred Müller-Armack (1901–1978), vertretenen sozialen Marktwirtschaft bildete eine der wichtigsten Voraussetzungen für die ökonomische und politische Konsolidierung der Bundesrepublik. Individuelle Freiheit und soziale Gerechtigkeit sollten zu Wohlstand für alle führen (M 4).

Mit dieser Wirtschaftsordnung wurde sowohl einem reinen liberalkapitalistischen Modell als auch der nationalsozialistischen oder sozialistischen Planwirtschaft eine Absage erteilt. Die Produktion müsse sich vielmehr an der Nachfrage ausrichten und nicht umgekehrt. Nur die freie Preisbildung durch den Markt garantiere die optimale Deckung der individuellen Bedürfnisse der Verbraucher. Der Markt müsse jedoch einer gesetzlichen Rahmenordnung unterworfen werden, um Absprachen zwischen den Unternehmern zu verhindern, die zu einer Wettbewerbsverzerrung führen und damit zu Lasten der Verbraucher gehen würden. Daher verbot ein Gesetz 1957 Wettbewerbsbeschränkungen durch marktwidrige Absprachen und Kartelle. Um das Konkurrenz- und Leistungsprinzip zu erhalten, müsse der Markt auch für neue Bewerber offen gehalten werden. Aufgabe des Staates sei es, den freien Wettbewerb durch kontrollierende Institutionen und eine aktive Wirtschaftspolitik zu schaffen. Dazu gehöre auch die Geldwertstabilität. 1957 verbriefte ein Gesetz über die Deutsche Bundesbank deren Unabhängigkeit. Das durch das Grundgesetz garantierte Recht auf Privateigentum an Produktionsmitteln, die Berufs- und Gewerbefreiheit, die Konsum- und Vertragsfreiheit einschließlich freier Preisgestaltung seien Voraussetzungen eines funktionierenden Leistungswettbewerbs, ohne die keine Marktwirtschaft sinnvoll überdauern kann.

Die staatliche Sozialpolitik sollte sich auf die Absicherung sozialer Härten beschränken. In seiner ersten Regierungserklärung sagte Bundeskanzler Adenauer: „Die beste Sozialpolitik ist eine gesunde Wirtschaftspolitik."

„Wirtschaftswunder"

Eine wichtige Voraussetzung für die Akzeptanz und damit Konsolidierung der parlamentarischen Demokratie und den sozialen Konsens in der Bundesrepublik in den Fünfzigerjahren war das so genannte „Wirtschaftswunder". Die Westdeutschen machten erstmals in ihrer Geschichte die Erfahrung, dass parlamentarische Demokratie mit politischer Stabilität und wachsender Prosperität breiter Bevölkerungsschichten einhergehen kann. Auch in der DDR und in anderen Staaten gab es nach dem Krieg einen „Rekonstruktionseffekt", aber in keinem anderen westlichen Land waren die Wachstumsraten so hoch und dauerte der Aufschwung so lange wie in der Bundesrepublik. Die Leistung des ökonomischen Wiederaufbaus nach dem Krieg wurde zum **identitätsstiftenden Konsens** der Nachkriegsgeneration. Zwischen 1950 und 1960 verdreifachte sich das Bruttosozialprodukt, bis 1970 verdoppelte es sich nochmals. Das Wirtschaftswachstum führte zu einem Rückgang der Arbeitslosenquote fast bis zur Vollbeschäftigung (M 5a, b). Im gleichen Zeitraum stiegen die Reallöhne um das Zweieinhalbfache. Diese einmalige Phase der Hochkonjunktur endete erst mit der Rezession von 1966/67, sodass Historiker auch von den „langen Fünfzigern" sprechen.

Die soziale Marktwirtschaft, die Währungsreform und die amerikanische Finanzhilfe im Rahmen des Marshallplans (s. S. 360 f.) bildeten wichtige Voraussetzungen für den schnellen Wiederaufbau der Bundesrepublik. Die Kriegswirtschaft hatte bereits einen Modernisierungsschub bewirkt, der sich nun in den Fünfzigerjahren fortsetzte. Die zerstörten oder demontierten alten Produktionsanlagen wurden durch moderne ersetzt. Das im „Dritten Reich" von Ferdinand Porsche entwickelte Projekt eines Volkswagens wurde zu einem Symbol des ökonomischen Wiederaufstiegs der Bundesrepublik. Der Koreakrieg löste 1950 eine weltweite Hochkonjunktur aus und eröffnete damit deutschen Produkten Exportmärkte. Dabei wirkte der starre Wechselkurs von 4,20 DM (ca. 2,5 Euro) für 1 Dollar wie eine indirekte Exportsubvention. Eine wichtige Rolle spielte auch die hohe technische und wissenschaftliche Qualifikation der arbeitenden Menschen. Die Vertriebenen und Flüchtlinge aus den Ostgebieten und der DDR vergrößerten das Arbeitskräftepotenzial und die Nachfrage auf dem Binnenmarkt. Außerdem waren die Löhne und Sozialleistungen in der Bundesrepublik zunächst niedriger und die Arbeitszeiten länger als in anderen westlichen Industriestaaten.

| Gesellschaftlicher Strukturwandel und politische Folgen |

Der Krieg und der Wiederaufbau bewirkten einen tief greifenden wirtschaftlichen und gesellschaftlichen Strukturwandel. Die Bundesrepublik entwickelte sich zu einer modernen **Dienstleistungs- und Massenkonsumgesellschaft** (M 5c, d, M 6). Der Lebensstandard stieg auch für die unteren sozialen Schichten und entzog, wie die Wahlergebnisse zeigen (M 7), Klassenkampfparolen den Boden. 1953 erhielten die Kommunisten bei der Bundestagswahl nur noch 2,2 %. In den Fünfzigerjahren kam es zu einem Prozess der **Parteienkonzentration**. Ursache war weniger die seit der Bundestagswahl von 1953 auf Bundesebene geltende Fünfprozentklausel als der grundlegende gesellschaftliche Wandel und das Zurücktreten der traditionellen Klassen- und Konfessionslinien. Auf diese Veränderungen in der Gesellschaft reagierte die SPD durch ihr **Godesberger Programm** von 1959. Programmatische Grundlagen, die noch auf dem Marxismus beruhen, gab sie damit auf und öffnete sich endgültig den Mittelschichten. Sie vollzog die Wende von einer Arbeiter- zu einer Volkspartei und schuf eine der Voraussetzungen für ihre Wahlerfolge in den Sechzigerjahren (M 8).

B 3 „Messerschmitt KR 200", 1955, Plakat. – Nachdem Motorräder und Motorroller schon in der Zwischenkriegszeit ein Massenpublikum gefunden hatten, war es in den Fünfzigerjahren der preisgünstige Kleinwagen, der weite Verbreitung fand. Zum wichtigsten Verkehrsmittel für die private Urlaubsreise wurde der Pkw allerdings erst seit den Sechzigerjahren.

— Interpretieren Sie B 3 auf dem Hintergrund des „Wirtschaftswunders".

Der Konsens der Fünfzigerjahre

Das „Wirtschaftswunder" darf nicht übersehen lassen, dass in den ersten Jahren der Bundesrepublik zunächst ein raues soziales Klima herrschte. Die Einführung der Mitbestimmung in der Montanindustrie 1951 und das Betriebsverfassungsgesetz von 1952, das den Betriebsräten Mitbestimmungsrechte in personellen und sozialen Angelegenheiten zusprach, erfolgte erst nach schweren Auseinandersetzungen zwischen Regierung und Gewerkschaften und unter britischem Druck. Die Gewerkschaften konzentrierten sich auf die Durchsetzung der sozialen Interessen der Arbeitnehmer. Im Rahmen der Tarifvertragsautonomie setzten sie höhere Löhne und Gehälter, kürzere Arbeitszeiten und verbesserte Arbeitsschutzbestimmungen durch. Den neuen kooperativen Stil drückte der Begriff **„Sozialpartnerschaft"** aus. Die ökonomische Dynamik, steigender Wohlstand breiter Bevölkerungsschichten und der Ausbau der sozialen Sicherungen stabilisierten die politische Ordnung.

Der Ausbau des Sozialstaates

Gewerkschaften, SPD, Teile der Kirchen und die Sozialausschüsse der CDU/CSU verlangten eine gerechtere Verteilung der Früchte des „Wirtschaftswunders". Schritt für Schritt kehrte die Bundesrepublik zur klassischen Sozialstaatspolitik zurück, weil die Mehrheit der Bevölkerung es wünschte und das Wirtschaftswachstum Verteilungsspielräume eröffnete.

Durch das **Lastenausgleichsgesetz** von 1952 erhielten Vertriebene, Flüchtlinge und Ausgebombte eine Entschädigung für den kriegsbedingten Verlust von Vermögen. Der Durchbruch zum Sozialstaat gelang 1957 mit dem von Regierung und Opposition gemeinsam erarbeiteten Rentenreformgesetz, das die bedrückende materielle Not im Alter verminderte. Kern der Rentenreform war die **„Dynamisierung"** der Renten. 1957 erhöhten sich die Renten mit einem Schlag um rund 60 % und folgen seitdem den durchschnittlichen Lohn- und Gehaltserhöhungen. Gleichzeitig trat an die Stelle des bis dahin gültigen Versicherungsprinzips, d. h. der Rentenzahlung aus angesparten Versicherungsbeiträgen, der **„Generationenvertrag"**, d. h., die Renten wurden aus den aktuellen Versicherungsbeiträgen der Arbeitnehmer gezahlt.

B 4 Friedensdemonstration in Düsseldorf, Mai 1955, Fotografie

— Erörtern Sie, ausgehend von B 4, das Verhältnis von Konsens und Opposition in der Bundesrepublik der Fünfzigerjahre.

Die Opposition

Die politische Stabilität in der Bundesrepublik beruhte unter anderem darauf, dass Oppositionsparteien im Bundestag gleichzeitig Regierungsparteien in einem Bundesland waren und umgekehrt. Der notwendige innerparteiliche Interessenausgleich in den Volksparteien und zwischen Bundestag und Bundesrat führte in den Fünfziger- und Sechzigerjahren zu einer Abschleifung der ideologischen Gegensätze und zu der in Deutschland bis dahin wenig verbreiteten Bereitschaft zum politischen Kompromiss.
Rechts- und linksradikale Parteien verloren mit der wirtschaftlichen Konsolidierung an Bedeutung. 1952 wurde die Sozialistische Reichspartei (SRP) vom Bundesverfassungsgericht als nationalsozialistische Nachfolgeorganisation verboten, 1956 auch die KPD für verfassungswidrig erklärt. Im Urteil des Bundesverfassungsgerichts hieß es, dass sowohl die proletarische Revolution als auch die Diktatur des Proletariats mit der freiheitlich-demokratischen Grundordnung unvereinbar seien.
Die zu Beginn der Fünfzigerjahre einsetzende Debatte um die Wiederaufrüstung und die NATO-Aufnahme der Bundesrepublik rief den Widerstand der **Friedensbewegung** hervor (B 4), der jedoch in der zweiten Hälfte der Fünfzigerjahre wieder abebbte. Der Kalte Krieg, die verbreitete Angst vor einem „kommunistischen Überfall" und eine allgemeine Tendenz zum Rückzug ins „Private" waren die hauptsächlichen Gründe dieser Entwicklung.

Mentalitäten in den Fünfzigerjahren

Nach den Jahren der Entbehrung sehnte sich die Kriegsgeneration nach einem intakten Familienleben, nach privatem Glück in einer konfliktfreien Welt. Heimatfilme propagierten das Idyll einer bürgerlich-patriarchalischen Familienordnung (B 5). Das Streben nach Sicherheit führte zur Rückwendung zu vertrauten Strukturen, die nicht durch die NS-Herrschaft diskreditiert worden waren. An die Vergangenheit wollte niemand gerne erinnert werden, man genoss die Konsummöglichkeiten, die das „Wirtschaftswunder" eröffnete. Die Wiederaufbauleistung wurde zum identitätsstiftenden Konsens dieser Generation. Erich Kästner hat daher die Fünfzigerjahre auch als **„motorisiertes Biedermaier"** bezeichnet. Viele konnten sich erstmals einen Urlaub leisten (B 6, M 6). Die Schlager der Fünfzigerjahre, wie z. B. „Capri-Fischer" oder „Zwei kleine Italiener", spiegeln die Sehnsüchte der Kriegsgeneration. Der Kommunismus wurde als Bedrohung dieser bürgerlichen Kultur gesehen. „Keine Experimente", lautete der Slogan der Adenauer-Regierung, mit dem sie die Wahlen von 1957 gewann. Gegen diese bürgerlich-patriarchalische Welt ihrer Eltern rebellierten viele Jugendliche. Ihre Bewunderung galt dem „American way of life" und dem Rock'n'Roll, den vor allem Elvis Presley in Deutschland populär machte.

M4 Alfred Müller-Armack über die soziale Marktwirtschaft, Mai 1948

Die Lage unserer Wirtschaft zwingt uns zu der Erkenntnis, dass wir uns in Zukunft zwischen zwei grundsätzlich voneinander verschiedenen Wirtschaftssystemen zu entscheiden haben, nämlich dem System der antimarktwirtschaftlichen Wirtschaftslenkung und dem System der auf freie Preisbildung, echten Leistungswettbewerb und soziale Gerechtigkeit gegründeten Marktwirtschaft. Alle Erfahrungen mit wirtschaftlichen Lenkungssystemen verschiedenster Schattierungen haben erwiesen, dass sie unvermeidlich zu einer mehr oder weniger weit gehenden Vernichtung der Wirtschaftsfreiheit des Einzelnen führen, also mit demokratischen Grundsätzen unvereinbar sind, und zweitens mangels zuverlässiger Maßstäbe infolge der Aufhebung des Preismechanismus nicht in der Lage sind, die verschiedenen Knappheitsgrade zuverlässig zu erkennen. Jede Lenkungswirtschaft hat daher in der Praxis am wirklichen volkswirtschaftlichen Bedarf „vorbeigelenkt".
Die angestrebte moderne Marktwirtschaft soll betont sozial ausgerichtet und gebunden sein. Ihr sozialer Charakter liegt bereits in der Tatsache begründet, dass sie in der Lage, ist eine größere und mannigfaltigere Gütermenge zu Preisen anzubieten, die der Konsument durch seine Nachfrage ent-

scheidend mitbestimmt und die durch niedrige Preise den Realwert des Lohnes erhöht und dadurch eine größere und breitere Befriedigung der menschlichen Bedürfnisse erlaubt.

Durch die freie Konsumwahl wird der Produzent gezwungen, hinsichtlich Qualität, Sortiment und Preis seiner Produkte auf die Wünsche der Konsumenten einzugehen, die damit eine echte Marktdemokratie ausüben. Eine ähnliche, die Wirtschaft maßgeblich bestimmende Stellung vermag eine Lenkungswirtschaft der Masse der Verbraucher nicht einzuräumen. Demokratie und Lenkungswirtschaft sind eben nicht vereinbar.

Um den Umkreis der sozialen Marktwirtschaft ungefähr zu umreißen, sei folgendes Betätigungsfeld künftiger sozialer Gestaltung genannt:

1. Schaffung einer sozialen Betriebsordnung, die den Arbeitnehmer als Mensch und Mitarbeiter wertet, ihm ein soziales Mitgestaltungsrecht einräumt, ohne dabei die betriebliche Initiative und Verantwortung des Unternehmers einzuengen.
2. Verwirklichung einer als öffentliche Aufgabe begriffenen Wettbewerbsordnung, um dem Erwerbsstreben der Einzelnen die für das Gesamtwohl erforderliche Richtung zu geben.
3. Befolgung einer Antimonopolpolitik zur Bekämpfung möglichen Machtmissbrauches in der Wirtschaft.
4. Durchführung einer konjunkturpolitischen Beschäftigungspolitik mit dem Ziel, dem Arbeiter im Rahmen des Möglichen Sicherheit gegenüber Krisenrückschlägen zu geben. Hierbei ist außer kredit- und finanzpolitischen Maßnahmen auch ein mit sinnvollen Haushaltssicherungen versehenes Programm staatlicher Investitionen vorzusehen.
5. Marktwirtschaftlicher Einkommensausgleich zur Beseitigung ungesunder Einkommens- und Besitzverschiedenheiten, und zwar durch Besteuerung und durch Familienzuschüsse, Kinder- und Mietbeihilfen an sozial Bedürftige.
6. Siedlungspolitik und sozialer Wohnungsbau.
7. Soziale Betriebsstrukturpolitik durch Förderung kleinerer und mittlerer Betriebe und Schaffung sozialer Aufstiegschancen.
8. Einbau genossenschaftlicher Selbsthilfe in die Wirtschaftsordnung.
9. Ausbau der Sozialversicherung.
10. Städtebauplanung.
11. Minimallöhne und Sicherung der Einzellöhne durch Tarifvereinbarungen auf freier Grundlage. Es kommt also darauf an, zu erkennen, dass der Übergang zur Marktwirtschaft als einem System freiheitlicher und demokratischer Wirtschaftsordnung zugleich die Gewinnung der deutschen Menschen

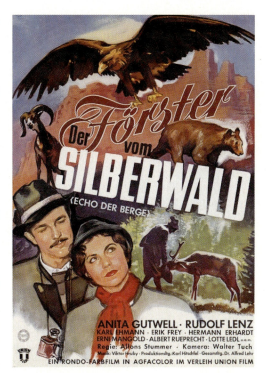

B 5 „Der Förster vom Silberwald", 1954, westdeutsches Filmplakat

— Analysieren Sie B 5 unter alltagsgeschichtlichen Aspekten und vergleichen Sie diesbezüglich die Entwicklung der BRD mit der der DDR (s. S. 384 und 408 ff.).

für die Ideale der persönlichen Freiheit und Selbstbestimmung in sich schließt. Die letzten Ziele staatsbürgerlicher Freiheit müssen mit den Zielen der wirtschaftlichen Freiheit des Einzelnen übereinstimmen.

(Alfred Müller-Armack, Vorschläge zur Verwirklichung der Sozialen Marktwirtschaft, in: Genealogie der Sozialen Marktwirtschaft, Paul Haupt, Bern 1974, S. 98 ff.)

1 Nennen Sie Voraussetzungen und Ziele der sozialen Marktwirtschaft.
2 Erläutern Sie, von welchen Wirtschaftsformen sich die soziale Marktwirtschaft abgrenzt. Nennen Sie Beispiele aus der Geschichte.
3 Diskutieren Sie das Menschenbild, das der sozialen Marktwirtschaft zu Grunde liegt.
4 Erörtern Sie den Zusammenhang von sozialer Marktwirtschaft und Demokratie.

M5 Die wirtschaftliche Entwicklung der Bundesrepublik Deutschland

a) Das jährliche Wirtschaftswachstum der Bundesrepublik 1950–2000 (in Prozent)

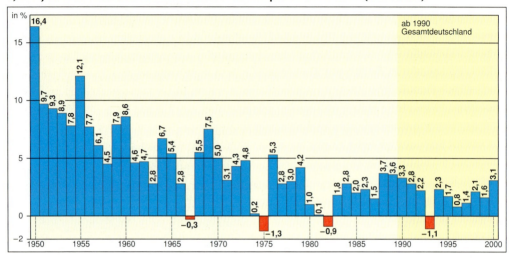

b) Arbeitslose in der Bundesrepublik 1950–2000 (in Mio. Personen)

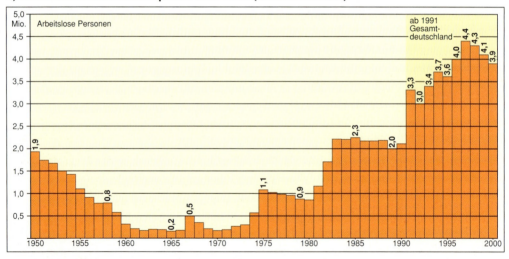

c) Soziale Stellung der Erwerbsbevölkerung in der Bundesrepublik 1950–1990 (in Prozent)

	1950	1960	1970	1980	1990
Selbstst./mith. Familienang.	28,3	22,2	17,1	12,0	10,8
Beamte/Angestellte	20,6	28,1	36,2	45,6	51,8
Arbeiter	51,0	49,7	46,5	42,3	37,4

(Werner Abelshauser, Die langen Fünfzigerjahre, Cornelsen, Düsseldorf 1987, S. 88; Statistisches Bundesamt [Hg.], Datenreport 1992, Bonn 1992, S. 98f.)

d) Langlebige Konsumgüter in Haushalten der Bundesrepublik 1949–1962 (in Prozent)

Bestand im Jahr 1962		davon wurden angeschafft in den Jahren				
		vor 1949	1949–52	1953–57	1958–60	1961–62
Fernsehgerät	34,4			14,9	51,5	32,0
Radio	79,3	5,8	21,9	39,8	22,4	8,0
Plattenspieler	17,7	1,3	6,5	32,0	39,5	18,7
Kühlschrank	51,8	0,6	3,8	25,2	45,4	23,5
Staubsauger	64,7	6,9	13,7	36,1	28,8	12,2
Waschmaschine	25,3	2,0	7,7	38,2	33,7	16,3
Tiefkühltruhe	2,7		1,2	15,6	50,1	30,7
Fotoapparat	41,7	8,8	13,9	29,8	30,9	13,8

(Praxis Geschichte 6/1996, S. 22)

1 Beschreiben Sie anhand von M 5a–d die wirtschaftliche Entwicklung der Bundesrepublik in der Ära Adenauer.
2 Erklären Sie in diesem Zusammenhang den Begriff des „Wirtschaftswunders" und setzen Sie sich kritisch mit ihm auseinander.
3 Erörtern Sie die politischen Folgen des „Wirtschaftswunders".

M6 Urlaubsreiseintensität[1] in der Bundesrepublik 1949–1989

Jahr	1949	1954	1957	1960	1964	1968	1972	1976	1980	1984	1987	1989
Urlaubsreise-intensität	21,0	24,0	27,0	28,0	39,0	39,0	49,0	53,0	57,7	55,3	64,6	66,8

1 Urlaubsreiseintensität: Zahl der über 14-jährigen Bundesbürger, die im Vorjahr eine mindestens 5-tägige Urlaubsreise unternommen haben.

(Christine Keitz, Reisen als Leitbild. Die Entstehung des modernen Massentourismus in Deutschland, dtv, München 1997, S. 336)

B 6 Westdeutsche Familie auf einer Urlaubsreise am Gardasee in Italien, 1955, Fotografie

— Interpretieren Sie B 6 und M 6 mit Blick auf den gesellschaftlichen Stellenwert von Urlaubsreisen in der Bundesrepublik der Fünfzigerjahre; ziehen Sie auch B 3 heran.

M7 Bundestagswahlen 1949–1998 (Ergebnisse in Prozent der gültigen Zweitstimmen in dem jeweiligen Gebietsstand)

	1949	1953	1957	1961	1965	1969	1972	1976	1980	1983	1987	1990	1994	1998
Wahlber. (Mio.)	31,2	33,1	35,4	37,4	38,5	38,7	41,4	42,1	43,2	44,1	45,3	60,9	60,5	60,8
Wahlbet. (%)	78,5	86,0	87,8	87,7	86,8	86,7	91,1	90,7	88,6	89,1	84,3	77,8	79,0	82,2
CDU/CSU	31,0	45,2	50,2	45,4	47,6	46,1	44,9	48,6	44,5	48,8	44,3	43,8	41,4	35,1
SPD	29,2	28,8	31,8	36,2	39,3	42,7	45,8	42,6	42,9	38,2	37,0	33,5	36,4	40,9
FDP	11,9	9,5	7,7	12,8	9,5	5,8	8,4	7,9	10,6	7,0	9,1	11,0	6,9	6,2
Die Grünen	–	–	–	–	–	–	–	–	1,5	5,6	8,3	3,8	}7,3	6,7
Bündnis 90/Grüne	–	–	–	–	–	–	–	–	–	–	–	1,2		
PDS	–	–	–	–	–	–	–	–	–	–	–	2,4	4,4	5,1
DP	4,0	3,3	3,4	–	–	–	–	–	–	–	–	–	–	–
GB/BHE	–	5,9	4,6	2,8	–	0,1	–	–	–	–	–	–	–	–
Zentrum	3,1	0,8	0,3	–	–	–	–	–	–	–	–	–	–	–
Bayernpartei	4,2	1,7	0,5	–	–	0,2	–	–	–	–	–	–	–	–
DRP, NPD, Republikaner	1,8	1,1	1,0	0,8	2,0	4,3	0,6	0,3	0,2	0,2	0,6	2,1	–	–
KPD, DFU, DKP	5,7	2,2	–	1,9	1,3	–	0,3	0,3	0,2	0,2	–	–	–	–
Sonstige	9,1	1,5	0,5	0,1	0,3	0,8	–	0,3	0,1	–	0,2	2,2	3,6	5,9

DP = Deutsche Partei; GB/BHE = Gesamtdeutscher Block/Bund der Heimatvertriebenen und Entrechteten; DRP = Deutsche Reichspartei; DFU = Deutsche Friedensunion

(Statistische Jahrbücher für die Bundesrepublik Deutschland)

M8 Aus dem Godesberger Programm der SPD, beschlossen auf dem Parteitag 1959

Freiheit, Gerechtigkeit und Solidarität, die aus der gemeinsamen Verbundenheit folgende gegenseitige Verpflichtung, sind die Grundwerte des sozialistischen Wollens. [...] Aus der Entscheidung für
5 den demokratischen Sozialismus ergeben sich Grundforderungen, die in einer menschenwürdigen Gesellschaft erfüllt sein müssen:
Alle Völker müssen sich einer internationalen Rechtsordnung unterwerfen, die über eine ausreichende Exekutive verfügt. Der Krieg darf kein Mit-
10 tel der Politik sein.
Alle Völker müssen die gleiche Chance haben, am Wohlstand der Welt teilzunehmen. Entwicklungsländer haben Anspruch auf die Solidarität der an-
15 deren Völker.
Wir streiten für die Demokratie. Sie muss die allgemeine Staats- und Lebensordnung werden, weil sie allein Ausdruck der Achtung vor der Würde des Menschen und seiner Eigenverantwortung ist.
20 Wir widerstehen jeder Diktatur, jeder Art totalitärer Herrschaft; denn diese missachten die Würde des Menschen, vernichten seine Freiheit und zerstören das Recht. Sozialismus wird nur durch die Demokratie verwirklicht, die Demokratie durch den So-
25 zialismus erfüllt.

Zu Unrecht berufen sich die Kommunisten auf sozialistische Traditionen. In Wirklichkeit haben sie das sozialistische Gedankengut verfälscht. Die Sozialisten wollen Freiheit und Gerechtigkeit verwirk-
30 lichen, während die Kommunisten die Zerrissenheit der Gesellschaft ausnutzen, um die Diktatur ihrer Partei zu errichten.
Im demokratischen Staat muss sich jede Macht öffentlicher Kontrolle fügen. Das Interesse der Ge-
35 samtheit muss über dem Einzelinteresse stehen. In der vom Gewinn- und Machtstreben bestimmten Wirtschaft und Gesellschaft sind Demokratie, soziale Sicherheit und freie Persönlichkeit gefährdet. Der demokratische Sozialismus erstrebt darum eine neue Wirtschafts- und Sozialordnung.
40 Alle Vorrechte im Zugang zu Bildungseinrichtungen müssen beseitigt werden. Nur Begabung und Leistung sollen jedem den Aufstieg ermöglichen.
(Heino Kaack, Geschichte und Struktur des deutschen Parteiensystems, Opladen 1971, S. 406 ff.)

1 *Fassen Sie die Grundforderungen des „demokratischen Sozialismus" aus M 8 zusammen.*
2 *Vergleichen Sie das Sozialismusverständnis im Godesberger Programm (M 8) mit der sozialen Marktwirtschaft (M 4) und dem Sozialismusverständnis der SED (s. S. 357).*

3.2 Krise und Protest: Die Bundesrepublik 1961–1969

Das Ende der „Ära Adenauer"

Der Machtverfall der seit 1957 allein regierenden CDU/CSU begann eigentlich schon mit der **„Präsidentschaftskrise"** des Jahres 1959. Konrad Adenauer hatte als amtierender Bundeskanzler erklärt, er wolle Nachfolger des ersten Bundespräsidenten Theodor Heuss werden. Als sich dann abzeichnete, dass die CDU/CSU den populären Wirtschaftsminister Ludwig Erhard zum Bundeskanzler wählen würde, sprach Adenauer diesem öffentlich die Qualifikation zum Regierungschef ab und zog seine Präsidentschaftskandidatur zurück. Er beschädigte damit nicht nur Erhards Ansehen, sondern auch sein eigenes und das des Präsidentenamtes. Zum Bundespräsidenten wurde im Juli 1959 der Landwirtschaftsminister Heinrich Lübke (1894–1972; CDU) gewählt. Adenauers Reaktion auf den **Bau der Berliner Mauer** im August 1961 beschleunigte den Autoritätsverfall des Kanzlers. Es erbitterte nämlich viele Deutsche, dass Adenauer scheinbar ungerührt seinen Wahlkampf mit heftigen Angriffen gegen Willy Brandt (1913–1992), den Kanzlerkandidaten der SPD und Regierenden Bürgermeister von Berlin, fortsetzte und erst am 22. August Berlin besuchte. Die **„Spiegel"-Affäre** von 1962 mündete sogar in eine ernsthafte Regierungskrise: Nach einem kritischen Bericht des Nachrichtenmagazins über ein NATO-Manöver wurden auf Veranlassung des Verteidigungsministers Franz Josef Strauß (1915–1988) die Redaktionsräume des „Spiegel" besetzt und der Herausgeber Rudolf Augstein sowie mehrere Redakteure wegen des Verdachts auf Landesverrat verhaftet. Der Koalitionspartner FDP, auf den die CDU seit den Bundestagswahlen von 1961 wieder angewiesen war, sah darin eine Verletzung von Grundrechten und zog ihre Minister aus dem Kabinett zurück. Adenauer konnte die Krise nur dadurch überwinden, dass er Strauß zum Rücktritt drängte und einen raschen Wechsel im Kanzleramt ankündigte.

Die Regierung Erhard

1963–1966 folgte die kurze und glücklose Kanzlerschaft Ludwig Erhards, die überschattet war von der ersten **Wirtschaftsrezession** in der Geschichte der Bundesrepublik (s. S. 386, M 5a). Mit der Rezession und dem sie begleitenden Anstieg der Arbeitslosenzahlen traten die Versäumnisse der „Aufbaujahre" seit 1949, die bisher nur von Minderheiten diskutiert wurden, ins Bewusstsein breiterer Schichten der Bevölkerung: die Vernachlässigung der personellen und sozialen Infrastruktur, besonders des Bildungswesens; die ungleiche Verteilung der Früchte des „Wirtschaftswunders"; die Perspektivlosigkeit der Deutschland- und Ostpolitik; die Defizite in der politischen Beteiligung der Bürger; das Fortwirken autoritärer Verhaltensweisen und der Mangel an Kritik. Die Mitte der Sechzigerjahre bildete aber nicht nur wirtschafts- und mentalitätsgeschichtlich, sondern auch für die politische Entwicklung einen wichtigen Einschnitt in der westdeutschen Nachkriegsgeschichte: 1966 endete – mit dem Eintritt der SPD in die so genannte Große Koalition mit der CDU/CSU – die Führungsrolle der Unionsparteien auf Bundesebene.

Große Koalition und Notstandsgesetze

Die neue Regierung mit Kurt-Georg Kiesinger (1904–1988; CDU) als Bundeskanzler und Willy Brandt (SPD) als Außenminister war ausdrücklich eine Koalition auf Zeit. Sie sollte die Wirtschaftsrezession und den politischen „Reformstau" überwinden, die Notstandsgesetze verabschieden, auch dem erneut **aufflackernden Rechtsradikalismus** das Wasser abgraben, wenn nötig, durch die Einführung des Mehrheitswahlrechts. Während der Wirtschaftsrezession hatte die neu gegründete NPD 1966 bei den Landtagswahlen in Hessen und Bayern mit 7,9 bzw. 7,4 % spektakuläre Wahlerfolge erzielt. Würde sich die Geschichte der Weimarer Republik wiederholen? War die Bundesrepublik nur eine „Schönwetterdemokratie"? Das fragten sich besorgt viele Bürger.

B 7 Demonstration gegen die Notstandsgesetze, Anfang 1968, Fotografie

— Arbeiten Sie mit Hilfe von B 7, M 9b und der Darstellung heraus, von wem der Protest gegen die Notstandsgesetze der Bundesrepublik getragen wurde.

Die Wirtschaftskrise konnte bald mit Hilfe einer antizyklischen Wirtschaftspolitik überwunden werden, die auf den Lehren des englischen Ökonomen John Maynard Keynes beruhte und von dem populären Wirtschaftsminister Karl Schiller (1911–1995; SPD) durchgesetzt wurde. Statt den Markt „dem freien Spiel der Kräfte" zu überlassen, plädierte Schiller für eine staatliche Globalsteuerung der Wirtschaft, deren Ziele er gemeinsam mit Franz-Josef Strauß im **Stabilitätsgesetz** von 1967 umriss. Sie sind als das „magische Viereck" bekannt geworden: Preisstabilität, außenwirtschaftliches Gleichgewicht, gleichmäßiges Wirtschaftswachstum und hoher Beschäftigungsstand. Grundlegend für die antizyklische Konjunkturpolitik war, dass der Staat in Zeiten der Rezession durch Investitions- und Arbeitsbeschaffungsprogramme sowie durch Steuersenkungen die Wirtschaft ankurbelte; die dafür notwendigen Mittel sollten in Zeiten der Hochkonjunktur angespart werden. Ab 1968 stieg die Wachstumskurve der Wirtschaft wieder steil an, die Arbeitslosenquote sank bis 1970 auf 0,7 % (M 5a, b).

Bei den **Notstandsgesetzen** ging es vor allem um die Ablösung noch bestehender Souveränitätsrechte der ehemaligen Besatzungsmächte (B 7, M 9a). Relativ unumstritten war, dass die Bundesrepublik Verfassungsregelungen für den „äußeren Spannungsfall" brauchte, umstritten waren hingegen besonders in der SPD die Notstandsregelungen für „innere Unruhen". Viele Bürger hatten Angst vor einem schleichenden Übergang in die Diktatur, die Gewerkschaften vor einem Einsatz von Polizei und Bundeswehr bei Streiks (M 9b). Nach langen Auseinandersetzungen verabschiedete der Bundestag im Mai 1968 schließlich die Notstandsgesetze (M 9c), nachdem in Artikel 9 des Grundgesetzes die Geltung von Notstandsregelungen für Arbeitskämpfe ausgeschlossen und in Artikel 20 Absatz 4 ein Widerstandsrecht der Bürger gegen eine missbräuchliche Anwendung der Notstandsgesetze eingeführt wurde.

Die **neue Außenpolitik** kam allerdings nur zögernd voran. Die „Hallstein-Doktrin" (s. S. 379) wurde 1967 mit der Aufnahme diplomatischer Beziehungen zu Rumänien zwar faktisch außer Kraft gesetzt und mit einem Brief des Bundeskanzlers an die DDR-Führung auch der innerdeutsche Kontakt gesucht. Gegen diese Politik gab es in der CDU/CSU aber massiven Widerstand. Überdies verschlechterte sich nach dem Einmarsch der Sowjetunion in die Tschechoslowakei im August 1968 das Klima für die Entspannungspolitik. Vor allem aber mauerten nun die DDR und ihre Verbündeten. In einer Art umgekehrter „Hallstein-Doktrin" wollten sie erst nach einer völkerrechtlichen Anerkennung der DDR verhandeln oder diplomatische Beziehungen zur Bundesrepublik aufnehmen. Die Befürworter der Entspannungspolitik in der Bundesrepublik waren jedoch nicht bereit, diesen Preis zu entrichten.

Die Einführung des angestrebten **Mehrheitswahlrechts** lehnte der SPD-Parteitag 1968 ab. Die Delegierten befürchteten, das Mehrheitswahlrecht werde die CDU/CSU begünstigen; außerdem verstoße es gegen die deutsche Verfassungstradition. Die CDU/CSU reagierte aufgebracht, das Ende der Gemeinsamkeiten der ungleichen Koalitionspartner deutete sich an.

> Die „außerparlamentarische Opposition" (APO)

Die „außerparlamentarische Opposition" entstand in den frühen Sechzigerjahren und entwickelte sich in der Zeit der Großen Koalition zu einer Massenbewegung. Ihre sozialen Träger waren Intellektuelle, auch Gewerkschafter, vor allem jedoch Studenten und Studentinnen. Ein organisatorisches Zentrum gab es nicht; die APO bestand aus vielen kleinen Gruppen mit unterschiedlichen Zielen. Sie protestierten gegen rückständige Bildungspolitik, Notstandsgesetze (B 7) und das Verdrängen der NS-Vergangenheit, kritisierten die Vietnampolitik der USA, entdeckten erschreckt das Nord-Süd-Problem und solidarisierten sich mit Befreiungsbewegungen in der Dritten Welt, verurteilten das Konsum- und Wohlstandsdenken der Älteren ebenso wie deren Antikommunismus und forderten mehr gesellschaftliche Gleichheit. Vor allem aber war man **„antiautoritär"**. Die Studierenden lasen außer Karl Marx und Sigmund Freud die Schriften von Wissenschaftlern und Schriftstellern, die 1933 Deutschland hatten verlassen müssen. Das sowjetische Modell des Kommunismus befürworteten die wenigsten, reformsozialistische Vorstellungen faszinierten dagegen viele.

In mancher Hinsicht war es ein normaler Generationenkonflikt wie die gleichzeitigen Studentenbewegungen in Frankreich und den USA, von denen die deutschen Studierenden neue Protestformen wie Go-ins oder Sit-ins übernahmen. In Deutschland war es jedoch mehr. Zumindest die Kritik an Schulen und Hochschulen und die Demonstrationen gegen die Notstandsgesetze vereinten viele Bürger und Studierende. Das intellektuelle Klima veränderte sich, politisches Interesse und politische Beteiligung besonders der Jüngeren stiegen. Viele Bürger waren aber auch entsetzt über die Protestbewegung und sahen das Ende von Gesetz und Ordnung gekommen. Die konservative Massenpresse, an ihrer Spitze die „Bild"-Zeitung, heizte diese negative Stimmung an, vor allem im Zentrum der Studentenbewegung, in Berlin. Hier kam es im April 1968, als ein junges NPD-Mitglied einen der studentischen Sprecher, Rudi Dutschke (1940–1980), mit drei Schüssen lebensgefährlich verletzte, zu Straßenkrawallen, die auf westdeutsche Städte übergriffen.

> Die Spaltung der APO

Der äußere Höhepunkt der „Studentenrevolte" war gleichzeitig ihr Wendepunkt (daher die Bezeichnung „68er"); 1968 war das Jahr der Spaltung der Studentenbewegung. Am Gewaltproblem, der Beurteilung der parlamentarischen Demokratie nach der Verabschiedung der Notstandsgesetze Ende Mai 1968 und der militärischen Beendigung des „Prager Frühlings" durch Truppen der Sowjetunion im August 1968 schieden sich die Geister. Ganz wenige der „68er" gingen als **Rote Armee Fraktion (RAF)** in den Untergrund, nahmen – wie sie es nannten – den „militärischen Kampf" gegen Staat und Gesellschaft auf, schreckten auch vor Mord nicht zurück. Eine Minderheit organisierte sich in einer Vielzahl von kleinen, sich gegenseitig befehdenden kommunistischen Splitterparteien. Die größte war die 1968 gegründete **Deutsche Kommunistische Partei/DKP**, die in der SED ihr Vorbild sah und von dieser finanziert wurde. Bundesweit hat die DKP bis 1990 kaum mehr als ein Prozent der Wählerstimmen gewinnen können. Die große Mehrheit aus der Studentenbewegung führte ein ganz normales bürgerliches Leben, bewahrte in der Regel aber ein überdurchschnittliches Interesse an Politik. Ein Teil von ihnen begann den **„Marsch durch die Institutionen"**, wollte die Reformvorstellungen auf parlamentarischem Wege durchsetzen. Insgesamt hat die „68er"-Bewegung die Entwicklung durchaus positiv beeinflusst: Sie stieß einen politischen und gesellschaftlichen Modernisierungsschub an, der, nach Meinung mancher Historiker, langfristig die Demokratie in der Bundesrepublik Deutschland stärkte.

M9 Die Notstandsgesetze

a) Bundesinnenminister Paul Lücke (CDU) zum Ziel der Notstandsgesetze (1967)

Das Ziel der Regierungsvorlage ist und bleibt die Sicherheit der äußeren und inneren Freiheit der Bundesrepublik Deutschland und die Schaffung ausreichender Rechtsgrundlagen für wirksame Schutzmaßnahmen zu Gunsten der deutschen Be-
5 völkerung. Die Grundsätze des neuen Regierungsentwurfs sind:

Unter keinen Umständen werden die freiheitlichen, rechtsstaatlichen und bundesstaatlichen Grundlagen der Verfassung preisgegeben.

10 Die Entscheidungen über den Eintritt des äußeren Notstandes und seine Dauer liegen beim Parlament, also nicht bei der Bundesregierung.

Sollte das Parlament in einem Zustand der äußeren Gefahr gehindert sein, seine Aufgaben wahrzuneh-
15 men, so werden seine Befugnisse durch den „Gemeinsamen Ausschuss" – Notparlament – wahrgenommen. Dieser „Gemeinsame Ausschuss" besteht aus Vertretern des Bundestages und des Bundesrates.

20 Die Kontrollbefugnisse des Parlaments bleiben uneingeschränkt erhalten. Das Gleiche gilt für die Zuständigkeit des Bundesverfassungsgerichts. [...]

Mit der Notstandsverfassung sollen die alliierten Vorbehaltsrechte vollständig abgelöst werden, die
25 noch der vollen Souveränität der Bundesrepublik Deutschland entgegenstehen.

(Vorbereitung auf den Notstand? 10 Antworten auf eine aktuelle Frage, Frankfurt/M. 1967, S. 10f.)

30 **b) Aus der Rede des IG-Metall-Vorsitzenden Georg Benz auf der Jahrestagung des Kuratoriums „Notstand der Demokratie" (Okt. 1967)**

Die Machtverschiebungen, die sich bereits mit der Gründung der Bundesrepublik zu Gunsten der
35 Großindustrie abzeichneten und mit wechselnder Konzentration in der Zusammenballung wirtschaftlicher Kraft parallel mit der Einflussnahme einer konservativen Ministerialbürokratie und der Militärs weiterentwickelten, sollen durch Not-
40 standsgesetze verfassungsrechtlich abgesichert werden. [...] Eine historisch-politische Analyse der im Notstandsverfassungsentwurf vorgesehenen Bestimmungen zeigt eindeutig, dass sich diese vor allem gegen die arbeitende Bevölkerung und die Gewerkschaften richten. Das gilt nicht nur für die 45 Regelungen des so genannten inneren Notstands; auch der angeblich äußere Notstand kann jederzeit als Vorwand benutzt werden, um innere soziale Konflikte zu unterdrücken. [...] Insofern stellt die Notstandsverfassung ein Aktionsprogramm dar, 50 mit dem die Folgen sozialer Erschütterung in der „Stunde der Exekutive" durch politische Gewalt von oben bekämpft und ernsthafte sozio-ökonomische Veränderungen grundsätzlich ausgeschlossen werden. Die politische Demokratie würde 55 durch die Verwirklichung der vorliegenden Notstandsgesetzgebungspläne zu einem System formaler Spielregeln herabgewürdigt, die durch die Machtpositionen herrschender Gruppen beliebig außer Kraft gesetzt werden könnten. [...] Die seit 60 nunmehr fast zehn Jahren ausreichend bekannten allzu eifrigen Notstandsplaner sehen in diesen zusätzlichen Notstandsgesetzen ein Instrument, mit dem sie in einer autoritären Leistungsgesellschaft den sozialen Konflikt [...] unterdrücken können. 65 Nach ihren Vorstellungen sollen für alle Zukunft unveränderbar die durch die Phrase vom Gemeinwohl kaum noch verhüllten Interessen der gegenwärtigen Machteliten vorherrschen. Das ist das Gegenteil jenes „sozialen Bundesstaates", wie er in 70 der Verfassung verankert ist und von uns verteidigt wird.

(Jahrestagung des Kuratoriums „Notstand der Demokratie", 24. Oktober 1967)

c) Aus der Notstandsgesetzgebung vom 24. Juni 1968

Artikel 12 a [...]

(3) Wehrpflichtige, die nicht zu einem Dienst nach Absatz 1 oder 2 [Militärdienst mit Waffe] herangezogen sind, können im Verteidigungsfalle durch Gesetz oder auf Grund eines Gesetzes zu zivilen Dienstleistungen für Zwecke der Verteidigung 5 einschließlich des Schutzes der Zivilbevölkerung in Arbeitsverhältnisse verpflichtet werden; Verpflich-

tungen in öffentlich-rechtlichen Dienstverhältnissen sind nur zur Wahrnehmung polizeilicher Aufgaben oder solcher hoheitlichen Aufgaben der öffentlichen Verwaltung, die nur in einem öffentlich-rechtlichen Dienstverhältnis erfüllt werden können, zulässig. Arbeitsverhältnisse nach Satz 1 können bei den Streitkräften, im Bereich ihrer Versorgung sowie bei der öffentlichen Verwaltung begründet werden; Verpflichtungen in Arbeitsverhältnisse im Bereiche der Versorgung der Zivilbevölkerung sind nur zulässig, um ihren lebensnotwendigen Bedarf zu decken oder ihren Schutz sicherzustellen.
(4) Kann im Verteidigungsfalle der Bedarf an zivilen Dienstleistungen im zivilen Sanitäts- und Heilwesen sowie in der ortsfesten militärischen Lazarettorganisation nicht auf freiwilliger Grundlage gedeckt werden, so können Frauen vom vollendeten achtzehnten bis zum vollendeten fünfundfünfzigsten Lebensjahr durch Gesetz oder auf Grund eines Gesetzes zu derartigen Dienstleistungen herangezogen werden. Sie dürfen auf keinen Fall Dienst mit der Waffe leisten.
(5) Für die Zeit vor dem Verteidigungsfalle können Verpflichtungen nach Absatz 3 nur nach Maßgabe des Artikels 80 a Abs. 1 begründet werden. Zur Vorbereitung auf Dienstleistungen nach Absatz 3, für die besondere Kenntnisse oder Fertigkeiten erforderlich sind, kann durch Gesetz oder auf Grund eines Gesetzes die Teilnahme an Ausbildungsveranstaltungen zur Pflicht gemacht werden. Satz 1 findet insoweit keine Anwendung.
(6) Kann im Verteidigungsfalle der Bedarf an Arbeitskräften für die in Absatz 3 Satz 2 genannten Bereiche auf freiwilliger Grundlage nicht gedeckt werden, so kann zur Sicherung dieses Bedarfs der Deutschen, die Ausübung eines Berufs oder den Arbeitsplatz aufzugeben, durch Gesetz oder auf Grund eines Gesetzes eingeschränkt werden. Vor Eintritt des Verteidigungsfalles gilt Absatz 5 Satz 1 entsprechend. […]
Artikel 87 a […]
(4) Zur Abwehr einer drohenden Gefahr für den Bestand oder die freiheitliche demokratische Grundordnung des Bundes oder eines Landes kann die Bundesregierung, wenn die Voraussetzungen des Artikels 91 Abs. 2 und die Polizeikräfte sowie der Bundesgrenzschutz nicht ausreichen, Streitkräfte zur Unterstützung der Polizei und des Bundesgrenzschutzes beim Schutze von zivilen Objekten und bei der Bekämpfung organisierter und militärisch bewaffneter Aufständischer einsetzen. Der Einsatz von Streitkräften ist einzustellen, wenn der Bundestag oder der Bundesrat es verlangen. […]

Artikel 91
(1) Zur Abwehr einer drohenden Gefahr für den Bestand oder die freiheitliche demokratische Grundordnung des Bundes oder eines Landes kann ein Land Polizeikräfte anderer Länder sowie Kräfte und Einrichtungen anderer Verwaltungen und des Bundesgrenzschutzes anfordern.
(2) Ist das Land, in dem die Gefahr droht, nicht selbst zur Bekämpfung der Gefahr bereit oder in der Lage, so kann die Bundesregierung die Polizei in diesem Lande und die Polizeikräfte anderer Länder ihren Weisungen unterstellen sowie Einheiten des Bundesgrenzschutzes einsetzen. Die Anordnung ist nach Beseitigung der Gefahr, im Übrigen jederzeit auf Verlangen des Bundesrates aufzuheben. Erstreckt sich die Gefahr auf das Gebiet mehr als eines Landes, so kann die Bundesregierung, soweit es zur wirksamen Bekämpfung erforderlich ist, den Landesregierungen Weisung erteilen; Satz 1 und Satz 2 bleiben unberührt.
(Ferdinand Siebert, Von Frankfurt nach Bonn. Hundert Jahre deutsche Verfassungen, Cornelsen, Frankfurt/Main [13]1982, S. 174 und 215f.)

1 *Erörtern Sie Zielsetzung, Motive und Grundsätze, die die Bundesregierung bei der Ausarbeitung der Notstandsgesetze leiteten (M 9a und c).*
2 *Erörtern Sie, in welchen Fällen der Notstand erklärt werden kann (M 9c).*
3 *Nennen Sie die wichtigsten Einschränkungen der Grundrechte für die Fälle inneren und äußeren Notstandes (M 9c).*
4 *Fassen Sie die Bedenken der Gewerkschaften zusammen (M 9b).*

Das historische Interview: „Reisefieber" im Nachkriegsdeutschland

„Erzähl doch mal!"

„Wie war das damals? Erzähl doch mal!" So fragten früher und so fragen noch heute viele jüngere Menschen die Älteren, wenn sie etwas über die Geschichte ihrer Familie, ihres Wohnortes oder über ein Ereignis oder das alltägliche Leben vergangener Jahrzehnte in Erfahrung bringen wollen. Damit machen sie nichts anderes als das, was die Wissenschaft heute eine „Zeitzeugenbefragung", ein „historisches Interview" oder „Oral History" nennt. Wo schriftliche oder gegenständliche Quellen fehlen, da müssen wir Menschen befragen. Aber dem Fragesteller wird normalerweise nicht klar, was er eigentlich über die Vergangenheit durch die Erinnerung der Befragten zu hören bekommt. Er meint Auskunft darüber zu erhalten, „wie es gewesen ist". Aber das ist nicht der Fall. Er hört zunächst nur die Geschichte eines Einzelnen. Eine andere Person erinnert sich an dieselbe Zeit oder dasselbe Ereignis vielleicht völlig anders.

Ein historisches Interview bietet kein Originalzeugnis aus der Vergangenheit. Es ergibt vielmehr eine mehrfach gebrochene Quelle, da sie ein Ergebnis aus dem Zusammenspiel von drei hauptsächlichen Faktoren ist: des/der Interviewten, des Interviewers/der Interviewerin und des öffentlichen Geschichtsbewusstseins der Gesellschaft bzw. gesellschaftlicher Gruppen. Der Wert und die Interpretation eines solchen Dokuments hängen somit von mehreren Aspekten ab:
– Fragen, Absichten des Interviewers/der Interviewerin,
– Einfühlungsvermögen in die Person des Interviewten und dessen Situation,
– Art des Interviews: gezielte Fragen zu bestimmten Gegenständen, offene Fragen zum Bericht über ganze Lebensabschnitte oder standardisierte Fragelisten mit Ja-Nein- bzw. Teils-teils- oder festgelegten Auswahlantworten,
– Darstellungsfähigkeiten, Sichtweisen und Absichten des Interviewten,
– Erinnerungsvermögen des Interviewten, Wandel der Erinnerung und Verdrängungen,
– Gegenstand der Erinnerung: private Geschichte, alltägliche Lebensumstände und -tätigkeiten, öffentliche bzw. allgemeine Geschichte,
– Art der Veröffentlichung (Verschriftlichung, Visualisierung).

Allgemeine Hinweise zur Durchführung eines historischen Interviews

1 *Sammeln Sie zunächst Grundinformationen zu dem Ereignis bzw. Thema des Interviews.*
2 *Stellen Sie eine Liste möglicher Zeitzeugen zusammen (gruppieren Sie nach Alter, Geschlecht, Beruf usw.).*
3 *Entwerfen Sie einen Fragenkatalog.*
4 *Erstellen Sie einen Arbeits- und Zeitplan und diskutieren Sie vorab mögliche Probleme, die bei der Durchführung der Interviews auftreten könnten.*
5 *Führen Sie die Befragung durch und nehmen Sie die Gespräche auf Tonband auf.*
6 *Erstellen Sie eine Dokumentation der Interviews (Texte „transkribieren", vom Tonband abschreiben).*
7 *Werten Sie die Interviews mit Blick auf Ihre Fragen aus. Haben sich auch überraschende Aspekte ergeben?*

Anregungen für eine Zeitzeugenbefragung zum Reisen in der Vergangenheit

Fragen Sie z. B., wann Ihre Interviewpartner das erste Mal in ihrem Leben verreist sind, nach den Motiven, wie die Menschen ihre Reise organisiert haben (Reisebüros? Auf eigene Faust?), den Zielgebieten, den benutzten Verkehrsmitteln, den Unterkünften (Camping? Privat? Hotel?), der Länge der Reise, den Schwierigkeiten, ob sie alleine oder mit der Familie verreist sind, wie Sie die Reise erlebt haben, wie sich das Reisen im Laufe der Zeit ihrer Meinung nach gewandelt hat usw.

Zur Geschichte des modernen Tourismus

Der moderne Tourismus begann im ausgehenden 18. Jahrhundert, als die Zahl der Schweiz- und Italienreisenden sowie der Gäste in den mondänen binnenländischen Bade- und Kurorten, wie z.B. Bad Pyrmont, erheblich zunahm. Gründe hierfür waren die verkehrsorganisatorischen Verbesserungen im Postkutschenwesen, die Einführung der „Eilposten" sowie ein neues Bedürfnis nach Natur und Landschaft. Das in den 1840er-Jahren beginnende Eisenbahnzeitalter ermöglichte es immer mehr Menschen zu reisen. Hatten um 1800 fast ausschließlich Adelige sowie Groß- und Bildungsbürger zu den Vergnügungs- und Erholungssuchenden gezählt, kamen im Verlauf des 19. Jahrhunderts Beamte und Angestellte hinzu, die für einige Wochen im Jahr in die Seebäder und „Sommerfrischen" fuhren.

Mit der Verbreitung von Automobil und Flugzeug begann im 20. Jahrhundert der moderne Massentourismus und Reisen wurde zum Leitbild des modernen Lebensstils. In der Weimarer Zeit setzte sich der Tarifurlaub für Arbeiter durch. Die ersten ein- bis zweiwöchigen preiswerten Pauschalreiseangebote kamen auf den Markt. Als neues Verkehrsmittel transportierte der „Omnibus" die Touristen in abgelegene Urlaubsorte mit billigen Privatpensionen. Jetzt wurden auch der Schwarzwald und der Thüringer Wald für den Tourismus erschlossen. Die NS-Freizeitorganisation „Kraft durch Freude" führte zwischen 1933 und 1945 mit Hilfe von Dumpingpreisen und Sonderurlaubsregelungen unter großem Propagandaaufwand Reisen durch und sorgte für eine weitere touristische Mobilisierung. Allerdings wurde erst seit den 1960er-Jahren für die Mehrheit der Deutschen die jährliche Urlaubsreise Bestandteil der allgemeinen Lebensgewohnheiten. Bedingungen dafür waren die Massenmotorisierung durch Pkw und Wohnwagen, die Einführung billiger Flugpauschalreisen, die relativ hohen Lohnsteigerungen sowie die längeren Urlaubszeiten. Wie sich das Reisen im 21. Jahrhundert entwickeln wird, ist eine offene Frage auch weil die ökologischen Kosten des modernen Massenvergnügens ein immer größeres Problem darstellen.

M 1 „Auch du kannst jetzt reisen!", Plakat der NS-Reise- und Freizeitorganisation „Kraft durch Freude", 1937

M 2 „Die Kurorte gehören den Werktätigen", Plakat des Feriendienstes des FDGB in der DDR, 1954

M 3 „Flugreisen in den sonnigen Süden", Reiseprospekt eines westdeutschen Reiseveranstalters, 1958

3.3 Aufbruch und Wandel: Die Bundesrepublik 1969–1982

Machtwechsel 1969: Die sozial-liberale Koalition

Die Bildung einer sozialliberalen Koalition aus SPD und FDP im Jahre 1969 veränderte das politische Kräfteverhältnis in der Bundespolitik nachhaltig. Nach zwanzig Jahren Regierungszeit stand die **CDU/CSU erstmals in der Opposition**. Ermöglicht wurde dieser Machtwechsel durch einen programmatischen Wandel der bis Mitte der Sechzigerjahre eher national-liberal geprägten FDP hin zu einer Reformpartei mit sozial-liberalem Profil, die sich neuen gesellschaftlichen Entwicklungen öffnen und mit außenpolitischen Tabus brechen wollte. Dieser Kurswechsel zeigte sich erstmals bei der Wahl des Bundespräsidenten im März 1969: Nachdem sich die Parteien der Großen Koalition auf keinen gemeinsamen Kandidaten einigen konnten, unterstützte die FDP den Kandidaten der SPD, Gustav Heinemann (1899–1976). Dieser interpretierte seine Wahl bereits als „ein Stück Machtwechsel", der nach den Bundestagswahlen im Herbst 1969 weitergeführt werden sollte. Tatsächlich reichte die dünne Mehrheit im neu gewählten Parlament für einen Regierungswechsel: 251 von 495 Abgeordneten wählten im Oktober 1969 Willy Brandt zum Bundeskanzler; Vizekanzler und Außenminister wurde Walter Scheel (geb. 1919; FDP).

Die erste sozial-liberale Regierung verfügte nur über eine Mehrheit von zwölf Mandaten. Da einige Abgeordnete der Koalitionsfraktionen den entschiedenen Reformkurs der Regierung, besonders aber die neue Ostpolitik ablehnten und zur CDU wechselten, sank die Koalitionsmehrheit bis April 1972 auf zwei Stimmen. Die daraufhin von der CDU/CSU beantragte Wahl ihres Fraktionsvorsitzenden Rainer Barzel (CDU) zum Kanzler (über ein konstruktives Misstrauensvotum; s. S. 363) scheiterte jedoch. Nur Neuwahlen boten einen Ausweg aus der verfahrenen Situation. Die Wahlen im November 1972 wurden zu einem Votum über die Deutschland- und Ostpolitik: Die Wähler bestätigten klar den Regierungskurs. Die SPD wurde vor der CDU/CSU stärkste Partei, die Koalition erhielt eine solide Mehrheit von 271 zu 225 Stimmen im Bundestag. Im Mai 1974 erklärte Willy Brandt allerdings überraschend seinen Rücktritt. Anlass war die **Spionageaffäre Guillaume**, die Entdeckung eines von der DDR eingeschleusten Agenten in seinem engsten Mitarbeiterstab. Ein weiterer Grund für den Rücktritt war die durch den „Ölschock" ausgelöste Wirtschaftskrise, die die Politik der inneren Reformen vorübergehend lähmte.
Nachfolger von Brandt und dem im Mai 1974 zum Bundespräsidenten gewählten Scheel wurden Bundeskanzler Helmut Schmidt (geb. 1918; SPD) und Außenminister Hans-Dietrich Genscher (geb. 1927; FDP). Sie stellten ihre Regierungspolitik unter das Motto „Kontinuität und Konzentration". Die Reformpolitik wurde fortgesetzt, aber unter „Finanzierungsvorbehalt" gestellt. Belastet wurde die Regierung Schmidt/Genscher vor allem durch Probleme der inneren Sicherheit im Zusammenhang mit dem **Terrorismus** und den **Auswirkungen der weltweiten Wirtschaftskrise**. Als diese um 1980 auf Deutschland übergriff und durch eine Strukturkrise verschärft wurde, begann das Ende der sozial-liberalen Koalition.

Die sozial-liberale Deutschland- und Ostpolitik

Die Entspannungspolitik der sozial-liberalen Koalition verfolgte zwei grundlegende Ziele: Erstens sollten die durch den Zweiten Weltkrieg in Europa geschaffenen Realitäten, insbesondere die Oder-Neiße-Grenze, anerkannt werden. Es ging zweitens darum, die politischen, wirtschaftlichen und kulturellen Beziehungen zwischen Ost und West zu vertiefen, um dadurch die immer deutlicher werdende Entfremdung zwischen den Menschen aufzuhalten. Außerdem erschien ein „geregeltes Nebeneinander" eher als Boykott und Abgrenzung dazu geeignet, die Spannungen zwischen den Militärblöcken zu vermindern und ein Klima des Vertrauens für Verhandlungen und gesellschaftliche Veränderungen im Ostblock zu schaffen (M 10, B 8). Zwischen 1969 und 1979 vereinbarten die sozial-liberalen Regie-

B 8 Bundeskanzler Willy Brandt kniet anlässlich seines Warschaubesuches 1970 vor dem Denkmal der Gefallenen des Ghetto-Aufstandes nieder, Fotografie

— Interpretieren Sie B 8 im Zusammenhang mit der neuen Ostpolitik der sozialliberalen Koalitionsregierung Brandt/Scheel.

rungen mit allen Ostblockstaaten die Aufnahme diplomatischer Beziehungen und regelten in mehreren Verträgen die Deutschland- und Ostpolitik neu. Grundlage aller Verträge war der Verzicht auf Gewalt zur Durchsetzung von Grenzveränderungen und eine Garantie der Sicherheit Westberlins. Im **Moskauer Vertrag** vom August 1970 erkannte die Bundesrepublik gegenüber der UdSSR die bestehenden Grenzen in Europa einschließlich der Oder-Neiße-Grenze und der Demarkationslinie zwischen den beiden deutschen Staaten faktisch an. Die UdSSR verzichtete ihrerseits auf das ihr als Siegermacht noch zustehende Interventionsrecht in der Bundesrepublik. Im **Warschauer Vertrag** vom Dezember 1970 folgte die De-facto-Anerkennung der Oder-Neiße-Grenze gegenüber Polen. In einem separaten Abkommen wurde gleichzeitig den noch in Polen lebenden Deutschen das Recht auf Übersiedlung in die Bundesrepublik zugesichert. Das **Viermächteabkommen** vom September und das Transitabkommen zwischen der Bundesrepublik und der DDR vom Dezember 1971 garantierten die von der UdSSR und der DDR bisher immer bestrittenen Bindungen Westberlins an die Bundesrepublik und die Zugangswege zu dieser Stadt. Im **Grundlagenvertrag** vom November 1972 akzeptierte die Bundesrepublik den souveränen Status der DDR, vermied aber deren völkerrechtliche Anerkennung als Ausland.

| Folgen der Entspannungspolitik

Ungeachtet der heftigen innenpolitischen Auseinandersetzungen um die Ostverträge ermöglichte die Entspannungspolitik in den Siebziger- und Achtzigerjahren zahlreiche Abkommen über Rüstungsbegrenzungen sowie intensivere kulturelle und wirtschaftliche Kontakte zwischen Ost und West. Deutliches Zeichen für die Normalisierung der Ost-West-Beziehungen war die bereits im Moskauer Vertrag angekündigte **Aufnahme der beiden deutschen Staaten in die UNO** im September 1973. Ein Höhepunkt der Entspannungspolitik war zweifellos die **Konferenz für Sicherheit und Zusammenarbeit in Europa (KSZE)** mit ihrer Gewaltverzichtserklärung und der Anerkennung der Menschenrechte (1975; s. S. 432). Allerdings verlief der Entspannungsprozess keineswegs geradlinig. Die DDR-Führung blockierte manche Bemühungen der Bundesregierung zu einer engeren Zusammenarbeit, weil sie die politischen Auswirkungen menschlicher Kontakte fürchtete und die Bundesregierung auf dem „besonderen Charakter" der Beziehungen zur DDR bestand. Nach 1975/76 verringerte sich der Spielraum für die Entspannungspolitik durch die Aufrüstung der Sowjetunion mit atomaren Mittelstreckenwaffen, die entsprechende „Nachrüstung" der NATO und den Einmarsch der Sowjetunion in Afghanistan 1980.

Die CDU/CSU-Opposition reagierte auf die sozial-liberale Entspannungspolitik unsicher und uneinheitlich. Einerseits unterstützten die Westmächte, die Kirchen, selbst die Mehrheit der CDU/CSU-Wähler die neue Deutschland- und Ostpolitik; andererseits drängten die Vertriebenenverbände und die CSU auf Ablehnung. Schließlich enthielten sich in der Bundestagsabstimmung zu den Moskauer und Warschauer Verträgen die meisten CDU/CSU-Abgeordneten der Stimme, einige lehnten sie ab, wenige stimmten zu, darunter der Fraktionsvorsitzende Rainer Barzel und der spätere Bundespräsident Richard von Weizsäcker (geb. 1920). Der Grundlagenvertrag mit der DDR wurde gegen die Stimmen der CDU/CSU verabschiedet. Nach einer Klage des Landes Bayern bestätigte das Bundesverfassungsgericht, dass der Grundlagenvertrag verfassungskonform ist, wies aber darauf hin, dass alle Verfassungsorgane auf die Wiedervereinigung hinzuwirken haben. In den folgenden Jahren setzte die CDU/CSU ihre Ablehnungspolitik fort, sie verweigerte sogar als eine von wenigen europäischen Parteien dem KSZE-Vertrag die Zustimmung.

Konjunkturentwicklung und Wirtschaftspolitik

Die Wirtschaftsentwicklung der Siebzigerjahre (M 5a, b) zerfällt in deutlich unterscheidbare Phasen:
– eine Hochkonjunktur mit Vollbeschäftigung bis 1974;
– ein scharfer Wachstumseinbruch 1974/75 mit einem Anstieg der Arbeitslosenzahl von 273 000 auf über eine Million, verursacht durch das Ende der Weltwirtschaftskonjunktur und den „Ölschock", der wiederum eine Folge der politisch begründeten Preiserhöhung der Ölländer war;
– eine Phase der konjunkturellen Stabilisierung bis 1980, in der jedoch die Arbeitslosenzahl nur auf 876 000 sank, weil die westdeutsche Wirtschaft in eine Strukturkrise geriet. Die umfassende Rationalisierung von Produktion und Dienstleistungen als Folge neuer mikroelektronischer Techniken, auch der Niedergang „alter" Industrien wie der Montanindustrie an Rhein, Ruhr und Saar oder der Textilindustrie führten zu einer hohen „Sockelarbeitslosigkeit";
– die **Stagflation** der Jahre 1980–1982, als die Weltwirtschaftskrise endgültig auf Deutschland übergriff, die Strukturkrise verschärfte, die Arbeitslosenzahl auf 1,8 Mio. hochschnellen ließ und die Inflation trotz der wirtschaftlichen Stagnation kaum zurückging.

Im Ganzen gelang es der Bundesregierung unter dem als Wirtschafts- und Finanzfachmann international geachteten Helmut Schmidt, die Auswirkungen der Weltwirtschaftskrise auf Deutschland bis 1980 durch staatliche Konjunkturprogramme zu mildern. Die Strukturkrise war jedoch staatlichen Konjunktursteuerungsmaßnahmen nicht zugänglich und nahm in der Bundesrepublik teilweise dramatische Ausmaße an, weil der industrielle Sektor größer war als in vergleichbaren Ländern und viele Möglichkeiten zur Rationalisierung bot.

Ökologische Probleme

Neben die Erfahrung der ökonomischen Grenzen des Wachstums trat in den Siebzigerjahren die der ökologischen Wachstumsgrenzen. Die Ölkrise verwies erstmals auf die Begrenztheit der Ressourcen für das Wachstum. Umweltstörende Produktionstechniken gerieten in die Kritik; die Auswirkungen des rasant ansteigenden Autoverkehrs auf Wohnqualität und Natur traten mehr und mehr ins Bewusstsein. Das **Verhältnis von Ökonomie und Ökologie** entwickelte sich zu einem zentralen Problem (B 9, B 10).

Ausbau des Sozialstaates und wachsender Lebensstandard

Der Ausbau des Sozialstaates war ein Kernstück der **sozial-liberalen Reformpolitik**. Zu Beginn dominierten kostenintensive Reformen: die zweite Rentenreform von 1972, die einkommensunabhängige Zahlung von Kindergeld, die Krankenhausreform, die Erhöhung des Wohngeldes. Für die ausländischen Arbeitnehmer wurden erstmals Mindeststandards für Wohnungen festgelegt, überhaupt wurden sie mehr in das deutsche Arbeits- und Sozialrecht integriert. Ein weiterer Reformschwerpunkt war das Programm

B 9 Bergkuppe im Oberharz vor und nach dem Waldsterben, ca. 1960 und 1983, Fotografien

zur Humanisierung der Arbeitswelt, z. B. das Betriebsärztegesetz von 1974. Trotz der negativen wirtschaftlichen Entwicklung nach dem „Ölschock" 1974/75 setzte die Regierung die Reformen in der Gesundheitsfürsorge und im Arbeitsschutz fort und erhöhte dadurch die Staatsverschuldung. Das 1976 verabschiedete Sozialgesetzbuch, das alle Sozialleistungen zusammenfasste, symbolisiert den hohen Stellenwert der Sozialpolitik in der sozial-liberalen Koalition. Mit dessen Paragraf 1 fanden erstmals die Begriffe **„soziale Gerechtigkeit"** und **„soziale Sicherheit"** Eingang in die deutsche Rechtssprache.

Die materiellen Lebensbedingungen für die große Mehrheit der Bevölkerung verbesserten sich in den Siebzigerjahren erheblich. Während 1969 erst 44 % aller Haushalte über ein Auto verfügten, waren es 1978 schon 62 %. Im gleichen Zeitraum stieg die Wohnfläche pro Person von rund 24 auf 32 qm; vor allem aber verbesserte sich die Qualität der Wohnungen; Bad und Heizung gehörten nun zum normalen Standard. Die wöchentliche Arbeitszeit sank, der Jahresurlaub verlängerte sich. Für Reisen und Bildung gaben die Bürger mehr aus als je zuvor und selbst der „kleine Mann" konnte sparen. Während Mitte der Sechzigerjahre nur rund ein Drittel der Arbeitnehmer ein Haus oder eine Wohnung als Eigentum besaß, war es Anfang der Achtzigerjahre fast die Hälfte. Insgesamt kam es in den Siebzigerjahren zwar nicht zu der von manchen befürchteten, von anderen geforderten „Vermögensumverteilung", aber die **„Verteilungsgerechtigkeit"** nahm zu. Das zeigte nicht nur der Anstieg der Sozialleistungsquote am Bruttosozialprodukt von gut 20 auf über 30 %. Auch die Lohnquote, d. h. der Anteil aller Arbeitnehmereinkommen am jährlichen Volkseinkommen, stieg 1970–1982 von 68 auf fast 77 %. Insgesamt hat der Ausbau des Sozialstaates die Identifikation der Bürger mit „ihrer" Bundesrepublik verstärkt. Aber, so fragten die Kritiker, war das alles zu bezahlen? Und sollte der Staat eigentlich für alles zuständig sein?

| „Mehr Demokratie wagen" | **„Mehr Demokratie wagen"**, hatte Bundeskanzler Willy Brandt in seiner ersten Regierungserklärung 1969 gefordert. Und die Bürger wagten mehr Demokratie, das Interesse an Politik und das politische Engagement nahmen zu (M 11). Das merkten die Parteien und Gewerkschaften, deren „Basis" immer aktiver wurde und sich bisweilen gegen die eigene Führung stellte. Neu war das „objektbezogene" politische Engagement: Der Bürgerprotest richtete sich gegen die Betonierung der Städte, den Bau von Atomkraftwerken, die Nachrüstung oder die Zerstörung der Natur. Es entstanden **„neue soziale"** oder **„alter-**

native" Bewegungen: die ökologische Bewegung, die Anti-Atomkraft-Bewegung, die Friedensbewegung. Auch die Frauenbewegung erhielt großen Auftrieb (s. den historischen Längsschnitt S. 426 ff.). Die Tradition der Studentenbewegung fortsetzend (s. S. 391) und weiterführend, waren Straßendemonstrationen, symbolische Besetzungen oder Mahnwachen Ausdruck und Mittel ihres Protests. Problematisch war die Beschränkung auf jeweils ein einziges Ziel, was in einzelnen Fällen zur kompromisslosen Interessenvertretung durch gewaltsame Aktionen führen, aber auch leicht in politische Resignation oder Apathie umschlagen konnte. In manchen Gruppen breitete sich Antiparlamentarismus und Mangel an Konsensdenken aus. Die meisten zogen jedoch aus der Schwäche der „reinen" außerparlamentarischen Protestpolitik den Schluss, selbst eine Partei zu gründen. Im Frühjahr 1979 entstand aus diesen Beweggründen die „**Grüne Partei**", die bei Wahlen in Bremen und Baden-Württemberg auf Anhieb den Sprung in die Länderparlamente schaffte. Bei den Bundestagswahlen von 1980 scheiterte sie allerdings noch mit 4,3 % an der Fünfprozentklausel. Ursache des Erfolges der Grünen war deren entschiedenes Eintreten für Umweltfragen und die Enttäuschung besonders jüngerer Wählerinnen und Wähler über die immer vorsichtigere Politik der SPD, der mangelnder Reformeifer nachgesagt wurde.

| Gefährdung der Demokratie? | Überschattet wurde die neue, den Regierenden oft unbequeme Bürgerpartizipation durch den „**Extremistenbeschluss**" und den **Terrorismus**. Die von Bundeskanzler Willy Brandt und den Ministerpräsidenten der Länder 1972 vereinbarten „Grundsätze über die Mitgliedschaft von Beamten in extremen Organisationen" zielten auf den Ausschluss von Rechts- und Linksextremisten aus dem öffentlichen Dienst. Weniger das Ziel als vielmehr die Überprüfungspraxis der Behörden riefen bald Misstrauen, ja massiven Protest hervor. Jeder Bewerber für den öffentlichen Dienst wurde vom Verfassungsschutz auf „verfassungsfeindliche" Aktivitäten hin überprüft. Auf Grund der öffentlichen Kritik kündigten SPD und FDP 1976 den „Extremistenbeschluss" formell auf. Nur bei begründeten Zweifeln an der Verfassungstreue eines Bewerbers sollte ermittelt werden. Bund und SPD-geführte Länder verzichteten seitdem auf die „Regelanfrage" beim Verfassungsschutz, in den CDU/CSU-Ländern bestand sie fort. Dieselben Frontstellungen ergaben sich bei der Bekämpfung des **RAF-Terrorismus (Rote-Armee-Fraktion)**, der in den Siebziger- und Achtzigerjahren mit Bombenanschlägen und Attentaten auf führende Personen des öffentlichen Lebens, wie z.B. 1977 auf den Arbeitgeberpräsidenten Hanns-Martin Schleyer, die Bundesrepublik erschütterte. So fragwürdig und wirklichkeitsfremd die Solidarisierung mancher alternativer und „autonomer" Gruppen mit den Terroristen war, so bedenklich war die mögliche gefahr einer Aushöhlung liberaler Rechtspositionen . Der CDU/CSU-Opposition reichten die Maßnahmen der sozial-liberalen Koalition zur Terrorismusbekämpfung jedoch nicht aus; sie hielt härtere Maßnahmen für notwendig (M 12a, b).

| Gesellschaftliche Veränderungen | Zu den herausragenden gesellschaftspolitischen Veränderungen der Siebzigerjahre gehört die „Bildungsrevolution", die sich in einer bis dahin beispiellosen **Expansion des Bildungswesens** und in einem Wandel der Erziehungsziele von Eltern und Lehrern niederschlug. Zwischen 1965 und 1980 stiegen die Bildungsausgaben von Bund, Ländern und Gemeinden von 15,7 auf 77,1 Mrd. DM. Kein anderes staatliches Aufgabengebiet wies vergleichbar hohe Steigerungsraten auf. Der Besuch einer höheren Schule und der Universität wurde für viele junge Menschen zur Selbstverständlichkeit. 1960 waren von allen 15- bis 19-Jährigen nur 19 % Schülerinnen, Schüler oder Studierende, 1980 schon 49 %. Wie es der Soziologe Ralf Dahrendorf 1965 gefordert hatte, avancierte Bildung zum „Bürgerrecht", ermöglicht durch steigende Einkommen der Eltern und die 1972 eingeführte Studienförderung für Schüler und Studierende (**BAföG**). Von dieser Expansion profitierten besonders die Arbeiter-

kinder und die Frauen. Der Anteil der Arbeiterkinder unter den Studierenden stieg von 1965 bis 1982 von sechs auf 16 %, der der Frauen von knapp 25 auf fast 40 %.

Parallel dazu vollzog sich ein **Wandel der Erziehungsziele**. Während in den Sechzigerjahren von den Eltern „Ordnungsliebe und Fleiß" als zentrale Ziele genannt wurden, hielten sie seit den Siebzigerjahren „Selbstständigkeit und freien Willen" für wichtiger. Überhaupt änderten sich die gesellschaftlichen Einstellungen und Alltagsnormen. Soziologen sprechen von einem **„Wertewandel"**, besonders bei den jüngeren Menschen. Die strengen Umgangsformen verschwanden, Frisur und Kleidung wurden lässiger und aus dem Urlaub brachte man z. B. griechische Essgewohnheiten mit. Wohngemeinschaften und „Ehen ohne Trauschein" zogen nicht länger gesellschaftliche Ächtung nach sich. Konflikt und Kritik galten als notwendige Elemente der Demokratie.

M10 **Die neue Ostpolitik – aus dem Referat des Leiters des Presse- und Informationsamtes des Landes Berlin, Egon Bahr, vor der Evangelischen Akademie Tutzing am 15. Juli 1963**

Die Änderung des Ost-West-Verhältnisses, die die USA versuchen wollen, dient der Überwindung des Status quo, indem der Status quo zunächst nicht verändert werden soll. Das klingt paradox, aber es
5 eröffnet Aussichten, nachdem die bisherige Politik des Drucks und Gegendrucks nur zu einer Erstarrung des Status quo geführt hat. Das Vertrauen darauf, dass unsere Welt die bessere ist, die im friedlichen Sinne stärkere, die sich durchsetzen
10 wird, macht den Versuch denkbar, sich selbst und die andere Seite zu öffnen und die bisherigen Befreiungsvorstellungen zurückzustellen. [...] Die erste Folgerung, die sich aus einer Übertragung der Strategie des Friedens auf Deutschland ergibt, ist,
15 dass die Politik des „Alles oder nichts" ausscheidet. Entweder freie Wahlen oder gar nicht, entweder gesamtdeutsche Entscheidungsfreiheit oder ein hartes Nein, entweder Wahlen als erster Schritt oder Ablehnung, das alles ist nicht nur hoffnungs-
20 los antiquiert und unwirklich, sondern in einer Strategie des Friedens auch sinnlos. Heute ist klar, dass die Wiedervereinigung nicht ein einmaliger Akt ist, der durch einen historischen Beschluss an einem historischen Tag auf einer historischen Konferenz
25 ins Werk gesetzt wird, sondern ein Prozess mit vielen Schritten und vielen Stationen. Wenn es richtig ist, was Kennedy sagte, dass man auch die Interessen der anderen Seite anerkennen und berücksichtigen müsse, so ist es sicher für die Sowjetunion un-
30 möglich, sich die Zone zum Zwecke einer Verstärkung des westlichen Potenzials entreißen zu lassen. Die Zone muss mit Zustimmung der Sowjets transformiert werden. Wenn wir so weit wären, hätten wir einen großen Schritt zur Wiedervereinigung
35 getan. [...] Das ist eine Politik, die man auf die Formel bringen könnte: Wandel durch Annäherung. Ich bin fest davon überzeugt, dass wir Selbstbewusstsein genug haben können, um eine solche Politik ohne Illusion zu verfolgen, die sich außerdem nahtlos in das westliche Konzept der Strategie 40 des Friedens einpasst, denn sonst müssten wir auf Wunder warten, und das ist keine Politik.
(Archiv der Gegenwart 33, 1963, S. 10700 f.)

1 *Analysieren Sie die Aussagen von Bahr unter den Gesichtspunkten a) politische Grundpositionen, b) Beurteilung der „deutschen Frage", c) politische Strategie.*

2 *Der Historiker Timothy G. Ash bewertete die „Neue Ostpolitik" 1993 wie folgt: „Die menschlichen Erleichterungen waren groß... Doch diesen spezifischen Erleichterungen für einzelne Menschen muss man die Nachteile gegenüberstellen, die aus der Stabilisierung eines unreformierten kommunistischen Staates für alle entstanden, die in ihm lebten." Nehmen Sie Stellung.*

M11 **„Mehr Demokratie wagen" – aus der Regierungserklärung von Bundeskanzler Willy Brandt (SPD) vom 28. Oktober 1969**

Unsere parlamentarische Demokratie hat 20 Jahre nach ihrer Gründung ihre Fähigkeit zum Wandel bewiesen und damit ihre Probe bestanden. Dies ist auch außerhalb unserer Grenzen vermerkt worden und hat unserem Staat zu neuem Vertrauen in der 5 Welt verholfen.

Die strikte Beachtung der Formen parlamentarischer Demokratie ist selbstverständlich für politische Gemeinschaften, die seit gut 100 Jahren für die deutsche Demokratie gekämpft, sie unter 10 schweren Opfern verteidigt und unter großen Mühen wieder aufgebaut haben. Im sachlichen Gegeneinander und im nationalen Miteinander von Regierung und Opposition ist es unsere gemeinsame Verantwortung und Aufgabe, dieser 15 Bundesrepublik eine gute Zukunft zu sichern. [...]

Unser Volk braucht, wie jedes andere, seine innere Ordnung. In den Siebzigerjahren werden wir aber in diesem Lande nur so viel Ordnung haben, wie wir an Mitverantwortung ermutigen. Solche demokratische Ordnung braucht außerordentliche Geduld im Zuhören und außerordentliche Anstrengung, sich gegenseitig zu verstehen. Wir wollen mehr Demokratie wagen. Wir werden unsere Arbeitsweise öffnen und dem kritischen Bedürfnis nach Information Genüge tun. Wir werden darauf hinwirken, dass durch Anhörungen im Bundestag, durch ständige Fühlungnahme mit den repräsentativen Gruppen unseres Volkes und durch eine umfassende Unterrichtung über die Regierungspolitik jeder Bürger die Möglichkeit erhält, an der Reform von Staat und Gesellschaft mitzuwirken.

Wir wenden uns an die im Frieden nachgewachsenen Generationen, die nicht mit den Hypotheken der Älteren belastet sind und belastet werden dürfen; jene jungen Menschen, die uns beim Wort nehmen wollen – und sollen. Diese jungen Menschen müssen aber verstehen, dass auch sie gegenüber Staat und Gesellschaft Verpflichtungen haben. Wir werden dem Hohen Hause ein Gesetz unterbreiten, wodurch das aktive Wahlalter von 21 auf 18, das passive von 25 auf 21 Jahre herabgesetzt wird. Wir werden auch die Volljährigkeitsgrenze überprüfen.

Mitbestimmung, Mitverantwortung in den verschiedenen Bereichen unserer Gesellschaft werden eine bewegende Kraft in den kommenden Jahren sein. Wir können nicht die perfekte Demokratie schaffen. Wir wollen eine Gesellschaft, die mehr Freiheit bietet und mehr Mitverantwortung fordert. Diese Regierung sucht das Gespräch, sie sucht die kritische Partnerschaft mit allen, die Verantwortung tragen, sei es in den Kirchen, der Kunst, der Wissenschaft und der Wirtschaft oder in anderen Bereichen der Gesellschaft.

(Bundeskanzler Brandt, Reden und Interviews, Hamburg 1971, S. 11 f.)

1 *Analysieren Sie M 11 und ordnen Sie es in die Geschichte der Sechziger- und Siebzigerjahre ein.*
2 *Erörtern Sie das Demokratieverständnis in Brandts Rede.*

M12 Bekämpfung des Terrorismus (1977)

a) Aus der Regierungserklärung Helmut Schmidts

Jedermann hat Anspruch auf ein ordnungsgemäßes Gesetzesverfahren. Ein Sonderprozessrecht für Terroristen darf es nicht geben. […] Wer einer falschen und verhängnisvollen Solidarisierung mit Desperados von großer krimineller Energie entgegenwirken will und wer die Täter von der Gemeinschaft total isolieren will, darf dabei nicht riskieren, dass die Freiheit der Person zu einem Ausstellungsstück wird, das nicht mehr berührt, sondern nur noch in der Vitrine besichtigt werden kann. Wir haben in Wahrheit zwei Aufgaben zu leisten: zum Ersten den Terrorismus ohne Wenn und ohne Aber und ohne jede sentimentale Verklärung der Tätermotive zu verfolgen, bis er aufgehört haben wird, ein Problem zu sein. Aber die andere Aufgabe muss es sein, die Meinungsfreiheit kämpferisch und entschlossen zu verteidigen und über jeden Zweifel klarzumachen, dass Kritik an den vielerlei Obrigkeiten nicht nur statthaft ist, sondern dass sie für jeden demokratischen Staat prinzipiell erwünscht ist.

b) Aus der Antwort Helmut Kohls, des Vorsitzenden der CDU/CSU-Bundestagsfraktion

Leider müssen wir feststellen, dass bestimmte Kreise innerhalb der Sozialdemokratie immer noch ein gestörtes Verhältnis zur Ausübung rechtsstaatlicher Macht haben, die notwendig ist, um diesem Staat seine Zukunft zu garantieren. Staatliche Macht erscheint diesen Kreisen als etwas Anstößiges. Sie unterliegen immer noch dem Vorurteil, dass nur der Staat Freiheit und Sicherheit gefährden könne. Hier herrscht doch noch die Utopie von der herrschaftsfreien Gesellschaftsordnung, in der sich alle Bürger friedlich der Einsicht in das Notwendige beugen. Ideologisches Vorbild ist eine marxistische Doktrin vom Absterben des Staates. Der Staat erscheint solchen Leuten immer noch als ein Herrschaftsinstrument der Privilegierten, als eine Form gewaltsamer Unterdrückung.

[…] Die Gefahren, die von einzelnen Gruppen ausgehen, die sich verbunden haben, diesen Staat zu zerstören, werden […] unterschätzt. Solche ideologischen Konzepte sind nicht geeignet, notwendiges Vertrauen in die Autorität des demokratischen Rechtsstaats zu stärken. Sie sind immer und stets der Versuchung ausgesetzt, die Legitimität der staatlichen Macht in Frage zu stellen. Sie sind ein ideologischer Nährboden auch für manchen Sympathisanten, der in der gewaltsamen Auflehnung gegen unseren Staat eine Fortsetzung der Politik mit anderen Mitteln sieht.

(M 12a und b: Keesings Archiv der Gegenwart, 1977, S. 20968 ff.)

1 *Charakterisieren Sie die beiden Standpunkte zur Terrorismusbekämpfung (M 12a, b).*
2 *Erörtern Sie die Lage, in die die Bundesrepublik durch den Terrorismus versetzt worden ist.*

3.4 „Wende" und Kontinuität: Die Bundesrepublik 1982–1989

1982: Die christlich-liberale Koalition

Nicht ein Wählervotum, sondern ein Koalitionswechsel der FDP beendete im Oktober 1982 die sozial-liberale Ära und ermöglichte die Gründung einer christlich-liberalen Koalition unter Bundeskanzler Helmut Kohl (geb. 1930) und Außenminister Hans-Dietrich Genscher. Wie immer gab es dafür nicht nur einen Grund, sondern ein Ursachenbündel. Der Regierungswechsel hatte zum einen außenpolitische Gründe. Spätestens mit dem Einmarsch der Sowjetunion in Afghanistan 1979/80 war deutlich geworden, dass die Entspannungs- und Rüstungskontrollpolitik auf einem zerbrechlichen Konsens beruhte. Als sich die Sowjetunion Anfang der Achtzigerjahre weigerte ihre in Osteuropa stationierten nuklearen Mittelstreckenraketen abzubauen, reagierten die USA mit der Remilitarisierung ihrer Außenpolitik, die wieder auf eine Politik der Stärke gegenüber der UdSSR setzte. Das Scheitern der Abrüstungsverhandlungen der Weltmächte brachte die Regierung Schmidt in Bedrängnis. Sollte sie die „**Nachrüstung**" gegen drohende sowjetische Mittelstreckenraketen, konkret: die Lagerung von atomaren Raketensprengköpfen auf dem Territorium der Bundesrepublik erlauben? Dagegen lief die Friedensbewegung Sturm, aber auch in der SPD gab es heftigen Widerstand. Zum anderen stürzte die zweite Welle der Ölpreiserhöhungen seit 1979 das Land in wirtschaftliche Turbulenzen. Die FDP profilierte sich als Sparpartei, verlangte Kürzungen bei den Sozialleistungen. Das war für die SPD unannehmbar. Im Oktober 1982 wurde Helmut Schmidt durch ein konstruktives Misstrauensvotum gestürzt und Helmut Kohl, Fraktionsführer der CDU/CSU, zum neuen Bundeskanzler gewählt. Die FDP geriet durch den Koalitionswechsel in eine schwere Krise. Viele prominente Mitglieder verließen die Partei oder gingen zur SPD, Hans-Dietrich Genscher trat wegen der Kritik am Koalitionswechsel als FDP-Parteichef zurück. Dennoch erhielt die neue Regierung bei den vorgezogenen Bundestagswahlen 1983 eine Mehrheit.

Sozialabbau und Arbeitslosigkeit

Ziel der neuen Koalition war eine „**Wende**" in der Politik, aber das war in mancher Hinsicht mehr „Schlagwort als Ereignis", wie der Zeithistoriker Wolfgang Benz meint. Als Regierungspartei setzte die CDU/CSU die von ihr vorher bekämpfte Deutschland- und Ostpolitik der sozial-liberalen Koalition fort (M 13a–d). Das rief Irritationen bei den rechten Wählern der CDU/CSU hervor. Schärfer trat die **Wende in der Wirtschafts- und Sozialpolitik** hervor. Gegen die Stimmen der SPD-Opposition beschlossen die konservativ-liberalen Regierungsparteien einen Abbau sozialpolitischer Leistungen: das Schüler-BAföG wurde gestrichen, das für Studierende auf Darlehen umgestellt, der soziale Wohnungsbau eingestellt, die Rentenerhöhungen wurden reduziert. Bei steigenden Schüler- und Studentenzahlen sanken die Bildungsausgaben. Mit der staatlichen Sparpolitik und mit Steuersenkungen sollten Gewinne und Investitionskraft der Unternehmen gestärkt, Arbeitsplätze geschaffen und die Staatsverschuldung abgebaut werden (M 14a). Das Erste gelang, das Zweite nicht. Während der Anteil der Unternehmer- und Vermögenseinkommen 1981 bis 1988 von knapp 26 auf 32 % des Volkseinkommens stieg, sank die Lohnquote von rund 74 auf 68 %. Seit 1985 wurde auch wieder mehr investiert, aber selbst 1990 erreichten die Investitionen mit 21 % des Bruttosozialprodukts noch nicht wieder die Höhe der Investitionen von 1980 mit 22 %. Und trotz eines durch die Weltwirtschaftskonjunktur der Achtzigerjahre begünstigten Aufschwungs von 1983 bis 1990 verschwand der hohe Sockel der Arbeitslosigkeit nicht. Mehr und mehr entwickelte sich die Bundesrepublik zu einer „**Zwei-Drittel-Gesellschaft**": Der größere Teil der Bevölkerung verdiente gut, konnte sich mehr leisten als je zuvor. Ein kleinerer Teil war häufig von Arbeitslosigkeit und sozialem Abstieg bedroht und von Sozialleistungen wie Arbeitslosen- und Sozialhilfe abhängig (M 14b, c).

| Die Gesellschaft der 1980er: Widersprüche |

Als Kennzeichen der Achtzigerjahre wird in der Literatur häufig die „Zielunklarheit" der Politik und eine Stimmung der Unsicherheit in der Gesellschaft genannt. Die Regierung habe sich Schwankungen der öffentlichen Meinung angepasst, keine Probleme gelöst. Zwei Beispiele sind die Umweltpolitik und die Begrenzung der Kostenexplosion im Gesundheitssystem. Zwar verkündete die Regierung der Bundesrepublik immer wieder entschlossenes Handeln, begnügte sich auf Grund von Protesten der Industrie- und Ärzteverbände aber stets mit bescheidenen Korrekturen. In der Umweltpolitik hatte sie allerdings erstmals ein eigenes Bundesministerium für Umwelt geschaffen. Auch wurde die europäische Integration konsequent vorangetrieben.

Die Gesellschaft der Achtzigerjahre bestimmten unterschiedliche Stimmungen. Soziologen kennzeichnen die Entwicklung als **„Pluralisierung der Lebensstile"**. Einerseits breitete sich ein wirtschaftsliberaler Zeitgeist aus, Leistung sollte sich wieder lohnen. Der wachsende Wohlstand der Mehrheit äußerte sich in einem demonstrativen Konsum. Niemals zuvor haben die Bundesbürger so viel Geld für Luxusgüter ausgegeben. Andererseits stieg das Verständnis für Fragen des Umweltschutzes (B 10), der Friedenspolitik, für Probleme der Dritten Welt. Das Bundesverfassungsgericht stärkte in verschiedenen Urteilen die Stellung der Bürger gegenüber dem Staat. So erhob es in einem Grundsatzurteil zur Sammlung und Verwertung von bei Volkszählungen erhobenen Daten das „informationelle Selbstbestimmungsrecht" der Bürger zu einem Quasi-Grundrecht. Die Reformbewegung insgesamt war zwar schwächer, aber im Bundestag und in mehreren Länderparlamenten etablierten sich die Grünen als vierte Partei. Eine Mehrheit aus SPD und Grünen, ein „rot-grünes Bündnis", schien gegen Ende der Achtzigerjahre nicht mehr ausgeschlossen. Meinungsumfragen reflektierten die komplizierte Gemengelage der Stimmungen. Generell nahm das politische Interesse ab; **Parteiverdrossenheit** breitete sich aus. Eine Parteispendenaffäre („Flick-Affäre") Mitte der Achtzigerjahre, in die CDU und FDP verwickelt waren und in deren gerichtlicher Klärung zwei ehemalige Wirtschaftsminister der FDP rechtskräftig verurteilt wurden, trug dazu ebenso bei wie ein Finanzskandal des gewerkschaftseigenen „Neue Heimat"-Konzerns und die „Barschel-Affäre" in Schleswig-Holstein, wo der CDU-Ministerpräsident im Wahlkampf staatliche Macht missbraucht haben soll. Gleichzeitig war die Zufriedenheit mit den eigenen Lebensumständen und die grundsätzliche Zustimmung zur Idee der Demokratie und zum wirtschaftlichen System der Bundesrepublik in der Bevölkerung groß.

B 10 Klaus Staeck, „Die Zukunft gehört dem Auto", 1984, Plakat

— Vergleichen Sie Plakat B 10 mit Plakat B 3 aus den Fünfzigerjahren und analysieren Sie die stilistischen Veränderungen. Inwieweit kommen in der Gegenüberstellung gesellschaftspolitische Wandlungen in der Geschichte der Bundesrepublik zum Ausdruck?

M13 Das Verhalten der bundesrepublikanischen Parteien zur DDR zehn Jahre nach Abschluss der Ostverträge

a) Alois Mertes (CDU), 1982

Der wesentliche Unterschied zwischen menschlichen Erleichterungen und Menschenrechten besteht in der jederzeitigen Widerrufbarkeit der Gewährung solcher Erleichterungen. Die Erhöhung der Zwangsumtauschsätze für Besucher in der DDR, die schikanöse Behinderung der Arbeit westlicher Journalisten durch Ostberlin, die Störung von westlichen Rundfunksendungen, die Unterbrechungen des Telefonverkehrs, die brutale Zerschlagung der Helsinki-Gruppen durch Moskau sind Beispiele dafür, wie brüchig die These vom „Wandel durch Annäherung" ist.
Gleichzeitig offenbaren diese Vorgänge und anschließenden Auseinandersetzungen über notwendige westliche Reaktionen das grundlegende Dilemma der Entspannungspolitik. Mit der Stabilisierung östlicher Regime durch Hinnahme des Status quo [...] sollte den kommunistischen Herrschern der Spielraum für systemimmanente Lockerungen des Drucks im Inneren und nach außen eingeräumt werden. Die Grenzen dieser Konzeption wurden sehr bald deutlich. Nicht unsere Verteidigungswaffen, sondern die reale Existenz von Freiheit und Menschenrechten im Westen und die davon ausgehende Ansteckungsgefahr empfinden die kommunistischen Regime als fundamentale Bedrohung ihrer Herrschaft.
(Alois Mertes, Bilanz der Entspannungspolitik, in: Aus Politik und Zeitgeschichte, 18. Dez. 1982, S. 6)

b) Richard von Weizsäcker (CDU), 1984

Mein Eindruck ist, dass die Existenz von Berlin (West) im Grunde unter allen Elementen der einschneidende Motor für die Entwicklung der Beziehungen zwischen den beiden deutschen Staaten ist. Es gibt eine politische, verfassungsmäßige und menschliche Verantwortung der Bundesrepublik für Berlin (West). Ihr gerecht zu werden führt sie notwendigerweise, ganz unabhängig davon, was sie sonst denken und ansteuern mag, in Verhandlungen mit der Regierung der DDR, überdies auch in Verhandlungen mit anderen Regierungen des Warschauer-Pakt-Systems.
(Informationen zur politischen Bildung 1984, Heft 202, S. 35)

c) Hans-Jürgen Wischnewski (SPD), 1982

Mit Abschluss der Ostverträge und des Vier-Mächte-Abkommens über Berlin konnte sich die Bundesrepublik voll in die Entspannungspolitik des Westens einschalten und so die Isolierungsgefahr im Westen überwinden. Es gab wieder einen ostpolitischen Gleichklang im westlichen Bündnis. [...] Insgesamt kommen die Regelungen, die als Folge der neuen deutschen Ostpolitik in Bezug auf Berlin, Deutschland und die Verhältnisse in Europa getroffen werden konnten, einer friedensvertraglichen Regelung durchaus nahe. Dies gilt vor allem für die KSZE-Schlussakte, die Europa eine neue Perspektive der Zusammenarbeit gegeben hat. Die KSZE-Schlussakte ist bisher der umfassendste Versuch multilateraler Zusammenarbeit trotz unterschiedlicher Gesellschaftssysteme. Gerade weil die deutsche Frage auf der Konferenz über Sicherheit und Zusammenarbeit in Europa ausgeklammert wurde [...], konnte die Konferenz erfolgreich abgeschlossen werden.
(Hans-Jürgen Wischnewski, Vom Feindstaat zum Vertragspartner, in: Aus Politik und Zeitgeschichte, 18. Dez. 1982, S. 12 ff.)

d) Uwe Ronneburger (FDP), 1982

Es war und konnte nicht die Absicht sein, die besondere Lage in Deutschland zu verändern, vor allem auch deshalb nicht, weil eine friedensvertragliche Regelung für Deutschland noch immer aussteht und weil bis zu diesem Zeitpunkt die Rechte und Verantwortlichkeit der vier Mächte in Bezug auf Berlin und Deutschland als Ganzes unverändert fortbestehen. Dessen ungeachtet war es möglich, von einer Politik der Konfrontation zu einem gemeinsamen Bemühen der Zusammenarbeit auf vielen Gebieten zu gelangen. Dennoch kann und darf nicht unberücksichtigt bleiben, dass Rückschläge und Enttäuschungen über Verhaltensweisen der Führung der DDR zu verzeichnen sind. [...] Es kann auch nicht übersehen werden, dass in den Bereichen des Umweltschutzes, der Rechts- und Amtshilfe zwischen Gerichten und Staatsanwaltschaften, der Wissenschaft und Technik sowie der Kultur bisher keine vertraglichen Regelungen möglich waren.
(Uwe Ronneburger, Die deutsch-deutschen Beziehungen in den 70er-Jahren, in: Aus Politik und Zeitgeschichte, 18. Dez. 1982, S. 21 f.)

1 Fassen Sie die Positionen der einzelnen Politiker in M 13a bis d zusammen.
2 Untersuchen Sie Unterschiede und Gemeinsamkeiten.

M14 Finanz- und Sozialpolitik in der Bundesrepublik der 1980er-Jahre

a) Ausgaben und Einnahmen des öffentlichen Haushalts in der Bundesrepublik 1982–1989 (in Mrd. DM; in laufenden Preisen)

Jahr	Ausgaben	Einnahmen	Finanzierungssaldo	Kredite (netto)
1982	561,61	491,64	−69,64	68,20
1983	570,08	514,77	−55,29	56,16
1984	583,58	537,06	−46,50	49,78
1985	604,40	565,07	−39,30	40,49
1986	628,60	586,27	−42,30	41,60
1987	651,33	600,24	−51,07	48,69
1988	671,47	619,66	−51,78	55,61
1989	701,48	674,38	−27,07	33,61

b) Sozialhilfeaufwand und Sozialhilfeempfänger in der Bundesrepublik 1965–1990 (in Mrd. DM; in laufenden Preisen)

Jahr	insg.	Hilfe zum Lebensunterhalt	Hilfe in besonderen Lebenslagen	Empfänger in 1000
1965	2,11	0,83	1,27	1404
1970	3,34	1,18	2,15	1491
1975	8,41	3,02	5,38	2049
1980	13,27	4,34	8,93	2144
1985	20,85	8,02	12,82	2814
1987	25,20	10,27	14,93	3136
1989	28,77	11,81	16,96	3626
1990	31,78	12,98	18,81	3754

c) Soziale Leistungen der öffentlichen Haushalte an private Haushalte in der Bundesrepublik 1960–1989 (ohne Sachleistungen; in laufenden Preisen)

Jahr	insgesamt Mio. DM	%	Anteil in %[2]	vom Staat[1] Sozialversicherung	vom Staat[1] Gebietskörperschaften	von Privat[3]	öffentl. Pensionen und Beihilfen insgesamt[4]
				Früheres Bundesgebiet			
1960	40 140		13,2	24 750	7 020	1 260	7 110
1970	94 460	+9,2	14,0	59 970	14 100	3 360	17 030
1975	195 590	+24,2	19,0	125 600	34 940	6 330	28 720
1980	265 720	+6,4	18,0	174 390	43 210	9 830	38 290
1981	288 120	+8,4	18,7	188 440	48 420	10 680	40 580
1982	305 360	+6,0	19,2	203 430	48 700	11 560	41 670
1983	309 980	+1,5	18,5	206 830	48 400	12 350	42 400
1984	314 380	+1,4	17,8	210 200	48 340	13 160	42 680
1985	323 390	+2,9	17,6	215 260	49 070	15 120	43 940
1986	336 930	+4,2	17,4	220 980	52 980	17 100	45 870
1987	354 060	+5,1	17,7	232 050	55 500	18 690	47 820
1988	370 450	+4,6	17,6	245 000	55 950	20 180	49 320
1989	385 770	+4,1	17,2	254 320	58 350	21 800	51 300

1 Ohne Pensionen und Beihilfen.
2 Anteil am Bruttosozialprodukt.
3 Von Unternehmen, privaten Haushalten, privaten Organisationen ohne Erwerbszweck und Ausland ohne Pensionen und Beihilfen.
4 Vom Staat, von öffentlichen Unternehmen und privaten Organisationen ohne Erwerbszweck (z. B. Kirchen).

(M 14a bis c: Dieter Grosser u. a. [Hg.], Deutsche Geschichte in Quellen und Darstellung, Bd. 11, Reclam, Stuttgart 1996, S. 134f. und 158)

1 *Vergleichen Sie die Entwicklung von Ausgaben und Einnahmen des Bundeshaushaltes 1980–1989.*
2 *Untersuchen Sie den Anteil der Sozialausgaben am Bundeshaushalt von 1960 bis 1989 und erklären Sie Anstieg und Rückgang dieser Ausgaben aus der politischen und wirtschaftlichen Situation.*
3 *Untersuchen Sie den Aufwand für Sozialhilfe von den Sechzigerjahren bis in die Achtzigerjahre und erörtern Sie dabei die wirtschaftlichen Ursachen und sozialen Folgen der Entwicklung.*

4 Die „Volksdemokratie" in der DDR

4.1 Aufbau des Sozialismus im SED-Staat, Arbeiteraufstand und Mauerbau

> Demokratischer Zentralismus

Die Sowjetisierung oder Stalinisierung der SED hatte bereits 1946 begonnen und verstärkte sich ab 1948 mit der Umwandlung der SED zu einer **„Partei neuen Typs"** (s. S. 357, M 13). Ihr Ziel war die Umgestaltung von Wirtschaft, Staat und Gesellschaft nach sowjetischem Vorbild. Die Partei legitimierte ihren Führungsanspruch mit den Lehren von Marx, Engels, Lenin und Stalin und der Notwendigkeit, den Aufbau des Sozialismus gegen den kapitalistischen Westen verteidigen zu müssen. Innerparteiliches Organisationsprinzip wurde der „demokratische Zentralismus", d. h., der hierarchisch gegliederte Parteiapparat hatte die von den Spitzenfunktionären im Politbüro ausgegebenen Direktiven in Wirtschaft, Staat und Gesellschaft auszuführen. 1950/51 kam es zu einer umfassenden Säuberungswelle innerhalb der SED. 150 000 nonkonforme Mitglieder wurden aus der Partei ausgeschlossen. Spätestens 1952 war die **Stalinisierung der SED** abgeschlossen.

Im Unterschied zur Sowjetunion und den Volksdemokratien Osteuropas blieb die DDR formal bis zu ihrer Auflösung ein Mehrparteiensystem, aber faktisch setzte die **SED** ihr **Macht- und Meinungsmonopol** durch. Am 4. Oktober 1949 proklamierte der Parteivorstand der SED die Zusammenfassung der Blockparteien und verschiedener gesellschaftlicher Massenorganisationen zur **„Nationalen Front des demokratischen Deutschland"**. Die Wahlen zur Volkskammer, den Land- und Kreistagen sowie den Gemeinden im Oktober 1950 erfolgten nach vorgegebenen Einheitslisten. Nach offiziellen Angaben betrug die Wahlbeteiligung 98,5 %. Davon sollen 99,7 % für die Nationale Front gestimmt haben. Die Blockparteien wurden systematisch gleichgeschaltet (M 5). Im Juni 1952 erkannte die CDU „die führende Rolle der SED als Partei der Arbeiterklasse vorbehaltlos an" und erklärte den „Aufbau des Sozialismus in der DDR ... auf der Grundlage des Marxismus-Leninismus" zu ihrem Ziel. Auch die **Massenorganisationen** – der Freie Gewerkschaftsbund (FDGB), die Freie Deutsche Jugend (FDJ), die Gesellschaft für

B 11 „Von den Sowjetmenschen lernen heißt siegen lernen!", 1952, Plakat der SED

— *Erklären Sie, ausgehend von B 11, den „Aufbau des Sozialismus".*

Deutsch-sowjetische Freundschaft (DSF), der Kulturbund (KB), der Demokratische Frauenbund Deutschlands (DFD), die Vereinigung der gegenseitigen Bauernhilfe (VdgB) – wurden von hauptamtlichen SED-Funktionären geleitet und kontrolliert.

1952 wurde die Verwaltung durch **Abschaffung der Länder** zentralisiert. An ihre Stelle traten 14 Bezirke. Bei der Verteilung der Posten in den neu geschaffenen Räten und Kreisen dominierte seitdem die SED. Im Staats- und Militärapparat, in der Wirtschaft, der Justiz, in Schulen, Hochschulen und Massenmedien besetzten „Kader" der SED nach und nach alle Leitungspositionen. Die Loyalität zur Partei war in der Regel wichtiger als Sachkompetenz. Diese neue Elite zählte ungefähr eine halbe Million Menschen. Ihre Linientreue wurde mit Privilegien wie besonderen Lebensmittel- und Wohnungszuweisungen prämiert.

Zu einem wichtigen Instrument der Herrschaftssicherung wurde das im Februar 1950 gegründete **Ministerium für Staatssicherheit (MfS)**, („Stasi"), das direkt dem Politbüro der SED unterstellt war. Durch Einschüchterung und Verhaftungen von Oppositionellen und Belohnungen für kooperationswillige Kräfte baute die Partei ihre Macht aus.

B 12 „Die Kurorte gehören den Werktätigen", 1954, Plakat des Feriendienstes des FDGB

— Vergleichen Sie B 12 mit B 3 und B 16 im Hinblick auf alltägliche Hoffnungen und Wünsche der Bürger in der DDR und in der Bundesrepublik der Fünfzigerjahre.

| Aufbau des Sozialismus durch zentrale Planwirtschaft |

Auch in der DDR waren bereits vor der Staatsgründung entscheidende ordnungspolitische Weichenstellungen erfolgt. Im Juni 1948 verabschiedete der Parteivorstand den ersten Zweijahresplan für die Jahre 1949/50, für 1951–1955 einen Fünfjahresplan. Auf der 2. Parteikonferenz im Juli 1952 erklärte Walter Ulbricht den **planmäßigen „Aufbau des Sozialismus"** in der DDR zur neuen Hauptaufgabe. Im friedlichen Wettstreit sollte der Beweis für die Überlegenheit der sozialistischen Wirtschafts- und Gesellschaftsordnung gegenüber dem kapitalistischen System im Westen erbracht werden (B 13). Als Vorbild diente die zentrale Planwirtschaft der Sowjetunion (B 11).

Die **Kollektivierung der Landwirtschaft** wurde in den Fünfzigerjahren systematisch vorangetrieben, auch mittlere Betriebe enteignet und die Bauern gegen ihren Willen in Landwirtschaftlichen Produktionsgenossenschaften zusammengeschlossen. Von 1950 bis 1960 stieg der Anteil der sozialistischen Betriebe an der landwirtschaftlichen Nutzfläche von 6 auf 92 %.

In der Industrie erfolgte nach sowjetischem Vorbild der **forcierte Aufbau der Schwerindustrie** auf Kosten der Leicht- und Konsumgüterindustrie. Bis Ende der Fünfzigerjahre stieg der Anteil der in „Volkseigenen Betrieben" erzeugten Industrieproduktion auf über 90 %. Auch im Handel dominierte der staatliche oder quasi-staatliche genossenschaftliche Sektor, während das Handwerk von Verstaatlichungsmaßnahmen noch weitgehend ausgenommen blieb.

Mit der Änderung der Eigentumsverhältnisse vollzog sich ein grundlegender Wandel der Sozialstruktur (M 16). 1961 arbeiteten über 95 % der Erwerbstätigen in staatlich kontrollierten Betrieben. Die große Mehrzahl der Beschäftigten war direkt oder indirekt vom Staat abhängig, die Betriebe wurden von den Parteifunktionären kontrolliert, die Arbeiter und Angestellten hatten keine eigenen unabhängigen Interessenvertretungen.

Um die Wirtschaftspläne zu erfüllen, schuf die SED seit 1948 Leistungsanreize für die Arbeiter. Der Staat honorierte das als freiwillig ausgegebene Engagement einzelner „Aktivisten" oder Kollektive, die sich durch Leistungsrekorde, Betriebsverbesserungen und Erfindungen hervortaten. Frauen wie Männer wurden zu **„Helden der Arbeit"** stilisiert und mit Geldzulagen prämiert.

Auch in der DDR gab es in der Wiederaufbauphase ein beschleunigtes Wirtschaftswachstum, ein „kleines" Wirtschaftswunder, auch wenn die Entwicklung nicht mit derjenigen der Bundesrepublik vergleichbar war. Denn der Wiederaufbau wurde erschwert durch die Demontage von Industrieanlagen und die Entnahme von Reparationen aus der laufenden Produktion, den Kapitalmangel, die Abwanderung qualifizierter Arbeitskräfte und das ökonomisch weniger effiziente System der zentralen Planwirtschaft; es kam zu Versorgungsengpässen. Dennoch wuchs das Bruttosozialprodukt in der zweiten Hälfte der Fünfzigerjahre jährlich um mehr als 10 %.

Obwohl die DDR im Ostblock eine Spitzenposition erringen konnte, gab es weiterhin Versorgungsmängel. Auch der Wohnraum blieb knapp und Preissteigerungen und Arbeitsnormerhöhungen verschlechterten die Stimmung in der Bevölkerung. Eine Reaktion war die **Flucht in den Westen**. Von 1949 bis zum Mauerbau im August 1961 verließen fast 3 Mio. Menschen die DDR, überwiegend jüngere und gut ausgebildete (M 17). Die Diskrepanz zwischen ideologischem Anspruch und politischer Realität wuchs, während im Westen der Wirtschaftsaufschwung mit rasantem Tempo die Befriedigung von Konsumwünschen für immer breitere Schichten der Bevölkerung ermöglichte. Propaganda und Repression überspielten das Legitimationsdefizit des SED-Staates (B 13), die Kluft zwischen der politischen Führung und der Bevölkerung der DDR.

B 13 Leipziger Messe, 1959, Fotografie

— Ordnen Sie B 13 in den historischen Zusammenhang ein und interpretieren Sie die Parolen, mit denen die DDR auf der Leipziger Messe warb.

Der DDR-Volksaufstand vom 17. Juni 1953

Die unklaren Machtverhältnisse in der Sowjetunion nach Stalins Tod im März 1953 und die wachsende Unzufriedenheit der Bevölkerung mit der SED-Herrschaft lösten den Volksaufstand vom 17. Juni 1953 aus (M 18a, b).

Am 9. Juni 1953 hatte das Politbüro den **„Neuen Kurs"** verkündet, mit dem einige Maßnahmen revidiert wurden, die zum „Aufbau des Sozialismus" führen sollten. Die politischen Repressionen wurden gelockert, die Konsumgüterproduktion erhöht und Preissteigerungen zurückgenommen. In Kraft blieben jedoch die im Mai um 10 % **erhöhten Arbeitsnormen**. Am 16. Juni 1953 legten daher die Bauarbeiter in der Berliner Stalinallee die Arbeit nieder und zogen in Demonstrationszügen zum Sitz der SED. Die Bewegung breitete sich über das ganze Land aus. Neben wirtschaftliche traten von Anfang an auch politische Forderungen wie Rücktritt der Regierung, Wiederherstellung der Einheit Deutschlands auf der Grundlage freier Wahlen, die Freilassung politischer Gefangener sowie die Zulassung freier Parteien und Gewerkschaften. In mehr als 250 Orten der DDR kam es zu Streiks und Demonstrationen, insbesondere in den industriellen Zentren wie Magdeburg, Jena, Gera, Brandenburg und Görlitz.

In der Nacht zum 17. Juni zogen in Berlin sowjetische Panzer auf und drängten die Demonstranten mit Warnschüssen zurück. Mindestens 51 Menschen wurden bei den Demonstrationen getötet, 20 standrechtlich erschossen, über 6000 verhaftet, zwei zum Tode verurteilt. Fast zwei Drittel der Opfer des 17. Juni waren Arbeiter. Das sowjetische Militär hatte die DDR-Regierung vor dem Zusammenbruch gerettet. Die Westmächte schauten hingegen tatenlos zu – zur Enttäuschung der Aufständischen. In der Bundesrepublik wurde der 17. Juni zum Feiertag (**„Tag der deutschen Einheit"**) erklärt.

Die SED reagierte auf die Volkserhebung mit einer Säuberungswelle gegen „feindliche Elemente" und baute den Repressionsapparat des Ministeriums für Staatssicherheit aus. Mit Paraden wurden bei Jahrestagen die sowjetische Waffenbrüderschaft und die Einheit von Partei und Volk beschworen. Andererseits drosselte die Partei das Tempo beim Aufbau der Schwerindustrie. Auch verzichtete die UdSSR ab 1954 auf direkte Reparationsleistungen. Die Versorgungslage der Bevölkerung verbesserte sich langsam, aber viele gaben die Hoffnung auf politische Reformen auf. Allein 1953 flohen über 330 000 Menschen aus der DDR in die Bundesrepublik.

Der Bau der Berliner Mauer 1961

Chruschtschows Versuch, Westberlin in das Hoheitsgebiet der DDR einzubeziehen, löste im November 1958 die zweite Berlinkrise aus – nach der Blockade 1948/49. Viele DDR-Bürger befürchteten, dass ihnen dadurch die Möglichkeit genommen würde, künftig ihren Wohnsitz frei zu wählen. Die Folge war ein erneuter **Anstieg der Flüchtlingszahlen**. Besonders hoch war der Anteil der Jugendlichen, Akademiker, Intellektuellen und qualifizierten Facharbeiter.

Der Beschluss zum Bau der Mauer erfolgte nach langen geheimen Beratungen in Gremien des Warschauer Paktes. Geleitet wurde die Aktion von Erich Honecker. Ulbricht legitimierte den Bau der Mauer als **„antifaschistischen und antiimperialistischen Schutzwall"**. In der Nacht vom 12. auf den 13. August 1961 sperrte die Nationale Volksarmee die Zonengrenze des Ostsektors mit Barrikaden und Stacheldrahtverhauen ab (B 14).

Die Westmächte protestierten zwar gegen den Bruch der Verträge von 1944/45, nahmen den Bau der Mauer aber letztlich hin. Drei Tage später sperrte die DDR auch die innerdeutsche Grenze für Einwohner der DDR und Ostberlins vollständig ab. Die Mauer wurde als Grenze zur BRD ausgebaut und ließ die Flucht in den Westen zu einem lebensgefährlichen Unternehmen werden. Diese Abschließung beendete die Massenflucht. Zugleich beendete der Bau der Mauer das Experiment, den Sozialismus in einem Land mit offener Grenze aufzubauen. Die Mehrheit der Bevölkerung musste sich mit dem Regime und der Teilung in zwei deutsche Staaten abfinden.

B 14 Flucht eines Soldaten der Nationalen Volksarmee am 15. August 1961, Fotografie

— Vergleichen Sie B 13 und B 14.
— Skizzieren Sie, ausgehend von B 14, Ursachen, Verlauf und Folgen des Mauerbaus für die SED-Herrschaft.

| Akzeptanz und Widerstand |

Während ein Teil der Ostdeutschen der DDR in den Fünfzigerjahren den Rücken kehrte und in Richtung Westen aufbrach, gab es viele Bürger, die dem SED-Staat loyal gegenüberstanden. Die Gründe waren zum einen der langsam, aber stetig wachsende Lebensstandard (B 12), billiger Wohnraum, preiswerte Grundnahrungsmittel und die **Arbeitsplatzgarantie**. Auch wurde das fehlende Leistungs- und Konkurrenzprinzip innerhalb des Systems als human empfunden. Die kostenlose **ärztliche Versorgung** wurde als wichtige soziale Errungenschaft betrachtet, auch wenn großen Teilen der Bevölkerung wichtige Medikamente vorenthalten wurden. Partei- und Staatsorgane sowie die Massenorganisationen (s. S. 407) boten darüber hinaus Möglichkeiten des **sozialen Aufstiegs** (M 19).
Das Schul- und Hochschulwesen wurde nach 1950 am Modell der Sowjetunion ausgerichtet, der Marxismus-Leninismus zur Grundlage von Unterricht und Studium gemacht, der russische Sprachunterricht obligatorisch eingeführt. Schon 1959/60 besuchten 65 % der Jugendlichen länger als acht Jahre die Schule. Der Akademisierungsgrad wuchs rasch; 1959/60 studierten über 20 % der jüngeren Jahrgänge an einer Universität oder Fachschule. Von 1950 bis 1970 stieg der Anteil der weiblichen Studenten von 21 % auf 35 %, in der Bundesrepublik dagegen lediglich von 21 % auf 26 %.
Wer sich dem Wahrheits- und Machtmonopol der SED beugte, konnte in Frieden leben und es zu bescheidenem Wohlstand bringen. Aktiven **Widerstand** gegen den dogmatischen Führungsanspruch der SED und die Gleichschaltung leisteten vor allem einzelne **Intellektuelle und die Kirchen** (Junge Gemeinde); sie waren daher in besonderer Weise Gegenstand der Überwachung und Infiltration durch den Staatssicherheitsdienst. Der Widerstand der evangelischen Kirche richtete sich gegen den totalen Machtanspruch der SED, die Abschaffung des Religionsunterrichts an den Schulen, die Diskriminierung und Verfolgung der jungen Gemeinden und die sozialistische Jugendweihe, die als Konkurrenz zur Konfirmation angesehen wurde. Anfang 1953 verhaftete die „Stasi" etwa 50 Pfarrer, Diakone und Laien. Die Kirche blieb bis zum Ende der DDR die einzige gesellschaftliche Organisation, die nicht direkt von der SED beherrscht wurde.

M15 Parteien und Wahlen in der DDR

Für die Wahlen in der DDR stellte entsprechend Art. 3 Abs. 1 der DDR-Verfassung der „Demokratische Block", in dem alle Parteien und Massenorganisationen zusammengeschlossen waren, eine Einheitsliste auf. Ein weiteres Indiz für die Bedeutung der Parteien im Blockparteiensystem ist deren Mitgliederzahl (Abkürzungen s. S. 352 und 407).

a) Mitglieder der Parteien in der DDR 1987 (in Personen)

SED	2 328 000
LDPD	104 000
NDPD	110 000
DBD	115 000
CDU	140 000

b) Wahlbeteiligung bei den Wahlen zur Volkskammer der DDR 1950–1986 (in Prozent)

1950	98,53
1954	98,51
1958	98,90
1963	99,25
1967	98,82
1971	98,48
1976	98,58
1981	99,21
1986	99,74

c) Zusammensetzung der Volkskammer der DDR[1], 9. Wahlperiode, 1986–1990 (in Prozent)

SED	25,4
KB	4,2
FDGB	12,2
CDU	10,4
LDPD	10,4
NDPD	10,4
DBD	10,4
VdgB	2,8
DFD	6,4
FDJ	7,4

1 Die Zusammensetzung der Volkskammer blieb die längste Zeit in der DDR praktisch unverändert.

(Alexander Fischer [Hg.], Ploetz. Die Deutsche Demokratische Republik. Daten, Fakten, Analysen, Ploetz, Freiburg u. a. 1988, S. 191 f., 207 und 209; Hermann Weber, DDR. Grundriss der Geschichte 1945–1990, Fackelträger, Hannover 1991, S. 232)

1 Vergleichen Sie anhand von M 15a–c die Funktion von Parteien und Wahlen in der DDR.
2 Erklären Sie mit Hilfe der Darstellung (s. S. 407) Wesen und Funktion des Systems der Blockparteien in der DDR.

M16 Sozialökonomische Struktur der Erwerbsbevölkerung in der DDR 1955–1985 (in Prozent)

	1955	1970	1985
Arbeiter und Angestellte (einschl. Lehrlinge)	78,4	84,5	89,2
Mitglieder von Produktionsgenossenschaften[1]	2,4	12,3	8,9
Komplementäre und Kommissionshändler[2]	–	0,5	0,3
Übrige Berufstätige[2]	19,3	2,8	1,6
darunter:			
Einzelbauern und private Gärtner	12,6	0,1	0,1
private Handwerker	3,9	1,7	1,2
private Groß- und Einzelhändler	1,8	0,3	0,1
Freiberuflich Tätige	0,4	0,2	0,1

1 einschl. Mitglieder von Rechtsanwaltskollegien
2 einschl. mithelfende Familienangehörige

(Hermann Weber [Hg.], DDR, Oldenbourg, München 1986, S. 331; Gert Joachim Glaeßner, Am Ende der Klassengesellschaft? Sozialstruktur und Sozialstrukturforschung in der DDR, in: Aus Politik und Zeitgeschichte, Jg. 1988, B. 32, S. 32)

1 Erläutern Sie den Begriff des „gesellschaftlichen Strukturwandels".
2 Skizzieren Sie anhand von M 16 den gesellschaftlichen Strukturwandel in der DDR zwischen den Fünfziger- und Achtzigerjahren. Berücksichtigen Sie auch M 17.
3 Vergleichen Sie diese Entwicklung mit der Entwicklung in der BRD (M 5c).
4 Diskutieren Sie die Bezeichnung der DDR als „Arbeiter-und-Bauern-Staat" ausgehend von den Daten in M 16.

M17 Umfang und Struktur der DDR-Flüchtlinge 1949–1961

Jahr	Alter					Flüchtlinge insgesamt (in Personen)	Verteilung nach Berufsgruppen 1957 (in Prozent)	
	bis 3	14–17	18–24	25–44	45–65	über 65		
	(Angaben in %)							
1949	11,1	7,5	27,6	36,1	16,3	1,4	129 245	Pflanzenb./Tierwirtsch. 6,0
1950	10,7	7,7	23,4	38,8	17,9	1,5	197 788	Industrie u. Handwerk 23,6
1951	14,7	8,0	22,5	35,3	18,0	1,5	165 648	technische Berufe 2,1
1952	19,9	8,7	19,1	32,2	18,6	1,5	182 393	Handel und Verkehr 12,0
1953	22,7	11,8	14,2	30,0	18,8	2,5	331 390	Haushalts- und Gesund-
1954	21,0	12,9	15,2	29,4	17,2	4,3	184 198	heitsdienst/Körperpflege 5,2
1955	17,4	9,6	25,5	27,0	16,5	4,0	252 870	Verwaltung und Recht 3,3
1956	17,5	9,4	22,1	27,4	18,9	4,7	279 189	Geistes- und Kulturleben 1,4
1957	16,5	9,2	26,5	26,2	16,7	4,9	261 622	unbestimmte Berufe 11,0
1958	17,3	8,1	22,7	25,2	20,5	6,2	204 092	**Erwerbstätige** **64,6**
1959	15,5	7,0	25,8	21,8	20,6	9,4	143 917	Pensionäre/Rentner 5,8
1960	17,4	5,7	25,6	23,4	20,7	7,1	199 188	Hausfrauen 10,0
1961	17,3	5,2	26,6	23,8	19,6	7,3	207 026	Kinder und Schüler 18,9
								Studenten 0,7
Anteil an der Bevölkerung der DDR 1957 (17,7 Mio.):								**Nicht-Erwerbstätige** **35,4**
	19,1	6,5	10,9	21,7	28,6	13,2		

(Helge Heidemeyer, Flucht und Zuwanderung aus der SBZ/DDR, Droste, Düsseldorf 1994, S. 51 f.)

M18 Der 17. Juni 1953

a) Die Ereignisse des 17. Juni 1953 in dem DDR-Schulbuch „Lehrbuch für Geschichte der 10. Klasse der Oberschule, Berlin 1960"

Das Beispiel des friedliebenden sozialistischen Aufbaus strahlte immer mehr auf Westdeutschland aus und die Anfangsschwierigkeiten sowie einige Mängel und Fehler beim Aufbau des Sozialismus wurden überwunden. Die reaktionären Kräfte erkannten, dass die Einheit zwischen der Partei der Arbeiterklasse, der Staatsmacht und den breiten Massen des Volkes sich immer enger gestaltete und dass damit ihre Absichten zur „Aufrollung" der Deutschen Demokratischen Republik immer aussichtsloser wurden. In dieser Situation versuchten sie am 17. Juni 1953 einen faschistischen Putsch anzuzetteln, der die Arbeiter- und Bauern-Macht stürzen sollte. Rowdys aus halbfaschistischen Organisationen, arbeitsscheue und kriminelle Elemente wurden von den Westsektoren her in den demokratischen Teil Berlins eingeschleust. Die Leitung lag in Händen des amerikanischen Geheimdienstes und Bonner Regierungsstellen.
Der Putsch wurde von unseren Staatsorganen gemeinsam mit den klassenbewussten Werktätigen niedergeschlagen. Die in der Deutschen Demokratischen Republik stationierten Streitkräfte der UdSSR verhinderten, dass es zu einem militärischen Überfall auf unseren Staat und damit zum Beginn eines neuen Krieges in Europa kam. […]
In geradezu erschreckendem Ausmaß zeigte sich in den letzten Jahren die Durchdringung des gesamten Staatsapparates [der Bundesrepublik] […] mit ehemaligen aktiven Nazis. In die Bundesregierung kamen ehemalige Nazis, wie Innenminister Schröder und die Minister Oberländer und Seebohm. Von über 70 Botschaften und Gesandtschaften des Bonner Staates werden 54 von Nazidiplomaten geleitet. Zwei Drittel aller westzonalen Richter und Staatsanwälte sind aktive Nazis gewesen. Darunter befinden sich auch etwa 1000 „Blutrichter", die in der Zeit des Faschismus an Sondergerichten oder als Wehrmachtsrichter zahlreiche Todesurteile gegen Widerstandskämpfer, ausländische Zwangsarbeiter oder Kriegsgegner verhängt haben. Der Bonner Staat beschäftigte 1956 über 180 000 Beamte und Angestellte, die sich schon während der faschistischen Zeit als ergebene Lakaien des deutschen Imperialismus und Militarismus erwiesen hatten.
Am deutlichsten drückte sich der neofaschistische Geist des westdeutschen Staates in seiner Revanchepolitik gegenüber den Nachbarstaaten Deutschlands aus.
(Hermann Langer, Der „Bonner Staat" – ein „militärisch-klerikales Regime", in: Praxis Geschichte 6/1996, S. 51)

b) Bertolt Brecht, „Die Lösung", 1953

> Nach dem Aufstand des 17. Juni
> Ließ der Sekretär des Schriftstellerverbandes
> In der Stalinallee Flugblätter verteilen,
> Auf denen zu lesen war, daß das Volk
> Das Vertrauen der Regierung verscherzt habe
> Und es nur durch verdoppelte Arbeit
> Zurückerobern könne. Wäre es da
> Nicht einfacher, die Regierung
> Löste das Volk auf und
> Wählte ein anderes?

(Bertolt Brecht, Gesammelte Werke 10, Suhrkamp, Frankfurt/Main 1967, S. 1009 f.)

1 Skizzieren Sie die offizielle Darstellung der DDR über die Ereignisse des 17. Juni 1953 (M 18a).
2 Vergleichen Sie M 18a mit der Darstellung in diesem Schulbuch (s. S. 410) und diskutieren Sie über die unterschiedlichen Funktionen des Geschichtsunterrichts in der ehemaligen DDR und der BRD.
3 Brecht schrieb am 20. August 1953 in seinem Arbeitsjournal über den 17. Juni:
„Der 17. Juni hat die ganze Existenz verfremdet. In aller ihrer Richtungslosigkeit und jämmerlicher Hilflosigkeit zeigen die Demonstrationen der Arbeiterschaft immer noch, dass hier die aufsteigende Klasse ist. Nicht die Kleinbürger handeln, sondern die Arbeiter. Ihre Losungen sind verworren und kraftlos, eingeschleust durch den Klassenfeind, und es zeigt sich keinerlei Kraft der Organisation, es entstehen keine Räte, es formt sich kein Plan. Und doch hatten wir hier die Klasse vor uns, in ihrem depraviertesten Zustand, aber die Klasse."
Vergleichen Sie die Position mit der Haltung im Gedicht und beziehen Sie Stellung.

M19 Die Historikerin Ina Merkel über Wirtschaftsentwicklung und Alltagserfahrungen in der DDR der Fünfzigerjahre, 1994

Seit Ende der Vierzigerjahre lässt sich eine allmähliche Verbesserung der Lebenssituation konstatieren. Sie betraf vor allem die Ernährungs- und Versorgungslage und die Wohnraumsituation. [...] Die scheinbar unpolitischen Bilder aus dem ostdeutschen Familienleben verstehen sich als Illustrationen des erreichten sozialen Fortschritts. Es sind zugleich auch Propagandamittel im Kampf um das bessere soziale System. [...] In dem Ende der Fünfzigerjahre propagierten Slogan „Chemie gibt Brot, Wohlstand und Schönheit" kommt ein verändertes Konsumkonzept zum Vorschein. Es beginnt der Wettlauf mit der BRD um das bessere Auto, den billigeren Kühlschrank und den moderneren Fernseher. [...] Eine Generation, die in ihrer Kindheit nur Hunger und Entbehrung kennen gelernt hat und die jetzt endlich leben will. Der Lebensstil dieser zweiten Aufbaugeneration, der FDJ-Generation, wie ich sie zur Unterscheidung nennen will, war geprägt vom sozialen Aufstieg. Arbeiter- und Bauernkinder, darunter fast die Hälfte Frauen, erfuhren von diesem ersten deutschen Arbeiter-und-Bauern-Staat alle Förderung, die ihm möglich war. Stipendien, verbilligtes Mensaessen, Wohnheimplätze und Bücher. Sie lernten und studierten an den Hochschulen und Universitäten nach bildungsbürgerlichen Idealen und Maßstäben. Zugleich sollten sie der Klasse verbunden bleiben, der sie entstammten. Keine andere soziale Gruppe stand unter derartigem sozialem und ideologischem Druck wie die neue Intelligenz. Sie musste sich des Aufstiegs als würdig erweisen und wurde dabei schlechter bezahlt als die einfachen Produktionsarbeiter. [...] Zugleich begann die Auseinandersetzung mit der Elterngeneration. Und sie führte sie weniger auf dem Felde der Politik, wie die 68er in Westdeutschland, sondern auf dem Felde der Lebensweise. Die erste FDJ-Generation kämpfte gegen den „kleinbürgerlichen Muff und Mief". Sie wollte ein neues und modernes Leben beginnen. Sie befreite sich von altväterlichen Erziehungsvorstellungen und von traditionellen Geschlechterstereotypen. Sie propagierte die Gleichberechtigung in der Ehe, sie war für die Berufstätigkeit der Frau und für geteilte Hausarbeit. [...] Und so erlebte auch die DDR Ende der Fünfzigerjahre eine Modernisierung des Alltagslebens, allerdings in den ihr möglichen einfachen Standards. Es war eben die Moderne der kleinen Leute, geprägt von der Gemeinschaftlichkeit des Aufstiegs. [...] Die propagandistische Leitlinie jener Jahre war klar gezeichnet: Die moderne Frau, das ist die berufstätige Frau. Die Arbeitstätigkeit von Frauen wurde zum dominierenden Bildmotiv vor allem in Frauenzeitschriften.

(Ina Merkel, Leitbilder und Lebensweisen von Frauen in der DDR, in: Hartmut Kaelble u. a. [Hg.], Sozialgeschichte der DDR, Klett, Stuttgart 1994, S. 365–367)

1 Untersuchen Sie in M 19, worauf sich die Loyalität vieler Bürger zum SED-Staat begründete.
2 Vergleichen Sie anhand von M 19, B 12 und der Darstellung S. 407 ff. das Alltagsleben in der DDR der Fünfzigerjahre mit dem Alltagsleben in der Bundesrepublik (s. B 3–B 6 und die Darstellung S. 381 ff.).

4.2 Abschottung und Resignation: Die DDR 1961–1982

Wirtschaftliche Reformversuche nach dem Mauerbau

Der Mauerbau beendete das Experiment, den Sozialismus in einem Land mit offener Grenze aufzubauen, und nicht zu Unrecht galt der 13. August 1961 als „heimlicher Gründungstag" der DDR. **„Wissenschaftlich-technische Revolution"** – das war der Schlüsselbegriff der nach dem Mauerbau in der DDR einsetzenden „Modernisierungs"-Politik. Mit wissenschaftlichen Planungs- und Produktionsmethoden sollte die Wirtschaft selbstverantwortlich und effizienter arbeiten, eine „sozialistische" Leistungsgesellschaft entstehen. Jüngere Fachleute und Wissenschaftler stiegen in die Führungen von Partei, Staat und Wirtschaft auf. Das 1963 verkündete **Neue Ökonomische System der Planung und Leitung (NÖSPL)** zeigte zunächst Erfolge. 1969 war die Industrieproduktion der DDR mit 17 Mio. Einwohnern größer als die des Deutschen Reiches 1936 mit 60 Mio. Einwohnern. Die Produktion von Konsumgütern stieg und damit der Lebensstandard sowie vorübergehend die Zufriedenheit der Bevölkerung. 1970 besaßen von 100 Haushalten 15 ein Auto, 53 eine Waschmaschine und 56 einen Kühlschrank. Der Erfolg der NÖSPL wurde jedoch von der SED selbst teilweise verspielt, um ihr Machtmonopol zu sichern. Zwischen den alten Parteifunktionären und den jungen Fachleuten gab es Zuständigkeitskonflikte. Als auch die Sowjetunion Druck auf die DDR-Führung ausübte, wurde ab 1967 die Planung wieder stärker zentralisiert.

Ausbau des Bildungswesens

Um das angestrebte „Weltniveau" in der Wirtschaft zu erreichen mobilisierte die SED alle Arbeitskraftreserven und baute das Bildungssystem aus. Schon 1960 übten rund 70 % aller Frauen im arbeitsfähigen Alter einen Beruf aus, bis 1970 stieg die Quote auf über 80 und bis 1988 auf mehr als 90 %. Seit den Sechzigerjahren strebte die DDR-Führung dazu eine bessere berufliche Ausbildung der Frauen an. Diesem Zweck diente auch das 1965 beschlossene „Gesetz über das einheitliche sozialistische Bildungssystem". Nach den neuen Lehrplänen hatten Mathematik und Naturwissenschaften als Basis der „wissenschaftlich-technischen Revolution" einen viel höheren Stellenwert als zur gleichen Zeit in der Bundesrepublik. Zudem führte die von allen Schülerinnen und Schülern besuchte zehnklassige „allgemein bildende polytechnische Oberschule" in die Grundlagen der Produktionstechnik ein. Übergeordnet blieb trotz allem der **ideologische Erziehungsauftrag**. Schüler und Studierende waren laut Gesetz „zur Liebe zur DDR und Stolz auf die Errungenschaften des Sozialismus zu erziehen, um bereit zu sein, alle Kräfte der Gesellschaft zur Verfügung zu stellen, den sozialistischen Staat zu stärken und zu verteidigen".

Resignation und Nischengesellschaft

Unmittelbar nach dem Mauerbau gab es Unruhen in der DDR-Bevölkerung, aber schon bald resignierten die DDR-Bürger und richteten sich notgedrungen in der neuen Situation ein. Die SED, durch die Mauer in ihrer Machtposition geschützt, konnte ihre Herrschaft festigen. 1967 zählte sie 1,8 Mio. Mitglieder. Trotz der weiter bestehenden stalinistischen Struktur der Partei veränderten sich unterdessen deren Herrschaftsmethoden. Der Terror nahm ab. Ideologische Überzeugungsarbeit und bessere Lebensverhältnisse sollten die Loyalität der Bevölkerung sichern.

In der durch die Mauer abgeschotteten DDR arrangierten sich Regierende und Regierte: Die Bevölkerung nahm den Herrschaftsanspruch der SED hin, bestätigte ihn auf den pflichtgemäßen Versammlungen und Demonstrationen sowie durch passives „Zettelfalten" bei den Wahlen. Dafür ließ die SED die Bevölkerung, soweit sie nicht offen gegen die kommunistische Herrschaft opponierte, weitgehend in Ruhe. Kennzeichnend für das Denken und Handeln vieler DDR-Bürger war ein gespaltenes Bewusstsein: Öffentlich heuchelte man Zustimmung zur DDR, privat zog

B 14 Aufmarsch von Betriebskampfgruppen zum 30. „Geburtstag der DDR" 1979, Fotografie. – Solche militärischen Aufmärsche überdeckten für Außenstehende das Alltagsleben in der DDR.

man sich in „Nischen" im Familien- und Freundeskreis zurück (B 14). Ansätze zu einer politischen Opposition zeigten sich erstmals wieder 1968 im Zusammenhang mit dem reformkommunistischen Kurs in der ČSSR. Der „Prager Frühling" wurde im August 1968 durch den Einmarsch von Soldaten des Warschauer Pakts beendet. Für die DDR-Opposition um den Philosophieprofessor Robert Havemann (1910–1982) und den Liedermacher Wolf Biermann (geb. 1936) aber blieb der „demokratische Kommunismus" die große Alternative zum SED-Staat.

| Von Ulbricht zu Honecker | Die relativen ökonomischen Erfolge und die politische „Friedhofsruhe" in den Sechzigerjahren hatten das Selbstbewusstsein der DDR-Führung gestärkt; sie verstand sich mehr und mehr als **„Juniorpartner" der Sowjetunion** im Ostblock. Als diese um 1970 auf die Entspannungspolitik der sozial-liberalen Koalition in Bonn einging, verweigerte sich die SED. Wie wenig stabil deren Herrschaftssystem tatsächlich war, offenbarten Ovationen von DDR-Bürgern für Bundeskanzler Willy Brandt anlässlich seines Erfurtbesuches im Jahr 1970. Zur Sicherung ihrer eigenen Entspannungspolitik drängte die sowjetische Führung auf Ablösung Walter Ulbrichts. Im Mai 1971 trat dieser als 1. Sekretär der SED zurück, sein Nachfolger wurde Erich Honecker (1912–1994), der die Führungsrolle der UdSSR wieder als verbindlich anerkannte. 1971/72 wurden das Berlinabkommen und der Grundlagenvertrag vereinbart (s. S. 397).

„Real existierender Sozialismus"

Die ersten Amtsjahre Honeckers gelten heute noch manchem als die besten Jahre der DDR: Sie wurde als souveräner Staat weltweit diplomatisch anerkannt; der Wohlstand des „kleinen Mannes" stieg; die katastrophale Wohnungslage verbesserte sich durch den Neubau von zwei Millionen Wohnungen zwischen 1971 und 1984; die Jugendlichen spürten weniger Gängelung, durften lange Haare und Jeans tragen und westliche Musik hören; die Künstler und Intellektuellen forderte Honecker gar auf, kritischer und farbiger zu werden. Der **„real existierende Sozialismus"**, wie die kommunistischen Gesellschaften des Ostblocks in Abgrenzung zu freiheitlich-demokratischen Sozialismusvorstellungen bezeichnet werden, sollte verbessert, die Menschen nicht auf eine Utopie in ferner Zukunft vertröstet werden. Unverändert blieb jedoch der absolute Herrschaftsanspruch der SED bestehen. Von der neuen Sozialpolitik profitierten besonders die Frauen. Der Ausbau von Kindergärten und Vorschulklassen entlastete die überwiegend berufstätigen Mütter. Für Frauen mit Kindern verminderte sich die Wochenarbeitszeit auf 40 Stunden. 1976 wurde ein bezahltes „Babyjahr" ab dem zweiten und 1986 auch für das erste Kind eingeführt. Die Konzentration der Frauenförderung auf die Mütter verfestigte allerdings auch die traditionelle Rollenverteilung der Geschlechter und die Doppelbelastung der Frauen durch Familie und Beruf.

Wirtschaftliche Krisen und ideologische Verhärtungen

Die SED konnte ihre neue Sozialpolitik in der zweiten Hälfte der Siebzigerjahre nicht fortsetzen. Denn die Öl- und die Weltwirtschaftkrise brachten auch die seit 1972 praktisch völlig verstaatlichte DDR-Wirtschaft in Schwierigkeiten; hohe Auslandsschulden mussten getilgt werden. Der Lebensstandard stagnierte. Zwar war er so hoch wie nie und weit höher als in den anderen Ostblockstaaten. Dennoch kehrte die Unzufriedenheit über die sozialistische **Mangelwirtschaft** zurück (B 15, M 20).

Die vorsichtige Öffnung des Systems als Konsequenz der Entspannungspolitik und der KSZE-Schlussakte von Helsinki 1975 ermunterte die Opposition in der DDR zur Forderung nach einer Liberalisierung des Systems. **Robert Havemann** verlangte 1976 die Zulassung unabhängiger Oppositionsparteien und Zeitungen. **Rudolf Bahros** (1935–1997) im Westen erschienenes Buch „Die Alternative" erregte Aufsehen, weil es vom marxistischen Standpunkt aus eine radikale Kritik am sozialistischen System der DDR formulierte. Die Unzufriedenheit mit den Verhältnissen soll 1976 100 000 Bürger dazu bewogen haben, einen Antrag auf Übersiedelung in die Bundesrepublik zu stellen. Die SED reagierte erneut mit Repression. Havemann wurde unter Hausarrest gestellt, Bahro zu acht Jahren Zuchthaus verurteilt, **Wolf Biermann** 1976 während einer Vortragsreise im Westen ausgebürgert; Proteste von Schriftstellern und Künstlern gegen die Ausbürgerung ihres Kollegen wurden bestraft und 1979 das politische Strafrecht verschärft.

B 15 Käuferschlange vor einer Fleischerei in Leipzig, 1980, Fotografie

M20 Die Unzufriedenheit der DDR-Bürger über die Mangelwirtschaft des Sozialismus

a) Zwei Gedichte zur Erfolgsideologie der Planwirtschaft von Wolfgang Hinkeldey

ERFOLGSMELDUNG
Auch in diesem Jahr traten
Beim Zersägen unserer Bretter
Keinerlei Späne auf

ERFOLG UNSER
ERFOLG UNSER, der
Du stehst in der Zeitung
Geheiligt werde dein Wortlaut
Deine Ziffer melde
Dein Optimismus blühe
Wie im Rundfunk
Also auch im Fernsehen
Unser ruhiges Gewissen
Gib uns täglich
Und vergib uns unsere Kritik
Wie wir vergeben
Unseren Kritikern
Und führe uns
Nicht in Versuchung
Sondern erlöse uns
Von allen Zweifeln
Denn dein ist die Genehmigung
Und unsere Karriere
Also auch unser Beifall
In Ewigkeit
Hurra

(Thomas Auerbach, DDR-Konkret, Berlin 1984, S. 61)

b) Der westdeutsche Journalist Theo Sommer beschreibt 1964 die Bedürfnisse der DDR-Bevölkerung

Die Wünsche der Zonenbevölkerung sind daher schon weniger auf das Elementare gerichtet als vielmehr auf ein bescheidenes Quäntchen Luxus, auf ein bisschen Exquisites: auf ein Stück französischer Seife oder eine bestimmte Marke amerikanischer Rasierklingen. Nicht Schokolade wollen sie, sondern gute Schokolade, vielleicht aus der Schweiz, nicht Zigaretten, sondern West-Zigaretten; nicht Nylons, sondern nahtlose Nylons. Und sie träumen vom eigenen Wagen wie die Menschen diesseits der Grenze – bloß dass die Wagen jahrelange Lieferfristen haben und dreimal so teuer sind wie bei uns.

(Theo Sommer, Zwischen Mauer und Plakatwand, in: Marion Gräfin Dönhoff, Reise in ein fernes Land, Hamburg 1965, S. 101)

c) Die „Frankfurter Rundschau" zur Mangelwirtschaft (1980)

„Aushalten" und „Durchstehen": Daran haben sich die Bürger [...] in 30 Jahren DDR durchaus gewöhnt. Man weiß längst, dass die beste Qualitätsarbeit der Betriebe des Landes nicht auf den heimischen Markt kommt. Beliefert wird in der Regel in dieser Reihenfolge: Armee, NSW (nicht sozialistisches Wirtschaftsgebiet, also westliche Länder), Sowjetunion, SW (sozialistisches Wirtschaftsgebiet), DDR. Mit anderen Worten: Die DDR-Betriebe liefern ihre beste Qualitätsware [...] für den Westexport oder in die Sowjetunion, sieht man einmal von der Armee ab.

(Frankfurter Rundschau, 18. Febr. 1980)

d) Ausstattung privater Haushalte in der DDR mit hochwertigen Konsumgütern 1960–1987

	1960	1970	1980	1987	BRD 1987
Personenkraftwagen	3,2	15,6	36,8	49,9	94,8
Fernsehempfangsgeräte	16,7	69,1	88,1	95,2	100,0
darunter: Farbfernsehgeräte	–	0,2	16,8	46,5	91,2
Haushaltskälteschränke	6,1	56,4	99,0	99,0	100,0
darunter: Gefrierschränke	–	0,5	12,5	38,2	76,0
Haushaltswaschmaschinen	6,2	53,6	80,4	96,9	98,2
Telefon		9,7	11,6	15,5	96,5

(Werner Weidenfeld/Hartmut Zimmermann [Hg.], Deutschland-Handbuch, Bonn 1989, S. 300)

1 Interpretieren Sie die beiden Gedichte zur DDR-Erfolgsideologie in M 20a und b:
a) Beschreiben Sie, welche Mittel der Staat einsetzte, um die DDR-Bürger von der Richtigkeit der sozialistischen Planwirtschaft zu überzeugen.
b) Skizzieren Sie die wichtigsten Kritikpunkte des Dichters an der offiziellen Propaganda des DDR-Regimes.
2 Untersuchen Sie nach M 20d die Erfolge der DDR-Wirtschaftspolitik.
3 Analysieren Sie nach M 20b und c die Ursachen für die Unzufriedenheit der DDR-Bürger (s. auch B 15).

4.3 Niedergang und Verfall: Die DDR 1983–1988

Wirtschaftskrisen und soziale Unzufriedenheit

Die Stagnation seit 1976 mündete in den Achtzigerjahren in eine **allgemeine Systemkrise** der DDR ein, die lange verdeckt blieb: durch den weiterlaufenden Partei- und Staatsapparat, die Vorteile der von der EG privilegierten Wirtschaftsbeziehungen zur Bundesrepublik und glanzvolle Ereignisse wie die Eröffnung der wieder aufgebauten Semper-Oper in Dresden 1985 oder den Besuch Erich Honeckers in Bonn 1987 (B 16). Die Systemkrise zeigte sich erstens als Wirtschaftskrise. Schon 1982 drohte der DDR ein finanzieller Ruin, der durch einen vom CSU-Vorsitzenden Franz-Josef Strauß 1983 vermittelten Milliardenkredit abgewendet werden konnte. Diese finanzielle Unterstützung verhinderte jedoch nicht den **ökonomischen Niedergang** der veralteten und technologisch rückständigen DDR-Industrie und auch nicht die sich ausweitende **Umweltkatastrophe**, weil für Umweltschutz kein Geld vorhanden war. Die Bürger verdienten zwar gut, hochwertige Konsumgüter waren aber teuer und nur schwer zu bekommen.

Die Unzufriedenheit der DDR-Bürger mit der wirtschaftlichen und sozialen Situation führte zweitens zu einer **Glaubwürdigkeitskrise**. Viele Bürger gaben die Hoffnung auf bessere Verhältnisse auf. Die politische **Distanz zum Staat** wuchs, vor allem bei den Jüngeren. Mitverantwortlich dafür waren die „bedarfsgerecht" gelenkte Berufsausbildung und die eingeschränkte Möglichkeit zu studieren. 1972 gab es insgesamt rund 150 000 Studierende in der DDR, 1984 nur noch 130 000. Die Jüngeren fühlten sich um ihre Zukunft betrogen: Weder sozialen Aufstieg wie den Älteren noch die Verwirklichung individueller Lebensentwürfe gestand ihnen ihr „vormundschaftlicher" Staat zu. Es wurde immer deutlicher, dass das Regime nicht in der Lage war, die Versprechungen auf die Verbesserung der allgemeinen Lage einzulösen.

Die innere Krise wurde drittens verstärkt durch die zunehmende **außenpolitische Isolierung** der DDR. Ängstlich auf ihre Macht bedacht, vergaß sie, wer diese Macht garantierte: die Sowjetunion. Zwar begrüßte die SED die vom sowjetischen Parteichef Michail Gorbatschow 1985 eingeleitete neue Runde der Entspannungspolitik, weigerte sich aber, die innenpolitischen Reformen, **„Perestroika" und „Glasnost"**, auf die DDR zu übertragen. „Keine Fehlerdiskussion", lautete die Devise. Damit begab sich die DDR-Führung in einen ideologischen Zweifrontenkrieg. Wie sollte sie ihren Bürgern klarmachen, dass nicht nur der „imperialistische Westen", sondern auch die „brüderliche Schutzmacht" Sowjetunion eine Gefahr für die DDR darstellte?

Welche Ursachen es auch für das schnelle Ende der DDR gegeben haben mag, ein Grund war das nie ausgelöschte Bewusstsein der Menschen zwischen Elbe und Oder, die DDR sei **ein Staat auf Zeit**, denn eigentlich gehörten sie einem größeren nationalen Zusammenhang an. Für die „Gründerväter" der DDR schlossen sich **„sozialistisch" und „deutsch"** nicht aus. Artikel 1 der DDR-Verfassung von 1949 lautete: „Deutschland ist eine unteilbare demokratische Republik." Wie die Bundesrepublik beanspruchte die DDR in den ersten Jahren, der eigentliche Kern eines gesamtdeutschen Nationalstaates zu sein. Die Verse „Wenn wir brüderlich uns einen, schlagen wir des Volkes Feind!" in der Nationalhymne der DDR reflektierten dieses Selbstverständnis.

„Zwei-Staaten-Theorie"

Nach 1955, nach der Verkündung der „Zwei-Staaten-Theorie" (s. S. 379), definierte sich die DDR mehr und mehr durch **Abgrenzung zur Bundesrepublik**. Schöpfer der Verfassung von 1968 war dann auch nicht mehr das „deutsche Volk", sondern das „Volk der Deutschen Demokratischen Republik" gab sich eine „sozialistische Verfassung" für einen „sozialistische[n] Staat deutscher Nation" (Artikel 1). Der Text der Nationalhymne wurde seit Anfang der Siebzigerjahre bei offiziellen Anlässen nicht mehr gesungen. Mit der Verfassung von 1974 entfiel jeder Hinweis auf die deutsche Nation. Artikel 1 bestimmte, die

DDR sei ein „sozialistischer Staat der Arbeiter und Bauern". Das Wort „deutsch" ließ sich in der DDR zwar nicht vermeiden, aber der Begriff „Deutschland" verschwand weitgehend aus der offiziellen Sprache – mit drei Ausnahmen: Die Staatspartei hieß bis 1989 „Sozialistische Einheitspartei Deutschlands", ihr Zentralorgan „Neues Deutschland". Und die sowjetischen Truppen in der DDR bezeichneten sich weiterhin als „Gruppe der sowjetischen Streitkräfte in Deutschland".

Integrationsideologien des SED-Regimes

Allein mit dem Sozialismus ließ sich die Loyalität der Bevölkerung jedoch offensichtlich nicht begründen. Seit Anfang der Achtzigerjahre traten zwei Elemente hinzu. Zum einen versprach die DDR-Führung ihren Bürgern „Gesetzlichkeit, Ordnung und Sicherheit". **„Geborgenheit"** lautete die neue Losung. Zum anderen beschwor die DDR das **„Erbe" der ganzen deutschen Geschichte**. Das „Erbe" der revolutionären Traditionen hatte man stets für sich reklamiert, 1984 erklärte die DDR-Führung erstmals, die DDR sei „tief und fest" in der „ganzen deutschen Geschichte verwurzelt". Die DDR-Geschichtswissenschaft entdeckte an Martin Luther oder Otto von Bismarck plötzlich „progressive Züge". Unbefangener als westdeutsche Historiker bezeichnete Honecker den Preußenkönig Friedrich II. als „den Großen". Die Geschichte öffnete so ein Hintertürchen fürs Nationale.

Formen und Möglichkeiten der Opposition

Nach 1961, nach dem Mauerbau, artikulierte sich Widerstand oder Distanz zum System in der DDR in drei Formen: als Ausreisebegehren, als praktiziertes Christentum oder als politische Opposition. Zwischen den drei Gruppen bestand ein spannungsreiches Miteinander, manchmal auch Gegeneinander.

Die **Ausreisewelle** nahm in den Achtzigerjahren eine neue Qualität an. Die Zahl der Anträge auf „Entlassung aus der Staatsbürgerschaft" stieg. Ausreisewillige schlossen sich in Gruppen zusammen, suchten die Öffentlichkeit, besetzten spektakulär Botschaften westlicher Staaten (M 21).

Die **Kirchen** bildeten von jeher den einzigen staatsfreien Raum in der DDR, von der SED zwar nicht geliebt, aber anders als in der Sowjetunion im Großen und Ganzen geduldet, solange sie sich

B 16 Empfang des Staatsratsvorsitzenden der DDR, Erich Honecker, durch die Bundesrepublik, 1987, Fotografie. – Als die Bundesrepublik Honecker erstmals mit militärischen Ehren und den nationalen Symbolen der DDR empfing, symbolisierte dies für die SED-Führung endgültig die Akzeptanz der DDR als gleichberechtigten, selbstständigen Staat – auch wenn die Bundesregierung an der deutschen Einheit als Ziel festhielt.

auf kirchliche und karitative Aufgaben beschränkten. 1989 gehörte noch mehr als ein Drittel der DDR-Bürger einer Kirche an, allein 30 Prozent der evangelischen. Ihrem Verständnis von der Aufgabe der Christen in der Welt folgend, ließ sich die evangelische Kirche die Grenzen ihres Handelns nicht von der SED vorschreiben, geriet immer wieder in Konflikt mit der „Obrigkeit" DDR. Vor allem wegen ihrer Proteste führte die DDR 1964 als einziger Ostblockstaat eine Art zivilen Ersatzdienst ein. Statt als Soldaten wurden religiös motivierte Pazifisten als „Bausoldaten" eingesetzt. Bis 1969 bildeten die evangelischen Kirchen Deutschlands in der EKD sogar noch eine gesamtdeutsche Einheit, erst dann erfolgte mit der Gründung des „Bundes der evangelischen Kirchen in der DDR" eine kirchliche Spaltung. Seit 1971 benutzten die kirchlichen Vertreter die mehrdeutige Formel „Kirche im Sozialismus". Das eröffnete Freiräume der Kritik, auch am „real existierenden Sozialismus". Und obwohl die meisten evangelischen Gemeinden sich eher als „unpolitisch" verstanden, solange Staat und Partei sie in Ruhe ließen, engagierte sich eine wachsende Zahl überwiegend jüngerer Menschen in kirchlichen Bürgerrechts-, Ökologie- und Friedensgruppen. Kirchengruppen und -leitungen forderten Reisefreiheit und die Achtung von Menschenrechten und entwickelten sich zum Kristallisationspunkt oppositionellen Verhaltens.

Seit Ende der Siebzigerjahre entstanden auch **unabhängige Oppositionsgruppen**, so 1985 die „Initiative für Frieden und Menschenrechte".

Dem unterschiedlich motivierten Widerstand bzw. der eindeutigen Distanz zum System gesellte sich scheinbar **unpolitische Widersetzlichkeit** bei. In Leipzig organisierten 1985 einige Maler staatsunabhängige Ausstellungen, die Zehntausende besuchten. 1987 versammelten sich bei Rockkonzerten vor dem Berliner Reichstag auf Ostberliner Seite der Mauer Tausende von Jugendlichen und riefen: „Die Mauer muss weg!" Die DDR-Führung reagierte auf den neuen zivilen Ungehorsam wie gewohnt mit Verhaftungen und Ausweisungen. Das Ministerium für Staatssicherheit steigerte seine Macht; am Ende der DDR soll es 85 000 hauptamtliche und 108 000 Inoffizielle Mitarbeiter (IM) beschäftigt haben (M 22).

M21 Aus einem Lagebericht des Ministeriums für Staatssicherheit über die Motive für Ausreiseanträge und „Republikflucht", 1989

Die zu diesem Komplex in den letzten Monaten zielgerichtet erarbeiteten Erkenntnisse beweisen erneut, dass die tatsächlichen Handlungsmotive zum Verlassen der DDR sowohl bei Antragstellungen auf ständige Ausreise als auch für das ungesetzliche Verlassen im Wesentlichen identisch sind. Sie haben sich in der Regel im Ergebnis eines längeren Prozesses der Entwicklung bestimmter Auffassungen und Haltungen und des Abwägens daraus abzuleitender persönlicher Schlussfolgerungen herausgebildet und sind häufig verfestigt. Im Wesentlichen handelt es sich um ein ganzes Bündel im Komplex wirkender Faktoren.

Es zeigt sich, dass diese Faktoren unter dem Einfluss der ideologischen Diversion des Gegners, insbesondere über die Massenmedien, und durch andere westliche Einflüsse – zunehmend vor allem über Rückverbindungen von ehemaligen Bürgern der DDR, Besuchsaufenthalte von DDR-Bürgern im westlichen Ausland bzw. von Personen des nicht sozialistischen Auslandes in der DDR usw. – bei einer nicht unerheblichen Anzahl von Bürgern der DDR als Gründe/Anlässe sowohl für Bestrebungen zur ständigen Ausreise als auch des ungesetzlichen Verlassens der DDR genommen werden.

Die überwiegende Anzahl dieser Personen wertet Probleme und Mängel in der gesellschaftlichen Entwicklung, vor allem im persönlichen Umfeld, in den persönlichen Lebensbedingungen und bezogen auf die so genannten täglichen Unzulänglichkeiten, im Wesentlichen negativ und kommt, davon ausgehend, insbesondere durch Vergleiche mit den Verhältnissen in der BRD und in Westberlin, zu einer negativen Bewertung der Entwicklung in der DDR.

Die Vorzüge des Sozialismus, wie z. B. soziale Sicherheit und Geborgenheit, werden zwar anerkannt, im Vergleich mit aufgetretenen Problemen und Mängeln jedoch als nicht mehr entscheidende Faktoren angesehen. Teilweise werden sie auch als Selbstverständlichkeiten betrachtet und deshalb in

die Beurteilung überhaupt nicht mehr einbezogen oder gänzlich negiert. Es kommt zu Zweifeln bzw. zu Unglauben hinsichtlich der Realisierbarkeit der Ziele und der Richtigkeit der Politik von Partei und
45 Regierung, insbesondere bezogen auf die innenpolitische Entwicklung, die Gewährleistung entsprechender Lebensbedingungen und die Befriedigung der persönlichen Bedürfnisse. Das geht einher mit Auffassungen, dass die Entwicklung kei-
50 ne spürbaren Verbesserungen für die Bürger bringt, sondern es auf den verschiedensten Gebieten in der DDR schon einmal besser gewesen sei. Derartige Auffassungen zeigen sich besonders auch bei solchen Personen, die bisher gesellschaft-
55 lich aktiv waren, aus vorgenannten Gründen jedoch „müde" geworden seien, resigniert und schließlich kapituliert hätten.
Es zeigt sich ein ungenügendes Verständnis für die Kompliziertheit des sozialistischen Aufbaus in sei-
60 ner objektiven Widersprüchlichkeit, wobei aus ihrer Sicht nicht erreichte Ziele und Ergebnisse sowie vorhandene Probleme, Mängel und Missstände dann als fehlerhafte Politik interpretiert und gewertet werden.
65 Diese Personen gelangen in einem längeren Prozess zu der Auffassung, dass eine spürbare, schnelle und dauerhafte Veränderung ihrer Lebensbedingungen, vor allem bezogen auf die Befriedigung ihrer persönlichen Bedürfnisse, nur in der BRD oder
70 Westberlin realisierbar sei.
Obwohl in jedem Einzelfall ganz konkrete, individuelle Fakten, Erscheinungen, Ereignisse, Erlebnisse usw. im Komplex auf die Motivbildung zum Verlassen der DDR einwirken, wird im Folgenden eine
75 Zusammenfassung wesentlicher, diesbezüglicher zur Motivation führender Faktoren vorgenommen. Als wesentliche Gründe/Anlässe für Bestrebungen zur ständigen Ausreise bzw. das ungesetzliche Verlassen der DDR – die auch in Übereinstimmung mit
80 einer Vielzahl Eingaben an zentrale und örtliche Organe/Einrichtungen stehen – werden angeführt:
– Unzufriedenheit über die Versorgungslage;
– Verärgerung über unzureichende Dienstleistungen;
85 – Unverständnis für Mängel in der medizinischen Betreuung und Versorgung;
– eingeschränkte Reisemöglichkeiten innerhalb der DDR und nach dem Ausland;
– unbefriedigende Arbeitsbedingungen und Dis-
90 kontinuität im Produktionsablauf;
– Unzulänglichkeiten/Inkonsequenz bei der Anwendung/Durchsetzung des Leistungsprinzips sowie Unzufriedenheit über die Entwicklung der Löhne und Gehälter;

– Verärgerung über bürokratisches Verhalten von 95 Leitern und Mitarbeitern staatlicher Organe, Betriebe und Einrichtungen sowie über Herzlosigkeit im Umgang mit den Bürgern;
– Unverständnis über die Medienpolitik der DDR.
(Dieter Grosser u. a. [Hg.], Deutsche Geschichte in Quellen und Darstellung, Bd. 11, Reclam, Stuttgart 1996, S. 320–323)
1 *Bewerten Sie diese Analyse der Stasi unter der Fragestellung, ob und inwieweit sie die Motive der Menschen angemessen berücksichtigt hat.*

M22   Das Stasi-Spitzelsystem – aus einem Interview mit einer ehemaligen „IM" (1990)
Monika H. war seit 1981 Inoffizielle Mitarbeiterin (IM) der Stasi. In deren Auftrag ging sie 1983 in die Oppositionsgruppe „Frauen für den Frieden" und später in die „Initiative für Frieden und Menschenrechte". Ende Mai 1989 offenbarte sie selbst ihre Stasi-Mitarbeit. Im Frühjahr 1990 führten Irena Kukutz und Katja Havemann, über deren oppositionelle Aktivitäten sie jahrelang ebenfalls der Stasi berichtet hatte, mehrere Gespräche mit ihr.
Red.: Also, wie hast du dich eigentlich anfangs der Stasi verpflichtet?
Monika H.: Ich habe ganz zu Anfang eine Erklärung geschrieben. Die haben sie mir diktiert. Es stand darin, dass ich für sie arbeite, dass ich das freiwillig 5 tue und dass ich mit niemandem darüber rede [...].
Red.: Ich stelle mir vor, dass sie dir auch gesagt haben, was auf dich zukommt.
Monika H.: Nein, die wollten nur, dass ich ihnen berichte, was ich höre. 10
Red.: Hast du zu dieser Zeit Zweifel gehabt, ob du das Richtige tust?
Monika H.: Offen gestanden, nein. Ich habe mich im Gegenteil gewundert, dass die Stasi nicht schon viel früher auf mich gekommen ist. Weil ich doch 15 wirklich eine absolut zuverlässige Genossin war. [...]
Red.: Bist du später in Zweifel gekommen?
Monika H.: Na, und ob.
Red.: Wie kam das? 20
Monika H.: Ihr wart nicht die Feinde, wie ich mir Feinde vorgestellt hatte. Ich musste mir das immer wieder kräftig einreden, dass ihr was ganz Schlimmes gegen den Staat tut. [...]
Red.: Bei den „Frauen für den Frieden" und dann in 25 der „Initiative für Frieden und Menschenrechte", welche speziellen Aufgaben hattest du da?
Monika H.: Ich bin nie auf jemanden angesetzt worden. [...] Natürlich habe ich von der „Initiative" erzählt, natürlich habe ich erzählt, was die „Frauen" 30

vorhaben. Meine Aufgabe bestand darin, Gerüchte zu streuen und dies und jenes zu stören. [...] Berichte schreiben musste ich nicht. Nur Frage, Gegenfrage. [...]
Red.: Du hast uns für deine Feinde gehalten. War da Verachtung oder Überlegenheit? Ich kann mir nicht vorstellen, mit welchen Gefühlen du uns gesehen hast.
Monika H.: Ihr wart Feinde, obwohl ich wusste, dass ihr nicht den Staat stürzen wolltet. [...] Ich habe doch viele Dinge, die wir gemeinsam gemacht haben, wirklich ehrlich mitgetragen. Das war ja auch die fiese Praxis, wie ich es heute sehe: Genossen, die innerhalb der Partei kritisch, aufmüpfig waren, zur Stasi zu bringen. Dann konnten die in den „feindlichen" Gruppen voll agieren, unter der schützenden Hand der Stasi ihr kritisches Potenzial verwirklichen. Das ist ja der Wahnsinn, diese Schizophrenie. [...]
Red.: Fühlst du dich heute mehr als Täter oder als Opfer?
Monika H.: Das ist wirklich eine schwierige Frage. Ich bin Opfer meiner Erziehung, meines ganzen bisherigen Lebens. Und auf diesem Hintergrund war das eigentlich nur möglich. Zugleich fühle ich mich auch sehr als Täter. Ich empfinde mich immer stärker als Täter. Heute habe ich eine riesengroße Scham, die Schuld, Vertrauen benutzt zu haben. Ach, hör auf, ich finde das Ganze so schlimm. [...]
Red.: Es waren ja nicht nur unsere politischen Aktivitäten, an denen du beteiligt warst. Auch persönlich hast du uns gut kennen gelernt. Welche Bedeutung hatte das für deine Auftraggeber?
Monika H.: Soweit ich über persönliche Dinge was erzählt habe, war das schon interessant für die. Aber ich habe mich da immer zurückgehalten. [...] Es ging denen immer darum, in der Intimsphäre Zwiste zu säen, zu zerstören, wo man konnte.
Red.: Also war dieser Bereich für die Stasi sehr wohl interessant?
Monika H.: Er war äußerst interessant, wenn nicht interessanter als andere. Denn dort wart ihr ja zu treffen. [...] Aber ich habe da nicht mitgemacht. [...]
Red.: Hast du nicht selbst bemerkt, wie man entwurzelt wird, wenn man in diese Stasi-Arbeit einsteigt?
Monika H.: Ich war vorher entwurzelt. Und die Stasi hat mir die Wurzeln gegeben. Die hat mir scheinbar Geborgenheit gegeben. Für mich war das damals keine scheinbare Geborgenheit, sondern eine ganz reale Geborgenheit. Ich war ja wirklich mit Leib und Seele dabei: Ich war ja auch bei euch ganz dabei, aber renne gleichzeitig dahin und erzähle alles. [...] Wenn ich mit euch spreche, schäme ich mich so. Ihr sitzt mir gegenüber, ich habe euch im Grunde genommen ständig missbraucht. [...]
Red.: Ich habe einen schönen Satz gehört, der zu dem passt, worüber wir die ganze Zeit reden, und zwar: Geschichte kann man nicht bewältigen, weil Geschichte Erfahrung ist, mit der man täglich leben muss. Was sagt dir dieser Satz?
Monika H.: Das ist eine Aussage, die ich nicht teilen kann. Wenn ich aus der Geschichte, die ich erlebt habe, gewisse Erfahrungen ziehe, schlussfolgere, dann bewältige ich sie doch auch. [...] Bewältigen würde für mich heißen, dass ich damit umgehen kann.
Red.: Was meinst du mit diesem Umgehenkönnen?
Monika H.: Dass ich jedem sagen kann, wer ich bin und was ich getan habe. Und auch welche Schlussfolgerungen ich aus meinen Erfahrungen gezogen habe, damit ich wieder ein normales Leben führen kann. Ich will offen sagen: Ich bin Monika H., ich habe für die Stasi gespitzelt, aus guten Gründen und bestem Gewissen heraus. Nun habe ich erkannt, dass es das Schlimmste war, was ich tun konnte. Eine ganz üble Geschichte. Mir hilft es, dass gerade du mit mir redest, der ich das angetan habe. Das ist der Versuch, dies gemeinsam zu bewältigen, denn es ist auch zugleich deine Erfahrung. – Jedoch wenn einer unter Bewältigung versteht, dass dann alles wieder gut ist und er genauso ein feiner Kerl ist wie vorher, dann ist das falsch. Mich bestraft ja nun keiner, ich kann mich nur selber bestrafen. Das kann mitunter quälender sein, als wenn du bestraft wirst. Dieses Schuldgefühl, ich weiß nicht, wie man das loswerden kann. Ich denke schon, ich muss an die Öffentlichkeit gehen, ich denke das wirklich. [...] Mir helfen ja keine Ausflüchte. Ich habe ja auch mit dazu beigetragen, dass Leute in den Knast gekommen sind, egal, ob direkt oder nicht. Das ist so fürchterlich. Damit kann ich nur schlecht leben. Ich werde damit nicht fertig. Ich habe ja nicht im Affekt irgendjemandem geschadet, ich habe doch viel Schlimmeres gemacht. Das kann man nicht entschuldigen.
(Irena Kukutz/Katja Havemann, Geschützte Quelle. Gespräche mit Monika H. alias Karin Lenz, Basisdruck, Berlin 1990, S. 35 ff.)

1 *Untersuchen Sie anhand von M 22 die konkrete Praxis der Stasi-Arbeit.*

2 *Versetzen Sie sich in die Rolle eines ausländischen Journalisten, der einen Bericht über die Folgen der Aufdeckung privater Bespitzelungen durch „IMs" in der ehemaligen DDR schreiben will.*

Fotografien: Der 13. August 1961 im Bild

„Es ist fotografiert worden, also existiert es!", hat der bedeutende 1906 geborene österreichische Fotograf Karl Pawlek bündig formuliert. Die berechtigte und gleichzeitig verführerische Faszination des Mediums „Foto" als einer „Wiedergabe von Wirklichkeit" scheint in diesem knappen Satz zusammengefasst. Die Fotografie drängt sich dem Betrachter als direktes Abbild der Wirklichkeit auf, denn was nicht existiert, kann ja auch nicht fotografiert werden. Aber *wie* etwas fotografiert wird, das bestimmt der Fotograf.
Indem das Foto die Zeit aufhebt, d. h. sie durch Abbildung bewahrt und sie jederzeit und überall wieder sichtbar machen kann, wird es zu einem historischen Dokument:
a) als Gebrauchs- oder professionelle Fotografie, z. B. von Fotoreportern, Modefotografen,
b) als Amateurfotografie,
c) als eigenständiges Kunstwerk.
Die Fotografie als eine solche Bildquelle ist zunächst wie jede andere Quelle zu behandeln:
1. Wann ist sie entstanden?
2. Was stellt sie dar?
3. Wer hat in wessen Auftrag fotografiert?
4. Für welche(n) Adressaten ist die Fotografie gemacht worden?
Auch für die Interpretation von Fotografien gelten dieselben Regeln wie für andere Bildmedien.

M 1 und M 2 Der Bau der Berliner Mauer 1961 in Fotografien

Denn Fotos scheinen nur die Wirklichkeit abzubilden, tatsächlich aber bieten sie bearbeitete Realität:
5. Welches Motiv hat der Fotograf ausgewählt?
6. Welchen Bildausschnitt und welchen Blickwinkel hat er bestimmt?
7. Welche Brennweite des Objektivs hat er benutzt und damit Nähe oder Ferne bzw. Dehnung oder Stauchung des Objekts beeinflusst?
8. Welche Retuschierung hat er eventuell vorgenommen?
Aber trotz aller Manipulationsmöglichkeiten bleibt nach Wolfgang Ruppert das Foto „dasjenige visuelle Medium, das eine Annäherung an die Wirklichkeit mit dem höchsten Authentizitätsgrad erlaubt". Auf den chemischen Grundprozess, Wirklichkeit mittels Licht auf einem Film abzubilden, hat der Fotograf keinen Einfluss.

Arbeitsfragen

1 Analysieren Sie die Bilder vom Bau der Berliner Mauer (M 1 und 2) unter den oben genannten Fragen. Stellen Sie Unterschiede und Gemeinsamkeiten heraus.
2 Der Historiker Jürgen Hannig erklärte die Wirkung der Abbildung M 2 mit einer „nahzu perfekten Steuerung der Wahrnehmung und Deutung der Betrachter mittels Bildaufbau". Fertigen Sie eine grobe Skizze des Bildes an und überprüfen Sie die Behauptung.

Weiterführende Arbeitsanregungen

Stellen Sie sich vor, Sie hätten eine Partnerschule im Ausland und sollten für die Schüler eines Geschichtskurses oder einer Oberstufenklasse eine kleine Bildchronik über die Geschichte Ihres Ortes zusammenstellen.
a) Einigen Sie sich zunächst auf den Umfang der Chronik.
b) Besprechen Sie vorab, welche Motive Sie fotografieren wollen.
c) Machen Sie von jedem Bauwerk usw. zwei oder drei Aufnahmen aus verschiedenen Perspektiven, mit verschiedenen Ausschnitten usw.
d) Lassen Sie die Fotos entwickeln und stellen Sie die Bilder für die Chronik zusammen. Diskutieren Sie im Kurs über die Auswahl der Motive und begründen Sie Ihre Entscheidungen.
e) Formulieren Sie zu jedem Bild eine Bildunterschrift und schreiben Sie eine kurze Einleitung mit Blick auf Ihre Adressaten im Ausland.

5 Frauen und Frauenbewegung in Ost und West

| Alltagsprobleme von Frauen im Nachkriegsdeutschland |

Nach Kriegsende verfügten die Alliierten die **Arbeitspflicht** für Frauen im Alter von 15 bis 50 Jahren und für Männer von 14 bis 65 Jahren. Überall verrichteten Frauen in der Nachkriegszeit Schwerstarbeit, so bei der Schuttbeseitigung („Trümmerfrauen"), in Fabriken und auf dem Bau. Die Familie, oftmals die einzige Institution, die Schutz und emotionalen Halt bot, war aufs Äußerste belastet: Nicht selten reduzierten sie sich auf eine verwandtschaftliche Zwangsgemeinschaft und ökonomische Notgemeinschaft, in denen die Frauen die Verantwortung für das „Durchkommen" trugen. Die aus dem Krieg heimkehrenden Männer, durch Betriebszerstörungen, Flucht und Vertreibung häufig ohne Arbeit und nicht mehr in der Rolle des Familienernährers, fühlten sich oft überflüssig, an den Rand gedrängt. Die Zahl der Ehescheidungen stieg zunächst stark an (s. auch S. 346).

Ein großer Teil der Frauen musste sich ohnehin alleine helfen, weil ihre Männer im Krieg getötet worden waren. Ihre Kinder waren früh selbstständig und sorgten für den Haushalt und die Geschwister. Trotz oder vielleicht wegen solcher Familienverhältnisse war das **Frauenideal** der Fünfziger- und frühen Sechzigerjahre in der Bundesrepublik die nicht berufstätige Hausfrau, die in der Sorge für ihren Ehemann und ihre Kinder aufging – ein Ideal, das die in den Kriegs- und Nachkriegsjahren extrem belasteten Frauen auch als Entlastung empfanden. Die Zurückdrängung bzw. der Rückzug der Frauen in die Familien zog jedoch die **Zurückdrängung aus dem öffentlichen Leben** nach sich: Der Anteil der Frauen an den Bundestagsabgeordneten sank zwischen 1957 und 1972 um ein Drittel (M 27). Langfristig veränderten die Kriegs- und Nachkriegserfahrungen dennoch die Rolle der Frauen: Mochten die Mütter für sich auch die alten Verhaltensmuster wählen, ihre Töchter sollten neue Selbstständigkeit gewinnen.

| Rechtliche Gleichstellung der Frau |

Die **Bundesrepublik** hat die Gleichberechtigung der Geschlechter in Artikel 3 des Grundgesetzes verankert. Geplant hatte die Mehrheit im Parlamentarischen Rat aber zunächst nur die politische Gleichberechtigung wie in der Weimarer Verfassung. Frauen hätten demnach zwar das Wahlrecht besessen, aber die wirtschaftliche Gleichberechtigung wäre außen vor geblieben, d. h., es wäre weiterhin rechtens gewesen, Frauen für gleiche Arbeit schlechter zu bezahlen als Männer. Der Gleichheitsgrundsatz **„Männer und Frauen sind gleichberechtigt"** kam erst nach massiven Protesten der vier „Mütter" des Grundgesetzes – Elisabeth Selbert (SPD, 1896–1986), Helene Wessel (Zentrum, 1898–1969), Helene Weber (CDU, 1881–1962) und Friederike Nadig (SPD, 1897–1970) – in die endgültige Fassung und ist seither für die gesamte Rechtsprechung verbindlich. Besonders das Bundesverfassungsgericht hat in der Folgezeit in einigen Entscheidungen die Anpassung des Rechts an den Gleichheitsgrundsatz erzwungen und dadurch die rechtliche Situation der Frauen verbessert. So musste der Gesetzgeber im Ehe- und Familienrecht die Gleichstellung der Ehefrauen sichern. Die Reformen des Ehe- und Familienrechts von 1957 und 1959 entzogen dem Patriarchat in der Familie die Rechtsgrundlage, aber erst die **Ehe- und Familienrechtsreform von 1977** gab die Hausfrauenehe als Leitbild auf (M 23a, b). Gleichzeitig sorgte diese Reform durch die Neuregelung des Scheidungsrechts für eine größere Unabhängigkeit des sozial Schwächeren. Das Zerrüttungsprinzip ersetzte das Verschuldungsprinzip, Unterhalt und Versorgung wurden nach sozialen Kriterien geregelt. Dieses Gesetz ermöglichte es vor allem Frauen, Beziehungen, die persönlichkeitszerstörend wurden oder in denen sich die Partner auseinander gelebt hatten, zu lösen, ohne ins soziale Abseits zu geraten und ohne in langwierigen und kostspieligen Prozessen die Schuld für das Scheitern der Ehe zu klären. Trotz rechtlicher Gleichstellung bestehen Benachteiligungen

B 17 Fritz Skade, Mutti kommt heim, 1964, Öl auf Leinwand

— *Untersuchen Sie Thema des Bildes, Bildaufbau, Farben und Symbole und die dargestellten Menschen und ihre Umgebung im Hinblick auf die Stellung der Frauen in der DDR.*

von Frauen jedoch weiter: Zwar hatte das Bundesarbeitsgericht 1955 „Frauenlohngruppen" verboten, aber es gab seitdem so genannte „Leichtlohngruppen", in denen fast ausschließlich Frauen vertreten waren. Dies bedeutete konkret: 1960 erhielten Industriearbeiterinnen rund 60 % des Verdienstes ihrer männlichen Kollegen, 1980 69 % und 1988 70 %.
Die rechtliche Gleichstellung der Frau wurde auch in der **DDR** durch die Verfassung garantiert, die darüber hinaus Staat und Gesellschaft zur besonderen Förderung der Berufsausbildung und der Erwerbstätigkeit von Frauen verpflichtete. Dieses Verfassungsgebot beruhte auf der **sozialistischen Emanzipationstheorie**, die die Lösung der „Frauenfrage" in der Abschaffung kapitalistischer Produktionsverhältnisse und ganz besonders in der vollständigen Integration der Frauen in das Erwerbsleben gewährleistet sah (M 24). Die starke Verengung der Frauenpolitik auf das Leitbild der berufstätigen Frau führte allerdings dazu, dass bestimmte Benachteiligungen wie die „Doppelbelastung" durch Haushalt und Beruf nicht öffentlich thematisiert wurden (B 17).

| Frauenerwerbstätigkeit | Innerhalb der vergangenen Jahrzehnte hat sich die Erwerbstätigkeit von Frauen in der alten Bundesrepublik beträchtlich erhöht. 1950 war nur jede vierte Mutter mit Kindern unter 15 Jahren erwerbstätig, 1960 jede dritte und nunmehr fast jede zweite. Die **verstärkte Erwerbstätigkeit** resultierte weniger aus dem Zwang zum Geldverdienenmüssen, sondern vor allem aus dem Wunsch nach einer Berufstätigkeit, die größere Selbstständigkeit und Unabhängigkeit bedeutete. Aber auch das höhere Bildungsniveau trug zur wachsenden Berufsorientierung von Frauen bei (M 25). Noch nie hat es so viele Frauen mit einem qualifizierten Bildungsabschluss gegeben wie in der Gegenwart: auf Grund des Wunsches nach finanzieller Selbstständigkeit und nach einem eigenen Rentenanspruch oder wegen der gefürchteten sozialen Isolierung der „Ganztags"-Hausfrau. Hinzu kam, dass sich die öffentliche Einstellung zur Erwerbstätigkeit von Frauen sehr stark gewandelt hat. Wurde die Berufstätigkeit von Müttern – vor allem mit Kleinkindern – in den Fünfziger- und Sechzigerjahren geradezu „bekämpft" und von den Frauen Gründe zur Rechtfertigung erwartet, so ist heute die Grundein-

stellung offener geworden. Allerdings bejahen Männer wesentlich weniger als die Frauen die mütterliche Erwerbstätigkeit und innerhalb der Gruppe der Frauen sind es wiederum die besser ausgebildeten und jene mit höherem Sozialstatus, die dieser „Doppelorientierung" (Erwerbs- und Familientätigkeit) positiv gegenüberstehen bzw. die sie für sich gewählt haben.

Dagegen war in der **DDR** mütterliche Erwerbstätigkeit wie selbstverständlich verbreitet und wurde durch die Einrichtung von Kinderkrippen, Horten und andere Maßnahmen **stark unterstützt**. Diese Maßnahmen und Vergünstigungen dienten aber weniger der Einlösung frauenpolitischer Ziele als wirtschaftlichen und bevölkerungspolitischen Zwecken. Der Mehrzahl der Mütter war dieses staatliche Interesse gleichgültig; sie konnten sich einfach ein Leben ohne Beruf nicht vorstellen. Ein solches Leben wäre auch keine denkbare und freiwillige Alternative für sie gewesen. Repräsentative Umfragen weisen auch für die Gegenwart eine hohe Berufsorientierung unter allen Frauen in allen Altersgruppen der neuen Bundesländer nach. Insofern sind hier – trotz Unterschieden in der Vergangenheit – nunmehr Angleichungen in den Einstellungen unter den jüngeren Frauengenerationen in den alten und neuen Bundesländern gegeben.

Die gestiegene Berufsorientierung und Erwerbstätigkeit von Frauen hat nicht zu einer Abnahme ihrer Familienorientierung geführt. Die meisten wollen heute beides: Familie und Beruf, so wie es vormals allein für die Männer galt.

Doppelbelastung von Frauen Von allen Personengruppen verfügen erwerbstätige Mütter über die geringste Freizeit. Sie haben weiterhin neben ihrer Erwerbsarbeit die Hauptlast der Arbeiten im Haushalt zu tragen. Das galt sowohl für die **Bundesrepublik als auch für die DDR** (B 17). An dieser „Doppelbelastung" hat der Wandel der Hausarbeit wenig verändert. Die hauswirtschaftlichen Tätigkeiten sind stärker technisiert. Sie erfordern weniger Zeit – bei gestiegenen Ansprüchen an den Haushalt. Manche Hausarbeiten sind allerdings nur weniger körperlich anstrengend, nicht weniger zeitraubend geworden. So ist der durchschnittliche Hygienestandard höher als noch in den Fünfzigerjahren oder gar vor hundert Jahren; die Wäsche wird viel häufiger gewechselt und gewaschen. Und auch das Kochen dauert relativ länger, weil die Ernährung gesundheitsbewusster, aber auch luxuriöser geworden ist. Im Haushalt vollzog sich zudem immer stärker ein Wandel von der physischen zur psychischen Versorgungsleistung, für die den Müttern in allen modernen Massengesellschaften fast die Alleinzuständigkeit zugeschrieben wird. Für die Mütter unter den Erwerbstätigen gilt, was Regina Becker-Schmidt beschrieb: Beides, Erwerbstätigkeit und Hausarbeit, zu vereinen ist zu viel, aber nur auf einen Bereich verwiesen zu sein ist zu wenig. Eine Lösung der „Doppelbelastung" wird in Zukunft davon abhängen, wie sich die Lebenspartner über die Verteilung der Familien-, Haus- und Berufsarbeit einigen werden, welche Verteilungsmuster der Gesetzgeber befördern wird und welche die Wirtschaft (durch eine familienfreundliche oder -feindliche Organisation der Arbeitsplätze).

Frauenpolitik und Frauenbewegung Obwohl Frauen gleichberechtigten Zugang zu allen politischen Positionen haben, sind sie auf allen Ebenen stark unterrepräsentiert, besonders in den höheren Entscheidungsgremien (M 26a, b). In der **DDR** gab es wegen des Organisationsmonopols der kommunistischen Partei für Frauen außerdem keine Möglichkeit, ihre Interessen mit Hilfe von Frauengruppen oder einer Frauenbewegung zu artikulieren und durchzusetzen. Die einzige offiziell zugelassene Interessenorganisation von Frauen war der **Demokratische Frauenbund Deutschlands (DFD)**. Er durfte jedoch keine eigenständige Politik betreiben, sondern war eine Vermittlungsinstanz zwischen SED und den Frauen. Der DFD hatte die marxistisch-leninistische Ideologie und die Beschlüsse der SED zu propagieren und sollte dabei vor allem die Frauen für den Einsatz in der Produktion mobilisieren.

Im westlichen Teil Deutschlands entwickelte sich dagegen Ende der Sechzigerjahre eine eigenständige und immer selbstbewusster auftretende Frauenbewegung. Sie entstand während der Studentenbewegung und trat in den frühen Siebzigerjahren hervor mit spektakulären Aktionen gegen den Paragrafen 218, der den Schwangerschaftsabbruch unter Strafe stellte. Entscheidend an dieser **neuen Frauenbewegung** war jedoch, dass sie sich eher still in allen Parteien und Organisationen ausbreitete, sich der politischen Einordnung nach „Männerkategorien" wie „links", „rechts" oder „alternativ" entzog (B 18). Überall forderten die Frauen Chancengleichheit in Beruf und Politik, die Vereinbarkeit von Familie und Beruf für Frauen und Männer. Als Erfolg der neuen Frauenbewegung in den Siebziger- und Achtzigerjahren gelten weniger konkrete Gesetze, ihr Erfolg lag in der Erzeugung eines neuen gesellschaftlichen Problembewusstseins. Trotz rechtlicher Gleichstellung werden Frauen nach wie vor in vielen gesellschaftlichen Bereichen benachteiligt. Aber die sozialen Ungleichheiten zwischen den Geschlechtern erscheinen heute nicht mehr als naturgegeben, sondern als begründungs- und korrekturbedürftig.

M23 Der Historiker Andreas Gestrich über den Wandel der Familienleitbilder in Deutschland im 20. Jahrhundert, 1999

Diese Vorstellung einer „natürlichen" Ordnung von Ehe und Familie beinhaltete auch eine deutliche rechtliche Minderstellung der Frau im öffentlichen wie im privaten Leben. Erst mit der Gesetzgebung der Weimarer Republik wurde in Deutschland die volle Rechtsfähigkeit und politische Mündigkeit der Frau anerkannt. Ihre gesetzliche Bindung an den Haushalt jedoch blieb bis in die Familiengesetzgebung der Bundesrepublik hinein erhalten. Das Bürgerliche Gesetzbuch von 1900 bestimmte noch kategorisch, dass die Frau den Haushalt für den Mann zu führen habe. Erwerbsarbeit war damit Sache des Mannes, während verheiratete Frauen sich auf die Familie konzentrieren sollten. Mussten oder wollten sie dennoch arbeiten, so blieb die Führung des Haushaltes weiterhin ihre Aufgabe. Frauen, die durch eigene Erwerbsarbeit mit zum Familieneinkommen beitrugen, hatten daher immer eine doppelte Last zu tragen. Noch im Familienanpassungsgesetz von 1957 wurde die Haushaltstätigkeit der Frau als Normalzustand definiert. Erwerbstätigkeit war ihr nur gestattet, „soweit dies mit ihren Pflichten in Ehe und Familie vereinbar ist". Erst in der Änderung von 1977 wurde auch in diesem Paragrafen den Gleichberechtigungsforderungen des Artikels 3 des Grundgesetzes nachgegeben und festgelegt, dass die Ehegatten die Haushaltsführung „im gegenseitigen Einvernehmen" regeln.

(Andreas Gestrich, Geschichte der Familie im 19. und 20. Jahrhundert, Oldenbourg, München 1999, S. 28f.)

1 Erläutern Sie den Wandel der Frauenrolle im deutschen Familienrecht des 20. Jahrhunderts (M 23).

B 18 Frauenmotorradklub in Hainburg bei Offenbach, 1979, Fotografie

— Interpretieren Sie die Abbildung mit Blick auf die Entstehung der neuen Frauenbewegung in der Bundesrepublik.

M24 Die Politikwissenschaftlerin Virginia Penrose über die Ziele und Defizite der Frauenpolitik in der DDR (1996)

Die Frauenpolitik der SED basierte auf der sozialistischen Emanzipationstheorie, die die Lösung der „Frauenfrage" in der Umwälzung der kapitalistischen Produktionsweise, der Aufhebung männlicher Vorrechte in Gesellschaft und Familie und der vollen Integration der Frauen in die Arbeitswelt sah. Nachdem die Partei die rechtliche Gleichstellung von Mann und Frau durch die Verfassung von 1949 und das Gesetz über Mutter- und Kinderschutz und die Rechte der Frau (1950) garantiert hatte, konzentrierte sie ihre Politik auf die Einbeziehung der Frauen in die Arbeitswelt und ab 1971 auf die Vereinbarkeit von Beruf und Familie für die Frau. [...]

Trotz beachtlicher Verbesserungen der Chancengleichheit und Erleichterungen weiblichen Daseins blieb die DDR-Frauenpolitik – wie inzwischen oft diskutiert – in verschiedener Hinsicht unzulänglich: Die traditionelle Arbeitsteilung wurde nur berufsbezogen thematisiert; die gesellschaftlich bedingte Verknüpfung der weiblichen generativen Reproduktionsrolle mit der Hauptverantwortung für die Versorgung von Kindern und Haushalt ist z. B. nie öffentlich diskutiert worden. Geschlechtsspezifische Machtstrukturen sowie der geltende gesellschaftliche Wertmaßstab des Mannes wurden nie in Frage gestellt [...]. Ein dogmatisiertes Emanzipationsverständnis, verbunden mit einem „geschlossenen" – also für alternative Leitbilder und Lebensstile fast undurchlässigen – Gesellschaftsverständnis und ein entsprechender gesellschaftlicher Konformitätszwang verstärkten die normative Wirkung staatlicher Erziehung und öffentlicher Frauenleitbilder in der DDR. Das Ergebnis solcher gesellschaftlichen Rahmenbedingungen war ein stark vereinheitlichtes Konzept der „idealen (sozialistischen) Frau", das sich über unterschiedliche Herkunft, Berufswege und Bildungsstände hinwegsetzte: hoch qualifizierte, erwerbstätige, politisch engagierte Frauen mit durchschnittlich zwei Kindern; das Weiblichkeitsbild der DDR war vor allem besonders eng an die Mutterschaft gebunden. Trotz der hohen Anforderungen im Beruf und in der politischen Tätigkeit waren Frauen die Organisatorinnen der Familie und des Haushalts. Ihre Männer übernahmen zu Hause meist nur die Rolle eines Handlangers. In Beruf und Politik aber ordnete sich die ideale Frau dennoch freiwillig dem Mann als Chef und „besserem Leiter" unter.
(Virginia Penrose, Der feine Unterschied. Staatsverständnis und politische Handlungsstrategien von Frauen in Deutschland, in: dies., Clarissa Rudolph [Hg.], Zwischen Machtkritik und Machtgewinn. Feministische Konzepte und politische Realität, Frankfurt/Main 1996, S. 115)

1 Arbeiten Sie anhand von M 24 die Ziele der DDR-Frauenpolitik heraus.
2 Diskutieren Sie die tatsächliche Situation der Frauen in der DDR.
3 Beschreiben Sie das Frauenbild in B 17.

M25 Frauenbildung in der Bundesrepublik und in der DDR 1960–1989

a) Qualifikation der weiblichen Berufstätigen in der DDR (in Prozent)

| Jahr | Anteil der weiblichen Berufstätigen an den | | | |
	Hochschulabsolventen	Fachschulabsolventen	Meistern	Facharbeitern
1961	23,6	31,8	–	–
1965	25,3	34,5	–	–
1970	27,0	36,6	–	–
1975	31,1	43,3	9,5	45,8
1980	35,0	57,5	10,6	47,1
1983	36,8	60,1	11,6	47,4
1985	38,2	61,8	12,4	48,0

b) Schülerinnen an Gymnasien und Studentinnen in der Bundesrepublik (in Prozent)

| Jahr | Gymnasien | | Hochschulen |
	Klassenstufe 5 bis 10	Jahrgangsstufe 11 bis 13	(Deutsche u. Ausländer)
1960	41,1	36,5	23,9
1970	44,7	41,4	25,6
1975	48,5	46,4	33,7
1980	50,4	49,4	36,7
1985	50,9	49,9	37,9
1987	50,8	49,8	38,0
1988	50,9	50,1	38,2
1989	51,1	50,5	38,2

(Dieter Grosser u. a. [Hg.], Deutsche Geschichte in Quellen und Darstellung, Bd. 11, Reclam, Stuttgart 1996, S. 251 und 162)

1 Untersuchen Sie anhand von M 25a die Qualifikation der weiblichen Berufstätigen in der DDR. Vergleichen Sie mit der Bundesrepublik (M 25b).

M26 Frauen im öffentlichen Leben der Bundesrepublik und der DDR in den 1980er-Jahren

a) Die Historikerin Martha Ibrahim über Frauen im öffentlichen Leben der DDR (1988; Lexikonartikel, F. = Frau/en)

[In] der DDR hat es bisher keinen weiblichen Regierungschef gegeben. Nur rund 23 v. H. der Bürgermeister oder Ratsvorsitzenden sind F., das heißt, unter den fünfzehn Bezirksratsvorsitzenden findet sich nur eine F. Es gibt nur fünf weibliche Mitglieder des Staatsrats und im 45 Mitglieder zählenden Ministerrat nur eine Ministerin. [...]
In der DDR stellen F. zwischen 30 und 40 v. H. der

Parteimitglieder, der Frauenanteil in der führenden SED ist dabei mit einem Drittel (1981) am geringsten. Unter den 17 stimmberechtigten Vollmitgliedern des Politbüros befindet sich keine einzige F. Der Frauenanteil in den parlamentarischen Vertretungskörperschaften lag 1980 zwischen 33,6 v. H. in der Volkskammer und 41,7 v. H. in den Kreistagen und Stadtverordnetenversammlungen der kreisfreien Städte, womit die F. zwar relativ stärker, im Verhältnis zu ihrem Anteil an der Bevölkerung aber immer noch zu schwach repräsentiert sind. Im FDGB stellen die F. mehr als 50 v. H. der Mitglieder, aber gleichzeitig nur den stellvertretenden Vorsitzenden und eine von fünfzehn Bezirksvorsitzenden. Grundsätzlich ist die F. in der DDR in den führenden Positionen der gesellschaftlichen Organisationen, der Parteien und des Staatsapparates unterrepräsentiert, und zwar umso mehr, je einflussreicher diese Positionen sind. Die Dominanz des Mannes in der „hohen" Politik ist ein gemeinsames und hervorstechendes Merkmal beider politischer Systeme.

(Martha Ibrahim, Frau, in: Wolfgang R. Langenbücher u. a. [Hg.], Handbuch zur deutsch-deutschen Wirklichkeit, Metzler, Stuttgart 1988, S. 212)

b) Ausgewählte Daten zum Frauenanteil in beruflichen und politischen Positionen in der Bundesrepublik Deutschland (in Prozent)

Weibliche Abgeordnete im 10. Deutschen Bundestag 1983–1987	9,8
Frauen im Parteivorstand von Parteien (1982/83)	
– CDU	6,3
– CSU	7,0
– FDP	12,1
– SPD	17,5
– Grüne	30,0
Frauen in Führungspositionen von Gewerkschaften (1983)	
– Handel, Banken und Versicherungen (HBV)	22,7
– Öffentlicher Dienst, Transport und Verkehr (ÖTV)	6,6
Frauen in Hochschulen (1987)	
– Professorinnen	7,6
– Assistentinnen, Akademische Rätinnen etc.	21,0
– Studentinnen	38,0
Richterinnen (1989)	18,0
Ärztinnen (1987)	26,2
Führungspositionen in der Wirtschaft (1986)	4,0
Frauenanteil bei den	
– Teilzeitbeschäftigten (1987)	92,7
– Arbeitslosen (1987)	48,6

(Quotierung – Reizwort oder Lösung? Expertenanhörung der hessischen Landesregierung am 2. Mai 1985. Wortprotokoll, Wiesbaden [1985], S. 26 ff.; Rainer Geißler, Soziale Ungleichheit zwischen Frauen und Männern im geteilten und im vereinten Deutschland, in: Aus Politik und Zeitgeschichte, 1991, B 14/15, S. 17; Statistische Jahrbücher für die Bundesrepublik Deutschland 1987 ff.)

1 Untersuchen Sie anhand von M 26 die Repräsentanz von Frauen in politischen und gesellschaftlichen Führungspositionen. Stellen Sie dabei die Bereiche heraus, in denen Frauen besonders häufig bzw. besonders gering vertreten sind.

2 Diskutieren Sie die Möglichkeiten und Grenzen von Frauen, spezifische Fraueninteressen in Politik und Gesellschaft zur Sprache zu bringen.

M27 Frauen im deutschen Parlament 1919–1994[1]

1 Arbeiten Sie anhand von M 27 die Präsenz von Frauen im politischen Leben der Bundesrepublik im Vergleich zur Weimarer Republik heraus.

1 1919–1933: Reichstag; 1949–1994: Bundestag; 1949–1987: nur alte Bundesländer; Anteil der Frauen im Bundestag 1998: 206 Frauen (= 30,8 %).

6 Zerfall des Sowjetimperiums und Umbrüche in der internationalen Politik

„Neues Denken" durch KSZE? Der Abbau der Konfrontation zwischen den beiden Supermächten, der Mitte der achtziger Jahre einsetzte, geht auf mehrere, zum Teil auch weiter zurückliegende Faktoren zurück. Einer davon war der KSZE-Prozess, d. h. die Arbeit der **Konferenz für Sicherheit und Zusammenarbeit in Europa**. Die KSZE begann 1972 ihre Tätigkeit mit Vorgesprächen und verabschiedete 1975 die „Schlussakte von Helsinki". 35 Staaten Europas und Nordamerikas unterzeichneten dieses Dokument, das zwei Ziele miteinander verband: Der politische Status quo in Europa wurde garantiert und die Unterzeichnerländer verpflichteten sich zur Einhaltung der Menschenrechte – so auch die Regierungen der Ostblockländer (M 28). Dies war vor allem für die Oppositionsgruppen in den Ostblockstaaten wichtig. Sie hatten jetzt eine von ihren eigenen Regierungen anerkannte Grundlage gefunden, auf die sie ihre Forderungen nach Freiheit stützen konnten. Da man in Helsinki auch noch gleich die Folgekonferenzen festlegte, blieb die KSZE ein Forum, auf dem Politikerinnen und Politiker ungeachtet neuer politischer Turbulenzen weiter verhandelten und zumindest das Gespräch miteinander aufrechterhielten. Die **MBFR-Verhandlungen** (Mutual Balanced Force Reduction), die die Rüstung betrafen, scheiterten allerdings zunächst und kamen erst nach 1989 weiter voran.

In welchem Maß die KSZE zum Abbau der Konfrontation und zur Wende 1989/91 beitrug, lässt sich historisch noch nicht abschließend bewerten. Neben den SALT-Verhandlungen (s. S. 372), den politischen Bemühungen der neuen deutschen Ostpolitik nach 1970 unter Bundeskanzler Willy Brandt (s. S. 396f.) und den MBFR-Verhandlungen war die KSZE einerseits ein wichtiges Forum, das andererseits aber praktische Fortschritte nur dann vorzeigen konnte, wenn auch die beiden Supermächte an einem Ausbau der Kooperation interessiert waren.

Perestroika, Glasnost und „Neues Denken" Die amerikanische Politik der Stärke, wie sie seit 1981 vor allem Präsident Reagan betrieb, brachte zunächst einen Rüstungswettlauf in Gang, der für die Sowjetunion volkswirtschaftlich ruinös war. Erst **Michail Gorbatschow** (geb. 1931), der 1985 in der UdSSR die Regierungsgeschäfte übernahm, leitete eine neue Politik ein. Er ging davon aus, dass die Erhaltung der sowjetischen Macht nur durch einen umfassenden innenpolitischen Umbau zu erreichen sei, der entsprechend außenpolitisch von einem Kurs der Entspannung begleitet werden müsse. Seine auch im Westen populär gewordenen Leitbegriffe lauten „Perestroika" (= Umbau), „Glasnost" (= Öffentlichkeit) und „Neues Denken". Die beiden ersten Begriffe bezogen sich vornehmlich auf die Innenpolitik und benannten einen Prozess, der sich mit einer marktwirtschaftlichen und demokratischen Öffnung der sowjetischen Gesellschaft verband – allerdings immer zentral gelenkt durch die KPdSU. Im Begriff des „Neuen Denkens" wurde eine neue Konzeption der sowjetischen Außen- und Sicherheitspolitik erkennbar. Eine defensive Militärdoktrin sollte das Streben nach militärischer Überlegenheit ablösen, da man nur so dem ruinösen Kostendruck der Rüstung entkommen konnte. Gorbatschow betonte die Einheit der Welt und das Prinzip der „friedlichen Koexistenz", das nicht nur zwischen der UdSSR und den USA, sondern global zu gelten habe. Seit 1987 begann Gorbatschow dann auch tatsächlich damit, das weltpolitische Engagement der UdSSR abzubauen. Die Sowjetunion zog sich aus Angola zurück, beendete den Krieg in Afghanistan und gab ihre Unterstützung für die linksgerichtete sandinistische Regierung in Nicaragua auf. Der neue politische Kurs von Michail Gorbatschow gehört zu den herausragenden Faktoren, die den internationalen Wandel 1989/91 begründeten (M 30).

Karte 2 Die Auflösung der Sowjetunion und die „Gemeinschaft Unabhängiger Staaten"/GUS

— Fassen Sie anhand von Karte 2 den politischen Auflösungsprozess der UdSSR zusammen und bewerten Sie ihn mit Blick auf den Wandel in der internationalen Politik.

Der Abbau internationaler Konfliktfelder durch die UdSSR ermöglichte es der amerikanischen Führung unter Ronald Reagan, seit Mitte der achtziger Jahre wieder auf einen Kooperationskurs einzuschwenken. Nach dem **Gipfeltreffen von Reykjavik** im Herbst 1986 gelang beiden Politikern der entscheidende Durchbruch bei der nuklearen Abrüstung. Ein Jahr später konnte der INF-Vertrag (Intermediate-range Nuclear Forces) abgeschlossen werden, der weltweit die Vernichtung aller nuklearen Mittelstreckenraketen kürzerer und längerer Reichweite besiegelte. Damit wurde erstmals in der Geschichte der Rüstungskontrolle eine hochmoderne Waffenkategorie komplett abgerüstet.
Die **fundamentale Neuorientierung der Politik zwischen den USA und der UdSSR** in einem Geist des Vertrauens und der Zusammenarbeit eröffnete gegen Ende der achtziger Jahre allen kommunistischen Staaten Freiräume, die vor allem in Osteuropa eigenständig genutzt wurden. Die Reformkräfte in Polen und Ungarn beriefen sich auf das sowjetische Vorbild der wirtschaftlichen und innenpolitischen Liberalisierung und öffneten sich nach Westen. Unter dem Druck von Reformbewegungen brachen nach und nach die kommunistischen Regierungen Osteuropas zusammen und wurden durch demokratische Herrschaftssysteme ersetzt. Außerhalb Europas, in Kuba, Nord-Korea und China, können sich die kommunistischen Regierungen allerdings noch behaupten.

Zerfall der UdSSR Die sowjetischen Reformkräfte unter Führung von Michail Gorbatschow wandelten seit 1985 auf einem schmalen Grat. Die Liberalisierung von Wirtschaft und Gesellschaft und die Stärkung der Selbstständigkeit der einzelnen Republiken wurden immer problematischer. Der allgemeine **Lebensstandard sank**, die Nahrungsmittelversorgung verschlechterte sich zunehmend und in den einzelnen Republiken brachen **Nationalitätenkonflikte** aus, die den Bestand der Union der sozialistischen Republiken gefährdeten. Hinzu kam, dass Gorbatschows internationale Kooperationsbereitschaft und seine Zugeständnisse bei den Abrüstungsverhandlungen das Misstrauen der konservativen sowjetischen Militärkreise weckte, die sich dem „Ausverkauf" sowjetischer Interessen widersetzten. Bestätigt sahen sich diese Kräfte durch Vorgänge, die in den baltischen Staaten ihren Ausgang nahmen: Estland, Lettland und Litauen wollten auch nach Androhung von Gewaltanwendung nicht mehr in der Union der Sozialistischen Sowjetrepubliken bleiben und erklärten 1990 ihre **Unabhängigkeit**, mit der Folge, dass auch die übrigen zwölf Sowjetrepubliken weit reichende Autonomierechte von der Zentralregierung einforderten. Gorbatschows Versuch mit einem neuen Unionsvertrag dem sowjetischen Gesamtstaat eine neue Basis für den Erhalt als Großmacht zu geben scheiterte. Im Dezember 1991 erklärten die Präsidenten von Russland, der Ukraine und Weißrussland die UdSSR für aufgelöst und gründeten die **Gemeinschaft Unabhängiger Staaten/GUS**. Kurze Zeit später traten die anderen Republiken mit Ausnahme der baltischen Staaten der GUS bei. Gorbatschow gab seine Ämter zurück, die Sowjetunion existierte nicht mehr (Karte 2).

Nach dem Ende des Kommunismus in Osteuropa, der Auflösung der DDR und dem Vollzug der deutschen Einheit 1990 waren mit dem Ende der Sowjetunion im Dezember 1991 der **Kalte Krieg und der Ost-West-Konflikt beendet**.

| Entwicklungen in Ost- und Südosteuropa |

Der 1972 beginnende KSZE-Prozess hatte Konsequenzen für die Sowjetunion und die sozialistische Staatengemeinschaft. Denn unter Berufung auf die Prinzipien von Helsinki entstanden in den osteuropäischen Staaten Bürgerrechtsbewegungen, die trotz Einschüchterungen und Verfolgung die Einhaltung der Menschenrechte forderten – wozu ihre Regierungen sich in Helsinki ja verpflichtet hatten.

In **Polen** wurde die katholische Arbeiterbewegung der Gewerkschaft „**Solidarnosc**" (= Solidarität), der sich viele Intellektuelle anschlossen, zur Trägerin des antikommunistischen Widerstands (M 29b). Einen starken Auftrieb und internationale Unterstützung erhielten die Oppositionskräfte durch mehrere Ereignisse. 1978 wurde der polnische Kardinal Karol Wojtyla (geb. 1920) zum Papst gewählt und besuchte ein Jahr später seine noch von den Kommunisten regierte Heimat. In Polen, wo die katholische Kirche auch zu kommunistischen Zeiten immer eine relativ starke Stellung gegenüber der Staatsmacht innehatte, empfanden viele den Papstbesuch als Bestätigung ihrer oppositionellen Haltung. Nach einer großen Streikwelle von Juli bis September 1980 (B 19) geriet das kommunistische Regime immer weiter in die Defensive und verhängte 1981 das Kriegsrecht. Die Solidarnosc wurde wenige Wochen später, Anfang 1982, verboten. Aber die stalinistischen Unterdrückungsmethoden, die im Oktober/November 1984 in der Entführung und Ermordung des Priesters Popieluszko gipfelten, konnten das Anwachsen der Oppositionsbewegung nicht stoppen.

1989 begannen an einem „Runden Tisch" Gespräche zwischen der Regierung und der verbotenen Gewerkschaft Solidarnosc. Die friedliche Umwandlung eines kommunistischen Regimes in einen demokratischen und privatwirtschaftlichen Rechtsstaat war angestoßen. In den ersten freien Wahlen 1989 wurde Tadeusz Mazowiecki, Chefredakteur der unabhängigen Gewerkschaftszeitung, erster nichtkommunistischer Ministerpräsident im Ostblock. **Lech Walesa** (geb. 1943), ein Elektriker von der Lenin-Werft in Danzig und Mitbegründer der Gewerkschaft Solidarnosc, wurde zum Staatspräsidenten gewählt.

Anders als in Polen ging die Umwandlung des Regimes in **Ungarn** von Intellektuellen aus. 1956, nach der Niederschlagung des Volksaufstands durch die UdSSR, hatte sich die Mehrheit der Bevölkerung in Ungarn mit dem Regime, das im Gegensatz zu anderen Ostblockstaaten einen relativ liberalen Kurs steuerte, arrangiert; Ungarn stand in dem volkstümlichen Ruf die „fröhlichste

Baracke des sozialistischen Lagers" zu sein. Eine Wirtschaftskrise und die Reformpolitik Gorbatschows gaben der Oppositionsbewegung Ende der achtziger Jahre neuen Auftrieb und leiteten wenige Monate später einen grundlegenden **Systemwandel** ein: Die Gespräche am „Runden Tisch" mit der Opposition führten 1989 zur Verfassungsreform, zum Aufbau eines Mehrparteiensystems und zu Wirtschaftsreformen in Richtung auf eine freie Marktwirtschaft. Der Abbau der Grenzsperren zu Österreich im September 1989 öffnete nicht nur den Ungarn den Weg in den Westen: DDR-Bürger reisten zu Tausenden nach Ungarn um von dort über Österreich in die Bundesrepublik zu gelangen.

Die Niederschlagung des „Prager Frühlings" im August 1968 durch Truppen des Warschauer Paktes hatte der Bevölkerung in der **Tschechoslowakei** den Glauben an die Reformierbarkeit des sozialistischen Systems zu einem „Sozialismus mit menschlichem Antlitz" zunächst geraubt. Aber nach der Unterzeichnung der KSZE-Schlussakte von Helsinki (1977) gründete sich die Bürgerrechtsbewegung **„Charta '77"**, die die Zusagen der Ostblockregierungen in ihrem Land zur Geltung bringen wollte (M 29a). Der Schriftsteller **Vaclav Havel** (geb. 1936) wurde ihr führender Vertreter, der nach seinem mutigen Auftreten gegen das Regime Publikationsverbot erhielt, immer wieder zu mehrjährigen Gefängnisstrafen verurteilt wurde und der, war er in Freiheit, seinen Lebensunterhalt als Heizer verdienen musste. Parallel zu den Reformen in der Sowjetunion, Polen und Ungarn gelang im Herbst 1989 in der Tschechoslowakei eine **„sanfte Revolution"**, die durch Massendemonstrationen und Generalstreiks eine rasche Wende herbeiführten. Im Dezember 1989 wurde Vaclav Havel Staatspräsident. Die Forderung der slowakischen Nationalbewegung nach einem eigenen Staat führte 1992 zur Aufhebung der Föderation mit der tschechischen Republik, wie sie seit 1990 bestanden hatte. Die **friedliche Trennung zwischen Tschechien und der Slowakei** ist in der europäischen Geschichte der Nationalstaatsbildung eine bemerkenswerte Ausnahme.

Im Gegensatz zu den friedlichen Wandlungen in Polen, Ungarn, der Tschechoslowakei, der DDR (s. S. 434 f., 439) und Bulgarien verliefen die **Umstürze in Rumänien und Jugoslawien gewaltsam**. Der stalinistische Diktator Nicolae Ceaucescu (1908–1989) hatte jahrzehntelang das rumänische Volk mit Hilfe der Geheimpolizei „Securitate" brutal unterdrückt. 1989 löste dann die Verhaftung eines regimekritischen Pfarrers den Aufstand von Temesvar aus. Ceaucescu ließ Tausende von Regimegegnern ermorden. Als Teile der Armee sich auf die Seite der Aufständischen stellten, kam die Wende. Im Dezember 1989 wurden Nicolae Ceaucescu und seine Frau verhaftet, von einem Militärgericht zum Tod verurteilt und erschossen. Eine „Front zur Nationalen Rettung" aus ehemaligen Kommunisten und Teilen der Oppositionsbewegung leitete den Regimewandel ein. Der Aufbau neuer, demokratischer Herrschaftsstrukturen vollzieht sich allerdings sehr langsam, da viele der alten Kräfte, insbesondere aus der Securitate, immer noch wichtige Machtpositionen besetzt halten.

In Jugoslawien löste der Wandel einen fünfjährigen Bürgerkrieg aus, der erst seit kurzem auf einem – allerdings noch unsicheren – Friedensschluss ruht (s. den historischen Längsschnitt S. 489–515).

| Ende der Bipolarität und weltpolitische Folgen |

Mit dem Ende der bipolaren Welt ist eine **neue Unübersichtlichkeit** entstanden, die in Europa von gegensätzlichen Tendenzen geprägt wird. In der östlichen Hälfte Europas sind die alten Nationalstaaten wieder entstanden; manche wurden friedlich gebildet, wie zum Beispiel die Slowakei, Tschechien, Weißrussland, die Ukraine und Moldawien, andere, wie im ehemaligen Jugoslawien, durch Krieg. In anderen Regionen, wie zum Beispiel im Kaukasus, haben sich ethnische und religiöse Konflikte zu schwer entwirrbaren Problemknäueln verknüpft. Westeuropa wiederum ist unter dem Schutz der NATO und als marktwirtschaftlich-demokratisches Modell in der ideologischen Auseinandersetzung mit dem sozialistisch-autoritären Osten wirtschaftlich und politisch stärker zusammengewachsen. Auch hat sich hier die Tendenz verstärkt staatliche Souveränitätsrechte freiwillig an supranationale Einrichtungen abzugeben, um den neuen Herausforderungen der Globalisierung durch eine starke europäische Gemeinschaft entgegentreten zu können.

Nach dem Ende der Bipolarität müssen auch die **Aufgaben der NATO, der WEU und der OSZE neu überdacht** werden. Politisch schwierig gestaltet sich die Antwort auf die Frage, welche Staaten in naher Zukunft in die EU oder in die NATO aufgenommen werden sollen. Vor allem die Aufnahme ehemaliger Staaten des Warschauer Paktes in die NATO berührt die russischen Sicherheitsinteressen; die Aufnahme von Russland selbst wird kontrovers diskutiert.

M28 Aus der Helsinki-Schlussakte der Konferenz über Sicherheit und Zusammenarbeit in Europa/KSZE vom 1. August 1975

VII. Achtung der Menschenrechte und Grundfreiheiten, einschließlich der Gedanken-, Gewissens-, Religions- oder Überzeugungsfreiheit

Die Teilnehmerstaaten werden die Menschenrechte und Grundfreiheiten einschließlich der Gedanken-, Gewissens-, Religions- oder Überzeugungsfreiheit für alle ohne Unterschied der Rasse, des Geschlechts, der Sprache oder der Religion achten. Sie werden die wirksame Ausübung der zivilen, politischen, wirtschaftlichen, sozialen, kulturellen sowie anderen Rechte und Freiheiten, die sich alle aus der dem Menschen innewohnenden Würde ergeben und für seine freie und volle Entfaltung wesentlich sind, fördern und ermutigen.

In diesem Rahmen werden die Teilnehmerstaaten die Freiheit des Individuums anerkennen und achten, sich allein oder in Gemeinschaft mit anderen zu einer Religion oder einer Überzeugung in Übereinstimmung mit dem, was sein Gewissen ihm bietet, zu bekennen und auszuüben.

(Europa-Archiv, Jg. 30, 1975, S. D 441)

1 Ordnen Sie die Schlussakte in den historischen Kontext ein.
2 Erläutern Sie die Bedeutung der Helsinki-Akte für die Entspannungspolitik.

M29 Bürgerrechtsbewegungen und das Ende des Kommunismus in Osteuropa

a) Aus der tschechoslowakischen „Charta '77", 1977

„Charta '77" ist eine freie, informelle und offene Gemeinschaft von Menschen verschiedener Überzeugungen, verschiedener Religionen und verschiedener Berufe, verbunden durch den Willen sich einzeln und gemeinsam für die Respektierung der Bürger- und Menschenrechte in unserem Land und in der Welt einzusetzen – jener Rechte, die dem Menschen von beiden kodifizierten internationalen Pakten, von der Abschlussakte der Konferenz in Helsinki, von zahlreichen weiteren internationalen Dokumenten gegen Krieg, Gewaltanwendung und soziale und geistige Unterdrückung zugestanden werden, und die zusammenfassend von der „Allgemeinen Erklärung der Menschenrechte" der UN zum Ausdruck gebracht werden. „Charta '77" fußt auf dem Boden der Solidarität und Freundschaft von Menschen, die von der gemeinsamen Sorge um das Geschick der Ideale bewegt werden, mit denen sie ihr Leben und ihre Arbeit verbunden haben und verbinden. „Charta '77" ist keine Organisation, hat keine Statuten, keine ständigen Organe und keine organisatorisch bedingte Mitgliedschaft. Ihr gehört jeder an, der ihrer Idee zustimmt, an ihrer Arbeit teilnimmt und sie unterstützt. „Charta '77" ist keine Basis für oppositionelle politische Tätigkeit. Sie will dem Gemeininteresse dienen wie viele ähnliche Bürgerinitiativen in verschiedenen Ländern des Westens und des Ostens. Sie will also nicht eigene Programme politischer oder gesellschaftlicher Reformen oder Veränderungen aufstellen, sondern in ihrem Wirkungsbereich einen konstruktiven Dialog mit der politischen und staatlichen Macht führen, insbesondere dadurch, dass sie auf verschiedene konkrete Fälle von Verletzungen der Menschen- und Bürgerrechte hinweist, deren Dokumentation vorbereitet, Lösungen vorschlägt, verschiedene allgemeine Vorschläge unterbreitet, die auf Vertiefung dieser Rechte und ihrer Garantien abzielen, und als Vermittler in anfallenden Konfliktsituationen wirken, die durch Widerrechtlichkeit verursacht werden können.

(Ladislav Hejdánek, Wahrheit und Widerstand. Prager Briefe, übers. von Milan Walter, München 1988, S. 274f.)

B 19 Streik auf der Danziger Lenin-Werft im Sommer 1980, Fotografie. – Der Streik wurde von Lech Walesa angeführt. Anfangs nur ein Kampf für Lohnerhöhungen und gegen Preissteigerungen wurden bald das Streikrecht und die Zulassung einer unabhängigen Gewerkschaft gefordert und schließlich die unabhängige Gewerkschaftsorganisation „Solidarnosc" ausgerufen.

b) Aus dem Programm der polnischen Gewerkschaft „Solidarnosc", Oktober 1981

Die „Solidarnosc" vereint viele gesellschaftliche Strömungen, vereint Menschen mit unterschiedlichen politischen und religiösen Überzeugungen und Menschen unterschiedlicher Nationalität. Uns verbindet der Protest gegen die Ungerechtigkeit,
5 gegen den Missbrauch der Macht und die Monopolisierung des Rechts im Namen der gesamten Nation zu sprechen und zu handeln. Uns verbindet der Protest gegen den Staat, der die Bürger wie sein Eigentum behandelt. Wir lehnen es ab, dass
10 die arbeitende Bevölkerung im Konflikt mit dem Staat der authentischen Interessenvertretung beraubt ist, dass es keinen Schutz gibt gegen den „guten Willen" der Machthaber, die allein über den Grad der Freiheit entscheiden, den sie ihren Bür-
15 gern zugestehen. Wir verurteilen, dass unbedingter politischer Gehorsam anstelle von Eigeninitiative und Selbstständigkeit belohnt wird. Uns verbindet die Ablehnung der Lüge im öffentlichen Leben, die Verschwendung der Ergebnisse der har-
20 ten Arbeit des Volkes. [...] Grundlage des Handelns muss die Achtung des Menschen sein. Der Staat muss dem Menschen dienen und darf nicht über ihn herrschen, die Organisierung des Staates muss der Gesellschaft dienen und darf nicht von einer
25 einzigen politischen Partei monopolisiert werden. Der Staat muss so organisiert sein, dass er das Wohl des gesamten Volkes zum Ausdruck bringt.
(Barbara Büscher u. a. [Hg.], Solidarnosc, Köln 1983, S. 297)

c) Reformvorschläge der russischen Wissenschaftler Andrej Sacharow, V. Turtschin und Schores A. Medwedjew in einem Schreiben an die sowjetische Staatsführung vom 19. März 1970 (Auszug)

Es ist deshalb notwendig, auch wieder von ideologischen Fragen zu sprechen. Die Demokratisierung und eine Fülle von Information und Wettbewerb werden unserem ideologischen Leben – Gesellschaftswissenschaften, Kunst und Propaganda – wieder einen dynamischen und schöpferischen Inhalt geben und den bürokratischen, rituellen, 5 dogmatischen, pompösen, heuchlerischen und mittelmäßigen Stil liquidieren, der heute darin vorherrscht. Der Kurs auf Demokratisierung wird den Zwiespalt zwischen dem Partei- und Staatsapparat und der Intelligenz beseitigen. An die Stelle des ge- 10 genseitigen Unverständnisses wird eine enge Zusammenarbeit treten. Der Kurs auf Demokratisierung wird eine Welle des Enthusiasmus erzeugen, wie es ihn in den zwanziger Jahren gab. Die besten intellektuellen Kräfte des Landes werden für die Lö- 15 sung der wirtschaftlichen und sozialen Probleme mobilisiert werden. [...] Die Einführung der Demokratisierung und Initiative und Kontrolle der höchsten Organe wird ermöglichen diesen Prozess planmäßig durchzuführen und alle Ebenen des Partei- 20 und Staatsapparats auf einen neuen Arbeitsstil umzustellen, der sich vom bisherigen durch größere Offenheit und freiere Diskussion aller Probleme unterscheidet. Ohne Zweifel wird die Mehrheit der Funktionäre, die ja in einem modernen und hoch 25

entwickelten Land aufgewachsen und erzogen worden sind, sich auf diesen neuen Arbeitsstil umstellen und rasch dessen Vorteile erkennen können. Die Aussiebung einer kleinen Zahl von Unfähigen wird die Sache nur erleichtern.
(Cornelia Gerstenmaier, Die Stimme der Stummen, Stuttgart 1972, S. 335f. und 340f.)

1 Erläutern Sie Grundlagen und Ziele der Bürgerrechtsbewegungen in der Tschechoslowakei, Polen und der UdSSR (M 29a bis c) und gewichten Sie die Bedeutung der KSZE-Schlussakte (M 28) für die Bürgerrechtsbewegungen.
2 Beschreiben Sie die Vorgehensweise der Bürgerrechtler in M 29a bis c.

M30 Am 25. Dezember 1991 zog Michail Gorbatschow anlässlich seines Rücktritts als Präsident der Sowjetunion in einer Rede eine innen- und außenpolitische Bilanz (Auszug)
Verehrte Landsleute! Mitbürger!
Angesichts der Situation, die nach der Gründung der Gemeinschaft Unabhängiger Staaten entstanden ist, beende ich meine Tätigkeit als Präsident der UdSSR. Diese Entscheidung treffe ich auf Grund meiner Prinzipien. Ich trat immer fest ein für die Selbstständigkeit und Unabhängigkeit der Völker, die Souveränität der Republiken. Aber gleichzeitig war ich auch für die Erhaltung des Unionsstaates und des ganzen Landes. Die Ereignisse haben sich in eine andere Richtung entwickelt.
Ich spreche zu Ihnen das letzte Mal als Präsident der UdSSR. Deshalb halte ich es für notwendig, meinen seit 1985 gegangenen Weg einzuschätzen. Und dies umso mehr, da es darüber nicht wenig oberflächliche, widersprüchliche und nicht objektive Wertungen gibt.
Das Schicksal hat es so gefügt, dass es sich bereits bei meiner Amtsübernahme zeigte, dass es im Land Probleme gab. […] Der Prozess der Erneuerung des Landes und der grundlegenden Veränderungen in der Weltgemeinschaft hat sich komplizierter erwiesen, als man voraussagen konnte. Trotzdem muss man das Vollbrachte gebührend einschätzen. Die Gesellschaft wurde frei. Und das in politischer und geistiger Hinsicht. Und das ist die größte Errungenschaft. Sie wird bei uns jedoch nicht gebührend gewürdigt. Und wahrscheinlich deshalb, weil wir es immer noch nicht gelernt haben, die Freiheit richtig zu nutzen. Trotzdem wurde eine Arbeit von historischer Bedeutung geleistet. Es wurde ein totalitäres System beseitigt, das ein weiteres Aufblühen und Wohlergehen des Landes verhinderte. Es wurde der Durchbruch zu demokratischen Veränderungen vollzogen. Freie Wahlen, eine freie Presse, Religionsfreiheit, wirkliche Machtorgane und ein Mehrparteiensystem wurden zur Realität. Die Menschenrechte wurden als oberstes Prinzip anerkannt. […]
Wir leben in einer anderen Welt: Der „Kalte Krieg" ist vorbei. Das Wettrüsten wurde gestoppt. Die wahnsinnige Militarisierung unseres Landes, die unsere Wirtschaft, das gesellschaftliche Bewusstsein und die Moral zugrunde richtete, wurde beendet. Die Gefahr eines Weltkriegs wurde beseitigt. Ich möchte noch einmal betonen, dass von meiner Seite in der Übergangsperiode alles für eine zuverlässige Kontrolle der Kernwaffen getan wurde. Wir öffneten uns der Welt und verzichteten auf die Einmischung in fremde Angelegenheiten sowie auf den Einsatz von Truppen außerhalb unseres Landes. Und man antwortete uns mit Vertrauen, Solidarität und Respekt. Wir wurden zu einer der wichtigsten Stützen bei der Umgestaltung der modernen Zivilisation auf friedlicher und demokratischer Basis. Die Völker und Nationen haben die reale Freiheit erhalten den Weg ihrer Entwicklung selbst zu bestimmen. Die Suche nach einer demokratischen Reformierung unseres Vielvölkerstaates führte uns an die Schwelle eines neuen Unionsvertrages. Ich möchte von ganzem Herzen all jenen danken, die in all diesen Jahren mit mir für die gerechte und gute Sache eingetreten sind. Sicherlich war eine Reihe von Fehlern vermeidbar. Vieles hätte man besser machen können. Aber ich bin überzeugt, dass unsere Völker in einer aufblühenden und demokratischen Gesellschaft leben werden. Ich wünsche Ihnen alles Gute.
(Sowjetunion heute/Wostok, Nr. 1, Februar 1992)

1 Erläutern Sie, wodurch es dem sowjetischen Präsidenten Michail Gorbatschow gelang, den Kalten Krieg zu überwinden.
2 Untersuchen Sie, welche Kritik Gorbatschow an der bisherigen Innen- und Außenpolitik der Sowjetunion äußert.
3 Beurteilen Sie die Bedeutung Gorbatschows für den Wandel im Ostblock.

7 Die staatliche Einheit

7.1 Die friedliche Revolution in der DDR und das Ringen um die Einheit 1989/90

Wachsende Opposition

Am Anfang vom Ende der DDR standen die **Kommunalwahlen im Mai 1989**. Wie üblich stimmten nach dem offiziellen Wahlergebnis fast 99 Prozent der Bevölkerung dem „gemeinsamen Wahlvorschlag der Nationalen Front" zu und wie üblich war das Wahlergebnis gefälscht. Nicht üblich war der Protest von oppositionellen Gruppen und von Kirchengemeinden: Sie erstatteten Strafanzeigen gegen die Wahlfälscher. An manchen Orten sollen bis zu zwanzig Prozent der Wahlberechtigten mit Nein gestimmt haben.

Parallel zu den Konflikten um die Kommunalwahlen steigerte sich die **Ausreisewelle**. Tausende von DDR-Bürgern besetzten im Sommer 1989 die Ständige Vertretung der Bundesrepublik in Ostberlin und ihre Botschaften in Budapest, Prag und Warschau, ließen sich auch nicht von deren zeitweiliger Schließung abschrecken. Mitte Juni 1989 forderte die **„Initiative für Frieden und Menschenrechte"** öffentlich eine Diskussion über den Stalinismus in der DDR. Am 24. Juni rief eine Initiativgruppe zur Gründung einer sozialdemokratischen Partei in der DDR auf. Obwohl die Opposition wuchs und immer selbstbewusster auftrat, glaubte das DDR-Regime, dass es die innenpolitische Situation unter Kontrolle habe.

Die Opposition organisiert sich

Als **Ungarn** ab 10./11. September 1989 ohne Absprache mit der DDR-Regierung auch DDR-Bürger unbehelligt über die seit Mai **geöffnete Grenze nach Österreich** ausreisen ließ, brachen die Dämme. Noch im September wechselten über 25 000 Menschen in die Bundesrepublik über. Als ebenso bedrohlich für die Stabilität der DDR erwies sich die immer mutiger werdende Opposition, die häufig unter dem Dach und dem Schutz der evangelischen Kirche agierte. Die unabhängige Opposition setzte sich bis dahin im Grunde aus Hunderten von Freundesgruppen zusammen, ihr fehlte eine organisatorische Struktur. Das änderte sich. Am 12. September veröffentlichte die Bürgerbewegung **„Demokratie jetzt"** einen Gründungsaufruf; am 19. September beantragte das **„Neue Forum"** offiziell die Zulassung als politische Vereinigung. Das war in den Augen der DDR-Führung unglaublich und wurde wegen der „staatsfeindlichen" Ziele des „Neuen Forums" auch abgelehnt. Trotzdem trugen sich Tausende in die Mitgliederlisten ein. In Leipzig demonstrierten Montag für Montag immer mehr Bürger im Anschluss an ein Friedensgebet in der Nikolaikirche. Am 4. Oktober forderten die Oppositionsgruppen in einem gemeinsamen Aufruf erstmals freie Wahlen unter UN-Kontrolle und damit die Abschaffung der SED-Diktatur. Wegen der Feiern zum 40. Gründungstag der DDR am 7. Oktober 1989, aber nicht nur deshalb, reagierte der Staatsapparat hart. Oppositionelle wurden verhaftet, nicht genehmigte Massendemonstrationen gewaltsam aufgelöst.

Der Durchbruch der Opposition

Die Wende brachte die Teilnahme des sowjetischen Präsidenten Gorbatschow an den Gründungsfeierlichkeiten der DDR. Verklausuliert forderte er die DDR-Führung zu Reformen auf, warnte vor den Gefahren für „jene, die nicht auf das Leben reagieren". Der Volksmund machte daraus „Wer zu spät kommt, den bestraft das Leben" und drohte damit der SED auf Spruchtafeln. Am Tage der Gründungsfeierlichkeiten riefen DDR-Bürger die **„Sozialdemokratische Partei der DDR"** ins Leben.

Den Durchbruch für die Oppositionsbewegung brachte die **Leipziger Montagsdemonstration** am 9. Oktober 1989 (B 20). 70 000 Menschen nahmen teil, obwohl Gerüchte über den Einsatz der

B 20 Jochen Knobloch, Leipzig, 9. Oktober 1989, Fotografie

— Erläutern Sie, ausgehend von B 20, den Begriff der „friedlichen Revolution".
— Vergleichen Sie die Proteste des 17. Juni 1953 (s. S. 410) mit den Protesten von 1989 und erklären Sie den Erfolg von 1989.

Volksarmee gegen die Demonstration umliefen. „Keine Gewalt!", riefen die Menschen und: „Wir bleiben hier!", vor allem aber: **„Wir sind das Volk!"**. Am 17. Oktober setzte das Politbüro der SED Erich Honecker als Generalsekretär ab; sein Nachfolger wurde Egon Krenz (geb. 1937). Mit personellen Retuschen war die Systemkrise der DDR jedoch nicht mehr zu lösen. Allein in Leipzig demonstrierten jetzt jeden Montag Hunderttausende. Am 4. November erreichte die Demonstrationswelle in Ostberlin ihren Höhepunkt. Eine halbe Million Menschen forderte Presse-, Reise-, Meinungs- und Versammlungsfreiheit, Rechtsstaatlichkeit und freie Wahlen und damit eine grundlegende Umgestaltung von Staat und Gesellschaft.

| Der Fall der Berliner Mauer |

Am **9. November 1989** fiel die Mauer, wie sie am 13. August 1961 gekommen war: nachts und unerwartet. Es wird wohl kaum noch genau zu rekonstruieren sein, wie aus einer im beiläufigen Ton angekündigten Mitteilung des SED-Politbüromitglieds Günter Schabowski am Abend des 9. November, es werde sehr bald befriedigende Regelungen für Westreisen der DDR-Bürger geben, innerhalb weniger Stunden eine faktische Öffnung der DDR-Grenzen wurde. Jedenfalls strömten noch in der Nacht des 9. November Zehntausende von Ostberlinern in den Westen der Stadt.

Von einem zum anderen Tag änderte sich fast alles, auch für die Westdeutschen. Bis zum 9. November hatten sie die Ereignisse in der DDR fasziniert, aber in sicherer Entfernung am Fernsehschirm verfolgt. Plötzlich gingen die Ereignisse sie direkt an und sie ahnten, dass ihr Staat Bundesrepublik nicht unverändert bleiben würde. „Jetzt wächst zusammen, was zusammengehört", sagte Willy Brandt am 10. November auf einer Kundgebung in Berlin. Zumindest nachträglich erscheint es so, als habe mit dem Fall der Mauer auch die staatliche Souveränität der DDR geendet. Alles, was in den folgenden Wochen von den Politikern in Ost und West erdacht und besiegelt wurde, wie die Vereinbarungen zwischen der Bundesrepublik und der DDR zur Regelung des Grenzverkehrs, wirkte merkwürdig nachholend. Denn den Gang der Ereignisse bestimmten die Menschen auf den Demonstrationen in der DDR. Statt „Wir sind das Volk" riefen sie bald **„Wir sind ein Volk"**. Der sicherste Weg zu Wohlstand und Demokratie schien den meisten die Vereinigung mit der Bundesrepublik zu sein. Nicht noch einmal sozialistische Experimente – das war die Stimmung bei der Mehrheit. Die Bürgerbewegungen erhielten viel Zulauf und Zuspruch, wenn sie alte Machtstrukturen beseitigten, in Städten und Gemeinden die Bürgermeister der Kontrolle eines Runden Tisches unterstellten, die Zentrale und die Zweigstellen der „Stasi" besetzten. Doch wenn sie von Reformen oder von einer neuen Verfassung für die DDR sprachen, vor einem zu schnellen Einigungstempo warnten, hörte niemand mehr hin.

Bis Ende Januar 1990 zerfiel die DDR zusehends. Die SED schrumpfte von 2,6 Mio. auf 700 000 Mitglieder. Sie wählte eine neue Führung, benannte sich zweimal um, zuletzt in **Partei des demokratischen Sozialismus (PDS)** – umsonst. Besser erging es den im November/Dezember 1989 rasch gewendeten Blockparteien, die sich nun den Bonner Regierungsparteien CDU und FDP als Partner empfahlen. Der neuen DDR-Regierung unter Hans Modrow (geb. 1928) fehlte es an Autorität; überall im Staatsapparat saßen noch die alten Kader. Ende Januar beschlossen die Vertreter des Runden Tisches bei der Regierung Modrow, die geplanten **Neuwahlen** für die Volkskammer auf den **18. März 1990** vorzuziehen. Der Wahlkampf drehte sich nur um die Frage „Wie schnell kommt die Einheit?" Wahlsieger am 18. März 1990 war die CDU und so sollte es auch bei den folgenden Wahlen des Jahres 1990 in der DDR oder dann ehemaligen DDR bleiben.

| 1989 – die friedliche Revolution |

Viele Zeitgenossen und Historiker verwenden den Begriff der „friedlichen Revolution", um die dramatischen Ereignisse in der DDR 1989/90 zu charakterisieren. In der **Geschichtswissenschaft** kennzeichnet der Revolutionsbegriff Veränderungen, die vollständig mit der Vergangenheit brechen bzw. einen radikalen Neuanfang markieren, d. h.: Erstens sind Revolutionen bewusst angestrebte und erfahrene Umwälzungen, die auf umfassenden politischen und gesellschaftlichen Wandel zielen; zweitens werden sie von dem Bewusstsein getragen, dass die Umgestaltung der Verhältnisse zu einem Fortschritt der Menschheit führt; drittens werden Revolutionen häufig durch gewaltsame Aktionen ausgelöst, die offen Widerstand gegen die bestehende Ordnung leisten. Diese Definition lässt sich durchaus auf den Umbruch in der DDR anwenden. Zwar vertrat die Opposition in der DDR keine neuen, utopischen Ideen, aber ihre Forderung nach Abschaffung der Parteidiktatur und nach der Durchsetzung der Prinzipien der bürgerlichen Gesellschaft sowie einer demokratischen, rechts- und verfassungsstaatlichen Regierungsform bedeutete einen radikalen Bruch mit dem bisherigen kommunistischen System. Im Unterschied zu früheren Revolutionen (Französische Revolution 1789, Oktoberrevolution in Russland 1917) verzichtete die Opposition in der DDR allerdings auf die Anwendung von Gewalt – daher auch die Bezeichnung „friedliche Revolution".

| Die Siegermächte und die Vereinigung |

Die Vereinigung setzte die Zustimmung der Siegermächte des Zweiten Weltkrieges voraus. Und so wie der Beginn des Kalten Krieges zur deutschen Spaltung geführt hatte, war das **Ende des Ost-West-Konfliktes** 1990 die Voraussetzung für die Vereinigung der beiden deutschen Staaten. Die außenpolitische Absicherung der Vereinigung gelang der Bundesregierung überraschend schnell. Nach der friedlichen Revolution in der DDR bereiteten die nach innen wie nach außen gerichteten Initiativen der christlich-liberalen Regierung Kohl/Genscher die Wiedervereinigung vor und sicherten sie ab (M 31). Die uneingeschränkte **Unterstützung der USA** für den Vereinigungsprozess beseitigte auch einige Zweifel bei der französischen und britischen Regierung. Entscheidend war danach die **Zustimmung der Sowjetunion**. Würde sie die NATO-Mitgliedschaft eines vereinten Deutschlands und das Vorrücken des NATO-Gebietes bis an die Oder akzeptieren? Was konnte die Bundesrepublik bieten, um die legitimen Sicherheitsbedürfnisse der Sowjetunion zu befriedigen?

Die Einigung zwischen der deutschen und der sowjetischen Regierung Mitte Juli 1990 bestand darin, dass die Sowjetunion dem neuen Staat in der Frage der Bündniszugehörigkeit freie Hand ließ. Die Bundesrepublik ihrerseits garantierte die Abrüstung der gesamtdeutschen Bundeswehr auf 370 000 Mann und die Finanzierung des Rückzugs der sowjetischen Truppen aus der DDR mit 14 Mrd. DM. Am 12. September 1990 unterzeichneten die Außenminister der Siegermächte und der beiden deutschen Staaten in Moskau den **„Vertrag über die abschließende Regelung in Bezug auf Deutschland"**. Die Nachkriegszeit war zu Ende.

| 3. Oktober 1990: Vereinigung des geteilten Deutschlands |

Im innerdeutschen Verhältnis war seit den Wahlen in der DDR am 18. März 1990 alles klar. Gleichwohl gab es über die Modalitäten der Vereinigung zwischen der Regierung in Bonn und der neuen CDU-geführten Regierung in Ostberlin unter Lothar de Maizière (geb. 1940) manchen Streit. Sollte die Vereinigung nach Artikel 23 oder Artikel 146 des Grundgesetzes erfolgen, also mit oder ohne Verfassungsänderungen (M 31a–d)? Sollte Berlin Regierungssitz eines vereinten Deutschlands sein oder Bonn? Sollte die DDR ein Bundesland bilden oder sollten die alten Länder in der DDR wieder erstehen? Sollte für die Wiedergutmachung von Enteignungen in der DDR das Prinzip „Entschädigung statt Rückgabe" gelten, wie es die SPD forderte, oder sollten die Eigentumsrechte der westlichen Bürger Vorrang haben? Sollte die rechtliche und ökonomische Angleichung in einem Schritt erfolgen oder sollte es Übergangsregelungen geben, um einen Veränderungsschock zu vermeiden, wie viele Experten empfahlen? Außer in der Länderfrage setzte sich die Regierung Kohl durch.

Der erste Schritt zur Vereinigung war am 1. Juli 1990 die **Einführung von D-Mark und Marktwirtschaft** in der DDR. „Es wird niemandem schlechter gehen als zuvor – dafür vielen besser", versprach Bundeskanzler Kohl am Vorabend der Währungsumstellung im Fernsehen. Das war, wie sich zeigen sollte, eine viel zu optimistische und gegen den Rat von Wirtschaftsexperten abgegebene Prognose. Mit der Einführung der D-Mark verbesserte sich zwar schlagartig das Warenangebot, aber der ebenso plötzliche Sprung der rückständigen DDR-Wirtschaft in die Weltmarktkonkurrenz ließ die Arbeitslosenzahlen steigen. Die wirtschaftlichen Probleme der Vereinigung sind von vielen Politikern in Ost und West unterschätzt worden. Im Juli/August handelten die Regierungen unter Zeitdruck den **„Einigungsvertrag"** aus (M 32), der manches ganz genau, manches ungenau und manches, wie die Regelung der Schwangerschaftsunterbrechung im vereinten Deutschland, gar nicht regelte. Unklar blieben vor allem die Finanzfragen. Am 20./21. September verabschiedeten der Bundestag in Bonn und die Volkskammer in Ostberlin sowie der Bundesrat den Einigungsvertrag. Er legte als Termin für den Beitritt nach Artikel 23 des Grundgesetzes den 3. Oktober 1990 fest, entsprechend dem Beschluss der Volkskammer vom 23. August. Seit diesem Tag ist Deutschland wieder ein souveräner Staat. Die Freude über das Ende der staatlichen Teilung und die neue Freiheit verdrängten freilich nur für kurze Zeit die Tatsache, dass der schwierigere Teil der Vereinigung noch bevorstand.

| Neue Herausforderungen und Aufgaben |

Der 3. Oktober 1990 markiert zwar das Ende der staatlichen Teilung, aber nicht das „Ende der Geschichte" (so der Titel eines Buches des Historikers Francis Fukuyama zur Geschichte nach dem Ost-West-Konflikt). Die Bürgerinnen und Bürger in Deutschland haben vielmehr eine Reihe von neuen und alten Problemen zu lösen – solche, die mit der Vereinigung entstanden sind, und solche, die von der Vereinigung nur kurzfristig überdeckt oder durch sie verändert wurden.

Zu den alten Problemen zählen der Umweltschutz oder die tatsächliche Gleichstellung der Frauen. Zu den vordringlichsten neuen Aufgaben der deutschen Politik gehört die gesellschaftliche Integration von Ost und West. Die ökonomische Angleichung der beiden ehemaligen Teilstaaten ist dabei ein wichtiger Punkt, doch nicht der einzige und langfristig vielleicht noch nicht einmal der schwierigste. Vierzig Jahre unterschiedliche Wertsysteme, Wirtschaftsformen, Rechtsvorschriften, Sozialregelungen und Bildungsinstitutionen haben unterschiedliche Lebenserfahrungen erzeugt, die nur langsam einer gemeinsamen Erfahrung weichen. Ferner hat das größere und vollständig souveräne Deutschland seinen Platz in der Staatengemeinschaft neu zu finden. Welche Position kann, muss und will die Bundesrepublik künftig in der UNO einnehmen? Sollen deutsche Soldaten für andere Zwecke als die Verteidigung mit Waffen kämpfen?

Eine nicht weniger große Herausforderung stellt die europäische Einigung dar. Wie soll ein demokratisches und soziales Europa aussehen? Wie können die mittelost- und südosteuropäischen Staaten und die Nachfolgestaaten der ehemaligen Sowjetunion, in denen es nach 1990 zu einer Renaissance des Nationalismus kam, in ein neues Europa eingebunden werden? An der Schwelle zum 21. Jahrhundert gilt es mit den Erfahrungen der Geschichte neue Wege zu beschreiten.

M31 Der Politikwissenschaftler Klaus Schroeder über die Initiativen der Regierung Kohl/Genscher zur Wiedervereinigung, 2000

Kohl registrierte im Gegensatz zu vielen anderen westdeutschen Politikern die veränderte Stimmungslage in der ostdeutschen Bevölkerung und die Signale aus Moskau, die auf einen deutschland-
5 politischen Kurswechsel Gorbatschows hinwiesen, und konzentrierte sich fortan auf die realpolitische Umsetzung der Vision von der „Einheit in Freiheit". Als ihm US-Präsident George Bush seine volle Unterstützung zusicherte und das Europäische Parla-
10 ment bei nur zwei Gegenstimmen eine Resolution verabschiedete, die das Selbstbestimmungsrecht der Ostdeutschen dahingehend billigte, dass das DDR-Gebiet „Teil eines vereinten Deutschlands und eines einigen Europas" werden könnte, starte-
15 te Kohl eine in dieser Deutlichkeit unerwartete deutschlandpolitische Offensive. [...]
Das vom Bundeskanzler anlässlich der Haushaltsdebatte am 28. November der Öffentlichkeit vorgestellte deutschlandpolitische Zehn-Punkte-
20 Programm für Deutschland sah als ersten Schritt Sofortmaßnahmen zur Unterstützung der DDR vor. Nach verschiedenen Schritten der innerdeutschen Zusammenarbeit, politischer und wirtschaftlicher Reformen in der DDR sowie der Ein-
25 bettung des deutschen Vereinigungsprozesses in einen gesamteuropäischen Rahmen war als zehntes und letztes Ziel die Herstellung der staatlichen Einheit Deutschlands vorgesehen. [...]
Die geplante Einführung der D-Mark in der DDR als
30 erster Schritt der Transformation löste bei Bundesbankpräsident Karl-Otto Pöhl wie bei vielen prominenten Ökonomen und Teilen der Opposition massive Kritik aus. [...]
Helmut Kohl, der auch von den SPD-Wirtschafts-
35 und Finanzexperten Wolfgang Roth und Ingrid Matthäus-Meier Unterstützung erhielt, brachte den Primat der Politik in seiner Regierungserklärung vom 15. Februar 1990 präzise auf den Punkt: „Die krisenhafte Zuspitzung der Lage in der 40 DDR macht mutige Antworten erforderlich." [...]
Es gelang der Bundesregierung und Kanzler Kohl bei den nachfolgenden „Zwei-plus-Vier"-Verhandlungen, an denen die vier ehemaligen Siegermächte und die beiden deutschen Staaten teilnah- 45 men, bei Gesprächen im Rahmen der EG und der NATO sowie bei bilateralen Verhandlungen die deutsche Position in einer Weise vorzutragen, die breite Zustimmung fand. Auf dem Sondergipfel des Europäischen Rates in Dublin am 28. April z. B. 50 begrüßten die Staats- und Regierungschefs die Vereinigung Deutschlands und die erwarteten positiven Wirkungen für den europäischen Integrationsprozess. [...]
Trotz aller Fortschritte bei der innerdeutschen und 55 internationalen Verhandlungen schien eine Hürde doch schier unüberwindbar: die Zustimmung der Sowjetunion zur NATO-Mitgliedschaft eines vereinten Deutschlands. [...] Der endgültige Durchbruch gelang während eines Besuchs von 60 Bundeskanzler Kohl, Außenminister Hans-Dietrich Genscher und Finanzminister Theo Waigel in der Sowjetunion vom 14. bis zum 16. Juli 1990. In einem Vier-Augen-Gespräch eröffnete Michail Gorbatschow dem Kanzler, die Sowjetunion werde 65 unter bestimmten Bedingungen einer NATO-Mitgliedschaft des vereinten Deutschland und dem Abzug der sowjetischen Truppen aus der DDR in einer angemessenen Frist zustimmen. Gleichzeitig 70 versprach er, dass Deutschland nach dem Ende der Zwei-plus-Vier-Gespräche die volle Souveränität erhalten werde. Über nähere Einzelheiten und die zeitliche Dimension verhandelten Kohl und Gor- 75 batschow am darauf folgenden Tag in der Heimat des sowjetischen Präsidenten im Kaukasus. Die Regelung der deutschen Frage sollte nach beidseitigem Verständnis in den Kontext eines umfassenden bilateralen Kooperationsvertrages gestellt 80

werden. [...] Tatsächlich dürften vor allem zwei Aspekte für die Zustimmung Gorbatschows zur raschen Vereinigung Deutschlands und zu dessen NATO-Mitgliedschaft maßgeblich gewesen sein. Zum einen benötigte die Sowjetunion nicht nur kurzfristig und dringlich umfangreiche finanzielle und wirtschaftliche Hilfen, um dem sich abzeichnenden Zerfall des eigenen Staatswesens entgegentreten zu können. Da nur Deutschland überhaupt bereit und fähig war, die gewünschten Finanzhilfen ohne Vorbedingungen zu leisten, blieb Gorbatschow keine Wahl, zumal der Zug in Richtung deutsche Einheit auch ohne NATO-Mitgliedschaft wahrscheinlich nicht mehr aufzuhalten gewesen wäre. Ein gutes Verhältnis zu Deutschland versprach zudem auch mittel- und langfristig Kooperation auf vielen Feldern und weitere wirtschaftliche Hilfe. Zum Zweiten wäre die Aufrechterhaltung des sowjetischen Imperiums in Osteuropa und in der DDR zu diesem Zeitpunkt nur noch durch den Einsatz massiver militärischer Gewalt möglich gewesen, und diesen Preis wollte Gorbatschow nicht zahlen.
(Klaus Schröder, Der Preis der Einheit. Eine Bilanz, Hanser, München 2000, S. 112–122)

1 Erläutern und diskutieren Sie die Politik der Regierung Kohl/Genscher im Zuge des Einigungsprozesses 1989/90.

M32 Staatliche Vereinigung oder eine Verfassung durch das Volk?

a) Der Runde Tisch
Anlässlich der Einbringung eines Verfassungsentwurfes für den „Runden Tisch" in der DDR am 4. April 1990 führte Gerd Poppe, Vertreter der „Initiative für Frieden und Menschenrechte" und seit dem 5. Februar 1990 „Minister der nationalen Verantwortung", aus, die Kompetenz zum Erlass einer Verfassung liege „unmittelbar und unveräußerlich beim Volk" (Tonbandmitschnitt).
Niemand darf dem Volk, das in einer friedlichen Revolution seine Fesseln selbst gesprengt hat, dieses Recht bestreiten. Diejenigen, die die Voraussetzung für eine neue Ordnung geschaffen haben, dürfen ihres Rechts nicht beraubt werden. Deshalb legt der Runde Tisch als der legitime Sachwalter derjenigen Kräfte, die die Erneuerung bewirkten, einen Entwurf für eine neue Verfassung vor, über deren Annahme nach öffentlicher Diskussion ein Volksentscheid befinden soll. Dabei handelt es sich um eine Verfassung für die DDR, mit deren Annahme wir eine gegenüber der durch das Grundgesetz für die Bundesrepublik gegebenen gleichrangige und damit gleichberechtigte Ordnung schaffen. Mit diesem Entwurf einer neuen Verfassung tritt der Runde Tisch Bestrebungen entgegen, sich durch die Abgabe von Beitrittserklärungen einer anderen Verfassungsordnung, dem Grundgesetz der BRD, nach Artikel 23 zu unterwerfen. Wer auf einen solchen Weg der Einheit Deutschlands zustrebt, verletzt [...] das Selbstwertgefühl und damit die Würde dieses Volkes [...].
(Uwe Thaysen, Der Runde Tisch, Opladen 1990, S. 146)

b) Aus dem Grundgesetz für die Bundesrepublik Deutschland vom 23. Mai 1949
Artikel 23 (Geltungsbereich des Grundgesetzes)
Dieses Grundgesetz gilt zunächst im Gebiet der Länder Baden, Bayern, Bremen, Groß-Berlin, Hamburg, Hessen, Niedersachsen, Nordrhein-Westfalen, Rheinland-Pfalz, Schleswig-Holstein, Württemberg-Baden und Württemberg-Hohenzollern. In anderen Teilen Deutschlands ist es nach deren Beitritt in Kraft zu setzen.
Artikel 146 (Geltungsdauer des Grundgesetzes)
Dieses Grundgesetz verliert seine Gültigkeit an dem Tage, an dem eine Verfassung in Kraft tritt, die von dem deutschen Volke in freier Entscheidung beschlossen worden ist.
(Grundgesetz für die Bundesrepublik Deutschland. Textausgabe, Bonn 1982, S. 32 und 105)

c) Josef Isensee, Professor für Öffentliches Recht, in „Die Zeit", 8. Juni 1990
Da sich [...] in Ost und West keine ernsthafte Alternative zum Grundgesetz zeigt, beschränkt sich manche Forderung nach einem Verfassungsreferendum darauf, dieses solle das Grundgesetz nur bestätigen und ihm neue Legitimation zuführen. Die weit hergeholte Begründung für einen Legitimationsbedarf lautet dann: Das Grundgesetz sei im Jahre 1949 in Unfreiheit unter der Besatzungsmacht zu Stande gekommen. Doch was immer an anfänglicher Entscheidungsfreiheit gefehlt haben mag – das Grundgesetz hat in den vier Jahrzehnten seiner Geltung ein Maß an Zustimmung des Volkes erreicht wie keine deutsche Verfassung zuvor. [...] Was dem Grundgesetz in vier Jahrzehnten an demokratischer Akzeptanz zugewachsen ist, lässt sich nicht mit einer Volksabstimmung aufwiegen, die nicht mehr ist als Momentaufnahme einer bestimmten politischen Stimmungslage.
Ein Volksentscheid aber, der nichts entscheiden, sondern nur einlösen soll, was die führenden Kräfte im Lande vorgeben, kann nicht Integration för-

dern, wie manche Demokratietheoretiker erhoffen. Ein Volksentscheid, der nichts zu entscheiden hat, ist nicht Demokratie, sondern demokratisches Placebo. Die Deutschen der DDR, demnächst um ihrer demokratischen Integration willen zum gesamtdeutschen Volksentscheid vergattert, könnten böse erinnert werden an die Akklamationsprozedur des weiland real existierenden Sozialismus.

d) Ernst Gottfried Mahrenholz, Vizepräsident des Bundesverfassungsgerichts, 8. Juni 1990

Das Wort „Wir sind das Volk", das so unbezähmbar schien, soll offenbar doch noch gezähmt werden. Seine Kraft hatte es aus der Idee der Volkssouveränität empfangen, es nahm den grotesken Begriff „Volksdemokratie" beim Wort.

„Genug des Volkes" – so lässt sich die Diskussion darüber verstehen, ob eine Verfassung für das ganze deutsche Volk auch von diesem gebilligt werden muss. [...] An den Fernsehern konnten die Bürger der Bundesrepublik noch einmal sehen, was es heißt, dass die Staatsgewalt vom Volke ausgeht. Gleichsam handgreiflich war, dass der Staat ein freiheitlicher Staat sein muss, wenn es der Staat des Volkes sein soll, ein Volksstaat, wie es in früheren Landesverfassungen hieß.

Es gibt also eine notwendige Beziehung zwischen Volk und Verfassung. Sie hat mit freier Wahl, freier Meinungsäußerung und unabdingbarer Rechtsstaatlichkeit zu tun, mit der Absage an jede auch noch so verborgene Nische willkürlicher Herrschaft; sie betrifft die Gleichheit aller Menschen vor dem Gesetz, das freie Bekenntnis jeder Überzeugung, Respektierung des Elternrechts, Sozialstaat und einiges mehr. All dies hatte drüben gefehlt, all dies ist in genauem Sinne in dem Wort „Wir sind das Volk" enthalten. Hier scheint mir kein Ausweichen möglich. Entweder ist die Verfassung die des Volkes (und nichts anderes besagt der Begriff der Volkssouveränität), dann muss das Volk zu ihr „Ja" gesagt haben; oder es ist die Verfassung seiner Vertreter, die gewiss trotz allen Streits nach bestem demokratischem Gemeinsinn entscheiden, aber doch nicht „wissen, was für das Volk gut ist". Denn dann wären sie das Volk der Verfassung. [...]

Artikel 23 des Grundgesetzes steht im Abschnitt „Der Bund und die Länder". Der Artikel spricht vom Geltungsbereich des Grundgesetzes und niemand hat bei den Beratungen dieses Artikels darauf hingewiesen, dass hier die Alternative zum Artikel 146 formuliert werde. Das Grundgesetz kann also nicht – auch nicht nach einem Beitritt gemäß Artikel 23 – neue gesamtdeutsche Verfassung sein.
(M 32c und d: Die Zeit, 8. Juni 1990)

1 Stellen Sie aus M 32a bis d die Argumente für die Beitritts- und für die Volksabstimmungslösung zusammen. Welche Einzelargumente erscheinen Ihnen für die eine oder andere Lösung überzeugend?
2 Erläutern Sie im Zusammenhang mit der Beantwortung von Frage 1 die Begriffe Volkssouveränität und Volksentscheid.

M33 Aus dem „Vertrag zwischen der Bundesrepublik Deutschland und der Deutschen Demokratischen Republik über die Herstellung der Einheit Deutschlands" vom 31. Aug. 1990

Art. 3 Inkrafttreten des Grundgesetzes.
Mit dem Wirksamwerden des Beitritts tritt das Grundgesetz für die Bundesrepublik Deutschland [...] in den Ländern Brandenburg, Mecklenburg-Vorpommern, Sachsen, Sachsen-Anhalt und Thüringen sowie in dem Teil des Landes Berlin, in dem es bisher nicht galt, mit den sich aus Artikel 4 ergebenden Änderungen in Kraft, soweit in diesem Vertrag nichts anderes bestimmt ist. [...]

Art. 4 Absatz 6
Artikel 146 wird wie folgt gefasst:
„Artikel 146
Dieses Grundgesetz, das nach Vollendung der Einheit und Freiheit Deutschlands für das gesamte deutsche Volk gilt, verliert seine Gültigkeit an dem Tage, an dem eine Verfassung in Kraft tritt, die von dem deutschen Volke in freier Entscheidung beschlossen worden ist."

Art. 5 Künftige Verfassungsänderungen.
Die Regierungen der beiden Vertragsparteien empfehlen den gesetzgebenden Körperschaften des vereinten Deutschlands, sich innerhalb von zwei Jahren mit den im Zusammenhang mit der deutschen Einigung aufgeworfenen Fragen zur Änderung oder Ergänzung des Grundgesetzes zu befassen, insbesondere
– in Bezug auf die Möglichkeit einer Neugliederung für den Raum Berlin-Brandenburg, abweichend von den Vorschriften des Artikels 29 des Grundgesetzes durch Vereinbarung der beteiligten Länder,
– mit den Überlegungen zur Aufnahme von Staatszielbestimmungen in das Grundgesetz sowie
– mit der Frage der Anwendung des Artikels 146 des Grundgesetzes und in deren Rahmen einer Volksabstimmung.
(Die Verträge zur Einheit Deutschlands [Stand: 15. Oktober 1990], München 1990, S. 44 ff.)

1 Informieren Sie sich über Stand und Ausgang der in M 33 vorgesehenen Verfassungsänderungen.
2 Beurteilen Sie Verfahren und Lösung.

7.2 Chancen und Probleme des vereinigten Deutschlands an der Wende zum 21. Jahrhundert

Ein Staat, zwei Gesellschaften? Seit dem Beitritt der neuen Bundesländer zur Bundesrepublik Deutschland am 3. Oktober 1990 leben die Deutschen wieder in einem Staat. Aber leben sie auch in einer Gesellschaft oder besteht das wieder vereinigte Deutschland aus zwei Gesellschaften? Tatsächlich haben sich die beiden Teilgesellschaften während der 45-jährigen Trennung sehr unterschiedlich entwickelt. Die Planwirtschaft der DDR war eine Mangelwirtschaft, die im Vergleich zur Bundesrepublik Deutschland einen wissenschaftlich-technologischen Modernisierungsrückstand von etwa 25 Jahren aufwies. Auf allen Gebieten (Produktivität, Lebensstandard, Wohlstand) erwies sich die westdeutsche soziale Marktwirtschaft als überlegen. Der DDR-Versorgungsstaat gewährleistete seinen Bürgern eine umfassende soziale Absicherung, allerdings auf niedrigem Niveau. Der Preis für die Garantie des Rechts auf Arbeit waren staatlich festgelegte Löhne und eine zentrale Arbeitskräftelenkung. Da der westdeutsche Teilstaat das Privateigentum und die Tarifautonomie voraussetzte, griff die Regierung weniger stark in das gesellschaftliche Leben ein. Die Leistungen des bundesdeutschen Sozialstaats wurden jedoch seit den 50er-Jahren dynamisiert und damit automatisch der allgemeinen Wohlstandsentwicklung angepasst. Die gegensätzlichen politisch-sozialen und wirtschaftlichen Systeme prägten außerdem unterschiedliche Mentalitäten. Wurden in der westlichen Demokratie mit ihrer Marktwirtschaft vor allem Eigeninitiative und Flexibilität belohnt, verlangte das diktatorische Regime mit seiner Zentralverwaltungswirtschaft in erster Linie Gehorsam und Unterordnung.

Probleme Obwohl viele Menschen in den neuen Bundesländern in Umfragen ihre hohe individuelle Zufriedenheit mit den materiellen Lebensbedingungen nach der Wiedervereinigung bekunden, verringert sich ihre Zustimmung zum gesellschaftlichen, vor allem aber zum politischen und wirtschaftlichen System der Bundesrepublik Deutschland. Mitte der 90er-Jahre waren 70 % der Westdeutschen, jedoch nur 30 % der Ostdeutschen mit der demokratischen Regierungsform „zufrieden". Ähnliche Ergebnisse erhalten die Meinungsforschungsinstitute, wenn sie nach der deutschen Demokratie als „bester Staatsform" fragen. 1990 fanden lediglich 19 % der Ostdeutschen ihr altes DDR-System rückblickend „ganz erträglich", bis Ende der 90er-Jahre stieg diese Zahl auf über ein Drittel – trotz intensiver **Aufarbeitung der SED-Diktatur**, wobei besonders das umfassende Überwachungssystem und die Verbrechen der Staatssicherheit (Stasi) (s. S. 421 ff.) zur Sprache kamen. Während 1990 77 % der Ostdeutschen die Prinzipien der Markwirtschaft befürworteten, war es 1995 nur noch ein Drittel.
Zum Verständnis der gegenwärtigen Ost-West-Probleme reicht die Kenntnis der langen Geschichte der deutschen Teilung nicht aus. Die Skepsis gegenüber Demokratie und Marktwirtschaft, die die Umfragen in Teilen der ehemaligen DDR-Bevölkerung verdeutlichen, beruht auch auf einem Bündel an Erfahrungen während des Einigungsprozesses. Er hat sicherlich die **sehr hohen Erwartungen** (B 20) enttäuscht, die viele Ostdeutsche bei der Wiedervereinigung hegten. Dabei betonen die Kritiker des bundesrepublikanischen Systems vor allem dessen hässliche Seiten, allen voran die **Massenarbeitslosigkeit**. In der DDR war Arbeitslosigkeit nahezu unbekannt. Es war daher für die ehemaligen DDR-Bürger ein Schock, als nach der Wende mit der Privatisierung der Wirtschaft plötzlich viele Menschen arbeitslos wurden. Zwar entstanden in den neuen Bundesländern nach 1990 neue Unternehmen, doch nur wenige konnten sich halten. Hinzu kam, dass die früheren DDR-Staatsbetriebe – sie wurden von der 1990 gegründeten **Treuhandanstalt** verwaltet – unter marktwirtschaftlichen Bedingungen nur selten konkurrenzfähig

waren. Das führte zu Unternehmensschließungen und sprunghaft ansteigender Arbeitslosigkeit. Zu den negativen Seiten gehört auch die nach wie vor bestehende **wirtschaftlich-soziale Ungleichheit** zwischen West- und Ostdeutschen. So erhalten Ostdeutsche bei gleicher Arbeit vielfach niedrigere Löhne als ihre westdeutschen Kollegen. Wenngleich diese Ungleichheit nicht einfach der Marktwirtschaft angelastet werden kann, sondern auf die Rückständigkeit der ehemaligen DDR-Wirtschaft zurückgeführt werden muss, lässt sie sich für Bürger ein und desselben Staates doch schwer rechtfertigen. Darüber hinaus empfanden manche Menschen die Vereinigung als einen einseitigen Vorgang, bei dem das westdeutsche System den Ostdeutschen übergestülpt worden sei. Die Bürger der neuen Bundesländer wurden eher zu **Objekten** als zu Subjekten **des Wandels**. Sie mussten sich nach Regeln ändern, die sie nicht selbst geschaffen hatten. Bei einigen entstand so das Gefühl von Abwertung der eigenen Biografie, von Abhängigkeit und zweitklassigem Status (M 34a).

B 20 Hoffnungen in Deutschland nach der Wiedervereinigung, „Spiegel"-Titel 1995

Chancen

Obwohl Ost- und Westdeutsche bis 1990 in zwei verschiedenen Welten lebten, besaßen beide einen ausgeprägten Sinn für Freiheit. Die Bürger der Bundesrepublik Deutschland lernten im Verlauf ihrer Geschichte die Demokratie als unverzichtbaren Wert schätzen, während die DDR-Bürger ihren Freiheitsdrang in Auseinandersetzung mit der von der Sowjetunion verordneten Diktatur entwickelten. Die Wiedervereinigung war nur möglich auf Grund der **Selbstbefreiung der Ostdeutschen** – damit setzten sie einen Meilenstein in der Geschichte Deutschlands. Diese freiheitliche Gesinnung zu bewahren und zu sichern ist eine der großen Chancen und Aufgaben für die Zukunft.
Außer der Freiheit gewannen die Bürger der neuen Bundesländer auch an Wohlstand. Innerhalb kürzester Zeit vollzog sich in Ostdeutschland eine **Wohlstandsexplosion,** die der überwiegenden Mehrheit der Menschen bessere materielle Lebensbedingungen brachte. Dazu trugen wesentlich die hohen Transferzahlungen des Westens bei, die nicht zuletzt dem Willen zu **nachholender Gerechtigkeit** für das ungleiche und nicht selbst zu verantwortende Schicksal der Deutschen in Ost und West nach dem Zweiten Weltkrieg entsprangen. Eine der zentralen Aufgaben deutscher Politik besteht darin, die materielle Angleichung der ehemaligen deutschen Teilstaaten weiterzutreiben.
Politische Freiheit und wachsender Wohlstand sind wesentliche Voraussetzungen für eine stärkere Eigenverantwortung bei der Gestaltung des Lebens bzw. für die **Individualisierung der Lebensführung,** die den DDR-Bürgern von der SED verwehrt wurde. Aber auch auf kulturellem Gebiet gibt es Zugewinne: Bestimmten bis 1990 die Machthaber der DDR, welche Bücher ihre Bürger lesen und welche kulturellen Veranstaltungen sie besuchen durften, können die Menschen jetzt aus einem **vielfältigen kulturellen Angebot** auswählen (M 34b).

Bilanz Sicherlich unterscheiden sich große Teile der Bevölkerung in Ost und West in ihrem Selbstverständnis, ihrer sozialen Struktur und den Mentalitäten nach wie vor. Ungeachtet großer Erfolge bei der Herstellung der „inneren Einheit" sind sich Ost- und Westdeutsche immer noch fremd geblieben. Die Schaffung einer gemeinsamen Identität wird eine der zentralen Aufgaben der Deutschen sein. Der Stolz auf ihre Leistungen seit 1989/90 kann durchaus mit zur Bildung eines Gemeinschaftsbewusstseins beitragen, schließlich hat man erreicht, was kaum noch für möglich gehalten wurde, wie der Politikwissenschaftler Klaus Schröder im Jahr 2000 geschrieben hat: „Deutschland hat sich friedlich und in Freiheit vereint, bisher keine Großmachtallüren gezeigt und ist fest verankert in der westlichen Werte- und Staatengemeinschaft. Dennoch muss es vorrangige Aufgabe sein, die Akzeptanz und das Vertrauen in die Institutionen des demokratischen Verfassungsstaates auch in Ostdeutschland zu erhöhen; hierzu gibt es keine Alternative."

M34 Probleme des wieder vereinigten Deutschlands

a) Eine Interpretation des Publizisten und DDR-Experten Peter Bender, 1992
Peter Bender führt solchen Mangel an Verfassungspatriotismus auf die dreifache Enteignung Ostdeutschlands durch den Westen zurück:
– Die ökonomische Enteignung habe mit dem millionenfachen Verlust eines Guts, dessen sich die Bürger der DDR absolut sicher zu sein glaubten, nämlich ihres Arbeitsplatzes, begonnen und dann
5 sich fortgesetzt im Verlust von Produktionsmitteln, die schon die SED mit in Beschlag genommen hatte; „aus dem Volkseigentum wurde größtenteils Westeigentum. Sie stiftet immer noch große Unruhe, wenn die Regel ‚Rückgabe vor Entschädigung'
10 exekutiert wird."
– Die politische Enteignung bestehe darin, dass die Ostdeutschen sich erst dann als Bürger der Bundesrepublik fühlen könnten, wenn ihre Interessen angemessen vertreten würden. Aber keine Partei
15 leiste das, weil alle gesamtdeutsch organisiert seien. Das klinge nach Gemeinsamkeit, erweise sich jedoch als das Gegenteil, denn die Ostmitglieder befänden sich überall in schwacher Minderheit; sie sähen sich missverstanden und missachtet, bekä-
20 men einige Posten, freilich niemals Macht; sie dürften reden, fänden allerdings wenig Gehör.
– Die moralische Enteignung sei darin zu sehen, dass vierzig Jahre lang die Westdeutschen die Bundesrepublik als Deutschland betrachtet hätten (so
25 hat es auch offiziell geheißen), das Übrige war Zone oder DDR. „An dieser Denkweise hat sich wenig geändert. Ostdeutschland heißt amtlich das ‚Beitrittsgebiet' und im allgemeinen Sprachgebrauch ‚die neuen Länder', als ob das Kunstgebilde Nordrhein-Westfalen älter sei als das Königreich Sachsen."
(Hermann Glaser [Hg.], Die Mauer fiel, die Mauer steht. Ein deutsches Lesebuch 1989–1999, dtv, München 1999, S. 8 f.)

b) Chancen der Wiedervereinigung – eine Interpretation des ehemaligen Bundeskanzlers (1974–1982) Helmut Schmidt, 1993
Ich halte es mit Willy Brandt. Ich hoffe nicht nur, sondern ich bin gewiss: Es wird tatsächlich zusammenwachsen, was zusammengehört!
Freilich wird das Zusammenwachsen viel länger dauern als nur ein paar Jahre, vielleicht wird die ge- 5
genseitige seelische Reintegration beider Teile des Volkes sogar zwei Generationen in Anspruch nehmen. […]
Eine der notwendigen Voraussetzungen ist gegenseitige Einfühlung. Die Westdeutschen müssen ver- 10
stehen: Zwei Drittel aller heute in den östlichen Ländern lebenden Deutschen sind nach 1949 geboren, in der DDR aufgewachsen und von ihr geprägt. Die DDR war ihr Zuhause, die Bundesrepublik war seit 1961 für die allermeisten unerreich- 15
bar weit weg. Man hatte Arbeit, man hatte genug zu essen und zu trinken; der Lebensstandard stieg und er lag erlebbar höher als in anderen sozialistischen Staaten, denn die eigene wirtschaftliche Leistung überragte die in den anderen sozialisti- 20
schen Ländern. Darauf durfte man stolz sein – und man war auch stolz darauf; man war ebenso stolz auf die internationalen Erfolge der eigenen Sportler. Gewiss waren die durch Junge Pioniere, FDJ und Betriebsgruppen oktroyierte Disziplin und 25
Ideologie vielen Menschen lästig, ebenso der ewig erneuerte Kampf – Klassenkampf, Kampf gegen den Kapitalismus, Kampf gegen Faschismus

und so weiter –, aber man war in diesem ideologischen Milieu aufgewachsen und kannte kein anderes.

Nur wenige DDR-Bürger des Jahres 1989 haben die Jahre vor dem Krieg bewusst erlebt, noch sehr viel weniger die Jahre der Weimarer Republik; selbst wer das Wendejahr 1989 als Siebzigjähriger erlebte, ist 1933 als Vierzehnjähriger noch nicht alt genug gewesen, um eigene Anschauungen über das Leben in einer demokratischen Gesellschaft gewinnen zu können. Wenn man sich an die von der SED geschaffenen Umstände angepasst oder sich in seine private Nische zurückgezogen hatte, konnte man durchaus privates Glück erleben, genau wie ein Westdeutscher in Sindelfingen oder in Bremen. Es ist oft nur ein glücklicher Zufall, wenn Menschen, die in einer Diktatur aufgewachsen sind, erkennen, was im Grunde faul ist an einer Gesellschaft und was stattdessen eigentlich sein sollte. Wenn 1939, nach nur sechseinhalb Jahren Diktatur, Millionen deutscher Soldaten nicht nur aus Zwang, sondern auch innerlich bereit und willig waren – und fünf Jahre lang willig blieben –, Krieg gegen andere Völker zu führen, woher nimmt dann heute ein Teil der Westdeutschen die Dreistigkeit, die ostdeutschen Landsleute ihrer Anpassung wegen zu schelten? Die durch Gehirnwäsche und jahrzehntelange Indoktrination der Kommunisten, durch die FDJ und die Bildungs- und Ausbildungssysteme der DDR gegangenen Generationen hatten es nach all den Jahrzehnten schwerer, sich eigene Vorstellungen zu bilden über das, was sein soll und was möglich ist, als meine eigene Generation während Hitlers Weltkrieg. Und jetzt wollen Westdeutsche ihren ostdeutschen Landsleuten Duckmäuserei vorwerfen?

Die Westdeutschen müssen schließlich auch die Nostalgie verstehen, die etwas sehnsüchtige Erinnerung vieler Ostdeutscher an die Zeiten, da ihr volkseigener Betrieb gut lief, da sie keine Angst haben mussten vor Arbeitslosigkeit, vor Privatisierung ihrer Wohnung, vor Mietensteigerung und vor „Abwicklungen" aller Art. Dazu gehört auch die wehmütige Erinnerung an die vielfältige menschliche Hilfe, die in Zeiten der DDR selbstverständlich war und die Geborgenheit und Solidarität vermittelte. Nachzufühlen ist auch die Wehmut jener meist jungen Menschen, die durch ihre Montagsdemonstrationen in Leipzig oder durch ihre Manifestationen in der Gethsemane-Kirche in Berlin gehofft hatten, eine grundlegende Wende zum Besseren herbeizuführen, und die jetzt überrascht und enttäuscht erleben, wie viel Zeit und wie viele Opfer die Wende von den Ostdeutschen verlangt.

Aber auch die Ostdeutschen müssen versuchen, die Gefühle der Westdeutschen zu verstehen. Im Westen war man ja doch ebenso begeistert, als das Brandenburger Tor geöffnet wurde und die Mauer fiel. Niemals fühlte man sich einander näher als damals. Man wäre damals auch zu großen materiellen Opfern für diese Wende durchaus bereit gewesen. Aber dann sagte die Regierung: Nein, weder Opfer noch Steuererhöhungen sind nötig, der Markt schafft das ganz allein. Heute leiden die Westdeutschen unter realen Einkommenseinbußen – wie seit langer Zeit nicht mehr – und unter Arbeitslosigkeit. Sie geben die Schuld dafür nicht so sehr – wie es manchen Ostdeutschen erscheint – den ostdeutschen Landsleuten als vielmehr der Regierung in Bonn und der ganzen politischen Klasse – und sogar mit Recht.

Auch die Westdeutschen wurden von der Regierung zu schöngefärbten Illusionen verführt, jetzt müssen sie mühsam lernen, dass die vereinigte Bundesrepublik unter einer Reihe von ökonomischen Kriterien innerhalb der EG auf den neunten oder zehnten Platz zurückgefallen ist, dass dies auf längere Zeit so bleiben wird und dass sie für die nächsten Jahre keine realen Zuwächse ihres Lebensstandards erhoffen können. Viele Westdeutsche haben auch geglaubt, der Zusammenbruch der ostdeutschen Industrie sei ausschließlich die Folge kommunistischer Misswirtschaft. Dieser Zusammenbruch ist jedoch zum Teil eine unvermeidliche Folge der Öffnung der Grenzen beziehungsweise eine Folge des Zusammenbruchs der Sowjetunion und des RGW, zum Teil eine Folge der Kardinalfehler, welche die Regierungen in Ost-Berlin, vornehmlich aber die Regierung in Bonn im Zuge der Vereinigung gemacht haben.

Die Ostdeutschen müssen zuletzt auch wissen, dass die große Mehrheit der westdeutschen Landsleute ihre Rechts-, Wirtschafts- und Sozialordnung niemals als Inkarnation des Kapitalismus angesehen hat, sondern vielmehr als eine Verbindung rechtsstaatlich-demokratischer Grundordnung mit Marktwirtschaft und einem breit gefächerten System sozialer Sicherheit. Manche Westdeutsche fühlen sich beleidigt, wenn man ihre Lebenswelt als Kapitalismus bezeichnet – ich selbst übrigens auch.
(Hermann Glaser [Hg.], Die Mauer fiel, die Mauer steht. Ein deutsches Lesebuch 1989–1999, dtv, München 1999, S. 245–248)

1 *Vergleichen Sie die beiden Interpretationen des Vereinigungsprozesses miteinander (M 34a und b). Untersuchen Sie dabei, welche Probleme und Chancen benannt werden. Erörtern Sie Unterschiede und Gemeinsamkeiten der Texte.*

8 Deutschland und seine Nachbarn

8.1 Das deutsch-französische Verhältnis

> Deutsch-französisches Sonderverhältnis

Die enge Zusammenarbeit zwischen der alten Bundesrepublik Deutschland und auch dem wieder vereinigten Deutschland mit Frankreich – das gilt nicht für die DDR (M 35) – steht in Europa ohne Vergleich da. Das Auswärtige Amt spricht sogar von einem deutsch-französischen Sonderverhältnis, das in seiner Funktion nicht zu ersetzen sei und weiterhin einzigartig bleibe. Aber auch in der politischen Elite Frankreichs ist die Pflege der Beziehungen zum östlichen Nachbarn unumstritten. Beide Regierungen treffen sich regelmäßig zu Konsultationen und stimmen in verschiedenen Organisationen ihre Politik miteinander ab. Vorbei sind damit die Zeiten, als von einer deutsch-französischen „**Erbfeindschaft**" die Rede war. Zentrale Behauptung dieser Ideologie war die These, dass beide Völker jahrhundertelang in Rivalität und Furcht voreinander gelebt hätten. Diese Legende hatte sich seit den napoleonischen Kriegen und der Reichsgründung 1870/71 entwickelt und war zuletzt durch die deutsche Besatzung in Frankreich von 1940 bis 1944 noch geschürt worden. Die Überwindung deutsch-französischer Vorurteile bzw. der Aufbau freundschaftlicher Beziehungen geschah jedoch nicht gleichsam über Nacht, sondern entstand in einem **langen Prozess gegenseitiger Aussöhnung** nach 1945.

> Von der „Erbfeindschaft" zur Aussöhnung

Bereits Ende des Zweiten Weltkrieges entwickelten französische **Widerstandsgruppen** Pläne für die Integration eines demokratisierten Deutschlands in die Gemeinschaft der europäischen Völker. Für eine solche Politik, die die Fehler des Versailler Friedens von 1919 (s. S. 208 ff.) vermeiden sollte, machten sich vor allem Sozialdemokraten, christliche Sozialisten, Gewerkschafter und einige Intellektuelle stark. Doch in der unmittelbaren Nachkriegszeit bestimmten die **Gaullisten** die französische Außenpolitik. Politischer Kopf war der General und Politiker Charles de Gaulle (1890–1970), der seit 1940 die Exilregierung des freien Frankreichs führte. Im August 1944 zog er an der Spitze einer provisorischen Regierung in Paris ein und von November 1945 bis Januar 1946 war er Ministerpräsident und gleichzeitig provisorisches Staatsoberhaupt. De Gaulle, der seine Anhänger 1947 in einer eigenen Bewegung organisierte und von 1958 bis 1969 Staatspräsident war, wollte Frankreich wieder in den Kreis der Großmächte einreihen, das besiegte Deutschland dagegen als Machtfaktor ausschalten. Damit es seinen westlichen Nachbarn nie wieder bedrohen könne, sollte Deutschland zerstückelt und seine Schwerindustrie zerschlagen werden. Außerdem galt es, Territorien wie das Saarland zurückzugewinnen.

In dem Maße, wie sich seit 1947 der Ost-West-Gegensatz verschärfte, musste das durch den Krieg politisch und ökonomisch geschwächte Frankreich seine Maximalforderungen aufgeben. Großbritannien, vor allem aber die westliche Führungsmacht USA waren nicht bereit, ein von Paris gefordertes Restdeutschland ohne eigene ökonomische Ressourcen hinzunehmen. Die Amerikaner strebten vielmehr ein stabiles, wirtschaftlich selbstständiges, mit ihnen weltpolitisch und weltwirtschaftlich zusammenarbeitendes Westeuropa an.

Ohne das politische Hauptziel, das Überleben Frankreichs als Großmacht, aufzugeben, veränderte die französische Regierung seit den 50er-Jahren die Methoden ihrer Politik. Sie ging über zur **Kooperation mit Deutschland im Rahmen der nun beginnenden europäischen Einigung.** Diese Politik fand die Unterstützung des ersten deutschen Bundeskanzler, Konrad Adenauer (s. S. 370). Für ihn bestand die Lösung der deutschen Frage sowohl in der Sicherung der Freiheit durch Bindung an den Westen mit ihrer Führungsmacht USA als auch in der Integration Deutschlands in die europäische Völkergemeinschaft. Voraussetzung für das Gelingen der europäischen Integration war in seinen Augen ein enges und vertrauensvolles Verhältnis mit Frankreich.

Ein Markstein bei der deutsch-französischen Aussöhnung im Rahmen der europäischen Integration (siehe dazu auch S. 377f. und 516ff.) war die Verabschiedung des „**Elysée-Vertrages**" vom 22. Januar 1963 zwischen der Bundesrepublik Deutschland und Frankreich, in dem beide Länder eine besonders enge Zusammenarbeit und regelmäßige Konsultationen auf Ministerebene vereinbarten (M 36a, b). Den Regierungen rechts und links des Rheins war jedoch von Anfang an bewusst, dass sich die deutsch-französische Annäherung nicht auf die politischen oder wirtschaftlichen Eliten beschränken durfte. Darüber hinaus sollte besonders die Jugend in den Aussöhnungsprozess mit einbezogen werden. Zu diesem Zweck riefen die Regierungen am 5. Juli 1963 das **Deutsch-Französische Jugendwerk** ins Leben. Es wurde mit einem Budget von ca. 20 Mio. € jährlich ausgestattet und sollte Vorurteile, stereotype Einstellungen, Klischees und Misstrauen zwischen den beiden Völkern abbauen helfen. Der Erfolg war beeindruckend: Schon zwischen 1964 und 1968 führte das Jugendwerk 35 500 Treffen mit fast zwei Millionen Jugendlichen durch, wobei darauf geachtet wurde, dass sie aus allen Bevölkerungsschichten kamen.

| Ausbau der Beziehungen | Sicherlich unterlagen die deutsch-französischen Beziehungen seit der Verabschiedung des „Elysée-Vertrages" manchen Schwankungen. Immer wieder musste sowohl bei der Gestaltung des bilateralen Verhältnisses als auch bei der Zusammenarbeit in den europäischen Institutionen um schwierige Kompromisse besonders bei der Gestaltung der Agrar- und Wirtschaftspolitik gerungen werden. Dennoch intensivierten Deutschland und Frankreich ihr Verhältnis zueinander, wobei die deutsch-französische Kooperation vielfach zum Motor für die weitere europäische Integration wurde. Ein Beispiel dafür ist die Schaffung des **Europäischen Währungssystems** im Jahre 1978 durch den französischen Staatspräsidenten Valéry Giscard d'Estaing (geb.1926; Präsident 1974–1981) und Bundeskanzler Helmut Schmidt (geb. 1918; Kanzler 1974–1982). Gegen politische und wirtschaftliche Widerstände setzte dieses „Tandem" eine neue Währungsordnung durch, die die europäische Integration vorantrieb (M 37).

Die deutsch-französischen Beziehungen wurden während der Zeit der christlich-liberalen Koalition unter Bundeskanzler Helmut Kohl (1982–1998) weiter vertieft. Ein besonderes Ereignis war dabei der Händedruck zwischen dem deutschen Kanzler und dem französischen Staatspräsidenten am 22. September 1984 über den Gräbern der Gefallenen des Ersten Weltkrieges in Verdun. Auf diese Weise sollte die deutsch-französische Aussöhnung verdeutlicht werden. Dem Wunsch beider Regierungen nach einer engeren Zusammenarbeit entsprach auch die Einrichtung eines „Roten Telefons" zwischen Paris und Bonn. Außerdem sicherte der französische Staatspräsident François Mitterand Konsultationen zu über Kurzstreckenraketen, deren Reichweite nicht über Deutschland hinausging und die nie abgefeuert werden dürften. In der zweiten Hälfte der 1980er-Jahre kam es zu einer verstärkten militärischen Kooperation zwischen Frankreich und Deutschland (gemeinsame Manöver, koordinierte Offiziersausbildung, Planung von Rüstungsprojekten). Ihren deutlichsten Niederschlag fand diese Politik in der Einrichtung einer deutsch-französischen Brigade.

Bei der **Ergänzung des „Elysée-Vertrages"** im Jahre 1988 vereinbarten beide Regierungen eine stärkere Institutionalisierung ihrer Zusammenarbeit. Außer halbjährlichen Regierungskonsultationen sollten ein deutsch-französischer Sicherheits- und Verteidigungsrat, Räte für Wirtschafts-, Finanz- und Umweltfragen sowie deutsch-französische Koordinatoren die Politik aufeinander abstimmen. Nicht zuletzt hochrangige Begegnungen verdeutlichten das deutsch-französische Sonderverhältnis. So hielt der französische Staatspräsident Jacques Chirac (geb. 1932, Staatspräsident seit 1995) bei seinem Staatsbesuch in der Bundesrepublik Deutschland am 26./27. Juni 2000 eine Rede vor dem Deutschen Bundestag; auch an der 10-Jahres-Feier der Wiedervereinigung am 3. Oktober 2000 nahm er teil.

Die deutsch-französische Zusammenarbeit blieb auch in den 1980er-Jahren ein wichtiger Motor für die europäische Integration. Das zeigt das zwischen Frankreich, Belgien, den Niederlanden, Luxemburg und Deutschland am 15. Juni 1985 im luxemburgischen Schengen vereinbarte Abkommen, in dem es hieß: „Die Binnengrenzen dürfen an jeder Stelle ohne Personenkontrollen überschritten werden." Seit die Durchführungsbestimmungen des Schengener Abkommens am 26. März 1996 in Kraft getreten sind, gibt es an den Binnengrenzen zwischen Belgien, Deutschland, den Niederlanden, Frankreich, Luxemburg, Spanien und Portugal keine Personenkontrollen mehr. Italien und Österreich wenden die Bestimmungen seit dem 1. April 1998 an, am 1. Januar 2000 kam Griechenland hinzu.

| Frankreich und die Wiedervereinigung |

Nach dem Fall der Berliner Mauer (s. S. 440 f.) herrschten in Paris zunächst große Unsicherheit und Sorge über die Zukunft Deutschlands. Staatspräsident François **Mitterand** (Präsident 1981–1995) lehnte zunächst ein wieder vereinigtes Deutschland ab. Als neutrale bzw. „eigenständige Macht, unkontrolliert" erschien es ihm unerträglich für Europa. Seine Bemühungen, in Gesprächen mit dem sowjetischen Präsidenten Gorbatschow die deutsche Vereinigung zu verhindern, blieben jedoch erfolglos. Ausschlaggebend dafür, dass er seinen Widerstand aufgab, war die feste Einbindung Deutschlands in westliche Institutionen. Da Bundeskanzler **Kohl** ebenfalls von der Notwendigkeit einer gesicherten Westintegration deutscher Politik überzeugt war, entstanden keine Gegensätze zwischen beiden Staaten. Mitterand wie Kohl arbeiteten folgerichtig auf eine „Europäische Union" und eine gemeinsame europäische Währung hin. Deutsch-französische Absprachen beschleunigten die Verabschiedung des Vertrages von Maastricht am 7. Februar 1992 und die Einführung des „Euro" zum 1. Januar 1999. Diese konsequente proeuropäische Position der deutschen Regierung erleichterte Frankreich seine Zustimmung zur Wiedervereinigung.

M35 Der Publizist Peter Bender über die Beziehungen zwischen der DDR und Frankreich bzw. dem Westen, 1996

Wie die Bundesrepublik nach den Ostverträgen Botschafter in alle Länder des Ostens entsenden konnte, so durfte die DDR nun erstmals im Westen auftreten. [...] Honeckers, auch persönlicher, Ehr-
5 geiz richtete sich darauf, überall Staatsbesuche zu machen, was ihm in den Achtzigerjahren auch gelang. Zuerst wurde er in den kleineren Ländern Westeuropas empfangen, auch im fernen, aber wichtigen Tokio, und schließlich sogar in Bonn und
10 Paris. Seine Traumziele, London und vor allem Washington, erreichte er nicht mehr. [...]
Vor ihrer Anerkennung war die DDR, abgesehen von Albanien, der am wenigsten europäische Staat Europas. Ulbricht unterlief 1968 ein Versprecher,
15 der verriet, dass er unter Europa das Gleiche verstand wie Adenauer, nämlich nur Westeuropa. Während alle Staaten im Osten europäische Pläne und Wünsche entwickelten, blieb die DDR fixiert auf den Feind in Bonn und den Freund in Moskau; der eine bestritt ihr das Daseinsrecht, der andere 20 garantierte es. „Europa" erschien als Aufweichung der Klassenfronten, war bestenfalls benutzbar zur Begründung einzelner DDR-Interessen. Aber schon 1975, auf der gesamteuropäischen Gipfelkonferenz in Helsinki, beschrieb Honecker die DDR 25 als „sozialistischen Staat im Herzen Europas". Zehn Jahre später empfahl er sie den Franzosen nicht mehr ideologisch, sondern nur noch europäisch: „Die Existenz der beiden [deutschen] Staaten ist ein wesentliches, unverzichtbares Element der eu- 30 ropäischen Nachkriegsordnung, ihrer Stabilität." Honecker spekulierte auf das Interesse westlicher Regierungen an der Teilung Deutschlands: Die

DDR garantiert sie, sichert das Gleichgewicht in Europa und ermöglicht Frieden, Entspannung und Ruhe. [...]
Wie bei anderen Ost-Regierungen verbarg sich hinter europäischen Reden auch ein Drang nach Westen. Der Ausbau guter Beziehungen, vor allem zu den kleineren Staaten Westeuropas, interessierte Honecker mehr als die dauernd beschworene „Freundschaft" mit den kleineren „Bruderländern" im Osten. Nicht nur um Wirtschaft und Politik ging es den deutschen Kommunisten, sondern auch um soziale Anerkennung: Die DDR, und damit auch ihre Regenten, wollte in die „Gesellschaft" der etablierten Staaten Westeuropas aufgenommen werden; der „Arbeiter-und-Bauern-Staat" sollte nicht nur gleichberechtigt sein, sondern auch gleich geachtet. [...]
Die Hauptschwierigkeiten für die neue Außenpolitik Ost-Berlins lagen jedoch in Moskau. Spiegelverkehrt erging es der DDR mit ihrer Westpolitik ähnlich wie der Bundesrepublik mit ihrer Ostpolitik: Die Verbündeten befürchteten, dass „ihre" Deutschen zu weit zum anderen „Lager" hin abdrifteten. Schon im Sommer 1970, als der Moskauer Vertrag kurz vor der Unterzeichnung stand, hatte Breschnew Honecker ermahnt, die Entspannung dürfe nicht zu einer Annäherung zwischen den deutschen Staaten führen, Abgrenzung sei notwendig. Honecker folgte der Weisung, vermutlich auch aus eigener Sorge um die innere Stabilität der DDR. Doch hinter der administrativen Abgrenzung bemühte er sich um wirtschaftliche Annäherung.
(Peter Bender, Die „Neue Ostpolitik" und ihre Folgen. Vom Mauerbau bis zur Vereinigung, dtv, München ³1995, S. 244–246)

1 Beschreiben Sie das Verhältnis der DDR zu Frankreich bzw. den westeuropäischen Staaten (M 35).

M36 Der „Elysée-Vertrag" von 1963 und seine politische Bedeutung

a) Aus dem Vertrag über die deutsch-französische Zusammenarbeit vom 22. Jan. 1963

Der Bundeskanzler der Bundesrepublik Deutschland, Dr. Konrad Adenauer, und der Präsident der Französischen Republik, General de Gaulle, haben sich zum Abschluss der Konferenz vom 21. und 22. Januar 1963 in Paris [...] in der Überzeugung, dass die Versöhnung zwischen dem deutschen und dem französischen Volk, die eine jahrhundertealte Rivalität beendet, ein geschichtliches Ereignis darstellt, das das Verhältnis der beiden Völker zueinander von Grund auf neu gestaltet, in dem Bewusstsein, dass eine enge Solidarität die beiden Völker sowohl hinsichtlich ihrer Sicherheit als auch hinsichtlich ihrer wirtschaftlichen und kulturellen Entwicklung miteinander verbindet – angesichts der Tatsache, dass insbesondere die Jugend sich dieser Solidarität bewusst geworden ist und dass ihr eine entscheidende Rolle bei der Festigung der deutsch-französischen Freundschaft zukommt – in der Erkenntnis, dass die Verstärkung der Zusammenarbeit zwischen den beiden Ländern einen unerlässlichen Schritt auf dem Weg zu dem vereinigten Europa bedeutet, welches Ziel beider Völker ist, mit der Organisation und den Grundsätzen der Zusammenarbeit zwischen den beiden Staaten, wie sie in dem heute unterzeichneten Vertrag niedergelegt sind, einverstanden erklärt. [...]
In der Überzeugung, dass der Vertrag [...] die Aussöhnung und Freundschaft zwischen dem deutschen und dem französischen Volk vertiefen und ausgestalten wird – mit der Feststellung, dass durch diesen Vertrag die Rechte und Pflichten aus den von der Bundesrepublik Deutschland abgeschlossenen multilateralen Verträgen unberührt bleiben – mit dem Willen, durch die Anwendung dieses Vetrages die großen Ziele zu fördern, die die Bundesrepublik Deutschland in Gemeinschaft mit den anderen ihr verbündeten Staaten seit Jahren anstrebt und die ihre Politik bestimmen, nämlich – die Erhaltung und Festigung des Zusammenschlusses der freien Völker, insbesondere einer engen Partnerschaft zwischen Europa und den Vereinigten Staaten von Amerika – die Verwirklichung des Selbstbestimmungsrechts für das deutsche Volk und die Wiederherstellung der deutschen Einheit – die gemeinsame Verteidigung im Rahmen des nordatlantischen Bündnisses und die Integrierung der Streitkräfte der in diesem Bündnis zusammengeschlossenen Staaten – die Einigung Europas auf dem durch die Schaffung der europäischen Gemeinschaften begonnenen Wege unter Einbeziehung Großbritanniens und anderer zum Beitritt gewillter Staaten und die weitere Stärkung dieser Gemeinschaften – den Abbau der Handelsschranken durch die Verhandlungen zwischen der Europäischen Wirtschaftsgemeinschaft, Großbritannien und den Vereinigten Staaten sowie anderen Staaten des „allgemeinen Zoll- und Handelsabkommens" – in dem Bewusstsein, dass eine deutsch-französische Zusammenarbeit, die sich von diesen Zielen leiten lässt, allen Völkern Nutzen bringen, dem Frieden in der Welt dienen und da-

durch zugleich dem deutschen und dem französischen Volke zum Wohle gereichen wird – hat der Bundestag das folgende Gesetz beschlossen.
(Europäische Geschichte. Quellen und Materialien, hg. v. Hagen Schulze/Ina Ulrike Paul, Bayerischer Schulbuch-Verlag, München 1994, S. 275f.)

b) Der Historiker Hagen Schulze über die politische Bedeutung des Elysée-Vertrages von 1963, 1998

Der französische Staatschef General Charles de Gaulle […] setzte auf die enge und dauerhafte Bindung zwischen Frankreich und Deutschland, wobei er Frankreich die Führungsrolle in Europa, Deutschland die Rolle des Juniorpartners zudachte, und war sich darin mit dem deutschen Bundeskanzler Konrad Adenauer einig, der schon als Erster Bürgermeister der Stadt Köln zu Zeiten der Weimarer Republik das Schwanken der deutschen Außenpolitik zwischen Ost und West kritisierte und ein enges Bündnis Deutschlands mit Frankreich gefordert hatte. Wie tief die Welt sich verändert hatte, wurde sichtbar, als Adenauer und de Gaulle nach dem Abschluss des Vertrags über die deutsch-französische Zusammenarbeit vom 22. Januar 1963 auf den Feldern der Champagne, die vom Blut so vieler deutsch-französischer Schlachten getränkt waren, eine gemeinsame Parade französischer und deutscher Truppen abnahmen. Von der Erbfeindschaft binnen weniger Jahre zur Schicksalsgemeinschaft – nach Jahrhunderten heilloser deutsch-französischer Verstrickungen war das eine tiefe Zäsur der europäischen Geschichte.

[…] Der deutsch-französische Vertrag schien auf eine Alternative hinauszulaufen. De Gaulle hegte ein tiefes Misstrauen gegen die Ideen der atlantischen und europäischen Integration, die ihm wirklichkeitsfremd und unhistorisch vorkamen. „Welch tiefer Illusion und Voreingenommenheit", schrieb er in seinen Memoiren, „muss man verfallen, um glauben zu können, europäische Nationen, die der Hammer ungezählter Mühen und zahlloser Leiden auf dem Amboss der Jahrhunderte schmiedete, deren jede ihre eigene Geografie, ihre Geschichte, ihre Sprache, ihre besonderen Traditionen und Institutionen hat, könnten ihr Eigenleben ablegen und nur noch ein einziges Volk bilden? Welche Kurzsichtigkeit verrät der oft von naiven Gemütern vorgebrachte Vergleich dessen, was Europa tun sollte, mit dem, was die Vereinigten Staaten getan haben, die doch von Wellen um Wellen entwurzelter Siedler, ausgehend vom Nichts, auf jungfräulichem Boden geschaffen wurden?"

De Gaulles Vision eines künftigen Europas beruhte auf der Realität der Nationen; er glaubte an eine umfassende, immer engere Zusammenarbeit zwischen den bestehenden europäischen Staaten, nicht an supranationale Einrichtungen, und der deutsch-französische Vertrag sollte den Anfang für ein „Europa der Vaterländer" machen – unter Ausschluss Großbritanniens, das sich allerdings einstweilen selbst außerhalb der europäischen Einigung eingerichtet hatte. Auch dieser Vorstoß scheiterte – diesmal war es der deutsche Bundestag, der ein deutsch-französisches Ziel zu Fall brachte, indem er den Vertrag mit einer Präambel versah, die die fortdauernde atlantische Bindung Westdeutschlands betonte und damit den eigentlichen Vertrag in den Augen de Gaulles entwertete.
(Hagen Schulze, Phoenix Europa. Die Moderne. Von 1740 bis heute, Siedler, Berlin 1998, S. 464 f.)

1 *Erläutern Sie die Ziele des Elysée-Vertrages von 1963 (M 36a).*
2 *Im Internet (www.auswaertiges-amt.de) finden Sie unter der Rubrik „Länderberichte: Frankreich" den genauen und vollständigen Wortlaut des Elysée-Vertrages von 1963. Welche Politikbereiche werden angesprochen? Wie sollten die allgemeinen Absichten verwirklicht werden?*
3 *Erörtern Sie mit Hilfe von M 36b die politischen Hintergründe des Elysée-Vertrages von 1963. Analysieren Sie dabei auch die Absichten von de Gaulle und Adenauer.*

M37 **Der Historiker Manfred Görtemaker über die Entstehung des Europäischen Währungssystems von 1978, 1999**

Nachdem die 1944 in Bretton Woods begründete, auf dem Gold/Dollar-Standard beruhende Währungsordnung 1971 zusammengebrochen war, hatten die westeuropäischen Regierungen im März 1972 den Europäischen Wechselkursverbund – die so genannte „Währungsschlange" – geschaffen, um wenigstens im regionalen Rahmen eine gewisse Handlungssicherheit für die Wirtschaft wiederherzustellen. Die europäischen Währungen waren in der „Schlange" mit einer tolerablen Schwankungsbreite von 2,25 Prozent aneinander gekettet. Das System funktionierte jedoch mehr schlecht als recht, weil wichtige Staaten, wie Großbritannien, Italien und auch Frankreich, die ökonomischen Voraussetzungen für die notwendige Währungsstabilität nicht erfüllten und daher nur zeitweilig teilnahmen oder schon bald wieder ganz ausstiegen. Schmidt erwog deshalb die Konstruktion eines neuen gemeinsamen Währungssystems, das nicht nur […] der deutschen Wirtschaft zugute kommen, sondern auch in Bezug auf die EG „die wirtschaftspolitische Konvergenz innerhalb der Gemeinschaft erleichtern und dem Prozess der Europäischen Union Impulse geben" sollte. Mit dem französischen Staatspräsidenten Valéry Giscard d'Estaing, den er bereits aus gemeinsamen Tagen als Finanzminister kannte und mit dem ihn seither eine enge Freundschaft verband, hatte er dabei einen adäquaten Partner. Giscard d'Estaing hatte seit jeher für feste Wechselkurse plädiert und trug nun maßgeblich zur Konzeption, Entwicklung und Verwirklichung der neuen Idee bei.

Gegen den Widerstand der Deutschen Bundesbank und der meisten Währungssachverständigen, die fürchteten, dass die Bundesrepublik sich in eine Inflationsgemeinschaft hineinbegebe und zu deren Finanzier werde, setzte Schmidt den Plan schließlich durch. Am 5. Dezember 1978 wurde das Europäische Währungssystem (EWS) vom Europäischen Rat verabschiedet. In Anknüpfung an die „Schlange" entstand damit ein westeuropäischer Währungsverbund mit festen, aber anpassungsfähigen Wechselkursen im Rahmen kleiner Schwankungsbreiten bis zu 2,25 Prozent, einer Europäischen Währungseinheit (Ecu) als gemeinsamer Nenner für die Bestimmung der Paritäten, die nur einvernehmlich geändert werden konnten, und einem über den Europäischen Fonds für währungspolitische Zusammenarbeit vermittelten Saldenausgleichs- und Kreditsystem. Zwar war das EWS von dem ursprünglichen Plan der frühen Siebzigerjahre, bis zum Ende des Jahrzehnts eine europäische Wirtschafts- und Währungsunion zu schaffen, noch weit entfernt. Es eröffnete jedoch, wie Giscard d'Estaing im Dezember 1978 weitsichtig erklärte, ein „notwendiges Durchgangsstadium" für „eine neue Etappe der Organisation Europas", aus der schließlich zu Beginn der Neunzigerjahre mit dem Vertrag von Maastricht die Europäische Union und die einheitliche europäische Währung hervorgehen sollten.

(Manfred Görtemaker, Geschichte der Bundesrepublik Deutschland. Von der Gründung bis zur Gegenwart, C. H. Beck, München 1999, S. 583 f.)

1 *Erläutern Sie am Beispiel der Entstehung des Europäischen Währungssystems (M 37) die folgende These: Die europäische Integration diente anfangs als Voraussetzung der deutsch-französischen Zusammenarbeit, dann aber wurde diese Zusammenarbeit zur Voraussetzung für die weitere Einigung Westeuropas. Beziehen Sie dafür auch die Darstellung mit ein.*

8.2 Die deutsch-polnischen Beziehungen

Historische Belastungen

Obwohl es in den beiden letzten Jahrhunderten auch Phasen einer engen deutsch-polnischen Freundschaft gegeben hat – zum Beispiel im „Vormärz" (d.h. vor der Revolution 1848) – standen sich Deutsche und Polen in den Jahrzehnten um 1900 ausgesprochen feindlich gegenüber. Maßgebend waren tief in der Geschichte verwurzelte **Vorurteile:** Deutsche warfen den Polen politische Unfähigkeit, Unreinlichkeit und Faulheit, kurz „polnische Wirtschaft", vor; Polen fühlten sich als Opfer eines jahrhundertealten aggressiven „deutschen Dranges nach Osten". Zu diesen tradierten und auf beiden Seiten nicht in Frage gestellten Stereotypen kamen **leidvolle historische Erfahrungen.** Polen war Ende des 18. Jahrhunderts von seinen Nachbarn Österreich, Preußen und Russland geteilt worden, was auch nach dem napoleonischen „Zwischenspiel" (d.h. der Errichtung des Großherzogtums Warschau 1807) auf dem Wiener Kongress 1815 nicht rückgängig gemacht wurde.

Als unabhängiger Staat wurde Polen erst im November 1918, nach dem politischen Zusammenbruch seiner ehemaligen Teilungsmächte, wiederhergestellt. Seither umfasste das Land allerdings Gebiete, in denen neben anderen Minderheiten auch Deutsche leben mussten. Dies und die Abtrennung der einstmals preußischen Ostgebiete Posen, Westpreußen sowie große Teile Oberschlesiens wurde von Deutschland als ungerecht empfunden. Die Weimarer Republik war nicht bereit, die neue polnische Westgrenze anzuerkennen.

An diese revisionistische Politik knüpften auch die Nationalsozialisten an, um sie zugleich zu radikalisieren: Am 1. September 1939 wurde Polen von der deutschen Wehrmacht überfallen, besiegt und gemäß dem Hitler-Stalin-Pakt vom August 1939 zwischen Deutschland und der Sowjetunion aufgeteilt. Die westpolnischen Gebiete wurden annektiert und in die deutschen „Gaue" Danzig-Westpreußen und „Wartheland" umgewandelt. Aus dem Rest Polens enstand das „Generalgouvernement", das 1941 nach dem Überfall auf die Sowjetunion um die von den Sowjets eroberten Gebiete erweitert wurde. Bis 1944/45 unterstanden die Polen einer beispiellosen brutalen Besatzungsherrschaft.

Der von Deutschland entfesselte Weltkrieg bedeutete für Millionen Polen und Deutsche eine Zeit der Flucht und Vertreibung. Die Sowjetunion annektierte 1939 die durch den Hitler-Stalin-Pakt gewonnenen ostpolnischen Gebiete, vertrieb die polnischen Bewohner und siedelte sie in den deutschen Ostprovinzen an. Nach Kriegsende wiederum wurden das ehemals deutsche Ostpreußen (ohne das Gebiet um Königsberg, das zur Sowjetunion kam) sowie Pommern, die Gebiete Brandenburgs östlich der Oder und ganz Schlesien polnisch. Die meisten deutschen Bewohner wurden aus diesen Gebieten vertrieben, sofern sie nicht schon vorher vor der Roten Armee nach Westen geflohen waren.

Vertreibung und polnische Westgrenze

Nach 1945 wurde die von der UdSSR erzwungene **„Westverschiebung" Polens** von den Westmächten zwar nicht ausdrücklich gebilligt, aber toleriert. Auf der **Konferenz von Potsdam** fanden die Siegermächte einen Kompromiss: Die deutschen Ostgebiete jenseits von Oder und Neiße wurden (mit Ausnahme des nun sowjetischen Gebietes um Königsberg) „polnischer Verwaltung" unterstellt. Wenn damit eine nur zeitweilige Besiedlung der ehemals deutschen Ostgebiete gemeint gewesen sein sollte, so wollten und konnten sich die Polen mit dieser Interpretation der Beschlüsse von Potsdam nicht zufrieden geben. Sie beharrten auf ihrem Recht, hier für alle Zeiten wohnen bleiben zu können. Die zahlreichen deutschen **Flüchtlinge und Vertriebenen** wollten und konnten das durch und bei der Vertreibung erlittene Leid nicht vergessen und hofften eines Tages in ihre alte Heimat zurückkehren zu können. Bestärkt in ihrer Hoffnung wurden sie durch die Regierung der Bundesrepublik, die sich

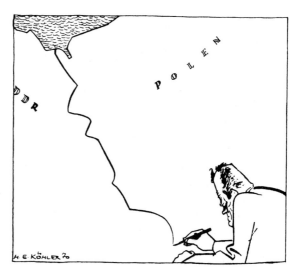

B 21 „Die Unterschrift des Jahres." Karikatur in der Frankfurter Allgemeinen Zeitung vom 8.12.1970 anlässlich der Unterzeichnung des deutsch-polnischen Grundlagenvertrages durch Bundeskanzler Brandt.

— *Erläutern Sie die Kritik, die diese Karikatur an dem deutsch-polnischen Grundlagenvertrag zum Ausdruck bringen will.*

zunächst konsequent und kompromisslos weigerte, die neue polnische Westgrenze anzuerkennen. In dieser harten Haltung wurde sie noch durch das Verhalten der DDR bestärkt. Denn die von der Bundesrepublik nicht anerkannte DDR-Regierung schloss im Juli 1950 mit Polen den **Görlitzer Vertrag**, in dem die (wie man im Westen sagte) „Oder-Neiße-Linie" als gemeinsame Grenze anerkannt wurde (M 38).

Bundesrepublik Deutschland und Polen

So kam es, dass der Kalte Krieg vor allem das Verhältnis zwischen Polen und der alten Bundesrepublik belastete. Deutsche aus der Bundesrepublik und Polen hatten in den 1950er-Jahren kaum Beziehungen miteinander. Erst in den 1960er-Jahren setzte ein langsamer Wandel ein. Den Anfang machten allerdings nicht die Regierungen beider Länder, sondern parteipolitische und gesellschaftliche Organisationen. Die politische Jugendgruppe „Die Falken" oder die von Repräsentanten der evangelischen Kirche gegründete Vereinigung „Aktion Sühnezeichen" führten **Gedenkstättenfahrten nach Polen** durch. Dabei kam es zu ersten Kontakten, vor allem unter Jugendlichen. Dann schalteten sich auch die **Kirchen** in den neuen Dialog ein. Im November 1965 richtete die katholische Kirche Polens ein Versöhnungsschreiben an die Glaubensbrüder in der Bundesrepublik; es wurde jedoch zunächst nicht beantwortet. Anders erging es der Denkschrift des Rates der Evangelischen Kirchen in Deutschland vom Oktober 1965 über „Die Lage der Vertriebenen und das Verhältnis des deutschen Volkes zu seinen östlichen Nachbarn". Diese Schrift, in der ebenfalls zur Versöhnung und zur Anerkennung der polnischen Westgrenze aufgerufen wurde, fand in der Öffentlichkeit beider Länder ein großes Echo. Publizisten und Politiker forderten, neben den ökonomischen nun auch die politischen Beziehungen zu intensivieren.

Schon die Bundesregierung der Großen Koalition aus SPD und CDU unter Bundeskanzler Kurt Georg Kiesinger (1966–1969) fand sich dazu grundsätzlich bereit. Allerdings zögerte man noch, die Oder-Neiße-Grenze anzuerkennen. Das wiederum wurde von polnischer Seite als Vorbedingung und Voraussetzung aller weiteren Beziehungen angesehen. Die nachfolgende sozialliberale Koalitionsregierung unter Bundeskanzler Willy Brandt (1969–1974) wagte schließlich den entscheidenden Schritt. Bereits im **Moskauer Vertrag** vom August 1970 erklärte sie, dass sie keinerlei Gebietsansprüche habe, und bezeichnete zugleich die Grenze zwischen Polen und der DDR als „unverletzlich". Diese Erklärung bildete dann auch den Kern des **Warschauer Vertrages**, der

im Dezember 1970 zwischen der Bundesrepublik und Polen abgeschlossen wurde (M 39). Vielleicht noch wichtiger als der Vertrag selbst war die spontane Geste von Willy Brandt, der vor dem Denkmal, das an den Warschauer Ghetto-Aufstand von 1943 erinnert, niederkniete.
Brandts Kniefall (s. B 8, S. 397) wirkte als politischer Durchbruch. Zwar gab es in der Bundesrepublik noch heftige Diskussionen über die Ratifizierung der Verträge von Moskau und Warschau, die fast zum Sturz Brandts geführt hätten (B 21). Doch immer mehr Menschen im Westen erkannten, dass sie auf etwas verzichteten, was sie schon längst verloren hatten, und zwar durch und als Folge eines Krieges, den Deutschland begonnen und im Osten mit beispielloser Brutalität geführt hatte. Dieser Umdenkungsprozess erleichterte auch den Prozess der Versöhnung, der langsam und im Schatten der hohen Politik der Konferenzen und Verträge einsetzte: Auf verschiedenen **Schulbuchkonferenzen** berieten westdeutsche und polnische Historiker und Pädagogen über eine Veränderung und Anpassung der Schulbücher, während Schulklassen und Jugendgruppen vermehrt Gedenkstättenfahrten nach Polen durchführten.
In den 1980er-Jahren kam von Seiten der Bundesrepublik die Sympathie für die mutigen Reformbemühungen der Gewerkschaft **Solidarność** hinzu, der es bereits im August 1980 gelang, von der polnischen Partei- und Staatsführung anerkannt zu werden. Zwar wurde die weitere Demokratisierung Polens 1982 durch die Verhängung des Ausnahmezustands wieder gestoppt. Doch auch dies führte nicht zur einer Verringerung, sondern – im Gegenteil – zu einer Intensivierung der Beziehungen zur Bundesrepublik. Als es in Polen zu einer großen Versorgungskrise kam, schickten viele Bürgerinnen und Bürger Pakete nach Polen. Motor der Hilfeleistungen waren allerdings weder die Bundesregierung noch die Parteien, aber gerade deshalb riefen sie in Polen viel Sympathie hervor. Umgekehrt erfuhr Lech Walesa, der als Vorsitzender der Solidarność mit dem Friedensnobelpreis ausgezeichnet worden war, im Westen große Anerkennung. Im April 1989 gelang es Solidarność, wieder offiziell zugelassen zu werden und halbfreie Wahlen zu erzwingen. Im Juni endeten sie mit einem großen Erfolg der Solidarność. Polen befand sich schon auf dem Weg zur Demokratisierung, als Ungarn im September 1989 seine Westgrenze öffnete und damit den Fall der Berliner Mauer und das Ende der DDR und der alten Bundesrepublik mit herbeiführte.
Nach der Vereinigung der beiden deutschen Staaten am 3. Oktober 1990 standen sich also ein demokratisches Gesamtdeutschland und ein ebenfalls demokratisches Polen gegenüber. Und beide Staaten zeigten sich ihrer Verantwortung vor der Geschichte gewachsen: In dem gemeinsamen Abkommen vom November 1990 wurde erneut – dieses Mal aber endgültig – die Oder-Neiße-Linie als gemeinsame Grenze bestimmt und anerkannt (M 40). Der Vertrag wurde durch vielfältige gesellschaftliche und politische Begegnungen mit Leben erfüllt und führte zu einem rasch ansteigenden Besuchsverkehr.
Polen ist nun ein ganz normaler Nachbar Deutschlands. Das Land gehört schon jetzt zu den offiziellen Beitrittskandidaten der Europäischen Gemeinschaft – die endgültige Mitgliedschaft Polens in der EU ist nur noch eine Frage der Zeit. Die seit 1989/90 und nach so viel Leid errungene deutsch-polnische Freundschaft könnte sich sogar als Motor für den weiteren europäischen Einigungsprozess in Frieden und Freiheit erweisen.

M38 Der Publizist Peter Bender über die Beziehungen zwischen der DDR und Polen, 1996

Aus der Sicht der DDR-Führung bedrohten die Polen das östliche Bündnis von innen her. Im Oktober 1956 rebellierten sie fast offen gegen Moskau und verfielen dann vor lauter Todsünden – in ideologische Ketzerei, bedenkenlosen Liberalismus und fast ungehemmten Nationalismus. Da sie sich bei alledem auch noch als Sozialisten aufführten, gaben sie nach Auffassung der SED ein gefährliches Beispiel, nicht nur für die DDR, sondern für das ganze „Lager". [...]
In der Oder-Neiße-Frage erlaubte weder Warschau noch Moskau einen Kompromiss oder auch nur eine Vertagung; die Ost-Berliner Regierung musste, schon ein halbes Jahr nach Gründung ihres Staates, die Grenze unwiderruflich anerkennen. Für das überaus schwierige Verhältnis zu Polen fehlte eine europäische Brücke: der gemeinsame Nenner für Warschau und Berlin war – und blieb – Moskau. [...]
Unter den regierenden deutschen Kommunisten fand sich niemals jemand, dem die Versöhnung mit Polen Herzenssache gewesen oder geworden wäre. [...] Schon 1948 wurde auch eine Gesellschaft für deutsch-polnische Beziehungen gegründet, aber schon vier Jahre später löste sie sich in einer größeren Organisation auf, die den Beziehungen zu allen Oststaaten gewidmet war. Polen erschien der Ost-Berliner Führung keiner besonderen Anstrengung mehr wert. Das Gefühl einer moralischen Verpflichtung fehlte.
Zwischen der DDR und Polen entstand das gleiche Vakuum wie innerhalb der DDR: Über das Wichtigste wurde nicht gesprochen. Schuld, Verantwortung, Wiedergutmachung – was zwischen Westdeutschen und Polen später zu den entscheidenden Fragen wurde, war für die SED kein Thema und wurde es deshalb für die große Mehrzahl der DDR-Bürger auch nicht. Die Funktionäre verkehrten in Polen mit Funktionärsgenossen und die Normalbürger mit Leidensgenossen – wo blieb da Raum für Gedanken an die Wunden, die Deutsche den Polen geschlagen hatten? Man sagte brav „Wroclaw" und nicht „Breslau", aber der Ausdruck „Polacken" war auch in höheren Parteikreisen nicht unbekannt; und die Polenwitze, die nach der polnischen Einkaufsinvasion 1972 durch die ganze DDR gingen, zeugten vom Fehlen jeglichen Gefühls dafür, dass es Wörter, Gesten und Verhaltensformen gab, die auch die Enkel der Okkupanten von 1939 noch zu meiden hatten. [...]

Zwischen Warschau und Ost-Berlin ging es allezeit kühl, zuweilen frostig zu, nur die Not brachte beide gelegentlich zusammen. Im Sommer 1968 war es die Angst vor dem „Prager Frühling"; Ulbricht und Gomulka[1] drängten darauf, dass der Warschauer Pakt die Tschechoslowakei besetzte und der Reformbewegung ein schnelles Ende bereitete. Die andere Not verursachte Bonn mit seiner Weigerung, die DDR und die Oder-Neiße-Grenze anzuerkennen. Ost-Berlin und Warschau schlossen sich zusammen, um gemeinsam beides durchzusetzen, aber es war nur ein Zweckbündnis auf Zeit, das Gomulka – nicht gerade sozialistisch, aber treffend – als Gebot der „Staatsräson" bezeichnete. Ulbricht übernahm das Wort.
Beide Seiten glaubten sich, je länger sie miteinander zu tun hatten, in ihren Vorurteilen bestätigt: die Deutschen doktrinär und besserwisserisch, die Polen provozierend gleichgültig in den Fragen der Ideologie; die Deutschen effizient sogar in der Planwirtschaft, die Polen erfolgreich nur in der Umgehung der Planwirtschaft; die Deutschen staatstreu von Natur und die Polen aus Instinkt gegen alles, was von oben kommt; die Deutschen punktgenau und die Polen großzügig-lax; die Deutschen diszipliniert, die Polen liberal; die Deutschen arrogant und die Polen extravagant; die Deutschen konzentriert auf die Gegenwart, die Polen denkend und lebend aus der Geschichte – vor allem der Teilungen und Aufstände. Bei einiger Anstrengung hätten die Gegensätze fruchtbar werden können, doch da die Anstrengung ausblieb, blieben nur die Gegensätze.
Je mehr die vermeintliche Gefahr aus dem Westen nachließ, desto mehr behinderten Polen und DDR einander. Polen fühlte sich durch die ostdeutsche Republik vom Westen abgeriegelt, die DDR fühlte sich durch Polen von der Schutzmacht Sowjetunion abgeriegelt, sie sah sich eingeklemmt zwischen der gefährlichen Bundesrepublik und dem unzuverlässigen Polen. Fünfmal brachen dort seit dem Oktober 1956 Unruhen aus, dreimal wurde dabei die Führung gestürzt. Die Gewerkschaft Solidarność brachte sogar die ganze Parteiherrschaft fast zum Erliegen; aber auch das folgende „Kriegsrecht" konnte die Sorgen der SED nur wenige Jahre beruhigen; dann begannen Warschauer Spitzenpolitiker selbst, den stalinistischen Staat zu demontieren. [...]
Polen wurde für Ost-Berlin zum Bild dessen, was es in der DDR nicht geben durfte. [...] Die Ostdeutschen konnten in den Achtzigerjahren ihr Nachbarland Polen nur noch mit Schwierigkeiten besuchen. [...] Für die DDR gab es keine europäische

Heimat im Osten, sondern nur die Abhängigkeit von einer Weltmacht.
(Peter Bender, Episode oder Epoche? Zur Geschichte des geteilten Deutschland, dtv, München 1996, S. 238–245)

1 Wladyslaw Gomulka (1905–1982) war von 1956 bis 1970 Erster Sekretär der kommunistischen Partei Polens und damit deren führender Politiker.

1 *Charakterisieren Sie die Grundzüge der Beziehungen zwischen der DDR und Polen (M38).*
2 *„Zwischen Polen und der DDR aber blühten die nationalen Ressentiments fast wie in alten Zeiten", hat der Publizist Peter Bender einmal geschrieben. Erläutern Sie diese These mit Hilfe von M 38.*
3 *Vergleichen Sie die Beziehungen zwischen der DDR und Polen mit denen zwischen der Bundesrepublik Deutschland und Polen. Ziehen Sie dafür sowohl M 38 als auch die Darstellung heran.*

M39 Aus der Rede Willy Brandts zum Warschauer Vertrag von 1970

Die Zeit ist gekommen für einen Schlussstrich und für einen Neubeginn […]. Das polnische Volk hat Unsagbares erleiden müssen. Der Krieg und seine Folgen haben beiden Völkern, auch uns Deutschen, unendlich viele Opfer abverlangt. Jetzt geht es um die friedliche Zukunft zwischen den beiden Ländern und Völkern.
Wer seine Angehörigen verloren hat, wem seine Heimat genommen wurde, der wird nur schwer vergessen können […]. Trotzdem muss ich gerade in dieser Stunde die heimatvertriebenen Landsleute bitten, nicht in Bitterkeit zu verharren, sondern den Blick in die Zukunft zu richten. Der Vertrag bedeutet selbstverständlich nicht, dass Unrecht nachträglich legitimiert wird. Er bedeutet also auch keine Rechtfertigung der Vertreibung. Worum es geht, ist der ernste Versuch, ein Vierteljahrhundert nach dem Krieg der Kette des Unrechts politisch ein Ende zu setzen […]. Unserem Volk wird nicht heute aus heiterem Himmel ein Opfer abverlangt. Dies hat längst gebracht werden müssen als Ergebnis der Verbrechen Hitlers.
(Bulletin des Presse- und Informationsamtes der Bundesregierung Nr. 161, Bonn 1970, S. 1693 f.)

1 *Arbeiten Sie die Bedeutung des Kniefalls von Brandt (B 8, S. 397) und der in M 39 genannten Ereignisse und Entwicklungen für das Verhältnis zwischen Polen und der Bundesrepublik Deutschland heraus.*
2 *Diskutieren Sie über die These Brandts (M 39), der Kette des Unrechts solle „politisch" ein Ende gesetzt werden, die Vertreibung werde durch den Vertrag jedoch nicht „legitimiert".*

M40 Aus dem deutsch-polnischen Vertrag vom 11. November 1990

Die Bundesrepublik Deutschland und die Republik Polen –
– in dem Bestreben ihre gegenseitigen Beziehungen in Übereinstimmung mit dem Völkerrecht […] zu gestalten,
– entschlossen gemeinsam einen Beitrag zum Aufbau einer europäischen Friedensordnung zu leisten, in der Grenzen nicht mehr trennen und die allen europäischen Völkern ein vertrauensvolles […] Zusammenleben gewährleistet,
– in der tiefen Überzeugung, dass die Vereinigung Deutschlands als Staat mit endgültigen Grenzen ein bedeutsamer Beitrag zu der Friedensordnung in Europa ist […],
– eingedenk dessen, dass seit Ende des Zweiten Weltkriegs 45 Jahre vergangen sind, und im Bewusstsein, dass das schwere Leid, das dieser Krieg mit sich gebracht hat, insbesondere auch der von zahlreichen Deutschen und Polen erlittene Verlust ihrer Heimat durch Vertreibung und Aussiedlung, eine Mahnung und Herausforderung zur Gestaltung friedlicher Beziehungen zwischen beiden Völkern und Staaten darstellt,
– in dem Wunsch, durch die Entwicklung ihrer Beziehungen feste Grundlagen für ein freundschaftliches Zusammenleben zu schaffen und die Politik der dauerhaften Verständigung und Versöhnung zwischen Deutschen und Polen fortzusetzen – sind wie folgt übereingekommen:
Art. 1: Die Vertragsparteien bestätigen die zwischen ihnen bestehenden Grenzen […].
Art. 2: Die Vertragsparteien erklären, dass die zwischen ihnen bestehende Grenze jetzt und in Zukunft unverletzlich ist, und verpflichten sich gegenseitig zur uneingeschränkten Achtung ihrer Souveränität und territorialen Integrität.
Art. 3: Die Vertragsparteien erklären, dass sie gegeneinander keinerlei Gebietsansprüche haben und solche auch in Zukunft nicht erheben.
(Das neue Osteuropa von A–Z, hg. v. Peter Rehder, Droemer Knaur, München 1992, S. 450 f.)

1 *Fassen Sie die Inhalte von M 40 zusammen.*
2 *Erläutern Sie die Grundlagen und historischen Entwicklungen, auf die sich der Vertrag von 1990 (M 40) beruft.*

IX Geteilt – vereint: Deutschland seit 1949 und die internationale Politik

Zusammenhänge und Perspektiven

1 Zeigen Sie, wie sich in den Fünfzigerjahren in Deutschland zwei unterschiedliche politische Systeme herausbildeten und wie diese in die jeweiligen Blocksysteme in Ost und West integriert wurden.
2 Vergleichen Sie die Entwicklung von Politik und Gesellschaft in der Bundesrepublik Deutschland und in der DDR, und zwar vor allem im Hinblick darauf, wie beide Systeme mit den Herausforderungen der modernen Industriegesellschaft umgegangen sind.
3 Untersuchen Sie Ursachen und Umstände, die zum Zusammenbruch des SED-Systems und zur Herstellung der staatlichen Einheit geführt haben.
4 Der Publizist Peter Bender hat einmal geschrieben: „Die Bundesrepublik fand mit Frankreich und der westeuropäischen Gemeinschaft eine politische Heimat in Europa, für die DDR gab es keine europäische Heimat im Osten, sondern nur die Abhängigkeit von einer Weltmacht." Diskutieren Sie diese These am Beispiel des deutsch-französischen und des deutsch-polnischen Verhältnisses.
5 Die deutsche Frage sei so lange offen, wie das Brandenburger Tor geschlossen ist, formulierte einmal der ehemalige Bundespräsident Richard von Weizsäcker im europäischen Schicksalsjahr 1989/90. Nehmen Sie zu dieser These Stellung. Erörtern Sie dabei auch, ob es heute noch im Gegensatz zu der Zeit zwischen 1945 und 1989/90 eine deutsche Frage gibt.

Zeittafel

1949–1963 **Ära Adenauer:** Das Kürzel „Ära Adenauer" bezeichnet sowohl eine bestimmte Politik des von 1949 bis 1963 regierenden ersten Bundeskanzlers, deren wichtigste Merkmale der politische und wirtschaftliche Wiederaufstieg sowie die Westintegration und Wiedergewinnung staatlicher Souveränität der Bundesrepublik sind, als auch eine spezifische politische Kultur. In der frühen Zeit der Bundesrepublik besitzt Adenauer praktisch ein „Monopol" in der Außenpolitik, es gibt weder einen Außenminister noch einen Auswärtigen Ausschuss im Bundestag, alle Kontakte zu den Alliierten laufen über den Kanzler. Ebenso mächtig ist Adenauers Position als Parteivorsitzender der CDU, nicht weil die CDU besonders stark, sondern weil sie als Parteiorganisation besonders schwach ist. Der Erfolg Adenauers beruht schließlich darauf, dass er mit seinem großväterlich-strengen Auftreten und seinen volkstümlichen Formulierungen der Sehnsucht vieler in der westdeutschen Nachkriegsgesellschaft nach starker Führung entspricht.

1949–1971 **Ära Ulbricht:** Fortführung der Stalinisierung der SED; Aufbau des Sozialismus durch Planwirtschaft; Kollektivierung der Landwirtschaft; Bau der Mauer 1961; das 1963 verkündete Neue Ökonomische System der Planung und Leitung (NÖSPL) bringt vorübergehend ein Wachstum der Industrieproduktion und eine Steigerung des Lebensstandards. Wirtschaftsleistung und Lebensstandard sind die höchsten in den Ostblockstaaten, bleiben aber hinter der Bundesrepublik weit zurück.

1950 Im Görlitzer Vertrag mit Polen (6. Juni) erkennt die DDR die Oder-Neiße-Linie als „Friedensgrenze" an.

1952 Stalin-Note (März): Angebot der Wiedervereinigung gegen die Neutralisierung Deutschlands.

1953	**Aufstand in der DDR (17. Juni):** Aus Streiks in Berlin entwickelt sich in der gesamten DDR eine Protestbewegung, die außer wirtschaftlichen Verbesserungen politische Forderungen nach freien Wahlen und der Befreiung politischer Gefangener erhebt. Der sowjetische Militärbefehlshaber übernimmt die Regierungsgewalt und schlägt mit Hilfe sowjetischer Truppen den Aufstand nieder.
1955	**Souveränität von Bundesrepublik und DDR:** Mit dem Inkrafttreten der Pariser Verträge erhält die Bundesrepublik die volle Souveränität. Die Alliierte Hohe Kommission wird aufgelöst, das Besatzungsstatut aufgehoben. Die Sowjetunion erklärt den Kriegszustand mit Deutschland für beendet und die DDR für souverän. – Die Bundesrepublik tritt der NATO bei, die DDR dem Warschauer Pakt.
1961	Beginn des Mauerbaus an der Demarkationslinie zwischen Ost- und Westberlin und Sperrung der Zugangswege nach Westberlin durch die DDR (13. Aug.).
1963	Unterzeichnung des Vertrages über die deutsch-französische Zusammenarbeit (Elysée-Vertrag), der die deutsch-französische Aussöhnung besiegelt. Beide Länder vereinbaren eine besonders enge Zusammenarbeit und regelmäßige Konsultationen auf Ministerebene.
1966	Große Koalition: Der Bundestag wählt den CDU-Politiker Kurt Georg Kiesinger zum Bundeskanzler. Bildung einer Koalition aus CDU/CSU und SPD. Vizekanzler und Außenminister wird Willy Brandt (SPD).
1968	Notstandsgesetze (29. Mai): Nach heftigen Debatten billigt der Bundestag die Notstandsverfassung, die Regelungen für den inneren und äußeren Notstand trifft. Dadurch werden bestimmte Souveränitätsrechte der Alliierten abgelöst.
1969	**Sozial-liberale Koalition:** Nach den Wahlen zum 6. Deutschen Bundestag bilden Sozialdemokraten und Liberale eine Koalition unter Bundeskanzler Willy Brandt (SPD) und Vizekanzler und Außenminister Walter Scheel (FDP).
1970	Unterzeichnung des Moskauer Vertrages (Aug.): Vertrag zwischen der Bundesrepublik und der UdSSR über Gewaltverzicht und Normalisierung der Beziehungen. – Unterzeichnung des Warschauer Vertrages (Dez.): Vertrag zwischen der Bundesrepublik und der Volksrepublik Polen über Grundlagen der Normalisierung ihrer Beziehungen.
1971–1989	**Ära Honecker:** Die weltweite Anerkennung als souveräner Staat, eine verstärkte Sozialpolitik (Wohnungsbau, Kindergärten) und eine nachlassende Gängelung der Jugendlichen sorgen bis Mitte der siebziger Jahre für eine Anerkennung Honeckers; wachsende Auslandsschulden, zunehmende Unzufriedenheit über die Mangelwirtschaft und eine wachsende Distanz der Bevölkerung zum Staat führen die DDR in den 1980er-Jahren in eine Krise. Während in der UdSSR seit 1985 „Glasnost" und „Perestroika" für innenpolitische Reformen sorgen, hält die SED in der DDR an ihrem absoluten Machtanspruch fest.
1971	Unterzeichnung des Viermächteabkommens über Berlin (Sept.): Auf der Grundlage des Vier-mächtestatus werden die engen Bindungen Westberlins an die Bundesrepublik bestätigt. Die Sowjetunion garantiert den freien Zugang nach Westberlin.
1972	Unterzeichnung des Grundlagenvertrages (Nov.): In diesem Vertrag akzeptiert die Bundesrepublik den souveränen Status der DDR, vermeidet aber deren völkerrechtliche Anerkennung.
1979	Das 1978 beschlossene Europäische Währungssystem (EWS) tritt in Kraft.

1973	Beitritt von Bundesrepublik und DDR zur UNO.
1982	**Christlich-liberale Koalition:** CDU/CSU und FDP bilden eine Koalition. Bundeskanzler Helmut Kohl (CDU) wird am 1. Oktober durch ein konstruktives Misstrauensvotum zum Regierungschef gewählt.
1985	Beginn von „Glasnost" und „Perestroika" in der UdSSR.
1989	**Friedliche Revolution:** Ungarn lässt ohne Absprache mit der DDR-Führung Bürger der DDR in den Westen ausreisen. Bis Ende Sept. nutzen rund 25 000 Flüchtlinge diese Möglichkeit. Am 9. Okt. demonstrieren in Leipzig etwa 70 000 Menschen für eine demokratische Erneuerung in der DDR, Massendemonstrationen in anderen Städten folgen. Die Massenproteste bewirken den Sturz Erich Honeckers durch das ZK. Nachfolger wird Egon Krenz. Am 9. Nov. öffnet die DDR ihre Grenzen nach Westberlin und zur Bundesrepublik. Mit dem Fall der Berliner Mauer beginnt die Auflösung der DDR: Die Parteidiktatur der SED zerfällt, die Bürger fordern demokratische und rechtsstaatliche Verhältnisse und schließlich den Beitritt zur Bundesrepublik.
1990	**Vereinigung des geteilten Deutschlands (3. Okt.):** Die am 18. März frei gewählte Volkskammer der DDR beschließt den Beitritt der DDR nach Artikel 23 des Grundgesetzes zur Bundesrepublik Deutschland. Seit der Vereinigung der beiden deutschen Teilstaaten gibt es wieder einen deutschen Nationalstaat. Das wieder vereinigte Deutschland schreibt im Deutsch-Polnischen Abkommen (14. Nov.) die Oder-Neiße-Linie als völkerrechtlich verbindlich fest. Damit verfügt die Bundesrepublik Deutschland über keinerlei Gebietsansprüche gegenüber seinen Nachbarn mehr.
1998	Bei der Wahl zum 14. Bundestag wird die christlich-liberale Koalition von der **rot-grünen Koalitionsregierung** unter Bundeskanzler Gerhard Schröder (SPD) und Außenminister Joschka Fischer (Bündnis '90/Die Grünen) abgelöst.
1999	Der Euro wird gemeinsame Währung von 11 EU-Staaten (1. Jan.). Frankfurt/Main ist der Sitz der seit Juni 1998 arbeitenden Europäischen Zentralbank (EZB).
2002	Ablösung der D-Mark durch den Euro als neuer gemeinsamer EU-Währung im Bargeldverkehr. – In Deutschland Wiederwahl der rot-grünen Koalitionsregierung Schröder/Fischer (Sept.).

X Brennpunkte und Entwicklungen der Gegenwart in historischer Perspektive

Begegnung in der Stadt Hebron im Westjordanland, Fotografie, 1988

Das Ende des Ost-West-Konfliktes hat zwar die Gefahr eines Dritten Weltkrieges gebannt, doch gab und gibt es seitdem in zahlreichen Regionen der Welt ungelöste Krisen, die sich in Kriegen entluden bzw. entladen können. Weil manche Staaten, Völker und Gruppen nach wie vor Krieg und Terror als legitime Mittel der Politik betrachten, bleibt die Völkergemeinschaft aufgerufen, nach Mitteln und Wegen für einen friedlichen Interessenausgleich bei internationalen Krisen zu suchen. Für eine sachliche Diskussion über die Möglichkeiten und Grenzen der internationalen Gemeinschaft, Konflikte zu schlichten, sind Kenntnisse ihrer historischen Ursachen und Rahmenbedingungen notwendig. Erst die genaue Analyse der geschichtlichen Wurzeln von Kriegen und Bürgerkriegen macht deutlich, dass Gewalt zwischen Staaten und Gruppen aus ganz unterschiedlichen Motiven und Zielen heraus entstehen und dass erst die Kenntnis all dieser Faktoren Wege zum Frieden eröffnet.

Wer die gewaltsamen Auseinandersetzungen im ehemaligen **Jugoslawien** von 1991 bis 1999 verstehen will, muss die wechselvolle Geschichte dieses 1918/19 gegründeten Vielvölkerstaates und die konfliktreichen Beziehungen der in ihm zusammenlebenden Völker kennen. Das besondere Augenmerk hat dabei sowohl alten ethnischen und nationalen Gegensätzen als auch dem Streben der südslawischen Völker nach nationaler Eigenständigkeit und Identität zu gelten.

Die Probleme der Durchsetzung einer alle Staaten und Völker befriedigenden Friedensordnung im **Nahen Osten** werden nur demjenigen bewusst, der sich nicht nur mit der aktuellen Politik beschäftigt, sondern darüber hinaus die historischen Wurzeln der Auseinandersetzungen um Palästina in den Blick nimmt. Dabei wird deutlich, dass der Nahostkonflikt nicht erst mit der Staatsgründung Israels im Jahre 1948, sondern bereits mit der Entstehung einer national-jüdischen Bewegung, des Zionismus, im 19. Jahrhundert beginnt. Die enge Verknüpfung von religiösen und nationalen Ansprüchen mit territorialen Forderungen bei Juden und Arabern gibt diesem Konflikt eine besondere Sprengkraft und macht seine Lösung so schwierig.

Die Historiker befassen sich aber nicht allein mit Kriegen und ihren Ursachen, sondern auch mit den Bemühungen der Völker, Frieden miteinander zu schließen. Ein besonders erfolgreiches Beispiel dafür ist die **europäische Integration** seit dem Zweiten Weltkrieg. Mit der Gründung der EWG 1957 und der Europäischen Union 1993 wuchs Europa wirtschaftlich zusammen, gaben die nationalen Regierungen Souveränitätsrechte an übernationale Institutionen ab und konnten manche Vorurteile zwischen den Völkern abgebaut werden, die in früheren Jahrhunderten zu Hass und Krieg geführt hatten.

Zu den bestimmenden, widerstreitenden Prinzipien in den internationalen Beziehungen gehören nicht zuletzt Hegemonie und Gleichgewicht. Untersucht man die Entwicklung der Staatenwelt unter diesem Aspekt, dann geht es um die gleiche oder ungleiche Verteilung von Macht sowie darum, wie machtpolitische Veränderungen zu erklären sind. Wer sich dabei besonders für die Entstehung neuer Machtzentren in der zweiten Hälfte des 20. und im beginnenden 21. Jahrhundert interessiert, wird seine Aufmerksamkeit vor allem auf **China und Japan** richten. Beide Staaten nahmen eine ganz unterschiedliche Entwicklung: Lag Japan, das im Fernen Osten mit seinem Angriff auf China den Zweiten Weltkrieg eröffnete, am Ende dieses Kriegs zerstört am Boden, ist es heute ein Industriegigant, dessen Exportoffensiven auf der ganzen Welt berühmt sind. China hingegen war 1945 eine der Siegermächte, wirtschaftlich und gesellschaftlich jedoch ein Entwicklungsland. Der kommunistischen Führung der 1949 ausgerufenen Volksrepublik gelang es allerdings lange Zeit nicht, die Rückständigkeit des Landes zu überwinden. Erst die Öffnung nach Westen und der radikale ökonomische Kurswechsel seit den 70er/80er-Jahren unter Deng Xiaoping bescherte dem Reich der Mitte eine internationale Aufwertung. China rückte vom Rand ins Zentrum der internationalen Politik; es ist nicht länger Objekt der Politik, sondern selbst ein entscheidender Akteur.

1 Nahostkonflikt

1.1 Grundzüge der Entwicklung bis zum Ersten Weltkrieg

Historische Wurzeln Nach der Niederschlagung des Ersten und Zweiten Aufstands der Juden gegen die Römer (66–74 bzw. 132–135 n. Chr.) musste ein Großteil des jüdischen Volkes Palästina verlassen, in dem es seit biblischen Zeiten lebte. Dieser Vorgang markiert den Beginn der **Diaspora**, in deren fast zweitausendjährigem Verlauf die Juden in alle Welt zerstreut wurden. Treibende Kraft dieser Entwicklung war eine zeitüberdauernde Judenfeindschaft, in der sich religiöse Vorurteile, Sozialneid und politische Interessen vermengten und bis in die frühe Neuzeit mit Pogromen einhergingen.

Bindeglied der versprengten jüdischen Gemeinden blieb die Erinnerung an die gemeinsame Herkunft und Geschichte sowie ein messianischer Glaube, dem eine kollektive **Sehnsucht nach Rückkehr** in das Land der Vorväter entsprang. Palästina aber war seit der Vertreibung der Juden überwiegend von Arabern besiedelt, die sich seit dem 7. Jahrhundert zum Islam bekannten. Angelockt durch die Lage am östlichen Mittelmeerrand und damit am Schnittpunkt bedeutender Handelsrouten herrschten hier zunächst Rom und Byzanz. Es folgten Araber, christliche Kreuzfahrer, Mamelucken und Ottomanen. Anfang des 16. Jahrhunderts eroberte das Osmanische Reich (benannt nach der aus den Turkvölkern stammenden Dynastie der Osmanen; daher auch Bezeichnung: Türkei) die Macht und konnte sie bis zum Ersten Weltkrieg behaupten.

B 1 Theodor Herzl (vorne mit Schirmmütze) auf dem Weg nach Palästina, 1898, Fotografie

— Ordnen Sie die Abbildung in den historischen Zusammenhang ein und erläutern Sie den Begriff des „Zionismus".

| Rückkehr der Juden nach Palästina | Die jüdische Einwanderung beschränkte sich jahrhundertelang auf Einzelfälle. Dies änderte sich grundlegend, als im letzten Drittel des 19. Jahrhunderts in Europa der moderne **Antisemitismus** (s. S. 240f.) entstand und unter Zar Alexander III. (1881–1894) erneut zu Pogromen führte (sowie später in der NS-Zeit zum Holocaust). Folge dieser Existenzbedrohung war die **Auswanderung hunderttausender europäischer Juden** (M 1).

Ideologische Orientierung, organisatorische und materielle Hilfe erfuhren die jüdischen Einwanderer durch den politischen **Zionismus**. Begründer dieser jüdischen Nationalbewegung war der Wiener Journalist und Schriftsteller **Theodor Herzl** (1860–1904), der die seit der Aufklärung versprochene Judenemanzipation für gescheitert erklärte. Die Anpassungsbemühungen (Assimilation) der mittel- und westeuropäischen Juden an die dortigen Gesellschaften erschienen ihm als sinnloses Unterfangen. Alleiniges Ziel jüdischer Politik, so lautete das Fazit seines Manifests „Der Judenstaat" (1896), müsse daher die Gründung eines unabhängigen jüdischen Gemeinwesens sein (B 1).

1897 versammelte Herzl in Basel den ersten **Zionisten-Kongress**, dessen Aktionsprogramm die Juden zur Rückkehr nach Palästina aufforderte und dort die Errichtung eines jüdischen Staates in Aussicht stellte. Dass Palästina um die Jahrhundertwende von etwa 600 000 Menschen unterschiedlicher Religion und Herkunft, Arabern vor allem, aber auch rund 30 000 Christen, besiedelt war, wurde dabei lange Zeit übersehen: „Land ohne Volk für das Volk ohne Land" lautete die zionistische Parole. Zur Förderung dieses Planes, der besonders bei den Juden in Osteuropa Gehör fand, wurde 1907 der **Jüdische Nationalfonds** ins Leben gerufen, der seither die Finanzierung des Landkaufs und den Bau von Siedlungen in Palästina unterstützte.

Die Realisierung des zionistischen Vorhabens stieß zunächst auf große **Probleme**: Diplomatische Bemühungen, um die Unterstützung der europäischen Großmächte zu gewinnen, verliefen im Sande. Frankreich, England, Österreich-Ungarn, Deutschland und Russland, die als Großmächte die internationale Politik bis zum Ersten Weltkrieg bestimmten, zeigten an diesem Problem kein Interesse. Die meisten jüdischen Gemeinden wiederum standen dem Zionismus abwartend und skeptisch gegenüber. Mehr als 98 % der ostjüdischen Emigranten bevorzugten westeuropäische Zufluchtsländer oder die USA, die attraktivere Lebensbedingungen versprachen. Die restriktive Haltung des Osmanischen Reiches, das in dieser Zeit über Palästina herrschte, leistete ein Übriges die Einwanderung von Juden nach Palästina in engen Grenzen zu halten.

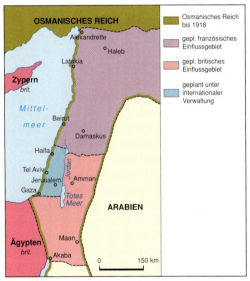

Karte 1 Der geheime britisch-französische Plan zur Aufteilung Palästinas von 1916 (Sykes-Picot-Abkommen)

— *Erläutern Sie den in Karte 1 dargestellten Teilungsplan.*

| Schaukelpolitik Großbritanniens | Entscheidend für die Entstehung des **Palästinakonflikts** im 20. Jahrhundert war die Machtpolitik Großbritanniens, das seit der Besetzung Ägyptens (1882) seinen Einfluss im Nahen Osten verstärken wollte. Ziel war die

Ausweitung des Kolonialbesitzes, der Ausbau der Mittelmeerherrschaft und die Sicherung der See- und Landwege in die Kronkolonie Indien. Während des Ersten Weltkriegs entstand daraus eine Diplomatie, die Arabern und Zionisten weit reichende Versprechungen machte, im Grunde aber nur die eigenen Interessen verfolgte. Resultat dieser Haltung waren höchst widersprüchliche Abmachungen, die spätere Konflikte vorprogrammierten:

Die militärische Unterstützung der Araber im Kampf gegen die Türkei erreichte London nach einem **Briefwechsel mit dem Großscherifen von Mekka** (1915/16), in dem die Bildung eines autonomen Großarabischen Reiches nach Kriegsende vereinbart wurde. Es sollte von Palästina bis nach Persien reichen.

1916 kam das geheime **Sykes-Picot-Abkommen** zustande, in dem sich England und Frankreich über die Aufteilung der nahöstlichen Provinzen im allmählich zerfallenden Osmanischen Reich verständigten (Karte 1). Arabische oder zionistische Ansprüche wurden ignoriert.

Ergebnis englisch-zionistischer Gespräche wiederum, die dann doch zustande kamen, da sie der Kriegsmüdigkeit der russischen Juden (Russland kämpfte mit Frankreich und England gegen die „Mittelmächte") entgegenwirken und den Kriegseintritt der USA beschleunigen sollten, war die **Balfour-Deklaration** (1917). Großbritannien versprach darin als erste und bislang einzige Großmacht der „Schaffung einer nationalen Heimstätte in Palästina für das jüdische Volk" seine volle Unterstützung ohne dadurch die Rechte der ansässigen Bevölkerung schmälern zu wollen.

M1 Juden und Araber in Palästina/Israel 1882–1990

Jüdische Einwanderung		
Jahr	Zahl (in Tsd. Personen)	Herkunftsländer
1882–1903	20–30	Russland
1904–1914	35–40	Russland, Polen
1919–1923	ca. 35	Russland, Polen
1924–1931	ca. 80	Polen, UdSSR
1932–1938	ca. 200	Polen, Deutschland
1939–1945	ca. 80	Polen, Deutschland, Rumänien, Ungarn, Tschechoslowakei
1946–1948	ca. 160	Polen, Rumänien, Bulgarien, Algerien, Tunesien
1949–1951	ca. 710	Polen, Rumänien, arabische Staaten
1952–1987	ca. 1 060	arab. Staaten, Iran, UdSSR, Polen, Rumänien, Äthiopien
1988–1989	ca. 30	UdSSR
1990	ca. 200	UdSSR, Äthiopien

Bevölkerungsanteile (in Mio.)					
Jahr	Araber	Juden	Jahr	Araber	Juden
1882	0,4	0,1	1948	0,3	0,7
1922	0,7	0,2	1986[1]	1,7	3,5

1 mit den von Israel besetzten Gebieten

(Johannes Glasneck/Angelika Timm, Israel, Bonn 1992, S. 286)

1 *Setzen Sie die Daten zur jüdischen Einwanderung in ein Flächendiagramm um und beschreiben Sie die Bevölkerungsentwicklung in Palästina/Israel.*
2 *Erläutern Sie die politischen Hintergründe der jüdischen Immigration.*
3 *Skizzieren Sie ausgehend von M 1 die grundlegende Konfliktlage in Palästina/Israel.*

1.2 Vom Ausgang des Ersten Weltkriegs bis zur Gründung des Staates Israel 1948

Machtwechsel im Nahen Osten um 1920

Der Sieg Englands über die Türkei 1917/18 veränderte die politische Lage im Nahen Osten von Grund auf. Der **Frieden von Sèvres** (1920), der auf das Sykes-Picot-Abkommen zwischen Paris und London zurückgriff (s. S. 467 f.), besiegelte das Ende der Vorherrschaft des Osmanischen Reiches. An seine Stelle traten jetzt Frankreich, dem Syrien zugesprochen wurde, sowie England, dem der Irak und Palästina zufielen (Karte 2). Damit setzten die beiden europäischen Großmächte ihre imperialistische Expansionspolitik aus der Vorkriegszeit fort. Der eben erst gegründete **Völkerbund** (s. S. 189) erteilte dazu 1920/23 seine Zustimmung, indem er sie auf Vorschlag der Pariser Friedenskonferenz zu **Mandatarstaaten** (d. h. zu politisch Bevollmächtigten) erklärte und ihren Gebietsgewinn völkerrechtlich legitimierte. Fortan bestimmten willkürliche Grenzziehungen die politische Landkarte des Nahen Ostens. Das von US-Präsident Wilson proklamierte Selbstbestimmungsrecht der Völker (s. S. XX) fand auf diese Region keine Anwendung.

Arabischer Widerstand

Verlierer der Nachkriegsordnung im Nahen Osten war die **arabische Nationalbewegung**, die erst nach der Berührung mit den europäischen Nationalstaatsideen entstanden war, dann aber mit umso größerer Kraft die arabische Welt beeinflusste. Sie betonte die historische, sprachliche und religiöse Zusammengehörigkeit der arabischen Völker und forderte deren Unabhängigkeit und Einigung. Auf der Pariser Friedenskonferenz fanden ihre Interessen allerdings kein Gehör.
Die arabischen Aufstände gegen die Kolonialmacht Großbritannien 1919/20 begannen in **Ägypten** und führten 1922 zur weitgehenden Unabhängigkeit des Landes; die militärische Kontrolle und Verwaltung des Suez-Kanals blieb allerdings in britischen Händen. Fast ebenso erfolgreich war die Rebellion der Nationalisten im **Irak**, der seither die meisten seiner staatlichen Belange selbst bestimmen konnte und 1932 die vollständige Unabhängigkeit erhielt. **Transjordanien** wurde 1921 von Beduinenkämpfern besetzt und als eigenständiges Emirat vom Mandatsgebiet Palästina abgespalten. Das ohne Finanzhilfe nicht lebensfähige Land stand jedoch bis zu seiner nominellen Unabhängigkeit (1946) unter der Verwaltung eines britischen Hochkommissars.

Im **westlichen Palästina** behielten die Briten die Oberhand. Nach zahlreichen Übergriffen auf jüdische Siedler 1920/21 brachten das Zugeständnis religiöser und kommunaler Selbstverwaltung sowie die Einrichtung eines „Obersten Moslemischen Rates" für die arabische Bevölkerung eine vorübergehende Befriedung des Landes. Trotzdem blieb es erklärte Absicht der palästinensischen Araber, die Balfour-Deklaration (s. S. 468) aus der britischen Mandatsverfassung zu tilgen und die Zahl der jüdischen Einwanderer zu beschränken. Die 1919 am Rande der Pariser Friedenskonferenz erzielte Einigung zwischen dem Zionistenführer Chaim Weizmann

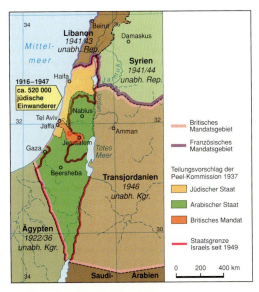

Karte 2 Palästina 1916–1949

(1874–1952) und dem arabischen Hauptdelegierten Emir Feisal (1883–1933) über das Existenzrecht eines unabhängigen jüdischen Territoriums in Palästina hatte zu diesem Zeitpunkt keine Gültigkeit mehr. Eine friedlichen Koexistenz von Juden und Arabern und die Gründung eines arabischen Staates wurden von England und Frankreich im eigenen Interesse verhindert.

> Der Jischuw: die Juden Palästinas

Für die zionistische Bewegung (B 3) bedeutete die britische Mandatsherrschaft in Palästina zunächst einen Glücksfall, denn die neuen „Bevollmächtigten" erfüllten ihre Versprechen und erleichterten die Einwanderung. Hierdurch vervielfachte sich die jüdische Bevölkerung Palästinas. Im Zuge mehrerer Einwanderungswellen kamen bis 1938 insgesamt über 300 000 Juden (vor allem Bürgerliche und Intellektuelle) ins Land, seit 1933 insbesondere aus dem nationalsozialistischen Deutschland.

Einhergehend mit ihrem zahlenmäßigen Anwachsen und mithilfe der Mandatsregierung gelang es den **Juden Palästinas (Jischuw)** schließlich, einen weitgehend autonomen Staat im Staate zu errichten und ein selbst verwaltetes Wirtschafts-, Sozial- und Kultursystem aufzubauen. Eigene militärische Einheiten kamen hinzu und übernahmen den Schutz vor arabischen Übergriffen. Eine hervorragende Rolle spielte die 1922 gegründete **Jewish Agency for Palestine**, die bis zur Gründung des Staates Israel die Interessen der jüdischen Bevölkerung gegenüber der britischen Mandatsregierung vertrat und die Entwicklung des Jischuw maßgeblich lenkte.

> Kurswechsel der britischen Palästinapolitik

Die steigende Zahl jüdischer Einwanderer und der Ausbau des Jischuw verliehen dem arabischen Nationalismus neuen Auftrieb, der 1929 in pogromartige Massenunruhen umschlug. Höhepunkt der Ausschreitungen war das **Massaker von Hebron**, bei dem über 60 Juden von radikalen Muslimen ermordet wurden. Als die englische Regierung auf Druck der konservativen Partei ihre prozionistische Politik fortsetzte und das Anwachsen des Antisemitismus in Ost- und Mitteleuropa die jüdische Einwanderung sprunghaft ansteigen ließ, entlud sich die Existenzangst der arabischen Bevölkerung 1936 bis 1939 im **Großen Arabischen Aufstand** (B 2).

Diese Rebellion der Araber, die nicht zuletzt auch an innerarabischen Machtkämpfen scheiterte, leitete einen tief greifenden Wandel der britischen Palästinapolitik ein. Der Vorschlag der **Peel-Kommission** (1937) das Land zwischen Juden, Arabern und Briten zu teilen stieß allerdings auf die entschiedene Ablehnung der arabischen Seite, so dass England sich zur drastischen Reduzierung der jüdischen Einwanderung gezwungen sah: Das **Weißbuch von 1939** (Weißbücher: Dokumentensammlungen des Außenministeriums anlässlich bestimmter außenpolitischer Ereignisse) beschränkte die jüdische Einwanderung auf 75 000 Menschen bis 1944. Danach sollte sie von der Zustimmung der Araber abhängig sein, denen für die kommenden zehn Jahre die Gründung eines eigenen arabischen Staates in Palästina versprochen wurde. Der jüdische Landerwerb in Palästina wurde rigoros eingeschränkt. Um seine Position im Nahen Osten nicht zu gefährden hatte sich Großbritannien zur Zusammenarbeit mit dem arabischen Lager entschieden.

Opfer der proarabischen Orientierung der britischen Politik waren vor allem die vom Nationalsozialismus bedrohten Juden in Europa, die vom britischen Kurswechsel genau zu dem Zeitpunkt getroffen wurden, als 1938 Deutschland den „Anschluss" Österreichs erzwang, mit der Reichspogromnacht eine neue Phase der Judenverfolgung einleitete und das faschistische Italien antisemitische Gesetze erließ. Im Moment ihrer größten Gefährdung wurde den Juden nur wenig Hilfe zuteil. Das Scheitern der Konferenz von Evian (Juli 1938), bei der 33 Staaten über Möglichkeiten zur Linderung des jüdischen Flüchtlingsproblems berieten, zeigte dies mit Nachdruck.

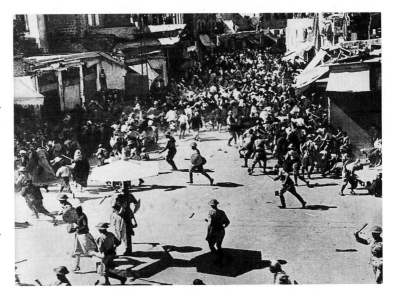

B 2 Britische Soldaten gehen in Jaffa gegen arabische Demonstranten vor, Juli 1936, Fotografie

— Erläutern und bewerten Sie den in B 2 angesprochenen arabischen Widerstand.
— Erörtern Sie ausgehend von B 2 die Rolle der Briten im Palästina-Konflikt in der ersten Hälfte des 20. Jahrhunderts.

| Rebellion des Jischuw im Zweiten Weltkrieg | Trotz ihrer Empörung über die neue Palästinapolitik Englands unterstützte der Jischuw während des Zweiten Weltkriegs zunächst die britische Seite – hätte doch ein Sieg Deutschlands das sichere Ende seiner Existenz bedeutet. Nach der Wende des Krieges zugunsten der Alliierten im Jahr 1941/42 rief allerdings die fortgesetzte Weigerung Londons seine proarabische Haltung zu revidieren den offenen Konflikt hervor. Nachrichten von der systematischen Vernichtung der europäischen Juden durch den Nationalsozialismus steigerten den Widerstand. Der radikale, Terroranschläge befürwortende Flügel des Zionismus um den sozialistischen Arbeiterführer **David Ben-Gurion** (1886–1973) gewann unter diesen Umständen zunehmend die Oberhand. Die kompromissbereiten Anhänger des Vorsitzenden des Zionistischen Weltkongresses **Chaim Weizmann** hingegen verloren an Einfluss.

Der Jischuw stand am Rand eines Bürgerkriegs. Als England nach 1945 selbst Überlebenden des Holocaust den Zutritt nach Palästina verweigerte, weitete sich der Aufstand zu einem mit äußerster Härte und schließlich von allen politischen Lagern getragenen **Untergrundkampf** aus. Aber auf britischer Seite hatten die geopolitischen Interessen und das hierfür erforderliche Wohlwollen der Araber Vorrang. Insbesondere die englisch-ägyptischen Bündnisverhandlungen in Kairo 1946 sollten nicht gefährdet werden.

In der Folge verhängte England über Palästina den **Belagerungszustand** und beantwortete den von Gewalt und passivem Widerstand geprägten Frontalangriff auf seine Herrschaft mit massiver Gegengewalt. Vor allem die unnachsichtige Bekämpfung der vom Jischuw organisierten **illegalen Einwanderung**, die von 1940 bis 1948 fast 100 000 europäische Juden ins Land brachte und die Gefahr einer erneuten arabischen Rebellion heraufbeschwor, verlieh der Auseinandersetzung zusätzliche Sprengkraft.

| Rückzug Englands | Die im September 1946 in London eröffnete **Palästinakonferenz** zeigte noch einmal die Unvereinbarkeit der Positionen. Während die jüdische Delegation auf der Gründung eines eigenen Staates in einem „angemessenen" Teil Palästinas beharrte, reklamierten die arabischen Vertreter das ganze Land für sich. Einig war man sich nur

beim unverzüglichen Rückzug der Mandatsmacht. Der Labour-Vorsitzende und seit 1945 auch Premierminister Clement Attlee entschloss sich im Februar zu einem Schlussstrich unter die bisherige Palästinapolitik seines Landes und gab das **Mandatsgebiet** an die Nachfolgeorganisation des Völkerbundes, d. h. an die **UNO** zurück.

Ausschlaggebend für diesen Schritt waren vor allem vier Gründe: das Ausmaß des jüdischen Widerstands; die enormen Kosten der britischen Unterdrückungspolitik angesichts einer prekären Wirtschaftslage in Großbritannien selbst; die Kritik des Kriegspartners und Gläubigers USA, der unter dem Einfluss seiner finanzstarken „Jewish Community" bis dahin stets die Interessen des Zionismus vertrat; schließlich der rapide Ansehensverlust Englands in der Weltöffentlichkeit, die angesichts des Elends der Überlebenden des Holocaust die restriktive Einwanderungspolitik missbilligte.

UN-Teilungsplan Trotz des britischen Rückzugsbeschlusses setzten die Juden Palästinas ihren erbitterten Kampf gegen die Mandatsmacht fort. Sie glaubten es erneut mit einem Winkelzug der englischen Diplomatie zu tun zu haben, die letztlich nur eine Verbesserung britischer Positionen im Nahen Osten verfolge. Die UNO beeilte sich deshalb ein **Sonderkomitee der UN für Palästina/UNSCOP** einzusetzen, das bereits im September 1947 die möglichst rasche Beendigung des britischen Mandats empfahl, einen konkreten Teilungsplan für die Bildung eines jüdischen und arabischen Staates vorlegte und Jerusalem einen internationalen Status zuerkennen wollte.

Während die jüdische Führung dem Vorschlag seine Zustimmung erteilte, begegneten ihm die Araber mit entschiedener Opposition; mit Blick auf die Mehrheitsverhältnisse in der UNO konnten sie sich zunächst auch gute Hoffnung auf seine Ablehnung machen. Da aber die bis dahin stets antizionistische UdSSR neuerdings die Gründung eines jüdischen Staates in Palästina unterstützte (um dadurch ihren Einfluss im Nahen Osten zu verstärken), entschied sich die UN-Generalversammlung im November 1947 für den **Teilungsplan** der UNSCOP (Resolution 181).

Gründung des Staates Israel 1948 War die britische Mandatsbehörde bislang dem jüdischen Aufruhr mit umfassenden Mitteln begegnet, so beschränkte sie sich seit Annahme des Teilungsplans der UNSCOP auf Maßnahmen zu ihrer Selbstverteidigung und ließ so ein gefährliches **Machtvakuum** entstehen. Umgehend entbrannte ein **Bürgerkrieg** zwischen Juden und Arabern, denen sich mit britischer Duldung sowie mit Unterstützung der **Arabischen Liga** eine arabische Freiwilligenarmee zur Seite stellte. Da die USA kurzzeitig ihre projüdische Haltung aufgaben (mit Rücksicht auf den Ausbruch des Kalten Kriegs, die Gunst der arabischen Welt und ihre Ölressourcen), verband sich der Jischuw mit der UdSSR und erhielt umfängliche Waffenlieferungen. Die jüdischen Übergriffe auf die arabische Bevölkerung gipfelten im **Massaker von Deir Jassir** (9. April 1948). Die Flucht hunderttausender Araber legte den **Grundstein für das palästinensische Flüchtlingsproblem** der nächsten Jahrzehnte. Da es die UNO versäumt hatte, sofort nach dem Teilungsbeschluss und der Bekanntgabe des englischen Rückzugstermins die Verantwortung für die Ordnung im Land zu übernehmen, hatte der Terror des Stärkeren gesiegt.

Am 14. Mai 1948, einen Tag vor Ablauf des britischen UN-Mandats, fühlte sich der Jischuw stark genug seine Unabhängigkeit zu erklären und den **Staat Israel** auszurufen (M 2). Die Anerkennung durch die UdSSR und die USA erfolgte umgehend. Angesichts der wachsenden Systemkonkurrenz zwischen West und Ost wollte sich keiner der beiden Supermächte die Gelegenheit entgehen lassen seinen Einfluss im Nahen Osten zu vergrößern.

Die israelische Staatsgründung rief umgehend den militärischen Widerstand der arabischen

Nachbarstaaten hervor (**1. Nahostkrieg**). Auf Vermittlung der Vereinten Nationen kamen allerdings zwischen Februar und Juli 1949 bilaterale Waffenstillstandsabkommen zwischen den Kriegsparteien zustande, wobei Israel sein Territorium gegenüber dem UN-Teilungsplan um rund 22 % vergrößern konnte. Zugleich gelang es Israels Ministerpräsident **Ben Gurion** die Gründung eines unabhängigen Palästina auf dem Territorium des ehemaligen britischen Mandatsgebiets zu verhindern, indem er der Besetzung und späteren Annexion des **Westjordanlands** (Westbank) durch Transjordanien (seither Jordanien) seine Zustimmung gab. Dies vertiefte den traditionellen Gegensatz zwischen Jordanien und Ägypten, das 1949 nur die Verwaltung des Gaza-Streifens für sich gewinnen konnte und zum entschiedensten Gegner Israels wurde. **Jerusalem** sah sich seither **geteilt** in einen israelischen West- und einen jordanischen Ostsektor.

Dem Waffenstillstand von 1949 folgte kein Friedensvertrag. Die arabischen Staaten lehnten direkte Verhandlungen mit Israel ab, weil sie die damit verbundene Anerkennung seiner staatlichen Existenz als unannehmbar ansahen – bis zum Beginn der Friedensprozesses Anfang der 1990er-Jahre eines der entscheidenden politischen Probleme im Nahostkonflikt.

M2 Aus der Proklamationsurkunde des Staates Israel von 1948

In Erez Israel stand die Wiege des jüdischen Volkes; hier wurde sein geistiges, religiöses und politisches Antlitz geformt; hier lebte es ein Leben staatlicher Selbstständigkeit; hier schuf es seine nationalen
5 und universellen Kulturgüter und schenkte der Welt das unsterbliche „Buch der Bücher".
Mit Gewalt aus seinem Lande vertrieben bewahrte es ihm in allen Ländern der Diaspora die Treue und hörte niemals auf um Rückkehr in sein Land und
10 Erneuerung seiner politischen Freiheit in ihm zu beten und auf sie zu hoffen.
Auf Grund dieser historischen und traditionellen Verbundenheit strebten die Juden in allen Geschlechtern danach, ihre alte Heimat wiederzuge-
15 winnen; in den letzten Generationen kehrten viele von ihnen in ihr Land zurück; Pioniere, Helden und Kämpfer brachten die Wüste zu neuer Blüte, erweckten die hebräische Sprache zu neuem Leben, errichteten Städte und Dörfer und schufen so eine
20 ständig zunehmende Bevölkerung eigener Wirtschaft und Kultur, friedliebend, aber imstande sich selbst zu schützen, eine Bevölkerung, die allen Bewohnern des Landes Segen und Fortschritt bringt und nach staatlicher Selbstständigkeit strebt.
25 Im Jahre 1897 trat auf den Ruf Theodor Herzls, des Schöpfers des jüdischen Staatsgedankens, der Zionistische Kongress zusammen und proklamierte das Recht des jüdischen Volkes auf nationale Wiedergeburt in seinem Heimatlande.
30 Dieses Recht wurde in der Balfour-Deklaration vom 2. November 1917 anerkannt und im Völkerbund-Mandat bestätigt, das insbesondere der historischen Verbundenheit des jüdischen Volkes mit Erez Israel und dem Recht des Volkes sein Nationalheim wieder zu errichten internationale Geltung verlieh. 35
Die über das jüdische Volk in der letzten Zeit hereingebrochene Vernichtung, in der in Europa Millionen Juden zur Schlachtbank geschleppt wurden, bewies erneut und eindeutig die Notwendigkeit die Frage des heimat- und staatenlosen jüdischen 40 Volkes durch Wiedererrichtung des jüdischen Staates in Erez Israel zu lösen. Dieser Staat wird seine Tore für jeden Juden weithin öffnen und dem jüdischen Volke die Stellung einer gleichberechtigten Nation unter den Völkern verleihen. 45
Die jüdischen Flüchtlinge, die sich aus dem furchtbaren Blutbade des Nationalsozialismus in Europa retten konnten, und Juden anderer Länder strömten ohne Unterlass nach Erez Israel, trotz aller Schwierigkeiten, Hindernisse und Gefahren; sie 50 forderten unablässig insbesondere ihr Recht auf ein Leben der Ehre, Freiheit und redlichen Arbeit in der Heimat ihres Volkes.
Im Zweiten Weltkrieg hat die jüdische Bevölkerung Palästinas an dem Ringen der freiheits- und friedliebenden Völker mit den Kräften der national- 55 sozialistischen Verbrecher ihren vollen Anteil genommen und sich mit dem Blut ihrer Kämpfer und durch ihren Kriegsdienst das Recht erworben den Völkern, die den Bund der Vereinten Nationen gegründet haben, zugerechnet zu werden. 60
Am 29. November 1947 hat die Vollversammlung der Vereinten Nationen einen Beschluss gefasst, der die Errichtung eines jüdischen Staates in Erez Israel fordert; die Vollversammlung verlangte von 65 der Bevölkerung Erez Israels selbst alle notwendigen Schritte zu ergreifen um diesen Beschluss durchzuführen. Diese Anerkennung des Rechtes des jüdischen Volkes auf die Errichtung seines Staates durch die Vereinten Nationen kann nicht rück- 70

gängig gemacht werden. Es ist das natürliche Recht des jüdischen Volkes ein Leben wie jedes andere staatlich selbstständige souveräne Volk zu führen.

75 Wir, die Mitglieder des Volksrates, die Vertreter der jüdischen Bevölkerung Palästinas und der Zionistischen Bewegung, sind daher heute, am Tag der Beendigung des britischen Mandats über Erez Israel, zusammengetreten und proklamieren hiermit kraft
80 unseres natürlichen und historischen Rechts und auf Grund des Beschlusses der Vollversammlung der Vereinten Nationen die Errichtung eines jüdischen Staates in Erez Israel, des Staates Israel. [...] Der Staat Israel wird für die jüdische Einwan-
85 derung und die Sammlung der zerstreuten Volksglieder geöffnet sein; er wird für die Entwicklung des Landes zum Wohle aller seiner Bewohner sorgen; er wird auf den Grundlagen der Freiheit, Gleichheit und des Friedens, im Lichte der Weis-
90 sagungen der Propheten Israels gegründet sein; er wird volle soziale und politische Gleichberechtigung aller Bürger ohne Unterschied der Religionen, der Rasse und des Geschlechtes gewähren; er wird die Freiheit des Glaubens, des Gewissens, der
95 Sprache, der Erziehung und Kultur garantieren; er wird die heiligen Stätten aller Religionen sicherstellen und den Grundsätzen der Verfassung der Vereinten Nationen treu sein [...].
Wir appellieren – sogar während der Dauer des blu-
100 tigen Angriffs, der auf uns seit Monaten unternommen wird – an die Angehörigen des arabischen Volkes, die im Staate Israel leben, den Frieden zu bewahren und sich am Aufbau des Staates auf der Grundlage voller bürgerlicher Gleichheit und ent-
105 sprechender Vertretung in allen Institutionen des Staates, den provisorischen und den endgültigen, zu beteiligen.
Wir strecken allen Nachbarstaaten und ihren Völkern die Hand zum Frieden und auf gute Nachbar-
110 schaft entgegen und appellieren an sie mit dem in seinem Lande selbstständig gewordenen jüdischen Volk in gegenseitiger Hilfe zusammenzuarbeiten. Der Staat Israel ist bereit seinen Anteil an der gemeinsamen Anstrengung, den ganzen Vor-
115 deren Orient zu entwickeln, beizutragen.
(Arno Ullmann, Israels Weg zum Staat, München 1964, S. 307ff.)

1 Fassen Sie die in M 2 von israelischer Seite genannten Rechtfertigungsgründe zusammen.
2 Arbeiten Sie das Selbstbild des Staates Israel heraus.
3 Beurteilen Sie die Legitimität der Staatsgründung Israels.

B 3a Zionisten treffen sich 1909 in den Dünen um die erste nur-jüdische Stadt Tel-Aviv zu gründen, Fotografie

B 3b Rothschild Boulevard, Tel Aviv, 1926, Fotografie

B 3c Genossenschaftssiedlung (gegr. 1921) Nahalal in der Ebene Jezreel, einem trocken gelegten Sumpfgebiet, Fotografie

— Interpretieren Sie B 3a bis c im Hinblick auf die Siedlungsweise und Kultur der Israelis in Palästina.
— Nehmen Sie ausgehend von einer kritischen Untersuchung der Bildfolge Stellung zu der These vom „Land ohne Volk für das Volk ohne Land" (s. S. 467).

1.3 Der Nahe Osten im Zeichen des Ost-West-Konflikts

Die Palästinenserfrage

Kernproblem einer Friedensordnung im Nahen Osten nach der israelischen Staatsgründung und dem ersten Nahostkrieg war die Situation der palästinensischen Araber. Angesichts ihrer militärisch-organisatorischen Schwäche und der geringen Unterstützung durch die arabische Welt konnten sie weder die Gründung Israels verhindern noch einen eigenen Staat errichten. Durch **Flucht und Vertreibung** aus den von Israel eroberten Gebieten verloren bis 1951 etwa eine Million Menschen ihre Heimat. Sie ließen sich in den Nachbarstaaten Israels nieder, vor allem in der Westbank und im Gaza-Streifen (Karte 3). Angesichts der schwachen Wirtschaftskraft der jeweiligen „Gastländer" bedeuteten sie für diese eine große Belastung. Trotzdem unternahm keine Regierung einen überzeugenden Versuch das Flüchtlingsproblem durch Integration zu bewältigen. Im Gegenteil: Um die Palästinafrage offen zu halten und der Weltöffentlichkeit dauerhaft vor Augen zu führen wurden die Vertriebenen lediglich in provisorischen Lagern untergebracht. Seit 1950 versucht das **Hilfswerk der UN für Palästina/UNRWA** wenigstens die ärgste Not zu lindern (B 4).

Israel gliederte währenddessen die ihm 1949 zugesprochenen Gebiete seinem Staat ein. Es verbot den Flüchtlingen die Rückkehr, konfiszierte ihren Grund- und Immobilienbesitz und machte zahlreiche Dörfer dem Erdboden gleich, bevor es das Land israelischen Siedlern übergab. Die auf israelischem Territorium verbliebenen rund 160 000 Palästinenser stellten seither **„Bürger zweiter Klasse"** dar. Sie wurden vom Militärdienst und den damit verbundenen Privilegien (Kredite, Wohnungszuweisung, Kindergeld) ebenso ausgeschlossen wie von Führungspositionen in Wirtschaft, Wissenschaft und Politik. Da Israel sie als Teil seiner feindlichen Nachbarstaaten betrachtete, wurden Regionen mit mehrheitlich arabischer Bevölkerung der Militärverwaltung unterstellt. Ein von sicherheitspolitischen Gründen diktiertes Umsiedlungsprogramm ließ ganze Dörfer zerstören. Auch nach seiner Aufnahme in die UNO (1949) ignorierte Israel die alljährlich bekräftigte **UN-Resolution 194** von 1948, die als Basis der Konfliktlösung die Internationalisierung Jerusalems sowie die Rückkehr oder Entschädigung der palästinensischen Flüchtlinge forderte.

Israels kompromissloser Selbstbehauptungswille führte zu einem jahrzehntelangen Kleinkrieg mit palästinensischen Freiheitskämpfern, die seither aus dem Gaza-Streifen und Westjordanland Überfälle auf israelische Siedlungen verübten. Dieser Guerillakrieg machte auch den Regierungen im angrenzenden Jordanien und Ägypten zu schaffen. Zum einen provozierten die Attacken der arabischen **Fedajin** („die Opferbereiten") israelische Vergeltungsschläge, die auch die einheimische Bevölkerung trafen und diese gegen die palästinensischen Flüchtlinge aufbrachten. Zum anderen lieferten sie Israel einen Vorwand zur Aufrüstung mit westlicher Hilfe. Jordanien und Ägypten waren daher gezwungen die Attacken der von ihren Gebieten aus operierenden Fedajin einzuschränken. Die hieraus entstehenden Konflikte steigerten sich Ende der 1950er Jahre, als die Vordenker des palästinensischen Widerstands von der nationalistischen Ideologie des Panarabismus Abstand nahmen und ihre eigene Politik verfolgten. Mächtigste Widerstandsgruppe wurde die 1959 von **Jassir Arafat** (geb. 1929) gegründete **Fatah** (Bewegung zur Befreiung Palästinas), die in der revolutionären Gewalt das einzige Mittel zur Befreiung Palästinas sah.

Suez-Krise 1956

Die militärische Niederlage gegen den Zionismus und der mit westlicher Hilfe erfolgte Aufbau Israels zu einem modernen Staat leitete in der **arabischen Welt** einen tief greifenden politischen Wandel ein. Die Monarchien und bürgerlichen Regime des Nahen Ostens sahen sich mit rasch wachsenden **Oppositionsbewegungen** konfrontiert. „Freiheit", „Einheit", „Sozialismus" lauten die Schlagworte der Regierungs-

B 4 Palästinensische Flüchtlinge im Gaza-Streifen, 1993, Fotografie

— Erläutern Sie ausgehend von B 4 und mithilfe des Darstellungstextes das Flüchtlingsproblem im Nahostkonflikt.

kritiker. Ihre panarabisch-sozialrevolutionären Programme forderten die Entkolonialisierung Arabiens, seinen politischen Zusammenschluss, Blockfreiheit sowie eine umfassende Modernisierung von Herrschaftsstrukturen, Wirtschaft und Gesellschaft. Nur auf diese Weise glaubte man den Kampf gegen Armut, Hunger, Krankheit und Analphabetentum gewinnen zu können. Der Sieg über den Zionismus und die Beseitigung Israels wurden dabei zu Symbolen der nationalen Ehre und zur unabdingbaren Voraussetzung einer Wiedergeburt Arabiens erklärt. Wichtigstes Sprachrohr des arabischen Nationalismus war die weit verbreitete **Baath-Partei** (seit 1942), die in den 1960er-Jahren in Syrien und im Irak die Macht an sich reißen konnte.

Die Oppositionsbewegungen bildeten keine einheitliche Front. Konkurrent der Baathisten war der ägyptische General **Gamal Abdel Nasser** (1918–1970), der 1952 am Sturz des prowestlichen Königs Faruk beteiligt war. Zwei Jahre später übernahm er selbst die Macht und schmiedete ein gegen Israel gerichtetes Bündnis mit Syrien und Jordanien. Unzufrieden mit der militärischen Unterstützung durch die USA wandte er sich der UdSSR zu.

Als nun die USA, die bis dahin eine Politik des Gleichgewichts in der Region verfolgt hatten, einen bereits bewilligten Kredit für den Bau des Assuan-Staudammes zurückzogen, ordnete die ägyptische Regierung im Juli 1956 die **Verstaatlichung des Suez-Kanals** an. Das war für die Hauptaktionäre der Kanalgesellschaft, die ehemaligen Kolonialstaaten England und Frankreich, eine Herausforderung. Dritte Macht in diesem Bund war **Israel**, das Ende Oktober den Krieg gegen Ägypten mit einem **Präventivschlag** eröffnete. Binnen kurzem eroberte es den Gaza-Streifen, die Halbinsel Sinai und die Kanalzone. England und Frankreich bombardierten die Kanalzone aus der Luft.

Der Überfall auf Ägypten – der zeitlich parallel zum Aufstand der Ungarn gegen den Herrschaftseinfluss der UdSSR in ihrem Lande stattfand – rief umgehend den **Protest der Vereinten Nationen** hervor. Die UdSSR drohte mit dem Einsatz atomarer Interkontinentalraketen. Die USA, die um das Ansehen des Westens im Nahen Osten und unter den Blockfreien fürchteten, übten massiven Druck auf ihre Verbündeten aus: Frankreich und England mussten Ägypten verlassen ohne die Internationalisierung des Suez-Kanals und den Sturz Nassers erreicht zu haben; Israel sah sich gezwungen den Rückzug auf die Waffenstillstandslinien von 1949 anzutreten. Der

Beschluss der UNO, **UN-Friedenstruppen/UNEF** an der israelisch-ägyptischen Grenze und in der Kanalzone zu stationieren, erleichterte die Entscheidung. Das Ende der Suez-Krise, in der Großbritannien und Frankreich den letzten Rest ihrer ehemals dominierenden Kolonialstellung im Nahen Osten verloren, wurde in der arabischen Welt als Sieg über den westlichen Imperialismus gefeiert. Er ermöglichte den Aufstieg Nassers zum „Führer" der Arabischen Liga, verstärkte den arabischen Nationalismus und gefährdete dadurch die Stabilität der prowestlichen Staaten der Region.

Die **UdSSR** konnte seither einen beträchtlichen Positionsgewinn verbuchen, verfolgte eine dezidiert antiisraelische Politik und erklärte sich zur **„Schutzmacht" der jungen arabischen Staaten**. Ägypten und Syrien, später auch der Irak, wurden mit einem umfangreichen Hilfsprogramm an den Ostblock gebunden. Für die USA resultierte daraus ein großer Einflussverlust. Israel war noch stärker isoliert als zuvor. Dies festigte den Schulterschluss mit dem Westen, wobei **Israels** staatliche Existenz zunehmend von der **Wirtschafts- und Militärhilfe der USA** abhing.

Der Nahostkonflikt und der Ost-West-Konflikt überlappten einander endgültig: Die USA unterstützten Israel, die UdSSR die arabischen Staaten. Der Nord-Süd-Konflikt komplizierte die Situation, da Israel in der Dekolonialisierungswelle der 1950er-/60er-Jahre die Interessen seiner europäischen, ehemals kolonialistischen Partnerstaaten nicht übergehen konnte.

Vom Sechs-Tage-Krieg zum Oktoberkrieg

Der Nahostkonflikt erreichte eine neue Eskalationsstufe, als Israel am 5. Juni 1967 der politisch-militärischen Einkreisung durch die arabischen Staaten mit einem umgreifenden Präventivschlag begegnete. Als es am 10. Juni der Waffenstillstandsaufforderung des UN-Sicherheitsrates nachkam, hatte es in nur sechs Tagen alle wichtigen Kriegsziele erobert: die Altstadt von Jerusalem, West-Jordanien, die Sinai-Halbinsel bis zum östlichen Ufer des Suez-Kanals, die syrischen Golan-Höhen. Im Gegensatz zur Suez-Krise weigerte sich **Israel** die von ihm eroberten Gebiete zu räumen, die den Umfang seines **Staatsgebiets verdreifachten** und die Verteidigungsmöglichkeiten des Landes erheblich verbesserten (Karte 3). Als Faustpfand für künftige Verhandlungen sollten sie helfen die Anerkennung des Staates Israel durchzusetzen. Ein weiteres Problem war die Flucht von ca. 300 000 arabischen Palästinensern, die überwiegend in Jordanien Zuflucht suchten.

Wegweisend für die arabische Haltung in der Folgezeit waren die **Beschlüsse der 4. Arabischen Gipfelkonferenz** in Khartum (September 1967): Keine Anerkennung Israels, kein Friede, keine direkten Verhandlungen ohne vorherige Rückgabe der besetzten Gebiete („Drei Neins"). Bemühungen der internationalen Staatengemeinschaft die israelischen und arabischen Standpunkte anzunähern stießen auf die Kompromisslosigkeit beider Seiten. Die im November 1967 vom Sicherheitsrat der UN verabschiedete **UN-Resolution 242** (M 3), die Israel zum Rückzug aufforderte und dafür von der arabischen Welt dessen staatliche Anerkennung verlangte, blieb ebenso wirkungslos wie die jahrelangen Friedensbemühungen des schwedischen UN-Vermittlers Gunnar Jarring oder des Rogers-Plans der US-Regierung (1969).

Israels unnachgiebige Haltung führte Anfang Oktober 1973 zum **4. israelisch-arabischen Krieg** (Oktoberkrieg). Er wurde am jüdischen „Versöhnungstag" (Jom Kippur) von einem Überraschungsangriff Ägyptens und Syriens ausgelöst und forderte bei allen Teilnehmern große Verluste. Durch das in seinem Verlauf verhängte Ölembargo der Öl exportierenden Staaten/OPEC, das die Unterstützung Israels durch den Westen unterbinden sollte, gingen seine Auswirkungen weit über die Region hinaus (zum „Ölschock" in Deutschland s. S. 398). Nach anfänglichen Niederlagen gelang es den israelischen Truppen, im Süden den Suez-Kanal zu überqueren und im Norden weit nach Syrien vorzustoßen. Als sie entgegen einer Waffenstillstandsforderung des UN-Sicherheitsrates ihren Vormarsch fortsetzten, rief dies die beiden Supermächte auf den Plan, die bisher

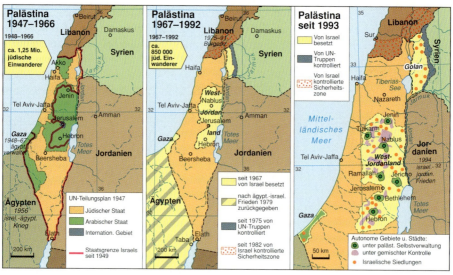

Karte 3 Palästina/Israel seit 1947

— Arbeiten Sie aus Karte 3 (links und Mitte) die geopolitischen Veränderungen im Nahen Osten in den 1950er- bis 1980er-Jahren heraus. Erklären Sie insbesondere die Veränderungen 1967.

ihre jeweiligen Verbündeten durch eine Luftbrücke unterstützt hatten. Denn sowohl die UdSSR als auch die USA hatten ein Interesse an der regionalen Begrenzung des Krieges und wollten eine weitere Demütigung der arabischen Welt verhindern. Daher dämmten sie die Krise ein und erwirkten einen Waffenstillstand (überwacht von der UN-Organisation **UNEF II**). Nach dem Ende der Kämpfe begann US-Außenminister Henry Kissinger in Abstimmung mit der UdSSR seine berühmt gewordene „Pendeldiplomatie" um Araber und Israelis zu einem Friedensschluss auf der Basis der UN-Resolution 242 zu bewegen. Die auf seine Initiative im Dezember 1973 zusammentretende **Genfer Nahost-Friedenskonferenz** unter UN-Schirmherrschaft scheiterte jedoch an unüberbrückbaren Meinungsverschiedenheiten. Einziger Erfolg Kissingers nach dem Oktoberkrieg 1973 waren die Truppenentflechtungsabkommen zwischen den Kriegsparteien. Obwohl sich Israel im Süden vom Suez-Kanal an die Sinaipässe zurückzog, hielt es im Norden die für die Sicherheit Nordgaliläas wichtigen Golan-Höhen auch nach 1973 besetzt. Dies zog die bis heute anhaltende Feindschaft Syriens nach sich, das zu einem Hort des antiisraelischen Widerstands wurde und arabischen Terrorgruppen bereitwillig seine Tore öffnete.

| Aussöhnung zwischen Ägypten und Israel | Der Ausgang des Oktoberkriegs brachte eine deutliche Veränderung der Rahmenbedingungen für künftige Nahostgespräche mit sich. Zum |

Ersten: Die trotz einiger Zugeständnisse nach wie vor starre Haltung Israels hinsichtlich seiner Grenzen von 1967 verliehen dem **arabischen Nationalismus** neuen Auftrieb und führten in der UNO zu zahlreichen antiisraelischen Resolutionsvorschlägen. Das traditionelle Veto der USA zu Gunsten Israels wurde in der Öffentlichkeit immer weniger verstanden und bedeutete für die Vereinigten Staaten zunehmend eine außenpolitische Belastung. Zum Zweiten: Das **Ölembargo** der OPEC von 1973 rief in den westlichen Industriegesellschaften eine tief greifende Energiekrise hervor. Der Ölpreis wurde nach oben getrieben und der plötzliche Reichtum der arabischen Ölförderländer, die ihre rasch wachsenden Erträge in den westlichen Industriestaaten investierten, erhöhte die politische Erpressbarkeit des Westens. Zum Dritten: In **Israel** erschütterte die **erste politische Protestbewegung** die Festungsmentalität der Regierung und brachte im April 1974 nach einer schweren innenpolitischen Krise die **jüngere Generation der Arbeiterpartei** um Yitzhak Rabin und Schimon Peres an die Macht.

Infolge dieser veränderten Rahmenbedingungen **revidierten die USA ihre bisherige Nahost-Politik**. Der Druck auf Israel nahm zu und drängte den nahöstlichen Partner zu einer flexibleren Außenpolitik. Gleichzeitig wurden die Kontakte zu den gemäßigten arabischen Staaten (Ägypten, Saudi-Arabien, Jordanien) intensiviert um diese von der Notwendigkeit einer Anerkennung Israels zu überzeugen. Ägypten unter dem neuen Staatschef **Anwar as-Sadat** (1970–1981) spielte dabei eine besondere Rolle, da es im Oktoberkrieg die Unterlegenheit der sowjetischen Waffensysteme am eigenen Leibe verspürt hatte und sich seither den USA annäherte. Von israelischer Seite entspannte sich das Verhältnis, als im Mai 1977 nach fast 30-jähriger Regierungszeit der Arbeiterpartei der national-konservative Likud-Block **Menachem Begins** die Wahlen zum israelischen Parlament gewann und die Aufnahme zunächst geheimer Beziehungen mit Ägypten befürwortete. Dies schuf die Voraussetzungen für den historischen **Jerusalem-Besuch Anwar as-Sadats** 1977: Vor dem israelischen Parlament erkannte er die Existenz Israels an und legte damit einen historischen Grundstein für die Schaffung einer dauerhaften Friedensordnung.

Ergebnis dieser Annäherung waren zwei Verträge, die im September 1977 unter maßgeblicher Beteiligung des US-Präsidenten Jimmy Carter (geb. 1924) auf dessen Sommersitz **Camp David** ausgehandelt wurden. Im **Rahmenabkommen über die Prinzipien einer allgemeinen Nahost-Friedenslösung** stimmte Israel dem Rückzug seiner Armee auf Sicherheitspositionen zu und billigte die Beendigung der Militärverwaltung im Westjordanland und Gaza-Streifen; über eine palästinensische Selbstverwaltung in den seit 1967 besetzten Gebieten sollten zukünftige Verhandlungen zwischen allen am Konflikt beteiligten Parteien entscheiden. 1979 wurde dann der **ägyptisch-israelische Friedensvertrag** unterzeichnet, der den stufenweisen Rückzug Israels vom Sinai, die Aufgabe aller israelischen Siedlungen auf der Halbinsel sowie die Aufnahme diplomatischer Beziehungen festlegte. Nach Inkrafttreten der Verträge erfüllten beide Parteien ihre Verpflichtungen und beendeten dadurch einen 30-jährigen Kriegszustand. In Israel bildete sich die Friedensbewegung „Peace Now".

Camp David und die Folgen bedeuteten für Israel eine Aufwertung in der westlichen Staatenwelt. Ägypten hingegen sah sich wegen seines Separatfriedens herber Kritik aus dem arabischen Lager ausgesetzt. Die **Arabische Liga**, die seit 1945 um den politischen Gleichklang im Nahen Osten bemüht war, verbannte das Land aus ihrer Mitte und verlegte ihren Sitz von Kairo nach **Tunis**.

| Die PLO, Israel und die Arabische Liga |

Schärfster Kritiker der israelisch-ägyptischen Aussöhnung und gleichzeitig größtes Hindernis für eine nahöstliche Friedensordnung war seit langem die **Palästinensische Befreiungsorganisation/PLO**. 1964 auf einen Vorschlag Nassers ins Leben gerufen sollte sie die aus Israel vertriebenen Palästinenser für die panarabischen Ziele der Arabischen Liga gewinnen. Als „Parlament" fungierte der Palästinensische Nationalrat/PNR, der als ständig amtierendes Organ das 15-köpfige Exekutivkomitee wählte. Militärischer Arm der PLO war die **Palästinensische Befreiungsarmee/PLA**, deren Verbände jedoch den Armeen Syriens, Libanons, Jordaniens und Ägyptens an- bzw. eingegliedert wurden. Die PLO erhielt Sitz und Stimme in der Arabischen Liga. Da sie von ihr auch finanziert wurde, geriet sie in Abhängigkeit von den arabischen Regierungen.

Die anfangs gemäßigte Haltung der PLO änderte sich schlagartig nach dem Sechs-Tage-Krieg 1967, der statt der erhofften Befreiung neues Flüchtlingselend und eine geografische Ausweitung Israels mit sich gebracht hatte (Karte 3). Rund eine Million Palästinenser gerieten durch ihn unter israelische Militärherrschaft (im Westjordanland ca. 600 000, in Jerusalem ca. 70 000, im Gaza-Streifen ca. 350 000). Außerdem wurde das Vertrauen der Palästinenser in die arabischen Bruderstaaten zutiefst erschüttert. In Zukunft wollte man daher aus eigener Kraft und mit militärischen Mitteln kämpfen. So entstand eine **autonome nationale Befreiungsbewegung** auf breiter sozialer Basis. Der Einfluss der militanten Widerstandsgruppen innerhalb der PLO wuchs. Vorsitzender des Exekutivkomitees der PLO, die über zahlreiche Massenorganisationen sowie Wirtschaftsunternehmen verfügt, wurde **Jassir Arafat**, der Führer der Fatah (s. S. 475). Er war maßgeblich beteiligt an der Abfassung des **Palästinensischen Nationalabkommens** von 1968 (M 4), das zum bewaffneten Kampf gegen Israel aufrief und die Gründung eines Palästinenserstaates forderte.

Zunächst von Jordanien aus operierend wurde die PLO 1970 nach einem erbitterten Machtkampf mit der jordanischen Armee König Husseins des Landes verwiesen („Schwarzer September"). Mit Zustimmung der Arabischen Liga konnte sie sich im Libanon niederlassen.

1974 wurde die PLO von den arabischen Staaten als die alleinige rechtmäßige Vertretung des palästinensischen Volkes anerkannt. Wenig später ermöglichte eine auf Ausgleich bedachte Rede Arafats vor der UN-Generalversammlung sogar die Gewährung eines **permanenten Beobachterstatus**, was wiederum mehr als 100 Staaten veranlasste der PLO die Einrichtung offizieller Vertretungen in ihren Hauptstädten zu erlauben. Der Preis für die internationale Anerkennung der PLO war aber hoch: Die Forderung nach Befreiung „ganz Palästinas" musste der Kompromisslösung eines kleinpalästinensischen Staates in den seit 1967 besetzten Gebieten weichen, womit sich radikale PLO-Gruppen (z. B. die in Damaskus gegründete marxistische **Volksfront für die Befreiung Palästinas/PLFP** oder die Widerstandsgruppe des ehemaligen Arafat-Vertrauten **Abu Nidal**) nicht einverstanden erklärten und weltweit ihre Terroraktionen verstärkten.

Trotz der sich anbahnenden Anerkennung Israels durch die Mehrheit der PLO betrachtete Israel diese weiterhin als Terrororganisation und weigerte sich strikt mit ihr zu verhandeln. Zusätzlichen Zündstoff enthielten die widerrechtliche Erhebung Jerusalems zur ungeteilten Hauptstadt und die formelle Annexion der Golan-Höhen durch Israel. Seit 1978 kam es zu militärischen Auseinandersetzungen mit aus dem Südlibanon operierenden palästinensischen Guerillakommandos. Eine zweite israelische Intervention im Libanon führte im Juni 1982 schließlich zur Kapitulation der **PLO**, die ihr **Hauptquartier von Libanon nach Tunis** (dem Sitz der Arabischen Liga) verlegte. Erst 1985 zog sich Israel endgültig aus dem Libanon zurück, hielt aber einen schmalen Landstreifen im Südlibanon besetzt (Rückzug 1999/2000 unter Barak); es sieht sich bis heute an seiner Nordgrenze den Angriffen seiner Gegner ausgesetzt.

Die Friedenspläne der 1980er-Jahre – z. B. die „Erklärung von Venedig" der EG (1980), der Reagan-Plan der Amerikaner (1982) oder auch der Fez-Plan der von der islamischen Revolution im Iran und vom iranisch-irakischen Krieg (1980–1988) bedrohten arabischen Staaten – blieben ohne sichtbares Ergebnis. Aber sie konnten immerhin bewirken, dass die gemäßigten Staaten der Arabischen Liga sich von den „Drei Neins" verabschiedeten und sich ebenso wie der gemäßigte Flügel der PLO einer verklausulierten Anerkennung Israels annäherten. Ebenso wie innerhalb der PLO entstand daher innerhalb der Arabischen Liga ein oppositionelles Lager, das sich unter der Führung des **syrischen Ministerpräsidenten Assad** (seit 1971) mit Blick auf die Annexion der Golan-Höhen durch Israel bislang gegen jede friedliche Lösung des Nahostkonflikts sperrt.

| Spaltung der PLO | Der Gegensatz innerhalb der PLO eskalierte im Sommer 1983 in einer bewaffneten Auseinandersetzung in der nordlibanesischen Bekaa-Ebene. Syrien, das die radikalen Palästinensergruppen um den Fatah-Rebellen Abu Musa unterstützte, verwies Arafat offiziell des Landes. Als Arafat wenig später Kontakt zum ägyptischen |

B 5 Bombenanschlag auf die Diskothek „La Belle" in West-Berlin, 5. April 1986, Fotografie. – Bei dem Anschlag, der fünf Palästinensern zur Last gelegt wird, kamen zwei amerikanische Soldaten und eine Besucherin ums Leben, 260 Personen wurden verletzt. Die Diskothek wurde insbesondere von amerikanischen Militärangehörigen besucht. Im November 1997 hat die Berliner Staatsanwaltschaft das Anklageverfahren eröffnet.

— *Gehen Sie in das Archiv der Lokalzeitung und informieren Sie sich anhand der Presseberichterstattung über die weiteren Hintergründe des Anschlags. Präsentieren Sie Ihre Ergebnisse in Form einer kleinen Wandzeitung.*
— *Beurteilen Sie die weltpolitische Reichweite des Nahostkonflikts.*

Präsidenten Hosni Mubarak (seit 1981) aufnahm um auf der Basis des Reagan-Plans über eine friedliche Lösung des Palästinaproblems zu verhandeln, schlossen sich im März 1984 seine Gegner in einer Allianz zusammen.
Die Gewalt im Nahen Osten eskalierte und gefährdete aufs Neue den internationalen Frieden. Dessen ungeachtet setzte Arafat seine politischen Entspannungsbemühungen fort. Das von den USA initiierte **Abkommen von Amman** (1985) zwischen Arafat und dem jordanischen König Hussein, das eine internationale Nahostkonferenz mit Beteiligung der Palästinenser vorsah und die Konföderation eines Palästinenserstaats (Westbank/Gaza-Streifen) mit Jordanien verfolgte, scheiterte jedoch am Widerstand der „Ablehnungsfront" innerhalb der PLO. König Hussein kündigte daraufhin die Zusammenarbeit mit der PLO auf und wandte sich überraschend dem unnachgiebigen Syrien zu. Der nahöstliche Friedensprozess geriet erneut ins Stocken. 1986 kam es in der Großen Syrte zu einem militärischen Zusammenstoß zwischen Libyen und den USA. Aus Rache verübten arabische Terroristen zahlreiche Attentate, unter anderem auf die Diskothek „La Belle" in West-Berlin (B 5).
Husseins Abwendung von Arafat bedeutete für diesen einen großen Prestigeverlust. Seine Lage verbesserte sich erst im Frühjahr 1987, als Angriffe der prosyrischen Amal-Milizen auf Palästinenserlager im Südlibanon eine breite Solidarisierungswelle innerhalb der PLO auslösten. Die PLFP sagte sich von Syrien los, das keinerlei Maßnahmen zum Schutz der Palästinenser unternommen hatte. Dies ermöglichte im April 1987 den „Versöhnungskongress" von Algier, der das **offizielle Ende der Spaltung der PLO** markiert. Aus taktischen Gründen näherte sich Arafat aber den Radikalen an und verbaute damit Wege zu einer friedlichen Lösung des Nahostkonflikts.

| Intifada | Anfang Dezember 1987 entluden sich im Gaza-Streifen lange aufgestaute Frustrationen der palästinensischen Bevölkerung in einem **spontanen Volksaufstand** (B 6). Die Intifada (arab. = abschütteln), die sich zu einer jahrelangen Massenrebellion gegen die israelische Besatzungsmacht auswuchs, wurde weitgehend mit den Mitteln des zivilen Ungehorsams geführt. Bewaffnete Übergriffe auf Organe der Staatsmacht und die Zerstörung ihrer Einrichtungen beschränkten sich auf eine radikale Minderheit. Dem „Auf-

stand der Steine" setzte Jerusalem eine „Politik der eisernen Faust" entgegen, bei der die Demonstranten bisweilen auch mit scharfer Munition beschossen wurden. Allein bis zum Ende des Jahres 1988 wurden 400 Palästinenser, zum großen Teil Kinder und Jugendliche, getötet, 20 000 verwundet.

Wegbereiter und treibende Kraft der Intifada war der **islamische Fundamentalismus**, der nach der islamischen Revolution im Iran 1979 in der arabischen Welt zu einer bedeutenden politischen Kraft aufstieg. Nicht zuletzt bei den Palästinensern fand er großen Zuspruch. Mit Unterstützung des Iran und als Gegengewicht zur PLO anfangs auch von der israelischen Regierung gefördert, gelang es seinen Anhängern, ein breites Netz religiöser, sozialer und pädagogischer Einrichtungen aufzubauen. Die desolate Situation in den Flüchtlingslagern bereitete der Indoktrination islamischer Prediger einen fruchtbaren Boden. Vor allem im Gaza-Streifen wuchsen radikale Widerstandsgruppen wie der **Dschihad al-Islami** (Islamischer Heiliger Krieg) und die **Hamas** (Islamischer Widerstand) heran. Im Südlibanon wurde das nach Abzug der PLO 1982 entstandene Machtvakuum von den schiitischen Milizen der **Hisbollah** (Partei Gottes) gefüllt, die mit iranischer Hilfe und der Duldung Syriens im Libanon und in Palästina einen fundamentalistischen Moslemstaat errichten wollen.

Um nicht ins politische Abseits zu geraten musste Arafat die Intifada integrieren. Er rief die **Vereinigte Nationale Führung für den Volksaufstand/VNFV** ins Leben, in der sich die wichtigsten Gruppierungen der PLO zusammenfanden. Erst nach langen Diskussionen gelang es, die VNFV von einer totalen Konfrontation mit Israel abzubringen.

Die Intifada, der im Juni 1988 die Gipfelkonferenz der Arabischen Liga finanzielle Unterstützung und uneingeschränkte Solidarität versprach, brachte erneut Bewegung in die seit längerem festgefahrenen Nahost-Gespräche. Sie löste eine grundsätzliche Neuorientierung aus, als Ende Juli 1988 König Hussein den **Verzicht Jordaniens auf die Westbank** bekannt gab und für die Gründung eines unabhängigen Palästinenserstaats in Westjordanien unter Führung der PLO plädierte. Husseins unerwarteter Schritt begründete sich in der Furcht vor einem Übergreifen des Aufstands und einer weiteren „Palästinensierung" Jordaniens.

Die PLO sah sich daher zu raschem Handeln gezwungen. Bedrängt durch die radikalen Kräfte der Intifada, erklärte Arafat bereits Ende August 1988 die Verantwortung in der Westbank übernehmen zu wollen. Die **„Proklamation des unabhängigen Staates Palästina"** mit der Hauptstadt Ost-Jerusalem folgte auf der PNR-Sitzung in Algier im November 1988. Dies stärkte den gemäßigten Flügel innerhalb der PLO. Arafat setzte eine **„Politische Erklärung"** durch, die erstmals auf die Infragestellung des Existenzrechts Israels verzichtete. Dem Terror als Mittel der Politik wurde eine Absage erteilt, die Bereitschaft zu direkten Verhandlungen mit Israel im Rahmen einer internationalen Friedenskonferenz unterstrichen. Seitens der PLO waren damit grundlegende Probleme ausgeräumt, die in der Vergangenheit eine Anerkennung der PLO durch die USA und Israel blockiert hatten.

Israel allerdings beharrte auf seiner alten Position: keine Gespräche mit der PLO, kein Palästinenserstaat. Auf Druck der USA legte allerdings im April 1989 Ministerpräsident Yitzhak Schamir den nach ihm benannten **Schamir-Plan** vor, der im Geist des Camp David-Abkommens die arabische Welt zu bilateralen Verhandlungen aufforderte um den Kriegszustand mit Israel zu beenden. Den Palästinensern in den besetzten Gebieten gestand der Plan freie Wahlen zu, allerdings ohne Kandidaten der PLO. Außerdem wurde Ost-Jerusalem ausgenommen um den Status der Stadt nicht infrage zu stellen. Nach den Wahlen sollten Verhandlungen über eine autonome Selbstverwaltung der Palästinenser beginnen. Die Entscheidung über eine endgültige Lösung blieb einem späteren Zeitpunkt vorbehalten. Voraussetzung für die Einleitung konkreter Schritte sei die Beendigung der Intifada.

Ende 1989 kam es erneut zu einer Friedensinitiative der USA. Der so genannte **Baker-Plan** schloss sich eng an die Vorstellungen Schamirs an, sah aber indirekte Gespräche zwischen Israel und der PLO vor. Letztes lehnte Israel immer noch ab, obwohl die Intifada inzwischen immer gewaltsamere Formen annahm. Komplizierter wurde die Situation auch dadurch, dass wegen erleichterter Ausreisebestimmungen 1990 rund 100 000 russische Juden nach Israel kamen – ebenso viele wie aus dem bürgerkriegsgeschüttelten Äthiopien. Bei den Palästinensern wuchs daher die Furcht Israel werde angesichts des fortdauernden Einwanderungsdrucks die besetzten Gebiete annektieren und die arabische Bevölkerung in die Nachbarstaaten vertreiben.

Die Fronten verhärteten sich zusätzlich, als der Irak unter Saddam Hussein Kuwait überfiel und im folgenden **Golfkrieg 1990/91** auch Raketen auf Israel abschoss. Da Saddam Hussein einen Rückzug seiner Truppen mit der Forderung nach Beendigung der israelischen Besatzung des Westjordanlands und Gaza-Streifens verband, konnte er die Sympathien der Palästinenser gewinnen. Dies bewegte die PLO dazu, in das Lager des Aggressors einzuschwenken und unterbrach das 1988 begonnene Gespräch über eine friedliche Lösung des Nahostkonflikts.

M3 Resolution 242 des Sicherheitsrats der Vereinten Nationen vom 22. November 1967

Der Sicherheitsrat, in Bekundung seiner ständigen Sorge über die ernste Lage in Nahost, in Betonung der Unzulässigkeit, Gebiete durch Krieg zu erwerben, und der Notwendigkeit, für einen gerechten
5 und dauerhaften Frieden zu arbeiten, in dem jeder Staat des Gebietes in Sicherheit leben kann, in Betonung ferner, dass alle Mitgliedstaaten durch die Annahme der Charta der Vereinten Nationen die Verpflichtung eingegangen sind, in Übereinstim-
10 mung mit Artikel 2 der Charta zu handeln,
1. bekräftigt, dass die Erfüllung der Grundsätze der Charta die Errichtung eines gerechten und dauerhaften Friedens in Nahost verlangt, der die Anwendung der beiden folgenden Grundsätze ein-
15 schließt:
a) Rückzug der israelischen Streitkräfte aus Gebieten, die während des jüngsten Konflikts besetzt wurden;
b) Einstellung aller Behauptungen oder Formen
20 eines Kriegszustandes sowie Beachtung und Anerkennung der Souveränität, territorialen Unversehrtheit und politischen Unabhängigkeit eines jeden Staates in diesem Gebiet und seines Rechtes innerhalb sicherer, anerkannter Grenzen frei von Dro-
25 hungen und Akten der Gewalt in Frieden zu leben;
2. bekräftigt ferner die Möglichkeiten
a) die freie Schifffahrt auf den internationalen Wasserstraßen des Gebietes zu garantieren;
b) eine gerechte Regelung des Flüchtlingsprob-
30 lems zu verwirklichen;
c) die territoriale Unversehrtheit und die politische Unabhängigkeit eines jeden Staates in dem Gebiet durch Maßnahmen sicherzustellen, zu denen die Schaffung entmilitarisierter Zonen zählt;

3. ersucht den Generalsekretär einen Sonderbe- 35 auftragten zu ernennen, der sich nach dem Nahen Osten begeben soll um dort mit den betroffenen Staaten Verbindung aufzunehmen und zu unterhalten, damit ein Abkommen begünstigt wird und Bemühungen unterstützt werden um eine mit 40 den Bestimmungen und Grundsätzen dieser Entschließung übereinstimmende friedliche und allgemein anerkannte Lösung zu finden;
4. ersucht den Generalsekretär dem Sicherheitsrat so bald wie möglich über den Fortschritt der Be- 45 mühungen des Sonderbeauftragten zu berichten.
Abstimmungsergebnis: Einstimmige Annahme.
(Vereinte Nationen, 6/1967, S. 203)

1 Arbeiten Sie aus M 3 die Haltung der UNO im Nahostkonflikt heraus.
2 Erklären Sie die Kritik der Palästinenser an der UN-Resolution 242.
3 Diskutieren Sie die Rolle der UNO im Nahostfriedensprozess.

M4 Aus dem Palästinensischen Nationalabkommen von 1968

Art. 1) Palästina ist das Vaterland des palästinensisch-arabischen Volkes und ein integraler Bestandteil des Großen Vaterlandes, und das Volk Palästinas ist ein Teil der Arabischen Nation.
Art. 2) Palästina bildet mit seinen Grenzen, die zur 5 Zeit des britischen Mandats bestanden, eine geschlossene regionale Einheit.
Art. 3) Das palästinensisch-arabische Volk besitzt ein legales Recht auf sein Vaterland, und sobald dessen Befreiung vollendet ist, wird es das Selbst- 10 bestimmungsrecht allein nach seinem eigenen Willen und seiner eigenen Wahl ausüben. [...]

B 6 Jugendliche Steinewerfer im Gaza-Streifen, 1988, Fotografie

— Interpretieren Sie die in B 6 dargestellten Ereignisse im Hinblick auf den Nahost-Friedensprozess.

Art. 5) Palästinenser sind jene arabischen Bürger, die bis 1947 dauernd in Palästina lebten, ob sie von dort vertrieben wurden oder dort blieben. Wer immer nach diesem Zeitpunkt innerhalb und außerhalb Palästinas geboren wurde und einen palästinensisch-arabischen Vater hat, ist ein Palästinenser.
Art. 6) Juden, die bis zum Beginn der zionistischen Invasion dauernd in Palästina lebten, werden als Palästinenser betrachtet.
Art. 10) Fedajin-Aktionen bilden den Kern des palästinensischen Volkskriegs um die Befreiung. [...]
Art. 14) Das Schicksal der arabischen Nation, ja sogar die Existenz des Arabertums, hängt vom Schicksal der Palästinafrage ab. Das Bemühen und die Anstrengung der Arabischen Nation Palästina zu befreien leitet sich von dieser Verbindung her. Das Volk Palästinas spielt bei der Verwirklichung dieses heiligen nationalen Ziels die Rolle einer Avantgarde.
Art. 15) Die Befreiung Palästinas ist aus arabischer Sicht eine nationale Pflicht um die zionistische imperialistische Invasion des Großen Arabischen Vaterlandes zurückzuschlagen und um Palästina von der zionistischen Präsenz zu reinigen. Die arabische Nation, Völker und Regierungen mit dem palästinensisch-arabischen Volk an ihrer Spitze, tragen dafür die volle Verantwortung. Zu diesem Zweck muss die arabische Nation all ihre militärischen, menschlichen, materiellen und geistigen Fähigkeiten mobilisieren um mit dem palästinensischen Volk aktiv an der Befreiung Palästinas teilzunehmen. [...]

Art. 19) Die Teilung Palästinas 1947 und die Gründung Israels ist von Grund auf null und nichtig, wie viel Zeit seither auch immer vergangen sein mag, weil dies im Gegensatz zum Willen des palästinensischen Volkes und seines natürlichen Rechtes auf sein Vaterland geschah und im Widerspruch zu den Prinzipien der UN-Charta steht, deren vornehmstes das Recht auf Selbstbestimmung ist.
Art. 20) Die Balfour-Deklaration, der Mandatsvertrag und alles, was darauf gegründet wurde, werden als null und nichtig betrachtet. Der Anspruch auf ein historisches oder geistiges Band zwischen den Juden und Palästina stimmt nicht mit den historischen Realitäten überein noch ist es für einen Staat im eigentlichen Sinne konstituierend. Der Judaismus ist in seiner Eigenschaft als eine Offenbarungsreligion keine Nationalität mit einer unabhängigen Existenz. Ähnlich sind die Juden nicht ein Volk mit einer unabhängigen Persönlichkeit. Sie sind vielmehr Bürger jener Staaten, zu denen sie gehören.
Art. 22) Der Zionismus ist eine politische Bewegung, die organisch mit dem Weltimperialismus verbunden ist und sich gegenüber allen Befreiungs- und Fortschrittsbewegungen der Welt feindlich verhält. Der Zionismus ist in seiner Entstehung eine rassistische und fanatische Bewegung, aggressiv, expansionistisch und kolonialistisch in seinen Zielen und faschistisch und nazistisch in seinen Mitteln. Er ist eine Bastion und ein Sprungbrett des Imperialismus im Herzen des Arabischen Vaterlandes und macht die Hoffnungen der Arabischen Nation auf Befreiung, Einheit und Fortschritt zunichte.
Israel ist eine ständige Bedrohung des Friedens im Nahen Osten und in der ganzen Welt. [...]
Art. 27) Das palästinensisch-arabische Volk besteht auf der Ursprünglichkeit und Unabhängigkeit seiner nationalen Revolution und weist jede Form der Einmischung, der Vormundschaft und Unterordnung zurück.
(New Middle East, Nr. 18, März 1970)

1 Arbeiten Sie aus M 4 das nationale Selbstverständnis der Palästinenser heraus.
2 Vergleichen Sie mit dem nationalen Selbstverständnis Israels (M 2, S. 473 f.).
3 Erläutern Sie das Verhältnis der PLO zu Israel Ende der 1960er-Jahre.
4 Beurteilen Sie die politische Haltung der PLO.

1.4 Der Friedensprozess der 1990er-Jahre

Internationale Weichenstellungen

Wie schon der Erste Weltkrieg und der Untergang des Osmanischen Reiches die politische Situation in Palästina nach 1918 beeinflusst hatten, waren es auch Anfang der 1990er-Jahre wieder Faktoren der internationalen Politik, die die politische Situation in Nahost wesentlich mit bestimmten: Zum einen war dies der **Zusammenbruch der UdSSR**, der die Konkurrenz der beiden Supermächte beendete und neue Handlungsspielräume für gemeinsame Aktivitäten schuf, und zum anderen das **Ende des Golfkriegs**. Die USA mussten ihre Friedensbemühungen verstärken, um – angesichts ihrer harten Vorgehensweise gegenüber dem Irak im Golfkrieg – auch im Nahen Osten glaubwürdig zu bleiben. Israel wiederum, das durch die Raketenangriffe des Iraks seine militärische Verwundbarkeit erfahren hatte, sah sich zu Kompromissen gedrängt. Auch bei seinen arabischen Nachbarn wuchs die Einsicht in die Notwendigkeit einer Befriedung der Region. Das gleiche Ziel verfolgte die PLO, die durch die Parteinahme für den Irak ins politische Abseits geraten war. Ihre von den radikalen Kräften der Intifada bedrohte Führungsrolle innerhalb der palästinensischen Nationalbewegung konnte nur durch greifbare Erfolge, d. h. Verhandlungen, gerettet werden.

Durchbruch: palästinensische Autonomie

Resultat dieser neuen Konstellation war Ende Oktober 1991 die **Madrider Nahost-Konferenz**, die einen bis heute andauernden Friedensprozess einleitete. Unter amerikanischer und sowjetischer Schirmherrschaft gelang es erstmals, die unmittelbar beteiligten Nachbarländer, Syrien, Libanon und Jordanien, sowie Vertreter der Palästinenser mit Israel zusammenzuführen. Obwohl die Verhandlungen oftmals durch Anschläge unterbrochen wurden, näherte man sich an. Vor allem die gemeinsame Bedrohung durch den islamischen Fundamentalismus besserte das Verhältnis Israels zur PLO. Ein weiterer Faktor war der Wahlsieg der Arbeiterpartei im Juli 1992. Nachfolger Schamirs wurde **Yitzhak Rabin** (1922–1995), der bereits im Wahlkampf eine flexiblere Haltung in der Palästinenserfrage angekündigt hatte und nach Übernahme der Regierung einen Baustopp für neu zu errichtende Siedlungen in den besetzten Gebieten anordnete. Er rief dadurch zwar den wütenden Protest der nationalen Parteien hervor, räumte aber zugleich eine der wichtigsten Verhandlungsbarrieren aus dem Weg. Dies und die Vermittlung des norwegischen Außenministers ermöglichten wenig später die Aufnahme von **Geheimverhandlungen zwischen Israel und der PLO** in Oslo.

Die Osloer Gespräche führten zur Abfassung von drei entscheidenden Schriftstücken: erstens einem **Briefwechsel** zwischen Arafat und Rabin, in dem Arafat seinen Verzicht auf Terror und Gewalt bekräftigte und das Existenzrecht Israels anerkannte; Rabin erklärte die Bereitschaft seiner Regierung, die PLO als Vertretung des palästinensischen Volkes anzuerkennen und mit ihr zu verhandeln. Parallel dazu nahm, zweitens, eine bahnbrechende **Prinzipienerklärung** über eine stufenweise zu verwirklichende Autonomie der von Israel besetzten Gebiete Gestalt an; sie wurde im September 1993 in Washington von Arafat und Rabin unterzeichnet und stellte das israelisch-palästinensische Verhältnis auf eine völlig neue Grundlage (B 7, M 5). Nach zähen und vom Terror der Friedensgegner beider Seiten begleiteten Verhandlungen erhielt die Erklärung, drittens, im **Gaza-Jericho-Abkommen** vom Mai 1994 ihre konkrete Ausformung. Wenig später zog sich Israel aus dem Gaza-Streifen und dem westjordanischen Jericho zurück, palästinensische Behörden und Polizeitruppen traten an ihre Stelle. Im Juli 1994 übernahm ein palästinensischer Autonomierat unter Arafat die Geschäfte einer provisorischen Regierung (Karte 3, S. 478, links). Seither hat Israel in mehreren Teilabkommen schrittweise auch dem Westjordanland umfassende Autonomierechte zugebilligt. Höhepunkt dieses Prozesses war das unter ägyptischer Begleitung zustande gekommene **Abkommen von Taba** (auch **Oslo-II-Abkommen**) vom September 1995, das bis zum Jahresende den Abzug der israelischen Truppen aus sieben Ballungszentren sowie aus rund 450 kleineren Orten vereinbarte. Danach beginnt Israel einen zweiten, umfassenderen Rückzug, dessen Abschluss auf Mitte 1997 terminiert wurde. 30 % des Gebietes Westjordaniens (Zone A) sollen in Zukunft allein von palästinensischen Behörden verwaltet, 68 % (Zone B) einer gemeinsamen Verwaltung unterstellt werden; lediglich die jüdischen Siedlungen und Militärstützpunkte (Zone C) bleiben bis auf weiteres der alleinigen Kontrolle Israels vorbehalten. Darüber hinaus wurden die Modalitäten für die Wahlen des palästinensischen Autonomierats geregelt, bei denen im Januar 1996 die Fatah eine große Mehrheit erringen konnte. Vorsitzender der PNA ist seither Arafat. Rabins Zugeständnisse an die Palästinenser ermöglichten das formelle **Ende der Intifada** (1993) und die Aussöhnung mit König Hussein. Bereits im Oktober 1994 konnte ein **israelisch-jordanischer Friedensvertrag** unterzeichnet werden. Jordanien war damit das zweite arabische Land nach Ägypten, das mit Israel Frieden schloss.

| Gefährdete Aussöhnung | Yitzhak Rabin, der 1994 zusammen mit Shimon Peres und Jassir Arafat den **Friedensnobelpreis** erhielt, fiel im November 1995 dem Anschlag eines rechtsextremistischen Israelis zum Opfer. Zu seinem Nachfolger wurde Außenminister **Shimon Peres** (geb. 1923) bestimmt. Er setzte den Friedenskurs Rabins fort. Im Februar/März 1996 jedoch bewegte eine Reihe von Bombenattentaten und Selbstmordanschlägen islamischer Terroristen Peres dazu, den weiteren Rückzug der israelischen Armee zu stoppen. Die Räumung Hebrons wurde aufgeschoben, der Dialog ausgesetzt und die Freilassung inhaftierter Palästinenser verweigert. Besonderen Unmut erregte die wiederholte Abriegelung der Grenzen zum Westjordanland und Gaza-Streifen, denn sie unterband den Güterverkehr und schloss rund 60 000 Palästinenser von ihren Arbeitsplätzen im israelischen Kernland aus. Raketenangriffe der Hisbollah auf Nordisrael beantwortete Peres im April 1996 mit Angriffen auf den Südlibanon. Bei den vorgezogenen Wahlen im Mai 1996, die mit Blick auf den Friedensprozess eine zunehmende Spaltung der israelischen Gesellschaft anzeigten, erfuhr das konservative Lager eine Stärkung. Zum neuen Ministerpräsidenten wurde der Likud-Vorsitzende **Benjamin Netanjahu** (geb. 1949) gewählt, der im Wahlkampf die Sicherheitsfrage und die Rechte der jüdischen Siedler betont hatte. Mit allen Mitteln wollte seine Regierung die Gründung eines unabhängigen Palästinenserstaats verhindern und beschwor dadurch die Gefahr einer zweiten Intifada herauf. Erst im Dezember 1996 kam es auf Intervention der USA, der Arabischen Liga und anderer Länder zur Wiederaufnahme der seit dem Frühjahr immer wieder unterbrochenen Autonomieverhandlungen zwischen Israel und der PLO. Nur der Vermittlung der USA sowie König Husseins von Jordanien war es zu verdanken, dass im Januar 1997 eine Einigung über das so genannte **Hebron-Abkommen** erzielt werden konnte. Israel gestand darin die seit Monaten verzögerte Räumung Hebrons zu – mit Ausnahme seiner Altstadt, in der inmitten von 150 000 Arabern knapp 500 militante jüdische Siedler leben (M 6). Es verpflichtete sich zu einem dreistufigen Abzug aus fast allen ländlichen Gebieten des Westjordanlands bis August 1998. Das Hebron-Abkommen vermochte die Lage aber nur kurzzeitig zu entspannen.

| Ausblick | Im Mai 1999 wurde **Ehud Barak** von der Arbeitspartei zum Regierungschef gewählt. Seine Friedenspolitik in der Tradition Rabins scheiterte jedoch. Seit Februar 2001 regiert Ariel Scharon vom Likud-Block. Auf dem Weg zu einer stabilen Friedensordnung ist aber noch eine Reihe grundsätzlicher Probleme zu lösen, die bisher aus den Verhandlungen ausgeklammert worden sind:
– die Klärung des Rückkehrrechts der Palästinenser, von denen heute rund 350 000 im Libanon, 225 000 in Syrien und 1, 7 Millionen in Jordanien leben;

– die Entscheidung über den endgültigen Status der Gebiete, die von der PLO verwaltet werden und aus denen nach dem Willen der Palästinenser so bald wie möglich ein unabhängiger Palästinenserstaat entstehen soll (M 7) – was Anhänger eines Groß-Israel noch immer nicht akzeptieren;
– die Klärung des Status von Jerusalem, das von Israel ungeteilt als Hauptstadt reklamiert wird, während die Palästinenser den Ostteil der Stadt als ihren künftigen Regierungssitz beanspruchen;
– die Zukunft der 144 jüdischen Siedlungen mit ihren rund 150 000 Bewohnern im Westjordanland und im Gaza-Streifen;
– die seit 1991 steigende Gewalttätigkeit bei den Gegnern des Friedensprozesses, seien es islamische Fundamentalisten, radikale Gruppen der PLO oder militante jüdische Siedler;
– das feindliche Verhältnis Israels zu Syrien, das den Hisbollah-Terror aus dem Libanon nach wie vor fördert und nur durch Rückgabe der Golan-Höhen zu Verhandlungen zu bewegen wäre. Allerdings gibt es seit Juli 1999 Signale aus Damaskus, die darauf hindeuten, dass auch Syriens Präsident **Hafis el-Assad** bzw. seit dem Jahr 2000 sein Nachfolger einen Frieden anstrebt.

B 7 „Verständigung", Karikatur aus dem „Göttinger Tageblatt", 11. September 1993, anlässlich der Unterzeichnung der Prinzipienerklärung zwischen Arafat und Rabin

— *Interpretieren Sie die Karikatur und bestimmen Sie die Haltung des Zeichners zum Friedensprozess im Nahen Osten.*

prozesses ist es unter anderem, für das palästinensische Volk auf dem Westufer und im Gaza-Streifen eine palästinensische Übergangs-Selbstverwaltung für einen Zeitraum von nicht mehr als fünf Jahren einzurichten – den gewählten Rat (oder nur „Rat") –, die zu einer dauerhaften Übereinkunft auf der Grundlage der Sicherheits-Resolutionen 242 und 338 führen soll.
Die Auffassung wird geteilt, dass die Übergangsvereinbarungen Teil des gesamten Friedensprozesses sind und dass die Verhandlungen über den dauerhaften Status zur Inkraftsetzung der Sicherheitsrats-Resolutionen 242 und 338 führen werden.
(Frankfurter Allgemeine Zeitung, 13. September 1993.)

1 Ordnen Sie M 5 in den historischen Kontext ein.
2 Grenzen Sie M 5 zu den Positionen in M 2 und M 4 (s. S. 473 f. und 483 f.) ab und bewerten Sie die historische Bedeutung der Erklärung.

M5 Aus der „Prinzipienerklärung" zwischen Israel und der PLO vom September 1993
[Präambel:] Die Regierung des Staates Israel und die palästinensische Gruppe, die das palästinensische Volk vertritt, stimmen darin überein, dass es an der Zeit ist, Jahrzehnte des Konfliktes und der Konfrontation zu beenden. Sie anerkennen gegenseitig ihre legitimen politischen Rechte und streben nach einem Leben friedlicher Koexistenz in Würde und Sicherheit, um eine gerechte, dauerhafte und umfassende Friedensregelung sowie eine historische Versöhnung auf dem Weg des vereinbarten politischen Prozesses zu erreichen.
Artikel 1 Ziel der Verhandlungen
Das Ziel der israelisch-palästinensischen Verhandlungen innerhalb des laufenden Nahost-Friedens-

M6 Autonomieregelung – die Journalistin Anne Ponger über das Beispiel Hebron (1997)
Knapp 500 Juden im Zentrum Hebrons und rund 6 000 weitere Siedler in drei Vororten der Patriarchenstadt bekennen sich voller Inbrunst zu dem Risiko, inmitten von rund 150 000 teils fanatischen Muslimen die Stellung zu halten. Hebron gilt als Ort der ältesten jüdischen Gemeinde der Welt. Das Alte Testament beschreibt den Erwerb der Machpela-Höhle durch den Stammvater Abraham als Begräbnisort für seine Ehefrau Sara.
Während der jüdischen Revolte gegen die Römer (65 bis 70 n. Chr.) war die Stadt Schauplatz blutiger Kämpfe. Juden lebten in Hebron während byzantinischer, arabischer, mamelukkischer und osmanischer Herrschaft fast ununterbrochen.

Während der jüdisch-arabischen Unruhen von August 1929 wurden 67 Mitglieder der Hebroner jüdischen Gemeinde von radikalen Muslimen buchstäblich abgeschlachtet, während andere ihr Überleben arabischen Nachbarn und Freunden zu verdanken hatten. Die Überlebenden flüchteten nach Jerusalem. 31 jüdische Familien kehrten 1931 nach Hebron zurück, wenn auch nur zeitweilig; aus Sorge vor einem neuen Pogrom evakuierten die britischen Mandatsbehörden die kleine jüdische Gemeinde im April 1936.

Nach Gründung des jüdischen Staates und der Invasion arabischer Truppen 1948 wurde Hebron von den Jordaniern besetzt. Bis 1967 durften Juden weder in Hebron leben noch am Patriarchengrab beten. Das jüdische Viertel wurde weitgehend abgerissen und der alte jüdische Friedhof verwüstet. Israel besetzte das Westjordanland als Folge des Sechstagekriegs vom Juni 1967. Zum Passahfest 1968 kehrte eine Gruppe von Juden um Rabbi Mosche Levinger nach Hebron zurück und verkündete die Neugründung der Gemeinde. Die umstrittene Demonstration veranlasste die Regierung von Levi Eschkol, dem Verbleiben der Gruppe innerhalb eines israelischen Militärlagers zuzustimmen. Minister Yigal Allon initiierte 1971 die Errichtung der jüdischen Siedlung Kiriat Arba, die sich schnell zu einer Kleinstadt am Rande Hebrons ausdehnte. Von hier aus startete die Siedlungsbewegung Gusch Emunim („Bund der Treuen") ihren Triumphzug durch die besetzten Gebiete: Rund 150 000 Juden leben heute in 144 Siedlungen im Westjordanland und im südlichen Gaza-Streifen.

Arabische Überfälle auf Israelis veranlassten nationalistisch-religiöse Eiferer zu Trotzreaktionen. Derzeit wohnen 52 kinderreiche Familien und 170 Religions-Seminaristen in fünf wieder errichteten jüdischen Häusern direkt neben dem Patriarchengrab. Das Attentat des Siedlers Goldstein, der vor drei Jahren 29 Muslime erschoss, wurde von den radikalen Juden Hebrons gefeiert. Am Neujahrstag feuerte ein geistig verwirrter Soldat in den arabischen Markt und verwundete sieben Araber. Nach Umgruppierung der Truppen bleibt nur die Hoffnung, dass weitere Gewalttaten durch Zusammenarbeit israelischer und palästinensischer Sicherheitskräfte vereitelt werden können.
(Anne Ponger, Biblischer Anspruch auf das Grab des Patriarchen, in: Süddeutsche Zeitung vom 16. Januar 1997)

1 Erarbeiten Sie aus M 6 eine Zeittafel zur Geschichte Hebrons.
2 Erläutern Sie die besondere Bedeutung Hebrons für das israelisch-palästinensische Verhältnis.
3 Beurteilen Sie die zwischen Israel und der PLO getroffene Autonomieregelung in Hebron und nehmen Sie, davon ausgehend, Stellung zum Oslo-II-Abkommen (s. Darstellung S. 485).

M7 Edward Said, palästinensischer Intellektueller und Professor an der Columbia-Universität in New York, schrieb im Februar 1997 einen Essay zur Lage der Palästinenser und zum Stand der öffentlichen Diskussion (Auszug)

Darin liegt die Grausamkeit des palästinensischen Dilemmas. Einerseits wollen wir zeigen, dass wir den Frieden wollen, aber andererseits verschlechtert sich aufgrund dieses „Friedens" der Alltag aller – außer einer winzigen Hand voll wohlhabender Geschäftsleute, Sicherheitschefs, Angestellter der palästinensischen Autonomie-Behörde. Denn seit mindestens sechs Monaten sind die wichtigen Medien in den USA und Europa (die Presse ebenso wie Radio und Fernsehen) voller Geschichten von der diplomatischen Front, von den Verhandlungen, Sackgassen und Durchbrüchen – aber es fehlt jede Beschreibung vom wirklichen Leben der Palästinenser. Es gibt keine Berichte über die Tausende Studenten aus Gaza, die nicht an ihre Schulen und Universitäten auf der West-Bank zurückkehren können (von Israel verboten), nichts über die große Zahl palästinensischer Gefangener, die noch immer in israelischen Gefängnissen vegetieren (und manchmal zu Tode gefoltert werden), nichts über die Schwierigkeiten einer Familie in Gaza mit einem arbeitslosen Vater und acht Kindern [...]; nichts über das Leben unter Arafats scheußlichem Regime, das Bücher, Zeitungen und Zeitschriften verbietet oder zensiert. Wie oft können westliche Nachrichtenkonsumenten die Karte sehen, die Israel den Palästinensern aufgezwungen hat, diesen verrückten, undenkbaren Flickenteppich der Zonen A, B, C, mit dem Israel versucht, schon die bloße Möglichkeit einer nationalen Existenz der Palästinenser zu verhindern?
(Edward Said, Das Recht des Stärkeren, in: Die Zeit Nr. 7 vom 7. Februar 1997)

1 Arbeiten Sie den Ansatzpunkt der Kritik von Said heraus.
2 Stellen Sie die von Said genannten Problemfelder zusammen und setzen Sie sich mit ihnen auseinander.
3 Informieren Sie sich anhand der Presseberichterstattung über den aktuellen Stand des Friedensprozesses im Nahen Osten.

Nahostkonflikt

Zusammenhänge und Perspektiven

1 Erläutern Sie die europäischen Wurzeln des Nahostkonflikts; analysieren und beurteilen Sie insbesondere die Rolle Großbritanniens und des Völkerbunds in der Zwischenkriegszeit.
2 Beschreiben Sie das Verhältnis Israels zu den Palästinensern und seinen arabischen Nachbarstaaten nach der Staatsgründung. Setzen Sie sich mit den jeweiligen Positionen und ihrem Hintergrund auseinander.
3 Arbeiten Sie den Einfluss der UNO und des Ost-West-Gegensatzes auf den Nahostkonflikt heraus.
4 Bestimmen Sie die Voraussetzungen und den historischen Stellenwert der Madrider Nahost-Konferenz.
5 Skizzieren Sie das aktuelle Verhältnis zwischen Israel und der PLO und die Voraussetzungen für eine endgültige Befriedung der Region.

Zeittafel

74/135	Nach Niederschlagung der Aufstände der Juden gegen die Römer wird ein Großteil der jüdischen Bevölkerung aus Palästina vertrieben; Beginn der Diaspora.
1882	Antisemitische Pogrome in Russland: erste jüdische Einwanderungswelle nach Palästina.
1896	Der Wiener Schriftsteller und Journalist Theodor Herzl veröffentlicht sein Manifest „Der Judenstaat", das zur Errichtung eines jüdischen Staats auffordert und den politischen Zionismus begründet.
1914–18	Erster Weltkrieg (befördert den Untergang des Osmanischen Reiches).
1916	Großbritannien sichert dem Großscherifen von Mekka die Bildung eines Großarabischen Reiches zu. Im Widerspruch hierzu einigt es sich mit Frankreich im Sykes-Picot-Abkommen über die Aufteilung der türkischen Provinzen im Nahen Osten.
1917	In der Balfour-Deklaration verspricht Großbritannien den Juden eine nationale Heimstätte in Palästina.
1922	Großbritannien beendet sein Protektorat über Ägypten, behält aber Kontrolle und Verwaltung des Suez-Kanals: es erhält vom Völkerbund das Mandat für Palästina.
1929	Die wachsende Zahl jüdischer Einwanderer in Palästina ruft arabische Massenunruhen hervor (Höhepunkt: Massaker von Hebron).
1936–39	Der arabische Aufstand führt 1939 zu einem radikalen Kurswechsel der britischen Palästinapolitik zugunsten der Araber.
1937	Der Vorschlag der Peel-Kommisssion Palästina zwischen Juden, Arabern und Briten zu teilen scheitert am Widerstand der Araber.
1945	In Palästina führt die Weigerung Großbritanniens Überlebenden des Holocaust die Einreise zu gestatten zur Organisation der illegalen Einwanderung und zum offenen Kampf der Juden gegen die Mandatsmacht.
1947	Nach dem Scheitern der Londoner Palästina-Konferenz (Febr.) kündigt Großbritannien die Rückgabe des Mandatsgebiets an die UNO an. Die UN-Generalversammlung beschließt in der Resolution 181 die Teilung in einen jüdischen und arabischen Staat.
1948	Die Ausrufung des Staates Israel (14. Mai) führt zum 1. Nahostkrieg (Mai–Nov.). Israel erzielt große Gebietsgewinne. Flucht und Vertreibung von ca. 1 Mio. Palästinenser lösen das palästinensische Flüchtlingsproblem aus.
1956	Auf dem Höhepunkt der Suez-Krise (Juli) greifen Israel, Frankreich und England Ägypten an, müssen sich jedoch auf Drängen der UNO und der USA wieder zurückziehen (2. israel.-arab. Krieg). Der Einfluss der UdSSR im Nahen Osten nimmt zu.

1964	Gründung der Palästinensischen Befreiungsorganisation/PLO.
1967	Im Sechs-Tage-Krieg (Juni) erobert Israel alle jordanischen Gebiete westlich des Jordans, die ägyptische Sinai-Halbinsel und die syrischen Golan-Höhen (3. israel.-arab. Krieg); Proteste der UNO (UN-Resolution 242); Israel zieht sich nicht zurück und verdreifacht sein Staatsgebiet. Die Gipfelkonferenz der Arabischen Liga (Sept.) beschließt: keine Anerkennung Israels, kein Friede, keine direkten Verhandlungen ohne Rückgabe der besetzten Gebiete.
1973	Ägypten, Jordanien und Syrien lösen den Oktoberkrieg aus (4. israel.-arab. Krieg); das Ölembargo der OPEC über die Unterstützerstaaten Israels löst im Westen die „Ölkrise" aus. Die UN-Resolution 338 bekräftigt die Resolution 242 und fordert alle Kriegsparteien zum Frieden auf.
1977	Der ägyptische Präsident Sadat besucht als erstes arab. Staatsoberhaupt Jerusalem.
1979	Friedensvertrag zwischen Israel und Ägypten (Camp-David-Abkommen) führt zur Rückgabe der Sinai-Halbinsel an Ägypten. Der Sieg der islamischen Revolution im Iran legt die Grundlagen für die Ausbreitung des islamischen Fundamentalismus.
1980–88	Iranisch-irakischer Krieg (1. Golfkrieg).
1982	Angriffe palästinensischer Terrorgruppen führen im Juni zur zweiten Invasion Israels im Libanon (1985 beendet); Kapitulation der PLO
1987	Beginn der Initfada (bis 1993).
1988	Jordanien verzichtet auf die Westbank (Juli). Der Palästinensische Nationalrat erklärt die Unabhängigkeit von Westbank und Gaza-Streifen, proklamiert einen unabhängigen Palästinenserstaat und erkennt Israel erstmals bedingt an.
1989	Schamir-Plan (April): Israel visiert erstmals palästinensische Selbstverwaltung an.
1990/91	Der Überfall irakischer Truppen auf Kuwait (Aug.) löst den (2.) Golfkrieg aus und spaltet die arabische Welt in ein proirakisches und prowestliches Lager; USA zwingen den Irak zum Rückzug; Madrider Nahost-Friedenskonferenz (Okt. 1991) leitet bis heute andauernde Friedensverhandlungen ein.
1993	„Prinzipienerklärung" zwischen Israel und der PLO über gegenseitige Anerkennung und die schrittweise Selbstverwaltung der seit 1967 von Israel besetzten Gebiete.
1994	Gaza-Jericho-Abkommen zwischen Israel und der PLO. Israel und Jordanien schließen Friedensvertrag (Okt.). Rabin, Peres und Arafat erhalten den Friedensnobelpreis.
1995	Im Oslo-II-Abkommen einigen sich Israel und die PLO auf einen stufenweisen Rückzug Israels aus Westjordanien (Sept.). Rabin wird von einem rechtsextremistischen Israeli ermordet (Nov.).
1996	Wahl des konservativen Benjamin Netanjahu zum israelischen Ministerpräsidenten (Mai) hat Unterbrechung der Autonomiegespräche zur Folge (Aug.–Okt.).
1997	Das Hebron-Abkommen zwischen Israel und der PLO beschließt die (Teil-)Räumung Hebrons, den Abzug Israels aus fast allen ländlichen Gebieten des Westjordanlands und die Wiederaufnahme der Autonomiegespräche (Jan.); anhaltende Unruhen.
1999	Wahl Ehud Baraks zum israelischen Ministerpräsidenten (Mai) führt dazu, dass der Friedensprozess mit Palästinensern und Arabern wieder vorangetrieben wird. Baraks Friedensbemühungen scheiterten jedoch.
2001	Im Februar wird Ariel Scharon vom Likud-Block zum Ministerpräsidenten gewählt, der besonders die Sicherheitsinteressen Israels betont.

2 Jugoslawien – alter und neuer Krisenherd in Europa

2.1 Die Kriege in Jugoslawien 1991–1999

> Europa 1989/90 vor neuen Problemen

Mit dem Ende des Ost-West-Gegensatzes wurde die Spaltung Europas überwunden, allerdings ohne dass daraus automatisch eine neue Friedensordnung entstand. Weil die grundlegende Umgestaltung der internationalen Beziehungen nicht von heute auf morgen durchgesetzt werden konnte, beschränkten sich die Europäer daher zunächst darauf, die vorhandenen Organisationen und Kooperationsstrukturen, z.B. die KSZE und die EG, an die veränderten Bedingungen anzupassen (s. S. 524 ff.).

Ob diese Einrichtungen aber zur Lösung all der Probleme, die mit der Auflösung der Ost-West-Konfrontation auftauchten, geeignet sind, ist noch nicht sicher. Denn die Europäer müssen zwei-

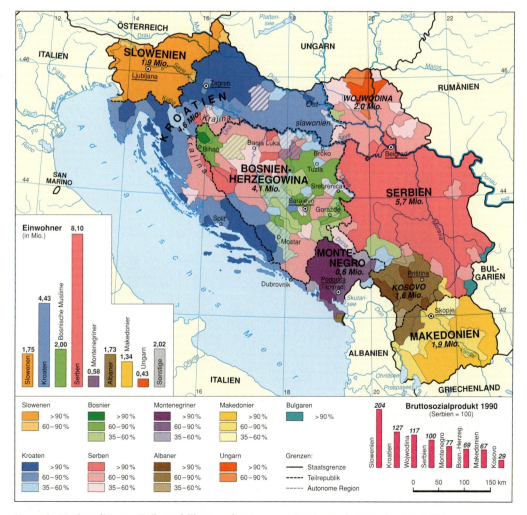

Karte 1 Nationalitäten, Teilrepubliken und autonome Regionen in Jugoslawien 1981

erlei zur Kenntnis nehmen: Ihr Kontinent besteht nicht nur aus einer Vielzahl von Nationalstaaten, sondern in vielen Staaten leben auch zahlreiche ethnische und religiöse Minderheiten, von denen einige unter Berufung auf ihr Selbstbestimmungsrecht einen eigenen Staat bzw. ihre Autonomie fordern. Das war zwar prinzipiell auch schon während des Ost-West-Konfliktes so. Aber der Druck der bipolaren Struktur des internationalen Systems hatte bewirkt, dass solche Prozesse entweder nicht zum Ausdruck kamen, weil sie wie in Osteuropa unterdrückt werden konnten, oder regional und vom Gewalteinsatz her begrenzt blieben wie im Baskenland oder auf Korsika.

Zu den größten Herausforderungen der europäischen Politik wie der internationalen Staatengemeinschaft entwickelten sich nach 1989/90 die **Nationalitätenkonflikte im ehemaligen Vielvölkerstaat Jugoslawien** (Karte 1). Hier führten die Selbstständigkeitsbestrebungen einzelner Teilstaaten und Völker ab 1991 zu einem grausamen Krieg, der die Öffentlichkeit nicht nur wegen der Zerstörungen (B 1), sondern aufgrund der **systematischen Menschenrechtsverletzungen**, insbesondere der zahlreichen Vergewaltigungen von Frauen, erschütterte (M 1).

| Die Unabhängigkeit Sloweniens |

Zu ersten Kampfhandlungen in Jugoslawien kam es, als Slowenien am 25. Juni 1991 seine Unabhängigkeit erklärte und für sich die Verfassung Jugoslawiens außer Kraft setzte (M 2a). Daraufhin besetzten Truppen der jugoslawischen Volksarmee die Grenzübergänge. Die Kämpfe zwischen der Bundesarmee und der slowenischen Territorialverteidigung konnten jedoch sehr rasch unter **Vermittlung der EG und der KSZE** beigelegt werden. Das jugoslawische Militär verließ Slowenien, nachdem sich Kroatien und Slowenien im Abkommen von Brioni am 7./8. Juli 1991 verpflichtet hatten, ihre Unabhängigkeit für drei Monate auszusetzen. Für Slowenien war damit der Krieg zu Ende. Am 15. Januar 1992 erkannte

B 1a Das Stadtzentrum vor dem Krieg, Fotografie 1991

B 1 Sarajewo – Bilder aus dem Alltag einer Stadt 1991–1995

— *Zeigen Sie anhand von B 1a, dass die bosnischen Muslime eine westliche Form des Islams verkörpern.*
— *Erläutern Sie anhand der Abbildungen die Auswirkungen des Krieges auf die Bevölkerung der Stadt.*
— *Informieren Sie sich anhand von Presseberichten über das gegenwärtige Alltagsleben in Sarajewo.*

die EG die Unabhängigkeit Sloweniens an. Gemeinsam mit **Kroatien** und **Bosnien-Herzegowina** wurde **Slowenien am 22. Mai 1992 in die UNO** aufgenommen.

Die Trennung Kroatiens

Die Loslösung Kroatiens, das sich ebenfalls am 25. Juni 1991 zum unabhängigen Staat erklärte (M 2b) und am gleichen Tag wie Slowenien von der EG anerkannt wurde, gestaltete sich wesentlich konfliktreicher. Anders als in Slowenien lebte in Kroatien eine **starke serbische Minderheit**. Sie hatte schon im Dezember 1990 in der Region Krajina eine eigene Republik ausgerufen und damit begonnen, die Dienststellen von Polizei und Verwaltung zu besetzen sowie die kroatischen Familien aus ihren Häusern zu vertreiben. Mit Unterstützung der jugoslawischen Bundesarmee eroberten die serbischen Milizen bis zum Januar 1992 nahezu 30 % des kroatischen Territoriums für die „Serbische Republik Krajina". Diese Gebietsverluste wollte die kroatische Führung nicht hinnehmen und verstärkte zielstrebig ihre Armee. Im Mai und im August 1995 konnte Kroatien deswegen die Krajina zurückgewinnen und vertrieb seinerseits den überwiegenden Teil der serbischen Bevölkerung. Die Serben konnten ihre Macht lediglich in Ostslawonien behaupten.

Der Kampf um Bosnien-Herzegowina

Auch die Unabhängigkeitserklärung Bosnien-Herzegowinas vom 15. Oktober 1991 löste erbitterte Kämpfe aus. Von Anfang an hatte sich die starke serbische Minderheit gegen die Trennung von Jugoslawien gesperrt. Als die EG und die USA am 7. April 1992 die Souveränität Bosnien-Herzegowinas anerkannten, riefen die Serben die autonome „Serbische Republik Bosnien-Herzegowina" aus. Mit Unterstützung der weitgehend von Serben dominierten Armee Restjugoslawiens konnte das serbische Militär binnen weniger Monate fast 70 % des bosnischen Territoriums erobern. Dieser Krieg kostete mehrere zehntausend Menschen das Leben, Millionen von Menschen verloren ihre Heimat.

Im Gegensatz zu den **bosnischen Serben** befürworteten die **bosnischen Kroaten** und **bosnischen Muslime** anfangs einen zentral verwalteten multiethnischen Staat. Gemeinsam kämpften sie gegen die serbischen Eroberungen. Doch gewannen bei den Kroaten während der zweiten

B 1b Frau und Kinder in Ruinen, Fotografie Sommer 1995. – Eine Frau baute zwischen den Häuserruinen Gemüse an, weil Sarajewo immer wieder von Lebensmittellieferungen abgeschnitten war.

B 1c Einkauf in Sarajewo, Fotografie ca. 1994. – Wegen zahlreicher Heckenschützen, die täglich viele Zivilisten töteten, waren Einkäufe und Besorgungen nur im Laufschritt möglich.

Hälfte des Jahres 1992 jene Kräfte die Oberhand, die einen ethnisch homogenen kroatischen Staat anstrebten. Am 3. Juli 1992 gründeten Kroaten die „Kroatische Gemeinschaft Herzeg-Bosna", die den Anschluss an die Republik Kroatien betrieb, und Anfang 1993 kündigten die bosnischen Kroaten ihre Militärallianz mit den Muslimen auf. Die nun einsetzenden Kämpfe zwischen Muslimen und Kroaten konnten erst zu Beginn des Jahres 1994 durch **zähe internationale Vermittlung** beendet werden. Erneut verpflichteten sich diese beiden Gruppen zu einem Bündnis gegen die Serben, die durch dieses Zusammengehen seit März 1994 zunehmend ihre militärische Überlegenheit verloren. Der Krieg in Bosnien-Herzegowina wurde erst im **November 1995** durch den **Frieden von Dayton** (s. S. 509f.) beendet.

Der Kosovo-Krieg

Nach Unabhängigkeit, zumindest aber nach größerer Selbstständigkeit strebte auch die Provinz Kosovo, in der überwiegend muslimische Albaner leben. Die jugoslawische Regierung in Belgrad unterdrückte diese Freiheitsbestrebungen jedoch mit allen Mitteln (M 3). Im März 1989 hob sie die Autonomie dieses Teilstaates auf, schränkte die Arbeit der Behörden, Universitäten, Schulen und Medien drastisch ein und entließ einige tausend albanische Beamte. Serbische Miliz und Polizei terrorisierten die albanische Bevölkerung durch ständige Personen- und Autokontrollen, Hausdurchsuchungen und Beschlagnahmungen, Misshandlungen und willkürliche Verhaftungen sowie politische Prozesse.

Darauf reagierte die albanische Bevölkerung zunächst mit friedlichen Mitteln. Am 2. Juli 1990 erklärten 114 der 123 albanischen Provinzabgeordneten Kosovo zur „gleichen und unabhängigen Einheit innerhalb der jugoslawischen Föderation". Damit trennte sich die **„Republik Kosova"** von Serbien und beanspruchte für sich die Rechte einer unabhängigen jugoslawischen Teilrepublik. Im September verabschiedeten die albanischen Abgeordneten eine eigene Verfassung und ein Jahr später organisierten sie eine „geheime" Abstimmung, bei der sich 87 % der Wahlberechtigten mit 99 % für eine unabhängige Republik entschieden haben sollen. Zum Präsidenten wurde der Vorsitzende des Schriftstellerverbandes und Anführer der „Demokratischen Liga von Kosova" (LDK), Ibrahim Rugova, gewählt, der die Unabhängigkeit durch Verhandlungen erreichen wollte. Doch scheiterten alle Bemühungen, das Kosovo in die Friedensverhandlungen von Dayton (s. S. 509f.) einzubeziehen, am Widerstand Belgrads. Mit dem Mord an vier serbischen Zivilisten und zwei Polizisten im Frühjahr 1996 wurde erstmals deutlich, dass es auch Kräfte gab, die die serbische Gewaltherrschaft durch kriegerische Mittel bekämpfen wollten. Verübt wurden die Morde von der **UÇK**, der albanischen Befreiungsarmee, die in konspirativ wirkenden Zellen operierte. Ebenfalls seit Mitte der Neunzigerjahre entstanden im Kosovo albanische Bürgerwehren, die ihre Waffen aus Albanien bezogen.

Gegen den Guerillakrieg von UÇK und Bürgerwehren mobilisierte Jugoslawien seine Armee und Spezialpolizei, die bis zum Herbst 1998 die UÇK aus den von ihr kontrollierten Gebieten mit massivem Waffeneinsatz vertrieben hatte; etwa 300 000 Kosovo-Albaner waren auf der Flucht vor den serbischen Truppen.

Erst jetzt, nachdem sich die Auseinandersetzungen zwischen Serben und Kosovo-Albanern zum offenen Bürgerkrieg entwickelt hatten, griff die internationale Gemeinschaft ein. Am 23. September 1998 forderte die UNO in einer Resolution Belgrad auf, sein Militär aus dem Kosovo abzuziehen und die Rückkehr der Flüchtlinge zu ermöglichen. Eine internationale Mission sollte die Einhaltung dieser Bedingungen überwachen. Die jugoslawische Regierung lehnte das zunächst strikt ab, lenkte aber am 13. Oktober kurzfristig ein, als der US-Sondergesandte Richard Holbrook mit Militärschlägen der NATO gedroht hatte. Serbiens Regierungschef Milošević ließ nun eine 2000 Mann starke unbewaffnete Überwachungskommission der OSZE zu. Viele der Flüchtlinge wie auch die Kämpfer der UÇK kehrten wieder ins Kosovo zurück. Aber schon im

Januar 1999 verstärkte Jugoslawien seine Truppen im Kosovo und begann damit, die UÇK anzugreifen und die Kosovo-Albaner in Richtung Mazedonien und Albanien zu vertreiben. Außerdem wurde der Leiter der OSZE-Mission des Landes verwiesen. Ende Januar forderte die internationale Balkan-Kontaktgruppe (USA, Großbritannien, Frankreich, Italien, Deutschland und Russland) die Konfliktparteien zu Friedensgesprächen in Schloss Rambouillet bei Paris (s. S. 510) auf, die jedoch scheiterten. Am 24. März startete die NATO mit Luftangriffen die Operation „Entschlossene Kraft". 78 Tage und Nächte bombardierten NATO-Flugzeuge neben militärischen auch zivile Ziele wie Brücken, Treibstoffdepots oder Industrieanlagen und zerstörten die zivile Infrastruktur Jugoslawiens. Nach intensiven diplomatischen Verhandlungen, deren Erfolg maßgeblich vom russischen Sondergesandten Viktor Tschernomyrdin sowie dem finnischen Staatspräsidenten und EU-Vermittler Martti Ahtisaari abhing, endete der Krieg am 9. Juni mit einem Militärabkommen zwischen der NATO und dem jugoslawischen Generalstab. Die serbischen Truppen mussten das Kosovo verlassen, eine internationale Friedenstruppe (Kfor) kontrolliert seitdem das gesamte Leben in dieser Provinz. Am 21. Juni stimmte die UÇK ihrer Entwaffnung zu. Die rund 750 000 Flüchtlinge, die während des Krieges aus ihrem Land vertrieben worden waren, kehrten allmählich wieder ins Kosovo zurück. Dort fand die Kfor zahlreiche Massengräber, die bestätigen, dass Belgrad immer wieder geleugnete Massaker an der albanischen Bevölkerung begangen hatte.

Zwar haben die Kosovo-Albaner die drückende serbische Herrschaft beendet, der Preis dafür war jedoch sehr hoch. Die Zukunft der Provinz Kosovo ist nach wie vor ungewiss. Keiner kann außerdem mit Gewissheit sagen, ob der Kosovo-Krieg in absehbarer Zeit der letzte Krieg auf dem Balkan sein wird. So erscheint es durchaus möglich, dass sich Montenegro, dessen Präsident demokratische Reformen eingeleitet hat, von Jugoslawien trennt. Könnte dadurch ein neuer Krieg bzw. Bürgerkrieg entstehen?

M1 Die Politikwissenschaftlerin Marie-Janine Calic über Menschenrechtsverletzungen und Kriegsverbrechen im Jugoslawienkrieg

a) Ein Überblick (1996)
Der Krieg im ehemaligen Jugoslawien wurde mit großer Grausamkeit geführt. Im Sommer 1992 häuften sich die Berichte über ethnische Vertreibungen, unhaltbare Zustände in den Gefangenenlagern, Massenvergewaltigungen von Frauen und Kriegsgräuel aller Art. Die UNO beauftragte daraufhin im Oktober 1992 eine Menschenrechtskommission mit der Aufklärung der Kriegsverbrechen. Im Mai 1993 rief sie in Den Haag den internationalen Strafgerichtshof zur Ahndung der Kriegsverbrechen im ehemaligen Jugoslawien ins Leben. Im Zentrum der Kriegsverbrechen standen die so genannten „ethnischen Säuberungen" durch Vertreibungen und Deportationen, Belagerung und Vernichtung von Städten und Kulturgütern sowie Morde und Gewalttaten aller Art. Ein wichtiges Kriegsziel war es, ethnisch möglichst einheitliche Gebiete zu schaffen. Dadurch sollte der Anspruch auf bestimmte Territorien legitimiert werden. So bildeten Umsiedlungen und Vertreibungen schließlich die Grundlagen der nachjugoslawischen Staatsgründungen.

Alle möglichen Arten von Einschüchterung und Gewalt wurden eingesetzt, um Einwohner aus bestimmten Gebieten zur Flucht zu bewegen. Durch Angriffe auf Hab und Gut, durch Deportationen, Internierungen, Vergewaltigungen, Folter, Verstümmelungen, Mord und andere Gewalttaten wurden unerwünschte Bevölkerungsgruppen zur Abwanderung veranlasst. Die beispiellosen Verbrechen waren also nicht etwa eine Begleiterscheinung der allgemeinen Gewalteskalation im Krieg. Die Art der Ausführung, die Dauer und der regionale Zusammenhang der Gewalttaten bewiesen, dass die Vertreibungsaktionen systematisch durchgeführt wurden.

Alle Völker sind im Verlauf des Krieges – in unterschiedlichem Ausmaß – zu Tätern und Opfern dieser Vertreibungen geworden. Die ursprüngliche Zielgruppe der Vertreibungspolitik waren die Muslime, aber auch Serben und Kroaten gehören zu den Leid Tragenden. Schon mit Kriegsbeginn kam deshalb eine gigantische Fluchtbewegung in

Gang. Nach Angaben des UNHCR[1] befanden sich im Juni 1992 bereits 1,4 Millionen Jugoslawen auf der Flucht. Ende 1992 hatte ihre Zahl die Zweimillionen-, im Sommer 1993 die Viermillionengrenze überschritten. 1995 gab es noch einmal mehrere große Wanderungsschübe: Mehr als 170 000 Serben flohen beim Sturm der kroatischen Armee auf die von Serben besiedelte Krajina, rund 40 000 Muslime beim Angriff der serbischen Armee auf die ostbosnischen Enklaven Srebrenica und Žepa. Während der darauf folgenden kroatisch-muslimischen Offensive verließen weitere 170 000 Serben Westbosnien. Heute ist Bosnien-Herzegowina in drei ethnisch weitgehend homogene Gebiete geteilt.
(Marie-Janine Calic, Das Ende Jugoslawiens, in: Informationen zur politischen Bildung Nr. 253, Bonn 1996, Beilage S. 9)

[1] Datenbericht der UNO über die Lage in der Welt

b) Sexuelle Gewalt gegen Frauen (1996)

Trotz der erheblichen Quellenprobleme kamen die neutralen Beobachter [in Bosnien-Herzegowina] aber übereinstimmend zu dem Schluss, dass sexuelle Gewalt gegen Frauen offensichtlich ein großes Ausmaß erreicht hat und dass sie alle Altersgruppen betrifft. Aus dem vorliegenden Beweismaterial geht heute klar hervor, dass Opfer und Täter unter Angehörigen aller Völker zu finden sind. Das summarische Fazit sämtlicher Expertenberichte allerdings lautet: Die meisten Übergriffe erlitten die Musliminnen, die meisten Täter stammten aus den Reihen der bosnischen Serben. Zeugenaussagen deuten darauf hin, dass Vergewaltigungen in Zusammenhang mit Kampfhandlungen und Vertreibungen sowie unter Ausnutzung persönlicher Machtpositionen und an Haftorten stattfanden. Regelrechte „Vergewaltigungslager" wurden aber nicht aufgespürt.
Angesichts der Recherchen der EG und der UNO müssen die Aufsehen erregenden Medienberichte folglich relativiert werden. Hatten kroatische und muslimische Regierungsstellen eine Zahl von 60 000 vergewaltigten Frauen genannt, ging die von der EG in Auftrag gegebene Untersuchung von rund 20 000, die UNO-Recherche von etwa 12 000 Fällen aus. Alle betonten aber, dass sich der tatsächliche Umfang des sexuellen Missbrauchs angesichts der vielfältigen Schwierigkeiten nicht zuverlässig bestimmen ließe.
(Marie-Janine Calic, Krieg und Frieden in Bosnien-Herzegowina. Erweiterte Neuausgabe, Frankfurt/Main 1996, S. 137 f.)

c) Ansätze zur Erklärung der sexuellen Gewalt im Jugoslawienkrieg (1996)

In Zusammenhang mit den Kriegsverbrechen ist die These geäußert worden, dass die Vergewaltigung kulturspezifische Gründe habe. Angeblich herrsche in den südslawischen Ländern ein historisch begründeter Männlichkeitskult. Selbst wenn dies richtig wäre – wogegen spricht, dass die jugoslawischen Frauen, verglichen mit denen anderer europäischer Gesellschaften, nach dem Zweiten Weltkrieg besonders große emanzipatorische Fortschritte machten –, würde dies die Massenvergewaltigungen noch nicht erklären. […] [N]euere Forschungen belegen, dass Gesellschaften mit hohen Vergewaltigungsziffern nicht etwa die sind, in denen Frauen besonders wenig Rechte besitzen, sondern jene, in denen die männliche Vormacht durch Modernisierung und Frauenemanzipation ins Wanken geriet. Demnach wäre Gewalt gegen Frauen in sozialen Konfliktsituationen eher ein Instrument, das Geschlechterverhältnis umzudefinieren.
Sexuelle Folter von Frauen ist – ähnlich wie rassistische Vertreibung – weder ein neues noch ein kulturspezifisches Phänomen. In ihrem klassischen Werk beschrieb Susan Brownmiller schon in den Siebzigerjahren Krieg und Vergewaltigung als Ausdruck männlicher Herrschaft seit der frühen Menschheitsgeschichte. […]
Auch die These, dass Vergewaltigungen im Krieg Ausdruck übermäßiger Triebhaftigkeit seien, ist nicht mehr haltbar. Nirgendwo, auch im ehemaligen Jugoslawien nicht, handeln Vergewaltiger aus sexuellen Motiven, sondern um Aggression, Macht- und Herrschaftswillen zu artikulieren. Sexuelle Gewalt dient in erster Linie der Eroberung und Kontrolle, in zweiter Linie der Rache, Vergeltung, Erniedrigung und Demütigung der Opfer. Dass Täter unter Umständen aus der Traumatisierung, Demoralisierung und Stigmatisierung anderer Menschen Befriedigung ableiten, steht auf einem anderen Blatt. Die im Krieg begangenen Vergewaltigungen sind also weder primär triebbedingt noch „aggressiver Ausdruck von Sexualität". Man müsste sie eher als „sexuellen Ausdruck von Aggression" definieren.
Häufig geht es aber bei Kriegsvergewaltigungen gar nicht primär darum, gezielt die weibliche Bevölkerung anzugreifen. Sexuelle Gewalt gegen Frauen in Kriegen ist immer auch ein Instrument gegenseitiger männlicher Kommunikation: Sie vermittelt dem Feind, dass er nicht in der Lage ist, seine Zivilbevölkerung zu beschützen. So werden die Widersacher nicht nur in ihrer männlichen Ehre ge-

kränkt, sondern auch in ihrer Rolle als Kämpfer und Verteidiger demoralisiert. Massenhafte sexuelle Gewalthandlungen sind folglich nicht lediglich als Begleiterscheinung des Krieges zu betrachten – ergänzend wäre anzumerken, dass sie das auch in anderen historischen und regionalen Kontexten nie waren. Vergewaltigungen drohen immer dann, wenn während eines Krieges der Männlichkeitswahn in den Vordergrund tritt und die Zivilbevölkerung zum Objekt der Kampfhandlungen wird. Frauen werden dann nicht nur als Gegnerinnen, also wegen ihrer Person, ihrer Überzeugung und Aktivitäten, sondern auch aufgrund ihrer sozialen Rolle, als Ehefrauen und Verwandte, verfolgt. Damit ist beabsichtigt, Druck auf die ihnen nahe stehenden Männer auszuüben.
(Ebd., S. 138 ff.)

1 *Untersuchen Sie anhand von M 1a die Rolle von Menschenrechtsverletzungen und Kriegsverbrechen für die Kriegführung und die Kriegsziele der unterschiedlichen Kriegsparteien (s. auch M 1c).*
2 *Erläutern Sie Wesen und Bedeutung der so genannten „ethnischen Säuberungen" und diskutieren Sie über diesen Begriff (M 1a).*
3 *Benennen Sie Umfang, Täter und Opfer der sexuellen Gewalt im Jugoslawienkrieg (M 1b).*
4 *Arbeiten Sie aus M 1c heraus, gegen welche Erklärungsansätze sich die Autorin wendet und mit welchen Argumenten.*

M2   Der Zerfall Jugoslawiens

a) Aus der Unabhängigkeitserklärung Sloweniens vom 25. Juni 1991
Auf der Basis des Rechts der slowenischen Nation auf Selbstbestimmung, der Prinzipien des internationalen Rechts und der Verfassung der früheren Sozialistischen Föderativen Republik Jugoslawien (SFRJ) und der Republik Slowenien sowie auf der Basis der absoluten Mehrheit der Stimmen in der am 23. Dezember 1990 abgehaltenen Volksabstimmung haben die Menschen der Republik Slowenien entschieden, einen unabhängigen Staat zu gründen, die Republik Slowenien, der nicht länger ein Teil der Sozialistischen Föderativen Republik Jugoslawien sein wird.
Auf der Grundlage eines einstimmigen Vorschlags aller parlamentarischen Parteien und Gruppen von Delegierten und in Übereinstimmung mit dem Ergebnis der Volksabstimmung hat die Versammlung der Republik Slowenien die Grundlegende Verfassungscharta über die Souveränität und Unabhängigkeit der Republik Slowenien auf den Sitzungen all ihrer Kammern am 25. Juni 1991 beschlossen.
Vor der Volksabstimmung über Souveränität und Unabhängigkeit hat Slowenien zusammen mit der Republik Kroatien den anderen Republiken einen Abkommensentwurf vorgelegt, der eine Allianz oder Konföderation souveräner Staaten vorsah, nach dem die derzeitigen Mitglieder des Jugoslawischen Bundes weiterhin in der Wirtschafts- und Außenpolitik sowie in anderen Bereichen zusammenarbeiten sollten. Die Versammlung der Republik Slowenien hielt eine Volksabstimmung ab, auf der die große Mehrheit der Bevölkerung Sloweniens für eine souveräne und unabhängige Republik Slowenien stimmte.
(Europa-Archiv, 21/1991, D 528 f.)

b) Aus der Erklärung über die Schaffung der souveränen und unabhängigen Republik Kroatien vom 25. Juni 1991
I. […] In Fortführung der dreizehn Jahrhunderte alten staatsrechtlichen Tradition auf ihrem Territorium zwischen der Adria und den Flüssen Drau und Mur hat die kroatische Nation das Bewusstsein ihrer Identität und ihres Rechts auf Identität und Unabhängigkeit im unabhängigen Staat Kroatien bewahrt.
Aufgrund des Zusammentreffens historischer Umstände und ihrer Position auf der Trennlinie zwischen der östlichen und westlichen Christenheit, zweier ständig entgegengesetzter Zivilisationen und Kulturen mit verschiedenen politischen, wirtschaftlichen und anderen Interessen, war die kroatische Nation über die Jahrhunderte hinweg gezwungen, ihren […] Staat zu verteidigen, zugleich die Nationen verteidigend, die westlich ihres Territoriums lebten. […]
II. Das zentralistische, totalitäre System, das ihr von der Sozialistischen Föderativen Republik Jugoslawien aufgezwungen wurde, hinderte die Republik Kroatien daran, ihre politischen, kulturellen und anderen Interessen zu fördern und zu schützen, was auf Seiten des kroatischen Volkes den Wunsch wachsen ließ, sich vom jugoslawischen Staat zu lösen. Heute sind wir mit Versuchen konfrontiert, Recht und Gesetz und die Integrität der Republik Kroatien durch von außerhalb der Republik angestiftete organisierte Gesetzlosigkeit und Terrorismus zu zerstören. Dies zielt darauf ab, die Verwirklichung des Willens der kroatischen Nation und aller Bürger der Republik Kroatien zu behindern, geäußert bei den Wahlen und sanktioniert durch die Verfassung der Republik Kroatien, besonders im Referendum über die Souveränität und Unabhän-

gigkeit Kroatiens in Beziehung auf die verbleibenden konstituierenden Republiken der Sozialistischen Föderativen Republik Jugoslawien und anderer Nachbarländer.
Die kroatische Nation ist zusammen mit allen Bürgern, die die Republik Kroatien als ihr Heimatland ansehen, entschlossen, ihre Unabhängigkeit und territoriale Integrität gegen jede Aggression zu verteidigen, unabhängig davon, woher sie kommt. (Ebd., D 531 f.)

1 *Stellen Sie die Argumente zusammen, mit denen Slowenien und Kroatien ihren Austritt aus der Republik Jugoslawien begründet haben.*
2 *Erörtern Sie, wer den Weg Sloweniens und Kroatiens in die Unabhängigkeit verhindern wollte. Ziehen Sie dabei die Darstellung und die Karte 1 heran.*

M3 Der Politikwissenschaftler Jens Reuter über die ideologischen Wurzeln des Kosovo-Problems, 1999

Das Kosovo-Problem ist ein klassisches Beispiel für einen Territorialkonflikt, in dem historisch begründete mit ethnisch fundierten Ansprüchen zusammenprallen. Die Serben insistieren auf der Geschichte und werden nicht müde, darauf hinzuweisen, dass das Kosovo im Mittelalter die Wiege ihrer Kultur und Kirche sowie das politische Zentrum ihres Reichs war. Sie bezeichnen das Kosovo als das „serbische Jerusalem", um ihre starke emotionale Bindung an dieses Territorium zum Ausdruck zu bringen.
Die Kosovo-Albaner behaupten dagegen, sie seien die Abkömmlinge der alten Illyrer und damit die Ureinwohner dieser Region. Als das älteste Volk auf dem Balkan hätten sie schon lange Zeit im Kosovo gelebt, bevor die Slawen am Ende des 6. Jahrhunderts ihren Fuß auf den Balkan setzten. [...]
Fragt man, weshalb sich nicht nur serbische Nationalisten emotional so stark an ein Gebiet gebunden fühlen, in dem die Serben 1998 weniger als zehn Prozent der Bevölkerung stellten, dann muss man den Kosovo-Mythos erwähnen als den grundlegenden, ethnizitätsstiftenden Mythos der Serben. Dieser Mythos beschreibt im serbisch-nationalen Sinne das Ende einer paradiesischen Urzeit. Besonders im 19. Jahrhundert wurde das romantisch verklärte Bild vom Großreich des Zaren Stevan Duśan (1331-1355) entworfen. Damals erreichte Serbien seine größte räumliche Ausdehnung. Das Kosovo mit seinen Bergwerken, in denen Silber, Gold, Blei und Eisenerze abgebaut wurden, sicherte nicht nur den Reichtum des Herrschers, es stellte auch die wechselnden Hauptstädte und war das Herzstück des Reichs. So waren die serbischen Angelegenheiten vermeintlich auf das Beste geordnet. Alle Serben lebten glücklich in einem großen Gemeinwesen, dessen Architektur, Wandmalerei und Handschriften bis in unsere Zeit Zeugnis von seiner hohen Kultur ablegen. Unter Missachtung der historischen Tatsachen erweckten Lieder und Legenden den Eindruck, bis zur verhängnisvollen Schlacht auf dem Amselfeld (Kosovo) im Schicksalsjahr 1389 sei Serbien ein blühendes Reich gewesen. Danach habe das Martyrium des viele Jahrhunderte dauernden Türkenjochs begonnen. Zwietracht und Verrat seien verantwortlich für die Niederlage, die Vertreibung aus dem Paradies und das Martyrium der Türkenherrschaft. Besonders unter dem Einfluss der Ideen der Französischen Revolution und der deutschen Romantik richtete sich der Wille zum eigenen Nationalstaat am romantisch verklärten Bild des mittelalterlichen serbischen Reichs aus. Herzstück dieses Reiches war das Kosovo, das stereotyp als die „Wiege des serbischen Staats" bezeichnet wurde.
So wurde eine politische Mythologie entwickelt, die nicht rational erfasst, sondern geglaubt werden wollte. Wenn viele Serben noch am Ende des 20. Jahrhunderts im Kosovo ihr „Heiliges Land" erblicken, so speisen sich die damit verbundenen Emotionen auch aus einer anderen Quelle. Es ist die serbisch-orthodoxe Kirche, die die Jahrhunderte hindurch immer die Religion der Nation predigte. Die Kirche ist der eigentliche Gralshüter des Kosovo-Mythos. Sie sah ihre heiligste Aufgabe darin, den Glauben an ein Königreich zu nähren, das in alter Größe erstehen und alle verstreuten Glieder des serbischen Volkes wieder vereinigen würde. Jedes Jahr am Veitstag (28. Juni), dem Jahrestag der Schlacht, gedenkt die serbische Kirche nicht nur des Zaren Lazar und der mit ihm gefallenen Helden, sondern aller Serben, die seit 1389 ihr Leben für Glauben und Vaterland geopfert haben.
(Jens Reuter, Die Entstehung des Kosovo-Problems, in: Aus Politik und Zeitgeschichte. Beilage zur Wochenzeitung Das Parlament, B 34/99, 20. August 1999, S. 3)

1 *Der englische Historiker Eric Hobsbawm hat einmal die These formuliert, dass die Geschichte der Rohstoff für nationalistische Ideologien sei, „so wie Mohnpflanzen den Rohstoff für die Heroinsucht enthalten. [...] Wenn es keine passende Vergangenheit gibt, lässt sie sich stets erfinden. [...] Die Vergangenheit liefert einen strahlenden Hintergrund für eine Gegenwart, die kaum etwas zu feiern hat." Diskutieren Sie diese These am Beispiel des Kosovo-Konfliktes (M 3).*

2.2 Entstehung und Scheitern des jugoslawischen Vielvölkerstaates 1918–1991

Die Entstehung Jugoslawiens 1918

Mit der internationalen Anerkennung der Souveränität Sloweniens, Kroatiens und Bosnien-Herzegowinas 1992 endete nach einem dreiviertel Jahrhundert offiziell die Geschichte des jugoslawischen Staates (die seit April 1992 bestehende „Föderative Republik Jugoslawien" ist nur noch eine Vereinigung aus Serbien und Montenegro und wird wegen der serbischen Übermacht öffentlich meist als „Serbien" bezeichnet). Jugoslawien war im Jahre 1918 als **„Königreich der Serben, Kroaten und Slowenen"** gegründet und 1929 in „Königreich Jugoslawien" (= Südslawien) umbenannt worden. Doch die Idee von einer einheitlichen südslawischen Nation war bereits in der ersten Hälfte des 19. Jahrhunderts entstanden. Wie bei anderen europäischen Völkern erwachte nach der Französischen Revolution von 1789 auch bei den Südslawen auf dem Balkan das Nationalbewusstsein, das sich in der Forderung nach Befreiung von Fremdherrschaft bzw. nationaler Selbstbestimmung niederschlug. Allerdings verbreitete sich die Überzeugung von einer engen ethnischen, kulturellen und sprachlichen Verwandtschaft der südslawischen Völker, die sich endlich als eine Kultur- und Sprachnation begreifen sollten, zunächst in einer schmalen Bildungselite. Erst danach erfasste sie allmählich die politischen Führungsschichten. Der Weg zur tatsächlichen staatlichen Einigung der Südslawen in einem Nationalstaat wurde aber erst frei, als während des Ersten Weltkrieges das **Osmanische Reich und die Habsburger Monarchie** zusammenbrachen, die **über Jahrhunderte Südosteuropa beherrscht** hatten. In der „Deklaration von Korfu" von 1917, also während des Ersten Weltkriegs, bekannten sich erstmals slowenische, kroatische und serbische Politiker zur Gründung eines gemeinsamen Königreiches, das am 1. Dezember 1918 vom serbischen Prinzregenten Alexander Karadjordjević (1888–1934) ausgerufen wurde. Die Siegermächte des Ersten Weltkrieges bestätigten auf der Pariser Friedenskonferenz den neuen Staat (weil er wie sie eine Status-quo-Poltik befürwortete) und legten 1919/20 in den Verträgen von Trianon und St. Germain dessen Grenzen fest (Karte 2).

Der Kampf um die erste Verfassung

Im „Königreich der Serben, Kroaten und Slowenen" lebten zahlreiche Völker zusammen, die über Jahrhunderte hinweg auf eine Vielzahl größerer und kleinerer Territorien mit jeweils eigenen politischen, wirtschaftlichen und rechtlichen sowie religiösen und kulturellen Traditionen verteilt gewesen waren (M 4). Eine der vordringlichsten und zugleich schwierigsten Aufgaben der Politik bestand daher darin, ein einheitliches Staatsgebilde zu schaffen und ein gemeinsames Staats- und Nationalbewusstsein in der Bevölkerung zu verankern, das das Staatsgebilde zusammenhielt.

Die Ausbildung einer solchen Staats- und Nationalideologie wurde aber von Anfang an behindert durch heftige Auseinandersetzungen über die Verteilung der Macht im Staate. Sofort nach der Staatsgründung meldeten die Serben ihren Vorherrschaftsanspruch an. Sie waren nicht nur die stärkste Bevölkerungsgruppe, sondern gehörten überdies zu den Siegermächten des Weltkrieges und verfügten über eine Armee. Konsequent spielte Serbien bei den Verfassungsberatungen seine machtpolitische Überlegenheit gegenüber den anderen Völkern aus. Gegen den Willen von Kroaten und Slowenen setzten serbische Politiker 1921 eine **zentralistische Verfassung** durch, die dem König weit reichende Kompetenzen einräumte und die serbische Vorherrschaft in Staat, Militär und Gesellschaft sicherte – eine Vorherschaft, die nach 1945 bis zum Zerfall fortdauerte (s. u.).
Die nichtserbischen Eliten wehrten sich erbittert gegen diese Vormachtstellung (M 5). Wortführer der Opposition wurde der kroatische Politiker **Stjepan Radić** (1881–1928). Er forderte eine föderalistische Neuordnung des Staates und für Kroatien umfangreiche Selbstverwaltungsrechte. Der Konflikt um die Verfassung eskalierte, als ein montenegrinischer Abgeordneter am 20. Juni

1928 ein Attentat auf Radić und vier weitere Parlamentarier verübte, an dessen Folgen der populäre Kroatenführer starb. In dieser angespannten Situation ergriff der serbische Monarch die Initiative: Am 6. Januar 1929 setzte er die Verfassung außer Kraft, löste das Parlament auf, verbot alle nationalen, konfessionellen und regionalen Parteien und hob die Meinungs- und Pressefreiheit auf. Zwar versprach der Monarch, dass er sich als König aller Jugoslawen verstehe. In Wirklichkeit jedoch festigte die **Diktatur des Königs** die politische Vorrangstellung Serbiens und verschärfte dadurch die nationalen Gegensätze im Lande. Verstärkt wurde die Unzufriedenheit weiter Teile der Bevölkerung durch die Weltwirtschaftskrise, die seit 1930 in Jugoslawien eine hohe Arbeitslosigkeit und eine große Massenarmut herbeiführte. Am 9. Oktober 1934 wurde schließlich der Monarch bei einem Attentat zweier oppositioneller Untergrundorganisationen ermordet. Ein dreiköpfiger Regentschaftsrat übernahm daraufhin die Herrschaft, weil der Thronfolger noch minderjährig war. Die neuen Machthaber gewährten den Kroaten im Jahre 1939 zwar Verwaltungsautonomie, lehnten jedoch eine föderalistische Umgestaltung Jugoslawiens strikt ab. Im historischen Rückblick kann gesagt werden, dass damit die letzte Chance zu einer Versöhnung der unterschiedlichen Nationalitäten vor dem Zweiten Weltkrieg vergeben war.

| Die Zerstückelung Jugoslawiens 1941 | Nach der Niederlage gegen deutsche, italienische und ungarische Truppen **im April 1941 wurde Jugoslawien unter den Siegern aufgeteilt**. Bis zum Kriegsende 1945 zerfiel das Land in eine Reihe von besetzten, annektierten und scheinbar selbstständigen Staaten. Ungarn erhielt die Batschka und die Baranja zugesprochen.

Karte 2 Territoriale Entwicklung Jugoslawiens zwischen 1918 und 1945

— *Beschreiben Sie mit Hilfe der Darstellung und der Karte 2 die territoriale Entwicklung und Gliederung Jugoslawiens zwischen 1918 und 1945.*

Das Kosovo-Gebiet und den Westteil Makedoniens sicherte sich Italien. Slowenien wurde unter Italien und Deutschland aufgeteilt und Serbien der deutschen Militärverwaltung unterstellt. Lediglich der „Unabhängige Staat Kroatien", der die Territorien Kroatiens und Bosnien-Herzegowinas umfasste, war formal unabhängig, in Wirklichkeit jedoch ein so genannter „Satellitenstaat", der vom nationalsozialistischen Deutschland abhing.

| Der kroatische Ustascha-Staat | Weil Hitler den Besatzungsaufwand auf dem Balkan mit Rücksicht auf den im Sommer 1941 bevorstehenden Russlandfeldzug möglichst gering halten wollte, setzte er, um seine Macht zu wahren, in Kroatien auf Kollaborateure. Nachdem die „Kroatische Bauernpartei", die in der Bevölkerung einen starken Rückhalt besaß, eine Zusammenarbeit mit dem NS-Regime abgelehnt hatte, verhalf Hitler der faschistischen **Ustascha-Bewegung** (Ustascha = Aufständischer) unter ihrem Führer **Ante Pavelić** (1889–1959) zur Macht. Das Ziel dieser terroristischen Untergrundorganisation, die 1929 im Exil gegründet worden war, war ein ethnisch homogenes, katholisches Großkroatien. Ihre Ideologie wurde bestimmt von Serbenhass und Antisemitismus, Antikommunismus und Gewaltverherrlichung. Die Anhänger der Ustascha-Bewegung begannen sofort nach der Ausrufung des „Unabhängigen Staates Kroatien" im April 1941 mit der „ethnischen Säuberung" des Landes von bosnischen und kroatischen Serben. Die Zahl der Opfer dieser **„Kroatisierungspolitik"**, deren Methoden von Zwangstaufen über Massendeportationen bis zum Mord reichten, ist umstritten. Die Schätzungen schwanken zwischen mehreren hunderttausend und mehr als einer Million Menschen.

Die serbischen Tschetniks: Nach der Kapitulation Jugoslawiens 1941 formierte sich in Serbien um den Oberst **Draža Mihailović** (1893–1946) eine nationalserbisch eingestellte Widerstandsgruppe, die **Tschetniks** (ceta = Bande, Schar). Nach ihrem Selbstverständnis standen sie in der Tradition der Freischärler, die im 19. Jahrhundert gegen die osmanische Fremdherrschaft gekämpft hatten. Doch ging es den Tschetniks während des Zweiten Weltkrieges nicht nur um die Befreiung ihres Landes von den deutschen Besatzungstruppen. Es ging ihnen auch und vor allem um die Schaffung eines ethnisch homogenen **großserbischen Reiches**. Den Tschetniks schlossen sich viele der aus Kroatien vertriebenen Serben an, die Vergeltung für das ihnen angetane Unrecht der Ustascha-Bewegung verlangten. Dieser Hass sowie der militante Nationalismus der Tschetniks entluden sich in **„ethnischen Säuberungen"**, die mit großer Brutalität durchgeführt wurden und sich gegen die Kroaten und die bosnischen Muslime richteten. – Anfang der 1990er Jahre wurden in der serbischen und kroatischen Kriegspropaganda Übertreibungen und Untertreibungen dieser Greueltaten aus der Vergangenheit immer wieder zur Schürung von Aggressionen und zum Aufbau von Feindbildern benutzt.

Die Partisanenbewegung um Tito: Die Grausamkeiten sowohl der Ustascha-Bewegung als auch der Tschetniks vertieften die Gräben zwischen den südslawischen Völkern. Dagegen verstand es die kommunistische Partisanenbewegung, die nationalen Gegensätze zurückzudrängen und in allen Landesteilen Anhänger für den Kampf gegen die Besatzungsmächte zu gewinnen. Während des Zweiten Weltkrieges verzichteten die Kommunisten aus taktischen Gründen weitgehend auf Propaganda für eine „sozialistische Revolution" und stellten stattdessen den gesamtjugoslawischen Charakter ihrer Widerstandsorganisation heraus. Ausdrücklich bekannten sie sich zum jugoslawischen Staat und zur Gleichberechtigung aller Nationalitäten. Führer und Oberbefehlshaber der „Volksbefreiungsarmee" war Josip Broz, der sich den Decknamen **Tito** gab (B 2). Er gründete am 29. November 1943 das **Nationalkomitee zur Befreiung Jugoslawiens**, das sich seitdem als provisorische Regierung Jugoslawiens verstand.

Für die kommunistische Geschichtsschreibung war dieser Tag die Geburtsstunde des **zweiten jugoslawischen Staates**, der mit Billigung der Alliierten im **März 1945** offiziell gegründet wurde. Tito erhielt das Amt des Ministerpräsidenten, die kommunistische Partei 20 von 28 Kabinettsposten in der Regierung. Die Kommunisten konnten ihre Macht rasch ausbauen und schon im November 1945 die alleinige Herrschaft übernehmen. Der kommunistische Staat nannte sich „**Föderative Volksrepublik Jugoslawien**".

| Der jugoslawische Kommunismus | Zielstrebig nutzten die Kommunisten ihre Macht und gestalteten Jugoslawien in einen Staat nach sowjetischem Muster um. Die kommunistische Partei bestimmte das gesamte politische, gesellschaftliche und wirtschaftliche Leben. Sie verstaatlichte alle Betriebe und Unternehmen und setzte die Kollektivierung der Landwirtschaft durch. Tito wollte sich jedoch nicht zum Vasallen Stalins machen. Er beharrte auf einem eigenständigen Weg Jugoslawiens zum Sozialismus, brach 1948 mit der Sowjetunion und propagierte von da an ein **eigenes Modell des Sozialismus**. Zwar behielt die kommunistische Partei das Machtmonopol. Aber im wirtschaftlichen Bereich baute man ein System der Selbstverwaltung der Betriebe auf und ließ seit 1953 Bauern, die dies wünschten, aus den Genossenschaften austreten. Außenpolitisch sicherte Tito Jugoslawien durch seine **Politik der Blockfreiheit** Handlungsfreiheit. Als neutrales Land, das keinem der Bündnissysteme in Ost und West angehörte, konnte Jugoslawien mit kapitalistischen wie sozialistischen Staaten kooperieren.

| Föderalistischer Staatsaufbau nach 1945 | Die Nationalitätenkonflikte versuchte der neue Staat dadurch zu überwinden, dass er die historischen Provinzen aus dem 19. Jahrhundert wiederherstellte. Die **Verfassung von 1946** teilte Jugoslawien in die sechs Teilrepubliken Slowenien, Kroatien, Bosnien-Herzegowina, Montenegro, Mazedonien und Serbien sowie die autonomen Gebiete Kosovo und Wojwodina auf, die aus Serbien herausgelöst wurden (Karte 2). Dadurch sollten die nationalpolitischen Ansprüche der nichtserbischen Völker befriedigt und gleichzeitig serbischen Vormachtansprüchen der Boden entzogen werden. Doch in **Politik, Verwaltung und Armee behielten die Serben ihr traditionelles Übergewicht**. Während ihr Anteil an der Bevölkerung Jugoslawiens 1961 unter 45 % lag, stellten sie 84 % aller Minister, Beamten und Funktionäre in der Bundesverwaltung. Ebenfalls 84 % der Bundesrichter und 70 % der Offiziere sowie 65 % der Generäle in der Jugoslawischen Volksarmee waren Serben. Fest in serbischer Hand war überdies die gefürchtete Geheimpolizei.
Jugoslawien war nach der Verfassung zwar ein Bundesstaat, in der Praxis besaßen die Teilrepubliken aber keine Mitbestimmungsmöglichkeiten, da alle Entscheidungsbefugnisse bei Tito und seinen Beratern lagen.

| Neue Nationalitätenkonflikte nach 1945 | Für die kommunistische Führung war die nationale Frage ein Überbleibsel der bürgerlich-kapitalistischen Klassengesellschaft. Sie glaubte, dass in Jugoslawien durch die Föderalisierung des Staates und die Durchsetzung einer sozialistischen Gesellschaftsordnung die nationalen Gegensätze endgültig überwunden seien. Als sich in den sechziger Jahren die wirtschaftliche Situation verschlechterte, kamen die alten Rivalitäten jedoch wieder zum Vorschein. Die ökonomisch starken Republiken Slowenien und Kroatien forderten die marktwirtschaftliche Umgestaltung der Wirtschaft, während die schwachen Regionen Serbien und Montenegro die Rückkehr zur zentralen Planwirtschaft anstrebten (M 7). Diese Diskussion mündete schon bald in eine politische Auseinandersetzung über die Machtverteilung in Staat und Partei. Die slowenischen und kroatischen Parteiorganisationen, denen sich Mazedonien angeschlossen hatte, konnten auf dem Parteikongress im Dezember 1964 die Neu-

Josip Broz, genannt „Tito", wurde am 7. Mai 1892 in Kumrovec bei Zagreb geboren. Sein Vater war Kroate, seine Mutter Slowenin. Nach der Schule erlernte er das Schmiede- und Mechanikerhandwerk und nach der Lehre ging er auf Wanderschaft nach Deutschland und Böhmen. 1910 trat er dem Gewerkschaftsbund und der Sozialdemokratischen Partei Kroatiens bei. Während des Ersten Weltkriegs geriet er in russische Kriegsgefangenschaft (1915). Ihm gelang die Flucht und nach Ausbruch der Oktoberrevolution diente er in der Roten Armee. 1920 kehrte Broz in seine Heimat zurück, trat der Kommunistischen Partei Jugoslawiens bei und baute diese mit auf. Acht Jahre später verurteilte man ihn wegen seiner Tätigkeit für die Kommunisten zu fünf Jahren Haft. Wieder auf freiem Fuß, arbeitete er erneut für die KPJ. 1934 wurde Broz in deren Zentralkomitee und schließlich ins Politbüro aufgenommen – hier erhielt er seinen Decknamen „Tito". Schließlich reiste er nach Moskau und arbeitete dort im Balkan-Büro der Komintern. 1937 ernannte ihn die Komintern zum Generalsekretär der verbotenen KPJ. Im Herbst 1940 leitete Tito in Zagreb den illegalen V. Parteikongress der KPJ, bei dem man beschloss, Jugoslawien aus dem „kapitalistischen Krieg" herauszuhalten. Ab 1941 baute er jedoch die schließlich siegreiche Partisanenarmee auf. 1943 wurde er Marschall und Präsident des „Antifaschistischen Rates der Nationalen Befreiung", der seit Ende 1944 unter kommunistischer Führung die Macht in Jugoslawien ausübte. Ab 1945 Ministerpräsident und Verteidigungsminister, bestimmte er bis zu seinem Tod am 4. Mai 1980 die jugoslawische Politik. 1953 wurde er Staatspräsident, seit 1963 auf Lebenszeit. Nach Auseinandersetzungen mit Stalin verfolgte Tito ab 1948 einen eigenen Weg zum Sozialismus, den so genannten Titoismus.

B 2 Tito (1892–1980) in Marshalluniform, 1958, Fotografie

gestaltung der Partei- und Staatsorgane nach dem Proporz der Völker Jugoslawiens durchsetzen. Dieser Erfolg führte aber nicht zur Beruhigung der Nationalitätenkonflikte, sondern stärkte die Unabhängigkeitsbestrebungen in den Teilrepubliken. Während des **„kroatischen Frühlings"** 1971 formierte sich in Kroatien eine breite nationale Opposition, die einen eigenen Nationalstaat verlangte. Tito beendete die Protestdemonstrationen mit militärischer Gewalt. Allerdings kehrte der Staatschef nicht zum Zentralismus zurück. Die **Verfassung von 1974** stärkte vielmehr die politischen Mitspracherechte der einzelnen Völker. Jede Republik war nun mit jeweils einem Vertreter im paritätisch besetzten Staatspräsidium vertreten. Und die Weisungen der Parteiorganisationen in den Provinzen wurden für die Parteizentrale in Belgrad verbindlich. Diese Neuordnung von Staat und Partei bewirkte bis zum Tode Titos im Mai 1980 eine **Stabilisierung der innenpolitischen Verhältnisse.**

| Der Zerfall Jugoslawiens seit 1980 | Tito hatte mit seinem Charisma, aber auch durch staatliche Repression das „Land der Südslawen" zusammengehalten. Mit seinem Tod 1980 verlor Jugoslawien die entscheidende **Integrationsfigur** an der Spitze des Staates. Der Kampf um Macht und Privilegien in Partei und Staat lebte wieder auf. Misswirtschaft und Korruption ver-

schärften die ökonomische Krise und beschleunigten den Autoritätsverlust der politischen und wirtschaftlichen Eliten. Ähnlich wie in den Sechzigerjahren führte die Verschlechterung der wirtschaftlichen Lage erneut zu heftigen Auseinandersetzungen um den Kurs in der Wirtschaftspolitik und zu Spannungen zwischen den Nationalitäten.

Gegen Ende der Achtzigerjahre spaltete sich Jugoslawien in zwei einander immer unversöhnlicher gegenüberstehende Lager: Auf der einen Seite stand Serbien, das für die Erhaltung der sozialistischen Ordnung und eine zentralistische Verfassung eintrat; auf der anderen Seite kämpften Kroatien und Slowenien für eine bundesstaatliche Verfassung, die politischen Pluralismus erlaubte, und für marktwirtschaftliche Reformen. Mazedonien und Bosnien-Herzegowina versuchten zwischen diesen beiden Positionen zu vermitteln.

Nach dem Zusammenbruch der kommunistischen Regime in Osteuropa 1989/90 begann auch in Jugoslawien ein Demokratisierungsprozess, der bürgerliche und nationale Parteien und Koalitionen an die Macht brachte. Die gesamtjugoslawische Perspektive verlor unter diesen neuen Interessen zunehmend an Attraktivität. Die einzelnen Republiken arbeiteten immer intensiver auf ihre Unabhängigkeit hin.

Die Selbstständigkeitsbestrebungen der südslawischen Völker mündeten schließlich in den Krieg der Jahre 1991 bis 1999 (M 6 und S. 491–498).

M4 Der Historiker Holm Sundhaussen über die Völker, Sprachen und Kulturen vor der Gründung des Staates Jugoslawien (1990)

Die nahe liegende Annahme, dass es infolge der Wanderbewegungen und ethnischen Verklammerungen [der letzten Jahrhunderte] zu einer Angleichung unter den jugoslawischen Völkern hätte kommen müssen, ist nur bedingt richtig. Gewiss gab es Ähnlichkeiten, die vor allem auf die Konservierung[1] archaischer[2] Lebens- und Wirtschaftsweisen zurückzuführen waren, aber Hochkultur[3] sowie politische, wirtschaftliche und gesellschaftliche Organisation und selbst ein wesentlicher Teil der Volkskultur wurden durch die jeweilige staatliche Zugehörigkeit der Bevölkerung und durch kulturelle Institutionen und Überlieferungen maßgeblich geprägt.

[Slowenien]
Die Slowenen in der ostalpinen Zone Nordjugoslawiens waren bereits Ende des 8. Jahrhunderts unter fränkische Herrschaft geraten und verblieben bis 1918 im Verbund der österreichischen Kronländer. Der mit Übernahme des römisch-katholischen Christentums einsetzende „Verwestlichungsprozess" mit allen rechtsgeschichtlichen, gesellschaftlichen, wirtschaftlichen und geistig-kulturellen Begleiterscheinungen (Reformation, Gegenreformation, aufgeklärter Absolutismus etc.) verlieh dem slowenischen Siedlungsgebiet mitteleuropäischen Charakter. Sieht man von der andersartigen Schriftsprache ab (das Slowenische stellt eine eigenständige Literatursprache innerhalb der südslawischen Sprachfamilie dar), so unterscheidet sich die langfristige Entwicklung und die Kultur der Slowenen kaum von der der deutschsprachigen bäuerlichen Unterschichten im alten Österreich.

[Kroatien/Slawonien]
Etwas anders gestaltete sich die Entwicklung im südlich angrenzenden Kroatien-Slawonien. Dort hatte sich im Hochmittelalter ein der römisch-katholischen Kirche zugewandtes Königreich von beträchtlicher Ausdehnung formiert, das sich nach dem Aussterben der einheimischen Dynastie Anfang des 12. Jhs. in Personalunion mit dem Reich der ungarischen Stephanskrone verband. Unter Wahrung seiner mittelalterlichen Feudalstruktur und gewisser Autonomierechte verblieb das Königreich Kroatien bis 1918 im Verbund des historischen Ungarn, das seinerseits Anfang des 16. Jhs. unter habsburgische Herrschaft geraten war. Erst im Verlauf des 19. Jhs. vollzog sich allmählich die Ablösung des mittelalterlich-ständischen „natio"-Begriffes durch ein modernes, das gesamte Ethnikum umfassendes Nationsverständnis – ein Prozess, der erst in der Zwischenkriegszeit zum Abschluss kam. Ein wichtiges Element dieser Entwicklung war die Kodifizierung[4] einer kroatischen Schriftsprache im 19. Jh., die in ihren Grundstrukturen mit der zur gleichen Zeit kodifizierten serbischen Schriftsprache weitgehend identisch war. Die Existenz dieser gemeinsamen kroatoserbischen oder serbokroatischen Schriftsprache war

und ist ein Politikum ersten Ranges, da das Sprachargument zur „Rechtfertigung" sowohl großkroatischer und „jugoslawischer" als auch großserbischer Nationalideologien herangezogen wurde.

[dinarisch-balkanische Zone: Serbien, Montenegro, Bosnien-Herzegowina, Mazedonien]
Südlich von Save und Donau ändert sich dann nicht nur das geophysische[5], sondern auch das kulturmorphologische[6] Erscheinungsbild grundlegend. Die dinarisch-balkanische Zone[7] bildete im Mittelalter den Schauplatz rivalisierender byzantinischer und südslawischer (kroatischer, bulgarischer, serbischer sowie bosnischer) Staatsbildungen mit ständig wechselnden Grenzen. Unter Kaiser Stefan Dusan erlangte das serbische Reich in der ersten Hälfte des 14. Jhs. eine kurzfristige Hegemonialstellung. Aber bereits am 28. Juni 1389 (am Tag des Hl. Veit) erlagen die Nachfolger des Kaisers auf dem Amselfeld) (Kosovo polje) dem Ansturm der osmanischen Eroberer. Wie kaum ein anderes Ereignis hat die „Tragödie von Kosovo" das historische und nationale Bewusstsein der Serben bis zur Gegenwart geprägt (wovon die 600-Jahresfeier im Jahr 1989 ein ebenso eindrucksvolles wie bedenkliches Zeugnis ablegte). Während der osmanischen Fremdherrschaft fiel die serbisch-orthodoxen Kirche die Aufgabe zu durch Pflege der nationalen Heiligenkulte die christliche Lehre ebenso wie die mittelalterlich-serbische Reichsideologie lebendig zu erhalten. Mit den serbischen Aufständen von 1804 und 1815 setzte dann allmählich die Befreiung von osmanischer Herrschaft ein. Der neue serbische Staat mit seiner weitgehend egalitären bäuerlichen Gesellschaft gehörte allerdings zu den kulturell und wirtschaftlich rückständigsten Regionen Europas, – ein Stück Dritter Welt am Rande der Ersten Welt.
Ähnlich verhielt es sich mit Montenegro, in dessen schwer zugänglichen Gebirgskammern die osmanische Herrschaft nie voll hatte etabliert werden können. Nach einem langwierigen Prozess gelang es den einheimischen Fürstbischöfen, die montenegrinischen Bergstämme untereinander zu einigen und im Verlauf des vorigen Jhs. zu politischer Eigenständigkeit zu führen. 1918 ging das Königreich Montenegro im neuen jugoslawischen Staat auf. Bosnien-Herzegowina, das im Mittelalter unter der Herrschaft südslawischer und ungarischer Fürsten gestanden hatte und 1463 von den Osmanen erobert worden war, gehörte mit seinen südslawisch-islamischen, orthodoxen und katholischen Bevölkerungsteilen bis zur Annexion durch Österreich-Ungarn 1908 formal zum Osmanischen Reich, war jedoch bereits auf dem Berliner Kongress 1878 der Verwaltung durch die Habsburger Doppelmonarchie unterstellt worden. Und das im Mittelalter zwischen dem byzantinisch-griechischen, dem bulgarischen und dem serbischen Staat stets umstrittene Mazedonien konnte erst durch den Balkankrieg von 1912 der türkischen Herrschaft entrissen werden und wurde nach einem zweiten Waffengang der Balkanstaaten untereinander größtenteils vom Königreich Serbien im Stil klassischer Eroberungspolitik annektiert.
Die rd. ein halbes Jahrtausend währende osmanische Herrschaft östlich und südlich [der Flüsse] Una, Save und Donau hatte für das Leben der dortigen Bevölkerung weit reichende Konsequenzen. Sie führte zur sozialen Nivellierung[8] der ansässigen Bevölkerung, soweit sie nicht (wie in Bosnien) zum Islam übertrat. Sie unterstrich die Bedeutung der Religionsgemeinschaften, die unter osmanischer Herrschaft kulturelle Autonomie genossen. Sie löste die erwähnten Wanderbewegungen mit ihren komplizierten Konsequenzen für die ethnische Gliederung aus und begünstigte die Konservierung[1] oder Wiederbelebung der im Mittelalter teilweise zurückgedrängten altbalkanischen Bräuche und Lebensformen. In den abgeschiedenen, geografisch geschützten Gebieten des Osmanischen Reiches entwickelten sich Sippe, Stamm und Dorfgemeinschaft zu Grundelementen einer patriarchalen Gesellschaftsordnung mit ausgeprägtem Gemeinschaftssinn und kollektivem Eigentum. Die Produktionsweise der agrarischen Bevölkerung blieb auf mittelalterlichem Niveau stehen. Ein Bürgertum existierte nicht. Und die Modernisierung südlich von Save und Donau musste im 19. Jh. (anders als in Slowenien oder Kroatien) buchstäblich bei Null beginnen.
(Holm Sundhausen, Von den Schwierigkeiten des Zusammenlebens und den Problemen der Trennung: Jugoslawiens Nationalismen in historischer Perspektive, in: Journal für Geschichte, Heft 6, 1990, S. 35 ff.)

1 Bewahrung
2 altertümlich
3 Stufe der Kultur mit hoch entwickelten Produktionsmethoden, sozialen Strukturen, ausgebildeten Herrschaftssystemen und Schrift
4 schriftliche Aufzeichnung in allgemein verbindlichen Texten/Gesetzen
5 hier: die Landschaft betreffend (Berge, Flachland etc.)
6 hier: eigengesetzliche Entwicklungen und Ordnungen von Völkern betreffend (im Gegensatz zu landschaftlichen Gegebenheiten)
7 Dinar: Gebirgszug in Bosnien-Herzegowina, Balkan: hier der Gebirgszug in Bulgarien
8 Angleichung

1 Beschreiben Sie anhand von M 3 die unterschiedlichen Traditionen der Völker, die seit 1918 erstmals in einem Staat zusammenlebten.
2 Bestimmen Sie die beiden grundlegend verschiedenen Zonen, die der Autor in M 3 gegenüberstellt.
3 Erläutern Sie die Probleme, die sich aus der Vielfalt von Nationalitäten und Völkern im ehemaligen Jugoslawien für das politisch-gesellschaftliche Zusammenleben ergaben.

M5 Aus der Rede des kroatischen Abgeordneten Stjepan Radić im Nationalrat der Slowenen, Kroaten und Serben über die zukünftige Verfassung des Königreichs vom 24. November 1918

Meine Herren!
Ihr alle führt die Schlagworte im Munde: nationale Einheit, Einheitsstaat, ein Königreich unter der Dynastie der Karagjorgjević. Ihr glaubt, es genüge zu sagen, dass wir Kroaten, Slowenen und Serben ein Volk seien, weil wir eine Sprache sprechen. Und dass wir deshalb auch einen einheitlichen, zentralistischen Staat, und zwar ein Königtum haben müssen; und dass nur dieses allein, nämlich eine solche sprachliche und staatliche Einheit unter der Dynastie Karagjorgjević unserem kroatischen Volke Heil und Glück bringen könne. Wie oberflächlich, wie seicht und ungerecht ist eine solche Denkungsweise! […]

Vielleicht könnt ihr die Slowenen gewinnen, ich weiß es nicht; vielleicht könnt ihr vorübergehend auch die Serben gewinnen. Ich weiß aber bestimmt, dass ihr die Kroaten dafür nicht gewinnen werdet. Und zwar deshalb nicht, weil das ganze kroatische Bauernvolk ebenso gegen euren Zentralismus ist wie gegen den Militarismus und ebenso für die Republik wie für die nationale Verständigung mit den Serben. Werdet ihr uns aber den Zentralismus gewaltsam aufzwingen wollen, dann wird es geschehen, dass wir Kroaten klipp und klar erklären werden: Nun gut, wollen die Serben wirklich einen solchen zentralistischen Staat und Regierung – Gott gebe ihnen seinen Segen dazu; wir Kroaten wollen aber keine andere Staatseinrichtung als die föderative Bundesrepublik. […]

Es sei denn. Was ist es aber mit dem, wovon nicht einmal geträumt werden durfte? Bei den Serben war es – vorausgesetzt, dass es richtig ist, was ihr Serben erzählt – die Vergrößerung und Verherrlichung Serbiens, die Krönung des serbischen Königs Petar zum Zaren […]. Andere Ideale kennt – nach eurer Ansicht – das serbische Volk nicht. Ich höre allerdings, dass auch in Serbien die Mehrheit republikanisch gesinnt sei. Nun sind die Brüder aus Serbien hier nicht vertreten und ihr Serben aus Kroatien, Ungarn und Bosnien, ihr seid freilich […] für den großserbischen Staat, für ein mächtiges serbisches Reich, für das Vermächtnis von Kossovo, für – Rache nach allen Seiten. Uns Kroaten liegt alles das fern. Der kroatische Bauer – und das sind neun Zehntel des kroatischen Volkes – ist im Kriege zu einem ganzen Menschen ausgereift. Er will niemandem dienen, will niemandes Sklave sein, weder des Fremdlings noch des eigenen Bruders, weder in einem fremden, noch in seinem Staate […]; Die ganze Welt anerkennt das Selbstbestimmungsrecht der Völker. Unsere Befreiung haben wir nur diesem Rechte zu verdanken. Dieses Selbstbestimmungsrecht kommt im internationalen Sinne allen unseren drei Völkern, den Slowenen, den Kroaten und den Serben bei Festsetzung unserer staatlichen Grenzen gegenüber fremden Völkern zu. Dieses Recht gebührt aber allen unseren drei Völkern und besonders uns Kroaten in Kroatien, auch hinsichtlich der Errichtung und Einrichtung unseres gemeinsamen Staates.

Wir sind drei Brüder – der Kroate, der Slowene und der Serbe; aber wir sind nicht eins. Jeder Bruder muss befragt werden. Indessen sind die Serben aus Serbien überhaupt nicht vertreten, und wie wir Kroaten aus Kroatien hier vertreten sind,[1] das wisst Ihr selbst.

(Immanuel Geiss, Der Jugoslawienkrieg, Frankfurt/Main 1993, S. 84–86)

[1] Der Nationalrat bestand aus ehemaligen Reichsrats-, Reichstags-, Landtagsmitgliedern Österreich-Ungarns, in denen wegen des hohen Wahlzensus' die kroatische Bevölkerung – in ihrer großen Mehrheit Bauern – unterrepräsentiert war. Nur neun Prozent der Bevölkerung Kroatiens war wahlberechtigt.

1 Beschreiben Sie die Vorstellungen Radićs über die politische Organisation des Königreiches der Serben, Kroaten und Slowenen.
2 Analysieren Sie die Haltung Radićs gegenüber den Serben.

M6 Der Historiker Holm Sundhaussen über die Entstehung des Jugoslawienkrieges (1993)

Letztlich war es aber die tatkräftige propagandistische, politische, finanzielle und schließlich militärische Unterstützung der Serben Kroatiens durch Belgrad[1], die die Explosion unabwendbar machte. Das nachträgliche Angebot der in die Defensive gedrängten kroatischen Regierung den Serben kulturelle Autonomie und lokale Selbstverwaltung zu gewähren, sowie die Verpflichtung die Minderheitenrechte zu respektieren verhallten in der Atmosphäre einer seit Frühsommer 1990 täglich zunehmenden Konfrontation zwischen serbischer Minderheit und kroatischem Staat. Auf die Verabschiedung einer neuen kroatischen Verfassung im Dezember 1990 reagierten die Serben im Gebiet der alten Militärgrenze mit der Abspaltung von Kroatien und einem militanten Widerstand, der bald in offenen Bürgerkrieg überging.

Im selben Maße, wie sich die Realisierung einer gesamtjugoslawischen Option als illusorisch erwies, begann auch Milošević[2] die Wiedergeburt eines großserbischen Staats ins Kalkül zu ziehen. Die im Frühsommer 1990 verabschiedete serbische Verfassung enthielt nicht weniger nationalstaatliche Attribute als die entsprechenden Dokumente Kroatiens oder Sloweniens. Aber während Tudjman[3] aus seiner Position militärischer Schwäche heraus die Möglichkeit von Grenzrevisionen (etwa zu Lasten Bosnien-Herzegowinas) zunächst nur versteckt andeutete, sprach Milošević ganz offen von einer Neuregelung der Grenzen, falls Jugoslawien auseinanderfallen würde. „Serbien", so erklärte er in Goebbelscher Manier, „wird groß und stark sein oder es wird gar nicht sein." Der künftige serbische Staat müsse sich auf alle Gebiete erstrecken, in denen Serben als Mehrheit oder Minderheit leben. Damit kündigte sich die Rückkehr zu jener großserbischen Konzeption an, die seit dem Geheimprogramm Ilija Garašanins[4] von 1844 bis zu den Tschetniks im Zweiten Weltkrieg die Zielvorstellung serbischer Nationalisten geprägt hatte. Mit der Proklamierung der slowenischen und kroatischen Unabhängigkeit im Sommer 1991 brach der zweite jugoslawische Staat endgültig auseinander. Zugleich wurde das Gemetzel zur Realisierung ethnisch homogener Nationalstaaten nach 6-jähriger Pause mit neu verteilten Karten, aber mit demselben Hass, derselben Brutalität und denselben regionalen Schwerpunkten wieder aufgenommen.
(Holm Sundhaussen, Experiment Jugoslawien. Von der Staatsgründung bis zum Zerfall, Mannheim 1993, S. 125 f.)

1 hier: die Republik Serbien
2 bis Okt. 2000 Präsident Serbiens
3 bis Anfang des Jahres 2000 Präsident Kroatiens
4 Serbischer Innenminister 1842–1854; vertrat die Auffassung, dass nach der Auflösung des Osmanischen Reiches an dessen Stelle auf dem Balkan ein großer christlicher Staat unter serbischer Hegemonialmacht entstehen könnte.

1 Arbeiten Sie aus M 6 die Position Sundhaussens und die Argumente heraus, mit denen er seine Thesen vertritt.
2 Ordnen Sie die Politik Serbiens in den Kontext der jugoslawischen Geschichte ein. Untersuchen Sie Situationen vor 1991, in denen sich Serbien ähnlich wie nach 1991 bzw. abweichend verhalten hat.

M7 Die wirtschaftliche und gesellschaftliche Situation der jugoslawischen Republiken im Vergleich (1976)

	Territorium (km²)	Einwohnerzahl (1971 i. Tsd.)	Sozialprodukt (1972 in %)	Arbeitslose (1976 in %)	Geburtenüberschuss (1976)	Analphabeten (1971 in %)
SFRJ=100%	255 804	20 523 = 100%		11	10	
Bosnien	51 129	3 747 = 18%	12	13	13	26
Kroatien	56 738	4 426 = 22%	26	7	5	13
Mazedonien	25 713	1 647 = 8%	6	22	15	9
Montenegro	13 816	530 = 3%	2	13	12	3
Slowenien	20 251	1 727 = 8%	16	2	8	1
Serbien	88 361	8 447 = 41%	38	15	10	48
	davon	davon	davon	davon	davon	davon
Kosovo	10 886	1 244 = 6%	2	23	29	6
Wojwodina	21 506	1 953 = 10%	11	12	4	11

(Immanuel Geiss, Der Jugoslawienkrieg, Frankfurt/Main 1993, S. 96)
1 Vergleichen Sie die Wirtschaftskraft der Teilrepubliken anhand der Zahlen über Einwohner, Sozialprodukt und Arbeitslosigkeit (s. auch Karte 1, S. 491).
2 Erläutern Sie die sozialen Verhältnisse in den unterschiedlichen Regionen anhand der Analphabetenrate.
3 Diskutieren Sie über die These: Der wieder auflebende Nationalismus im ehemaligen Jugoslawien hat ausschließlich wirtschaftliche Ursachen.

2.3 Die Friedensbemühungen der internationalen Gemeinschaft im Jugoslawienkonflikt

Die Politik der EG — Die Unabhängigkeitserklärungen Sloweniens, Kroatiens und Bosnien-Herzegowinas 1991/92 lösten in der Europäischen Gemeinschaft eine **kontroverse Debatte** über die europäische Jugoslawienpolitik aus. Zu unterschiedlich waren die historisch geprägten Einschätzungen und politischen Zielsetzungen. Während Deutschland den Zerfall Jugoslawiens für unaufhaltsam hielt und für die Anerkennung dieser Republiken plädierte, traten alle übrigen Staaten für die Erhaltung Jugoslawiens ein. Sie wollten nicht andere ungelöste Nationalitätenkonflikte in Europa schüren (Baskenland, Korsika, Russland). Zur Jahreswende 1991/92 setzte sich jedoch die deutsche Position durch. Die EG erkannte die Souveränität der drei ausgetretenen Teilrepubliken an, verlangte von ihnen aber, dass sie demokratische Formen der politischen Mitbestimmung, die Einhaltung der Menschen- und Minderheitenrechte sowie die bestehenden Grenzen garantierten. Eine Militärintervention zum Schutz der neuen Staaten lehnte die EG allerdings ab. Der massive Einsatz von Bodentruppen erschien den Regierungen angesichts der Unübersichtlichkeit der geografischen Verhältnisse und der Partisanen ähnlichen Kampfformen zu risikoreich. Außerdem waren die nationalen Interessen der EG-Staaten nicht unmittelbar bedroht.

Die Rolle der UNO — Mit der Anerkennung Sloweniens, Kroatiens und Bosnien-Herzegowinas war der Krieg in Jugoslawien kein Bürgerkrieg mehr, sondern ein Krieg zwischen souveränen Staaten, in den die Vereinten Nationen militärisch eingreifen durften. Die UNO, die im September 1991 von der EG um Unterstützung gebeten worden war, setzte jedoch zunächst auf friedliche Mittel. Der UN-Sicherheitsrat erklärte Serbien und Montenegro zum Aggressor in diesem Krieg und verhängte im Mai 1992 gegen sie ein umfangreiches **Wirtschaftsembargo** (M 8). Gleichzeitig verstärkte die internationale Gemeinschaft ihre diplomatischen Bemühungen um eine Verhandlungslösung. Die Friedensinitiativen wurden seit August 1992 von der **Internationalen Jugoslawienkonferenz** in Genf koordiniert, in der EG und UNO

B 3 Karikatur zur Rolle der UNO im Jugoslawienkonflikt aus der amerikanischen Zeitschrift „Newsweek" vom 24. Juli 1995

— Übersetzen Sie die Texte in B 3 ins Deutsche und erläutern Sie die Aussage der Karikatur.
— Diskutieren Sie davon ausgehend die Möglichkeiten und Grenzen von UN-Blauhelm-Einsätzen im Jugoslawienkrieg.

zusammenarbeiteten. Auf Anregung Russlands übernahm ab 1994 eine **internationale Kontaktgruppe** die Verhandlungsführung. In ihr waren neben Russland die USA, Frankreich, Großbritannien und Deutschland vertreten. Doch alle Vorschläge dieser Organisationen zur Neugestaltung Bosnien-Herzegowinas scheiterten an gegensätzlichen verfassungspolitischen Vorstellungen. Die bosnischen Muslime glaubten, dass sie als bevölkerungsstärkste Gruppe ihre Interessen am ehesten in einem multiethnischen Zentralstaat würden wahren können. Dagegen befürworteten die bosnischen Kroaten und Serben die Aufteilung des Territoriums in einen muslimischen, einen kroatischen und einen serbischen Nationalstaat. Offiziell bekundeten Serben und Kroaten zwar ihre Bereitschaft diese drei Teilstaaten zu einem lockeren Staatenbund zusammenzufassen, aber langfristig hofften sie auf den Anschluss an die jeweiligen Mutterländer (B 4).

| Militärintervention | Im Jahr 1992 entschloss sich die UNO zur Entsendung von Blauhelmsoldaten nach Kroatien und Bosnien-Herzegowina. Diese **Friedenstruppen durften nicht in die Kämpfe eingreifen**, sondern sollten allein humanitäre Aufgaben übernehmen. Hierzu gehörte besonders der Schutz des Flughafens von Sarajewo, der strategische Bedeutung für die Verteilung von Hilfsgütern der UNO besaß. Um die Zivilbevölkerung in den muslimischen Enklaven zu schützen, erklärte die UNO im Mai 1993 die Städte Srebrenica, Goražde, Žepa, Tuzla, Sarajewo und Bihać zu „**Schutzzonen**" und stationierte dort Blauhelmsoldaten, die aber nur leicht bewaffnet waren (B 3). Zu ihrer Unterstützung durften diese die Luftwaffe der NATO anfordern. Obwohl punktuelle Luftangriffe auch tatsächlich erfolgten, ließen sich die Serben nicht von ihrer Offensive abbringen. Im Juli 1995 eroberten sie Srebrenica und Žepa und ermordeten Tausende von Muslimen. Die UNO verzichtete jetzt allerdings auf den Einsatz der Luftwaffe um zusätzliche Opfer unter der Zivilbevölkerung zu vermeiden. Außerdem wollte man keine weiteren Vergeltungsmaßnahmen der Serben gegen die Blauhelme, von denen es einige gegeben hatte, provozieren.

Nach dem Fall von **Srebrenica und** Žepa wollte der Westen allerdings eine weitere Beschädigung seines internationalen Ansehens nicht mehr hinnehmen. Im Juli 1995 entschloss sich daher die Kontaktgruppe der Großmächte zu einem härteren Vorgehen gegen die Serben in Bosnien. Umgesetzt wurde dieser Beschluss von der NATO. Am 1. August 1995 drohte sie den Serben empfindliche **Luftangriffe** an, wenn diese die übrigen UN-Schutzzonen bedrohten. Schon im September machte die NATO Ernst und bombardierte serbische Stellungen. Das erfolgreiche Eingreifen der NATO sowie militärische Siege der Kroaten und bosnischen Muslime bewirkten nach dem lange währenden Übergewicht der Serben erstmals eine militärische Pattsituation. Alle Seiten mussten nun einsehen, dass sie ihre Ziele nicht mit militärischen Mitteln allein durchsetzen konnten. Zum ersten Mal in diesem Krieg bestand die Chance zu einem Verhandlungsfrieden.

| Dayton-Friedensabkommen und Kriegsverbrechertribunal | Im Sommer 1995 ergriffen die **USA die Initiative für eine Verhandlungslösung**, unter anderem auch deshalb, weil der amerikanische Präsident Bill Clinton seine Ausgangsposition für eine Wiederwahl durch die Lösung des Balkankonfliktes stärken wollte. Amerikanische Unterhändler bereiteten mit großem diplomatischen Geschick, aber auch durch massiven Druck auf alle Seiten ein Abkommen vor, das die beiden **entscheidenden Regionalmächte, Kroatien und Serbien**, zufrieden stellte. Bisher hatten die Kroaten die Gründung eines eigenen Staates der bosnischen Serben abgelehnt, weil sich die in Kroatien lebenden Serben unter Berufung auf diesen Präzedenzfall von Kroatien hätten abspalten und mit der Republik Serbien vereinigen können. Die amerikanische Diplomatie fand einen Kompromiss: Die bosnischen Serben durften zwar einen eigenen Staat gründen, der aber zur serbischen Republik „Sonderbeziehungen" unterhalten musste. Diese Formel brachte Kroatien und

Serbien wieder an den Verhandlungstisch. Die bosnischen Muslime konnten sich den Verhandlungen nicht entziehen. Denn bei einem Boykott hätten sie den Abzug der UN-Truppen sowie eine Aufhebung des Waffenembargos gegen die Kriegsparteien befürchten müssen. In Anwesenheit des amerikanischen Präsidenten vereinbarten die Präsidenten Serbiens, Kroatiens und Bosniens am **21. November 1995 in Dayton** (USA) das **Rahmenabkommen für Frieden in Bosnien-Herzegowina**, das am 14. Dezember unterzeichnet wurde und den Krieg in Jugoslawien beendete (M 9).

Bereits 1994 entschloss sich die UNO ein Tribunal gegen die Kriegsverbrecher im Jugoslawienkrieg einzusetzen. Seither ermittelt es mit mehr als 180 Leuten aus 40 Ländern. Im Gegensatz zum Nürnberger Tribunal gegen die Hauptkriegsverbrecher des Zweiten Weltkrieges (s. S. 349 f.), dessen Ankläger 1945/46 in einem besetzten Land nach Beweisen fahnden konnten, steht das Jugoslawien-Tribunal vor dem Problem in souveränen Staaten ermitteln zu müssen, deren Regierungen nur begrenzt kooperativ sind.

| Die NATO und das Kosovo-Problem |

Auf das brutale Vorgehen des serbischen Militärs und der serbischen Spezialpolizei gegen die UÇK und die kosovo-albanische Zivilbevölkerung seit 1998 sowie die dadurch ausgelöste Flucht tausender Albaner reagierte die internationale Öffentlichkeit mit Empörung. Der UN-Sicherheitsrat schaltete sich daraufhin in die Auseinandersetzung auf dem Balkan ein, konnte jedoch wegen des Einspruches von Russland und China keine Militäraktion gegen Jugoslawien beschließen. Die NATO entschloss sich am 13. Oktober 1998 zu Luftangriffen und setzte der Regierung in Belgrad ein Ultimatum, bis zum 27. Oktober die Truppen aus dem Kosovo abzuziehen. Obwohl die serbische Seite kurzfristig einlenkte, gingen die Kämpfe und Vertreibungen im Januar 1999 weiter (s. S. 494 f.). Zwar folgten Jugoslawien und Kosovo-Albaner der Einladung der internationalen Kontaktgruppe zu Friedensverhandlungen in Schloss Rambouillet bei Paris. Aber die Verhandlungen scheiterten. Während die erste Gesprächsrunde (6.–23. Februar) zu keinem Ergebnis führte, stimmten die albanischen Verhandlungspartner nach weiteren Beratungen am 18. März der von der Balkan-Kontaktgruppe ausgearbeiteten Autonomieregelung für das Kosovo zu. Die serbischen Delegierten blieben der Vertragsunterzeichnung fern, angeblich weil sie die im militärischen Anhang des Vertrages verankerte Bestimmung nicht annehmen wollten, nach der sich NATO-Truppen ungehindert im gesamten jugoslawischen Staatsgebiet bewegen durften. In Wirklichkeit war Jugoslawien nicht bereit, eine internationale Schutztruppe für das Kosovo zuzulassen.

Die Militäraktion der NATO gegen Jugoslawien war von ihr ohne ausdrückliche Ermächtigung durch den UNO-Sicherheitsrat begonnen worden (M 10 a, b). Hinzu kam, dass die NATO damit ihre bisherige Vertragsgrundlage verließ, weil sie außerhalb ihres Bündnisgebietes operierte. Ein absoluter Ausnahmefall aufgrund der humanitären Katastrophe, wie viele westliche Politiker argumentierten? Oder ein Beispiel für eine neue Ausrichtung innerhalb des Bündnisses? Sicher ist, dass die NATO mit ihrem Angriff auf Jugoslawien grundsätzlich Neuland betreten hat (M 11), denn sie hat die Verletzung der Menschenrechte durch die Unterdrückung und Verfolgung der Albaner im Kosovo so behandelt wie die Verletzung der Unantastbarkeit eines staatlichen Territoriums. Terror und ethnische Säuberungen wurde damit gleichgesetzt mit der Verletzung nationaler Souveränitätsrechte; die NATO ging gegen Jugoslawien vor, als gelte es, die Serben zum Rückzug aus einem widerrechtlich besetzten fremden Territorium zu zwingen. Ist diese Gleichsetzung **universaler Menschenrechte** mit dem **Souveränitätsrecht** ein Schritt hin zu einer Art „Weltinnenpolitik" und bedeutet sie für die NATO-Truppen eine grundlegende Neubestimmung ihrer Aufgaben hin zu einer Art „Weltpolizei", die die klassische Trennung der Bereiche von Innen- und Außenpolitik, von Polizei und Militär aufhebt?

M8 Die Politikwissenschaftlerin Marie-Janine Calic über die Auswirkungen des Wirtschaftsembargos gegen Serbien (1996)

Obwohl das Embargo verheerende wirtschaftliche, soziale und demografische Auswirkungen auf Jugoslawien und sein näheres regionales Umfeld zeitigte, erfüllte es seine politischen und militärischen Zwecke nicht. Vor allem das militärische Ziel, die Beendigung des bosnischen Krieges, wurde verfehlt. Trotz des nahen Kollapses der serbischen Volkswirtschaft finanzierte die Regierung in Belgrad ihre Armee mit Rekordsummen: 1993 verschlang der Militäretat 75 % des Staatsbudgets. Darüber hinaus wurden weiterhin erhebliche Mittel an die kroatischen und bosnischen Serben abgeführt. Auch die erhoffte politische Wirkung trat nicht ein. Mit der Verhängung der Sanktionen verband sich nämlich die Erwartung, das Regime in Belgrad zu destabilisieren und einem Machtwechsel den Boden zu bereiten. Allerdings hat man bereits häufiger beobachtet, dass Regierungen die internationale Isolation instrumentalisierten, um ihre eigene Position zu stärken. So erfüllte sich auch die Prognose, dass die dramatische Verschlechterung der ökonomischen Lage einen Umsturz der innerserbischen Machtverhältnisse bewirken würde, nicht. Da Präsident Milošević die internationale Isolation geschickt propagandistisch auszuschlachten verstand, hat er sein autoritäres Regime durch zwei Wahlen hindurch sogar noch festigen können. Statt eine Veränderung der Machtverhältnisse herbeizuführen, hat der Verdruss der Bevölkerung über die vermeintliche Verschwörung des Westens gegen Serbien die radikalen nationalistischen Kräfte gestärkt. Und statt die oppositionellen Bewegungen zu kräftigen, hat das Embargo im Gegenteil eher eine nationale Homogenisierung der politischen Parteien bewirkt. Einhellig setzten bei den Wahlen im Dezember 1993 Regierung und Opposition auf die nationale Karte: So wurde der Schutz der Serben in Kroatien und Bosnien-Herzegowina zu einem der wichtigsten Wahlkampfthemen. Paradoxerweise besaß die Regierung in den sozial schwachen und weniger gebildeten Schichten, die die Sanktionsfolgen am schmerzlichsten zu spüren bekamen, die größte Anhängerschaft. Unmut erregte allerdings, dass die Regierung den Serben in Kroatien und in Bosnien-Herzegowina mit beträchtlichen Geldsummen half, während im eigenen Land Not herrschte. Auch die Kriegsflüchtlinge waren in Serbien nicht gern gesehen.

Die hoffnungslose Situation Serbiens bewegte die serbischen Eliten erst im dritten Kriegsjahr dazu, die Kosten ihrer Pläne zu überdenken. Das Land war in einem Maße politisch isoliert und wirtschaftlich zerrüttet, dass nicht mehr nur Mitglieder von Antikriegsgruppen und einsame Intellektuelle zum Einlenken aufriefen. Auch außerhalb der Friedensbewegung setzte sich allmählich ein pragmatischer Kurs durch. Schon anlässlich der Parlamentswahlen 1993 machte der serbische Präsident Slobodan Milošević nur noch nebulöse Andeutungen darüber, wie er die nationale Frage der Serben zu lösen gedenke. Angesichts zusätzlicher massiver Sanktionsdrohungen vollzog er schließlich im August 1994 den spektakulären Bruch mit den bosnischen Serben und riegelte die jugoslawische Grenze ab. Seither wurden alle Unterstützungsmaßnahmen von offizieller Seite eingestellt. Im jugoslawischen Fall scheint sich daher zu bestätigen, dass Wirtschaftssanktionen zwar keine absolute Kehrtwende, jedoch – Ausdauer vorausgesetzt – deutlich erkennbare Kurskorrekturen bewirken können.

(Marie-Janine Calic, Krieg und Frieden in Bosnien-Herzegowina, Frankfurt/Main 1996, S. 174–176)

1 *Erläutern Sie die Auswirkungen des Wirtschaftsembargos auf Politik, Wirtschaft und Gesellschaft Serbiens (M 8).*

2 *Diskutieren Sie, ausgehend von der Schlussthese der Autorin, über Möglichkeiten und Grenzen von Wirtschaftssanktionen in der internationalen Politik.*

M9 Zusammenfassung der wichtigsten Bestimmungen des Dayton-Friedensabkommens vom 21. November 1995

1. Politische Vereinbarungen
– Bosnien bleibt als einheitlicher Staat in seinen jetzigen Grenzen erhalten und wird von der internationalen Gemeinschaft anerkannt.
– Der bosnische Staat besteht aus zwei Teilen, der „Muslimisch-Kroatischen Föderation" und der „Serbischen Republik" in Bosnien.
– Sarajewo bleibt die vereinte Hauptstadt Bosniens. Einige Stadtbezirke sollen von den Serben autonom verwaltet werden.
– Es werden eine Zentralregierung, ein einheitliches Parlament und eine Präsidentschaft geschaffen. Als weitere zentrale Institutionen sind ein Verfassungsgericht, eine Zentralbank und eine gemeinsame Währung vorgesehen.
– Die Präsidentschaft und das Parlament werden im kommenden Jahr in freien und demokratischen Wahlen unter internationaler Aufsicht gewählt.
– Ein Korridor verbindet die ostbosnische Stadt Goražde mit Sarajewo. Nach bosnischen Angaben soll der Korridor acht bis 15 Kilometer breit sein.

B 4 Bosnien-Konferenz im Frühsommer 1993, Fotografie. – Am Verhandlungstisch (von links) der Präsident Rest-Jugoslawiens Slobodan Milošević, Montenegros Präsident Momir Bulatovic, der bosnische Serbenführer Radovan Karadžić und der britische EU-Vermittler Lord David Owen. Alle Vermittlungen von EG und UNO waren wenig erfolgreich (Januar 1993: Vance-Owen-Plan; August 1993: Owen-Stoltenberg-Plan; April 1994: Gründung der Kontaktgruppe der Großmächte zur Erhaltung des multikulturellen Gemeinwesens Bosnien-Herzegowina).

– Erläutern Sie mithilfe der Darstellung S. 508 f. die personelle Zusammensetzung der Gruppe in B 4.

– Der Brcko-Korridor, der die serbisch kontrollierten Gebiete im Osten und Westen verbindet, wird fünf Kilometer breit sein. Über den künftigen Status von Brcko entscheidet eine internationale Schlichtungskommission.
– Die Flüchtlinge erhalten das Recht, in ihre Heimat zurückzukehren. Alle Bürger dürfen sich frei auf bosnischem Territorium bewegen.
– Menschen, die wegen Kriegsverbrechen angeklagt sind, werden von politischen Ämtern ausgeschlossen.
– Die UN-Sanktionen gegen Serbien und Bosnien werden schrittweise aufgehoben. Dies betrifft sowohl die Wirtschaftssanktionen gegen Belgrad als auch das Waffenembargo gegen Bosnien.
2. Militärische Vereinbarungen
– Eine internationale Friedenstruppe (IFOR) unter NATO-Kommando und unter Führung eines amerikanischen Generals wird in Bosnien stationiert und ersetzt die UN-Schutztruppen (UNPROFOR). Die IFOR überwacht die Einhaltung des Waffenstillstands und die Truppenentflechtung.
– Die Konfliktparteien ziehen sich innerhalb von 30 Tagen hinter die im Waffenstillstandsabkommen vereinbarten Fronten zurück. Zwischen den Waffenstillstandslinien wird eine rund zwei Kilometer breite entmilitarisierte Zone eingerichtet.
– Die Konfliktparteien ziehen innerhalb von vier Monaten ihre schweren Waffen ab und stationieren ihre Soldaten wieder in den Kasernen.
– In einem Zeitraum von 90 Tagen dürfen die Kriegsparteien keine Waffen einführen. Ein Einfuhrverbot für schwere Waffen gilt für einen Zeitraum von 180 Tagen.
– Innerhalb von sechs Monaten soll es nur noch eine begrenzte Zahl von Panzern, Kampfflugzeugen, Kampfhubschraubern und gepanzerten Fahrzeugen in der „Bundesrepublik Jugoslawien", Kroatien und Bosnien geben.
(IAP Nr. 1, 1996, S. 5)

1 Stellen Sie die zentralen politischen und militärischen Bestimmungen des Abkommens dar.
2 Bewerten Sie die Vereinbarungen vor dem Hintergrund der Kriegsziele Serbiens, Kroatiens und der bosnischen Muslime.

M10 Die Diskussion über den NATO-Einsatz im Kosovo

a) Der Völkerrechtsexperte Rüdiger Wolfrum über den NATO-Einsatz
Die zwei zu Kosovo ergangenen Resolutionen [...] belegen [...], dass der Sicherheitsrat von dem Vorliegen einer Situation in Kosovo ausgeht, die militärische Maßnahmen theoretisch rechtfertigen würden, der entscheidende Schritt zu deren Anordnung erfolgte aber nicht. [...]
Artikel 53 der UN-Charta sagt:
„Ohne Ermächtigung des Sicherheitsrats dürfen Zwangsmaßnahmen aufgrund regionaler Abmachungen oder seitens regionaler Einrichtungen nicht ergriffen werden [...]." [...] Eine derartige Ermächtigung der NATO, in Kosovo militärisch einzugreifen, liegt nicht vor.
(Rüdiger Wolfrum, Die Handlungsfähigkeit des Sicherheitsrates verbessern, in: Frankfurter Rundschau, 21. Oktober 1998, S. 7)

b) NATO-Generalsekretär Solana über die NATO-Strategie
Die humanitäre Notlage hält wegen der Weigerung der Bundesrepublik Jugoslawien, Maßnahmen zu einer friedlichen Lösung zu ergreifen, unvermindert an.
In absehbarer Zeit ist keine weitere Resolution des UN-Sicherheitsrates zu erwarten, die Zwangsmaßnahmen mit Blick auf Kosovo enthält. [...] Unter diesen außergewöhnlichen Umständen der ge-

genwärtigen Krisenlage in Kosovo ist die Drohung mit und gegebenenfalls der Einsatz von Gewalt durch die NATO gerechtfertigt.
(Zit. nach Das Parlament, Nr. 45, 30. 10. 1998, S. 17)

1 Erläutern Sie die Rechtslage, wie sie in M 10 a dargestellt wird.
2 Erörtern Sie die Argumente, mit denen Generalsekretär Solana ein Eingreifen der NATO rechtfertigt (M 10 b).
3 Nehmen Sie Stellung zu den beiden Texten (M 10 a, b). Diskutieren Sie dabei, welche Auffassung nach Ihrer Meinung der Situation auf dem Balkan angemessener war.

M11 Der deutsche Außenminister Josef Fischer in einer Rede vor der UN-Vollversammlung vom 22. September 1999 über die Bedeutung des Kosovo-Krieges

Der Kosovokonflikt stellt in mehrfacher Hinsicht eine Zäsur[1] dar. Die Weltgemeinschaft hat es dort nicht mehr akzeptiert, dass Krieg gegen die eigene Bevölkerung geführt und Terror und Vertreibung als Mittel der Politik eingesetzt werden. Keine Regierung hat, wie Generalsekretär Kofi Annan […] gesagt hat, das Recht, sich hinter dem Prinzip der staatlichen Souveränität zu verstecken um die Menschenrechte zu verletzen. Die Nichteinmischung in „innere Angelegenheiten" darf nicht länger als Schutzschild für Diktatoren und Mörder missbraucht werden.
Der Kosovokonflikt stellt zugleich aber auch eine Wegscheide für die Entwicklung der internationalen Beziehungen dar.
– Entweder es bildet sich eine Praxis „humanitärer Interventionen" außerhalb des UN-Systems heraus. Dies wäre sehr problematisch. Das Eingreifen in Kosovo erfolgte in einer Situation der Selbstblockade des Sicherheitsrats nach dem Scheitern aller Bemühungen um eine friedliche Lösung […]. Der nur in dieser besonderen Lage gerechtfertigte Schritt darf jedoch nicht zu einem Präzedenzfall[2] für die Aufweichung des Monopols des UN-Sicherheitsrats zur Autorisierung von legaler internationaler Gewaltanwendung – und schon gar nicht zu einem Freibrief für die Anwendung äußerer Gewalt unter humanitärem Vorwand werden.
– Der Ausweg aus dem Dilemma kann deshalb nur darin liegen, das bestehende System der Vereinten Nationen derart weiterzuentwickeln, dass diese künftig im Falle schwerster Menschenrechtsverletzungen rechtzeitig eingreifen können, allerdings […] in einem rechtlich strikt begrenzten und kontrollierten Rahmen. Der einzelne Mensch und seine Rechte müssen im 21. Jahrhundert neben den Rechten der Staaten stärker in das Zentrum des Sicherheitsbegriffes der internationalen Staatengemeinschaft rücken. Hierauf muss die Reform des zentralen Gremiums zur Sicherung des Weltfriedens, des UN-Sicherheitsrats, ausgerichtet werden.
(Rede von Bundesaußenminister Josef Fischer vor der UN-Vollversammlung am 22. 09. 1999, zit. nach Frankfurter Rundschau, 24. 09. 1999, S. 12)

1 Zäsur: Einschnitt
2 Präzedenzfall: Musterfall

1 Skizzieren Sie die Argumentation Außenminister Fischers zur Verteidigung des NATO-Einsatzes im Kosovo (M 11).
2 Diskutieren Sie über die Vor- und Nachteile „humanitärer Interventionen" außerhalb des UN-Systems (M 11).

Jugoslawien – alter und neuer Krisenherd in Europa

Zusammenhänge und Perspektiven

1 *Fassen Sie Ursachen und Verlauf des Jugoslawienkriegs 1991–1995 zusammen und benennen Sie die Voraussetzungen des Friedens von Dayton.*
2 *Arbeiten Sie die historischen Grundprobleme im Jugoslawienkonflikt heraus (Nationalitäten; politische Verhältnisse, vor allem während des Zweiten Weltkrieges; Wirtschaftsleistung der einzelnen Teilrepubliken).*
3 *Zeigen Sie anhand der Jugoslawienkriege 1991–1999 die Notwendigkeit und die Schwierigkeiten internationaler Konfliktschlichtung durch die Völkergemeinschaft auf.*

Zeittafel

1. Hälfte 19. Jh.	Herausbildung des südslawischen Nationalismus im Zuge der Nationalstaatsbewegung in Europa.
1912/13	Zusammenbruch der osmanischen Herrschaft auf dem Balkan (1. Balkankrieg).
1914–1918	Erster Weltkrieg: ausgelöst durch die Ermordung des österreichischen Thronfolgers in Sarajewo am 28. Juni 1914 durch den Angehörigen einer großserbischen Geheimorganisation; die Pariser Friedensverhandlungen (1919/20) regeln die territorialen Verhältnisse auf dem Balkan neu; sie bringen das Ende des Osmanischen Reiches und der Habsburgermonarchie, die beide über Jahrhunderte Südosteuropa beherrscht hatten.
1918	Im Zuge der territorialen Neuordnungen auf dem Balkan Gründung des „Königreiches der Serben, Kroaten und Slowenen" (1929 umbenannt in „Königreich Jugoslawien"; König: der serbische Thronfolger Alexander I.).
1921	Erste Verfassung „Jugoslawiens" (zentralistisch).
1928	Ermordung des kroatischen Oppositionsführers Stjepan Radić.
1929	Aufhebung der Verfassung und Errichtung der „Diktatur des Königs" durch Alexander I.
1934	Ermordung Alexanders I. durch Terroristen der Ustascha.
1937	Josip Broz (Tito) wird Generalsekretär der Kommunistischen Partei Jugoslawiens (KPJ).
1941–1945	Hitler lässt Jugoslawien besetzen; das Land wird aufgeteilt unter Deutschland, Italien und Ungarn; Hitler errichtet den „Unabhängigen Staat Kroatien" und setzt die Ustascha als Regierung ein; Widerstand der nationalserbisch eingestellten Tschetniks gegen die deutsche Besatzung und die faschistische Ustascha-Regierung.
1943	Gründung des „Nationalkomitees zur Befreiung Jugoslawiens" unter Tito, das sich zur Gleichberechtigung aller Nationalitäten bekennt.
1945	Gründung des zweiten Jugoslawiens mit Billigung der Alliierten; Titos Volksfront siegt in den Wahlen und übernimmt die alleinige Regierung.
1946	Zweite Verfassung Jugoslawiens (föderalistisch).
1948	Tito bricht mit der Sowjetunion und propagiert sein eigenes Modell vom Sozialismus; Blockfreiheit Jugoslawiens.
1964	Auf dem Parteikongress der KPJ wird eine Neugestaltung der Partei- und Staatsorgane nach dem Proporz der Völker Jugoslawiens durchgesetzt.
1974	Neue Verfassung: Aufwertung der Republiken und autonomen Provinzen.
1980	Tod Titos.
1989	Serbien hebt den Autonomiestatus Kosovos auf. – Serbische Regionen in Kroatien fordern eine autonome Provinz.
1990	Erste freie Parlamentswahlen in Slowenien, Kroatien, Makedonien und Bosnien-Herzegowina.

1991	Kroatien, Slowenien und Makedonien erklären ihre Unabhängigkeit.
1992	Bosnien-Herzegowina erklärt seine Unabhängigkeit; EG erkennt Slowenien, Kroatien und Bosnien-Herzegowina an. – Sofort nach Anerkennung Bosnien-Herzegowinas durch die EG beginnt der Bürgerkrieg (April). – Aufnahme Sloweniens, Kroatiens und Bosnien-Herzegowinas in die UNO. – Serbien und Montenegro vereinen sich zur „Föderativen Republik Jugoslawien". – Wirtschaftsembargo gegen Serbien.
1993	Vance-Owen-Plan (Jan.) und Owen-Stoltenberg-Plan (Aug.) zur Vermittlung im Bosnien-Krieg. – Makedonien wird in die UNO aufgenommen. – UNO-Sicherheitsrat erklärt Sarajewo, Goražde, Srebenica, Žepa, Tuzla und Bihać zu UN-Schutzzonen.
1994	Erster NATO-Luftangriff gegen bosnische Serben. – Bosnische Kroaten und Muslime bilden eine Föderation. – Gründung der internationalen Kontaktgruppe zur Erhaltung Bosnien-Herzegowinas. – Einsetzung eines UN-Tribunals zur Aburteilung der Kriegsverbrecher im Jugoslawienkrieg.
1995	Einnahme der UN-Schutzzonen Srebrenica und Žepa durch die Serben. – Kroatische Truppen erobern die „Serbische Republik Krajina" und lösen sie auf (Aug.). – Erfolgreiche NATO-Luftangriffe auf serbische Stellungen (Sept.). – Abkommen von Dayton über den Frieden in Bosnien-Herzegowina zwischen Serbien, Kroatien und Bosnien unter Vermittlung des amerikanischen Präsidenten (Nov.).
1996	Die serbische Regierung unter Präsident Milošević lässt die Wahlsiege der Opposition in einigen Kommunen für ungültig erklären; Beginn mehrmonatiger Massendemonstrationen in Serbien.
1999	Die NATO beginnt (24. März) einen Luftkrieg gegen Jugoslawien, der mit dem Einmarsch (12. Juni) internationaler Friedenstruppen (Kfor) im Kosovo endet.
2000	Im Oktober zwingt eine friedliche Revolution Slobodan Milošević zum Rücktritt vom Amt des jugoslawischen Präsidenten. Er ist gezwungen, den Wahlsieg von Vojislaw Koštunica, Kandidat der Oppositionsbewegung, anzuerkennen.
2001	Mit Slobodan Milošević wird zum ersten Mal ein Staatsoberhaupt an das Haager UN-Tribunal ausgeliefert. (29 Juni).

3 Der Europa-Gedanke und der Prozess der europäischen Einigung

Traditionen des Europa-Gedankens

Die Idee der europäischen Staaten hat Tradition. Sie reicht bis in die frühe Neuzeit zurück und wurde immer dann ausgesprochen, wenn Europa durch Kriege verwüstet worden war, wie z. B. im Dreißigjährigen Krieg (M 1). Erste konkrete Schritte zur Gründung eines europäischen Verbundes datieren allerdings erst Anfang des 20. Jahrhunderts. **Nach dem Ersten Weltkrieg** war der Versuch, den Frieden zwischen den Völkern durch eine „europäische Föderation" zu sichern, aber gescheitert.

Die Vertreter eines geeinten Europas nach dem Ersten Weltkrieg gingen von folgender **Analyse der weltpolitischen Situation** aus:
– Der Erste Weltkrieg hatte deutlich gezeigt: Wenn die europäischen Nationalstaaten untereinander konkurrierten, konnte das zu ihrer politischen, wirtschaftlichen und moralischen Selbstzerstörung führen.
– Den neuen Machtzentren in Nordamerika (USA) und Asien (Japan) war ein zersplittertes Europa auf Dauer unterlegen.
– In Europa selbst hatte sich mit dem Kommunismus eine soziale Bewegung herausgebildet, die in der bolschewistischen Sowjetunion politische Realität geworden war und die mit ihrem universalen Geltungsanspruch die Traditionen Europas – Liberalismus, Individualismus und christliche Werte – in Frage stellte.

Auch wenn der Nationalismus als politische Ideologie das tatsächliche politische Verhalten der Staaten weit gehend bestimmte: Parallel hierzu wurde aus den genannten Überlegungen heraus die Idee entwickelt, Europa nach dem Vorbild der USA zusammenzuschließen. Bekanntester Motor dieser Bewegung war die **„Paneuropa-Union"** (M 2), die bereits 1926 auf ihrem ersten Kongress über 2000 Politiker, Wissenschaftler und Geschäftsleute versammeln konnte. Unter den führenden Politikern Europas machte sich besonders der französische Außenminister **Aristide Briand** (1862–1932) den Gedanken einer europäischen Föderation zu Eigen (M 3). Friedenssicherung, d. h. „die endgültige, generelle Liquidation des Krieges", wie er in einer Rede 1928 formulierte, war dabei sein wichtigstes Motiv. Den politisch-wirtschaftlichen Hintergrund seiner

B 1 „Europäische Gemeinschaft souveräner Nationalstaaten", ca. 1980, Karikatur

— Erarbeiten Sie aus B 1 die grundlegenden Probleme des europäischen Einigungsprozesses und formulieren Sie Leitfragen, unter denen Sie die folgende Einheit untersuchen wollen.

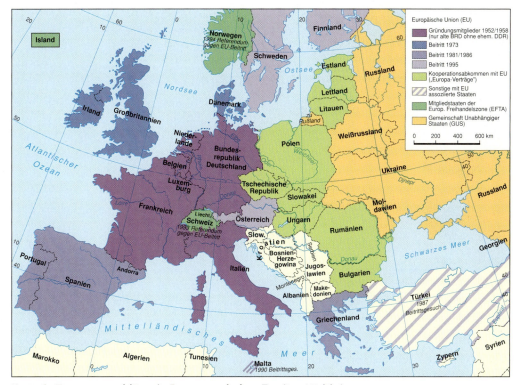

Karte 1 Zusammenschlüsse in Europa nach dem Zweiten Weltkrieg

— *Skizzieren Sie das Zusammenwachsen Europas seit 1952.*

Bestrebungen beschrieb er gegenüber dem deutschen Außenminister Gustav Stresemann: Eine europäische Föderation sei seiner Meinung nach aus zwei Gründen notwendig: „politisch, um den Frieden zu stabilisieren, und vor allen Dingen wirtschaftlich, um sich vor der amerikanischen Übermacht zu schützen". Im September 1929 legte Briand dem Völkerbund den Plan einer europäischen Föderation vor. Den Völkerbund wählte er als Forum, weil sich hier die Unterzeichnerstaaten von Locarno zu regelmäßigen Konsultationen trafen und weil die europäische Föderation organisatorisch als eine der regionalen Gruppen innerhalb des Völkerbundes abgesichert werden sollte. Im Einzelnen plante Briand die Einrichtung einer parlamentarischen Beratungsgruppe innerhalb des Völkerbundes sowie die Errichtung einer Zollunion – und entwarf damit die **Vorformen des Europarates und der Europäischen Wirtschaftsgemeinschaft**.

Briands Vorstoß zwang die Regierungen, ihre politischen Zukunftsplanungen offen zu legen bzw. sich selbst über die Prioritäten klar zu werden. Während fast alle kleineren Staaten Briands Vorschlag positiv aufnahmen, sandten die drei wichtigsten Mächte, England, Deutschland und Italien, ablehnende Stellungnahmen. Für die deutsche Regierung war ausschlaggebend, dass sie über Locarno – in den Verträgen von Locarno von 1925 hatte Deutschland die Westgrenze anerkannt und die dauernde Entmilitarisierung des Rheinlandes zugesichert – hinaus keine Festlegung des Status quo in Europa wünschte und dass sie ihre Handlungsfreiheit gegenüber den USA und der Sowjetunion nicht einengen lassen wollte. Letztere waren ja zu diesem Zeitpunkt keine Mitglie-

Schema 1
Europäischer Binnenmarkt: Die vier Freiheiten

der des Völkerbundes noch würden sie der Föderation angehören. Die britische Regierung lehnte Briands Europa-Pläne ab, weil sie nicht auf Europa, sondern auf eine Stärkung des Commonwealth setzten. Das faschistische Italien wiederum verfolgte langfristig expansive Ziele im Mittelmeerraum.
Briands Vorschlag zur Gründung einer europäischen Föderation blieb daher in der Zwischenkriegszeit eine viel diskutierte Idee, die erst nach der zweiten Zerstörung Europas als Chance für eine friedliche Gestaltung der internationalen Beziehungen genutzt wurde.
Während des Zweiten Weltkrieges entwickelten zunächst Vertreter der west- und osteuropäischen Widerstandsbewegungen das Konzept einer überstaatlichen europäischen Ordnung (M 4), und zwar mit dem Argument, dass der Nationalstaat des 19. Jahrhunderts Frieden, Wohlstand und Demokratie nicht mehr allein sichern könnte. Machtpolitisch wurde argumentiert, dass Europa zwischen den Weltmächten USA und UdSSR seinen Einfluss nur in einem Verbund bewahren könnte. Außerdem sei eine europäische Einigung nötig, um Deutschland als potenziell mächtigste Nation auf dem Kontinent einzubinden.

| Kulturelle und politische Identität |

Anfang Mai 1945 endete für Deutschland und die meisten anderen europäischen Staaten der Zweite Weltkrieg. Millionen Tote, Millionen Krüppel, Millionen Flüchtlinge; viele Städte zerstört, viele Brücken gesprengt, Trostlosigkeit inmitten einer Trümmerlandschaft. Von 1914 bis 1945 hatten die Menschen insgesamt zehn Jahre lang unter zwei Weltkriegen gelitten, die eine bis dahin unbekannte Zerstörungskraft entfaltet hatten. Europa musste sich neu besinnen, wenn es nicht im Inferno eines Dritten Weltkrieges zu Grunde gehen sollte. Schon 1946 forderte der frühere britische Premierminister **Winston Churchill** (1874–1965) die **Schaffung der Vereinigten Staaten von Europa.** Dieser Traum ist 1993 mit der Schaffung der Europäischen Union seiner Erfüllung ein großes Stück näher gerückt. Zahlreiche kleine Schritte (s. auch S. 522 ff.) wurden auf diesem Weg seitdem zurückgelegt.

Zwar wurde die Vision überzeugter Europäer der 40er- und 50er-Jahre nicht Wirklichkeit, dass die Nationen bzw. nationale Identitäten abgeschafft werden könnten. Nach wie vor spielt die Nation im Bewusstsein vieler Menschen eine herausragende Rolle. Man denke nur an internationale Sportveranstaltungen, bei denen zur Siegerehrung die Nationalhymnen erklingen. Nicht vergessen werden darf aber auch, dass Europa durch eine Vielfalt von ethnischen, sprachlichen und regionalen Einheiten geprägt ist, die sowohl das Alltagsleben als auch das politische Denken und Handeln vieler Menschen prägen. Und doch haben die Mitgliedsstaaten wichtige Kompetenzen an europäische Entscheidungsgremien abgegeben (B 1). Alle Regierungen müssen zugleich national und europäisch denken. Das gilt auch für ihre Bürger, für die **Europa nicht mehr länger nur ein geografischer Begriff** ist. Franzosen und Deutsche, Dänen und Griechen, Briten und Italiener, Spanier und Schweden denken heute bereits europäischer, als mancher national befangene Politiker es wahrhaben will. Das tägliche Leben ist ja schon lange europäisch bestimmt. Das wird nirgends deutlicher als bei Urlaubsreisen, an dem Warenangebot in den Geschäften, an den Essgewohnheiten und an Moden, in der Kunst und in der Wissenschaft (M 5).

| Europäische Integrationsgeschichte seit 1945 |

Die Integration der osteuropäischen Staaten in die sowjetische Einflusssphäre bewirkte, dass die europäischen Einigungsbestrebungen auf Westeuropa beschränkt blieben. Schon 1947 untersagte die UdSSR den Staaten ihres Machtbereiches die Teilnahme am Marshallplan; bei der Gründung der **Organization for European Economic Cooperation/OEEC**, die die Marshallplangelder verteilte, blieben die westeuropäischen Staaten unter sich.

Als 1947/48 abzusehen war, dass die Gründung eines westdeutschen Staates bevorstand, drängte Frankreich in der 1948 in Brüssel gegründeten „**Europa-Bewegung**" darauf, einen Europarat unter Einschluss Deutschlands einzurichten. Dieser wurde ein Jahr später auch tatsächlich gegründet, allerdings nur als eine beratende Versammlung ohne konkrete Machtbefugnisse. 1950/51 scheiterte das Ziel, eine föderalistisch organisierte „Europa-Union" zu gründen, erneut. Großbritannien hatte sein Veto eingelegt.

Schema 2
Die Organisation für Sicherheit und Zusammenarbeit in Europa (OSZE, bis 1994 KSZE; Stand: 1997)

— *Vergleichen Sie die Aufgaben der OSZE mit denen der WEU (s. Darstellung S. 520, 525).*

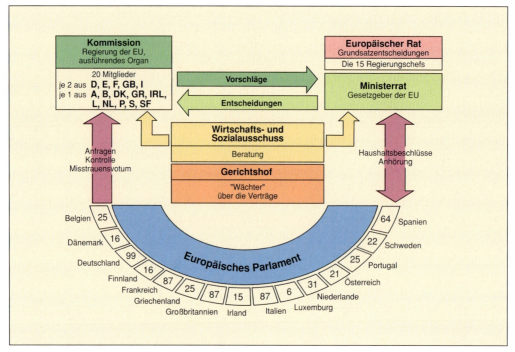

Schema 3   Die Europäische Union (Stand: 2001)

— Arbeiten Sie heraus, welche Einrichtungen der Europäischen Union an der Formulierung einer gemeinsamen Außen- und Sicherheitspolitik beteiligt sind.

Der französische Außenminister **Robert Schuman** (1886–1963) entschloss sich daraufhin, erstens die politische Integration zunächst auf wirtschaftliche Ziele zu beschränken und zweitens die überstaatliche (supranationale) Einigung auch ohne Großbritannien voranzutreiben. Seine Bemühungen führten im Jahr 1951 zur Gründung der **Europäischen Gemeinschaft für Kohle und Stahl/EGKS** (Montanunion) und begründeten den ersten gemeinsamen Markt für die damaligen Schlüsselindustrien (M 6). Der deutsche Bundeskanzler Konrad Adenauer (1876–1967) hatte bei der Errichtung der Montanunion maßgeblich mitgewirkt, weil er die junge Bundesrepublik als gleichberechtigtes Mitglied in die westliche Staatengemeinschaft integrieren wollte.

Aus Furcht vor der Sowjetunion suchten die westeuropäischen Staaten auch die gemeinsame militärische Organisation. Diese sollte die Vereinigten Staaten mit einbeziehen, da nur die wirtschaftliche und politische Stärke der USA eine glaubwürdige Abschreckung der Sowjetunion garantieren konnte. Nachdem die Benelux-Staaten, Großbritannien und Frankreich 1948 einen (zunächst gegen Deutschland gerichteten) westeuropäischen Verteidigungspakt (die spätere **Westeuropäische Union/WEU**) geschlossen hatten, gelang es ihnen 1949, die USA in einen Atlantikpakt einzubinden. Europa war seither militärisch in die NATO integriert. Praktisch wurde die militärische Integration Westeuropas vor allem durch den Koreakrieg 1950–1953 und durch die Aufnahme der Bundesrepublik in die NATO 1955 verstärkt.

Die nächsten Schritte im Integrationsprozess bildeten die **Europäische Wirtschaftsgemeinschaft/EWG** und die **Europäische Atomgemeinschaft/EURATOM**, beide 1957 in Rom gegründet. Da vorerst nur die sechs Gründungsmitglieder der EGKS beteiligt waren, standen

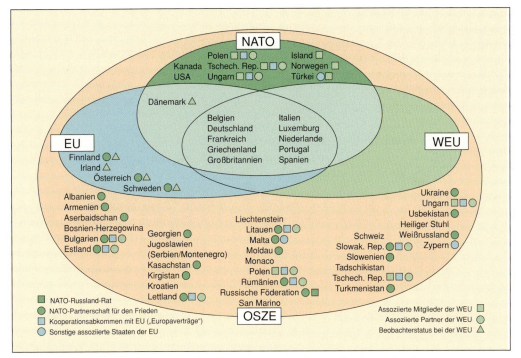

Schema 4 Mitgliedschaft in den Institutionen der euro-atlantischen Sicherheitsordnung (Stand: 2001)

— Erörtern Sie mit Blick auf eine europäische Außen- und Sicherheitspolitik die Handlungsspielräume der EU, der WEU und der OSZE.

hinter diesen Gründungen nur zum Teil wirtschaftliche Interessen an einem größeren europäischen Markt. Wichtiger war das Bestreben, die Bundesrepublik einzubinden und sich durch diesen Zusammenschluss als Europäer eigenständig gegenüber den Großmächten zu behaupten. Großbritannien, Dänemark, Norwegen, Schweden, Portugal, Österreich und die Schweiz beteiligten sich aus nationalpolitischen Vorbehalten nicht an der EWG, schlossen sich aber zu einer „Europäischen Freihandelszone" (European Free Trade Association/EFTA) zusammen, um den Rückgang ihres Handels mit der EWG teilweise zu kompensieren.

Der wirtschaftliche Zusammenschluss der „Sechs" in der EWG wurde zum Erfolg. Der Wettbewerb auf dem größer gewordenen europäischen Markt stärkte die internationale Konkurrenzfähigkeit. Der Außenhandel verdoppelte sich in den Jahren zwischen 1958 und 1968 und der Binnenhandel nahm sogar um über 230 % zu. Mit einem Anteil von ca. 30 % erreichte die EWG eine Spitzenstellung im Welthandel. Der Zusammenschluss wirkte sich auch positiv auf das Bruttosozialprodukt aus. Die Volkseinkommen stiegen um mehr als 50 %, die allgemeinen Einkommensverhältnisse verbesserten sich merklich.

Entsprechend gewann die Wirtschaftsgemeinschaft in der Bevölkerung ihrer Mitgliedsländer an Unterstützung und wurde auch für andere europäische Länder attraktiv. 1967 beschlossen die Sechs, EWG, EGKS und EURATOM zur **Europäischen Gemeinschaft/EG** zusammenzufassen. Die Sogkraft ihres ökonomischen Erfolgs zeigte sich bei der Nord- und Süderweiterung in den Siebziger- und Achtzigerjahren. Durch den Beitritt von Irland, Großbritannien und

Dänemark wurde aus dem Europa der Sechs ein Europa der Neun und schließlich – als Griechenland, Spanien und Portugal beitraten – ein Europa der Zwölf. Anfang 1995 schlossen sich dann auch Schweden, Finnland und Österreich an und wurden Mitglied in der seit den **Verträgen von Maastricht** in **Europäische Union/EU** umgewandelten EG. Der Maastrichter Vertrag wurde am 7. Februar 1992 verabschiedet und trat 1993 in Kraft.

Die in Maastricht weiterentwickelte europäische Integration (Karte 1) ruht auf drei Säulen: Hierzu gehörten erstens die rechtlichen Regelungen der EG-Gründungsverträge von 1957, die in Maastricht vertieft wurden (Schema 1). Hinzu kommt zweitens der Einstieg in eine Gemeinsame Außen- und Sicherheitspolitik (GASP) und drittens die Zusammenarbeit der Justiz- und Innenminister. Damit war ein erster Schritt getan, um die klassischen Felder des modernen Nationalstaats auf das vereinigte Europa zu übertragen (M 7a, b).

> Organe der EU

Der Vertrag über die Europäische Union bestimmt, dass die der Gemeinschaft zugewiesenen Aufgaben durch folgende Organe wahrgenommen werden (Schema 2). Vorab erwähnt der EU-Vertrag den **Europäischen Rat**. Er gibt der Union die für ihre Entwicklung erforderlichen Impulse und legt die allgemeinen politischen Zielvorstellungen fest. Den Europäischen Rat bilden die Staats- und Regierungschefs der Mitgliedstaaten sowie der Präsident der Kommission. Der Europäische Rat tritt mindestens zweimal jährlich zusammen.

Das **Europäische Parlament** wird von der Bevölkerung der einzelnen Mitgliedstaaten jeweils auf die Dauer von fünf Jahren gewählt. Die erste Direktwahl fand im Juni 1979 statt. Für Luxemburg, das kleinste Land in der Union, vertritt ein einzelner Abgeordneter rund 60 000 Einwohner, für die Bundesrepublik rund 800 000. Das Europäische Parlament ist heute nahezu an allen wichtigen Entscheidungen der EU beteiligt und seine Befugnisse wurden erheblich ausgeweitet. Dennoch kann nicht, wie auch der Entscheidung des Bundesverfassungsgerichts zu entnehmen ist, von einem Parlament im Vollsinne die Rede sein. Denn weder der Ministerrat noch die Kommission leiten ihre Befugnisse vom Parlament ab.

Im **Ministerrat**, meist nur „Rat" genannt, haben alle Mitglieder einen Sitz. Je nach Sachgebiet werden die Länder von den zuständigen Ressortchefs vertreten. Der Vorsitz im Rat, die Präsidentschaft, wird für jeweils sechs Monate von allen Mitgliedstaaten der Reihe nach wahrgenommen. Die Ratsmitglieder vertreten primär die Interessen ihrer Staaten. Bei Entscheidungen von grundlegender Bedeutung ist Einstimmigkeit geboten.

Die Mitglieder der **Kommission** sind in erster Linie dem Ganzen verpflichtet und deshalb von den einzelnen Regierungen unabhängig. Die Kommission besteht aus dem Präsidenten und weiteren Kommissaren. Ihr muss mindestens ein Staatsangehöriger aus jedem Mitgliedstaat angehören; die Kommissare werden von den nationalen Regierungen ernannt.

Der **Europäische Gerichtshof** (EuGH) sichert die Wahrung der Gemeinschaftsrechte. Er legt in Streitfällen das Recht aus und überwacht seine Anwendung. Er leistet einen wichtigen Beitrag zur Entwicklung eines einheitlichen Rechts innerhalb der Union.

> EU-Bürgerschaft und Finanzen

„**Unionsbürger** ist, wer die Staatsangehörigkeit eines Mitgliedsstaates besitzt." So will es Art. 8 des Unionsvertrags. Jeder Unionsbürger genießt im Hoheitsgebiet aller Mitgliedstaaten Freizügigkeit. Auch wird ihm in jenem Land, in dem er seinen Wohnsitz hat, das aktive und passive Wahlrecht bei Kommunalwahlen zuerkannt. Entsprechendes gilt für die Wahlen zum Europäischen Parlament. Er hat ferner das Petitionsrecht beim Europäischen Parlament und kann sich an den Bürgerbeauftragten des Europäischen Parlaments wenden.

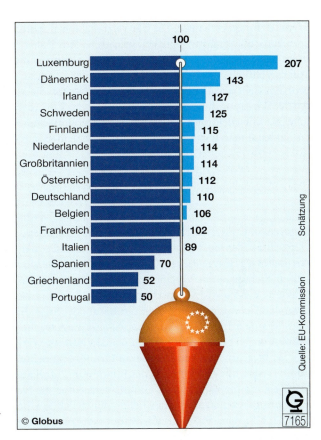

Schema 5 Wirtschaftsleistung je Einwohner im Jahr 2001 in der EU

Die **Einnahmen** der Union bestehen aus Agrarabschöpfungen, Zucker- und Isoglukoseabgaben, Zöllen, die auf die Einfuhren aus Drittländern erhoben werden, Eigenmitteln, die 1 % der nationalen Mehrwertsteuer ausmachen, ergänzenden Einnahmen, denen die Summe der Bruttosozialprodukte der Mitgliedstaaten zu Marktpreisen zu Grunde liegt und die für das Haushaltsjahr 1993 ebenfalls 1 % betrugen, sowie sonstigen Einnahmen, bei denen es sich im Wesentlichen um Gemeinschaftssteuern auf die Dienstbezüge des Personals, Bankzinsen und Rückzahlungen handelt. Rund 95 % der Einnahmen werden für wirtschaftliche, soziale regionale Hilfsleistungen und für Entwicklungshilfe an die Dritte Welt ausgegeben.

| Strukturprobleme | Die Unterschiede im Lebensstandard der einzelnen EU-Staaten sind für jeden Besucher leicht sichtbar. Dänemark ist z. B. ein reiches Land, |

in dem das Pro-Kopf-Einkommen der Bevölkerung um ein Viertel höher liegt als im Durchschnitt der EU. In Portugal und Griechenland dagegen haben die Menschen nur etwa die Hälfte des EU-Durchschnittseinkommens zur Verfügung. Diese **Unterschiede zwischen den Regionen** (Schema 5) wirken sich besonders auf die **Sozialpolitik** und die **Umweltpolitik** aus. Wer Mühe hat, das Existenzminimum sicherzustellen, kann sich kein engmaschiges soziales Netz leisten und auch keinen besonderen Aufwand für Umweltschutz.
Um das Regionalgefälle innerhalb der EU auszugleichen, helfen die wirtschaftlich starken Staaten und Regionen den schwachen. Die dafür notwendigen Geldbeträge werden in den so genannten

Strukturfonds verwaltet. Die EU versteht sich als eine Solidargemeinschaft, in der die Lebensverhältnisse langsam angeglichen werden sollen. Bisher nahmen die regionalen Ungleichgewichte im Zuge der EU-Erweiterungen allerdings noch beachtlich zu. Besonders die sozial- und arbeitsrechtlichen Regelungen gehen in den EU-Staaten weit auseinander. Ein weiteres Strukturproblem stellt der **Agrarbereich** dar, in den knapp die Hälfte aller EU-Einnahmen fließen.
An der Schaffung des Europa-Rechts wirkt das Europäische Parlament in der Regel nur beratend mit. Die Entscheidungen fallen im Ministerrat, der nur mittelbar vom Volk legitimiert ist. Deswegen kann man von einer noch unbefriedigenden demokratischen Legitimation der EU reden (M 8).

| Grundgesetz und EU |

Bis zur Wiedervereinigung Deutschlands bestimmte Artikel 23 GG den Geltungsbereich des Grundgesetzes. Er legte fest, dass die Verfassung in den alten Bundesländern geltendes Recht ist und dass sie nach dem Beitritt anderer Teile Deutschlands dort in Kraft zu setzen sei. Nach dem Beitritt der DDR zur Bundesrepublik Deutschland wurde die Bestimmung aufgehoben, wie der Einigungsvertrag es vorsah. Ein neuer **Artikel 23** (21. Dezember 1992) hat die Europäische Union zum Gegenstand. Dort heißt es: „Zur Verwirklichung eines Vereinten Europas wirkt die Bundesrepublik Deutschland bei der Entwicklung der Europäischen Union mit, die demokratischen, rechtsstaatlichen, sozialen und föderativen Grundsätzen und dem Grundsatz der Subsidiarität [von lat. subsidium = Hilfe; die jeweils übergeordnete Gemeinschaft soll nur die Aufgaben übernehmen, die von untergeordneten Einrichtungen nicht übernommen werden können] verpflichtet ist und einen diesem Grundgesetz im Wesentlichen vergleichbaren Grundrechtsschutz gewährleistet. Der Bund kann hierzu durch Gesetz mit Zustimmung des Bundesrates Hoheitsrechte übertragen."
Das Zustimmungsgesetz zum Unionsvertrag und die Neufassung des Art. 23 GG wurden durch Verfassungsbeschwerden einer höchstrichterlichen Überprüfung unterzogen. In seinem Urteil vom 12. Oktober 1993 führt das **Bundesverfassungsgericht** aus: „Das Demokratieprinzip hindert die Bundesrepublik Deutschland nicht an einer Mitgliedschaft in einer – supranational organisierten – zwischenstaatlichen Gemeinschaft. Voraussetzung der Mitgliedschaft ist aber, dass eine vom Volk ausgehende Legitimation und Einflussnahme auch innerhalb des Staatsverbundes gesichert ist […] Entscheidend ist, dass die demokratischen Grundlagen der Union schritthaltend mit der Integration ausgebaut werden und auch im Fortgang der Integration in den Mitgliedstaaten eine lebendige Demokratie erhalten bleibt. Vermitteln – wie gegenwärtig – die Staatsvölker über die nationalen Parlamente demokratische Legitimation, sind der Ausdehnung der Aufgaben und Befugnisse der Europäischen Gemeinschaften vom demokratischen Prinzip her Grenzen gesetzt. Dem Deutschen Bundestag müssen Aufgaben und Befugnisse von substanziellem Gewicht verbleiben […]. Der Unions-Vertrag begründet einen Staatenverbund zur Verwirklichung einer immer engeren Union der – staatlich organisierten – Völker Europas, keinen sich auf ein europäisches Staatsvolk stützenden Staat."
Da es sich also bei der Europäischen Union um keinen (Bundes-)Staat handelt, gibt es auch nicht die für ihn typische Normenhierarchie; vielmehr entscheiden die Verfassungsgerichte der Einzelstaaten, ob Kompetenzen wirksam übertragen worden sind. Wirksam begründetes Europarecht wird vom Europäischen Gerichtshof verbindlich ausgelegt. Europarecht ist kein Verfassungsrecht, sondern Vertragsrecht.

| Europas neue Rolle in der internationalen Politik |

Die Umbrüche in Osteuropa haben die Aufgaben der Konferenz für Sicherheit und Zusammenarbeit in Europa/KSZE bisher stärker verändert als die Aufgaben der NATO und der EU. Das liegt auch daran, dass die KSZE bisher das einzige Forum war, auf dem sich alle Staaten Europas und die USA und die UdSSR trafen. Mit der **Charta von Paris** vom November 1990 wurde die KSZE so weiterentwickelt, dass durch sie die Spaltung Europas beendet werden konnte: Vereinbart wurde die Einrichtung eines ständigen Sekretariats in Prag, eines Zentrums für Konfliktverhinderung in Wien und eines Büros für freie Wahlen in Warschau. Die Charta verpflichtete alle KSZE-Mitgliedsstaaten zur Verwirklichung von Menschenrechten, Demokratie und Marktwirtschaft als unverzichtbare Elemente einer europäischen Friedensordnung. Nach der offiziellen Auflösung des Warschauer Paktes im Juli 1991 und dem Ende der UdSSR im Dezember 1991 stieg die Zahl der Mitglieder auf 53 Staaten. Mit der **OSZE** – wie sich die KSZE seit 1995 nennt – ist jetzt ein Rahmen für eine europäische Sicherheitsstruktur geschaffen, die Konflikte innerhalb ihres Einzugsbereiches beeinflussen könnte (Schema 3). Von einem wirklich funktionierenden Sicherheitssystem zu sprechen wäre allerdings verfrüht.

Neben der OSZE ist die EU die zweite europäische Sicherheitsarchitektur. Denn in den Verträgen von Maastricht (1991) verpflichtet sie sich neben wirtschaftspolitischen Grundsätzen auch zu einer **Gemeinsamen Außen- und Sicherheitspolitik/GASP**. Als die EU versuchte, auf die Nationalitätenkonflikte in der GUS und im ehemaligen Jugoslawien deeskalierend einzuwirken, zeigten sich aber auch bei ihr wie bei der OSZE Handlungsdefizite. Im Jugoslawienkonflikt wurde deutlich, wie unvereinbar zum Beispiel britische und französische Interessen waren. Wie angesichts der unverändert hohen Bewertung nationaler Interessen eine funktionierende europäische Außenpolitik zu Stande kommen soll, stellt eines der großen Probleme der europäischen Integration dar.

Die Frage, ob die mit militärischen Zielen 1954 aus dem Brüsseler Pakt hervorgegangene **Westeuropäische Union/WEU** als sicherheits- und verteidigungspolitische Institution zu einem dritten Pfeiler einer europäischen Friedensordnung werden kann, ist noch offen. Mit dem Vertrag von Maastricht haben die europäischen Politiker die Absicht bekundet, die WEU zu einem „bewaffneten Arm" der Europäischen Union auszubauen, und konkrete Planungen in die Wege geleitet. Da die WEU-Einsätze nicht an einstimmige Beschlüsse des WEU-Rates, sondern nur an die Zustimmung der sich beteiligenden Staaten gebunden sind, könnte mit der Aufwertung der WEU ein sicherheits- und militärpolitisches Instrument entstehen. Es soll allerdings die NATO nicht ersetzen; die NATO wird nach wie vor für die Verteidigung der Atlantischen Gemeinschaft zuständig bleiben. Für alle anderen Fälle innerhalb wie außerhalb des NATO-Einzugsbereiches steht indes mit der WEU ein rein europäisches Instrument zur Verfügung, da anders als in der NATO die USA nicht Mitglied sind (Schema 4). Manche europäische Staaten sehen darin einen Vorteil. Allerdings bleibt wie bei der GASP das Problem, wie die WEU-Staaten ihre außenpolitischen Ziele auf einen Nenner bringen. Der Krieg im ehemaligen Jugoslawien konnte erst durch militärisches Eingreifen der im NATO-Auftrag operierenden USA beendet werden.

Die USA und Europa

Die USA sahen die Versuche, mit der WEU und der EU bzw. GASP eine spezifisch europäische Außen- und Sicherheitspolitik zu betreiben, sehr kritisch, hatten sie doch mehr als vierzig Jahre lang als Führungsmacht der NATO unter erheblichem Aufwand die Sicherheit Europas garantiert. Aus amerikanischer Sicht hatten die Auflösung des Warschauer Paktes und der Zerfall der Sowjetunion an der Funktion der NATO als Bindeglied zwischen Nordamerika und Westeuropa und als Strukturrahmen für die transatlantische Kooperation nichts geändert; die NATO blieb das Standbein für die amerikanische Europapolitik, über das Washington seinen Einfluss auf die zukünftige europäische Friedensordnung ausüben konnte. Allerdings versuchten die USA der NATO schnell eine stärkere politische Rolle zuzuschreiben: zum Beispiel im Hinblick auf neue Herausforderungen durch regionale Konflikte oder auf das Problem der Nichtverbreitung von Massenvernichtungswaffen. Die USA und die EU lehnten – teilweise aus Rücksicht auf Russland – einen NATO-Beitritt der osteuropäischen Staaten zunächst ab. Mit der Gründung eines **Nordatlantischen Kooperationsrates** 1991 (seit 1997: Euro-Atlantischer Partnerschaftsrat) und der „Partnerschaft für den Frieden" (der 1995 schon 26 europäische Nicht-NATO-Staaten beigetreten waren) wurden aber Foren geschaffen, die die Beziehungen zwischen der NATO, Russland und den osteuropäischen Staaten klären können. Ein erster Schritt war 1997 die Gründung des **NATO-Russland-Rats.** Damit wurde Russland ein privilegierter Sonderstatus zugebilligt und der Weg frei für die Aufnahme von Beitrittsverhandlungen mit Polen, Tschechien und Ungarn, die wie andere osteuropäische Länder in die NATO drängen.

M1 Der Historiker Frank Niess über Europa-Pläne zwischen dem Dreißigjährigen Krieg und dem 20. Jahrhundert, 2001

In der Reihe der Europa-Pläne, die „seit dem Beginn moderner Staatenbildung" in regelmäßigen Abständen, zumal in Zeiten von Krisen, Kriegen und Konflikten, aufs Tapet gekommen sind, folgt,
5 mitten im Dreißigjährigen Krieg (1632), [...] der „Große Plan" des Herzogs von Sully. Im Geiste seines 22 Jahre zuvor, anno 1610, ermordeten Herrschers und Vertrauten, König Heinrich IV. von Frankreich, gedachte er die dauerhafte Friedens-
10 ordnung einer „großen christlichen Republik" in Form eines europäischen Staatenbundes anzuvertrauen, die aus fünf Wahlmonarchien, sechs erblichen Monarchien und vier souveränen Republiken bestehen sollte. Im Kontrast zur wüsten Wirklich-
15 keit des Dreißigjährigen Krieges war es der Himmel auf Erden, was der „Große Plan" den „Einwohnern Europas" versprach: nämlich unter anderem, „ihnen die unermesslichen Summen zu ersparen, die die Unterhaltung so vieler tausend Soldaten, so vie-
20 ler befestigter Städte und so viele andere das Kriegswesen betreffende Ausgaben erfordern; sie auf immer von der Furcht vor jenen blutigen und in Europa so gewöhnlichen Katastrophen zu befreien; ihnen eine unzerstörbare Ruhe zu verschaffen und
25 endlich sie alle durch ein unauflösliches Band zu vereinigen". [...]
„Die meisten Führer der Aufklärung dachten europäisch: Montesquieu, Leibniz, Kant, Rousseau – um nur einige zu nennen. Der Abbé de St. Pierre ar-
30 beitete sein ganzes Leben lang vergebens an der Verwirklichung der europäischen Einheit." [...]
Zwanzig Jahre nach Penns Friedensplan[1] für Europa kam der französische Abbé Castel de Saint-Pierre (1658–1743) in seinem „Traktat vom Ewigen
35 Frieden" (1712) zu dem Schluss, dass es bei dem Versuch, einen dauerhaften Frieden zu erhalten, nicht mehr mit der kunstvollen, aber oft eben wenig erfolgreichen Austarierung von Gleichgewichtssystemen herkömmlicher Art getan sei, sondern dass nur eine organisierte Rechtsgemein- 40
schaft, eine förmliche Union, den Frieden sichern könne. [...] Saint Pierres Bauplan für einen europäischen Staatenbund [...] hat unter den Einigungsplänen am meisten Furore gemacht. [...]
Zu den Zeitgenossen, die gedanklich an diese ge- 45
schichts- und staatsphilosophische Handlungsanleitung zum Aufbau eines „ewigen und unwiderruflichen Bundes" anknüpften, gehörte Jean Jacques Rousseau. Er hat einen Auszug des „Traktats" zur Veröffentlichung vorbereitet und ihn mit 50
einem geistreichen eigenen Kommentar versehen. Dabei galt das Augenmerk des französischen Philosophen der wechselseitigen Abhängigkeit von innerstaatlicher Herrschafts- und überstaatlicher Friedensordnung. Ein Thema, das bis in die Gegen- 55
wart kaum an Bedeutung verloren hat. Der friedensbeflissene Abbé de Saint Pierre hat überdies dem Königsberger Philosophen Immanuel Kant das „Schlagwort" für dessen Schrift „Zum ewigen Frieden" (1795) geliefert. [...] Sind schon die Ele- 60
mente einer überstaatlichen Machtstruktur, die der Traktat Saint Pierres enthält, ein kühner Vorgriff auf die Zukunft: Kants Postulat eines „Föderalismus freier Staaten" ist es allemal.
Im 19. Jahrhundert hatte die Europa-Idee eine be- 65
sondere Konjunktur: nunmehr unter den Vorzeichen der modernen politischen Bewegungen wie Konservatismus, Liberalismus und Sozialismus. Aber auch der Umschlag des durchaus dynamischen Nationalismus in konflikträchtige interna- 70
tionale Konstellationen regte zu so mancherlei Einigungsplänen an und prägte sie wie das romantisch-konservative Europa-Bild des föderalismusgläubigen Constantin Frantz, die „Vision einer Überwindung des Nationalismus zu Gunsten völ- 75
kerübergreifender Zusammenschlüsse" des Grafen von Saint Simon, die „civilià europea", der sich der

republikanische italienische Revolutionär Giuseppe Mazzini verschrieb, oder die Parole, die der französische Dichter Victor Hugo wagemutig schon 1867, zwischen dem Krimkrieg und dem Deutsch-Französischen Krieg von 1870/71 ausgab: „Die Einheit Europas keimt. [...] Die Verbrüderung des Kontinents – das ist die Zukunft."
Worin sich alle diese Stimmen, die für eine wie auch immer geartete europäische Friedensordnung erhoben wurden, ähnelten: das war ihre Singularität[2], die Tatsache, dass sich da vereinzelte Dichterfürsten, Geistesgrößen und hochmögende Politiker wider den Zeitgeist äußerten, als Außenseiter ohne Entrée zur Macht, als Rufer in der Wüste, in der Wüstenei des Dreißigjährigen Kriegs zum Beispiel.
Bei allem Respekt vor der Leistung dieser Denker, ihrer Zeit als politische Visionäre weit voraus gewesen zu sein, wäre es doch ein Trugschluss, sie, wie an einem Faden ununterbrochener ideengeschichtlicher Tradition aufgereiht, als Vordenker der europäischen Einigungsidee im engeren Sinne zu betrachten. „Es gibt keine frühen Vorläufer der europäischen Einigungsbewegung von heute", resümierte der Publizist und aktive Europäer Ernst Friedländer 1965. Und er schloss: „Solange Europa mächtig war, solange Europa und Weltmacht identisch blieben, war die Teilung dieser Macht unter eine Mehrzahl von Staaten die einzige Alternative zur Macht eines Staates in Europa über alle anderen."
(Frank Niess, Die europäische Idee. Aus dem Geist des Widerstands, Suhrkamp, Frankfurt/Main 2001, S. 13–16)

1 William Penn: englischer Quäker, der 1692 den Plan für einen europäischen Fürstenbund entwickelte
2 Singularität = Einzigartigkeit, Einmaligkeit

1 *Arbeiten Sie die zentralen Merkmale der Europa-Pläne zwischen Dreißigjährigem Krieg und dem 20. Jahrhundert heraus (M 1).*
2 *Diskutieren Sie die These Ernst Friedländers (M 1), dass es „keine frühen Vorläufer der europäischen Einigungsbewegung von heute" gebe. „Solange Europa mächtig war, solange Europa und Weltmacht identisch blieben, war die Teilung dieser Macht unter eine Mehrzahl von Staaten die einzige Alternative zur Macht eines Staates in Europa über alle anderen." Beziehen Sie dafür auch die Darstellung mit ein.*

M2 Aus einem Aufruf der „Paneuropäischen Union" kurz nach der Entfesselung des Zweiten Weltkrieges durch Deutschland, Sept. 1939

An alle Europäer! Die unaussprechlichen Opfer dieses grausamen Krieges fordern die Errichtung eines Dauerfriedens, der künftige Kriege zwischen Europäern unmöglich machen soll. Nach dem Zusammenbruch des weltumfassenden Völkerbundes, des hemmungslosen Nationalismus und des bolschewistischen Internationalismus bleibt nur eine einzige Lösung übrig zur Sicherung einer langen Epoche des Friedens, des Wohlstandes und der Freiheit: die Vereinigten Staaten von Europa! Dieser Bund soll zur Sicherung folgender Ziele errichtet werden: 1. Europäische Solidarität in der Außen- und Militärpolitik, der Wirtschaft und der Währung [...]
3. Alle europäischen Staaten verpflichten sich, [...] die Menschenrechte zu achten sowie die Gleichberechtigung ihrer nationalen und religiösen Minderheiten [...]
4. Friedliche Schlichtung aller Konflikte, die zwischen europäischen Staaten entstehen können, durch einen Gerichtshof [...]
6. Abbau der Binnenzölle, die den europäischen Markt zu Grunde richten [...] In dieser tragischen Schicksalsstunde der Menschheit appellieren wir an Sie alle: Kämpft für die Europäische Föderation! EUROPÄER, rettet EUROPA!
(Richard Coudenhove-Kalegi, Eine Idee erobert Europa, Desch Verlag, Wien 1958, S. 232)

1 *Erläutern Sie die Motive und Ziele des Aufrufes der „Paneuropäischen Union" vom Sept. 1939 (M 2). Vergleichen Sie diesen Aufruf mit der Rede des französischen Außenministers Briand vom Sept. 1929 (M 3). Arbeiten Sie Gemeinsamkeiten und Unterschiede heraus.*

M3 Aus der Rede des französischen Außenministers Aristide Briand vor der Bundesversammlung des Völkerbundes am 5. September 1929

Ich denke, dass unter den Völkern, deren Länder geografisch zusammengehören wie die der europäischen Völker, eine Art von einem föderativen Band bestehen sollte. Diese Völker müssen in jedem Augenblick die Möglichkeit haben, in Kontakt miteinander zu treten, über ihre gemeinsamen Interessen zu diskutieren, gemeinsame Entschlüsse zu fassen, kurz, sie müssen untereinander ein Band der Solidarität knüpfen, das es ihnen erlaubt, widrigen Verhältnissen im gewünschten Augenblick zu begegnen, wenn sie eintreten sollten. Alle meine Anstrengungen sind darauf gerichtet, dieses Band zu schaffen.

Selbstverständlich wird die Gemeinschaft vor allem auf dem Gebiet der Wirtschaft tätig sein: dort ist es am nötigsten. Ich glaube, dass man auf diesem Gebiet Erfolge erzielen kann. Aber ich bin mir auch sicher, dass das föderative Band, ohne die Souveränität irgendeiner Nation anzutasten, die an dieser Gemeinschaft teilnehmen könnte, vom politischen oder sozialen Standpunkt aus gesehen von Nutzen sein könnte. Ich habe vor, diejenigen meiner Kollegen, die hier die europäischen Nationen vertreten, während dieser Sitzungsperiode offiziös zu bitten, diese Anregung aufzunehmen und sie ihren Regierungen zum Studium vorzuschlagen, um später – vielleicht während der nächsten Versammlung – die Möglichkeit zur Verwirklichung meines Planes, die ich zu erkennen glaube, zu klären.

(Geschichte in Quellen, Bd. 5, bearb. v. Günter Schönbrunn, Bayerischer Schulbuch Verlag, München 1961, S. 225)

1 *Erläutern Sie, warum und in welcher Form Briand eine Föderation in Europa anstrebt. Worin unterscheidet sie sich vom heutigen Stand der Entwicklung?*

2 *Erörtern Sie die Chancen und Hindernisse zur Umsetzung der Pläne Briands.*

3 *Bewerten Sie seine Europa-Gedanken im Kontext der internationalen Politik.*

M4 Auszug aus einer Deklaration, die im Frühjahr 1944 von europäischen Widerstandskämpfern entworfen wurde

I. Der Widerstand gegen die nationalsozialistische Unterdrückung, der die Völker Europas in einem gemeinsamen Kampf verbindet, hat zwischen ihnen eine Solidarität sowie eine Gemeinschaft der Ziele und Interessen geschaffen, die ihre ganze Bedeutung und ihre ganze Tragweite in der Tatsache sich haben niederschlagen lassen, dass die Delegierten der europäischen Widerstandsbewegungen sich zusammengefunden haben, um die gegenwärtige Deklaration zu formulieren […]. Indem sie die wesentlichen Bestimmungen der Atlantik-Charta sich zu Eigen machen, erklären sie, dass das Leben der Völker, die sie vertreten, auf die Achtung der Person, die Sicherheit, die soziale Gerechtigkeit, die umfassende Nutzung der wirtschaftlichen Hilfsquellen zu Gunsten der Gemeinschaft in ihrer Gesamtheit und die autonome Entfaltung des nationalen Lebens begründet sein muss.

II. Diese Ziele können nur erreicht werden, wenn die verschiedenen Länder der Welt sich bereit erklären, das Dogma der absoluten Staatssouveränität abzustreifen, indem sie sich einer gemeinsamen Bundesorganisation eingliedern. […]

III. Der Frieden in Europa stellt den Schlüssel zum Frieden in der Welt dar. Tatsächlich ist Europa im Zeitraum einer einzigen Generation das Auslösezentrum zweier Weltkriege geworden, wobei hierfür wesentlich maßgebend war, dass auf diesem Kontinent souveräne Staaten existierten. Es ist unerlässlich, gegen diese Anarchie anzugehen, indem eine Bundesordnung für die europäischen Völker geschaffen wird. Nur eine Bundesordnung wird die Teilnahme des deutschen Volkes am europäischen Leben gestatten, ohne dass es zur Gefahr für andere Völker würde. Nur eine Bundesordnung wird es gestatten, die Probleme der Grenzziehung in Gebieten mit gemischter Bevölkerung zu lösen, sodass diese Gebiete aufhören, Gegenstand ihrer nationalistischen Begehrlichkeit zu sein. […] Nur eine Bundesordnung wird die Erhaltung der demokratischen Institutionen in solcher Weise gestatten, dass die noch nicht politisch voll gereiften Völker die allgemeine Ordnung nicht gefährden können. Nur eine Bundesordnung wird den wirtschaftlichen Wiederaufbau des Kontinents und die Ausschaltung der Monopole wie der nationalen Autarkie gestatten. […]

IV. Es ist nicht möglich, schon jetzt die geografischen Grenzen einer Bundesordnung vorzusehen, die den europäischen Frieden gewährleisten soll. Jedoch ist es angebracht festzustellen, dass diese Bundesordnung von Anfang an stark und umfassend genug sein muss, um der Gefahr zu entgehen, nur die Einflusszone eines fremden Staates zu sein oder das Instrument für die Hegemoniepolitik eines Mitgliedes. Darüber hinaus muss sie von Anfang an allen Ländern offen stehen, deren Gebiet ganz oder teilweise in Europa liegt und die Mitglieder werden können oder wollen.

Die Bundesordnung muss sich auf eine Deklaration der Menschenrechte gründen, die die freie Entwicklung der menschlichen Person und das normale Funktionieren der demokratischen Funktion gewährleisten. Darüber hinaus muss sie sich auf eine Deklaration der Minderheitsrechte stützen, die eine autonome Existenz dieser Minderheiten in soweit sicherstellt, wie dies mit der Integrität der Nationalstaaten vereinbar ist, auf deren Staatsgebiet sie sich befinden. Die Bundesordnung darf nicht das Recht eines jeden Mitgliedstaates einschränken, die ihm eigenen Probleme in Übereinstimmung mit seinen völkischen und kulturellen Eigenarten zu lösen. Jedoch werden die Staaten, in

Erinnerung an die Erfahrungen und Fehlschläge des Völkerbundes, unwiderruflich an den Bund diejenigen Kompetenzen ihrer Souveränität abtreten müssen, die die Verteidigung des Territoriums, die Beziehungen mit Mächten außerhalb des Bundes, die Wirtschaftsbeziehungen und die internationalen Verbindungswege zum Gegenstand haben.

V. Der Frieden, der aus dem Krieg geboren werden soll, muss sich auf Gerechtigkeit und auf den Fortschritt gründen, nicht auf Rache und Reaktion. Dennoch wird eine unnachsichtige Einstellung gegenüber allen Kriegsverbrechen erforderlich sein, die ungestraft zu lassen eine Beleidigung für das Opfer der Kriegstoten und insbesondere der namenlosen Helden des europäischen Widerstandes wäre. Deutschland und seine Satelliten werden am wirtschaftlichen Wiederaufbau der Gebiete mitwirken müssen, die von ihnen verwüstet wurden, aber Deutschland muss geholfen werden, notwendigenfalls sogar gezwungen, seine politische und wirtschaftliche Struktur zu ändern, damit es sich dem europäischen Bunde eingliedern könne.

(Centre d'action pour la Féderation européenne [Hg.], L'Europe de demain, Neuchatel 1945, S. 70 ff.)

1 *Arbeiten Sie heraus, auf welchen Grundsätzen und mit welchen Zielen das neue Europa errichtet werden soll.*
2 *Erörtern Sie, welche Rückschlüsse man aus den Ergebnissen der Analyse hinsichtlich der politischen Position der Verfasser ziehen kann.*
3 *Nehmen Sie Stellung zu den Vorstellungen über die Kompetenzen der Bundesordnung und die Einbindung Deutschlands, die in M 4 dargelegt werden.*

M5 Der Historiker Hagen Schulze über Probleme der politischen und kulturellen Identität Europas, 1998

Nüchtern betrachtet, ist die Identität Europas über Jahrhunderte hinweg negativ bestimmt gewesen, eine befristete Einheit in der Abwehr von wirklichen oder empfundenen Bedrohungen, und sie zerfiel schnell, wenn solche Bedrohung geschwunden war. Wenn wir dennoch den Versuch unternehmen, die Identität Europas aus seiner Geschichte heraus positiv zu bestimmen, stehen wir vor einem schwierigen Unternehmen, weil es von Anfang an mit einem scheinbaren Widerspruch belastet ist: Wer nach einem definitiven Anfang Europas oder nach einem durchgehenden, einheitlichen Charaktermerkmal sucht, vor dessen Augen verschwimmt der Gegenstand. Erst wenn man die Idee eines einheitlichen, harmonischen, klar definierten Europas aufgibt, kann man Europa entdecken: ein Europa der Uneinigkeit, der Streitigkeiten und der Antagonismen. Das Gemeinsame Europas liegt in seiner inneren Vielfalt und Widersprüchlichkeit, in seinen Brüchen und Dissonanzen. […]

Damit ist eins der entscheidenden Elemente europäischer Identität gewonnen: die Pluralität der Ideen, Kulturen, Regionen und Staaten, die sich dadurch auszeichnet, dass die Vielfalt bleibt, also nie für längere Zeit der Vorherrschaft einer Idee, einer Kultur oder eines Staates anheim fällt. Jeder Versuch der Hegemonie ruft Gegner auf den Plan und aus der Auseinandersetzung entsteht früher oder später neue Heterogenität. Das gilt auch für Religionen und Ideologien; selbst das für Europa so prägende Christentum hat schließlich den Kampf um die geistige Vorherrschaft aufgeben müssen, nachdem es bereits zuvor in einander widerstreitende Konfessionen zerfallen war. […] Das gilt insbesondere für das europäische Staatensystem, dem es stets gelang, Vorherrschaftsansprüche seiner Mitglieder zurückzuweisen. […]

Vielerlei Freiheiten

[…] Mit der durch Verfassung und Recht geschützten, durch die Idee der Freiheit normierten Vielfältigkeit Europas ist ein weiterer, vielleicht der wichtigste rote Faden unserer gemeinsamen Identität verknüpft: die Behauptung von der individuellen Würde jedes einzelnen Menschen als letztem Wert und letztem Ziel jeder Ordnung. Das hat seine Wurzel einerseits in der antiken, vor allem stoischen Lehre von der Einmaligkeit jedes Einzelwesens, zum anderen in der christlichen Vorstellung von der Würde des Einzelmenschen als Ebenbild Gottes. Da jedes Individuum, mit Ranke zu reden, „gleich zu Gott ist", besitzt es gegen seine Mitmenschen wie gegen jede Organisation unveräußerliche Rechte, die seit Jahrhunderten, in Abwehr absolutistischer Herrschaftsansprüche, in besonders feierlicher Form kodifiziert worden sind. […]

Das hatte nicht nur weit reichende Folgen für die politische Ordnung Europas, sondern auch für die europäische Kultur. Denn damit war anerkannt, dass dem Denken und der Meinungsäußerung von Staats wegen keine Fesseln angelegt werden dürfen und dass frei sein solle, was als letztes Element europäischer Identität zu nennen ist: die menschliche Vernunft. […]

Vernunft heißt aber nicht nur Herrschaft; sie bedeutet auch Kritik, denn sie ist dem Glauben entgegengesetzt. Mit ihr ist der Geist des Zweifels, der

Skepsis und der Ironie in das europäische Denken eingetreten, der jede Gewissheit in Frage stellt, einschließlich der Gewissheit der Vernunft selbst. Aus dem dauernden Widerspruch von Gewissheit und Zweifel hat Europa die Lebendigkeit, Wandelbarkeit und Fruchtbarkeit seiner Kultur gezogen. […]

Und sind nicht alle jene Merkmale, die wir als europäische Eigenarten herausgearbeitet haben, auch mit einer finsteren Seite versehen? Ist nicht die Idee der Demokratie bereits seit der Französischen Revolution durch blutige Verbrechen im Namen des Volks beschmutzt, ist nicht die Idee der Freiheit auch Vorwand für Anarchie und Willkür von Minderheiten gewesen, steht nicht die Vernunft auch im Dienst diktatorischer Unterdrückungsapparate, der Perfektionierung des Kriegsgeräts, der Zerstörung der Natur? War nicht die Vielfalt und Individualität der europäischen Daseinsformen Voraussetzung für den Antagonismus der Nationalstaaten und damit Anlass für die mörderischsten Kriege, die die Menschheit kennt?

So widersprüchlich und schwierig ist das europäische Erbe; nicht nur sind Hell und Dunkel darin dicht benachbart, sondern das Helle ist auch stets in Gefahr, von der Dunkelheit verschlungen zu werden. Wir müssen beides erkennen, um die Frage zu beantworten, was Europa ist und was es sein soll.

Wo Europa liegt

[…] Europa ist keine geografische, sondern eine kulturelle Wirklichkeit, die im Bewusstsein der Menschen wurzelt, ein kollektiver imaginärer Entwurf. Schon deshalb ist der Ort Europas nicht einfach der Raum zwischen Atlantik und Ural. […]

Doch bedarf es für unseren Kontinent ohnehin keiner statischen geografischen Definition – Europa hat im Laufe seiner Geschichte ganz unterschiedliche Räume umfasst. Die Geografie ändert sich kaum, die Zivilisation dagegen ist wandelbar, sie entwickelt sich nicht nur in der Zeit, sondern auch im Raum, weicht hier zurück, dringt andernorts vor. Wenn die Ideale der europäischen Kultur vor unseren Augen die Parteidiktaturen Osteuropas zersetzt haben, so genügen diese Ideen für sich allein noch nicht; sie bedürfen auch der demokratischen Institutionen auf der Grundlage von Menschenrechten und Volkssouveränität, von Gewaltenteilung und Repräsentation, um geschützt und verwirklicht zu werden. Osteuropa muss also Westeuropa werden, darf nicht Zwischeneuropa bleiben. […]

Ein Europa der Bürger

Damit sind für die Zukunft Europas weit reichende Ziele gesteckt. Es wird nicht ausreichen, den Kontinent lediglich als Markt zu einigen, obwohl die Produktion von Gütern und der Fortschritt des Wohlstands gute und ehrenwerte Ziele sind. Um auf die Dauer gleichberechtigt und unabhängig von den neuen Flügelmächten, Russland und den USA, zu überleben, wird Europa sich anschicken müssen, auf der Grundlage seiner alten Zivilisation eine politisch handlungsfähige Weltmacht zu werden. Die ersten entscheidenden Schritte auf dem Weg dorthin sind getan; der Währungs- und Wirtschaftsunion muss die politische Union folgen. Dazu bedarf es der Zustimmung der europäischen Völker, einer Zustimmung von unten, nicht nur von den Regierungen. Demokratische Legitimation, einer der entscheidenden Werte der europäischen politischen Kultur, fehlt den europäischen Institutionen in Besorgnis erregender Weise. Deshalb muss die Geschichte dieses Kontinents stets von neuem erzählt und diskutiert werden. Wir brauchen den Streit um Europas Vergangenheit und Zukunft; die größte Gefahr ist die Gleichgültigkeit der europäischen Bürger, die dazu neigen, auf den Stand einer privaten, allein dem wirtschaftlichen Wohlstand verpflichteten „Bourgeoisie" und damit hinter die Aufklärung zurückzufallen. Wenn es zutrifft, dass Europa eine Zivilisation darstellt, die der Freiheit, dem Widerstreit der Meinungen und dem öffentlichen Gebrauch der Vernunft Vorrang einräumt, dann kann es mit den Beschlüssen der hohen Politik und der täglichen Bürokratie nicht sein Bewenden haben. Die Bürger müssen sich auch im Hinblick auf Europa als politisch räsonierende „Citoyens" begreifen, die die Angelegenheiten des europäischen Gemeinwesens zu den ihren machen. Ein Europa der Staatsbürger, nicht der Spießbürger: Das wäre vielleicht die letzte Chance unseres alten Kontinents.

(Hagen Schulze, Phoenix Europa. Die Moderne: Von 1740 bis heute, Siedler, Berlin 1998, S. 508–515)

1 Fassen Sie die wichtigsten Thesen Schulzes zusammen (M 5).

2 *„Gewiss, Europa ist die Weltregion mit der höchsten Vielfalt unterschiedlicher Sprachen, Kulturen und Lebensformen. Und doch hat es sich von der Antike bis heute stets als Einheit verstanden, die mehr als ein bloßer geografischer Begriff ist."* Diskutieren Sie, ausgehend von M 5, diese These des ehemaligen Bundespräsidenten Roman Herzog. Erörtern Sie dabei, worin die Vielfalt und worin die Einheit Europas besteht.

M6 Auszug aus den „Römischen Verträgen", mit denen die Europäische Wirtschaftsgemeinschaft/EWG gegründet wurde, 1957

Artikel 3: Die Tätigkeit der Gemeinschaft umfasst:
a) die Abschaffung der Zölle und mengenmäßigen Beschränkungen bei der Ein- und Ausfuhr von Waren sowie aller sonstigen Maßnahmen gleicher Wirkung zwischen den Mitgliedstaaten;
b) die Einführung eines gemeinsamen Zolltarifs und einer gemeinsamen Handelspolitik gegenüber dritten Ländern;
c) die Einführung einer gemeinsamen Politik auf dem Gebiet der Landwirtschaft; [...]
e) die Einführung einer gemeinsamen Politik auf dem Gebiet des Verkehrs;
f) die Errichtung eines Systems, das den Wettbewerb innerhalb des Gemeinsamen Marktes vor Verfälschungen schützt;
g) die Anwendung von Verfahren, welche die Koordinierung der Wirtschaftspolitik der Mitgliedstaaten und die Behebung von Störungen im Gleichgewicht ihrer Zahlungsbilanzen ermöglichen;
h) die Angleichung der innerstaatlichen Rechtsvorschriften, soweit dies für das ordnungsgemäße Funktionieren des Gemeinsamen Marktes erforderlich ist;
i) die Schaffung eines Europäischen Sozialfonds um die Beschäftigungsmöglichkeiten der Arbeitnehmer zu verbessern und zur Hebung ihrer Lebenshaltung beizutragen;
j) die Errichtung einer Europäischen Investitionsbank um durch Erschließung neuer Hilfsquellen die wirtschaftliche Ausweitung in der Gemeinschaft zu erleichtern;
k) die Assoziierung der überseeischen Länder und Hoheitsgebiete, um den Handelsverkehr zu steigern und die wirtschaftliche und soziale Entwicklung durch gemeinsame Bemühungen zu fördern.
(Europa, Verträge und Gesetze, Bonn 1972, S. 75 f.)

1 Beurteilen Sie die Vereinbarungen, die in den Römischen Verträgen 1957 getroffen worden sind, für den weiteren Prozess der europäischen Integration.

M7 Der Vertrag von Maastricht, 1992/93

a) Aus der Präambel des Maastrichter Vertrages, 1992/93

Entschlossen, den mit der Gründung der Europäischen Gemeinschaften eingeleiteten Prozess der europäischen Integration auf eine neue Stufe zu heben,
Eingedenk der historischen Bedeutung der Überwindung der Teilung des europäischen Kontinents und der Notwendigkeit, feste Grundlagen für die Gestalt des zukünftigen Europas zu schaffen,
In Bestätigung ihres Bekenntnisses zu den Grundsätzen der Freiheit, der Demokratie und der Achtung der Menschenrechte und Grundfreiheiten und der Rechtsstaatlichkeit, [...]
In dem Wunsch, Demokratie und Effizienz in der Arbeit der Organe weiter zu stärken, damit diese in die Lage versetzt werden, die ihnen übertragenen Aufgaben in einem einheitlichen institutionellen Rahmen besser wahrzunehmen,
Entschlossen, die Stärkung und die Konvergenz ihrer Volkswirtschaften herbeizuführen und eine Wirtschafts- und Währungsunion zu errichten, die im Einklang mit diesem Vetrag eine einheitliche, stabile Währung einschließt,
In dem festen Willen, im Rahmen der Verwirklichung des Binnenmarktes sowie der Stärkung des Zusammenhaltes und des Umweltschutzes den wirtschaftlichen und sozialen Fortschritt ihrer Völker zu fördern und Politiken zu verfolgen, die gewährleisten, dass Fortschritte bei der wirtschaftlichen Integration mit parallelen Fortschritten auf anderen Gebieten einhergehen, [...]
Entschlossen, eine gemeinsame Außen- und Sicherheitspolitik zu verfolgen, wozu auf längere Sicht auch die Festigung einer gemeinsamen Verteidigungspolitik gehört, die zu gegebener Zeit zu einer gemeinsamen Verteidigung führen könnte, und so die Identität und Unabhängigkeit Europas zu stärken, um Frieden, Sicherheit und Fortschritt in Europa und in der Welt zu fördern, [...]
Entschlossen, den Prozess der Schaffung einer engeren Union der Völker Europas, in der die Entscheidungen entsprechend dem Subsidiaritätsprinzip möglichst bürgernah getroffen werden, weiterzuführen, [...]
Haben beschlossen, eine Europäische Union zu gründen [...]
(Thomas Läufer [Bearb.], Europäische Union, Europäische Gemeinschaft. Die Vertragstexte von Maastricht mit den deutschen Begleittexten, Europa Union Verlag, Bonn ⁸1998, S. 18 f.)

b) Der Politikwissenschaftler Hans Boldt zum Vertrag von Maastricht, 1995

Die Änderung der Gemeinschaftsverträge bringt eine Reihe neuer Kompetenzen für die Gemeinschaftsorgane, vor allem für das Parlament, im zentralen Vertrag über die Europäische Wirtschaftsgemeinschaft, der in „Vertrag zur Gründung der Europäischen Gemeinschaft" umgetauft wurde, ohne dass man die beiden anderen EG-Verträge mit dem EWG-Vertrag verschmolzen hat. Zu unterscheiden ist jetzt also eine spezielle Europäische Gemeinschaft, die frühere „Wirtschaftsgemeinschaft", von der Europäischen Gemeinschaft i. w. S.¹, die aus der Montanunion, der Europäischen Gemeinschaft i.e.S.² und Euratom besteht – eine zu Missverständnissen förmlich einladende Terminologie. Die Änderung der Bezeichnung des EWG-Vertrages ist allerdings insofern berechtigt, als die Kompetenzen, welche die Gemeinschaft in Maastricht erhalten hat, sich in der Tat nicht mehr auf den ökonomischen Bereich beschränken. Hinzugekommen sind nämlich neben Bestimmungen über die Industriepolitik solche über die allgemeine und berufliche Bildung und Jugend, die Kultur, das Gesundheitswesen, den Verbraucherschutz, über sog. transeuropäische Netze und über die Entwicklungszusammenarbeit. Darüber hinaus wurde der von der Kommission 1989 vorgelegte Stufenplan zur Errichtung einer Währungsunion, der zu einer einheitlichen Währung und zur Gründung einer unabhängigen Europäischen Zentralbank führen soll, in den Vertrag aufgenommen.

In den außerhalb der Gemeinschaftsverträge konstituierten Bereichen der gemeinsamen Außen- und Sicherheitspolitik und der Zusammenarbeit in den Bereichen Justiz und Inneres war man bemüht, verbindliche Entscheidungen für ein gemeinsames Vorgehen herbeizuführen, musste sich aber mit einem Kompromiss zwischen dem Mehrheitsprinzip und der Wahrung der souveränen Entscheidungsgewalt der Mitgliedsstaaten zufrieden geben. Hier ist man bislang über Teillösungen nicht hinausgekommen.

(Hans Boldt, Die Europäische Union: Geschichte, Struktur, Politik, B.i. Taschenbuchverlag, Mannheim 1995, S. 27 ff.)

1 i. w. S. = im weiteren Sinne
2 i. e. S. = im engeren Sinne

1 Erläutern sie mit Hilfe von M 7a, b die wichtigsten Ziele des Vertrages von Maastricht.

M8 Zwischen Nationalstaat und Überstaatlichkeit – der Philosoph Matthias Lutz-Bachmann über Probleme und Reformbedarf in der EU, 1995

Die überlieferten Nationalstaaten [...] bilden somit bis heute das Handlungszentrum des europäischen Einigungsprozesses. Doch es liegt in dessen eigener Richtungslogik begründet, dass dies nicht unbegrenzt so bleiben kann. Hierfür sorgt schon das Entscheidungsprinzip der Einstimmigkeit [...]. Mit jedem neuen Mitglied der Europäischen Union aber und bei ernsthaften Meinungsverschiedenheiten (wie wir sie z. B. im Kriegsfall des ehemaligen Jugoslawien sehen müssen) droht der Union als ganzer die völlige Handlungsunfähigkeit und der Verlust von Glaubwürdigkeit. Die sich anbietende Lösung durch ein im Einzelnen näher qualifiziertes Mehrheitsprinzip führt aber nur dann nicht zu unlösbaren Spannungen mit und zwischen den überstimmten Regierungsvertretern sowie ihren nationalen Parlamenten, wenn die demokratisch gewählten nationalen Parlamente selbst über die Einführung einer zweiten Kammer des Europäischen Parlaments, ggf. nach dem Vorbild der US-Verfassung, mit den Vertretern der anderen nationalen Parlamente an den Mehrheitsfindungen der Konferenz der Regierungschefs, des Ministerrats und somit auch der Arbeit der EU-Kommissionen bzw. deren Kontrolle konstitutiv beteiligt sind. So könnte dem demokratischen Legitimationsdefizit der jetzigen EU-Politik wirksam entgegengearbeitet werden, deren Schwäche u. a. darin zu liegen scheint, dass die nationalen Regierungen letztlich nur ihren nationalen Parlamenten verantwortlich sind, diese selbst aber nicht unmittelbar und auch nicht durch das Aufsuchen neuer Mehrheiten in der Zusammenarbeit mit den Vertretern der anderen Parlamente Einfluss auf die europäische Regierungspolitik als ganze nehmen können, wie sie von der Konferenz der Regierungschefs und des Ministerrats formuliert wird. Auf diesem Weg könnte es gelingen, die beste Tradition des liberalen Nationalstaats, nämlich seine parlamentarische Demokratie, in die sich bildenden Strukturen einer kontinentaleuropäischen Staatlichkeit zu integrieren und den Aufbau dieses europäischen, postnationalen Gemeinwesens nicht allein den nationalen Regierungen und ihren Vertretungen zu überlassen.

(Matthias Lutz-Bachmann, Europa im Übergang: Zwischen altem Nationalstaat und neuer „Kontinentalstaatlichkeit, in: Mariano Delgado u. Matthias Lutz-Bachmann [Hg.], Herausforderung Europa. Wege zu einer europäischen Identität, C. H. Beck, München 1995, S. 75 f.)

1 Beschreiben Sie mit Hilfe von M 8 die zentralen Probleme der Entscheidungsfindung in der EU.
2 Erörtern Sie den Vorschlag des Autors in M 8, zur Behebung des Demokratiedefizits in der EU eine zweite Kammer nach dem Vorbild der USA einzurichten.

Der Europa-Gedanke und der Prozess der europäischen Einigung

Zusammenhänge und Perspektiven

1 Untersuchen Sie, welche Rolle der französische Außenminister Aristide Briand in der europäischen Einigungsbewegung gespielt hat.
2 Stellen Sie Motive und Ziele der europäischen Staaten dar, die sich nach 1945 zunächst zur EWG und dann zur EU zusammengeschlossen haben.
3 Bewerten Sie den Erfolg der europäischen Integration im Blick auf die historischen Erblasten und im Blick auf die heute erkennbaren weltpolitischen Herausforderungen.
4 Schreiben Sie einen Essay zu dem Thema „Europa – Einheit und Vielfalt".

Zeittafel

1926	Die Paneuropa-Union wird mit rund 2000 Teilnehmern aus 24 Ländern gegründet.
1929	Frankreichs Außenminister Aristide Briand schlägt dem Völkerbund eine europäische Föderation vor.
1946	Der englische Premierminister Winston Churchill fordert die Schaffung der „Vereinigten Staaten von Europa".
1951	Der Vertrag über die Gründung der Europäischen Gemeinschaft für Kohle und Stahl (EGKS, Montanunion) wird unterzeichnet; er tritt am 23. Juli 1952 in Kraft.
1954	Die Westeuropäische Union (WEU) wird geschaffen; der Vertrag tritt am 5. Mai 1955 in Kraft.
1957	Mit den Verträgen von Rom entsteht die Europäische Wirtschaftsgemeinschaft (EWG) und die Europäische Atomgemeinschaft (EURATOM). Die Verträge treten am 1. Jan. 1958 in Kraft. Das „Europa der Sechs" ist geschaffen.
1965	Der Vertrag über die Europäische Gemeinschaft wird unterzeichnet (April); er tritt am 1. Juli 1967 in Kraft.
1972	Die Staats- und Regierungschefs der EG beschließen, die EG zur Europäischen Union weiterzuentwickeln.
1974	Der EG-Gipfel (9./10. Dez.) beschließt die künftige Zusammenarbeit auf höchster Regierungsebene als „Europäischer Rat".
1979	Die erste Direktwahl zum Europäischen Parlament findet vom 7. bis 10. Juni statt.
1990	Mit der Unterzeichnung des Schengener Abkommens (19. Juni) fallen die Personenkontrollen und die Einschränkung des Warenverkehrs zwischen der Bundesrepublik Deutschland, Frankreich und den Beneluxstaaten weg. Die erste Stufe der Europäischen Wirtschafts- und Währungsunion beginnt (1. Juli).
1991	Der EG-Gipfel in Maastricht (9./10. Dez.) verabschiedet den „Vertrag über die Politische Union", der am 7. Febr. 1992 unterzeichnet wird und am 1. Nov. 1993 in Kraft tritt.
1995	Am 15./16. Dez. beschließt der Europäische Rat, innerhalb der EU eine einheitliche Währung, den „Euro", einzuführen. Bis zum 1. Juli 2002 sollen die Währungen der teilnehmenden Länder vollständig durch den Euro ersetzt sein.
1999	Der Vertrag von Amsterdam tritt am 1. Mai in Kraft und bringt Verbesserungen im Bereich der Bürgerrechte, der Sozialpolitik, der inneren Sicherheit und der Außenpolitik.
2001	Im Vertrag von Nizza werden vorbereitende Schritte für eine Erweiterung der EU auf bis zu 27 Mitglieder beschlossen.

4 Die Entstehung neuer Machtzentren in Asien: China und Japan

4.1 China – die kommende Groß- und Weltmacht

> China zwischen Tradition und Fortschritt

Mit der Abschaffung des alten Kaisertums 1911 stellte die von **Sun Yatsen** (1866–1925) geführte **Reformbewegung** zwar eine grundlegende Weiche für eine Modernisierung Chinas: Doch wie sollte in diesem zu vier Fünftel von armen Bauern bevölkerten Reich der Mitte der schwierige Weg aussehen, ein im Innern geeintes, wirtschaftlich modernes und gesellschaftlich reformiertes China zu schaffen?

Nach dem Ersten Weltkrieg gelang es Sun Yatsen, alle reformorientierten Kräfte – einschließlich der 1921 gegründeten **Kommunistischen Partei Chinas** (KPC) – in der Nationalen Volkspartei, der Kuomintang, zu vereinigen, um China von Fremdherrschaft zu befreien, nationale Einheit durchzusetzen und soziale Reformen zu verwirklichen. Sein Nachfolger **Chiang Kaishek** (1887–1975) beendete jedoch das Bündnis mit der KPC. Die von ihm mit dem Blutbad von Shanghai 1927 begonnene Verfolgung der Kommunisten weitete sich bald zu einem Bürgerkrieg aus. Die Kommunisten flohen auf das Land und entzogen sich schließlich durch ihren „Langen Marsch" unter der Führung **Mao Zedongs** (1893–1976) der Vernichtung.

Chiang Kaisheks Krieg gegen die Kommunisten schwächte China so, dass es sich seit Anfang der 30er-Jahre nicht gegen die zunehmende **Expansion Japans** wehren konnte, dessen Ziel die Vorherrschaft über Ostasien war. Zur Erreichung dieses Zieles überfiel Japan 1937 China; mit dem Überraschungsangriff auf den amerikanischen Stützpunkt Pearl Harbor eröffnete es dann 1941 den Zweiten Weltkrieg im Pazifik.

Zwar nahmen die USA 1943 China in die Reihe der Siegermächte auf – und doch war China ein großes Entwicklungsland. Nach dem Ende des Zweiten Weltkrieges brach sofort der Gegensatz zwischen den bürgerlichen Kräften unter Chiang Kaishek und der KPC unter Mao Zedong wieder auf. Erst als die Kommunisten nach einem vierjährigen Bürgerkrieg siegreich in Peking einzogen, stellte sich die Frage, wie der zukünftige Weg in die neue Volksrepublik aussehen sollte. Sollte China zunächst dem schnellen Aufbau der Schwerindustrie den Vorzug geben oder zuerst die Entwicklung der Landwirtschaft begünstigen? Und was sollte oberstes Ziel sein: schnelles Wachstum, möglicherweise auf Kosten von sozialistischer Gleichheit, oder Gleichheit, die vielleicht eine Gleichheit des Mangels sein würde? Wie sollte die Mehrheit der Bevölkerung, durch chinesische Tradition und Einfluss der Kolonialmächte über Jahrhunderte in Abhängigkeit gehalten, für die Teilnahme an der politischen Neugestaltung des Landes gewonnen werden? China hat auf diese Fragen im Laufe seiner Entwicklung seit 1949 nicht eine Antwort gegeben, sondern ganz unterschiedliche Lösungsversuche erprobt.

> Aufbau des kommunistischen Chinas

Zielstrebig begannen die Kommunisten seit 1949 damit, die Grundlagen für einen neuen Sozialismus zu schaffen. Dabei knüpfte Mao Zedong zwar an die Ideologie des Marxismus-Leninismus an, passte aber einige Grundgedanken den chinesischen Verhältnissen an. Die sowjetischen Kommunisten betrachteten das städtische Proletariat als Avantgarde, als Vorreiter der Revolution, und die Landbevölkerung als Hilfstruppen. Dagegen erklärte Mao die **„Riesenarmee unserer Bauern"** zur **„Vorhut beim Sturz der feudalen Kräfte"**. Ohne die armen Bauern gab es für ihn keine Revolution: „Wer ihre Rolle negiert, negiert die Revolution."

Die 1954 vom Nationalen Volkskongress verabschiedete Verfassung bezeichnete China als eine „demokratische Diktatur des Volkes". Die drei Gewalten Legislative, Exekutive und Judikative fanden ihre Vertretung im Volkskongress, der jedoch zeitweise über Jahre hinweg nicht tagte und nur die Parteitagsbeschlüsse absegnete. Nach der Satzung der KPC bestimmte das aus 170 Vollmitgliedern bestehende Zentralkomitee die Generallinie der Partei. In Wirklichkeit jedoch lag die Macht beim **Politbüro** mit 26 Vollmitgliedern und dessen etwa fünfköpfigem Ständigem Ausschuss unter Leitung des Parteivorsitzenden Mao Zedong. Von den Weisungen dieser Führungsspitze waren alle regionalen und lokalen Parteiorganisationen abhängig. Zur Übermittlung der Parteibeschlüsse dienten die Massenorganisationen vom Gewerkschaftsbund über die Berufsverbände bis hin zu Sicherheitsdiensten und Jugend- wie Frauenverbänden. Eine Opposition wurde nicht zugelassen.

Die sozialistische Umgestaltung von Wirtschaft und Gesellschaft begann 1950 mit zwei großen Reformen. Ein neues **Ehegesetz** sicherte die Gleichberechtigung der Frau und schaffte so die altchinesische patriarchalische Familienstruktur ab. Durch eine allgemeine **Bodenreform** wurden die meisten Grundbesitzer enteignet; ihr Land erhielten die kleinen Bauern zur Bearbeitung. Viele Großgrundbesitzer und Großbauern wurden von „Volksgerichten" verurteilt und hingerichtet. Erst ab 1954 führte die Regierung das Land allmählich in Gemeinbesitz über: In den jetzt eingerichteten „landwirtschaftlichen Genossenschaften unterer Stufe" wurden die Bauern nach den von ihnen eingebrachten Zugtieren und Geräten sowie nach erbrachter Arbeitsleistung entlohnt, wobei sie eine kleine Parzelle für ihren privaten Anbau behalten durften. Industrie, Handel, Banken und – zuletzt – das Handwerk sollten in den folgenden Jahren verstaatlicht werden. Der Aufbau der **Planwirtschaft** orientierte sich zu dieser Zeit am sowjetischen Vorbild. Der erste Fünfjahresplan trat 1953 in Kraft und bevorzugte die Schwerindustrie, während die Landwirtschaft vernachlässigt wurde. Unterstützt durch sowjetische Gelder und Fachkräfte, konnte China bald eine erhebliche Produktionssteigerung erzielen.

Doch weder die hungrige Bevölkerung noch die Regierung waren am Ende des Fünfjahresplans mit den Ergebnissen zufrieden. Die Industrie hatte zwar jährlich um 18 % an Produktivität gewonnen, die Landwirtschaft aber nur um 4,5 %. Deshalb sollte nach den Vorstellungen Maos die chinesische Wirtschaft künftig „auf beiden Beinen stehen", also Landwirtschaft und Schwerindustrie in gleicher Weise gefördert werden.

| „Hundert-Blumen-Kampagne" | Im Frühjahr 1956 forderte die kommunistische Führung unter der Devise „Lasst hundert Blumen blühen und hundert Schulen streiten" erstmals außerparteiliche Gruppen, allen voran die Intellektuellen, zur Kritik an der Partei auf. Die KPC hoffte, die noch abseits stehende Intelligenz zur Mitarbeit am sozialistischen Aufbau zu gewinnen. Mao Zedong war überzeugt, dass die kommunistische Partei und Ideologie gestärkt aus dem Meinungsstreit hervorgehen werde. Sein Appell wurde zunächst nur zögerlich befolgt, doch seit März 1957 nahm die Kritik an den Herrschaftsverhältnissen und ihren Auswirkungen zu. Das geschah in Gesprächskreisen, aber auch in zahllosen Streitschriften und Wandzeitungen, einem besonderen Merkmal der chinesischen Massenkommunikation. Als die Kritik zu Angriffen gegen die Monopolstellung der KPC und zu Rufen nach Einführung westlich-parlamentarischer Institutionen und Spielregeln führte, wies die Partei Ende Juni 1957 diese Forderungen scharf zurück. Das Ziel, die Intellektuellen zu konstruktiver Mitarbeit am Aufbau des Sozialismus zu mobilisieren, wurde somit verfehlt.

„Der große Sprung nach vorn" Die wachsende Unzufriedenheit der Bevölkerung mit den politischen und wirtschaftlichen Verhältnissen bewirkte 1958 in der Parteiführung ein radikales Umdenken. Sie musste erkennen, dass die langsame Verbesserung der ökonomischen Situation im überwiegenden Teil der Bevölkerung nicht das in den Augen der Partei „richtige" kommunistische Bewusstsein zu wecken in der Lage war. Mao Zedong verkündete daher, dass der Kommunismus in einem „Großen Sprung nach vorn" erreicht werden müsse. Eine Massenkampagne sollte individuelles Denken und Gewinnstreben überwinden und ein neues, revolutionäres Kollektivbewusstsein schaffen. Mit der Gründung von **Volkskommunen** wollte man die klassenlose Gesellschaft durchsetzen.

Bei der Entscheidung für die Volkskommunen ging es aber nicht nur um Ideologie, sondern auch um die Lösung handfester wirtschaftlicher Probleme. Da es an Kapital für die notwendigen agrarischen Investitionen fehlte und die landwirtschaftliche Produktion weit hinter der industriellen Entwicklung zurückzubleiben drohte, musste China auf die Arbeitskraft der Menschen setzen. Volkskommunen einer ganz neuen Größenordnung sollten die Organisation des Masseneinsatzes in der Landwirtschaft ermöglichen und zugleich den Rahmen für die industriellen und handwerklichen Kleinbetriebe bilden, die den unmittelbaren Bedarf auf dem Lande befriedigen würden. Außerdem wollte die KPC auf diese Weise die schon einsetzende Abwanderung der Bauern in die Städte verhindern, die Unterbeschäftigung auf dem Lande beseitigen und das Arbeitskräftepotenzial der Frauen besser ausnutzen. Der bäuerliche Eigennutz und der für China charakteristische Familienegoismus sollten ihre Grundlage verlieren, in der umfassenden Lebens- und Arbeitsgemeinschaft der Volkskommune sollte ein „neuer Mensch" entstehen.

Innerhalb von acht Wochen wurden 127 Millionen bäuerliche Haushalte und 700 000 landwirtschaftliche Produktionsgenossenschaften in 26 000 Volkskommunen überführt, die für sich beanspruchten, das marxistische Prinzip „Jeder nach seinen Fähigkeiten, jedem nach seinen Bedürfnissen" verwirklicht zu haben. Die Sowjetunion verurteilte das Volkskommunenexperiment als voreiligen Schritt und sah darin eine Abweichung von den Grundlagen des Marxismus-Leninismus.

Der „Große Sprung" verlagerte industrielle Ansiedlungen auf das Land. Dadurch nahmen zwar die Investitionen in der Konsumgüterindustrie zu, aber durch die Dezentralisierung der Standorte sank die Produktivität. Intellektuelle mussten ihr Studium unterbrechen und in Betrieben arbeiten. Der „Klassenkampf" sollte verschärft werden, um das revolutionäre Bewusstsein anzuheben. Politisch ging es der Führung darum, die Bürokratie zu entmachten und die Intelligenz zu einer neuen Einstellung gegenüber Handarbeit zu zwingen.

Das Ergebnis dieser Politik war eine Hungersnot (1960–1962). Pro Kopf standen 1961 täglich 220 bis 350 Gramm Reis zur Verfügung, dazu 3 bis 5 Gramm Speiseöl und 100 bis 200 Gramm Fleisch im Monat. Die Zahl der Hungeropfer und der nachfolgenden Epidemien ging auch nach vorsichtigen Schätzungen in die Millionen. Erst in den Jahren 1964/65 erholte sich die chinesische Wirtschaft wieder.

Nicht nur die Sowjetunion, sondern auch ein Teil der chinesischen Führung kritisierte das ganze Vorgehen als einen Ausdruck von „kleinbürgerlichem Fanatismus". Die KPC korrigierte die Planung der Volkseinkommen. Sie erkannte die Notwendigkeit des materiellen Anreizes wieder an: Den Bauern wurde privates Hofland zugestanden, dessen Produkte sie verkaufen konnten, die Industriearbeiter erhielten Stücklohn und Prämien.

| „Große Proletarische Kulturrevolution" |

Das Scheitern der Politik des „Großen Sprungs" erschütterte Maos Ansehen und politische Stellung. Geschickt lenkte er jedoch die Verantwortung auf Fachleute und Funktionäre ab. Um seine Macht innerhalb der Parteiführung zurückzugewinnen, sagte er im Mai 1966 den „konterrevolutionären Revisionisten" um seinen Stellvertreter **Liu Shaoqi** (1898–1969) und dem Generalsekretär des Zentralkomitees **Deng Xiaoping** (1904–1997) in der Partei den Kampf an. Nur durch Zerstörung „aller alten Ideologie und Kultur" und durch „radikale Umgestaltung des Bewusstseins" könne man das Übel an der

Wurzel packen. Das war das Signal für die „Große Proletarische Kulturrevolution", die China zwei Jahre lang erschütterte. Sie verstand sich als konkrete Form des Klassenkampfes im Sozialismus, um Tendenzen der Bürokratie und der Erstarrung zu überwinden. Vor allem die Jugend sollte die „Widersprüche zwischen Volk und Partei" lösen und mit einer **„permanenten Revolution"** auf eine **ständige Umerziehung des Volkes** hinarbeiten.

1966 übernahmen Maos **„Rote Garden"** die Straße. Rücksichtslose **„Säuberungsaktionen"** begannen. In Kampagnen und Massenaufmärschen wurden Künstler, Universitätsprofessoren, Lehrer, Partei- und Staatsfunktionäre öffentlich angegriffen und aus ihren Ämtern entfernt. Viele wurden zu hohen Gefängnisstrafen verurteilt oder hingerichtet. Gestützt auf den „Druck der Straße", gelang es der Gruppe um Mao, die Gegner in der Parteiführung zu entmachten.

Die Kulturrevolution hat innerhalb weniger Jahre mindestens 3 Mio. Menschenleben gefordert. Zu ihrer Beendigung sah sich Mao schließlich gezwungen, das Militär zur Hilfe zu rufen. Als 1969 die Kulturrevolution offiziell für beendet erklärt wurde, war der Konflikt in der Parteiführung noch nicht gelöst. Bei den schwer durchschaubaren innerparteilichen Machtkämpfen verloren Mao Zedong und seine Anhänger an Einfluss, die Staatsgeschäfte übernahm mit **Zhou Enlai** (1898–1976) ein Politiker, der zwischen den beiden Linien, den „Revolutionären" und den „Pragmatikern", vermittelte. Die Regierung schlug wirtschafts- und gesellschaftspolitisch wieder einen pragmatischeren Kurs ein, bei dem auch nicht-sozialistische Mittel erprobt wurden. Hierzu gehörten die Dezentralisierung der politischen Entscheidungen und die Gewährung von mehr Autonomie für Wirtschaftsunternehmen. Materielle Anreize durch Entlohnung nach Leistung, die Verteilung der Produktionsentscheidungen in der Landwirtschaft auf die unteren Ebenen sowie Garantien, dass die Bauern ein kleines Stück Land und etwas Vieh behalten durften, sollten die Wirtschaft beleben.

| Modernisierungspolitik Deng Xiaopings |

Mao Zedong und seine Anhänger bekämpften die pragmatische Politik erbittert. Mit dem Argument „Der Klassenkampf ist das Bindeglied, alles andere hängt von ihm ab" beschuldigten sie ihre Gegner, sozialistische Ideen preiszugeben bzw. zu kapitalistischen Verhältnissen zurückzukehren. Doch in den Kämpfen um die Nachfolge Maos, der 1976 starb, gewannen schließlich die Pragmatiker die Oberhand. Sie machten dessen politischen Gefolgsleuten wegen ideologischer Abweichung den Prozess. Die neue Parteiführung bezeichnete sie als „Viererbande", entfernte die Maoisten aus den Parteiämtern und verurteilte sie.

Angesichts der katastrophalen Wirtschaftslage in den Jahren nach der Kulturrevolution beschloss die neue Führung 1978, den Schwerpunkt der Parteiarbeit vom Klassenkampf auf die ökonomische und technische Entwicklung zu legen und China dem Westen gegenüber zu öffnen. Mit Deng Xiaoping als treibender Kraft wurde das **Programm der vier Modernisierungen** eingeleitet:

1. **Landwirtschaft:** Um die landwirtschaftliche Produktion zu steigern, erhielten die Bauern in den Volkskommunen kleinere Anteile des Ackerlandes zur privaten Nutzung.
2. **Industrie:** Vor allem die Konsumgüterindustrie wurde gefördert. Beim Aufbau der Schwerindustrie sollten in Zukunft auch Firmen aus dem kapitalistischen Ausland ihr „Know-how" zur Verfügung stellen und in China investieren dürfen.
3. **Landesverteidigung:** Armee und Luftwaffe sollten mit modernsten technischen Geräten und Waffen ausgerüstet werden, notfalls auch aus dem Ausland.
4. **Wissenschaft:** In den Schulen und Hochschulen sollten nicht mehr die Schriften Maos im Mittelpunkt stehen und die Partei den Ton angeben. Begabung und Leistung wurden aufgewertet, um Anschluss an den Stand der Wissenschaft und der Technologie zu finden.

B 1 „Göttin der Demokratie", aufgestellt von Studenten vor dem Kaiserpalast in Peking, Mai 1989

Dieses Programm zielte auf eine marktorientierte sozialistische Wirtschaft. Anstatt des bisher streng angewandten Prinzips zentraler Lenkung sollten Produktionsentscheidungen auch auf unteren Ebenen getroffen werden können (Dezentralisierung). Deshalb wurden etwa die Volkskommunen in kleinere Einheiten aufgeteilt, die eigenverantwortlich arbeiten und nach Erfüllung des Plans Gewinne aus zusätzlicher Produktion behalten sollten. Auch in der Industrie durften nach Erfüllung des Plansolls die Produzenten die Kapazität für zusätzliche Produkte nach eigener Markteinschätzung nutzen. Das bisherige System vollständiger Gewinnabführung an den Staat wurde nun durch ein Besteuerungssystem ersetzt, das den Betrieben einen Teil des Nettogewinns überließ.

Die wirtschaftliche Modernisierung ging jedoch nicht mit einer Demokratisierung des politischen Lebens einher. Im Gegenteil: Die absolute Macht der Kommunistischen Partei durfte nicht angetastet werden. Doch zeigte sich schon bald, dass sich die Erneuerung nicht auf Wirtschaft, Technik und Wissenschaft eingrenzen ließ. **Forderungen nach einer „fünften Modernisierung"**, d. h. nach **Freiheit und Demokratie,** wurden laut. Sie mündeten im Frühjahr 1989 in Studentenproteste, in denen mehr politische Rechte verlangt wurden. Am 4. Mai demonstrierten in Peking etwa 500 000 Menschen. Prominente Mitglieder der KPC, darunter Deng Xioaping, mussten sich öffentliche Kritik anhören (M 1, B 1). Daraufhin entbrannte in der chinesischen Führung ein heftiger Streit, wie die Partei reagieren sollte. Viele ältere Führungsmitglieder sahen in den Demonstrationen eine Bedrohung der Herrschaft der Kommunistischen Partei.

Am 3./4. Juni 1989 ging das Militär gegen die Demonstranten auf dem Tiananmen-Platz vor. Über 1 400 Zivilisten starben. Mit dieser Terroraktion (B 2) wollten die chinesischen Machthaber verhindern, dass nach dem Wandel in der Sowjetunion und Osteuropa nun auch in China demokratische Bewegungen an Einfluss gewannen. Seither steckt die chinesische Führung in einem

Dilemma: Sie kann und will den wirtschaftlichen Reformkurs nicht aufgeben, aber ihre politische Macht behalten.

Die chinesische Gesellschaft Bei der Frage nach Erfolg und Misserfolg der chinesischen Demokratiebewegung spielen neben der Reformbereitschaft der Parteiführung und den Bedingungen der Weltpolitik auch gesellschaftliche und kulturelle Faktoren eine Rolle. Besonders die **Autorität der Älteren und der Herrschenden** haben das Leben seit Jahrtausenden nachhaltig geprägt. Kinder müssen den Eltern mit großer Ehrerbietung begegnen, Untertanen haben dem politischen Herrscher und seinen Beamten gegenüber die Pflicht zu absoluter Loyalität. Freier Dialog und gleichberechtigte Kommunikation finden unter diesen Bedingungen nicht statt. Ein solches Autoritätsverständnis stellt eine Struktur von historisch „langer Dauer" dar, um einen Begriff des Historikers Fernand Braudel aufzugreifen. Derartige Strukturen haben in China die zentralen politischen Umwälzungen bis heute überlebt, nämlich die Abschaffung des chinesischen Kaisertums 1911, die Ausrufung der sozialistischen Volksrepublik China 1949 oder auch das Ende des Ost-West-Konflikts 1989/90 (M 2).

Außenpolitik Die imperialistischen Staaten hatten bei ihrer Aufteilung der Welt im 19. Jahrhundert nicht vor der alten Kulturnation China Halt gemacht. Zwar verhinderte die Konkurrenz der Kolonialmächte untereinander die vollständige Unterwerfung des Landes. China sank jedoch zu einem **halbkolonialen Staat** herab, der in westliche Einflusssphären aufgeteilt wurde. Es musste sich außerdem dem ausländischen Handel und westlicher Industrie öffnen, was die einheimische Wirtschaft untergrub. Diese schockartig erlebte Unterdrückung durch die fremde Zivilisation der Industriemächte wirkt bis in die Gegenwart nach. Politische Führung und Bevölkerung sind sich bis heute der engen Verklammerung von Vergangenheit und Gegenwart bewusst, z. B. als Großbritannien das 1860 China geraubte und zur britischen Kolonie gemachte **Hongkong** 1997 zurückgab.
Aber noch ein anderes Problem beschäftigt bis in die Gegenwart hinein die chinesische Politik: Nachdem Mao Zedong 1949 die Volksrepublik China ausgerufen hatte, floh sein politischer Gegner Chiang Kaishek mit dem Rest seiner Armee auf die Insel Formosa (Taiwan). Seitdem beanspruchen sowohl das kommunistische Regime in Peking als auch die nationalchinesische

B 2 Peking, 4. Juni 1989, Fotografie

Regierung auf **Taiwan**, das chinesische Volk zu vertreten. Die westlichen Staaten versagten nach dem Zweiten Weltkrieg der kommunistischen Volksrepublik die politische Anerkennung und sprachen Chinas ständigen Sitz im Sicherheitsrat der UNO dem Inselstaat Taiwan zu. Auf diese Weise hofften die USA, Peking international isolieren und das Ende der kommunistischen Herrschaft herbeiführen zu können. Darauf reagierte die Volksrepublik, indem sie sich in das von der Sowjetunion beherrschte „**sozialistische Lager**" einordnete. Moskau unterstützte mit Geldern und Fachkräften den Aufbau des Sozialismus in China, das sich damals noch am sowjetischen Gesellschaftsmodell orientierte. Da die Regierung in Peking nicht nur diese Hilfsleistungen bezahlen, sondern auch die gewaltigen Kosten des von der Sowjetunion mit initiierten Koreakrieges (s. S. 370) tragen musste, litt China jahrelang unter einer beträchtlichen Schuldenlast.

Zwischen 1958 und 1966 löste sich China allmählich von der Sowjetunion. Mao sah in der sowjetischen „Entstalinisierung" eine Abkehr vom sozialistischen Weg, was zur Abkehr vom sowjetischen Modell bzw. zur Propagierung eigener Sozialismusvorstellungen führte. Nach dem endgültigen **Bruch mit Moskau** Anfang der 60er-Jahre spitzte sich der lange Zeit mühsam verdeckte Grenzkonflikt zwischen beiden Staaten zu. Nach ergebnislosen Verhandlungen über den Grenzverlauf kam es im März 1969 am Grenzfluss Ussuri zu militärischen Zusammenstößen. Diese Ereignisse sowie der Einmarsch der UdSSR in die Tschechoslowakei 1968 leiteten zwischen Moskau und Peking eine „Eiszeit" ein. Die Sowjetunion galt bei den chinesischen Kommunisten seitdem als Hegemonialmacht, die nach Weltherrschaft strebte und zu diesem Zweck China einkreisen wollte.

Bereits in den ersten Jahren der Volksrepublik fühlte sich China nicht nur dem „sozialistischen Lager", sondern auch der **Dritten Welt** zugehörig. Während der Kulturrevolution sorgte Zhou Enlai insofern für außenpolitische Kontinuität, als er die Zusammenarbeit mit den anderen Entwicklungsländern weiter vorantrieb. Mit großem progagandistischem Aufwand wurden sozialistische und nationale Erhebungen unterstützt, an erster Stelle der „Volkskrieg" in Vietnam.

Nach dem Bruch mit Moskau erweiterte China schrittweise seine internationalen Beziehungen bis zur Aufnahme in die UNO (1971), die mit dem gleichzeitigen Ausschluss Taiwans aus den Vereinten Nationen gekoppelt war. Die USA stimmten zwar dagegen und unterstützen Taiwan seitdem militärisch und politisch. Doch nach dem Rückzug aus Vietnam zeigten sie sich zunehmend an einer Normalisierung der Beziehungen zu China interessiert. Mit dem Besuch des amerikanischen Präsidenten Richard Nixon in Peking im Februar 1972 war China endgültig zu einem weltpolitischen Faktor geworden. Grundlage für die Annäherung war das gemeinsame Interesse an einer Eindämmung des sowjetischen Einflusses. Nach der chinesischen Strategie kam es darauf an, sich mit allen möglichen Kräften gegen den jeweils stärksten Gegner zu verbünden. Darüber hinaus zeichnete sich für beide Länder die Möglichkeit einer technologisch-wirtschaftlichen Zusammenarbeit ab.

Mit **Japan** schloss China 1978 ein Friedens- und Freundschaftsabkommen, das einen Ausgleich in den historisch belasteten Beziehungen herbeiführte und eine gegen die Sowjetunion gerichtete Antihegemonieklausel enthält. Seitdem fällt Japan für die Modernisierung der chinesischen Wirtschaft eine entscheidende Rolle zu.

Nach der außenpolitischen Öffnung bemühte sich Peking auch um intensivere Beziehungen zu **Europa.** China unterstützte die westeuropäische Integration, um langfristig die Einflussmöglichkeiten beider Supermächte zu beschneiden, wobei zunächst die antisowjetische Perspektive Vorrang hatte.

Seit der Modernisierungspolitik Deng Xiaopings in den 70er-Jahren verschwanden zunehmend die weltrevolutionären Töne in der außenpolitischen Rhetorik. Ausschlaggebend blieb das chinesische Interesse, durch vielfältige politische und wirtschaftliche Beziehungen die eigene Unabhängigkeit zu sichern und sich einen großen Handlungsspielraum zu erhalten. Die brutale Niederschlagung der Demokratiebewegung 1989 bedeutete einen Rückschlag für die außenpolitischen Bemühungen. Die westlichen Staaten reagierten vorübergehend mit spürbarer Distanzierung, ohne aber mit China zu brechen. Zu groß ist die Faszination, die vom riesigen Marktpotenzial der Volksrepublik ausgeht. Der Zerfall des Ostblocks verschaffte der chinesischen Außenpolitik neue Möglichkeiten, auch wenn die Gestaltung der Beziehungen zu Russland trotz mancher Annäherungen noch viele Fragen in sich birgt.

Die kommende Groß- und Weltmacht? Zwar ist China zu Beginn des 21. Jahrhunderts mit seinem Pro-Kopf-Einkommen von 787 US-Dollar jährlich nach wie vor ein Entwicklungsland. Doch die in den 70er-Jahren unter Deng Xiaoping eingeleiteten Reformen brachten dem Land ein hohes Wirtschaftswachstum, steigenden Wohlstand und den Aufstieg zu einer Weltwirtschaftsmacht (M 3a). Die erstarkende Wirtschaft ist wiederum eine entscheidende Voraussetzung für die eingeleitete Modernisierung der Volksbefreiungsarmee, sodass Chinas Gewicht sowohl außen- als auch sicherheitspolitisch zunehmen dürfte (M 3b). Seine politische Führung sieht sich auf dem Weg zu einer Groß- und auch Weltmacht und damit in einer wachsenden Rivalität besonders mit den USA. Ein zentraler Streitpunkt zwischen beiden Staaten ist Taiwan. Für die Volksrepublik bleibt die Wiedervereinigung mit dem Inselstaat, den sie als Provinz betrachtet, eines der Hauptziele. Seit der Rückkehr von Hongkong (1997) und Macao (1999) droht Peking nachdrücklicher denn je mit Gewaltanwendung bei einer Unabhängigkeitserklärung Taiwans. Der im März 2000 gewählte taiwanesische Präsident Chen Shuibian trug jedoch zu einer Entspannung der Beziehungen zu Peking bei, als er für einen konstruktiven Dialog zur Herstellung direkter Handels- und Reiseverbindungen eintrat.

M1 Aus der „Zehn-Punkte-Erklärung" der „Gemeinsamen Versammlung aller Bevölkerungsgruppen der Hauptstadt" vom 27. Mai 1989

7. Das Bedauerliche ist, dass die gegenwärtigen Führungspersönlichkeiten Chinas die Probleme immer noch in der überlieferten Weise angehen, es fehlt ihnen grundlegend die politische Substanz,
5 neue Gedanken hervorzubringen. Sie sind völlig daran gewöhnt, die Demokratiebewegung der Volksmassen ausschließlich als ein Instrument des innerparteilichen Konflikts in den Blick zu nehmen. Sie können nur davon ausgehen, dass hinter dieser
10 Demokratiebewegung bestimmte hochrangige Persönlichkeiten in der Partei als Drahtzieher stehen. Deshalb glauben sie völlig irrigerweise, dass man allein den innerparteilichen Kampf ausfechten müsste, um die Probleme zu lösen, man müsste nur
15 die vermeintlichen Drahtzieher erwischen und dann würde sich diese Bewegung von selbst verlaufen. Diese Anschauung ist unweigerlich zu rückständig für unsere Zeit. Sie unterschätzt allzu sehr die politische Substanz der breiten Studenten-
20 schaft und des Volkes. Wir weisen noch einmal ernsthaft darauf hin, dass jeder Versuch, Probleme mit dem früheren Mittel der Austragung innerparteilicher Konflikte zu lösen, kindisch und lächerlich ist. [...]

9. Der bedeutendste Gesichtspunkt dieser Studen- 25
ten- und Demokratiebewegung ist, dass sie trotz der unverständlich scharfen Haltung, welche die Regierung ihr gegenüber einnimmt, von Anfang bis Ende eine Petitionsbewegung von großer Gelassenheit, Beherrschung, Ordnung und Friedfer- 30
tigkeit darstellt. Auch nach der Verkündung des Ausnahmezustands bedient sie sich noch des Mittels der friedfertigen Petition. Mit Erfolg hinderte sie die Armee am Eindringen ins Stadtzentrum, was dazu führte, dass der Ausnahmezustand auch sie- 35
ben Tage nach seiner Verkündung nur ein Stück Amtspapier ist. Das ist ein großer, beispielloser Sieg. Er hat in der Geschichte der Demokratiebewegung Chinas und der Geschichte der weltweiten Demokratiebewegung eine wundervolle und 40
wertvolle Erfahrung hervorgebracht. Um die große, hochgradig rationale Besonderheit dieser Bewegung zu bewahren, um zu verhindern, dass mit irrationalen Mitteln die extrem irrationale Regierung bekämpft wird, und gleichzeitig, um die 45
persönliche Unversehrtheit der breiten Studenten-

schaft sicherzustellen, die Lasten für die Bevölkerung der Hauptstadt zu mindern und Bedingungen für eine Lösung der Probleme auf der Grundlage von Demokratie und Recht voranzutreiben, schlägt die Vereinigte Versammlung der Hauptstadt der gesamten Studentenschaft nochmals vor, dass die groß angelegten friedlichen Petitionsaktivitäten auf dem Tiananmen-Platz am 30. Mai, dem 10. Tag nach der Verhängung des Ausnahmezustands, vorerst eingestellt werden. Später wird auf dem Tiananmen-Platz eine große Versammlung der ganzen Stadt abgehalten werden, um den beispiellos großen Sieg dieser Studenten- und Demokratiebewegung zu feiern. Danach wird ein großer Umzug der Stadtbevölkerung zur Begrüßung der tapferen Kommilitonen stattfinden, die sich in die Hochschulen zurückgezogen haben.

Der völlige Rückzug vom Tiananmen-Platz bedeutet nicht die Beendigung dieser Studenten- und Demokratiebewegung, sondern vielmehr deren langfristigen und stufenweisen Charakter.
(Zit. nach Jürgen Domes/Marie-Luise Näth, China im Aufbruch, Peter Lang, Frankfurt/Main 1990, S. 238f.)

1 Erläutern Sie das Selbstverständnis der Demokratiebewegung (M 1). Untersuchen Sie dabei vor allem, welche Akzente die Erklärung setzt.

M2 Der Sozialwissenschaftler Oskar Weggel über die Gesellschaft Chinas, 1994

China ist heute eine Übergangsgesellschaft auf dem Wege zu einer metakonfuzianischen Sozialordnung.

Mit „Metakonfuzianismus" ist [...] der Konfuzianismus des kleinen Mannes – der Bauern-, Händler- und Handwerker-Konfuzianismus – gemeint, der die Jahre der Republik und nicht zuletzt auch die vier Jahrzehnte sinokommunistischer „Revolution" mühelos weggesteckt hat und der dem Durchschnittschinesen heute mehr denn je die Beurteilungsmaßstäbe dafür liefert, was als „normal" zu gelten hat. [...]

Der Schlüsselbegriff, um den sich der gesamte Konfuzianismus dreht und wendet, heißt „ren". [...] Richtiger übersetzt man mit „Gemeinschaftsbezogenheit", und zwar aus drei Gründen. Erstens wird damit auf das Moment des organisch Gewachsenen (im Gegensatz zum zweckhaft „gesellschaftlich" Geschaffenen) hingedeutet, zweitens wird so dem urchinesisch personalistischen Guanxi („Bezogenheits-")Denken Rechnung getragen, und drittens erfährt damit auch das Schriftzeichen für „ren", das einen Menschen mit ausgebreiteten Armen zeigt, eine sachlogische Wiedergabe. [...]

Was Konfuzianismus und Metakonfuzianismus [...] betonen, ist:
– nicht das Ich, sondern das Wir (in der Familie oder in der Danwei[1]),
– nicht der Vorrang der Rechte, sondern die Priorität der Pflichten. Man fragt also nicht: „Wie darf", sondern „Wie muss ich mich verhalten?" [...]
– nicht was „rechtens", sondern was „anständig" ist, [...]
– nicht das individuelle Eigeninteresse, sondern die „Wechselseitigkeit", also das Gruppeninteresse, [...]
– nicht der Wettbewerb, sondern die „harmonische" Zusammenarbeit [...],
– nicht die Konfliktbereitschaft, sondern die Konsensbildung [...]; Mehrheitsentscheidungen werden insgeheim als „51-%-Demokratie" und Klassenkampf als „Luan" (Unordnung, Chaos) empfunden,
– nicht das Laisser-faire, sondern die Gruppenbindung (im Sinne von Loyalität, Seniorität usw.),
– nicht der Vorrang der „Sache", sondern den Primat der persönlichen Guanxi[2],
– nicht die Professionalisierung und Spezialisierung sozialer Rollen, sondern die „Verpersönlichung" und das „Amateurideal". „Moralische Vorbildhaftigkeit" ist wichtiger als fachliche Führung.

In diesem Zusammenhang hat sich auch eine spezifische Ethik entwickelt, die durch zwei Merkmale charakterisiert ist, nämlich durch ihre Gemeinschafts- und ihre Danwei-Bezogenheit. Der gemeinschaftsorientierte „kategorische Imperativ" des Konfuzianismus läuft darauf hinaus, in jeder konkreten Situation so zu handeln, dass die Gemeinschaftsnormen nicht nur nicht gestört, sondern jeweils neu bestätigt werden: Handle so, als wärest du die verkörperte Gemeinschaftstradition! Auf die Vereinbarkeit des Handelns mit dem individuellen Gewissen kommt es dagegen weniger an. [...]

Die Gemeinschaftsbezogenheit ist vertikal orientiert: [...] Sämtliche sozialen Beziehungen sind Über-/Unterordnungsverhältnisse; es gibt keinen „Bruder", sondern nur einen „älteren" oder einen „jüngeren" Bruder, keinen „Onkel", sondern einen ersten, zweiten oder dritten Onkel; das Alter steht über der Jugend [...] und – bis vor kurzem – der Mann auch über der Frau: Das maoistische Gleichberechtigungspostulat war ein für die konfuzianische Welt höchst verwirrendes Ideal. Stets hat man in China noch jemanden über sich. In alter Zeit verstand sich sogar der Kaiser noch als „Sohn des Himmels".

Der Vorrang des Alters begann sich Ende der Achtzigerjahre als verhängnisvoll zu erweisen. [...] Keinem der Spitzenfunktionäre käme es allerdings in den Sinn, auch nur einen Deut seiner Macht aufzugeben. [...]
Deng Xiaoping hatte zwar Ende 1988 den Rücktritt von all seinen Ämtern bekannt gegeben, jedoch gleichzeitig auch wissen lassen, dass er sich nicht verweigern wolle, würde er zwischendurch „um Rat gefragt". Wer aber an herausragender Stelle hätte es sich schon leisten können, ohne seinen Rat entscheiden zu wollen? [...]
Der von Mao Zedong angestrebte Egalitarismus war angesichts dieser kulturellen Vorgaben von Anfang an zum Scheitern verurteilt, zumal der „Vorsitzende" selbst, der doch eigentlich Vorbild hätte sein müssen, schon zu Lebzeiten wie ein Halbgott verehrt und nach seinem Tode auf der „Reichsachse" vor dem Tor des Himmlischen Friedens im wahrsten Sinne des Wortes „eingeschreint" wurde.
(Oskar Weggel, China, C. H. Beck, München ⁴1994, S. 276–283)

1 Danwei = Grundeinheit
2 Guanxi = Beziehung

1 Erläutern Sie am Beispiel der Begriffe „Gemeinschaftsbezogenheit" und „Hierarchie" die Grundlagen der chinesischen Gesellschaft (M 2).
2 Erörtern Sie die Frage, ob und inwieweit die durch Werte wie Gemeinschaft und Hierarchie ausgerichtete chinesische Gesellschaft demokratische Herrschaftsformen begünstigt oder verhindert.

M3 China – die kommende Groß- und Weltmacht

a) Der Politologe Heinrich Kreft über Chinas weltwirtschaftliche Bedeutung, 2000

Obwohl bereits wichtige Schritte zur Rekonstruierung des Unternehmens- und Bankensektors unternommen wurden, steht die Reform hier immer noch am Anfang. Die Zahl der im Besitz der Zentralregierung, der Provinzen oder der Städte befindlichen Unternehmen wird auf knapp über 300 000 geschätzt. 1998 wies nahezu jedes zweite Staatsunternehmen Verluste aus [...].
Die Krise der Staatsunternehmen äußert sich auch in einer generell niedrigeren Produktivität und Produktqualität im Vergleich zu den anderen Unternehmen. Auf die Staatswirtschaft entfallen heute nur noch 25 Prozent der Industrieproduktion, sie nimmt aber über 70 Prozent des Kreditvolumens in Anspruch. [...]

Obwohl die wirtschaftliche Bedeutung der Staatsunternehmen weiter abnimmt, ist ihre Reform die vielleicht größte Herausforderung der chinesischen Führung. Mit ihren etwa 112 Millionen Beschäftigten stellen sie zwei Drittel der städtischen Arbeitsplätze und damit ein explosives soziales Potenzial dar, das wiederholt – in den ersten Jahren der Volksrepublik, während der Kulturrevolution und zuletzt im Umfeld der Tiananmen-Ereignisse – seine Sprengkraft unter Beweis gestellt hat.
Es wird geschätzt, dass mindestens 15 Prozent der Arbeitskräfte in den Staatsunternehmen überflüssig sind. Ihre Freisetzung würde die bereits bestehende städtische Arbeitslosigkeit, die heute bei 13 bis 14 Prozent liegen dürfte, weiter erhöhen. Hinzu kommen Beschäftigungsprobleme in der Landwirtschaft, aber auch inzwischen bei etlichen Kollektivunternehmen. [...]
Mit dem beeindruckenden Wirtschaftswachstum der vergangenen zwei Jahrzehnte ist auch Chinas Bedeutung für die Weltwirtschaft gestiegen. [...] Mit der Aufgabe seiner importsubstituierenden¹ Industrialisierungsstrategie zu Gunsten einer außenwirtschaftlichen Öffnung legte die chinesische Führung die Grundlagen für Strukturwandel und Wirtschaftswachstum. Die Außenwirtschaft erhielt eine Schlüsselfunktion für die gesamtwirtschaftliche Entwicklung. Die Einbindung Chinas in die globalen Strategien ausländischer, zunächst asiatischer und später auch westlicher, Unternehmen führte zu einem starken Zustrom von ausländischem Kapital und Know-how. Dieses trug wesentlich zur Stärkung der chinesischen Wettbewerbsfähigkeit seit Anfang der Neunzigerjahre bei und zum Aufstieg Chinas zum heute neuntgrößten Exportland; betrachtet man die EU als einheitlichen Wirtschaftsraum, rangiert China auf dem vierten Rang. Zwischen 1981 und 1998 vergrößerte sich das Außenhandelsvolumen von 44 auf 324 Milliarden US-Dollar sowie der Außenhandelsüberschuss von 8,7 (1990) auf 44 Milliarden (1998). Bedingt durch die „Asienkrise" im Jahr 1999 ging dieser auf 29,1 Milliarden zurück.
1998 flossen mit 46 Milliarden US-Dollar mehr als ein Viertel aller in Entwicklungsländer sowie mehr als die Hälfte der nach Asien transferierten Direktinvestitionen nach China, seitdem gehen diese Kapitalflüsse jedoch deutlich zurück.
(Heinrich Kreft, China – die kommende Großmacht. Vom Objekt zum Akteur der internationalen Politik, in: Aus Politik und Zeitgeschichte, B 51/2000, S. 23)

1 importsubstituierend = Importe ersetzend

b) Der Historiker Paul Kennedy über den Aufstieg Chinas zur Großmacht, 1989

[…] auch wenn China unter gewissen chronischen Schwierigkeiten litt, schien seine Führung im letzten Jahrzehnt eine Strategie zu entwickeln, die viel zusammenhängender und zukunftsorientierter war als jene, die in Moskau, Washington oder Tokio, ganz zu schweigen von Westeuropa, vorherrschte. […]
Die Schwächen des Landes sind […] wohl bekannt […]. Peking hat sich […] als strategisch und diplomatisch isoliert angesehen. Dies lässt sich zum Teil auf Maos Politik gegenüber Chinas Nachbarn zurückführen, ist aber auch eine Folge der Rivalitäten und Ambitionen der anderen asiatischen Mächte in den vergangenen Jahrzehnten. Die früheren japanischen Aggressionen sind in der chinesischen Erinnerung noch nicht verblasst und verstärken die Vorsicht, mit der die Führung in Peking das explosive Wachstum dieses Landes in den letzten Jahren betrachtet. Obwohl die Beziehungen zu Washington in den 70er-Jahren aufgetaut sind, begegnet man auch den Vereinigten Staaten mit einigem Misstrauen […]. Die Zukunft Taiwans und der kleineren Inseln vor der Küste bleibt ein borniges, nur halb verdrängtes Problem. Die Beziehungen der Volksrepublik China zu Indien sind kühl geblieben, erschwert durch die jeweiligen Bindungen an Pakistan und Russland. Trotz kürzlicher „Werbungsversuche" Moskaus fühlt sich China noch immer veranlasst, die UdSSR als die größte äußere Gefahr anzusehen […]. Ähnlich wie die Deutschen früher in diesem Jahrhundert beschäftigt die Chinesen daher der Gedanke an eine „Einkreisung", während sie gleichzeitig danach streben, ihren Platz im globalen Machtsystem zu verbessern.
Ferner müssen diese widerborstigen, multilateralen diplomatischen Probleme von einem Land gelöst werden, das im Vergleich zu seinen Hauptrivalen weder militärisch noch wirtschaftlich besonders stark ist. Bei aller numerischen Größe der chinesischen Armee bleibt sie, was modernes Gerät der Kriegführung anbetrifft, erbärmlich unterbestückt. […] Der Mangel an harter Währung und die absolute Weigerung, sich von anderen Nationen abhängig zu machen, haben die Käufe ausländischer Waffen auf einem Minimum gehalten. […] Wirtschaftlich scheint China noch weiter zurück zu sein […]. Angesichts des zu erwartenden Bevölkerungswachstums von einer Milliarde Menschen heute auf 1,2 oder 1,3 Milliarden im Jahre 2000 sind die Aussichten für einen größeren Anstieg des Pro-Kopf-Einkommens nicht groß; selbst im nächsten Jahrhundert wird der durchschnittliche Chinese im Vergleich zur Bevölkerung der etablierten Mächte arm sein. Außerdem muss man kaum betonen, dass die Schwierigkeiten, einen solch bevölkerungsreichen Staat zu regieren, die verschiedenen Fraktionen (Partei, Armee, Bürokraten, Bauern) auszusöhnen und Wachstum ohne soziale und ideologische Unruhe durchzusetzen, selbst für die flexibelste und intelligenteste Führung eine harte Prüfung sein wird. […]
Trotzdem, die Indikationen von Reform und Verbesserung, die im Laufe der letzten sechs bis acht Jahre in China zu beobachten waren, sind sehr bemerkenswert und legen nahe, dass die Zeit unter Deng Xiaoping von Historikern eines Tages auf ähnliche Weise betrachtet werden wird wie Colberts Frankreich oder die frühen Phasen der Herrschaft Friedrichs des Großen […]: das heißt, als ein Land, das danach strebt, seine Macht […] durch alle pragmatischen Mittel zu entfalten. Dazu gehört der Versuch, einen Ausgleich zu finden zwischen der Ermutigung des Unternehmertums, der Privatinitiative, der Veränderung und einer etatistischen Entschlossenheit, die Ereignisse so zu lenken, dass die nationalen Ziele so schnell und reibungslos wie möglich erreicht werden. […] Obwohl es Schwierigkeiten gab und in der Zukunft höchstwahrscheinlich neue auftauchen werden, war die bisherige Leistung beeindruckend.
Sie wird zum Beispiel deutlich in der vielfältigen Art, in der sich die chinesischen Streitkräfte nach den Erschütterungen der 60er-Jahre verändert haben: Die geplante Reduzierung der Volksbefreiungsarmee […] von 4,2 auf 3 Millionen Soldaten ist in Wirklichkeit eine Verstärkung, da viel zu viele Soldaten nur Hilfstruppen waren, die zum Eisenbahnbau und für zivile Zwecke eingesetzt wurden. Diejenigen, die in der Armee bleiben, sind wahrscheinlich von höherer Qualität […] Eine groß angelegte Modernisierung der chinesischen Waffen, die zwar zahlenmäßig beachtlich, aber veraltet sind, wird damit einhergehen. […]
Noch bezeichnender für Chinas Aufstieg zur militärischen Großmacht ist die außerordentlich schnelle Entwicklung seiner Atomtechnologie. Obwohl die ersten Tests zu Maos Zeiten vonstatten gingen, hat er Atomwaffen öffentlich abgelehnt und den „Volkskrieg" vorgezogen; im Gegensatz dazu ist die Führung unter Deng entschlossen, China so schnell wie möglich den Rang einer modernen Militärmacht zu geben. […] Dies alles wird durch eine groß angelegte Nuklearforschung abgestützt. Die Chinesen lehnen es ab, die Entwicklung ihrer Atomwaffen durch internationale Begrenzungsabkommen „einfrieren" zu lassen, da

dies lediglich den bestehenden Großmächten helfen würde. […]

Trotzdem, selbst Chinas gegenwärtige militärische Kapazität hat ihm schon einen weit größeren Einfluss verschafft als noch vor einigen Jahren. Durch die Verbesserungen in der Ausbildung, der Organisation und der Ausrüstung sollte die Volksbefreiungsarmee eher in der Lage sein, ihren regionalen Rivalen wie Vietnam, Taiwan und Indien zu begegnen, als in den letzten zwei Jahrzehnten. Selbst das militärische Kräfteverhältnis gegenüber der Sowjetunion scheint nicht mehr so unverhältnismäßig stark zu Gunsten Moskaus geneigt zu sein. […]

Aber der bedeutendste Aspekt langfristiger militärischer Macht Chinas liegt in dem erstaunlich schnellen Wachstum seiner Wirtschaft in den letzten Jahrzehnten, ein Wachstum, das sich wahrscheinlich in Zukunft fortsetzen wird. […]

Trotz seiner anscheinenden Verwundbarkeit hat sich China weder Moskau noch Washington gegenüber fügsam oder nachgiebig gezeigt. Wegen all dieser Gründe hat China eine einzigartige internationale Position erreicht, sowohl als Teilnehmer an vielen zentralen politischen und militärischen Konflikten der Nachkriegszeit als auch als ein Staat, der sich einer einfachen politischen oder ideologischen Kategorisierung widersetzt. In der Tat muss China in gewissem Sinne als ein Supermachtkandidat aus eigener Kraft bewertet werden – nicht in Imitation der Sowjetunion oder der Vereinigten Staaten, sondern als Reflexion von Pekings einzigartiger Position in der Weltpolitik.

Langfristig gesehen, repräsentiert China eine politische und strategische Macht, die zu bedeutend ist, um als Anhängsel Moskaus oder Washingtons oder einfach als Mittelmacht angesehen zu werden.

(Paul Kennedy, Aufstieg und Fall der großen Mächte. Ökonomischer Wandel und militärischer Konflikt von 1500 bis 2000, S. Fischer, Frankfurt/Main 1989, S. 660–676)

1 Erläutern Sie anhand von M 3a, b die Stärken und Schwächen Chinas an der Schwelle zum 21. Jahrhundert sowohl auf wirtschaftlichem als auch auf militärisch-politischem Gebiet.

2 Diskutieren Sie die Frage: Ist China heute schon eine Groß- bzw. Weltmacht oder entwickelt sich das Land erst in diese Richtung? Ziehen Sie dafür nicht nur die Definition des Begriffes „Weltmacht" auf S. 315 heran, sondern betrachten Sie zum Vergleich auch die Außenpolitik der Weltmacht USA im 20. Jahrhundert (S. 324 f. und 370 ff.).

M4 Die Historikerin Patricia Buckley Ebrey über die Opfer des „Großen Sprungs nach vorn" und der Kulturrevolution (1996)

[Maos Wirtschaftspolitik des „Großen Sprungs nach vorn" hatte] eine Hungersnot von gewaltigen Ausmaßen zur Folge. Die Höhe der Ernte von 1958 war wild übertrieben worden, und ein Großteil der Frucht verrottete auf den Feldern, da die Männer woanders zur Arbeit eingesetzt waren. Als die Ernteerträge in den beiden Folgejahren zurückgingen, wurden die Auswirkungen der Verknappung durch Parteikader verschlimmert, die noch immer überhöhte Zahlen nach Beijing [Peking] meldeten, um ihren revolutionären Eifer zu beweisen. Da die Zentralregierung die Quoten der von den Bauern abzuliefernden Erzeugnisse nach den gemeldeten Zahlen festsetzte, wurde ein viel zu hoher Anteil der Ernte der Landbevölkerung entzogen: Vielerorts blieb den Bauern weniger als die Hälfte von dem, was sie zum Leben brauchten. Fast überall wurden die Lebensmittel rationiert, und man musste Küchen einrichten, in denen dünne Hafersuppen verteilt wurden, um Hungersnöte abzuwenden. Dennoch lässt sich aus nachträglichen Rekonstruktionen des Bevölkerungsstandes errechnen, dass es in den „Drei Schweren Jahren" (1959–1962) rund 30 Millionen „Überschusstote" gab. […]

Als Deng 1978 ein zweitesmal an die Macht kam, mussten fast drei Millionen Opfer der Kulturrevolution rehabilitiert werden. Doch fast jeder, der in irgendeiner Form daran beteiligt war, fühlte sich am Ende als Opfer, das man hintergangen, manipuliert oder unmittelbar körperlich misshandelt hatte. Jugendliche aus den Großstädten, die in Begeisterung geraten waren, als Mao sie aufgefordert hatte, die Machthaber zu stürzen, fanden sich plötzlich ganz unten wieder. Die schulischen Bildungsmöglichkeiten ihrer jüngeren Geschwister wurden nachhaltig beeinträchtigt, da die Schulen für längere Zeit geschlossen blieben und anschließend mit verkürzten Curricula wieder geöffnet wurden. Die Kader, Lehrer und Intellektuellen, die Hauptzielscheiben der Kulturrevolutionäre, mussten entsetzliche körperliche Misshandlungen erdulden, doch das Gefühl, verraten worden zu sein, war meistens noch schlimmer. Als sie wieder mit den Menschen zusammenarbeiten sollten, von denen sie geschlagen, gedemütigt und ins Gefängnis gebracht worden waren, schwärten die Wunden noch jahrelang.

(Patricia Buckley Ebrey, China. Eine illustrierte Geschichte, Übers. Udo Rennert, Frankfurt/Main u. a., Campus 1996, S. 310 f. und 320)

4.2 Weltwirtschaftsmacht Japan

> Modernisierung und Industrialisierung

Bis zur Mitte des 19. Jahrhunderts war Japan ein streng nach außen abgeschottetes Land. Seit 1637 war es Ausländern strikt verboten, an seinen Küsten zu landen. Das änderte sich 1854, als eine amerikanische Flotte unter Commodore Matthew Perry die Öffnung von Vertragshäfen und damit die Aufnahme des Handelsverkehrs erzwang. Die in den folgenden Jahrzehnten mit westlichen Kolonialmächten abgeschlossenen „ungleichen Handelsverträge" brachten Japan allerdings wenig Vorteile, sodass sich schon bald heftiger Widerstand dagegen organisierte. Innere Machtkämpfe führten 1868 zur Wiederherstellung des Kaisertums, das bis dahin ein Schattendasein fristen musste. Gemäß einer langen Tradition, nach der jeder neue Kaiser seiner Regierungszeit ein bestimmtes Motto gab, erhielt die bis 1912 dauernde Herrschaft von Kaiser Mutsuhito die Bezeichnung „meiji", „Erleuchtete Regierung". Während dieser **Meiji-Restauration** wurden die **Grundlagen für das moderne Japan** gelegt. Entschlossen, ihr Land nicht vom Westen beherrschen und kolonisieren zu lassen, beseitigte die Regierung die Vorrechte der Samurai („Krieger") und modernisierte das Militärwesen. Vor allem aber stärkte sie die Zentralgewalt. Damit verfügten die Reformkräfte über das geeignete Instrument, um Gesellschaft und Wirtschaft von Grund auf zu erneuern. Nicht einzelne Unternehmer, sondern der Staat trieb mit großem Tempo und dirigistischen Methoden die Modernisierung voran. Er garantierte die freie Berufswahl, wandelte die Grundsteuern von Naturalabgaben in Geldsteuern um, hob die Bindung der Bauern an den Boden auf, entwickelte ein modernes Bankwesen, führte die Gewerbefreiheit und die allgemeine Schulpflicht ein, sodass die Analphabetenrate drastisch sank. Ungeachtet aller Selbstständigkeitsbestrebungen holte Japan auch ausländische Experten ins Land, die bei der Modernisierung von Armee und Wirtschaft halfen. Darüber hinaus förderte der Staat den Eisenbahnbau und den Export. Obwohl Japan im Vergleich zu Großbritannien, den USA und Deutschland in seiner industriellen Entwicklung zurückblieb, war es doch das einzige nicht-westliche Land, das im ausgehenden 19. und beginnenden 20. Jahrhundert eine **Industrielle Revolution** durchlief (M 5a).

Der Aufstieg der japanischen Wirtschaft setzte sich während des Ersten Weltkrieges fort. Japan profitierte von diesem Krieg, da die europäischen Großmächte die asiatischen Märkte vernachlässigen mussten, die jetzt den Japanern offen standen. In den 20er-, vor allem aber in den 30er-Jahren des 20. Jahrhunderts schwächten jedoch **Krisen** die japanische Wirtschaft. Das Land verlor seine Exportmärkte in West- und Südostasien wieder, da die Europäer die japanische Konkurrenz verdrängen konnten. Dadurch verarmten die Bauern und die Arbeitslosigkeit stieg. Als Japan seine ständig wachsende Bevölkerung nicht mehr ausreichend ernähren konnte, bekamen nationalistische Kräfte Zulauf. Allen voran zeigte sich das Militär anfällig für einen extremen Nationalismus. Nach dieser Ideologie war die „Verwestlichung" des gesamtgesellschaftlichen Lebens verantwortlich für die Krise; eine Lösung erschien nur durch die Rückkehr zu den alten japanischen Tugenden der Disziplin, des Gehorsams und des Kampfes möglich. Der alte Kaisermythos und die Tradition des kriegerischen Samurai wurden reaktiviert. Die japanische Antwort auf die Weltwirtschaftskrise Ende der 30er-Jahre bestand darin, dass ein militaristischer Staat errichtet wurde. Sein Ziel war es, ganz Ostasien unter japanische Vorherrschaft zu bringen (B 4).

> Demokratisierung

Im August 1945 musste Japan eingestehen, dass seine auf Beherrschung der asiatischen Welt ausgerichtete imperialistische Gewaltpolitik gescheitert war. Die beiden Atombomben auf **Hiroshima** und **Nagasaki** am 6. und 9. August zwangen seine Führung, den Krieg verloren zu geben. Mit der **bedingungslosen Kapitulation** am 14. August war auch für Japan der Zweite Weltkrieg beendet. Japan stand vor einer wirt-

B 3 Das Kriegsende in Japan;
a) Hiroshima nach dem Abwurf der ersten Atombombe am 6.8.1945. Foto August 1945;
b) Überlebende des Atombombenabwurfs von Hiroshima. Foto August 1945

— "Mir war natürlich klar, dass die Explosion einer Atombombe unvorstellbare Schäden und Menschenverluste zur Folge haben würde... Eines möchte ich klarstellen. Ich betrachte die Bombe als militärische Waffe und hatte nie den geringsten Zweifel, dass sie eingesetzt werden sollte." Das erklärte der amerikanische Präsident Harry S. Truman (1884–1972, Präsident 1945–1953) im Jahre 1965 im Rückblick zu seiner Entscheidung. Diskutieren Sie, ob und inwieweit Trumans Entschluss politisch und moralisch zu rechtfertigen ist.

schaftlich katastrophalen Lage: Viele Städte und Industriezentren waren zerstört; etwa 6,5 Mio. Menschen kehrten aus den ehemaligen Kolonialgebieten in ihre Heimat zurück und mussten wieder eingegliedert werden. Hinzu kam der Verlust der politischen Selbstständigkeit. Die amerikanischen Streitkräfte besetzten das Land und bestimmten für fast sieben Jahre dessen Politik. Da die Sowjetunion erst am 8. August Japan den Krieg erklärt hatten, gelang es den USA, sie von der Besetzung fern zu halten.

Ziel der **amerikanischen Besatzungspolitik** unter General Douglas MacArthur war die Demokratisierung des gesamten öffentlichen Lebens (B 5). Ein erster Schritt in diese Richtung war die Entfernung von 18 000 Personen, die an der japanischen Expansionspolitik mitgewirkt hatten, aus der Verwaltung, der Wirtschaft und dem Erziehungswesen. Darüber hinaus sollten alle Kriegsverbrecher bestraft werden. Sie mussten sich vor dem Internationalen Militärtribunal Fernost verantworten. Es verurteilte 25 ehemalige Angehörige der japanischen Regierung wegen Verschwörung, Verbrechen gegen den Frieden, Kriegsverbrechen und Verbrechen gegen die Menschlichkeit; sieben wurden gehängt. Auch außerhalb Japans verurteilten die Siegermächte etwa 5000 Personen; dabei ergingen 920 Todesurteile. Die am 4. Januar 1946 eingeleiteten Säuberungen betrafen insgesamt rund 200 000 Menschen, unter ihnen ca. 167 000 ehemaligen Mitglieder der Streitkräfte. Mit besonderem Nachdruck verlangten die USA eine Entmilitarisierung Japans, die Entflechtung der Großkonzerne sowie die Stärkung der Arbeitnehmerrechte in den Betrieben und eine Bildungsreform, die die Grundlagen für eine demokratische Gesellschaft legen sollte.

B 4 Amerikanische Karikatur auf Japans Expansion in Asien, 1932

Um ein **demokratisches Japan** zu schaffen, ordnete General MacArthur schon bald nach der Kapitulation die Gründung von Gewerkschaften und neuen politischen Parteien an. Im Rahmen einer umfassenden **Bodenreform** mussten Großgrundbesitzer einen Teil ihres Landes an den Staat abtreten, der es an Kleinbauern und Pächter weitergab. Als Grundlage der „Erziehung zur Demokratie" wurde im Rahmen der **Bildungsreform** die Schulpflicht von vier auf neun Jahre erhöht, die Gliederung des Schulsystems nach amerikanischem Vorbild umgestaltet und endlich die Mädchenerziehung der Ausbildung von Jungen gleichgestellt. Die Paragrafen des **Bürgerlichen Gesetzbuches,** die in Japan bisher die patriarchalische Stellung des Ehemannes und Vaters in der Familie geschützt hatten, wurden abgeschafft und die Gleichheit der Eheleute vor dem Gesetz erlassen.

Eine der erfolgreichsten Reformen war die Bodenreform. Mit ihrer Hilfe verschwand die parasitäre Schicht der Grundbesitzer, gleichseitig verringerte sich das Pächtersystem drastisch. So sank der Anteil der gepachteten landwirtschaftlichen Nutzfläche von 46 % auf 10 % im Jahr 1950, der Anteil der Pächter, die überwiegend Pachtland besaßen, ging von 48,3 (1944) auf 8,8 % zurück. Die neuen Eigentumsverhältnisse spornten die Millionen Kleinbauern an, ihre Erträge zu steigern, und trugen so zur raschen Verbesserung der Ernährungslage bei. Weniger Erfolg war den Gewerkschaften beschieden: Sie wurden nun zwar als Sozialpartner anerkannt und erhielten das Streikrecht; aber ihre Organisationen waren zersplittert, und es fehlte ihnen auf Grund der traditionellen Betriebsstrukturen an gesellschaftlicher Unterstützung.

Der politisch wichtigste Schritt zur Demokratisierung Japans war die Verabschiedung einer neuen Verfassung im Jahr 1947. Der Entwurf kam aus dem amerikanischen Hauptquartier, fand aber im Wesentlichen die Zustimmung der Japaner. Die Verfassung machte das Land zu einer **parlamentarischen Demokratie** nach englischem Muster: Die Legislative, das Parlament, bestand künftig aus zwei Kammern: dem Unterhaus (Repräsentantenhaus, Abgeordnetenhaus) und dem Oberhaus (Haus der Staatsräte, Senat). Die Abgeordneten erhielten das Recht, Gesetze zu beschließen, den Haushalt festzulegen, Verträge zu ratifizieren, die Einberufung des Parlamentes zu verlangen sowie die Dauer und eine mögliche Verlängerung der Sitzungsperiode zu bestimmen. Die neue Verfassung brachte für die Exekutive weit reichende Veränderungen. Der Premierminister und sein Kabinett waren von nun an nicht mehr dem Kaiser, sondern dem Parlament gegenüber verantwortlich. Alle ausführende Macht wurde der Regierung zugesprochen. Da der Premier die Minister ernennen und entlassen konnte und außerdem das Recht zur Parlamentsauflösung besaß, nahm er seitdem eine Vorrangstellung ein. Allerdings wurde und wird seine

Macht dadurch beschränkt, dass er bei allen Entscheidungen den Rückhalt in seiner eigenen Fraktion innerhalb der Partei bzw. eine Mehrheit von Fraktionen hinter sich bringen muss. Mangelnde innerparteiliche Unterstützung durch die Führer dieser Fraktionen lässt sich auch nicht durch eine hohe Popularität ausgleichen. Dem Kaiser nahm die Verfassung alle politischen Befugnisse. Übte er vorher als oberster Souverän Herrschaftsfunktionen aus, war er fortan nur noch Repräsentant der Einheit der Nation.

Die Frauen erhielten im Nachkriegsjapan das Wahlrecht. Auch ein beachtlicher Katalog von **Bürger- und Menschenrechten** wurde in der Verfassung verankert. Zu den Besonderheiten der Verfassung gehört die Ächtung des Krieges als Mittel der Politik in Artikel 9. Diese „**Kriegsächtungsklausel**" hat folgenden Wortlaut: „Der Krieg als ein souveränes Recht der Nation ist abgeschafft. Auf die Androhung oder Ausübung von Gewalt als ein Mittel zur Regelung internationaler Streitigkeiten wird für alle Zeiten verzichtet. Ein japanisches Heer, eine Flotte, Luftwaffe oder anderes Kriegspotenzial werden niemals zugelassen und ein Kriegführungsrecht wird niemals dem Staat übertragen werden."

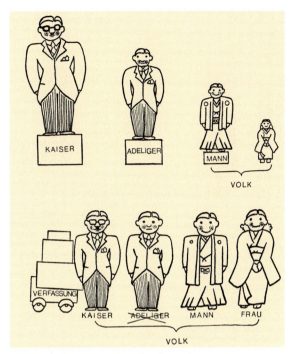

B 5 **Amerikanisches Flugblatt zur Umerziehung der Japaner, 1945**

| Demokratie und äußere Sicherheit | Der Beginn des Kalten Krieges (s. S. 339 ff.) veranlasste die Amerikaner, ihr Reformprogramm abzubrechen oder zumindest zu modifizieren. Zunehmend erhielten außen- und sicherheitspolitische Erwägungen den Vorrang vor der Demokratisierung von Wirtschaft und Gesellschaft. Vor allem der Sieg der Kommunisten in China 1949 veränderte die Haltung der USA gegenüber dem besiegten Japan. Washingtons Interesse war es jetzt, Japan als neuen Bundesgenossen im pazifischen Raum zu gewinnen. Deshalb wurden bereits 1949 Japan alle Reparationsleistungen erlassen und viele der Umerziehungsmaßnahmen rückgängig gemacht. Auch das Entflechtungsprogramm zur Zerschlagung der Großkonzerne ließ man weitgehend fallen. Nur neun von den vorgesehenen 1200 Konzernen wurden noch tatsächlich entflochten.

Um die Ausdehnung des sowjetischen Einflussbereiches in Ostasien zu verhindern und Japan in das westliche Bündnissystem einzubinden, bereitete die US-Regierung seit Anfang 1950 den Abschluss eines Friedensvertrages zwischen Japan und seinen ehemaligen Kriegsgegnern vor. Nur die Sowjetunion und die Volksrepublik China unterzeichneten Anfang September 1951 den **Friedensvertrag von San Francisco** nicht. Mit diesem Vertrag kehrte Japan als gleichberechtigter Partner in die Gemeinschaft der Völker zurück. Allerdings führte Artikel 9 der Verfassung zu Sonderabkommen zwischen den USA und Japan. Die Amerikaner gewährten den Japanern das

Recht, eine „Nationale Polizeireserve" aufzubauen, die mit Panzern, Flugzeugen und Marineeinheiten ausgestattet werden konnte. Zugleich erhielten die USA die Möglichkeit, dass sie auch nach dem Friedensvertrag und dem Ende der Besatzungszeit ihre Militärbasen behalten durften. Sie verpflichteten sich, die Verteidigung Japans zu übernehmen.

Diese Lösung, die Japan in das westliche Verteidigungsbündnis integrierte, ist bis heute innenpolitisch immer wieder Anlass heftiger Kontroversen. Als 1960 ein amerikanisch-japanischer Sicherheitsvertrag abgeschlossen wurde, warf die japanische Opposition der liberal-konservativen Regierung vor, sich allzu einseitig an die USA zu binden. Denn der Vertrag garantierte zwar Japan militärischen Beistand, sicherte aber auch den Amerikanern das Recht zu, weiterhin Streitkräfte in Japan zu stationieren und sogar Militärbasen für Raketen aufzustellen. Durch diese bis heute gültige militärische Sicherung des Landes muss Japan selbst nur etwa 1 % seines Sozialprodukts für die Verteidigung ausgeben.

| Wirtschaftlicher Wiederaufstieg |

Der japanische Wirtschaftsaufschwung setzte mit dem Koreakrieg 1950 ein. Die Truppen der UNO kauften vieles in Japan ein, was sie in Korea brauchten. Ihre Nachfrage kurbelte die Wirtschaft so an, dass sie schon sechs Jahre nach Kriegsende den Vorkriegsstand erreichte. Obwohl das Land anfangs in technischer Hinsicht dem Westen unterlegen war, betrugen die Wachstumsraten in den 50er-Jahren fast 9 % und über 11 % in den 60er-Jahren.

Unausgesprochenes nationales **Leitbild** der Politik war der Aufbau einer **wettbewerbsfähigen Wirtschaft** – allerdings ohne militärische Macht. Um dieses Ziel zu erreichen, förderte die Regierung gezielt ausgewählte Industrien. Hierzu gehörten zunächst die Energie-, Schwer- und Grundstoffgüterindustrie (Chemie, Eisen- und Stahlindustrie, Schiffbau, Automobilindustrie), danach die Elektroindustrie. Diesen Industriezweigen gewährte man nicht nur Subventionen und Steuervorteile, sondern half ihnen auch durch den Import von Technologien, über die Japan nicht verfügte. Gleichzeitig schützte man eigene Erzeugnisse vor dem internationalen Wettbewerb durch Schutzzölle und Importquoten.

Die Wiederaufbau- und Hochwachstumsphase dauerte bis 1973. Während dieser Jahrzehnte holte die japanische Wirtschaft ihren technischen und Qualitätsrückstand gegenüber dem Westen auf. Es entstand eine Industrie, die durch ihre Exportoffensiven berühmt ist (M 5b). Zunehmend setzte Japan hochwertige Fertigprodukte auf dem Weltmarkt ab, die auf Grund der Kostenvorteile moderner Massenproduktion preisgünstig hergestellt werden konnten. Japan entwickelte sich zwar zu einem **wirtschaftlichen Riesen** (M 6a–c), aber das rasche Wirtschaftswachstum forderte auch seinen Preis, den die fleißige, genügsame Bevölkerung zahlte. Sie sparte ein Fünftel ihres Einkommens und stellte es der Industrie als billiges Kapital zur Verfügung. Die Löhne waren und sind in Japan zwar beinahe so hoch wie in Europa, aber die Lebenshaltung ist teuer und die Wohnungen sind klein, sodass der Lebensstandard der Bevölkerung nicht im gleichen Maße anstieg wie die Produktivität und der Ausstoß der Wirtschaft.

| Krisen |

Seit Beginn der 70er-Jahre erlebte Japan mehrere Krisen. Sowohl der **„Ölschock"** 1973/74 als auch die zweite Ölpreiskrise 1978 beendeten für das rohstoffarme Japan den schnellen Wachstumsaufschwung der Nachkriegszeit. Die Wirtschaft musste beträchtliche Wachstumseinbußen hinnehmen. Weil sie aber ihr bisheriges an „purem Wachstum" orientiertes Leitbild aufgab, fand die japanische Wirtschaft beide Male erstaunlich rasch zu hohen Wachstumsraten zurück. Sie reduzierte nicht nur den gesamtwirtschaftlichen Energieverbrauch, sondern ersetzte auch energie- und rohstoffintensive Produktionen durch „wissensintensive" Wirtschaftszweige mit hohem technologischem Niveau. Den insgesamt schwersten Einbruch erlitt Japan jedoch 1985, als die USA, Frankreich, Deutschland, Großbritannien und Japan den Dollar abwerteten. Dadurch stieg der Außenwert des japanischen Yen und die Importe verteuerten sich. Das stark von Einfuhren, besonders aus den USA, abhängige Land reagierte erneut mit der Anpassung seiner Wirtschaft an die veränderten Rahmenbedingungen. Es konzentrierte sich jetzt auf die Herstellung von Massenwaren in der Unterhaltungselektronik, im Büromaschinen- und Automobilmarkt sowie auf hochtechnologische Computerhard- und -software. Auf diese Weise konnten traditionsreiche Branchen in anderen Ländern verdrängt und Japans Position als Weltwirtschaftsmacht gefestigt werden. Zwar verzeichnet das Land seit den 90er-Jahren niedrigere Wachstumsraten als zuvor (1990: 6%), wahrt aber zugleich seine Stellung als wachstumsstärkste Industrienation.

Während der 70er-Jahre erreichte die **Umweltverschmutzung** in Japan verheerende Ausmaße. So nahm die Luftverschmutzung besonders in Orten mit petrochemischer Industrie dramatische Ausmaße an. In der Stadt Yokkaichi erlitten viele Menschen Asthmaanfälle, die in nicht wenigen Fällen sogar zum Tode führten. Auch die Ableitung von giftigen Industrieabwässern in die Flüsse rief bei vielen Menschen Krankheiten hervor. Zwar verabschiedete Japan bereits 1967 ein Umweltschutzgesetz, doch traten erst dann spürbare Verbesserungen ein, als dieses wegen wachsender Proteste der Bevölkerung verschärft wurde. Die Industrie musste seitdem nicht nur den Energieverbrauch drastisch senken, sondern auch Umwelttechnologien und verbesserte Verbrennungsverfahren mit höherem Nutzungsgrad einführen. Durch die Entwicklung und den Einbau von Abluftfiltern und Katalysatoren sowie die Einführung von Schadstoffwerten wurde der unerträglich gewordene Smog in den Ballungsgebieten verringert. Bei allen Erfolgen in der Umweltpolitik bleibt Japan auf Grund seines hohen absoluten Produktionsvolumens einer der weltweit größten Verbraucher von Ressourcen.

| Gesellschaft | Die japanische Gesellschaft wird bis heute geprägt durch die Hochschätzung der **Gemeinschaft** und die Anerkennung **hierarchischer Statusunterschiede.** Obwohl die Demokratie mittlerweile fest im politischen Leben Japans verankert ist, unterscheidet sich das Staatsverständnis der Bürger von dem in Europa. Die höhere Bereitschaft zur Unterordnung unter Autoritäten zeigt sich vor allem an der Verbundenheit der Bevölkerung mit der Monarchie, wenngleich das Kaisertum in den 30er- und 40er-Jahren missbraucht wurde, um viele Japaner für den Krieg zu begeistern. Aber auch in ländlichen Gebieten findet sich nach wie vor eine tief verwurzelte Loyalität der Menschen zur Gemeinschaft. Der Einzelne ist nur allzu bereit, seine individuellen Interessen hinter die der Gesamtheit zurückzustellen.

Die Japaner definieren ihre soziale Stellung nicht nach Klassen- oder Schichtzugehörigkeit, sondern nach der Zugehörigkeit zu bestimmten **Bezugsgruppen.** An erster Stelle steht der enge Zusammenhalt der **Sippen** und **Familien.** Das hat nicht nur die Gruppenverantwortlichkeit, sondern auch die **Selbstdisziplin** nachhaltig gestärkt. Diese Orientierung setzt sich im Schulwesen fort, das in hohem Maße zu Leistungsbereitschaft und Disziplin erzieht. Und noch heute gehört die Treue der Japaner dem Herrn – das ist auf dem Land der Dorfälteste und in den Städten der Arbeitgeber (M 7). Fragt man Japaner nach ihrem Beruf, so antworten sie häufig mit dem Firmennamen. Der Betrieb setzt sie ein, wo er sie benötigt. Der Wertschätzung von Loyalitäts- und Gruppennormen entspricht zum einen die Tatsache, dass anders als in Westeuropa in Japan der Gedanke der Interessenvertretung und der Bereitschaft zu Kampfmaßnahmen gegen die Betriebsführung nur ansatzweise Fuß fassen konnte. Zum anderen meiden Japaner Konflikte vor Gericht und streben nach Möglichkeit informelle Strategien der Streitschlichtung an.

| Internationale Position | Das Trauma der Atombombenabwürfe auf Hiroshima und Nagasaki, die bedingungslose Kapitulation und die auf Entwaffnung zielende Politik der Besatzungsmacht USA, die in Artikel 9 der Verfassung ihren Niederschlag fand, behinderte in Japan die Ausbildung eines, verglichen mit anderen Mächten ähnlicher Größenordnung, angemessenen Verteidigungbeitrages. Seit dem Beitritt zur UNO 1956 bestimmen drei Prinzipien die japanische Außenpolitik: die Ausrichtung auf die Vereinten Nationen, die Zusammenarbeit mit den wirtschaftlich fortgeschrittenen westlichen Nationen und Japans Identität als asiatische Nation. In der Bevölkerung sind **pazifistische Grundsätze** tief verwurzelt.

Dennoch leitete der Golfkrieg 1990/91 eine langsame **sicherheitspolitische Wende** ein. Japans Marine beteiligte sich an den Minenräumarbeiten nach Ende dieses Krieges. Ein 1992 eingebrachtes Gesetz ermöglicht unter strengen Auflagen die Beteiligung japanischer Streitkräfte an Friedensmissionen der UNO. Nach chinesischen Drohmanövern vor den Küsten Taiwans 1996 verstärkte Japan seine ohnehin schon enge Zusammenarbeit mit den USA. Neue 1999 vom Parlament gebilligte verteidigungspolitische Richtlinien verpflichten die japanischen Selbstverteidigungsstreitkräfte dazu, bei Gefahr für das Land oder einer sich verschlechternden Sicherheitslage die US-Streitkräfte in den Bereichen Aufklärung, Nachschub und medizinische Versorgung zu unterstützen. Eine japanische Beteiligung an Kampfhandlungen ist jedoch nicht vorgesehen. Auch lehnt die Regierung nach wie vor nukleare Rüstung ab.

Ungeachtet dieser Veränderungen beruht die internationale Stärke Japans weniger auf militärischen Mitteln als vielmehr auf seiner Wirtschaftsmacht. „So ist Japan", schreibt der Ostasienexperte Gottfried-Karl Kindermann 2001, „auf dessen Territorium fast die Hälfte der 100 000 Mann starken US-Streitkräfte im Westpazifik stationiert sind, ein halbes Jahrhundert lang der Hauptanker der amerikanischen Sicherheitspolitik in der Region und neben den USA, China und Russland eine der vier tragenden Säulen der multipolaren Sicherheitsarchitektur im Pazifik geblieben. Der auf Grund seiner unübersehbaren katastrophalen Folgen in Japan gänzlich diskreditierte japanische Militarismus der Ära zwischen 1931 und 1945 ist seit Kriegsende wie ein Strohfeuer und ohne Symptome einer Wiederkehr erloschen. Seiner Rolle als führender Wirtschafts- und Technologiemacht Asiens entsprechend, hat Japan Elemente dieser Macht auch jenseits rein ökonomischer Nutzerwartung immer wieder auch im Interesse internationaler Stabilität einsetzen können."

M5a Entwicklung der Industriebetriebe mit 10 und mehr Beschäftigten 1886–1909

Industriezweig	1886		1900		1909	
	Betriebe	Arbeiter	Betriebe	Arbeiter	Betriebe	Arbeiter
Industrie – staatlich	11	11 758	27	36 237	67	117 259
– Privatindustrie	863	63 197	6 966	351 559	15 426	692 221
Textilindustrie	498	35 144	4 277	237 132	8 301	422 169
Maschinenbau	42	2 896	414	29 730	1 092	54 810
Chemie	143	13 235	810	35 396	1 579	65 966
Nahrungsmittel	36	748	835	25 403	2 396	65 303
Andere	144	11 165	630	23 898	2 058	63 973
Bergbau	69	36 208		131 011		233 827
Transport- und Nachrichtenwesen		22 967		166 079		366 420

(Rudolf Hartmann, Geschichte des modernen Japan. Von Meiji bis Heisei, Akademie Verlag, Berlin 1996, S. 90)

1 Beschreiben Sie mit Hilfe von M 5a den industriellen Wandel in Japan an der Wende vom 19. zum 20. Jahrhundert. Richten Sie dabei Ihr Augenmerk vor allem auf das Wachstum der unterschiedlichen Sektoren. Welche haben die höchsten, welche die niedrigsten Zuwachsraten?

M5b Japans Warenexporte 1975 bis 1992 (in Milliarden Dollar)

	1975	1980	1985	1990	1991	1992	1980–89	1990–92
Gesamt	55,8	129,8	175,6	286,9	314,5	339,7	1 891,9	941,1
Saldo	−2,1	−10,7	46,1	52,1	77,8	106,6	409,5	236,5
USA	11,2	31,4	65,3	90,3	91,5	95,8	621,3	277,6
Saldo	−0,5	7,0	39,5	38,0	38,2	43,6	319,3	119,8
EG	5,7	16,7	20,0	53,5	59,2	62,5	273,8	175,2
Saldo	2,3	8,8	11,1	18,5	27,4	31,2	139,6	77,1

(Rudolf Hartmann, Geschichte des modernen Japan. Von Meiji bei Heisei, Akademie Verlag, Berlin 1996, S. 292)

1 Überprüfen Sie anhand von M 5b die These, Japan sei eine Exportnation.
2 Untersuchen Sie, wohin die japanischen Exporte hauptsächlich gingen.

M6 Ursachen für den japanischen Wirtschaftsaufschwung nach dem Zweiten Weltkrieg

a) Der Historiker Paul Kennedy über die Grundlagen des wirtschaftlichen Aufschwunges, 1989

Seit vierzig Jahren wird das japanische Festland von amerikanischen Atomwaffen und konventionellen Streitkräften, werden die Seewege von der US-Navy geschützt. Dadurch in die Lage versetzt, seine nationalen Energien von der militärischen Expansion und seine Ressourcen von hohen Verteidigungsausgaben abzuziehen, konnte sich Japan ganz dem Streben nach anhaltendem wirtschaftlichem Wachstum besonders im Export widmen. Dieser Erfolg wäre ohne eine breite Akzeptanz des Unternehmertums, ohne die Verpflichtung auf Qualität und die Bereitschaft zu harter Arbeit nicht möglich gewesen, aber er wurde auch von einigen besonderen Faktoren begünstigt: Jahrzehnt um Jahrzehnt wurde der Yen auf einem künstlich niedrigen Niveau gehalten, um die Exporte zu fördern; der Einkauf ausländischer importierter Produkte wurde offiziell und inoffiziell beschränkt (dies galt natürlich nicht für die von der Industrie benötigten lebenswichtigen Rohstoffe); und es existierte eine liberale internationale Handelsordnung, die japanische Produkte wenig behinderte – und die von den Vereinigten Staaten, obwohl sie in zunehmendem Maße die Leidtragenden waren, „offen" gehalten wurde. Im letzten Vierteljahrhundert hat Japan somit alle Vorteile der Entwicklung zu einem wirtschaftlichen Riesen genossen, ohne politische Verantwortung und territoriale Nachteile tragen zu müssen, die sich historisch meist aus solch einem Wachstum ergeben. Kein Wunder, dass Japan möchte, dass die Dinge so bleiben, wie sie sind.
(Paul Kennedy, Aufstieg und Fall der großen Mächte. Ökonomischer Wandel und militärischer Konflikt, S. Fischer, Frankfurt/Main 1989, S. 678)

b) Der Sozialwissenschaftler Francis Fukuyama über die Bedeutung von Staat und Gesellschaft für die japanische Wirtschaft, 1997

Zweifellos spielt der Staat in der japanischen Gesellschaft seit jeher eine weit größere Rolle als in den USA. In Japan wollen die begabtesten und ehrgeizigsten Studenten Beamte werden, nicht Manager, und um die besten Posten in der staatlichen Bürokratie wird erbittert gekämpft. In Japan reguliert der Staat die Wirtschaft und die Gesellschaft in einem weit größeren Ausmaß und japanische Unternehmen und Individuen ordnen sich der staatlichen Autorität viel bereitwilliger unter als in den Vereinigten Staaten. Seit der Meiji-Restauration nahm die Regierung eine Schlüsselposition in der wirtschaftlichen Entwicklung des Landes ein, lenkte die Kreditvergabe, schützte Industrien vor ausländischer Konkurrenz, förderte Forschung und Entwicklung und dergleichen. Das Ministerium für Außenhandel und Entwicklung (MITI) wurde weltweit berühmt als der Motor des japanischen Wirtschaftswunders in der Nachkriegszeit. […]
Die Beobachter, die eine dirigistische Interpretation der japanischen Wirtschaftsentwicklung

favorisieren¹, meinen natürlich nicht direkte Interventionen des Staates, sondern die subtilen² Beziehungen zwischen der Regierung in Tokio und den großen Industrieunternehmen – was oft als „Japan GmbH" bezeichnet wird. Die Zusammenarbeit zwischen Behörden und Privatunternehmen geht in Japan viel weiter als in den Vereinigten Staaten; manchmal ist es fast unmöglich zu sagen, wo der öffentliche Bereich aufhört und der private anfängt. Im wirtschaftlichen Leben Japans, so heißt es oft, sei ein nationalistisches Element im Spiel, das in westlichen Volkswirtschaften fehle. Ein japanischer Manager arbeitet nicht nur für sich selbst, seine Familie und sein Unternehmen, sondern eben auch zum Ruhme der japanischen Nation.

Da es wegen der engen Verzahnung zwischen Wirtschaft und Staat und der nationalistischen Denkweise in Japan schwierig ist, eine klare Grenze zwischen öffentlichem und privatem Sektor zu ziehen, folgern viele Beobachter, dass es keine Grenze gebe. Solche Verschwörungstheorien werden durch die Abgeschlossenheit der japanischen Kultur noch verstärkt. Doch die Hauptantriebskräfte des japanischen Wirtschaftswachstums – […] in der Nachkriegszeit die multinationalen Konzerne […] und die in ihrer Bedeutung oft unterschätzten zahllosen Kleinbetriebe im überraschend starken zweiten Glied der japanischen Wirtschaft – befanden sich […] ausnahmslos in privater Hand. Die japanischen Unternehmer sahen ihre Interessen zwar im Gleichklang mit denen des Staates, aber sie und nicht der Staat stellten das Kapital, die technologischen Innovationen und die organisatorischen Fähigkeiten für den Aufbau der japanischen Volkswirtschaft bereit. […] Seit dem Ende des Zweiten Weltkriegs mehrten sich die Konflikte zwischen der japanischen Regierung und dem privaten Sektor, und man könnte sagen, dass die Wirtschaft eher trotz denn wegen der Politik des MITI prosperierte. Wie dem auch sei, den Privatsektor in Japan als bloßen Fortsatz des Staates zu betrachten verschleiert die bemerkenswerte Fähigkeit der japanischen Gesellschaft zur Selbstorganisation.

Wie in den USA finden wir auch in Japan ein enges Geflecht von freiwilligen Vereinigungen. Viele gehören zu den so genannten Iemoto-Gruppen […]. Diese Gruppen sind mit ihren starken vertikalen Bindungen zwischen Meistern und Schülern zwar ebenso hierarchisch strukturiert wie die japanische Familie, doch Familienzugehörigkeit spielt bei der Mitgliedschaft keine Rolle. […] In der japanischen Gesellschaft sind nach dem Iemoto-Prinzip strukturierte Gruppen allgegenwärtig und nicht auf die traditionellen Künste beschränkt, sie umfassen auch religiöse, politische und Berufsorganisationen. Die Japaner sind […] sehr religiös. Viele gehören buddhistischen, schintoistischen oder sogar christlichen Kirchen an und unterstützen mit ihren Beiträgen eine bunte Vielfalt religiöser Vereinigungen. […] Schließlich bleibt noch anzumerken, dass Japan das einzige asiatische Land mit einem gut ausgebildeten System privater Hochschulen ist. […]

Man kann die japanische Kultur somit weit zutreffender als eine gruppenorientierte und nicht als eine staatsorientierte Kultur bezeichnen. Obwohl die meisten Japaner den Staat achten, gelten ihre primären emotionalen Bindungen – die Loyalitäten, die sie bis spät in die Nacht und am Wochenende an ihren Schreibtischen festhalten – privaten Organisationen, in der Regel der Firma oder der Universität, bei der sie beschäftigt sind. In der Zeit vor dem Zweiten Weltkrieg galt die Loyalität zwar vornehmlich dem Staat, und die Japaner waren sich der nationalen Ziele, denen zu dienen sie hofften, auch sehr viel bewusster. Doch außer auf der extremen Rechten hat die Niederlage im Zweiten Weltkrieg diese Art des Nationalismus diskreditiert.

(Francis Fukuyama, Der Konflikt der Kulturen. Wer gewinnt den Kampf um die wirtschaftliche Zukunft, Knaur, München 1997, S. 73–76)

1 favorisieren = bevorzugen
2 subtil = zart, fein, unterschwellig vorhanden

c) Der Sozialwissenschaftler Chie Nakane über die Struktur der japanischen Gesellschaft, 1985

In der japanischen Gesellschaft kämpft nicht eigentlich die Arbeiterschaft gegen die Kapitaleigner bzw. leitenden Angestellten, sondern die Firma A gegen die Firma B. […]

Da der Kampf zwischen gleichartigen, einander parallelen Gruppen stattfindet, findet man seinen Gegner immer unter den Angehörigen derselben Klasse wie der eigenen. […] Konkurrenz entsteht also beispielsweise zwischen verschiedenen Stahlwerken oder verschiedenen Import-Export-Firmen. Unter Bildungsinstitutionen ist es nicht anders: Universität steht gegen Universität, Oberschule gegen Oberschule. […]

Ein ganz pragmatischer Ausdruck dieses Wettkampfes ist der höhere Status des Gewinners. […] Solche Einstufungen, die bei der Etablierung der sozialen Ordnung von erheblicher Bedeutung waren, förderten die Konkurrenz zwischen Haushalten mit ähnlichem Rang. […] Die Rangabstufung von Oberschulen beispielsweise entspricht ziemlich genau der Einstufung der traditionellen Haus-

halte. Zwar ist es richtig, dass die älteren, etablierten Schulen höher platziert werden, doch gibt es in jedem Jahr einige Änderungen auf Grund der jährlichen Listen, aus denen hervorgeht, wie viele Schüler die Aufnahmeprüfung für die ranghöchsten Universitäten bestanden haben. Ein leitender Angestellter eines großen Stahlwerks brachte öffentlich zum Ausdruck, dass es das Ziel seiner Firma sei, Yawata Steel zu überflügeln, das Unternehmen, das unter den japanischen Stahlfirmen den Spitzenplatz einnimmt. Eine derartige Konkurrenz unter den Unternehmen fördert durch die Konzentration aller Kräfte der einzelnen Firmen sicherlich die wirtschaftliche Entwicklung. Zudem ist Konkurrenz sowohl ein wichtiges Element bei der Festigung der gruppeninternen Einheit, um die es japanischen Managern stets geht, als auch ein gewichtiger Faktor, um Unabhängigkeit und Isolation zu fördern [...].
Gleichzeitig bringt ein so unbesonnenes Konkurrenzverhalten jedoch unvermeidlich eine sinnlose Verschwendung von Energien mit sich. Es ist bekannt, wie im Exportgeschäft zahlreiche Firmen ohne Rücksicht auf Verluste den gleichen Käufern die gleichen Produkte anbieten. In Japan braucht nur jemand zu sagen: „Ich glaube, Kohl ist gut", und schon schreien alle Bauern: „Ich auch, ich auch", und jeder baut daraufhin Kohl an; im folgenden Jahr überschwemmen dann Kohlköpfe den Markt und verfaulen auf den Feldern. [...]
Der Konkurrenzkampf, der offensichtlich die Unabhängigkeit und Isolation jeder Institution zur Folge hat, führt zugleich zur Etablierung einer hierarchischen Ordnung unter vergleichbaren Institutionen. Auf diese Weise bilden sie trotz ihrer gegenseitigen Feindschaft eine eigene soziale Welt, in die sie fest eingebunden sind. In Wirklichkeit sind sie auch gar nicht völlig unverbunden; es ist vielmehr eher so, dass eine Anzahl ähnlicher Institutionen einander anziehen, wenn auch durch negative Elemente. Sie zerfallen in Gruppen wie etwa Schwerindustrie, Dienstleistungsbetriebe, Behörden, Verlage, Universitäten u. Ä. In jeder einzelnen derartigen Welt ist das Interesse einer Institution an allen anderen mit ähnlichem Arbeitsgebiet so groß, dass sie alle erstaunlich gut über einander informiert sind, obgleich eine jede versucht, ihre eigenen Geschäfte vor den anderen verborgen zu halten. Jeder, den man fragt, könnte auf der Stelle die hierarchischen Strukturen in seinem Bereich beschreiben, denn die Rangordnung der einzelnen Unternehmen ist wohlbekannt. Selbst außerhalb der Gruppe ist man über die Rangordnung recht genau im Bilde.

Diese hierarchische Rangordnung lässt sich in allen Bereichen feststellen; ist eine Ordnung erst einmal etabliert, so bleibt sie trotz allem durch die jeweiligen äußeren Umstände bedingten Auf und Ab recht lange erhalten. Dies liegt im Wesentlichen daran, dass eines der Hauptkriterien für die Rangeinstufung das jeweilige Alter einer Institution ist. Eine Institution mit einer langen Geschichte, die ihren vergleichsweise hohen Rang gehalten hat, besitzt gewöhnlich eine Reihe von Handlungsvorteilen gegenüber jenen, die niedriger eingestuft sind. Ist einer Institution erst einmal die Spitzenposition eingeräumt, so bleibt dieser Status erhalten, selbst wenn ihre tatsächlichen Leistungen hinter denen jener zurückbleiben, die rangniedriger eingestuft sind. [...]
Die Rangordnung unter den Institutionen ist auch für die Einzelnen von unmittelbarer Bedeutung, denn ihr Status und Prestige hängen sowohl von dieser Rangordnung ab als auch von ihrer jeweiligen Stellung innerhalb ihrer Institution. Selbst Schreibkräfte und Fahrer sind stolz darauf, einem ranghohen Unternehmen anzugehören, denn sie können sich Schreibkräften und Fahrern rangniedrigerer Unternehmen selbst dann überlegen fühlen, wenn diese genauso viel verdienen wie sie.
Für Japaner ist weniger der soziale Hintergrund eines Menschen wichtig als vielmehr seine Zugehörigkeit zu bestimmten Institutionen. Da man sich der Hierarchie in jedem Bereich so deutlich bewusst und diese allgemein bekannt ist und da die interne Hierarchie einzelner Institutionen auch über diese hinausreicht, bieten diese Elemente zusammengenommen ein recht genaues Bild, in das sich der Einzelne einfügen lässt. Der Status von Firmendirektoren entspricht dem Rang ihres jeweiligen Unternehmens; einem Abteilungsleiter einer großen, ranghohen Firma kommt ein Rang zu, der ungefähr dem eines Direktors eines kleineren Unternehmens entspricht [...]. In dieser Hinsicht hat das Rangsystem, das der Struktur der japanischen Gesellschaft zu Grunde liegt, eine ähnliche Funktion wie eine Einteilung nach Kasten oder Klassen, durch die der Einzelne seinen Platz zugewiesen bekommt. Dies [...] ist der Grund dafür, dass die Japaner sich so wenig um Klassenunterschiede kümmern. Sie interessieren sich mehr für ihren eigenen relativen Rang, und daher gilt ihre Aufmerksamkeit vor allem der eigenen Person und ihrer unmittelbaren Umgebung.
(Chie Nakane, Die Struktur der japanischen Gesellschaft, Suhrkamp, Frankfurt/Main 1985, S. 121–128)

1 *Analysieren Sie mit Hilfe von M 6a–c die Ursachen für den Wirtschaftsaufschwung Japans nach dem Zweiten Weltkrieg. Welche politischen, gesellschaftlichen und wirtschaftlichen Vorteile bzw. Stärken und Schwächen Japans werden genannt?*

M7 Der Politikwissenschaftler Paul Kevenhörster über das Verhältnis von Arbeitnehmern und Arbeitgebern, 1993

Die soziale Bindung des Arbeitnehmers an den Arbeitgeber in den großstädtischen Unternehmen ist enger als in europäischen und amerikanischen Betrieben. Das traditionelle System des Gimu (Pflicht) bindet Arbeitgeber und -nehmer aneinander und begründet ein beide Seiten verpflichtendes Vertrauensverhältnis. Das Unternehmen unterstützt seine Kernarbeitskräfte auch in Krisensituationen, versichert sie gegen alle denkbaren Risiken und schafft materielle Vorteile (Firmenwohnungen, Zulagen, Ferienhäuser, Firmenkredite etc.). Der Begriff der Betriebsfamilie hat sich durchgesetzt, sodass den japanischen Unternehmen der Charakter eines „vertraulicheren" Systems zugeschrieben wird. Bekräftigt wird dies durch das Prinzip der lebenslangen Beschäftigung für die Stammbelegschaften: Bei Eintritt in ein Unternehmen können diese Arbeitnehmer – etwa ein Drittel aller Beschäftigten – davon ausgehen, ihren Betrieb erst am Ende der beruflichen Laufbahn zu verlassen. Innerhalb des Unternehmens wird zugleich eine hohe Mobilitätsbereitschaft erwartet; das Durchlaufen verschiedener Abteilungen ist keine Seltenheit. Firmenwechsel ist folglich meist mit sozialem Abstieg verbunden.

Der enge soziale Zusammenhalt in Industrieunternehmen entspricht der Geschlossenheit und Zusammengehörigkeit der Dorfgemeinschaften […]. Aber auch hier ist infolge der Massenkommunikationsmittel, des gestiegenen Lebensstandards und der auf der Arbeitsleistung beruhenden Marktwirtschaft die rigide Loyalität der Haushalte und Sippen gegenüber der Dorfgemeinschaft einer neuen Art von Gruppenloyalität gewichen; denn die „Dorfältesten" (kucho), „Kontaktleute" (renraku-in), „Informationsleute" (koboin) und „Repräsentanten" (chuzai-in), die innerhalb der Dorfgemeinschaft über unumstrittene Autorität verfügen, informieren die politischen Instanzen über die Wünsche der Dorfbewohner und stellen in diesem Rahmen den Kontakt zwischen Machtträgern und Machtadressaten her. […]

Sobald sich in der Dorfgemeinschaft ein Konsens gebildet hat, stellt die Minderheit in der Regel der „Harmonie" wegen ihre abweichende Meinung zurück und akzeptiert die Auffassung der Mehrheit. Diese Identifizierung ist nicht nur für die soziale Struktur des Dorfes von Bedeutung, sondern kann sich auch politisch auswirken, vor allem im Wahlkampf und im Verhalten der Wähler.

(Paul Kevenhörster, Politik und Gesellschaft in Japan, B. I.-Taschenbuch, Mannheim 1993, S. 32f.)

1 *Erläutern Sie mit Hilfe von M 7, inwieweit die japanische Gesellschaft durch Werte wie „Gemeinschaft" und „Hierarchie" geprägt wird.*

Die Entstehung neuer Machtzentren in Asien: China und Japan

Zusammenhänge und Perspektiven

1 Vergleichen Sie die Politik Mao Zedongs mit der von Deng Xiaoping seit den 70er-Jahren miteinander. Erläutern Sie Unterschiede und Gemeinsamkeiten bei der politischen, gesellschaftlichen und wirtschaftlichen Modernisierung Chinas.
2 Beschreiben Sie den wirtschaftlichen Wiederaufstieg Japans und dessen Ursachen seit dem Zweiten Weltkrieg.
3 China und Japan sind an der Wende vom 20. zum 21. Jahrhundert zu neuen Machtzentren in der Weltpolitik aufgestiegen. Charakterisieren Sie die weltpolitische Stellung der beiden Staaten und erläutern Sie die Gründe für ihren Aufstieg.

Zeittafel

1911	In China wird das Kaisertum abgeschafft.
1921	In China wird die Kommunistische Partei gegründet.
1941/42	Japan beginnt seine Offensive zur Beherrschung Ostasiens.
1945	Über den japanischen Städten Hiroshima (6. Aug.) und Nagasaki (9. Aug.) werfen die USA Atombomben ab. Japan erklärt die bedingungslose Kapitulation (14. Aug.).
1945–52	Die USA besetzen Japan und leiten dessen Entmilitarisierung und Demokratisierung (1945–48) ein.
1949	Nach dem chinesischen Bürgerkrieg (1946–49) ruft China die Volksrepublik aus; die Kommunistische Partei regiert uneingeschränkt.
1951	Japan geht im Friedensschluss von San Francisco einen Sicherheitspakt mit den USA ein.
1956/57	Mit der „Hundert-Blumen-Kampagne" fordert die Kommunistische Partei Chinas die Intellektuellen zur Kritik auf. Japan wird 1956 Mitglied der UNO.
1958	China gründet in der „Große Sprung nach vorn"-Bewegung Volkskommunen zur Durchsetzung kommunistischer Verhältnisse.
1965	Die chinesische Kulturrevolution führt zu massiven politischen „Säuberungen", die mindestens 3 Mio. Menschen das Leben kosten.
1973/74	Der „Ölschock" beendet den schnellen Wachstumsaufschwung Japans nach dem Zweiten Weltkrieg. Japan erholt sich jedoch rasch wieder. Das gilt auch für die zweite Ölpreiskrise 1978.
Seit 1978	Die chinesische Führung unter Deng Xiaoping leitet eine Modernisierung ein. Die Kommunistische Partei behält ihr Machtmonopol, setzt aber die sozialistische Marktwirtschaft durch.
1985	Die USA, Frankreich, Deutschland, Großbritannien und Japan werten den Dollar ab. Der Außenwert des japanischen Yen erhöht sich, dadurch verteuern sich die japanischen Importe. Japan reagiert auf diese Wirtschaftskrise mit der Neuorientierung seiner Wirtschaftsstruktur und sichert sich weiterhin hohe wirtschaftliche Wachstumsraten.
1989	In Peking demonstrieren (4. Mai) 500 000 Menschen für politische Freiheitsrechte. Das Militär beendet (3./4. Juni) die Demonstration auf dem Tiananmenplatz blutig.
1997	Großbritannien gibt das 1860 geraubte und zur britischen Kronkolonie gemachte Hongkong an China zurück. In Japan lösen Bankenzusammenbrüche eine Wirtschaftskrise aus.

Projektvorschlag 5: Die islamische Welt und ihr Platz in der Moderne

Zur Einführung: Der Westen und der Islam – ein Kampf der Kulturen?

Werden die internationalen Beziehungen im 21. Jahrhundert durch den Zusammenstoß der Kulturen geprägt, wie der amerikanische Politikwissenschaftler Samuel Huntington in seinem 1996 erschienenen Buch „Kampf der Kulturen" behauptet hat? Danach beruhen die neuen Machtblöcke in der Staatenwelt weniger auf politischen Ideologien und wirtschaftlichen Interessenlagen als vielmehr auf allgemeinen kulturellen Abgrenzungskriterien und besonders der Religion. Besondere Sprengkraft schreibt Huntington der Auseinandersetzung zwischen der westlichen Welt und den islamischen Staaten zu.
Bei der Überprüfung der Thesen Huntingtons stellt sich zuerst die Frage, ob die islamischen Staaten eine einheitliche politisch-soziale Wertegemeinschaft bilden, die sich grundsätzlich durch eine aggressive Frontstellung zum Westen auszeichnet. Gewiss gibt es in allen islamischen Ländern fundamentalistische Bewegungen, die in den USA bzw. der westlichen Zivilisation ihren Hauptfeind erblicken. Im **Iran** bestimmt der Fundamentalismus bzw. Islamismus die offizielle Politik, seit Ayatollah Khomeini 1979 die „Herrschaft der anerkannten Gottesgelehrten" ausrief. Und mit der 1996 beginnenden und 2001/2002 beendeten Herrschaft der Taliban (arabische, persische Bezeichnung für Suchende bzw. Studenten der islamischen Wissenschaften) prägt auch in **Afghanistan** der Fundamentalismus das gesamtgesellschaftliche Leben. Die geistliche Führungsschicht der Taliban unterhält enge Verbindungen zu dem aus Saudi-Arabien stammenden Osama Bin Laden und der von ihm gegründeten terroristischen Gruppe Al Qaida; ihnen werden die Bombenanschläge auf die US-Botschaften in Nairobi (Kenia) und Daressalam (Tansania) vom 7. August 1998 sowie der Anschlag auf das amerikanische Verteidigungsministerium und das New Yorker World Trade Center am 11. September 2001 angelastet, bei denen etwa 3 000 Menschen unterschiedlicher Nationalität den Tod fanden.
Aber die islamische Welt besitzt viele Gesichter und ist nicht generell antiwestlich. Dazu zwei ganz unterschiedliche Beispiele: Da ist zum einen **Saudi-Arabien**, dessen herrschende Dynastie seit den 1920er-Jahren den Wahabismus, eine ausgesprochen puritanische Spielart des Islam, zur Staatsreligion erhoben hat. Dem Land werden Menschenrechtsverletzungen und extrem autoritäre Herrschaftsmethoden vorgeworfen; es unterstützt auch terroristische Bewegungen. Aber gegenüber den westlichen Industrienationen betreibt es eine zurückhaltende Ölpreispolitik. Im Golfkrieg von 1991, als die internationale Staatengemeinschaft mit dem Mandat der UNO gegen den Irak zur Befreiung Kuweits Krieg führte, waren die USA und Saudi-Arabien Verbündete. Die Saud-Dynastie gewährt den USA sogar Militärstützpunkte in ihrem Land. Zum anderen muss die **Türkei** hervorgehoben werden, der eine wichtige Vermittlerrolle zwischen Abend- und Morgenland zukommt. Seit den Reformen Kemal Atatürks in den 20er-Jahren mit ihrer radikalen Trennung von Religion und Politik bemüht sich das Land um die Öffnung gegenüber dem Westen. Die Türkei ist seit 1952 Mitglied der NATO und strebt den Beitritt zur Europäischen Union an. Nicht Einheit, sondern Vielfalt prägt also die islamische Welt und ihre Beziehungen zu westlichen Ländern.

Zentrale Begriffe

Fundamentalismus: Der Begriff entstand in den 1920er-Jahren in den USA als Bezeichnung für eine Richtung in der protestantischen Theologie, die sich gegen Verwissenschaftlichung, Liberalisierung und Modernisierung sowie bestimmte „fundamentals" einsetzte. Hierzu gehört die (weitgehend) wörtliche Auslegung der Bibel bzw. die Ablehnung der historisch-kritischen Methode der Bibelauslegung. Damit steht der Fundamentalismus im Gegensatz zur modernen Theologie, die die Wahrheit der christlichen Botschaft für jede Generation neu deuten will. Fundamentalistische Strömungen im Sinne des dogmatischen Festhaltens an der reinen Lehre gibt es in allen Religionen. In der neueren Forschung wird der Begriff aber auch zur Charakterisierung von politisch-sozialen Bewegungen verwendet, die die Orientierung der modernen Zivilisation an Rationalität, Aufklärung und Individualität ablehnen und zurück zu einer patriarchalischen Ordnung wollen. Persönliche Autorität soll mehr zählen als allgemeine Regeln. Die Emanzipation der Frauen bekämpfen alle Fundamentalisten. Ihre Politik zeichnet sich durch Kompromisslosigkeit sowie absolute und unbedingte Haltungen aus, die den Keim der Gewaltbereitschaft in sich tragen.

Islamismus: Bezeichnung für fundamentalistische Strömungen im Islam, die sich radikal gegen die Lebensformen des Westens wenden, die Einheit von Staat und Religion fordern und das Rechtsverständnis der Scharia (der islamischen Gesetze) allgemein verbindlich machen wollen. Das schließt die Anwendung der im Koran beschriebenen Körperstrafen mit ein. Zwar wird die Verbesserung der materiellen Lebensformen durch die Übernahme der naturwissenschaftlich-technischen Errungenschaften der europäisch-westlichen Zivilisation durchaus befürwortet, aber die Ausrichtung des Denkens und Handelns an Rationalität, Aufklärung und Individualität abgelehnt.

Zeittafel

1924   In der Türkei wird das Kalifat (Kalif = Nachfolger Mohammads) abgeschafft. Damit werden der islamischen Geistlichkeit die Grundlagen ihrer gesellschaftlichen Macht entzogen.
1928   Mit einer Verfassungsänderung verliert in der Türkei der Islam den Charakter der Staatsreligion.
1952   Die Türkei tritt der NATO bei.
1979   In Iran ruft Ayatollah Khomeini die „Herrschaft der anerkannten Gottesgelehrten" aus; ein islamistisches Regime wird eingerichtet.
1990   Der Antrag der Türkei auf Vollmitgliedschaft in der EG wird vom EG-Ministerrat abgelehnt.
1991   Zur Befreiung des vom Irak besetzten Kuweit eröffnet die alliierte Koalition, der auch arabische Staaten wie Ägypten und Saudi-Arabien angehören, unter Führung der USA und im UN-Auftrag die Operation „Wüstensturm" zur Befreiung Kuweits. Der Krieg endet mit der Niederlage des Irak.
1995   Die EU-Außenminister unterzeichnen einen Vertrag über die Zollunion mit der Türkei.
1996   In Afghanistan erobern radikal-islamische Milizen (Taliban) Kabul und rufen einen islamistischen Staat aus.
1997   Bei den Präsidentschaftswahlen in Iran siegt Mohammed Khatami, der für eine gemäßigte Ausrichtung des islamischen Staates und eine vorsichtige Öffnung nach Westen eintritt. Er wird 2001 wieder gewählt.
2001   Am 11. September fliegen von islamistischen arabischen Terroristen entführte und gesteuerte Flugzeuge in das amerikanische Verteidigungsministerium und in das New Yorker World Trade Center. Etwa 3000 Menschen finden den Tod. Die USA beginnen einen groß angelegten Kampf gegen den internationalen Terrorismus, der von vielen, auch islamischen, Staaten unterstützt wird. Die ersten militärischen Angriffe richten sich gegen Afghanistan, das als Zentrum des Terrorismus angesehen wird.

Einführende Materialien

M1 Religion und Politik als Ordnungsprinzip

a) Der Iran seit 1979 (1996):
Auffallend [...] war die Wiedereinführung der Körperstrafen. An vielen Stellen, an denen das frühere Recht Freiheitsstrafen bis zu zwei Jahren vorsah, wird jetzt die Auspeitschung vorgeschrieben. Im August 1982 schließlich wurde ein Strafprozessreformgesetz erlassen, das einen Gerichtsaufbau schafft, der den Grundprinzipien islamischen Gerichtsverfassungsrechts Rechnung trägt. Der neue Gerichtsaufbau hält sich vor allem an das islamische Prinzip, dass Urteile nie von einem Kollegialgericht, sondern nur vom Einzelrichter gefällt werden dürfen. [...] Auch fehlt weitgehend ein Instanzenzug, der dem Angeklagten eine Berufung ermöglichen würde. [...]
Über den Bereich des Rechts hinaus sind Anstrengungen unternommen worden, das private und öffentliche Leben der „islamischen Moral" zu unterwerfen. [...] Am deutlichsten in der Öffentlichkeit sichtbar ist die religiöse Durchsetzung einer „islamischen" Kleidung der Frauen, d. h. des Tragens des Kopftuches, was aber als Bedeckung des gesamten Körpers [...] interpretiert wird.
(Udo Steinbach, Die Stellung des Islams und des islamischen Rechts in ausgewählten Staaten, 3. Iran, in: Werner Ende/Udo Steinbach, Der Islam in der Gegenwart, C. H. Beck, München ⁴1996, S. 259–260)

b) Die Republik Türkei seit den 20er-Jahren des 20. Jahrhunderts (1991):
Die Türkei ist der Staat, der den Weg der Säkularisierung am konsequentesten beschritten hat. [...] Das Prestige, das Armee und Staatsführung aus dem militärischen Erfolg zogen, erlaubte ihnen, das Kalifat (= Herrschaft des Kalifen als Nachfolger Mohammads) für beendet zu erklären (1924) und konsequent eine Politik der Übernahme westlichen Rechts zu verfolgen. Das Familien-, Ehe- und Erbrecht wurde ebenso wie alles andere Recht nach europäischem Vorbild gestaltet. Das islamische Recht existiert also in der Türkei nicht mehr als Recht, sondern als religiöse Pflichtenlehre. Gerade im Bereich des Familien-, Ehe- und Erbrechts betrachtet aber ein großer Teil der Landbevölkerung diese religiöse Pflichtenlehre weiterhin als geltendes Recht. [...] Andererseits zeigt die Tatsache, dass die neuen gesetzlichen Regelungen in den Städten befolgt werden, dass Gesetzesreform auch in diesem Bereich nicht unmöglich ist [...].
(Baber Johansen, Das islamische Recht im 20. Jahrhundert, in: ders./Fritz Steppat, Der Islam und die Muslime. Geschichte und religiöse Traditionen, hg. v. d. Ausländerbeauftragten der Stadt Berlin, Berlin ⁸1991, S. 38)

B 1 Feindbild islamischer Fundamentalismus, Karikatur (1993)

M2 Islam und Europa – Kooperation oder Konfrontation? Das Beispiel der Türkei

a) Die Politologin Sabine Vogelrieder über Hindernisse für eine EU-Mitgliedschaft der Türkei (1997):

So bezog der Vorsitzende der CDU/CSU-Bundestagsfraktion, Wolfgang Schäuble, im Januar 1995 unter Verweis auf die mangelnde Zugehörigkeit der Türkei zu Europa deutlich Position gegen eine türkische EU-Mitgliedschaft. Unterstützt wurde er in dieser Auffassung vom derzeitigen Präsidenten der Europäischen Kommission, Jacques Santer [...] Äußerungen wie die von Schäuble deuten [...] darauf hin, dass sich mit dem Ende des politisch-ideologischen Systemkonflikts[1] nicht nur auf deutscher, sondern auch auf EU-Seite ein engeres, an der Zugehörigkeit der EU-Mitgliedstaaten zum westlich-lateinischen, europäischen Kulturkreis orientiertes Europaverständnis durchsetzt, in dem die Türkei als laizistisches[2], aber islamisches Land keinen Platz mehr hat. Die von Samuel Huntington vertretene These eines Bedeutungszuwachses kultureller Zugehörigkeiten nach dem Ende des ideologischen Systemkonflikts scheint somit auch für die Mitgliedstaaten der Europäischen Union zuzutreffen und, wenn nicht zu einem „clash of civilizations"[3,] so doch zu einer engeren Abgrenzung des politischen Europabegriffs zu führen. Ist also weniger eine „Abkehr der Türkei von Europa" zu befürchten als vielmehr eine „Abkehr Europas von der Türkei"? Wird sich unter Bezugnahme auf historisch-kulturelle Entwicklungs- und Trennlinien eine westlich-lateinisch geprägte „christliche Festung Europa" herausbilden oder wird sich die Europäische Union für europäische Länder des östlich-byzantinischen und des islamischen europäischen Kulturkreises öffnen (müssen)?
(Sabine Voglrieder, Abkehr der Europäischen Union von der Türkei?, in: Jürgen Reulecke [Hg.], Spagat mit Kopftuch. Essays zur deutsch-türkischen Sommerakademie, Edition Körber-Stiftung, Hamburg 1997, S. 246f.)

1 Gemeint ist der Ost-West-Konflikt
2 Laizismus = Forderung der Freiheit des staatlichen Lebens von religiösen Bindungen.
3 clash of civilizations = Zusammenstoß der Kulturen

b) Mesut Yilmaz[1], Argumente für die EU-Mitgliedschaft der Türkei (2001):

Der derzeitige Reformprozess zur Stärkung unserer demokratischen Institutionen und zur Erweiterung der Menschenrechte ist daher wichtig, und er sollte Beachtung finden. [...] [Die Reformen] bezeugen den breit angelegten politischen Willen für eine Mitgliedschaft der Türkei in der Europäischen Union. [...]
Um unser Ziel, die Vollmitgliedschaft in der Europäischen Union, in kürzester Zeit zu erreichen, haben wir mit der Umsetzung des Nationalen Programms zur Übernahme des Besitzstandes der Europäischen Union begonnen, und das trotz enormer innerer und äußerer Anforderungen. [...]
Nach dem 11. September[2] sollte der Gedanke, die Europäische Union sei eine Gemeinschaft mit rein christlichen Wurzeln, der Vergangenheit angehören. In der Tat können solche Argumente nur die gemeinsame Entschlossenheit zur Bekämpfung des internationalen Terrorismus untergraben. Gleichzeitig muss auch der Versuch, eine Verbindung zwischen dem Terrorismus und einer bestimmten Religion herzustellen, zurückgewiesen werden.
Die furchtbaren Anschläge in den Vereinigten Staaten können nicht als Kampf der Religionen betrachtet werden. [...] Den frevelhaften Versuch, den Islam als Vorwand für Terrorismus zu benutzen, sollten wir nicht tolerieren. Terror und Gewalt sind ohne Zweifel nicht im Sinne des Islams. Sie stehen im Gegensatz zur allumfassenden, menschenfreundlichen Philosophie und Tradition der Toleranz der islamischen Religion.
(Mesut Yilmaz, Die Türkei und Europa nach dem 11. September, in: FAZ, 25. Oktober 2001, S. 16)

1 Yilmaz ist bei Abfassung des Artikels stellvertretender Ministerpäsident der Türkei
2 Vgl. Darstellung S. 558.

Arbeitsanregungen, Themenvorschläge, Fallbeispiele

1. Die Türkei und Europa
Erläutern Sie, ausgehend von M3, das Verhältnis der Türkei zu Europa. Besorgen Sie sich ggf. weitere Informationen (Bibliothek, Internet usw.).

2. Religion und Politik in islamischen Staaten
Erörtern Sie die unterschiedlichen Ausprägungen des Islams und dessen Einfluss auf die Politik von Ländern, in denen mehrheitlich Muslime leben (M2a, b).

3. Feindbild Islam? Was wissen wir von dieser Weltreligion?
Untersuchen Sie mit Hilfe der Schulbibliothek Schulbücher für die Fächer Religion/Ethik, Sozialkunde und Geschichte. Wird der Islam behandelt? Und wie wird diese Weltreligion dargestellt?

1 Informationen recherchieren

Eine für Referate, Klausuren, Präsentationen etc. brauchbare Information muss sowohl **relevant und sachgemäß** sein, d. h. die Arbeit an einem Thema voranbringen, als auch **nachprüfbar und zuverlässig**. Dabei gilt es, aus anderen Quellen eine Bestätigung der Informationen zu bekommen.

Tipps zur Vorbereitung der Recherche
– Vergewissern Sie sich, dass Sie die Fragestellung Ihrer Arbeit klar formuliert und das Ziel Ihrer Recherche genau bestimmt haben.
– Erstellen Sie einen genauen Plan für Ihre Recherche, d. h., listen Sie auf, wo, wann und wie Sie die Informationen beschaffen wollen.
– Überlegen Sie sich frühzeitig ein Ordnungsprinzip für Ihre Informationen, sodass Sie beim Sammeln und Notieren schon eine (noch flexible) Grobgliederung haben. Sie erkennen dann schneller, wo noch Informationen fehlen und wo Sie bereits über ausreichend Material verfügen.
– Notieren Sie sich alle relevanten Informationen (z. B. auf Karteikarten, Zettel, Datenbank) und schreiben Sie sofort dazu, woher die Information kommt. So wird jede Information leichter nachprüfbar und erleichtert intensivere Nachforschungen.
– Prüfen Sie die Zuverlässigkeit Ihrer Informationsquelle.

Recherchieren in der Bibliothek
Alle Bibliotheken (Schul-, Staats-, Landes-, Kreis-, Stadt-, Universitäts-, Instituts- oder Seminar-) besitzen einen Katalog, traditionell einen Karteikastenschrank. Im **alphabetischen Katalog** finden Sie alle Bücher in alphabetischer Reihenfolge, im **systematischen Katalog** sind die Bücher unter bestimmten Oberbegriffen (z. B. Französische Revolution) Themen oder Sachgebieten zugeordnet. Auf den Karteikarten des Buches, das Sie interessiert, steht oben rechts die **Signatur**, unter dem Sie es in der Bibliothek vorfinden. Mehr und mehr werden in den Bibliotheken die Karteikästen durch **elektronische Datensysteme** ersetzt. Sucht man ein bestimmtes Buch, kann man den Titel eingeben und erfährt, ob und unter welcher Signatur der Titel vorhanden ist. Es gibt aber auch die Möglichkeit, Oberbegriffe einzutippen und so die für ein Thema relevanten Bücher und Zeitschriftenaufsätze ausfindig zu machen.
Bei der Auswahl des Materials bietet es sich an, **vom Allgemeinen zum Speziellen** vorzugehen. Verschaffen Sie sich zunächst einen ersten Eindruck über das Thema mit Hilfe von gängigen Lexika (Brockhaus, Meyers Lexikon, dtv-Lexikon) in der Schulbibliothek. Sodann sollten Sie sich einen umfassenden Überblick über Ihr Sachgebiet erarbeiten, indem Sie in einer gut ausgestatteten öffentlichen Bibliothek Speziallexika, Fachbücher, Zeitschriften und Handbücher zur Hand nehmen. Schließlich gilt es, Detailfragen durch den Besuch einer Spezialbibliothek oder eines Archivs (s. S. 272 f.) zu klären.

Recherchieren im Internet
Das wichtigste Hilfsmittel bei der Recherche im Internet sind **Suchmaschinen** (s. S. 577 f.). Mit Hilfe dieser Spezialprogramme lassen sich Internet-Adressen finden, die Informationen über bestimmte Themen bieten. Zu diesem Zweck muss man ein oder mehrere Stichwörter in ein freies Feld der Suchmaschine eingeben und die Suchbefehltaste anklicken. Dann sucht das Programm im Internet alle Texte und Einträge, die die eingegebenen Suchstichwörter enthalten, und listet

diese auf. Klickt man nun einen der Listentitel an, gelangt man zu der Website, von der der gefundene Eintrag stammt.

Um den richtigen Zugang zu Suchmaschinen zu finden und dabei unnötige Zeitverluste zu vermeiden, sollte man eine geeignete Suchstrategie entwickeln. Dafür bieten sich folgende Leitfragen an:

– Überlegen Sie vorher, wie Sie durch geschickte Formulierung, durch Präzisierung des Themas oder des Stichworts die Suche eingrenzen können. Oft hilft es, themenbezogene Wortfelder zu erstellen und so die Anzahl der Suchbegriffe zu spezifizieren.

– Benutzen Sie die Operatoren, die die Suchdienste bereitstellen, um Ihre Suchstichwörter sinnvoll zu kombinieren.

Vor- und Nachteile verschiedener Medien der Informationsbeschaffung

Medien	Vorteile	Nachteile
Bücher	meist sehr ausführlich, auch mit Hintergrundinformationen	relativ großer Zeitaufwand beim Lesen und Recherchieren
Fachpublikationen, wissenschaftliche Publikationen	sehr speziell und für anspruchsvolle Informationen nutzbar	oftmals schwierig zu lesen; für den Einsatz braucht man genügend Hintergrundwissen
Zeitungen, Zeitschriften	für das aktuelle Zeitgeschehen gute Informationsquelle	zurückliegende Artikel lassen sich meist nur umständlich über ein Register oder eine Bibliografie erschließen
TV-Sendungen, Videos	interessant und multimedial gestaltet; hohe Informationsdichte	umständliche und schwierige Erschließung von Einzelinformationen
Hörfunksendungen, Tonträger (CDs usw.)	hohe Informationsdichte aus Wort, Musik und Geräuschen	umständliche und schwierige Erschließung von Einzelinformationen
CD-ROMs	multimediale und interaktive Informationsmöglichkeit, schnelle Ergebnisse	Recherche wird durch die Speicherkapazität der jeweiligen CD-ROM begrenzt
Internet	schnelle und multimediale Information, oft sehr aktuell	Schwierigkeit der Erschließung durch Einengung und Präzisierung der Suche über unterschiedliche Suchmaschinen
Datenbanken	Schnell, multimedial, aktuell und meist sach- und themenorientiert	Oft mit hohen Abonnementkosten verbunden und für Nichtabonnenten nicht zugänglich

2 Historische Materialien auswerten – ein Überblick

Schriftliche Quellen
Die nachfolgenden Fragen zum kritischen Umgang mit Quellen sind nicht als schematische Anleitung gedacht, sondern als Hilfestellung.
- **Frage nach Autor/in bzw. Verfasser/in:** Was für eine Persönlichkeit war der Autor, welche politische bzw. öffentliche Stellung hatte er, aus welcher sozialen Schicht kam er, welche Position vertrat er? Wichtig ist es zu klären, in welchem Verhältnis er zu dem Geschehen und zu den beteiligten Personen steht. Aus welcher Weltanschauung und von welchen Wertmaßstäben aus fällte er ein Urteil über die historische Wirklichkeit?
- **Frage nach Entstehungsort, Situation, Zusammenhang und Datum:** Wann, wo und unter welchen Umständen wurde die Quelle verfasst?
- **Frage nach dem Inhalt und nach der Form:** Worüber spricht der Autor und welcher Form bedient er sich (z. B. Rede, Brief, Kommentar)?
- **Frage nach dem Zweck bzw. nach der Absicht des Textes:** Aus welcher Perspektive ist der Text verfasst? Welche Interessen vertritt der Verfasser, wem nützen seine Aussagen, wem geben sie zu nützen vor? Was verschleiert er, was hätte er wissen können?
- **Frage nach der Sprache und Begrifflichkeit.**
- **Frage nach dem Adressaten:** An wen wendet er sich, an Freunde, an die Öffentlichkeit, an Machtträger usw.?

Systematisiert man diesen Fragenkatalog, lassen sich zwei Schritte unterscheiden:
1. Analyse der inhaltlichen und formalen Merkmale;
2. Werten und Beurteilen des Aussagegehalts.

Sekundärliteratur
Wenn man an einen Sekundärtext herangeht, sollte man zunächst herauszufinden versuchen, womit sich die Darstellung beschäftigt (Thema), welcher Leitfrage der Autor nachgeht (Zusammenhang) und zu welchem Ergebnis er gelangt (zentrale Aussage). Dabei bietet es sich an, historische Darstellungen durch einen Dreischritt zu untersuchen:
- Was wird festgestellt? (Befunderhebung)
- Was wird dadurch erklärt? (Analyse)
- Wie wird das Dargelegte bewertet? (Interpretation)

Nach dieser Untersuchung gilt es nun, den Text zu überprüfen, um zu einer kritischen Würdigung der Darstellung zu gelangen. Zunächst wird man die Gliederung und den Gedankengang unter dem Gesichtspunkt untersuchen, ob es logische Brüche oder Schlussfolgerungen gibt, die sich nicht aus dem Dargestellten herleiten lassen. Sodann kann man die Perspektive der Darstellung analysieren und die Frage stellen, ob der Sachverhalt durch Einseitigkeit eingeschränkt wird. Berücksichtigt der Autor mehrere Perspektiven oder erklärt er das Zusammenwirken der einzelnen Ereignisse nur aus einem einzigen Handlungsmotiv (Monokausalität)? Hat man diesen Schritt vollzogen, kann man sich der Sprache und Begrifflichkeit des Textes genauer zuwenden: Gibt es Ausdrücke, sprachliche Wendungen oder Begriffe, die eine bestimmte Wertung erkennen lassen, die als Prämisse oder Deutungsmuster der Argumentation zu Grunde liegen? Geht der Autor von Maßstäben und Wertungen aus, die eine bestimmte politische Position aus der eigenen Zeit auf die Vergangenheit übertragen? Durch die oben genannten Fragen kann man herausfinden, ob ein Autor bei seiner Darstellung einer bestimmten Ideologie verhaftet ist.

Malerei
Die Interpretation von Kunstwerken der Malerei sollte in drei Schritten erfolgen:
1. Das Dargestellte genau beschreiben: Die genaue Beschreibung des Dargestellten, die so genannte „vorikonografische Beschreibung", beschäftigt sich mit Formen, Farben, Raumbeziehungen, Größenverhältnissen, Gegenstand, Personen, Bildaufbau. Die erforderliche sprachliche Genauigkeit ist oft mühsam – angeblich sieht man ja alles! –, doch unerlässlich. Das Betrachten und Beschreiben des Bildes entspricht der Inhaltsangabe bei der historisch-kritischen Methode zur Interpretation schriftlicher Quellen.
2. Die Bedeutung der bildlichen Elemente erklären: Das Erklären der Bedeutung bildlicher Elemente, die so genannte „ikonografische Analyse", setzt Vertrautheit mit bestimmten Themen und Vorstellungen der Vergangenheit voraus. Ein Beispiel für die Erschließung des „Bedeutungssinns": Schornsteine, aus denen Rauch aufsteigt, können auf Grund praktischer Erfahrung leicht identifiziert werden. Auf vielen Bildern sind Schornsteine tatsächlich nicht mehr als rauchende Schornsteine. Auf manchen Bildern des 19. Jahrhunderts sind sie jedoch gleichzeitig Symbole für industrielle Dynamik und Fortschrittsglauben. In der Sprachwendung „Erst mal muss der Schornstein rauchen" lebt diese Bedeutung weiter. Zur ikonografischen Analyse gehört so die Kontrolle durch andere Bilder oder Quellen und Fachliteratur. Bei schriftlichen Quellen nennen wir diesen Schritt „innere Kritik" oder „Analyse", d. h. die sprachliche und sachliche Aufschlüsselung einer Quelle.
3. Die „eigentliche" Bedeutung des Bildes erkennen: Das Erkennen der „eigentlichen" Bedeutung eines Bildes, die so genannte „ikonologische Analyse", setzt – über das genaue Sehen des Bildes und das Erfassen der Bedeutung einzelner Bildelemente hinaus – die Kenntnis der Geschichte einer bestimmten Zeit voraus. Bei der Interpretation des „Dokumentsinns" sind folgende Fragen hilfreich: Für welche politisch-moralische Aussage, soziale Erwartung, historische Wirklichkeit ist das Bild ein Dokument? Zur Absicherung der ikonologischen Interpretation gehört:
- die Angabe der Darstellungstechnik und Größe des Bildes: Ein Gemälde von 40 x 70 cm erzielt eine ganz andere Wirkung und war in der Regel auch für einen anderen Zweck bestimmt als ein Gemälde von 400 x 700 cm – eine kleine antike Opferfigur hat eine andere Wirkung und einen anderen Zweck als eine Kolossalstatue;
- der Vergleich mit anderen bildlichen, literarischen und historischen Quellen;
- die Frage nach den „Quellen" des Künstlers, war er z. B. Zeuge des dargestellten Ereignisses? Oder auf welche andere Art hat er davon erfahren und was?
- die Aufhellung der Entstehungs- und Wirkungsgeschichte des Bildes;
- die Frage nach der Bedeutungs- und Mitteilungsabsicht von Künstler und Auftraggeber.

Entsprechende Informationen finden sich in kunsthistorischen Handbüchern und Lexika.

Karikaturen
Karikaturen und politische Witzzeichnungen in Zeitungen und Illustrierten sind ein Spiegelbild der Zeit, in der sie entstanden sind. Sie zeigen, womit sich die Menschen beschäftigt haben, worüber sie lachten oder sich ärgerten, wovor sie Angst hatten und was sie lächerlich fanden. Karikaturen zeigen Personen, Ereignisse oder Zustände häufig in übertriebener, verzerrter Darstellung. Dabei geht es dem Zeichner darum, seine Meinung möglichst bildlich und klar auszudrücken. Eine Karikatur beschreibt nicht nur, sondern urteilt.

Die folgenden Arbeitsschritte können bei der Interpretation von Karikaturen hilfreich sein:
1. Betrachten Sie die Karikatur möglichst genau und notieren Sie Ihren ersten Eindruck.
2. Beschreiben Sie so genau wie möglich, was abgebildet ist (Personen, Gegenstände usw.) und wie es abgebildet ist (Mimik, Gestik, Haltung, aber auch Farbe, Größe usw.). Was geschieht auf dem Bild? Was sagen die Texte?
3. Untersuchen Sie die Bedeutung der abgebildeten Personen, Tiere oder Gegenstände. Analysieren Sie den Sinn der Handlung.
4. Erläutern Sie die politische Situation oder das historische Ereignis, auf das sich die Karikatur bezieht.
5. Charakterisieren Sie die Position, die der Karikaturist vertritt. Erörtern Sie, was uns die Karikatur über die Zeit sagen kann, in der sie entstanden ist.

Statistiken
Wesentlich bei der Auswertung von Statistiken sind folgende Leitfragen:
a) Analyse der inhaltlichen Merkmale:
1. Unter welcher Leitfrage soll die Statistik untersucht werden?
2. Zu welchem Einzelthema gibt die Statistik Auskunft? Auf welchen Zeitraum bezieht sie sich (Lücken?)? Auf welchen geografischen Raum bezieht sie sich?
3. Die Zuverlässigkeit von Statistiken ist in Schulbüchern nur begrenzt zu prüfen; hier muss die Aufnahme in das Schulbuch bereits eine gewisse Sicherheit bieten; allerdings ist die Quelle nachzuweisen. Manchmal ist es auch wichtig nachzufragen, wer die Statistik in Auftrag gegeben hat: Wurde eine Arbeitslosenstatistik vom Staat oder von den Gewerkschaften erstellt?
b) Analyse der formalen Merkmale:
4. Welche Kategorien werden in Beziehung gesetzt?
5. Ergeben sich aus der Darstellungsform besondere Aussagen?
6. Welche Zahlenwerte sind aufgeführt?
c) Beschreiben, Werten und Beurteilen des Aussagegehalts:
7. Welche Einzelinformationen gibt die Statistik (d.h., lassen sich Schwerpunkte, Ausschläge, regelhafte Verläufe erkennen)? Wie lässt sich die Aussage zusammenfassen?
8. Reicht die Statistik als Indikator zur Beantwortung der Leitfrage aus oder kann man nur vorläufige Schlüsse ziehen (müssen weitere Indikatoren herangezogen werden)?

Geschichtskarten
Die Arbeit mit Geschichtskarten gliedert sich in drei Phasen:
1. Orientierung:
– Welcher Gegenstand wird für welche Zeit und welchen Raum dargestellt?
– Studium der Zeichenerklärung: Welches Zeichen hat welche Bedeutung?
2. Befunderhebung und Analyse:
– Was ist für welchen geografischen Raum dargestellt?
– Was ist für welchen Zeitpunkt oder Zeitraum dargestellt?
– Was ist wie verteilt (quantitativ, qualitativ)?
3. Karteninterpretation
– Welche Ursachen, welche Entwicklungen und welche Folgen lassen sich aus den Einzelbefunden ablesen? Welche Rolle spielen dabei Raumstrukturen und Entfernungen?
– Welche weitergehenden Schlüsse lassen sich aus der Kartenanalyse ziehen?
– Wo liegen die Grenzen hinsichtlich der Aussagefähigkeit der Karte? Welche thematischen, quantitativen, chronologischen und räumlichen Aspekte fehlen?

Fotografien

Indem das Foto die Zeit aufhebt, d. h. sie durch Abbildung bewahrt und sie jederzeit und überall wieder sichtbar machen kann, wird sie zu einem historischen Dokument:
a) als Gebrauchs- oder professionelle Fotografie, z. B. von Fotoreportern, Modefotografen,
b) als Amateurfotografie,
c) als eigenständiges Kunstwerk.

Die Fotografie als Bildquelle ist zunächst wie jede andere Quelle zu behandeln:
1. Wann ist sie entstanden?
2. Was stellt sie dar?
3. Wer hat in wessen Auftrag fotografiert?
4. Für welche(n) Adressaten ist die Fotografie gemacht worden?

In der Regel fällt es sehr schwer, diese quellenkritischen Fragen vollständig zu beantworten; sie bleiben aber notwendig für eine möglichst gesicherte historische Aussage.

Auch für die Interpretation von Fotografien gelten die Regeln wie für andere Bildmedien. Denn Fotos scheinen nur die Wirklichkeit abzubilden, tatsächlich aber bieten sie bearbeitete Realität:
5. Welches Motiv hat der Fotograf ausgewählt?
6. Welchen Bildausschnitt und welchen Blickwinkel hat er bestimmt?
7. Welche Belichtungsdauer hat er eingesetzt?
8. Welche Brennweite des Objektivs hat er benutzt und damit Nähe oder Ferne bzw. Dehnung oder Stauchung des Objekts beeinflusst?
9. Welches Fotopapier hat er schließlich gewählt?
10. Weiche Retuschierung hat er eventuell vorgenommen?

Filme

Ausgangspunkt einer Filmanalyse sind Beobachtungen. Die folgende Aufzählung bietet erste Hinweise, die gegebenenfalls zu ergänzen bzw. zu verändern sind.
a) Beobachtung des Bildes:
  1 Wo gibt es auffällige Großaufnahmen?
  2. Wann nimmt die Kamera auffällige Positionen ein?
  3. Wie bewegt sich die Kamera?
  4. Welche Einstellungen sind gestaltet?
  5. Welche Szenen wirken „zufällig" aufgenommen?
  6. Wo gibt es auffällige „Schnittstellen"?
  7. Wie ist das Verhältnis von kurzen und langen Einstellungen?
b) Analyse des Tons:
  8. Wann dominieren Geräusche? Wann dominiert Sprache?
  9. Wann setzt Musik ein?
10. Wie sind Dialoge ausgestaltet?
11. Wie umfangreich sind Kommentare?
12. Wie verhält sich die Sprache zum Bild? Welche Kernsätze aus Dialogen und Kommentaren erscheinen mit welchen Bildern?

3 Informationen präsentieren

Ein Referat vorbereiten, vortragen und schriftlich ausarbeiten gehört zu jenen Arbeitstechniken, die sich jeder im Laufe des Geschichtsunterrichts in der Oberstufe systematisch aneignen sollte. Denn die gründliche Recherche, die systematische Niederschrift von Inhalten und Argumentationen und die überzeugende Präsentation werden auch in anderen Fächern und vor allem später im Berufsleben immer wieder eingefordert.

Checkliste zur Vorbereitung, Präsentation und Niederschrift eines Referats

A Thema eingrenzen
1. Wählen Sie sich zunächst ein Thema aus und grenzen Sie es ein.
2. Stellen Sie ggf. eine konkrete Frage.
   Beispielthemen aus diesem Schulbuch:
   – Der Strukturwandel der Familie in der modernen Welt: Eine Entwicklung vom Patriarchat zur Partnerschaft?
   – Flucht und Migration im 19. und 20. Jahrhundert: Eine Folge der zunehmenden Entwurzelung der Menschen oder der Unwirtlichkeit bestimmter Regionen?
   – Der Beginn der organisierten Frauenbewegung: Ein Ergebnis der bürgerlichen Revolutionen im ausgehenden 18. und beginnenden 19. Jahrhundert?
3. Klären Sie alle unbekannten Begriffe (Lexika, Register des Buches).
4. Bestimmen Sie genau den Zeitraum, mit dem Sie sich beschäftigen, und charakterisieren Sie dessen zentrale Merkmale. Überlegen Sie, ob eine Beziehung des Themas zum bisherigen Unterricht besteht.

B Recherchieren
1. Orientieren Sie sich über das Thema anhand von Überblicksdarstellungen und Lexika. Ggf. Gespräch mit einer Expertin/einem Experten, der Fachlehrerin/dem Fachlehrer führen.
2. Formulieren Sie erste Fragen und Einzelthemen.
3. Informationen aus Büchern (Bibliothek) besorgen (Stichwortkatalog, Autorenkatalog, Inhaltsverzeichnisse und Register von Büchern durchsehen; siehe auch das Literaturverzeichnis im Anhang, S. 573 ff., mit Handbüchern und Einzeldarstellungen).
4. Informationen aus dem Internet besorgen (Suchprogramme, z. B. www.excite.de, www.yahoo.de u. a.).
5. Quellenarbeit in Archiven (vorher Öffnungszeiten und Kopiermöglichkeiten erfragen).
6. Kopieren (nicht zu viele Kopien anfertigen); exzerpieren (stichpunktartig für jede wichtige Information eine Karteikarte anfertigen); zitieren (nur zentrale Aussagen wörtlich übernehmen).

C Erstellen einer Gliederung
1. Gliedern Sie Ihr Material (z.B. können Karteikarten sortiert, zu Teilbereichen gruppiert werden).
2. Material, visuell gestützt, gedanklich verarbeiten:
   – Stichwortbilder
   – Tabellen
   – Diagramme

3. Präzisierung der Fragestellung; die endgültige Gliederung erarbeiten.
4. Die Gliederung festhalten (die sortierten Karteikarten mit Kapitelüberschriften versehen).

D Vortrag vorbereiten
1. Untergliedern Sie den Vortrag (klassisch ist die Dreiteilung Einleitung – Hauptteil – Schluss) und erstellen Sie einen Ablaufplan.
2. Planen Sie genau die zur Verfügung stehende Zeit. Ein Referat sollte nie länger als 45 Minuten dauern, ein Kurzreferat 10–15 Minuten.
3. Wählen Sie eine geeignete Anrede bzw. einen geeigneten Einstieg aus, um die Aufmerksamkeit der Hörerinnen und Hörer zu gewinnen (z. B. aktueller Bezug, Bericht von einem Einzelereignis, bewusste Falschmeldung, eine direkte Frage stellen, Zitat einer Persönlichkeit).
4. Zu Beginn des Hauptteils sollte die Gliederung kurz vorgestellt werden. Auf einem Flipchart oder einer OH-Folie kann die Gliederung während des gesamten Referats sichtbar bleiben (den jeweiligen Punkt mit einem Pfeil markieren). Markieren Sie schwer zu merkende Daten, Namen usw. auf Ihren Karteikarten farbig. Notieren Sie die gedanklichen Zusammenhänge und Übergänge.
5. Ggf. ein kurzes Hand-out mit Gliederung und wichtigen Ergebnissen, Tabellen usw. erstellen.
6. Der Abschluss sollte die Leitfrage aufgreifen; ggf. Details aus dem Einstieg wieder aufnehmen.

E Vortrag halten
1. Vorträge sollten Sie immer frei halten.
2. Der mündliche Vortrag sollte gegliedert sein: Neue Teilbereiche jeweils erst benennen, dann in die Einzelheiten übergehen.
3. Blickkontakt mit den Zuhörern halten.
4. Pausen machen, Redetempo und Lautstärke variieren. Gestik und Mimik bewusst einsetzen.
5. Reaktionen der Zuhörerinnen und Zuhörer aufnehmen, ggf. Gedanken nochmals präzisieren.
6. Zum Schluss das Publikum um Rückmeldungen und Fragen bitten.

F Schriftliches Referat ausarbeiten
1. Das Referat fertigen Sie am besten am PC an.
2. Lay-out für den Gesamttext entwerfen und Anfertigen der Niederschrift:
    - Deckblatt erstellen.
    - Inhaltsverzeichnis mit Seitenangaben anlegen.
    - Den Hauptteil schreiben.
    - Belege und Zitate in Fußnoten nachweisen. Auch Informationen und Zitate aus dem Internet müssen nachgewiesen werden. Ggf. Bildmaterial einfügen.
    - Einleitung (mit Fragestellung) und Schluss (Zusammenfassung/Ausblick) schreiben.
    - Literatur- und Quellenverzeichnis anlegen.
3. Endkorrektur: Seitenverweise, Zitate prüfen; Grammatik, Orthografie, Interpunktion prüfen.
4. Referate, die zur Benotung eingereicht werden, erhalten auf der ersten oder letzten Seite eine persönlich unterschriebene und datierte Selbstständigkeitserklärung, in der der Schreiber/die Schreiberin versichert, dass er/sie die Arbeit mit keinen anderen Hilfsmitteln als den im Literaturverzeichnis aufgeführten angefertigt hat.

4 Arbeiten im Projekt

Die Projektmethode ist eine offene Lernform, die sich vor allem durch folgende **Merkmale** auszeichnet:
- Orientierung an den Interessen der Beteiligten, z. B. bei der Themenfindung;
- Eigenverantwortlichkeit und Selbstorganisation der Beteiligten, so nehmen Lehrkräfte in Projekten nur eine Beratungsfunktion wahr;
- fächerübergreifendes Arbeiten, d. h., die Themen berühren in der Regel mehrere Bereiche und betreffen mehrere Fächer;
- Produktorientierung, d. h., am Ende des Projektes steht als Ertrag ein Referat, ein Theaterstück, eine Ausstellung, ein Radio-Feature, eine Dokumentation o. Ä., die die Projektgruppe in eigener Verantwortung erstellt hat und der Öffentlichkeit präsentiert (Kurs, Schule, außerschulische Öffentlichkeit);
- soziales Lernen, d. h., das Geheimnis der Projektarbeit liegt in der Arbeitsweise der Gruppen, die Teamfähigkeit, Durchhaltevermögen und Fantasie entwickeln müssen.

Ein Projekt besteht aus zwei eng miteinander in Verbindung stehenden Ebenen: Die **sachliche Ebene** umfasst die zu leistende Aufgabe, die Strukturierung des Projekts, die Systematisierung des Vorgehens und die sachangemessen anzuwendenden Methoden. Da ein Projekt keine Einzelarbeit ist, sondern in einem Team bearbeitet wird, müssen Sie neben der Sach- oder Inhaltsebene auch die **Beziehungsebene** berücksichtigen, d. h. psychologisch-soziale Aspekte wie beispielsweise Kooperation, Kommunikation und Konfliktbewältigung innerhalb Ihres Projektteams, aber auch Schnittstellen zu teamexternen Mitarbeitern, Informanten und Lehrern. Erst wenn Sie beide Ebenen beachten, können Sie erfolgreich und im Sinne eines ganzheitlichen Projektmanagements arbeiten.

Jede Projektarbeit unterliegt einem aus **vier Phasen** bestehenden Zyklus: Definition, Planung, Realisierung und Projektabschluss.
1. Definition
Situationsanalyse: Problematisierung der Aufgabenstellung und Analyse des zu bearbeitenden Problems; Klärung des zur Verfügung stehenden Zeitrahmens und der zur Verfügung stehenden Ressourcen (Projektmitarbeiter, Sachmittel),
Zielfindung: Ziel der Arbeit festlegen, genaue Aufgabenstellungen und angestrebtes Ergebnis bestimmen.
2. Planung
Entscheidung über methodische Verfahren und Arbeitsteilung, Planungskonzept entwickeln (Termine, Produktabstimmungen),
3. Durchführung
Erledigung der jeweiligen Arbeitsaufträge, Verfolgung und Steuerung des Projektverlaufs, Aktualisierung der Planung, regelmäßige Kommunikation der Projektbeteiligten beim Erreichen der Zwischenziele,
4. Abschluss
Darstellung und Präsentation von Lösungsergebnissen, Reflexion des Projektverlaufs.

Zur Durchführungsphase gehören die Verwirklichung der jeweiligen Arbeitsaufträge, die Verfolgung und Steuerung des Projektverlaufs, die Aktualisierung der Planung auf Grund projektpraktischer Erkenntnisse und die regelmäßige Kommunikation der Projektbeteiligten beim Erreichen der Zwischenziele. Während dieser Phase steigt die Bedeutung der psychologisch-sozialen Ebene.

Konflikte auf der Sachebene:
Zielkonflikte
Mehrere Teammitglieder haben gegensätzliche Interessen und Vorstellungen hinsichtlich der Projektziele, insbesondere der Qualitäts-, Kosten- und Terminziele. Zielkonflikte können bereits in der Planungsphase auftreten.
Beurteilungskonflikte
Diese werden hervorgerufen durch unterschiedliche Informations- und Kenntnisstände, Unklarheit über weiteres Vorgehen und unterschiedliche Ansichten über die Methoden und Verfahren, die zur Zielerreichung angewandt werden sollen.
Verteilungskonflikte
Gibt es dann, wenn bei Ressourcenknappheit nicht alle Ansprüche befriedigt werden können.

Konflikte auf der psychologisch-sozialen Ebene:
Wertekonflikte
Verschiedene Teammitglieder haben im Bereich persönlicher Werte unterschiedliche Vorstellungen, die auch bei viel Einfühlungsvermögen und Toleranz nicht immer miteinander vereinbar sind.
Beziehungskonflikte
Sie können auf Grund von Vorurteilen, Antipathien, geringem Selbstwertgefühl, Misstrauen und Unsicherheit entstehen.

Sollten sich derartige Konflikte nicht nach kurzer Zeit „von selbst" bereinigen, sondern negativ auf die Projektmitarbeit auswirken, sind seitens der anderen Teammitglieder Lösungsversuche notwendig:
- Gespräche
- Klärung und möglicherweise Neudefinition von Verantwortlichkeiten
- Hinzuziehen eines neutralen Mediators
- Erarbeiten neuer Kommunikationsstrategien
- Austausch von Teammitgliedern
- Projektabbruch

Erfahrene Projektmitarbeiter planen ihre Projektarbeit nicht nur unter sachlichen Gesichtspunkten, sondern legen gerade auch in der Durchführungsphase großen Wert auf die psychosoziale Ebene. Entspannungsphasen, Pausen, Abmildern äußerer Zwänge, Stressabbau, Beachtung des individuellen Biorhythmus und Respektierung persönlicher Gewohnheiten gehören unbedingt dazu. Gerade in einer heißen Phase einer Projektdurchführung sind von allen Beteiligten Teamfähigkeit, emotionale Intelligenz und Selbstdisziplin als unverzichtbare Qualitäten gefordert.

5 Hilfen für Klausuren und Hausaufgaben

Der richtige Umgang mit Arbeitsaufträgen
Bei der Bearbeitung einer Quelle sind drei verschiedene Anforderungsniveaus zu unterscheiden.

Anforderungsniveau I: Reproduktion
Fassen Sie zusammen, arbeiten Sie aus M x heraus, nennen Sie, kennzeichnen Sie, charakterisieren Sie, skizzieren Sie, bestimmen Sie usw.

Anforderungsniveau II: Reorganisation
Untersuchen Sie, erläutern Sie, zeigen Sie, ordnen Sie in den historischen Zusammenhang ein, vergleichen Sie, grenzen Sie ab, erklären Sie usw.

Anforderungsniveau III: Transfer
Erörtern Sie, beurteilen Sie, nehmen Sie Stellung usw.

Erläuterungen zu den wichtigsten Arbeitsanweisungen
Arbeiten Sie aus M x heraus...
Ein Sachverhalt soll, eng an den entscheidenden Textaussagen der Quelle orientiert, mit eigenen Worten vorgestellt und gedanklich zugespitzt werden (mit Zitatbelegen aus der Quelle zu wichtigen Begriffen und Aussagen).

Zeigen/erläutern Sie ...
Ein Sachverhalt soll durch umfangreichere zusätzliche Informationen verständlich gemacht werden; häufig mit Beispielen aus dem eigenen Wissen.

Erklären Sie ...
Ein Sachverhalt soll durch eigenes Wissen in einen Zusammenhang (Theorie, Modell, Funktionszusammenhang, Regel usw.) eingeordnet und dadurch kausal (=begründend) hergeleitet werden.

Beurteilen Sie ...
Thesen oder Behauptungen sollen hierbei im Zusammenhang auf Richtigkeit und Stimmigkeit geprüft werden. Verschiedene Standpunkte sind aufzuführen und zu begründen, Argumente zu gewichten. Es sollen nicht die Maßstäbe von heute, sondern die Maßstäbe der jeweiligen Epoche angelegt werden. Die Prüfung erfordert eine längere Argumentationsreihe.

Bewerten Sie/nehmen Sie Stellung ...
Dies erfordert über das „Beurteilen" hinaus einen persönlichen Wertbezug; da ein solcher nie allgemein verbindlich sein kann, sind Pluralität und Toleranz zu gewährleisten. Wenn Sie Stellung beziehen, sich eine Meinung bilden, müssen Sie diese immer durch Klarlegung Ihrer eigenen Wertmaßstäbe begründen.

Literaturhinweise

Kapitel I

Adams, Willi Paul, Die USA vor 1900, Oldenbourg, München 2000.
Adams, Willi Paul, Die USA im 20. Jahrhundert, Oldenborg, München 2000.
Adams, Willi Paul, u. a., Die Vereinigten Staaten von Amerika, Fischer, Frankfurt/Main 1994.
Dippel, Horst, Die Amerikanische Revolution 1763–1787, Suhrkamp, Frankfurt/Main 1984.
Fehrenbach, Elisabeth, Vom Ancien Régime zum Wiener Kongress, Oldenbourg, München ³1993.
Reichhardt, Rolf E., Das Blut der Freiheit. Französische Revolution und demokratische Kultur, Fischer, Frankfurt/Main 1998.
Schulin, Ernst, Die Französische Revolution, C. H. Beck, München 1988.
Kuhn, Axel, Die Französische Revolution, Reclam, Stuttgart 1999.
Wehler, Hans-Ulrich (Hg.), 200 Jahre amerikanische Revolution und moderne Revolutionsforschung, Vandenhoeck & Ruprecht, Göttingen 1976.

Kapitel II

Frevert, Ute, Frauen-Geschichte. Zwischen bürgerlicher Verbesserung und neuer Weiblichkeit, Suhrkamp, Frankfurt/Main 1986.
Hahn, Hans-Werner, Die Industrielle Revolution in Deutschland, Oldenbourg, München 1998.
Henning, Friedrich-Wilhelm, Die Industrialisierung in Deutschland 1800–1914, UTB, Paderborn ⁸1993.
Hentschel, Volker, Geschichte der deutschen Sozialpolitik 1880–1914, Suhrkamp, Frankfurt/Main ⁴1991.
Herbert, Ulrich, Geschichte der Ausländerpolitik in Deutschland. Saisonarbeiter, Zwangsarbeiter, Gastarbeiter, Flüchtlinge, C. H. Beck, München 2001.
Hobsbawm, Eric J., Industrie und Empire. Britische Wirtschaftsgeschichte seit 1750, 2 Bde., Suhrkamp, Frankfurt/Main 1969.
Kiesewetter, Hubert, Industrielle Revolution in Deutschland 1815–1914, Suhrkamp, Frankfurt/Main 1989.
Kiesewetter, Hubert, Das einzigartige Europa. Zufällige und notwendige Faktoren der Industrialisierung, Vandenhoeck & Ruprecht 1996.
Landes, David S., Der entfesselte Prometheus. Technologischer Wandel und industrielle Entwicklung in Westeuropa von 1750 bis zur Gegenwart, dtv, München 1983.
Landes, David S., Wohlstand und Armut der Nationen. Warum die einen reich und die anderen arm sind, Siedler, Berlin 1999.
Pierenkemper, Toni, Umstrittene Revolutionen. Die Industrialisierung im 19. Jahrhundert, Fischer, Frankfurt/Main 1996.
Reulecke, Jürgen, Geschichte der Urbanisierung in Deutschland, Suhrkamp, Frankfurt/Main 1985.

Kapitel III

Bade, Klaus J., Europa in Bewegung. Migration vom späten 18. Jahrhundert bis zur Gegenwart, C. H. Beck, München 2000.
Bock, Gisela, Frauen in der europäischen Geschichte. Vom Mittelalter bis zur Gegenwart, C. H. Beck, München 2000.
Frederiksen, Elke (Hg.), Die Frauenfrage in Deutschland 1865–1915. Texte und Dokumente, Reclam, Stuttgart 1994.
Frevert, Ute, Frauen-Geschichte. Zwischen bürgerlicher Verbesserung und neuer Weiblichkeit, Suhrkamp, Frankfurt/Main 1986.
Gestrich, Andreas, Geschichte der Familie im 19. und 20. Jahrhundert, Oldenbourg, München 1999.
Han, Petrus, Soziologie der Migration. Erklärungsmodelle. Fakten. Politische Konsequenzen. Perspektiven, UTB, Stuttgart 2000.
Heidelmeyer, Wolfgang (Hg.), Die Menschenrechte. Erklärungen, Verfassungsartikel, Internationale Abkommen, UTB, Paderborn ⁴1997.

Hufton, Olwen (Hg.), Menschenrechte in der Geschichte, Fischer, Frankfurt/Main 1999.
Mitterauer, Michael, u. Sieder, Reinhard, Vom Patriarchat zur Partnerschaft. Zum Strukturwandel der Familie, C. H. Beck, München ⁴1991.
Oestreich, Gerhard, Geschichte der Menschenrechte und Grundfreiheiten im Umriss, Duncker u. Humblot, Berlin ²1978.
Sassen, Saskia, Migranten, Siedler, Flüchtlinge. Von der Massenauswanderung zur Festung Europa, Fischer, Frankfurt/Main 1997.
Sieder, Reinhard, Sozialgeschichte der Familie, Suhrkamp, Frankfurt/Main 1987.

Kapitel IV und V

Alter, Peter, Nationalismus, Suhrkamp, Frankfurt/ Main 1985.
Fehrenbach, Elisabeth, Verfassungsstaat und Nationsbildung 1815–1871, Oldenbourg, München 1992.
Langewiesche, Dieter, Liberalismus in Deutschland, Suhrkamp, Frankfurt/Main 1988.
Nipperdey, Thomas, Deutsche Geschichte 1800–1866. Bürgerwelt und starker Staat, C. H. Beck, München 1983.
Nipperdey, Thomas, Deutsche Geschichte 1866–1918, 2 Bde., C. H. Beck, München 1990 u. 1992.
Reichelt, Peter, Politische Kultur in der Bundesrepublik, UTB, Opladen 1981.
Schroeder, Klaus, Der Preis der Einheit. Eine Bilanz, Hanser, München 2000.
Schroeder, Klaus, Der SED-Staat. Partei, Staat und Gesellschaft 1949–1990, Propyläen, München 2000.
Siemann, Wolfram, Vom Staatenbund zum Nationalstaat. Deutschland 1806–1871, C. H. Beck, München 1995.
Ullmann, Hans-Peter, Das Deutsche Kaiserreich 1871–1918, Suhrkamp, Frankfurt/Main 1995.
Ullrich, Volker, Die nervöse Großmacht 1871–1918, C. H. Beck, München 1997.
Wehler, Hans-Ulrich, Deutsche Gesellschaftsgeschichte, Bde. 2 u. 3, C. H. Beck, München 1987 u. 1995.

Kapitel VI

Kolb, Eberhard, Die Weimarer Republik, Oldenbourg, München 1984.
Longerich, Peter, Deutschland 1918–1933. Die Weimarer Republik, Fackelträger, Hannover 1995.
Michalka, Wolfgang, u. Niedhart, Gottfried, (Hg.), Die ungeliebte Republik. Dokumente zur Innen- und Außenpolitik Weimars 1918–1933, dtv, München ³1984.
Mommsen, Hans, Aufstieg und Untergang der Republik von Weimar 1918–1933, Propyläen, Berlin 1998.
Winkler, Heinrich August, Weimar 1918–1933. Die Geschichte der ersten deutschen Demokratie, C. H. Beck, München 1993.

Kapitel VII

Benz, Wolfgang, Graml, Hermann, u. Weiß, Hermann (Hg.), Enzyklopädie des Nationalsozialismus, dtv, München ³1998.
Herbst, Ludolf, Das nationalsozialistische Deutschland 1933–1945, Suhrkamp, Frankfurt/ Main 1996.
Wendt, Bernd Jürgen, Deutschland 1933–1945. Das „Dritte Reich", Fackelträger, Hannover 1995.
Benz, Wolfgang, u. Pehle, Walter H. (Hg.), Lexikon des deutschen Widerstandes, Fischer, Frankfurt/ Main 1994.
Hildebrand, Klaus, Das Dritte Reich, Oldenbourg, München ⁵1995.
Hehl, Ulrich von, Nationalsozialistische Herrschaft, Oldenbourg, München 1996.
Kershaw, Ian, Hitler, 2 Bde., DVA, Stuttgart 1998 u. 2000.
Recker, Marie-Luise, Die Außenpolitik des Dritten Reiches, Oldenbourg, München 1990.
Wippermann, Wolfgang, Europäischer Faschismus im Vergleich 1922–1982, Suhrkamp, Frankfurt/Main 1983.
Borejsza, Jerzy W., Schulen des Hasses. Faschistische Systeme in Europa, Fischer, Frankfurt/Main 1999.

Kapitel VIII

Adams, Willi Paul, Die USA im 20. Jahrhundert, Oldenbourg, München 2000.
Benz, Wolfgang, Potsdam 1945. Besatzungsherrschaft und Neuaufbau im Vier-Zonen-Deutschland, dtv, München 1986.
Hildermeier, Manfred, Geschichte der Sowjetunion. Entstehung und Niedergang des ersten sozialistischen Staates, C. H. Beck, München 1998.
Link, Werner, Der Ost-West-Konflikt. Die Organisation der internationalen Beziehungen im 20. Jahrhundert, Kohlhammer, Stuttgart 1980.
Loth, Wilfried, Die Teilung der Welt. Geschichte des Kalten Krieges 1941–1955, dtv, München 2000.
Staritz, Dietrich, Die Gründung der DDR. Von der sowjetischen Besatzungsherrschaft zum sozialistischen Staat, dtv, München 1984.

Kapitel IX

Eberwein, Wolf-Dieter, u. Kershi, Basil (Hg.), Die deutsch-polnischen Beziehungen 1949–2000. Eine Werte- und Interessengemeinschaft? Leske + Budrich, Opladen 2001.
Görtemaker, Manfred, Geschichte der Bundesrepublik Deutschland. Von der Gründung bis zur Gegenwart, C. H. Beck, München 1999.
Jarausch, Konrad, Die unverhoffte Einheit 1989–1990, Suhrkamp, Frankfurt/Main 1995.
Klessmann, Christoph, Deutschland 1945–1995, Fischer, Frankfurt/Main 1999.
Kocka, Jürgen, Vereinigungskrise. Zur Geschichte der Gegenwart, Vandenhoeck & Ruprecht, Göttingen 1995.
Maier, Charles S., Das Verschwinden der DDR und der Untergang des Kommunismus, Fischer, Frankfurt/Main 1997.
Ritter, Gerhard A., Über Deutschland. Die Bundesrepublik in der deutschen Geschichte, C. H. Beck, München 1998.
Schildt, Axel, Ankunft im Westen. Ein Essay zur Erfolgsgeschichte der Bundesrepublik, Fischer, Frankfurt/Main 1999.
Schöllgen, Gregor, Die Außenpolitik der Bundesrepublik Deutschland. Von den Anfängen bis zur Gegenwart, C. H. Beck, München 1999.
Schroeder, Klaus, Der Preis der Einheit. Eine Bilanz, Hanser, München 2000.
Schroeder, Klaus, Der SED-Staat. Partei, Staat und Gesellschaft 1949–1990, Propyläen, München 2000.
Weber, Hermann, Die DDR 1945–1990, Oldenbourg, München ²1993.
Wolle, Stefan, Die heile Welt der Diktatur. Alltag und Herrschaft in der DDR 1971–1989, Econ & List, München 1999.
Ziebusch, Gilbert, Die deutsch-französischen Beziehungen seit 1945. Mythen und Realitäten, Neske, Stuttgart 1997.

Kapitel X

Calic, Marie-Janine, Krieg und Frieden in Bosnien-Herzegowina, Suhrkamp, Frankfurt/Main 1996.
Delgado, Mariano, u. Lutz-Bachmann, Matthias, (Hg.), Herausforderung Europa. Wege zu einer europäischen Identität, C. H. Beck, München 1995.
Domes, Jürgen, u. Näth, Marie-Luise, Geschichte der Volksrepublik China, B. I. Taschenbuch, Mannheim 1992.
Hartmann, Rudolf, Geschichte des modernen Japan. Von Meiji bis Heisei, Akademie Verlag, Berlin 1996.
Herz, Dietmar (Hg.), Die Europäische Union. Politik. Recht. Wirtschaft, Fischer, Frankfurt/Main ²2000.
Kevenhörster, Paul, Politik und Gesellschaft in Japan, B. I. Taschenbuch, Mannheim 1993.
Kindermann, Gottfried-Karl, Der Aufstieg Ostasiens in der Weltpolitik 1840 bis 2000, DVA, Stuttgart 2001.
Loth, Wilfried, Der Weg nach Europa. Geschichte der europäischen Integration 1939–1957, Vandenhoeck & Ruprecht, Göttingen ³1996.
Niess, Frank, Die europäische Idee. Aus dem Geist des Widerstands, Suhrkamp, Frankfurt/Main 2001.

Schmid, Thomas (Hg.), Krieg im Kosovo, Rowohlt, Reinbek bei Hamburg 1999.
Sundhaussen, Holm, Experiment Jugoslawien. Von der Staatsgründung bis zum Zerfall, B. I. Taschenbuch, Mannheim 1993.

Schreiber, Friedrich/ Wolffsohn, Michael, Nahost. Geschichte und Struktur des Konflikts, Leske + Budrich, Opladen ⁴1996.
Tibi, Bassam, Pulverfass Nahost. Eine arabische Perspektive, DVA, Stuttgart 1997.
Wolffsohn, Michael, Frieden jetzt? Nahost im Umbruch, Ullstein, München 1994.

Internet-Adressen

Bücher

a) Speziell für Historiker
Ditfurth, Christian von, Internet für Historiker, Campus, Frankfurt/Main 1997.
Ohrmund, Andreas/Tiedemann, Paul, Internet für Historiker. Eine praxisorientierte Einführung, Wissenschaftliche Buchgesellschaft, Darmstadt 1999.

b) Lohnenswert für den Unterricht
Hildebrand, Jens, Internet-Ratgeber für Lehrer, Aulis, Köln ⁵1999.
Karzaunikat, Stefan, Die Suchfibel. Wie findet man Informationen im Internet?, Klett, Stuttgart ²1999 (mit CD-ROM).
Wimmers, Ralf (unter Mitarbeit von Margit Fischbach), Lehrer-Kursbuch Internet, Cornelsen Scriptor, Berlin ²2000.

Wichtige Adressen für den Unterricht

http://www.zum.de
Dahinter verbirgt sich der bedeutendste Anbieter für Unterrichtsmaterialien im Netz, nämlich die Zentrale für Unterrichtsmedien im Internet e.V.
Geboten werden u. a. zum Fach Geschichte 19 Seiten Links.

http://www.dbs.schule.de
Das Projekt der Humboldt-Universität Berlin bietet alles zum Thema Schule.
Bei der Suche nach Unterrichtsmaterial erhält man eine Inhaltsbeschreibung, Zuordnung zu Schulstufen, wissenschaftliche Einordnung des Inhalts in Fachdisziplin usw.

http://www.suchfibel.de
Das o. g. Buch ist auch als ausgezeichnete Suchmaschine im Netz vertreten.

Ausgewählte Adressen für Geschichte

http://www.lbw.bwue.de
Sammlung von Links, u. a. Nachrichtenarchive, Suchmaschinen

http://www.geschichte.2me.net/
2000 Jahre Geschichte nach Jahresereignissen, Ländern, Orten, Regenten, historischen Karten geordnet.
http://www.phil.uni-erlangen.de/~p1ges/vl-dtld.html
Thematisch gegliederte Linksammlung zu allen Bereichen der Geschichte

http://www.lehrernet.de/faecher/geschichte.html
Unterrichtsmaterialien von der Antike bis zur Wende in der DDR 1989

http://www.spinfo.uni-koeln.de/mensch/ projekt/mahomepaunix.html
Das Mittelalter im Internet, nach Ländern und Fachgebieten geordnet, mit einer Vielzahl von Links.

Ausgewählte Suchmaschinen
Suchmaschinen sind Spezialprogramme. Wenn man sie aufruft, kann man eins oder mehrere Stichwörter in ein freies Feld eingeben. Klickt man dann die Suchbefehltaste an, sucht das Programm im Internet alle möglichen Texte und Einträge, die die eingegebenen Suchstichwörter enthalten, und listet diese auf. Klickt man nun einen der Listentitel an, gelangt man zu der Website, von der der gefundene Eintrag stammt.

AltaVista Deutschland	www.altavista.de	durchsucht 8 Millionen deutschsprachige Dokumente
AltaVista international	www.altavista.com	durchsucht 150 Millionen Dokumente. Sprachen können voreingestellt werden. Suchergebnisse werden mit Datum nach Sprachen geordnet dargestellt.
Excite Deutschland	www.ecite.de	Sucherergebnisse werden mit Datum und Relevanz (%) dargestellt.
Excite international	www.ecite.com	durchsucht ca. 50 Millionen Dokumente. Darstellung der Ergebnisse mit Datum und Relevanz.
Fireball	www.fireball.de	durchsucht ca. 8,5 Millionen deutschsprachige Dokumente mit hoher Geschwindigkeit. Darstellung der Ergebnisse mit Datum und Relevanz.
HotBot	www.hotbot.com	durchsucht ca. 110 Millionen internationale Dokumente. Ergebnisdarstellung mit Datum und Relevanz.
Infoseek Deutschland	www.infoseek.de	durchsucht ca. 6 Millionen deutschsprachige Dokumente. Ergebnisse können nach Relevanz oder Datum sortiert werden.
Infoseek international	www.infoseek.com	durchsucht ca. 45 Millionen internationale Dokumente. Ergebnisse können nach Relevanz und Datum sortiert werden.

Die Startseiten vieler Suchmaschinen enthalten neben dem Eingabefeld für den Suchbegriff bereits vordefinierte Suchabläufe, z. B. für Tagesnachrichten, Schlagzeilen, Wetter, Börsenkurse, Sport, TV-Programm usw.
Bei der Eingabe des Suchbegriffs kann man die Suche einengen oder auch erweitern: Man kann z. B. wählen, ob im gesamten Internet oder nur im deutschsprachigen gesucht werden soll, ob auf Groß- und Kleinschreibung zu achten ist, ob Rechtschreibfehler bei der Eingabe erlaubt werden, ob komplette Wörter oder Teile davon gesucht werden sollen, ob Suchbegriffe mit Hilfe der Boolschen Operatoren (z. B. AND, OR, AND NOT) zu komplexeren Fragen kombiniert werden, und noch weitere. Diese Suchoptionen gibt man entweder über Schaltflächen oder Auswahlmenüs ein.

Besonders leistungsfähig sind Meta-Suchmaschinen, die in mehreren Suchmaschinen parallel suchen.

Highway 61	www.highway61.com	sucht gleichzeitig in Lycos, Yahoo, Excite und Infoseek. Die gefundenen Dokumente werden aufgelistet.
Metacrawler	www.go2net.com	sucht parallel in 6 internationalen Suchmaschinen. Ergebnisdarstellung nach Relevanz.
MetaGer	www.rrzn.uni-hannover.de	sucht parallel in 15 Suchmaschinen. Ergebnisdarstellung nach Relevanz.

Suchmaschinen und Meta-Suchmaschinen suchen hauptsächlich nach konkreten Begriffen, Personen oder Informationen. Daneben gibt es eine andere Art von Suchmaschine, die man als Katalog bezeichnet. Kataloge sind von einer Redaktion bearbeitet, insofern als Internet-Dokumente nach Themengebieten zusammengefasst und geordnet. Inhaltlich sind Kataloge daher oft ergiebiger, auch wenn die Anzahl der durchsuchten Dokumente geringer ist.

Dino	www.dino-online.de	Die aus über 200 000 deutschsprachigen Dokumenten gefundenen Titel werden nach Katalogbereichen aufgeführt.
Web.de	vroom.we.de	durchsucht ca. 180 000 deutschsprachige Dokumente. Sucherergebnisse nach Relevanz sortiert.
Yahoo! Deutschland	www.yahoo.de	durchsucht ca. 70 000 deutschsprachige Dokumente. Die Suchergebnisse werden nach Suchkategorien sortiert.
Yahoo! international	www.yahoo.com	durchsucht ca. 750 000 internationale, vorwiegend englischsprachige Dokumente. Die Suchergebnisse werden nach Suchkategorien und Datum sortiert.

Lexikon

A

Adel: in der Antike eine in der Gesellschaft hervorgehobene Gruppe, deren Macht und Einfluss sich auf Reichtum, Bildung und eigenen Lebensstil stützt. Man gehörte zum Adel durch Geburt – so in Griechenland und beim Patriziat in Rom. Seit um 300 v. Chr. wählten Zensoren in Rom die Mitglieder des Senats aus, in der Regel aus ehemaligen Magistraten. Innerhalb dieses Senatsadels bildete die Nobilität die Gruppe, aus deren Familien Mitglieder zum Konsulat gelangt sind. In der Kaiserzeit hatten die Kaiser maßgeblichen Einfluss auf die Zusammensetzung des Adels. Wenn der Adel in einem Staat die politische Macht ausübt, spricht man von einer Aristokratie. Im Mittelalter und der frühen Neuzeit, also bis um 1800 und teilweise länger, war der Adel in Europa die mächtigste Führungsschicht mit erblichen Vorrechten, besonderen politischen und militärischen Pflichten, mit ausgeprägtem Standesbewusstsein und besonderen Lebensformen. Adel war in der Regel verbunden mit Grundbesitz und daraus begründeten Herrschafts- und Einkommensrechten (Grundherrschaft, Gutsherrschaft). Der Adel als Stand setzt sich zusammen aus dem Hofadel, dem Amtsadel und dem Landadel. Obwohl politisch und rechtlich zur sozialen Oberschicht gehörend, konnte insbesondere der Landadel wirtschaftlich zur Mittelschicht gehören. Der Absolutismus verminderte und die bürgerliche Gesellschaft beseitigte schrittweise die politische Macht des Adels; ein Teil seiner gesellschaftlichen Vorrangstellung bestand jedoch bis ins 20. Jh. weiter.

Antifaschismus: Der Begriff bezeichnet ursprünglich die Gegnerschaft zum Faschismus und Nationalsozialismus. Vor und nach 1945 benutzte die Sowjetunion und entsprechend die SED ihn als Integrationsideologie, um demokratische Gegner des Faschismus und Nationalsozialismus zu einem Bündnis unter kommunistischer Führung („Einheitsfront", „Demokratischer Block") zu bewegen. Während des Ost-West-Konflikts verschmolz der Begriff häufig mit dem des „Antiimperialismus" zu einem ideologischen Kampfbegriff, der die politisch-moralische Überlegenheit des Ostens zum Ausdruck bringen sollte.

Anti-Hitler-Koalition: Sie war im Zweiten Weltkrieg ein informelles Zweckbündnis zwischen den USA, Großbritannien und der UdSSR mit dem einzigen Ziel Hitler zu besiegen. Die USA bauten seit 1939 ihre Neutralitätsgesetzgebung ab, um Großbritannien und seine Verbündeten gegen Deutschland unterstützen zu können. Trotz der Spannungen zwischen Großbritannien und der UdSSR kam es ab 1941 zur Zusammenarbeit zwischen den „Großen Drei". Auf mehreren Konferenzen während des Krieges (Moskau 1943; Dumbarton Oaks 1944; Jalta 1945) stimmten die drei Alliierten ihr militärisches Vorgehen ab und berieten darüber, wie Deutschland nach dem Krieg behandelt werden sollte.

Antisemitismus: Ablehnung oder Bekämpfung von Juden aus rassischen, religiösen oder sozialen Gründen. Der Begriff wurde im Jahre 1879 geprägt, aber Judenfeindschaft gab es schon in der Antike und im Mittelalter. In der zweiten Hälfte des 19. Jh.s entwickelte sich ein rassisch begründeter Antisemitismus, mit dem gesellschaftliche Konflikte auf die Juden als Feindbild übertragen wurden. In der NS-Ideologie bildete der Antisemitismus ein zentrales Element. Das NS-Regime setzte seinen Rassenantisemitismus systematisch bis zum Völkermord um: Ausschaltung aus dem politischen, wirtschaftlichen und kulturellen Leben (Nürnberger Gesetze von 1935), Pogrom am 9./10. November 1938 („Reichskristallnacht"), Gettoisierung und die Verpflichtung den Judenstern zu tragen, schließlich die physische Vernichtung. Etwa 6 Mio. Juden wurden in den Konzentrations- und Vernichtungslagern 1933–1945 getötet.

Appeasement (engl. = Beschwichtigung, Beruhigung): Appeasement wird als Schlagwort gebraucht, um in abwertendem Sinne eine Politik des ständigen Nachgebens, besonders totalitären Staaten gegenüber, zu bezeichnen. Appeasement war ein polemischer Vorwurf an die britische Außenpolitik von 1933–1939, insbesondere für den Versuch der Regierung Chamberlain seit 1937 durch Zugeständnisse an Deutschland und Italien den Frieden zu erhalten. Höhepunkt und Ende der Appeasementpolitik war das Münchner Abkommen (1938) und die Besetzung der Tschechoslowakei durch deutsche Truppen (1939).

Arbeiter: In der kapitalistischen Industrieproduktion führt der Arbeiter persönlich frei und ohne Besitz von Produktionsmitteln in einem Vertragsverhältnis mit einem Unternehmer gegen Lohn fremdbestimmte Arbeit aus. Viele Arbeiter entwickelten das Bewusstsein, als Klasse zusammenzugehören. Sie verstanden sich als Proletariat, dessen Situation durch Reformen oder Revolution zu verbessern sei.

Arbeiterbewegung: gewerkschaftlicher, genossenschaftlicher und politischer (Parteien) Zusammenschluss von Arbeitern seit dem zweiten Drittel des 19. Jh.s Die Arbeiterbewegung, d.h. die Institutionen, die für die Verbesserung der politischen und sozialen Lage der Arbeiter kämpften, ist begrifflich von der Arbeiterschaft als sozialer Schicht zu unterscheiden.

Aufklärung: Eine viele Lebensbereiche umfassende Reformbewegung des 17./18. Jh.s in Europa, die das „Licht der Vernunft" gegen klerikale, feudale und absolutistische Traditionen verbreiten wollte. Zentrale Forderungen waren unbeschränkte Öffentlichkeit, freie Meinungsäußerung und Toleranz gegenüber anderen Meinungen. Mittel zur Durchsetzung der Aufklärung waren vor allem Wissenschaft und Erziehung.

Autokratie (griech. = Selbstherrschaft): Herrschaftsform, bei der die Staatsgewalt in den Händen eines Einzelnen liegt, der weder durch Einzelgesetze noch durch eine Verfassung in seiner Macht gebunden ist. Bsp.: der russische Zarismus und der Absolutismus.

B

Beamte: sind Personen, denen der Staat oder die Gemeinschaft für eine bestimmte Zeit oder für eine längere Dauer fest umschriebene Aufgaben zuweisen. In Griechenland wurden die Beamten, z.B. die Archonten, meist für ein Jahr durch Los oder Wahl bestimmt. Nach Ablauf ihrer Amtszeit konnten sie zur Rechenschaft für ihre Amtsführung herangezogen werden. Die römischen Beamten (Magistrat) wurden vom Volk gewählt, und zwar für ein Jahr (Annuität); jedes Amt (Magistratur) war mindestens doppelt besetzt (Kollegialität); nach Ablauf ihrer Amtszeit konnten Magistrate einen Sitz im Senat erhalten.

Bevölkerungswachstum: Der Industrialisierung geht das Bevölkerungswachstum voraus und begleitet sie anfangs verstärkend. Gespeist wird es aus der sinkenden Sterblichkeitsrate (= Todesfälle pro 1000 Einwohner), einer zeitweise hohen Geburtenziffer (= Lebendgeburten pro 1000 Einwohner) und vor allem durch eine hohe Fruchtbarkeitsziffer bzw. Fertilität (= Lebendgeborene auf 1000 Frauen im Alter von 15 bis unter 45 Jahren). Im weiteren Verlauf der Industrialisierung nähern sich Sterbe- und Geburtenraten immer stärker an.

Bipolarität: bezeichnet eine Struktur des Staatensystems, bei dem sich zwei hegemoniale Machtzentren, wie die USA und die UdSSR von 1945 bis 1991, gegenüberstehen. Die Weltpolitik war in dieser Zeit nahezu vollständig diesem Gegensatz untergeordnet („Kalter Krieg"). Politische, wirtschaftliche und militärische Entscheidungen fielen überwiegend unter der Prämisse der ideologischen und machtpolitischen Parteinahme für je eine Führungsmacht.

Blockfreie Staaten: Die Konferenz von Bandung 1955 war der Beginn der Bewegung der blockfreien Staaten, die sich in der Zeit des Kalten Krieges weder dem Ostblock/UdSSR noch dem Westblock/USA anschließen wollten. Ziele ihrer Politik waren Neutralitätsprinzip, Antiimperialismus, Antikolonialismus und weltweite Abrüstung.

Bundesstaat: aus Einzelstaaten zusammengesetzter Gesamtstaat, wobei die Einzelstaaten einen Teil ihrer souveränen Rechte in der Gesetzgebung und Verwaltung an den Gesamtstaat übertragen, z.B. Außen-, Verteidigungs- und Finanzpolitik, einen anderen Teil aber behalten, z.B. Schul- und Kulturpolitik. Man bezeichnet dieses Gestaltungsprinzip von Staaten als Föderalismus. Bsp.: USA, Bundesrepublik Deutschland, Schweiz.

Bürger, Bürgertum: Im Mittelalter und in der frühen Neuzeit vor allem die freien und vollberechtigten Stadtbewohner, im Wesentlichen die städtischen Kaufleute und Handwerker; in einigen Ländern (z.B. England) auch schon im 18. Jh. die Angehörigen einer durch Besitz, Bildung und spezifische Einstellungen gekennzeichneten Bevölkerungsschicht, die sich von Adel und Klerus, Bauern und Unterschichten (einschließlich der Arbeiter) unterscheidet. Zu ihr gehören Besitz- oder Wirtschaftsbürger (= Bourgeoisie, also größere Kaufleute, Unternehmer, Bankiers, Manager), Bildungsbürger (Angehörige freier Berufe, höhere Beamte und Angestellte zumeist mit akademischer Bildung), am Rande auch die Kleinbürger (kleinere Handwerker, Krämer, Wirte). Staatsbürger meint dagegen alle Einwohner eines Staates ungeachtet ihrer sozialen Stellung, soweit sie gleiche „bürgerliche" Rechte und Pflichten haben (vor Gericht, in Wahlen, in der öffentlichen Meinung). Staatsbürger im vollen Sinne waren lange Zeit nur Männer und nur die Angehörigen der besitzenden und gebildeten Schichten, im 19.Jh. allmähliche Ausweitung auf nicht besitzende männliche Schichten, im 20. Jh. auf Frauen.

Bürgerliche Gesellschaft: Die Gesellschaft, in der das Bürgertum, insbesondere die Bourgeoisie (also das Wirtschaftsbürgertum) zur führenden Schicht oder Klasse wird. Sie löste im 18. und 19. Jh. die alte Feudalgesellschaft ab, in der Adel und Klerus die bestimmenden Stände waren. Mit der Industriellen Revolution und dem nach und nach durchgesetzten Verfassungsstaat gewann das Bürgertum immer mehr Einfluss und Macht.

Bürgerrecht: bez. in der Antike ein Rechtsstatus, der für erwachsene Männer die Möglichkeit zu politischer Betätigung einschloss, für Frauen und Männer bestimmte Rechte, z.B. in Athen das auf Landbesitz in Attika, in Rom das Recht eine vollgültige Ehe zu schließen, ferner einen besonderen Rechtsschutz, den z.B. der Apostel Paulus als römischer Bürger für sich in Anspruch nahm. Fremde (in

Athen „Metöken" genannt) und Sklaven waren vom Bürgerrecht ausgeschlossen. In Griechenland wie in Rom war das Bürgerrecht erblich, konnte darüber hinaus jedoch auch verliehen werden. Während es in Athen äußerst selten an Fremde und freigelassene Sklaven verliehen wurde, konnten in Rom Sklaven römische Bürger werden; es wurde auch häufig an besiegte Städte, in der späten Republik an ganz Italien, in der Kaiserzeit auch an provinziale Städte und ganze Provinzen verliehen, bis Kaiser Caracalla es 212 n. Chr. allen freien Reichsbewohnern gab. In der Tatsache, dass Rom – anders als in Athen das Bürgerrecht häufig an Unterworfene verliehen hat, sieht die Forschung eine Bedingung für die römische „Weltherrschaft".

C
Checks and balances (wörtl.: Kontrollen und Gegengewichte): bez. das US-amerikanische Verständnis vom System der Gewaltenteilung. Demnach werden Exekutive, Legislative und Jurisdiktion – d. h. Präsident/Regierung, Kongress (Senat und Repräsentantenhaus) und Oberster Gerichtshof – als voneinander unabhängige, aber nicht als absolut getrennte Bereiche betrachtet. Durch ein umfassendes System der Kontrollen und Gegengewichte beeinflussen sie sich wechselseitig.

D
Dekolonisation: Die einvernehmlich oder gewaltsam erlangte Aufhebung der Kolonialherrschaft. Das Ende des Kolonialismus wurde – nach ersten Ansätzen in der Zwischenkriegszeit – vor allem durch den Zweiten Weltkrieg beschleunigt, und zwar durch Schwäche und Prestigeverlust der europäischen Mächte, den zunehmenden Druck der öffentlichen Meinung und das wachsende Selbstbewusstsein der Kolonialvölker.
Demokratie: (griech. demokratia = Herrschaft des Volkes): bez. eine Regierungsform, die zuerst in Athen entstanden ist. In der attischen Demokratie hatte im Gegensatz zur Römischen Republik die Versammlung der Vollbürger die höchste politische Macht. Sie traf alle politischen Entscheidungen durch Mehrheitsbeschluss. Durch Los, nur in wenigen Fällen durch Wahl, wurden die Beamten, der Rat der Fünfhundert und die Geschworenengerichte bestimmt. Da alle Vollbürger direkt die politischen Entscheidungen trafen, spricht man von einer unmittelbaren oder direkten Demokratie. Frauen, Metöken und Sklaven waren von der politischen Beteiligung ausgeschlossen.
Deutsche Frage: Bez. für die Probleme, die sich aus der deutschen Teilung nach der Niederlage des Deutschen Reiches im Zweiten Weltkrieg ergaben. Die Bundesrepublik bestand seit ihrer Gründung 1949 darauf, für das ganze deutsche Volk zu sprechen (Alleinvertretungsanspruch). Unter der sozialliberalen Regierung Brandt (1969–1974) kam es im Zuge der neuen Ost- und Deutschlandpolitik zum Grundlagenvertrag von 1972, der zu einer Verbesserung des Verhältnisses beider deutschen Staaten führte. Die Frage der Wiedervereinigung wurde dabei bewusst ausgeklammert. Durch die friedliche Revolution in der DDR 1989, die Öffnung der Grenzen und den Zusammenbruch des SED-Regimes kam der Vereinigungsprozess in Gang. Mit der Zustimmung der ehemaligen Siegermächte zur Wiedervereinigung und der Vereinigung am 3. Oktober 1990 ist die deutsche Frage gelöst.
Dienstleistungssektor: Produktionssektor, zu dem keine Sachgüter, sondern Handel, Verkehr, Versicherungen, Gastronomie usw. gehören.
Dritte Welt: Dazu gehören alle industriell schwach entwickelten Länder in Afrika, Asien und Lateinamerika. Die Erste Welt bilden die industrialisierten Staaten Europas, die USA, Kanada, Australien, Neuseeland und Japan. Zur Zweiten Welt zählten die später industrialisierten sozialistischen Staaten des Ostblocks. Obwohl es diesen nicht mehr gibt, wird weiterhin von der Dritten Welt im herkömmlichen Sinn gesprochen. Die Dritte Welt fordert von den reichen Industriestaaten mehr Hilfe und Gleichberechtigung auf dem Weltmarkt (Nord-Süd-Konflikt).
Dynastie: Herrschergeschlecht.

E
egalitär: auf politische oder soziale Gleichheit und Gerechtigkeit bedacht.
elitär: einer Elite angehörend, auserlesen.
Erbuntertänigkeit: Abhängigkeitsverhältnis von Bauern zu ihren Grundherren in der frühen Neuzeit; ging teilweise so weit, dass Bauern von ihren Herren verkauft werden konnten.
Expansion: Vergrößerung eines Staatsgebietes durch Krieg oder Schaffung von Einflusszonen.

F
Familie: In der vorindustriellen Zeit Haus-, Schutz- und Herrschaftsverband, der neben den Blutsverwandten auch alle übrigen Arbeitenden des Hauses und der dazugehörigen Wirtschaft umfasste (Ganzes Haus). Dieser Familienverband wandelte sich zuerst bei Beamten und Gebildeten im 18. Jh., dann beschleunigt in fast allen Gruppen der Gesellschaft unter dem Einfluss der Industrialisierung. Das Ergebnis dieses Prozesses war die Familie als Verwandtschaftsfamilie, heute überwiegend die Kern- oder Kleinfamilie.
Frühkapitalismus: Die Epoche des Frühkapitalismus (15.–18. Jh.) ist dadurch gekennzeichnet, dass

einzelne Unternehmer, Unternehmerfamilien und Handelsgesellschaften alle für Produktion und Handel erforderlichen Mittel besaßen, nämlich Geld, Gebäude und Arbeitsgeräte (Kapital). Sie versuchten häufig eine marktbeherrschende Stellung für bestimmte Waren durchzusetzen (Monopole).

Führerprinzip: Im weiteren Sinne ist ein Führer jemand, der eine Gruppe von Menschen leitet. Im 20. Jh. ist die historische Bedeutung von Führer, Führerprinzip und Führerstaat untrennbar verbunden mit den Diktaturen des Faschismus, insbesondere des Nationalsozialismus und der Person Adolf Hitlers. Der Führer vereint in sich die oberste vollziehende, gesetzgebende und richterliche Gewalt und kennt keine Gewaltenteilung; er bedarf keiner Legitimation und verlangt unbedingten Gehorsam. Seine Person wird fast kultisch verehrt. Der Führerstaat funktioniert nach dem Führerprinzip: Autorität wird in der Staats- und Parteiorganisation von oben nach unten ausgeübt, Verantwortung von unten nach oben verlagert. Das Führerprinzip wird ergänzt durch die Ideologie der Volksgemeinschaft.

G

Ganzes Haus: Bez. für die Wohn- und Lebensweise in vorindustriellen Zeiten. Der Familienverband umfasste neben der Kernfamilie (Vater, Mutter, Kinder) die im Hause wohnenden Blutsverwandten (z.B. Großeltern, Tanten, Neffen) und die im Haus Arbeitenden (z.B. Mägde, Knechte, Kutscher, Hauspersonal, Gesellen, Gehilfen). Das alle Verbindende war die Arbeit im Haus, sei sie landwirtschaftlich, handwerklich oder kaufmännisch. Da Arbeits- und Wohnstätte räumlich noch nicht getrennt waren, war die geschlechtliche Arbeitsteilung im Vergleich zum 19./20. Jh. weniger stark ausgeprägt und trotz der dominierenden rechtlichen Stellung des pater familias weniger hierarchisiert.

Generalstände (frz. = état généraux): in Frankreich vor 1789 die ständige Vertretung des Königreichs durch Geistliche, Lehnsfürsten und Abgeordnete königlicher Städte; wichtigste Aufgaben waren Steuerbewilligung und Vorlage von Beschwerden; wurden nach 1614 erst wieder 1789 einberufen.

Gesellschaftsvertrag: Die vor allem in den Staatstheorien der Aufklärung entwickelte Theorie vom Gesellschaftsvertrag ging von der (fiktiven) Vorstellung aus, dass die ehemals ganz freien Menschen in einem Vertrag miteinander auf einen Teil ihrer Rechte verzichteten und diese – zu ihrem Schutz und Wohl – auf den dadurch entstehenden Staat übertrugen. Dessen Macht wurde so als ursprünglich vom Volk übertragene gerechtfertigt und gleichzeitig begrenzt.

Girondisten: politische Gruppierung des liberalen Bürgertums in der Französischen Revolution, deren Name sich vom Departement Gironde ableitet, aus dem viele ihrer politischen Führer stammten. Sie waren für die Abschaffung der Monarchie, wandten sich aber gegen viele staatliche Zwangsmaßnahmen, die 1793/94 von den Jakobinern beschlossen wurden.

Glasnost (russ. = Offenheit, Öffentlichkeit, Transparenz): Schlüsselbegriff der Reformen Gorbatschows seit 1985 in der UdSSR; beinhaltete die Überwindung der alten politischen und gesellschaftlichen Strukturen durch freieren Zugang zu Informationen, offene Diskussion von Missständen, Ermutigung zur Kritik, Transparenz staatlicher Entscheidungsprozesse und politische Beteiligung des Volkes.

Gottesgnadentum: Nach mittelalterlicher Vorstellung war das Königtum ein von Gott verliehenes Amt, das zur Wahrung von Frieden und zur Verwirklichung göttlicher Ordnung auf Erden verpflichtete. Fürsten und Monarchen der Neuzeit legitimierten damit ihre Dynastien und weitreichenden Machtbefugnisse.

Gründerzeit: kulturgeschichtlicher Epochenbegriff für die Jahrzehnte zwischen Reichsgründung und Jahrhundertwende. Der Begriff hat seinen Ursprung in der kurzen Phase der Gründejahre 1871–1873, in denen im Deutschen Reich, anknüpfend an den Optimismus der Reichsgründung, viele Unternehmen entstanden und die Produktion stark anstieg. Im Zuge der 1874 einsetzenden „Großen Depression" gab es zwar Einbrüche und nur geringe Wachstumsraten. Aber Mitte der 1890er-Jahre begann erneut eine lang anhaltende Hochkonjunkturphase, von der auch Arbeiter (kürzere Arbeitszeiten, wachsende Löhne) profitierten.

Grundherr: konnte eine Person oder eine Institution sein, also z.B. ein Adeliger oder ein Kloster. Er verfügte über das Obereigentum an Grund und Boden und gab diesen an abhängige, oft unfreie Untereigentümer (Hörige) zur Bewirtschaftung aus. Für den Schutz, den der Grundherr gewährte, waren die Hörigen zu Abgaben und Diensten (Frondienste) verpflichtet. Die Grundherrschaft bestimmte weitgehend die Wirtschaftsweise und das Leben der Bauern bis ins 19. Jh.

H

Hegemonie: bez. die Vormachtstellung eines Staates innerhalb einer Gruppe von Staaten. Sie stützt sich in der Regel auf militärische Überlegenheit, die eine politische Führungsrolle begründet. Sie kann sich aber auch nur auf das wirtschaftliche Gebiet beziehen.

Heiliges Römisches Reich Deutscher Nation: Das deutsche Kaiserreich erhob im Mittelalter den Anspruch als Kaiserreich den Königreichen übergeordnet zu sein. Die Kaiser sahen sich als Nachfolger der römischen Kaiser; ihr Reich wurde daher „Heiliges Römisches Reich" genannt. Es ging über die heutigen Grenzen Deutschlands hinaus. Im 15. Jh. erhielt der Name den Zusatz „Deutscher Nation"; wurde im Zuge der Napoleonischen Kriege 1806 aufgelöst.

I

Immunität: Unantastbarkeit; gesetzlicher Schutz vor Strafverfolgung für Abgeordnete und Diplomaten.

Indikator: in der Geschichtswissenschaft ein Merkmal (z.B. Zahl der in der Industrie Tätigen, Sozialprodukt), das als beweiskräftiges Zeichen für einen historischen Prozess (z.B. Industrialisierung) dient.

Industrielle Revolution: durch den englischen Sozialreformer Arnold Toynbee (1852–1883) verbreiteter Begriff. Bez. die erste Phase der Industrialisierung, die in England um 1770 einsetzte (Deutschland von ca. 1840–1870). Sie stellt die Anschubphase eines tiefgreifenden wirtschaftlichen und gesellschaftlichen Wandlungsprozesses dar, der bis heute nicht abgeschlossen ist (Industrialisierung). Im Mittelpunkt stehen Einführung und Fortentwicklung der industriellen Produktionsweise (neue Energiequellen, Maschinen, Fabrik, Arbeitsteilung auf zunehmend wissenschaftlicher Grundlage, Wachstum des Sozialprodukts) und die Umverteilung der Erwerbstätigen von der Landwirtschaft in das Gewerbe und den Dienstleistungsbereich. Bestimmten mechanische Webstühle, Dampfschiffe, Kohle- und Eisentechnologie im Wesentlichen die „erste" Industrielle Revolution, werden die Einführung der Chemie- und Elektroindustrie sowie die Erfindung des Verbrennungsmotors um 1900 als „zweite" Industrielle Revolution, die Einführung der Raumfahrt und Computertechnologie nach 1945 als „dritte" Industrielle Revolution bez.

Innovationen: Neuerungen.

Internationaler Währungsfonds/IWF: 1945 als Sonderorganisation der UNO gegründet um eine Neuordnung und Stabilisierung der internationalen Wirtschaftsbeziehungen auf der Basis fester Wechselkurse zwischen konvertiblen Währungen mit dem Dollar als Leitwährung institutionell abzusichern. Der IWF wurde zu einem wichtigen, von den Interessen der kapitalkräftigen Industrieländer abhängigen Steuerungsinstrument der internationalen Währungs- und Finanzpolitik; seit den 1980er-Jahren ist er Hauptakteur des internationalen Schuldenabkommens.

J

Jakobiner: ursprünglich Mitglieder von politischen Klubs in Frankreich, benannt nach ihrem Versammlungsort, dem Kloster Saint Jacques in Paris. Umfasste zunächst alle Reformkräfte, auch die später als Girondisten bezeichneten, von denen sich 1792/93 eine radikalere politische Gruppierung unter Robespierre abspaltete (Bergpartei), aber den Namen Jakobiner beibehielt. Ziel der Jakobiner war die Verwirklichung der politischen und sozialen Gleichheit. Sie organisierten 1793/94 die Diktatur des Wohlfahrtsausschusses.

K

Kapitalismus: Wirtschaftsordnung, in der sich das Produktivkapital in den Händen von Privatpersonen bzw. -personengruppen befindet, d.h. der Kapitalisten und Unternehmer. Diesen stehen die Lohnarbeiter gegenüber. Der erwirtschaftete Gewinn geht wieder an den Unternehmer und führt zur Vermehrung des Produktivkapitals. Die wichtigsten wirtschaftlichen Entscheidungen werden in den Unternehmen im Hinblick auf den Markt und die zu erwirtschaftenden Gewinne getroffen, nicht aber vom Staat.

Klasse, Klassengesellschaft: Bez. für gesellschaftliche Großgruppen seit Ende des 18. Jh.s, deren Angehörige durch Besitz bzw. Nichtbesitz von Produktionsmitteln und den sich daraus ergebenden gemeinsamen bzw. entgegengesetzten Interessen gekennzeichnet sind. Im 19. Jh. lief in den Industriestaaten ein Prozess der Klassenbildung zwischen Unternehmern (Bougeoisie) und Arbeitern (Proletariat) ab. Wenn sich Klassenspannungen in einer Gesellschaft deutlich ausprägen, spricht man von einer Klassengesellschaft.

Klerus: Gesamtheit der Personen, die durch eine kirchliche Weihe in den Dienst der Kirche getreten sind (= Geistliche). Als eigener Stand besaßen die Geistlichen bis ins 19. Jh. hinein politische und wirtschaftliche Vorrechte: Recht zur Erhebung von Kirchenabgaben (Zehnt), eigene Gerichtsbarkeit, Steuerfreiheit.

Kollegialität: siehe Beamte.

Kolonialismus: Die Errichtung von Handelsstützpunkten und Siedlungskolonien in militärisch und politisch schwächeren Ländern (vor allem in Asien, Afrika und Amerika) sowie deren Inbesitznahme durch überlegene Staaten (insbesondere Europas) seit dem 16. Jh. Die Kolonialstaaten verfolgten dabei vor allem wirtschaftliche und militärische Ziele.

kommerzialisieren: Werte und Handlungen wirtschaftlichen Interessen unterordnen.

Kommunismus: seit dem 19. Jh. Bezeichnung für eine politische Ideologie und Bewegung, die durch eine Revolution die bürgerliche Gesellschaft beseitigen und durch eine klassenlose Gesellschaft ohne Privatbesitz an Produktionsmitteln ersetzen will. Die Lehre des Kommunismus wurde vor allem durch Karl Marx und Friedrich Engels begründet.

Konjunktur: periodisch wiederkehrende Schwankungen einer Volkswirtschaft oder der Weltwirtschaft. Ein Konjunkturzyklus besteht in der Regel aus vier Phasen: 1. Aufschwung (Gewinne, Investitionen und Beschäftigung steigen); 2. Hochkonjunktur (hohe Gewinne und Vollbeschäftigung); 3. Abschwung (sinkende Gewinne und Investitionen, mehr Arbeitslose); 4. Konjunkturkrise oder Depression (wenig Investitionen, hohe Arbeitslosigkeit).

konstitutionell: auf einer Verfassung beruhend.

konstitutionelle Monarchie: Staatsform, bei der ein regierender Monarch/eine Monarchin von Verfassung (Konstitution) und Volksvertretung kontrolliert wird; im Übergang von der Stände- zur Industriegesellschaft in Europa weit verbreitet.

Konzentrationslager/KZ: Massenlager, in denen Menschen aus politischen, religiösen, rassischen oder anderen Gründen eingesperrt, misshandelt und ermordet werden, vor allem zur Zeit des Nationalsozialismus. Die Konzentrationslager waren Mittel zur Einschüchterung, Ausschaltung und Vernichtung der Gegner der nationalsozialistischen Diktatur. Mit ihrer Organisation waren SS-Einheiten betraut. Seit Kriegsanfang mussten KZ-Insassen schwere Zwangsarbeit für die Rüstungsindustrie verrichten. Seit 1941 wurden Vernichtungslager errichtet, in denen bis Kriegsende etwa 6 Mio. Juden und 500 000 Polen, Sinti und Roma und andere ermordet wurden. In den meisten NS-Konzentrationslagern wurden grausame medizinische Versuche an Menschen durchgeführt.

Kulturkampf: Konflikt zwischen katholischer Kirche und dem portestantisch-preußisch geprägten Deutschen Reich unter Bismarck 1871–1880. In dem Streit ging es um das Verhältnis von Kirche und Staat sowie um den Einfluss der Kirche auf Bildungswesen und Eherecht. Verschiedene Maßnahmen und Gesetze richteten sich gegen eine stärkere Einflussnahme der Kirche. Bismarck musste aber aufgrund der Gegenwehr in der katholischen Bevölkerung einlenken.

L

Landesherr: bez. eine Person, die über ein festumrissenes Gebiet (= Territorium) des Reiches herrscht (in Deutschland seit dem 11. Jh.). Während sich vor dem Aufkommen der Landesherren Herrschaft in erster Linie auf Personen unabhängig von deren Wohnsitz richtete, sind nun die Bewohner eines Territoriums der Gewalt der Landesherren unterworfen. Jeder Landesherr (z.B. Graf, Herzog) musste sich beim Ausbau seiner Herrschaft gegen benachbarte Herren durchsetzen. Vom 13. Jh. an gelang es großen Herren, sich wichtige Befugnisse vom König übertragen zu lassen.

„Lebensraumpolitik": Der aus der wissenschaftlichen Schule der „Geopolitik" stammende Begriff (1897) bez. den Raum, den bestimmte Bevölkerungen angeblich „objektiv" zum Leben benötigen. In der Weimarer Republik entwickelte sich aus diesem wissenschaftlich umstrittenen Begriff das politische Schlagwort vom „Volk ohne Raum". In Hitlers Buch „Mein Kampf" und in seinem unveröffentlichten „Zweiten Buch" ist „Lebensraum" einer der Zentralbegriffe der NS-Ideologie und bez. die militärisch-gewaltsame Ausdehnung des deutschen Gebietes in den europäischen Osten unter Verdrängung, Versklavung und Ausrottung der dort lebenden slawischen Völker.

Liberalismus: politische Bewegung seit dem 18. Jh.; betont die Freiheit des Individuums gegenüber kollektiven Ansprüchen von Staat und Kirche. Merkmale: Glaubens- und Meinungsfreiheit, Sicherung von Grundrechten des Bürgers gegen staatliche Eingriffe, Unabhängigkeit der Rechtsprechung (Gewaltenteilung), Teilnahme an politischen Entscheidungen; der wirtschaftliche Liberalismus fordert die uneingeschränkte Freiheit aller wirtschaftlichen Betätigungen.

M

„Machtergreifung": Begriff aus der nationalsozialistischen Propagandasprache. Er beschreibt selbstverherrlichend die auf Druck der konservativen Eliten erfolgte Ernennung Adolf Hitlers zum Reichskanzler am 30. Januar 1933; tatsächlich ist eher von einer Machtübertragung zu sprechen.

Manufaktur: vorindustrielle Produktionsstätte, in der durch Arbeitsteilung, aber noch nicht mit Maschinen, großen Mengen Waren produziert werden.

Markt: der Ort, wo sich zu bestimmten Zeiten Verkäufer (Anbieter) und Käufer (Nachfrager) zusammenfinden. Das Verhältnis von Angebot und Nachfrage bestimmt den Preis, wenn es keine Eingriffe in die Konkurrenz gibt (etwa durch behördliche Preisfestsetzungen). In der industrialisierten Welt werden die wichtigen Geschäfte nicht mehr wie im Mittelalter oder in der Antike auf Marktplätzen abgewickelt. Trotzdem bez. man das gesamte Zusammenspiel von Angebot und Nachfrage abstrakt noch als Markt.

Marxismus: die von Karl Marx und Friedrich Engels im 19. Jahrhundert begründete Theorie des wissenschaftlichen Sozialismus. Sie beruhte auf der dialektisch-materialistischen Denkmethode und entstand in Auseinandersetzung mit der idealistischen deutschen Philosophie. Zentrale Grundlagen sind die Geschichtstheorie des Historischen Materialismus (Gesetzmäßigkeit der Entstehung einer sozialistischen Gesellschaft durch Klassenkämpfe zwischen nicht besitzenden und besitzenden Klassen) und die Politische Ökonomie (Analyse und Kritik der Gesetzmäßigkeit der kapitalistischen Produktionsweise).

Massenkonsumgesellschaft: Form der kapitalistischen Industrie- und Wohlstandsgesellschaft seit ca. 1900; zuerst in den USA. Merkmale: hohe Massenkaufkraft, Massenproduktion von Verbrauchs- und Gebrauchsgütern. Infolge der weitgehend gesicherten Befriedigung der Grundbedürfnisse (Lebensmittel) richtet sich das Prestige der Bürger z. T. nach dem Besitz oder Nichtbesitz von bestimmten Konsumgütern (z.B. Autos, Markenbekleidung).

Menschen- und Bürgerrechte: Der durch die Aufklärung verbreitete und in der Amerikanischen und Französischen Revolution mit Verfassungsrang ausgestattete Begriff besagt, dass jeder Mensch unantastbare Rechte besitzt, die der Staat achten muss, vor allem das Recht auf Leben, Glaubens- und Meinungsfreiheit, Versammlungs- und Vereinigungsfreiheit, Freizügigkeit, persönliche Sicherheit, Eigentum und Widerstand im Fall der Verletzung von Menschenrechten. Im 19. und 20. Jh. wurden auch soziale Menschenrechte, besonders von sozialdemokratisch-sozialistischer Seite, formuliert, so das Recht auf Arbeit, soziale Sicherheit und Bildung.

Merkantilismus (lat. mercator = Kaufmann): Begriff für die Politik eines Staates im Zeitalter des Absolutismus, die die Staatsfinanzen und den Handel als entscheidend für die Stärkung der staatlichen Macht betrachtet. Mittel dazu waren: Stärkung der Ausfuhr und Beschränkung der Einfuhr von Gütern, Errichtung von staatlichen Wirtschaftsbetrieben (Manufakturen), Bau von Straßen und Kanälen u.a.

Militarismus: bez. das Vorherrschen militärischer Grundsätze und Wertvorstellungen im öffentlichen und privaten Leben (z.B. Autoritätsgläubigkeit, Untertanengeist, bedingungsloser Gehorsam).

Mobilität: Ausdruck der Bevölkerungsstatistik für Bevölkerungsbewegungen. Horizontale Mobilität meint die Wanderung aus einem Gebiet in ein anderes, wobei zwei Formen zu unterscheiden sind: Binnenwanderung innerhalb eines Landes und Auswanderung von einem Land in ein anderes Land. Voraussetzung für horizontale Mobilität ist in der Regel ein ausgebautes Verkehrssystem. Soziale Mobilität meint den Auf- oder Abstieg von einer sozialen Schicht in eine andere. Dabei sind die intergenerationelle Mobilität (der Sohn oder die Tochter erreichen eine höhere soziale Schicht als die Eltern bzw. steigen ab) und die intragenerationelle Mobilität (Auf- und Abstieg innerhalb eines Lebensschicksals) zu unterscheiden.

Modernisierung: Prozess der beschleunigten Veränderung einer Gesellschaft in Richtung auf einen entwickelten Status, meistens verbunden mit dem in der Aufklärung entwickelten Fortschrittsbegriff und bezogen auf den Übergang von der Agrar- zur Industriegesellschaft. Kennzeichen der Modernisierung: Verstädterung, Säkularisierung, Rationalisierung, Erhöhung des technischen Standards (Produktion von Gütern mit Maschinen), permanentes wirtschaftliches Wachstum, Ausbau und Verbesserung der technischen Infrastruktur (Verkehrswege, Massenkommunikationsmittel), Verbesserung des Bildungsstandes (allgemeine Schulpflicht, Alphabetisierung, Wissenschaft), räumliche und soziale Mobilität, Parlamentarisierung und Demokratisierung, Nationalstaatsbildung. Wegen seiner Verbindung mit dem Fortschrittsbegriff ist der Begriff politisch und wissenschaftlich umstritten, weil als Maßstab der jeweilige Entwicklungsstand der westlichen Gesellschaften gilt und weil die „Kosten", vor allem ökologische Probleme, bisher wenig berücksichtigt wurden. – Mit dem Zusatz „von oben" wird darauf hingewiesen, dass die entscheidenden Anstöße zur Veränderung von der Staatsspitze bzw. von einzelnen Neuerern aus den Spitzenpositionen des Staatsapparates kommen; die politische Modernisierung, also die Verbreitung der Demokratie, bleibt häufig zurück; Bsp. sind die 1807 einsetzenden Preußischen Reformen und die staatlichen Industrialisierungsprogramme des Zarenreiches seit den 1860er-Jahren.

„Modernisierung von oben": siehe Modernisierung.

Montanindustrie: Gesamtheit der bergbaulichen Industrieunternehmen.

N

Nation (lat.: Abstammung): bez. große Gruppen von Menschen mit gewissen, ihnen bewussten Gemeinsamkeiten, z.B. gemeinsame Sprache, Geschichte, Verfassung sowie inneren Bindungen und Kontakten (wirtschaftlich, politisch, kulturell). Diese Bindungen werden von den Angehörigen der Nation positiv bewertet. Nationen haben oder wollen eine gemeinsame staatliche Organisation (Nationalstaat) und grenzen sich von anderen Nationen ab.

Nationalismus: politische Ideologie zur Integration von Großgruppen. Der demokratische Nationalismus entstand in der Französischen Revolution; er war verbunden mit den Ideen der Menschen- und Bürgerrechte, mit dem Selbstbestimmungsrecht und der Volkssouveränität. Der integrale Nationalismus entstand Ende des 19. Jh.s und lehnte die Gleichberechtigung der Nationen ab. Die Interessen der eigenen Nation wurden denen aller anderen Nationen übergeordnet. Dadurch erhielt diese Spielart eine aggressive Komponente nach außen.

Nationalsozialismus: Bez. für die nach dem Ersten Weltkrieg in Deutschland aufkommende rechtsradikale Bewegung, die auf einem extremen Nationalismus, Rassismus und Expansionismus beruhte und die deutsche Ausprägung des Faschismus darstellte. Der Nationalsozialismus bekämpfte wie andere faschistische Bewegungen alle individuellen und demokratischen Freiheiten, die seit der Französischen Revolution erkämpft worden waren. Die besondere ideologische Bedeutung der expansionistischen „Lebensraumpolitik" und der Rassenlehre mit der Übersteigerung des „germanischen Herrenmenschen", der Antisemitismus und der Aufbau eines umfassenden Propaganda- und Vernichtungsapparates heben ihn von anderen faschistischen Bewegungen ab.

Naturrecht: Das in der „Natur" des Menschen begründete, ihr „entspringende" Recht, das dem positiven oder „gesetzten" Recht gegenübersteht und ihm übergeordnet ist. Historisch wurde das Naturrecht zur Begründung entgegengesetzter Positionen benutzt, und zwar abhängig vom jeweiligen Menschenbild: Entweder ging man davon aus, dass alle Menschen von Natur aus gleich sind, oder, umgekehrt, dass alle Menschen von Natur aus verschieden sind. Die griechischen Sophisten leiteten aus dem Naturrecht das Recht des Stärkeren ab; Aristoteles rechtfertigte damit die Sklaverei. In der Neuzeit wurde es sowohl zur Legitimation des absoluten Fürstenstaates (Recht des Stärkeren) benutzt wie, über die Begründung des Widerstandsrechts, zu dessen Bekämpfung (Gleichheit aller Menschen). Für die politische Theorie der Neuzeit zentral sind die aus dem Naturrecht entwickelten Begriffe Souveränität und Gleichheit.

„Neues Denken": Der Ausdruck wurde von Michail Gorbatschow geprägt, der von 1985 bis 1990 Generalsekretär der KPdSU war. Er hatte erkannt, dass der Rüstungswettlauf mit den USA zum Ruin der UdSSR führen würde. Durch eine deutliche Deeskalation der Außenpolitik – die „friedliche Koexistenz" sollte weltweit gelten – sollten die Voraussetzungen geschaffen werden, um sein wirtschafts- und innenpolitisches Reformprogramm umzusetzen. Die Verständigung mit den USA führte nicht nur – wie bisher – zur Rüstungsbegrenzung, sondern zur tatsächlichen Abrüstung.

Neuzeit: Epochenbez. für die Geschichte seit ca. 1500; häufig unterteilt in frühe Neuzeit (16.–18. Jh.) und Moderne (ab der Zeit um 1800).

Nobilität: siehe Adel.

Notstandsgesetze: Bez. für die Verfassungsbestimmungen und Gesetze, die das politisch-gesellschaftliche Leben für den äußeren Notstand (Spannungs- und Verteidigungsfall) sowie den inneren Notstand (Hilfe bei Naturkatastrophen und schweren Unfällen, Abwehr drohender Gefahren für die freiheitlich-demokratische Grundordnung) regeln. Nach heftigen Debatten am 30. Mai 1968 vom Bundestag beschlossen; damit wurden alliierte Vorbehaltsrechte aus dem Deutschlandvertrag abgelöst.

Notverordnungen: auf den Artikel 48 der Weimarer Reichsverfassung gestütztes Recht der Exekutive in Notzeiten unter Umgehung des Reichstags Gesetze zu erlassen; 1930–1933 regierten die Kanzler Brüning, von Papen und von Schleicher mit Hilfe von Notverordnungen.

O

opportunistisch: angepasst, auf persönliche Vorteile bedacht.

P

Parlament, Parlamentarisierung: In parlamentarischen Regierungssystemen ist das Parlament das oberste Staatsorgan. Es entscheidet mit Mehrheit über die Gesetze und den Haushalt und kontrolliert oder wählt die Regierung. Das Parlament kann aus einer oder zwei Kammern (Häusern) bestehen. Im Einkammernsystem besteht das Parlament nur aus der Versammlung der vom Wahlvolk gewählten Abgeordneten (Abgeordnetenhaus), im Zweikammersystem tritt dazu ein nach ständischen oder regionalen Gesichtspunkten gewähltes oder ernanntes Haus. Im demokratischen Parlamentarismus herrscht allgemeines und gleiches Wahlrecht. Im Deutschen Reich bestand seit 1871 ein Zweikammersystem: Reichstag und Bundesrat, heute: Bundestag und Bundesrat.

Pauperismus (lat. pauper = arm): Bez. für Massenarmut, besonders in der ersten Hälfte des 19. Jh. Er wurde hervorgerufen durch das schnelle Bevölkerungswachstum, dem eine nur langsam steigende Nahrungsmittelproduktion und ein Mangel an Arbeitsplätzen bzw. Verdienstmöglichkeiten gegenüberstanden; er endete mit der Industriellen Revolution.

Perestroika (russ. = Umgestaltung): Schlüsselbegriff Gorbatschows zur Modernisierung der Sowjetunion. Ziel war die Demokratisierung von Politik (Verfassungsreform) und Wirtschaft (Zulassung von Privatbetrieben, Reduzierung des Staatseinflusses), aber unter Beibehaltung der Grundzüge des Sozialismus.

Personenverbandsstaat: eine mittelalterliche Herrschaftsordnung, die auf der rechtlichen Bindung zwischen Personen beruht. Das moderne Staatsverständnis geht von einem Gebiet aus, das von der durch Beamte ausgeübten Verwaltung einheitlich erfasst wird.

Proletarier: siehe Arbeiter.

Protektionismus: Schutz der einheimischen Produktion vor ausländischer Konkurrenz (z.B. durch Zölle).

Protoindustrialisierung: „Industrialisierung" vor der Industrialisierung. Gemeint ist die ausschließlich für den Markt (also nicht für den Eigenverbrauch) und nach kommerziellen Gesichtspunkten, aber noch nicht mit Maschinen organisierte dezentrale Produktion von Gütern (vor allem Leinenstoffe); produziert wurde insbesondere in solchen Familien, die vom Ertrag ihrer „ersten" Arbeit nicht existieren konnten, z.B. Heuerlinge, Dorfhandwerker, -krämer oder -schankwirte. Der im 18. Jh. relativ gute Verdienst in Regionen mit ausgedehntem ländlichen Heimgewerbe führte zu einer tiefgreifenden Umgestaltung der dörflichen Lebenswelt: Das Heiratsalter sank, die Familiengrößen nahmen rasch zu, die Bedeutung der Landwirtschaft verringerte sich. Das Ende der Protoindustrialisierung kam mit der industriellen, d.h. mit Maschinen betriebenen Produktion von billigeren Baumwollstoffen. Die eigentliche Industrialisierung vollzog sich aber in der Regel an anderen als den Standorten der Protoindustrialisierung.

R

„Rassenlehre": bez. die pseudo-wissenschaftliche Anwendung der biologischen Unterscheidung von menschlichen Gruppen ähnlicher erblicher Merkmale (z.B. der Hautfarbe) auf das gesellschaftlich-politische Leben; dabei wird die Höher- bzw. Minderwertigkeit verschiedener „Rassen" unterstellt. Der auf das 19. Jh. zurückgehende Rassismus (Sozialdarwinismus) erfuhr im nationalsozialistischen Antisemitismus mit der systematischen Verfolgung und Vernichtung der Juden seine bisher fürchterlichste Konsequenz.

Rätesystem: Demokratieform, die alle Einwohner an der Ausübung und Kontrolle der Herrschaft direkt beteiligt. Auf der untersten Ebene werden in den Vollversammlungen von Betriebs-, Wohn- und Verwaltungseinheiten Beauftragte direkt und öffentlich gewählt; bei allen weiteren Entscheidungen sind die Beauftragten durch ein imperatives Mandat an die Weisungen ihrer Wähler gebunden und jederzeit abrufbar. Die Beauftragten bilden auf den weiteren Stufen Räte, die nicht nur legislative, sondern auch exekutive und richterliche Gewalt besitzen (im Gegensatz zur Gewaltenteilung). Ein wirksames Rätesystem setzt voraus, dass alle Bürger bereit sind kontinuierlich mitzuarbeiten, dass alle ein annähernd gleiches Bildungsniveau und gleiche Informationen besitzen. In Deutschland wurde das Rätesystem während der Revolution 1918/19 von Anhängern des Spartakusbundes und des linken Flügels der USPD vertreten.

Real existierender Sozialismus: Sozialismus – der Begriff wird bis ins 20. Jh. synonym mit Kommunismus verwendet – bez. eine politische Theorie und Bewegung. Ursprüngliches Ziel war die Schaffung gesellschaftlicher Gleichheit und Gerechtigkeit durch die Aufhebung des Privateigentums an Produktionsmitteln, die Einführung einer Planwirtschaft und die Beseitigung der Klassenunterschiede. Von Anfang an umstritten war der Weg: Revolution oder Reformen. Der Marxismus-Leninismus verstand Sozialismus als Vorstufe zum Kommunismus. Der Begriff des „real existierenden Sozialismus" diente nach 1945 zur Abgrenzung der kommunistischen Parteidiktaturen (osteuropäische Länder und DDR) von demokratisch-freiheitlichen Sozialismusvorstellungen (wie sie seit der Spaltung der Arbeiterbewegung zu Beginn des 20. Jh und im Ersten Weltkrieg von den sozialdemokratischen und den meisten sozialistischen Parteien der westlichen Demokratien vertreten wurden).

Reform: Neuordnung, Verbesserung und Umgestaltung von politischen und sozialen Verhältnissen im Rahmen der bestehenden Grundordnung; hierin, oft weniger in den Zielen, unterscheiden sich Reformen als politisches Mittel zur Durchsetzung von Veränderungen von Revolutionen.

Reichstag: Stände- oder Volksvertretung eines Reiches; im Heiligen Römischen Reich die Ständeversammlung, die sich zunächst nur aus den Fürsten, später auch Grafen und freien Herren sowie Vertretern der Reichs- und Bischofsstädte zusammensetzte; sie befasste sich mit Heerfahrt, Reichskriegen, -steuern, -gesetzen und Erhebungen in den Reichsfürstenstand. Seit 1663 tagte der Reichstag als ständiger Gesandtenkongress in Regensburg (Immerwährender Reichstag). Im Norddeutschen Bund und dann im Deutschen Reich bis 1933 übte der Reichstag (teils mit dem Reichsrat) die Reichsgesetzgebung aus.

Reparationen: seit dem Ersten Weltkrieg Bez. für Wiedergutmachungsleistungen, die die Sieger dem Besiegten zum Ausgleich für im Krieg erlittene Schäden auferlegen; häufig auch mit dem Ziel der Schwächung der wirtschaftlichen und militärischen Leistungsfähigkeit. Formen: Zahlungen und

Warenlieferungen, auch Demontagen (Abbau von Maschinen und Industrieanlagen). Die Reparationen, die Deutschland nach dem Ersten Weltkrieg an die Siegerstaaten zahlen musste, wurden im Versailler Vertrag beschlossen, 1920 festgesetzt, 1924 im Dawesplan und 1929 im Youngplan genauer geregelt bzw. revidiert, 1931 mit dem Hoover-Moratorium ausgesetzt, 1932 auf der Konferenz von Lausanne mit einer Schlusszahlung beendet.

Repräsentation: Bedeutet politisch die stellvertretende Wahrnehmung politischer Rechte und Pflichten durch dazu legitimierte Vertreter. In der frühen Neuzeit nahmen die Ständeversammlungen diese Funktion wahr. In modernen Verfassungsstaaten seit dem späten 18. Jh. wird die Vertretung des Volkes durch frei gewählte Abgeordnete ausgeführt. Die Abgeordneten vertreten die ganze Nation und sind an Weisungen nicht gebunden.

Repräsentative Demokratie: Im Gegensatz zu direkten Formen der Demokratie, wie z.B. dem Rätesystem, wird in der repräsentativen Demokratie die Herrschaft nicht direkt durch das Volk, sondern durch vom Volk gewählte Repräsentanten (Abgeordnete) ausgeübt. Ebenfalls im Gegensatz zum Rätesystem steht hier das Prinzip der Gewaltenteilung.

Republik: Der Begriff ist abgeleitet von res publica = die öffentliche, die gemeinsame Sache. In unserem Sprachgebrauch gilt Republik als Staatsform, die – außer mit der Monarchie oder der Despotie – mit unterschiedlichen Regierungsformen (Demokratie, Aristokratie) verträglich ist. Als Römische Republik bezeichnen wir die politische Ordnung Roms zwischen dem Sturz des Königtums (um 510 v. Chr.) und der Errichtung des Prinzipats (27 v. Chr.). Diese Republik hatte eine Mischverfassung (gemischt aus Monarchie, Aristokratie, Demokratie), war aber nach heutiger Auffassung eher eine Aristokratie. Heute dient der Begriff vor allem zur Bez. für nicht-monarchische Staatsformen und ist mit dem Gedanken der Volkssouveränität verbunden.

Restauration: Wiederherstellung früherer Zustände, z.B. der monarchischen Ordnung eines Staates. Als Epochenbezeichnung für die Jahre 1815–1848 betont der Begriff, dass die staatliche Politik dieser Jahre alte Grundsätze der Zeit vor der Französischen Revolution wieder zur Geltung bringen wollte.

Revolution: Am Ende einer Revolution steht der tiefgreifende Umbau eines Staates und nicht nur ein Austausch von Führungsgruppen. Typisch ist das Vorhandensein eines bewussten Willens zur Veränderung, eine entsprechende Aktionsgruppe mit Unterstützung im Volk oder in einer großen Bevölkerungsgruppe. Typisch sind auch die Rechtsverletzung, die Gewaltanwendung und die schnelle Abfolge der Ereignisse. Beispiele sind die Französische Revolution 1789 und die Russische Revolution 1917. Revolutionen werden auch Vorgänge genannt, die nicht alle genannten Merkmale aufweisen. Die Revolution in der DDR 1989 wird wegen ihres gewaltlosen Verlaufs auch Friedliche Revolution genannt.

S

Scholle: nutzbares Stück Ackerland.

Sklaven: In allen antiken Hochkulturen hat es Sklaverei gegeben. Nach griechischem und römischem, später auch nach islamischem Recht waren Sklaven ein unbeschränktes Sacheigentum, über das der Besitzer frei verfügen durfte. Sie wurden im Bergbau und in der Landwirtschaft eingesetzt, waren im Haushalt, als Lehrer, Arzte oder in der Verwaltung und im Handwerk tätig. Da sie dabei ihre Kompetenzen selbstständig wahrnehmen mussten, kann man sie nicht als willenlose Werkzeuge bezeichnen. Ihre tatsächliche Lage hing stark von ihrem Tätigkeitsbereich ab. Sklave wurde man durch Kriegsgefangenschaft, durch Raub (Sklavenhandel) und Verkauf, durch Verschuldung oder dadurch, dass man von Sklaven abstammte. Im Römischen Reich war das Sklavendasein kein unabänderliches Schicksal, denn viele Sklaven wurden von ihren Herren freigelassen. Sie erhielten dann ein eingeschränktes, ihre frei geborenen Kinder das volle römische Bürgerrecht. – Die Abschaffung der Sklaverei in der Neuzeit wurzelt in der Aufklärungsbewegung; die tatssächliche Abschaffung begann Ende des. 18. Jh.s (z.B. in den britischen Kolonien 1833, in den französischen Kolonien 1848, in den USA 1863).

Souveränität: Der von Jean Bodin im 16. Jh. geprägte Begriff (lat. superanus = überlegen) bez. die höchste und unabhängige Staatsgewalt nach innen und außen (innere und äußere Souveränität). Im Absolutismus war alleiniger Souverän, d.h. Träger aller Staats- und damit Herrschaftsgewalt, der Fürst. Dagegen gilt in demokratischen Staaten das Prinzip der Volkssouveränität. Alle Gewalt geht vom Volke aus, das seinen Willen direkt oder indirekt durch Abgeordnete zur Geltung bringt. Die Idee der Volkssouveränität setzte sich zuerst in der Amerikanischen und Französischen Revolution durch. Sie wird nur durch die in der Verfassung festgelegten Menschenrechte beschränkt. Völkerrechtlich, d.h. nach außen, gilt ein Staat als souverän, der nicht von einer anderen Macht besetzt ist und unabhängig von anderen Staaten handeln kann.

Soziale Frage: bez. die Notlage und die ungelösten Probleme, vor allem der Industriearbeiter, speziell in den frühen Phasen der Industrialisierung. Dazu gehörten: unsichere Arbeitsplätze, häufige Arbeitslosigkeit, niedrige Löhne, lange Arbeitszeiten, Wohnungselend, fehlende Versorgung bei Krankheit, Invalidität und Tod; verstärkt wurden die Probleme durch die Trennung von der alten Lebenswelt beim Zug in die Städte und die ungewohnte Fabrikarbeit. Lösungsversuche kamen von einzelnen Reformern und den Kirchen, besonders aber vom Staat (Sozialgesetzgebung) und von den Arbeitern selbst (Organisation; Selbsthilfe).

Soziale Marktwirtschaft: Wirtschaftsordnung, die ihrem Anspruch nach im Gegensatz zum frühliberalen (Laissez-faire-Kapitalismus) wie zum sozialistischen Wirtschaftssystem (Planwirtschaft) steht. Zu ihren wichtigsten Elementen gehören die Garantie und der Schutz des wirtschaftlichen Wettbewerbs, die soziale Abfederung negativer Auswirkungen marktwirtschaftlicher Prozesse (z.B. Arbeitslosigkeit) durch den Staat sowie die Verbreiterung des Privateigentums an Produktionsmitteln. Der Begriff entstand nach dem Zweiten Weltkrieg und wurde maßgeblich von Alfred Müller-Armack, einem engen Mitarbeiter Ludwig Erhards, geprägt.

Sozialgesetzgebung: Maßnahmen moderner Industriestaaten um unerwünschte Folgen der „freien Marktwirtschaft" zu korrigieren und die Bürger gegen Krankheit, Unfall, Alter, Invalidität abzusichern; hat sich in den 1880er-Jahren zuerst in Deutschland herausgebildet.

Sozialismus: Im liberal-kapitalistischen Gesellschaftssystem der Industrialisierung entstand der Sozialismus als Antwort auf die soziale Frage. Den verschiedenen Richtungen des Sozialismus geht es um Steuerung des Marktes, um den Abbau bzw. die Beseitigung einer sozial ungleichen, als ungerecht empfundenen Verteilung von Besitz (häufig um die Beseitigung des Privatbesitzes an Produktionsmitteln), um eine am Wohl des Ganzen orientierte Gesellschaftsordnung und um die demokratische Gleichberechtigung der Unterprivilegierten. Die Frage nach Reform oder Revolution der bestehenden Ordnung bestimmte von Anfang an die Überlegungen, Vorschläge und Forderungen der Sozialisten.

Sozialistengesetz: Von Bismarck initiiertes Gesetz vom 21. Oktober 1878 „gegen die gemeingefährlichen Bestrebungen der Sozialdemokratie". Anlass und Motive: Für zwei Attentate auf Kaiser Wilhelm I. machte Bismarck fälschlich, aber öffentlichkeitswirksam die Sozialdemokratie verantwortlich und konnte die im Bürgertum ohnehin vorhandene Sozialistenfurcht weiter schüren. Inhalt: Verbot der SPD-Parteipresse und -Parteiversammlungen (aber nicht der Partei selbst). Ausweisungen und Verhaftungen von SPD-Mitgliedern. Die SPD-Anhänger fanden sich während der Zeit der Sozialistengesetze zur Tarnung in Sport- und Geselligkeitsvereinen zusammen. 1890 wurde das Gesetz nicht mehr verlängert. Die Erfahrung der gesellschaftlichen Ausgrenzung hat die Haltung der SPD zum Staat für viele Jahrzehnte geprägt.

SS-Staat: Bez. für die besondere Machtstellung der SS (Schutzstaffel) im nationalsozialistischen Staat. Die SS war während der NS-Herrschaft neben der Polizei und dem Militär die dritte Waffen tragende Organisation und verfügte über einen effizient organisierten Überwachungs- und Terrorapparat. Ihr wurden diejenigen Aufgaben übertragen, denen Hitler besondere Bedeutung zumaß: die Sicherung der Macht in Deutschland und während des Krieges in den besetzten Gebieten; die Verfolgung und Vernichtung der Juden und aller anderen zu Gegnern des NS-Systems erklärten Gruppen und Individuen. Die SS war daher die eigentliche Exekutive Hitlers.

Staatenbund: Zusammenschluss von Staaten, wobei die einzelnen Staaten ihre eigenständige Staatsgewalt vollständig behalten. Es gibt aber gemeinsame Einrichtungen, in denen eine gemeinschaftliche Politik für alle Mitgliedsstaaten verbindlich festgelegt wird. Diese zentralen Einrichtungen sind aber eher schwach im Vergleich zur Macht der Einzelstaaten oder auch zu einem Bundesstaat. Bsp.: die USA 1776–1787, die Schweiz vor 1848, der Deutsche Bund 1815–1866.

Stalinismus: die unter der Herrschaft Stalins in den 1920er- und 1930er-Jahren in der UdSSR entstandene Staats- und Gesellschaftsordnung. Gestützt auf den zentralistischen Staats- und Parteiapparat war sie durch diktatorische Unterdrückung, Terror und Personenkult gekennzeichnet. Nach 1945 wurde sie auch auf die osteuropäischen Staaten übertragen. Nach Stalins Tod 1953 setzte eine vorsichtige Entstalinisierung ein, allerdings ohne die Grundprinzipien des Stalinismus aufzugeben. Erst die 1985 von Gorbatschow eingeleitete Reformpolitik führte zur Überwindung.

Stand, Stände: Als Stand bezeichnet man eine Gruppe in einer Gesellschaft, die durch rechtliche Bestimmungen klar umgrenzt ist, die bestimmte Vorrechte hat oder auch von bestimmten Rechten ausgeschlossen ist. In diesem Sinne bildeten Patrizier und Plebejer in der frühen Römischen Republik Stände. Auch Senatoren und Ritter in der römischen Kaiserzeit waren Stände. Dagegen waren die Plebejer in der späten Republik eine soziale Unterschicht, die durch ihre wirtschaftliche Lage, nicht aber durch rechtliche Bestimmungen umschrieben war. Stände sind einerseits gesellschaftliche Großgruppen, die sich voneinander durch jeweils eigenes Recht, Einkommensart, politische Stellung, Lebensführung und Ansehen unterscheiden und die Gesellschaftsordnung des Mittelalters und der frühen Neuzeit prägten („ständische Gesellschaften"). Man unterschied vor allem Geistlichkeit (Klerus), Adel, Bürger und Bauern sowie unterständische Schichten. Sie sind andererseits Körperschaften zur Wahrnehmung politischer Rechte, etwa der Steuerbewilligung, in den Vertretungsorganen (Landtagen, Reichstagen) des frühneuzeitlichen „Ständestaates". Der Adel, der Klerus, die Vertreter der Städte und manchmal auch die der Bauern traten als „Stände" gegenüber dem Landesherrn auf. Der Absolutismus höhlte die Rechte der Stände aus. Mit den Revolutionen und Reformen um 1800 hörten die Stände auf, vorherrschendes Prinzip in Gesellschaft und Politik zu sein.

T

Take-off: Begriff des amerikanischen Wirtschaftshistorikers Walt W. Rostow zur Charakterisierung der Industriellen Revolution; wie beim Start eines Flugzeugs haben danach gewaltige Antriebskräfte die wirtschaftliche Entwicklung derart vorangetrieben, dass der Aufstieg von der weitgehend stagnierenden Agrarwirtschaft zur wachstumsorientierten Industriewirtschaft möglich geworden ist. Das anschließende Wirtschaftswachstum wird mehr oder weniger automatisch aufrecht erhalten.
Territorialstaat: entstanden im deutschen Reich seit dem 13. Jh. durch die Zusammenfassung wichtiger Herrschaftsrechte in der Hand der Landesherren. Als Kernstück der Landeshoheit galt in der frühen Neuzeit die hohe Gerichtsbarkeit. In manchen Territorialstaaten kam es zum Konflikt zwischen den Herrschaftsansprüchen des Landesherrn und den Mitwirkungsrechten der Landstände im Steuer- und Rechtswesen. Typisch für den frühneuzeitlichen Territorialstaat ist der Aufbau einer zentralisierten Verwaltung und das Zurücktreten lehnsrechtlicher Bindungen.
Tyrannis: (griech. tyrannos = Alleinherrscher): seit der Antike die Gewaltherrschaft, die sich nicht an Gesetze hält; Folgen sind in der Regel Zwang und Unterdrückung.

U

undogmatisch: nicht starr an eine Lehrmeinung oder Ideologie gebunden.
Unternehmer: eine Person, die einen Gewerbebetrieb leitet, d.h. als wirtschaftliches „Unternehmen" führt. In der Industriellen Revolution kam den Leitern der entstehenden Industrieunternehmen immer größere Bedeutung zu. In dieser Phase waren Unternehmer und Kapitalist, d.h. der Eigentümer der Fabrik, der Maschinen usw., meist noch dieselbe Person. Sie entschieden über Investitionen, Einstellung und Entlassung der Arbeiter. Später wurden die Rolle des Kapitalbesitzers und die des Unternehmers von verschiedenen Personen oder Personengruppen wahrgenommen, so in der Aktiengesellschaft, die von „Managern" geleitet wird.

V

Verfassung: Grundgesetz eines Staates, in dem die Regeln der Herrschaftsausübung und die Rechte und Pflichten der Bürger festgelegt sind. Demokratische Verfassungen beruhen auf der Volkssouveränität und dementsprechend kommt die Verfassung in einem Akt der Verfassungsgebung zustande, an der das Volk direkt oder durch von ihm gewählte Vertreter (Verfassungsversammlung) teilnimmt. Eine demokratische Verfassung wird in der Regel schriftlich festgehalten (zuerst in den USA 1787), garantiert die Menschenrechte, legt die Verteilung der staatlichen Gewalt (Gewaltenteilung) und das Mitbestimmungsrecht des Volkes (Wahlrecht, Parlament) bei der Gesetzgebung fest.
Verhältniswahl: Wahlsystem, bei dem die Vergabe der Mandate auf die verschiedenen Parteien nach dem Verhältnis der abgegebenen Stimmen zueinander erfolgt (Gegensatz: Mehrheitswahlrecht; nur der Kandidat erhält einen Sitz, der im Wahlkreis die meisten Stimmen auf sich vereinigt). Einerseits erhalten durch ein Verhältniswahlrecht auch kleine Parteien die Möglichkeit im Parlament vertreten zu sein, andererseits fördert es die Parteienzersplitterung. Das in der Weimarer Republik gültige Verhältniswahlrecht verschärfte die Zersplitterung noch dadurch, dass es auf Sperrklauseln verzichtete (heute z.B. die „Fünfprozentklausel").
Versailler Vertrag: im Juni 1919 von Außenminister Hermann Müller in Versailles (bei Paris) unterzeichnet (1920 in Kraft); Inhalt: alle Kolonien, Elsass-Lothringen, Danzig, das Memelland, der polnische „Korridor" sind abzutreten, nach Abstimmungen auch Eupen-Malmedy, Nord-Schleswig, Teile Oberschlesiens; Saargebiet wird besetzt; Reparationen (Höhe noch offen); Heeresgröße auf 100 000 Mann festgelegt (Marine 15 000); Verbot Österreich als Teil des Reiches zu integrieren; Festschreibung der Kriegsschuld Deutschlands. Folgen: In Deutschland muss die Demokratie für die Folgen des gescheiterten Kaiserreiches eintreten.
Vielvölkerstaat: Bez. für ein staatliches Gemeinwesen, in dem unterschiedliche Völker oder Natio-

nen zusammenleben, die ihre ethnischen oder nationalen Identitäten bewahren. Bsp.: das Zarenreich und österreichisch-ungarische Doppelmonarchie im 19. Jh.

Volkssouveränität: Grundprinzip der Legitimation demokratischer Herrschaft, nach dem alle Staatsgewalt vom Volke ausgeht. Entwickelte sich aus der frühneuzeitlichen Naturrechtslehre. Die Ausübung von Herrschaft ist an die Zustimmung des Volkes durch direkte Mitwirkung (Plebiszit) oder durch Wahlen gebunden; setzte sich in der Amerikanischen (1776) und Französischen Revolution (1789) als revolutionäres Prinzip gegen die absolute Monarchie durch. Die Volkssouveränität wird durch die Geltung der Menschen- und Bürgerrechte eingeschränkt.

Volksversammlung: ist die Versammlung aller stimmberechtigten Bürger eines Staatswesens, in der sie ihre politischen Rechte wahrnehmen. Im demokratischen Athen war die Volksversammlung das Zentrum der politischen Willensbildung; sie allein entschied in allen politischen Fragen mit einfacher Mehrheit. Die Versammlung war nicht gegliedert; abgestimmt wurde nach Personen. Die Römische Republik kannte verschiedene Formen der Volksversammlung, die alle nach Abstimmungsbezirken (Tribus, Zenturien) gegliedert waren. Es zählten nicht die Einzelstimmen, sondern die Ergebnisse in den Abstimmungseinheiten. In der Volksversammlung wurden die Beamten gewählt, Gesetze beschlossen und über Krieg und Frieden entschieden, ein Initiativrecht hatte sie allerdings nicht. Erst in der Römischen Kaiserzeit verlor sie ihren politischen Einfluss.

W

Weimarer Reichsverfassung/WRV: im August 1919 vom Reichspräsidenten unterzeichnet; Inhalt: legt die demokratische Republik als Staatsform fest, aber mit starker Stellung des Reichspräsidenten (Notverordnungsrecht Art. 48); die Funktion der Parteien im Staat bleibt offen; Übergang vom kaiserzeitlichen Mehrheits- zum Verhältniswahlrecht befördert die Parteienzersplitterung; die Grundrechte haben einen geringen Stellenwert; staatsrechtliche Gleichberechtigung der Frauen.

Weltwirtschaftskrise: Ausgelöst durch Aktienspekulation, Nachfragestagnation und Überproduktion in den USA 1928/29; sie führte im Oktober 1929 zum Zusammenbruch der New Yorker Börse, die nach dem Ersten Weltkrieg London als Weltfinanzmarkt abgelöst hatte; Tiefpunkt der großen Krise war 1932. Folgen: Zerstörung des internationalen Finanzsystems, Vermögensverluste und hohe Arbeitslosigkeit in allen Industrieländern.

Wiederbewaffnung: Bez. für die Aufstellung deutscher Truppen nach 1945. Sie bedeutete die Abkehr von den Entmilitarisierungsbestimmungen des Potsdamer Abkommens. In der sowjetischen Besatzungszone veranlasste die Militäradministration seit 1948 den Aufbau der „Kasernierten Volkspolizei", die danach zur Nationalen Volksarmee ausgebaut wurde. Während des Koreakrieges (1950–1953) drängten die Westmächte, allen voran die USA, auf eine militärische Stärkung Westeuropas. Auch von der Bundesrepublik forderten sie einen Verteidigungsbeitrag. Bundeskanzler Adenauer selbst hatte die deutsche Wiederaufrüstung angeboten, um mit dem Ziel der Gleichberechtigung der Bundesrepublik gegenüber den anderen westeuropäischen Staaten näher zu kommen und größere Souveränitätsrechte zu erhalten. Nach heftigen Auseinandersetzungen beschloss der Deutsche Bundestag 1952 die Wiederbewaffnung. Damit begann der Aufbau der Bundeswehr und ihre Einbindung in das westliche Bündnissystem.

Z

Zunft: Vereinigung von Handwerkern eines Berufes in einer Stadt. Jeder Meister musste der Zunft beitreten (Zunftzwang). Die Zunft beschränkte die Zahl der Meister, Gesellen und Lehrlinge, regelte Produktionstechnik und Arbeitszeit, kontrollierte Erzeugnisse und Preise (Zunftordnung). Endgültige Aufhebung der Zünfte mit Beginn der Industrialisierung.

Register

A

Abrüstung, Rüstungskontrolle 372 f.
Absolutismus 42, 52, 134
Achsenzeit 9
Adel, Aristokratie 579
Adenauer, Konrad 354, 364, 377, 378, 380, 389, 450, 520
Afghanistan-Krieg 374, 403, 432, 558
Afrikakorps 287
Agrargesellschaft 15, 51, 52, 53, 59, 67
Ahlener Programm 354
Al Quaida 558
Alldeutscher Verband 173, 181
American Dream 21
Amerikanische Revolution 9 f., 15, 16 ff., 40
Amselfeld 498
Antiamerikanismus 220
Anti-Atomkraft-Bewegung 400
Antifaschismus 350, 352, 379, 579
Anti-Hitler-Koalition 579
Antikommunismus, Antimarxismus 233, 240, 377
Antiliberalismus 240
Antisemitismus 166, 173, 220, 233, 240, 241, 243, 274 ff., 579
APO (Außerparlamentarische Opposition) 391
Appeasementpolitik 280, 579
Arabische Liga 472, 479 f.
Arafat, Jassir 475, 480, 481 f., 485, 486
Arbeiter, Arbeiterbewegung 52, 79, 80, 82 f., 159 f., 206, 247, 264 f., 268 f., 300, 579 f.
Arbeitslosigkeit 225, 228, 398, 403, 446
„Arierparagraf" 274
Arisierungen 265, 269, 276
Articles of Confederation 21
Assad, Hafis el 476, 480
Atatürk, Kemal 558
Atlantikcharta 289, 290, 325, 340, 348
Atombombe 290, 371 f., 546, 552
Attlee, Clement 348
Aufbau des Sozialismus in einem Land 332 f.
Aufklärung 21, 580
Auschwitz 254, 293 f., 295 f.
Auswanderung 13, 100 ff.
Autokratie 335 f., 580
Automobilindustrie 51, 66, 68, 325

B

Baden, Max von 195, 196, 199
Bagdad-Pakt 371
Balfour-Deklaration 468
Balkankriege 183
Barak, Ehud 486
BDM (Bund Deutscher Mädel) 267, 270
Beamte 580
Bebel, August 160, 176
Bedingungslose Kapitulation 289, 290, 343 f., 348, 360, 546
Begin, Menachem 479
Bekennende Kirche 302
Ben-Gurion, David 471, 473
Berlinblockade 341, 361 f., 365
Berliner Außenministerkonferenz 379
Berliner Kongress 178
Berliner Mauer 369, 372, 377, 379, 389, 410, 424, 440 f.
Besatzungspolitik, nationalsozialistische 288 f.
Besatzungszonen 338, 339, 343, 348 f., 352 ff., 360, 364, 369, 377
Bethmann Hollweg, Theobald 184, 186
Bevölkerungsentwicklung 59, 84 ff., 580
Bill of Rights 16, 115, 116 f.
Binnenwanderung 13, 96 ff.
Bipolarität 339 f., 371, 435 f., 580
Bismarck, Otto von 80, 81, 152, 153, 155, 158, 166, 267, 178, 179
Bizone 360
Blankoscheck 184, 185
Blitzkriege 286 f., 287
Blockfreie, Bewegung der 502, 580
„Blutschutzgesetz" 275, 277
Blut-und-Boden-Ideologie 265
Bodenbewirtschaftung 77
Bodenreform, chinesische 535
Bolschewiki 330, 331
Bonhoeffer, Dietrich 301
Bosnien-Herzegowina 493 f., 499, 501, 502, 504, 508
Boston Tea Party 18
Brandt, Willy 369, 389, 396, 397, 399, 400, 401 f., 416, 440, 458, 460
Brest-Litowsk, Friede von 194, 197, 330
Briand, Aristide 516, 517, 518, 527
Brigade Ehrhardt 213
Brüning, Heinrich 225, 232
Brüsseler Vertrag 370
Bundesstaat 153, 155, 158, 580
Bürgerkrieg, russischer 331
Bürgerrechtsbewegung 421, 439, 441
Bürgertum 9 f., 13, 16, 42 f., 55, 133, 134, 151, 158, 206, 221, 265
Burschenschaften 136
Byrnes, James f. 340 f., 349, 360, 366

C

Camp-David, Friedensverhandlungen 479, 482
Casablanca, Konferenz von 290

CDU/CSU (Christlich-Demokratische Union/Christlich-Soziale Union) 354, 383, 396, 403, 407
Ceaucescu, Nicolae 435
Chamberlain, Joseph 280
Charta 77 435, 436
Charta von Paris 524
Checks and Balances 21, 581
Chemieindustrie 60, 64, 66
Chiang Kaishek 534, 539
China 328, 465, 534 ff., 549
Chirac, Jacques 452
Chruschtschow, Nikita 374 f.
Churchill, Winston 290, 338, 339, 348, 360, 518
Clay, Lucius D. 341, 349
Clemenceau, Georges 208, 211
COMECON (Council for Mutual Economic Assistance) 379
Containment-Politik 371 f.

D
DAF (Deutsche Arbeitsfront) 249
Daimler, Gottfried 68
Daladier, Édouard 280
Dampfmaschine 51, 55, 56, 58
Dawesplan 219
Dayton, Friede von 494, 509 f., 511 f.
Dekolonisation 190, 477, 581
Demokratie 115, 127, 128, 131, 133, 134, 140 f., 315, 447, 581
Demokratie jetzt 439
Demokratischer Zentralismus 407 f.
Demokratisierung 127, 546 f.
Demontagen 339, 356
Deng Xiaoping 536, 537, 538, 540, 541
Deutsche Christen 301
Deutsche Frage 362 f., 581
Deutscher Bund 127, 133, 136, 141, 143, 149, 152
Deutsch-Französischer Krieg 155
Deutsch-französisches Verhältnis 459 ff.
Deutschlandvertrag 364
Deutsch-polnische Beziehungen 456 ff.
Dezentralisierung 348
DGB (Deutscher Gewerkschaftsbund) 355
Dienstleistungsgesellschaft 382, 581
Diktatur 114, 115, 240, 447
Displaced persons 345
Dolchstoßlegende 234
Dreibund 178 f., 181, 182
Dreikaiservertrag 178
Dritte Welt 540, 581
Dritter Stand 44

E
Ebert, Friedrich 196, 204
Edelweißpiraten 303, 304
EFTA 521
EG (Europäische Gemeinschaft) 521
Ehe 110, 112
Eindämmungspolitik 371 f.
Einheitsfront 333
Einwanderungsgesellschaft 96, 98 f.
Eisenbahn 28, 29, 51, 56, 60, 198, 230, 395
Eisenhower, Dwight D. 348 f.
Eisenindustrie 56, 57, 61, 64
Eiserner Vorhang 340, 360
Elektroindustrie 64, 65
Elsass-Lothringen 155, 160, 161, 197, 208
Elysée-Vertrag 378, 451, 453 ff.
Emanzipation 122
Emigration 100 ff.
Emser Depesche 155
Endlösung 291 f., 295
„Endsieg" 288
England 51, 52, 55 ff., 57
Enteignungen 356
Entente cordiale 181
Entmilitarisierung 339, 348
Entnazifizierung 339, 348, 350
Entspannungspolitik 372 ff., 390 f., 396 f., 403, 416, 432
Erbfeindschaft 450
Erbuntertänigkeit 581
Erfüllungspolitik 213
Erfurter Programm 80, 176
Erhard, Ludwig 381, 389
Ermächtigungsgesetz 247, 250 f.
Erzberger, Matthias 197, 203, 204
EU (Europäische Union) 520, 521, 522 f.
EURATOM 378, 520
Europäische Einigung 377, 379, 465, 516 ff.
Euthanasie 265, 291, 293, 301
Evian, Konferenz von 470
EWG (Europäische Wirtschaftsgemeinschaft) 465, 520
EWS (Europäisches Währungssystem) 451, 454
Extremistenbeschluss 400

F
Fabriksystem 51, 55, 89
Familie 11 f., 88 ff., 109, 110, 112, 426, 428, 429, 581
Faschismus 233, 240, 307, 308, 309
Fatah 475
FDGB (Freier Deutscher Gewerkschaftsbund) 354, 407
FDP (Freie Demokratische Partei) 354, 396, 403
Februarrevolution 1830 (Frankr.) 140

Fememorde 221
Flottenbauprogramm 181
Flottenverein 173, 181
Föderalismus 158, 204, 247, 355
Fortschrittsbewusstsein 174, 187
Frankfurter Dokumente 363
Franklin, Benjamin 40
Französische Revolution 10, 42 ff.
Frauen 12, 42, 51, 109, 122 ff., 124, 134, 141, 165, 176, 264 ff., 326, 369, 417, 426 ff.
Frauenbewegung 46 f., 123, 124, 147, 176 f., 205, 400, 426 ff., 429
Frauenbild 220, 265 ff., 345, 426, 429
Freikorps 202, 213, 252
Friedensbewegung 384, 400, 421
Friedliche Revolution 439 ff.
Friedrich Wilhelm IV. (Preußen) 137, 141, 143, 145, 148
Frontierbewegung 16, 27, 28, 29
Frühkapitalismus 581 f.
Führerprinzip 240, 244, 582
Fundamentalismus 558
Fünfjahresplan 334
Fünfprozentklausel 363, 400

G

Galen, Clemens Graf von 301
Ganzes Haus 110, 582
GASP (Gemeinsame Außen- und Sicherheitspolitik) 522, 525
GATT 377
Gaulle de, Charles 287, 450
Generalstände 582
Genscher, Hans-Dietrich 396, 403, 441, 443
Gentry 55
Germanisierungspolitik 160
Geschlechterverhältnis 89 f., 92
Gesellschaft 108 ff., 551
Gesellschaftsvertrag 582
Gestapo 254, 255, 258, 294, 300
Gewaltenteilung 21, 42
Gewerbeverfassung 59, 60
Gewerkschaften 80, 160, 174 f., 248, 354 f., 383, 407
Girondisten 44 f., 582
Giscard d'Estaing, Valéry 451
Glasnost 369, 419, 432, 582
Gleichgewicht des Schreckens 371 f.
Gleichgewichtspolitik 154, 178
Gleichschaltung 246 f.
Glorious Revolution 16, 18
Godesberger Programm 382, 388
Goebbels, Joseph 247, 252, 260, 276, 280, 289, 350

Goerdeler, Carl 256, 301, 301
Golfkrieg 483, 485, 552, 558
Gorbatschow, Michail 369, 432, 434, 438
Göring, Hermann 245, 261
Görlitzer Vertrag 457
Gottesgnadentum 42, 582
Göttinger Sieben 136 f.
Gouges, Olympe de 46 f.
Großdeutsche Lösung 142, 152
Großer Sprung nach vorn 535 f., 545
Großer Vaterländischer Krieg 333 f.
Grotewohl, Otto 352, 353
Gründerzeit 64, 582
Grundgesetz 114, 317, 362
Grundherrschaft 582
Grundlagenvertrag 397, 416
Grundrechte 143, 144, 159, 206, 245 f., 389 f.
Grüne Partei 400, 404
Gulag 335
GUS (Gemeinschaft unabhängiger Staaten) 433, 434
Gutswirtschaft 53, 59

H

Habeas-Corpus-Akte 115
Hallstein-Doktrin 379, 390 f.
Hamas 482
Hambacher Fest 136, 138
Handel 52, 55, 160
Handwerk 59
Harzburger Front 226, 229
Havel, Vaclav 435
Hegemonie 582 f.
Heiliges Römisches Reich Deutscher Nation 583
Heinemann, Gustav 396
Herzl, Theodor 466, 467
Heuss, Theodor 354, 364, 389
Heydrich, Reinhard 253, 291, 292, 294
Himmler, Heinrich 252, 253, 254, 296, 350
Hindenburg, Paul von 226, 232, 245, 247, 252
Hisbollah 482
Historikerstreit 308, 311
Hitler, Adolf 193, 194, 214, 232, 233, 240, 247, 261, 263, 276, 290, 303, 350
Hitlerputsch 214, 217 f.
Hitler-Stalin-Pakt 281, 285, 286, 289, 456
HJ (Hitlerjugend) 267, 269 f., 303
Honecker, Erich 369, 416, 417, 420, 452, 453
Hongkong 539, 541
Hugenberg, Alfred 226, 229, 245
Hugenotten 118, 121
Hundert-Blumen-Kampagne 535
Hygiene 78

I

Immunität 583
Imperialismus 35 f., 179 ff., 241, 333
Indemnitätsvorlage 152
Indianer 15, 28, 29
Individuum 108 ff., 447
Industrialisierung, Industrielle Revolution 10 f., 51 ff., 55 ff., 58, 59 ff., 64, 67, 69, 72, 75, 79, 88, 96 ff., 151, 220, 546, 583
Inflation 215 f.
Informal Empire 36
Intifada 481 f., 485, 486
Iran 558, 560
Islam 482, 558
Islamismus 558, 559
Isolationismus 15, 324 f. ,325
IWF (Internationaler Währungsfonds) 583

J

Jakobiner 44 f., 583
Jalta, Konferenz von 290, 338 f.
Japan 318, 465, 534, 546 ff.
Jefferson, Thomas 22, 23
Jesuitenverbot 166
Jewish Agency for Palestine 470
Jischuw 470, 471, 472
Juden 160, 173, 247, 259, 260
Judenvernichtung 274 ff., 291 ff.
Jugoslawien 328, 465, 499 ff.
Julikrise 1914 183 f.
Julirevolution, 1830 (Frankr.) 135
Junges Deutschland 136
Jungtürkische Revolution 182

K

Kalter Krieg 15, 339 f., 369, 370 f. 372, 376, 434, 457, 472, 549
Kanzelparagraf 166
Kapitalismus 583
Kapp-Putsch 213, 215, 216
Karlsbader Beschlüsse 127, 134
Kathedersozialisten 80
KdF (Kraft durch Freude) 249, 270 f., 395
Kennedy, John F. 375 f.
Khomeini 558
Kiesinger, Kurt-Georg 389, 457
Kinderlandverschickung 288
Klassengesellschaft 583
Kleindeutsche Lösung 142, 152, 171
Klerus 583
Kohl, Helmut 402, 403, 420, 441, 443, 451, 452
Kollektivierung 330, 332, 356, 408
Kolonialismus 16, 179, 584
Kolonialverein 173
Kominform 342
Komintern 333
Kommunismus 140, 315, 516, 584
Kommunistisches Manifest 80, 88, 140
Königgrätz, Schlacht von 153
Konjunktur 584
Konservatismus 140, 142, 151, 152, 166
Konstitutionalismus 134, 159, 584
Konstruktives Misstrauensvotum 363, 396, 403
Kontinentalkongress 18, 20
Konzentrationslager 253, 258 f., 262, 272, 273, 280, 291, 295, 584
Koreakrieg 370, 540, 550
Kosovo 318, 494 f., 498, 501, 510
KPC (Kommunistische Partei Chinas) 534, 535, 536, 538
KPD (Kommunistische Partei Deutschlands) 201, 213, 225, 226, 244, 246, 300, 352, 354, 384, 391
Kreisauer Kreis 301, 302
Kriegervereine 220
Krieg-in-Sicht-Krise 178
Kriegsächtungsklausel 549
Kriegsanleihen 210, 216
Kriegsschuldfrage 193, 208, 210, 281 f.
Krimkrieg 152, 180
Kroatien 492, 493, 497 f., 499, 501, 502, 504, 508
Krüger-Depesche 181
KSZE (Konferenz über Sicherheit und Zusammenarbeit in Europa) 397, 398, 417, 432, 434, 435, 491, 492, 524 f.
Kubakrise 372
Kulturkampf 166 f., 170
Kulturkritik 76
Kulturrevolution 536 f., 545
Kuomintang 534

L

Landesherr 584
Lebensraumpolitik 241 f., 243 f., 287, 291, 584
Lenin 189, 330 f.
Liberalismus 134 ff., 137, 140 ff., 151, 166, 167, 204, 516, 584
Liebknecht, Karl 196, 201, 202, 213
Lincoln, Abraham 31, 32, 33
Liu Shaoqi 536
Lloyd George, David 208, 211
Lohnarbeit 51, 53, 61, 80, 88, 90
Londoner Abkommen (1953) 360
Londoner Außenministerkonferenz (1947) 360
Londoner Sechsmächtekonferenz (1948) 361

LPG (Landwirtschaftliche Produktions-
   genossenschaft) 356, 408
Lückentheorie 152
Ludendorff, Erich 194, 195, 214
Luxemburg, Rosa 80, 201, 202, 213

M

Maastricht, Vertrag von 452, 522, 531
MacArthur, Douglas 547, 548
„Machtergreifung" 245 ff., 252, 584
Madagaskar-Plan 291 f.
Magna Charta 16, 115
Manifest destiny 27 f.
Manufaktur 584
Mao Zedong 534, 535, 536, 537, 539
Markt, Marktwirtschaft 15, 60, 584
Marokkokrisen 182
Marshallplan 341, 360 f., 382, 519
Marx, Karl 80, 140
Marxismus 80, 81, 584 f.
Märzforderungen 141, 145
Massenkonsumgesellschaft 75, 382, 585
Massenkultur 220
Maßnahmenstaat 255
Matrikularbeiträge 158
Mazedonien 502, 504
MBFR (Mutual Balanced Force Reduction) 432
Meiji-Restauration 546
Menschen- und Bürgerrechte 10, 11, 15, 42, 45,
   109, 114, 116, 492, 495, 510
Merkantilismus 59, 585
Metternich, Clemens von 136
Migration 12, 96 ff., 118, 119, 120 f.
Militarismus 171 ff., 178, 283
Milošević, Slobodan 494
Ministerium für Staatssicherheit, Stasi 408, 410,
   421 ff.
Mittelmeerabkommen 178, 181
Mittelstand 219, 233, 265, 269
Mitterand, François 452
Mobilität 118, 585
Modernisierung 9, 72, 127, 151, 307 f., 310 f., 330,
   381, 585
Molotow, Wjatscheslaw 360
Moltke, Helmuth von 153, 301
Monroe-Doktrin 35, 36, 37
Montagsdemonstrationen 439 f.
Montan- und Schwerindustrie 60, 65, 377, 385,
   520, 585
Montenegro 495, 499, 502, 508
Morgenthau, Henry 290
Moskauer Vertrag 397, 398, 457
München, Konferenz von 280 f.
Mussolini, Benito 240, 280, 288

N

Nachrüstung 397, 403
Nachtwächterstaat 134
Nahostkonflikt 465, 466 ff.
Napoleon 134
Nasser, Gamal Abdel 476
Nation, Nationalismus 133, 134 f., 137, 144, 173,
   189, 220, 240, 499, 501, 516, 518
Nationalitätenkonflikt 159 f., 492, 502 f.
Nationalsozialismus 238 ff., 240, 307 ff., 586
Nationalstaat 43 f., 133, 141, 142, 160, 190
Nationalversammlung, französische 42 f.
NATO (North Atlantic Treaty Organization)
   370 f., 379, 384, 397, 435, 441, 456, 495, 509, 510,
   521, 525 f.
Naturrecht 42, 109, 114, 586
Netanjahu, Benjamin 486
Neue Ära 151
Neues Denken 432, 586
Neues Forum 439
New Deal 326
Niemöller, Martin 301
Nixon, Richard 540
Norddeutscher Bund 152, 153, 155
Nord-Süd-Konflikt 477
Notstandsgesetze 369, 390, 391, 392 f., 586
Notverordnungen 206, 232, 586
Novemberrevolution 194 ff., 200 f.
NSDAP (Nationalsozialistische deutsche
   Arbeiterpartei) 214, 225 f., 232 f., 240, 244,
   248
Nürnberger Gesetze 275, 277 f.
Nürnberger Prozesse 349 f.

O

Obrigkeitsstaat 133, 166 ff., 171, 216
Oder-Neiße-Linie 344, 349, 369, 379, 396, 397,
   457, 458, 459
Öffentlichkeit 134
Ökologie 10, 76 ff., 369, 398, 399, 404, 419
Oktoberedikt (1807) 59, 62
Oktoberreformen 195, 198
Oktoberrevolution 330
Ölkrise, Ölschock 396, 398, 472, 478, 550, 558
Ollenhauer, Erich 377, 379
OPEC (Organization of the Petroleum Exporting
   Countries) 478
Open door policy 36, 37
Organisation Consul 221
Österreich 142, 153, 154
Ostintegration 377, 379
Ostpolitik 369, 396 f., 401
Ost-West-Konflikt 315, 316, 317, 369, 396 f., 401,
   465, 491, 492

OSZE (Organisation für Sicherheit und Zusammenarbeit in Europa) 436, 494, 495, 521

P
Palästina 467 f., 469, 475, 478
Paneuropa-Union 516, 527
Panslawismus 178
Papen, Franz von 232, 234
Pariser Verträge (1955) 378, 379
Parlamentarismus 363, 381, 586
Parteien, Kaiserreich 152, 166
Parteien, Nationalsozialismus 245, 247 f.
Parteien, Weimarer Republik 204, 226, 245
Parteienverdrossenheit 404
Partizipation 127
Paulskirche 141 ff., 146
Pauperismus 100, 140, 586
PDS (Partei des demokratischen Sozialismus) 441
Peace now 479
Pearl Harbor 287, 325
Peres, Schimon 479, 486
Perestroika 369, 419, 432, 586 f.
Petersberger Abkommen 377
Pieck, Wilhelm 352, 366
Planwirtschaft 408 f., 535
PLO (Palästinensische Befreiungsorganisation) 479 f., 480 f., 482, 485
Polen 456 ff.
Politische Bewegungen 127
Politische Morde 220 f., 223
Porsche, Ferdinand 104 f., 382
Potsdam, Konferenz von 339 f., 345, 351, 360
Prager Frühling 391, 416, 435
Präsidialkabinette 206, 232 ff.
Preußen 53, 59, 133, 151, 153, 155, 355
Preußenschlag 232
Prinzip der Nachhaltigkeit 76 f.
Proletariat 79
Propaganda 188, 260, 289, 294, 308
Protektionismus 587
Protektorat Böhmen und Mähren 281
Protoindustrialisierung 53 f., 587
Puritanismus, Puritaner 16, 18, 28

Q
Quarantäne-Rede 325, 328

R
Rabin, Yitzak 479, 485, 486
RAF (Rote Armee Fraktion) 391, 400
Rassenideologie (Nationalsozialismus) 240 f., 267, 291, 294, 587
Rassenproblem (USA) 15, 326
Rätesystem 195, 200 ff., 587

Rathenau, Walter 213
Rationalisierung 398
Reagan, Ronald 374, 433
Reaktion 144, 149, 151
Real exisierender Sozialismus 417, 587
Rechts- und Verfassungsstaat 134, 255 f.
Rechtsradikalismus 213, 389
Reeducation 350
Reichsgründung 1871 151 ff.
„Reichskristallnacht" 274, 278
Reichsnationalismus 165, 171 f. 173, 216
Reichssicherheitshauptamt (RSHA) 254
Reichstag 128, 158, 587
Reichstagsbrand 245 f.
Reichsverfassungskampagne 143 f.
Reichswehr 201, 203, 226, 252
Reisefieber 394 f.
Reparationen 208, 210, 216, 219, 349, 356, 360, 587 f.
Repräsentative Demokratie 588
Reserve-Polizeibataillon 292
Restauration 127, 134, 135, 136, 588
Revisionismus 80, 210, 240, 280
Revolution (1848/49) 127, 140 ff., 149 f., 156 f.
Revolutionsbegriff 588
RGW (Rat für gegenseitige Wirtschaftshilfe) 379
Rheinkrise 137, 139
Rheinlandbesetzung 279
Robespierre, Maximilien de 44, 47
Röhm, Ernst 252, 253
Roll back 371
Römische Verträge 531
Roosevelt, Franklin D. 290, 325, 328 f., 338, 348
Rote Garden 537
Rote-Ruhr-Armee 213
Rückversicherungsvertrag 178, 180
Ruhrkampf 219
Ruhrstatut 364
Russisch-Türkischer Krieg 178

S
SA (Sturm-Abteilung) 232, 245, 246, 247, 252 f., 255, 256, 274, 294
Sadat, Anwar as 479
Saint-Just, Louis Antoine de 45
SALT (Strategic Arms Limitation Talk) 372, 432
San Francisco, Friede von 549
Sattelzeit 9
Säuberungen 335, 537
Saudi-Arabien 558
Schamir, Yitzak 482, 483, 485
Scharon, Ariel 486
Schauprozesse 335

Scheel, Walter 396
Scheidemann, Philipp 196, 204, 211
Schengen-Abkommen 452
Schenk von Stauffenberg, Claus 302
Schiller, Karl 390
Schleicher, Kurt von 226, 232, 253
Schleswig 142, 153, 160
Schlieffenplan 184, 194
Schmidt, Helmut 396, 398, 403, 448, 451
Scholl, Hans und Sophie 303
Schumacher, Kurt 353, 354, 362, 377
Schuman, Robert 377, 520
Schutzhaft 247, 248, 258
Schutzzölle 31, 64
Schwarzmarkt 345
SD (Sicherheitsdienst) 253
SEATO (South East Asia Treaty Organization) 371
SED (Sozialistische Einheitspartei Deutschlands) 317, 352, 354, 357, 407, 415, 417, 441, 446
Selbstbestimmungsrecht 190, 210, 289, 322, 324
Separate but equal 32, 33
Separatismus 214 f.
Septemberprogramm 354, 356
Sèvres, Friede von 469
Sezessionskrieg 31 f.
Sinti und Roma 258, 259, 291, 297
Sklaverei 15, 16, 31, 32, 33, 588
Slowenien 492 f., 497, 499, 502, 504, 508
Smith, Adam 54, 59
Solidarnosc 434, 436, 458
Sonderweg-Debatte 128 ff., 318
Souveränität 42, 158, 378, 588
Sozialdarwinismus 241
Sozialdemokratie 80 f., 166, 167 ff., 195, 200, 201, 202, 225, 232, 247, 300 f., 352, 353 f., 377, 382, 383, 396, 403
Soziale Frage 52, 79 ff., 589
Soziale Marktwirtschaft 354, 363, 381 ff., 589
Sozialgesetzgebung 81, 83, 589
Sozialismus 80, 81, 589
Sozialismus in einem Land 589
Sozialistengesetz 167 f., 589
Sozialpolitik 79 f., 82 f., 220, 403, 406
Sozialstaat 81, 383, 398 f., 446
Spartakusaufstand/-bund 200, 201, 202 f.
Spiegel-Affäre 389
Sputnik 372
SS (Schutz-Staffel) 232, 245, 253 f., 255, 257, 258, 261, 291, 292, 294, 589
St. Germain, Friede von 499
Staatenbund 589
Stadt 10, 51, 73, 74

Stagflation 396
Stahlhelm 245, 274
Stalin, Josef W. 287, 290, 331 ff., 333 f., 335, 338, 344, 377
Stalingrad 287, 334
Stalinismus 333, 407, 439
Stalin-Note 371, 377
Ständegesellschaft 44, 149, 589 f.
Stinnes-Legien-Abkommen 201
Strauß, Franz Josef 389, 390, 419
Stresemann, Gustav 279, 517
Studentenbewegung 369, 391 f., 400
Suez-Krise 475 f.
Sun-Yatsen 534
Sykes-Picot-Abkommen 467, 468, 469
Systemkonkurrenz 377

T

Tag von Potsdam 247, 260
Taiwan 539, 540, 541, 552
Take-off 590
Taliban 558
Teheran, Konferenz von 289, 348
Teilung Deutschlands 343 ff.
Territorialstaat 590
Terrorismus 396, 400, 402
Textilindustrie 55, 57, 60, 61
Tiananmen-Platz 538, 542
Tito (Josip Broz) 501, 502, 503
Totaler Krieg 188, 288, 289
Totalitäres System 114, 115, 117
Totalitarismus 240, 307, 308, 330, 335 f.
Tourismus 395
Treuhandanstalt 446
Trianon, Friede von 499
Trizone 360
Trotzki, Leo 332
Truman, Harry S. 290, 339, 348, 547
Truman-Doktrin 341, 342
Tschetniks 501
Tsushima, Schlacht von 181
Türkei 558, 560, 561

U

UÇK 494, 510
Ulbricht, Walter 352, 365, 408, 416, 452
Umweltgefährdung 76 ff., 551
Unabhängigkeitserklärung (USA) 21 ff.
Ungarischer Aufstand 434
Unitarismus 158
UNO (United Nations Organization) 338, 472, 475, 494, 508 f., 540, 550, 552
Unternehmertum 51, 52, 55, 104 f.
Urbanisierung 72 ff.

USPD (Unabhängige Sozialdemokratische Partei Deutschlands) 194, 200, 201
Ustascha 501

V

VEB (Volkseigener Betrieb) 356
Verbände 174
Vereinswesen 307, 314
Verfassungen, moderne 21, 43f., 590
Verhältniswahl 590
Verlagssystem 53f.
Vernichtungslager 258f., 291, 294
Versailler Vertrag 189, 208ff., 279, 590
Verstädterung 72ff., 96
Vertreibung 340, 344, 347, 369, 456
Vichy-Frankreich 287
Vielvölkerstaat 182, 590f.
Viererbande 537
Vierjahresplan 280, 284f.
Viermächteabkommen 397
14-Punkte 189, 194, 195, 197, 210, 324
Virginia Bill of Rights 10
Völkerbund 189, 279, 324, 325, 333, 469, 517, 518
Völkermord, nationalsozialistischer 292f., 293, 295ff.
Volksaufstand 17. Juni (1953) 410, 413
Volksfront 213, 228
Volksgemeinschaft 241, 243, 264, 293
Volksgerichtshof 256, 303
Volkskommunen 536
Volkssouveränität 9f.
Volksversammlung 591
Volksvertretung 127
Vormärz 135ff.

W

Wahabismus 558
Wahlrecht 43, 128, 134, 158f., 205, 226
Währungsreform 360, 361f., 381
Walesa, Lech 434
Wanderungsbewegungen 109, 118
Wannsee-Konferenz 291, 293f., 295
Warschauer Pakt 370f., 379, 416
Warschauer Vertrag 397, 398, 457, 460
Washington, George 18
Wasserverschmutzung 78
Weberaufstand 140
Weiße Rose 303
Weizman, Chaim 469, 471
Weizsäcker, Richard von 398
Weltkrieg, Erster 36f., 165, 182ff., 187ff., 194, 315, 324, 325, 330f., 456, 516, 518, 546
Weltkrieg, Zweiter 279ff., 286ff., 316, 325, 333, 546

Weltwirtschaftskrise (1929/30) 193, 219, 225ff., 208, 233, 591
Westintegration 377, 378, 380
Westverschiebung Polens 338, 456
WEU (Westeuropäische Union) 520, 521, 525
Widerstand, DDR 411, 420f., 439f.
Widerstand, Nationalsozialismus 276, 300ff.
Widerstandsrecht 18
Wiederbewaffnung 378, 379, 384, 591
Wiedervereinigung 318, 439ff., 452, 524
Wiener Kongress 152
Wilhelm I. (Preußen) 151, 152, 155
Wilhelm II. (Preußen) 173, 179ff., 184, 195, 197
Wilson, Woodrow 189, 194, 197, 324, 325
Wirtschaftsliberalismus 61
Wirtschaftswachstum 51, 61, 69ff., 79
Wirtschaftswunder 381f., 383, 389, 409
Wurm, Theophil 301, 304

Y

Youngplan 219

Z

Zensuswahlrecht 128
Zhou Enlai 537, 540
Zionismus 467
Zollverein 59, 60, 151, 154
Zunftverfassung 59, 61, 591
Zwangsarbeit 259, 264, 288f., 345
Zweibund 178, 184
Zwei-Drittel-Gesellschaft 403
Zwei-Staaten-Theorie 379, 419

Bildquellen

© Archiv für Kunst und Geschichte: S. 30, 100, 101, 125/B3, 135, 136, 233, 345, 368; Archiv Gerstenberg, Wietze: S. 111; argus Fotoarchiv, Hamburg: S. 482; Army Center of Military History, Washington D.C.: S. 266/B12; Artothek: S. 125/B1; Bayerische Staatsgemäldesammlung, Neue Pinakothek: S. 54; Berlinische Galerie, Landesmuseum für Moderne Kunst, Photographie und Architektur: S. 314; Bertelsmann LEXIKON Verlag, Gütersloh: S. 383; Besitzer: Stiftung Stadtmuseum Berlin, Fotografie: Stadtmuseum Berlin: S. 278; Beyer, Constantin, Weimar: S. 167; Bibliothéque nationale de France, Paris: S. 41; Bildarchiv Gosztony, Bern: S. 332; © Bildarchiv Preußischer Kulturbesitz: S. 19, 65, 105, 108, 154, 159, 168, 172/B4, 177, 192, 196, 199, 242/B2, 320, 371, 387; Bilderdienst Süddeutscher Verlag: S. 126 (Scherl), 259, 275, 292, 411, 429, 437, 464; © Bulls Pressedienst: S. 378; Bundesarchiv Koblenz: S. 266/B10; Central Order: S. 358/1a, 1b; Collection of Whitney Museum of American Art: S. 322; Culver Pictures: S. 70; Das Fotoarchiv Christoph & Friends: S. 417; Foto: dpa: S. 14, 248, 397, 416 (dpa-Zentralbild), 420, 479, 491/B1c, 510, 537, 547; Deutsches Historisches Museum, Berlin: S. 156, 187, 353/B15, 395/M2, 408; Deutsches Museum München: S. 66; Edition Staeck, Heidelberg: S. 404; FOCUS: S. 462; From the Collection of Janet and Marvin Fishman, Milwaukee: S. 222/B11; Germanisches Nationalmuseum Nationalmuseum: 132; Gewerkschaftlicher Dachverband FDGB i.L. Berlin: S. 427; Grafiksammlung, Foto: Wolfgang Pulfer: S. 353/B14, 385; © Hachette, Paris: S. 8; Harzfoto Brake, Osterode: S. 399; Hauptamt für Hochbauwesen der Stadt Nürnberg: S. 74/B9a, b; Haus der Geschichte, Bonn: S. 382, 407; Heinemann Educational, Oxford: S. 58; Historical Pictures/Stock, Montage, Inc.: S. 326/B3; Historisches Museum Frankfurt am Main: S. 142, 266/B9; Karikatur: C. Barryman: S. 282; KNA: S. 302; Keystone Pressedienst: S. 346, 545/B3a; Krauss-Maffei AG, München: S. 50, 61/B4a, b; Landesarchiv Berlin: S. 246; Langewiesche-Brandt, Ebenhausen: S. 202, 203, 227/B13a-d, 242/B1, 262, 266/B11, 271, 395/M1; Library of congress, Washington D.C.: S. 28; K. Mäding (aus „Time"): S. 536; Marcks, Marie: S. 121; Gerhard Mester/CCC,www.c5.net: S. 485; Münchner Stadtmuseum, Foto: Wolfgang Pulfer: S. 172/B5; National Archives: S. 326/B4; National Gallery, London: S. 56; Nordrhein-Westfälisches Hauptstaatsarchiv Düsseldorf, „NWH-SA, RW 58-3693, Bl. 60: S. 304; Österreichische Nationalbibliothek, Wien: S. 125/B2; RIA. Foto-Nowosti: S. 334, 336; © Thomas Sandberg, OSTKREUZ-Agentur: S. 309; Brigitte Schneider/CCC,www.c5.net: S. 44; © Rudolf Schöpper, Münster-Roxel: S. 317; © Sven Simon: S. 490; Stern, Hamburg, Foto: A. Carp: S. 399 l.; Stiftung Archiv der Akademie der Künste, Berlin: S. 222; Stöckle, Wilhelm, Filderstadt: S. 171, 173; Tate Gallery, London: S. 188; The Granger Collection, New York: S. 22, 38 o.; Ullsteinbild: S. 72, 195, 201, 254, 296, 340, 469, 491/B1b, 501; UPI/CORBIS-BETTMANN: S. 323; Urheberrecht: Elke Walford, Foto: Privatbesitz, Hamburg: S. 238; Weber-Museum Ratzeburg: S. 349;
aus: Agitation zum Glück: S. 218; aus: E. Angermann, Die Vereinigten Staaten von Amerika als Weltmacht, Tempora/Klett 1987: S. 328; aus: Asa Briggs, Iron Bridge to Cristal Palace. Impact and Images of the Industrial Revolution, London 1973: S. 77; aus: DiBacco, Mason, Appy, History of the United States, Houghton Miffin Company, Boston 1991: S. 38 u.; aus: Europa 2000. Schritte zur Europäischen Union. Hg. Presse- und Informationsdienst der Bundesregierung, Bonn: S. 514; aus: G. Fläming, Hanau im Dritten Reich, Band 1, Magistrat der Stadt Hanau 1983: S. 211; aus: Geschichte lernen 1/1988, Heft 5: S. 424, 425; aus: Hermes Handlexikon, Synchronopse des Zweiten Weltkriegs, Econ Taschenbuch Verlag, Düsseldorf 1983: S. 285; aus: Informationen zur politischen Bildung Nr. 140: S. 472; aus: G. Kößler, Mädchenkindheiten im 19. Jahrhundert: S. 12; aus: H. u. W. Krüger, Geschichte in Karikaturen, Philipp Reclam jun., Stuttgart 1981: S. 150, 181; aus: F. A. Krummacher/A. Wucher, Die Weimarer Republik, Kurt Desch Verlag, München 1965: S. 235; aus: Ralf Piechowiak, Heimkehr in die Fremde. Die Gründung des Staates Israel, Recklinghausen 1992: S. 472/B3a, b; aus: Propyläen - Geschichte Europas, Bd. 6: S. 338; aus: Weimar. Ausstellungskatalog, Elephantenpress Verlag, Berlin: S. 215

Nicht in allen Fällen war es uns möglich den Rechteinhaber der Abbildungen ausfindig zu machen. Berechtigte Ansprüche werden selbstverständlich im Rahmen der üblichen Vereinbarungen abgegolten.